高等学校专业教材
中国轻工业“十四五”规划教材

食品风味化学

（第二版）

张晓鸣　夏书芹　宋诗清　主　编
崔和平　柴晴晴　张　慢　副主编

U0953177

中国轻工业出版社

图书在版编目(CIP)数据

食品风味化学/张晓鸣，夏书芹，宋诗清主编. —2 版. — 北京：中国轻工业出版社，2023.9

高等学校专业教材 中国轻工业“十四五”规划教材

ISBN 978-7-5184-4276-8

Ⅰ. ①食… Ⅱ. ①张… ②夏… ③宋… Ⅲ. ①食品化学—高等学校—教材 Ⅳ. ①TS201.2

中国国家版本馆 CIP 数据核字(2023)第 119348 号

责任编辑:伊双双　　责任终审:许春英
文字编辑:邹婉羽　　责任校对:朱燕春　　封面设计:锋尚设计
策划编辑:伊双双　　版式设计:锋尚设计　　责任监印:张　可

出版发行:中国轻工业出版社(北京东长安街 6 号,邮编:100740)
印　　刷:三河市万龙印装有限公司
经　　销:各地新华书店
版　　次:2023 年 9 月第 2 版第 1 次印刷
开　　本:787×1092　1/16　印张:34
字　　数:785 千字
书　　号:ISBN 978-7-5184-4276-8　定价:68.00 元
邮购电话:010-65241695
发行电话:010-85119835　传真:85113293
网　　址:http://www.chlip.com.cn
Email:club@chlip.com.cn
如发现图书残缺请与我社邮购联系调换
211521J1X201ZBW

本书编委会

主　编　张晓鸣（江南大学）

夏书芹（江南大学）

宋诗清（上海应用技术大学）

副主编　崔和平（江南大学）

柴晴晴（齐鲁工业大学）

张　慢（扬州大学）

参　编（以姓氏笔画为序）

于静洋（江南大学）

王兴伟（江南大学）

张　涵（江南大学）

柳　倩（上海应用技术大学）

夏　雪（江南大学）

翟　昀（江南大学）

序 Foreword

风味是食品的重要属性，风味化学解答了风味形成与感知的科学本质，当前兴起的分子料理又将风味化学的科学思维与艺术审美及社会文化联结在一起，让风味化学的发展更具价值。江南大学的张晓鸣教授及其研究小组，即本书的编写团队，深耕风味化学研究近 20 年，取得了重要且突出的科研成果，尤其在美拉德肽的风味、脂质温和氧化以及易逸失风味稳态化等方向有诸多创新发现，并且将其发表在《农业与食品化学期刊》（*Journal of Agricultural and Food Chemistry*）、《食品化学》（*Food Chemistry*）、《国际食品研究》（*Food Research International*）等著名期刊，为食品风味化学理论与应用的发展做出了重要贡献。过去的半个世纪里，食品风味科学领域取得了长足的进展。里查德·阿克塞尔（Richard Axel）同琳达·B. 巴克（Linda B. Buck）教授发现了人类"闻香识物"的生理学奥秘；代谢组学与分子感官科学的兴起促进了风味组学学科的形成；风味形成的化学与生物学原理已被广泛揭示；食品风味形成的调控也成为关注热点。在这一背景下，本书的编写团队根据当前风味研究的最新成果编写了本教材，其内容设计具有诸多亮点与特色。首先，本书系统介绍了分子感官科学与数学统计方法鉴定食品关键特征风味物质的技术原理与应用策略，这是目前人们明确食品特征风味物质最严谨、有效并被普遍接受的方法。其次，本书详细而全面地介绍了现代仪器分析在食品风味化合物分析方面的应用，既包括气相色谱、质谱、嗅闻谱等较成熟的分析技术，也包括智能感官分析、离子迁移色谱等新兴手段，这些内容对学习者理解和运用先进的风味研究方法大有裨益。此外，本书将热加工风味形成最重要的途径——美拉德反应的介绍与讲解独立成章，非常详细地解析了美拉德反应形成各种风味物质的化学途径与机制，尤其涉及了最新的 Amadori 化合物风味化学研究成果，并且介绍了这一稳定的中间体类风味前体在热反应风味工业中的应用。在本人近 40 年的风味化学教学生涯中，从未找到一本适于课堂教学的教材，而今得阅本版书稿，幸之所遇，特此推荐。相信《食品风味化学（第二版）》的出版将会给广大食品学科的学生、教师以及风味技术研究人员带来极为有用的知识与有益的启示，为食品科学研究与食品产业发展做出重要贡献。

Chi-Tang Ho 博士
罗格斯大学食品科学系教授
美国新泽西新布朗斯维克

Foreword 序

Flavor is an important attribute of foods. Flavor chemistry addresses the scientific nature of flavor formation and perception. The current advance in Molecular Gastronomy improves the linkage of scientific thinking of flavor chemistry with artistic aesthetics and social culture, which makes the development of flavor chemistry more valuable. The editorial team of this book, Professor Xiaoming Zhang from Jiangnan University and his research group have been deeply engaged in flavor chemistry research for nearly 20 years, and acquired significant and outstanding accomplishments, especially in the flavor of Maillard peptides, the mild oxidation of lipids, and the stabilization of volatile flavors, which have been published in well-reputed journals such as *Journal of Agricultural and Food Chemistry*, *Food Chemistry* and *Food Research International*, significantly contributing to the development of flavor chemistry in both theory and application. Food flavor science comes a long way over the past half century. Professors Richard Axel and Linda B. Buck have discovered the physiological mystery of odor detection and olfactory behavior of human; the rise of Metabonomics and Molecular Sensory Science helps to create the discipline of Flavoromics; the chemical and biological principles of flavor formation have been widely revealed; and the regulation of food flavor formation also becomes a significant focus. This current book has been prepared based on the latest results of flavor research, with many highlights and the uniqueness shown in its contents. Firstly, this book systematically introduces the technical principles and application strategies of molecular sensory science and mathematical statistical methods considered the most rigorous, effective and generally accepted means for identification of the key aroma compounds of foods. Secondly, this book provides a detailed and comprehensive introduction to the application of modern instrumental analyses of food flavor compounds, including many mature analytical techniques such as gas chromatography, mass spectrometry and olfactometry, as well as the emerging methods such as intelligent sensory analysis and ion mobility spectroscopy, bringing great benefits to learners in understanding and applying the advanced methods for flavor research. In addition, the introduction and explanation of Maillard reaction, the most important way of thermal processing flavor formation, stands up as a separated chapter in this book. The chemical pathways and mechanisms of Maillard reaction for flavor compound formation are analyzed in great detail, especially for the introduction of the latest research achievements on the novel chemistry of Amadori compounds as stable intermediate flavor precursors and its application in the process flavor industry. In my nearly 40 years of teaching experience in Flavor Chemistry, I cannot find any adequate textbook for classroom use, and the content of present book probably is the best one I have seen. Thus, I highly recommend this book, and believe its publication will provide extremely useful knowledge and enlightenment for the students and teachers who major in food science disciplines, as well as related flavor researchers, and make important contributions to the food science research and development of food industry.

Chi-Tang Ho, Ph. D.
Distinguished Professor in Food Science Rutgers University,
New Brunswick, New Jersey, USA

第二版前言 | Preface

食品质量的要素包括色、香、味、质构、营养和安全，除了满足人类生存的基本需求外，现代食品还应该使人们获得感官的愉悦和心理的享受，因而风味是食品的灵魂，食品必须具有吸引力或者能引起人们的食欲才能有效地发挥它们的作用。食品风味是一个广泛和综合的术语，它至少涉及食品的香气和滋味。颜色和香气是食品引起人们购买或消费行为的“第一印象”，美味则是保证一种食品能持久被特定人群接受的必要条件。食品风味化学是一门研究食品风味物质的化学组成与特性、分析方法、形成机制及变化规律的科学，与有机化学、生物化学、植物学、动物学、分子生物学和食品加工学有着密切的关系。随着生活水平的提高，人们对食品风味的要求不断提高，风味化学已发展成为食品化学的一个重要分支，成为推动食品工业发展的重要动力。

本书第一版自 2009 年出版以来，广受读者欢迎。在第一版的基础上，编者参阅了国外多本著名的教材、专著和多篇研究论文，结合团队成员的科研成果以及在本科生和研究生教学过程中的体会和经验修订了本书，全面、系统地论述了风味化学的基础理论和研究分析方法，反映本领域最新研究进展和成果。

本书主要阐述了食品风味的概念和分类、风味感觉与分子理论、天然食品风味的形成机制、食品加工中风味的产生与变化、食品风味的释放和稳定化等内容。修订版中，有关美拉德反应的部分单独成章，详细解读其理论与技术；增加了“加工风味受控形成”与“智能烹饪风味调控”等内容；增添了对智能传感技术、溶剂辅助风味蒸发及气相离子迁移谱等风味分析新技术的介绍；拓展了耐高温香精、低环境敏感型香精微胶囊、纳米脂质体等风味稳态化技术；围绕“食品风味的安全调控”相关的美拉德反应过程危害物质产生、3-氯丙醇酯形成、脂肪过度氧化等问题介绍了其形成机制、检测方法与控制策略。本书的修订着眼于学术前沿，突出内容创新，立足学科优势，加强知识融合，力求适应新时期经济社会发展方向，始终紧跟教育现代化发展要求，以党的二十大精神为指引，以国家战略需求为导向，为集聚力量进行原创性、引领性科技攻关，为我国风味科学和风味产业的高质量可持续发展，为不断提升食品品质、满足人民对美好生活的向往与追求做出贡献。

参与本书编写的有江南大学食品学院的张晓鸣（第一、二、三、五、六、七、八、九章）、夏书芹（第九、十、十一章）、崔和平（第一、四、六、七章），上海应用技术大学香料香精化妆品学部的宋诗清（第二、八章），齐鲁工业大学（山东省科学院）食品科学与工程学院的柴晴晴（第三、十二章），扬州大学食品科学与工程学院的张慢（第五、十一章）。全书由张晓鸣、夏书芹与宋诗清统稿。江南大学食品学院于静洋与上海应用技术大学香料香精化妆品学部柳倩也参与了部分编写工作（第二章）。江南大学食品学院博士研究生翟昀（第七、八章）、夏雪（第七、八章）、张涵（第八章）、王兴伟（第七、十章）参与了部分章节的编写工作，博士研究生陈朴森、冯林慧、范春丽、姚益顺、周彤以及硕士研究生张焱群、冯云琪、周雯钰、李昕静、王鑫烁、姬庆、颜雨涵、陈雨涔参与了部分图表的绘制和更新修订，在此谨表谢意。

本书的撰写和修订得到了国际食品科学院院士、美国化学学会会士、美国食品科学技术学会会士、英国皇家化学会会士、美国新泽西州立罗格斯大学食品科学系教授 Chi-Tang Ho 博士的大力支持。Chi-Tang Ho 博士为本书躬身作序，着墨力推风味化学知识之传播，殷期风味科研事业之繁荣，特此由衷致敬、深表谢忱。

本书面向食品科学与工程专业本科生和研究生的教学与科研，帮助学生初步建立从事风味化学研究的基础；也可供食品专业技术人员、科研人员阅读，对于精细化工、医药、烟草等行业的产品研发、生产、管理和营销人员也有一定的参考价值。

本书的修订获得了江南大学研究生教材建设项目资助，在此深表谢意。

由于编者水平有限，书中难免出现疏谬之处，殷望方家与读者不吝赐正。

编　者

第一版前言 | Preface

食品质量的要素包括色、香、味、质构、营养和安全，食品除了满足人类生存的需要，还应该使人们获得感官的愉悦和心理的享受。食品必须具有吸引力或者能引起人们的食欲才能有效地发挥作用，因此食品风味的发展和应用与人类历史的发展密切相关。食品风味是一个广泛和综合的术语，主要包括食品的香气和味道。颜色和香气是食品引起人们购买或消费的“第一印象”，美味则是保证一种食品能持久被特定人群接受的必要条件。因此，食品科学家和食品工艺学家把提高和改进食品的风味作为提高食品质量最重要的手段之一。随着生活水平的提高，人们对食品风味的要求不断提高，食品风味化学已发展成为食品化学的一个重要分支，成为推动食品工业发展的重要动力。

鉴于食品风味成分的复杂性，其研究涉及许多现代仪器设备，风味形成的机理还没有明确阐明，因此，风味化学的理论和技术是食品科学学科一个相对薄弱的环节。我国食品风味化学的相关教科书和参考书籍较少，为此，编者参阅了多种国外著名教材、专著和研究论文，结合编者在本科生、研究生和留学生教学过程中的体会和经验编写了本书，比较全面、系统地论述了风味化学基础理论、研究分析方法以及本领域最新研究进展和成果。本教材面向食品科学与工程专业的本科生、研究生教学与科研，帮助学生建立从事风味化学研究的基础。

本教材主要阐述了食品风味的概念和分类，风味感觉与分子理论，天然食品风味的形成机制，食品加工中风味的产生与变化，食品风味的释放和稳定化，风味物质的分离、分析与加工方法，以及食品加工中风味化学的应用等内容。

本教材可作为大专院校食品学科和相关学科风味化学课程的教科书，也可供食品专业技术人员、科研人员阅读，对于精细化工、医药、烟草等行业的产品研发、生产、管理和营销人员也有一定的参考价值。

本书编写分工：江南大学食品学院张晓鸣编写第一、三、五、六、七、八、九章，夏书芹编写第十、十一章，贾承胜编写第四章，华婧编写第二、十二章。全书由张晓鸣主编统稿。江南大学食品科学专业博士研究生董志俭、张文斌和袁霖分别参与了第三、九、十章的部分编写工作，博士研究生丁保森、王芙蓉、宋诗清、黄梅桂和硕士研究生冯岩、罗浪锋、张凤、王吟姣、吕怡和兰小红等也参与了部分资料的查阅和绘图工作，在此谨表谢意。

由于编者水平有限，书中难免有错误和不妥之处，欢迎读者批评指正。

编　者

目录 | Contents

第一章 绪论

CHAPTER 1

第一节 食品风味化学的定义

一、食品风味的概念

食品的质量要素包括色、香、味、质构、营养和安全等，除了满足人类生存的需要，食品的另一项重要的功能是使人们获得感官愉悦和心理享受。人类的活动在很大程度上受到其嗅觉和味觉的影响，这将人类的发展历史与食品风味的开发和应用密切联系起来。食品必须具有足够的吸引力或者能充分激发人们的食欲，才能有效地发挥它们的作用、实现它们的价值。食品风味（Food flavor）是一个广泛而综合的术语，包括食品的香和味。颜色和香气是食品引起人们购买或消费的“第一印象”，因为这两种属性在食品入口发挥功能之前即可被人们所感知。美味则是保证一种食品能持久地被特定人群接受的必要条件。因此，食品科学家和食品工程师把改善食品的风味看作是提高食品品质最重要的手段。随着生活水平的提高和食品工业的现代化与信息化的发展，人们对食品风味的要求不断提高，风味化学已发展成为食品化学的一个重要分支，成为推动食品工业发展的重要动力。

风味是人们摄入食物后产生的一种感觉，主要通过嗅觉和味觉感知，也包括口腔中产生的痛觉、触觉和温度的感觉，这些感觉主要由三叉神经感知。因此食品风味是口腔和鼻腔中产生的嗅觉（Odor）、味觉（Taste）和三叉神经感觉（Trigeminal impressions）的综合感官印象。风味对于食品的挑选、接受和摄取起着决定性的作用。

食品的味感（或称滋味）主要由舌头的味蕾感知，也有部分由口腔的软腭、咽喉后壁和会厌处感知。一般把味感分为甜、酸、咸、苦、鲜五种基本味觉。气味的感知主要通过鼻腔上部的嗅觉上皮细胞，挥发性风味物质通过鼻腔直接呼吸或食物经口腔消化后产生的挥发性成分通过后鼻腔到达味感受体（图 1-1）从而被感知。食品的香味（Aroma）是指所有能令人产生愉悦感受的气味感觉。三叉神经属于耳、鼻、口之外的体觉感知系统，主要分布在鼻腔与口腔的黏膜和舌头的表面，它们对刺激非常敏感，从微弱的刺激到强烈的痛感都可以感知，主要感知辛辣、麻刺、苦涩和清凉等味感，因此能导致三叉神经感知的物质对于很多食品的风味也是非常重要的。综上所述，食品风味是一个综合而广义的概念，它包括挥发性气味物质，也包括非

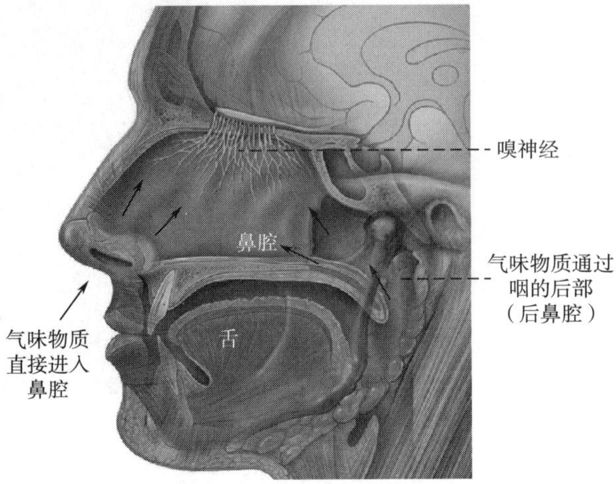

图 1-1 人类的嗅觉器官

挥发性的滋味物质，还包括刺激三叉神经产生辣、麻、涩等触觉的物质。

食品风味科学和工业中还经常涉及的一个概念是食品调味料（Flavoring），它泛指能赋予食品风味的一类产品。国际风味工业组织（IOFI，1990）关于食品调味料的定义是：包含或不包含辅料的可赋予食品风味的浓缩制品，但有咸味、甜味或酸味的产品除外，食品调味料本身不直接食用。因此，食品调味料由对食品风味有作用的配料和没有作用的辅料组成，辅料主要包括产品加工所必需的溶剂、载体和防腐剂等成分。在中国食品科学技术名词审定委员会发布的《食品科学技术名词》中涉及两个概念：调味料（Flavoring，Condiment，Seasoning，Dressing）是指在饮食、烹饪和食品加工中广泛应用的辅助食品，起调和滋味和气味功效；调味剂（Flavoring agent）是指改善食品的感官性质，使食品更加美味可口，并能促进消化液分泌的增进食欲的食品添加剂。

二、食品风味的分类

由于食品风味是一个综合的感官印象，是多种化学成分综合、协同作用的结果，因此食品的风味种类繁多，变化万千，要对其进行严格的分类是极其困难的，目前尚无完整而又十分科学的分类方法。我们可以简单地把食品风味分成两类——期望的风味和不理想的风味。前者如橙汁、薯片和烤牛肉的风味，后者又称为异味（Off-flavor），如油脂的酸败味、豆腥味等。1972 年奥诺夫（Ohloff）曾提出了一个食品风味的分类方法，见表 1-1。

表 1-1 食品风味的分类

风味种类	细分类别	典型实例
水果风味	柑橘型（萜烯类）	橙、柑、橘、柚、葡萄
	浆果型（非萜烯类）	苹果、香蕉、黑莓
蔬菜风味	—	莴苣、芹菜
辛香料风味	芳香型	肉桂、薄荷
	催泪型	洋葱、大蒜、香葱、韭菜
	辣味型	辣椒、胡椒、花椒、生姜
饮料风味	非发酵风味	果汁、牛乳
	发酵后风味	葡萄酒、白酒、啤酒、茶
	复合风味	碳酸饮料

续表

风味种类	细分类别	典型实例
肉食风味	哺乳动物风味 海产动物风味	猪肉、牛肉 鱼、虾、蛤
脂肪风味	—	橄榄油、椰子油、猪油、黄油
烹调风味	肉汤风味 蔬菜风味 果类风味	牛肉汤、鸡肉汤 豆荚、土豆 柑橘果酱、柠檬果酱
烧烤风味	烟熏风味 油炸风味 焙烤风味	火腿 烤肉、炸鸡 咖啡、面包、饼干
恶臭风味	—	干酪

三、 食品风味化学的定义与研究内容

通常，把食品风味化学的知识理解为通过应用色谱、质谱等分析技术取得的食品化学方面的理论成果。尽管这些仪器为鉴定所有的风味物质提供了手段，但经典的化学技术也在被广泛使用，特别是在对精油和香料提取物的研究中。对香料作物与产品的研究，以及从 20 世纪 60 年代初开始的有关食品风味的化学知识迅速发展，共同促成了一门关于风味的学科的形成与发展。食品风味化学是一门研究食品风味的化学组成与特性、分析方法、形成机制及变化规律的科学。食品风味化学是食品化学的一个重要领域，与化学、生物化学、植物学、动物学、分子生物学和食品加工学有密切的关系。

食品风味化学的研究内容主要包括：

①明确天然风味的化学组成和它们的形成机制；

②延迟或防止食品异味的形成；

③采用加酶的方法恢复加工食品新鲜风味或消除异味；

④通过添加合成风味物质改善食品风味；

⑤开发具有特殊风味的新食品；

⑥通过加速产生理想风味物质的反应改善食品风味；

⑦研究风味成分和食品组分的相互作用，实现风味的控制释放；

⑧为遗传育种提供理论依据，开发高产改良风味化合物或风味前体的新物种；

⑨规范食品原料，控制食品质量。

第二节　风味工业与科学的发展历史和趋势

一、风味工业的发展历史

人类总会受到自身味感和嗅感的影响，因而人类历史也与风味的发展和应用密切相关。在史前时期，作为调味料的原料只有香草和香辛料，而如今各种各样的调味料被广泛使用，不仅方便了普通家庭，而且能满足食品工业化生产的需要。风味工业产品主要包括3个部分：香精油和天然提取物、芳香剂、调配香精。香精油和天然提取物是组成复杂的混合物，可通过各种加工过程从天然资源中获得；芳香剂是均一的产品，可以是天然来源，也可以通过合成制取，但对于一些常用的芳香化合物来说，合成原料和天然产物之间的应用效果存在巨大差异。调配香精是香精、芳香剂等的复合混合物，根据用途的不同，可以是浓缩物，也可以是溶剂稀释物或载体结合的形式。随着经济的发展，这些风味工业产品的种类与产量也在逐渐发生变化，并且影响着人们的生活。

风味产业的起源可以追溯到埃及史的早期。据文献记载，早在公元前3000年古埃及人民已非常熟悉香料生产技术。在当时的古埃及，香料商贾往来，市场繁荣。除了食用与药用，许多辛香料和树脂被用于涂抹防腐。就技术而言，公元1世纪前，人们已掌握简单的香料加工方法，如香精油和油树脂的蒸馏和萃取，古代阿拉伯人对此作了详细记载。16世纪下半叶，精油开始广泛生产，精油产品最初主要为药用，直到17世纪才在香料店铺逐步得到推广应用。

香精油的工业化生产可以追溯到19世纪的前半叶。到19世纪中叶，人们认识到了单个芳香化合物的重要性，并且开始从相应的天然物质中分离提取。1874年，尼克拉·特奥多尔·高布利（Nicholas-Theodore Gobley）从香草豆中分离出了特征风味化合物香兰素，这是第一次有人成功地从原料中提取出一种风味化合物，是风味科学的一项重大进展。紧接着人们开始了芳香物质的合成。早期合成的重要芳香物质除香兰素外还有水杨酸甲酯、肉桂醛、安息香醛等，它们是随后飞速发展的众多合成芳香化合物的前体物质，其制备技术的建立为日后风味工业的发展奠定了重要基础。图1-2展示了风味工业的发展历程。德国和瑞士的企业率先通过提取食物中的天然风味物质，显著扩大了风味市场。在美国，许多香料公司开始进口欧洲精油和提取物，他们通过在国内配制和生产原料来满足当地的经济和市场需求。到20世纪初，越来越多的食品和饮料公司挖掘了更多的商业口味的需求。1909年，风味提取物制造商协会（Flavor and Extracts Manufacturers Association，FEMA）在美国成立，有效推动了美国风味产业的形成与发展。第一次世界大战迫使美国与德国之间的所有贸易停摆，由于当时市场上大多数人工风味料都是德国制造的，美国的风味行业受到了沉重打击，过去进口这些风味料的美国公司被迫开始自主研发产品。第二次世界大战期间，对军粮的需求使大量美国公共资金投向食品工业新技术开发，将食品加工成为耐贮藏的形式，风味添加剂的应用成为改善加工食品风味品质的措施之一，大大提高了风味工业在食品行业及社会经济中的作用。即便如此，风味工业的发展直到20世纪60年代才步入快车道。在20世纪60年代，现代仪器分析技术和信息技术的迅速发展开始极大地影响风味和香料行业，大量人工合成风味料被允许应用于食品工业，方便食品开始走进千家万户，为风味工业带来新的经济增长点，喷雾干燥香精产品的出现也显著拓展了风味产业的市场。风味工业在20世纪90年代开始转型，随着经济全球化进程加快，风味研究开始更多地以产品应用为导向，产业发展开始由投资驱动逐渐转向创新驱动，风味控制释放和产品概念整合成为行业热点。步入21世纪后，“生产力”成为风味行业关键词，食品企业重组兼并、精益管理，将风味产品的品质改善作为发展目标，整个风味行业更加关注消费者体验，产品的味觉与口腔感知效果成为企业对产品质量评价的重点，同时越来越多的企业将产品创新方向瞄准绿色、健康与可持续。

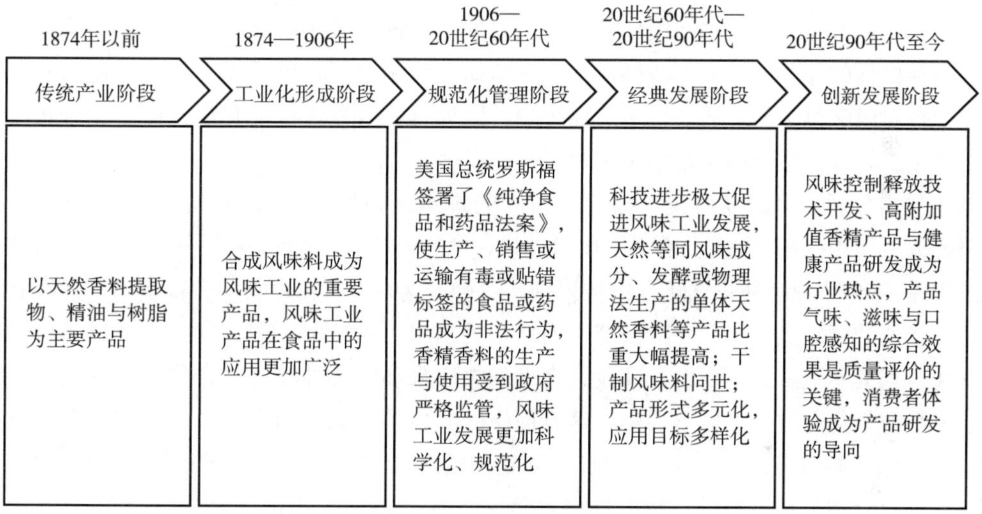

图 1-2 风味工业发展历程

纵观整个风味工业的发展历程，可以认为风味工业的发展开始于欧洲，此后延伸到美国，再逐渐推广到世界各地。如今，西欧的公司重新占据了第二次世界大战后由美国公司一度领先的世界风味市场的领导位置。总体而言，和其他工业领域一样，风味工业的发展过程呈现了这样的趋势：许多国内企业中最具代表性的公司通过合并、兼并和市场扩张发展为全球运作的跨国公司。随着这种兼并过程，小公司和中等规模的公司数量逐渐减少，市场更趋统一。从20世纪末开始，全球风味工业绝大多数销售额是由奇华顿（Givaudan）、国际香精香料（International Flavors & Fragrances，IFF）、芬美意（Firmenich）、德之馨（Symrise）、凯瑞集团（Kerry Group）、森馨（Sensient）、曼氏（Mane Sa）、高砂（Takasago）、罗伯特（Robertet）、泰莱（Tate & Lyle）、长谷川（Hasegawa）等十余家公司实现的。亚太地区从2019年开始占据全球香精香料市场的主要市场份额，约三分之一，其次是北美地区。在未来数年内，亚太地区的香精香料市场将迎来6.6%以上的最快年复合增长率。这是由于，亚太人口购买力提高，饮食习惯正发生变化，城市化扩大，客户基础雄厚，推动了市场增长。

二、风味科学的发展历史

风味工业的发展是风味科学进步的重要推动力。为了适应市场、创新产品，风味企业必须深入理解风味的本质，通过合理的技术改造风味本身。风味化学作为一个研究领域已经存在半个多世纪，从历史的观点来说，仪器的进步在很大意义上推动了风味研究的发展，这些仪器使科学家能够分离和鉴定食品中产生香味的主体挥发性成分。1952年，英国科学家理查德·辛格（Richard Synge）和塔彻·马丁（Archer Martin）因发明了分配色谱法而获得诺贝尔化学奖，为气相色谱法的诞生奠定了基础。1955年，第一台商用气相色谱仪走上科研舞台，气相色谱法的普遍应用（20世纪50年代末到60年代初）标志着风味研究的开始，从此，该领域的研究有了飞跃进展。20世纪60年代开启了风味分析研究的大时代，在随后的几年里各种相关的科学出版物和专利爆发式增长。在气相色谱法诞生之前，未知挥发性化合物的解析、分离和辨认是一项极其繁重的任务。随着气相色谱法不断成熟，风味化学随之发展起来。熔融硅毛细管气相色谱柱的出现有重要的意义，因为熔融硅柱的发展使高效色谱法不再只是专家的专属方法，其应用得到了推广和普及。低成本四极杆质谱仪的发展也促进了风味研究的快速发展。这种与气相色谱兼容性极佳的仪器的低成本特性使许多风味研究者用上了这种技术。然而，这项发展在某种程度上也对风味科学的发展产生了负面影响，因为有些研究者在没有充分确定化合物特征的情况下使用，并且把错误的鉴定结果撰写成文并发表。

基于仪器分析技术的发展，风味化学研究的进步逐渐加深了人们对食品风味的理解。起初，研究人员使用气相色谱-质谱联用技术（GC-MS）来鉴定食品中的一系列香气化合物，现在食品中差不多有7000种香气化合物被识别、明确。这些香气化合物中有很多是天然存在于食物中的，其他的则是热处理、发酵甚至腐败作用的结果。后来，人们注意到食品风味可能不能由香气化合物简单地配制再现，必须设计合理的方法来确定哪种香气化合物对食品的香味贡献最大、哪种香气化合物是无关紧要的。这方面研究的最早尝试是确定一个从气相色谱中分离出的单个香气化合物的感官特征（气相色谱-嗅觉测量法）。人们认为那些闻起来具有该食品明显特征气味的化合物是最重要的，然而许多食品中没有“特征影响化合物”，它们的香味是许多其单体不具有该食品特征气味的物质组合的结果。在这样的背景下，人们发展了许多确定食物主要香味成分的相关技术。最早的技术就是简单地确定某种气味物质是否以高于感官阈值的含量存在于某种食品中。罗思（Rothe）和托马斯（Thomas）在量化方面做了补充，他们通过计算食品中香味成分的香味值——食品中香味物质的原始浓度除以它的感官阈值，来确定该香味成分在这种食品中的重要性。这种技术后来被许多研究人员改良，但若想十分严谨、客观、科学地反映某种风味物质在某种食品中的重要性，更有效的分析和鉴定方法的建立与发展仍然任重道远。

从历史观来说，人们付出了大量的努力来探索植物风味、加热过程和发酵时风味形成的机制；异味因为和食品工业的经济重要性密切挂钩，也成为大量风味研究的主题。但目前，对风味形成机制的研究正在逐渐减少，主要是因为全世界风味研究投资的变化。在20世纪60年代末期和70年代早期风味化学研究在美国、欧洲和日本都非常活跃。那时的风味研究非常容易获得资金支持，因而在明确风味形成的生物合成途径以及对风味起重要作用的化学组成等方面取得了瞩目成就，推动风味科学向前迈进一大步。但到20世纪80年代早期，美国政府对风味研究的支持开始下降，此后一直稳定在仅有少数几个实验室可以生存的水平。而欧洲的风味研究持续得到政府资助，所以逐步成为世界风味研究的领头羊。21世纪初，食品工业和许多日用品工业已经意识到风味对消费者的价值，因而包括美国在内的风味理论研究的资助又重新增加，风味研究也因此得到新的发展。

三、 基于风味工业发展现状的食品风味化学研究前沿与趋势

日趋工业化的生活方式使人们对食品风味料的需求在近 100 年来日益增长，食品生产从单个家庭加工发展为工匠加工进而演变为食品工业。在 20 世纪五六十年代，消费者非常推崇技术进步，人们以对新技术、新工艺的积极态度迎接强化风味的新型方便食品的问世，对合成风味物质也是完全认可的。而在随后的数十年里，健康、舒适和节食成为时尚，人口统计学对今天的风味工业正产生越来越重要的影响。到了信息技术飞速发展的 20 世纪 90 年代，对化学品持反对态度的消费者对食品提出了更多的要求：天然、新鲜、低能量、低脂肪、低胆固醇、低咖啡因、低尼古丁、高纤维、高维生素、素食产品以及民族特色食品。所有这些属性构成了现代食品的趋势：健康、多样和方便。过去的消费者从没有像今天这样在接受方便食品同时如此关心健康和饮食、长寿和营养之间的相互关系。他们对带来感官愉悦的天然创新产品的期望不断增加，但对品牌食品的可接受价格却不断降低，这就对食品工业，特别是风味和配料工业提出了巨大的挑战。正是这种挑战在 21 世纪初引起了食品工业，特别在技术环节几乎革命性的结构变化，这是应对需求天然化、成本高效化趋势的唯一方法。

这种变革导致生物技术的基础知识在很多工业生产过程中的转移和应用。此外，温和的现代加工工艺，如反渗透、超滤、柱色谱和冷提取加工的应用不断增加以保证最大程度地得到稳定、天然的最终产品。还有，由于计算机技术的发展，当今的多种分析技术的迭代速度日趋加快，确保能够分析各种不同基质中的成分，从而可用于很多产品的风味创新。尽管现代分析方法是风味工业非常重要的基础技术，但风味的调配、构建与设计还是一种艺术创作，因为这种创作在很大程度上取决于感官体验，这也使得风味配方常常是难以破解的秘方。

食品风味工业中另一个越来越受期望的目标是“多功能”。对于单个组分而言，多功能意味着简化加工工艺的同时降低成本，如乳酸菌发酵产物就是一个很好的例子，一方面能够改善饮料的口感，同时通过其代谢作用作为天然稳定剂起增稠作用。食品创新和产品设计也往往与风味工业技术发展密切相关，食品企业研发的部分投入也已从食品工业转向风味和配料工业。食品企业一方面需要投入巨大的努力开发产品，另一方面也需要面对挑战，引导风味工业产品的趋势。新开发的风味料产品进入目前还没有风味化的新领域逐渐成为风味工业获取市场份额的机会。开发创新风味咖啡、风味方便乳饮料、风味冰茶等就是饮料方面这种风味多样化延伸的典型例子。同时脂肪代用品等食品添加剂领域的快速发展也导致相关产品领域调味料的需求不断增加，因为脂肪减少导致的风味损失需要风味料弥补。随着经济全球化的进程、自由贸易区的设立、食品安全指南的共享、各种文化之间壁障的日益减小，食品风味工业将更趋国际化，发展前景将更为广阔，各种民族特色风味食品也会更加繁荣。

在这一背景下，许多风味工业企业的研究焦点是有效的创新，把基础研究成果与市场目标联系起来。这些技术创新主要集中在分析和合成化学、生物技术在风味创制中的应用、关键特征风味成分的鉴定，食品风味的稳态化以及功能性食品中的香料选择问题等领域。这使得风味的受控形成与控制释放，分子感官技术、智能感官分析技术与数学统计方法的联合应用，以及风味产品的健康与安全评估等，成为食品风味化学领域目前的热点问题。

（一）风味的结合与释放

食品给人们带来风味感官反应的两个必要条件分别为风味化合物的存在及其从食品基质中的有效释放。人们发现，有时，完全相同的风味料，在热量较高的食品中具有较好的应用效果，

而在低热量食品中却完全不被接受，这很大程度上是由于两种食品不同的风味释放状况造成了产品感官品质的差别。美国在20世纪70年代和80年代已经广泛研究了风味物质与主要食品组分如淀粉、蛋白质的相互作用对风味释放的影响，进入21世纪后，微/纳米运载与胶囊化技术的兴起与创新为食品风味物质与其他食品组分之间相互作用的理论研究及技术发展开辟了全新的天地，口腔加工学作为食品科学较新的研究方向，更是带动了人们从更多元化的视角深入解读风味化合物分子在食品入口后的奇妙旅途。

1. 风味物质的释放

风味物质的结合与释放是影响食品品质的重要指标。人们通常期望风味物质在食品加工、贮存过程中保持稳定，在食用时能充分释放或缓慢释放。影响风味释放的主要因素包括食品主要组分如蛋白质和淀粉与风味物质之间的结合作用、脂肪对风味化合物的溶解、风味化合物在食品基质中的传质阻力、消费者的咀嚼速率和呼吸频率、唾液的组成和体积等。

食品风味物质释放量的准确快速测定方法一直是关注的重点。早期的研究主要考虑由于风味结合导致的蒸气压减少，但这种研究没有考虑到质构在限制风味释放方面的动态影响。后来陆续发展到动态方法包括吹扫-捕获技术以及“人造嘴”模拟咀嚼过程。然而，这些方法大多缺乏足够的灵敏度来实时地收集数据，而且需要浓缩，收集时间通常是几分钟，这与实际食品从入口到吞咽仅很短时间有所不同。此后，英国诺丁汉大学安德鲁·泰勒（Andrew Taylor）教授等通过在大气压化学电离质谱（APCI-MS）前端加装气体接入装置并将鼻息呼出气接入该设备，实现了对口腔加工后风味挥发物浓度变化实时跟踪，从而能够更客观准确地反映食品中风味的释放动力学，这对研究口腔加工过程和香气释放过程有重要意义。

减脂、减糖、减盐是目前健康食品发展的大趋势。食品中脂肪的种类、含量和性质对香气化合物在基质、顶空中的分布具有显著影响，因此低脂、脱脂、代脂食品的风味保持是当下风味化学领域的研究热点之一。而对于减糖与减盐食品，如何提高食品中甜味、咸味刺激物的释放速率与释放量，并使其与味觉受体相互作用从而增强味觉感知是目前亟待解决的瓶颈问题。

2. 风味物质的微/纳米胶囊化

许多香气物质不稳定且易挥发，并且会因为热、氧、化学相互作用或挥发等因素而改变其感官特性。另外，食品体系比较复杂，风味物质稳定性和溶解度有限，其在产品中的应用将会受到限制。因此，通常利用微/纳米胶囊技术对风味物质进行包埋，不仅可以保护敏感成分、抑制风味的挥发损失、避免风味成分与其他食品成分反应，而且能够改变风味常温物理形态并达到缓释或控释的效果。

通常经过加工的微胶囊粒径在3~800μm，芯材与壁材呈现核壳型或基质型分布。分子包合则发生在分子水平上，单个风味分子被包埋在环糊精的空穴中。目前食品工业常用的喷雾干燥微胶囊已无法满足食品加工的要求，况且在高温或高湿的环境下，玻璃化的壁材极易溶胀破裂，释放内部芯材，因此亟须研制开发能适应不同食品加工要求、具有特殊释放性能的微胶囊化香精。含糊精成分的材料加工成糖玻璃的挤压技术已经在商业上用于风味精油的微胶囊。这种微胶囊材料主要应用在糖果和口香糖工业，尤其是利用糖醇的无糖挤压技术。

纳米载体是微胶囊技术的纵深发展，特殊的小尺寸效应和表面效应赋予了其更卓越的功能性质，如提高包埋效率、实现控制释放并改善稳定性。近些年，纳米载体包埋风味成分逐渐发展成一个重要的学科分支，在食品工业中扮演着重要且不可替代的角色，也是当下食品科研领域的研究热点及重点。风味纳米载体根据制备原理及方法差异被分成纳米乳液、纳米脂质体和纳米颗粒等。包埋体系的稳定性和释放特性受壁材选择和环境条件的影响很大。目前采用蛋白质、多糖、脂质以及将这些组分通过分子修饰开发新型壁材降低风味递送体系的环境敏感性的研究颇受关注。此外，壁材的选择对风味物质能否实现定点释放起到决定性作用，粒径大小的精确控制是风味物质保留与释放的关键因素。纳米载体负载风味物质在产品生产中的实际应用尚不成熟，是纳米风味载体在未来发展中的研究方向。

（二）加工风味受控形成

烹调艺术已经在风味科学创新的加工风味领域得到充分彰显。加工风味是在食材混合、加热或发酵等条件下通过使各种食物成分反应而制造出的熟食风味特征，主要的反应风味是通过美拉德反应（非酶褐变）、脂质氧化与降解、蛋白质水解与氨基酸降解、焦糖化反应等多种复杂反应形成的。引起加工风味形成的这些化学反应同时也是各种反应型调味配料生产的基本原理。与调配型的人工合成风味料相比，这些反应型调味配料具有“天然”特征，是加工风味研发的一个重要驱动力。目前的反应型调味配料主要以热反应香精为主。以热加工技术为基础的风味料主要通过蛋白质水解、脂质氧化、美拉德反应等途径制备，所涉及的化学过程具有显著的复杂性，其产品风味品质对配方和加工条件细微变化表现出显著的敏感性。反应型调味配料研发的历史可追溯到20世纪60年代的早期，发展至今，科学研究已经对该方向的工业技术革新做出了很多贡献，然而目前许多风味物质形成的机制与调控技术依然空白，优选反应原料的种类、比例以及风味形成的调控方法与机制等仍需继续探索。

食品中有超过3500种挥发性化合物的产生被归因于美拉德反应，其中许多微量化合物的感官阈值很低，但它们对食物特征香气的贡献非常重要。美拉德反应对食品品质的重要作用促使众多研究旨在发现美拉德反应理想风味形成的控制策略。热加工风味物质的鉴定、重构，以及通过化学修饰与物理干预来实现食品风味和色泽的调控是该领域的重要研究方向。现代食品发展趋势是健康、多样和便捷，消费者对天然绿色、营养健康和快捷烹制的美味产品期望不断增加，而现有的美拉德反应调控手段无法满足现代消费者的需求。同时，随着中国经济与科技的快速发展，人们的生活节奏和传统饮食观念已发生巨大改变，食品的意义不再仅是饱腹之需。人们追求精致、营养且美味食品的同时，也在追求自主烹制美食过程中的愉悦感、成就感及情感传递。因此，风味化学研究者提出了加工风味受控形成的创新方向，其策略是采用稳定、天然、绿色的美拉德反应风味前体物质作为食品风味强化和色泽修饰可控因子，使其在后续热加工过程中继续完成美拉德反应，形成预期的理想风味。在这一技术中，可根据不同加工食品或餐饮需求，选择并设计适宜的风味前体或科学配比不同类型风味前体复合物，作为受控因子基料添加到食品基质中。因此，无论在下游食品加工还是家庭烹饪过程，人们只需简单进行后续加热操作，便可获得理想的食品风味和色泽。食品加工者无需掌握专业的美拉德反应调控知识与技术，终端消费者也无需具备优秀的烹饪调味技能，便可体验到自主烹饪的乐趣和成就感。因此，该技术方法的提出，不仅顺应了现代化食品工业的发展趋势，同时也满足了消费者对当代美食从被动的感官愉悦到主动的愉悦感观的双重需求。

美拉德反应初始阶段产生的相对稳定的中间体类风味前体，如Amadori化合物或Heyns化合物，本身不具有风味，却是重要的非挥发性风味前体，并且倾向于在热反应期间产生最终产物，即完全美拉德反应产物。研究人员通过比较热处理前后的完全美拉德反应产物溶液，发现完全美拉德反应产物在热处理过程中挥发性风味物质易散失，且在高温环境中部分风味物质能够发生后续交联或聚合反应，转化为分子质量较大的色素物质，这两种原因共同致使风味物质含量显著下降。而美拉德反应中间体则能在后续加热过程中不断生产挥发性风味物质，总浓度呈现持续上升的趋势。在热加工过程中，完全美拉德反应产物中风味物质随处理时间延长而呈下降趋势，而美拉德反应中间体 Amadori 化合物受热完成后续美拉德反应，风味物质迅速形成，表现出加工风味受控形成的速度优势。多种不同糖与氨基酸或肽形成的美拉德反应中间体有望弥补完全美拉德反应产物的应用缺陷，实现食品风味强化，促进风味产业的产品迭代与技术升级。

（三）分子感官分析

食品风味科学研究的一个重要目标是确定某种食物的特征风味成分。在风味工业中，可以通过食品特征风味成分的确定来进一步设计某种天然或人工的风味配方。在食品工业中，可能会通过确定某种产品的关键特征香味成分，明确加工过程、配方或包装的变化对产品风味的影响机制。从早期的嗅闻法开始，对食品主要香气成分的分析方法不断创新。

人们目前普遍认为，不是一种单一的分子影响风味特征，而是多种具有气味和滋味活性的关键化合物的组合编码反映给定食物的典型香气和味道轮廓，其中每种化合物处于其特定浓度。香气和滋味的分子解码是通过技术手段驱动建立并优化食品感官品质知识的必要前提，然而目前许多食品风味的组合编码尚未在分子水平上被确定。

风味活性分子的表征和分类往往通过两个特定的指标来实现，即每种风味活性分子的味阈值浓度及其表现出的特有的风味属性特征。在感官科学中，食物的整体风味品质往往被笼统地描述为“好味道”。长期以来，气味和滋味物质之间的界定、区分一直很复杂。如今，先进的高真空蒸馏技术，如溶剂辅助风味蒸发（Solvent-assisted flavor evaporation，SAFE）方法，能够分离含有气味活性分子的挥发性部分和含有食品关键滋味物质的非挥发性部分。一旦实现气味和滋味物质的分离，就可以将包括受过训练的感官评定员在内的感官分析评估工具与现代仪器技术相结合，从而识别出最重要的气味和滋味化合物，并对它们组合后产生的相互作用进行科学解码。

近年来，德国慕尼黑工业大学风味化学家皮特·斯伯尔（Peter Schieberle）教授提出了分子感官科学的概念。分子感官科学又称感官组学（Sensomics），是基于现代仪器精确分析所确定的食品中各风味物质的实际浓度，对各种单一风味物质进行混合，并评估这种由结构明确、浓度确定的风味重组物能否有效模拟真实食品风味特征的一项学科。分子感官科学是一种依托于感官评价、检测分析等技术的多领域交叉学科，包括分析化学、感官评定科学等。其核心内容是在分子水平上定性、定量描述分析，精确构建食品的风味重组物。虽然分子感官科学的概念被提出的时间较晚，但研究人员对各类食品风味特征成分分析鉴定的探索早已开展，这为分子感官科学的发展奠定了重要基础。

在香气分子感官分析过程中，首先需要采用气相色谱、质谱联用（GC-MS）技术对食品中的气味物质进行分离与鉴定，进一步通过气相色谱嗅闻（GC-O）、香气提取物稀释分析（Aroma Extract Dilution Analysis，AEDA）和稳定同位素稀释分析（Stable Isotope Dilution Analysis，SIDA）等技术对该食品的关键气味活性化合物进行准确定性定量及重要性排序。然而，关键香气物质脱离原来的食品体系后，原有体系中香气物质之间以及非挥发物质和香气物质之间的相互作用被忽略，这可能会造成关键香气物质的定性和定量误差。因此，接下来需要通过香气重组研究（Aroma recombination study）和缺失试验（Omission test）等验证手段对特征香气物质鉴定的结果进行验证，这是分子感官科学研究的关键环节。缺失试验是在模拟体系实验成功的基础上进一步确定前期鉴定结果中某一种或某一类香气物质在样品中的香气贡献程度，用于验证该香气物质是否真正在样品的香气特征中呈现重要作用。

分子感官科学能够实现食品特征香气成分的精确定性定量分析，准确判断食品的风味特征及其变化。此外，香气模型（Aroma model）及缺失试验的实施，筛选出了与食品香气轮廓非常相似的香气重组物（Aroma recombinate），从分子层面揭示了食品特征香气的化学本质。这对食品风味分子本质的阐明、食品感官特性与风味化合物映射关系的建立具有重大的意义。目前，经过数十年的发展，分子感官科学已成为食品风味分析中重要的应用技术，如今广泛应用于果蔬产品、水产品、调味品、酒类、肉制品等各类食品的活性风味成分研究。

（四）偏最小二乘回归分析技术

数理统计的方法也被广泛用于食品关键特征风味物质的确定，以偏最小二乘回归（Partial Least Squares Regression，PLSR）分析技术为典型代表。PLSR是一种新型多元统计分析方法，1983年，由伍德、阿巴诺等首次提出，主要应用于建立多因变量间的统计关系。长期以来，模型式的方法和认识性的方法之间的界限分得十分清楚，而PLSR则把它们有机地结合起来了，它是一般最小二乘法的一种拓展，能够克服第一代多元统计分析方法的一些不足，在一个算法下，可以同时实现多元线性回归分析、主成分分析和典型相关分析。这是多元统计数据分析中的一个飞跃，因此在国外被誉为第二代多元统计分析方法。

PLSR最初应用于计量化学领域，现已被推广应用到化学、经济学、医药及食品等领域，并取得了较好的效果。在食品领域中，PLSR已得到很好的应用。利用PLSR对食品的感官属性、GC-MS数据和电子鼻数据之间进行相关性分析，建立相应数学预测模型，可明显提高对产品感官属性的预测性能，成功实现相关指标的实时在线检测及加工工艺的定向调控，同时有助于风味形成机制的理论深化。PLSR作为数理统计分析的方法之一，在食品风味研究的数据建模及指标预测等方面都展现出显著的优势，因此在未来食品研究中其优势也将会持续并不断放大。

（五）智能感官分析技术

传统的感官评价是评价颜色、香气、滋味和质量的主要手段。该方法虽较为常用，但存在主观性强、一致性差、难以量化等缺点，这导致实验结果难以标准化，可靠性和可比性差。智能感官分析技术借助传感器、信号采集器、分析系统等现代精密仪器模拟人体的感觉器官，当仪器发现被测样本中的某种属性或物质时，就会发出响应信号；信号采集器与人类的神经系统类似，对接收到的响应信号能够进行相应的简单处理和传输；电脑与人脑类似，通过对信号的深度处理和综合分析，最后得出整体的结论以分析食物的感官品质，例如颜色、香气、味道和形状。常用的智能感官分析技术主要包括计算机视觉、电子鼻、电子舌和质构分析技术。与传统的感官评价相比，智能感官分析具有检测时间短、重复性好、无须复杂的样品前处理、无感官疲劳、检测结果客观可靠、易于在线快速分析等优点。电子鼻和电子舌是模仿人类嗅觉和味觉感知机制研制的一种现代化智能感官分析仪器，能实现对物体气味和味道的客观化、数字化表述。

随着电子鼻传感器材料的发展，尤其是生物芯片、生物技术、集成化技术的提高以及纳米技术的发展和应用，电子鼻的灵敏度和准确度得到了极大的提升，具有检测不同种类的气味耗时短、速度快、测定评估范围重复性好、可避免人为的误差等优点。此外，电子鼻还能检测一些人鼻不易察觉到的微弱气体，这对嗅觉审评来讲是大有裨益的，目前已得到广泛应用。研究者们利用 GC-MS 并结合电子鼻分析揭示了牛乳在发酵及贮藏期间风味物质的动态变化规律，筛选出了具有良好风味的复配发酵剂；还有一些研究者基于鱼糕贮藏过程中产生的氮氧化物、硫化物、甲烷这些重要挥发性成分对应的电子鼻传感器信号建立了鱼糕贮藏过程中挥发性盐基氮（TVB-N）含量的多元线性回归预测模型，达到对鱼糕样品新鲜度的无损、快速检测。电子鼻技术不仅可以用作肉类产品的品质区分、茶叶香气研究、水果新鲜度及成熟度检测等，近年来在白酒品牌鉴别方面也得到了极大的发展。科研人员采用 PEN3 便携式金属氧化物电子鼻对不同品牌的白酒产生响应信号，运用主成分分析法筛选特征指标，并使用 GC-MS 分析出风味物质含量的差异性，实现对 11 种不同品牌浓香型白酒进行筛选分类，为浓香型白酒的快速质量分类方法的开发提供了理论和数据支撑。不仅是食品领域，目前也有中药工作者们尝试将其运用于中药研究中。有学者通过电子鼻技术首次明确了九蒸九晒炮制过程中大黄气味的变化规律及其与生大黄、药典法熟大黄的气味特征差异，为进一步阐明大黄九蒸九晒炮制过程中主要活性成分的变化规律、揭示其炮制原理奠定了基础，从而更好地实现对中药的质量评价、产地鉴别、炮制品鉴别等。

电子舌是以低选择性、非特异性、交互敏感的多传感阵列为基础，模拟人体的舌器官的非特异性传感器的液体分析系统，所以早期电子舌在饮料中的应用较多，例如将电子舌应用在啤酒和葡萄酒等酒类、草莓汁和柑橘汁等果汁及红茶等茶饮品的判别分析。目前也有研究人员开展了将电子舌系统应用于水果、肉制品鉴定、大米、食盐、乳制品的工艺考察等试验研究。甚至有研究者从氨基酸、核苷和三偏磷酸钠的反应体系出发，用电子舌检测反应前后体系变化，考察核苷对氨基酸成肽反应的影响，试图找到氨基酸与密码子的联系。智能感官技术不仅能够对被测物质组成进行准确测定，而且能够对不同物质的含量进行测定，对品质做出定性和定量分析。该技术具有灵敏度高、重复性佳等诸多优点，受到了众多科研人员的认可，引发了学术界的广泛关注，具有广阔的发展前景。

（六）健康与安全评估

民以食为天，食以安为先。随着人们生活水平的提高，公众对于食品安全问题的重视程度日益提高，食品安全问题也已成为 21 世纪的焦点问题。在食品风味化学研究的过程中面临的食品健康与安全问题，主要涉及以下三个方面。

1. 风味成分的安全性评估

风味工业一直把风味成分的安全评估作为研究的主要焦点。在风味工业贸易协会、风味和提取制造商协会（FEMA）和国际香料工业组织（IOFI）领导下，风味工业已经建立了一个独立的风味成分安全评估专家小组。美国于 1958 年为纯食品运动而制订的食品添加剂修正案允许很低用量使用风味成分，或者允许使用“通常认为安全”（GRAS）的食品材料。这个运动要求必须具有食品安全鉴定专业资格才能进行安全评估和正式批准。如果应用的物料在其用量范围内没有毒性，即使没有美国食品药品监督管理局（FDA）的审批也可以进行这项评估。1965 年，FEMA 明确了允许使用的物料 GRAS 目录，从那时起已经有 1800 多种物质又陆续添加至该目录中。根据专家评审组和业内学者认可的科学方法和发表的论著，FEMA 确立了安全评估过程，并作为标准被美国管理部门和世界范围内 46 个国家认可。

随着食品和饮料工业的全球化趋势，21 世纪初期，FEMA 就与 IOFI、世界贸易组织

(WTO)一同开始制定食用安全的风味料目录，欧盟在2003年建立了允许物质的目录，世界其他国家也陆续根据各国国情选用或建立包括配料及其安全评估方法的目录。这些规范化目录的建立将为新配料的开发应用开创新的空间。如一家公司的产品在美国达到了GRAS，到其他国家仍然需要得到风味配料的质量认证，其中有些产品的潜在市场可能很小。但如果建立了获得多国安全批准的方式，市场机会将促使风味公司投入资金研究开发更多有趣、新颖、更受欢迎的风味物质。目前，这些安全评估工作仍在继续，更多的风味物质被鉴定、解析和评估，权威机构认可的风味物料的目录也在不断丰富，这对风味工业规范化发展起到了重要的促进作用。

2. 食品加工过程衍生有害物质的控制

随着食品工业的快速发展，我国食品工业的产值已达到农业产值的1.5倍，成为国民经济的支柱产业之一，但是食品安全问题事件也在不断出现。食品安全问题与食品加工环节密切相关。越来越多的研究表明，烟熏、油炸、焙烤等热加工技术在改善食品质构和风味的同时也产生了一些有毒有害物质，即衍生有害物质。自从2002年首次有研究报道热加工食品中有较高含量的丙烯酰胺（AA）后，食品热加工过程导致的食品污染问题引起了广泛关注。有研究证明，AA是一种具有神经毒性、生殖毒性、免疫毒性和致癌性的小分子化合物，被国际癌症研究组织于1994年评定为2A类致癌物，即“人类可能致癌物”。AA主要是由游离的天冬酰胺在食品热加工过程中经美拉德反应形成，在淀粉含量较高且经油炸的食品（如薯片、薯条、咖啡、面包、饼干等）中的含量较高，调查研究发现，在美国，有30%的食物含有AA。

除了AA外，近年来的研究发现，在食品热加工过程中还会产生诸如3-氯-1,2-丙二醇(3-MCPD)及其脂肪酸酯、晚期糖基化终末产物（AGEs）、丙烯醛（ACR）、反式脂肪酸(TFA)及多环芳烃化合物（PAH）等多种有害物质。这些有害物质往往是食品加工过程中普遍存在、不可避免产生的。对于加工过程有害物质的产生，是人们对食品安全问题的一个新的认知领域，只有通过科学研究，真正掌握危害的来源、形成过程和机制，配合有效的检测分析，找到降低其危害的有效途径，并进一步指导食品生产，才能达到控制其危害的目的。比如可以在以下几个方面进一步深入探索：①食品对应加工过程机制和参数影响的研究；②如何减少食品加工环节，保持食品风味的新工艺方法研究；③食品加工过程组分结构变化及危害物产生机制；④食品加工全过程多源安全在线检测与预警体系；⑤食品加工过程优化理论与控制策略研究；⑥食品安全全程控制的食品制造过程设计与构建。

食品加工过程安全控制研究的目标就是要从被动应付向主动保障转变，提供科学与技术支撑，以应对危害物产生途径和转化规律认知的挑战。应对食品加工安全性预警机制与加工全程控制策略实施的挑战。保障食品安全，需要不断开发检测技术、建立溯源体系、健全食品法规、强化监管力度，并加强基础科学研究和关键技术应用。而针对食品加工过程衍生有害物质的研究也必然会成为食品安全科学研究的一个重要内容。

在我国市场经济体制不断改革与深化中，人民的物质生活与精神生活水平正在不断提升，针对食品的生产要求也在不断增加，不仅需要食品具有营养，而且要确保食品的色、香、味等多种感官特征。中国是世界食品生产和消费大国。随着经济全球化和国际食品贸易的增长，世界各国政府近年来都加强了食品安全工作，食品安全成为当今世界各国高度重视和优先考虑解决的重大问题。因此，紧扣中国食品安全控制的主题，为确保食品在生产过程中的质量安全，制定相应的食品生产与加工制度，尤其是针对食品生产中化学制品的添加与运用，有效提升对食品生产加工环节的质量监控，确保食品安全，保障广大人民群众的健康，是关乎我国民生发展的重要内容与措施，也是我国走可持续发展道路的基本保障。

3. “减盐不减咸”的科学减盐与技术减盐

盐的主要化学成分是氯化钠（NaCl），膳食中90%的钠是以NaCl的形式摄取的，主要用于维持人体渗透压及酸碱平衡。NaCl由40%的钠和60%的氯组成，1g钠相当于2.54g NaCl。在西方国家，膳食摄入的钠大约77%来自加工食品，其中以焙烤类食品、加工肉类为主。《中国食品工业减盐指南》显示，我国居民膳食摄入的钠80.2%来自烹饪和就餐过程中添加的食盐、酱油和鸡精等调味品。近几十年来，我国食品工业飞速发展，越来越多的加工食品进入消费者的日常生活中，因此来源于面制品、畜肉、水产类等食品的钠摄入比重也日趋增长。

目前，据报道各国人均食盐摄入量为6~14g/d（2.4~5.5g钠/d）不等，而世界卫生组织（WHO）的推荐量为≤5g/d（2g钠/d）。因此，世界上半数以上的国家和地区都超过了此标准限。中亚是钠摄入量最高的地区，其次是亚太地区、东亚等地区。在中国，2020年发布的中国居民营养与慢性病状况报告显示，城乡居民人均食盐摄入量为9.3g/d（3.7g钠/d），虽然较2015年发布的结果有所下降，但依旧远高于《中国居民膳食指南（2022）》推荐摄入量5g/d（2.0g钠/d）。过量的钠摄入会增加高血压患病风险，而高血压是导致心血管疾病的主要元凶。此外，高血压会进一步增加糖尿病、脑卒中、心脏病、骨质疏松、肾脏疾病和肥胖症的发病率。胃癌和认知障碍在某种程度上也与钠的摄入过量有关。过量钠摄入带来的健康负担已成为亟待解决的社会问题。因此，减钠盐引起了普通民众、政府以及研究人员的广泛关注。WHO会员国就2025年将全球人口钠摄入量降低30%的提议达成了一致。《“健康中国2030”规划纲要》也提出到2030年全国人均每日食盐摄入量降低20%的目标。2007年起许多地方政府通过盐勺配发途径施行“工具减盐”，但因为牺牲口感而收效甚微。在不影响食品风味、质构和安全性的情况下，寻找科学、有效的减钠方法仍然是食品行业和研究者们面临的挑战。

氯化钾（KCl）是NaCl最常用的替代品之一。许多研究表明，KCl可以代替10%~20%的NaCl，因为若KCl完全取代NaCl，则会引起食品具有苦味和金属味。一般来说，钾、镁和钙被用来替代钠离子，而谷氨酸、磷酸盐和乳酸盐按一定比例添加可替代氯离子，这些钠的替代物通常可以提供足够的咸度，但同时它们可能会对食品的质地、水分、外观和保质期造成负面影响。此外，钾离子增加心脏负担，对心脏病、肾功能不全、高血钾等病症患者并不适用。以食品工业为依托，创新减盐技术思路、兼顾风味强化，创制“科学减盐、技术减盐”方法，实现“减盐不减咸”，是亟待解决的重要民生问题，也是食品科学研究与工业技术创新的必然要求，更是立足我国饮食文化背景、统筹应对增味与减盐问题的大健康发展举措，旨在改变“以治病为中心”解决健康问题的传统方式。

将食品调味盐创新与解决全民健康瓶颈问题相结合、将大健康发展理念融入公共政策制定实施的全过程，会在未来一段时间拉动健康服务供给增长、提高食品健康领域发展与经济社会发展的协调性，从战略层面统筹解决有关人民生活品质改善的重大和长远问题。

参考文献

[1] Berger R G. Flavours and Fragrances: Chemistry, Bioprocessing and Sustainability [M]. Berlin: Springer, 2007.

[2] Sara J. Risch, Chi-Tang Ho. Flavor Chemistry. Industrial and Academic Research [M]. Washington DC: American Chemical Society, 2000.

[3] Gary Reineccius. Flavor Chemistry and Technology [M]. 2nd ed. Boca Raton: Taylor & Francis Routledge, 2006.

[4] Erich Ziegler, Herta Ziegler. Flavourings [M]. Weinheim: WILEY-VCH, 1998.

[5] Philip R. Ashurst. Food Flavorings [M]. Gaithersburg, Maryland: Aspen publishers INC., 1999.

[6] 于菪禾. 美拉德中间体风味色泽受控形成规律及加工适应性研究 [D]. 无锡: 江南大学, 2022.

[7] Aishima T. Correlating sensory attributes to gas chromatography-mass spectrometry profiles and e-nose responses using partial least squares regression analysis [J]. Journal of Chromatography A, 2004, 1054 (1-2): 39-46.

[8] Vestergaard A S, Martens M, Turkki P. Application of an electronic nose system for prediction of sensory quality changes of a meat product (pizza topping) during storage [J]. Food Science and Technology, 2007, 40 (6): 1095-1101.

[9] Tikki K, Haugen J E, Andersen H J, et al. Monitoring of warmed-over flavour in pork using the electronic nose-correlation to sensory attributes and secondary lipid oxidation products [J]. Meat Science, 2008, 80 (4): 1254-1263.

[10] Jesús L, Pedro S J, Aznar A T, et al. Correlating e-nose responses to wine sensorial descriptors and gas chromatography-mass spectrometry profiles using partial least squares regression analysis [J]. Sensors and Actuators B: Chemical, 2007, 127 (1): 267-276.

[11] Song S Q, Zhang X M, Khizar H, et al. Contribution of beef base to aroma characteristics of beeflike process flavour assessed by descriptive sensory analysis and gas chromatography olfactometry and partial least squares regression [J]. Journal of Chromatography A, 2010, 1217 (49): 7788-7799.

[12] Song S Q, Zhang X M, Khizar H, et al. Correlating chemical parameters of controlled oxidation tallow to gas chromatography-mass spectrometry profiles and e-nose responses using partial least squares regression analysis [J]. Sensors and Actuators B: Chemical, 2010, 147 (2): 660-668.

[13] Song S Q, Zhang X M, Khizar H, et al. Formation of the beef flavour precursors and their correlation with chemical parameters during the controlled thermal oxidation of tallow [J]. Food Chemistry, 2011, 124 (1): 203-209.

[14] 刘夏磊, 刘芯如, 王雨恬, 等. 鲈鱼干加工过程中热处理及内源酶对风味形成的影响 [J]. 食品科学, 2022, 43 (8): 220-226.

［15］姬云云，詹萍，田洪磊．炖煮时间对羊肉汤风味品质的影响［J］．中国食品学报，2020，20（12）：256-267.

［16］李锐，夏珍珍，王超，等．基于近红外光谱技术快速检测小龙虾中的生物胺［J］．食品安全质量检测学报，2022，13（8）：2419-2425.

［17］Wang X，Ullah N，Shen Y，et al. Emulsion delivery of sodium chloride：A promising approach for modulating saltiness perception and sodium reduction［J］. Trends in Food Science & Technology，2021，110：525-538.

［18］Hofmann T，Krautwurst D，Schieberle P. Current Status and Future Perspectives in Flavor Research：Highlights of the 11th Wartburg Symposium on Flavor Chemistry & Biology［J］. Journal of Agricultural and Food Chemistry，2018，66（10）：2197-2203.

CHAPTER 2

第二章 风味感觉与分子理论

在我们的日常生活中，一次完整的风味体验是依靠我们感官的综合反应以及对接收到的信息的认知加工而形成的。在食物摄入过程中，我们通过味觉、嗅觉和三叉神经感觉系统体验到强烈的刺激。因此，国际标准化组织（ISO）将风味定义为“品尝过程中感知到的嗅觉、味觉和三叉神经特性的复杂结合，且其可能会受到触觉、温度觉、痛觉和/或动觉效应的影响”。此外，许多研究表明，大脑还加工了大量的其他感官信息（视觉、听觉）来生成风味感觉。直到最近人们才认识到风味感觉的广泛性和多样性，并开始了针对它的跨学科研究。本章主要对与风味感知有关的三个主要感觉系统（味觉、嗅觉和三叉神经感觉）、味觉理论与呈味物质的分子结构、化学感觉的跨模态整合进行讨论。

第一节　化学感官系统

一、味觉系统

（一）人类的味觉

味觉是一种口腔中专门负责味觉感受的细胞所产生的综合感觉。它由舌头产生，能够评估潜在食物资源中营养相关的或者有害的化学物质，并引发相应的接受或者拒绝食物资源的行为。目前，世界公认的基本滋味包括酸味、甜味、苦味、咸味、鲜味这五种。其中，苦味觉和酸味觉能够感知食物中有毒或者腐败的成分，使机体感到厌恶，起到警示和规避的作用；咸味觉能够感知食物中的钠盐及其他矿物质；甜味觉和鲜味觉分别能够感知食物中的糖和氨基酸，能够促进机体对于碳水化合物和蛋白质等营养物质的摄取。除以上几种基本味觉形式外，还存在辣味和涩味等其他味道。基本味觉必须遵循以下条件：①在食物中普遍存在；②满足电生理学和心理物理学的要求；③存在独特的感觉器官；④不是其他基本味觉混合而成。除此之外，基本味觉也必须存在其特殊的意义。

“鲜味”是日本人首先提出的一个味觉，20 世纪 80 年代之后，才被作为一种基本味觉，也就是第五种味觉，典型的鲜味物质是氨基酸谷氨酸钠盐（谷氨酸钠或味精）和5′-核糖核苷酸（肌醇单磷酸或单磷酸胍）。近年来对啮齿动物和人类的研究表明可能还存在第六种味觉，即对脂肪类食物的味觉感受——脂肪味。目前普遍认为脂肪味的呈味物质是游离脂肪酸，而不是甘油三酯。在小鼠和大鼠中，位于片状乳突味蕾顶端的脂肪酸转运体CD36对长链脂肪酸具有高度亲和力，并可在味觉受体细胞中表达，也就是说，游离脂肪酸似乎能够有效刺激味觉。然而，几乎没有证据表明人类味觉受体细胞中存在脂肪酸转导系统并发挥作用。因此，“脂肪味”是否构成第六种基本味觉仍有争议。辣味是刺激口腔黏膜、鼻腔黏膜、皮肤和三叉神经而引起的一种痛觉。而涩味则是口腔蛋白质受到刺激而凝固时所产生的一种收敛的感觉，与触觉神经末梢有关。这两种味觉与四种刺激味蕾的基本味觉有所不同，但就食品的调味而言，也可看作两种独立的味觉。

滋味物质间的相互作用发生在3个层面：①混合物中滋味物质间的化学相互作用；②混合物中一种成分与另一种成分味觉受体/转导之间的口腔生理相互作用；③被同时感知的不同味觉之间的认知互动。通常情况下，相同滋味之间的相互作用是一种心理物理学S形曲线，分为扩展阶段、线性阶段和抑制阶段。但当两种激发相同滋味的化合物在高浓度/高强度下混合时，往往产生抑制相互作用。此外，不同滋味之间二元相互作用的类型可能取决于滋味化合物的浓度/强度。即滋味化合物低强度/浓度混合常呈现增强效应；中强度/浓度往往呈现加和作用；高强度/浓度混合时常呈现抑制作用。

（二）味觉解剖学和生理学

1. 味觉产生的基本途径

味觉产生的基本途径是：首先呈味物质溶液刺激口腔内的味觉受体，然后通过一个收集和传递信息的神经感觉系统传导到大脑的味觉中枢，最后通过大脑的综合神经中枢系统的分析，从而产生味觉。一旦滋味物质（促味剂）到达口腔中的味觉受体，便会产生味觉信号；味觉信号根据味觉刺激的部位通过三个“颅神经”（CN）的分支传送到大脑的面部神经（CNⅦ）、舌咽神经（CNⅨ）和迷走神经（CNⅩ）。味觉神经元的轴突终止于延髓中孤束核的吻侧段，神经元通过中央被盖束投射到丘脑腹后内侧核。于此，神经元投射到位于额叶岛盖和毗邻岛叶的初级味觉皮层。初级味觉皮层投射到次级味觉皮层，包括尾外侧眶额皮质（OFC）、扣带回、杏仁核、下丘脑和基底神经节。

2. 味觉受体

每种味觉都有特定的味觉受体介导的转导机制。T1R和T2R受体属于G蛋白偶联受体（GPCR）的超家族，参与感知甜味、鲜味或苦味。具体来说，甜味和鲜味是由三种C类GPCR介导：T1R1、T1R2和T1R3。这些受体有一个7次跨膜螺旋结构域和一个大的包含味觉配体活性位点的细胞外结构域（被称为捕蝇草结构域）。虽然T1R3单独可以作为蔗糖和其他糖的味觉受体，但只有T1R2和T1R3的异源二聚体可以作为所有甜味物质的受体，包括糖、氨基酸、甜蛋白和合成甜味剂。T1R3与T1R1的异源二聚体为鲜味的味觉受体，可检测如L-氨基酸、L-谷氨酸和味精。苦味是由30个高度分化的A类GPCR（T2Rs）家族成员介导，每一种T2R都能检测到多种苦味化合物。普遍接受的观点认为咸味（Na^+）和酸味（H^+）的味觉受体是由离子通道介导的。Na^+和其他离子渗透到味觉细胞中会使膜电位去极化，触发钙内流，然后释放神经递质。至少在啮齿动物中，Na^+味觉感受与选择性与上皮阿米洛利敏感钠通道（ENaC）有关，但在人体中ENaC与Na^+味觉感受有关的证据尚显不足。目前，已提出几种候选的酸味受体，例如，神经元阿米洛利敏感阳离子通道 1（ACCN1），超极化激活的环核苷酸门控通道（HCN）家族中的 HCN1 和 HCN4，酸敏感钾离子通道（TASK-1）和 Na^+-H^+-交换异构体 1（NHE-1），但为了更好地理解酸味产生的机制，还需要进一步的研究。

3. 味蕾

口腔内的味感受体主要是味蕾。大多数的味蕾位于舌头表面乳突中，尤其在舌黏膜皱褶处的乳突侧面更为稠密。其余也有小部分分布在软腭、咽喉和会厌等处。普通成年人大约有 2000 个味蕾，婴儿的数量更多，有 10000 个左右，而且人类的味蕾数存在很大的差异。损坏的味蕾能够在 7~10d 内迅速被取代，这些味感受体既可获取营养又可保护身体免遭有毒物质的损伤。但年长、口腔感染、胃反酸、反复烫伤、吸烟、疾病（糖尿病、恶性贫血等）、某些药物、脑损伤和辐射等原因则会使味觉降低或消失。

味蕾是一种鳞茎状或玫瑰花蕾状结构，由 50~120 个双极上皮细胞（味觉细胞）组成，10~14d 更新一次。每个味蕾的乳突上表面通常包含一个小的开口（例如，菌状乳突中的开口为 135~225mm^2），称为“味孔”。味觉受体细胞体通过味孔直接与促味剂接触。味蕾中的细胞有 4 种类型：位于味蕾基部的基底细胞、微绒毛较长的Ⅰ型（暗）细胞、微绒毛较短的Ⅱ型（明）细胞和Ⅲ型（中间）细胞。圆形的基底细胞位于味蕾的基部，其他 3 个细胞被拉长，从基部延伸到味蕾的顶端。大多数参与信号转导的味觉受体和酶只在Ⅱ型细胞中发现，而大多数与传入轴突有关的突触在Ⅲ型细胞中。Ⅱ型细胞到Ⅲ型细胞的信息可以通过缝隙连接电传递实现；然而味觉细胞通过神经递质如血清素实现信息交流。味觉细胞后面连着传递信息的神经纤维，这些神经纤维再集成小束通向大脑。这些神经传导系统上有几个独特的神经节，它们在各自位置上支配着所属的味蕾。

人体具有 4 种乳突，数量最多的丝状乳突没有味蕾，即没有味觉功能，但具有触觉功能，还起到固定食物的作用。而菌状乳突、片状乳突和环状乳突则具有味觉功能（图 2-1）。位于舌尖上和舌侧面的菌状乳突（40%~50%含有味蕾）是蘑菇状的，看起来像红点，每个乳突含有 2~3 个味蕾，大约占舌头上全部味蕾的 18%。片状乳突是像叶片一样的乳突，位于舌头背部的边缘，呈小脊状，在舌头的两边大概多达 20 个脊，每边含有 600 个左右味蕾，大约占舌头上全部味蕾的 34%。在舌背后端有 8~12 个相对较大的轮廓环状乳突，在舌背呈“V”字形排列，每个大约含有 250 个味蕾，占舌头上全部味蕾的 48%左右。

人们曾在舌谱图上对味觉感受做过完整的分布，一般来说，舌尖处对于甜味比较敏感，舌的中间对于咸味比较敏感，舌两边对酸味敏感，而舌的后端对于苦味较为敏感。图 2-2 所示为人舌功能剖析图，精确地给出了基本味觉区域分布。

人舌功能剖析图突出了味蕾并把它分为甜味、酸味、苦味和咸味区，虽然不同的区域更偏向于负责某些味觉特征，但是在区域间还是有相当部分的重合。

味感物质只有溶于水后才能进入味蕾孔口刺激味细胞。将一块干燥的糖放在用滤纸擦干的舌面时，并不能感觉到甜味。口腔内由腮腺、颌下腺、舌下腺以及无数小唾液腺分泌出来的唾液，是食物的天然溶剂。除此以外，唾液还能洗涤口腔，使味蕾能更精确地辨别味感。因此，唾液与味感有极大的关系。

4. 味觉神经

如前文所述，3 条脑神经参与了味觉信号的传递。面神经（CNⅦ）的细胞体位于膝状神经节，其味觉信号通过鼓索神经和岩浅大神经传递。鼓索神经支配舌头前 2/3，包括菌状和前片

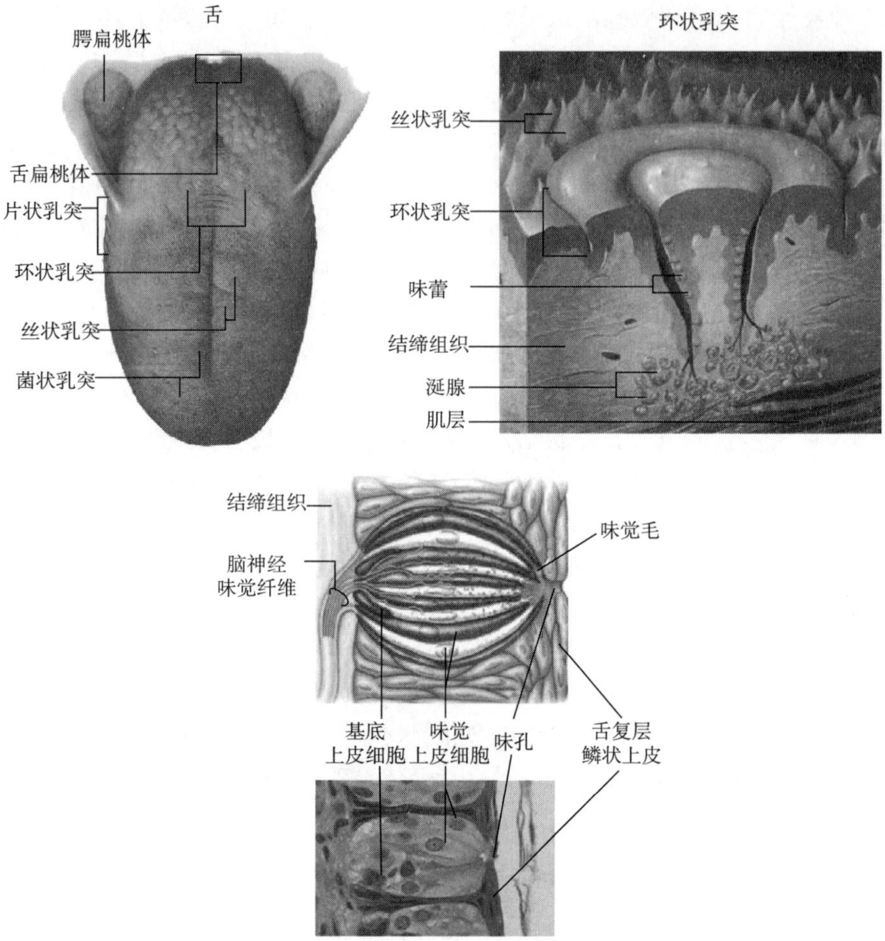

图 2-1　人舌部结构示意图

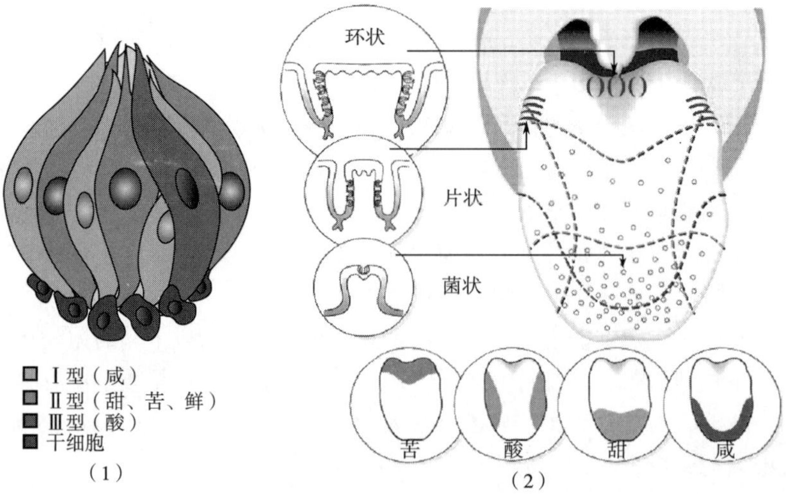

图 2-2　人舌功能剖析图

（1）味蕾　（2）舌面

状乳突，而岩浅大神经支配软腭上的味蕾。此外，鼓索和岩浅大神经都将副交感神经纤维传送到相关的唾液腺。舌咽神经（CNⅨ）的细胞体位于岩神经节内，通过舌扁桃体支配后舌的环状乳突。迷走神经（CNⅩ）的细胞体位于迷走神经下（结节状）神经节，并通过喉上神经支配会厌喉表面、喉和食道近端的味蕾。

二、嗅觉系统

（一）人类的嗅觉

嗅觉是挥发性食品成分与鼻腔中的嗅觉感受器相互作用的结果。其中产生令人喜爱感觉的挥发性物质称为香气，产生令人厌恶感觉的挥发性物质称为臭气。

嗅觉是一种比味觉更复杂、更灵敏的感觉现象。最敏感的气味物质甲基硫醇只要在 $1m^3$ 空气中有 4×10^{-5}mg（约 1.41×10^{-10}mol/L）就能感觉到；而最敏感的呈味物质马钱子碱的苦味也要浓度达到 1.6×10^{-6}mol/L 才能感觉到。嗅觉感官能够感受到的乙醇溶液的浓度仅为味觉感官所能感受到的浓度的 1/24000。除此以外，嗅觉还具有易疲劳、个体差异大、受人的身体状况影响等特点。嗅觉细胞容易产生疲劳，当嗅球等中枢系统由于气味的刺激陷入负反馈状态时，感觉受到抑制，气味感消失，于是对嗅觉产生了抑制性。其次，嗅觉的个体差异很大，有嗅觉敏锐者和嗅觉迟钝者。嗅觉敏锐者并非对所有气味都敏锐，因不同气味而异。如长期从事评酒工作的人，其嗅觉对酒香的变化非常敏感，但对其他气味就不一定敏感。同时，人的身体状况还会影响嗅觉器官。如人在感冒时，品尝咖啡的香味显然不如平常那样芳香扑鼻。身体疲倦或营养不良都会引起嗅觉功能降低。

气味的种类非常多。在食品中已确定的挥发性成分超过 7100 种，根据它们的浓度和感官阈值，每一种都可能对气味感觉起作用。在挥发性成分中，人类对某些会特别敏感，如 2-异丁基-3-甲基吡嗪在水溶液中的嗅觉阈值为 0.002μg/L，在酒中的味觉阈值为 0.015μg/L；而对其他很多挥发性物质却不敏感，如乙醇的嗅觉阈值在水中为 100000μg/L，味觉阈值在水中为 52000μg/L。

（二）嗅觉解剖学和生理学

1. 嗅觉产生的途径

嗅觉加工过程可分为初级和高级阶段。当我们通过鼻子呼吸或嗅探时，空气中的化学物质会通过鼻瓣区接触到含有黏液包裹的嗅觉受体的嗅觉上皮。气味分子与嗅觉受体细胞末端纤毛上的嗅觉受体相互作用后，膜结合蛋白的结构发生变化，使细胞外钙离子进入细胞，从而产生发生器电位，最终可能导致神经元放电。嗅觉信号通过同侧嗅神经通过筛骨板投射到嗅球（图 2-3）。这一过程为嗅觉的初级阶段，主要包括嗅觉的敏感性及阈值，也称为嗅觉的外周水平。嗅觉信号进一步从嗅球同侧通过侧嗅束传输到初级嗅觉皮层，再由初级嗅觉皮层发出次级投射与次级嗅觉皮层建立联系。该过程为嗅觉的高级处理阶段，包括对气味的识别和命名能力、嗅觉熟悉度、愉快度，即嗅觉功能的中枢水平。

2. 嗅上皮

嗅觉系统包括嗅上皮、嗅球和嗅皮质。嗅上皮位于双侧距鼻底 7cm 处，均匀覆盖筛骨板至中鼻甲插入处并延伸至上鼻甲。上皮的尺寸与动物的嗅觉敏锐度密切相关。例如，狗的嗅觉比人类的嗅觉更敏锐，这可以用嗅上皮表面积的差异来解释。具体而言，狗的嗅上皮表面积

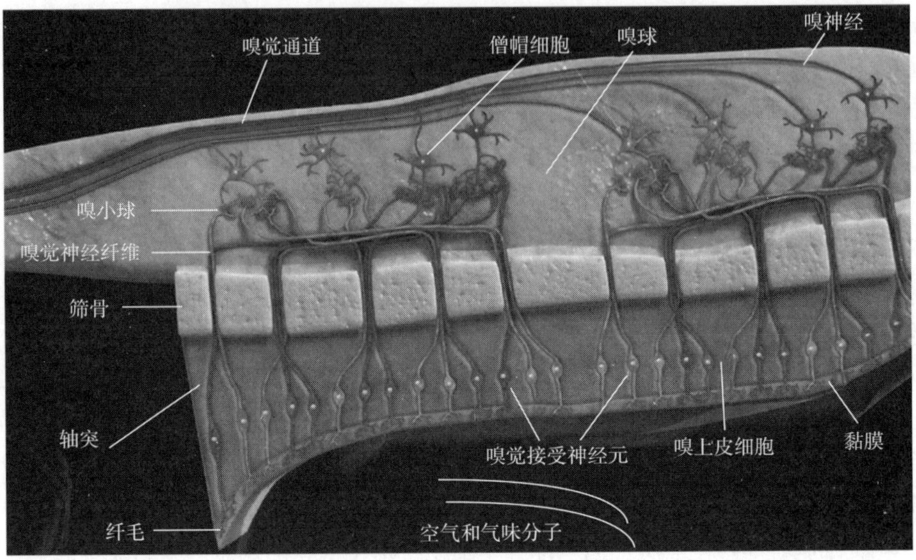

图 2-3 人类嗅觉系统剖析

（170cm²）约为人类的（10cm²）17 倍；此外，据估计，狗的每个嗅觉区域的受体数量是人类的 100 倍以上。

嗅上皮包括黏膜层和固有层，嗅黏膜是由基底细胞、支持细胞、微绒毛细胞和嗅觉受体神经元（嗅神经元）组成。在整个成年期，基底细胞能够分裂和分化为嗅觉受体神经元或其他类型的细胞。支持细胞类似于神经胶质细胞，帮助产生黏液和平衡嗅觉纤毛的黏液环境。在嗅觉上皮细胞里有小的附属物从体内向外伸出，这些附属物的末端具有球一样的结构，并含有 20~30 根非常精细的含有嗅觉感受器和感觉传递机构的纤毛。这些纤毛在黏膜内，黏膜覆盖着组织使其免受干扰并保护大脑，使微生物不能通过开口通道侵害大脑。嗅觉受体神经元就是嗅觉感受器，它们是双极细胞，不断更替。参与信号转导的嗅觉受体神经元及其树突延伸至嗅裂，它们的纤毛投射到黏液中，以便与气味分子接触。嗅觉感知的初始步骤是气味物质结合到气味结合蛋白（OBP）上，通过气味结合蛋白的简单溶解或主动运输到达气味感受器。一旦到达气味感受器，气味物质释放与气味感受器相互作用或气味物质 OBP 复合物就被气味感受器感知（图 2-4）。

气味感受器是一种 G-蛋白偶联受体（GPCR），它是体内一种常见的把细胞与环境建立起联系的感受器。这种 GPCR 蛋白是一种膜蛋白，具有 α、β 和 γ 3 个单元，每个单元都参与信息加工传递过程，该过程是由气味分子与气味感受器相互作用所引起的多个酶催化过程，最终产生了使细胞去极化的钙离子流，生成传送到大脑的电流神经信号，并在大脑对其进行处理。由于在气味感受器和嗅球的几个接收和转换步骤信号得到放大，从而使人们对化学刺激特别敏感。

3. 嗅球

嗅球是嗅觉信息的重要中转站，位于筛骨上方的前颅底。嗅球体积显示出相对较大的个体差异，健康成年人的嗅球体积为 37~98mm³。平均而言，男性的嗅球体积大于女性。嗅球的体积与人的嗅觉功能相关。嗅球由 6 层同心结构组成，由外到内依次为嗅神经层、嗅小球层、外丛层、僧帽细胞层、内丛层、颗粒细胞层。嗅球包含 3 种神经元：僧帽细胞、丛状细胞和颗粒

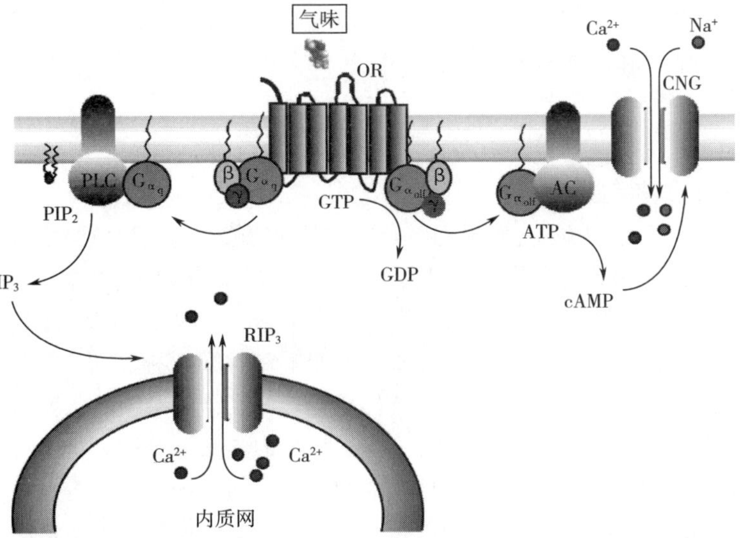

图 2-4 嗅觉转换系列过程

在嗅觉神经元的纤维内，一连串酶把结合在 OR 上的气味分子转换成钙离子流，从而产生电流神经信号传送到大脑。G-蛋白由 3 种截然不同的亚单元组成，分别为 α、β 和 γ。$Golf_\alpha$ 是嗅觉 G_α，它在无活性状态时结合鸟苷二磷酸盐（GDP），一旦 OR 激活，$Golf_\alpha$ 结合 GTP 激活腺苷酰（基）环化酶（AC），催化三磷酸腺苷（ATP）形成腺苷-3′,5′-环单磷酸盐（cAMP）。接着通过 cAMP 打开循环的核苷门（CNG）通道，让阳离子进入细胞质。$Golf_\alpha$ 水解鸟苷三磷酸盐（GTP）为 GDP 后回到无活性状态。嗅觉神经元中也存在肌醇-1,4,5-三磷酸盐（IP_3）途径。当 Gq_α-亚单元激活后，它刺激磷脂酶 C（PLC）裂解细胞膜的磷脂酰肌醇-4,5-二磷酸盐（PIP_2）释放 IP_3。IP_3 扩散进入细胞溶质和位于内质网膜的 IP_3 受体（RIP_3）结合，使随后的 Ca^{2+} 离子释放进入细胞质。箭头表示激活途径。

细胞。僧帽细胞和丛状细胞是嗅球上主要的二级神经元，该细胞的轴突以嗅束的方式投射到初级嗅觉皮层。嗅球中含有的嗅小球是嗅觉信息处理过程中的第一个突触传递。每个嗅小球聚集表达同类型气味受体嗅觉受体神经元的轴突；球形的嗅小球包含嗅觉受体神经元和僧帽细胞树突之间的突触。僧帽细胞和其他细胞的轴突形成了嗅束。在每个嗅球里大约有 600 万神经元通过筛孔板连接到大约 8000 个微型嗅球中，这在嗅觉感受器和大脑之间形成了一个直接联系。

4. 嗅皮质

嗅皮质包括初级嗅觉皮层和次级嗅觉皮层。初级嗅觉皮层是指直接接受来自同侧嗅球中僧帽/丛状细胞的单突触输入的脑区。每个僧帽/丛状细胞将来自一个嗅小球的嗅觉信息传递到初级嗅觉皮层。多个僧帽/丛状细胞合成侧嗅束并与初级嗅觉皮层中的锥体神经元直接形成突触。初级嗅觉皮层主要包括前嗅核、梨状皮层、杏仁核及内嗅皮层。其中梨状皮层是最大的、最独立的初级嗅觉皮层，其位于大脑额叶下方，具有三层结构。其作用是调节嗅觉输入与过往经验、期望、个体目前的状态，以识别熟悉的气味物质或者编码新的气味。梨状皮层有时候被直接视为初级嗅觉皮层，因为它接收了来自嗅球的大部分输入信号。次级嗅觉皮层主要包括眶额叶皮层、内侧颞叶、扣带回、海马、下丘脑、背内侧丘脑。眶额皮层是重要的次级嗅觉皮层，其接受两种来自梨状皮层的投射：①直接输入；②通过丘脑的背内侧核的间接输入。除此之外，眶额皮层还会接受来自其他多个初级嗅觉皮层的输入。眶额皮层是多感觉联合皮层，整合来自嗅觉、味觉、触觉和视觉皮层的输入。“风味”感知的形成即是眶额皮层对摄入食物的味觉、鼻后嗅觉、触觉（口感）和视觉输入的综合结果。

三、三叉神经系统

（一）人体三叉神经感觉

三叉神经不仅负责面部感觉（触摸和疼痛）和运动功能，它还提供来自口腔和鼻黏膜的化学感觉信息（表2-1）。我们在日常饮食过程中经常会经历某些刺激、灼烧、刺痛、瘙痒或清凉的感觉（如辣椒、冷的食物或碳酸饮料），为了将这种感觉与嗅觉、味觉区分开来，早期解剖学研究表明，介导面部感受和运动功能（如刺痛、咀嚼和吞咽）神经的是第五颅神经，也就是所谓的三叉神经，因而这种感觉被称为三叉神经感觉。三叉神经系统的主要功能是检测并保护我们免受可能危及生命的物质的伤害。例如，当人体鼻内三叉神经被激活时，条件反射地停止吸气，以防吸入有毒或有害物质，这种预防反应很可能是与生俱来的。有趣的是，人们喜欢引发刺激和辛辣的食品，即便刚开始接触时有负面反应。对辛辣食品的偏爱是反复食用辛辣食品的结果，同时还受到各种心理和生理因素的影响。表2-1列举了几种三叉神经刺激的例子。

表2-1 三叉神经刺激举例

鼻腔三叉神经刺激	引发物举例	口腔三叉神经刺激	引发物举例
兴奋的、辛辣的	乙醇	兴奋的、辛辣的	乙醇、辣椒素、胡椒碱
疼痛的、痛苦的	氨、乙酸	疼痛的、痛苦的	辣椒素、胡椒碱
辛辣的、尖锐的	氨、乙酸	强烈的、灼烧的	辣椒素、胡椒碱
麻刺感	碳酸	清凉感	薄荷醇
燃烧气味	烟草的烟	温热感	乙醇
		涩感	单宁酸

（二）三叉神经解剖学和生理学

三叉神经为混合性脑神经，含躯体感觉和躯体运动两种纤维。躯体感觉纤维是三叉神经节内假单极神经元的突起，其中枢突经三叉神经根入脑桥，终止于三叉神经脑桥核和三叉神经脊束核；三叉神经分支的感觉神经末梢位于鼻、窦、口腔、角膜和结膜的上皮中。三叉神经有三个主要分支：眼神经（V1）、上颌神经（V2）和下颌神经（V3）。眼神经分支传递来自头部上部、前额、上眼睑、鼻尖、鼻黏膜的感觉信息，通过眶上裂进入颅骨，并在海绵窦壁内运行。上颌神经分支传递来自头部中间三分之一、下眼睑和脸颊、鼻腔、上嘴唇和上牙齿的感觉信息，通过圆孔进入海绵窦壁。特别的是，鼻腔的前部和外侧区域由筛窦神经的外侧和内侧鼻支支配，筛窦神经来自三叉神经节第五颅神经眼区的鼻睫支，而鼻腔后部由鼻腭神经支配。下颌神经传递来自头部下三分之一、下唇、下牙、下巴和下颚的感觉和运动信息，并通过卵圆孔到达颅骨。为了形成第五脑神经，这三个分支会聚于梅克尔（Meckel）腔内的三叉神经节（也称加塞氏神经节或半月神经节）。三叉神经节第一级神经元的轴突在脑桥基底部进入脑干，并沿三叉神经脊束下行至三叉神经脊束核。第二级神经元越至对侧并通过三叉神经丘脑束上行至背侧丘脑的腹后外侧核。随后，第三级神经元通过内囊的后臂投射到大脑皮层初级躯体感觉皮层（SI）。其他重要的加工区域包括次级躯体感觉皮层（SⅡ）、杏仁核或海马体。躯体运动纤维起自脑桥的三叉神经运动核，出脑桥后，经三叉神经节内侧进入下颌神经。三叉神经通路如图 2-5所示。

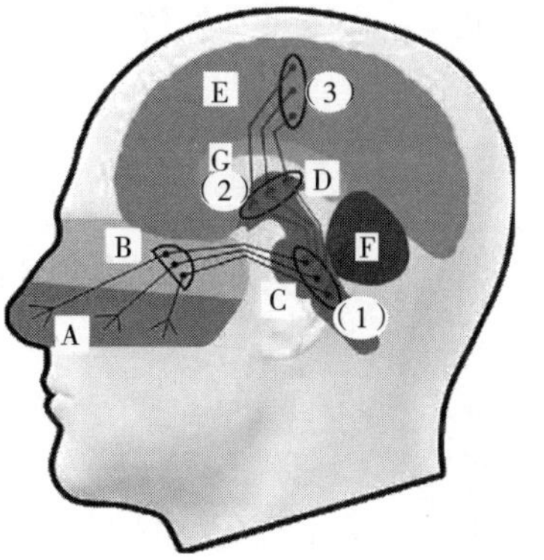

图 2-5　三叉神经通路

A：三叉神经（神经元）的纤维分布在整个鼻腔的上皮；B：三叉神经细胞的胞体位于三叉神经节内。然而，在这个阶段，神经元之间没有信息传递；C：第一级神经元（1）位于脑干；D：第二级神经元（2）位于丘脑；E：第三级神经元（3）从丘脑投射到皮质体感区。躯体信息在整个通路中都得到了保存；F：小脑；G：胼胝体。

鼻呼吸上皮的传入化学感觉神经由两个纤维系统组成：无髓 C 纤维和有髓神经 $A_δ$纤维。通常，C 纤维介导灼痛感，而 $A_δ$纤维介导刺痛感。C 纤维或 $A_δ$纤维介导的三叉神经感觉的激发往往依赖于刺激强度或刺激时程。例如，尼古丁在低浓度下，相比刺痛感更容易引起灼烧感。尼古丁引起的嗅觉和刺痛感在刺激开始后立即出现，而灼烧感在几秒钟后开始（第二次疼痛）。此外，C 纤维和 $A_δ$纤维对依赖于刺激间隔（ISI）的三叉神经反复刺激的反应不同。例如，在 ISI 为 8s 时，实验参与者对气态 CO_2总强度的感知评分降低，并且主要感觉到刺痛感。然而，在较短的 ISI（例如 2s）下，整体感知强度增加，伴随着可能与脊髓神经元“上扬（Wind-up）”效应有关的灼痛的累积。大多数传入 $A_δ$纤维在持续的疼痛刺激中产生适应性。外周适应和/或中枢脱敏都可能导致反复刺激后刺痛感的减少。

在受体水平上，化学刺激激活三叉神经的特异性受体，其中大多数是属于瞬时受体电位（TRP）受体亚家族的离子通道。它们的一个主要特征是，在一定的温度范围和化学刺激物（如辣椒素、薄荷醇、樟脑等）的共同作用下都会被激活。第一个被发现并详细报道的 TRP 受体是 TRPV1 受体，它能在 43℃以上的加热条件下激活，也可被各种化学刺激物激活。辣椒素（辣椒中的辛辣成分），丁香酚（丁香精油的关键成分）和酸刺激 TRPV1 受体会产生刺痛感，刺痛感在较高强度下会变得尖锐、灼热和疼痛。除此之外，还有其他几种 TRPV 受体，比如 TRPV3 受体。这种受体在 39℃的低温下即可被激活，且它也具有化学敏感性，可被不同的化合物激活，如百里酚（牛至和百里香等香料的主要成分），可用作兴奋剂。TRPV3 受体的激活与温度感知有关。同样地，TRPM8 受体也可在 39℃的低温下或被薄荷醇（薄荷的主要成分）和桉树脑（桉树的主要成分）等化学成分激活。这种受体的刺激提供了清凉感，而非灼痛感。TRPA1 受体往往被 17℃以下的低温激活。同样地，该受体也具有化学敏感性。TRPA1 受体受到刺激会引起一种迟钝、疼痛的感觉。当人在室温下正常呼吸时，吸入的空气在鼻腔内被加热到 28~32℃，该温度介于 TRPM8/TRPA1 受体和 TRPV3/TRPV1 受体的激活温度范围之间。因此，当我们在室温下呼吸新鲜空气时，这些受体均不会被激活。然而，在室温下强烈吸入空气后，TRPM8 受体可能会被激活，这是由鼻腔温度的下降导致的。除了 TRP 受体外，也有证据表明存在非 TRP 受体。这些受体被尼古丁（如烟碱乙酰胆碱受体）和酸（如质子门控离子通道）激活。此外，除游离三叉神经末梢上的这些受体外，在一些动物的鼻腔中也发现了孤立的化学受体细胞，但这些受体细胞尚未在人体中被发现。这些细胞通过特定受体被苦味物质激活，到达鼻上皮表面，并与三叉神经传入纤维形成突触联系。

第二节　味觉理论与呈味物质的分子结构

一、味觉理论

目前人们对味觉的产生机制仍处于探索阶段。尽管许多学者都从不同的角度提出过自己的理论，但均存在一定的片面性。这里主要从电生理学的角度来阐述味觉的产生机制，这一理论现已普遍为人们所接受。

电生理学研究显示，呈咸味和酸味的物质是通过离子专用通道透过味觉细胞壁的，而那些呈甜味、苦味和鲜味的物质却是结合在细胞表面的受体上（图2-6）。

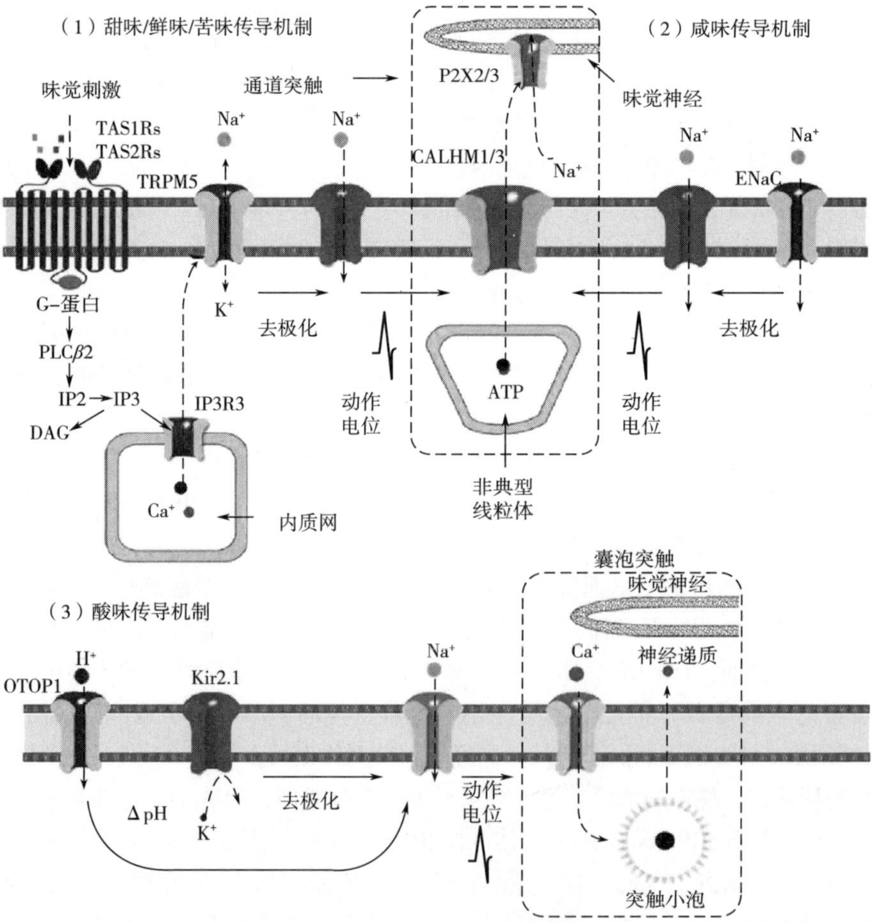

图2-6　味觉通过多种传导机制转换

IP2，肌醇二磷酸盐；IP3，肌醇三磷酸盐；IP3R3，三磷酸肌醇受体Ⅲ型；PLCβ2，磷脂酶C；TRPM5，信号转导分子；TAS1Rs、TAS2Rs，味觉受体；P2X2/3，脊髓受体；CALHM1/3，钙稳态调节剂通道；ATP，腺嘌呤核苷三磷酸；OTOP1，膜蛋白。

发送给大脑信号的电化学变化最终取决于离子浓度。静止的味觉细胞内部带净负电荷，而外部带净正电荷。呈味物质最终通过增加细胞内的正电荷缩小了味觉细胞的电荷差。每种基本味感被感知的最后步骤是味觉细胞中钙离子的增加，然后产生一股电流，接着释放出传导物，大脑的初级传入神经元信号兴奋性增强，这些信号通过丘脑传递到脑皮层味觉中心，在那里对其进行加工和解释。

所有的途径集合在一起使细胞内的钙离子增加，从而引发神经传递素（NT）释放。上皮阿米洛利敏感钠通道（Epithelial amiloride-sensitive sodium channel，ENaC）负责感知咸味和酸味。酸味物质释放的质子也可以通过非选择性阳离子通道以及外部 K^+单元感知。去极化使得钙离子电压门通道打开形成钙离子流。谷氨酸盐可能是通过一个包含多种感受器的 G-蛋白偶联途径感知的。还有一些类型的氨基酸是通过配体-门通道（Ligand-gated channels）感知的，但其具体途径还不确定。甜味刺激的感知存在多种途径，包括配体-激活离子通道和 G-蛋白偶联受体途径。苦味物质的感知是通过 G-蛋白偶联受体激活 PLCβ2 使细胞内存储的钙离子释放。有些苦味物质和苦味盐可能是通过抑制 K^+流出而被觉察的。

对于咸味物质（如氯化钠或其他盐类），它们的正离子（如 Na^+）通过位于细胞膜的钠通道进入味觉细胞使其去极化从而提高钙离子浓度（图 2-6），钙离子是通过对电压敏感的细胞壁通道进入细胞的。当细胞内部变得带更多正电荷时，则形成一股小电流，接着释放出传导物，增强的初级传入神经元兴奋给大脑发出一个“咸”的信号。

研究表明，钠离子和氯离子均参与咸味感知。钠离子诱导咸味感知的分子机制主要有两种：一种是对阿米洛利敏感的选择性上皮钠通道（ENaC）；另一种是对阿米洛利不敏感的非选择性阳离子通道。ENaC 是退化蛋白/ENaC 离子通道超家族的成员之一。研究表明，ENaC 是哺乳动物的 Na^+-特异性味觉感受器，在食草动物中尤其明显，并在其觅食 Na^+的过程中起着至关重要的作用。ENaC 在味觉受体细胞的黏膜侧（味孔侧）表达。钠离子沿着浓度梯度被动进入味觉细胞的顶端，与 ENaC 结合，使离子通道打开并使细胞内膜电位增加，然后引起细胞膜去极化，导致神经传导物质的释放和神经纤维的激活。最终，咸味便被感知。研究显示，阿米洛利对大鼠鼓索神经 Na^+应答的抑制效果最强，其次为岩浅大神经，对舌咽神经几乎没有影响。在人体中，ENaC 是一种由 α、β、γ 和 δ 4 个 ENaC 亚基组成的异低聚复合物，而在啮齿动物中缺乏 δ ENaC 亚基，其中 β 和 γ 亚基是由醛固酮激素控制的。人们曾发现，对于缺盐的草食动物、啮齿动物和人，增加流过味蕾的醛固酮流量可以提高其对盐的敏感性。ENaC 仅对钠盐（Na^+）有特异性反应。咸味响应的单元分析表明，至少存在一种咸味受体同时对多种阳离子（包括 Na^+、K^+、NH_4^+和 Ca^{2+}）有响应，且对阿米洛利不敏感。迄今为止的证据表明，其中一种非选择性阳离子味觉受体是 TRPV1 的变体。瞬时受体电位（TRP）受体家族中几个通道共有的 TRPV1mRNA 转录本已在大鼠菌状乳突味觉细胞中被检测到。菌状乳突味蕾中至少有一种阿米洛利不敏感的盐味受体是 TRPV1 的味觉变体（TRPV1t，图 2-7）。TRPV1t 被认为是咸味感受的另一种途径，它可以对 Na^+、K^+、Ca^{2+}和 NH_4^+等多种阳离子做出反应，其主要表达在上皮的浆膜侧，溶质必须通过紧密连接扩散并通过阿米洛利不敏感通道渗透到细胞中。然而，值得注意的是，TRPV1 基因敲除小鼠对 NaCl 的阶段性反应仍然被截断，而且该反应与阿米洛利存在与否无关，这一现象表明，除了 TRPV1t 外，可能还存在另一种对阿米洛利不敏感的咸味传感器。味觉细胞中一定还存在其他未知的机制参与了阿米洛利不敏感的 NaCl 反应，而负责咸味信号转导的具体细胞类型目前也尚未可知。近来，瞬时受体电位阳离子通道-黏蛋白 TRP 通道 3（TR-

PML3）也被证明是潜在的咸味受体，其对 Ca^{2+}、Na^+和 K^+均具有较高的通透性。Kv3 家族被认为是钾离子通道家族，最初被认为在神经细胞中发挥作用，在高频刺激下，当细胞膜电位去极化至-20mV 或更高时释放钾离子，以显示外向电流。有报道称 Kv3.2 蛋白产生钠电流，即起钠通道的作用。此外，Kv3.2 蛋白的一种激活物质在感官评价中有轻微的咸味增强作用。最新研究发现，葡萄糖酸钠和醋酸钠的味觉反应比氯化钠小。因此，味觉细胞中表达的一些分子可能介导与咸味相关的阴离子信号，且这种“阴离子效应”已被证实。跨膜通道 4（TMC4）是一种新的电压依赖性氯离子通道，是一种具有 8 个跨膜结构域的膜蛋白，在细胞中包括 *N* 端和 *C* 端，已被证明能辨别咸味并在位于舌后的味蕾中表达。小鼠实验结果表明，TMC4 参与了高浓度盐的咸味感知。然而目前 TMC4 的生理特性尚不清楚。

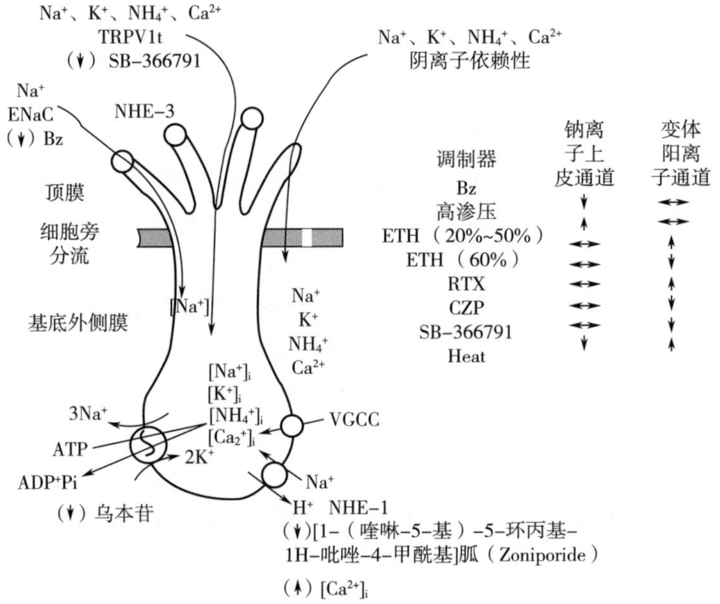

图 2-7 Na^+在菌状乳突味觉感受器细胞的转运和舌前部咸味转导模型

ENaC，选择性上皮阿米洛利敏感钠通道；TRPV1t，香草醛受体-1 的味觉变体；NHE-1，基底外侧 Na-H 交换器-1；NHE-3，顶端 Na^+-H^+交换器-3；Bz，苯扎明；ETH，乙醇；CZP，卡萨平；RTX，树脂毒素；SB-366791，*N*-(3-甲氧基苯基)-4-氯肉桂酸酯；$[Na^+]_i$，外部 Na^+；细胞旁分流；VGCC，电压门控 Ca^{2+}通道；↔，无变化；↑，增加；↓，减少。尽管这里显示的是存在于同一细胞中，但 ENaC 和 TRPV1t 实际上可能在不同类型的味觉受体细胞中分别表达。

酸味是与质子相关的，近年来多种酸味感受器被提出。其中酸敏感离子通道是由一组允许质子由口腔向内流向味觉细胞的通道组成的［图 2-6（3）］，ENaC 分子的功能就是如此。超极化活化环核苷酸门控通道（HCN）家族中的 HCN1 和 HCN4 也被认为是酸味受体，但 HCN 通道抑制剂 Cs^+并不能抑制味觉细胞对酸的 Ca^{2+}反应。第三类酸味受体包含一系列涉及 H^+门控通道的机制，如顶端 K^+通道。H^+在味觉细胞壁上阻挡住了 K^+，而 K^+通道负责维持细胞膜的电压，一旦被 H^+挡住后，细胞被去极化，Ca^{2+}就会进入细胞。另外，酸味转导涉及味觉受体细胞的细胞内酸化，这可能会影响酸敏感离子通道。K_2P 家族的几个双孔钾离子通道对细胞内酸化敏感，因此被视为候选酸味传感器。但根据基因表达模式和药理学分析，TASK1 似乎是最有可能的酸味受体候选者。瞬时受体电位（TRP）家族通道 PKD2L1 及 PKD1L3 也被证明是酸味的候选受体，它们选择性表达在感知酸味的味觉受体细胞中。且 PKD1L3-PKD2L1 通道活性依赖于 pH，只有在 pH 低于 3.0 的环境中才表现出通道活性。2018 年，最新确定了一种酸味候选受体——OTOP1。研究表明，OTOP1 介导向内的质子电流，这些质子电流具有以下特点：①随着 pH 的降低而增加；②对电压不敏感；③被 Zn^{2+} 以剂量依赖性方式阻断。与所有其他生理相关离子相比，OTOP1 对 H^+ 具有高度的选择性。因此，可以认为 OTOP1 通道特别适合于介导酸味转导。在真核生物中发现的数千种类型的离子通道中，OTOP1 及其相关通道是迄今为止已知的唯一具有质子选择性和电压不敏感的离子通道。在上述提到的机制中，最后一步都是产生电流，接着释放出传导物，增强的初级传入神经元兴奋给大脑发出一个“酸”的信号。但是对酸味的解释还远未完善。

在食品工业中，甜味感受器曾是许多化学家的研究目标。如果一个甜味结合部位的分子模型能够被确定，高效的甜味剂就能根据这个模型设计出来。研究发现糖和非糖甜味剂首先激活 GPCRs。每个感受器含有两个亚单位，分别为 T1R2 和 T1R3，它们与 α-味蛋白（一种鸟苷酸结合蛋白）结合在一起，以聚合物形式发挥作用。最新数据显示甜味呈味物质至少可通过两个传导途径来激活味觉细胞。人们认为糖可以激活腺苷酸环化酶，使细胞内 cAMP 或 cGMP 水平提高，激活蛋白激酶 A，导致 K^+ 通道的 PKA 介导磷酸化。K^+ 流动被抑制后导致细胞去极化，然后，Ca^{2+} 通过激活的 Ca^{2+} 通道进入细胞，从而产生一股电流。而非糖甜味剂是激活由异聚体 G 蛋白（包括 Gα-味导素）、磷脂酶 Cβ2（PLCβ2）、肌醇-1,4,5-三磷酸受体 3 型（IP3R3）和瞬时受体电位通道 M5（TRPM5）组成的信号级联，味觉细胞被去极化，产生动作电位，并通过泛化连接蛋白-1 半通道释放递质 ATP。释放的 ATP 会激活邻近的味觉神经纤维，表达嘌呤能受体 P2X2+P2X3，然后甜味信息被发送到高阶神经元。

苦味通常与有害物质天然地联系在一起。许多来源于植物并且与哺乳动物的神经系统相互作用的有机分子是呈苦味的，包括咖啡因、尼古丁、士的宁以及很多药物。与其他味觉不同，苦味受体细胞更倾向于对特定的苦味分子做出反应，也就是说，它们可能对一种苦味分子做出反应而对另一种却没有反应。人们认为苦味的主要传递机制涉及约 24 个 G-蛋白偶联受体组成的体系，称为 T2R。苦味受体 T2R 一般认为是单聚体，但最新研究表明，他们同样也可形成同源二聚体和异源二聚体。啮齿动物中有 40 多个 T2R 家族成员，人类有 25 个功能基因编码 T2R，但编码 T1R 的基因只有 3 个。人类和啮齿动物单独的 T2R 仅可以辨别一种或几种苦味化合物，如 T2R3 仅能感知 1 种化合物（用 94 种不同的天然和合成化合物进行测试），而 T2R14 至少可以感知 33 种化合物。而单一的苦味物质却经常能够活化多种不同的 T2R，如奎宁能够活化 9 种不同的人类 T2R。苦味物质与受体之间相互作用产生第二信使，活化下游的一系列生理反应。和甜味一样，T2R 连接在 α-味蛋白上。另一个包含有味蛋白 β 和 γ 亚单位的途径也会同时被激活。GPCR 控制苦味信号结果，降低了 cAMP 和 cGMP 的水平，释放第二信使——肌醇-1,4,5-三磷酸盐（IP_3）和甘油二酯，并引发细胞内部贮藏的 Ca^{2+} 释放。一旦 Ca^{2+} 水平升高，细胞被去极化，释放出传导物，引起传入神经元兴奋。

鲜味可以在含有 L-谷氨酸盐的食品中释放出来。除此以外，鲜味也能由 5′-核糖核苷酸引起，如 IMP 和 GMP，这些核苷酸和 L-谷氨酸盐也具有协同作用。目前已发现的鲜味受体有 3 种，都属于 GPCRs 中的 C 家族，分别为 T1R1/T1R3、mGluR1 和 mGluR4。其中 T1R1/T1R3 为异源二聚体受体，在二聚体中 T1R1 蛋白以闭合构象存在，T1R3 以开放构象存在，可感知各种 L 型氨基酸；mGluR1 和 mGluR4 为代谢型谷氨酸受体，可接受谷氨酸和某些类似鲜味物。关于鲜味肽的呈味机制，目前还未研究透彻，但普遍认为是食品中鲜味物质刺激口腔味蕾上皮细胞中的鲜味受体，鲜味受体 *N*-末端捕蝇草结构域（VFTD）识别并键合鲜味物质后激活 Gβ3γ13，进而激活磷脂酶 Cβ2（PLCβ2），产生第二信使三磷酸肌醇（IP3）和二酰甘油（DAG），引起细胞内钙离子释放，继而激活 TRPM5，导致味觉细胞去极化和释放 ATP 到味觉传入纤维上，再通过受体细胞的次级信使触发的级联信号传递至大脑味觉中枢，从而感知到鲜味。

二、呈味物质及其分子结构

（一）甜味分子

甜味是人们最喜爱的味感之一。在食品加工中，为了改善食品的风味，人们常将一些天然的或合成的甜味剂添加到食品中，以增强其食用性。其中人们最熟悉的糖类就是最具有代表性的天然甜味物质，如蔗糖等。除了糖及其衍生物外，还有许多非糖的天然化合物、天然衍生物和合成化合物也都具有甜味，如多元醇、合成甜味剂（糖精、环己基磺酸盐、阿斯巴甜）、氨基酸等。

甜味物质的 AH/B/X 结构模型（图 2-8）可以用来描述甜味分子的一般结构特征。在该模型中，A 和 B 是电负性原子（如氧、氮、氯），H 是氢原子，X 是分子的非极性部分。舌头上的甜味受体有一种与之互补匹配的结构分布（图 2-9）。故而，甜味分子的 AH/B 结构可以和受体形成氢键，而甜味分子的非极性部分 X 可以结合到受体相应的凹穴中。对于甜味化合物，A 和 B 之间的距离必须在 0.25~0.40nm。

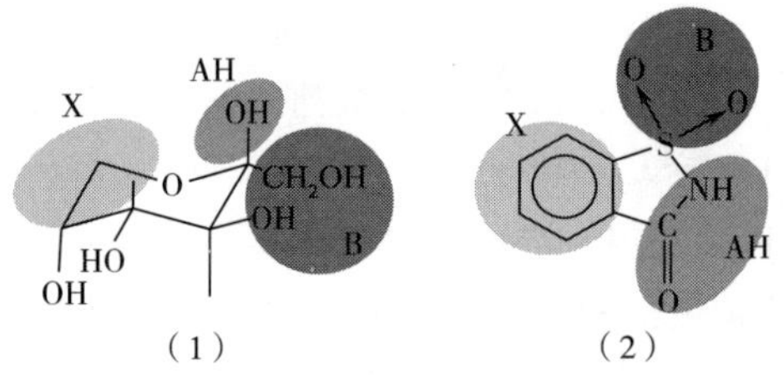

图 2-8　果糖和糖精的 AH/B/X 结构

（1）果糖　（2）糖精

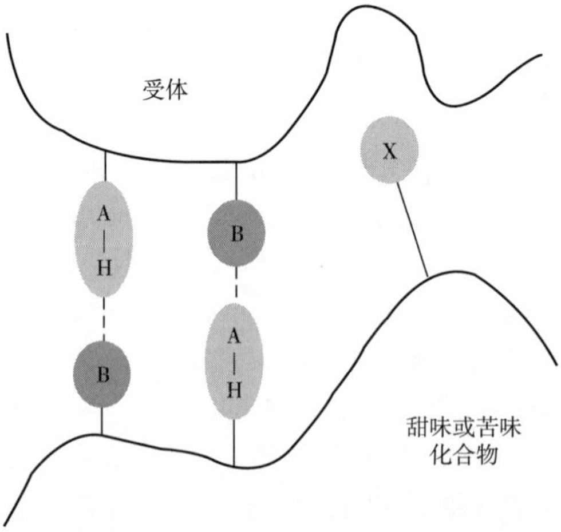

图 2-9　甜味和苦味化合物和味觉受体的 AH/B/X 结构图示

---：氢键

1. 天然甜味剂

天然甜味剂主要由两类物质组成，一类是糖、糖浆和糖醇，另一类则是一些非糖的天然甜味剂。糖类甜味剂在我们日常生活中较为常见，也广泛应用于各种食品和调味品中。而非糖结构的甜味物质主要存在于一些植物中，可供食用，也较安全。

在糖类甜味剂中，只有少数几种能形成结晶的单糖和寡糖具有甜味。在单糖中，葡萄糖的甜味有凉爽感，适合食用，也可用于静脉注射。果糖的吸湿性特别强，很难从水溶液中结晶，容易被消化，不需要胰岛素作用就能直接在人体中代谢，适于幼儿和病患者食用。木糖在人体内则不易被吸收，是不产生热能的甜味剂，可供糖尿病和高血压患者食用。在双糖中，蔗糖的甜味纯正，甜度大，是用量最多的甜味剂。麦芽糖在糖类中营养价值最高，味较爽口，不像蔗糖那样会刺激胃黏膜。乳糖有助于人体对钙的吸收，它对气体和有色物质的吸附性较强，可用作肉类食品风味和颜色的保护剂，添加于烘焙食品中也易形成诱人的金黄色。

糖浆中常见的是转化糖浆和异构糖浆。转化糖浆是淀粉经不完全水解糖化而得到的产品，也称淀粉糖浆，它由糊精、低聚糖、麦芽糖及葡萄糖等组成。异构糖浆是将葡萄糖在异构酶的作用下一部分异构化为果糖而得到的产品，也称果葡糖浆。

糖醇类甜味剂是糖尿病、心脏病、肝脏病人的理想食品，因为它们在人体内的吸收和代谢不受胰岛素的影响，也不妨碍糖原的合成，是一类不使人血糖浓度升高的甜味剂。目前，已投入使用的糖醇类甜味剂主要有D-木糖醇、D-山梨醇、D-甘露醇和麦芽糖醇4种。其中木糖醇和甘露醇带有清凉味和香气，可以改善食品风味；木糖醇和麦芽糖醇还不易被微生物利用和发酵，也是良好的防龋齿甜味剂；山梨醇可以防止糖、盐从食品内析出结晶，保持甜、酸、苦味平衡，维持食品风味，阻止淀粉老化。

糖的甜度主要与糖的聚合度、糖苷键的类型和糖的环形结构等有关。一般来说，只有少数的单糖和寡糖才具有甜味，其他糖类的甜度随着聚合度的增大而降低甚至丧失，如淀粉、纤维素等。它们不能形成结晶，也没有甜味。糖苷键的类型也与甜度有关。两个葡萄糖分子通过α-1,4糖苷键形成麦芽糖时味较甜，如果以α-1,6糖苷键结合为异麦芽糖后仍有甜味，但若以β-1,6糖苷键结合成龙胆二糖，则无甜味而有苦味。糖的环状结构特点对甜度也有影响。例如β-D-吡喃果糖的甜度约为蔗糖的2倍，而β-D-呋喃果糖的甜度却很低，甚至可能没有甜味。

在非糖天然甜味剂中，使用相对较多的有甘草苷、甜菊苷等。甘草苷来源于甘草，由甘草酸和两个葡萄糖醛酸结合而成。它的甜味释放缓慢，但保留时间较长，可以缓和食盐的咸味。甜叶菊苷是最甜的天然甜味剂之一，存在于甜叶菊的茎、叶内。它是一种良好的甜味剂，甜味纯正，甜度适中，对热、酸、碱都稳定，溶解性好，没有苦味和发泡性。

2. 合成甜味剂

糖精钠是较早开始使用的合成甜味剂，又称邻苯甲酰磺酰亚胺钠盐。它的分子本身有苦味，但在水中离解出的负离子有甜味。糖精钠的甜度较高，但后味微苦，当浓度大于5g/L时易显出分子的苦味。它对热不稳定，由于亚胺键发生水解而生成的邻磺酰胺苯甲酸也呈现苦味。我国允许糖精钠用于除婴儿食品以外的其他食品中。

甜蜜素，又称环已基氨基磺酸钠，甜度为蔗糖的30~50倍。加热后或浓度大于4g/kg时略有苦味，属于非能量型合成甜味剂，常用于水果罐头、果冻、冷饮、复合调味料及饼干中。

阿斯巴甜的化学名为天门冬酰苯丙氨酸甲酯。其甜度约为蔗糖的200倍，且比一般蔗糖所含热量更少，因此被广泛用作蔗糖代替品，主要添加于饮料、维生素含片或口香糖中代替糖的使用。

纽甜的化学名为*N*-［*N*-(3,3-二甲基丁基)-L-α-天冬氨酰］-L-苯丙氨酸-1-甲酯，具有纯正的甜味，没有苦味和金属味，甜度是蔗糖的8000~12000倍，是阿斯巴甜的40~60倍，且耐高温，常用于蛋糕等焙烤食品的生产。

安赛蜜又称乙酰磺胺酸钾，易溶于水，口感好，在人体内不代谢、不吸收。安赛蜜甜度为蔗糖的200~250倍；呈味性质与糖精相似，高浓度时有苦味；安赛蜜对光、热稳定，pH适用范围较广（pH 3~7），是目前世界上稳定性最好的甜味剂之一，适用于焙烤食品和酸性饮料。

三氯蔗糖又称蔗糖素，化学名为4,1,6-三氯-4,1,6-三脱氧半乳型蔗糖。它是唯一以蔗糖为原料的功能性甜味剂。具有易溶于水、甜度高、甜味纯正、安全性极高等特点。其甜度为蔗糖的400~800倍，没有任何后苦味，常用于饮料、烘焙食品及蜜饯中。

（二）酸味分子

酸味感是动物进化过程中最早认知的一种化学味感。许多动物对酸味刺激都很敏感，人类由于早已适应酸性食物，故适当的酸味能给人爽快的感觉，并促进食欲。酸味强度常用主观等价值（P. S. E）来表示，是指感受到相同酸味时该酸味剂的浓度。一般来说，P. S. E 越小，该酸味剂在相同条件下的酸性越强。

酸味是由H^+形成的，更精确地说，是来自酸的水合氢离子（H_3O^+）。酸味剂的酸味主要受氢离子浓度、总酸度和酸根负离子的影响。当溶液中的氢离子浓度太低，pH>5.0时，我们几乎感觉不到酸味；但当溶液中的H^+浓度过大、pH < 3.0时，酸味感又会让人难以忍受。一般来说，在相同条件下H^+浓度大的酸味剂其酸度也强。总酸度是指包括已离解和未离解的分子浓度。酸味剂的阴离子对酸味强度和酸感品质也有很大影响。很多食品（如水果、加工食品和软饮料）的酸味是由有机酸产生的，在pH相同或相近的情况下，有机酸均比无机酸的酸味强度大。

1. 柠檬酸

柠檬酸又名枸橼酸，分子式为$C_6H_8O_7$，分子结构式如图2-10所示。为无色、无臭、半透明结晶或白色粉末，易溶于水及乙醇。天然的柠檬酸存在于水果中，如柠檬、柑橘等，是在果蔬中分布最广的有机酸，它的酸味圆润、滋美，爽快入口，入嘴即达最高酸感，后味时间短，被广泛用于清凉饮料、水果罐头、糖果等。

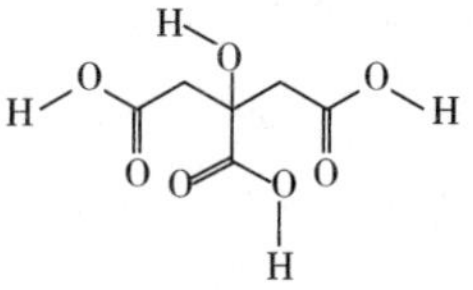

图2-10　柠檬酸分子结构式

2. 食醋

食醋是我们日常生活中最常用的酸味料，含30~50g/L的乙酸。除此以外，还含有少量的其他有机酸、氨基酸、糖、醇、酯等。它酸味温和，能去鱼腥，解油腻，提味增鲜，生香发色，开胃爽口，增强食欲。用粮食酿制的醋含有人体所需的各种氨基酸、维生素、矿物质及碳水化合物等营养成分，有较高的营养价值。

3. 乳酸

乳酸酸味略强于柠檬酸，在果蔬中很少存在，现多用人工合成品。它溶于水及乙醇，在食品工业应用非常广泛。具有调节pH、抑菌、延长保质期、调味、保持食品色泽、提高产品质量等作用，广泛应用于果酒、饮料、肉类、罐头及酸乳等食品中。

4. 苹果酸

苹果酸是一种白色或荧白色粉状、粒状或结晶状固体，分子结构式如图2-11所示。晶体中不含结晶水，加热到180℃可以失水分解成延胡索酸或马来酸。在通常条件下，苹果酸是稳定的，但其纯晶体稍有吸湿性，在高温条件下可能液化。

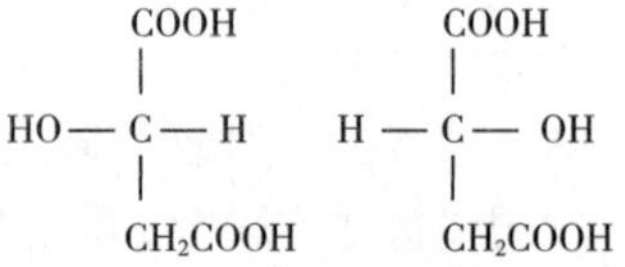

L-苹果酸　D-苹果酸

图2-11　苹果酸分子结构式

天然存在的为左旋苹果酸，为无色结晶；熔点

100℃，加热至140℃左右即分解成丁烯二酸，溶于水、乙醇、丙酮中。作为食品酸味剂，特别适用于果冻及以水果为基础的食品，有保持天然果汁色泽的作用，苹果酸具有抗疲劳和保护肝、肾、心脏的作用，可用于保健饮料。

5. 酒石酸

酒石酸是一种无色晶体，易溶于水及乙醇，存在于多种植物中，如葡萄和罗望子，也是葡萄酒中主要的有机酸之一，分子结构式如图2-12所示。酒石酸具有两个相互对称的手性碳，具有三种旋光异构体。它的酸性较强，酸味约为柠檬酸的1.3倍。在食品行业中用作啤酒发泡剂、食品酸味剂、矫味剂等，其特别适合用作葡萄汁的酸味剂。

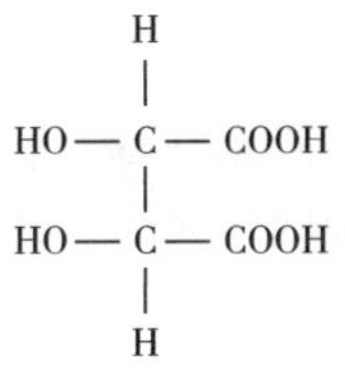

图2-12　酒石酸分子结构式

6. 抗坏血酸

抗坏血酸，又称维生素C，是一种水溶性维生素，分子结构式如图2-13所示。无色晶体，无臭有酸味，存在于新鲜蔬菜和某些水果中，工业上由D-山梨醇经发酵制成山梨糖，山梨糖再进一步发酵制成抗坏血酸。抗坏血酸易被光和空气氧化，在贮存、腌渍或烹调中易破坏。抗坏血酸能参与人体的某些代谢作用，对生物氧化有重要作用，可增强机体抗病力和解毒等。抗坏血酸可以用于治疗维生素C缺乏引起的病症（如坏血病等）。抗坏血酸的主要来源是新鲜水果和蔬菜。

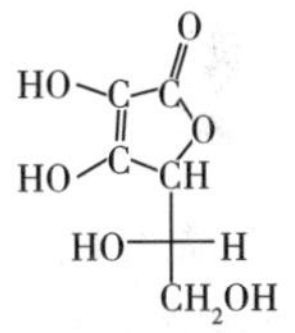

图2-13　抗坏血酸分子结构式

7. 延胡索酸

延胡索酸又称反丁烯二酸。无色易燃晶体，是酸性最强的固体酸之一，存在于新鲜蔬菜和水果中，是所有细胞代谢途径的一部分，分子结构式如图2-14所示。可用作酸度调节剂也可代替酒石酸用于焙烤粉中。

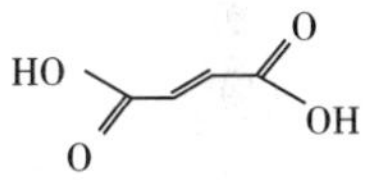

图2-14　延胡索酸分子结构式

8. 琥珀酸

琥珀酸又称丁二酸，无色无臭味酸，溶于水，微溶于乙醇，分子结构式如图2-15所示。琥珀酸存在于水果蔬菜中，并对酒中的酸有一定贡献，通常作为酸味剂、调味剂及缓冲剂等用于香肠、酱油等调味品中。

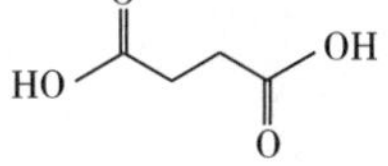

图2-15　琥珀酸分子结构式

（三）咸味分子

咸味是人类最重要的基本味感之一，人类离不开对盐的需要，咸味在食品调味品中也占首要地位。咸味是由低分子质量的无机盐产生的，如食盐（NaCl）、氯化钾（KCl）。虽然不少的中性盐都显示出咸味，但食盐是唯一的纯咸味的盐，除氯化钠外其他的盐的咸味感都不够纯正。一般认为盐的阳离子性质是决定咸味的先决条件，但阴离子部分会影响咸味之外的味道形成，如溴化钾（KBr）有咸味和苦味。阴离子部分甚至可能使咸味特征消失。出于生理需要及安全性考虑，目前食品中的咸味剂除葡萄糖酸钠及苹果酸钠等几种有机酸钠盐可用作无盐酱油和肾脏病人食品外，其他食品基本上仍用氯化钠。据报道，氨基酸的内盐也都带有咸味。用86%的2-氨基乙酰胺盐酸盐（$H_2NCOCH_2NH_3^+Cl^-$）和14%的

5′-核苷酸钠混合，其咸味与食盐无区别，有可能成为潜在的食品咸味剂。粗盐中一般都有微量杂质（如 KCl、$MgCl_2$等）。经过精制以后，虽除去杂质而苦味下降，但对食用或食品加工的应用来说，这些微量的杂质存在较为有利。表 2-2 所示为一些常见的非钠盐替代物及其优缺点。

表 2-2　　非钠盐替代物及其优缺点

种类	优点	缺点
氯化钾	最能传递食物中的咸味	不能无限量地使用，在高浓度下，会失去在食物中产生咸味的能力，并且通常会导致苦味、化学味和金属味
氯化镁	调节人体元素平衡	在高浓度下，通常会导致化学味和金属味
氯化钙	人体钙源	在高浓度下，通常会导致刺激性涩味和金属味
乳酸钾	抗氧化和护色效果	含量过高会产生不良风味

近年来，研究发现一些肽类分子也具有咸味，人们为减少食盐添加，将增咸呈味肽（咸味肽）添加至食品中。研究发现，Ala-Arg、Arg-Ala、Arg-Pro 等含精氨酸的二肽可以通过上皮细胞的钠离子通道 α 亚基和 δ 亚基增加氯化钠诱导反应的频率，从而增强大脑的咸味认知。目前咸味肽主要通过降解蛋白质和微生物发酵法制备，此外还有化学合成法、酶合成法、生物合成法等。

田村（Tamura）等首次发现了二肽 Orn-β-Ala 和 Orn-Tau 与氯化钠具有相似的咸味，其结构如图 2-16 所示。酵母抽提物中已被分离鉴定出 Asp-Asp、Glu-Asp、Asp-Asp-Asp、Ser-Pro-Glu 和 Phe-Ile 5 种咸味肽。通过添加咸味肽来提高食品的咸味是一种非常有效的方法。目前日本已投入生产咸味肽，但价格较高，约为食盐的 50 倍。

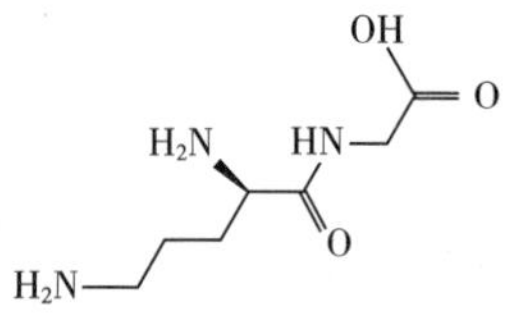
（1）

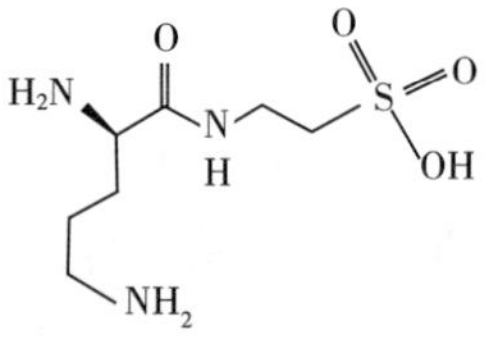
（2）

图 2-16　Orn-β-Ala 和 Orn-Tau 分子结构式

（1）Orn-β-Ala　（2）Orn-Tau

（四） 苦味分子

苦味是一种分布很广泛的味感，在自然界中有苦味的有机物及无机物要比甜味物质多得多。它本身不是令人愉快的味感，但当与甜、酸或其他味感恰当组合时，却形成了一些食物的特殊风味，如苦瓜、莲子、白果等都有一定的苦味，但均被视为美味食品。食物中的苦味物质主要来源于生物碱、糖苷及动物的胆汁。在以上几种味感中，苦味是最易感知的。

AH/B/X 结构模型也可以解释苦味化合物，如图 2-17 所示，A 和 B 之间的距离为 0.10~0.15nm，小于甜味化合物的相应间距。

1. 咖啡碱

咖啡碱是一种生物碱，分子式 $C_8H_{10}N_4O_2$，分子结构式如图 2-18 所示，存在于茶叶、咖啡和可可中，重升华制得的咖啡碱为六角形棱柱状晶体。它溶于水、乙醇、丙酮和氯仿，易溶于吡啶、四氢呋喃和乙酸乙酯。目前咖啡碱主要靠人工合成，或来自工厂生产不含（或低含量）咖啡碱咖啡的副产品。

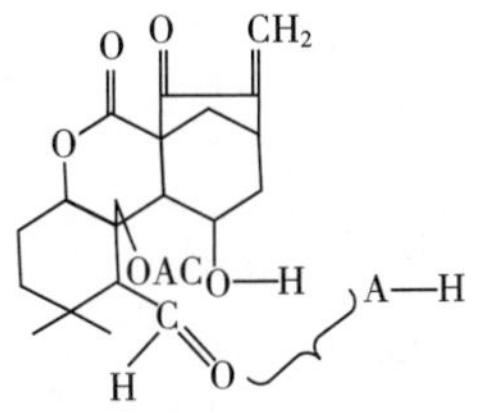

图 2-17 苦味二萜烯香茶菜醛的 AH/B/X 结构

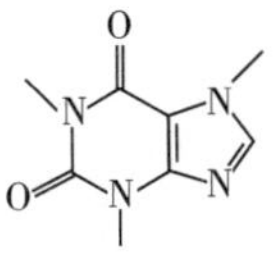

图 2-18 咖啡碱分子结构式

2. 苦杏仁苷

苦杏仁苷存在于桃、李、杏、樱桃、苹果等的果核种仁及叶子中，种仁中同时含有分解它的酶。苦杏仁苷本身无毒，生食杏仁、桃仁过多引起中毒的原因是在同时摄取入体内的苦杏仁酶作用下，苦杏仁苷分解释放出氰化氢（HCN）的原因。苦杏仁苷分子由一单元苯甲醛、一单元氢氰酸和两单元葡萄糖组成。其分子式为 $C_{20}H_{27}NO_{11}$，分子结构式如图 2-19 所示。

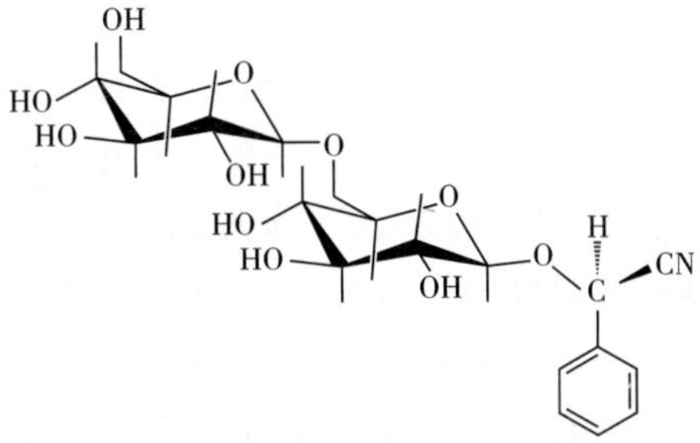

图 2-19 苦杏仁苷分子结构式

3. 柚皮苷

柚皮苷是柑橘类果实中的主要苦味物质，当将其水解后，则苦味消失，据此可脱去橙汁的苦味。它是一种水溶性结晶体，主要来源于柚、葡萄柚和酸橙及其变种的果皮及果实中，是用现代生物技术提取而成的天然色素、风味改良剂和苦味剂。广泛用于食品、饮料的生产，又可作为合成高甜度、无毒、低能量的新型甜味剂二氢柚苷查耳酮和新橙皮苷二氢查耳酮的原料。柚皮苷分子结构式如图 2-20 所示。

4. 胆汁

胆汁是动物肝脏分泌并贮存于胆中的一种液体，味极苦，在禽、畜、鱼类加工中稍不注意，破损胆囊就会产生无法洗净的极苦味，胆汁中的主要成分是胆酸和脱氧胆酸，分子结构式如图 2-21、图 2-22 所示。

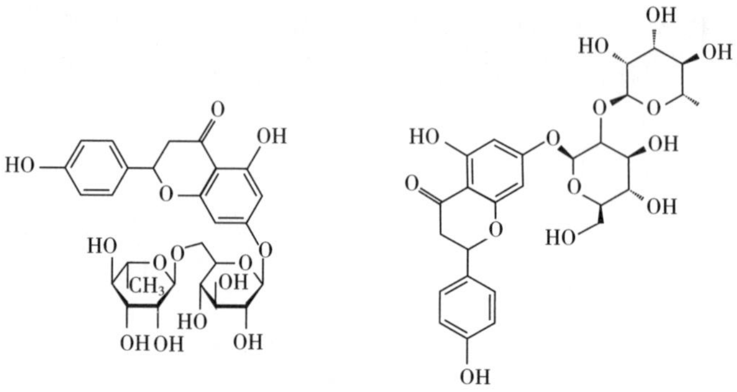

图 2-20　柚皮苷分子结构式

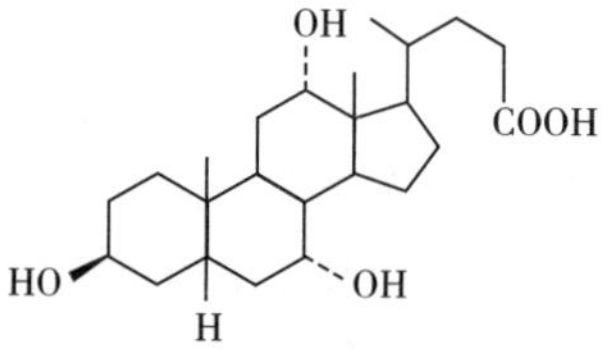

图 2-21　胆酸分子结构式

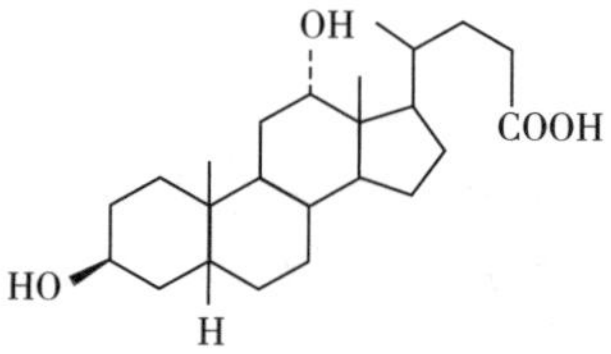

图 2-22　脱氧胆酸分子结构式

5. 苦味肽

苦涩经常产生在蛋白质水解物的酶促反应过程中。目前已从蛋白质和富含蛋白质的食物中分离并鉴定出大量苦味肽。苦味肽是目前最容易描述的一类味觉感官肽。呈味肽的味型特征与肽的疏水性关系密切，而疏水性又与氨基酸组成、氨基酸序列、肽链长度、空间结构等相关。首先，肽的疏水性由肽中氨基酸的组分和序列决定，其中脯氨酸（Pro）是主要的苦味肽的贡献者。多肽结构包含 Pro 时，可更容易地结合到 T2R 受体上。此外，当肽中出现甘氨酸（Gly）、丙氨酸（Ala）、缬氨酸（Val）、亮氨酸（Leu）、苏氨酸（Tyr）和苯丙氨酸（Phe）时也可以增强肽的疏水性，从而影响与苦味受体的结合。例如含有氨基酸的甘氨酰肽 Gly-Leu、Val-Gly 和 Gly-Phe-Gly 等疏水侧链均呈苦味。然而，其他 Gly-Gly、Gly-Ala 和 Gly-Glu 等甘氨酰肽不呈苦味。此外，肽的分子质量、立体参数和空间结构等同样是苦味的影响因素。如中度大小的肽通常比较大或者较小的肽段表现出的苦味更为突出。分子质量为 1900~3300 的肽被称为是高苦肽段，而较大或较小分子质量的肽段表现出较温和的苦味。多肽苦味还与肽中是否存在亲水性基团和碱性氨基酸残基有关。有学者认为，多肽中亲水性基团与疏水性基团在空间相距 0.3nm 时便会产生苦味。

蛋白质来源的苦味肽产生的途径主要是用酶法水解的方式，如用胃蛋白酶水解大豆蛋白可以获得 10 种苦味肽，分别是 Phe-Leu、Leu-Phe、Leu-Lys、Arg-Leu、Gly-Leu、Arg-Leu-Leu、Tyr-Phe-Leu、Glu-Tyr-Phe-Leu、Ser-Lys-Gly-Leu、Phe-Ile-Glu-Gly-Val。利用胰蛋白酶水解酪蛋白获得 3 种苦味肽，分别是 Gly-Pro-Phe-Pro-Ile-Val、Phe-Ala-Leu-Pro-Gln-Tyr-Leu-Lys、Phe-Phe-Val-Ala-Pro-Phe-Pro-Glu-Val-Ahe-Gly-Lys。利用枯草杆菌蛋白酶水解酪蛋白

获得的苦味肽也是 3 种，分别是 Leu-Val-Pro-Arh-Tyr-Phe-Gly、Arg-Gly-Pro-Pro-Phe-Ile-Val、Val-Tyr-Pro-Phe-Pro-Pro-Gly-Ile-Asn-His。

（五）鲜味分子

鲜味的概念自提出以来，越来越普遍地被人们接受，也被列入味感的范畴。目前已知的鲜味成分主要为有机酸类、有机碱类、游离氨基酸及其盐类、核苷酸及其盐类、肽类等。有鲜味作用的化合物一般拥有两个相距 3~9（更多的是 4~6）个碳或其他原子的负电荷基团。谷氨酸一钠（MSG）、肌苷-5′-单磷酸盐（IMP）、鸟苷-5′-单磷酸盐（GMP）和其他一些化合物（如琥珀酸）完全满足这种结构要求。腺苷-5′-单磷酸盐（AMP）在分子末端只有一个负电荷，但在另一端有一个氨基，这种结构差异导致 AMP 的鲜味作用明显小于 MSG、GMP 和 IMP。

1. 有机酸

具有呈鲜作用的有机酸主要是琥珀酸钠，其是贝类呈味的重要鲜味物质，多存在于贝类等海产品中，在香菇中也存在。目前我国批准使用的有机酸类鲜味剂仅有琥珀酸二钠，其阈值为 0.39mg/mL，主要应用于酒、饮料、糖果、酱油等产品。

2. 游离氨基酸

谷氨酸与天门冬氨酸是两种主要的呈鲜味游离氨基酸，均属于谷氨酸钠型鲜味物质。谷氨酸一钠（味精），阈值为 0.3mg/mL，是具有代表性的鲜味物质；天门冬氨酸及其钠盐的阈值为 1.0mg/mL。氨基酸的味道取决于疏水性、分子质量、电荷、等电点、α 碳的手性以及氨基酸侧链上的官能团。大多数 L-氨基酸被认为是甜的或苦的，但是，在高浓度下测试时，L-氨基酸甘氨酸、丙氨酸、丝氨酸、谷氨酸、天冬酰胺和谷氨酰胺可激发鲜味，主要的鲜味调味剂是 L-谷氨酸，以谷氨酸钠盐的形式广泛用作调味品。

3. 核苷酸

核苷酸类鲜味剂在食品鲜味的呈鲜方面具有重要贡献，其属于芳香杂环化合物，结构上具有空间专一性。目前已发现的具有鲜味特性的核苷酸及其衍生物有 30 多种，以 IMP、GMP 和 AMP 为代表。此外，还有 5′-黄苷酸二钠（XMP），5′-单磷酸尿苷二钠（UMP）和 5′-单 1 磷酸胞苷二钠（CMP），因 XMP 是 GMP 的合成代谢中间产物，且含量极少，故不作为主要研究对象。UMP 和 CMP 因本身鲜味不强，仅能与谷氨酸钠协同，从而起到助鲜的作用。研究表明，它们的混合物可以产生强烈的鲜味，但每一种都不会产生任何味道，如果将所有成分［非必需氨基酸（NEAA）+5′-核苷酸］都包含在一起，则可以获得更强烈的鲜味，鲜味强度最多可达到只添加 1 种鲜味剂时的 8 倍，而单独使用时，它们的味道非常弱。

4. 鲜味肽

鲜味肽是由食物中提取或经氨基酸合成得到的具有鲜味特性的小分子肽，其相对分子质量为 150~3000。近年来，有 52 种肽被报道具有鲜味，包括 24 种二肽、16 种三肽、5 种八肽、2 种五肽、2 种六肽、1 种四肽、1 种七肽和 1 种十一肽。1978 年，日本冈山大学的科学家山崎吉郎首次从木瓜蛋白酶酶解牛肉的水解液中分离、纯化得到氨基酸序列为 Lys-Gly-Asp-Glu-Glu-Ser-Leu-Ala 的辛肽，命名为鲜味肽。鲜味肽来源非常广泛，在大豆、干酪、肉类、蘑菇、水产品等蛋白质含量丰富且具有良好滋味的食物中均存在，其不仅可直接增强食品的口感，还可与食盐、谷氨酸钠（MSG）等相互作用，提升食品鲜美醇厚的口感。此后，从小麦面筋蛋白酶解液中分离出了 Glu-Pro-Ser、Glu-Pro-Glu、Glu-Pro-Gln 3 个鲜味肽。从花生粕酶解物中分离鉴定出了 Ser-Ser-Arg-Asn-Glu-Gln-Ser-Arg 和 Glu-Gly-Ser-Glu-Ala-Pro-Asp-Gly-Ser-Ser-Arg

两种鲜味肽。从河豚肉中分离出了鲜味肽 Tyr-Gly-Gly-Thr-Pro-Pro-Phe-Val。从金华火腿与意大利火腿水提物中分离出了 Cys-Cys-Asn-Lys-Ser-Val 和 Ala-His-Ser-Val-Arg-Phe-Tyr 两种鲜味肽。通过代谢组学发现酱油普遍中存在一种比 MSG 和 IMP 鲜味更强的鲜味肽 Fru-Glu。目前，在肉类、鱼类、贝类、豆类、菌类、发酵食品等许多食材中均发现了鲜味肽，表明鲜味肽是食品中广泛存在的呈味化合物。

第三节　化学感觉的跨模态整合

一、嗅觉的跨模态整合

在没有其他感官提示的情况下，气味很难被感知。例如，我们吃薯片时常通过视觉（形状和颜色）、味觉（味道）、触觉（质地）和听觉（咬薯片的声音）线索来体验薯片的气味。这个例子表明，嗅觉感知受到多种感官输入的多方面组合的影响。也就是说，对某种气味（如咖啡气味）的感知强度或愉悦感可能会因不同的感官输入而改变。

芳香挥发性化合物的感知存在差异，这取决于它们是通过鼻腔还是口腔感知。与通过鼻腔感知的气味相比，口腔感知的气味与其他特定感官线索（如味觉、躯体感觉和触觉刺激）间的交互更为频繁。这说明，嗅觉线索的跨模态整合可能会因气味是通过鼻腔还是口腔感知而有所不同。因此，本节将在心理物理、皮层电生理和神经解剖学层面对双嗅觉系统进行阐述。

（一）鼻前嗅觉和鼻后嗅觉

1. 鼻前嗅觉和鼻后嗅觉的概念

嗅觉是唯一的双模态感觉方式，因为它可同时感知体外和体内的刺激。芳香挥发性化合物到达嗅上皮的主要途径有两条：通过鼻腔和口腔（双嗅觉系统）。通过鼻腔吸入或嗅闻，空气中的挥发性化合物到达嗅觉上皮细胞（如嗅闻烤咖啡豆）的过程被称为鼻前嗅觉。在食物摄入过程中，芳香挥发性化合物通过咀嚼从食物基质中释放，并通过口腔运动、呼气或吞咽，从口腔后部向上通过鼻咽泵出进入嗅上皮，这种嗅觉途径被称为鼻后嗅觉。有证据表明，人类受试者可以定位气味是来自鼻腔前部还是来自鼻腔后部/口腔。由于鼻后嗅觉在大多情况下是由食物相关刺激产生的，并产生于口腔，因此人们往往将鼻后感知的气味称为味道，也就是说，人们会出现常见的“嗅觉-味觉混乱”。例如，当吃美食时，人们习惯于将其描述为味道好，而非气味好。此外，研究表明，失去嗅觉的人往往感到味觉丧失，尽管他们的味觉是正常的。

2. 鼻前嗅觉与鼻后嗅觉的比较

（1）心理物理感知　对于食物和非食物气味，鼻前阈值均低于鼻后阈值。也就是说，人们对通过鼻前通路闻到的气味比通过鼻后通路闻到的气味更敏感。研究显示，鼻后气味的较高阈值（即较低的敏感度）与我们日常进食的体验是一致的。对鼻后气味敏感度较低的一个合理解释是，从咽到嗅上皮的气流模式可能与鼻前刺激的气流模式不同，从而导致到达嗅裂的气味浓度较低。此外，由于人类在感知鼻后气味的同时还伴随其他感官属性（味觉和触觉成分）、机械运动（咀嚼和舌头运动）和口腔中的唾液分泌，人类对鼻后气味的注意力可能会降低，从而导致对鼻后气味的敏感度降低。

（2）脑成像　脑成像技术使我们能够比较鼻前和鼻后嗅觉之间的神经反应。一些研究发现，尽管许多大脑区域（如梨状皮层、前腹侧岛叶、OFC、海马体和内嗅皮质）被鼻前或鼻后刺激激活，但激活区域之间存在一些重叠。相比鼻前刺激，与口腔的主要表象相对应的大脑区域（例如中央沟底部的罗兰蒂盖层）更容易被鼻后刺激激活，因此鼻后气味被认为来自口腔。例如，在分析巧克力气味的影响时（在鼻前和鼻后刺激中被认为是同样强烈和愉快的），鼻前刺激在岛叶/盖区、丘脑、海马体、杏仁核和尾外侧 OFC 中显示出更高的激活，而具有完全相同气味的鼻后刺激优先激活膝周扣带回、内侧 OFC、后扣带回和颞上回。这一结果表明，气味引起的神经反应可能受其传递路径的影响。

（二）嗅觉和味觉线索间的跨模态对应

嗅觉被发现受到其他感官线索的影响，如视觉、味觉、体感、听觉和触觉线索。术语跨模态对应或跨模态关联是指在不同的感官模态（无论是否冗余）下，刺激（即物体或事件）的属性或维度之间的兼容性效应。在涉及嗅觉的跨模态整合研究中，双模态线索间的一致性是最常用的概念。在嗅觉-味觉线索的跨模态研究中，所谓“一致性”即为两种刺激在食品中结合的适宜程度。然而，由于嗅觉线索与其他感官线索的跨模态整合不仅限于食品，本书中的一致性是指双模态刺激在日常生活中结合的适宜程度。

在饮食过程中，味觉线索通常与嗅觉线索（尤其是鼻后气味）一起感知。因此，人们往往会将口腔中嗅觉和味觉线索的共同出现混淆为一种单一的感觉。人们通过这种方式闻到气味时，通常会将刺激描述为味觉，并习惯于将特定的芳香/风味与特定的味道相匹配。例如，焦糖或香草的芳香/风味通常与甜味匹配，而柠檬的芳香/风味通常与酸味匹配。

嗅觉和味觉线索之间的一致性是它们相互作用的关键调节因素。一致的味觉线索会影响气味定位、气味强度和愉悦度。在口腔中没有体感或味觉刺激的情况下，嗅到气味刺激时，人们可以准确地定位气味的位置（在鼻腔处）。然而，在口腔中存在味觉刺激的情况下，人们通常会将鼻前呈现的气味定位到口腔中。这是因为味觉刺激可能会导致人们更加关注味觉刺激，从而使选择性注意气味刺激的能力受损。鼻后气味在口腔中的定位已得到证实。在口中存在或不存在味觉刺激（水或各种味觉溶液）的情况下，受试者通过吸管吸入食物气味并通过鼻子呼出时，对气味刺激进行定位。结果显示，当香草气味与蔗糖溶液同时存在、酱油气味和氯化钠溶液同时存在时，受试者认为这些气味在他们的舌头上被感知。味觉刺激还会增强对鼻前气味感知的敏感性。例如，在分别摄入 10mL 糖精溶液、味精溶液或去离子水后，受试者在阈值下嗅闻苯甲醛的气味（樱桃味/杏仁味），当口腔中存在一致的味觉（如糖精）时，受试者对气味的敏感性增加；而存在不一致的味觉（如味精）或去离子水时，受试者对气味的敏感性降低。

（三）嗅觉和三叉神经线索之间的跨模态对应

有关嗅觉和三叉神经线索之间的跨模态整合的报道主要集中在：①双模态线索之间的一致性；②由三叉神经感觉引起的气味定位。

1. 双模态线索之间的一致性

三叉神经的感觉可以与特定的气味相匹配。例如，橙子气味通常与鼻内二氧化碳刺激一致，而玫瑰气味与二氧化碳刺激不一致。嗅觉和三叉神经线索的一致混合（橙子气味和二氧化碳刺激）比不一致的混合（玫瑰气味和二氧化碳刺激）更令人愉快。此外，功能性核磁共振（fMRI）显示，一致增强的愉悦感与海马体和扣带回前部的神经活动增加有关。

2. 三叉神经线索诱导的气味定位

一般认为，当嗅觉刺激出现在右鼻孔或左鼻孔时，人们很难完全将其侧化。然而，二氧化碳等三叉神经兴奋剂可以高度准确地进行侧化。由于人体鼻黏膜不仅包含嗅觉受体，还包含对机械、热或伤害性刺激做出反应的细胞，因此也可以定位引起三叉神经感觉的气味物质。研究表明，人体无法在不受浓度影响的情况下定位只刺激嗅觉系统的气味物质，但当气味被呈现在左鼻孔或右鼻孔时，他们能够定位同时激活嗅觉和三叉神经系统的气味。

3. 三叉神经线索诱导的气味感知

嗅觉和三叉神经刺激之间的跨模态整合已经在人体多个部位被证实。例如，在中枢神经部位，如嗅觉和三叉神经传入信息汇聚的丘脑中嗅核，在嗅球、嗅上皮以及间接通过鼻内三叉神经反射。据报道，当两种刺激同时出现时，三叉神经刺激（辛辣或疼痛）会抑制鼻前气味强度。此外，嗅觉和三叉神经刺激的时间和强度均会影响两个双模态线索之间的跨模态整合。

三叉神经线索对气味感知的影响也在食物基质中进行了研究。三叉神经刺激，如碳酸化、疼痛和辛辣，似乎降低了感知到的香气和/或风味的强度。相反，也有报道称三叉神经感觉增强了对香气或风味强度的感知。与非碳酸饮料相比，饮料的碳酸化增强了鼻后气味的感知强度。为了明确三叉神经刺激对气味感知的影响，应该考虑以下关键因素：刺激类型、刺激浓度、刺激持续时间、刺激间隔和环境温度。

（四）嗅觉和其他感官线索之间的跨模态对应

1. 嗅觉和视觉线索之间的跨模态对应

某些气味可以与特定的视觉线索相匹配，如颜色亮度、颜色色调和符号/形状。气味强度与颜色亮度成反比。例如，强烈的气味似乎与较深的颜色相匹配。此外，使用内隐联想测试（IAT）发现颜色-气味具有很强关联，从而受试者可以在不依赖显式跨模态匹配的情况下隐式响应关联。例如，草莓味和粉红色匹配；留兰香气味和绿松石色匹配。且受试者对相容匹配（如草莓味和粉色）的反应比对不相容匹配（如留兰香味和粉色）的反应更准确、更快。此外，在间隔两年后，颜色-气味关联显示出高达0.53的测试-再测试相关性，这表明颜色和气味的跨模态对应是稳健和可复制的。一些研究也证明了气味和抽象符号/形状之间的跨模态对应关系。令人愉快的气味（如香蕉、蜜瓜、薄荷、香草和紫罗兰气味）与圆形或曲线形状的符号匹配，而令人不愉快的气味（如帕尔马干酪、胡椒和松露气味）与棱角形或方形的符号匹配，反映出双模态线索之间的情感相似性可能会介导符号/形状和气味的跨模态对应。

视觉线索通常会影响嗅觉的检测及识别。即便是日常气味，人们也很难在没有语言描述/标签的情况下识别气味。然而，大多数人没有意识到他们识别气味的能力很差，因为他们通常借助视觉线索来识别气味。例如，人们通常在看放在杯子里的咖啡时闻到咖啡的香味。视觉线索可能会导致人们根据自己的经验和联想学习，期待与视觉输入相关的特定气味/风味。一致的视觉线索，如颜色和图片，有助于气味检测和识别。例如，当人们看到语义上一致的视觉线索（颜色或图像）时，他们能更快、更准确地检测到鼻前气味。另一方面，当气味剂的颜色看不到（透明气味剂）或不匹配（如红色的香蕉气味剂）时，人们在识别气味时往往较慢且不准确。当嗅觉线索更为熟悉时，一致性视觉线索（尤其是颜色）对气味识别的促进作用更为明显。

文化背景对嗅觉和视觉线索之间的跨模态整合具有一定的影响。欧美国家和地区与中国成年人之间的颜色-气味关联存在文化差异。例如，许多美国受试者将红色饮料与樱桃味配对，而中国受试者将其与西瓜味配对；英国受试者更倾向于将棕色饮料与可乐风味联系在一起，而一半中国受试者会将其与葡萄风味匹配。这表明，相同颜色对嗅觉感知的影响可能因文化背景的不同而有所差异。

2. 嗅觉和听觉线索之间的跨模态对应

嗅觉和听觉线索之间的跨模态对应已在先前的心理物理学研究中得以证实。最近的一项研究表明，葡萄酒中常见的某些气味不仅可以与特定的音高相匹配，还可以与音符的音色相匹配。例如，水果的气味总是与高音相匹配。更快乐、更甜、更明亮和更令人愉悦的气味（如鸢尾花和蜜饯橙的气味）通常与更高音高的器乐声音（例如钢琴的音调）非常匹配。与其他乐器的音调相比，钢琴乐器的音调更适合搭配宜人的气味。鼻后感知的气味（风味）也与特定的音符、音色相匹配。与音色的关联相比，风味和音高的跨模态关联似乎相对较弱。风味与音色的跨模态对应关系似乎是由主观享乐（如愉悦与不愉悦）介导的，而与音高的对应关系则是由其他因素驱动的，如双模态线索的效力（强与弱）和活跃度（主动与被动）。

最近的动物研究发现，哺乳动物的嗅觉和听觉感觉输入在大脑皮层汇集。研究证明，嗅结节的单个单元会同时被音调和气味激活。嗅结节中29%的单一单元对气味和音调的同时刺激表现出激活增强或激活抑制，表明嗅结节可能在影响嗅觉和听觉线索之间的跨模态相互作用中起主要作用。此外，研究表明，人类大脑中熟知音乐或气味的相关区域在左脑重叠：特别是额上回、额下回、角回、楔前叶、海马体和海马旁回。

多项研究表明，嗅觉和听觉线索之间的一致性在其相互作用中发挥着重要作用，尤其是在调节气味快感方面。即与不一致的声音相比，一致的声音可增加气味的愉悦感。例如，当薯片的气味与声音（例如吃薯片的声音）相匹配时，会比不匹配的声音（如喝咖啡的声音）被认为更令人愉悦。当受试者对气味愉悦性进行评价时，他们倾向于以整体的方式判断对气味刺激的愉悦印象，并将测试期间给出的背景声音融入，从而增加背景声音的影响。相比之下，气味强度受声音一致性的影响并不显著。当受试者对气味强度进行评分时，他们可能会更专注于气味刺激的强度，而对背景声音的关注相对较少，从而减少背景声音对气味强度的影响。

文化背景也会影响嗅觉和听觉线索之间的跨模态相互作用。例如，德国和美国的受试者都认为肉桂和丁香的气味与圣诞颂歌很相配，因为这两个国家的圣诞节饮食均以含肉桂和丁香的食物和饮料为主。圣诞节期间，用薄荷调味的甘蔗糖在美国非常流行，因此，美国受试者会认为薄荷香气与圣诞颂歌相匹配。而德国受试者则认为其与圣诞颂歌不一致。文化在形成特异性文化跨模态互动中起着重要作用。根据经验和联想学习，人们可能会表现出特定的跨模态期望，从而确定双模态线索是否匹配。

3. 嗅觉和触觉线索之间的跨模态对应

在进食和饮水时，触觉刺激会与嗅觉线索（尤其是鼻后气味）动态互动。研究发现，某些香气和质地可以匹配。例如，受试者对无芳香蛋奶沙司和7种香味（香草、柠檬、草莓、巧克力、黄油、橡胶和薰衣草）的一致性进行打分，结果显示，蛋奶沙司与香草和黄油的香味一致性很高，但与橡胶、巧克力和薰衣草的香味一致性很低。总的来说，如果有奶油状的蛋奶沙司存在，一致的气味（香草味和黄油味）是首选，而不一致的气味（橡胶味和巧克力味）则不受欢迎。这说明纹理线索可以增强其一致气味的愉悦感。

一般认为，黏度的增加会导致各种液体基质中鼻后气味（风味）感知强度的降低，如果汁、咖啡和浓味溶液。在半固态和固态基质中，许多研究都强调了硬度对风味强度的影响。总体而言，早期的研究表明，感知的风味强度随着半固态和固态基质（如凝胶、蛋奶沙司、牛乳和糖果）硬度的增加而降低。

二、味觉的跨模态整合

（一）嗅觉线索对味觉的影响

在前面嗅觉与味觉线索间的跨模态对应部分主要介绍了味觉线索对嗅觉感知的影响，接下来主要介绍嗅觉线索对味觉的影响。

1. 一致性对嗅觉-味觉交互作用的影响

（1）心理物理感知　如前文所述，一致性在调节嗅觉和味觉刺激之间的相互作用中起着关键作用。通常气味会放大味觉的感知强度。例如，甜味一致性气味（如草莓或香草）会增强甜味的感知强度。研究表明无味道的草莓风味会提升鲜奶油的甜味；而咸度感知并不会因草莓味而增加。此外，一些心理物理学研究表明，咸味物质的气味（如酱油或培根）会增加咸味感知。例如，通过鼻前途径呈现的酱油气味可以增加人们对咸味的感知，但不会增加甜味。有趣的是，在未提供酱油味道的情况下，通过想象酱油气味也会在一定程度上增强咸味感知。此外，人们似乎能够通过贴在食品上的标签来预期食品风味的咸味。

（2）脑成像　脑成像的研究发现，嗅觉、味觉或躯体感觉刺激的独立表现会引起岛叶/额叶岛盖 OFC、和前扣带回皮质等重叠区域的激活。因此，这些研究表明岛叶/额叶岛盖、OFC 和前扣带回在味觉感知的多种感官信息整合中发挥着重要作用。

此外，一些脑成像研究比较了大脑区域对气味和味道的单模态或双模态刺激的反应。研究证明，嗅觉和味觉刺激都激活了前岛叶、杏仁核、尾侧 OFC、腹侧前脑、前扣带回皮质及其邻近区域。相反，气味和味觉刺激的双模态交互作用更多地涉及前 OFC 的外侧部分，且气味和味觉刺激一致性的主观评价与前 OFC 内侧部分的大脑活动有关。此外，多个脑区（额叶岛盖、腹侧岛叶、尾侧 OFC 和前扣带皮层）被气味和味觉的混合刺激激活。特别地，在这些大脑区域中，一致性混合物的大脑活动比气味和味觉单模态刺激的大脑活动总和更高（即超叠加效应）。综上所述，岛叶/岛盖、尾侧 OFC 和前扣带皮层在风味加工中起着重要作用。

2. 气味传递路径对嗅觉-味觉交互作用的影响

多项心理物理学研究证明，无论气味传递途径（即鼻前/鼻后路径）如何，一致的气味都可以诱导味觉增强效应。例如，当通过鼻后或鼻前路径闻到香草味时，参与者认为阿斯巴甜溶液更甜。当气味刺激通过鼻前路径单独给予时，在口腔中发生相互作用的可能性很小。换句话说，一致气味的味觉增强发生在中央水平，而不是外围水平。

3. 选择性注意对嗅觉-味觉交互作用的影响

选择性注意（即关注气味或味道）和策略（即分析与合成）是影响嗅觉-味觉相互作用的因素之一。对于一致的气味和味道组合（如香草醛和蔗糖），对味觉成分（蔗糖）的选择性注意提高了从这对气味和味道成分中区分味觉成分的能力，但这种增强的能力在对气味成分（香草醛）的选择性注意中没有观察到。此外，当这种选择性注意归因于一种风味中的不同品质时，由气味引起的味觉增强效应可能会减弱。例如，只有当参与者被要求单独判断甜度时，草莓气味才会增加混合物中蔗糖的甜度感知。然而，当参与者对混合物的酸味和果味等其他属性进行评分时，甜度感知并未增强。此外，当参与者被要求首先对混合物的总强度进行评分，然后将其分解为其他属性，如甜味、咸味、酸味、苦味和果味，混合物的甜味感知会受到抑制。

此外，气味诱导的味觉增强取决于气味和味觉的结合是否被视为一种分析感知策略（例如，作为一组离散的品质）或作为一种综合感知策略（如作为一种味道）。换句话说，当参与者被要求对气味和味道混合物中的单一感官属性（如甜度）进行评分时，提出了两种感官模态的综合感知策略；当参与者被要求对混合物中的多种感官属性进行评分时，单一模态的分析感知策略会得到提高。具体来说，在气味和味道共同暴露的过程中，仅在采用合成策略时，才会出现气味诱导的味觉增强效应，而当使用侧重于单一成分的分析策略时，这种增强效应则不会出现。同样，有研究显示，未经训练的受试者认为蔗糖-麦芽糖醇溶液比同等浓度的蔗糖溶液更甜；相比之下，使用分析策略（即只专注于味觉）训练的参与者没有表现出气味诱导的味觉增强。

（二）其他感官线索对味觉的影响

1. 视觉线索对味觉的影响

视觉线索会强烈地影响味觉感知。研究发现，如果将樱桃汁、橙汁、青柠汁和葡萄汁装入玻璃杯中，受试者可以很轻松地辨认出它们各自的味道。而当无法看到饮料的颜色时，仅有20%的受试者能够辨识出饮料的味道。此外，如果将饮料颜色互换，把青柠汁变成橙色，橙汁变成绿色，人们对味道的认知就会受到饮料颜色的影响：一杯橙色的青柠汁尝起来可能会更像橙子而不是青柠，一杯绿色的橙汁可能更像青柠而不是橙子。颜色的深浅会在很大程度上影响食物的味道，甚至还会使人尝出根本不存在的味道。例如，当纯净水被染上橙色时，大部分人都会觉得它喝起来有种橙子的味道。相反，将橙子味很浓的饮料脱色，大多数人即便尝出了橙味也会说味道很寡淡。

2. 听觉线索对味觉的影响

声音对味觉感知的影响已经得到了相关研究的证实。例如，饼干和果蔬在咀嚼过程中发出的咔嚓声与其美味程度密切相关。同样，咀嚼薯条发出的声音音量和音频的变化也会影响受试者对食物新鲜程度的判断，即受试者认为咀嚼声音越大，新鲜度越好。

3. 触觉线索对味觉的影响

味觉是一种近距离的、内部的感觉，它离不开触觉的有效配合。在大多数情况下，我们会利用触觉判断食物的质地、温度和刺激程度。食物的质地或黏性会影响其味道。如果一种食物更细密黏稠，那么它的味道会显得更清淡，例如，果冻、蛋奶沙司、番茄酱等。此外，温度的升高，会引起口腔中食物释放更多的味觉分子，从而使味蕾对味觉刺激更敏感。例如，热的食物味道更加浓烈。

三、 三叉神经感觉与嗅觉、味觉相互作用

（一）三叉神经感觉与嗅觉相互作用

大多数三叉神经刺激除了激活三叉神经系统外，还激活嗅觉系统，而且它们在较低浓度下也会激活嗅觉系统。而与嗅觉神经相比，需要更高浓度的气味才能刺激三叉神经。大多数气味会激活三叉神经系统。例如，多蒂（Doty）等研究了47种气味分子，其中只有香兰素和癸酸不产生三叉神经刺激。相比之下，只有1种化学物质，二氧化碳（CO_2），被发现相对选择性地刺激三叉神经，很少或几乎不刺激产生嗅觉。这些结果表明很少有化学感觉刺激物能选择性产生嗅觉或三叉神经感觉。事实上，许多研究表明，嗅觉和三叉神经系统之间往往存在协同增强或相互抑制作用，这种相互作用可能发生在外周和中枢神经水平。此外，嗅觉和三叉神经感觉之

间的相互作用已在嗅觉障碍患者体内得以证实。具体来说，嗅觉敏感性的丧失会导致鼻内三叉神经敏感性的降低。脑成像研究表明，在没有和存在完整嗅觉的情况下，三叉神经介导的信息处理方式不同。然而，与嗅觉丧失新患者相比，长期嗅觉丧失的患者对三叉神经刺激（如 CO_2）表现出更大的电生理反应。也就是说，三叉神经的敏感性可能会逐渐增加，以补偿嗅觉功能的丧失。

（二）三叉神经感觉与味觉相互作用

辛香料会掩盖食品的风味，因而人们对辛香料如何影响味觉进行了大量研究。实验数据表明，辣椒素除了对甜味有掩盖作用外，对其他味觉几乎没有影响。其中的原因目前尚不清楚，但很可能是因为酸类和盐类能够同时产生刺激和味觉。如果刺激是酸味和咸味的固有特征，辣椒素对酸味和咸味的影响就会被隐蔽。这种说法对解释苦味有些牵强，但因为苦味和辣味的特征和舒适性极为相似，人们很难做出正确的判断。当然，三叉神经刺激成分还可以与味觉发生较强的相互作用。例如，人们发现 CO_2 能够增强酸味和咸味，影响程度跟 CO_2 浓度有关。不过，总体而言，三叉神经感觉对味觉影响相对较弱。

参考文献

[1] Gary R. Flavor Chemistry and Technology [M]. Boca Raton: Taylor & Francis Routledge, 2006.

[2] Morten M, Gail V C, Carr B T. Sensory Evaluation Techniques Volume Ⅰ [M]. Boca Raton: CRC Press Inc, 1987.

[3] Harry T L, Hildegarde H. Sensory Evaluation of Food: Principles and Practices [M]. New York: Aspen Publishers Inc, 1998.

[4] Philip R A. Food Flavorings [M]. Gaithersburg, Maryland: Aspen publishers Inc, 1999.

[5] 张晓鸣. 食品感官评定 [M]. 北京：中国轻工业出版社，2006.

[6] 丁耐克. 食品风味化学 [M]. 北京：中国轻工业出版社，2006.

[7] Jeleń H. Food Flavors: Chemical, Sensory and Technological Properties [M]. Boca Raton: CRC Press, Inc, 2011.

[8] Bachmanov A A, Beauchamp G K. Taste receptor genes [J]. Annual Review of Nutrition, 2007, 27: 389-414.

[9] 王兴国，高盼. 脂肪味是第 6 种基本味觉吗？[J]. 食品科学技术学报，2016，34（5）：1-11.

[10] 李新华，韩永明. 人体解剖学 [M]. 上海：上海科学技术出版社，2019.

[11] Andrea B. Springer Handbook of Odor [M]. Switzerland: Springer International Publishing, 2017.

[12] Anbarasan R, Carmona D G, Mahendran R. Human taste-perception: Brain computer interface (BCI) and its application as an engineering tool for taste-driven sensory studies [J]. Food Engineering Reviews, 2022, 14: 408-434.

[13] Rozengurt E. Taste receptors in the gastrointestinal tract [J]. American Journal of Physiology Gastrointestinal & Liver Physiology, 2006, 291: G171-G177.

[14] Yoshida R, Horio N, Murata Y, et al. NaCl responsive taste cells in the mouse fungiform taste buds [J]. Neuroscience, 2009, 159 (2): 795-803.

[15] Roper S D. Signal transduction and information processing in mammalian taste buds [J]. Pflügers Archiv-European Journal of Physiology, 2007, 454 (5): 759-776.

[16] Liman E R, Kinnamon S C. Sour taste: receptors, cells and circuits [J]. Current Opinion in Physiology, 2021, 20 (5): 8-15.

[17] Diepeveen J, Moerdijk-Poortvliet T C W, van der Leij F R. Molecular insights into human taste perception and umami tastants: A review [J]. Journal of Food Science, 2022, 87 (4): 1449-1465.

[18] Spaggiari G, Di Pizio A, Cozzini P. Sweet, umami and bitter taste receptors: State of the art of in silico molecular modeling approaches [J]. Trends in Food Science & Technology, 2020, 96: 21-29.

[19] Wang W, Zhou X, Liu Y. Characterization and evaluation of umami taste: A review [J]. Trends in Analytical Chemistry, 2020, 127 (115876): 1-10.

[20] Zhang Y, Venkitasamy C, Pan Z, et al. Novel umami ingredients: Umami peptides and their taste [J]. Journal of Food Science, 2017, 82 (1): 16-23.

[21] Zheng Y, Tang L, Yu M, et al. Fractionation and identification of salty peptides from yeast extract [J]. Journal of Food Science and Technology, 2021, 58 (3): 1199-1208.

[22] Shen D, Pan F, Yang Z, et al. Identification of novel saltiness-enhancing peptides from yeast extract and their mechanism of action for transmembrane channel-like 4 (TMC4) protein through experimental and integrated computational modeling [J]. Food Chemistry, 2022, 388 (132993): 1-9.

[23] Maekawa T, Kondoh T, Maruyama Y. Method for screening salty taste modifying substance [P]. Japan Pat: WO2019131936 JA, 2018.

第三章 天然风味物质

CHAPTER 3

风味行业生产的风味料很多都来自天然风味物质，了解天然风味物质及其生物合成途径，对更好地开发风味产品有着极其重要的意义。

本章主要介绍不同种类的植物性食品（如水果、蔬菜、茶叶），动物性食品（如畜禽肉制品、水产品、乳品），以及发酵食品（如酒类、干酪、酸乳、红茶、酱油）等的风味化合物及其生物合成途径。

第一节 植物性食品风味成分

风味化合物一般为低分子质量的物质。非挥发性风味化合物（如味觉刺激物糖和酸）通常是一般生物合成过程产物的一部分，而香味化合物则不同，只有很少的香味化合物是在植物生长过程中形成，实际上，大多数香味化合物是植物生长过程中风味前体物质降解的产物。

在水果成熟过程中，植物细胞壁开始软化，其内部组织结构也开始受损。这种组织结构的损失促使酶更多地攻击各式各样的底物，并且原来参与合成过程的酶也开始参与降解反应。这些反应导致了大量低分子质量产物（挥发性风味化合物）的产生，其中许多都具有感官风味特性。

蔬菜不存在成熟过程，香气化合物通常是在细胞损坏后通过酶促反应产生的。以洋葱为例，在细胞损坏发生之前是不具有风味特性的。这种细胞损坏过程通常是由食用前的准备过程（切片、切块、加工），或食用过程（咬合咀嚼）实现的。酶促反应的过程是很快的，可以在几秒钟之内使房间内充满风味。

一、水果风味的生物合成

如前所述，典型的水果风味在水果形成的早期并不存在，而是在一个相当短的成熟过程中形成的。风味的形成过程发生在植物的呼吸转跃期。在这个过程中，水果的新陈代谢主要转变为分解代谢，风味物质开始形成。大量的脂类、碳水化合物、蛋白质和氨基酸在酶的催化作用下转变为简单的糖或酸以及挥发性化合物。风味物质的形成量在成熟过程的后呼吸转跃期达到最高。

图 3-1 所示是水果成熟过程中风味物质形成的示意图。风味物质是在基因控制下由主要的植物组分形成的，每一种代谢过程都与其他代谢过程相联系。风味化合物可以是某种代谢的直接产物，也可以是代谢途径中间产物间或代谢终产物间相互作用的结果。表 3-1 列出了一些风味化合物的前体物质。

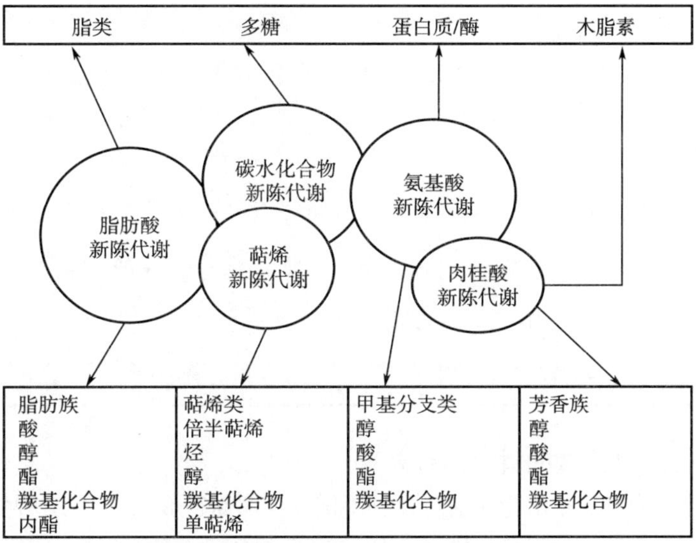

图 3-1 水果成熟过程中风味物质的形成

表 3-1 食品中风味化合物的前体物质

营养成分	芳香成分
碳水化合物	有机酸
葡萄糖	丙酮酸、乙酸、丙酸、乙酰乙酸、丁酸、己酸
果糖	辛酸
蔗糖	酯： 丙酮酸酯、乙酸酯、丙酸酯、丁酸酯、乙酰乙酸酯、己酸酯、辛酸酯 醇： 乙醇、丙醇、丁醇、己醇、辛醇 醛： 乙醛、丙醛、丁醛、己醛、辛醛 萜烯： 单萜、芳樟醇、柠檬烯、α-蒎烯、香茅醛、柠檬醛、香叶醛
氨基酸	丙酮酸、乙醛、乙醇
丙氨酸	异丙醛、异丙醇、α-羰基异丁酸

续表

营养成分	芳香成分
缬氨酸	3-甲基丁醛、3-α-甲基丁醇、α-羰基异己酸
亮氨酸	2-甲基丁醛、2-甲基丁醇
异亮氨酸	苯甲醛、苯乙醛、肉桂醛
苯丙氨酸	氢化肉桂醛、对羟基苯甲醛、对羟基苯乙醛、对羟基肉桂醛
苏氨酸	丙酮酸
甘氨酸	噻唑
胱氨酸/半胱氨酸	乙二醛
脂肪酸	(反,反)-2,4-癸二烯醛、己醛、反-2-辛醛
亚油酸	反-2-戊醛、反-2-己烯醇、己醛、顺-3-己烯醛、顺-3-己烯醇
	(反,反)-2,4-庚二烯醛、丙醛
β-胡萝卜素	β-紫罗（兰）酮

（一）脂肪酸代谢生成的香气化合物

挥发性风味化合物可能是由脂肪通过几种不同的代谢途径形成的。主要途径包括α-氧化和β-氧化以及脂肪氧合酶催化的氧化。图3-2所示为苹果中脂类产生一些主要挥发性物质的形成途径。

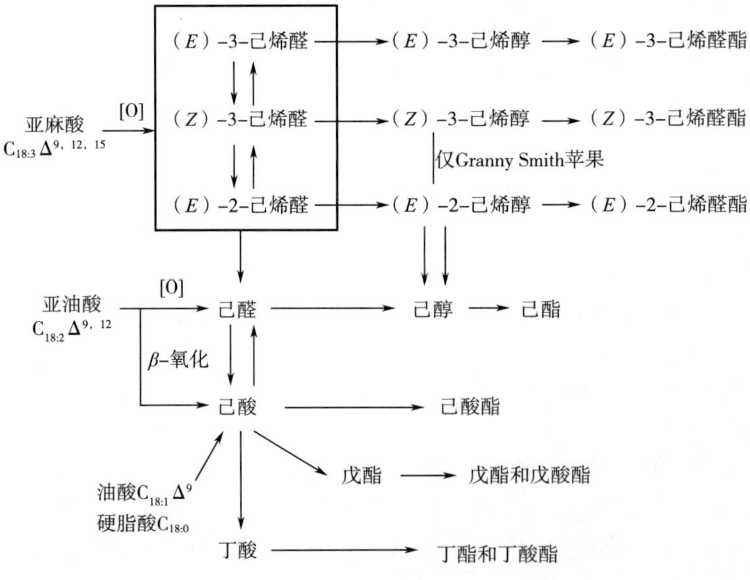

图3-2 苹果中直链酯挥发物的生物合成途径

[O]：脂肪氧合酶催化的氧化。

经由β-氧化途径的风味形成可以以梨风味物质的形成为例。一般认为癸二烯酸酯是梨风味物质的载体（图3-3），这些酯是亚油酸经由β-氧化过程形成的，亚油酸的每次代谢分解，变为缩短两个碳原子的辅酶A（CoA）衍生物，最终与醇反应生成酯类物质。在这个过程中可能会发生异构化作用形成顺反同分异构体。

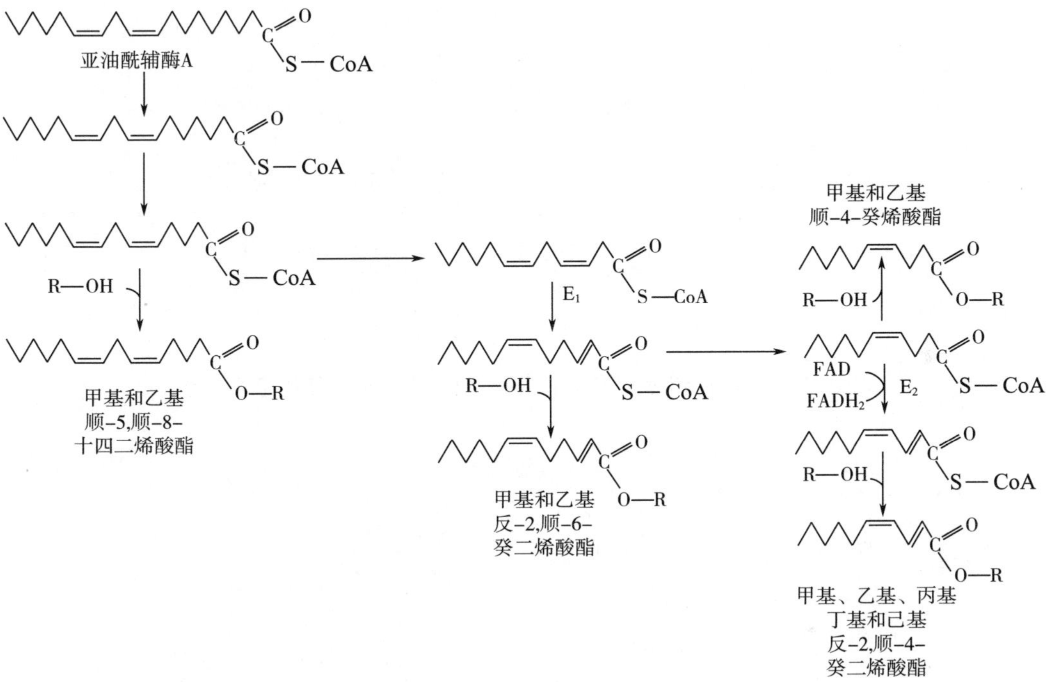

图3-3 梨中不饱和酯形成的可能途径

E_1，Δ3 顺-Δ2 反-烯酰基-CoA 异构酶；E_2，酰基-CoA 脱氢酶。

由脂类物质产生的很大一部分风味化合物是在脂肪氧合酶的催化作用下形成的。水果中发现的许多脂肪族酯、醇、酸和羰基化合物是由亚油酸和亚麻酸的氧化分解产生的。研究人员通过研究香蕉、番茄、苹果、茶叶和橄榄油等物质中的风味形成，阐明了脂肪氧合酶活性对水果风味形成的重要性。

对番茄中脂肪氧合酶催化的脂肪氧化机制已经有较多的研究报道。吉达（Jadha）等最早提出亚油酸通过酶的作用形成9-、12-、13-和16-氢过氧化物，后来加利亚尔（Galliard）和马修（Matthew）报道只有9-和13-氢过氧化物形成（95∶5的比例）。加利亚尔（Galliard）等进一步发现了氢过氧化物的裂解体系，只有含量较少的13-氢过氧化物裂解形成风味（图3-4）。施赖埃尔（Schreier）和洛伦茨（Lorenz）深入研究了番茄的脂肪氧合酶和氢过氧化物裂解酶，发现9-氢过氧化物不发生酶解，只是缓慢分解为挥发性化合物。图3-4所示概括了番茄中最丰富的两种挥发性成分已醛和顺-3-己醛的形成过程。

实际上，研究人员已经证明在亚油酸和亚麻酸的氧化过程中α-和β-氧化途径同时存在，因此，在其氧化过程中会产生多种挥发性成分，酸、酮以及其他氧化过程的中间产物非常容易被植物中的其他酶系转化为醇、醛和酯（图3-5）。

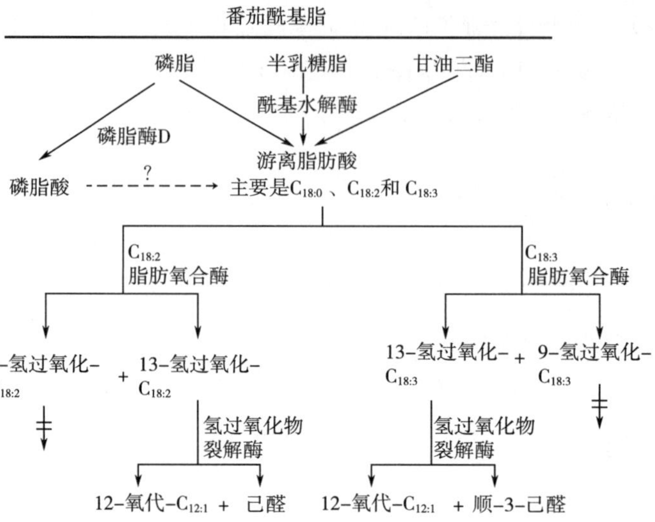

图 3-4　破碎番茄中酰基脂类酶解形成短链羰基化合物的可能途径

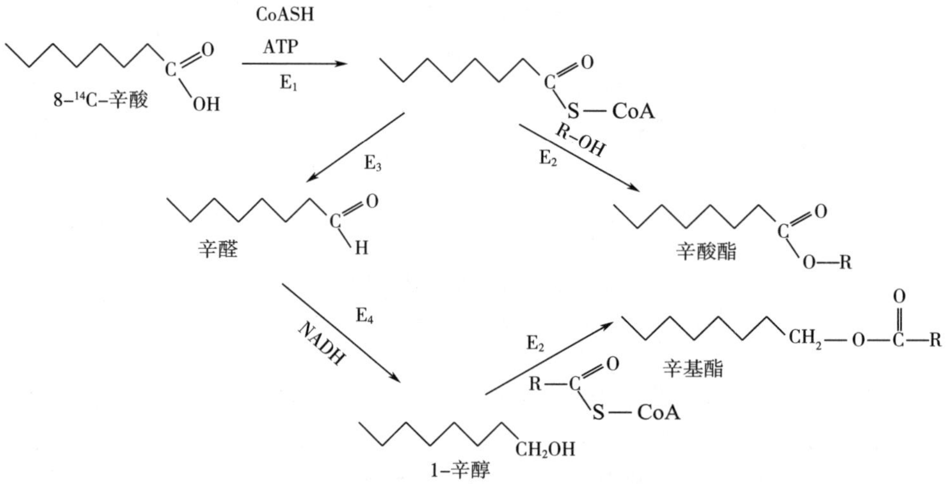

图 3-5　辛酸转化为酯的反应示意图

E_1，酰基-硫激酶；E_2，酰基-CoA-乙醇-转酰酶；E_3，酰基-CoA 还原酶；E_4，乙醇-NAD 氧化还原酶。

上述许多挥发性化合物是由脂类物质的降解作用产生的，但由于水果中脂类物质的含量很少，所以人们可能质疑这些途径的重要性。首先，人们必须认识到许多风味化合物的感官阈值很低（mg/kg 或 mg/L），所以不需要很多前体就可以产生这些数量级的香气化合物。其次，在植物的叶绿体中存在着大量亚油酸和亚麻酸。随着水果的成熟，叶绿体的降解，他们的绿色开始消失，释放出膜脂类，这些重要的风味化合物前体含量丰富，这些前体然后进入上述代谢途径形成许多水果特征香气成分，如酯类和羰基化合物。

（二）氨基酸代谢生成的风味化合物

氨基酸代谢产生芳香族、脂肪族、支链的醇、酸类，羰基化合物以及酯类等物质，这些物质对于水果的风味非常重要。于（Yu）等证明了番茄萃取物中缬氨酸、亮氨酸、丙氨酸、天冬氨酸可以转变为短链羰基化合物，涉及这些转变的酶位于番茄的不同部位。经过离心分离的番茄可溶性部分作用于亮氨酸，而线粒体的代谢作用于丙氨酸和天冬氨酸。与温室种植的番茄相比，大田种植的番茄中酶活力更高，这可以解释温室栽培和大田栽培番茄之间的风味差异。

对香蕉组织的切片分析表明，随着呼吸作用中水果成熟的过程，缬氨酸和亮氨酸转变为风味化合物，这些物质对于香蕉风味的产生是必须的。如图 3-6 所示，首先是氨基酸的脱氨基作用，之后伴随着脱羧基作用。经过各种不同的还原作用和酯化作用产生了一系列对水果风味非常重要的挥发性化合物（酸、醇和酯）。氨基酸在苹果风味中也起了很大的作用。例如，异亮氨酸是苹果中 2-甲基丁酯和 2-甲基丁烯酯的前体。2-异丁基噻唑是一种对番茄风味非常重要的风味化合物，可能是亮氨酸形成的 3-甲基-1-丁醛与半胱胺反应的产物。

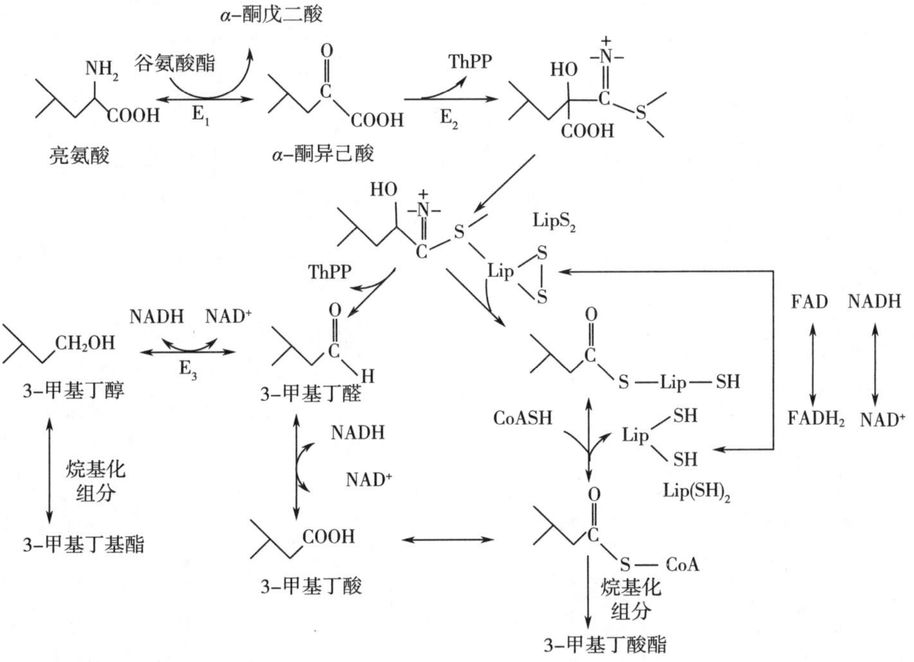

图 3-6 亮氨酸转化为香蕉香气化合物

E_1，L-亮氨酸氨基转移酶；E_2，丙酮酸脱羧酶；E_3，醛脱氢酶；ThPP，硫胺素焦磷酸盐；$LipS_2$，氧化硫辛酸；$Lip(SH)_2$，还原硫辛酸；FAD，黄素腺嘌呤二核苷酸；NAD^+，氧化烟碱腺嘌呤二核苷酸；CoASH，辅酶 A。

芳香族氨基酸也是形成水果风味的重要前体物质。一些芳香风味化合物来源于酪氨酸和苯丙氨酸（图 3-7），这种途径形成的气味特征是酚味和香草味。

研究表明苯乙烯酸是食品中芳香风味化合物形成的中间体。在草莓和番石榴中存在简单酯化的产物肉桂酸甲酯和乙酯。

蔓越橘和西番莲果中发现了肉桂酸乙酯，从苯乙烯酸中除去乙酸基产生苯甲酸。苯甲酸通过酯化作用进一步转化成苯甲酯，或通过还原作用进一步转化成苯甲醛和苯甲醇。

（三）碳水化合物代谢生成的风味化合物

从表 3-1 中可以看出，很多种类的风味化合物的形成可以追溯到碳水化合物的代谢。如果考虑到植物的新陈代谢，可以清楚地知道，植物通过光合作用直接获得了它们所需的所有能

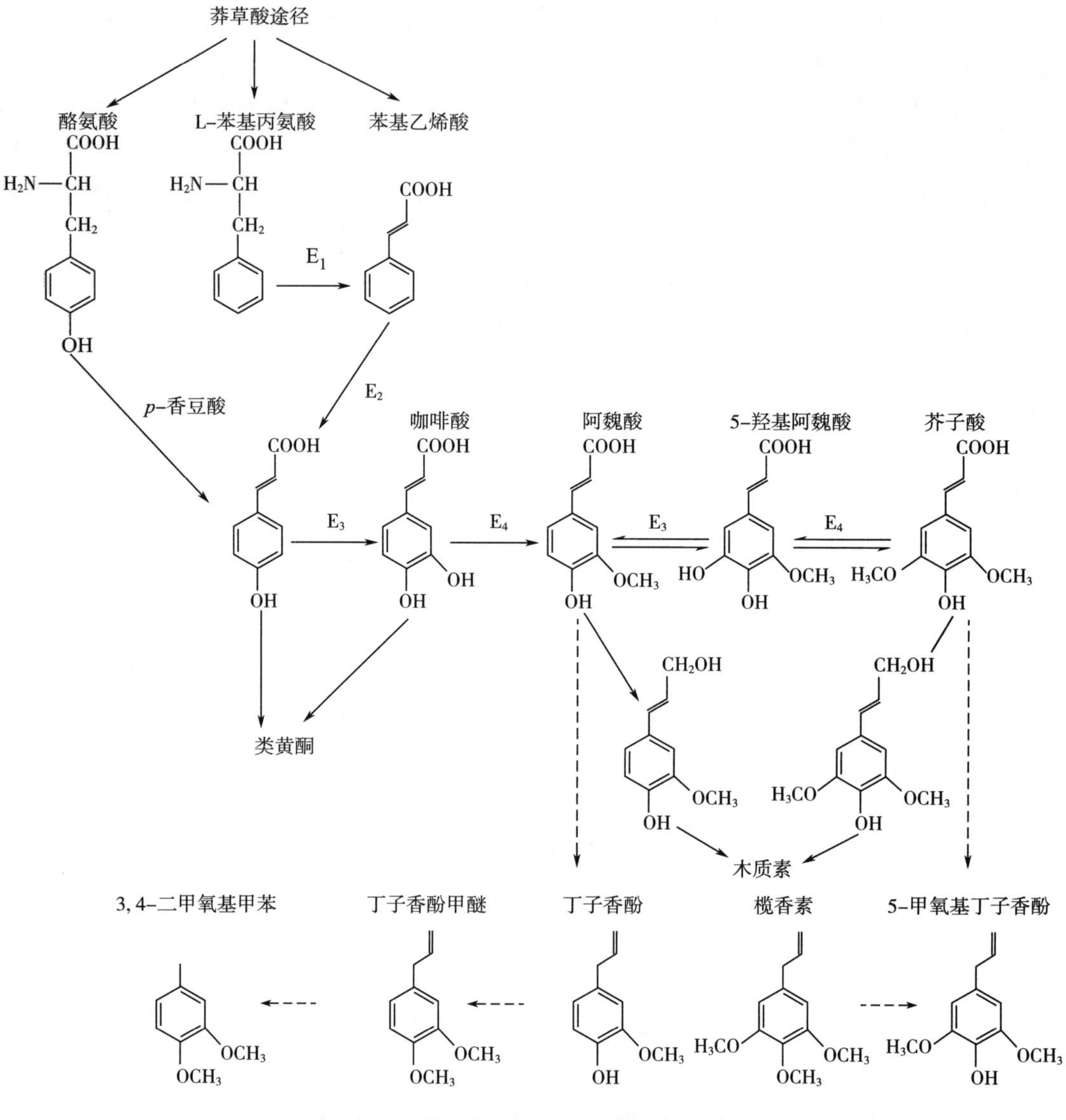

图 3-7　香蕉中苯酚酸和苯酚酯的形成途径

E_1，L-苯丙氨酸裂解酶；E_2，苯乙烯酸羟化酶；E_3，酚酶；E_4，转甲基酶。

量。光合作用的途径包括把二氧化碳转化为糖类，并由糖代谢生成植物所需的其他物质，如脂类和氨基酸等。由于所有风味物质前体来源于糖代谢，所以可以说几乎所有的风味物质都间接来源于碳水化合物代谢。然而，仍有少量的风味组分是直接由碳水化合物代谢生成的。例如，萜烯类物质是由碳水化合物或脂类代谢生成的。

萜烯类物质可根据其所含有的异戊二烯单元的数量进行分类。单萜烯含有 2 个异戊二烯单元，倍半萜烯含有 3 个异戊二烯单元，双萜烯含有 4 个异戊二烯单元。在所有上述组分中，单萜烯特别是氧化单萜烯对于某些水果（如柑橘）的香气是非常重要的。柠檬烯是大多数柑橘精油中主要的萜烯类物质，这种单萜烯烃类物质基本没有气味，但其含量在某些香精油中达到 95%。氧化萜烯类物质的含量虽然不到 5%，但它提供了不同柑橘品种的特征风味。例如，柠檬醛是柠檬精油的风味影响组分，但其含量很少超过 2%。

二磷酸异戊烯酯（IPP）的生物合成途径如图 3-8 所示。该途径中 3 个乙酰辅酶 A 分子形成 3-羟基-3-甲基戊二酸辅酶 A（HMG-CoA），HMG-CoA 还原为甲羟基戊酸（3-甲基-3,5-二羟基戊酸）再经过磷酸化和脱羧反应形成萜烯生物合成的主要构成单元 IPP。利兹坦赛尔（Lichtenthaler）发现 IPP 也可以通过不经过甲羟基戊酸的途径形成，但该途径还没有完全确定。

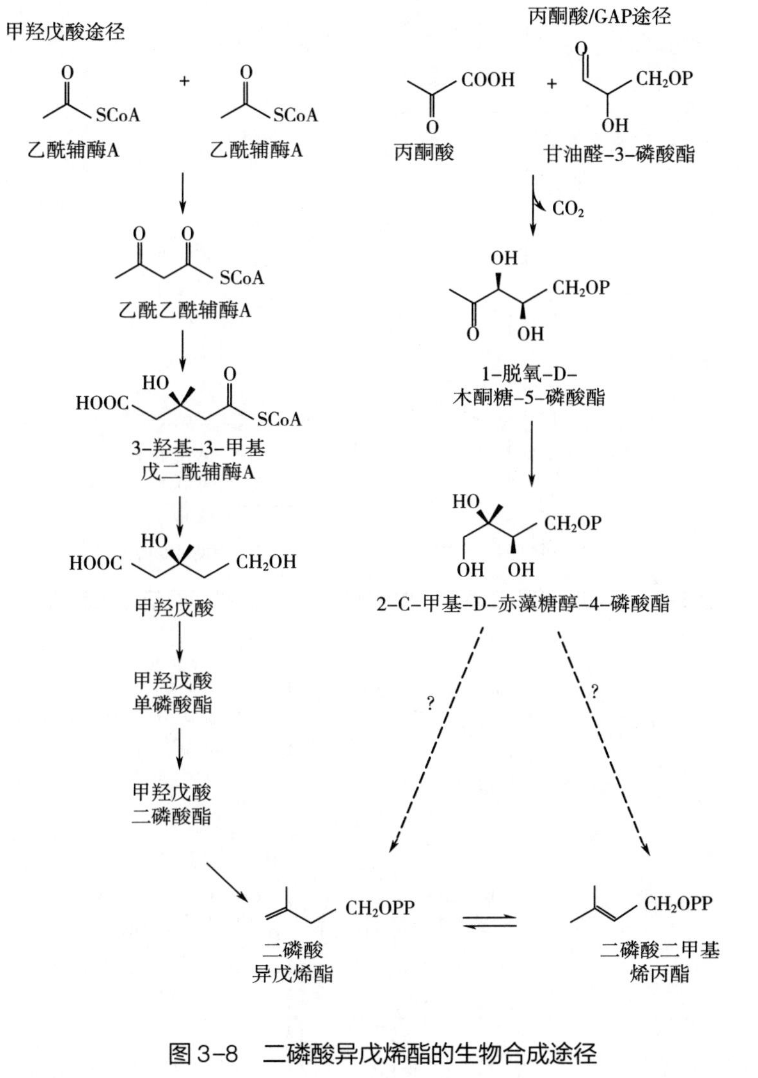

图 3-8 二磷酸异戊烯酯的生物合成途径

IPP 单元相互结合形成二磷酸香叶酯、二磷酸法尼酯和二磷酸香叶基香叶酯，这些产物分别是单萜烯、倍半萜烯、二萜烯系列风味物的前体（图 3-9），其他萜烯化合物也是通过这三种前体物质的环化或二次修饰改性形成的。

除了萜烯，碳水化合物还是植物中呋喃酮的前体。2,5-二甲基-4-羟基-2-氢-呋喃-3-酮（DMHF）就是一个例子，这种化合物及其各种衍生物是草莓香气的特征成分，其生物化学合成途径如图 3-10 所示，形成 DMHF 的主要前体是 6-脱氧-D-果糖。

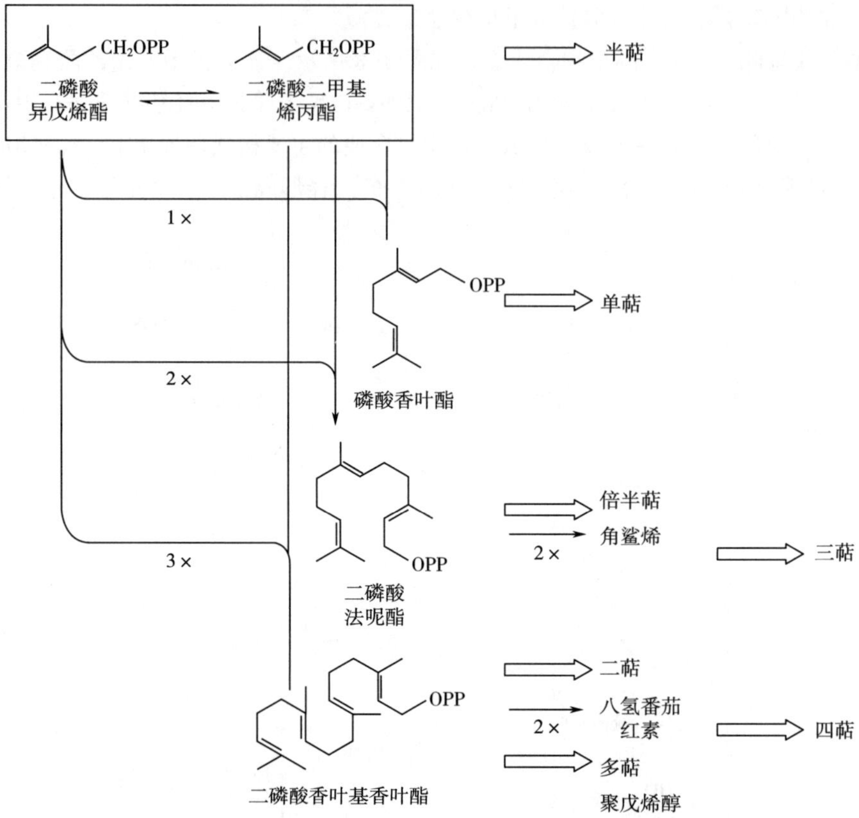

图 3-9　从通用前体二磷酸异戊烯酯（IPP）合成不同萜烯化合物

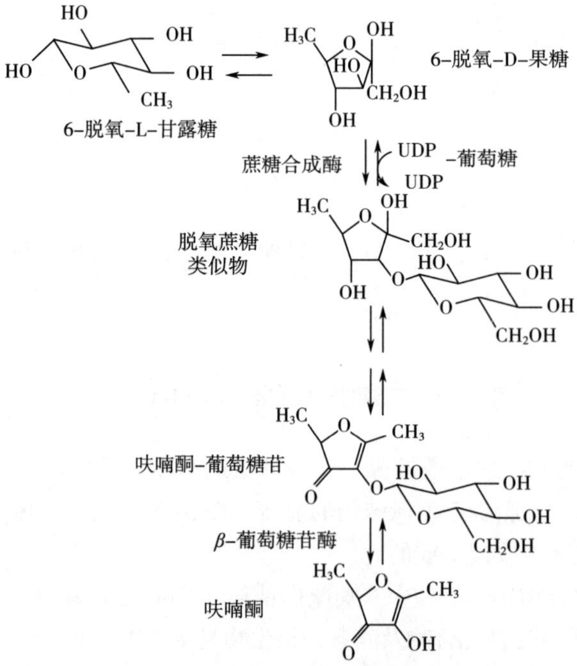

图 3-10　草莓中呋喃醇及其衍生物的生物合成途径

（四）几种重要水果的风味物质

水果多以甜味和酸味为主，其甜味物质主要有糖类，如葡萄糖、果糖等；酸味物质主要为有机酸，如柠檬酸、苹果酸、酒石酸等。不同水果、相同水果不同成熟度的酸甜比差别很大。另外，某些水果往往也会含有一些其他风味成分，如柿子、橄榄、香蕉中含有涩味物质；某些品种的柑橘、白果等含有少量的苦味物质。

水果中风味物质的特点：

①主要是以亚油酸和亚麻酸为前体物经生物合成途径产生；

②水果中的香气成分主要为 C_6 ~ C_9 的醛类和醇类，此外还有酯类、萜类、酮类、挥发酸等。

下面介绍几种水果中的风味物质。

1. 柑橘类水果

大多数有关天然柑橘风味的风味化学信息来自对加工果汁、果皮精油和用于果汁调味的香精的研究。柑橘风味主要是由几类风味成分产生的，它们是萜烯类、醛类、酯类和醇类物质。已经从各种不同的柑橘类水果中鉴别出大量的挥发性成分。然而，包括该风味的特征化合物在内，柑橘类水果的重要风味化合物的数量相对较少，一些主要柑橘类水果的重要风味化合物见表 3-2。

表 3-2　一些主要柑橘类水果的重要风味化合物

橙子	中国柑橘	葡萄柚	柠檬
乙醛	乙醛	乙醛	橙花醛
辛醛	辛醛	癸醛	香叶醛
壬醛	癸醛	乙酸乙酯	β-蒎烯
柠檬醛	α-甜橙醛	丁酸甲酯	香叶醇
丁酸乙酯	γ-萜品烯	丁酸乙酯	乙酸香叶酯
D-柠檬烯	β-蒎烯	D-柠檬烯	橙花基
α-蒎烯	麝香草酚	圆柚酮	香柠檬烯
	甲基-*N*-氨茴酸甲酯	1-对-薄荷烯-8-硫醇	香芹基乙基醚
			里那基乙基醚
			葑基乙基醚
			表茉莉酮酸甲酯

柑橘果肉和果皮中的风味物质相差较大，以下分别介绍果肉和果皮油中的主要风味物质。

(1) 果肉中的主要风味物质　果肉中的风味物质在成熟果实中的含量占全果质量的 0.001%~0.005%。果肉中的风味物质也称果汁油或果汁香精，与果皮相比，其萜烯类含量较少，酯类（C_6以下）、醛类、醇类较多，且果实的成熟度越高，含量越多。表 3-3 列举了柑橘果肉中的主要风味物质。

表 3-3 柑橘果肉中的主要风味物质

类别	物质
酯类	由丁酸、己酸形成的甲酯 由丁酸、异丁酸、己酸、2-甲基丁酸及二乙基碳酸形成的乙酯
醛类	乙醛、2-辛烯醛、2-己烯醛、3-乙氧基己醛等
醇类	乙醇、芳樟醇

果汁在储存时有时会发生变质，其醛类和酮类含量都有所增加，产生黄油样的不良风味，其特征成分是丁二酮和糠醛。常用柑橘果汁的醛类含量作为评价其质量变化的标准。

（2）果皮油中的风味物质　风味物质在果皮油中的含量高于在果肉中，占全果质量的0.2%~0.5%，其中90%以上是萜烯类化合物，大部分是D-柠檬烯，但它对香气的贡献不大。形成果皮油特征香气的成分是含量很少的醇、醛、酮、酯和有机酸，其中的芳香成分也起着重要作用。一些有代表性的柑橘果皮油的风味成分如下。

①甜橙（香橙）：果皮油的特征香气成分主要有巴伦西亚橘烯、β-甜橙醛（原α-甜橙醛）、2,4-癸二烯醛、2-羟基丁醛的缩合物（C_6~C_{10}的烷基丙烯醛）、桉叶-2-烯-4-醇，以及乙酸酯、甲酸酯、丁酸酯等。对于构成香气主体的含氧化合物，随着果实成熟，芳樟醇减少而醛类、酯类增加。

②温州柑：果皮油的特征香气成分是乙酸-1,8-仲薄荷二烯-9-醇酯和乙酸-1-仲薄荷烯-9-醇酯。果皮中的α-及γ-生育酚被认为是一种定香成分。

③红橘：果皮油的特征香气成分有麝香草酚、麝香草酚甲醚、苯甲醇、长叶烯、芹子烯、薄荷二烯酮以及*N*-甲基邻氨基苯甲酸甲酯等。

④ 柚子：果皮油的特征香气成分包括：枯茗醇、麝香草酚、甲酸香叶酯、甲酸香茅酯、枯茗醛等。含氧化合物是组成柚子特征香气的主体。葡萄柚的特征香气成分则是诺卡酮，它是巴伦西亚橘烯通过生化反应合成的。

⑤柠檬：果皮油中主要的风味成分是一些含氧化合物（占4%~5%），为其他柑橘的两倍以上，其中以柠檬醛为主，β-甜没药烯、石竹烯、α-香柠檬烯都是柠檬的特征香气成分。此外，还含有醇类、醛类和酯类。醇类以橙花醇含量较多，醛类中壬醛含量最多，酯类含量较多的则是乙酸芳樟酯和乙酸香叶酯。柠檬果汁发生变质时形成的恶臭，是因为在低pH条件下柠檬醛变成了仲百里香烯。

（3）果汁中的苦味物质　在柑橘类水果的加工产品中，容易有过量的苦味产生。但在葡萄柚中，存在某些适当的苦味是正常的，也是理想的。

在葡萄柚、脐橙和伏令夏橘中，主要的苦味物质是一种三萜双内酯化合物——柠碱。在完整的水果中仅有柠碱的前体柠碱衍生物，而柠碱衍生物是一个无苦味的化合物，只有在酸性条件下柠碱衍生物脱水变构生成柠碱，从而造成苦味滞后现象，并影响果汁质量。

柑橘类水果中还含有许多黄烷酮糖苷类化合物。例如，在葡萄柚和苦橙中的主要黄烷酮是柚皮苷。柚皮苷的苦味和黄烷酮连接的双糖有关。柚皮苷中的糖体是芸香糖，它由鼠李糖和葡萄糖通过1,2糖苷键结合而成。

2. 苹果

目前已知的构成苹果香气的化合物达250种以上，其中醇类、酯类、醛类是特征嗅感的主要成分。已鉴定出的70多种挥发性化合物中，以2-甲基丁酸乙酯、乙醛和反-己烯-2-醛为代表香气成分。

不同品种的苹果的香气成分相差较大，例如，日本产红玉苹果的香气以丁醇、3-甲基丁醇、己醇等醇类为主；美国的Delicious苹果，其香气成分却以丁酸乙酯、乙酸丁酯、2-甲基丁酸乙酯、乙酸-3-甲基丁酯等酯类为主。

3. 葡萄

目前葡萄中已知的香气化合物在280种以上，其重要的特征香气化合物是邻氨基苯甲酸甲酯。

不同葡萄品种其香气成分差别很大。如美国的Concord品种主要香气成分是邻氨基苯甲酸甲酯、2-甲基-3-丁烯-2-醇，并发现以巴豆酸乙酯（2-丁烯酸乙酯）为首的一系列巴豆酸酯对香气也很重要。可是Muscat品种的香气成分中没有测出邻氨基苯甲酸甲酯，它的香气由芳樟醇和香叶醇等萜烯类衍生物组成。

4. 草莓

草莓的香气化合物在300种以上，但是其香气非常容易变化，并且特征成分尚未完全明确。据分析，草莓的香气成分主要是酯类，如草莓醛（实际是一种环氧酸酯）、2-甲基丁酸乙酯、己酸乙酯等。此外还含有醇类（如顺-3-己烯醇、芳樟醇）和碳化物（如乙缩醛）等。其独特的甜味可能是由2,5-二甲基-4-羟基-3-二氢呋喃酮所产生。草莓最重要的香气成分是2-二甲基丁酸乙酯和顺-己-3-烯醛。

5. 菠萝

菠萝中已知的香气成分在120种以上，其中酯类含量多，特别是己酸甲酯和己酸乙酯含量很多，它们与丁酸乙酯和呋喃酮化合物形成了菠萝的特征香气。此外，在其香气中还含有3-（或4-）辛烯酸甲酯、3-羟基己酸甲酯、5-乙酰基己酸甲酯等不饱和酯类。还发现有3-甲硫基丙酸甲（或乙）酯，它们在稀薄状态时呈现菠萝香气，也是很重要的成分。2,5-二甲基-4-羟基-3-二氢呋喃酮是赋予菠萝焦甜香气的成分之一。

6. 香蕉

香蕉中已知的香气成分在230种以上，多为酯类、醇类和醛类；挥发性成分非常多，产生香蕉特有的甜果香的特征化合物主要是含C_4~C_6醇的低沸点酯类，如乙酸异戊酯、乙（或丙，或丁）酸戊醇；产生水果般香气的有乙酸丁（或己）酯、丁酸戊酯；产生青草气味或木臭、霉臭气味的有丁醇、戊醇、己醇、2-戊酮、乙酸甲酯等。此外，还发现丁子香酚、丁子香酚甲醚、榄香素、黄樟素也是特征成分。

7. 桃类

桃类的香气成分已知有70多种。桃子的香气成分主要有苯甲醛、苯甲醇和各种酯类，C_6~C_{12}脂肪酸的内酯及α-柠檬烯等，其中以C_6~C_{11}的γ-内酯及δ-内酯为特征，特别是γ-癸内酯含量很多。γ-十一内酯又叫桃醛，δ-十一内酯有椰子香气，在其他水果中很少含有这种化合物。此外，在其香气成分中还含有较多的乙酸己酯、乙酸-反-2-己烯酯、己醇、苯甲醇等。研究表明，γ-内酯类的作用在于使桃子具有共同的香气，不同品种间的香气差别不是由于γ-内酯类的差别造成的，而是由于不同品种内的酯类和单萜烯类的含量不同。

8. 梨

梨的重要香气成分是不饱和脂肪酸的酯类，如顺-2-反-4-癸二烯酸的甲酯、乙酯。

水晶梨中共鉴定出37种香气成分，其中十六酸、十八酸、6-十八烯、葵二酸乙酯相对含量较高。

9. 杏

香气化合物包括烯类、萜类、酯类，比较复杂，酯类化合物中还包括内酯。

10. 香瓜和西瓜

香瓜的香气成分在80种以上，主要成分有顺-3-壬烯醇、顺-6-壬烯醇、（顺，顺）-3,6-壬二烯醇、顺-6-壬烯醛等。此外还有苯甲醛、β-紫罗兰酮、乙酸丁酯、乙酸-2-甲基丁酯、丁酸丁酯等。其中的顺-6-壬烯醛、顺-6-壬烯醇、（顺，顺）-3,6-壬二烯醇都是香瓜的特征香气成分。

西瓜的香气与香瓜一样，以C_9醇类和醛类为特征。特别是（顺，顺）-3,6-壬二烯醇、顺-3-壬烯醇，它们使西瓜具有独特的水灵灵的清香气味。甜味是西瓜的重要风味特征之一，不同品种的西瓜含糖量差别很大。

11. 哈密瓜

哈密瓜香气成分中含量最高的是（反，顺）-3,6-壬二烯醛（感觉阈值为3mg/kg）。

12. 椰子

椰子的特征香气成分是γ-壬内酯、γ-辛内酯和δ-十一内酯。

二、蔬菜风味的生物合成

正如前面所提到的，蔬菜风味形成的过程与水果风味物质形成过程是非常不同的。蔬菜不像水果那样有一个成熟期。虽然有些蔬菜的风味是在生长过程中形成的（主要是呈味物质和少量气味成分），其他风味（特别是气味）是在细胞破裂时形成的。细胞破裂过程导致酶与底物的混合接触，由此导致挥发性风味物质的形成。有一些蔬菜的风味物质是在细胞裂解前产生的，如芹菜（邻苯二甲酸和芹子烯）、芦笋（1,2-二硫戊环-4-羧酸）和青椒（2-甲基3-异丁基吡嗪）。

图3-11所示为蔬菜中风味物质生成的主要代谢途径。与水果中风味物质的生成相似，脂肪酸代谢、碳水化合物代谢和氨基酸代谢提供了蔬菜风味的前体物质。尽管含硫挥发性物质对于某些水果如西番莲果、柚子、菠萝、黑醋栗的风味非常重要，但含硫挥发性物质对蔬菜风味更加重要。这主要是由于存在于蔬菜和水果中的含硫风味物质前体的种类不同。在新鲜蔬菜中，葡萄糖硫苷和半胱氨酸亚砜是挥发性风味化合物的主要前体物质，而*S*-甲基-甲硫氨酸是一些熟加工蔬菜（如玉米）的风味物质前体。

（一）脂类物质在蔬菜风味形成中的作用

尽管早期的观点认为，含硫的风味物质前体对于大多数蔬菜风味物质是非常重要的，但脂类物质的降解也对几乎所有蔬菜风味有作用。脂类物质主要经由脂肪氧合酶途径形成蔬菜风味物质。与水果中的脂肪氧合酶的活力相似，脂肪氧合酶作用于亚油酸和亚麻酸产生氢过氧化物，然后，再由氢过氧化物裂解酶作用于氢过氧化物选择性生成醛和醇。图3-12所示是黄瓜中重要风味化合物的形成过程，不饱和脂肪酸降解转化为不饱和醛和酸，这些物质赋予了黄瓜特征风味。值得注意的是，蔬菜中一般很少含有酯类物质，主要是因为缺少形成酯类的酶系统。

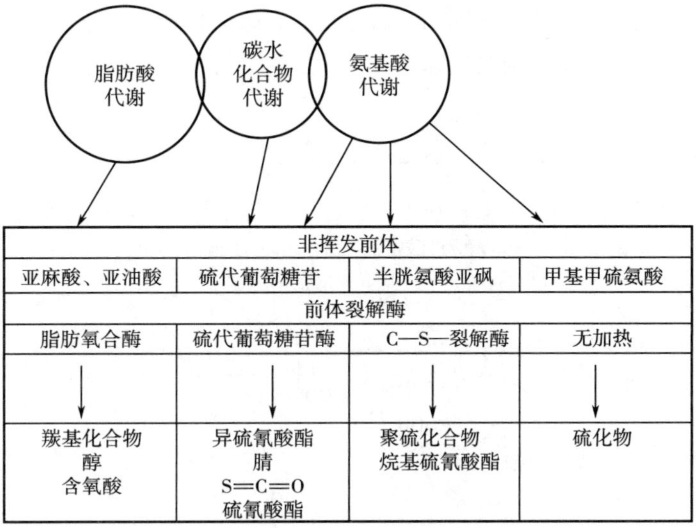

图 3-11　蔬菜中风味物质形成的主要代谢途径

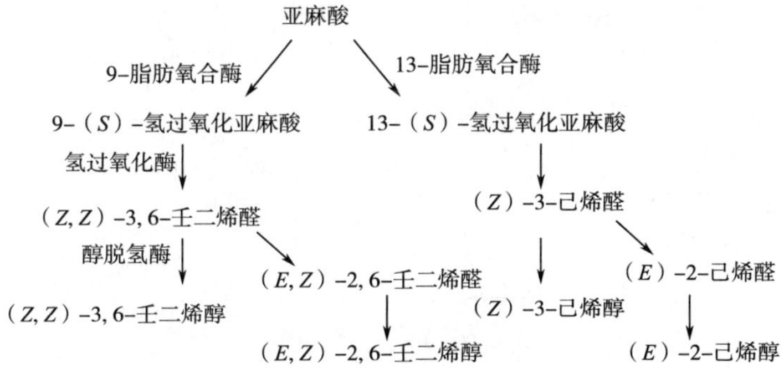

图 3-12　黄瓜中亚油酸通过脂肪氧合酶途径形成挥发性物质

（二）　由半胱氨酸亚砜衍生物形成的风味化合物

由半胱氨酸亚砜前体生成风味物质的最好案例是洋葱风味的形成。实际上，完整的洋葱细胞在破裂（切割、咀嚼）之前基本没有特征风味，在细胞破裂的几秒之内，洋葱的全部风味就形成了。这种风味的快速形成是葱属植物如洋葱、韭葱、细香葱和大蒜类物质所具有的特性。*S*-烷基-L-半胱氨酸亚砜是这类风味物质的前体。通过对 27 种葱蒜类物质的调查发现，基于其中某些氨基酸前体的突出优势，它们被分为 3 类，最具优势的前体包括 *S*-1-丙基（丙烯基）半胱氨酸亚砜（洋葱）、*S*-2-丙烯基半胱氨酸亚砜（蒜）和 *S*-甲基半胱氨酸亚砜。其中 *S*-1-丙烯基半胱氨酸亚砜物质的形成途径已经由格兰罗斯（Granroth）提出。这种途径始于缬氨酸的脱氨基作用，接着经过脱羧基作用后生成甲基丙烯酸酯。甲基丙烯酸酯与 L-半胱氨酸发生还原反应后经过脱羧基反应生成 1-丙烯基-半胱氨酸亚砜。

烷基半胱氨酸亚砜生成风味物质的机制如图 3-13 所示。这一途径在生成次磺酸之前的初始几步是酶促反应，以后则是纯化学反应。次磺酸非常具有反应活性，可以与第二个次磺酸分子快速生成不稳定的硫代硫酸酯中间产物。硫代硫酸酯分解生成相对稳定的硫代磺酸盐和单硫化物、双硫化物、三硫化物。由于每种葱蒜类物质中含有几种不同的烷基前体物质，经由不同的次磺酸化合物组合反应可以生成不同的单硫化物、双硫化物和三硫化物。正是这些单硫化物、双硫化物和三硫化物决定葱蒜的典型风味。

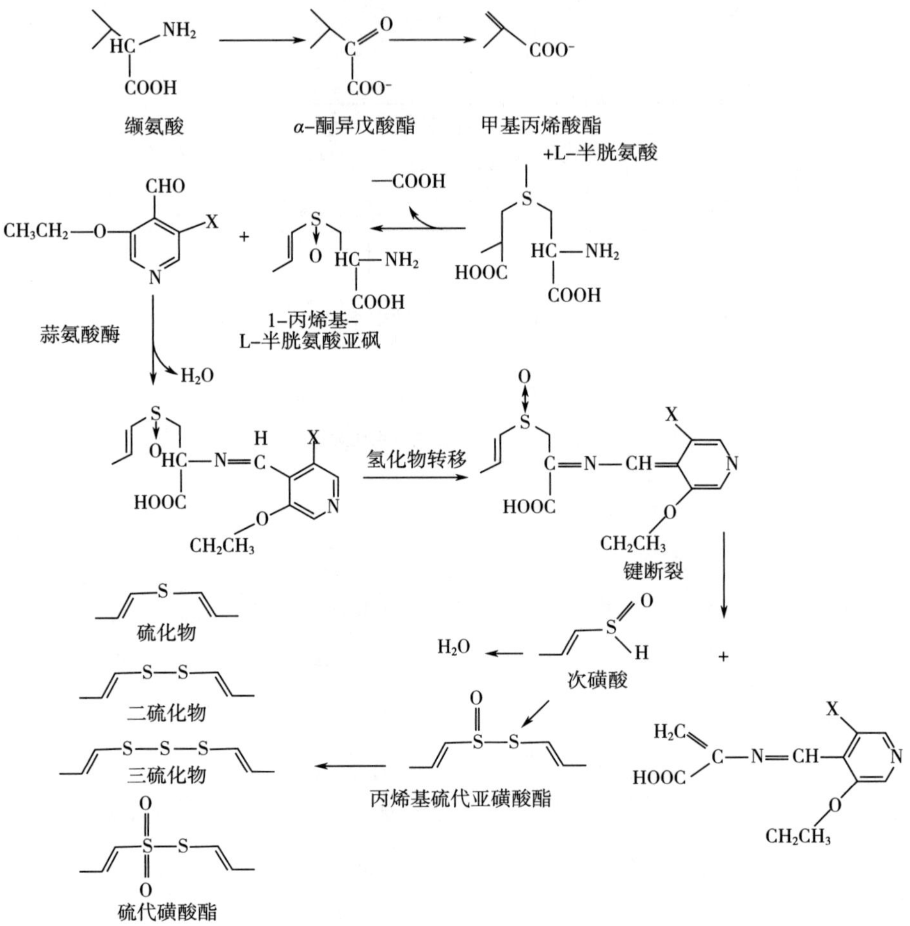

图 3-13　洋葱中 *S*-1-丙烯基半胱氨酸亚砜的生物合成及随后的风味物质形成

洋葱中的催泪因子（*S*-氧化硫代丙醛）的风味前体是 *S*-1-丙烯基半胱氨酸亚砜（图 3-14）。*S*-氧化硫代丙醛（$CH_3—CH_2—CH═S═O$）不稳定，与丙酮酸盐反应生成丙醇、2-甲基戊醛和 2-甲基-2-戊烯醛等。有趣的是，在 25 种野生洋葱中没有发现催泪因子，这表明 *S*-1-丙烯基半胱氨酸亚砜前体在野生洋葱中也许是不存在的。

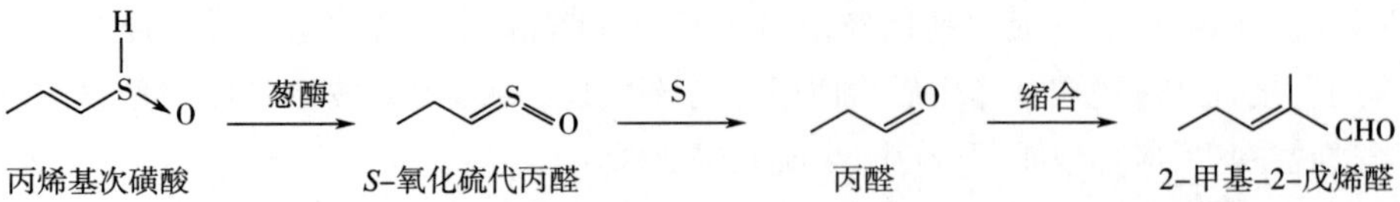

图 3-14　洋葱中催泪因子（*S*-氧化硫代丙醛）的形成及其降解产物

马蒂卡拉（Matikkala）和维尔塔宁（Virtanen）发现洋葱中几乎一半的半胱氨酸亚砜前体是以谷氨酰基肽的结合形式存在的。蒜氨酸酶不能作用于这些半胱氨酸亚砜风味前体，直到它们从谷氨酰基肽中释放游离出来才可以。只有在γ-L-谷氨酰转肽酶的作用下这种释放反应才会发生，这种酶把谷氨酰基转移到另外一个氨基酸上。这种酶只存在于刚发芽的洋葱中，在成熟的洋葱中则没有，因此，成熟的洋葱很难表现风味作用。

芸薹类植物的风味前体也是烷基半胱氨酸亚砜。芸薹类植物包括抱子甘蓝、卷心菜、花椰菜等。*S*-甲基半胱氨酸亚砜是这类蔬菜中发现的主要半胱氨酸亚砜衍生物。通过对新鲜卷心菜风味的研究发现，挥发性物质中6%是二甲基二硫化物，6%是二甲基三硫化物，3%是二甲基四硫化物，1.5%是甲基乙基三硫化物。

在花菇（又称冬菇）中很少能发现由半胱氨酸亚砜前体形成的含硫挥发性风味物质。与洋葱相似，半胱氨酸亚砜前体与γ-谷氨酰肽相结合。因此，风味形成的第一步是通过γ-L-谷氨酰转肽酶去除谷氨酸，其余步骤也和洋葱相似，但产物是蘑菇香精（该蘑菇的主要风味组分）（图3-15）。

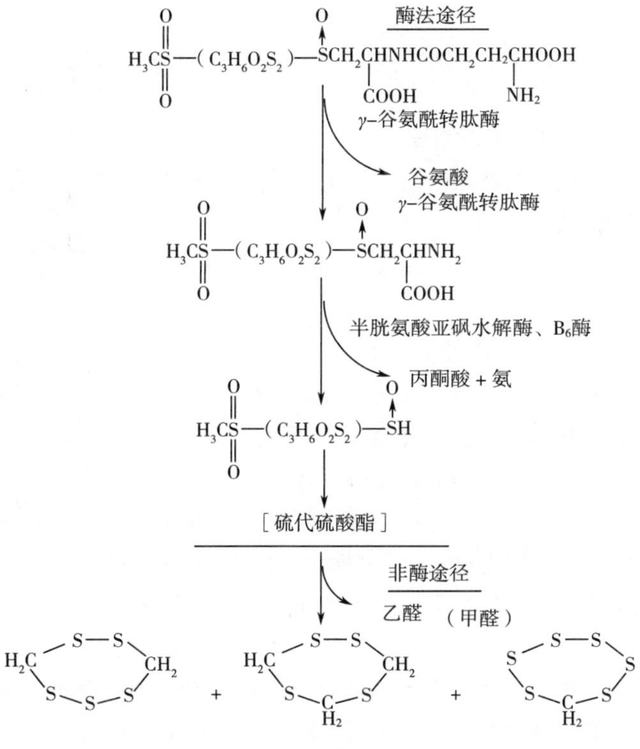

图3-15　蘑菇香精的酶法和非酶法形成途径

（三）硫代葡萄糖苷作为蔬菜风味前体

大多数蔬菜属于十字花科植物，其品种的不同主要取决于硫代葡萄糖苷风味前体的变化，已经鉴定出五十多种硫代葡萄糖苷。硫代葡萄糖苷是非挥发性风味前体，当其细胞结构被破坏时被酶促水解成挥发性风味物质。次生反应还能导致另外一些种类的风味化合物的形成。图3-16所示说明了萝卜中风味化合物的形成途径。开始硫代葡萄糖苷的葡萄糖部分先被水解下来，导致一种不稳定的分子结构，可以比较容易地分裂出硫氢酸根离子。形成异硫氰酸酯还是形成氰化物，取决于分子的重排反应。进一步的反应可以生成硫醇、硫化物、二硫化物和三硫化物。异硫氰酸酯对卷心菜的风味贡献已经明确很多年了，其中烯丙基异硫氰酸酯是卷心菜中最重要的风味物质。

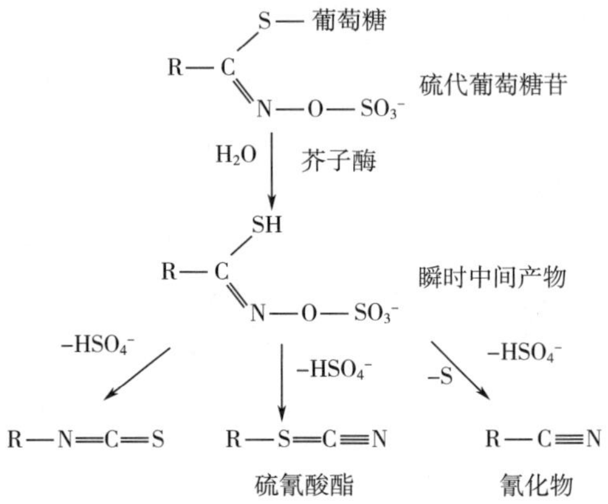

图 3-16 萝卜中黑芥子酶转化硫代葡萄糖苷为香气化合物

（四） 蔬菜风味形成的其他途径

萜烯类物质在蔬菜中也相当普遍。它们的生成机制与在水果中的生物合成相似。

（五）常见蔬菜的风味物质

蔬菜的风味强度很弱，以下对几种蔬菜的香气成分进行简要介绍。

1. 百合科蔬菜

百合科蔬菜以其强烈而有穿透性的芳香为特征，重要的百合科蔬菜有洋葱、韭葱、细香葱、大蒜、韭菜、芦笋等，这些植物只有在组织破损和酶与风味前体的分隔被破坏导致风味前体转变成有气味的挥发性化合物后才具有浓郁的特征性芳香。其风味成分除少量的醇类（乙醇、丙醇）外，主要是含硫化合物（硫醚、硫醇）。其中主要是硫醚类化合物，如二烃基二硫化物、二烃基三硫化物、二烃基四硫化物；此外还有硫代丙醛类、硫氰酸和硫氰酸酯类、烃基次磺酸、硫代亚磺酸酯类、硫醇类和二甲基噻吩类化合物等。不同的硫醇类化合物有各种特征风味，如二丙基二硫化物有洋葱气味，二丙烯基硫醚有大蒜气味，二甲基二硫化物有洋白菜气味等。

百合科蔬菜经烹调受热后，风味发生了很大变化，其刺激性的香辣催泪气味下降，味感变甜。这除了一些易挥发性成分损失外，主要是含硫化物产生了降解。例如，二丙基硫醚热解生成丙硫醇，后者比蔗糖还甜，这是形成煮熟葱类甜香味的特征成分。

（1）洋葱　对于洋葱风味中的含硫化合物，烃基为丙基的占 87.9%，为甲基的占 6.0%。二丙基二硫化物和丙硫醇共存时可形成洋葱的特征香气；在新鲜洋葱和干燥洋葱中硫化物组成不同：鲜洋葱内含二丙基硫醚类较多，而干洋葱内则含甲基丙基硫醚类较多。洋葱的刺激性嗅感，主要是由硫代丙醛、2-硫代丙烯醛、3-羟基丙醛、*S*-氧化硫代丙醛、1-丙烯基次磺酸等化合物所形成的。

（2）大蒜　对于大蒜嗅感成分中的含硫化合物，烃基为丙基的仅占 2.0%，为甲基的占

13.4%，为烯丙基的占84.6%。它的特征风味成分有二烯丙基硫代亚磺酸酯（蒜素）、二烯丙基二硫化物（蒜油）、甲基烯丙基二硫化物等。它们形成大蒜的特征香气和辣味，但不产生类似洋葱的催泪性。

（3）细香葱 细香葱的特征风味化合物有二甲基二硫化物、二丙基二硫化物、丙基丙烯基二硫化物等。其中烃基为甲基的含硫化合物可能最多。

（4）韭菜 韭菜的特征风味成分有5-甲基-2-己基-3-二氢呋喃酮和丙基醇。

（5）芦笋 芦笋的挥发性成分中有己醇、乙醛、3-羟基丁酮、β,β-二巯基异丁酸、香兰素等。其特征风味化合物为1,2-二硫-3-环戊烯及3-羟基丁酮等。

2. 十字花科蔬菜

十字花科蔬菜都具有一种辛辣的芳香气味，它们的辛辣感常包括刺激感（特别对鼻腔）和催泪作用。最重要的气味物也是含硫化合物（硫醇、硫醚、异硫氰酸酯）。这类蔬菜包括结球甘蓝、芥菜、萝卜、辣根和花椰菜等。

十字花科植物的辛辣成分是挥发性的，所以也会产生特殊的芳香。此外，这些植物的风味化合物是通过破损组织中酶的作用和烹饪形成的，所产生的异硫氰酸烯丙酯具有辛辣和芳香气味。

在十字花科植物中还存在很多其他的硫代葡萄糖苷，而且每一种都能产生特殊的风味。4-甲硫基-3-反-丁烯基异硫氰酸酯产生温和辛辣味。除了异硫氰酸酯类化合物，硫代葡萄糖苷也产生硫氰酸酯（R—S ═C ═N）和腈类化合物。

十字花科植物中还存在着几种芳香的异硫氰酸酯，如2-苯乙基异硫氰酸酯。2-苯乙基异硫氰酸酯是水田芥的一个重要芳香化合物，它还能产生刺痛感。

（1）结球甘蓝 结球甘蓝的风味物质很丰富，主要有硫醚、硫醇类化合物，如二甲基硫醚、二丁基硫醚、甲乙基硫醚、二-3-丁烯基二硫及甲硫醇苯；异硫氰酸酯类化合物，如异硫氰酸的甲酯、丙烯酯、丁酯、3-丁烯酯等；醇类化合物有丙烯醇、反-2-丁烯醇、顺-2-3-戊烯醇、己醇、顺-3-己烯醇等；碳化物如乙醛、丁醛、2-丁酮、2-丁烯醛、2,3-丁二酮、反-2-戊烯醛、反-2-己烯醛等。其中的异硫氰酸酯和硫醚是洋白菜的特征香气成分，如异硫氰酸烯丙酯、二甲（丁）基硫醚、甲硫醇等。

结球甘蓝经烹调后的香气成分中含有许多不饱和化合物，尤其是2-丙烯腈类的含量特多。此外还会有较大量的甲硫醇、二甲硫醚、二甲基二硫化物，以及少量羰基化合物、醇类生成。

（2）萝卜 萝卜的温和辛辣气味的主要特征风味物是4-甲硫基-反-3-丁烯基异氰酸酯。

（3）芥菜和辣根 芥菜和辣根的主要特征风味物是α-苯乙基异硫氰酯和烯丙基异硫氰酸酯。

（4）花椰菜 花椰菜的主要风味成分是3-甲硫基丙基异硫氰酸酯和4-甲硫基丁腈。

（5）卷心菜和花茎甘蓝 卷心菜和花茎甘蓝都含异硫氰酸烯丙酯和烯丁腈，它们的浓度随生长条件、部位和加工程度的变化而改变。以远高于常温的温度进行加工（蒸煮或脱水）时，异硫氰酸酯会遭到破坏，腈类或其他含硫的降解产物与重排产物的量也会增加。

3. 葫芦科和茄科蔬菜

葫芦科和茄科具有显著的青鲜气味，特征气味物有C_6或C_9的不饱和醇、醛及吡嗪类化合物。葫芦科蔬菜除了甜瓜、西瓜以外，还包括许多瓜类蔬菜，其中较为重要的有黄瓜。茄科蔬菜除辣椒外，重要的还有番茄、马铃薯等。

（1）黄瓜　黄瓜的香气成分主要有羰基化合物和醇类化合物组成。其特征风味物是（反，顺）-2,6-壬二烯醛和（反,顺）-2,6-壬二烯醇，其中前者更为重要。辅助成分是反-2-己烯醛和反-2-壬烯醛。这些风味化合物都是以亚油酸和亚麻酸为前体物合成的。

（2）番茄　番茄的嗅感成分已发现在80种以上，包括品种众多的羰基化合物，其次是醇类、酯类化合物，以及品种较少的硫化物、氮化物、萜类、酸类、酚类化合物等。番茄的特征香气物质主要是顺-3-己烯醇、反-2-己烯醛和顺-3-己烯醛，辅助成分有2,6-二甲基-2,6-十一碳二烯-10-酮、2,6,10-三甲基-2,6,10-十五碳三烯-14-酮、2-异丁基噻唑，以及己醛、2,4-癸二烯醛、2-甲基-2-庚烯-6-酮、香叶醛等。在烹调后的番茄中会产生2-甲硫基乙（丙）醇及丁子香酚等化合物。在番茄罐头内检出有二甲硫醚。实验表明，番茄在果实成熟过程中，某些氨基酸尤其是甲硫氨酸逐渐减少，表明这些氨基酸正是鲜番茄香气成分的前体物。

（3）马铃薯　马铃薯的香气成分含量极微，呈现生马铃薯香气的特征化合物是3-乙基-2-甲氧基吡嗪。生马铃薯的挥发性成分中还有较多的苯乙醛和1-辛烯-3-醇，但它们对香气特征并不重要。在新鲜或不新鲜的马铃薯中都含有2,4-癸二烯醛，这种化合物的含量随着贮藏延长而显著减少；但己（戊）醛、2-戊酮、2-庚（辛）烯醛等羰基化合物含量在贮藏过程中则有增加。经烹调的马铃薯含有种类甚多的挥发性成分：羰基化合物有 $C_3 \sim C_8$ 的饱和及不饱和醇，以及芳樟醇、橙花醇、香叶醇；硫化物有硫醇、硫醚、噻唑类化合物；此外还有一些氮化物及呋喃类化合物。油炸马铃薯片中增加的香气成分来自使用的油脂，而不是来自马铃薯本身。经烹调、油炸、烘烤的马铃薯不仅香气增加，也有典型的味感变化。有人认为，在烤马铃薯中，甜、苦、酸、咸四种基本味感都能被感觉到。这种风味的产生主要是由于马铃薯中含有较多的酸性氨基酸（Glu和Asp）和核苷酸（5′-GMP和5′-IMP），尤其是5′-GMP，尚未发现任何其他植物具有如此高的含量。在适宜的温度（40~60℃）下马铃薯能充分释放出核苷酸。此外，马铃薯内大量的淀粉在烘烤下也会产生大量的香气成分。

4. 伞形花科蔬菜

伞形花科蔬菜具有微刺鼻的芳香，头香物质有萜烯类化合物。如胡萝卜、芹菜、香菜等。

（1）胡萝卜　胡萝卜的挥发性成分包括：萜烯类、醇类和羰基化合物，另含有少量的醚类和硫化物。它的香气随品种、成熟度及贮藏方法而异，特征香气物质至今尚未确定。有人认为，醛类（如乙醛、丁烯醛、己醛等）、桧烯萜、月桂烯、萜品油烯等，或许有可能是它的特征香气物质。此外也有报告指出，胡萝卜在贮藏过程中产生的紫罗兰般香气，是由β-胡萝卜素降解形成。

（2）芹菜　芹菜含有数十种挥发性成分：烃类化合物有柠檬烯、蒎烯、β-石竹烯、芹子烯等；醇类有3-己烯醇、2,8-丁二酮以及香茅醛、香叶醛、芹菜酮、α-紫罗兰酮等；酯类有乙酸香叶酯、乙酸的芳樟酯和香芹酯、3-苯乙醛二甲缩醛-3,4-二氢苯酞、3-丁酰基苯酞、3-苯乙醛二甲缩醛苯酞等；此外还含有芹菜醇及少数的酸类、酚类化合物。芹菜的特征香气化合物是二氢苯酞类化合物以及丙酮酸顺-3-己烯酯、2,3-丁二酮。有报告指出，芹菜有比较温和的苦味和刺激性，其苦味可能与葎草烯有关，刺激性可能由非类黄酮配糖物引起。有人认为，煮熟的芹菜中会有较多的甲醇和乙硫醇生成。

5. 食用菌类

食用菌是可食用的蕈类，系大型真菌，富含蛋白质和多种维生素。蘑菇（又称双孢菌）是消费量最大的一种。它的挥发性成分中有醇类［如1-庚（辛）烯-3-醇、2-庚烯-4-醇等］、羰基化合物（如糠醛、茴香醛）、酯类（如肉桂酸甲酯、茴香酸甲酯等）、硫化物（如蘑菇精、硫氰酸苯乙酯、异硫氰酸苄酯等）、氮化物（如乙酰胺、苯甲醛氰醇）。蘑菇主香成分有：肉桂酸甲酯、1-辛烯-3-醇、香菇精。鲜蘑菇的主香成分是辛烯醇，它由亚油酸生物合成；而干蘑菇的主香成分是蘑菇精。

香菇的主要风味化合物是半胱氨酸亚砜前体（即香菇酸），它的前体是一种 S-L-半胱氨酸亚砜与 γ-谷氨酰基结合而成的肽。香菇经过干燥和复水或者把浸软的组织放置短时间后，香菇酸在 S-烷基-L-半胱氨酸亚砜裂解酶的作用下生成风味活性物质——香菇精和其他多硫庚环化合物，但风味主要是由香菇精产生的。

6. 其他蔬菜

海藻香气的主体成分是甲硫醚，还有一定量的萜类化合物，其腥气来自三甲胺。

鲜甜菜的主要香气成分有反-1，10-二甲基-反-十氢萘-9-醇、2-仲丁基-3-甲氧基吡嗪，烹调后有 4-甲基吡啶、吡啶和糠醛生成。

莴苣的主要香气成分有 2-异丙基-3-甲氧基吡嗪和 2-仲丁基-3-甲氧基吡嗪。

三、 风味物质在植物中的分布

风味物质在植物中的分布是不均一的。例如，烯丙基异硫氰酸酯在花椰菜外叶的量要比其在组织内部的量大得多。弗里曼（Freeman）和温翰姆（Whenham）将洋葱球切成单独的叶片和洋葱鳞茎，分析了每一部分的催泪物质和丙酮酸盐含量，发现干燥的外部皮层实际上没有催泪物质和丙酮酸盐，越靠近植物中心的叶片和茎，催泪物质和丙酮酸盐的含量越高。另一个例子，总萜烯在胡萝卜顶部的量要高于在中部和末梢的量。植物不同部位不仅风味物质的含量有差别，而且其风味特性也有差别。因此，如果有人切开一种植物，食用其不同的部位，很容易发现每个部位都有不同的风味特性。此外，采收后的加工过程也会影响其风味，如已证明的在日本利用枯草芽孢杆菌（*Bacillus Subtilis*）发酵大豆生产纳豆的过程中会产生四甲基吡嗪，故纳豆具有非常典型的吡嗪气味。在豆提取物发酵后，将其干燥，在此期间多酚氧化酶保持活性，将会产生新的风味分子。可可的风味很大程度上取决于收获、发酵、干燥和烘焙阶段的精确条件和持续时间。在巧克力的进一步加工中，添加的糖是口味的主要添加剂，还有可可脂和一些添加的调味材料，以及特殊的配料，如坚果和咖啡糊。

四、 风味形成与变异的关键影响因素

并不是所有的苹果、橘子、咖啡都有相同的口味。正因如此，我们通常可以根据风味特征挑选自己喜爱的品种。影响植物风味的因素是多种多样的。通过各种经验我们知道地理位置会影响风味。例如，由于优越的地理条件和气候条件，哥伦比亚咖啡质优味美，口感绵软、柔滑。我们也知道气候和土壤条件影响风味，一般从树上摘下来的新鲜并且完全成熟的水果是最好的。我们还知道每一个水果或蔬菜在外观和风味上都是一个单独的个体。

关于遗传、营养、环境、收获时间和采后处理过程对风味差别的影响有很多研究，在此主要阐述同一种食品间风味的影响因素，且主要讨论植物产品风味的差别。

（一）遗传

无论是我们日常生活中还是文献中都有充足的证据表明遗传会影响风味成分。遗传决定了前体物质、酶系以及它们在风味成分形成中的活力。

通常风味的品种差异是由于风味组成中量的差别引起的，而不是质的差别。例如，不同番茄中 2-异丁基噻唑的含量会有 2~3 倍的差异。

另一个关于苹果风味研究的例子也反映了遗传对风味的影响。帕亚尔（Paillard）发现所有研究的苹果种类中都存在同样的挥发性组分，但是不同种类间这些挥发性物质的比例存在差异。黄色品种往往会产生较多的乙酸酯，而红色品种产生较多的丁酸酯。帕亚尔（Paillard）发现金冠苹果的软组织中丁酸几乎完全快速地转化成乙酸，导致产生乙酸酯而不是丁酸酯。具有光滑表皮的苹果皮中脂肪酸底物转化成短链的醇或酯，而具有软木表皮的苹果皮中脂肪酸底物主要转化成酮和少量的醇。这种代谢的差异常常导致风味特性细微但却非常重要的变化。自然的风味品种差异是人们可以接受的，人们喜欢大自然提供的多种选择。

（二）环境和种植对植物风味变化的影响

1. 土壤营养

索莫吉（Somogyi）等发现在氮含量高的肥沃土壤中麦金托什红苹果会产生更多的挥发性物质，推测是提高氮含量可能会提高成熟过程中游离氨基酸（支链酯的前体）的含量。然而，氮的用量和水果成熟时的游离氨基酸之间并没有显著的关系。

洋葱、大蒜、卷心菜、芥末和豆瓣菜中风味的显著变化与生长环境的硫酸盐含量密切相关。这是因为含硫化合物是这些植物特征风味的前体。在极缺乏硫酸盐的土壤中生长的洋葱缺乏特征风味和催泪能力。随着硫酸盐用量不断增加，风味和催泪物质的量也不断增加直至植物遗传控制的极限水平。弗里曼（Freeman）认为风味前体［葱属中 *S*-烷（烯）基-L-半胱氨酸亚砜和十字花科中硫代葡萄糖苷］对植物生长并不重要，但植物合成必需氨基酸和蛋白质需要一定量的硫酸盐营养物质。通过调节植物营养进而控制风味为生产不同风味强度的蔬菜提供了可能。生产更加清淡的蔬菜是人们所希望的，例如，低蒸煮味的卷心菜或是低辣味的萝卜。

相反，赖特（Wright）和哈里斯（Harris）发现氮和钾含量高的肥沃土壤中种植的番茄，其感官评分有所降低。他们认为一些挥发性物质的过量生成可能会导致风味平衡的失调。很明显，营养素均衡，而不是过量的营养素的种植环境有助于良好风味的形成。

2. 水分

另一个影响风味的重要因素是植物种植过程中土壤的水分含量。充足的雨水往往可得到既大又翠绿的蔬菜但是缺乏风味。没有充足雨水的年份，水果和蔬菜往往个小且外观不好看，但是风味很足。弗里曼（Freeman）推测由于植物可得到的水分量被限制，风味前体的量增加，因而风味强度变大。文献中有很多关于植物在水分应激条件下积聚小分了代谢物（如糖、氨基酸和有机酸）的例子。这些代谢产物可作为风味的前体。

3. 温度

生长应激可能来自限制的水分供给，也可能是由于温度造成的。植物在低温条件下，会积聚相似的小分子代谢产物。这大概是一种植物组织降低冷冻温度的进化反应，以提高其抗霜冻的生存能力。

温度对风味变化的另一种影响是酶反应的温度依存性。一般而言，酶反应速率会随着温度的升高而增加，直至酶变性开始。然而，不同酶反应的温度强化效应各不相同，生长环境的温度升高 10℃，一种反应速率可能只有小幅度增加，而另一种反应速率可能双倍增加，这就会导致不同风味组成的产生。

（三）成熟度和采后贮存对植物风味变化的影响

1. 成熟度

美国的商业经验是采摘那些未成熟的水果然后控制它的成熟度。通常水果要经过一系列的处理，贮存数月，然后长途运输到市场销售。这就要求只能在水果成熟前就进行收获。据文献介绍，水果一旦采摘后脱离了植物，风味和自熟过程相比会发生变化。当然，那些只能从植株上采摘后才能成熟的食品除外，例如，哈密瓜，鳄梨的一些品种，如果留在植株上它们可能反常地成熟。

杜（Do）等研究了成熟后收获和人工催熟的桃子的风味变化。桃子的大部分特征风味是源于内酯，这些内酯会随着成熟过程不断增加。人工催熟的桃子内酯含量达不到自然成熟桃子的水平，其内酯含量只有自然成熟桃子中的20%。人工催熟的桃子中苯甲醛和总酯的含量分别只达到树上自然成熟桃子中的20%和50%。

人工催熟番茄的研究表明，其风味不仅比在藤上成熟的番茄少，而且特征也有差异。毛尔（Maul）等提供了感官和仪器分析数据证明人工催熟的番茄风味较差。于（Yu）和斯潘塞（Spencer）等的研究表明未成熟的番茄缺乏与藤上成熟的番茄同量的酶系。很明显，成熟过程的进行会产生更多对风味形成非常重要的酶，因此，人工催熟的番茄缺乏产生特征番茄风味必需的酶系。

关于植物年龄对挥发性风味组分形成影响的文献很少。弗里曼（Freeman）曾报道过洋葱种子发芽和生长过程中的风味形成。大约20d后，洋葱风味潜能完全形成。种子本身不含风味前体（半胱氨酸亚砜衍生物），且蒜氨酸酶活力只有成熟洋葱球中的3%。但15~20d后，植株迅速产生蒜氨酸酶且活力达到最高。因此，在植株长成可供消费的合适大小时就能形成较好的风味。

植株年龄对整体感官质量的影响也很清楚。嫩的蔬菜通常比成熟的和老的蔬菜更软，更甜。一旦成熟后蔬菜的整体品质将迅速下降。

2. 采收后的储藏

因为水果的风味在呼吸转跃期形成很快，这个时期通常发生在脱离植物后（提前收割和人工催熟），因此这期间的贮存条件会影响风味的变化。大量的文献表明，水果在这个重要时期如果贮存在不合适的环境中［如气体组成（增加CO_2和减少O_2）、温度、湿度、光线等］，风味就会和成熟后采摘的水果差距很大。虽然水果也可能在随后的过程中成熟，如颜色变化和组织软化，但香味形成的代谢平衡被打破，不能形成正常的风味。

贮存条件对成熟期间风味影响的重要性可以以香蕉风味的研究为例。在贮存温度为5~25℃时香蕉风味物质的形成与温度呈指数函数关系。在10~12℃延长储存时间使芳香物质损失60%。而温度低于5℃没有特征芳香气味形成。冻害的发生改变了亚细胞膜内的脂肪，并不可逆地改变正常的水果呼吸作用。高于27℃的贮存温度同样会造成不良的风味形成。发酵也会使香蕉的特征风味减少，而以乙醇和乙酸乙酯为主。

香蕉的风味和成熟对温度非常敏感，温度对其他水果风味形成也有类似的影响。例如，当贮存温度低于16℃时，番茄的风味受到破坏。因此，必须控制储藏温度以形成合适的风味。

帕亚尔（Paillard）、费尔曼（Fellman）以及鲍德温（Baldwin）等概括了其他影响风味的因素。例如，苹果的气调贮存一般会减少成熟过程中挥发性风味的产生。图3-17所示为冷藏和低氧/高CO_2两种条件对苹果贮存的影响，与低温冷藏对比，1%的氧气环境中贮存的苹果几乎很少有风味物质形成。

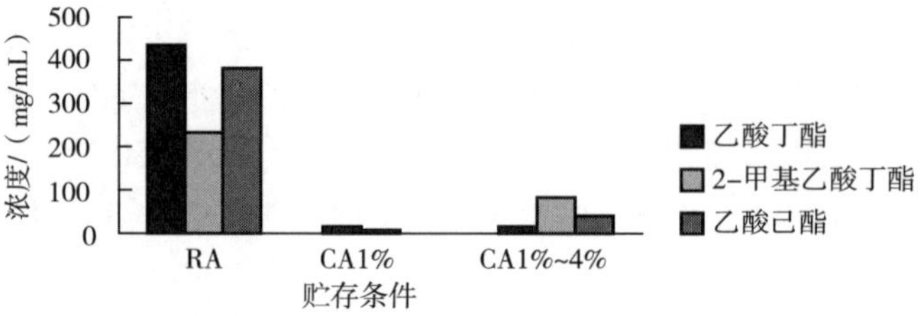

图 3-17　贮存条件对 1℃贮存 4 个月的嘎啦苹果乙酸乙酯含量的影响

RA，冷藏；CA1%，1%氧气贮存；CA1%~4%，1%~4%氧气贮存，氧气水平从 1%开始每月增加 1%。

低湿度的贮存环境加速了乙酸己酯、异戊酯和丁酯的挥发，降低了相应的醇含量。低湿度有利于酯类化合物形成。照明强度也能增加贮存期苹果的挥发性风味物质，可能是光催化表皮脂肪氧化的结果，脂肪氧化产物然后转化为短链的酯类化合物，因此，长期贮存水果需要一定的环境条件，这些贮存条件一般会对风味质量造成不可逆的变化或损失。

第二节　动物性食品风味成分

肉类风味一直备受关注，然而，尽管已经进行了大量的研究，但对各种肉类的特征风味化合物仍然知之甚少。不过，在肉类风味的研究中所做的努力使人们获得了大量有关熟肉风味化合物的知识。肉类风味化合物所具有的一些特殊风味品质（并非因品种不同而异）对食品和风味工业是有价值的，但是尚需努力探索略微烧煮的肉和特定品种肉的风味本质。

一、畜禽肉制品

生肉一般都带有畜禽原有的生臭气味和血样的腥膻气味，主要由 H_2S、CH_3SH、C_2H_5SH、CH_3CHO、CH_3COCH_3、CH_3OH、C_2H_5OH、$CH_3CH_2COCH_3$ 和 NH_3 等组成，对其研究较少。肉类只有在加热煮熟或烤熟后才具有本身特有的香气，特别是牛肉、鸡肉，其加热香气一般很好闻。肉香通常就是指加热香气。

前体物生成肉香成分主要有 3 种途径：①脂质的热氧化降解、维生素 B_1 热解；②美拉德反应、Strecker 降解、糖的热解；③以上两种途径生成的各物质之间的二次反应。根据这些研究成果，可配制各种肉类食用香精。

熟肉香气主要是由加热分解途径生成。因加热温度不同，香气成分有所不同。肉香形成的前体物有氨基酸、多肽、核酸、糖类、脂质、维生素等。肉香中的主要化合物有内酯类、呋喃衍生物、吡嗪衍生物及含硫化合物等。

肉类的肉香成分不但取决于脂肪含量，还与烹调加工的温度有关，具体就是与受热方式（如炖肉、烤肉、熏肉等）有关。因此肉汤、烤肉和用油煎炒的肉香味不同。如烤肉时生成碱性（吡嗪类）化合物；烟熏肉制作过程中使用的熏烟含有酚类、甲醛、乙醛、丙酮、甲酚、脂肪酸、醇、糖醛、愈创木酚等主要组分，而其中的脂肪酸、酚类和醇可使肉制品产生特殊的风味和香味。

（一）肌肉加热时生成的香气成分

去掉脂肪的肌肉在加热时，所产生的肉香成分非常类似。主要有 $C_1 \sim C_4$的脂肪酸、甲（乙或丙）醛、异丁（戊）醛、丙（丁）酮、硫化氢、甲（乙）硫醇、二甲硫醚、氨、甲胺、甲（乙）醇等一般挥发性化合物，以及噻吩类、呋喃类、吡嗪类化合物等。

当加热含有脂肪的肌肉时，其香气成分除了瘦肉所产生的肉香成分外，还有脂肪在受热时所产生的香气成分，如羰基化合物、酯和内酯类化合物等。例如加热含有牛脂肪的牛肌肉时，它的挥发性成分中就含有脂肪酸、醛类、酯类、醚类、吡咯类、醇类、酮类、脂肪烃类、芳香族化合物、内酯类、呋喃类、硫化物、含氮化合物等超过 240 种的化合物。这些成分大致可分为中性化合物、碱性化合物和酸性化合物三大类，其中的酸性化合物对肉香的贡献不大。

硫化氢含量过多时，会使肉香带有一种硫臭气味。但它的含量过低时也会使肉的风味下降。罐装牛肉随着贮存时间延长，硫化氢含量降低后，风味也劣变。但在多数情况下，它能与其他组分共同形成肉类的特殊风味。

当肉类的加热方法不同时，生成的香气成分虽有类似之处，但也会显示出各自的特征。煮肉香气的特征成分以硫化物、呋喃类化合物和苯环型化合物为主体。烤肉香气的特征成分，主要是吡嗪类、吡咯类、吡啶类化合物等碱性组分以及异戊醛等羰基化合物，以吡嗪类化合物为主。烤肉的香气除了受肉的品种影响外，还与受热温度、时间等因素有关。例如，烤鸭在250℃下烘烤 30min，可产生诱人的烤鸭香气；若温度低于 250℃，香气缺乏；若高于 250℃，则因烘烤过度而产生焦煳气味。炒肉香气的特征成分介于煮肉与烤肉之间。一般说来，当肉类表面处于比较干燥的状态并用高温烤炙时，其香气成分的生成在很大程度上不是依靠非酶褐变反应。例如，微波加热产生的香气特征成分中，以醇类和吡嗪类化合物含量较多。

当肉类受到过度的热处理后，其气味变得与通常的加热香气不同，有人将这种气味叫作“蒸馏臭”。从成分上比较，这两种嗅感类似。但蒸馏臭比通常烹调香气成分中的挥发性醛类以及含硫化合物（如乙烯基硫化物、丙烯基硫化物、噻吩类化合物等）的浓度有所增加。这些硫化物与不快的嗅感有关。例如，牛肉罐头香气中存在的 4-甲基-4-巯基-2-戊酮就属于这种成分。

1. 代表性肉类的香味物质

（1）牛肉　牛肉加热时产生的挥发性化合物有脂肪酸、醛类、酮类、醇类、醚类、吡咯类、呋喃类、内酯类、烃类和芳香族化合物，还有含硫化合物、含氮化合物；挥发性化合物已被鉴定出 200 多种，可将它们分为酸性、中性、碱性 3 类。

在牛肉加热后产生的挥发性成分中，硫化物对肉香气味起着非常重要的作用。牛肉肉香中硫化物以异噻吩类化合物为主，还包括有噻唑类、硫醇类、硫醚类、二硫化物以及其他的含硫杂环化合物等 46 种以上的成分，以及 17 种以上的呋喃类化合物和吡嗪类、吡啶类化合物。

（2）羊肉　羊肉受热时的香气成分很大程度上与羊脂肪有关。与牛、猪脂肪相比，羊脂肪中游离脂肪酸的含量要少得多，不饱和脂肪酸的含量也少。因此，羊肉加热时产生的香气成分中，羰基化合物的含量比牛肉还少，这是由于在它的挥发性成分中含有一些中长碳链并带有甲基侧链的脂肪酸，如 4-甲基辛酸、4-甲基壬（癸）酸等。

羊肉汗酸般的风味与某些挥发性的中等长度碳链脂肪酸密切相关，脂肪酸上的几个甲基支链对此风味也极有意义。4-甲基辛酸是羊肉和羔羊肉风味中最重要的脂肪酸之一。几种中等长度碳链的支链脂肪酸对特定品种的风味非常重要，如4-甲基辛酸对于肉和乳制品产生的羊膻味极为重要。另外，几种烷基苯酚（甲基苯酚异构体、乙基苯酚异构体、异丙基苯酚异构体和甲基-异丙基异构体）使羊肉和羊乳具有非常特殊的奶牛样和绵羊样风味。

（3）猪肉　猪肉加热后的香气成分与熟牛肉的肉香成分相比，其特征化合物有许多相同之处，但猪肉肉香成分中，以4（或5）-羟基脂肪酸为前体而生成的γ-或δ-内酯较多，猪肉的C_5、C_9和C_{12} γ-内酯含量较高，这些化合物可产生猪肉的甜香味，而且猪脂肪中的$C_5 \sim C_{12}$脂肪酸的热分解产物和猪肉蛋白质的分解产物也与牛肉有所不同，尤其不饱和的羰基化合物、呋喃类化合物在猪肉的肉香成分中含量较多。

在猪油、油渣和一些猪肉中发现的独特的猪肉样风味是由对甲基苯酚和异戊酸产生的。

（4）鸡肉　在加热鸡肉时所形成的肉香成分中，其特征化合物主要是硫化物和羰基化合物。硫化物呈现了肉类的特有香味，羰基化合物则呈现了鸡的独特香气。鸡肉香气中的羰基化合物有：顺-3-壬烯醛、顺-4-癸烯醛、（反,顺）-2,4-癸二烯醛、（反,顺）-2,5-十一碳二烯醛、反-2-十二烯醛、[反,顺（反）]-2,6-十二碳二烯醛、反-2-8-甲基壬烯醛、（反,顺）-2,4-8-甲基壬烯醛、（反,顺,顺）-2,4,7-8-甲基壬三烯醛、（反,顺）-2,4-7,7-二甲基辛二烯醛、（反,顺）-2,4-二十二碳二烯醛等。其中有几种醛类是花生四烯酸在受热时的典型裂解产物。

在烹调鸡肉香气的特征化合物中，最主要的是（反,顺）-2,4-癸二烯醛，它的含量虽少，但其高度活性对鸡汤风味起着重要的作用。鸡的特征化合物可能是由脂类氧化产生的。

2. 肉类风味形成的途径

肉类风味形成的途径，首先是由肉中含有的前体物质（如还原糖、肽和氨基酸、脂肪和脂肪酸、核苷酸、维生素等）在热的作用下，发生了美拉德反应以及基本成分和非基本成分的热降解。同时，生成产物发生的二次反应生成物对形成肉香也很重要。实验表明，将一次反应生成物5-甲基-4-羟基-3-二氢呋喃酮及其2,5-二甲基同系物，在半胱氨酸或硫化氢中加热时，便会得到5-甲基-4-羟基-3-二氧硫酚呋喃酮及其同系物，这些生成物再经过复杂反应后便生成了肉类的加热香气。现已证实，带巯基的呋喃和噻吩衍生物都是参与肉香形成的组分。例如噻唑啉有炖牛肉风味，2-甲基-3-呋喃硫醇有烤肉香气，它受热后氧化生成的二次反应产物二硫化物，则使肉类风味变得更为丰满。这些结果在肉类加热香气的合成研究中已得到证实。

（二）熏肉制品

烟熏可以提高肉制品的香气，形成独特风味，并抑制肉制品中的脂肪氧化而易于贮藏。

熏肉制品的风味一般包括两部分：肉类受热时产生的香气、肉制品表面所吸附的成分（与熏烟成分及熏制方法有关）。

熏烟成分因所用的木材种类不同而有所差异，其中的主要成分有愈创木酚、甲酚等酚类，甲（乙）醛、丙酮等羰基化合物及脂肪酸类、醇类、糠醛类化合物等。以酚类，酸类、醇类化合物对熏肉制品的香气影响最大。熏烟中的酚类物质可以防止肉类脂肪的氧化，在抑制肉制品氧化臭味的形成方面也很重要。

熏肉制品的品类很多，常见熏肉制品香气成分如下。

1. 火腿

火腿的香气成分有：C_1～C_5醛类，丙（丁）酮、丁二酮等羰基化合物，C_1～C_5脂肪酸类，硫化物以及硫化氢、氨等化合物。熏烟成分中沉降在肉制品表面的甲酸，在熟化过程中会逐渐挥发而减少。但依附氧化反应产生的羰基化合物，特别是丁酮的含量却随熟化时间的增长而增多。

加热火腿时，有时会产生不快的嗅感，这是从其脂肪部分产生的，特别是在挥发性的酸性组分中含有的侧链甲基脂肪酸。

2. 香肠

在干香肠和发酵香肠的特征香气中，有一部分物质是脂质在熟化过程中发生水解和氧化后的产物。其中主要是脂质在生物体组织内含有的脂酶的作用下，先水解出游离脂肪酸、再经氧化生成过氧化物、然后生成羰基化合物。因此，香肠在熟化过程中羰基化合物的浓度可以增加几倍。在微生物的作用下，其C_2～C_4挥发性脂肪酸的浓度也有所增加。熏肉制品在受热时，这些羰基化合物与蛋白质水解出的游离氨基酸等化合物之间发生的羰氨反应，是形成熏肉制品受热香气的一个重要因素。

（三）脂肪受热时的嗅感成分

将畜禽的脂肪（包括肌脂质在内）在空气中加热，其挥发性成分有酸类、酯类、醚类、烃类、醇类、羰基化合物、苯环化合物、内酯类以及呋喃类等多种化合物。

1. 牛脂肪加热风味物质形成

加热牛脂肪所得到的挥发性化合物可以分成 5 类组分。

第一类是烃类，有 25 种，形成清淡香气。这些饱和或不饱和脂肪烃及烷基苯在脂肪加热香气中的作用一般较小。

第二类是羰基化合物（15 种）和酯类（2 种），呈现牛油臭味。这类成分中，无论是哪种化合物，在单独存在时都不会使人产生有牛油臭气的感觉。若在其主要成分（C_5～C_9饱和醛类、2-壬烯醛、2-癸烯醛等）中混入了微量的硫化物，便能构成牛脂肪的加热香气主体，呈现出具有牛肉特征的肉香。这类成分中的丁二酮、3-羟基丁酮则与形成炖牛肉或水煮牛肉的嗅感有关。

第三类是醇类（11 种）和内酯类（9 种），具有甜香和一些浓厚的气味，尤其是γ-辛内酯、γ-癸内酯、δ-癸内酯等的甜香气味，对牛脂肪的加热香气有较大的影响。

第四类是吡嗪类（6 种）和 3-羟基丁酮等，产生芳香气味。这类化合物及其受热后的二次生成物，对烤牛肉的香气有重大影响。

第五类是脂肪酸类、醚类化合物，它们对牛脂肪的加热香气贡献不大。

2. 猪脂肪加热风味物质形成

在猪脂肪的加热香气中也测出了与牛脂肪相同的成分。但由于猪脂肪的脂肪酸组成与牛脂肪不同，猪脂肪中的不饱和脂肪酸比牛脂肪中的多，尤其是亚油酸的含量几乎为牛脂肪的两倍。因此，在猪脂肪的加热香气中不饱和化合物和醇类的含量都比牛脂肪的加热香气中高。

猪脂肪加热香气的主要成分有C_5～C_9饱和醛、2-庚烯醛、2-癸烯醛、2,4-癸二烯醛、戊醇、辛醇、1-辛烯-3-醇等化合物。

二、水　产　品

水产品风味包括的品种范围要比其他肌肉类食品略微广泛。众多的动物种类（有鳍鱼类、贝类和甲壳类）以及随新鲜度变化的风味性质导致了风味的差异。

鲜鱼淡淡的清鲜气味是内源酶作用于多不饱和脂肪酸生成中等碳链不饱和羰基化合物所致。熟鱼肉中的香味成分是由高度不饱和脂肪酸转化产生的。淡水鱼的腥味是赖氨酸在细菌作用下生成六氢吡啶（又称为尸胺）的结果；存在于鱼鳃部和血液中的血腥味的主体成分是δ-氨基戊酸。咸水鱼的臭味是三甲胺氧化物在微生物的作用下转化为三甲胺和二个甲胺及甲醛而产生；所生成的甲醛可促进蛋白质的交联，因而使肌肉在贮存过程中硬化；同时，被称为“氧化鱼油般”或“鱼肝油般”的鱼腥味很大程度是由ω-3多不饱和脂肪酸自动氧化产生的羰基化合物引起的。

（一）鱼类的风味成分

1. 生鱼的风味成分

非常新鲜的活鱼和生鱼片具有芳香和新鲜风味，但这种风味在经过商业销售后已经大部分或完全丧失。

当鱼的新鲜度稍差时，其嗅感增强，呈现出一种极为特殊的气味。这是由鱼体表面的腥气和由鱼肌肉、脂肪所产生的香气（成分有三甲胺、挥发性酸、羰基化合物等）共同组成的一种腥臭气味，以腥气为主。鱼腥气的特征成分是由存在于鱼皮黏液内的δ-氨基戊酸、δ-氨基戊醛和六氢吡啶类化合物共同形成的。在鱼的血液内也含有δ-氨基戊醛。在淡水鱼中，六氢吡啶类化合物占比比海鱼大。这些腥气特征化合物的前体物质，主要是碱性氨基酸。

此外，鱼体内含有的氧化三甲胺也会在微生物和酶的作用下降解生成三甲胺和二甲胺。纯净的三甲胺仅有氨味，在很新鲜的鱼中并不存在。当它与上述不新鲜鱼的δ-氨基戊酸、六氢吡啶等成分共同存在时则增强了鱼腥的嗅感。由于海鱼中含有大量的氧化三甲胺，而淡水鱼中含量极少，鲤鱼甚至没有，故一般海鱼的腥臭气比淡水鱼更为强烈。在被称为氧化鱼油般的鱼腥气味中，其成分还有部分来自ω-不饱和脂肪酸自动氧化而生成的羰基化合物，例如2,4-癸二烯醛、2,4,7-癸三烯醛等。

当鱼的新鲜度继续降低时，最后会产生令人厌恶的腐败臭气。这是由于鱼表皮黏液和体内含有的各种蛋白质、脂质等在微生物的作用下，生成了硫化氢、氨、甲硫醇、腐胺、尸胺、吲哚、四氢吡咯、六氧吡啶等化合物。

2. 冷冻鱼和干鱼的风味成分

和鲜鱼相比，冷冻鱼的风味成分中羰基化合物的含量增加，其他成分大致相同。这些羰基化合物主要是由鱼脂肪的缓慢自动氧化而生成，是冻鱼脂肪腥臭的重要组分。甲醛的存在会促进鱼蛋白质发生交联而使其肌肉变得坚韧。

在干鱼的风味成分中，羰基化合物和脂肪酸的含量有所增加，其他组分与鲜鱼基本相同。干鱼的那种特殊的清香霉味，主要是由丙醛、异戊醛、丁酸、异戊酸产生。这些风味成分也是通过鱼的脂肪发生自动氧化而形成的。

3. 熟鱼和烤鱼的风味成分

熟鱼的嗅感成分中，挥发性酸、含氮化合物和羰基化合物的含量都有增加，产生了熟肉的诱人香气。熟鱼香气物质主要通过美拉德反应、氨基酸热降解、脂肪的热氧化降解以及维生素B_1的热降解等反应途径而形成。由于香气成分及含量上的差别，导致不同鱼产品的香气特征各异。由于鱼死亡后的熟化过程很快，所以生鲜鱼内的核苷酸含量多，烹调后呈现出其独特的鲜味。

（1）油炸鱼　与烹调鱼相比，油炸鱼中多了炸油及鱼体内脂肪的热氧化降解产物，香气成分及含量都有较大的增加，并有焦脆松软的口感，风味很好。

（2）烤鱼和煎鱼　烤鱼和煎鱼的香气与烹调鱼有所差别。当烘烤不加任何调味涂料的鲜鱼时，主要是鱼皮及部分脂肪、肌肉在热的作用下发生非酶褐变，其香气成分相对较为贫乏。若在鱼表面涂了调味汁再烘烤，情况就完全不同。来自调味汁的乙醇、酱油、糖也参与受热反应，这时羰基化合物及二次反应生成物含量显著增加，风味较浓。

（3）熏烤干鱼（干松鱼）　熏烤干鱼（干松鱼）的香气由多种成分组成，主要有酸类（13种）、内酯类（2种）、羰基化合物（16种）、含氮化合物（8种）、醇类（15种）、硫化物（2种）、酚类（17种）、酚醚类（5种）、烃类（11种），以及二苯并呋喃等化合物。其中2-甲基庚醇、3,4-二甲氧基甲苯、全顺-1,5,8-十一碳三烯-3-醇、2,5-辛二烯-3-醇、2,6-二甲氧基苯酚、4-甲（乙）基-2,6-二甲氧基苯酚、3-甲基-2-环戊烯酮、2,3-二甲基2-环戊烯酮、2-十一酮、2-(或3-) 甲基巴豆酸-γ-内酯等都是干松鱼的重要香气成分。为了形成干松鱼的特有香气，烟熏焙干是不可缺少的，只有通过这步加工才能将熏烟成分中的酚类物质转移到干松鱼上。一般没有太多香气的干鱼都是没有经过熏制的，所以其香气成分不含酚类化合物。若在这种干鱼中加入2,6-二甲氧基苯酚类的化合物，可得到香气接近于干松鱼的产品。

（二）其他水产品的风味成分

甲壳类动物和软体动物的风味在很大程度上取决于非挥发性呈味成分，此外，挥发物也对风味也有影响。例如，经蒸煮的雪蟹肉味可用核苷酸、盐离子和12种氨基酸的混合物来模拟。利用这种呈味混合物加上某些羰基化合物和三甲胺可制成酷似蟹风味的产品。

1. 牡蛎、蛤蜊

煮熟的牡蛎、蛤蜊的头香成分主要来自二甲基-β-丙噻亭的受热降解，这是因为牡蛎与蛤蜊摄入的海生微生物中含二甲基-β-丙噻亭。

2. 青虾

煮青虾的其特征香气成分有乙酸、异丁酸、三甲胺、氨、乙（丙）醛、正（异）丁醛、异戊醛和硫化氢等。

3. 海参、海鞘类水产品

海参、海鞘类水产品具有的清香气味的特征化合物有2,6-壬二烯醇、2,7-癸烯醇、7-癸烯醇、辛醇、壬醇等。产生这些化合物的前体物质是氨基酸和脂肪，形成的基本途径与植物性食品类似。

4. 烤紫菜

烤紫菜的头香成分在40种以上，其中最重要的有羰基化合物、硫化物和含氮化合物。

三、乳　品

乳类包括牛乳、山羊乳、绵羊乳、马乳等，其中牛乳的消费在所有乳制品中占有绝对优势，这里着重介绍牛乳及其制品。

（一）牛乳制品的风味特征

牛乳制品以鲜牛乳为原料，经过加工后形成不同于鲜牛乳本身的具有不同特征风味的制品，如饮用乳、奶油、黄油、乳粉、炼乳、发酵乳、干酪等。

1. 鲜乳香气的再分配

伴随着乳脂肪的转移，鲜乳的香气成分会在加工过程中发生再分配。鲜牛乳的不同组成成分经过分离，可分别制作成不同产品：乳脂肪被分离、浓缩后可以制成奶油、黄油等制品；剩余部分则可得到脱脂乳、干酪浆等制品。牛乳中的香气成分将伴随着牛乳的不同成分及制品特征而分配到不同的制品中，同时赋予各种制品特征香气。

2. 牛乳加工过程中生成新的香气成分

在乳制品的贮存和加工过程中，伴随着各种因素将形成各种乳制品的特征香气。以下是生成香气的主要机制。

（1）酶促反应　牛乳在内源酶或外源酶的作用下使脂肪游离出脂肪酸。而乳脂中低、中级脂肪酸的三甘酯含量高，它们酶促水解后生成的脂肪酸对乳制品的香气有很大影响。

（2）加热反应　生成香气成分的机制较为复杂，其中还原糖、氨基酸等水溶性物质发生的美拉德反应，从乳脂中含有的β-酮酸而生成的甲基酮类化合物，从含氧酸而生成的内酯类化合物，以及以乳脂为前体的裂解反应等，都是重要的加热反应类型。

（3）氧化反应　乳脂中的不饱和脂肪酸在空气中氧的作用下，易发生自动氧化反应，裂解生成许多醛类。光照也能引发乳中成分发生光敏氧化反应。

（4）微生物作用　这是发酵乳制品生成香气的主要方式。微生物的作用有两种：一种与脂酶催化生成脂肪酸的反应类似，将牛乳中的成分分解；另一种是菌体先将乳中的成分摄入体内，然后通过生物合成产生其他香气成分。

以上反应在实际中往往是相互交叉进行的，某一反应的产物常常成为其他反应的反应物。香气生成的反应几乎发生在整个加工过程之中，有时以这种反应类型为主，有时以另一种反应类型为主。

（二）饮用乳的风味成分

1. 乳制品的风味成分

将鲜乳收集后经过均质、加热杀菌等处理后，即成为供消费者食用的商品饮用乳。鲜乳经过上述处理后，已增加了不少生成的香气物质，一般所说的牛乳香气多指饮用乳的香气。鲜乳经过油、水分离后得到脱脂乳和鲜奶油。在分离过程中，亲油性强的香气成分随着乳脂肪大多移入鲜奶油中，亲水性强的物质大多进入脱脂乳内，从而使两者具有不同的香气特征。当然，在分离过程中也会有新的香气成分生成。黄油是鲜奶油加入各种配料后浓缩而成的复杂的乳胶体，从而形成黄油独特的香气特征。总体来看，饮用乳、奶油和黄油这三者之间香气产生差别的主要原因不过是原来鲜乳中含有的香气成分及从鲜乳中特定物质派生的成分经过物理方法分配后含量配比发生了改变而已。如果没有外来添加的香气成分，它们的成分种类应是相同的。

鲜乳的香气成分有低级脂肪酸、丁酮、丙酮、乙醛、丁酸、甲基硫化物（甲硫醚）等，其中的主体香气成分是二甲基硫醚，含量稍高就会产生异味。此外，还有低级脂肪酸、醛、酮等。鲜乳中分离出的δ-癸酸内酯具有乳香气，现已有人工合成的产品用作调香剂和增香剂。

牛乳制品中的四种主要香气成分：

（1）酸类化合物　从牛乳中已测出了 142 种酸类，主要是 $C_2 \sim C_{18}$偶数碳饱和羧酸、$C_{10} \sim C_{18}$偶数碳单烯酸、C_{18}二烯酸和三烯酸、$C_{10} \sim C_{18}$偶数碳酮酸和羟基酸以及一些异烷酸。其中 $C_4 \sim C_{12}$低、中级脂肪酸的直接贡献大；但从香气前体的性质方面来看，高级脂肪酸则更为重要。乳中的一些酮酸和羟基，经加热后分别形成甲基酮和内酯类化合物，对加热后的制品香气也有影响。乳中脂肪酸的含量会随制品的新鲜度产生很大变动，饮用乳、鲜奶油和鲜黄油的平均脂肪酸含量分别为415，1027，2733mg/kg。从游离脂肪酸的组成看，与饮用乳、鲜奶油相比，黄油中低碳脂肪酸的含量比较小，高碳脂肪酸的含量比较大。

（2）羰基化合物　主要有醛类化合物和酮类化合物。醛类化合物主要有：C_1～C_{12}正烷醛、C_4～C_{12}烯醛、2-甲基丙（丁）醛、顺-4-庚烯醛等。从鲜乳中分离出的有甲、乙、丙、己醛和苯甲醛等物质，经过加热杀菌或加工成黄油的过程，测出含有许多正烷醛、正-2-烯醛及2,4-二烯醛。这些醛类大多是乳脂中的脂肪酸及游离脂肪酸发生自动氧化而生成的。顺-4-庚烯醛是奶油样香气的特征化合物。乳制品中的酮类化合物主要有C_3～C_{15}正-2-烷酮、3-庚酮、丁二酮、3-羟基丁酮等。其中C_3～C_9甲基酮和丁二酮对加热乳的香气有重要影响。

（3）酯类化合物　乳制品中的酯类主要有C_1～C_{10}、C_{12}脂肪酸的甲酯或乙酯，以及苯甲酸甲酯。内酯化合物主要是C_6～C_{18} γ-或δ-内酯。内酯是由乳脂中的羟基酸受热脱水生成，这是可逆反应，要评价它在香气成分中的重要程度有些困难，但从乳制品整体来看，它是起重要作用的成分。

（4）硫化物　在鲜乳和乳制品中测出了二甲硫醚、硫化氢、甲硫醇以及其他许多含硫化合物。目前都认为，二甲硫醚对乳制品的香气贡献很大。试验表明，当在饲料中加入甲硫氨酸时，乳中二甲硫醚的含量增加。加热牛乳时二甲硫醚的含量也会增加。所以人们认为牛乳中含有对热不稳定的能生成二甲硫醚的前体物质*S*-甲基甲硫氨酸硫盐。但当某些硫化物含量较多时，受热后会产生洋白菜般的不快嗅感。

除上述几大类化合物外，乳制品的香气成分还包括有C_1～C_{10}直链饱和醇、糠醇、糠醛、苯酚、甲醛、麦芽酚和香兰素等化合物。这些鲜美的香气，加上甜润的味感和特殊的质构，组成了各种乳制品的独特风味。

2. 不良风味的形成

鲜乳及乳制品在贮存、加工过程中，容易产生各种不良的风味，从而影响产品的质量。产品吸收外界异味或在贮存加工过程中发生的化学反应都能形成乳制品不良风味。

形成乳制品不良风味的途径如下。

（1）酸败味的形成　牛乳在脂肪酶的作用下，催化乳脂肪水解成低级脂肪酸，产生酸败味，丁酸的影响尤为显著。

（2）氧化臭的形成　乳品较长时间暴露于空气中，乳脂发生自动氧化形成氧化臭，其主体是C_5～C_{11}醛类，尤其是2,4-辛二烯醛和2,4-壬二烯醛；当乳中的辛二烯醛和壬二烯醛的浓度达到1 mg/kg时，就能使人感受到氧化臭。

（3）日光臭味的形成　在日光下照射下，乳品中的甲硫氨酸在维生素B_2的催化下，生成了β-甲硫基丙醛，从而产生日光臭味。β-甲硫基丙醛即使在浓度较低时，也能感觉出日晒气味（浓度大时会呈现甘蓝气味）。β-甲硫基丙醛还会在加热或微生物的作用下进一步降解，生成甲硫醇、二硫化物等二次生成物，同样会形成不良嗅感。

游离氨基酸或肽、光照、维生素B_2和氧气是乳制品产生日光臭味必需的4个条件，每一个条件都是该气味形成的必备条件。

（4）旧胶皮味的形成　乳品在长期贮存过程中发生一系列的变化，产生旧胶皮味，其主要成分是邻氨基苯乙酮。

（三）乳粉和炼乳的风味成分

乳粉和炼乳均有全脂和脱脂两种，它们都由于本身的性状而呈现出很强的耐贮存性。

乳粉和炼乳的风味成分以鲜乳中原有的成分为主，同时，加工贮存过程也赋予产品不同的香气物质。由于乳粉在加工过程中必须加热，并且很难做到无氧条件下操作，所以乳粉不可避免地带有酸败味和氧化臭等气味。脱脂乳粉中常含有糠醛、丁酸-2-糠醇酯、烷基吡嗪、*N*-乙基-2-甲酰吡咯、邻甲酚、苯甲醛及水杨醛等 12 种物质，因此常含有非新鲜牛乳的风味。这些物质都是在加工中加热以后发生了美拉德反应的产物。炼乳加工中同样需要加热，因此炼乳也带有美拉德反应的生成物以及加热臭的特征风味。

第三节　发酵食品风味成分

微生物能产生很多种不同属类的风味化合物，特瑞斯（Tressl）等总结了由微生物完成的反应，包括 CH 或 C ═C 的氧化、转糖基作用、甲基化、C ═O 氢化、异构化作用等。本节讲解发酵食品中风味产生的一些途径，同时介绍几种常见发酵食品的风味成分。

一、 发酵食品风味的生物合成

发酵能提供各种各样受人喜欢的独特风味。我们每天都能接触到各种发酵食品，如豆酱、干酪、酸乳、面包、啤酒、葡萄酒、发酵鱼制品和香肠。这些产品的风味可通过微生物初生代谢或细胞自溶后残留酶活力产生。初生代谢主要跟酒精饮料的风味有关，而残留酶活力与成熟干酪风味的形成是密不可分的。

（一）酯

无论是对天然食品风味还是对发酵食品风味，酯都相当重要。在发酵食品中，酯对一些酒精类饮料的风味尤其重要。啤酒中发现的大多数酯是通过初级发酵形成的，它们是在酵母细胞内通过酶的作用产生的。酵母的脂类代谢产生大量的酸和醇，它们通过酯化作用可以形成多种酯。虽然纯的化学反应也可以产生酯，但对于大多数食品来说这种化学反应太慢，对酯的产生贡献不大。

（二）酸

微生物产生的酸对很多发酵食品的风味是非常重要的。对发酵乳品风味最重要的酸是乳酸。乳酸是一种旋光活性酸，以 D 和 L 两种方式存在或者呈旋光外消旋混合物，这取决于合成过程的微生物。旋光异构体在风味上没有任何差异。乳酸是无嗅的，有一种酸乳的口味。

与乳酸形成有关的微生物被分为两大类。一类是同型发酵［保加利亚乳杆菌（*Lactobacillus bulgaricus*），乳酸在代谢产物的比例>85%］，另一类是异型发酵［明串珠菌（*Leuconostoc* sp.），产生乳酸、乙酸、乙醇、二氧化碳及其他代谢物］。同型发酵微生物的乳糖发酵遵循［埃姆登-迈耶霍夫（Embden-Meyerhef）途径］。而异型发酵微生物通过己糖-单磷酸途径代谢乳糖。在保加利亚乳杆菌（*L. bulgaricus*）或嗜酸乳杆菌（*L. acidophilus*）培养体系中乳酸的浓度可以达到 20g/kg 或更高（图 3-18）。

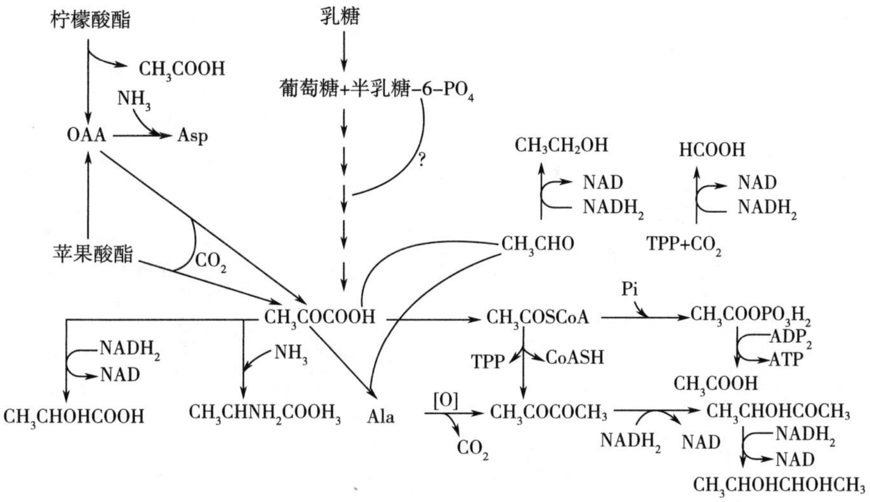

图 3-18 乳糖和柠檬酸盐发酵形成各种不同的风味化合物

TPP,焦磷酸硫胺素;OAA,草酰乙酸。

葡萄酒中的乳酸也可以通过 L-苹果酸发酵形成。苹果酸存在于葡萄中，是一种非常刺鼻的酸，因此需要把它转换成乳酸以减轻它的刺激性酸度。这种苹果酸-乳酸发酵是发酵最后阶段细菌［最常见的是明串珠菌（*Leuconostoc* sp.）］作用的结果。

发酵中还产生大量的其他有机酸和脂肪酸。大多数微生物有活性脂肪酶体系，它能分解甘油三酯产生甘油、甘油单酯、甘油二酯和游离脂肪酸，这些游离脂肪酸对各种干酪和香肠风味的产生有巨大的贡献。脂肪酸的次级反应（如氧化反应）也可以生成大量新的风味化合物。酸也可以从氨基酸脱氨基作用后获得，产物是各种脂肪酸（直链或支链）和芳香酸。

（三） 羰基化合物

羰基化合物对发酵乳制品的风味具有特别大的贡献。丁二酮具有类似黄油和坚果类的芳香味，是这类产品风味中最重要的羰基化合物之一。丁二酮可以通过柠檬酸的发酵产生。最主要的柠檬酸发酵菌种为柠胶链球菌（*Leuconostoc citrovorum*）、干酪乳杆菌（*L. creamoris*）、葡聚糖明串珠菌（*L. dextranicum*）、乳酸链球菌双乙酰亚种（*Streptococcus lactis* subsp. *diacetylactis*）、嗜热链球菌（*S. thmophilus*）和谢氏丙酸杆菌（*Propionibacterium shermanii*）的某些菌株。丁二酮生成的代谢途径包括降解柠檬盐为醋酸盐和丁酮二酸盐。丁酮二酸盐脱羧基形成丙酮酸盐（图 3-19）。丙酮酸盐和乙醛形成 α-乙酰乳酸，最后形成丁二酮。丁二酮对细菌细胞是无毒性的，所以过量的丙酮酸盐可以转化为丁二酮。

丁二酮在大多数发酵食品中是不稳定的。合成丁二酮的微生物同时含有丁二酮还原酶，它将还原丁二酮为 3-羟基-2-丁酮和 2,3-丁二醇（图 3-19）。所以像酪乳之类依靠丁二酮形成风味的发酵食品，有最适宜的或最佳的风味点，随着产品的贮藏过程，丁二酮被还原，风味的强度和质量都随之下降。

酸乳中羰基化合物是重要的风味化合物。乙醛被认为是与酸乳特征的刺激性、清新感息息相关，它是牛乳发酵为酸乳过程中保加利亚乳杆菌（*L. bulgaricus*）或嗜热链球菌（*S. thmophilus*）的代谢终产物。

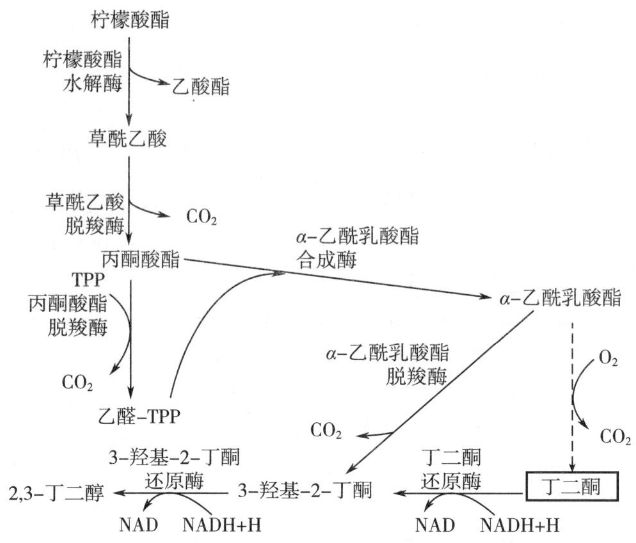

图 3-19 乳制品培养发酵过程中丁二酮的形成

羰基对干酪风味的形成也是相当重要的。在关于食品挥发物的汇编中列举了当时在切达干酪中被鉴定出的 29 种羰基化合物。发酵食品中的羰基化合物（甲基酮）最初是通过发酵剂培养物中脂酶的作用形成。乳制品中含有大量的 α-酮酸，它很容易通过微生物脂酶水解甘油三酯获得，然后脱羧基形成奇数碳的甲基酮。

甲基酮和醛也可以通过微生物诱导的脂质氧化形成。氧化可能通过微生物脂肪酶催化开始，通过微生物和/或脂肪氧化酶的类似作用产生氢过氧化物。

阿尔福（Alford）等研究发现 28 种微生物中有 10 种能破坏新鲜猪油中低含量的过氧化物。有 14 种对猪油中的过氧化物没有影响，而有 5 种链霉菌使过氧化物增加了 3 倍，费氏微球菌（*Micrococcus freudenreichii*）甚至使过氧化物含量增加了 14 倍。因此，猪油中的氧化程度与猪油中存在的微生物密切相关。

通过微生物形成羰基化合物的最终机制归纳为游离氨基酸的转氨基作用和脱羰基作用。摩根（Morgan）已经证实了可以用麦芽链霉菌（*S. lactis* var. *maltigenes*）生产 3-甲基丁醛。麦克劳德（MacLeod）和摩根（Morgan）证实了可以用同一种微生物分别从亮氨酸、甲硫氨酸和苯丙氨酸生产 2-甲基丁醛、甲硫醛、苯乙醛。

羰基化合物对很多发酵食品的风味都相当重要，如上所述，这些羰基可以通过碳水化合物或柠檬酸盐代谢，脂肪氧化或氨基酸降解产生。

（四）醇

醇一般对风味不起重要的作用，除非是有相对高的浓度［mg/kg（L）］或是不饱和的（1-辛烯-3-醇）。醇通过微生物的初生代谢活动产生或还原羰基化合物为相应的醇。

雷阿津（Reazin）等概括了谷物发酵中产生主要醇类物质的代谢途径（图 3-20）。图 3-20 说明了杂醇（碳原子数比乙醇多的醇）可以通过碳水化合物或氨基酸代谢形成。来自氨基酸代谢的醇产物可以通过转氨基、脱羧基和还原产生，或通过脱羧基和还原后的氧化脱氨作用产生。另外，醇也可以通过氨基酸减去一个氨基和一个碳原子得到。

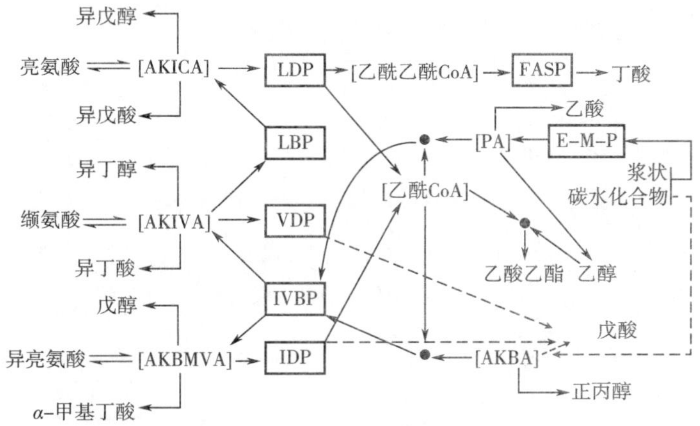

图 3-20　威士忌酒中主要醇类物质合成的可能代谢途径

—，合成和降解途径；---，假设的途径；LBP，亮氨酸生物合成；IVBP，异亮氨酸-缬氨酸生物合成；FASP，脂肪酸生物合成；LDP，亮氨酸降解；VDP，缬氨酸降解；IDP，异亮氨酸降解；E-M-P，埃姆登-迈耶霍夫-帕那斯（Embden-Meyerhof-Parnas）发酵途径；AKICA，α-羰基异己酸（Alpha-keto isocaproic acid）；AKIVA，α-羰基异戊酸（Alpha-ketoisovaleric acid）；AKBMVA，α-羰基-β-甲戊酸（Alpha-keto-beta-methylvaleric acid）；PA，丙酮酸（Pyruvic acid）；AKBA，α-羰基丁酸（Alpha-ketobutyric acid）。

碳水化合物产生杂醇油的机制一般通过典型的 Embden-Meyerhof-Pamas 途径形成丙酮酸。丙酮酸能与第二个丙酮酸反应形成乙酰乳酸，乙酰乳酸进入缬氨酸-异亮氨酸生物合成途径并转化为 α-酮异戊酸，然后 α-酮异戊酸被还原为异丁醇或异丁酸。如图 3-20 所示的途径间的相互连接形成多种醇，我们可以注意到乙酰辅酶 A 也可能参与这些反应途径。乙酰辅酶 A 是脂肪酸的代谢产物，所以，脂肪酸和醇的产生也是密不可分的。

另一种产生醇的代谢途径为相应的羰基化合物的还原（图 3-21）。兰帕斯奇（Lamparsky）和克利梅施（Klimes）在切达干酪中发现等价的醇，从而证明了这个机制。也有报道称在蓝干酪中发现了甲基酮相应的二级醇。

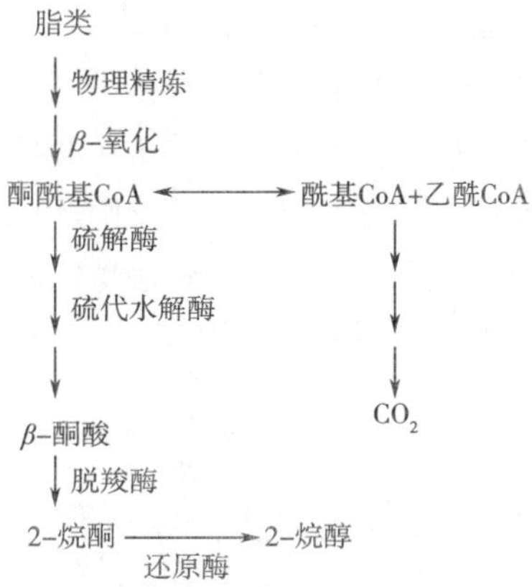

图 3-21　甲基酮和相应醇的形成

（五）萜烯

单萜烯和倍半萜烯与柑橘类产品、香料和香草风味密切相关，它们是以异戊二烯为基本结构单元的烃类化合物。虽然已经发现许多萜烯可通过微生物产生，但目前商业上还没有具有萜烯特征风味的发酵食品。

（六）内酯

内酯对一些发酵食品的风味具有重要的作用，尤其是乳制品和酒精饮料。特瑞斯（Tressl）等已经总结了在发酵酒精饮料中通过微生物合成内酯的文献。如图 3-22 所示，内酯可以通过氨基酸形成。途径 A：谷氨酸氧化脱氨作用产生 2-氧戊二酸，2-氧戊二酸脱羧形成 4-氧丁酸，其还原生成 4-羟基丁酸，4-羟基丁酸经环化生成

γ-丁内酯、烷氧基和酰基内酯。途径B：2-氧丁酸转化为3-羟基-4,5-二甲基-2(5H)-呋喃酮，这种内酯具有焦味并且已在陈年的日本米酒中被鉴定出来。

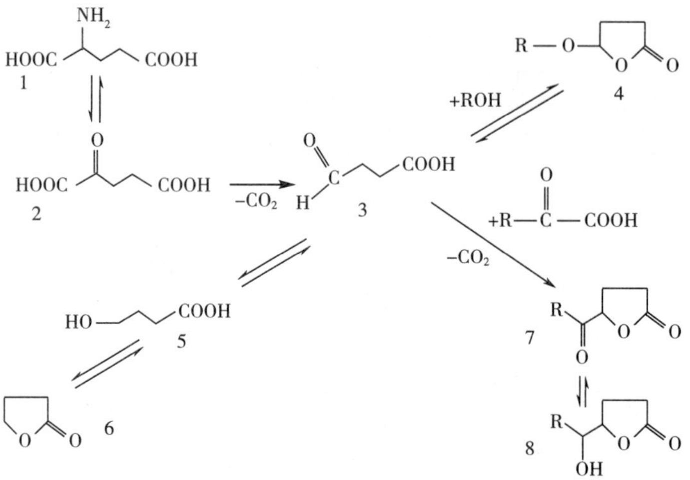

图3-22　通过微生物形成内酯

1—谷氨酸；2—2-酮戊二酸；3—4-氧代丁酸；4—5-烷氧基-二氢呋喃-2（3H）-酮；5—4-羟基丁酸；6—二氢呋喃-2(3H)-酮；7—5-烷酰基-二氢呋喃-2(3H)-酮；8—5-(1-羟基烷基)-二氢呋喃-2(3H)-酮。

（七）吡嗪

吡嗪通常和非酶褐变相关，但也发现吡嗪可以通过微生物作用产生。枯草芽孢杆菌（*Bacillus subtilis*）是第一种被发现产生吡嗪（四甲基吡嗪）的微生物，从那以后多种吡嗪（2-乙酰基、二甲基、2-甲氧基-3-乙基、2,5-或2,6-二乙基-3-甲基、三甲基、四甲基吡嗪）在老化的干酪中被鉴定出来，其中一些吡嗪在干酪老化过程中可能通过美拉德反应形成，但它们也很可能通过微生物作用形成。

足立（Adachi）等最早假设了枯草芽孢杆菌形成吡嗪。他们推测吡嗪可由2分子3-羟基-2-丁酮和2分子氨形成，两者都是枯草芽孢杆菌的代谢物（图3-23）。3-羟基丁酮是生物合成亮氨酸、缬氨酸和泛酸酯的中间产物。里齐（Rizzi）对吡嗪如何在温和条件及生物体系中形成做了进一步的假设，其关键是反应活性很高的吡嗪前体物如何进行生物合成，并在低温下发生化学反应形成吡嗪化合物。

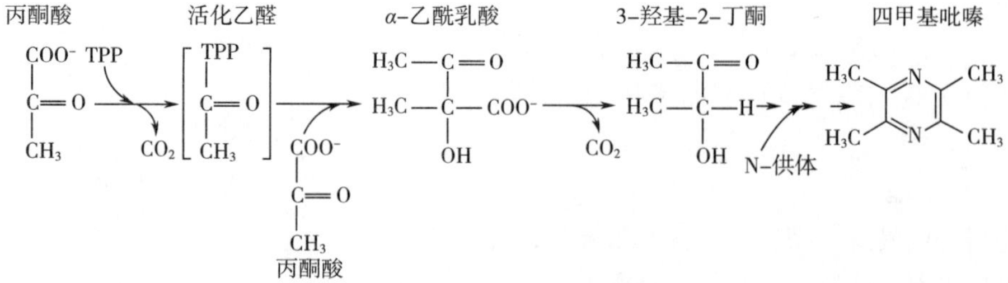

图3-23　通过微生物生成吡嗪

（八）含硫化合物

大多数通过微生物作用形成的含硫芳香化合物的起源是硫酸盐，它们最初是与含硫氨基酸（甲硫氨酸和半胱氨酸）、肽和谷胱甘肽结合在一起的。这些含硫前体物通过代谢形成各种对感官特性有重要作用的芳香化合物。

半胱氨酸可与羰基化合物反应生成风味化合物或脱羧基形成半胱胺，脱氨基产生 α-酮基-3-硫代丙酸或降解成游离 H_2S。这当中的每个途径都能产生芳香化合物，但游离 H_2S 的形成特别重要。H_2S 本身就是一个风味化合物，它还非常容易和羰基化合物或自由基反应形成有效的芳香化合物（如乙基硫化物、二乙基二硫化物、戊硫醇和 3-甲基-2-丁烯硫醇）。

甲硫氨酸可以被降解形成各种各样的含硫芳香化合物，其中最主要的是甲硫醛。甲硫醛的感觉阈值非常低，因而对许多食品的风味有贡献。甲硫氨酸可通过微生物裂解酶裂解产生甲硫醇，甲硫醇本身就具有风味，也可以通过次级反应生成各种硫化物、二硫化物、四硫化物和硫酯。

以上主要概括了通过微生物的活动产生几种典型的风味化合物的机制。还有两点值得一提。首先，我们仅考察了由活微生物代谢活动形成风味的过程。微生物可以看作是酶的一个小包装单元，细胞死亡和自溶后，酶可继续起作用。细菌酶对风味发生显著作用的最好例子就是干酪的老化。微生物的初生代谢活性主要发生在干酪制作和老化的早期，在这个时期仅有少量的特征风味。只有通过老化后熟过程，蛋白质在微生物蛋白酶的作用下发生降解，才能形成柔软的质构，并产生游离氨基酸（肉汤味）、肽（苦味）和游离含硫化合物等对风味非常重要的化合物。在老化过程中脂肪降解生成游离脂肪酸、氧化脂肪酸（如甲基酮）和很多其他风味化合物。老化过程中这些改变发生在微生物活性下降和自溶细胞的酶活性增加的时候。值得注意的是食品中微生物的生长对期望风味和异味的产生都具有显著的影响，即使食品中没有活细胞，酶的影响同样存在。

其次，发酵食品中的风味体系是非常动态的。一种微生物能产生某种代谢物，它一开始积聚在产品中，对风味有重要贡献。然后第二种微生物达到相当的代谢活性，开始分解第一种初生代谢物，产品的风味会因此发生改变。微生物也可以通过其他途径改变食品中已经形成的风味化合物，例如脂类氧化和非酶褐变，因此，脂类氧化或美拉德反应在发酵食品中将产生不同于非发酵食品的风味。

二、　几种常见发酵食品的风味成分

（一）酒类

酒类主要是通过酵母菌发酵，白酒中的香气成分有 300 多种，呈香物质以各种酯类为主体，羰基化合物、羧酸类、醇类及酚类也是酒类重要的芳香成分。

1. 中国白酒的风味成分

中国白酒的风味成分有 200 多种，包括醇类、酯类、酸类、羰基化合物、硫化物等。这些物质在恰当的比例下组成了不同白酒的特殊芳香。中国白酒按照不同风味可分成 5 种类型：浓香型，以泸州大曲、五粮液为代表；清香型，以汾酒为代表；酱香型，以茅台酒为代表；米香型，以三花酒为代表；凤香型，以西凤酒为代表。

（1）醇类化合物　白酒风味成分中最大量的一类物质。其中含量最多的是乙醇，它通过糖类的酒精发酵而生成。除此外，白酒中还含有丙醇、丁醇、异丁醇、戊醇、异戊醇等化合物，这些醇类在这里也常被统称为“高碳醇（或高级醇）”。高碳醇是形成白酒独特风味的重要成分之一，尤其是异戊醇，它的香气值（FU）接近于1，有一种独特香气，与其他成分之间存在相乘效果（即异戊醇与其他成分混合后的香气比预计的要强烈），这些高碳醇一般由原料中的氨基酸发酵而生成。

一般地，高碳醇中异戊醇含量最多，其次是异丁醇、丙醇、仲戊醇等。异戊醇（包括仲戊醇）含量（A）与异丁醇含量（B）的比值（A/B）对酒的风味也有影响。在白酒或啤酒的发酵过程中，由于原料中氨基酸的含量较高，使酶合成高碳醇系统受到抑制，高碳醇便直接从亮氨酸、异亮氨酸和缬氨酸生成。这时酒中高碳醇的含量较多，且A/B和原料中的亮氨酸（包括异亮氨酸）与缬氨酸的含量比大致成正比。因此，制酒原料内的蛋白质含量要适当。若蛋白质含量过低，生成的高碳醇太少或比例不当，使得酒香平淡；若蛋白质含量过高，生成的高碳醇含量过多或含量比例不协调，也会给酒香带来刺激性气味或苦味。此外，高碳醇的含量与比例，还和酵母种类、发酵温度、工艺操作等因素有关。在国产的名牌白酒中，茅台酒高碳醇的种类最多，三花酒高碳醇的含量最高。

（2）酯类化合物　酯类化合物是白酒中最重要的一类风味成分，主要由它们形成了各种白酒的香型。一般名牌白酒的酯类含量都较高，而普通白酒的含量较低。主要的酯类化合物是偶数碳原子的脂肪酸所形成的乙酯和乳酸乙酯，此外还有由乙酸与异戊醇、异丁醇或α-苯乙醇所形成的乙酸酯。各种白酒的香气成分大致相同，但含量有差别。大曲酒中含乙酸乙酯、乳酸乙酯、己酸乙酯最多，香气浓郁；汾酒的酯类几乎全是乙酸乙酯和乳酸乙酯，清香扑鼻；茅台酒的乙酸乙酯、乳酸乙酯和己酸乙酯均比大曲酒少，尤其己酸乙酯，但丁酸乙酯增多，香气醇厚持久，俗称“留杯香”；三花酒中各种酯类的含量相对都较少，香气清淡。谷类酒与杂粮酒相比，后者的乙酸异戊酯含量很低，其他酯类含量也少。当酒中含有微量的α-羰基（或羟基）异己酸乙酯时，它与异戊醇共存会使酒的香气更为强烈。若将酒浆在发酵最盛期挥发的香气冷却、捕集后放回酒中，可以提高酒香。

酒中酯类化合物经酵母菌生物合成。酯类的合成主要是在酵母菌体内进行，生成的产物再通过细胞膜进入培养液中。酯类的生成量及成分因菌株而异。当酵母菌细胞膜上的不饱和脂肪酸过多时，会妨碍体内合成的酯类产物透过细胞膜，从而使生成的酯类减少，香气降低。一般情况下，酯类的生成量和发酵强度呈正比关系，发酵一停止，酒的香气就开始减弱。加入泛酸和通入空气，都可以促进酯类的生物合成，提高酒的香气。磷酸的存在也能促进酯类的生物合成，但砷酸对酯类的生物合成有阻碍作用。

白酒在蒸馏和贮存过程中会发生酯化反应，在常温下酯化反应的速率很慢，需十几年才能达到平衡，随着酒类贮存的延长，酯类含量会增加，这也是陈酒比新酒香的原因之一。

（3）酸类化合物　酒中的有机酸种类很多，含量较高的是乙酸和乳酸，其次是己酸、丁酸、丙酸、戊酸、甲酸等，还发现有二元酸、三元酸、羟基酸和羰基酸等，但含量一般较微。酸类化合物本身对酒香的直接贡献不大，但具有维持酯的香气、调整酒的风味的作用。

这些酸类一部分来源于原料，大部分由微生物发酵生成。其中的偶数碳饱和脂肪酸是在酵母菌线粒体复合酶的催化下从头合成的；奇数碳脂肪酸的反应前体物则是丙酰辅酶A。带侧链的脂肪酸一般是通过α-酮酸脱羧生成，而这些带侧链的酮酸则是由氨基酸的生物合成途径产生，反应能力很强。

(4) 羰基化合物　羰基化合物也是白酒中较为重要的风味成分。茅台酒中的羰基化合物成分最多，主要有乙缩醛、丙醛、糠醛、异戊醛、丁二酮等；大曲酒和汾酒中主要是乙缩醛和丙醛，其中汾酒的含量略低；三花酒中羰基化合物的含量很少。

大多数羰基化合物是由微生物酵解生成。酒中含有的乙缩醛是由乙醛与醇类通过羟醛缩合反应生成。

很多醇类如乙醇、异戊醇、仲戊醇等，都可以通过上述反应形成乙缩醛。乙缩醛具有柔和的香气。除上述主要生成途径外，少数羰基化合物还可以在酒的蒸馏和贮存过程中，通过美拉德反应和醇类的氧化反应生成。

酒中的丁二酮除了受到某些特殊的乳酸菌污染时会产生外，也可以在熟化过程中由酵母菌代谢产生。

丁二酮含量过多时会使白酒产生不快的嗅感。这时应在上槽前将前体物 α-乙酰乳酸的含量降低。

来自原料中的某些物质经过复杂的微生物发酵作用，不但生成了一些含量较高的香气成分，有时还会形成一些含量极微的主体香气成分。例如，在酱香型白酒中除了酯香和醇香成分外，还发现有微量的呈现酱香和焦香的吡喃类、呋喃类化合物。

(5) 酚类化合物　某些白酒中含有微量的酚类，如4-乙基苯酚、愈创木酚等香气成分。这些酚类化合物一方面由原料中的成分在酵母菌和微生物发酵中生成；另一方面是贮酒的木质容器中的某些成分，如香兰素等溶于酒中经过氧化还原反应产生。

2. 啤酒的风味成分

(1) 啤酒的香气　在啤酒中测出的香气物质达300种以上，但总含量很低，仅高碳醇和有机酸含量略高。对啤酒香气的贡献率，醇类占21%，酯类占26%，羰基化合物占21%，酸类占18%，硫化物占7%，啤酒的香气是各种物质综合的结果。

啤酒中还含有约0.5%的二氧化碳，适当的气体有助于啤酒香气的和谐一致。当啤酒中的二氧化碳气体被除去以后，各种成分的辨别阈值降低，即便是细微的香气缺陷也容易被觉察出来。

啤酒中的醇类化合物除了乙醇外，高碳醇的含量比葡萄酒还少。其中采用底面发酵法制得的啤酒，其高碳醇含量比采用顶面发酵法更低。啤酒的酯类化合物成分介于白酒和葡萄酒之间，主要是乙酸乙酯，其他酯类含量很低。这些酯类的香气都很强烈，在酒香中起着主要作用。无论哪种酯类，含量过高都会损害啤酒的香气质量。乙酸乙酯含量高与啤酒的劣化臭有关。

啤酒中的有机酸中大部分是焦谷氨酸、柠檬酸、乳酸、苹果酸、琥珀酸、丙酮酸等非挥发性酸；挥发性酸以乙酸为主，还有少量的 $C_4 \sim C_8$ 酸，它们的香气值也很高，其中丁酸、戊酸大部分是受到杂菌污染生成的。

啤酒中羰基化合物的种类虽多，但含量不高，其中乙醛占羰基化合物的大部分。有些含量很微的成分如3-甲基-2-丁酮，能使啤酒产生香气。当丁二酮含量过高时，则会使啤酒形成令人不快的嗅感。

啤酒中羰基化合物形成的途径与白酒相同，主要有：

①在发酵过程中作为高碳醇和乙醇的中间代谢物，生成了丙醛、异丁醛、异戊醛及乙醛；

②在原料麦芽干燥和麦汁煮沸过程中生成了许多醛类和吡嗪类化合物，其中有一部分移入

了啤酒。

大量的乙醛和硫化氢都会使啤酒产生“不熟”的气味，由于在后发酵过程中这些物质会减少，所以后发酵可以使乙醛和硫化氢的含量降到一定数值以下。啤酒在贮存过程中有时会产生氧化臭，主要原因是高碳醇和异葎草酮发生了氧化反应，产生反-2-壬烯醛和壬醛。此外，啤酒的香气还有部分来自啤酒花，其成分除了月桂烯等化合物外，还有异丁醛、3-甲基-2-丁烯醇等。

啤酒中的硫化物以二氧化硫含量最多，其他硫化物含量虽微，也都有强烈嗅感。瓶装啤酒在日光照射下易产生日光臭，就是由异葎草酮的反应产物再与硫化氢作用，生成了3-甲基-2-丁烯硫醇所引起。

（2）啤酒的苦味　啤酒所具有的独特苦味，是由大量使用的酒花中所含有的苦味成分和在酿造过程中新产生的苦味成分共同形成的。啤酒中约含有三十多种苦味物质，大多为葎草酮类和蛇麻酮类衍生物。在酿造工业上通常也将葎草酮类化合物称为α-酸或甲种苦味酸，将蛇麻酮类化合物称为β-酸或乙种苦味酸。

在啤酒中以α-酸的含量最多，包括的主要成分如下。

①α-酸：包括葎草酮、副葎草酮、加葎草酮等5种成分。在新鲜酒花中它们的含量为20~80g/kg，在啤酒中约占苦味物质总量的85%。它们都具有较强的苦味感，也有很强的防腐能力。

②异α-酸：酒花与麦芽汁在煮沸过程中，有40%~60%的α-酸发生异构化反应，生成异α-酸。在稀碱的条件下α-酸更易发生异构化。反应生成的异α-酸比原来的α-酸更易溶于麦芽汁中，也是啤酒中最重要的苦味成分。异α-酸有顺、反两种异构体，故5种α-酸能生成10种异α-酸。每种异α-酸还能与水分子形成水合异α-酸（共10种）。当酒花与麦芽汁煮沸的时间在2h以上或在稀碱液中煮沸3min以上时，异α-酸会发生水解，生成无苦味的葎草醇及3-异己烯酸，这时异α-酸的苦味会完全消失。当啤酒受较长时间的日光照射并有硫化氢存在时，异α-酸在异己烯醛碳链上与羰基相邻的碳原子会发生光催化反应，生成葎草醛和2-异戊烯硫醇，后者形成了啤酒的日晒臭味。如果能在α-酸发生异构化之前（加热煮沸前），将酒花提取物中的羰基进行选择性还原，即可防止异α-酸发生上述水解和光催化反应，从而避免加热时间过长时而引起的苦味感的消失或装在透明容器内时日晒气味的产生。

③别异α-酸：在煮沸酒花和麦芽汁的过程中α-酸异构化生成异α-酸的同时，还有别异α-酸生成。别异α-酸的含量占苦味物质总量的2%~4%，若用稀碱处理则含量可达10%左右，它是异α-酸的异构体，也有顺、反两种构型。5种α-酸共能异构化生成10种别异α-酸。

④α-酸的氧化衍生物：酒花在贮存期间，α-酸会发生自动氧化，生成3-羟基-3-(3′,4′-二羟基-4′-甲基戊酮基)-5-异戊酮基-1,2,4-环戊三酮。这是陈酒花的正常组分，呈苦味。所以即使在25℃下贮存了21个月的陈酒花米酿制啤酒，虽然α-酸因氧化已明显减少，啤酒的风味会受到一些影响，但其苦味并不显著减弱。

在麦芽汁加热煮沸之后，酒花中原有的挥发性芳香成分是否还能保持，或者说啤酒受热后的酒花芳香成分是否全部由其他物质反应产生，这是多年来一直有争议的问题。现已证明，在沸腾过程中酒花内原有的有影响的芳香成分仍能保留下来，原来没有的芳香成分则由酒花内的苦味物质反应产生。这两类化合物共同形成了啤酒受热后的酒花芳香。

啤酒花和酒的香气，酒花的苦味和酒内适当的酸甜味感，以及二氧化碳的刺激感等，共同形成了啤酒的风味特征。

3. 黄酒的风味成分

黄酒，又称米酒，是世界上最古老的传统酿造酒之一，至今已有4000多年的历史。如今，中国乃至世界各地的黄酒品种繁多，浙江绍兴黄酒、福建红曲黄酒和山东即墨老酒是中国黄酒的三大典型代表。黄酒是以稻米、黍米等为主要原料，通过复杂的发酵过程（如原料蒸煮、加曲、糖化、酒精发酵、压榨、过滤、灭菌等）酿制的酿造酒，其挥发性风味成分主要包括酯类、醇类、酸类、羰基化合物等（表3-4）。

表3-4 几种常见黄酒中风味成分

黄酒类型和产地	主要风味成分
中国甜黄酒（中国南方）	酸含量：4.34~6.30g/L；酒精含量：6.94~14.79g/L
绍兴黄酒（中国浙江）	15种挥发性香气（OAVs① ≥1）：苯乙醇、辛酸乙酯、癸酸乙酯、乙酸异戊酯、1-辛烯-3-醇、己酸乙酯、丁酸乙酯、丙酸乙酯、乙酸乙酯、糠醛、月桂酸乙酯、异戊醇、异丁醇、乙酸、癸酸
红曲黄酒（中国福建）	13种挥发性香气（相对含量超过1.00%）：丁酸乙酯、异丁酸乙酯、丁酸、乙酸乙酯、乙醇、辛酸、己酸乙酯、己酸、己醇、辛酸乙酯、己醛、2-庚酮和2-壬酮
清爽型黄酒（中国上海）	62种挥发性化合物：20种不同的醇（45%）、19种酯（15%）、5种醛、5种酮、5种酸、3种芳烃（14%）和5种含氮化合物（12%）

注：① OAV为气味活度值。

（1）酯类　酯类化合物是黄酒中最重要的风味化合物之一，因为它们在很大程度上决定了黄酒所需的花香味、果香味等，黄酒越陈越香也是酯类物质不断积累的结果。微生物代谢形成酯类是黄酒积累酯类的主要途径，也有一部分是通过醇和酸反应生成。乙酯类和脂肪酸酯类物质是酒中最重要的酯类物质，而以乙酯类为主的物质种类较为丰富，含量也较高且对酒类的风味贡献占比较大，其中异戊酸乙酯、丁酸乙酯、乙酸乙酯、己酸乙酯是黄酒中的关键香气化合物，作为酒中酯类物质中的骨架成分，对酒体香气和品质起着决定性作用。

（2）醇类　黄酒中的醇类物质既是呈香物质，又是呈味物质，具有丰富黄酒味感和助香的作用。一定量的醇不仅是酒中醇香的主要来源，赋予黄酒独特的香味，还能与酸酯化形成酯类物质使酒体更为丰满，是黄酒提味的常见物质。黄酒中的异戊醇、异丁醇和苯乙醇等高级醇的气味活度值（OAV）均大于1，对维持酒类特征香气及口味起着重要的作用。其中苯乙醇作为黄酒国标中特别列出的风味物质，其具有淡雅、甜润、玫瑰气味的芳香。β-苯乙醇是一种具有玫瑰花香的芳香高级醇，是黄酒中主要的高沸点香气成分，也是米香型酒中主体香味成分之一，具有蜜香玫瑰味的清雅香气，入口有绵甜清爽之感。

（3）酸类　酸类物质是影响黄酒风味及口感的一项重要指标，其在陈酿的过程中与乙醇作用生成芳香酯类物质，并且具有缓冲作用，可协调其他风味物质。黄酒中的有机酸大多是发酵的代谢产物，也有一小部分来自原料、酒母、酿造用曲或者浆水。黄酒中的有机酸主要包括乙酸、丁酸、戊酸、己酸、棕榈酸、辛酸等，且酸类物质约占总香气成分的2%。

（4）羰基化合物　羰基化合物是黄酒微量成分的组成部分，主要包括乙醛、异丁醛、苯甲醛等。在黄酒中，羰基化合物主要指的是醛酮类和酰类等具有强烈的刺激性气味物质。醛酮类与醇类在酒中作用类似，是属于衬托和协调香气成分的一类物质，各种酒的醛酮类物质都以乙醛居多，其次是乙缩醛、双乙酰等化合物。在贮存的过程中，黄酒中的乙醛含量逐渐减少，乙缩醛含量增加，从而增加了酒的柔和度。

（5）芳香族化合物　黄酒中的芳香族化合物包括苯乙醇、苯甲酸、苯乙酸和酚类物质，其中一部分酚类物质是构成酒体特征香味的主体。酚类物质是黄酒中最有代表性的一类物质，不仅对酒的风味有一定的贡献，可以赋予酒类丁香气味，还对人体具有一定的保健作用。

（6）其他风味成分　黄酒中除上述风味物质外，还存在其他风味成分，包括萜烯类、吡嗪类以及部分含硫化合物，它们也是构成酒类复杂风味的重要组成部分。萜烯类物质是花香挥发物的重要成分，在黄酒中也起到一定的呈香作用。吡嗪类是1,4-二氮杂苯母环的一类化合物的总称，这类化合物具有极低的感觉阈值，微量的吡嗪即可使酒呈现特征风味。

4. 果酒的风味成分

最重要的果酒是葡萄酒。葡萄酒的品种也很多，按颜色可分为红葡萄酒（用果皮带色的葡萄制成）和白葡萄酒（用白葡萄或红葡萄的果汁制成）；按糖分多少可分为干葡萄酒（含糖量<4g/L）、半干葡萄酒（含糖量4~12g/L）、半甜葡萄酒（含糖量12~50g/L）和甜葡萄酒（含糖量>50g/L）；按酿造方法可分为天然葡萄酒和加强葡萄酒（人工添加白兰地或酒精等）。葡萄酒的香气包括芳香和花香两大类。芳香来自果实本身，是果酒的特征香气；花香则是在发酵和陈化过程产生的。

（1）醇类　葡萄酒中的高碳醇含量以红葡萄酒较多，但也比一般白酒少，仅比啤酒高些。葡萄酒中的高碳醇主要是异戊醇，其他如异丁醇、仲戊醇含量很低。高碳醇的性质和含量对葡萄酒的风味有重要影响，极少量的高级醇即可带来良好香气。甘油是发酵的副产物，味甜像油一样浓厚，且会影响葡萄酒风味。果酒中还有些醇类来自果实。例如，麝香葡萄的香气成分中含有许多芳樟醇、香茅醇等萜烯类化合物，用这种葡萄酿成的酒中也含有该成分，从而呈现麝香气味。有些品种的葡萄还含有3,7-二甲基-1,5,7-辛三烯-3-醇、己醇及3-己烯醇等，其在葡萄酒中的含量与香气之间的相关性很高。

（2）酯类　葡萄酒的酯类含量比啤酒多，但比一般白酒少。主要成分是乙酸乙酯，其次是己酸乙酯和辛酸乙酯。由于酒中的酯类很少，难以达到平衡，故香气较淡。在发酵过程中除了生成上述酯类外，还会生成一些内酯类如γ-内酯等，这些成分与葡萄酒的花香有关。例如，5-乙酰基-2-二氢呋喃酮是雪利葡萄酒香气的主要成分之一，并测定4,5-二羟基己酸-γ-内酯的含量作为是否陈化的指标。雪利酒中乳酸乙酯和琥珀酸二乙酯的含量也较高，后者在陈化后含量更高。

（3）羰基化合物　葡萄酒中的羰基化合物主要是乙醛，有的可高达100mg/kg。当乙醛与乙醇、水等缩合成乙缩醛后香气就变得柔和。葡萄酒中含有的丁二酮当在2~4mg/kg范围内能增加香气强度，尤其当有微量的2,3-戊二酮共存时，可使葡萄酒的香气更加浓郁芬芳。但丁二酮的含量若超过这个范围则会导致香气劣化。

（4）酸类及其他化合物　葡萄酒中含有较多量的有机酸，如酒石酸、苹果酸、乙酸、乳酸、琥珀酸、柠檬酸、葡萄糖酸等，总量一般在7g/kg以上，比白酒含量大。其中酒石酸的含量可达5~9g/kg。它们主要来自果汁。在酿造过程中，酒石酸会发生沉淀，部分苹果酸在乳酸菌作用下变成乳酸，使葡萄酒的酸度降低。

葡萄酒中含有微量的酚类化合物，如表现木香的对乙基苯酚、苯酚、对乙烯基酚等；呈现丁香气味的4-乙基（或乙烯基）-2-甲氧基苯酚等，它们的来源与白酒相似。为使葡萄酒的风味更加浓厚，陈化时的容器最好用橡木桶。

从果皮中溶出的花色苷、黄酮醇以及儿茶酚、单宁等多酚类物质，易使红葡萄酒产生涩味甚至苦味。人们通常不希望葡萄酒的涩味太强，因此在生产过程中应设法降低与花色苷有关的多酚类物质。

由葡萄酒中糖类的甜味、有机酸所产生的酸味以及酒的香气，共同形成了葡萄酒的特征风味。一般红葡萄酒呈深红或红宝石色，具有优雅的葡萄酒香气和浓郁醇厚的风味。白葡萄酒则色泽淡黄澄清，酒味新鲜，有果实清香，风味圆滑爽口。

（二）干酪

干酪的风味在乳制品中是最丰富的，包括了由甲基酮和仲醇产生的青霉干酪的独特风味以及硫化物产生的表面成熟干酪的柔和风味。

干酪的制造时间较长，在此过程中至少有一种微生物参加反应，并还有各种酶的作用。因此，干酪在熟化期间的香气生成途径极为复杂，而且处在不断变动的状态之中。例如，在蛋白酶的催化下，乳蛋白可降解成肽和各种氨基酸。这些氨基酸不仅有呈味作用，而且还会在微生物的作用下发生脱氨，生成酮、醛、醇、酸和硫化物等物质，形成香气效果。

在干酪中，由于微生物产生的脂酶再次参加反应，所以游离脂肪酸的含量更高，对香气的作用更大。干酪中脂肪酸的含量，即使对于同一品种来说也有相当大的差异，不同品种之间差别就更大。例如，瑞士干酪中丙酸含量非常高，其次是醋酸，而意大利干酪却是丁酸含量很高，这就产生了不同干酪的风味特征。由于干酪的熟化期较长，在这期间部分脂肪酸在微生物作用下转变为甲基酮，或发生自动氧化生成各种醛类，所以也会影响香气特征。

在干酪的香气成分中除了含有甲基酮和醛类外，还测出了内酯类和许多甲酯、乙酯类化合物。这些物质都由微生物生成。内酯类化合物的前体是羟基酸，但酮酸等也能在微生物作用下生成内酯。当干酪中的酯类超过某一浓度范围时，干酪会呈现果实香气，但有时也会导致干酪的风味劣化。

在干酪中还测出了许多醇类，除乙醇等一元醇外，还有相当数量的二元醇。有人认为，这些醇类是甲基酮被微生物还原后生成的。另外在干酪中还发现许多硫化物，如甲硫氨醛，在干酪香气中也起着重要作用。甲硫氨醛不够稳定，分解后生成甲硫醇、二甲硫醚等物质，这些产物含量虽微，但对香气效果影响很大。

（三）酸乳

酸乳的香气成分均以全脂乳或脱脂乳的香气为基调，以乳酸菌生成的香气为特征，丁二酮和3-羟基丁酮是其特征风味成分。乳酸菌饮料是在酸乳中加入香料和糖等甘味物质而成，香气成分与酸乳类似，但加入的香料强调了某种特征。

乳酸菌所产生的香气物质主要有异戊醛、$C_2 \sim C_8$挥发性酸、3-羟基丁酮、丁二酮等。其中丁二酮和3-羟基丁酮是发酵香气的特征主体成分。它们由前体物α-乙酰乳酸在微生物作用下分解生成，在氧气充足的条件下，α-乙酰乳酸分解成3-羟基丁酮后，进一步氧化生成丁二酮。后两种物质都有清香气味。若在缺氧条件下，3-羟基丁酮会被还原为无明显嗅感的2,3-丁二醇，香气变得贫乏。

酸乳中形成的香气、发酵后生成的以乳酸为主的酸味感和芳香，以及乳糖的甜味等，共同构成了酸乳的独特风味。

（四）红茶

红茶是鲜叶经过萎凋、揉捻、发酵、二次干燥等工艺过程而制成。发酵是决定红茶风味和品质的关键工序。在这些加工过程（尤其是发酵工序）中，茶叶的成分发生了种种变化，从而生成了多达数百种的香气成分，使红茶的茶香与绿茶有明显的不同。在红茶的茶香成分中，醇、醛、酸、酯的含量较高，尤其紫罗兰酮类化合物，对红茶特征茶香的形成起着重要作用。

中国的祁门红茶、斯里兰卡的乌瓦红茶和印度的达吉灵红茶是世界三大红茶。祁门红茶的茶香特点是有蔷薇花香和浓厚木香，成分中香叶醇、苯甲醇、2-苯乙醇等明显较多；乌瓦红茶兼有清爽的铃兰花香和甜而浓厚的茉莉花香，成分中以芳樟醇含量较高，且含有较多的茉莉内酯、茉莉酮酸甲酯；达吉灵红茶原是从祁门红茶移植育成的品种，香气特征和成分都介于祁门红茶和乌瓦红茶之间。

形成红茶茶香成分的前体物质主要是类胡萝卜素、脂肪酸和氨基酸。在中国红茶中，类胡萝卜素的含量约为217mg/kg干重，鲜叶在红茶的加工过程中，常伴随着儿茶酚的氧化而发生降解，生成紫罗兰酮等化合物，后者又会进一步氧化而生成二氢海葵内酯（猕猴桃内酯）、茶螺烯酮等二次反应产物。茶叶中只要有微量的二氢海葵内酯及茶螺烯酮存在，即可拥有红茶特有的茶香。

在茶叶所含的油脂成分中，最多的是亚麻酸，其次是亚油酸，它们在每100g鲜叶中的含量分别为200~400mg和100~200mg。它们在酶的催化下发生氧化还原反应，裂解生成C_6、C_8、C_9和C_{10}的醛类、醇类化合物。这些反应通常发生在茶叶的发酵阶段。在这同时，这些醇类也是茶香的重要成分。如乙酸苯甲酯呈茉莉花香，苯乙酸乙酯呈甜玫瑰香，苯甲酸甲酯呈花香，水杨酸甲酯呈冬青油香等。

（五）乌龙茶

乌龙茶又名青茶，是我国特有的一种茶类，属半发酵茶，综合了绿茶的不发酵和红茶的全发酵的制法特点，是鲜叶经过萎凋、做青、杀青、揉捻、干燥等工艺而制成，具有绿茶的醇厚、香气浓和红茶的鲜浓及“绿叶镶红边”的独特风格。

乌龙茶具有花香浓郁、滋味浓厚鲜爽、回味甘甜、耐冲泡等特点。乌龙茶中的非挥发性物质赋予了其独特味道，而挥发性成分赋予了其香气。乌龙茶的风味主要取决于其发酵程度、所选茶叶种类及其茶树生长条件等因素。乌龙茶的产地主要是中国的福建、广东、台湾三省，其中又以安溪铁观音最为著名。乌龙茶的果味和甜味是由非氧化儿茶素、茶红素、次生多酚化合物、咖啡因、游离氨基酸、糖和挥发性化合物的综合作用而产生。与绿茶相比，乌龙茶的涩味较低，甜味较高。乌龙茶的茶香成分主要包括橙花叔醇、反-2-己烯醛、苯甲醛、6-甲基-5-庚烯-2-酮、水杨酸甲酯、吲哚、顺式茉莉酮、(*E*)-香叶醇、(*E*)-β-大马士革酮、芳樟醇及其氧化物、苯甲醛、(*E*)-2,4-庚二烯醛和（*Z*）-3-己烯醇等物质。反庚二烯醛等香气成分在轻度杀青处理中相对含量偏高；而芳樟醇、香叶醇、橙花叔醇等则在中度杀青处理中相对含量偏高。辛三烯醇只在轻度杀青处理和中度杀青处理中检测到，两种处理相对含量相同；而脱氢芳樟醇只在重度杀青处理中检测到。

（六）酱油

酱油利用曲霉、乳酸菌和酵母菌发酵。酱油香气的主体是酯类，这些酯类大部分是乳酸、丙二酸和乙酰丙酸的乙酯，甲基硫也是构成酱油特征香气的主要成分。

酱油中除了酯类化合物外，还含有乙醇、微量的各种高碳醇类和有机酸（其中乳酸占60%~70%，乙酸、焦谷氨酸、柠檬酸、琥珀酸、乙酰丙酸等的含量也很多，α-丁酮酸的反应生成物有强烈香气，是重要的香气成分）。

C_1~C_6醛类和酮类化合物在酱油香气中也起到了重要作用。其中有许多成分是在酱油加热时，糖和氨基酸发生美拉德反应等过程中生成的。例如，C_4、C_6、C_8邻二酮的含量，通过加热可以达到3mg/kg。麦芽酚、5-甲基-2-乙基-4-羟基-3-呋喃酮都有强烈的焦糖香气，也是重要的香气成分。

甲硫氨醇、甲硫氨醛、甲硫醇、二甲基硫醚等硫化物对酱油香气也有很大影响，特别是后者在氨基酸液中含有很多，使酱油产生一种青色紫菜的气味。

酱油熟化后期在Torula酵母作用下，阿魏酸、对香豆酸能生成4-乙基愈创木酚和4-乙基苯酚，特别是前者，酱油香气很强。

酱油的整体风味，由它的特征香气及氨基酸和肽类所产生的鲜味、食盐的咸味、有机酸的酸味等味感共同组成。

参考文献

[1] Sara J Risch, Chi-Tang Ho. Flavor chemistry: industrial and academic research [M]. Washington DC: American Chemical Society, 2000.

[2] Gary Reineccius. Flavor Chemistry and Technology [M]. 2nd ed. Boca Raton: Taylor & Francis Routledge, 2006.

[3] 丁耐克. 食品风味化学 [M]. 北京：中国轻工业出版社，2006.

[4] Gui-Mei Chen, Zi-Rui Huang, Li Wu, et al. Microbial diversity and flavor of Chinese rice wine (Huangjiu): an overview of current research and future prospects [J]. Current Opinion in Food Science, 2021, 42: 37-50.

[5] Victor R Preedy. Tea in Health and Disease Prevention [M]. London Waltham, MA: Elsevier/Academic Press, 2013.

[6] Ershad Sheibani, Susan E Duncan, David D Kuhn, et al. Changes in flavor volatile composition of oolong tea after panning during tea processing [J]. Food Science & Nutrition, 2016, 4 (3): 456-468.

第四章

CHAPTER 4

合成风味物质

第一节　合成风味物质概述

天然风味物质是在动植物来源的食品原材料的加工或预处理过程中，在物理或化学作用（如酶催化的化学反应）下产生的。目前人们能够支配使用200多种高纯度的天然风味物质，其中大约有100种是酯类。天然风味物质资源有限，提取分离过程复杂、成本高。为适应食品工业的发展，人工合成风味物质发展很快、种类繁多。科技工作者已用人工合成的方法创制出和天然风味物质结构完全相同的化合物，它们被称为天然等同风味物质，广泛用于食品加工中。同时，采用现代生物技术制取风味物质，可不受天然原料的限制，其风味与天然风味物质相同，具有很好的发展前景。

合成风味物质是通过化学合成得到的具有风味特性的化学物质，但在化学上不同于动植物原料中天然存在的物质。天然等同风味物质和合成风味物质之间的主要区别在于天然等同风味物质存在于天然原材料中或其形成途径存在于传统食品加工过程中，而合成风味物质不是食品原料动植物体内代谢形成的。与天然风味物质相比，天然等同风味物质没有受到农药和重金属污染。

风味工业最初主要致力于通过人工合成的化学物质来模仿天然风味物质。天然风味物质只能从自然资源中分离得到，来源十分有限。当从植物果实中分离而得的时候，由于其含量低、生长周期限制及原料成本高等，天然风味物质的获取更加困难。另外，从自然界分离得到的风味物质还常常由于其本身含有不受人欢迎的风味而应用受限。天然风味物质的组成需要精确控制，其芳香结构和物理形式也要满足特定消费者或者生产参数的要求，保持其价格合理并趋于稳定。因此，为了发展食品及食品配料工业，风味工业正在加快发展合成风味物质的研究开发。

尽管合成风味物质有着充分的理由占领市场，但是消费者从卫生、安全角度考虑，仍然倾向于选择天然风味物质。目前，在没有天然风味物质与之相匹配时（如大多数肉类的前香气味，水果香料的某些成分、乙基香兰素、乙基麦芽醇等），或者是产品价格极低，无法承担天然风味物质的高成本时，人们才会利用合成风味物质。食品贮存过程中，不可避免地有一定的风味损失，而这种损失可以通过添加合成风味物质得到补偿。除此之外，合成风味物质不受农作物种类和季节变化的影响，在质量和数量上都能满足供应。

人造风味料是允许在食品中安全使用的合成风味化合物、溶剂（如水、丙二醇、柠檬酸三乙酯、苯甲醇和乙酸甘油酯）和载体（如盐、麦芽糊精和葡萄糖）以一定的形式和浓度混合并产生风味的混合物。许可使用的合成化合物清单受法律约束，所有含有合成化学物质的风味料都必须在标签上注明。

第二节 合成风味物质的结构特征

一、风味物质的合成

本节主要讨论挥发性风味物质，因此忽略在味道和口感上有影响的非挥发性成分。挥发性风味物质的获得有 3 种主要方式：①通过物理方式从天然原料中获得，如萃取、蒸汽蒸馏等；②通过化学合成获得；③从风味物质前体中获得。据估计，市场上销售的风味物质中大约有 80%是人工合成的，这说明了合成风味物质的重要性。风味学家的工作从风味物质分析逐渐转向风味物质配方研究及其分子设计。计算机辅助风味物质设计（CAFCR）潜力巨大，值得期待。将来，越来越多的合成风味物质将扮演非常重要的角色。

化学合成生产风味物质要满足以下条件。①必须明确对风味起作用的风味物质的化学结构。风味物质的结构确证是风味分析的目标。②购买风味原料的成本一定不能超过一定的限度。在市场上每一种气味或滋味物质的价格范围是由其原料成本决定的。为了占领市场，新的风味物质在价格上应有优势。③必须明确是合法的，国际准则也必须考虑。在大部分国家，如果一种合成风味物质已经在一种或更多的平常食物中被鉴定出来，并且其安全性通过了长期的毒理学试验验证，那么这种合成风味物质比较容易被接受。④风味物质的最终产品要能被消费者接受并购买。如果上述条件都满足，便可开始进一步的合成工作。合成工作通常有 3 个阶段：从实验室（以克计的制备阶段）到中间性试验场（千克规模）再到生产工厂（达到以吨计的规模）。

目前，研究人员通过分析技术能够分离并鉴别出大部分与食品香气有关的化合物。在众多的香气物质中（>7000 种），人们选出其中一个有限的子集，即那些具有重要芳香物质特性的化合物，通过人工合成途径生产。任何对风味学家及风味料生产商有用的化合物都必须能够利用易得的初始物质通过简便的途径合成，且具有较高的产率从而使其经济可行。同时产品必须有足够高的纯度及稳定性，从而保持产品效果一致，并具有一定的物理化学性质，以使产品质量控制在可接受的范围内。

纯度是合成食用香精的一项重要的质量指标。但合成化学物质的纯度通常不高，否则它们只具有简单的味道和风味结构。大部分合成产品都含有一定的微量杂质，可能是从初始原料中带来，也可能在生产加工过程中引入，因此会呈现出某一可察觉的风味特点。某些情况下，正是这些杂质的存在形成了这些物质的特征风味，使之远远比原料本身更易被人接受。

从质量的角度看，购买合成风味料需要对其物理特性进行准确分析，尤其是折射率、相对密度以及特定条件下的气味和味道等主要评定指标。而气味和味道的评价在确定其可用性方面的意义远远大于某些物理指标标准。因此，这两项评定方法应该综合考虑，感官评定结果对确定其可接受性及其他方面有着更重要的影响。

二、 香气化合物的结构特征与分类

从食物中分离出的7000余种挥发性有机化合物中，只有不到5%的物质对食物的香气有贡献。然而这些香气组分却涵盖了大多数有机化合物的类别，其中主要的化合物类别见表4-1。

表4-1 风味料中主要香气化合物的种类

种类	化合物	种类	化合物
烃	脂肪烃	酯	脂肪酯
	芳香烃		芳香酯
	环状萜烯（单环萜烯和双环萜烯）		萜烯酯
	倍半萜烯（单环、双环和三环倍半萜烯）	醚	—
醇	脂肪醇（饱和、不饱和及萜烯醇）	酮	脂肪酮
	芳香醇		芳香酮
	环萜烯醇		环萜烯酮
	倍半萜烯醇		紫罗兰酮
醛	脂肪醛		鸢尾酮
	芳香醛		杂环类缩酮
	环萜烯醛	内酯	—
	杂环醛	酚	—
	乙缩醛	酚醚	—
酸	脂肪酸	胺	氨基化合物
	芳香酸		亚胺化合物
酸酐	—		吡嗪
		硫化物	—

香气化合物在食品或风味料中存在的浓度范围很广，它们对食物香气的影响不仅取决于它们的浓度，还取决于它们的感觉阈值。在水体系中，一些气味化合物的感觉阈值可以在文献中查询，其结构和性质也已有广泛报道。香气物质主要由气态或液态的小分子有机化合物（<400）组成，且大部分具有亲脂性。尽管有机化合物的官能团对其香气及风味结构有着重要影响，但是化学结构和感官特性之间并没有直接的联系。文献报道的气味有数千种，一些结构相似的化合物之间确实有着非常相似的气味，但也有很多例外，或者即使气味相似其强度可能相差甚远。根据化学结构和感官特性可以将芳香化合物分为4种：①结构相似气味相似的化合物（图4-1）；②结构不同气味相似的化合物（图4-2）；③结构相似气味不同的化合物（图4-3）；④气味相似或气味不同的立体异构体（图4-4）。

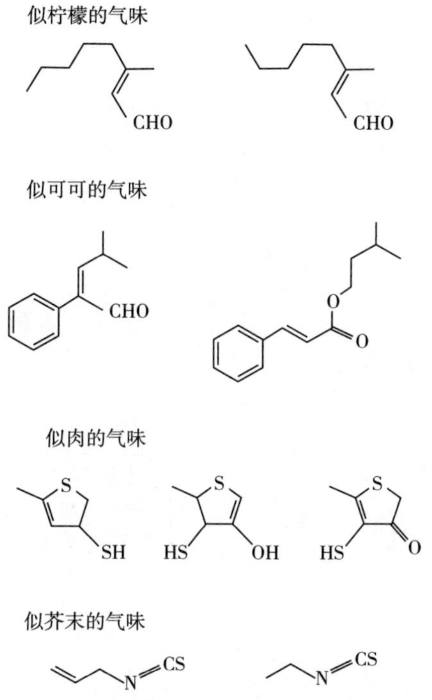

图 4-1　结构相似气味相似的化合物

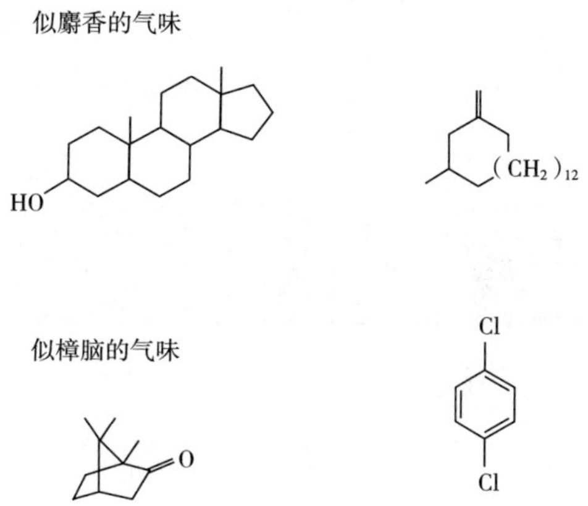

图 4-2　结构不同气味相似的化合物

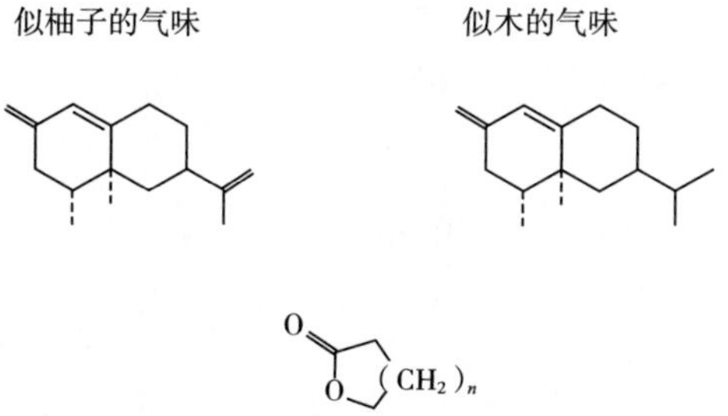

图 4-3　结构相似气味不同的化合物

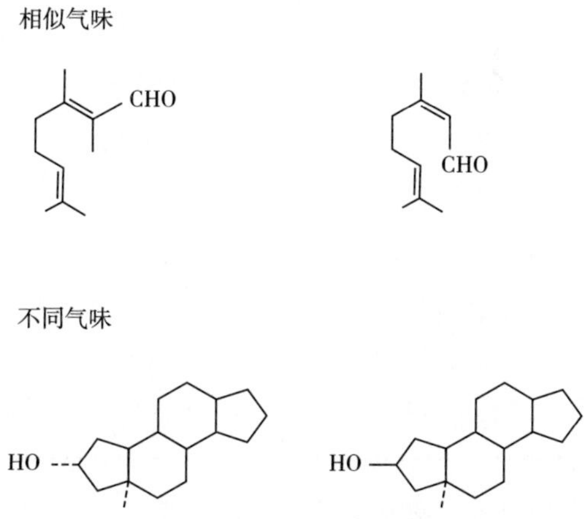

图 4-4　立体异构体

这些例子表明，无论是定性还是定量，根据化合物结构并不足以准确地预测其气味及风味效果。有很多人尝试提出一个理论来解释结构与活性的相互关系，但大都只限于小范围的例子。影响这一关系最重要的因素似乎是分子的总体形状和大小，立体化学结构及其化学性质（如极性、官能团性质）和物理性质（如挥发性、溶解性）。最近感官研究方面的进展支持了这一假说。而有机化学家主要任务是发现一种有特征风味的化合物，并将其合成出来，对其结构与气味的关系研究较少，主要根据感官分析和经验来考察取代基效应。

在一定条件下，有机化合物的风味强度与它的量相反，即风味强度与蒸气压成反比，蒸气压越低，风味强度越大（这似乎有悖常理，但这与我们的感知机制有关）。基于该原因，含有支链的化合物比直链化合物风味强度更大一些（例如，丁酸异戊酯的感觉阈值相对较低，因此风味强度比丁酸戊酯高）。但这一结果并不能定量预测。分子中的取代基团对风味有很大的影响，影响大小在一定程度上还取决于分子的大小。小分子中官能团的取代可能会从根本上改变整个化学性质，而大分子的官能团对于整个分子结构来说所占的比例较少，影响就没有这么明显。

对于一些简单分子，如 CH_3OH、CH_3SH 以及 CH_3NH_2 的修饰对风味影响是非常显著的，而对较大的分子（如香兰素），其分子中甲氧基被乙氧基取代，风味强度增加 3 倍，但在芳香特性上只有极其微小的变化。食用香料中使用的合成风味物质的结构见表 4-2。

表 4-2 合成风味物质的结构

化合物	英文名后缀或前缀	官能团	典型结构	
			脂肪族	芳香族
醇	-ol	—OH	ROH	ArOH
酚	-ol	—OH	—	ArOH
酸	-ic acid 或-oic acid	—COOH	RCOOH	ArCOOH
酯	-ate	—COO—	RCOOR′	ArCOOR
醛	-al	—CHO	RCHO	ArCHO
酮	-one	>C=O	RCOR′	ArCOR
醚	-ether	—O—	ROR′	ArOR
内酯	-lactone 或-ide	—COO	—	—
胺	-amine 或 amino	$—NH_2$	RNH_2	$ArNH_2$
硝基化合物	nitro-	$—NO_2$	RNO_2	—
硫化物	-ide	—S—	RSR′	—
二硫化物	di-	—S—S—	RSSR′	—
硫醇	-mercaptan	—SH	RSH	—

（一）烃

只含有碳和氢两种元素的化合物称为碳氢化合物，简称为烃。烃是最简单的有机化合物，其他的有机化合物可以看作是烃的衍生物，其中饱和烃化合物的通式为：C_nH_{2n+2}。一些碳链较长（C_5~C_8）的饱和烃可以作提取溶剂，但对于风味的贡献却微乎其微。由苯环、萘环和蒽环组成的芳香烃具有较强的芳香风味，但其并不能直接应用于风味料。

不饱和碳氢化合物具有芳香风味，例如，1,3*E*,5*Z*-十一碳三烯和 1,3*E*,5*Z*,9-十一碳四烯对蛇麻草精油香气有特殊贡献。

在挥发性化合物中，萜烯最为重要，存在于各种精油中。这类化合物具有一种独特的化学结构，由异戊二烯单元（2-甲基-1,3-丁二烯）首尾相连而组成的，同时也可能含有 O、N 或 S

等杂原子。萜烯可以是开链的，也可以是环状的。环状萜烯的通式为 $C_{5n}H_{10n-4}$。当 n 为 2 时，称为单萜烯，n 为 3 时，称为倍半萜烯，n 为 4 时，为二萜烯。这些化合物可以是饱和或不饱和的。典型例子如图 4-5 所示。萜烯是一个由 5 万多种化合物组成的大家族，它们在化学结构、物理性质和生物活性方面表现出惊人的多样性。萜烯通常与香草和柑橘类产品的味道密切相关，是许多植物、香料、花卉和柑橘类精油的主要成分。很多研究发现如果将精油中的萜烯脱除，其风味就变得平淡，且缺乏新鲜感。

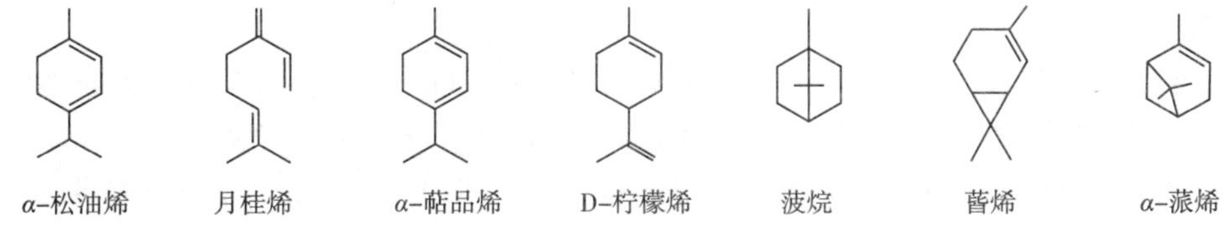

图 4-5　几类萜烯化合物

虽然萜烯能大大增加风味的新鲜度，但主要还是用作稀释剂和风味组分的载体，特别是氧化萜烯。

（二）羧酸

有机酸是最重要的气味化合物之一，其对食物香气的贡献性根据分子尺寸和相应的感觉阈值有所不同。脂肪酸大多来源于酯类的酶促或化学水解，而短链直链或支链脂肪酸一般来源于氨基酸或碳水化合物的代谢。醛的氧化也能产生有机酸。某些短链有机酸如醋酸、琥珀酸和乳酸被用作酿酒酵母（*Saccharomyces cerevisiae*）发生酒精发酵的指标。羧酸的官能团是羧基（—COOH），根据羧酸分子所含羧基的数目可分一元羧酸、二元羧酸和三元羧酸等。一元羧酸的通式为 RCOOH，其中 R 为氢或烃基。R 上带有羟基有抑制香气的作用，如 CH_3CH_2COOH 有浓重的刺激性气味，而 $CH_3CH(OH)\cdot COOH$，则几乎没刺激性气味。另外，二元羧酸和三元羧酸也是无味的。

在食品中醋酸是最为重要的羧酸，是短链（$C_1 \sim C_3$）脂肪酸的一个典型。短链脂肪酸一般具有强烈刺鼻的气味。$C_4 \sim C_8$ 脂肪酸，刺激性逐渐减小，腐臭味逐渐增强。C_9 以上的脂肪酸具有不愉快的油脂味或乙醛气味，高于 C_{14} 的脂肪酸室温下为蜡状固体，且气味微弱或几乎没有，C_{12} 脂肪酸（月桂酸）具有宜人的滑腻感。低碳数的不饱和脂肪酸一般具有刺激性辛辣气味，随着分子质量的增加，气味渐香，类似于动物油脂；高于 C_{11} 的不饱和脂肪酸基本上都是无气味的。

芳香族羧酸并没有明显的香味，一般都具有轻微的带有花香或果香的香酯气味。饱和环状结构化合物（如环己甲酸）均具有令人讨厌的腐臭味道，而苯甲酸或肉桂酸以及更长链芳香酸均无味。

作为有机物的一大类，有机酸赋予产品强烈的酸感，其中天然存在于果蔬中的二元酸和三元酸尤其重要，但这些有机酸由于基本无气味并不能直接应用于风味料，但柠檬酸、苹果酸和酒石酸经常应用于终端产品中以改善或增强风味产品果味。

（三）缩醛

在干燥酸性条件下，乙醇或乙二醇和醛的羰基反应生成的化合物称为缩醛。在醇溶液中，醛与半缩醛达到平衡，但是由于半缩醛极不稳定很难被分离，在酸存在下，半缩醛继续和醇反应生成缩醛。这个反应是可逆的，在有水存在的情况下，缩醛易发生水解生成醛和醇。

缩醛室温为液态，并具有多种气味，但其并没有被广泛应用于风味料。其中有两种人们最为感兴趣：乙醛缩二乙醇（令人愉悦的坚果味）和肉桂醛缩乙二醇（强烈的香甜味）。乙二醇和亲水性的醛如 α-甲基苯乙醛反应生成的缩醛具有强的蘑菇味。缩醛的生成也经常会给风味产品带来不利风味。例如，乙醇和丙二醇是香料的溶剂，醛是香料的一部分，它们反应使产物失去了醛的宜人风味，生成的缩醛可能给产品带来异味。

（四）醇类

醇分子中含有羟基，通式为 R—OH，其中 R 是烷基或取代烷基。它有多种分类方法，其中包括：①根据羟基的数目分为一元醇、二元醇、三元醇等；②根据与羟基相连的碳原子是伯、仲、叔碳原子，分别称为伯醇（RCH_2OH）、仲醇（RR′CHOH）和叔醇（RR′R″OH）；③开链醇和环醇；④饱和醇和不饱和醇；⑤含有卤素原子的醇和不含有卤素原子的醇；⑥芳香醇和不含芳香环的醇。伯醇和仲醇对食物的香气特征具有重要的影响，它们可以从碳水化合物或氨基酸等多种代谢途径合成，也可以来源于羰基（酮或醛）的还原及长链多不饱和脂肪酸氧化。

在芳香系列中，羟基直接取代在苯环上的化合物称为酚。这类化合物与醇类性质相差很大，将对其单独讨论。醇类是一种重要的风味物质，在自然界分布广泛。分子中的羟基决定了它们的主要性质。

在低碳链醇中，羟基在整个分子中占有相当大的比重。低碳链醇均为极性溶剂，一般可与水互溶。随着碳原子数的增加，其溶解性也逐渐变化，一般认为，碳原子数大于 5 的伯醇与水不相溶。几乎所有醇都能通过蒸馏得到，这使得醇类的制备和纯化变得容易。低碳醇具有醇香味，而 C_9 以上的醇一般具有令人不宜的油腐味。低碳醇是非常好且常用的有机溶剂，广泛应用于液体风味料的制备中。随着碳原子的增加，理化性质发生改变，其黏性增大，流动性变差，并且宜人的醇香味逐渐被刺激的油腐味所代替。高碳醇是蜡状固体，没有任何味道。

双键靠近羟基的不饱和短链醇一般具有强烈刺激性气味。中等碳链的不饱和醇如顺-3-己烯醇具有清香风味并常应用于食品中，1-辛烯-3-醇有蘑菇风味。芳香醇大多有令人愉快和圆润的风味特征，多羟基取代的脂肪醇和芳香醇没有特征气味（如甘油）。

萜醇是一类独特且非常重要的风味物质，广泛存在于各种精油中。其中两种萜醇引起了人们极大兴趣：①橙花醇（3,7-二甲基-2,6-辛二烯-1-醇），存在于玫瑰花、柠檬香草或天竺葵油中，其特点是有类似玫瑰花香味；②芳樟醇（3,7-二甲基-1,6-辛二烯-3-醇），以光学活性和非光学活性两种形式存在，有典型的花香。羟基在侧链的芳香醇具有相对弱的宜人香味。

（五）醛和酮

醛和酮都含有羰基（C═O），在醛分子中羰基与一个氢原子和一个烃基（或另一个氢原子）相连，在酮分子中羰基与两个烃基相连，其通式分别为 RCHO 和 RR′C═O。

1. 醛

醛可以通过氨基酸脱氨基或转氨基、Strecker 降解、发酵过程中的微生物活动和脂肪酸氧化形成。醛是醇和酸之间的中间体，由于含有碳氧双键，所以比醇活泼。醛易氧化生成酸。例如，通常我们在放置较久的苯甲醛瓶子里发现的白色结晶物质为苯甲酸，如果代替苯甲醛用于产品中，会对咽喉的后部带来苦的刺痛。

低分子质量的醛具有令人不愉快的强烈刺激性气味。尽管醛都有刺鼻的气味，但随着分子质量的增加，其特征气味逐渐变化为受人喜欢的水果味，因此，真正醛的芳香风味在稀释时更佳，大部分刺激性气味将被稀释除去。C_8～C_{10}醛具有明显的花香味，稀释后最具吸引力。它们使用的最佳浓度较低，这是由花的香调决定的。但烷基碳链增长会增加油脂或脂肪的味道，随着分子质量进一步增加，化合物变成蜡状物而失去气味。

不饱和醛具有特别刺激的气味，有三键存在时尤为突出。与醇类似，一些中等链长的不饱和醛，如反-2-己烯醛具有很怡人的清香但是香味更浓。带有两个不饱和键的醛，如2,4-癸二烯醛和2,6-壬二烯醛分别是肉香油炸风味和黄瓜香味的主要成分。芳香醛气味浓烈，呈现多种风味特征，这依赖于它们的结构复杂性。

根据习惯，一些醛类化合物以俗名命名，如C_{16}醛称草莓醛，C_{14}醛称桃醛。这些俗名所体现的感官描述特征是准确的，但其化学名称却不准确。事实上，C_{16}醛是2,3-环氧-3-苯基-丁酸乙酯，C_{14}醛是4-羟基-十一酸-α，γ-内酯。

2. 酮

酮主要来源于脂质氧化，以及柠檬酸和葡萄糖代谢。C_5～C_{13}的酮结构通常具有果味或霉味，而一些较小的酮（如乙酮和二乙酰）具有黄油味。酮分子含有一个羰基和与之相连的两个烃基，它们可以相同也可以不相同，最简单的酮是丙酮。尽管丙酮在香料工业作为有价值的提取溶剂，但低分子质量的酮作为食用香料价值不大。

作为有风味应用价值的最小分子质量的酮是甲基戊基酮，它有强烈的水果味，其多一个碳的同系物也具有相同的风味。而随着碳链的延长，其同系物的水果味被花香味取代，但这种同系物碳链延长所产生的风味特征变化规律不是连续的。此外，酮表现出广泛的香气轮廓与强度，不同结构的酮香气轮廓与强度差异性较大。例如，蓝纹干酪的特征性风味物质是2-庚酮，蘑菇的特征风味物质是1-辛烯-2-酮。

（六）酯

酯一般是由碳水化合物发酵或氨基酸分解代谢产生的醇（甲醇或乙醇）与中短链脂肪酸之间的酯化反应形成的：

$$RCOOH + R'OH \longrightarrow RCOOR' + H_2O$$

这里R基可以是烷基或者芳基，R′通常为烷基。这种反应是由酯酶催化的。酯是多种风味的主要来源，如果味或花香通常由酯类引起，其中一些酯的感觉阈值为相应醇的1/10左右。有200多种酯允许用于食品中。酯广泛分布于精油中，甚至是精油中的主要成分（例如，鹿蹄草油中含有约900g/kg的水杨酸甲酯）。

虽然研究者已经发现酯类物质结构与感官特性之间的关系，特别是其果味特征，但还不能作为分类的依据。尽管酯分子的醇或酚片段随着分子质量和不饱和程度的增加而对风味特性的影响增大，但从相似性来看，最好根据羧酸片段（如醋酸、丁酸、异丁酸、苯甲酸等）而不是醇或酚片段（如甲基、乙基、苯甲基、丁子香基）来考虑。此外，酸和醇的风味特性与它们生成的酯的风味特性在感官上几乎没有关系。

（七）醚

醚可以看作是水分子中两个氢原子被烃基取代而生成的化合物。醚的通式为ROR′、ROAr或ArOAr′，以连接在氧原子上的两个烃基的名称并在其后面加“醚”字来命名（如二乙醚）。一些醚具有俗称，并且更加常用（如茴香醚是甲基苯基醚）。如果一个基团没有简单名称，这个化合物可称为烷氧衍生物（如2-乙氧基乙醇）。

低分子质量的醚极易挥发，具有甜味和醇味，但是较高分子质量的醚有醚味和果味。醚没有很强的感官作用，对于大多数醚，取代基对其气味影响较小。醚的结构和风味之间没有直接联系。

（八）杂环化合物

由碳原子和至少一个其他原子，如氧、硫、氮等组成的环，称为杂环。碳以外的原子，称为杂原子。含有杂环的化合物，称为杂环化合物。有机化合物中约一半为杂环化合物。在风味化学中，最常见的是：

含有 O、N、S 的杂环化合物一般具有强烈的特征性气味。它们是一些植物风味的重要成分，是一些热处理食品风味的主要挥发性成分。氧杂环化合物呋喃酮和吡喃酮可产生焦糖味、甜味、果香、坚果味或焦糖味，是碳水化合物在非酶褐变反应下形成的。吡嗪是含氮杂环化合物，对烘烤、坚果或发酵食品风味强化具有重要作用。吡嗪的烷基取代基不同，贡献的风味特征也有很大差异。

（九）内酯

内酯是由酸和醇缩合而成的环状酯，可以通过微生物作用、脂质氧化或加热在食物中形成。内酯也可以由氨基酸形成，是果香的主要来源。γ-和 δ-羟基酸发生分子内酯化失去一分子水转变为环状的内酯。五元环很容易形成，产生的 γ-内酯很稳定。γ-内酯的检出阈值总体低于 δ-内酯，且随链长增加检出阈值升高。

内酯是一类独特的风味物质，具有水果（如桃和杏）的特征风味。通过对 γ-内酯和 δ-内酯的气味进行比较，发现内酯环越大，风味强度也就越强。一般 γ-内酯有清香气味，而 δ-内酯没有清香气味。此外，许多内酯具有强烈的麝香味，并且香味持久。

（十）含氮化合物

1. 胺

氨的烃基取代物称为胺，氨分子中一个、两个或三个氢原子被烃基取代生成的化合物分别称为伯胺（RNH_2），仲胺（R_2NH）和叔胺（R_3N），R 是烷基或芳基。伯胺和仲胺中分别含有氨基（$—NH_2$）和亚胺基（$=NH$）。一元胺的命名是以胺字表示官能团，再加上与氮原子相连的烃基的名称和数目。脂肪族胺类以连接在氮原子上的烷基和“胺”命名。氮直接连在苯环上的芳香胺以苯胺的衍生物命名。结构比较复杂的胺，可以作为烃类的氨基衍生物命名。

挥发性胺的气味通常定义为酒精味、果香味或清漆味。低分子质量的胺具有强烈的特征性气味，稀释后，具有氨的特征。伯胺和仲胺的鱼腥味更强，这种令人不愉快的气味随着分子质量的增加逐渐消失。伯胺和仲胺的检出阈值也比叔胺高得多。

在芳香胺中，侧链取代的氨基具有明显氨的气味特征，而氨基直接取代在芳环上，只产生很弱且不明确的风味特征（例如，氨茴酸无味而甲基氨茴酸具有强烈的橘子花香味）。胺很少用于食品中，因为其具有令人反感的气味，但是胺在有些食品中起着重要作用。

2. 酰胺

羧酸中的羟基被氨基所取代，生成酰胺。酰胺类物质具有化学惰性的特点，由于它们无味，一般不作为食用香料。

3. 亚胺

在风味化学中，经常碰到亚胺类化合物。这类物质通常只是复杂反应的中间体，通式为 RCH ═NH 或 R_2C ═NH。

4. 氨基酸

尽管氨基酸不直接作为风味物质，但它是蛋白质的基本组成部分，不仅在机体营养方面扮演重要角色，还能够在热处理时与还原糖进行美拉德反应，引发一系列相关反应，导致形成复杂的活性风味混合物以及褐变。这种反应在本书第六章作详细的讨论。

5. 异硫氰酸酯

异硫氰酸酯含有—N ═C ═S 基团，存在于几种辛辣味蔬菜中，尤其是：①异硫氰酸烯丙基酯，这种物质可以通过在黑芥子中的黑芥子硫苷酸和黑芥子硫苷酸钾糖苷的酶促反应得到；②异硫氰酸苄酯，在水芹中发现此种物质；③异硫氰酸苯乙酯，它使辣根具有强烈的刺激性气味。

（十一）苯酚

苯酚的通式为 ArOH，Ar 代表苯基、取代苯基或芳香基。羟基直接与芳环相连。苯酚具有独特的气味，一直作为消毒剂使用，苯环上的甲基取代降低了酸性的强度，所以甲酚和二甲苯酚气味更弱。在甲酚中，间-甲酚的风味比邻-甲酚和对-甲酚更弱。两个或者更多的羟基的引入会抑制风味。苯酚类物质对于食品风味是十分重要的。

（十二）含硫化合物

硫和氧是同一主族的元素，可以形成相似的化合物，但它们却有截然不同的感官性质。—SH通常被称为巯基，在天然风味化学中，含硫化合物起着非常重要的作用，因为它们不但与令人厌恶的腐烂蔬菜的气味密切相关，而且也与许多植物和食品热加工中产生的令人愉快的气味有关。含硫风味物质对食品风味的贡献只是最近才被认为是源于其极低的感觉阈值。在复杂的分析仪器出现之前，这些化合物并未被发现和鉴定。

一硫化物、二硫化物和多硫化物是葱蒜类蔬菜（洋葱、大蒜和韭菜）中的主要特征成分，他们风味轮廓更为细微的差异则由其他的硫代化合物引起。

第三节　风味轮与各类风味化合物的合成途径

一、风　味　轮

合成风味物质与天然等同产品涵盖了所有的有机化合物，但是在化学结构和风味特性之间并没有建立明显的关系。在风味成分的加工过程中，可以根据风味物质母体风味特征将其分组从而进行风味描述，即风味轮。

风味轮是用图形表示一些基本风味之间的关系。风味轮中心是代表形成风味主体的风味基质（图 4-6）。它包含了需要对不能以纯物质状态应用的单个风味组分进行支撑、稀释、加强和保护的所有配料。在风味基质周围，根据各自的风味特征排列各个部分，并列举一些典型例子。

排列顺序为相邻部分具有相似的风味特征，类似于彩虹中各种色带的排列。

对风味化学家来说，根据感官特性对风味物质进行分类更为重要，因此下面依照感官特性来讨论不同的合成风味物质。

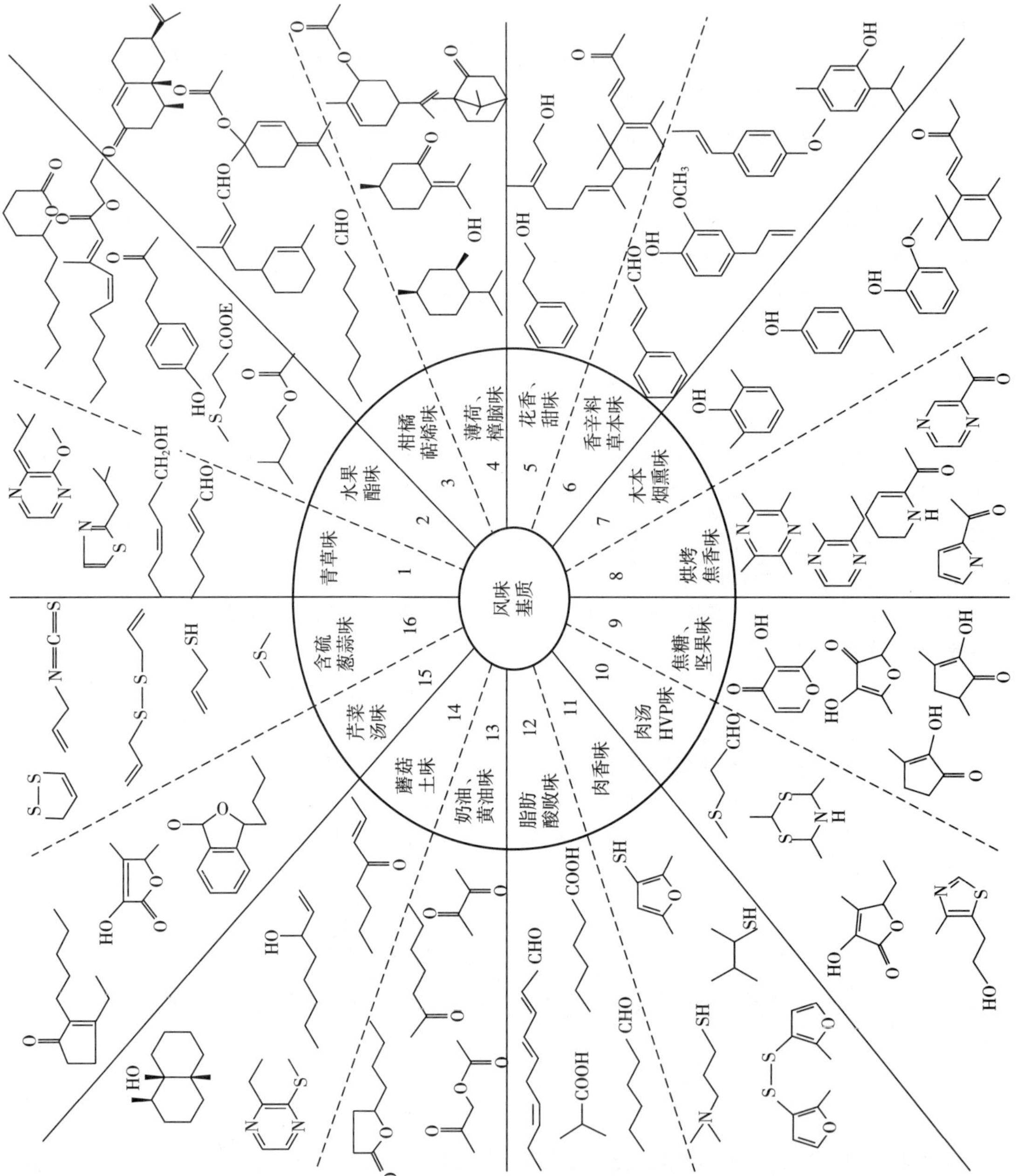

图 4-6 风味轮

HVP，水解植物蛋白液。

二、青草风味

青草风味特征所描述的就是像刚割的青草，或碾碎的树叶和绿色植物的气味。代表这一类风味的典型物质有短链不饱和醛和醇（如反-2-己烯醛和顺-3-己烯醇）、酯类和具有很低感觉阈值的烷基取代的噻唑和烷氧基吡嗪等杂环化合物（图 4-7）。

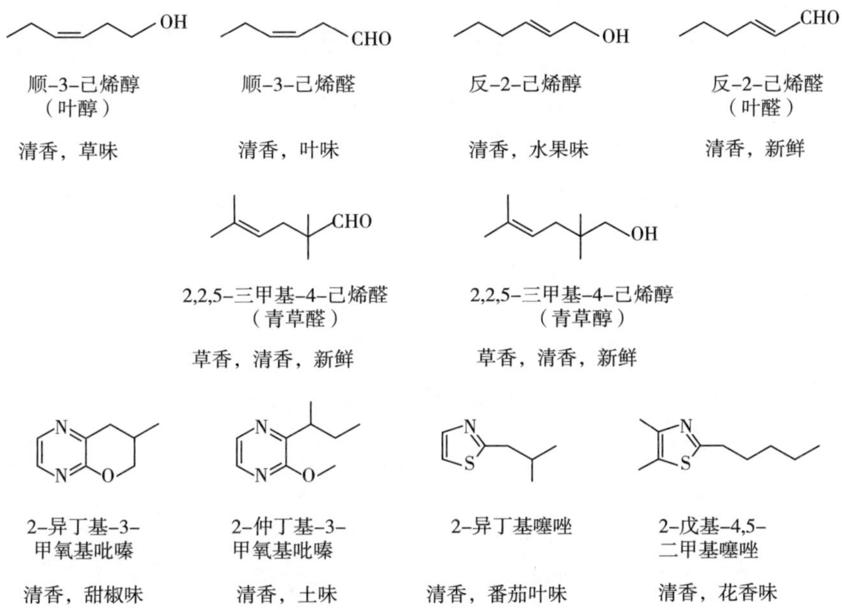

图 4-7　青草风味特征化合物

C_6不饱和醛和醇形成的生物合成途径如图 4-8 所示。顺-3-己烯醛、反-2-己烯醛、顺-3-己烯醇和反-2-己烯醇是许多水果和蔬菜（苹果、番茄、葡萄等）中有非常重要影响的物质。其中反-2-己烯醛和顺-3-己烯醇是普遍应用的风味化合物，这是由于它们的稳定性较强，并且容易工业化制备。

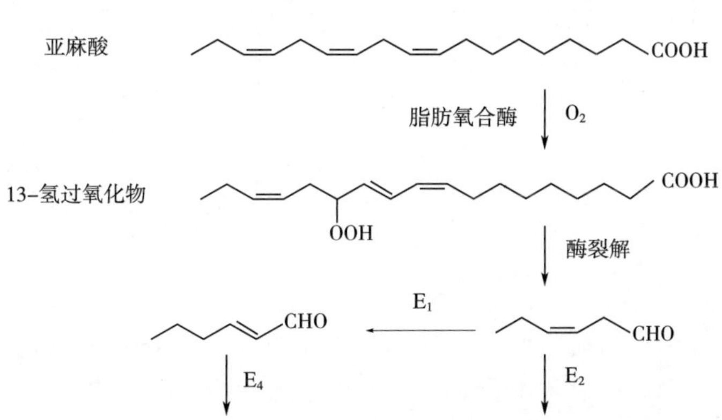

图 4-8　亚麻酸酶促合成 C_6 不饱和醛和醇

E_1、E_2、E_3、E_4 为不同的酶系。

顺-3-己烯醇直接的合成路线如图 4-9（1），在氨基钠和液氨的存在下，以丁炔和环氧乙烷为原料制备，其中关键的一步是三键的选择性氢化得到顺式异构体。2-己烯醛以己醛为原料，通过卤代反应和消去反应制备［图 4-9（2）］。

2,2,5-三甲基-4-己烯醛是以二甲基乙烯基甲醇和异丁醛为原料，在酸性催化剂存在下反应得到的［图 4-9（3）］。2,2,5-三甲基-4-己烯醛在铜-铬催化剂存在下选择性地催化氢化可以制备得到2,2,5-三甲基-4-己烯醇［图 4-9（4）］。

噻唑的合成如图 4-9（5）所示。以 α-氯代丁酮和硫代己酸为原料，通过取代反应并进一步环化形成 4,5-二甲基-2-戊基噻唑。

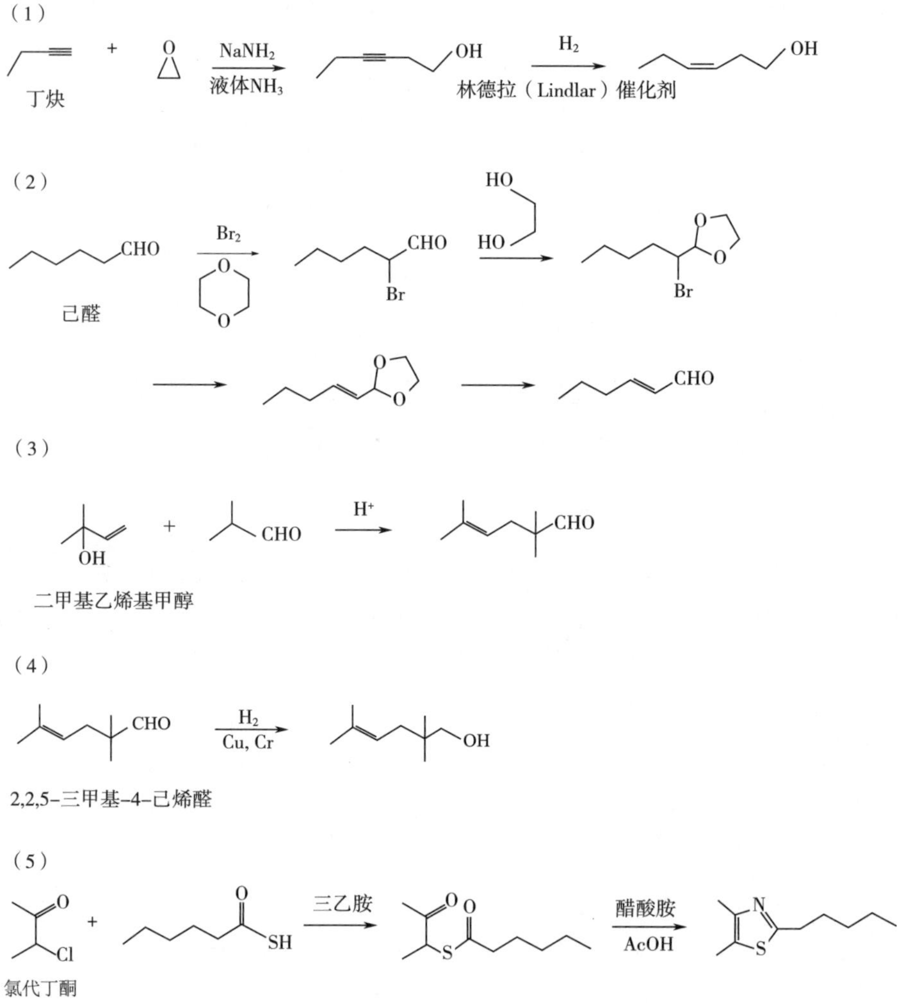

图 4-9　顺-3-己烯醇（1）、2-己烯醛（2）、2,2,5-三甲基-4-己烯醛（3）、2,2,5-三甲基-4-己烯醇（4）和 4,5-二甲基-2-戊基噻唑（5）的合成

三、类酯水果风味

类酯水果风味以甜香味为特征，通常存在于成熟水果中，如香蕉、梨和甜瓜等。此类风味

的典型成分是酯类和内酯，但是也包括酮、醚和乙缩醛（图 4-10）。

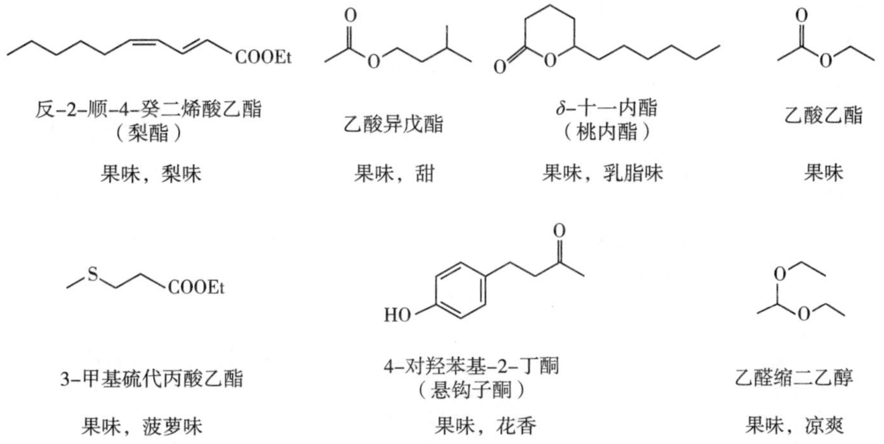

图 4-10 类酯水果风味特征化合物

酯类物质的生物合成与化学合成都基于羧酸与醇的酯化反应。风味工业中，在梨、苹果和葡萄中发现的具有重要影响的组分（E,Z）-2,4-癸二烯酸乙酯往往利用2,4-癸二烯酸与乙醇的酯化反应得到［图 4-11（1）］。而在生物体内，这一过程为酶促反应，且2,4-癸二烯酸是由亚油酸进行多步β-氧化降解形成的。

热带水果典型的奇异风味来源于其含有的含硫化合物，如3-甲基硫代丙酸乙酯或甲酯。乙酸异戊酯则是绝大部分水果具有甜味的原因，2,4-癸二烯酸酯是西洋梨中有重要影响的物质，3-甲基硫代丙酸酯是凤梨（菠萝）的特征风味物质。3-甲基硫代丙酸酯的合成可以通过甲硫氨酸的 Strecker 降解、氧化和酯化得到［图 4-11（2）］。

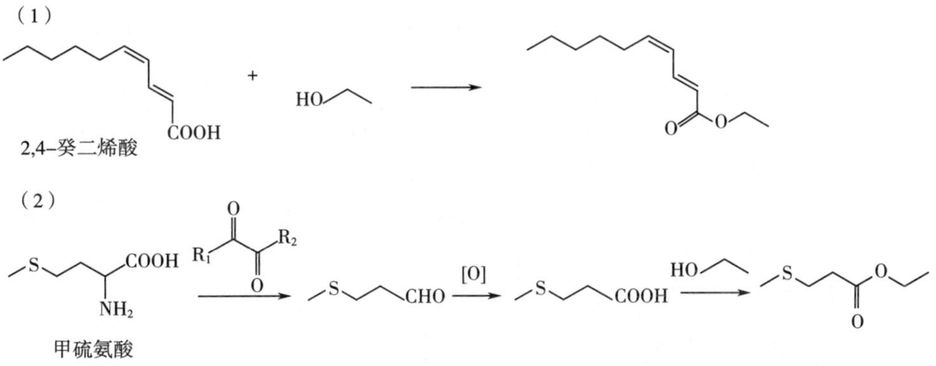

图 4-11 （E,Z）-2,4-癸二烯酸乙酯（1）与 3-甲基硫代丙酸乙酯（2）的合成

四、柑橘风味

柑橘类风味是柑橘类水果和植物（柑橘、柠檬、橘子和柚子）的特征风味，这一类物质的分子中存在萜类结构。其中，对风味有强烈影响的最重要的化合物是柠檬醛（香叶醛和橙花醛的混合物），它能从天然原料柠檬草中分离出来，也能通过人工合成（图 4-12）。

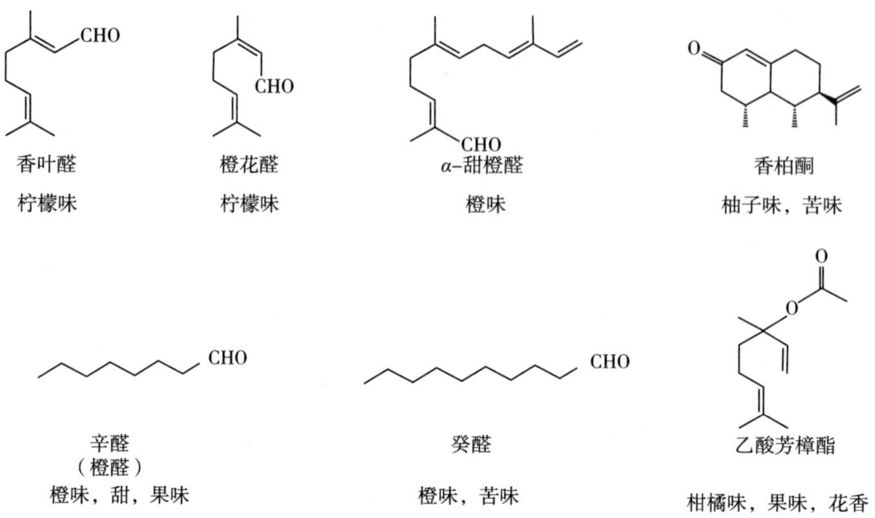

图 4-12　柑橘萜烯类风味特征化合物

另一种苦味很强的萜类化合物是香柏酮，它是柚子中对风味有重要影响的物质。中等链长的简单脂肪醛（辛醛和癸醛）、甜橙醛、不饱和 C_{15}醛和一些单萜醇酯（乙酸芳樟酯）也具有这一类风味特性。

三种典型结构的萜类和它们的共同前体，即甲羟戊酸（3-甲基-3,5-二羟基戊酸）和异戊二烯单元的生物合成途径如图 4-13 所示。香叶醛的合成是通过焦磷酸香叶酯（两个异戊二烯

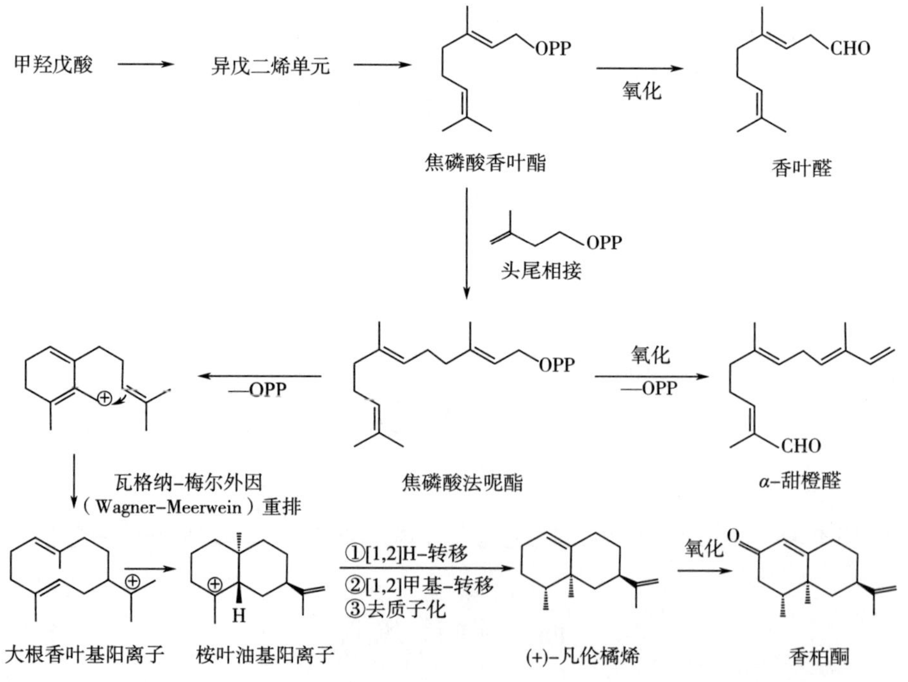

图 4-13　香叶醛、甜橙醛和香柏酮的合成

OPP，焦磷酸盐；所有反应都由酶催化。

单元头尾相接）的氧化得到。甜橙醛是由焦磷酸法呢酯（焦磷酸香叶酯与一分子异戊二烯进一步头尾相接，碳链增长）经分子头部氧化生成倍半萜烯。香叶醛和甜橙醛是非环萜类的例子，香柏酮是通过两步环化和一步［1，2］甲基迁移形成的，最后在不规则异戊二烯结构上终止。

柠檬醛是一种重要的合成配料，在美国，年产量有几千吨。以异丁烯、异戊二烯、甲醛、乙炔、丙酮为原料，首先制得甲基庚烯酮，然后再制得脱氢芳樟醇最终再将其转化为柠檬醛［图 4-14（1）］。甜橙醛则是以月桂烯为原料，首先月桂烯经二氧化硒氧化形成月桂烯醇，然后与乙氧基异戊烯经重排、氧化得到甜橙醛［图 4-14（2）］。辛醛和癸醛是由其对应的醇在银网催化剂上气相氧化制得，或是在铜铬催化剂存在下经氧化或催化脱氢制得［图 4-14（3）］。

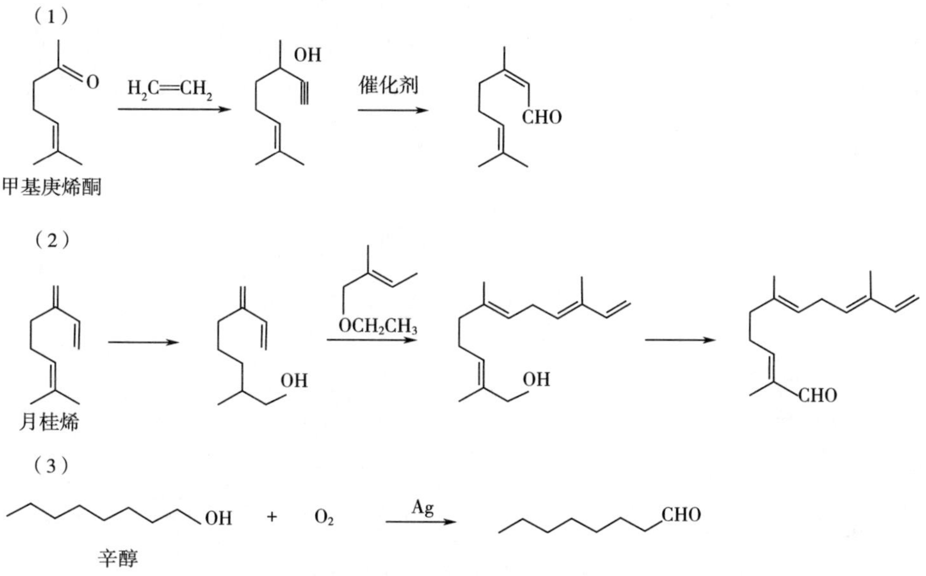

图 4-14　柠檬醛（1）、甜橙醛（2）和辛醛（3）的合成

五、　薄荷樟脑风味

薄荷的风味特征被描述为薄荷油所具有的香甜、清新和凉爽的感觉。主要化合物包括 L-薄荷醇、胡薄荷酮、L-乙酸香芹酯、L-香芹酮和樟脑，传统上冰片、桉树脑和葑酮也是这个风味家族的成员（图 4-15）。薄荷类风味物质的结构特点是具有单环萜类的小环酮类，而樟脑类风味物质的特点是通过桥环连接的具有高堆积密度和刚性的球形或卵形分子。

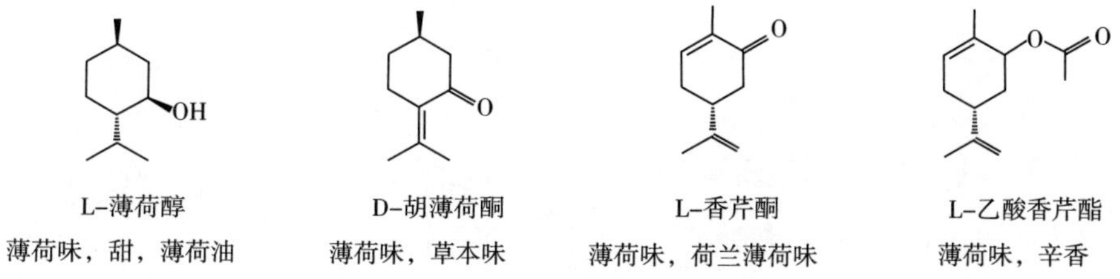

图 4-15　薄荷樟脑风味特征化合物

D-樟脑	D-龙脑	L-葑酮	桉树脑
樟脑味，薄荷味	樟脑味，木质-胡椒味	樟脑味，热感	樟脑味，凉感，桉树

图 4-15　薄荷樟脑风味特征化合物（续）

薄荷风味通常具有凉爽感觉的清新头香，用于一些特殊的风味产品，如口香糖和饮料。在这一类中，L-薄荷醇是经济上最重要的合成物质，主要应用于非食品行业。薄荷醇的生物合成途径是通过芳樟基正离子的环化，再经过功能团的转化（羟基的引入和双键的氢化），如图 4-16 所示。

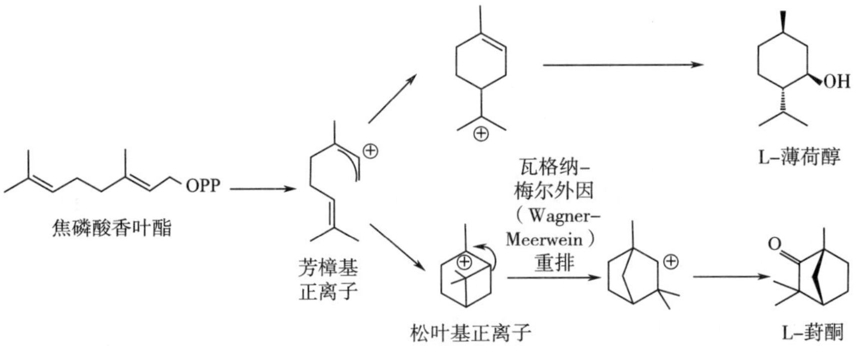

图 4-16　薄荷醇和葑酮的合成

葑酮的合成是以酶结合阳离子的形式进行，因为在这个酶催化的转化过程中不存在其他游离中间体。由于葑酮是不规则的单萜，很明显发生了碳骨架的重排。

薄荷醇的化学合成途径如图 4-17（1）所示，以间甲酚为初始原料，用丙烯进行烷基化反应生成百里香酚，然后再以镍为催化剂，经加氢还原反应制备。胡薄荷酮以香茅酸为原料，通过与乙酸酐发生环化制备［图 4-17（2）］。香芹酮的化学合成是以 D-柠檬烯为原料，先进行亚硝基氯化，再脱去氯化氢得到酮肟后经酸性水解得到［图 4-17（3）］。樟脑则是以 α-蒎烯为原料，先转化成为莰烯，酯化后形成乙酸龙脑酯，再进行皂化生成异龙脑，接着氧化后成为樟脑［图 4-17（4）］。

（1）

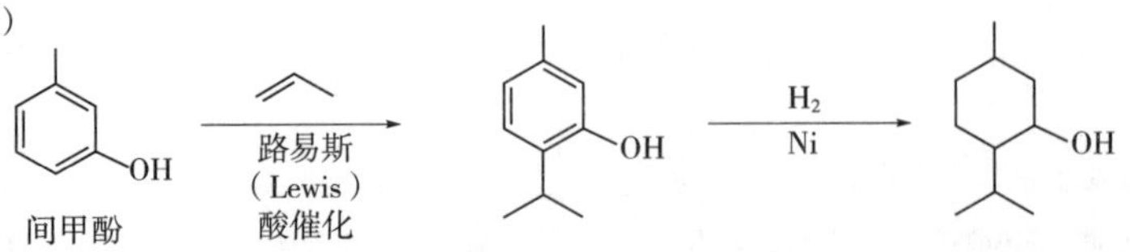

图 4-17　薄荷醇（1）、胡薄荷酮（2）、香芹酮（3）和樟脑（4）的合成

（2）

香茅酸

（3）

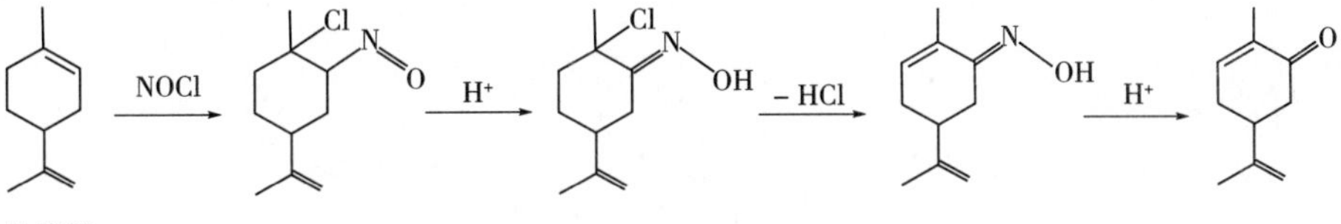

柠檬烯

（4）

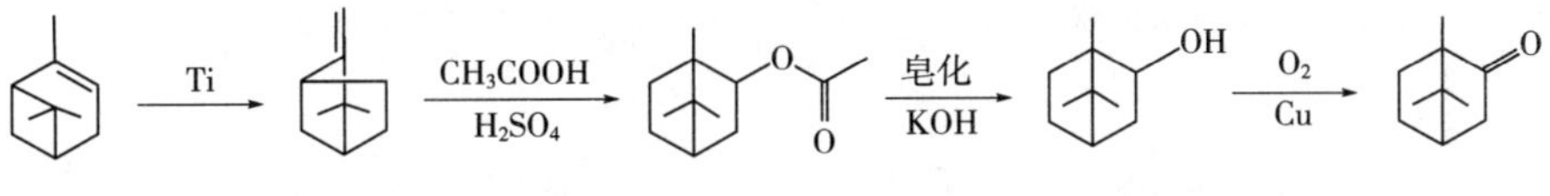

蒎烯

图 4-17　薄荷醇（1）、胡薄荷酮（2）、香芹酮（3）和樟脑（4）的合成（续）

Lewis 酸，亲电子试剂。

六、花香风味

花香的风味特征定义为花朵散发出来的气味，具有甜、清香、果味和草本的风味特征。在这一类中没有典型的有重要影响的成分，但有一系列的属于不同类别的单个的风味物质。苯基乙醇、香叶醇、β-紫罗酮和一些酯类（乙酸苯酯、乙酸芳樟酯）是这一族中的重要化合物(图 4-18)。所有这些化合物都来源于植物。较高浓度时，很多花香香韵总是伴随着不期望的类似香水味的感觉。

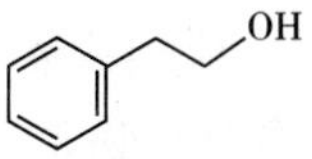

苯乙醇

花香，甜

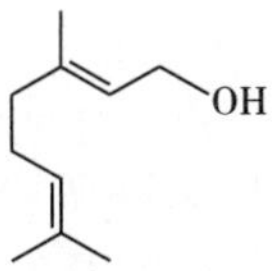

香叶醇

花香，花味

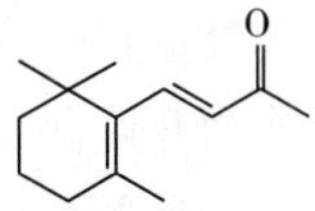

β-紫罗酮

花香，甜，浆果味

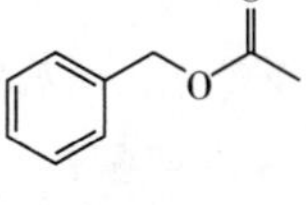

乙酸苄酯

花香，果味

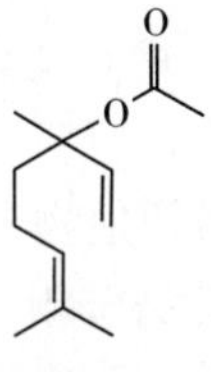

乙酸芳樟酯

花香，果味，柑橘味

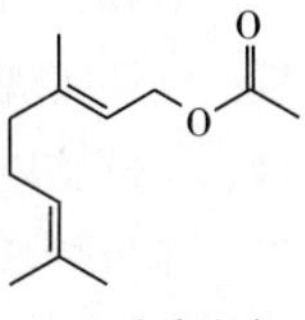

乙酸香叶酯

花香，甜，果味

图 4-18　主要花香风味物质

图 4-18 所示的化合物是风味和香料工业中产量最大的一类物质。甲基庚烯酮是合成乙酸芳樟酯和β-紫罗酮的前体［图 4-19（1）、（2）］，也是另外一种产量非常大的产品。β-蒎烯在高温下裂解生成月桂烯，生成的月桂烯再与氯化氢反应生成香叶基氯、橙花基氯和芳樟基氯的混合物同乙酸钠作用，则生成香叶醇、橙花醇和芳樟醇的乙酸酯。将此混合乙酸酯用碱溶液加热皂化水解，就可以得到香叶醇、橙花醇和芳樟醇的混合醇，最后经高效精密分馏即可分别得到香叶醇、橙花醇和芳樟醇［图 4-19（3）］。

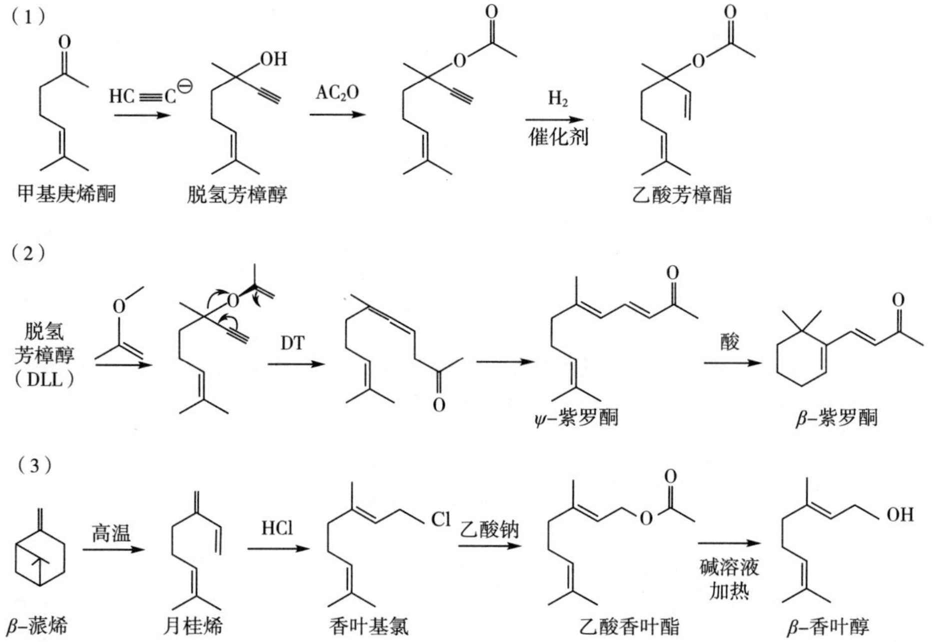

图 4-19　乙酸芳樟酯（1）、β-紫罗酮（2）和β-香叶醇（3）的合成

七、香辛料草本风味

香辛料草本风味特征在香草和香辛料中常见。这些风味物质是人类使用最古老的食品配料。香辛料不仅可作为开胃食品，也可用作食品防腐剂。香辛料中典型的风味物质有芳香醛、醇和酚的衍生物，它们有强烈的风味，并且有生理功效，如抑菌作用。很多是有重要影响的特征化学物质，如茴香脑、肉桂醛、草蒿脑、丁子香酚、D-香芹酮、麝香草酚等（图 4-20）。这些物质由于高风味强度的特点，在使用量很低的条件下即可获得理想的加香效果。在实际应用中通常使用调味粉或提取物，且应用非常广泛，包括焙烤食品和酒精饮料，在亚洲尤其普遍。用量最大的是肉桂醛，已经实现大规模生产。

肉桂醛、茴香脑、草蒿脑以及丁子香酚的生物合成与苯基丙酸类化合物的代谢有关，如苯丙氨酸转化为肉桂酸（苯丙烯酸）及其羟基衍生物（图 4-21）。苯丙氨酸的合成则与通过莽草酸路径的碳水化合物代谢有关。在高等植物中，苯基丙酸类合成路径特别重要，它能产生各种高浓度的化合物。

肉桂醛是通过苯甲醛和乙醛的克莱森-施密特（Claisen-Schmidt）醇醛缩合反应来化学合

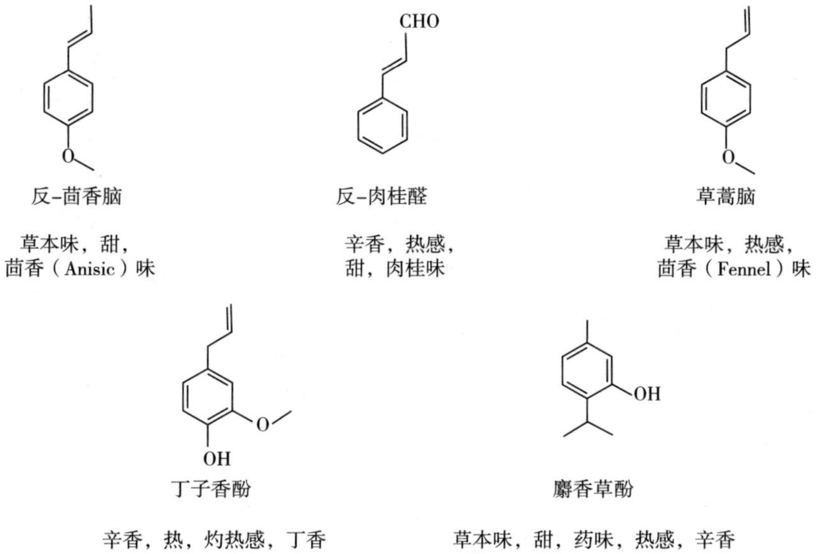

图 4-20 香辛料草本风味特征化合物

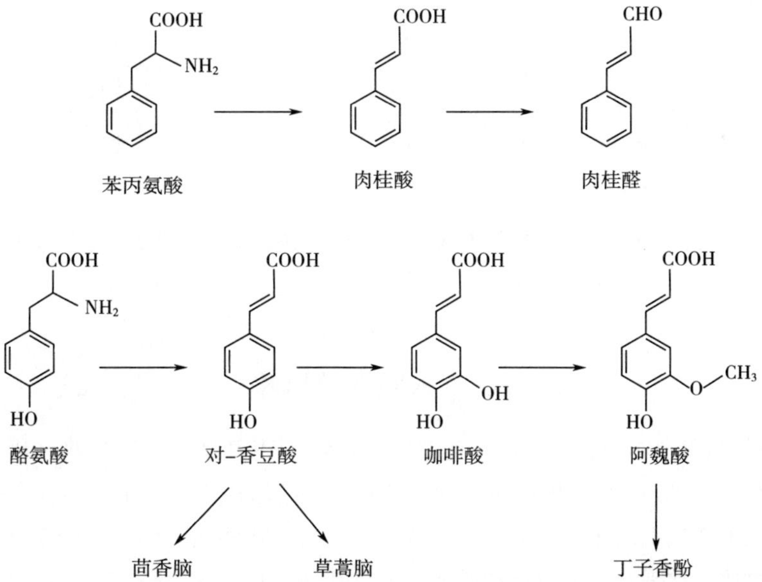

图 4-21 肉桂醛的生物合成和苯基丙酸类化合物的结构

成的［图 4-22（1）］，其历史可以追溯到 20 世纪。草蒿脑可以通过对氯苯甲醚和烯丙基氯的格氏（Grignard）反应合成。碱催化的双键异构化则得到反式茴香脑。此外，苯甲醚（茴香醚）在路易斯酸催化作用下可直接得到反式茴香脑［图 4-22（2）］。工业中可采用愈创木酚为原料，利用烯丙基氯或烯丙醇等试剂，直接将其丙基化制备丁子香酚［图 4-22（3）］，此法制取丁子香酚时，生成的 3 个同分异构体的沸点十分接近，分离和提纯较为困难，影响产品质量，因此其分离纯化技术是重要课题。麝香草酚可以以间甲酚和丙烯为原料，在催化剂作用下直接制得［图 4-22（4）］。

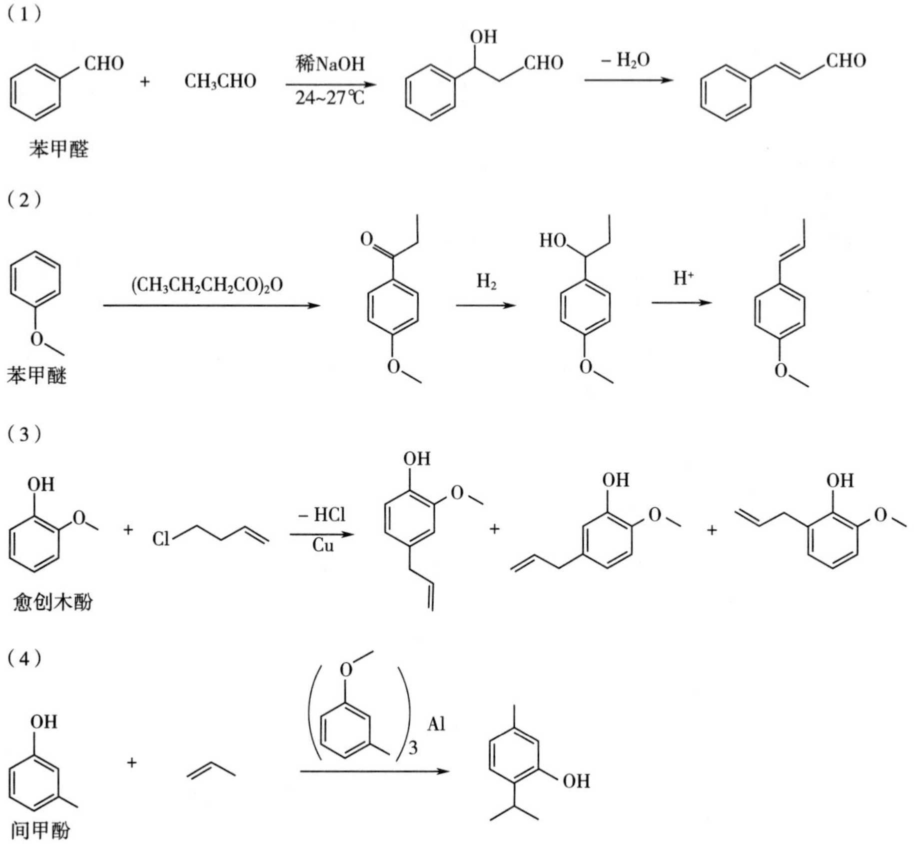

图 4-22　肉桂醛（1）、反式茴香脑（2）、丁子香酚（3）和麝香草酚（4）的合成

八、　木质烟熏风味

木质烟熏风味特征化合物有取代酚（愈疮木酚等）、甲基紫罗酮衍生物（甲基紫罗酮）和某些醛（非常低浓度的反-2-壬烯醛），它们分别具有浓烈的热感、木质的、芳香的和烟熏的风味（图 4-23）。木质烟熏风味通常被认为不属于天然的风味物质，而是在储藏和热处理过程中形成的。这些物质只在需要增强口感和质地时才与其他风味一起结合使用，而且在高浓度时会表现出异味感。

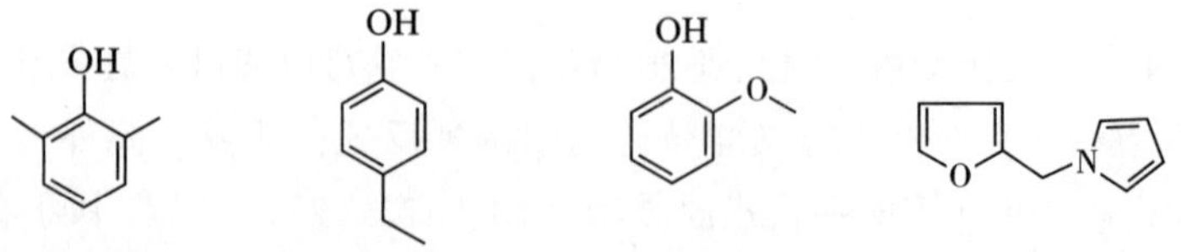

2, 6-二甲苯酚　木质，树根味
4-乙基苯酚　木质，酚味
愈创木酚　烟熏，芳香
糠基吡咯　木质，檀香

图 4-23　木质烟熏风味特征化合物

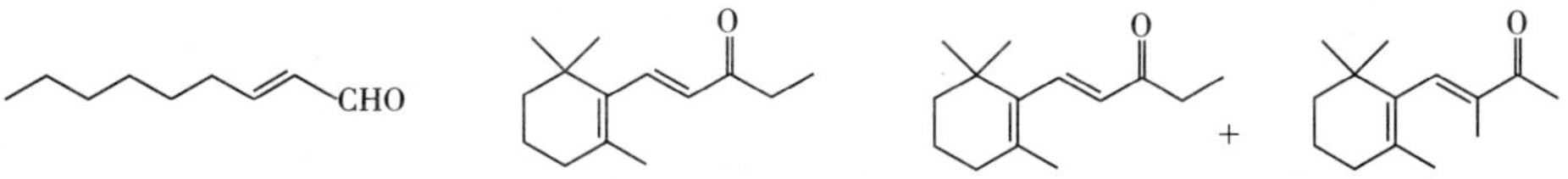

反-2-壬烯醛（高度稀释）　木质，鸢尾草味

β-n-甲基紫罗酮　木质，果味

70∶30 甲基紫罗酮　木质，花香

图 4-23　木质烟熏风味特征化合物（续）

愈创木酚通常可以通过邻苯二酚与一氯甲烷或甲醇或硫酸二甲酯在碱性条件下反应制得［图 4-24（1）］。β-甲基紫罗酮的化学合成以柠檬醛与丁酮为原料，在氢氧化钠溶液中通过缩合反应形成假性甲基紫罗酮，再在浓硫酸作用下经环化反应制得甲基紫罗酮［图 4-24（2）］。

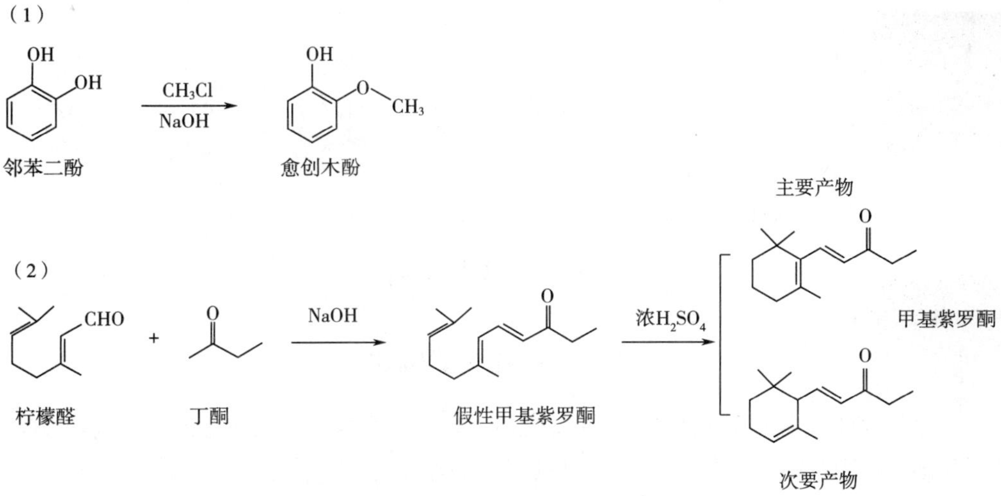

图 4-24　愈创木酚（1）与甲基紫罗酮（2）的合成

九、 烘烤焦香风味

烘烤焦香风味通常与“吡嗪”有关。吡嗪类物质是烘烤类食品的主要风味物质。

吡嗪环上的氢原子可以被烷基、酰基或烷氧基所取代，被取代后的分子能导致各种食品风味：焦香味、烘烤味、清香味、土腥味和霉味等。在这一大类中，最重要的化合物是烷基和乙酰基取代的吡嗪（图 4-25）。

2,5-二甲基吡嗪　焦香，刺激性，烤坚果

四甲基吡嗪　烘烤味，咖啡

2-甲基-3-乙基吡嗪　焦香，坚果香

2-乙酰基吡咯　焦香，粗糙，苦杏仁

图 4-25　烘烤焦香风味特征化合物

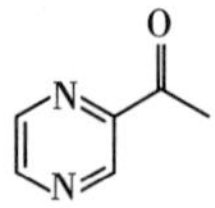

2-乙酰基吡嗪
烘烤味，坚果香

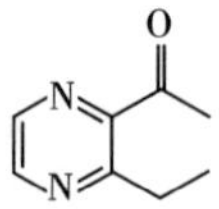

2-乙酰基-3-乙基吡嗪
烘烤味，煮土豆，土腥味

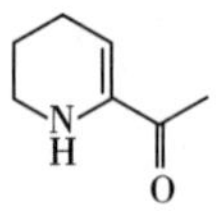

2-乙酰基-1,4,5,6-四氢嘧啶
烘烤味，面包香

图 4-25 烘烤焦香风味特征化合物（续）

吡嗪的合成途径可以由两个氨基酸分子缩合生成2,5-二酮哌嗪，进一步脱水后生成吡嗪化合物，也可以用通过氨基酸 Strecker 降解产物 α-氨基酮经缩合和氧化后得到吡嗪化合物（图 4-26）。

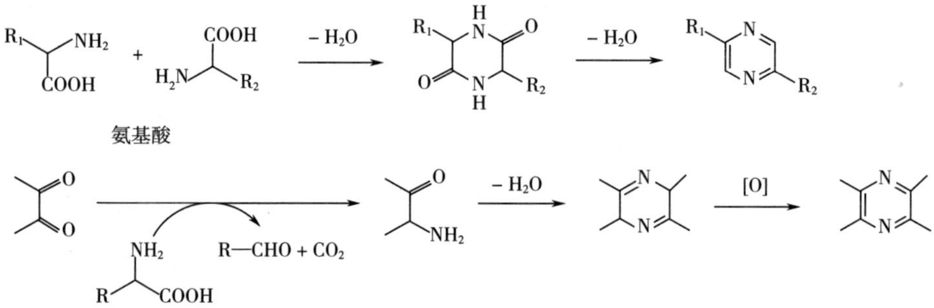

图 4-26 吡嗪的合成

十、坚果焦糖风味

焦糖坚果风味大多是含糖食品经加热处理后的风味。烘烤坚果轻微的苦味和焦香味使这种风味更完美。代表性风味物质如3-甲基-2-羟基-2-环戊烯-1-酮（环戊烯酮）、麦芽酚、糠醇等化合物都有相同的结构单元，即都含有一个环状的烯醇酮（图 4-27），它们也有共同的风味轮廓。这些具有环状烯醇酮结构的化合物具有显著的风味增强效果，可应用于各种焦糖风味食品和烘烤食品中。烯醇酮环被甲基或乙基取代得越多，其感觉阈值就越低。

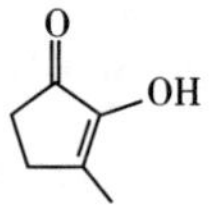

2-羟基-3-甲基-
2-环戊烯-1-酮
坚果香，似枫木味

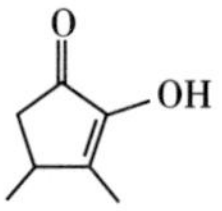

2-羟基-3,4-二甲基-
2-环戊烯-1-酮
焦糖，烘烤味

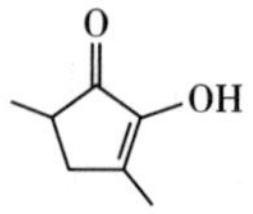

2-羟基-3, 5-二甲基-
2-环戊烯-1-酮
焦糖，似奶油糖果味

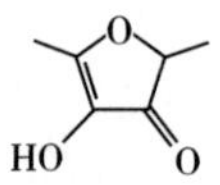

2, 5-二甲基-4-羟基-
3(2H)-呋喃酮
焦糖，甜香味

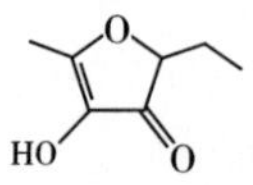

2-乙基-4-羟基-
5-甲基-3(2H)-呋喃酮
焦糖，甜香味，似面包香

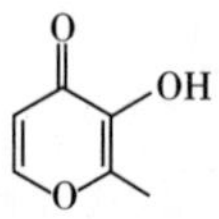

2-甲基-3-羟基-
4-吡喃酮
焦糖，焦香味

图 4-27 坚果焦糖风味特征化合物

几乎所有含有碳水化合物的食品在进行加热处理时都会产生 3-甲基-2-羟基-2-环戊烯-1-酮、麦芽酚、2,5-二甲基-4-羟基-3(2H)-呋喃酮。由鼠李糖生成 2,5-二甲基-4-羟基-3(2H)-呋喃酮的过程见图 4-28，这个反应可视为一个特殊的美拉德反应，氨基酸被哌啶和乙酸取代，产物产率很高，约为 80%。

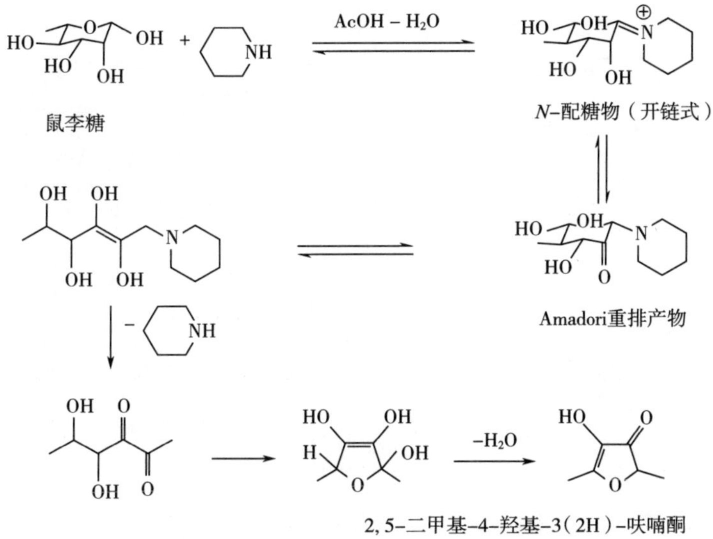

图 4-28　2,5-二甲基-4-羟基-3(2H)-呋喃酮（HDF）的合成

图 4-29 为 2-乙基-4-羟基-5-甲基-3(2H)-呋喃酮和环戊烯醇酮的工业合成路线。

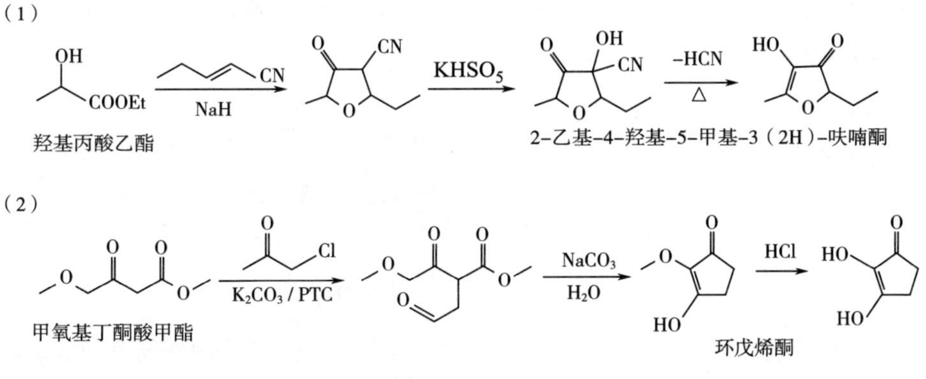

图 4-29　2-乙基-4-羟基-5-甲基-3(2H)-呋喃酮（1）和环戊烯酮（2）的合成

PTC 为相转移催化剂。

十一、 肉汤植物水解蛋白风味

植物蛋白水解产物（Hydrolysates of Vegetable Protein，HVP）是指在酸或蛋白酶的作用下，水解含蛋白质的植物原料如豆粕、花生粕、小麦、玉米等所得到的多肽及氨基酸的混合胶体溶液，再经加工处理后得到的产物，具有较强的风味强化作用。肉汤 HVP 风味不是一种依据某些

典型化合物的风味类型，而是具有弥漫的热、咸和香感觉的风味特点，往往与浓郁的肉类提取物风味联系在一起。尽管单个风味组分只对基本味觉起主要作用（即主体风味），适当的多种化合物相互作用后的综合风味要比单个化合物的风味特征更加显著，对本体（Body）滋味即醇厚度有重要影响。一些化合物在增强香气和强化头香方面也具有重要作用（图 4-30）。

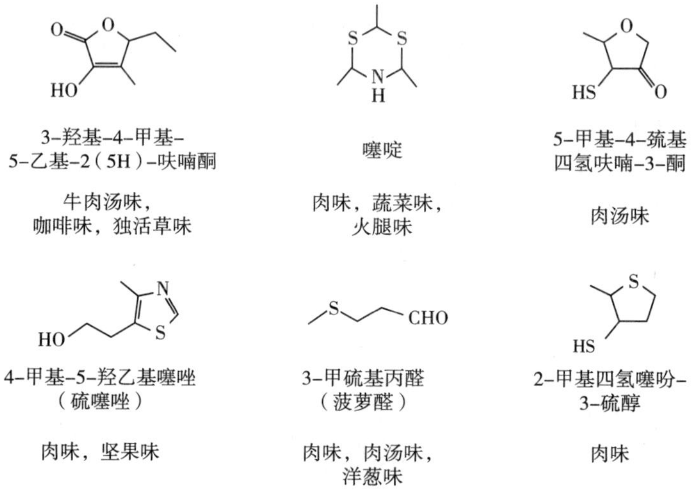

图 4-30　肉汤 HVP 风味特征化合物

3-羟基-4-甲基-5-乙基-2(5H)-呋喃酮最初是从 HVP 中发现的，它是由苏氨酸转化而来。

4-甲基-5-羟乙基噻唑（硫噻唑）是维生素 B_1 降解的产物，是一种激发风味化学家研究兴趣的化学物质。绝对纯的硫噻唑的风味非常弱，贮存之后的样品却能够飘散出浓郁的牛肉汤气味。但到目前为止，影响芳香的这类“杂质”还不能通过仪器检测出来。在工业生产中，3-甲硫基丙醛往往由甲硫醇和丙烯醛反应制得（图 4-31）。

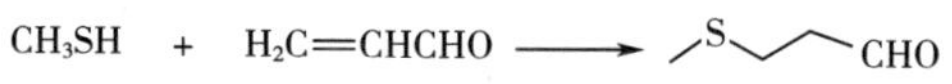

图 4-31　3-甲硫基丙醛的合成

十二、肉香风味

肉香风味是最难以描述的风味之一，非常复杂。例如，烘烤牛肉风味与其他烧烤肉和清炖肉的风味就存在很大差异。

未经煮过的肉类风味很差，会让人联想到那种咸咸的、胺类的味道。而理想的肉香风味只在美拉德反应开始后才会出现。含硫化合物（硫醇、噻唑和噻吩等）和含氮杂环化合物（吡嗪、吡咯、嘧啶和氧唑等）是产生这种风味的主要因素。图 4-32 所示为一些具有这类风味特征的化合物。

在肉类食品热加工过程中，动物脂肪对肉香特征风味的形成具有重要的贡献。随着所使用脂肪的种类和含量的不同，会形成各种不同的脂肪族羰基化合物（醛和酮），其进一步参与美拉德反应等化学作用中，形成重要的肉香风味物质。而肉中的核苷酸、多肽以及矿物质等非挥

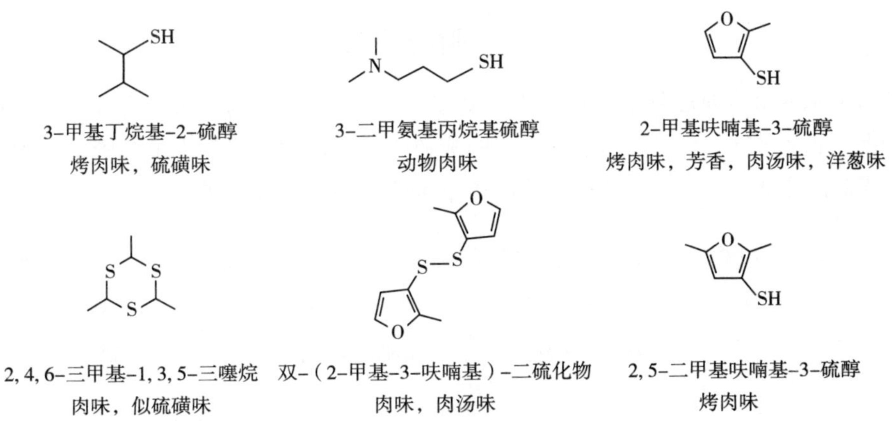

图 4-32 肉香风味特征化合物

发性化合物对肉类食品的滋味起主要作用。

在实际生产中要通过完美的风味化合物重组配方而达到逼真的肉类风味效果几乎是不可能的，因此通常采用加工肉类风味“基料”或肉类提取物作为构建该类风味的基料。

肉类组织中的维生素 B_1 是形成肉味香气的重要反应物，由维生素 B_1 降解生成双-(2-甲基-3-呋喃基)-二硫化物的过程如图 4-33 所示。对维生素 B_1 降解机制的研究和对反应产物的分析，目前仍然是一个非常活跃的研究领域。

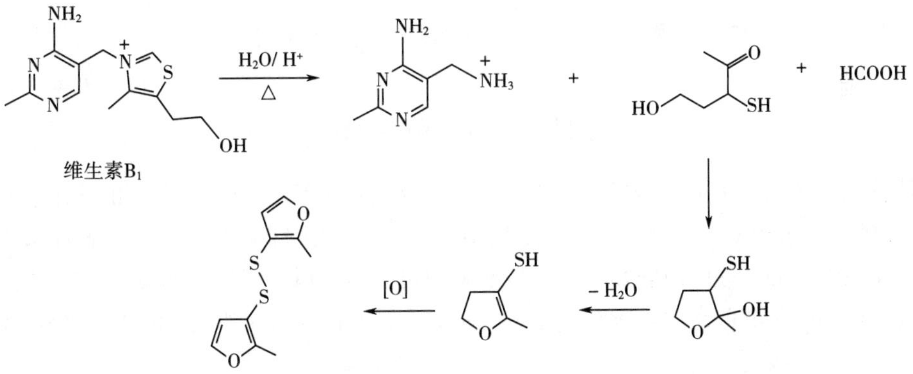

图 4-33 由维生素 B_1 降解生成双-(2-甲基-3-呋喃基)-二硫化物的过程

在工业生产中，肉类特征风味物质 2-甲基呋喃基-3-硫醇的制备可以 2-甲基四氢呋喃酮为原料，首先与硫化氢反应生成 2-甲基二氢呋喃基-3-硫醇，最后经脱氢氧化得到（图 4-34）。

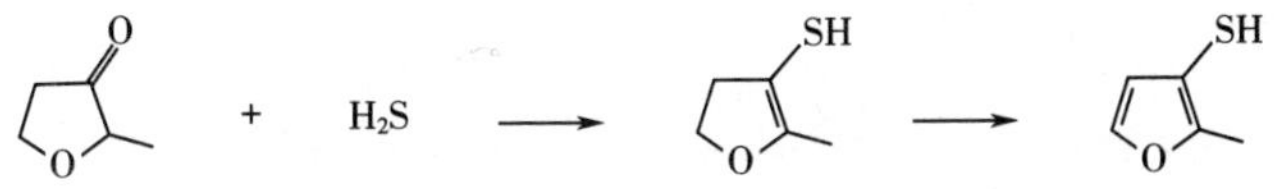

2-甲基四氢呋喃酮

图 4-34 2-甲基呋喃基-3-硫醇的合成

十三、 脂肪酸败味

脂肪酸败味的最主要成分是丁酸和异丁酸（图 4-35），它们通常被形容为令人不快、酸溜溜的和令人厌恶的气味。而己酸所表现出来的酸败味比较微弱，略有干酪酸败的味道。中等链长带甲基支链的脂肪酸，如 4-甲基辛酸和壬酸，是羊脂异味的主要成分。

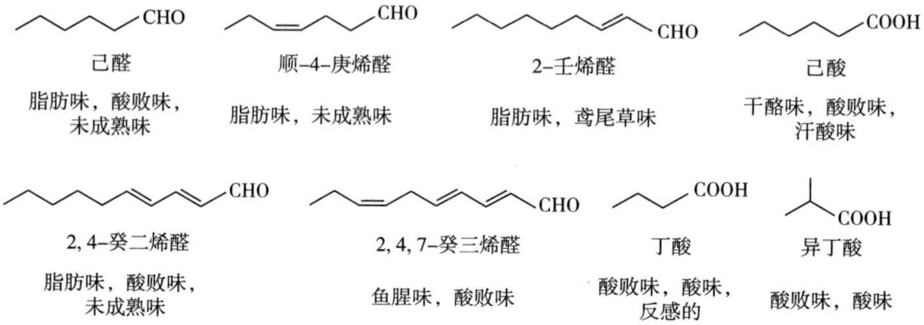

图 4-35 脂肪酸败风味特征化合物

图 4-36 所示为亚油酸和亚麻酸自动氧化形成醛和酸。

亚油酸 ——→ 己醛、2-庚烯醛、2, 4-癸二烯醛（*E,Z*和*E,E*）、己酸、辛酸、9-氧-壬酸、10-氧-癸烯酸

亚麻酸 ——→ 2-丁烯醛、2-己烯醛、2, 4-庚二烯醛（*E,Z*和*E,E*）、2, 4, 7-癸三烯醛（*E, Z, Z*; *E, E, Z*; *E, E, E*）、辛酸、12-氧-10-十二碳烯酸、13-氧-9, 11-十三碳二烯酸

图 4-36 脂肪酸自动氧化形成的酸和醛

十四、 奶油黄油风味

奶油黄油风味包括黄油特征风味（丁二酮、3-羟基-2-丁酮、戊二酮）和甜乳脂发酵风味（乙酸丙酮酯、δ-癸内酯、γ-辛内酯）。图 4-37 所示是这种风味类型的一些代表化合物。通过脂质氧化反应生成的一些脂肪醛和酸是产生饱满的奶油黄油风味感觉的主要成分。黄油加工处理时长链不饱和脂肪酸前体的多级氧化和蛋白质的降解产物是造成油腻感的主要因素。

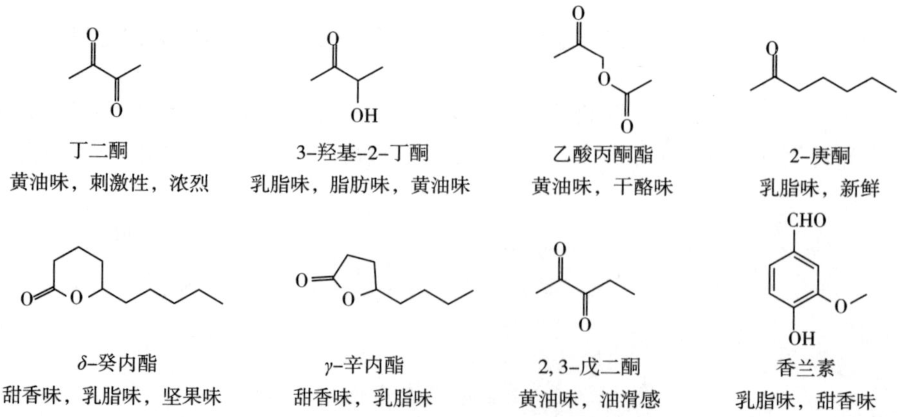

图 4-37 乳品黄油风味特征化合物

图4-38所示是从脂肪酸代谢产生3-羟基-2-丁酮和丁二酮的生物合成途径。而3-羟基-2-丁酮和丁二酮的化学合成途径是以乙醛为原料，在过氧化氢存在下反应制备（图4-39）。

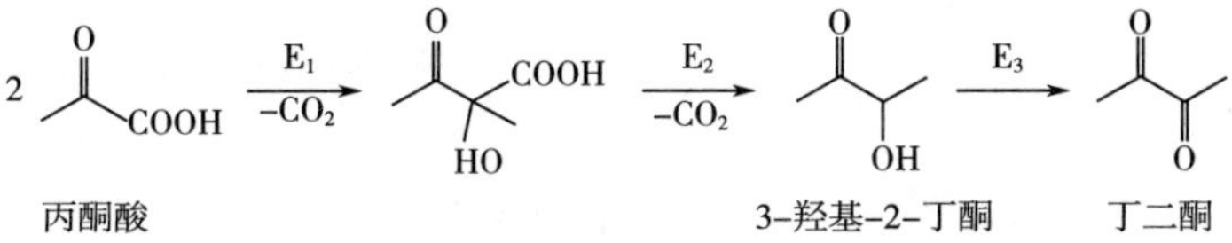

图4-38　丁二酮和3-羟基-2-丁酮的生物合成途径

E_1、E_2和E_3为不同的酶系

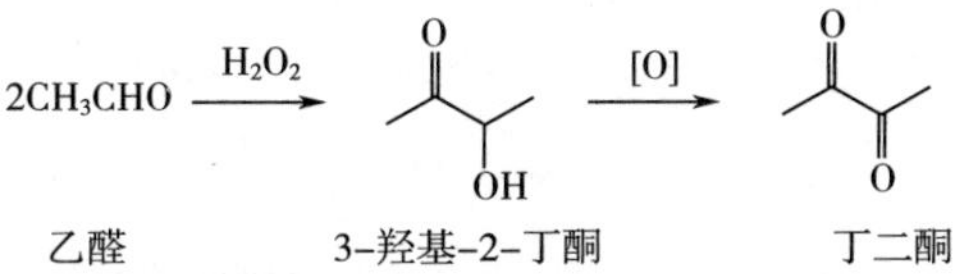

图4-39　丁二酮和3-羟基-2-丁酮的化学合成

十五、　蘑菇风味

蘑菇风味主要代表化合物有1-辛烯-3-醇和二甲萘烷醇。前者是典型蘑菇风味，后者呈土腥味。对蘑菇风味成分的研究表明，除1-辛烯-3-醇以外，一系列C_8为主的化合物，饱和及不饱和醇和羰基化合物也是典型蘑菇风味的主要成分。其他的合成物质如2-辛烯-4-酮和1-戊基吡咯已被确知具有类似蘑菇的风味特征（图4-40）。虽然4-萜品烯醇（松油烯醇），2-乙基-3-甲硫基吡嗪和间苯二酚二甲醚的化学结构差别很大，但却都有土腥味特征。

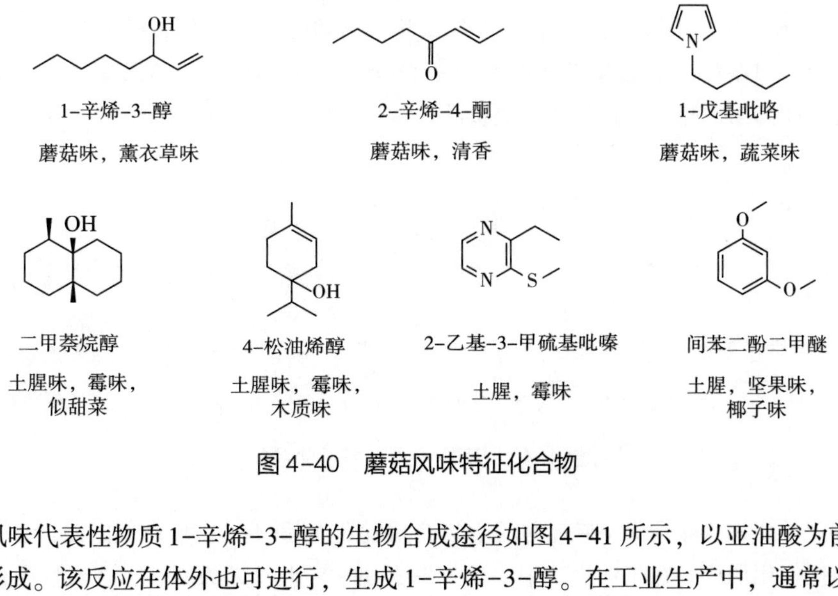

图4-40　蘑菇风味特征化合物

蘑菇风味代表性物质1-辛烯-3-醇的生物合成途径如图4-41所示，以亚油酸为前体，通过酶促氧化形成。该反应在体外也可进行，生成1-辛烯-3-醇。在工业生产中，通常以丙烯醛和格氏试剂为原料，回流反应后用饱和氯化铵溶液水解，进一步洗涤油层，经减压蒸馏得到1-辛

烯-3-醇（图 4-42）。

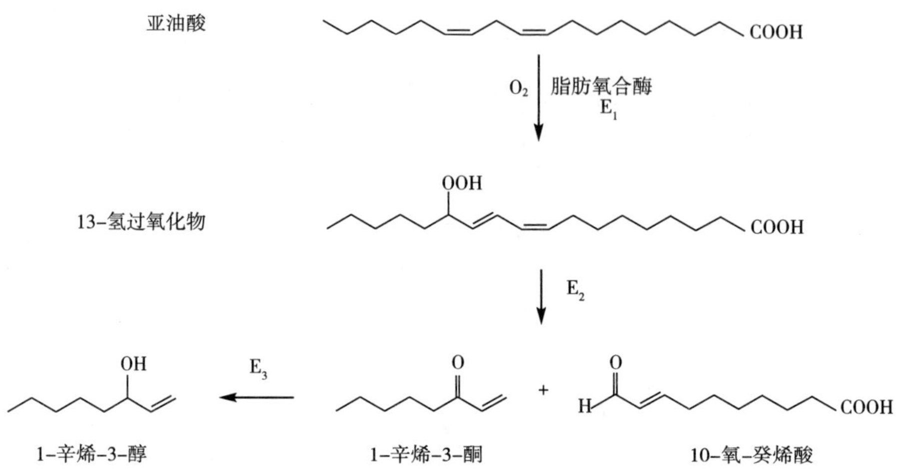

图 4-41　1-辛烯-3-醇的生物合成途径

E_1、E_2和 E_3为不同的酶系。

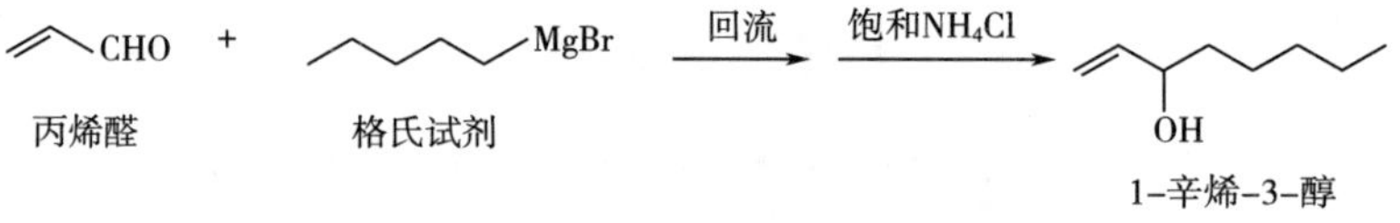

图 4-42　1-辛烯-3-醇的化学合成途径

十六、 芹菜汤风味

芹菜汤风味通常被描述成温辣的树根气味，可使人联想起浓汤。其代表性的化合物有亚丁基苯并呋喃酮（3-亚丁基邻苯甲酸酯）、丁基苯并呋喃酮（3-丁基邻苯甲酸酯）、4,5-二甲基-3-羟基-2(5H)-呋喃酮、二氢茉莉酮和顺-茉莉酮等（图 4-43）。芹菜风味往往与蔬菜的应用联系在一起，而肉汤风味则更适用于肉类食品。

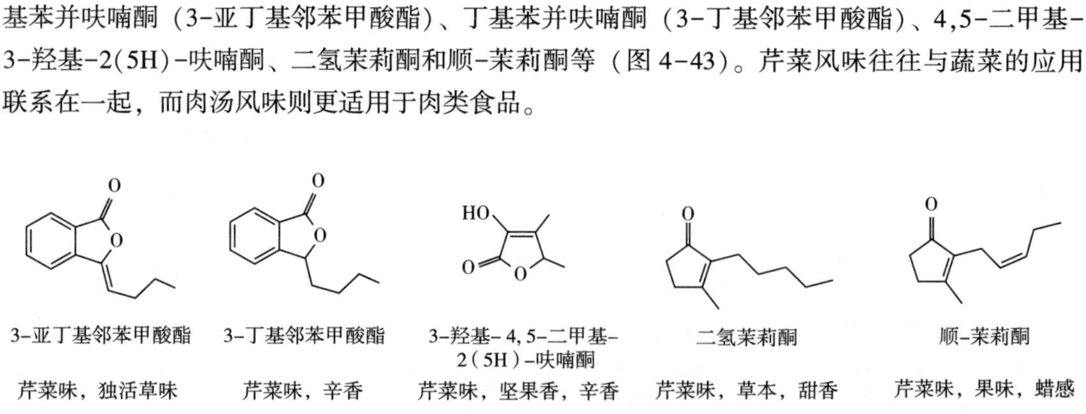

图 4-43　芹菜汤风味特征化合物

芹菜汤风味代表性物质顺-茉莉酮的生物合成途径如图 4-44 所示，以二十碳五烯酸为前体，通过酶促氧化形成。在工业生产中，以 2,5-二酮-8-十一烯为原料，在碱性条件下环化制备顺-茉莉酮（图 4-45）。

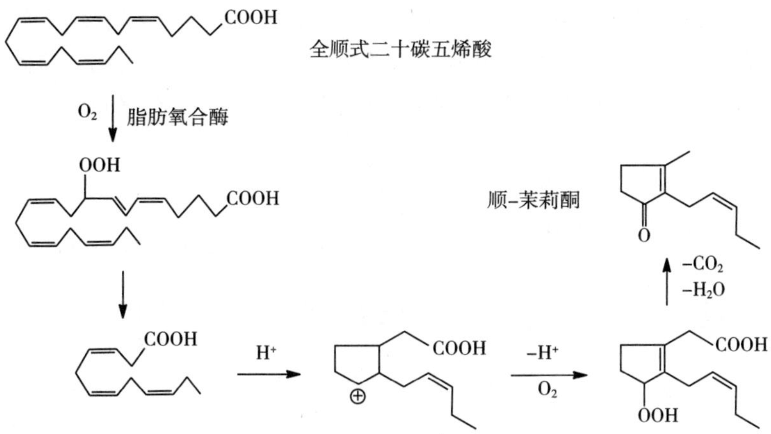

图 4-44　顺-茉莉酮的生物合成途径

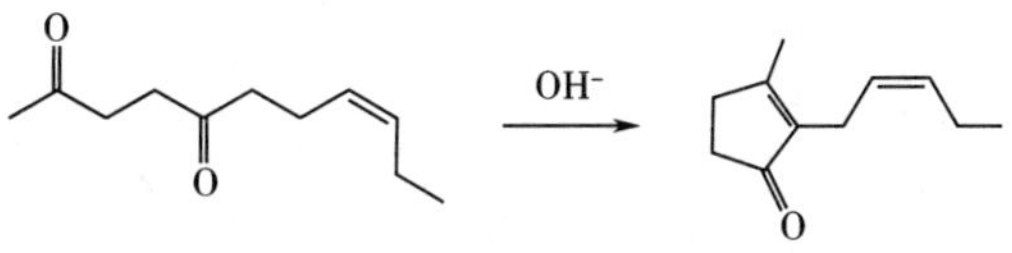

图 4-45　顺-茉莉酮的化学合成途径

十七、 含硫葱蒜风味

含硫葱蒜风味是蔬菜的特定风味，一般很容易辨别。这种气味涵盖的范围很广，包括能使人产生不愉快感觉的硫醇（甲基硫醇）、不饱和短链的大蒜和洋葱类化合物（烯丙基硫醇、二烯丙基二硫化合物），以及使人产生愉快感觉的有明显细微差别的杂环化合物。例如，芦笋中的1,2,4-三硫代环戊烷，蘑菇（香菇）中的蘑菇香精和西番莲果中的2-甲基-4-丙基-1,3-氧硫杂环已烷（图4-46）。

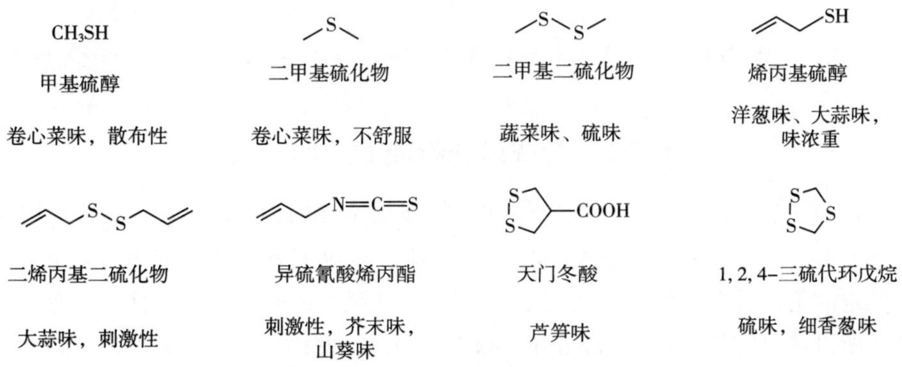

图 4-46　含硫葱蒜风味特征化合物

这些含硫化合物是一类非常重要的具有极低感觉阈值的风味物质。由于它们常常表现出不稳定性（如易发生氧化反应）以及易与其他风味成分发生反应，所以它们需要经过特别处理来维持其稳定。一般情况下，含硫风味化合物是在植物及食品原料进行热加工时形成的，形成途径如图 4-47 所示。在工业生产中，二甲基硫化物（甲硫醚）可由甲醇和硫化氢在氧化铝的催化作用下制取［图 4-48（1）］，烯丙基硫醇由烯丙醇和硫化氢在二氧化钍的催化作用下缩合形成［图 4-48（2）］，二烯丙基二硫化物则由烯丙基硫醇与碘在乙醇和吡啶存在下氧化制得［图 4-48（3）］。

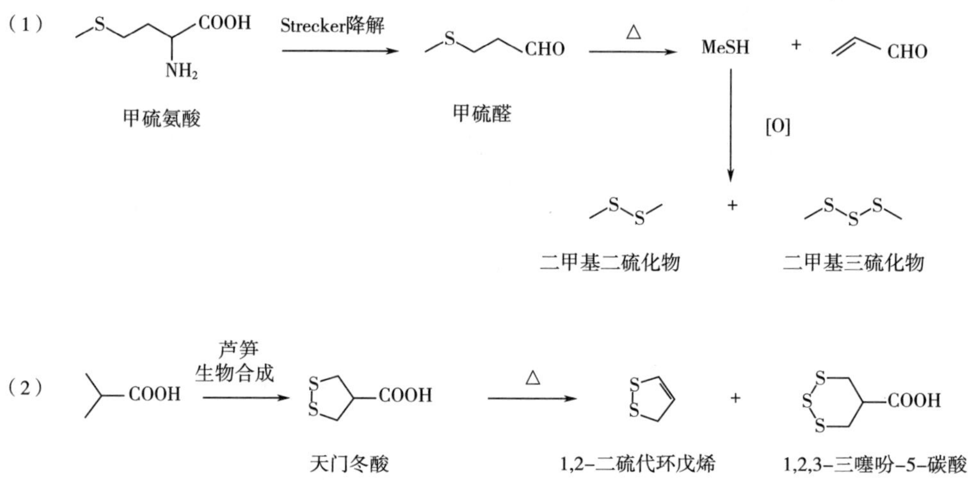

图 4-47　脂肪族（1）和环状（2）含硫化合物的形成途径

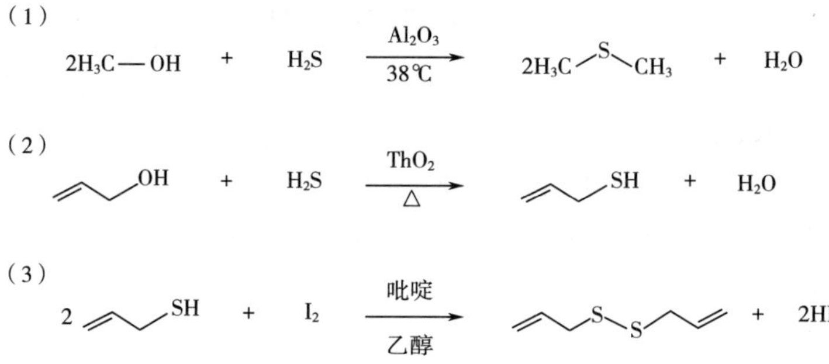

图 4-48　二甲基硫化物（1）、烯丙基硫醇（2）和二烯丙基二硫化物（3）的化学合成

十八、 合成风味物质的发展前景

即使目前的趋势仍是倾向于使用天然原料，然而合成风味物质的品质、商业应用和生态学等也在不断发展。合成风味物质是必不可少的一类物质，并且在将来会使用得越来越多。食品中发现并鉴定的化合物能否作为潜在的风味剂使用，主要取决于其感官特性、商业可得性和毒理学特性，所以其中只有很小的一部分在风味工业中得以使用。在此基础上，还必须了解这些风味化合物的性质和相互作用（单体或混合物，包括气味和滋味感觉阈值、稳定性、协同作用等），才能构建其应用方向及终端香精产品的研发策略的基础理论体系。此外，还需要确立科学的食品风味专业术语以准确地描述风味物质的特征，并建立风味科学研究者、工程师、营销人员及消费者之间的沟通管理机制。虽然这些风味物质正在不断被发掘、研究并逐步成为工业产品走向社会，但其中还有很多风味物质由于价格太高或尚不能通过化学合成得到，或是出于

食用安全、知识产权等方面的原因不能实现产业化，这就导致目前能真正在食品中进行广泛应用的合成风味物质占所有食品风味物质的比例很低，相关科研人员与工程师正在为合成风味物质的性质、制备及应用推广进行着不懈的努力。

风味物质的创新随着风味化学的进步在不断地发展，因此它是一个动态的发展过程。风味科学今后将在某些专题的研究中重点发展，例如，通过生物技术方法得到非挥发性风味前体硫代葡萄糖苷。生物催化方法在精细化学品和特种产品制造方面具有独特的优势，该反应通常在常温的水中进行，由于不需要官能团保护和脱保护步骤，所以通常比传统的合成程序需要较少的步骤；生物催化转化的另一个优点是可以实现化学选择性、区域选择性和立体选择性，这是很难或不可能通过化学手段实现的。通过美拉德反应制备风味基料也是一个重要的发展方向，美拉德反应的产物可作为单体配料使用，也可以作为混合风味物代替不易得到的风味成分或改善不好的风味成分。我们必须付出很大努力来检测和鉴别 μg/kg 以下范围内的单体特征风味物质，因此具有极低气味感觉阈值的含硫风味物质将会成为备受关注的研究领域。此外，为了更合理地应用这些风味物质，我们不但要了解它们的生物合成，而且也要了解它们在感知和感官方面的生理效应，然而目前人们对这些化合物产生感官刺激的机制还知之甚少。同时，计算机辅助选择合成配料将帮助风味化学家们调整组分或配方，节省时间和资金，避免盲目试验，以满足当今和未来大众对更新的短期产品的需要。

第四节　风味增效剂

一、 风味增效剂的定义及风味增效作用

传统意义上，风味化合物被定义为一种通过对混合物风味轮廓的直接贡献来赋予某种滋味或风味的化学物质，而风味修饰剂能够影响另一种风味或滋味化合物的风味或滋味强度，或者改变其品质，从而充当间接贡献者。同时，风味修饰剂可以表现出与受影响方向不同的固有的风味或滋味轮廓。自古以来，以鱼露或酱油形式应用的谷氨酸盐，还有氯化钠及甘甜的碳水化合物因其本身固有的强烈滋味而被用于调节食品风味，是典型的风味修饰剂，但由于这些物质实际上发挥的修饰作用主要是风味增效，因此是风味增效剂。

由于人体的风味感知涉及嗅觉、味觉和三叉神经系统，风味增效通常是一项复杂工程，风味增效实际上包括了气味-气味相互作用、三叉神经-气味相互作用、气味-滋味相互作用、滋味-三叉神经相互作用及滋味-滋味相互作用。

二、 咸鲜味增效剂

传统的咸鲜味增效剂是食盐、谷氨酸钠和一些核苷酸。1908 年，日本东京帝国大学的化学教授池田菊苗（Kikunae Ikeda）第一次将海藻的风味增强作用归因于谷氨酸，并将这种风味效果命名为“鲜味”。味精被发现后很快成为一种工业化商品。而在发现 5′-核苷酸钠时，由于成本太高，还不能工业化生产，直到 20 世纪 60 年代，5′-核苷酸钠才得到商业化。常用的核苷酸钠主要是 5′-肌苷酸钠（IMP）和 5′-鸟苷酸钠（GMP），5′-腺苷酸（AMP）由于增效作用差而

未得到商业应用。这些化合物在常用量（感觉阈值以上）条件下对鲜味有很大的贡献。另外，有两种氨基酸——口蘑氨酸和鹅膏蕈氨酸也已经被确认具有风味增效作用。口蘑氨酸和鹅膏蕈氨酸最初分别是在日本蘑菇毒蝇口蘑（*Tricholoma muscarium*）和 *Aminita strobiliforms* 中发现的，这两种氨基酸具有神经毒性，能够杀死苍蝇。尽管两种氨基酸的增效作用比谷氨酸钠和5′-核苷酸具有更低的感觉阈值，但由于安全性等因素未得到商业应用。

（一）风味增效剂氨基酸与5′-核苷酸

1. 具有增效作用的氨基酸与5′-核苷酸的化学性质

（1）结构 作为天然增效剂的氨基酸与5′-核苷酸结构如图4-49所示，主要是五个碳原子的L-氨基酸和6位上有羟基的5′-核苷酸。氨基酸与5′-核苷酸的风味增效作用水平由分子结构而定，对于谷氨酸钠，只有完全电离的L-(+)-谷氨酸钠才有增效作用，D-(+)-谷氨酸钠没有风味增强作用。电离形式也非常重要，单钠盐具有风味活性，而二酸和二钠盐或其他离子形式几乎没有活性。其他谷氨酸的钾盐、钙盐和铵盐是禁止使用的。

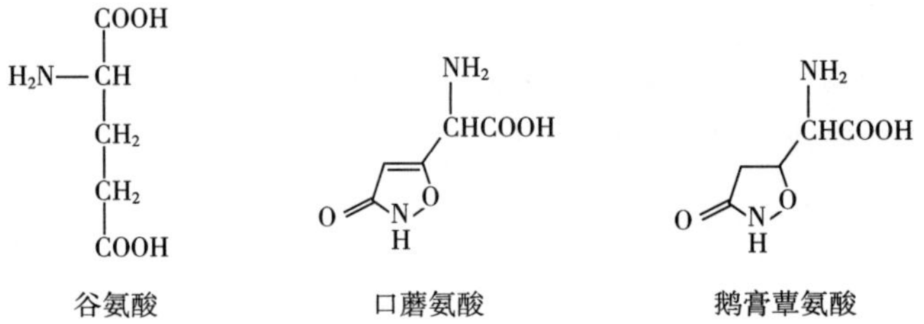

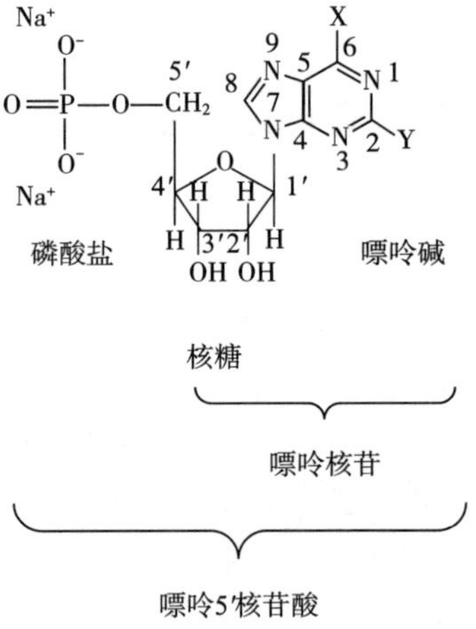

X = OH，Y = H：5′-肌苷酸钠（IMP）；

X = OH，Y = NH_2：5′-鸟苷酸钠（GMP）；

X = NH_2，Y = H：5′-腺苷酸（AMP）。

图4-49 传统风味增效剂的结构

核苷酸是组成核糖核酸（RNA）的基本骨架，由嘌呤（如次黄嘌呤、鸟嘌呤、腺嘌呤）、核糖以及与核糖5位相连的磷酸组成。核苷酸钠的有多种异构体可能有风味增效作用。在2′、3′和5′-核苷酸钠中，只有5′-核苷酸钠表现出风味增效作用。另外，5′-核苷酸6位上的羟基是产生风味增效作用的关键基团。如果6位上是氨基（即AMP），它的风味增强作用就较弱。

大量关于风味增效剂结构的报道中，除了口蘑氨酸和鹅膏蕈氨酸，还未发现如谷氨酸钠一样有效的氨基酸或氨基酸结合物。对核苷酸的风味增强作用研究表明，2-硫代核苷酸比相应的核苷酸具有更强的风味增强作用，例如，2-糠基硫代IMP的风味增强作用大约是IMP的17倍，但是这种核苷酸衍生物的合成成本与条件使这种硫代核苷酸无法产业化。

（2）稳定性 具有风味增效作用的L-谷氨酸唯一活性形式是谷氨酸钠单钠盐。pH由于影响谷氨酸钠盐的电离而对风味增效性质产生显著影响。在pH 4.0时，只有36.0%的谷氨酸能被电离；而在pH为5.0，6.0，7.0和8.0时，谷氨酸离解度分别为84.9%，98.2%，99.8%和96.9%。因此，只有在pH 5.0~8.0时，谷氨酸才能达到它的最佳风味增强的作用。试验数据表明，谷氨酸的R_3结构是风味增效作用的有效形式（图4-50）。

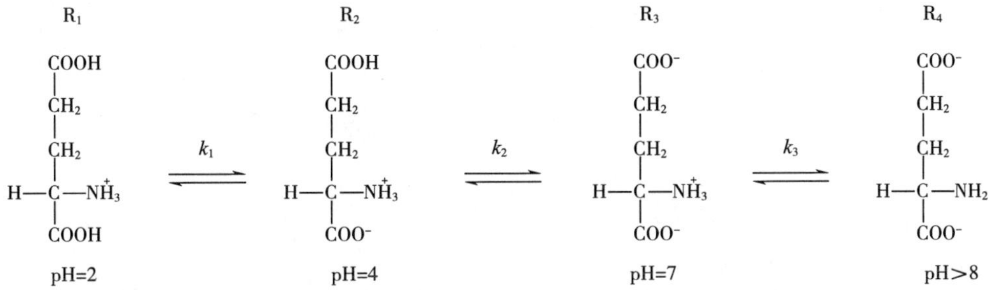

图4-50 在不同pH下谷氨酸的解离形式

谷氨酸钠不吸湿，在贮存过程中外观及品质不发生变化，然而在热处理过程中不是很稳定。虽在常规食品加工或烹调时不易被分解（pH 5.0~8.0），但在高温、酸性条件下（pH 2.2~4.4），谷氨酸钠会部分脱水转变成5-吡咯烷酮-2-羧酸，从而失去增效作用。在非常高的温度和强碱或强酸条件下，谷氨酸钠会外消旋化为DL-谷氨酸。此外，谷氨酸也有可能参与美拉德反应，游离氨基酸的反应活性通常比蛋白质中的氨基酸残基强，而且Strecker降解或者是其他褐变反应都会使谷氨酸钠失去增效作用。

IMP和GMP属非吸湿性盐，对热（能耐受至120℃）和酸（最适pH是5.0~7.0）都较稳定。在5′-核苷酸中，连接核糖与嘌呤的化学键比连接糖与磷酸的化学键要弱得多，易被水解。加热过程中，5′-核苷酸的分解与pH有一定关系。在pH为3.0的溶液中，115℃加热40min，IMP和GMP的损失量达29%，而在pH为6.0时，同样的热处理过程中其损失只有23%。IMP和GMP在干燥状态和光照状态下表现稳定。

罐藏加工是导致5′-核苷酸大量损失的主要食品加工过程。例如，罐藏的短颈蛤肉经装罐并在室温下贮存6个月后，其中5′-核苷酸损失量高达39%~40%。罐藏的蒸煮龙虾在室温下贮存3个月后其5′-核苷酸损失达35%~39%，继续存放至8个月时其5′-核苷酸损失将达到39%~42%。咸牛肉在110℃下加工120min时，其5′-核苷酸含量损失将达到12%，而在120℃下加工60min其5′-核苷酸损失将达到22%。由于罐藏而引起的损失非常显著，60~98℃范围内的动力学研究显示IMP分解属于一级反应。

核苷酸损失的其他途径包括失水、酶作用以及辐射。由于5′-核苷酸是水溶性，因而任何产品的水分损失（如在水里罐装或包装、冷冻后的失水等）都将降低核苷酸的增效作用。

酶能增加也能降低食品中增效剂的浓度。在肉类食品中，IMP 来源于 AMP 的分解，而 AMP 来自三磷酸腺苷（ATP）。因此，动物死后其体内 IMP 浓度将会迅速变大，然后随着 IMP 被酶解为肌苷及次黄嘌呤而逐渐降低。酶也可能将 5′-核苷酸上的磷酸水解下来，这也可以导致增效作用的减弱（图 4-51）。例如，许多蔬菜和肉类食品中都含有磷酸单酯酶，它能很容易地断开核苷酸中的磷酸酯键，使它们的风味增强效果丧失。新鲜未加工的肉中 IMP 的含量通常很高，而在加工过的肉中，IMP 的含量相对较低，这是因为未加工的肉里含有磷酸单酯酶，在对肉进行加工处理如解冻、清洗和腌制时，IMP 逐渐降解损失。因此，从实际应用角度看，应该在添加 IMP 或 GMP 之前，将肉加热至 85℃使酶失活。

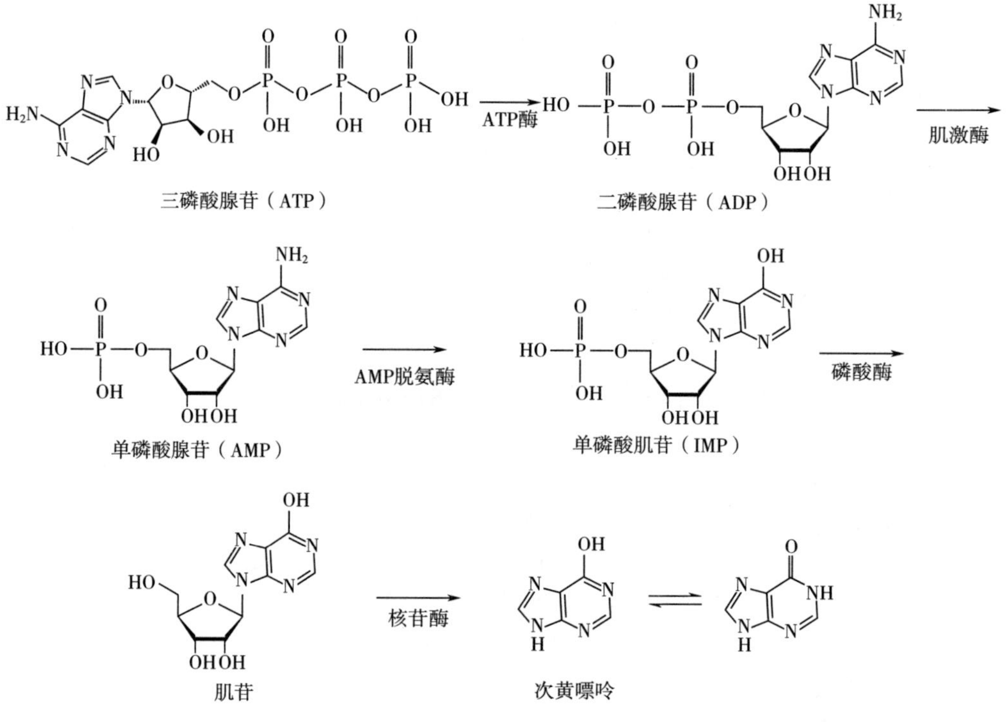

图 4-51　动物体内 5′-核苷酸的形成与降解

辐射处理不是一种常见的食品保藏方法，但绞细牛肉是通过辐射处理来杀死大肠杆菌的，且辐射剂量是相当大的。研究表明 5′-核苷酸在辐射作用下是不稳定的。在 pH 为 7.0 时，室温下对蒸馏水中的 5′-IMP 进行辐射处理，其核苷酸损失达到 40%，在酸性条件下其损失更大。经处理后，5′-IMP 将变成次黄嘌呤，损失程度由作用于肉的辐射量决定。

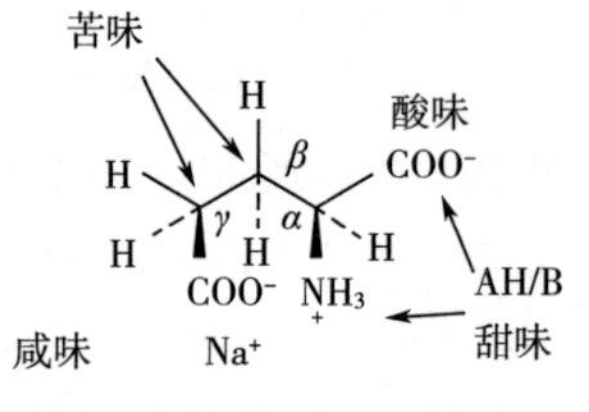

图 4-52　能够导致 4 种基本滋味的谷氨酸钠的结构

2. 谷氨酸钠与 5′-核苷酸的感官性质

（1）鲜味效应　谷氨酸钠具有引起甜味、咸味、酸味和苦味 4 种基本滋味的结构特征（图 4-52），其中，最为大家所熟知的是它的鲜味效应，但谷氨酸钠等鲜味物质改善食品感官品质的基本原理目前仍然不甚清楚。

鲜味物质的共同结构特点是分子中都含有两个相隔3~9个（4~9个最佳）碳原子或其他原子的负电荷，显然谷氨酸钠、IMP和GMP符合该条件。AMP的鲜味作用没有它们强，这是因为AMP分子虽然一端含有一个负电荷，而另一端却是一个带电负性的原子（氮原子）。

（2）滋味增效作用　风味增效剂对基本味觉的影响存在一些争议。早期的研究显示，在一些食品中当甜味和咸味达到最佳水平时，谷氨酸钠增强了食品的甜味和咸味，而酸味和苦味受到了抑制。近来有研究发现谷氨酸钠对甜味和咸味没有增效作用，但却能显著地降低酸味至1/2和苦味至1/30的感觉阈值。也有研究结果正好相反：甜味和咸味的感觉阈值降低了，而酸味和苦味的感觉阈值没有什么变化。同时，也有研究发现谷氨酸钠对任何基本味觉都没有显著影响。

表4-3所示为一些文献中报道的关于谷氨酸钠和5′-核苷酸对基本味觉的阈值的影响。谷氨酸钠可能：①轻微地降低甜味的感觉阈值（蔗糖）；②对咸味没有影响（NaCl）；③显著降低酸味的感觉阈值（酒石酸）；④对苦味没有影响（硫酸奎宁）。

表4-3　　5种滋味物质的阈值　　单位：g/L

溶剂	蔗糖	NaCl	酒石酸	硫酸奎宁	谷氨酸钠
水	0.86	0.037	0.0094	0.00049	0.12
0.94g/L（5mmol/L）谷氨酸钠溶液	0.68	0.037	0.019	0.00049	—
2.5g/L（5mmol/L）IMP溶液	0.68	0.037	0.3	0.002	0.0019

IMP对基本感觉阈值的影响与谷氨酸钠相似，但提高了苦味的感觉阈值。在超阈值水平上，谷氨酸钠对咸味有较大贡献，而对甜味、酸味和苦味的影响基本相似，这可能是由于谷氨酸钠存在钠离子。

在高浓度下，风味增效剂本身也有味道。在水溶液中，谷氨酸钠是甜咸味。谷氨酸钠的味觉阈值为0.0067~0.67g/L，感官评定员数量、年龄、性别及谷氨酸钠纯度的不同使得测定的感觉阈值在该范围内浮动。谷氨酸钠的绝对阈值为0.1g/L。IMP和GMP在水溶液中的感觉阈值分别0.1~0.25g/L和0.035~0.2g/L。IMP的味道被描述为“牛肉味”，而GMP被描述为“橡木，蘑菇味”。

（3）气味增效作用　风味增效剂对香气感知的影响也存在争议。有研究者认为谷氨酸钠和IMP可以影响一些食品的香气。例如，0.1g/L的IMP可以增强牛肉面条汤的某些香气强度。而另一些研究结论恰好相反，有研究者报道谷氨酸钠对受试的16种食品香气品质没有影响。通过采用感官评定和气相色谱来研究风味增效剂对牛肉顶空挥发性风味成分的影响，发现0.5g/L的谷氨酸钠及0.5g/L的5′-核苷酸对增加顶空挥发性风味成分有同样趋势。5′-核苷酸能使整体挥发性物质峰面积增加2.3倍，而谷氨酸钠只能增加1.7倍。

顶空香气成分浓度提高的机制还不清楚，因此需要谨慎看待这些数据，目前仍缺少一个统一的机制来解释谷氨酸钠与5′-核苷酸的香气增效机制。大多数研究者认为这是由于“盐析”效应引起的，但是增效剂的浓度远远低于引起盐析效应所需的浓度。另一种观点是增效剂改变了溶液极性从而导致香气物质的气-液分配系数发生显著变化。这些假说都有待进一步论证。

（4）谷氨酸钠与5′-核苷酸的协同效应　协同效应的定义为两种化合物混合后共同作用产

生的效果要比这两种化合物单独作用时产生的效果之和还大。在滋味强化方面，谷氨酸钠与5′-核苷酸显示出了显著的协同效应。谷氨酸钠与5′-核苷酸混合使用时不仅能增强味觉强度，还能改善味道质量。

表 4-4　　谷氨酸钠-IMP 和谷氨酸钠-GMP 混合物的味觉强度

质量比例		相关风味强度	质量比例		相关风味强度
谷氨酸钠	IMP		谷氨酸钠	GMP	
1	0	1	1	0	1
1	1	7	1	1	30
10	1	5	10	1	18. 8
20	1	3. 5	20	1	12. 5
50	1	2. 5	50	1	6. 4
100	1	2. 0	100	1	5. 4

从表 4-4 中可以看出两者之间的协同效应。谷氨酸钠和 IMP 的比例为 1∶1 时，可使味觉强度增强 7 倍。谷氨酸钠和 GMP 混合使用时，可使风味强度增强 30 倍。因此，最有效的风味增强体系是谷氨酸钠与 GMP 以 1∶1 比例组成的混合物。但是由于5′-核苷酸的相对成本高，因而很少有人使用 1∶1 的谷氨酸钠/5′-核苷酸复配物。在风味工业领域，常用比例为 95∶5 的谷氨酸钠-IMP/GMP（IMP∶GMP＝1∶1）复配体系。与谷氨酸钠相比，这一混合体系大概可以产生 6 倍的滋味强化协同效应。不仅谷氨酸钠与5′-核苷酸之间存在协同效应，5′-核苷酸 AMP、IMP 和 GMP 之间也存在协同效应。

3. 谷氨酸钠与5′-核苷酸在食品中的应用

风味增效剂在食品中的应用效果取决于其增效能力。尽管人们在关于风味增效剂对某一种滋味是增强还是减弱的问题上还存在很大的分歧，但风味增效剂能改善一些食品的味道这一点是毋庸置疑的。IMP 对不同风味的影响见表 4-5。这些数据再次表明 IMP 对不同的风味有不同程度的影响。

表 4-5　　IMP 对食品滋味、香气和物性的影响

风味/物性特征	香气强度变化	滋味强度变化
甜味	—	增加
咸味	—	下降
酸味	没有变化	下降
苦味	—	下降
肉味	—	增加
肉汤味	没有变化	增加
水解植物蛋白味	下降	下降

续表

风味/物性特征	香气强度变化	滋味强度变化
脂肪味	没有变化或下降	没有变化或下降
黄油味	没有变化或下降	没有变化或下降
硫味	下降	下降
焦香味	没有变化	没有变化或下降
淀粉味	没有变化或下降	没有变化或下降
香草/香辛料	没有变化	没有变化或下降
谷氨酸钠效应	—	增加
黏性	—	增加
速干性	—	增加
醇厚感	—	增加

风味增效剂在食品产品中有广泛的应用。它的应用范围主要包括蔬菜食品、腌制食品、汤、肉和其他美味食品。风味增效剂能增加汤、肉汁、酱油和果汁的黏度、速干性和醇厚感。

谷氨酸钠在食物成品中的使用量为1~6g/kg，最佳使用量因人而异。由于谷氨酸钠极易溶于水，所以餐食制作的过程中常常将它们溶解于某些含水配料如沙拉酱中，然后再将其应用于食品。

值得注意的是，谷氨酸钠并不能改善所有食品的风味，在很多食品，如糖果和乳制品、软饮料、果汁饮料、甜点心等食品中添加谷氨酸钠，甚至可能会对食品的风味产生负面影响。几乎所有的蛋白质都能与谷氨酸结合，谷氨酸被结合后便会失去鲜味的作用。

IMP 和 GMP 在加工食品中用量水平一般为 0.01~1.5g/kg。尽管 GMP 有更强的鲜味效应，倾向只使用 GMP，但在风味工业提供的 1∶1 的 IMP/GMP 的混合物味觉阈值为 60mg/kg，应用更加广泛。另外，与谷氨酸钠类似，IMP 和 GMP 对糖果、乳制品、软饮料和甜点等食品并没有风味增效作用。

谷氨酸钠和 IMP/GMP（1∶1）在典型的食品中的用量见表 4-6。

表 4-6　加工食品中使用的风味增效剂及其用量　单位：g/kg

食品	用量	
	谷氨酸钠	5′-核苷酸［IMP∶GMP（1∶1）］
脱水汤料	50~80	1.0~2.0
罐装汤料	1.2~1.8	0.022~0.033
速食面条汤料	100~170	3.0~6.0
罐装芦笋	0.8~1.6	0.03~0.04
罐装螃蟹	0.7~1.0	0.01~0.02

续表

食品	用量	
	谷氨酸钠	5′-核苷酸 [IMP : GMP (1 : 1)]
罐装鱼	1.0~3.0	0.03~0.06
罐装禽类、香肠、火腿	1.0~2.0	0.06~0.10
调味料	10~12	0.10~0.30
风味料	3.0~4.0	0.10~1.50
调味番茄酱	1.5~3.0	0.10~0.20
蛋黄酱	4.0~6.0	0.12~0.18
香肠、腊肠	3.0~5.0	0.02~0.14
快餐、小吃	1.0~5.0	0.03~0.07
大豆酱	3.0~6.0	0.30~0.50
蔬菜汁	1.0~1.5	0.05~0.10
加工的干酪	4.0~5.0	0.05~0.10

（二）呈味氨基酸与呈味肽

单体氨基酸中的L-谷氨酸和L-天冬氨酸水溶液具有一定鲜味，在酱油、鱼露等传统调味料中含量丰富，而茶氨酸是茶叶表现鲜味和持久感的主要原因。含有谷氨酸和天冬氨酸残基的短肽也可以诱发鲜味的产生，Glu-Glu、Glu-Thr、Glu-Ser 和 Glu-Asp 等二肽就具有典型的牛肉鲜味。相对分子质量较大的肽 Ser-Ser-Arg-Asn-Glu-Gln-Ser-Arg（963.595）和 Glu-Gly-Ser-Glu-Ala-Pro-Asp-Gly-Ser-Ser-Arg（1091.419）也被证实具有明显的鲜味特征。L-赖氨酸、L-精氨酸和一些肽如L-精氨酸二肽、L-鸟氨酰牛磺酸和L-鸟氨酰基-β-丙氨酸等肽可以提高咸味。食源性蛋白质酶解产物中含有多种氨基酸和多肽，是重要的咸鲜味强化剂。鱼类蛋白质、禽肉蛋白等动物蛋白及小麦面筋蛋白、花生蛋白、大豆蛋白等植物蛋白的酶解产物都被证实具有显著提高咸味的能力，中性蛋白酶、木瓜蛋白酶和氨肽酶等都是催化呈味肽形成的重要酶制剂。

牛肉风味肽（Beefy Meaty Peptide，BMP）是最早被确认具有风味增效作用的肽，能增强鲜味，可作为一种类似于谷氨酸钠的天然风味增效剂。起初人们从牛肉的木瓜蛋白酶酶解液中分离得到一种八肽，测序结果表明其一级结构为 Lys-Gly-Asp-Glu-Ser-Leu-Leu-Ala，相对分子质量为847，等电点为4.1，有增强牛肉风味的功能，因而被称为牛肉风味肽或风味强化肽。国外有研究者通过化学合成法制备得到了 BMP，进一步研究发现其具有很强的鲜味，与食盐、谷氨酸钠有较好的协同作用，能增强牛肉味，同时具有很好的热稳定性，121℃灭菌 20min，仅有10%变性，能满足食品工业生产中的热处理要求。然而各类文献报道的 BMP 感官特征却大相径庭，直到规模化合成方法出现后，人们才开始对这种肽的感官品质进行较彻底的研究，然而发现不是所有 BMP 都表现出风味增效作用，并且鲜味增强机制也不明确。

（三）氨基酸和肽的衍生物

谷氨酸盐的反应产物有鲜味作用，如谷氨酸和乳酸的脱水缩合产物 *N*-乳酰-L-谷氨酸盐，可以刺激味觉感受器产生鲜味感觉，具有和谷氨酸钠相似的肉汤鲜味。谷氨酸的糖基化产物（美拉德反应产物）*N*-1-葡萄糖基-L-谷氨酸和*N*-1-脱氧-1-D-果糖基-L-谷氨酸也都具有感觉阈值接近于谷氨酸钠的强烈鲜味。*N*-1-葡萄糖基-L-谷氨酸在中性或低 pH 条件下不稳定，生成葡萄糖和谷氨酸，而*N*-1-脱氧-1-D-果糖基-L-谷氨酸在此条件下则是稳定的。

协和发酵生物技术株式会社风味研究团队的小笠原正志（Masashi Ogasawara）、勝又忠与次（Tadayoshi Katsumata）与江木衷（Makoto Egi）等于2006年采用超滤技术从大豆蛋白酶解物中分离出相对分子质量为1000~5000的大豆肽，将此段肽类混合物与木糖在95℃加热3.5h，再次采用超滤技术制得相对分子质量1000~5000的美拉德反应产物，命名为美拉德肽，该产物与含谷氨酸的肽类化合物的呈味特性不同，其本身并不具有强烈味感，但当添加到鲜味溶液或清汤中时，体系的呈味特性显著增强，如提升鲜味、醇厚味和持续感等。该小组的研究人员同时还发现，美拉德肽也是长时间熟化的味噌中的呈味核心物质，该褐色产物使味噌呈现良好的醇厚感和持续感，赋予味噌特有的风味特征。将相对分子质量1000~5000的大豆水解肽分别与不同糖反应，形成的美拉德肽的鲜味增强作用存在以下规律：半乳糖醛酸=葡萄糖基胺>木糖>果糖>葡萄糖，说明美拉德肽风味强化作用强弱与糖源种类密切相关。

（四）阿拉吡啶盐

阿拉吡啶盐（Alapyridaine）本身没有任何味道，却是一种能同时提高咸、甜、鲜三种味觉的化合物，化学名为*N*-（1-羧乙基）-6-羟甲基-吡啶-3-醇内盐（[+]-[s]构型）（图4-53）。这种化合物是从牛肉原料里提取出来的，也可以从葡萄糖/丙氨酸混合溶液的热反应产物中分离得到，是人类所知的第一种可同时提高多种味觉的化合物，与谷氨酸钠、IMP、GMP等风味增效剂单独增加食物的某一种风味（只增强咸味范畴的风味）有着明显的区别。在兼具鲜味、甜味和咸味的汤汁中加入少许阿拉吡啶盐之后，整体味道都加强了；同时将其加入分别装有味精、糖和盐的溶液之后，这些溶液的味道也都变得更浓了。它能降低这些味觉的感觉阈值到原来的1/32~1/2。应用阿拉吡啶盐风味强化剂有助于同时降低食物中盐、糖和味精的用量，在制作食品和菜肴的过程中只要少量添加风味料即可达到预期风味效果，因此阿拉吡啶盐将会在食品工业得到广泛的应用。尽管阿拉吡啶盐能给人们带来如此丰富的味觉感受，但它不是万能的味觉增效剂，不能增加酸味或苦味，如柠檬汁带来的酸味及咖啡因和苯丙氨酸带来的苦味就不可被其强化。

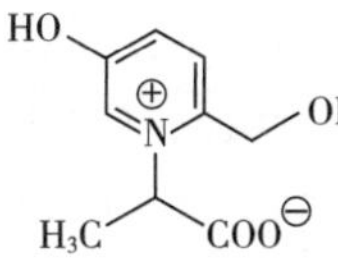

图4-53 阿拉吡啶盐的结构

（五）食盐氯化钠与减钠增咸

食盐氯化钠是基本滋味咸味的增效剂，未加食盐的食物对大多数人来说感觉没有味道。食盐对感官知觉的作用不仅仅是简单的加入咸味，即使在亚阈值水平（阈值下）也能起增强风味的作用。氯化钠和谷氨酸钠/5′-核苷酸钠之间也有协同效应，加入谷氨酸钠和/或5′-核苷酸钠可以减少盐的用量但不减弱咸度，氯化钠和谷氨酸钠最佳用量分别为8g/kg和4g/kg。这些钠盐是人们日常餐饮中的必需调味品。在西方国家，膳食摄入的钠大约77%来自加工食品，其中以焙烤类食品、加工肉类为主；而《中国食品工业减盐指南》（2019年版）调查显示，我国居民膳食摄入的钠80.2%来自烹饪和就餐过程中添加的食盐、酱油和鸡精等调味品。近几十年来，我国食品工业飞速发展，越来越多的加工食品进入消费者的日常生活中，因此来源于面制品、畜肉、水产类等食品的钠摄入比重也日趋增长。2012年调查结果显示，我国居民每人每日平均摄入食盐量达到了10.5g，远超世界卫生组织（WHO）建议的成人每日5g的食盐摄入量。

钠盐会引起高血压、脑卒中及其他类型的心血管疾病，过量钠摄入带来的健康负担已成为亟待解决的社会问题。减钠已经成为健康共识。在不影响食品味道、风味、质地和安全性的情况下，寻找科学、有效的减钠方法是食品行业和研究者们面临的挑战。已有大量的关于寻找钠盐的替代物的研究，但是除了氯化钾外，几乎还没有发现一种可以产生真正盐味的物质。然而钾离子具有苦味与金属味，不能被人们接受。另外，钾离子过多摄入还会影响心脏功能，并不适用于所有人。

选择咸鲜味增效剂替代部分钠盐成为人们对科学减盐策略探索的重要途径。L-精氨酸、L-赖氨酸、L-鸟氨酸、L-丙氨酸、氯化胆碱、氯化十六烷基吡啶、辣椒素和海藻糖等物质在早期就被提议替代钠盐，但是其自身表现出的风味特征限制了其进一步推广。近些年，有关食源性肽及其美拉德反应产物的减盐增咸增鲜研究成为热点。研究者采用电子舌对植物蛋白肽美拉德反应产物的咸鲜味增效作用进行分析，发现豌豆肽本身没有滋味，但加入5mg/mL的氯化钠溶液中后盐溶液咸味值显著提升，而且酶解程度高的豌豆肽咸味增强作用更强；豌豆肽美拉德反应中间体在氯化钠溶液中浓度为1mg/mL时，可达到20%的减盐效果，中间体浓度达到4mg/mL时，鲜味高于6mg/mL谷氨酸钠在盐溶液中的鲜味值；豌豆蛋白美拉德肽添加量为5mg/mL时即可达到取代1mg/mL谷氨酸钠的效果，添加量7mg/mL时即可达到20%减盐效果；1.00g小麦面筋蛋白美拉德肽的鲜味相当于3.3mg/mL的谷氨酸钠溶液，且小麦蛋白美拉德肽焦香味突出，鲜味、醇厚味和整体风味接受性佳。植物蛋白肽及其美拉德反应产物是极具推广前景的新型天然减盐增咸风味基料产品。

除采用咸鲜味增效剂替代钠盐，研究人员还尝试通过提高钠盐在人味觉感知器官上的有效作用强度来实现钠盐用量的减少。咸味感知与盐在唾液中的溶解速率和扩散有关，这可以通过改变盐的物理形态（大小、形状、密度和表面积）来改善。一般说来，增大盐的比表面积可以提高其溶解速率，而通过减小盐的尺寸和改变盐的形状可以增加盐的比表面积。尺寸小、比表面积大的钠盐颗粒通常具有更快的溶解和扩散速率和更强的咸味。通常情况下，氯化钠晶体呈立方体，粒径大小为400~600μm。通过喷雾干燥，利用麦芽糊精、壳聚糖、皂素纳米乳液液滴在气液界面形成的中空微球作为盐的载体可制备出粒径10~32μm的小尺寸食盐，这些食盐均能起到增咸的效果。此外，片状、树枝状的盐比颗粒状的盐密度低、比表面积大，因此更容易溶解在唾液中。然而，这些盐只有在撒在食物表面的情况下才能有效增强咸味感知，因此在实际应用时难以达到理想的减盐效果。

食品的咸度感知与食品基质的断裂特性和浆液释放有关，即食品基质的物性特征对其咸度影响显著。因此，特殊质构的设计可以成为增强食品盐分释放和咸度感知的新途径。在食品中，经常引入一些胶凝型的亲水胶体来改善其质构特性，如淀粉、果胶、海藻酸盐、结冷胶和卡拉胶。这些多糖通常可以提高食品产品的产量，改善保水能力与质地结构，并降低成本。更重要的是，可以通过使用部分胶凝型的多糖调节食品基质的脆性及微结构，可以达到增强浆液释放的目的，从而加快基质中盐分的释放，提高咸度感知。

以上减盐策略适用于大多数食品，但制定政策和隐形减钠耗时长，重新研发配方成本高，使用风味增效剂有时会产生与食品产品本身不和谐的风味特征，加工适应性、食用安全性等问题也需要进一步考虑。通过调控盐的物理形态得到的盐仅适合固体表面喷撒食用，调控食品宏观质构以促进钠离子释放的方法也仅仅在某些面制品和乳制品中进行了尝试，这些减盐策略的实际应用均受到了很大限制。某些新型的食品加工方式，如高压处理、超声波处理、脉冲电场处理及微波加热，因其各自独特的工作原理与特点，经常会改变钠离子与蛋白质的相互作用或蛋白质网络的持水能力，从而加速钠离子的迁移，达到增强咸度感知的效果，因此是目前食品科学技术研究的重要方向。

三、 甜味增效剂

（一）麦芽酚和乙基麦芽酚

麦芽酚和乙基麦芽酚是一种广谱的甜味增效剂，化学名称分别为2-甲基-3-羟基-4-呋喃酮和2-乙基-3-羟基-4-吡喃酮（图4-54），具有增香、固香和增甜作用。白色结晶粉末，焦糖气味，在20℃的水中，麦芽酚的感觉阈值为35mg/kg。添加5~75mg/kg麦芽酚可以使食品中糖的用量减少15%。甜味食品中麦芽酚的用量见表4-7。麦芽酚和乙基麦芽酚普遍应用于果酱、果冻、水果、巧克力糖果、焙烤食品、甜味果汁及其他甜食，对食品甜度提高、香味改善和增强具有显著效果，且能延长食品保质期，其中麦芽酚添加量约110μg/kg。碳水化合物加热时能形成麦芽酚，因此麦芽酚是天然存在的，形成过程如图4-55所示；而乙基麦芽酚在自然界中尚未被发现，它比麦芽酚的风味增效作用高4~6倍，可以作为合成甜味增效剂替代甜味食物中的麦芽酚。

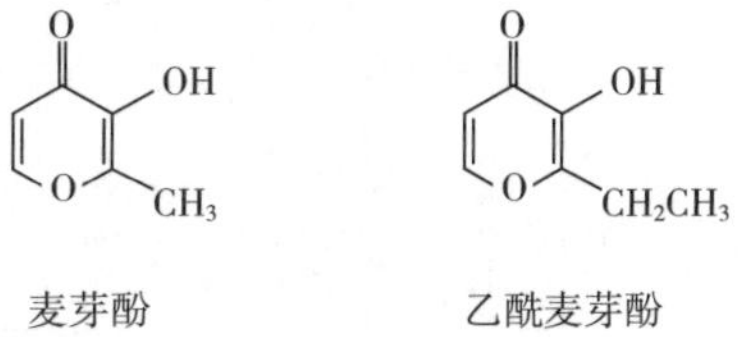

图4-54　麦芽酚和乙基麦芽酚的结构

表4-7　食品中麦芽酚、乙基麦芽酚和甲基环戊烯醇酮的常规用量

食品	风味增效剂/（mg/kg）		
	麦芽酚	乙基麦芽酚	甲基环戊烯醇酮（MCP）
烘焙食品	75~250	25~150	15~100
饮料	2~250	1~100	10~50
糖果	3~300	1~100	15~100
口香糖	—	—	5~30
巧克力	30~200	5~40	—
乳制品	10~150	5~50	—
餐后甜点	30~150	10~75	—
冰淇淋	—	—	5~50
果酱	40~200	15~60	—

乙基麦芽酚分纯香型和焦香型两类：纯香型乙基麦芽酚水果香味突出，能明显提高果鲜味，抑制苦、酸、涩等味，获得最适宜的水果香甜鲜味，同时，获得极佳的口感。尤其是用其配制各种烟用香精香料，添加至香烟中，使烟味更加醇香芬芳，吸后减少口腔、咽喉的干燥涩苦味，口、喉觉得圆滑舒适。焦香型乙基麦芽酚有极浓醇的焦糖香味，对各种食品原有的香甜

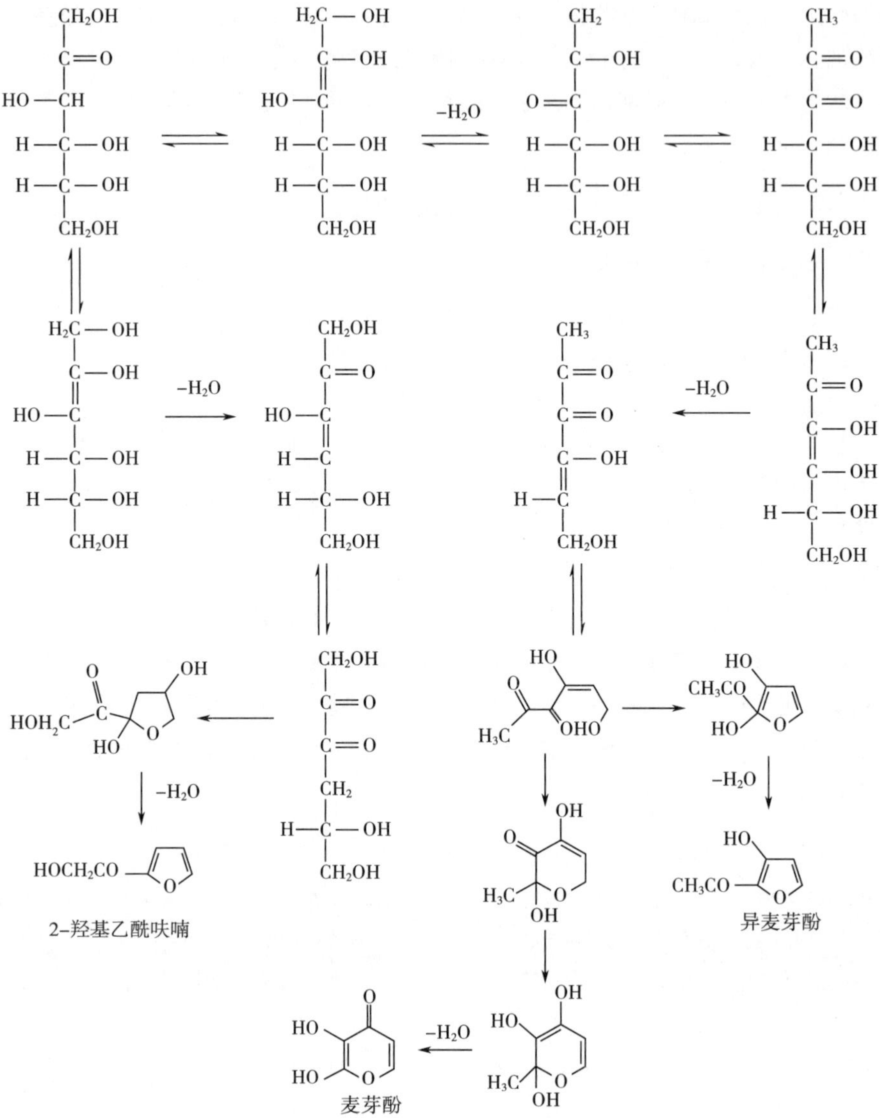

图 4-55　碳水化合物生成麦芽酚的过程

鲜味有极强的增效作用。尤其添加进各种肉类制品，能和肉中的氨基酸起作用，明显提高肉香鲜味。由于乙基麦芽酚能增效香甜味和消杀苦、涩味，对特有风味有“乳化作用”，且具有抗菌、防腐性能，能有效延长食品保质期。因而，在各类食品中应用越来越广泛。

（二）香兰素和乙基香兰素

香兰素，又名香草醛，化学名 3-甲氧基-4-羟基苯甲醛（图 4-56），白色或浅黄色针状或结晶状粉末，是人们喜爱的奶油香草香精的主要成分，具有香兰豆香气及浓郁的奶香，20℃时在水中的感觉阈值是 0.02mg/L。香兰素是目前世界上产量最大的香料，食品添加剂行业中不可缺少的重要原料，起增香和定香

图 4-56　香兰素和乙基香兰素的结构

作用，广泛用于食品、巧克力、冰淇淋、饮料以及日用化妆品中。

香兰素可以从香兰豆的乙醇提取物中分离获得，也可以人工合成。1874 年，德国哈尔曼和泰曼首次将其合成，使香兰素成为人类合成的第一种香精。丁香酚是合成香兰素重要的原料，通过氧化可获得香兰素。目前大部分的商业用香兰素是以木质素为原料合成，其余则是以愈创木酚为原料合成。

以木质素为原料合成香兰素时，首先将从纤维素工业的亚硫酸盐废弃物中得到的木质素，在高温、高压下用碱处理，再经氧化后，通过萃取、蒸馏及重结晶等过程去除副产物，得到香兰素（图 4-57）。

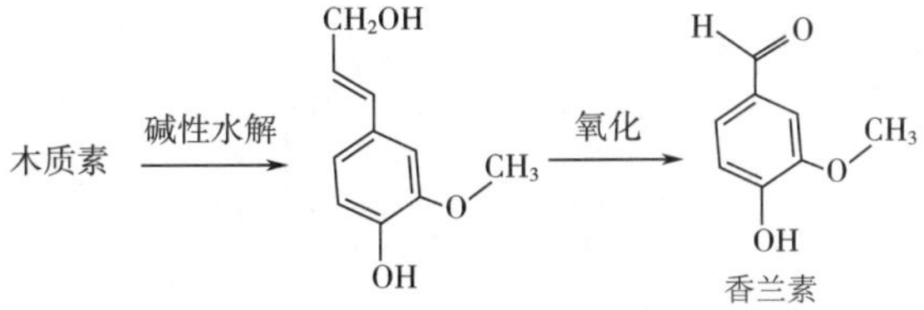

图 4-57 以木质素为原料合成香兰素

以愈创木酚为原料合成香兰素时，将愈创木酚（愈创木酚可由邻苯二酚得到）和乙醛酸缩合，生成的中间体经氧化和脱羧，即得香兰素粗品，再经蒸馏和重结晶等方法纯化得到各种纯度的商业用香兰素（图 4-58）。

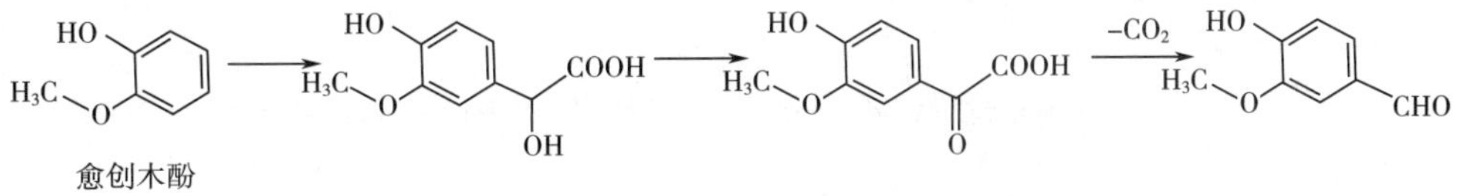

图 4-58 以愈创木酚为原料合成香兰素

乙基香兰素即 3-乙氧基-4-羟基苯甲醛，别名乙基香草醛、乙基凡尼林，也是一种重要的合成香料。它具有强烈香荚兰气及甜味，香气强度是甲基香兰素的 2~4 倍。在自然界中还未被发现，可通过丁香酚、异丁香酚或黄樟油精来合成。

香兰素和乙基香兰素除了是重要的风味物质，还可以增强果味和巧克力的感官气味。

（三）呋喃酮

2,5-二甲基-4-羟基-3(2H)-呋喃酮［HDMF，商品名为 Furaneol®，图 4-59（1）］和 5-甲基-4-羟基-3(2H)-呋喃酮［HMF，图 4-59（2）］具有类焦糖风味，是果味和乳味的风味增效剂，此外，HDMF 还有烧焦的菠萝风味，在 20℃的水溶液中的感觉阈值为 0.00004mg/L。

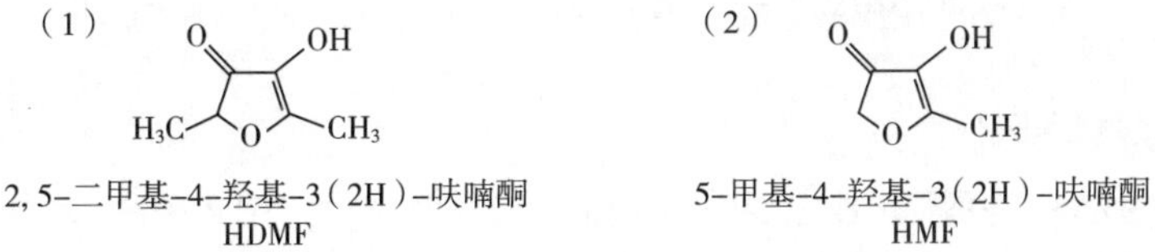

图 4-59 HDMF（1）和 HMF（2）的结构

4-羟基-2-乙基-5-甲基-3(2H)-呋喃酮、4-羟基-5-乙基-2-甲基-3(2H)-呋喃酮、2-羟基-3-甲基-2-环戊烯-1-酮和3-羟基-4,5-二甲基-2(5H)-呋喃酮也都是甜味增强剂，可以提高食品的甜味。50g/L蔗糖溶液和15mg/L的2-羟基-3-甲基-2-环戊烯-1-酮溶液的混合溶液的甜度与200g/L蔗糖溶液相当。这类化合物主要缺点是它们都具有明显的焦糖味和调料味，这是很多食品中所不期望的。

HDMF是通过鼠李糖和氨基化合物的美拉德反应生成（图4-60），HMF是由果糖加热形成(图4-61)。这两种呋喃酮都存在于各种食品中，HDMF已经在菠萝、草莓和爆米花中被鉴别出来，在肉羹中也发现有HDMF和HMF。作为甜香型食品风味增效剂，它们可以应用于麦芽糖酚和乙基麦芽糖酚应用的领域。

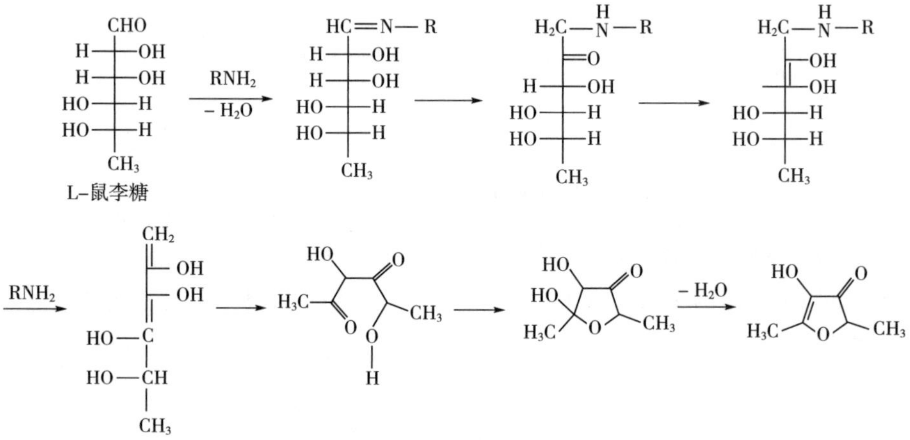

图4-60 由鼠李糖形成4-羟基-2,5-二甲基-3(2H)-呋喃酮的过程

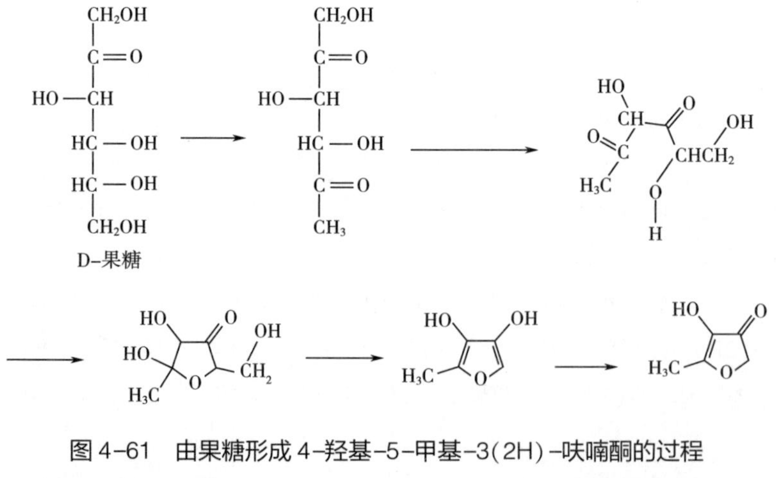

图4-61 由果糖形成4-羟基-5-甲基-3(2H)-呋喃酮的过程

（四）环戊烯醇酮

3-甲基-2-环戊烯-2-醇-1-酮（MCP，商品名Cyclotene®，图4-62）为白色至浅黄色晶体粉末，具有坚果型的焦糖香味，适用于食用香精、烟用香精、咖啡、可可、乳制品、烘烤制品、

香烟、酱料和饮料等食品。MCP 能够从山毛榉焦油中分离出来，也存在于许多食品中（如枫糖浆）。

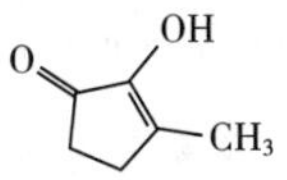

图 4-62 3-甲基-2-环戊烯-2-醇-1-酮的结构

在 pH 8~10 的条件下糖经加热可形成 MCP（图 4-63）。

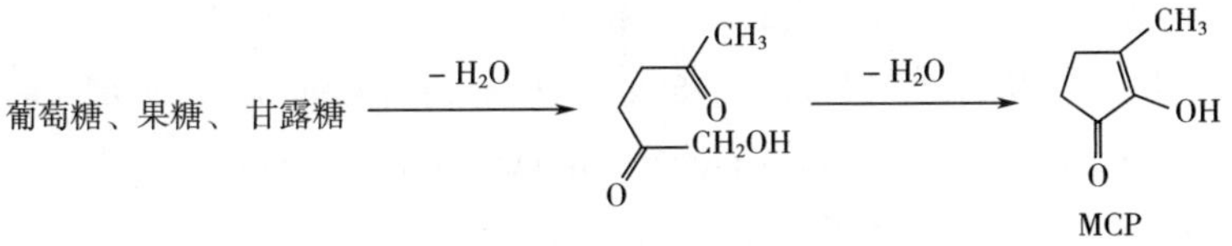

图 4-63 糖在 pH 8~10 时加热形成 MCP

另外，MCP 能掩盖咸味，10~20mg/kg MCP 可以掩盖 10~20g/kg 的食盐。3-乙基-2-环戊烯-2-醇-1-酮可代替 MCP 使用。甜味食品中 MCP 的常规使用量见表 4-7。

除以上介绍的甜味增效剂，一些异姜二酮类［如（2)-异姜二酮］、二氢杨梅素、橙皮素、根皮素、三叶苷、3-羟基苯甲酸和 2,4-二羟基苯甲酸的复合、某些双芳环酰胺和柚皮苷二氢查耳酮等物质自身的甜味较弱甚至无甜味，即使在较高浓度下甜味强度也非常有限，但也都表现出甜味增效作用。

为了改善食品风味效果，除对人们需要的风味进行增效外，还可通过风味掩蔽剂的加入抑制不良风味，其中苦味掩蔽剂最为常见。匙羹藤酸和圣草提取物可减少奎宁的苦味，新地奥明（香叶木素-7-新橙皮糖苷，Neodiosmine）可降低奎宁和咖啡因的味道，γ-氨基丁酸（<100mg/L）可降低咖啡因和奎宁的苦味，二肽 Glu-Glu 可消除肽水解物、士的宁和咖啡因的苦味，黄酮类的高圣草素、圣草酚等可以减少咖啡因、奎宁和苦龙胆酯苷的苦味，一些儿茶素-*C*-葡萄糖苷也能够减少苦涩味。目前对于风味修饰剂的研究已经取得了很大进展，然而对风味相互作用认识及预测还有待进一步深入，具有应用潜力的风味增效剂的安全性评价与绿色制造也需要更多人付出努力，食品风味工业将续写新的篇章。

参考文献

［1］ Gary Reineccius. Flavor Chemistry and Technology ［M］. 2nd ed. Boca Raton：Taylor & Francis Routledge，2006.

［2］ Philip R Ashurst. Food Flavorings ［M］. Gaithersburg，Maryland：Aspen publishers Inc，1999.

［3］ Charis M Galanakis. Nutraceutical and Functional Food Components：Effects of Innovative

Processing Techniques [M]. 2nd ed. Amsterdam: Elsevier Inc, 2021.

[4] Horst Surburg, Johannes Panten. Common Fragrance and Flavor Materials: Preparation, Properties and Uses [M]. 6th ed. Hoboken: John Wiley & Sons Inc, 2016.

[5] Steffen Arctander. Perfume & Flavor Chemicals (Aroma Chemicals)[M]. 3rd ed. Montclair: Allured Publishing Inc, 2019.

[6] Atta-ur-Rahman. Studies in Natural Products Chemistry [M]. Amsterdam: Elsevier, 2015.

[7] Karl A D Swift. Current Topics in Flavours and Fragrances: Towards a New Millennium of Discovery [M]. Berlin: Springer-Verlag Inc, 2012.

[8] Henryk Jeleń. Food Flavors: Chemical, Sensory and Technological Properties [M]. Boca Raton: CRC Press, 2012.

[9] Xuejiao Wang, Niamat Ullah, Yu Shen, et al. Emulsion delivery of sodium chloride: A promising approach for modulating saltiness perception and sodium reduction [J]. Trends in Food Science & Technology, 2021, 110: 525-538.

第五章 天然调味配料

CHAPTER 5

第一节　调味配料概述

风味工业生产调味料的原料有很多，如各种各样的植物和动物材料（及其衍生物）、发酵和酶加工产物以及合成化学品。随着新原料的发现（如异国植物）以及加工技术（如蒸馏、萃取和吸附）、生物技术（如酶和发酵）、加工化学（如加工风味料）和有机合成（如手性合成）的发展，调味料所用原料逐渐发生改变。本章主要对这些原料及其制作方法作简要介绍。

一、　调味料的定义

IOFI 在 1990 年进一步定义了调味料中允许使用的风味配料（表 5-1）。

表 5-1　　调味料中允许使用的风味配料物质的定义

物质	定义
风味物质	具有调味特性的化学物质，不能单独食用
天然调味料物质	是从植物或动物来源的食品原材料通过适当的物理、微生物、酶加工过程或经过食品制备过程的加工处理后获得的调味料物质
天然等同调味料物质	是从天然的芳香原材料通过化学处理合成或分离得到的调味料物质，化学性质上与人们消费的天然产品中存在的物质相同
人造调味料物质	人们消费的天然产品中没有鉴定到的调味料物质
调味料配制品	是从植物或动物来源的食品原材料通过适当的物理、微生物、酶加工过程或经过食品制备过程的加工处理后获得的调味料制品
加工风味料	是在食品加工过程中一些配料或其混合物产生的具有调味特性的制品，可以加入风味料生产、贮存或应用必需的添加剂①
熏制调味料	不是从熏制原料中获得的，可赋予食品原料熏制风味的浓缩制品。可以加入风味料生产、贮存或应用必需的添加剂

注：①加工所用配料是允许加入的食品原料、食品配料中天然存在的物质或加工风味料时允许加入的物质。这个定义不适用于调味料提取物、加工的天然食品物质或混合的调味料物质。

二、天然香料与合成香料

香辛料是指具有芳香和（或）辛辣味的植物性调味赋香原料，这类物质多为植物的全草、叶、根、茎、树皮、果、籽、花等，加入食品中以增加香气、香味。天然香料是以植物、动物或微生物为原料，经物理方法、酶法、微生物法或经传统的食品工艺法加工所得的香料。天然香料包括天然原料的衍生产品（树脂、挥发性产品、提取产品），其中挥发性产品包括精油、挥发性浓缩物、馏出液、芳香水等，提取产品包括天然原料提取物、酊剂和浸剂、浸膏等。合成香料是通过化学合成方式形成的化学结构明确的具有香味特性的物质。

第二节　植物精油和油树脂

一、精　油

（一）蒸馏精油（香辛料精油）

精油是由植物原料经水或蒸汽蒸馏得到的挥发性化合物的复杂混合物，但冷榨法获得的柑橘油除外。冷榨柑橘油较蒸馏精油有更好的气味，且含有非挥发性化合物，如天然抗氧化剂，使它们具有更强的氧化稳定性。有时植物渗出物（如树脂）干馏得到的产品也被归类为精油。精油通常是无色或淡黄色液体，具有类似于原植物的强烈气味。精油不溶于水，但溶于酒精、植物油和大多数有机溶剂。它们的密度通常比水小，具有较高的折射率，而且大多具有光学活性。

香辛料是不同形式的提取物的原料，提取物有时比香辛料更受青睐。所有的香辛料和香草中大部分成分是纤维素，它们对香辛料和香草的香气和风味不起任何作用。其芳香性主要取决于精油的含量，数量上可以用芳香强度测定，质量上可以用芳香特征描述。大多数情况下，植物中的挥发油存在于特定的分泌组织中，其本质与特定的植物种属相关（如姜科油细胞、伞形科油道、唇形科茸毛）。因此，不能笼统地讲蒸馏的技术，它们的最佳条件将会因不同的香辛料而变化。一般而言，嫩的植物产精油量比老的多，但这样的精油与成熟植物产的精油相比芳香性不够全面。

尽管已经知道有几千种植物含有挥发性物质成分，可以以精油形式回收，但大约只有 200 种被加工作为商用，其中约有 60 种是大量生产的。

1. 香辛料精油的生产

精油中芳香成分的回收可以追溯到 9 世纪。尽管经过多个世纪，精油的实际加工方法却没有较大改变，但是生产设备却一直在改进以便能够在精确控制的条件下达到最高产量。实际的产量和香气质量取决于材料的本质、处理方法、预处理、粉碎后的加工速率，产量和香气质量会因为蒸馏时间、蒸馏速率、蒸汽冷凝效率和蒸馏物从水中分离方法不同而有差异。

现代蒸馏技术可以分为以下 3 类。

（1）水蒸馏　将植物原料放入装有低速桨叶搅拌器的蒸馏器中，加水盖没物料，用浸没在水中的蒸汽盘管加热至沸。蒸馏持续到所有精油回收为止，冷凝液中的水分离后持续不断地回流到蒸馏器中（称为回流蒸馏过程）（图 5-1）。这一技术用于相对密度大且含量低的精油（如大蒜精油）的蒸馏。

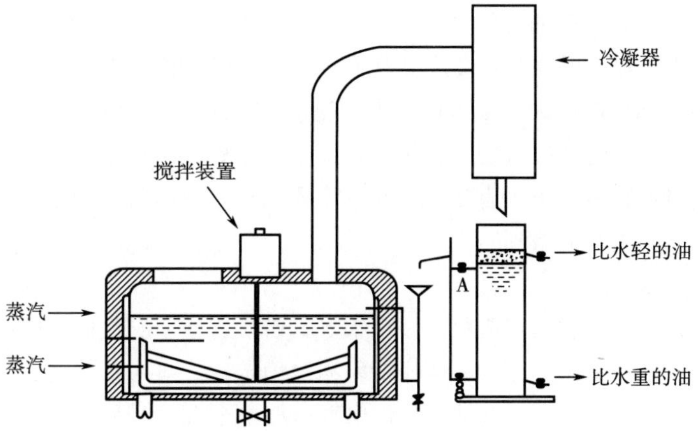

图 5-1　香辛料水蒸馏设备

（2）水和蒸汽蒸馏　植物原料装载在蒸馏器内的筐中，筐固定在一层水上方，水通过蒸汽盘管加热至沸。这一技术广泛用于绿色草本植物原料（如薄荷油）的蒸馏（图 5-2）。

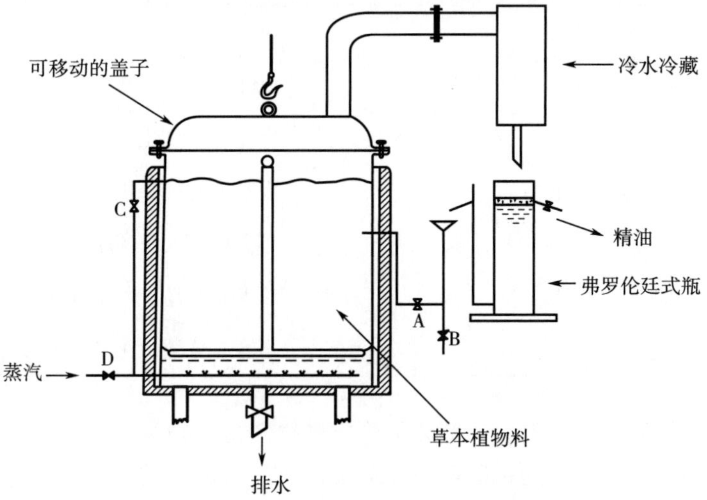

图 5-2　草本植物水和蒸汽蒸馏设备

（3）蒸汽蒸馏　植物原料放在合适的蒸馏器中，蒸汽从底部注入。通常装有再沸器使冷凝水循环利用。蒸馏器的形状随物料而定。静态蒸汽蒸馏器一般很高，通常用栅格在内部分成几层以确保均匀装载。

大多数香草和香辛料在蒸馏前需要做一些准备，包括：①清洗；②粉碎；③浸泡，尤其是硬的材料如肉桂皮；④装料，这需要特别注意，要防止有气泡或物料不均匀地暴露于蒸汽中，因为这会对精油的感官性质产生很大的影响。

具体蒸馏方法的采用取决于原料的本质。多年来对所有主要的芳香材料进行了系统研究并建立了最优条件。一般水蒸馏得到的精油质量最好，因为这一技术对敏感性成分的破坏最少。蒸汽蒸馏可能会引起焦臭味，主要是由内部冷凝和水溶性提取物在蒸汽盘管的回流造成的。

从水溶性蒸馏物中分离精油可能会因为一些因素而降低其质量：①精油化学成分的改变，尤其是低沸点和高沸点成分的比例；②冷凝器中冷凝物的温度梯度以及决定油相和水相相对密度的馏出温度（最佳温度应该为45~50℃）；③流速决定有效相分离的时间；④分离器的设计，应该有利于分离的水持续地回流蒸馏，这些水通常包含一些没有分离的残留小油滴。

有些精油用溶剂萃取分离更为有效。为此，需要用到等级非常纯的己烷和戊烷。精油可以通过在高真空蒸馏下除去溶剂得到回收。

2. 香辛料精油的使用

精油为存在缺点的粉末香辛料提供了一个很好的解决方法，它们的风味强度和特征四季均一。大多数精油产自定点来源的原料，调味效果相对稳定，一旦用量固定，终产品的风味特性也很稳定。但是，在很多情况下，精油只呈现出香辛料中全部可利用风味的一部分，这可能限制了它们的效用。例如，在黑胡椒和姜中，挥发性油脂呈现出香辛料特征的香气；不挥发的刺激性成分并不存在于蒸馏油中。食品加工中使用香辛料精油的优点和缺点如表5-2所示。

表5-2　香辛料精油的优点和缺点

优点	缺点
卫生、无菌	风味好但不完全
风味强度在可接受范围内	风味经常不平衡
风味质量与原材料一致	有些容易氧化
在终端产品中没有颜色的掺入	没有天然抗氧化剂
不受酶的影响	容易掺入次级产品
不受单宁酸的影响	浓度非常高所以难以处理和精确称重
在好的条件下贮存稳定	不容易分散，尤其在干的产品中

精油被广泛用于制作调味料，大部分是等质量替代粉末香辛料的。当精油分散在可食载体上时，必须考虑到减小精油的扩散速率以解决精油的均衡问题，而在粉末香辛料的未破碎细胞中精油是自然地保留的。精确的当量值必须在实验后决定，但可能可减少30%~50%的用量。例如，如果100kg的多香果粉（西班牙甘椒浆果）产4kg精油，那么在调味料配方中含25g/kg的多香果油分散物等质量替代40g/kg含量的粉末香辛料将产生相等的风味效果。

广泛用于烹饪的香辛料的挥发性油含量见表5-3。

3. 香辛料精油的组成

精油是多组分的混合物。在一些重要的精油中已鉴定出约100种成分，大多数精油（玫瑰油、薰衣草油、佛手柑油）中已知的成分超过了300种。每种成分的含量从微量（如葡萄柚油的α-硫萜品醇）到90%以上（如柠檬油的柠檬烯、丁香油的丁香酚）波动。通常，精油的风味来自其主要组分（薄荷油的薄荷醇、百里香油的百里香酚、薰衣草油的芳樟醇和乙酸芳樟酯)。然而，在许多情况下，精油的特征风味来自其微量化合物（柠檬油的香叶醛和橙花醛、玫瑰油的β-大马士酮和β-紫罗兰酮、葡萄柚油中的诺卡酮)。手性是精油化合物的一个重要影响因素，因为对映异构体可能有不同的香气和味道。最特殊的例子是单萜酮中的香芹酮，其中(*S*)-(+)-异构体是香菜油的主要成分，具有香菜味；而具有薄荷味的（*R*)-(-)-异构体是薄荷油的主要成分。

表 5-3　　香辛料的挥发性油含量

香辛料	挥发性油含量（体积分数）/%	香辛料	挥发性油含量（体积分数）/%
多香果	3.0~4.5	莳萝	2.0~4.0
大茴香	1.5~3.5	茴香	4.0~6.0
大茴香，中国	约 30	胡芦巴	微量
辣椒	—	姜，牙买加	1.0~3.0
香菜	2.7~7.5	姜，非洲	2.0~3.0
小豆蔻籽	4.0~10.0	肉豆蔻衣	12~15
桂皮（肉桂)	0.5~4.0	肉豆蔻	6.5~15
芹菜	2.5~3.0	红椒	—
肉桂	0.5~1.0	胡椒，黑的	2.0~4.5
丁香	15~20	胡椒，白的	1.5~2.5
胡荽	0.4~1.0	姜黄	4.0~5.0
小茴香	2.5~4.5		

由于精油是天然产物，其化学成分和物理化学性质无法精确量化。对植物原料的正确植物学描述是重要的。薄荷属约有 25 种，900 类；桉树的种类和品种有数百种。诸如栽培条件（生长区域和气候)、收获时间、制备材料的方法、蒸馏参数和许多其他因素都会影响最终产品。在世界不同地区，野生或栽培的同种植物，相同成分的含量通常不同。许多物种产生了几种具有不同主要风味成分的化学成分。因此，不仅要了解植物的名称，还要了解它的起源和主要成分。例如百里香（*Thymus vulgaris* L.），百里香酚和香芹酚类型相关性最大，但其他如香叶醇、桉树脑或芳樟醇类型则生长在不同地区。不仅是常见的百里香，还有一些特殊物种如 *T. capitatus*、*T. serpyllum* 或它们的混合物，都被认为是百里香。与鼠尾草类似，鼠尾草大约有 300 种，而其中一些如 *S. trilobula* 和 *S. tomatosa* 目前均被作为是鼠尾草在世界范围内进行交易。

精油的标准化至关重要，尤其是当它们用于食品和制药行业时。许多精油和其他植物源香辛料的规格已在不同来源组织上发布。主要有国际标准化组织（ISO)、食用香料制造者协会(FEMA）和国家药典委员会。这些组织建立的标准包括来源信息（植物来源、地理来源、植物使用部位、成熟度和分离方法)、物理分析（相对密度、折射率、旋光度、色泽和溶解度等）和化学分析（具体编号、气相属性和目标成分所需的浓度范围或上限)。大多数来自药草和香料的精油被归类为公认安全的（GRAS)。

精油主要是由以碳、氢、氧为基本成分的挥发性化合物组成，主要分为两组：几乎完全由萜烯组成的碳氢化合物（单萜、倍半萜烯和二萜烯）和含氧化合物，即除了萜烯类，由苯丙烷和脂肪族骨架组成的化合物。一些化合物也可能含有氮元素（邻氨基苯甲酸盐、吡嗪）或硫元素（硫醇、硫化物）。主要的特征风味化合物结构如图 5-3(萜烯）和图 5-4（非萜烯）所示。

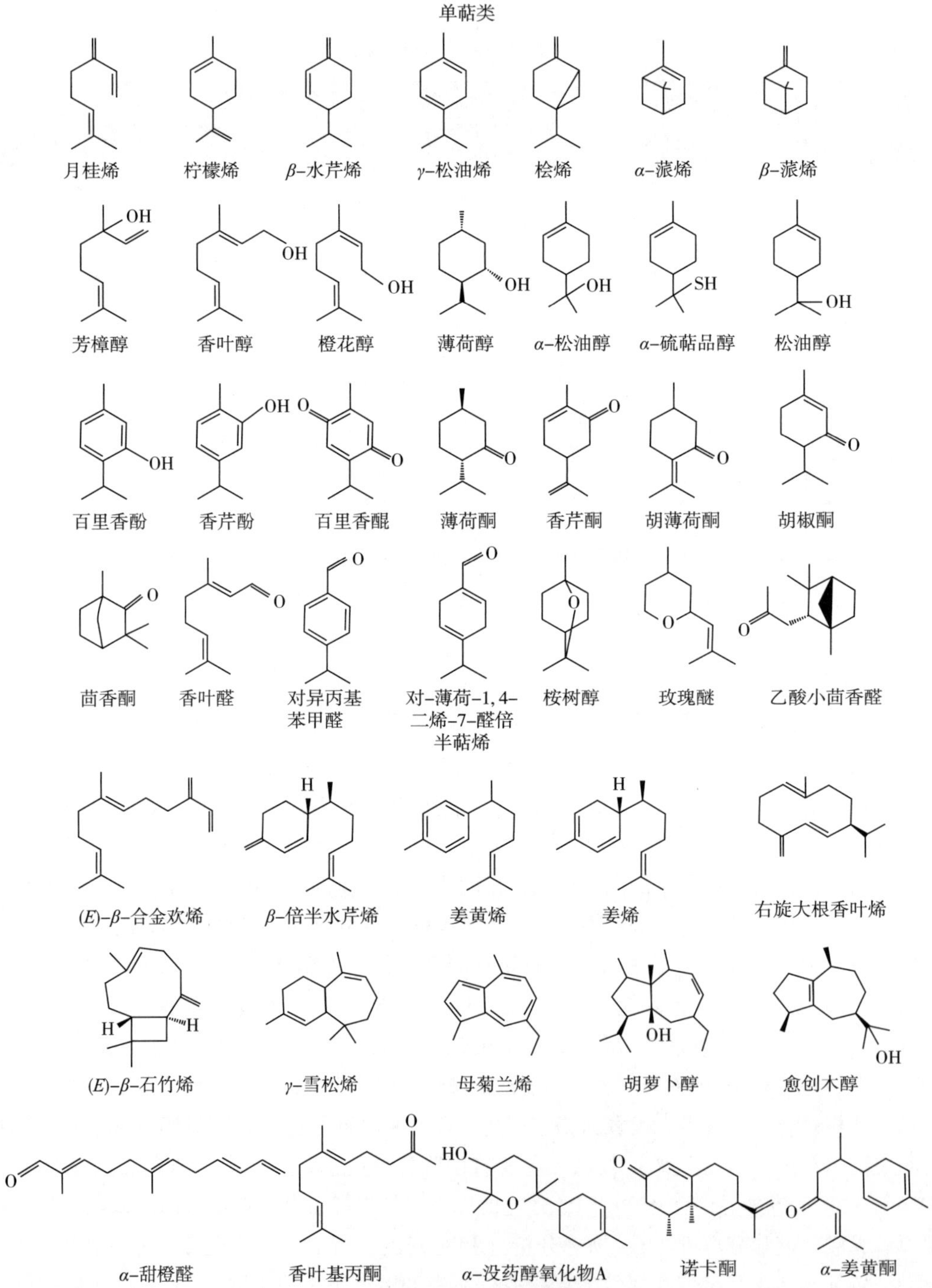

图 5-3　香辛料中的萜烯类风味化合物

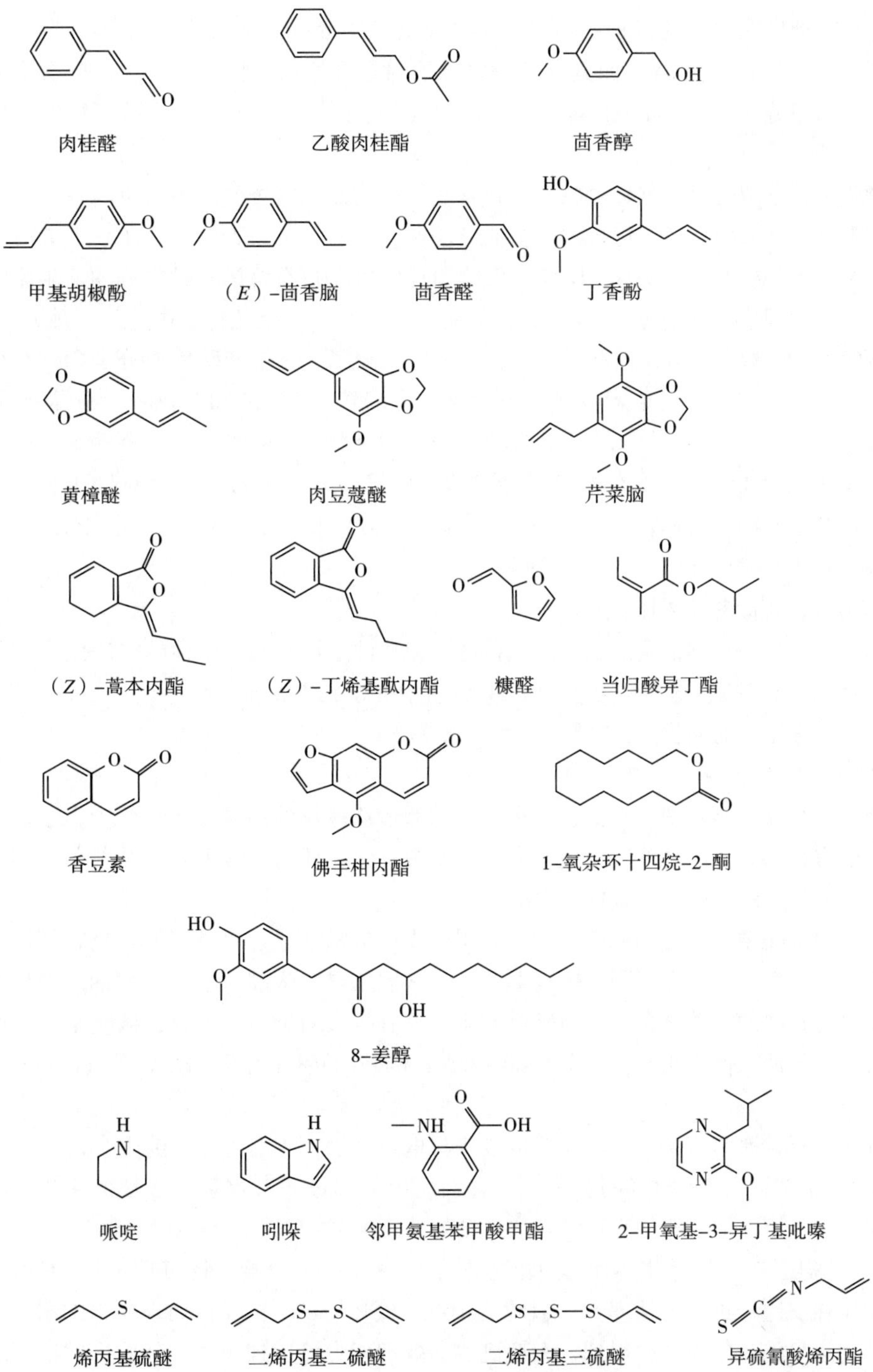

图 5-4　香辛料中的非萜烯类风味化合物

精油中含有丰富多样的萜烯，已被描述的有 30 多种单萜烃结构（无环、单环、双环和三环）。由于同分异构体和立体异构体与不同的官能团组合的种类繁多，这些结构中的每一个都代表了许多化学个体。倍半萜烯结构（从无环到四环）已超过 100 个，其异构体的种类比单萜多很多倍。例如，蒎烷有两种对映异构体形式，每种只有两种不饱和烃：α-蒎烯和β-蒎烯。另一方面，具有杜松烷结构的四种立体异构体中的每一种都可以产生几种不饱和烃，例如α-、β-、γ-、δ-、ε-、ω-杜松烯，而其他的一些杜松烯是天然化合物。从这些化合物中可以衍生出几十种含氧组分，如醇、酯或内酯、醚或环氧化物、醛、酮和酸。这导致了精油的成分估计可达到5000种。

最常见的精油成分是单萜化合物。尽管含氧衍生物是香料香气的主要贡献者，但碳氢化合物的参与不容忽视。单萜烃类化合物是精油最常见的成分：柠檬烯、蒎烯（α-和β-）、水芹烯（α-和β-）、松油烯（α-和γ-）、桧烯、莰烯和月桂烯。β-石竹烯是最常见的倍半萜烯。最重要的一类化合物是萜烯醇，包括芳樟醇、薄荷醇、香叶醇、橙花醇、香茅醇、冰片、α-松油醇、松油醇、金合欢醇，以及这些醇的酯，主要是乙酸酯。一组特殊的成分是含有百里酚和香芹酚的酚类物质。其他含氧萜烯包括醛类物质：香茅醛、香叶醛和橙花醛；酮类物质：莰酮、侧柏酮（α-和β-）、香芹酮、薄荷酮和胡薄荷酮；氧化物：1,8-桉树脑、驱蛔脑、柠檬烯氧化物、没药醇氧化物和内酯（藁本内酯）。最常见的苯丙烷类：一种酚类化合物丁香子酚，一些甲基醚（甲基丁香酚）、茴香脑、草蒿脑（甲基胡椒酚）和肉豆蔻醚。最重要的脂肪族成分包括1-辛烯-3-醇、(*E*)-和(*Z*)-3-己烯醇。

（二）压榨精油（柑橘油）

许多香草和香辛料精油是通过蒸馏获得的。但精油也可以通过其他的方法提取（最纯的精油是通过蒸馏得到的），这些方法包括：①用油脂提取花香精油；②溶剂提取；③机械压榨，尤其用于柑橘皮精油的回收。

1. 柑橘类精油

在所有的柑橘类水果中，精油包含在大量的卵形或球形的油囊或分泌腺中，它们不规则地分布于皮的有色部分表面之下。白色的内层果皮中不含有任何油囊但含有苦的葡萄糖苷，如柠檬、柑橘、橘子中的橙皮苷或者柚子中的柚皮苷。

除了酸橙油主要是用蒸馏回收得到外，柑橘皮中的精油通过机械提取得到，随加工处理水果的性质不同，方法也相应不同。柑橘类植物的其他部分在蒸馏时也产生精油。来自花和叶子的精油也含有重要的芳香化合物，但是对调味品没有很大的价值。来自柑橘叶子的油叫做橙叶油，来自花中的油叫做橙花油，名字即表明来源，例如，苦橙花油是来自苦橙（*C. aurantium* L.）的花。

商业上柑橘油是将直接从新鲜水果的皮中提取得到的，所用的方法包括以下几种。

（1）纱布挤压　切成两半的皮手工压榨，压出的油过纱布收集。这是很耗费劳动力的方法，现在几乎不用，但一般认为这种方法得到的油质量最好。

（2）机器压榨　主要使用两种类型的机器。①Sfumatrici 机器：将切开并去除果汁和果肉后的皮自动压榨。这种机器的处理量一般约为1t/h。②Pellatrici 机器：处理完整的水果，油是通过旋转锉磨水果的表皮而释放得到。大型机器的处理能力可达到2t/h。释放出的油持续不断地经喷射的水流带走，然后从粗乳状液中连续分离出来；另外一些油通过离心从水相中分离。难分离的乳状液通过蒸馏回收到剩余的低级油。

（3）联合的果汁/油压榨　这种机器是由美国研制的，可实现果汁和油在同一个操作中自动提取分离，并且两种产品没有任何接触。这种机器的两个主要的系统是：①水果被二等分，果汁先榨取出来，清洗过的皮受到凹槽型轧辊间的压力作用；②完整水果的表皮被搓碎，油通过喷射水流带走，同时用一根中空的导管插入水果的内部，果汁在压力作用下被提取。

酸橙油一般是酸橙汁生产中得到的副产品，它是由完整水果压碎所得的酸性液体通过蒸馏回收制得。商业化生产的酸橙油还可以通过另外一种冷压榨方法得到，它比普通的蒸馏油具有更好的风味品质。

柑橘油的特征是萜烯烃类化合物含量高，而对芳香性起重要作用的氧化萜烯化合物含量相对较低（表 5-4）。

表 5-4 柑橘油的组成

精油	萜烯含量/（g/kg）	主要的氧化萜烯化合物	主要的氧化萜烯化合物含量/（g/kg）
柠檬油	约 900	柠檬醛	15~25
甜橙油	约 900	*n*-葵醛	9~30
苦橙油	900~920	*n*-葵醛	8~10
		乙酸芳樟酯	20~25
酸橙油	750~800	*n*-葵醛	10~50
蜜橘油	950~960	甲基-*N*-甲基-氨基苯甲酸盐	约 10
柚子油	约 900	*n*-葵醛	10~20

2. 柑橘油的组成

柑橘油的特征是含有大量的单萜烯（$C_{10}H_{16}$）和少量的倍半萜烯（$C_{15}H_{24}$），两者都是醇、醛、酮、酸和酯类氧化物的载体，这些氧化物对独特的香气和风味性质起重要作用。不同品种的柑橘油萜烯化合物组成是相似的，主要成分是 D-柠檬烯，萜烯内在的香气或风味作用很小，但说它们没有调味效果是不正确的，去除萜烯的柑橘油香气很平淡，缺乏完整皮油的特征性清新感。柑橘皮精油的主要成分如表 5-5 所示。

表 5-5 柑橘油中的主要成分

种类	化合物
单萜烯类	α-蒎烯、β-蒎烯、γ-松油烯、α-松油烯、D-柠檬烯、月桂烯、对-伞花烃、萜品油烯、桧烯、莰烯、倍半萜烯类、没药烯、杜松萜烯、石竹烯
酸类	醋酸、癸酸、辛酸、甲酸
醇类	香茅醇、香叶醇、芳樟醇、壬醇、辛醇、α-松油醇、萜品烯-4-醇
醛类	乙醛、柠檬醛、*n*-癸醛、香叶醛、辛醛
酯类	乙酸香叶酯、乙酸芳樟酯、甲基-*N*-甲基-氨基苯甲酸盐、乙酸辛酯

3. 加工的柑橘油

萜烯烃类物质的特征是在稀释的酒精中的相对不溶性、容易氧化和聚合引起油的风味和气味恶化变质。冷压榨的柑橘油经过进一步的加工可以除去所有的或部分的单萜烯和倍半萜烯，最终产品称为无萜烯或无倍半萜烯油。由于倍半萜烯含量相对较低，一般用无萜烯这一术语描述这些浓缩产品。去除萜烯的柑橘油也称为倍化油，因为保留的富含风味的氧化萜烯更加浓缩，浓缩的程度一般用反映浓缩时油体积减少量的“倍数”来表示。例如，五倍油的体积是起初单倍油体积的五分之一。虽然浓缩后油浓度提高数倍会变得更有效，但效力并不一定与浓缩倍数严格地成比例增加。当然，油（橘子油）的风味特性也会因为浓缩而变化。

为了实现精油的最大化提取和回收，柑橘加工工业采用一些技术以提高产量：①对离心分离后不再有精油可回收时的水相进行蒸馏；②对压榨后剩余的皮进行蒸汽蒸馏；③对从加工处理过的柑橘废弃物中得到的“柑橘糖蜜”进行过热蒸汽处理；④罐装的单一浓度的柑橘果汁脱油。

所有这些加工产品在风味和保藏性质上都次于冷压榨的柑橘油。

4. 去萜烯的方法

常用三种方法生产去萜烯油，即真空分馏、稀释酒精中可溶性氧化物的选择性溶剂萃取和采用硅胶的色谱分离法。

（1）真空分馏　大量的无萜烯油是在高真空（133~267Pa）下通过分馏生产的，这样可以在需要相对长时间去除大量萜烯时，使油在很低的温度下沸腾，以确保对热敏性成分的损害降低到最小。在这样的低压下，组分的沸点很低，有效分离很困难，而且萜烯类很少能单独分离，这是一个蒸馏器设计和回流平衡调节必须解决的问题。干蒸馏的替代方法是蒸馏过程中注入蒸汽。但这样做的不利方面是蒸馏时间延长，可能破坏风味成分。另外，水的存在也可能引起某些成分的水解，而这又会损害最终产品的芳香特性。

（2）稀释酒精中可溶性氧化物的选择性溶剂萃取　以下两种方法用于生产在稀释乙醇［30%~35%（体积分数）］中有很好溶解性的无萜烯柑橘油。

①在装有分离器和一个允许蒸馏物再循环的回流检油池的蒸馏器中用3~4倍体积的稀酒精蒸馏精油。在加工过程中，萜烯通过与酒精蒸气接触蒸馏而最终在蒸馏液表面被分离。所需要的氧化成分部分溶解在稀酒精中，浓度逐渐提高。当不再有萜烯分离出来时，循环过程中止，氧化萜烯成分通过分馏而回收。

②精油与酒精［95%（体积分数）的乙醇］混合在一起，然后加入计算量的水使酒精的浓度降低到35%（体积分数）左右。混合物需要用力搅动以混合均匀，然后让其静置以便于分离。萜烯在这种浓度的酒精中是不溶的，因而浮在上层。低萜烯含量的精油提取后可直接加工为水溶性香精用于软饮料工业，或进一步用水稀释，用氯化钠溶液饱和后破乳，无萜烯油分离、干燥。这样萃取得到的油有很好的芳香但缺乏原油的新鲜感。

（3）采用硅胶的色谱分离法　布雷费曼（Braverman）等研制了一种去萜烯的色谱方法，用于生产高质量的无萜烯柑橘油，该方法采用硅胶作为氧化萜烯成分的吸附剂。这一技术是将天然的柑橘油过硅胶柱，然后用非极性溶剂（如己烷）洗脱柱子，这样可以去除所有残留的萜烯。氧化萜烯成分可以从硅胶中通过乙酸乙酯或其他低沸点的极性溶剂萃取获得，而这些溶剂可通过真空蒸馏去除。这个过程是放热的，所以柱子需要冷却，并应采取预防措施确保风味成分的热破坏最小。

无萜烯或去除一部分萜烯的浓缩柑橘油广泛地作为调味料原料使用，因为它们的稳定性得到提高并有更长的保质期、相对用量较低、溶解性得到改善，因而在软饮料和利口酒的调味料原料中具有特殊的价值。

5. 柑橘叶和花中的油

尽管从柑橘皮中得到的精油在食品和饮料调味料中起主要的作用，从柑橘叶、梢枝和花中用蒸汽蒸馏得到的精油在香气方面有同等重要性。从叶子和梢枝中得到的油称为橙叶油，从花中得到的油称为橙花油，每一种精油的来源都在其命名中体现。这些油中最广泛使用的是来自种植的苦橙树（又称酸橙）的精油，主要包括：①酸橙的橙叶油，一种浅黄色油，有一种令人愉悦的甜、新鲜、花香的气味，并有木本、草本的风味背景特性；②酸橙的橙花油，一种浅黄色油，新鲜蒸馏时有一种浓郁、新鲜花香味，但是在贮存期间会失去头香，保存时颜色逐渐变深。这些油在调味料中的价值很有限，它们主要用于在仿制水果调味料时弥补人们关注的风味细微差别。

（三）薄荷油

1. 薄荷油的分类

薄荷是非常复杂而且有不同组别的多年生植物，属于唇形科。由于杂交的程度很高以至薄荷的植物学出身和分类即使对于专家来说也比较混乱。从实用目的出发进行以下分类，对于薄荷作为调味料原料，在商业贸易方面的发展是很重要的。

胡椒薄荷（*Mentha piperita* L.）：是 *M. aquatica* L. 和 *M. viridis* L. 的天然杂交种，有两种类型，即寻常型（黑薄荷或米杰姆薄荷）和药用型（白薄荷）。

田野薄荷（*Mentha arvensis* L.）：田野薄荷精油中薄荷醇含量较高，有两个变种在商业上很重要：*piperascens* Holmes（日本和巴西）和 *glabrata* Holmes（中国）。

荷兰薄荷（*Mentha spicata* L. 或 *M. cardiaca* Ger.）：精油中富含 L-香芹酮。

园艺用的或烹饪用的薄荷，呈现多样的种、变种和栽培品系，包括：园艺用薄荷（*M. viridis*）、苹果薄荷（*M. rotundifolia*）、美国苹果薄荷（*M. gentiles*）和寇里薄荷（*M. spicata* var. *crispata*）。

2. 胡椒薄荷

种植的胡椒薄荷几乎是专用于蒸馏精油的。现在有很多种胡椒薄荷作为商业上生产具有不同风味特性和不同调味质量的一系列精油的来源。这些精油产品的差异性主要是由植物内在的性质和生长环境以及不同生长地区采用不同的收获和蒸馏方法所引起的。

胡椒薄荷大概是全世界最受欢迎的香辛料之一，广泛用于糖果、口香糖、巧克力芯、利口酒、化妆品和药物中。用新鲜的胡椒薄荷制作的提神薄荷茶在有些地区（特别是德国西部和非洲北部）非常受欢迎。对于大多数用途而言，精油是首选的调味料原料，其商业化可利用形式有：①天然的，新鲜收获的薄荷叶子和花顶的初蒸馏物；②精馏（二次蒸馏），初蒸油重蒸馏后去除最高沸点成分的油；③双精馏（三次蒸馏），去除 10%～15%的最低沸点成分和 2%～5%高沸点成分的精馏产物。

对于大部分用途而言，常用的是一次精馏油。而对于那些精油溶解性很重要，或者需要纯净薄荷风味的产品（如奶油薄荷液和巧克力馅），三次蒸馏油是首选。

（1）栽培和蒸馏　胡椒薄荷是通过根切而繁殖的，植物大约可以持续生长 5 年，因此细心选择栽培品系是很有必要的。在最好的土壤和气候条件下，最大产量和最好质量的精油一般产于第二年和第三年，植物一般在第五次收获后被替换。

蒸馏是在草本植物顶部萎蔫或部分干燥时进行。许多国家是在牧场的罐制蒸馏器中进行。

但在美国的主产区是用成熟的移动式蒸馏器进行的。在俄勒冈州和华盛顿，胡椒薄荷初蒸油的产量平均可达到 0.011kg/m^2 以上，因为这个指标取决于香草在蒸馏时的干燥状态，因此通常按单位种植面积的油质量表示产量。

（2）精馏　胡椒薄荷的一次蒸馏产物初蒸油经常有明显的令人讨厌的硫味和“似杂草”的异味，主要是因为二甲基硫化物和其他多硫化物的存在。这些影响纯净、新鲜、薄荷香味特性的不期望残留物可以通过精馏更好地去除。任何精油的精馏都是一个高沸点成分和/或低沸点成分的重蒸分离过程，以达到提供具有期望的物理和感官性质的最终产品的目的，这种加工过程虽然可以改善产品的感官属性，但不能将低质油转化为优质油。由于重蒸馏过程会引起一定程度的浓缩，这个过程可能会更加突显某些芳香成分的异常和不平衡性，但不会消除它们。重蒸馏主要采用以下两种方法。

①干蒸馏：精油在高真空（665~1333Pa）下重蒸馏，在高真空下可以使精油在非常低的温度下沸腾而确保减少对不耐热成分的损害。芳香物质的蒸汽通过适当的分馏柱上升，分馏柱可以确保一定沸点范围内的馏分的分离和收集。根据起初物料的性质和终产品的期望特征，不同的部分可能会因为需要而重混合，不需要的部分可以除去。

②蒸汽注射：这是一种比较古老的方法，它是在一种装有合适分离器的隔套蒸馏器中进行的，它允许蒸馏器用水时蒸馏物持续不断地再循环或者在注射高压流通蒸汽时排出蒸馏物。油和沸水或蒸汽接触会导致某些成分的分解，所以必须小心地控制好条件。

对于胡椒薄荷，精馏得到两类主要产品。

①单精馏（也称为二次蒸馏）胡椒薄荷油：精馏得到的无色油，残留在蒸馏器中的最后2%~5%的油被丢弃，这样可以去除天然油的似杂草的、树脂质异味。

②双精馏（也称为三次蒸馏）胡椒薄荷油：通过精馏得到水白色油，将开始收集期望馏分前的第一部分精馏物（一般是 5%~10%）以及残留在蒸馏器中的最后 2%~5%的油丢弃。这个过程主要是去除低沸点的萜烯类物质和高沸点的气味化合物。最终的产品在芳香特性上得到明显改善，溶解性更好，保质期也得到延长。

3. 田野薄荷

田野薄荷（*Mentha arvensis* L.）在中国和日本部分地区是野生的，并且在中国、日本、巴西、阿根廷、印度和南非广泛种植。从收获的田野薄荷中蒸馏得到的油含有 600~800g/kg 的薄荷醇，初蒸油在室温下是固态的。这种初蒸油不是商业上可利用的，却是天然薄荷醇的丰富来源。商用油是部分去薄荷醇的产品，但是还保留 450~550g/kg 的总醇类（如薄荷醇）。在国际交易中，这些油通常称为薄荷油，一般以它们的来源地区分，例如，巴西薄荷油、中国薄荷油。

（1）种植和蒸馏　不同薄荷的种植方式因为生长地区的差异而不同。

①日本：植物通过根切栽培，第二和第三年产量最高，但在第四年收获后必须更新。也有一些地区是每年都重新种植。收获方式也有所不同。在北方，每年收获 1 次；在南方，每年收获 3 次。通常在晴朗的太阳天收获，因为此时叶子中薄荷醇含量最高。收获的植物扎成捆挂起来放在阴凉处，空气晾干 10~30d，直至质量减少到湿重的三分之一左右。薄荷可能会在当地或在较大的集中区设备进行蒸馏。油的产量因为地区和季节差异有很大不同，平均可达 0.0056kg/m^2。

②中国：在中国，薄荷通常作为一年生作物种植。每年收获两次，分别在六月和九月。待植株长到约 0.9m 高时收获，收获的原料扎成捆放在太阳下处理，然后进行蒸馏。在小但相对

现代化的蒸馏器中进行现场蒸馏，产品主要卖给集中加工者。

③巴西：薄荷是在20世纪早期由日本定居者引入到巴西圣保罗地区。在巴西，薄荷在八月下旬和九月上旬采用根切繁殖的方法在空地上种植。土壤的肥力有限和锈斑病感染会导致不理想的产量，因此种植场每三年需要更新。每年收获两次，在植株花全开放时进行收获。收获的原料扎成捆，空气晾干后进行蒸馏。初油通过当地现场蒸馏器生产，然后运输到集中加工者处进行去薄荷醇处理。

（2）去薄荷醇　从部分干燥的收割香草中蒸馏得到的油含有600~800g/kg的总薄荷醇。加工中心采用的去薄荷醇化过程包括：①烘干油，过滤除去颗粒物质；②装入金属容器中；③容器浸没在盐水浴中，将温度慢慢降到-5℃，这一缓慢冷却过程可导致大薄荷醇晶体生成；④通过倾沥或者离心分离得到去薄荷醇油。分离出的晶体可通过重结晶纯化。

4. 荷兰薄荷

商用的荷兰薄荷名称有好几个种类和品种。尽管植物形式、种植和收获是相似的，但荷兰薄荷有非常不同于田野薄荷或胡椒薄荷的特有的气味特性。荷兰薄荷主要的种类如下：

①*Mentha spicata*（L.）Huds. var. *tennis* Mich.，以前曾分类为*Mentha viridis* L.（美国）；

②*M. spicata* var. *trichoura* Briq.（英国）；

③*M. spicata* var. *crispata* Benth.（德国和日本）；

④*M. cardiaca* Gerard ex Baker（美国），称为苏格兰薄荷。

荷兰薄荷种植以美国的西部为中心，产量约占全世界总产量（2000t）的80%，其精油在口香糖、牙膏和一些糖果中非常受欢迎。大部分收获物是在产地进行蒸馏，产量可达0.0045kg/m^2。现在，荷兰薄荷的需求在不断增长，很多人认为这种油有更甜、更圆润的特性。

5. 混合的胡椒薄荷油

精油的商业名称不会总是明确地指出来源或质量。这种情况尤其会在胡椒薄荷中出现，不仅因为它可使用的原料种种很广，而且因为其应用参数具有广泛性。胡椒薄荷油可以是一次、二次或三次蒸馏的产物，最终产品的质量和风味特性不仅依赖于起初的原料而且还取决于所用的加工技术。当价格为限制因素时，胡椒薄荷和田野薄荷可以相互替换使用。可以用纯的精油或混合精油配合以满足特定的生产需要。在精油贸易领域，发现这种“复杂化的”混合精油是很常见的，有时甚至将主要成分在一定程度上用合成的同类产品替代。

6. 薄荷油的组成

不同的薄荷油组成有很大的差异性，这主要是由种类和生长、收获及采后处理的环境条件决定的。胡椒薄荷（*M. piperita*）和田野薄荷有许多共同点，它们的主要组成是薄荷醇、薄荷酮、乙酸薄荷酯和其他的酯类（表5-6）。这些成分比例的不同决定了它们与众不同的特性。

表5-6　薄荷油的组成　单位：g/kg

成分	胡椒薄荷（*M. piperita*）中的含量	田野薄荷（*M. arvensis*）中的含量
萜烯类	5~8	5~12
α-蒎烯	0~2	0
烯莰	9~17	7~27

续表

成分	胡椒薄荷（*M. piperita*）中的含量	田野薄荷（*M. arvensis*）中的含量
β-蒎烯	32~43	49~112
柠檬烯	64~135	1~2
氧化物	32~94	3~36
3-辛醇和薄荷呋酮	0~4	1~8
芳樟醇	89~238	215~297
薄荷酮	22~45	29~89
异薄荷酮	28~42	28~50
新薄荷醇	402~487	332~393
薄荷醇	9~26	5~49
胡薄荷酮	44~116	9~62
乙酸薄荷酯	7~31	18~116

对薄荷油组成生物合成的研究发现，薄荷酮是植物成熟时由胡椒薄荷酮合成的，它可以进一步转化为薄荷醇，薄荷醇的比例在叶子中会继续增加，到花盛开时达到最高。薄荷醇/薄荷酮的最后平衡是决定蒸馏精油风味质量的主要因素。

荷兰薄荷油（*M. spicata*）的特征是含有高含量的L-香芹酮，其含量约为560g/kg。它的感官和物理化学特性与胡椒薄荷油完全不同。

二、油树脂（溶剂萃取）

香辛料精油通常缺乏粉末香草和香辛料所具有的全面、圆润的风味特性。某些情况下它们因为缺乏天然材料的非挥发性成分而完全没有典型的风味特性。这些缺少的风味特性可以利用选择性萃取、干的粉碎香草和香辛料来弥补。采用选择性有机溶剂萃取可以最好地溶解精油和期望的非挥发性物质。萃取后除去溶剂得到的萃取浓缩物称为油树脂。制备的油树脂包含香辛料的挥发性和非挥发性调味成分，以及其他非挥发性组分，由固定油、抗氧化剂、色素和其他可溶于特定溶剂的提取物组成。油树脂具有香料的全部香气和辛辣成分，而且可以提供色泽。最重要的商业油树脂是由红辣椒（辣椒粉）、黑胡椒或白胡椒、姜、大蒜和迷迭香制成。油树脂连同树脂一起被归为是天然植物的分泌物，也称为香脂（秘鲁香脂）或油胶树脂（没药精油、乳香脂）。

（一）溶剂

油树脂的产率和组成很大程度上取决于溶剂。常用的溶剂如表5-7所示，可分为极性溶剂和非极性溶剂：

①极性溶剂包含羟基和羧基是反应活性相对较强的化合物，能与水互溶。它们是大部分成分的有效溶剂，其中一些有着火的危险；

②非极性溶剂一般是烃类和氯代烃类，反应活性相对较低，不能与水互溶。它们的溶剂特

性比较受局限，对油和脂肪溶解性较好。烃类可能有着火的危险，而氯代溶剂不可燃，但相对毒性较大。

超临界 CO_2也用于这种萃取。萃取可在低温（0~10℃）和高压（0.8~8MPa）下进行。在这样的条件下 CO_2液化成为非极性的选择性溶剂，并且是无气味、无味道、无颜色的溶剂，萃取后容易去除、无残留、不可燃。采用这一技术的工厂投资很高，但是公认其提取更有效，还有无溶剂残留、无异味、单萜烯含量低、头香和尾香更丰富的优点。并且其风味特性更全面，与传统方法提取的产品不同。虽然超临界 CO_2有内在的优势，但由于成本和不同的风味特性一定程度上限制了其应用。

表 5-7 风味萃取中允许使用的溶剂

溶剂	0.101MPa 下的沸点/℃	极性 $\lg P$	允许残留量/（mg/L）
己烷	68.7	0.009	25
二氯甲烷	40.0	0.309	30①
丙酮	56.5	0.355	30
甲醇	64.7	0.762	30
二氯乙烷	83.7	—	30①
三氯乙烷	74.1	—	30①
乙醇	78.4	0.654	—
超临界 CO_2	-56.6	—	—
异丙醇	82.5	0.546	50

注：①氯代溶剂的总残留量不能超过 30mg/L。

（二）油树脂的生产

最常用的油树脂萃取过程包含以下单元操作。

（1）原材料的准备　干的香草和香辛料必须首先粉碎以保证溶剂的渗透和浸润。颗粒越细，破裂细胞的数量越多、表面积越大、达到萃取平衡的速度越快。但粉碎过细也可能会导致溶剂的渗透和浸润很慢，溶剂回收困难。

（2）将原料浸入溶剂中　主要有 3 个阶段：①加入溶剂以确保润湿所有干的原料；②泡软使物料吸附溶剂，并在溶剂和溶质之间达到平衡；③持续不断地以新鲜溶剂置换油水混合物。操作条件取决于初始物料的性质、萃取设备的设计、系统是否在重力或动力泵强制循环下操作等因素。

（3）油水混合物和萃取原料的分离及溶剂的去除　从期望的萃取物中脱除溶剂对最后得到的油树脂的特性和风味质量是非常重要的。许多香辛料含有很高的挥发性成分，因此去除溶剂必须在低温条件下进行以防止这些物质的损失或破坏。使用高真空是有必要的，但是这也会导致挥发性物质的损失。因此，溶剂的沸点越低越好，超临界 CO_2技术的优势就在于不存在这样的问题。

溶剂回收系统在经济上是非常重要的。该系统的经济性取决于所选溶剂、不破坏敏感成分的热处理程度、流速和最佳的香辛料/溶剂比等因素。当需要处理大量物料时，连续的逆流萃取系统，有很多优点比较合适。

去溶剂化主要有两个阶段：①通过标准的降膜、升膜蒸发器或加热型蒸发器在严格控制的真空条件下脱除约98%的溶剂；②用氮气喷射、冲洗和高真空处理除去残留的微量溶剂以达到低于法规规定的水平要求（表5-7）。

（三）油树脂的质量

油树脂可以是黏性油或是黏稠的糊状物，所以直接与食物基质混合非常困难。为了方便操作，许多油树脂可能会与被许可的稀释液如丙二醇或某些植物油混合，这些添加物在产品说明书中必须清楚地标明。挥发性成分和非挥发性油树脂物质的平衡是保证最好质量的关键，油树脂的风味特性必须和原始的香辛料非常相似。

（四）油树脂及相关产品

在食品加工中使用香辛料油树脂的优缺点如表5-8所示。

表5-8 油树脂的优点和缺点

优点	缺点
卫生、无菌	风味质量好但随原材料而变
调味强度可以标准化	风味特性依赖于所用的溶剂
许多含有天然抗氧化剂	浓度非常高以至很难处理和精确称重
无酶	可以是液体、黏流体和糊状物，很难与食物基质混合
好的贮存条件下保质期长	除非特殊处理，一般存在单宁

由于油树脂并不适合所有的食品，商业上已经开发出各种不同的适合直接应用于食品的油树脂加工产品。主要有以下几种。

（1）酒精提取物　是用70%（体积分数）的乙醇浸提粉末香辛料制得的产品。相应的产品可以通过精油或者油树脂的添加强化头香。

（2）乳状液　是一种液体调味料，用数种混合的精油或/和油树脂和阿拉伯胶或其他许可的乳化剂通过乳化作用制得的产品。为了防止上浮现象可以加入稳定剂。

（3）可溶性香辛料　是由数种混合的精油或/和油树脂与一种聚山梨醇酯（如聚山梨醇酯80）或其他的分散剂或增溶剂混合的产品，在一定浓度下与水混合时可形成清澈的溶液。

（4）分散的、涂层的或者干的可溶性香辛料　是把标准化的油树脂或者精油和油树脂的混合物分散在可食用的载体如盐、葡萄糖、薄脆饼粉末或者面包干上赋予产品一定的风味强度，但是并不一定需要与优质的新鲜粉末香辛料具有相同的风味特征。

（5）胶囊化的香辛料　是将用阿拉伯胶或一种许可的改性淀粉预制的乳状液喷雾干燥制成的产品。干燥后，壁材成为密封剂。这样的产品有很长的保质期，它们的风味只是在与水混合时才释放出来。

（6）耐热香辛料　是特制的胶囊化产品，外层的胶囊不溶于水。这样的产品有很长的保质期，它们的风味只在如烘焙时的高温下才会释放出来。

（7）脂肪基料的香辛料　是将精油和/或树脂油与液态的可食用油或氢化脂肪混合的产品。这类产品可以散装或者以喷雾冷凝粉末形式提供。它们是为在高脂肪产品如蛋黄酱或者干酪汤中添加香辛料易于混合而设计的。食品加工中使用这些香辛料加工产品的优缺点见表 5-9。

表 5-9 加工香辛料的优点和缺点

产品类型	优点	缺点
分散的香辛料产品	用特定来源的原材料可得到标准化的风味特性	作为基料使用的香辛料需要许可
	标准化的风味强度	挥发性物质在贮存时损失，尤其在室温很高时
	卫生方面可接受	在开放的条件下加工，不耐高温
	无酶	
	容易操作和精确称量	
	在食品中容易分散	
	在操作过程中一般无粉尘	
	许多包含天然抗氧化剂	
	在终端产品中没有不期望的斑点或颜色	
	水分活度低	
胶囊化的香辛料产品	芳香化合物完全受到保护，不会损失或者降解	风味特性可能与等同的天然香辛料有差异
	天然色素可保留很长时间（如辣椒粉）	浓度通常是十倍，所以精确称量困难
	在所有条件下保质期长	相对昂贵
	容易混合到食品基质中	
	没有讨厌的气味（尤其是应用到大蒜中）	
	卫生水平尚能接受	
	水分活度低	
	在终端产品中没有不期望的斑点和颜色	

三、 水果、 水果汁和浓缩物

从植物学上讲，水果是成熟的子房，含有或不含有种子，有时候会保留花的部分。水果的壁称为果皮，可能是干的或是肉质的，大部分水果的果皮都是可食用的。草莓的可食用部分是肿胀的花托。许多普通的水果直接作为甜点使用，那些需要长途运输销售的水果可以用作食品加工中一些非常有价值的产品原料，包括：①水果片、果肉；②脱水水果；③水果汁和浓缩物；

④水果粉；⑤果脯、蜜饯（罐装或瓶装）；⑥果酱和果冻。

大多数可食水果是由包围软果肉状组织的皮组成的，这些多肉果皮是风味来源的最重要的部分。这些组织中的果汁含有糖（如葡萄糖、果糖和蔗糖）、果酸（如柠檬酸、酒石酸和苹果酸）、色素物质；一些水果中还含有酚类物质，如单宁酸。糖的含量、颜色、酸度和风味之间有一定的相关性，在水果成熟过程中它们的平衡会发生改变。一般而言，当糖含量达到最高，果皮颜色达到最亮丽时风味最丰富，水果过熟时风味会发生明显的改变和恶化。

（一）水果汁

水果汁被定义为通过压榨或其他机械方法从水果中回收到澄清或均一浊状的、没有发酵的液体。果汁加工中应用何种技术取决于水果的本质，作为果汁的商业来源并不是所有的水果都同等重要。为果汁加工挑选水果时需要相当的专业技术，需对所用水果的品种、成熟度、物理品质和所分离果汁的特性、稳定性之间的平衡有充分的了解。压榨的果汁没有整果所具有的风味，因为特征的挥发性物质（芳香气味来源）在新鲜制备的果汁中含量仅有不到0.07g/kg。果汁要具有新鲜水果所特有的风味，必须将它与从水果其他部分回收得到的芳香物质混合。

不同的水果压榨难易度差别很大。果胶和蛋白质的存在会使果汁黏性增加，以致很难加工，压榨速率慢，过筛时也会存在问题。果胶酶和其他酶系可以破坏果胶，提高果汁产量及其流动性，但是在最终的产品中必须完全去除这些酶。

柑橘类水果的加工需要特定的提取装置以尽可能减少最后压榨果汁中的果皮油含量。工业上最常用的有两种提取装置：

（1）Brown 果汁抽提器　水果用很锋利的刀切成两半，每一半用橡皮碗固定住，放置在旋转锥体上，挤出果汁和一定比例的细胞质。

（2）FMC 果汁抽提器　整果放置在一排固定的锯齿状杯子中，然后用同样的杯子压下来，与固定的杯子啮合进行压榨。果汁和细胞质通过水果底部用不锈钢管锋利端切开的直径2.54cm大的孔流出。全球约75%的柑橘果汁是用 FMC 设备加工处理。

这两种提取装置起初的压榨都要通过细孔筛除去所有的果仁或者不需要的固形物。

酸橙是一种非常小的水果，可以整果在滚筒或者压榨机中通过压碎处理。提取的果汁过筛除去固形物，然后离心除去皮油。新鲜压榨的柑橘果汁通常含有杂质，这些物质由粗糙的细胞壁组织和细小的悬浮果胶质、树胶和蛋白质组成，这些物质大多呈胶体特性。最终果汁的性质随需要而定，橘子和柚子汁是含有微粒固体物的均一浊状体；柠檬和酸橙汁通常是清汁产品，可能需要离心才能达到这样的要求。

果汁因为酵母的生长非常容易受到影响而变质腐败，因此不是立即使用的产品保存时要防止发酵。果汁的整个加工和随后的保藏过程中需要严格的清洁和卫生标准。果汁可以通过巴氏灭菌、冷冻、化学保藏（果汁中添加苯甲酸钠1~3g/L或二氧化硫0.3~0.8g/L进行保存）、浓缩（约65°Bx）的方法以防止它发酵或者发生其他形式的变质。

（二）水果果汁浓缩物

许多果汁含有85%~90%的水分，其风味强度对果汁饮料本身而言是可接受的。但是，作为其他饮料和加工食品的风味来源，许多天然果汁风味强度太弱，因此必须进行浓缩，但要注意其风味特性和糖/酸平衡不能过度改变。

理想的情况是任何的浓缩都应该在没有改变天然果汁的特性下除去水分，既不造成必要的挥发性物质的损失也不引起异味的产生。可以通过以下方法达到这个目的。

(1) 真空蒸馏　这是在严格控制的条件下在热交换器中进行的，会导致可溶性固形物和提取物的浓缩，但得到的香气物质很少。果汁中起初的香气物质在蒸馏过程中被除去，部分可以通过浓缩回收，但低沸点成分会丢失。这一技术导致浓缩物缺乏起初原料的新鲜特征，可通过回收香气和从水相蒸馏得到的挥发性物质结合而部分恢复，但是最后的产品还是缺乏头香。除了果汁香气、风味的恶化，在温度升到60℃以上时果汁可能会随浓缩而发生焦糖化反应颜色加深。

(2) 冷冻浓缩　当稀释的果汁进行冷冻时，最初的冰晶是纯水，在达到共熔点后所有物质固化。由于没有使用热处理，这一技术可以得到高质量的产品，与起初产品有非常类似的平衡风味特性。冷冻温度为-18～-12℃。浓缩物可以通过让部分融化的冷冻物质慢慢地解冻流出浓缩物液体，最好通过离心或真空过滤得到。

(3) 连续冷冻浓缩　是使用高效、低容积、磨擦表面的热交换器，预冷却的天然果汁持续地注入，部分熔化冷冻后，果汁用离心机离心，与冰相进行分离。最后的浓缩物被收集，并且可能再循环以进一步浓缩，直到循环达到稳态为止。一般而言，这一系统可以处理含有60～100g/L固形物的果汁，并且在单一阶段操作中可将果汁浓缩为含400g/L固形物的果汁。

浓缩过程回收挥发性物质的操作在常压下进行，通过在预热器中高速、湍流的方式把热损害降到最小程度。水果香精的回收受到分馏蒸汽冷凝和在不可凝结气体排出前的影响，它通常保留了果汁浓缩中分出的复原水果香精，在使用前按正确的比例混合加回到浓缩汁中。果汁产品的规格通常包括以白利度表示的可溶性固形物含量。这个指标是由产品浓度和它所含有的可溶性固形物含量的关系确定的。

(三) 混合果汁产品

许多天然的和浓缩的果汁要么可利用风味强度太低，要么在许多食品中使用价格太贵。为满足食品加工和饮料制造的需要，以下两种类型的产品被研制并得到广泛应用：

(1) WONF (和其他天然风味混合) 产品　由果汁或者果汁浓缩物的混合物组成，至少50%的风味是来自产品名称中的水果，另外不超过50%的风味来自其他的天然风味料（满足标签需要）。

(2) 强化浓缩汁　这些产品的风味强度或者它们的芳香特性得到强化，是通过添加其他天然风味成分或者合成的风味化合物来强化的，合成的风味化合物一般是天然水果等同物，但这不是必需的。

(四) 去果胶果汁

所有水果的果汁都含有果胶，它们是亲水胶质，不仅影响果汁的黏度，而且能稳定任何不溶性固体悬浮液或浊汁。由于许多果汁需要澄清，这些果胶在加工过程中必须去除，可以通过天然存在的果胶酶或者添加类似的酶实现。去胶质的另一个好处是果汁或者浓缩物很容易与利口酒生产时一定浓度的稀释酒精混溶，否则天然果汁会大量沉淀。而在橘子汁或者柚子汁中，需要稳定的浊汁，果胶酶就必须失活，否则果汁会分离成沉淀物和澄清液两层。橘子汁的浊度一般可通过加热稳定，时间和温度由初始材料的pH决定（例如，pH 3.8，在89℃作用2min或94℃作用15s；pH 3.3，在85℃作用2min或在90℃作用15s）。去胶质果汁通常添加0.5～0.6g/L的苯甲酸贮存。

(五) 脱水果汁

对粉末状风味料的需求在不断地增加，主要用于一系列方便食品和许多保持天然果汁特性的产品，尤其是用于饮料和固体饮料。脱水作为一个操作过程不是很困难，但是果汁中糖/酸的存在使得脱水后的果汁成为塑性物料而不是离散的细粒，而且最终的产品经常是易吸湿的，必须在密封的容器中贮存。通常用如乳糖一样的物质和果汁混合以生产自由流动的粉末，并在包装中加入一个装有硅胶的小袋子作为干燥剂。果汁脱水常用滚筒干燥、真空干燥、喷雾干燥、泡沫干燥、冷冻干燥的方法。干燥的果汁产品因为其吸湿性而很难处理，因此要寻求好的贮存和使用条件。

（六）水果糊和粉碎

为用于冰淇淋、冷冻甜食和特定品种的饮料，柑橘类水果可能会通过胶体磨形成均质的浆糊。这些精细研磨的产品是由整果加工生产的，可能会与果汁或者天然果皮油乳状液进一步混合以获得期望的风味特性和一定程度的标准化。这样的产品通常是无菌生产和包装的。这个过程要保证任何酶系都失活以确保产品的保质期稳定。

第三节　植物调味料原料

比较常用的植物调味料来源包括：①香草和香辛料，它们本身有很强的芳香性和独特的风味，可以单独使用或以调味料混合物的形式使用；②香子兰，只有在收获后经发酵和加工才具有特征风味属性；③咖啡、茶和可可，都需要在收获后加以处理才能具有一种受人欢迎的风味特性，大部分用来制作饮料。这些材料可直接使用（完整使用或磨/碾成粉使用），或加工制作成不同的形式（如精油、油树脂或者酊剂）。

一、香草和香辛料的定义及市场

从植物学角度讲，香草是软茎植物，地面以上部分的主茎一般会死亡，它们可能是一年生植物、二年生植物或多年生植物。烹调用的香草种类有限，它们作为食物的调味料家用或商用已经有好几个世纪。

香草可鲜用或者脱水干燥后使用。干燥使用时，通常需要将叶子、花和种子从重而硬的没有什么香味的茎上筛选分离。香草一般是以破碎的形式家用或商用。那些最具有商用价值的烹调用香草见表 5-10。

表 5-10　　主要的烹调用香草

香辛料	学名	科	植物的应用部分
罗勒	*Ocimum basilicum* L. 和其他亚种	唇形科	叶子和花顶部分
月桂	*Laurus nobilis* L.	月桂科	叶子
欧当归	*Levisticum officinale* Koch	伞形科	根、叶子和种子
滇香薷	*Majorana hortensis*（=*Origanum majorana* L.）	唇形科	叶子和花顶部分
薄荷	*Mentha arvensis*（L.）var. *piperascens* Holmes 和其他变种	唇形科	叶子蒸馏精油

续表

香辛料	学名	科	植物的应用部分
田野薄荷	*Mentha arvensis*	唇形科	叶子蒸馏精油
胡椒薄荷	*Mentha piperita* L.	唇形科	叶子蒸馏精油
荷兰薄荷	*Mentha spicata* （L.）Huds var. *tenuis*（=*M. viridis* L.）和其他变种	唇形科	叶子蒸馏精油
苏格兰薄荷	*Mentha cardiaca* Gerard ex Barker	唇形科	叶子蒸馏精油
墨西哥洋苏草	*Lippia* spp. 常见 *Lippia graveolens* HBK	唇形科	叶子
野马郁兰	*Origanum* spp. 大多是 *Origanum vulgare* L.	唇形科	叶子和花
野生滇香薷	*Origanum vulgare* L. 或 *Thymus masticina* L. 和来源不同的其他种类	唇形科	叶子和花
迷迭香	*Rosmarinus officinalis* L.	唇形科	叶子
鼠尾草	*Salvia officinalis* L.	唇形科	叶子
达尔马提亚鼠尾草	*Salavia triloba* L.	唇形科	叶子和花顶部分
希腊丹参	*Salvia lavandularfolia*（L.）Vahl.	唇形科	叶子和花顶部分
西班牙夏季香薄荷	*Satureia hortensis* L.	唇形科	叶子
冬季香薄荷	*Satureia Montana* L.	唇形科	叶子
龙蒿	*Artemisia dracunculus* L.	菊科	叶子
百里香	*Thymus vulgaris* L.、*Thymus zygis* L. 和来源不同的其他种类	唇形科	叶子和花

香辛料是一个广义的概念，指其他所有具有香味的用作食物调味料或香辛料的植物材料。香辛料通常只是植物的一部分。食品工业应用的主要香辛料如表5-11所示。这些香辛料中，胡椒、芥末、辣根、姜是最常用的。产值排在前十位的香辛料是：脱水洋葱和大蒜、芥菜籽、红胡椒、芝麻籽、黑胡椒、红辣椒、桂皮、小茴香籽、白胡椒和牛至。

表5-11 食品工业用的主要香辛料

香料	学名	科	植物的使用部分
甜胡椒（多香果、牙买加岛胡椒）	*Pimenta dioica*（L.）Merr.（=*Pimenta officinalis* Lindly）	桃金娘科	果实
大茴香	*Pimpinella anisum* L.	伞形科	果实
八角茴香	*Illicium verum* Hook	兰科	果实
辣椒	—	茄科	果实

续表

香料	学名	科	植物的使用部分
甜的胡辣椒	*Capscicum annuum* L.		
辣椒（达巴斯哥红辣椒）	*Capscicum minimum* Roxb.		
葛缕子	*Carum carvi* L.	伞形科	果实
小豆蔻子	*Elettaria cardamomum*（L.）Maton var. *miniscula* Burkhill	姜科	籽
桂皮	*Cinnamomum cassia*（L.）Blume	月桂科	皮
肉桂	*Cinnamomum zeylanicum* Nees	月桂科	皮
西贡肉桂	*C. loureirii* Nees		
Korintje 肉桂	*C. burmanii* Blume		
丁香	*Syzygium aromaticum*（L.）*Man. et Perryl.* [=*Eugenia caryophyllata*（Spreng）Bullock et Harrison, *E. caryophyllata* Thunberg 或 *E. aromaticus*（L.）Bailey]	没药科	花蕾
胡荽	*Coriandrum sativum* L.	伞形科	果实
小茴香	*Cuminum cyminum* L.	伞形科	果实
莳萝	*Anethum graveolens* L.	伞形科	果实
印度莳萝	*Anethum sowa* Roxb.		
茴香	*Foeniculum vulgare* Mill.	伞形科	果实
胡芦巴	*Trigone/la foenum-graceum* L.	豆科	籽
姜	*Zingiber otficinale* Roscoe	姜科	地下茎
肉蔻	*Myristrica fragrans* Houttyn	豆蔻科	假种皮
芥菜		十字花科	籽
黑芥菜	*Brassica nigra*（L.）Koch		
白芥菜	*Sinapis alba* L.（=*Brassica alba* Boissier）		
印度芥菜	*Brassica juncea*（L.）Cosson 或 Hook et Thorns.		
肉豆蔻	*Myristica fragrans* Houttyn	豆蔻科	籽
红椒	*Capsicum annuum* L.	茄科	果实

续表

香料	学名	科	植物的使用部分
欧芹	*Petrosilinum sativum* Hoffm. 或 *P. crispum* (Mill) Nyman	伞形科	籽
黑胡椒和白胡椒	*Piper nigrum* L.	胡椒科	果实
番红花	*Crocus sativus* L.	鸢尾科	柱头
墨西哥藏红花	*Carmanthus tinctorius* L.	菊科	小花
芝麻	*Sesamum indicum* L.	胡麻科	籽
郁金（姜黄）	*Curcuma longa* L.	姜科	地下茎

二、 香草和香辛料的分类及其风味特征

（一）香草和香辛料的分类

香草和香辛料，包括其他天然调味料，可以按照不同的方法进行分类，选用何种方法取决于分类对应用所起的作用。香草和香辛料的分类有 4 种不同的依据：①植物学；②农艺学；③生理学；④感官。这些分类中，按植物学或者感官特性的分类对风味学家是最有用的。按照植物学（表 5-12）进行分类在制造精油或油树脂时有意义，而根据风味特性（按主要组分）（表 5-13）或感官特性（表 5-14）进行分类有助于产品研发者挑选类似的香辛料。感官分类系统的复杂性取决于所选择的感官性质。例如，阿克坦诺（Arctander）提出食品调味料香辛料用的天然原材料可根据感官性质分为 88 组，其中 22 组是香草和香辛料。这对训练过的风味学家和香辛料商是很有效的分类方法，但是作为最一般用途，需要一个更简单的分类来使用香草和香辛料制造混合调味料。表 5-13 和表 5-14 列出了这样的分类。但是，感官评价的个体差异和信息交流的困难性使得这种分类还很少能达到一致认同。尽管如此，这个分类系统还是有价值的，适合于一些具体问题的需要。

表 5-12 根据植物应用部分的香草分类

应用部分	香草	应用部分	香草
叶子	月桂树	皮	桂皮、肉桂
果实	甜胡椒（多香果）、大茴香、辣椒、香菜、芹菜、胡荽、小茴香籽、莳萝、茴香、红椒、多香果（甜胡椒）	根	西洋山菜、欧当归
		籽	小豆蔻、胡芦巴、芥菜、芝麻
		柱头	番红花
		花	红花
部分果实（假种皮）	豆蔻	花蕾	丁香
		地下茎	姜、郁金

表 5-13　根据精油中主要风味成分的香草分类

桉树脑	百里香草酚/香芹酚	醇类/酯类	侧柏酮	薄荷脑	香芹酮
月桂香	百里香草	牛至属植物	甜罗勒	辣薄荷	荷兰薄荷
迷迭香		香薄荷	牛至属植物	田野薄荷	莳萝草
西班牙洋苏草			龙蒿		

表 5-14　根据感官特性的香辛料分类

辛辣香辛料	芳香果实或籽	芳香的皮	酚醛香辛料	有色的香辛料
辣椒、姜	肉豆蔻、豆蔻（假种皮）	桂皮	丁香花蕾、甜胡椒（多香果）	红椒
胡椒（黑胡椒和白胡椒）	小豆蔻、胡芦巴、大茴香、茴香、香菜莳萝、印度莳萝	肉桂	西印度月桂	番红花
芥菜	芹菜茎、荷兰芹		丁香茎	红花
山葵	莳萝、胡荽		肉桂（叶）	郁金

根据使用目的分类，大多数有关香草的书中描述了 100 多种不同的香草类别，这些香草以鲜用形式、干制破碎形式或以精油或提取物形式应用于食品、药品或卫生、化妆用品类制剂。食品工业用到的只有 20 种植物或其加工产品。

（二）香辛料的风味特征

鲜切的香草风味作用更强，与相应的干香草质量不同。这主要是干燥时精油的低沸点萜烯烃类的损失或者改性造成的。鲜切香草的特有风味成分对香气剖面没有很大的直接作用，但它们的存在能使香草有一种清新的新鲜感，而干制产品缺失这种风味的清凉感，尽管采用冷冻干燥技术得到的产品会好一些。鲜切香草所具有的特征头香气味不仅在传统干燥材料中缺乏，而且在阴干的香草中也可能被阴干气味掩盖，这些阴干气味在复水时去不掉，但在烹饪过程中会消失。

表 5-13 中列出的几组香草有类似的感官效果，当把它们混合在一起，它们的主要香味作用相互加强，并且能弥补相互间香味的细微差别。

（1）含有桉树脑的香草　含有桉树脑的香草香气非常特殊，像桉树一样的气味很容易辨认。尽管每种香草都有特定的风味特性，这类香草都可以描述成“清淡”或“新鲜”，香气很突出，具有“穿透性”，最初感觉是热性的，逐步变为凉性。这类香草经常用作白肉（如鸡肉、鱼肉）和其他本身含有很弱香味的蛋白质原料的调味料。它们对烹煮产品的整体风味产生一种诱人的提升作用。但使用过多就会掩盖更可口的天然香味的呈现。所有这些香草都具有清新的草本植物风味，还带有一些后苦味，它们在甜肉（如猪肉）的调味中非常有价值。

(2) 含有百里香酚和香芹酚的香草 含有百里香酚和香芹酚的香草富有甜、香和芬芳的香味，具有一种明显的酚的特征。它们的气味具有尖锐的穿透性，甚至令人不舒服，这在很大程度上限制了它们在调味料中的有效使用量。香草的特性可以描述为“甜酚味”和“热性富有草质感”。调味料中如含有百里香酚的香草可能会有一种明显的不舒服的干的、木质似的余韵，并有一定的逗留不去的苦味。

(3) 含有醇/酯的香草 “甜”香草的特征是由于它们的精油中含有醇和酯。它们有一种诱人的芬芳，风味通常均衡圆润。正是因为这一特性使它们在混合调味料中非常有价值。每一种都有非常特殊的风味轮廓。通常鲜切的香草比干燥香草具有更强的刺激性香味，起初的香气不很突出，但具有穿透性并且慢慢地具有刺激性。这类香草中许多最初表现为凉性效果，余韵为有细微差异的“清新的草质味”，使人想起香油和花香味。风味作用比气味更平滑，可以描述为具有“温香感”。尽管如此，它们都有令人舒适的新鲜和“香草似的”感官性质，这可能是樟脑特有的气味被延迟释放以及持久的凉感的缘故。其余味大多是苦味，但不是那种令人不太舒服的感觉。

(4) 含有酚醛的香草 鼠尾草属植物的不同品种都是香气很浓的香草，气味穿透性强，开头是凉感，而后是“温香感”。它们的精油含有400~600g/kg的侧柏酮及约150g/kg的桉叶素，所以起初的风味是樟脑特有的那种霉味、陈腐味和令人作呕的甜味混合而成的。这些香草并不适合每个人的喜好，地区性嗜好很典型。鼠尾草属植物的风味最主要的是带有甜甜的似桉树味尾香的草质味，还有一种逗留不去的很不舒适的苦甜的后味。鼠尾草是一种强力有效的调味料，与洋葱一起被广泛应用于猪肉、小牛肉和鱼肉等肉品的配料中。

(5) 薄荷 薄荷是一类品种多样的香草。有几种薄荷作为调味料原料具有重要的商业价值，通常是以新鲜或干燥的叶子以及精油作为产品。其气味和风味特征因它们的来源、生长条件、收获和采后的处理方法、采用的干燥或者蒸馏技术不同而呈现很大的差异。所有薄荷都有一种清凉味，具有强烈的“薄荷醇”气味，通常都有刺激性。它们吸引人的风味是强烈的凉感和提神作用，具有典型的薄荷醇特征，气味比较明显但又不是太冲。起初的风味感觉是温性的，但浓度高时很快变为凉性的甚至有点麻木感。有些品种和放久的精油在嘴里会有一种很重的“油性奶油”味道，有些像椰子味，有轻微的土味和不清爽尾香。荷兰薄荷与胡椒薄荷完全不一样，它的精油含有500~600g/kg的香芹酮，有一种典型的“香油”和“奶油”味，呈温性平滑的舒适芳香味，因此常用于口香糖生产。

三、香辛料的加工

根据感官属性对香辛料分类是很有用的，它们对配制风味平衡的调味料有很大作用（表5-14）。香辛料和香草不同，它们只是植物的一部分，但香气非常浓郁，只有少数例外（如辣椒、胡芦巴），香辛料含有相对较高比例的挥发油及其他非挥发性的调味和色素成分。它们通常产自亚热带和热带地区野生的植物，即使是种植的，其生长、收获和阳光晒干的条件也不理想，因此上市产品的质量不可避免地受到影响。在所有影响因素中，温度对产品的质量和用途起决定性作用。在贮存期受到虫害及潮湿材料发生霉变，有可能引起外观和香辛料风味性质的严重破坏，甚至影响产品的市场接受度。

（一）香辛料的干燥

除了少数产品是需要具有新鲜风味的提取物，无论是作为植物本身使用或用于制成提取物，几乎所有的植物材料都需要干燥。干燥可以保护香辛料防止变质，有助于破碎细胞，在蒸汽蒸馏或溶剂提取时能够使活性成分释放出来。大部分的植物材料，特别是在热带地区，都是晒干的。少数物料在干燥机中使用预先加热的空气横流或通流方式穿过物料来干燥。通常情况下，干燥是作为农业操作的一部分或在靠近种植区的场所进行。制备提取物的加工者会购买干燥的材料。在极少数情况下，加工者必须使用阳光或烘干机对干燥过程进行一些调整。在农村地区，烟熏干燥并不少见，但这不是一个理想的选择，因为烟会影响味道。当没有可靠的电力供应时，自然流动热管干燥室通常用于小豆蔻等植物干燥。理想的干燥过程是使用热交换器获得预加热的空气。

（二）香辛料的粉碎

由于它们的物理特性，香辛料很少可以直接加入食品中。大部分需要进一步加工才能使用。几种加工方式中，以减小颗粒大小和粉碎最为常用。加工香辛料的细度取决于它们最终的用途（如蒸馏、提取、混合调味料）。

研磨是一种减小颗粒的技术，用于获得可用作中间产品或最终产品的粉末。研磨旨在通过冲击、压缩、剪切和切割等机械手段减小植物原料的颗粒大小。对于脆的香辛料，例如黑胡椒和豆蔻，压缩对于颗粒减小非常有用。对于像红辣椒这样的鞘状材料，磨擦和剪切作用是有用的。对于生姜、咖啡、姜黄和菊苣等坚硬的产品，就需要把这些作用结合起来。当纤维素酶、β-葡聚糖酶、果胶酶和木聚糖酶等混合酶用作预处理时，精油的得率较高，且黑胡椒和小豆蔻的主要成分增加。这归因于细胞壁的破坏使精油更容易释放。当用果胶酶、淀粉酶、木质素酶和纤维素酶处理丁香时获得了类似的结果。丁香经酶处理后精油得率为18.82%，而未经处理的丁香精油的得率为10.10%。

目前常用的粉碎机主要有：①捶式粉碎机；②固定头磨机；③板磨机；④辊磨机；⑤切磨机。

在香辛料粉碎的过程中，下列方式会直接影响加工产品的质量和性能：①粉碎过程中原料暴露在过高的温度下；②破碎细胞组织中的挥发油暴露后因为蒸发或者氧化而损失；③产品的物理性质改变（如肉豆蔻的仁和皮由自由流动的粉末变为结块而发黏），影响其保质期和作为调味料原料的价值。

干植物原料的粉碎过程中粗碎的原料受到粉碎机内高速旋转刀片的巨大剪切力作用，粉碎刀头和物料之间的摩擦不可避免地产生热量，使温度达到40~95℃，温度的高低取决于粉碎的细度和物料的性质。一般研磨得越细，粉碎机刀头产生的温度越高（更多的挥发性物质损失），但也使得更多的风味物质可以释放利用，粉碎的香辛料更容易与食物基质相结合。精细粉碎的香辛料一般保质期非常短，因此在生产操作规程中售出前的保存期不应超过三个月。

引起产品不期望变化（如挥发油损失、氧化、褪色、物理变化）的临界变质温度约为36℃，有些香辛料如肉豆蔻仁、皮的临界变质温度可能会降至32℃。目前已经开发了多种不同的技术用来限制粉碎时热量的产生。两种特别有商用价值的技术是：①食物原料的预冷处理；②粉碎室的水冷却或冷藏（如低温粉碎）。

有些香辛料需要特别处理，主要如下：

①挥发性成分和不挥发性油含量高的香辛料（如香菜、小茴香子、肉豆蔻仁、肉豆蔻皮）；

②用黑胡椒剥皮生产的白胡椒粉；

③小豆蔻，必须从坚硬无香气的壳内除去籽；

④咖啡粉需要多级混合才能达到期望的颜色和质构；

⑤芥末籽在制作芥末粉时必须先脱油和脱溶剂后再粉碎。

粉碎过程中引起的问题不只是挥发性成分的损失和不挥发油的自动氧化。老式粉碎机是用铁制造的，只有高速运转的部分是由坚韧的钢做成。研究表明，许多粉碎的香辛料中含有较多的铁微粒，大概就是来源于粉碎机。

传统粉碎的天然香辛料的优缺点如表 5-15 所示。

表 5-15 传统粉碎香辛料的优点和缺点

优点	缺点
在高温处理时香味缓慢释放	不卫生，经常容易被污物（微生物）污染
容易处理和准确称量	存在脂肪酶
没有标签说明问题	干的香草通常有令人讨厌的干草味
许多香草中有天然抗氧化物质存在	终产品中出现不期望的外观特性
	风味强度和轮廓易变
	容易用低成本材料掺假
	风味分布差
	因含单宁酸容易褪色
	风味损失和降解

（三）香辛料的灭菌

香辛料中可能带有相当高含量的微生物，例如，黑胡椒一般标准平板计数菌落总数>10^6 CFU/g。污染微生物包含嗜温好氧细菌、孢子、酵母和霉菌，其中有些可能是致病性的或产生毒素的。香辛料广泛地用于新鲜销售的加工食品和肉类产品中（如香肠），因而将微生物的污染减少到最低程度是很有必要的，通常通过灭菌过程来完成。常用的灭菌处理包括：①香辛料暴露于杀菌气体中（环氧乙烷或环氧丙烷）；②香辛料暴露在 γ 射线下；③加热处理来灭菌；④用蒸馏和萃取技术分离出香辛料中的风味成分。

1. 香辛料的气体灭菌

气体灭菌包括以下几个步骤。

①装料，以适当的袋子包装好放入特制的杀菌釜中；②排出釜内空气；③将材料的温度升到 35℃左右（最高 60℃），然后加湿；④通入预定量的灭菌气体；⑤维持一定的条件以达到灭菌效果；⑥排出灭菌气体，用空气喷射清洗杀菌釜几次以排出所有残留气体。环氧乙烷是最常用的灭菌气体，为实用和安全起见，一般用 80%浓度二氧化碳稀释。

对于有些香辛料。环氧乙烷不能很好地渗透进去，尤其是当用二氧化碳稀释时，所以这种方法灭菌效果会受到影响。通常一种香辛料必须经过多次的处理才能达到灭菌的效果。处理后，香辛料需要一周时间来除去气体以减少残留的环氧乙烷量（或者直到没有残留的环氧乙烷检出为止）。

2. γ 辐射

离子辐射是由电子加速器的高速高能粒子产生的，可以通过 X 射线机或者放射性同位素

Co^{60}或Cs^{137}的γ射线的放射产生。Co^{60}是商用加工中最常用的。辐射对香草和香辛料的灭菌效果非常好，香草和香辛料的质量和特性没有很大的改变。γ辐射是首选的处理方法，加工过程只需要5~15h就能完成。

3. 蒸汽处理

干或湿的蒸汽都有很好的效果，没有残留（与环氧乙烷不同），并容易被终端用户所接受（不同于辐射）。湿蒸汽处理的缺点是在香辛料中增加了水分，必须用额外的时间再干燥，潜在地降低香辛料的质量，这种处理可能会影响挥发性风味的轮廓、颜色、功能性和物理状态（可能会发生结块）。干蒸汽（过热到108~125℃）可以用于控制微生物。过热蒸汽引入产品的水分很少而且处理很快。因此，香辛料的质量在加工中受到的影响很小。

4. 蒸馏或萃取

蒸馏（如精油）或萃取（如油树脂）产品都可以免受微生物的污染，并且作为基料可直接与食物结合。

四、其他植物调味料原料

（一）香子兰

香子兰是墨西哥东南部和中美洲地区潮湿雨林所特有的兰科植物。

在19世纪早期，香子兰在爪哇、留尼汪岛、毛里求斯、马达加斯加岛、塞舌尔、坦桑尼亚、牙买加和其他几个热带印度洋国家种植生长。现在，马达加斯加、科摩罗群岛和留尼汪岛种植的香子兰占全世界香子兰总产量的90%左右。其余主要来自塞舌尔、墨西哥、中美洲、西印度群岛、法国波利尼西亚、印度尼西亚和乌干达。

1. 香子兰植物

香兰豆是兰科植物 *Vanilla fragrans*（Salisb.）Ames（=*V. planifolia* Andrews）完全成熟的果实，在它们完全成熟前进行收获，然后进行发酵和加工。其他两个种类也具有一些商业价值：

（1）*Vanilla pompona* Schiede 是野生的香子兰，生长在墨西哥东南部、中美洲、西印度群岛和南美的北部地区。种植在瓜德罗普岛、马提尼克岛和多米尼加岛，产品名称为野香子兰。野香子兰豆比真正的香兰豆更厚、肉更多，但一般认为作为风味料使用质量较差。

（2）*Vanilla tahitensis* Moore 是塔希提岛本土种植的植物。这一种类具有与 *V. fragrans* 明显不同的风味特征。

2. 香兰豆的加工过程

尽管不同生长地区的加工程序不同，但是生产出具有被人们接受的风味和颜色的香兰豆商业产品的采后处理基本需要以下4个阶段。

①失活或凋萎：阻止植物进一步生长，内源酶开始作用；

②发酵：促进酶反应，刺激黑棕色的形成和豆子变软；

③干燥：减少水分含量，达到稳定贮存的要求；

④调理：确保风味完全形成。

采后的发酵和加工是费时费力的，不同生长地区采用的不同处理方法会显著地影响最后豆子的质量和风味特性。简单来说，常用的两种主要方法为波旁法和墨西哥法。

（1）波旁法　分类好的豆子首先浸泡在65℃水中2~3 min以破裂内部的细胞壁，激活其内源酶系统。排水后，湿豆装入垫布的箱子，发酵 2d。然后，豆子散放在盖布的盘子中，放在平台上晒 6~8d，每天晒 6h。豆子每天晚上用毯子盖着。用太阳晒的过程是不确定的，可能需要 3 个月才能完成，这取决于当时的气候条件。最后，豆子放入棚内慢慢地晾干，需要 2~3 个月时间，或者通过判断到恰当的时间就可以进行挑选和包装了。

（2）墨西哥法　收获的豆子先放在荫棚下贮存，直到开始皱缩。然后进行挑选，散放在席子上太阳晒 5h 左右。豆子冷却后，用毯子卷起来放在室内，然后装入不透空气的箱子中发酵。12~24h 后检查豆子，将已经变色的豆子移走进行下一阶段的加工。也可采用烤箱凋萎技术，即用专门设计的叫做 Calorifico 的热室。这一技术在加工过程中可以更好地控制温度和湿度而获得风味。这两种工艺的下一阶段都是在太阳下晒和发酵交替进行，需要花费约 6d。在经过最初处理的 20~30d 后，豆子将会完全变得柔软，具有特征的香气和外观。然后在室内非常缓慢地干燥，这期间检查和挑选成品豆。

在塔希提岛所采用的方法完全不同，豆子是在完全成熟时才收获，因为它们不会像墨西哥种类一样裂开和开口。当地将豆子堆放在一块直到颜色变成棕色，然后将它们散铺在毯子上，放置在木制平台上每天在太阳下晒 3~4h，晚上用毯子包裹好。这个过程将持续 20d 左右，然后在空气中慢慢地干燥，最后挑选和包装。

3. 香兰豆的分类和分级

香兰豆基本上分为 3 个级别：不开裂豆、开裂豆和碎片（在发酵前或者除去损害部分进行切割得到的）。每个产区都建立了自己的分级标准，详情可以从进口商处获得。分级是根据豆的长度、总体外观，尤其是颜色、表面瑕疵、水分含量和香气质量进行的。它们通常根据大小用线将 70~130 个豆拴成束，根据质量每束在 150~500g。成束的豆子放在用蜡纸铺填的锡制盒子中，通常每盒含有 20~40 束，10 束为一排。在运输时锡盒通常装在木制的箱子里。

4. 香兰豆的风味

优质香兰豆有很独特的香气，可以据此判断其产地。不同产地的香兰豆香气特性差异如表 5-16 所示。所有的香兰豆都有固有的特性，强烈的酸味、稍弱的后苦味以及明显的辛辣味。因为添加糖后的调理作用，这种风味特性在香兰豆制品中一般不常见，但在香兰豆油树脂中能观察到。非香兰豆挥发性物质和非挥发性风味成分的存在是天然香兰豆制品比合成香兰素或复配的香兰素调味料更受消费者欢迎的原因。

表 5-16　不同产地香兰豆的特性比较

品种	产地	感官特性
波旁香兰豆	马达加斯加	非常光滑、丰满的质感、甜、辛辣，没有墨西哥香兰豆精细
	留尼汪岛	与马达加斯加香兰豆非常相似
	科摩罗群岛	光滑、香膏质、后干感
	塞舌尔群岛	乳脂状、丰满的质感、轻微的木质味
	爪哇岛	深厚、丰满的质感、非常甜（几乎令人作呕）

续表

品种	产地	感官特性
墨西哥香兰豆	墨西哥	鲜明、轻微的辛辣、香辣，缺乏波旁豆那种质感
塔希提岛香兰豆	塔希提岛	强烈的香味、特征性的芳香、与向日葵的花香相似
瓜德罗普岛香兰豆	瓜德罗普岛、马提尼克岛、多米尼加岛	强烈的如花的香味、与向日葵的花香相似，缺乏质感

香兰素是加工的香兰豆中最丰富的挥发性芳香成分。香兰豆中香兰素含量通常为 5~25g/kg，含量也可能会低到 3.5g/kg（爪哇香兰豆样品中）。商品香兰豆中香兰素的含量变化范围很大，这是与其产地和生产规程有关（图 5-5）。虽然香兰素非常重要，但香兰豆的质量不是完全由香兰素的含量决定的。波旁香兰豆（马达加斯加岛）中鉴定出了 170~250 种挥发性物质。大多数其他的挥发性物质相对香兰素含量是很低的，但它们中许多有非常低的感觉阈值，因此对感官特性也有影响。香兰豆的特性因为它们的来源不同而变化，这一变化是因为含量较低的挥发性物质特有的组成和数量导致的。从数量上来讲，香兰豆主要的芳香成分如下：香兰素（3-甲氧基-羟基-苯甲醛）可达到 20g/kg，对-羟基-苯甲醛约 2g/kg，对-羟基-苯甲基-甲基-醚约 0.2g/kg，乙酸约 0.2g/kg。其他组分包括还原糖（约 100g/kg）、脂肪和蜡（约 110g/kg）、树胶和其他树脂状物质。塔希提岛香兰豆具有非常不同的芳香成分，它含有更多的茴香醇、茴香醛、茴香酸和胡椒醛（向日葵素）。

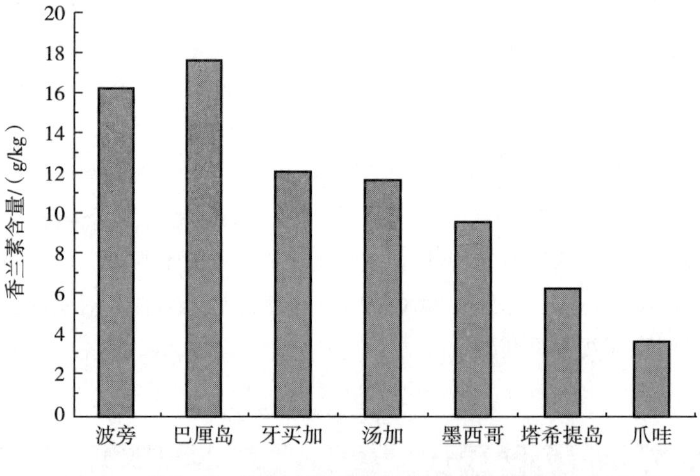

图 5-5　不同产地香兰豆的香兰素含量

收获后的香兰豆完全缺乏我们认识的香兰豆风味。典型的风味是在收获后的发酵和加工过程中产生的。多年前人们就已经了解了参与这一过程的化学变化。从绿香兰豆中鉴定出水解分裂产生香兰素和相关苯酚的 3 种葡糖苷可追溯到 1947 年。其中，含量最丰富的是香兰素葡萄糖苷、较少的是香草醇葡萄糖苷和 3,4-二羟基苯甲酸的糖苷。加工过程中发生最初的酶反应导致各种酚和葡萄糖的形成（图 5-6）。接着过氧化物酶和多酚氧化酶与不同的底物作用，包括非酶化反应，导致复杂的芳香衍生物的混合物和褐色素的形成。

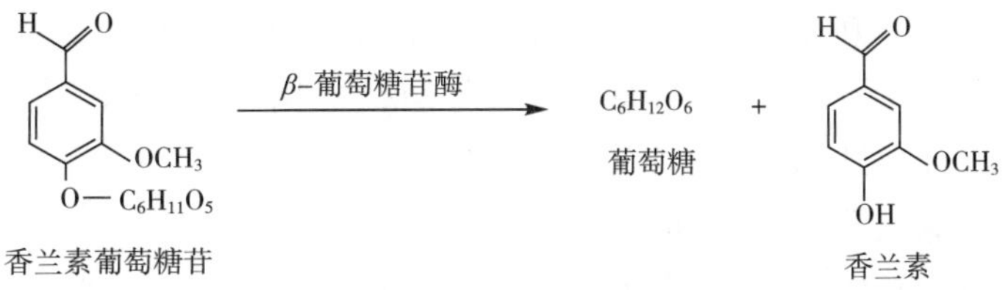

图5-6 香兰素葡萄糖苷转化为游离香兰素

5. 香兰豆调味料

在使用前，香兰豆需要进一步的加工，因为它们的形状、颜色、结构和脂肪特性限制了它们直接混合在食品中应用（通常家用）的适应性。均质的香兰豆液可用于冰淇淋调味，但是由于不饱和脂肪酸的存在导致稳定性和保质期问题。通常使用香兰豆的乙醇萃取香精或者提取物，相关的许多商业化产品其风味质量和强度差别很大。

（1）香兰豆提取物　经典的香兰豆的提取过程如下：香兰豆切成方块或者切碎，并仔细地和其一半质量的糖相混合，这样可有助于提取和产品的最后熟化。混合物在适当的不锈钢抽提器中用57%（体积分数）的酒精和水的混合溶液渗滤3~4周时间。滤液通常分步收集，然后混合形成最终产品，将其储存在不锈钢容器中直到完全成熟。接着提取物经过过滤或者离心，再根据分析结果调节产品的乙醇含量。

（2）香兰素油树脂　油树脂（或树脂状香兰豆）是一种茶褐色半流体提取物，是通过用酒精或其他溶剂萃取细切香兰豆得到的抽提物。这个过程包括在真空条件下完全去除溶剂。在加热处理过程中好的头香味不可避免地丢失或者被修饰，油树脂的稀释提取物没有豆子直接渗滤提取物那样完全的风味特性。

（3）香兰豆净油　香辛料店希望香兰豆提取物可以完全溶于酒精或精油中。这样的产品可以用选择性溶剂萃取制作，但是将不可避免地造成豆子中的芳香组分损失。溶剂可以多种多样，但通常是首选用非极性溶剂（如己烷）萃取，其次用极性溶剂（如酒精）萃取。高质量的净油可以通过液态CO_2萃取得到。

（4）香兰豆糖　这种食品配料是把粉碎的香兰豆和糖混合或者把浓缩的香兰豆提取物和糖混合制得的。也有仿造的产品，由香兰素、乙基香兰素与葡萄糖的混合物组成，人工着色。要获得满意的产品糖的最少加入量为300g/kg，产品中可能会加入20g/kg的允许使用的防结块剂。

香兰豆提取物是非常昂贵的食用香辛料，其组成已经被美国法规限定。但是，为了满足用户的需要，市场上出现了大量的产品，它们可能包含天然的提取物和合成的香兰素或者其他与香兰素具有相似或相当风味的调味料化学制品。

6. 合成香兰素调味料

取代天然提取物的合成香兰素调味料可以做到有非常好的质量，并在广泛的食品中提供完全可接受的香兰素风味特性。它们的使用将导致相当可观的成本节省并确保产品的稳定供应。这种合成物质提供的浓度通常相当于天然提取物的10倍。天然香兰素和合成香兰素的选择一般是由法规（标准）规定的，或者根据标签优先选择（天然/合成）。这些合成香兰素是香兰素、乙基香兰素和一系列其他成分为基础的混合物。

乙基香兰素（3-乙氧基-羟基-苯甲醛）是与合成香兰素紧密相关的化合物，它不是在自然中找到的，而是从黄樟精油中合成精制的。它有非常浓的香兰豆似的香味，作为调味料成分比香兰素的效力高3~4倍。和香兰素一样，它被广泛用于合成香兰素调味料制剂中，但是在很高剂量时会有一些令人不舒服的“化学”的特征。在实际应用中，最多10%的香兰素可用乙基香兰素取代，以确保不会有明显的令人讨厌的气味特性出现。

（二）可可、咖啡和茶调味料

尽管这些产品它们本身是食品（饮料），但是它们也可以作为其他食品的调味料来源。本节对这些产品作为调味物质做一简要介绍。

1. 可可/巧克力

（1）可可种类和加工　根据对可可来源的研究，将可可（树）划分为 *Theobroma cacao* L.。为避免混乱，有必要对以下流行的用法作一注释：①可可是指一种植物 *Theobroma cacao* L.；②可可也可以指可可豆及可以迅速混入到饮料中的可可豆产品；③可可还可作为一种粉末调味料或做巧克力饮料的物质，巧克力是烘焙可可豆经粉碎做成的固体产品。可可豆根据其产地或出口的港口命名，主要产地见表5-17。

表5-17　可可豆的主要产地及其种类

类型	产地	种类
Forestero-型豆	巴西	Bahia
	喀麦隆	Douala
	刚果	vandeloo
	多米尼加	Sanchez
	厄瓜尔多	Arriba、Guayaguil、Machala
	加纳	Accra
	尼日利亚	Lagos
	菲律宾	Maripipi
	特立尼达和多巴哥	Port of Spain
Criollo-型豆	委内瑞拉	Caracas、Maracaibo、Porto Cabello

成熟的豆荚收获后，让其开裂，果肉和种皮分离。这时候的种子因为单宁的存在而很苦，发酵不仅可以去除苦味，还可以让颜色变成棕红色。这个过程能有效地阻止植物生长进程，软化种子果肉，激活复杂的酶反应以促使有特征性风味的物质产生。这一过程以及使用之前的最终烘焙调理对豆子质量和风味有重要的影响。发酵后，豆子仍然有30%左右的水分，所以在贮存和装运之前需要将水分降到8%左右。市场上的可可豆通常由14%的外壳和85%的所谓可可碎粒的果仁组成。

未加工的可可豆没有特征性的可可气味和风味，只有经过烘焙过程才能形成特征风味。有两种主要类型的可可豆——Criollo 和 Forestero，它们原本具有明显不同的特征风味，但由于后来植物的大量杂交种植，现在的差别已不像过去那么明显。商业上只有两种分类共识：纯味豆和风味豆。前者有一种很强的刺激性风味，而后者的风味更柔和，有相当愉悦的芳香感。

巧克力是由新鲜烘焙和风选磨碎的可可粒制成的产品，含有500~550g/kg的可可黄油，新鲜制造时是液体状的。这种基础巧克力通常在模子里冷却以方便后续加工处理。商品巧克力是在巧克力原液中掺入糖、乳粉、风味料，尤其是香兰素制成的。

（2）可可/巧克力风味　有关可可风味的化学成分有相当多的研究，如风味前体物质和生产的不同阶段发生的反应。风味产生的主要反应包括：

①发酵，风味前体的形成，果仁中的蛋白质降解，游离氨基酸浓度升高，蔗糖转化成葡萄糖和果糖，然后氧化成醇和各种酸，失去一些可可碱和大部分的单宁；

②干燥，将湿度减少到8%左右，挥发性酸损失，pH上升；

③烘烤，前体物质转化成800多种芳香化合物的混合物，其数量和质量决定着烘烤豆的风味特性。美拉德反应在风味形成中起主要的作用。

据报道，在牛乳巧克力中，13种气味成分有最高的风味稀释因子：3-甲基丁醛（麦芽风味）；2-乙基-3,5-二甲基吡嗪（马铃薯薯片味）；2,3-甲基丁酸（发酵味）；5-甲基-(*E*)-2-庚烯-4-酮（榛果味）；1-辛烯-3-酮（蘑菇味）；2-乙基-3,6-二甲基吡嗪（坚果味、土味）；2,3-二乙基-5-甲基吡嗪（马铃薯薯片味）；(*Z*)-2-辛烯醛（动物脂肪味）；(*E*,*E*)-2,4-癸二烯醛（脂肪、蜡味）；(*E*,*E*)-2,4-辛二烯醛（脂肪味）；δ-癸内酯（甜、桃味）和2-甲基-3-甲基二硫代呋喃。

2. 咖啡

咖啡作为一种提神饮料已经有很长的历史，它起源于一种常青树（灌木），主要有两个品种，小果咖啡和大果咖啡。生咖啡豆缺乏咖啡饮料特有的香气和风味，有必要对它们进行烘烤，这样就会引起一系列反应，从而使咖啡豆的香气和风味发生明显的变化。

咖啡的芳香和风味化学成分已经得到广泛的研究，生咖啡中被鉴定出的挥发性物质有300多种，烘烤咖啡中被鉴定出的挥发性物质超过了850种。其中2-糠基硫醇、4-乙烯基邻甲基苯酚、几种烷基吡嗪、呋喃酮、乙醛、丙醛、甲基丙醛、2,3-甲基丁醛对咖啡的风味影响最大。

咖啡作为一种人们喜爱的饮料，主要是因为它具有诱人的风味和提神效果。这是因为原料豆中含有12~19g/kg的咖啡因，而且在后续加工过程中得以保留。咖啡因是一种生物碱，带苦味，能适度溶于热水。为了满足无咖啡因咖啡的需要，可以用非极性溶剂（如超临界CO_2）提取干豆去除生物碱，这一提取过程对最终饮料的风味影响很小。

3. 茶

（1）茶的分类　茶饮料是用*Thea sinensis*（L.）Sims.（同*Camillia sinensis*）的干制碎叶热水冲泡制成的。商业上，茶叶是根据产地国和生长地区来分类的，当然也可通过采后的处理和制备方法来分类。主要的三种类型如下。

①红茶：新鲜收获的叶子铺放在席子上，慢慢地干燥并萎凋，然后用机械碾压磨碎，以释放细胞液中的氧化酶，使它们与前体物质充分接触。然后放在篮子中或者铺展在湿布下面发酵几个小时。在这个阶段无色的茶叶单宁会部分氧化，变成微红褐色，并形成一些精油。这个初级氧化赋予茶叶一种惬意的香气和颜色，并且决定了茶叶制品的风味质量、强度、质感和颜色。这个过程在大约85℃的“炒干”时停止，这时开始次级氧化，湿度减少到5%左右，茶叶的特征香气和颜色完全形成。整个加工过程需要技巧和经验才能保证一致的质量。

②绿茶：绿茶不需要发酵。收获后将新鲜叶子蒸炒以防止发酵，颜色发生变化。部分干燥

后，在压力下研碎，再进行二次干燥，叶子在完全干燥后研碎。成品茶叶中的化合物包括单宁，大部分是以初始状态存在，只有少部分精油形成，因而绿茶缺乏发酵茶的芳香特性。

③乌龙茶：综合了绿茶和红茶的制法，其品质介于绿茶和红茶之间，既有红茶浓鲜味，又有绿茶清香，并有“绿叶红镶边”的美誉。乌龙茶的制造，其工序概括起来可分为：萎凋、做青、炒青、揉捻、干燥，其中做青是形成乌龙茶特有品质特征的关键工序，是奠定乌龙茶香气和滋味的基础。

（2）茶的风味　茶的主要成分包括：①发酵中形成的精油（约 5mg/g）；②咖啡因（18~50mg/g）；③单宁（130~180mg/g）。已经有研究报道红茶香气的酶促形成，其生物合成途径如下：①主要的前体物是氨基酸、类胡萝卜素，包括β-类胡萝卜素、叶黄素、新黄素和紫黄质；②在发酵期间，初级氧化导致类胡萝卜素大量减少，主要是β-类胡萝卜素形成紫罗兰酮和萜类化合物；③“炒干”时发生次级环氧化作用形成二氢猕猴桃醚（一种环氧紫罗酮）和两种三甲基取代的环已酮；④根据类似的反应，其他的类胡萝卜素会产生紫罗酮、芳樟醇和替换的羟基紫罗酮和环氧紫罗酮。

茶叶的香气是决定其品质高低最重要的因素，习惯称为茶香。目前已知的茶香成分在 300 种以上，其中有烃类 26 种，醇和酚类 49 种，醛类 50 种，酮类 41 种，酸类 31 种，酯和内酯类 54 种，其他含氧化合物 12 种，含氮化合物 47 种，含硫化合物 5 种。其中的醇、酚、醛、酮、酸、酯、萜类化合物也统称为芳香油，它们的含量只占茶叶干重的 0.02%左右，但对茶香形成起着重要作用。

茶叶中的苦味物质主要是咖啡碱，占茶叶干重的 1%~5%，其他的苦味物质如可可碱约占 0.05%，茶碱约占 0.002%。

茶叶中的涩感物质主要是单宁。不同品种的茶叶、不同的加工方法都使单宁的含量产生差异。一般说来，绿茶的单宁含量较多，涩感较强；红茶由于茶叶经过发酵后单宁的氧化，故涩感较弱。

①绿茶：绿茶因其加工方法保留有大部分鲜叶中原有的组分，以及一部分因受热而转化生成的芳香产物，带有典型的烘炒香气。绿茶的茶香通常称为“鲜、灵、清锐”。

绿茶中香气最好，也最名贵的是春茶，又叫新茶。春茶的香气成分以鲜叶中原有的香气成分为主，主要包括青叶醇（顺-3-已烯醇及顺-2-已烯醇）、芳樟醇、苯甲醇、苯乙醇等醇类，青叶醛（顺-3 及顺-2-已烯醛）、苯甲醛等醛类，已酸酯、苯乙酯等酯类，以及酸类、酚类化合物。其中清叶醇约占香气成分总量的 60%，低沸点香气成分（200℃以下）的 80%；青叶醛约占低沸点香气成分的 15%。加工过程中生成了具有清香气味的反-3(或反-2)-已烯醇（醛）。它与鲜叶中剩余的青叶醇（醛）以及高沸点的芳樟醇、苯甲（乙）醇等共同组成了清香鲜爽的感觉。此外，春茶的香气成分还包括茉莉酮、吲哚、二甲硫醚等化合物。绿茶中所含的二硫甲醚约为 0.25mg/kg，它与残留的清叶醇共存而形成绿茶的“新茶香”。这种特殊的新茶香随着茶叶贮存期延长而陈化消失，使绿茶失去了这种香味。

夏茶也叫焙茶，也是绿茶的一种。夏茶经加工增加的香气成分主要有吡嗪类、呋喃类、吡啶类化合物以及β-紫罗兰酮、二氢海葵（猕猴桃）内酯。这些化合物使夏茶具有焙烤的芳香。

②半发酵茶：乌龙茶是上等的半发酵茶，其茶香成分主要有顺-茉莉酮、茉莉内酯、茉莉酮酸甲酯、橙花叔醇、苯甲醇氰醇、吲哚等。

茉莉花茶是低级半发酵茶，其香气成分中乙酸苄酯、苯甲醇含量非常多，而茉莉酮酸甲酯、茉莉内酯等的含量远比乌龙茶少，香气也相差悬殊。

第四节　天然调味配料的生物技术制造

风味化合物和风味萃取物的生产加工过程，主要涉及对从天然的植物和动物组织中获得的风味化合物进行物理化学分离与纯化。

商业使用的风味物质75%源于天然资源。当使用温和的加工条件时，典型风味前体的化学反应也可能生成天然风味物质。另外，天然风味化合物可以用生物技术加工制备获得。

近30年来，世界调味品市场非常关注天然调味品。当今，人工的调味品只用于低廉的食品产品或相应的天然调味品不存在的情况（如肉类调味品的头香）。市场对天然调味品的需求导致大量的研究针对生产天然风味化合物的加工过程。目前有100多种风味组分可以通过生物技术来生产。

美国食品药品监督管理局（FDA）对调味品（或风味化学物）“天然”的分类已做了定义，根据这一定义，任何以天然前体开始经发酵或酶反应得到的产物均为天然产品。

在自然界发现的风味物质都是由单细胞（细菌、真菌、霉菌）或更高级的生物体通过生化反应产生的。这些反应中的大多数是由酶催化并且发生在理想的生物反应器（活细胞）中。

一般来说，所有的生物加工技术都是建立在活细胞反应的基础之上，既包括通过原材料直接反应（完整的微生物发酵），也包括在条件可控制的设备中的反应，我们称之为生物反应器。

因此，大体存在两种不同的生产风味产品的途径：①微生物发酵法；②生物反应器技术，包括生产风味物质的微生物的繁殖，微生物对风味前体的化学转化（生物转化），通过分离酶系从前体生产和改性风味化合物，通过植物和动物细胞培养物生成和改性风味物料。

加工过程可以在开放的体系下（未杀菌发酵）操作，也可以在密闭的杀菌设备中进行，取决于反应体系对微生物污染的敏感性。

风味化合物的产生可以通过添加发酵剂，也可以通过食品原材料中本身存在的酶直接进行。反应后风味产品不一定非要通过进一步加工，而在其他所有加工过程中，必须通过对反应混合物或多或少的复杂分离对风味物质进行分离纯化加工。

在通过风味强化或改性获得理想风味化合物的同时也可能产生一些负面影响。风味损失甚至典型异味物质的形成可能同样是食品酶系反应的结果，或者是由食品中的污染微生物生成的。这样负面的生化反应的例子有，豌豆或燕麦片中由脂肪氧合酶作用产生的不良风味，含脂肪的食品中由微生物过氧化酶形成的哈喇味，由微生物蛋白酶水解蛋白质产生的苦味肽。

一、发酵生成

直接由食品原料自带的或外加的微生物原位发酵培养物提供呈味物质是一种最传统也是最古老的食品加工技术。发酵过程产生或强化了典型的风味。

起始原材料通常是一些基本的食品原料：碳水化合物（低聚糖和多糖）、蛋白质、肽和氨基酸、脂肪和脂肪酸、核酸和矿物质、有机酸和无机酸。

表5-18归纳了由原料自带微生物通过自然发酵生产的传统食品。

表 5-18　　由原料自带微生物通过自然发酵生产的传统食品

原料来源	产品	原料	发酵菌
植物			
水果	葡萄酒①	葡萄汁	酿酒酵母、酒明串珠菌
	香槟①	葡萄酒	酿酒酵母
谷物	啤酒①	大麦芽	酿酒酵母
	卡瓦斯啤酒①	麦芽、面包	酵母菌、乳酸杆菌属
	朗姆酒①	酒	酿酒酵母
	白兰地①	甘蔗	酿酒酵母
	伏特加①	马铃薯、玉米	乳酸杆菌属
	醋②	酒、麦芽、乙醇	醋化醋酸杆菌、氧化葡萄糖酸杆菌
	德国泡菜②	卷心菜	植物乳杆菌、短乳杆菌、肠膜明串珠菌
	发面馒头②	小麦粉	乳酸杆菌属、酿酒酵母
	咖啡②	咖啡豆	肠道菌、乳酸杆菌属、酵母菌
	可可饮料②	可可豆	酵母菌、乳酸杆菌属、醋菌属
	酱②	大豆、米、小麦	曲霉菌、乳酸菌、片球菌、结合酵母、隐球菌
动物	瑞士干酪	牛乳	弯曲乳杆菌、唾液链球菌
	蓝纹干酪	牛乳	费氏丙酸杆菌
	羊乳干酪	羊乳	干酪真菌、酪生青霉和卡门柏青霉
	意大利腊肠	肉	肋生弧菌
	凤尾鱼	青鱼	葡萄球菌

注：①含酒精；②不含酒精。

直到今日，在现代生物技术时代，这些传统的加工技术对所有的食品生物加工技术仍具有深远的影响。食品工业和制药工业已经成为现代生物技术科学家们最主要的从业领域。

影响生物加工反应的参数有：①发酵微生物的种类和数量；②食品原材料的预处理；③温度；④其他的物理化学条件（pH、离子强度、黏度）。

人们在应用一些明确的发酵剂时其发酵过程已非常清晰。发酵剂主要以液体培养物的形式使用，每毫升液体含 $10^8 \sim 10^{10}$ 个微生物。活菌也可以被冷冻干燥或深度冷冻后保藏应用。

除了使用明确的发酵剂，这些发酵剂每次使用前都要经过检测。食品原料的预处理也是非常重要的，这些预处理过程包括从简单的清洗到完全的杀菌。另外，营养物的补充和 pH 的调整是发酵过程的决定性因素。

除了这些因素，应用自然发酵和发酵剂发酵生产风味活性物质不需要任何其他技术型设备。这也是这种食品加工技术仍然大量应用于食品生产的原因。

（一）通过微生物作用生产天然调味基料

与酶反应不同，微生物能够完成多种反应，且再生时不需要辅助因子（虽然需要营养物）。可以把不挥发性前体转化为风味化合物（如由蓖麻油生产内酯），可用于实现一种挥发性物质向另一种物质的生物转化（如凡伦橘烯到香柏酮），或实现手性化合物拆分（如薄荷醇的外消旋混合物）。利用微生物作用生产天然调味料的主要限制是，反应前体或最终产物可能对微生物有毒性因而产量较低产物提取成本较高，因此利用发酵法生产天然风味原料的问题主要是经济效益。

1. 发酵生产调味品原料

几乎所有水果型风味理论上都能通过发酵法来生产。然而，这些微生物产生的芳香化合物很少能达到足够高的浓度从而在经济上可行。研究人员试图通过微生物基因操纵和培养基的选择来克服这一困难。基因操纵一般通过传统方法如紫外辐射或化学诱变（*n*-亚硝基胍）来完成。无论哪种方法，都是发生基因突变，然后选出那些产生目标产物水平高的突变菌株。由于突变是随机的，可能会产生几百种不同的突变。问题之一就是对增加目标分子产量的突变菌株的分离及筛选。例如，麦基弗（McIver）将一株产 2-甲氧基-3-烃基吡嗪（甜椒香味）量低的嗜热假单胞菌用 *n*-亚硝基胍进行处理，选出高产突变株作进一步研究。他首先将微生物涂平板，选出纯的菌群，将其在培养基中培养。其筛选过程就是简单地嗅闻培养基的气味，那些有浓烈香味的培养基进行气相色谱分析以确定甲氧烃基吡嗪的实际浓度。尽管闻试管的方法不是很科学，但用其他的方法来分析所有试管也不太现实。将表现出香味最强的培养物在不同的介质上培养，以提高挥发性物质的产量。

表 5-19　　筛选后的 *P. perolens* 突变菌株在不同培养介质中的甲氧基烃基吡嗪产量

碳源	浓度/（g/L）	2-甲氧基-3-异丙基吡嗪产量/（μg/kg）	2-甲氧基-3-仲丁基吡嗪产量/（μg/kg）
葡萄糖	5.0	2030	21
	10.0	960	11
	20.0	840	9
乳酸盐	5.0	6280	68
	10.0	9890	112
	20.0	4730	48
丙酮酸盐	10.0	11120	100
甘油	无效	0.5 或 1.0	—

从表 5-19 可以看出，营养源对选出的突变嗜热假单胞菌的甲氧基烃基吡嗪的产量有很大的影响。最终结果是把最初产少量甲氧基烃基吡嗪的微生物转变成了目标化合物产量为 mg/L 水平的微生物。也许有人认为芳香化合物的浓度达到 mg/L 水平并非很显著，但这些吡嗪的感官阈值只有 ng/kg 水平。

也有人采用了类似的方法（紫外辐射）来提高发酵剂蒸馏物生产中丁二酮的产量。培养基中 3-羟基-2-丁酮和丁二酮的总产量可增加 4~5 倍。发酵剂蒸馏物被广泛应用于乳制品风味的重现。

利用发酵法生产调味品原料最早且在商业上最成功的例子是由蓖麻油生产 γ-癸内酯（图 5-7）。解脂耶氏酵母（*Yarrowia lipolytica*）首先从甘油三酯水解出蓖麻油酸，再通过 β-氧化将此酸转化成 γ-羟癸酸，γ-羟癸酸在低 pH 时形成内酯即 γ-癸内酯。这种加工过程的产量通常可以达到 6g/L，颇具吸引力。

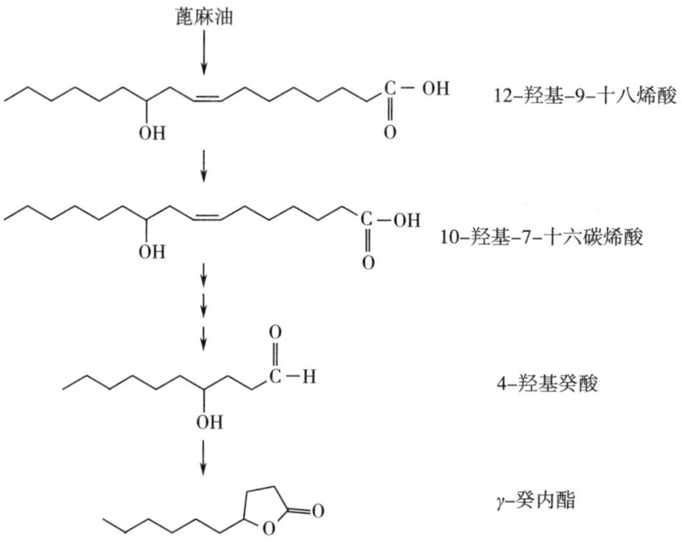

图 5-7　通过解脂耶氏酵母发酵蓖麻油酸转化 γ-癸内酯

δ-癸内酯是通过完全不同的生物转化来完成的。它是依靠微生物使 α,β-不饱和内酯还原而形成的（在香厚壳桂皮油中发现）。香厚壳桂皮油中含有约 800g/kg 的 2-癸烯-5-交酯，70g/kg 的 2-烷草酸-5-交酯和 60g/kg 的苯甲酸盐。已经发现某些微生物可将环状双键氢化形成相应的饱和 δ-内酯。

天然丁酸可以由丁酸梭菌（*Clostridium butyricum*）或丙酮丁醇梭菌（*C. acetobutyricum*）在厌氧条件下利用葡萄糖发酵而成。随着 pH 及培养介质的不同，发酵液中产物浓度为 10~20g/L。

2. 通过微生物进行生物转化

关于利用微生物进行生物转化有大量的参考文献。尽管这类转化大都产量太低，不具备商业可行性，但还是有部分已得到应用。生物转化非常有效，因为微生物一般只需有限的几步即可完成生物转化，而从头合成的转化步骤要多若干倍。

这种方法的一个实例是阿魏酸转化为香兰素（图 5-8）。阿魏酸资源丰富，价格便宜，是天然香兰素的前体，可以从废蒸汽回收或丁子香酚发酵得到。许多微生物系统都能完成所需要的生物转化，其中，拟无枝酸菌属（*Amycolatopsis* species）是最有效的微生物，发酵 36h 后香兰素的浓度可达到 10g/L，产量很高，并且几乎未发现副产物。

3. 外消旋混合物的拆分

正如酶在外消旋混合物拆分中的作用一样，微生物也是如此，它们都表现出很强的手性分子选择性活性。薄荷醇外消旋物的拆分是它应用于商业的实例之一。首先将合成的 DL-薄荷醇外消旋物与乙酸盐、甲酸盐、丙酸盐、豆蔻酸盐、苯甲酸盐、琥珀酸盐进行酯化反应。酯类被

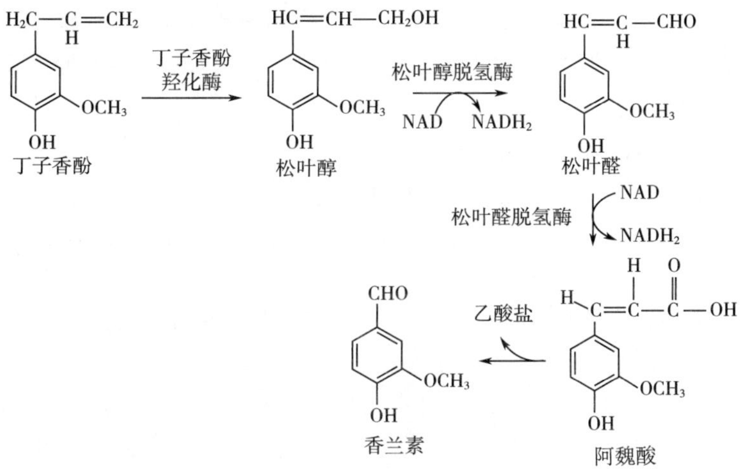

图 5-8　阿魏酸生物转化为香兰素

立体定向的微生物酶选择性水解，产生 L-薄荷醇，极易与 D-薄荷醇酯分离。甲酯及 L-薄荷醇的低水溶性使得这一过程对非水体系尤为适合。如将红酵母细胞固定于片交联凝胶或聚氨基甲酸树脂凝胶上，用水饱和的乙烷溶液作洗提液可以获得 100% 光学纯的产品。固定化细胞在这种溶剂中的半衰期为 55~63d。

（二）在生物反应器中生产风味基料

当使用生物催化剂（酶）或特殊选择的微生物培养物时，需要更精确的反应条件，这种生物技术系统需要更好的环境控制。因此，现代生物技术可以看作利用原料固有微生物自然发酵过程的改进和进一步发展。生化反应器这种高级反应系统的作用就是为风味物质生产和改性提供特别明确精准的反应环境。

应用生物反应器最重要的目的是很好地分别控制食品原材料与风味前体和生物催化剂活性中心的结合，同时，也为维持和延长活性中心的代谢活力提供保护措施。到目前为止，几乎各种微生物和分离的生物催化剂已经在实验室和部分工业化生产中得到应用，例如：①分离纯化酶、酶混合物和酶复合物；②病毒和抗生素；③细菌；④酵母和霉菌；⑤原生动物和藻类；⑥高等植物的细胞和组织培养物；⑦动物的细胞和组织培养物。

所有生化反应均是通过酶催化实现的。酶反应速率取决于酶周围的底物浓度，因此也取决于底物对酶的扩散速率。所以，酶或细胞与底物的密切接触是非常重要的。

另外，生化反应器中的产品应及时提取出来，因为在一定条件下可能会妨碍产物生成反应的进行。有一些反应工艺中生化反应器本身具有预纯化功能。

当使用活的微生物时，必须提供充足的营养和呼吸气体。其他反应参数如温度、pH 和反应时间等也必须精确控制。在许多情况下，维持微生物完整性（杀菌过程）对于发酵成功是非常重要的。

（三）表面发酵

最古老和相对简单的生产复合风味物质的方法是食品原料通过细菌和霉菌的固体发酵方法。培养基放在焙烤盘样的托盘中，接种微生物后，放置到具有简单温度调节功能的箱子中开始发酵。这项技术起源于日本，至今还用在调味料的生产上，即通过在粗碎的谷物和大豆上接种霉菌的方法生产调味料。许多年来，这项技术也是利用细菌和霉菌生产胞外酶的首选方法。

另一个传统的表面发酵例子是醋的加工，它是通过在木屑表面接种醋酸菌实现的。

（四）深层发酵

深层发酵应用于液体培养基中利用微生物和细胞培养物的繁殖细胞产品。

整个发酵设备包括一个带有温度调节器的搅拌罐，一个搅拌器和几条通气的管道。pH 调节试剂和营养源等在参与反应前一定要先经过高压灭菌，因此，设备必须经受住高于 121℃的高温灭菌。

深层发酵大多数是间歇式加工过程，但是在某些情况下也可以进行连续生产。间歇发酵可能要持续 10d 以上。发酵结束后风味物原料从发酵液中提取出来。

在工业发酵中，典型的细胞量可以达到 10~30g/L，而要达到工业生产的经济效益要求产量应该达到 20~30g/L。需氧发酵的发酵液中需要的氧气通入速率应该达到 100mmol · L^{-1} · h^{-1}。另外，根据介质的黏度，每立方米发酵液的搅拌功率需要 0.75~2.5kW。

（五）下游加工

根据微生物合成产品的形式不同（胞内或胞外），下游加工可能从细胞壁的破解开始，或者通过离心过滤由发酵液直接分离得到目标生成物质。进一步的产品分离纯化加工是通过盐析、萃取、蒸馏或蒸发浓缩实现的，采用哪种不同的分离方式取决于产品的化学性质。根据目标产品的纯度需求，接着需要进行更进一步的分离纯化，如色谱分析和分级沉淀。

二、酶法转化

自然界存在的酶几乎可以完成任何我们想要的化学转化。因而，从理论上讲，我们可以找到一种酶（或一系列酶）将前体转化成相关的天然风味化合物。然而实际上，人们发现只有少数酶有这方面的商业用途（尽管有大量相关文献出版物）。酶催化反应在现实应用中受到若干限制，包括：①不稳定性，在应用中通常维持活性时间很短；②通常需要辅助因子，如 NAD、ATP；③速率慢，与化学反应相比产量低；④价格昂贵，尤其是间歇式生产时；⑤只催化反应中的某一步。

（一）酯的形成

酶的生物转化在风味工业中最广泛的应用是催化天然酸（通常为乙酸或其他的短链酸）及醇（通常为乙醇或杂醇）的缩合反应来生产一系列的酯。因为酶反应是可逆的，因而脂肪酶（或酯酶），一般作为酯水解酶，在特定条件下可以催化合成酯类。

许多研究者都发表了在非极性溶剂中用酶法进行酯的合成。图 5-9 反映了在有机溶剂中酶反应是怎样实现可逆反应的。这种情况下，酶是水合的，周围是水相环境，可以积聚高浓度的酸和醇（由于它们在水相体系的溶解性），高浓度的酸和醇有利于它们缩合形成酯。酯的极性较弱从而进入到有机

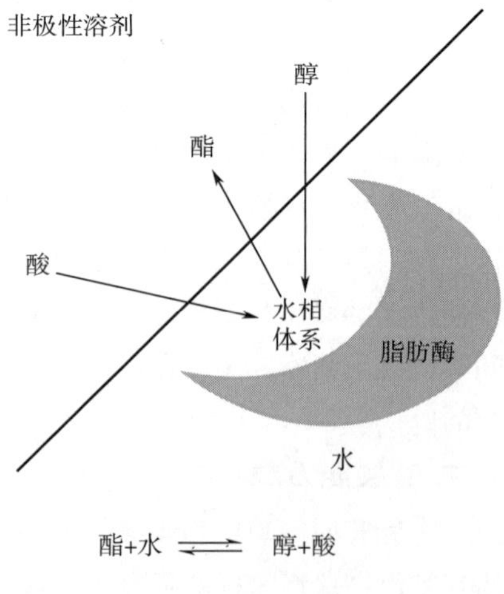

图 5-9　酶催化合成酯类

相中，使酶环境中酯减少，这样促使平衡向酯的形成方向进一步移动，基于这种分配，我们可以预期使用非极性溶剂也可以提高反应速率和产量。

可以利用相似的反应来催化芳香醇及脂肪醇氧化成相应的醛。将从毕赤酵母（*Pichia* sp.）分离到的醇氧化酶放于两相体系中，会很容易地将苯甲醇转变成苯甲醛。这一反应在水体系中很慢且效率很低，两相体系的氧化反应使产量增加9倍，且反应时间大幅缩短。

工业副产品杂醇油（生产高标准酒精度产品时酒精饮料的蒸馏副产品，见表5-20）的处理曾经是个大难题，但现在已经成为酶法转化极有价值的起始原料成分。支链醇除杂醇油外几乎没有其他更好的来源。某些特定氨基酸可以通过生物转化产生支链醇及酸，但这些反应本身是个很繁琐的过程。杂醇向酸的生物转化及最终酯化形成顺-3-己烯基-2-丁酸甲酯过程见图5-10。

表5-20 典型的杂醇油组成

醇	组成/（g/kg）
乙醇	50
丙醇	120
戊醇异构体	60
异丁醇	150
其他	50

2-甲基-1-丁醇（杂醇油的组分）
↓
生物氧化
↓
2-甲基丁酸
↓
酶法酯化
↓
顺-3-己烯基-2-丁酸甲酯

图5-10 杂醇到水果风味酯的酶法转化

（二）外消旋混合物的分离

酶法转化也可以用于外消旋混合物的分离。当有机合成物含有一个手性中心时，我们得到的最终产物通常为外消旋混合物。手性异构体感官性质通常是不同的，其中一个是我们需要的产品，如薄荷醇中L-薄荷醇是所需要的形式。商业上利用化学途径很难将对映异构体分离开来(环糊精基质的柱对此拆分有用)。酶反应特征之一是立体定向选择性，即只作用于一种对映异构体而不作用于另一种异构体。因而，将酶处理与化学合成结合在一起可以获得纯的旋光异构体。可以通过两种方法完成。

一种方法是通过酶反应优先形成一种手性异构体的酯（如L-薄荷醇酯），然后只需要将初始的醇（如D-薄荷醇，未酯化）从目标化合物的酯化形式（L-薄荷醇酯）中分离出来即可，方法相当简单。另一种方法是化学合成两种对映异构体的酯，再利用酶降解其中一种手性异构体的酯，剩下的就是酯和醇的混合物，极易分离。博格（Berger）等举例说明了三甲基环庚烯醇异构体的分离过程（图5-11），加特费尔德（Gatfeild）等获得了这一分离纯L-薄荷醇方法的专利。

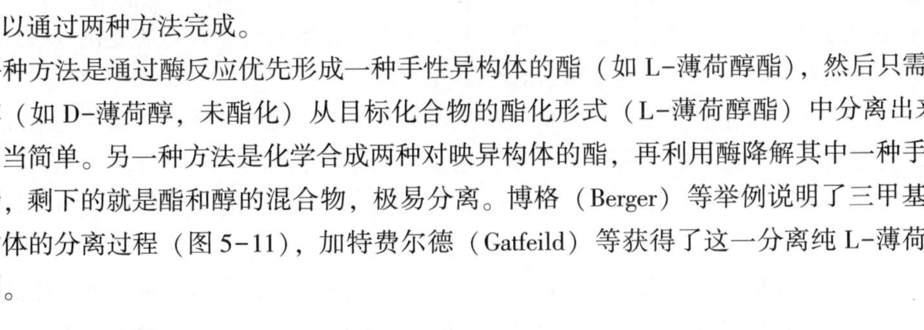

图5-11 洋葱假单胞菌（*Pseudomonas cepacia*）脂肪酶对三甲基环庚烯醇乙酸酯的立体专一性醇解

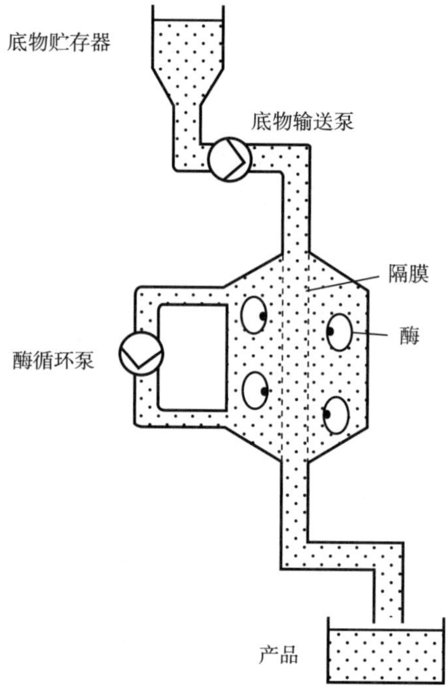

图 5-12　通过酶膜反应器把风味前体转变成风味产品的生物转化过程

（三）酶反应器

在使用分离纯化的酶对风味前体物质进行生产和改性时使用酶反应器。酶反应器是一种带有搅拌器的反应器，底物放置其中，与酶一起搅拌，在液相中一定温度下反应一定的时间。酶的加入量为 0.1%～1.0%（质量分数），反应结束后酶失活除去。

如果需要使用比较昂贵的酶，应该尽可能使用固定化酶，反应结束后可以对其进行重复使用，为此，酶固定在颗粒状的载体上。使用固定化酶的反应也可以在特殊的反应器中进行（如固定床和流化床）。反应结束后，含酶的载体珠子从介质中分离出来，经过温和的洗涤后重复使用。

也可能使用酶膜反应器，把大分子质量的酶蛋白质分子包进隔膜中（图 5-12）。在酶膜反应器中，大分子质量的酶蛋白质分子被隔膜阻隔，不具有渗透性。离析物和介质中酶反应产物可以穿过隔膜。使用这种酶膜反应器，可以实现将前体物质连续地转换成风味底物。反应之后获得的混合物也用前面提到的纯化方法进行处理。

三、细胞培养物反应器

大多数情况下，通过细胞和组织培养的方法生产风味物质依然是对未来的一个期望。因为现在从完整的植物体中提取产品比从分离的细胞和组织培养得到的产品要便宜。然而，利用植物细胞的次生代谢过程以可控制的方式合成天然风味物质也很有吸引力，通过这种方式可以避免副产物污染的发生，而且使下游加工过程简化（植物细胞培养的生产过程见图 5-13）。这种方法的另一个优点是减少季节和地理因素对产品质量的影响。

次生代谢是普通代谢的分支途径，是在营养和能量供应受限的条件下或在其他情况下被激活的侧路代谢途径。在大多数情况下，次生代谢是与负责生长繁殖的初生代谢产物相关联的，其特点是反应种类、中间产物和终产物的数目都非常多。次生代谢的起始原料是初生代谢产生的氨基酸、糖和辅酶等。已经明确其形成机制和生产变量的次生代谢还非常少。

细胞培养物的发酵是比较困难的，其技术也十分复杂。与单细胞微生物相反，更高级细胞的生存生长以及代谢都需要与其活组织相似的环境。重要的环境因素是光照、营养物质、呼吸气体、激素和生长因子。

代谢废料和初生、次生代谢产物必须从发酵液中去除。另外，培养介质必须达到绝对无菌水平，因为分离的细胞组织比起天然微生物对微生物污染要敏感得多。

如果生长在载体表面或保存在悬浮液中，植物细胞或组织培养物也可以像微生物一样，对其进行深层发酵。也有人使用特殊的膜反应器来操作。

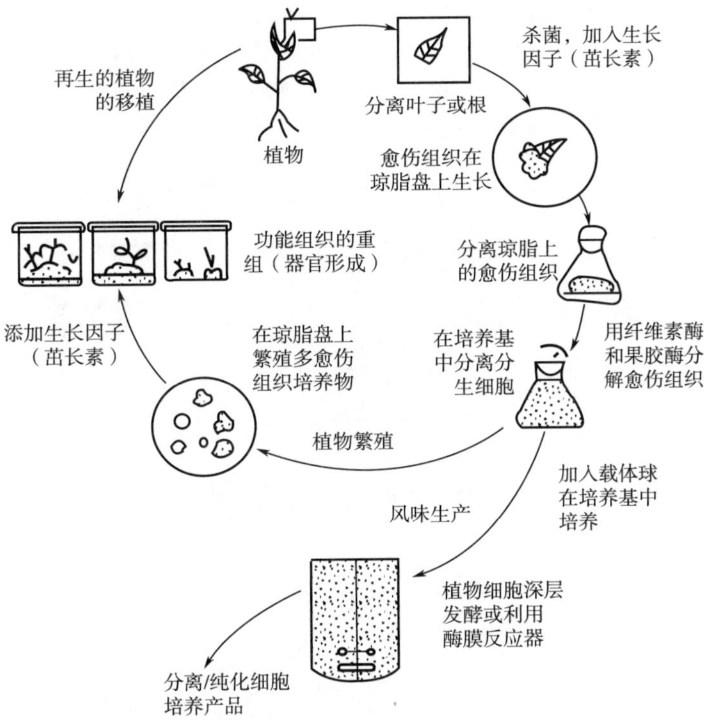

图 5-13 植物细胞培养的生产过程

在实验室规模上，利用植物细胞培养物生产风味物质的科学研究已经应用在辣椒素、香兰素、可可、柑橘油、薄荷油、苹果风味等产品的生产中。

由于多种途径的植物次生代谢过程导致了复杂的风味混合物的形成，因此需要对其进行进一步的系统实验评估。

在风味物质的生产中，利用天然组织的合成性能毕竟是很有吸引力的。为了将这项技术发展得更有竞争力和更加可靠地用于工业生产，对加工工程的进一步优化是必需的。但这一目标的实现可能还有很长的一个过程。

四、基因工程

基因工程包含对生物体的修饰，目的是通过对基因中 DNA 的操纵来改变代谢途径和产品。图 5-14 所示是基因工程菌基因克隆生产风味物质的例子。图 5-15 所示为基因工程的工具盒。

基因工程可以增强生物体正常代谢的产量，也可以使之合成全新的产品。通过基因工程获得的改性性质可以遗传到下一代。

基因工程现在已经是微生物领域的一项常规技术。

基因工程为进一步发展生物技术生产风味物质提供了可能性。完全有可能利用基因工程的超纯酶发酵，从而避免普通微生物发酵生产中副产物的形成。这样的产品目前还只能来源于动物组织的分离物（如胰凝乳蛋白酶，一种在干酪生产中使用的蛋白酶）。

如果用细胞培养技术取代天然植物生产风味，基因工程可以显著增加风味物质的产量，如风味番茄。所有基因工程加工工艺都可以生产纯的天然风味，但必须在食品标签中注明。

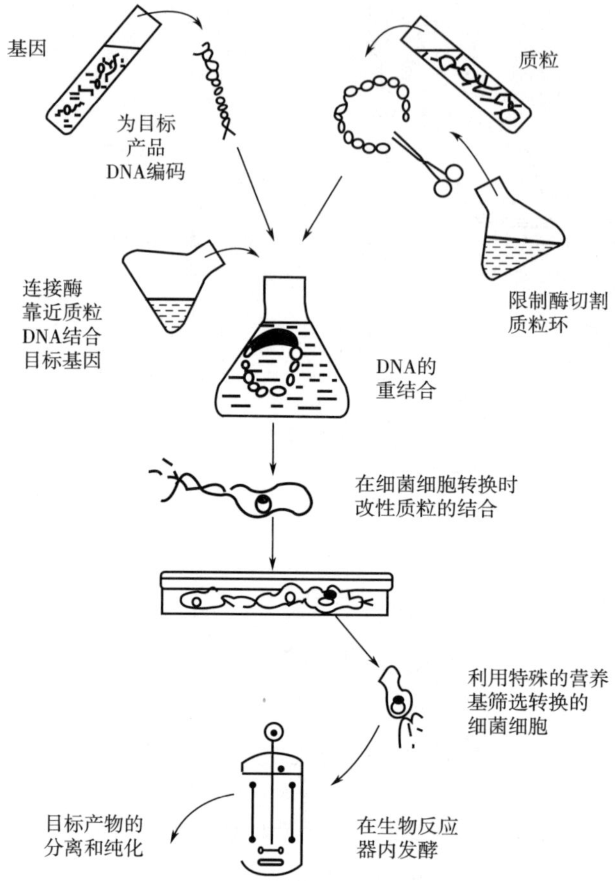

图 5-14 基因工程菌生产风味物质

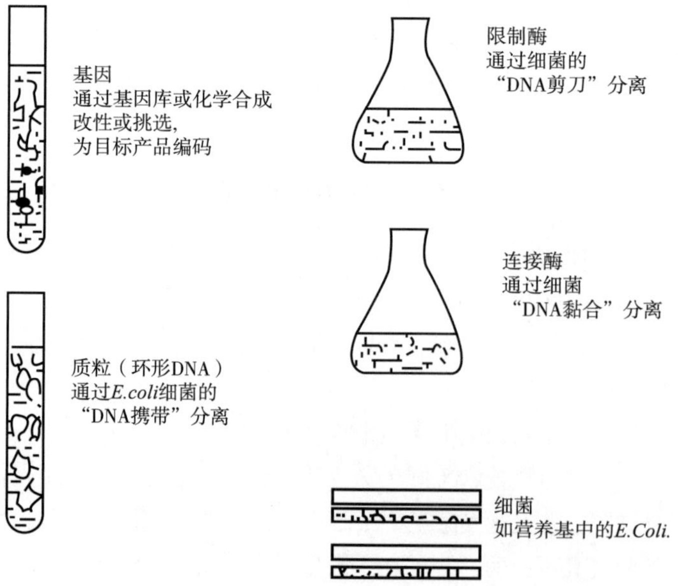

图 5-15 基因工程的工具盒

参考文献

[1] Henryk Jeleń. Food Flavors－Chemical, Sensory and Technological Properties [M]. Boca Raton: CRC Press, Taylor & Francis Group, 2012.

[2] Mathew Attokaran. Natural food flavors and colorants [M]. 2nd ed. West Sussex: John Wiley & Sons Ltd, 2017.

[3] Aradwad P P, Arun K T V, Sahoo P K, et al. Key issues and challenges in spice grinding [J]. Cleaner Engineering and Technology, 2021, 5: 100347.

[4] Gary Reineccius. Flavor Chemistry and Technology [M]. 2nd ed. Boca Raton: Taylor & Francis Routledge, 2006.

[5] Peter, K V. Handbook of herbs and spices [M]. Boca Raton: Woodhead Publishing Ltd, 2001.

[6] Erich Ziegler, Herta Ziegler. Flavourings [M]. Weinheim: WILEY－VCH Verlag GmbH, 2008.

CHAPTER 6

第六章 美拉德反应

第一节 美拉德反应概述

美拉德反应是食品中氨基化合物（胺、氨基酸、肽和蛋白质）和羰基化合物（还原糖类）发生的一系列层层叠叠的反应，它在食品加工和贮存过程中极其普遍，其结果是形成各种风味物质，同时发生褐变反应，它是食品色泽和香味产生的主要来源之一。早在 1912 年，法国化学家路易斯·卡米尔·美拉德（Louis Camille Maillard）在研究蛋白质的生物合成时，进行了一次错误的尝试，将浓缩的葡萄糖溶液与甘氨酸反应，他发现反应物的颜色逐渐变黑、起泡，产生烤面包或烤肉或烤坚果的香味。在以后的五年中他对该反应进行了深入的研究，美拉德反应就是以他的名字命名的。

美拉德反应被认为是非酶褐变的一种。非酶褐变主要包括焦糖化反应、美拉德反应和抗坏血酸的褐变。其中，美拉德反应对风味的形成起着最为重要的作用。这个反应可以形成一些人们喜爱的风味。新鲜出炉的面包、牛排、一杯现煮的咖啡或者一块巧克力都为消费者所喜爱。然而，在加工者加热食品产生风味之前，这些特征性的风味在食品中是不存在的。

美拉德反应是羰基和氨基之间的反应。食品中的羰基化合物大多数是还原糖，而氨基则来自氨基酸或蛋白质。风味工业中，含羰基化合物也经常会采用纯物质，如丁二酮。美拉德反应的终产物是类黑精、一些非挥发性化合物，同时这个反应还会生成超过 3500 种挥发性化合物，这些物质具有很低的感官阈值，因此它们对形成食品风味相当重要（图 6-1）。

虽然这些挥发性化合物只占最终反应产物的一小部分，但它们却是食品风味的主要贡献者。例如，在可可豆的烘烤过程中，每 100g 豆中有 1.3g 还原糖和氨基酸损失，只形成 0.9mg 吡嗪（巧克力风味的特征挥发性物质）。也就是说，约有 0.07%的反应物转化为吡嗪，剩余的反应物转变为其他物质。所以说吡嗪对巧克力风味来说就显得格外重要，这是少量产物对风味做出最大贡献的典型例子。

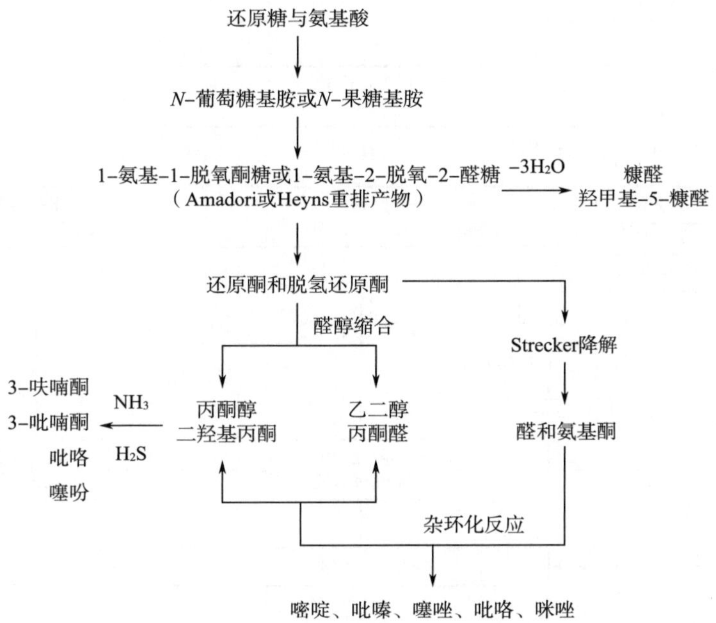

图6-1 通过美拉德反应形成的各种风味物质

第二节 美拉德反应机制

美拉德反应的化学过程十分复杂，它可以在醛、酮、还原糖及脂肪氧化生成的羰基化合物与胺、氨基酸、肽、蛋白质甚至氨之间发生反应，本质上是由羰基与氨基间的缩合反应所引发的一系列反应。1953 年，美国化学家约翰·霍奇（John Hodge）首次报道了美拉德反应路线，该反应路径至今仍被广泛用于解释美拉德反应的基本步骤（图 6-2）。按照霍奇（Hodge）所提出的理论，美拉德反应分成 3 个阶段：风味前体物的形成，包括形成 Amadori 重排产物（Amadori Rearrangement Product，ARP）、Heyns 重排产物（Heyns Rearrangement Product，HRP）和脱氧糖酮；风味物质的形成，包括脱氧糖酮脱水、碳水化合物裂解、氨基酸降解以及碳水化合物和/或氨基酸碎片的缩合反应；类黑素（Melanoidins）的形成。

一、初级反应阶段——风味前体物的形成

还原糖的羰基与氨基之间进行加成，加成产物迅速失去 1 分子水转变为席夫碱（Schiff base），再经环化形成相应的 *N*-取代的醛基胺，醛糖经 Amadori 重排转变成活性中间体 1-氨基-1-脱氧-2-酮糖（图 6-3）。酮糖经 Heyns 重排转变成活性中间体 2-氨基-2-脱氧-1-醛糖（图 6-4）。

这些不稳定的重排产物经过烯醇化与逆迈克尔（Michael）加成反应失去氨基酸（或氨基）形成 1-脱氧糖酮、3-脱氧糖酮和 4-脱氧糖酮（图 6-5），脱氧位置的选择性和反应体系 pH 以

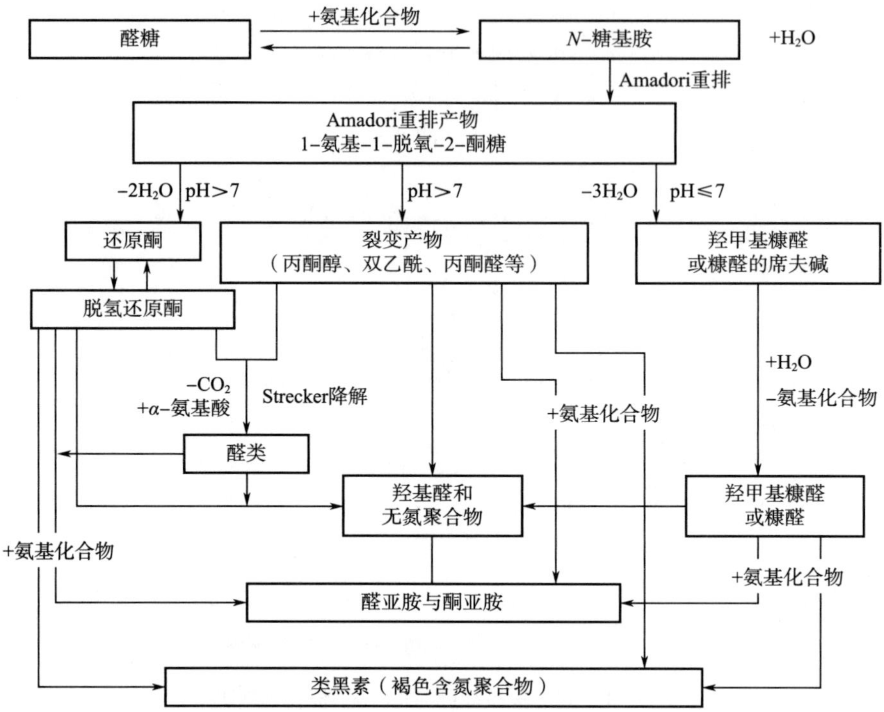

图 6-2　美拉德反应基本途径

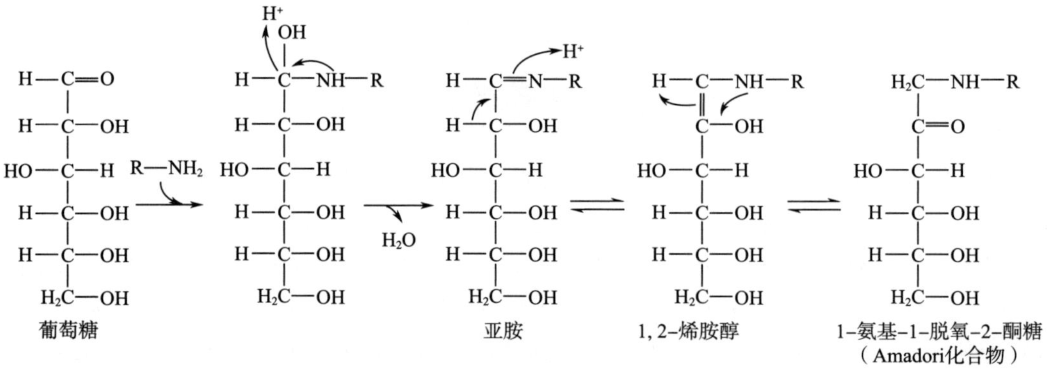

图 6-3　Amadori 重排

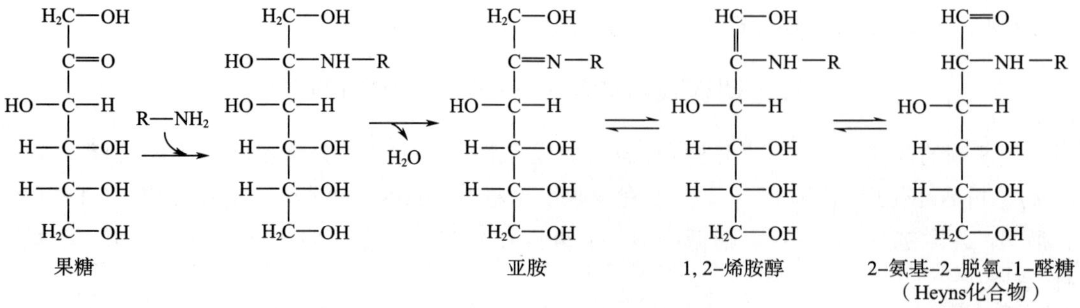

图 6-4　Heyns 重排

及反应物氨基酸氨基的碱性有关。在中性、弱碱性条件或氨基碱性较强（如脯氨酸的二级氨基）时形成1-脱氧糖酮和4-脱氧糖酮。在酸性条件或氨基碱性较弱时形成3-脱氧糖酮。纵观美拉德反应的初级阶段，氨基酸（或其他氨基化合物）首先作为反应物与还原糖经过加成、脱水、重排形成Amadori或Heyns重排产物，再脱去氨基酸（或氨基）形成1-脱氧糖酮、3-脱氧糖酮或4-脱氧糖酮，因此氨基酸可以视为还原糖脱水形成脱氧糖酮这一反应的催化剂。焦糖化反应形成脱氧糖酮及下游环状风味物质的过程往往在较高温度下（通常>150℃）发生，而由于氨基化合物的参与，美拉德反应在较低温度下（<100℃）即可发生。

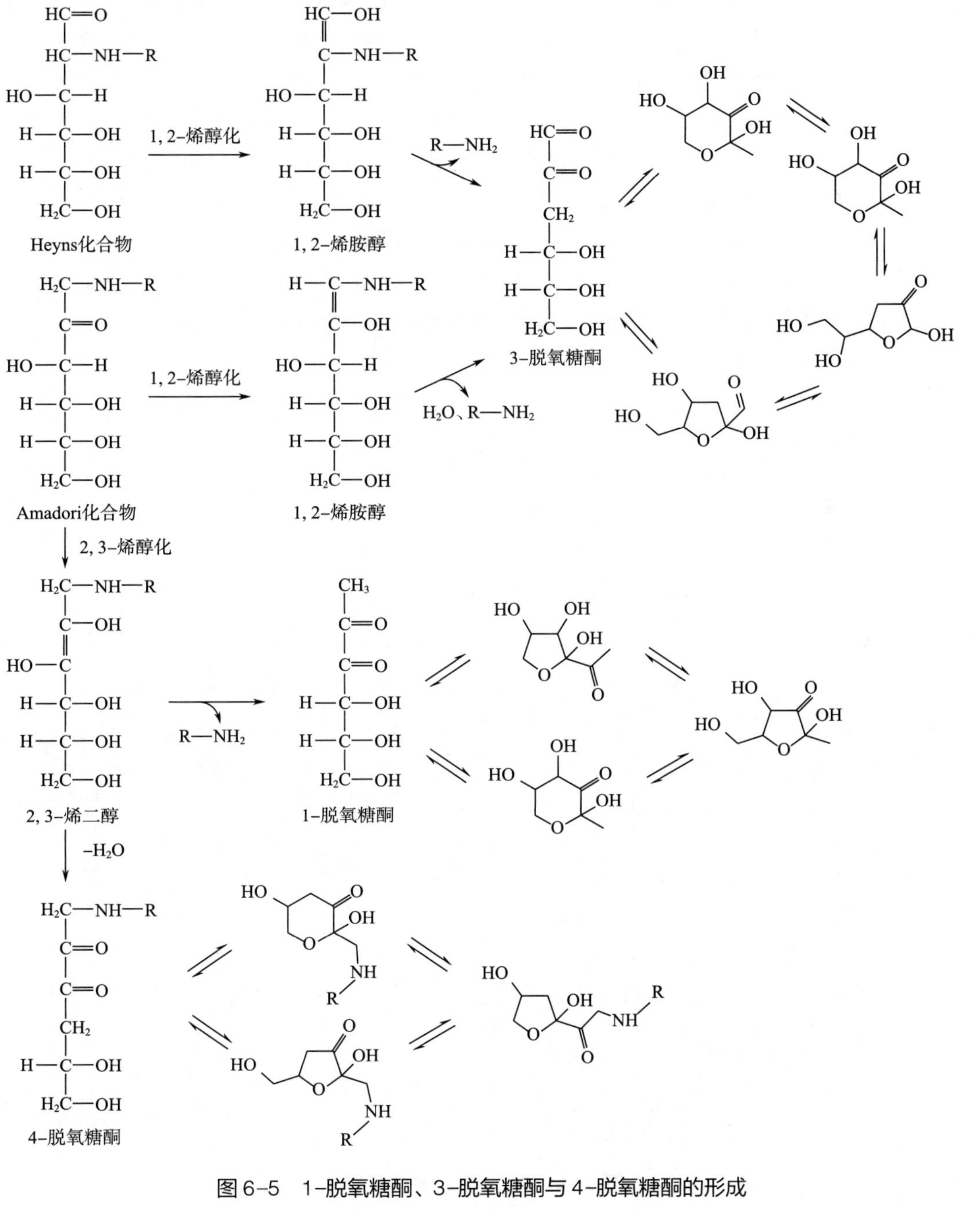

图6-5 1-脱氧糖酮、3-脱氧糖酮与4-脱氧糖酮的形成

初级美拉德反应不会产生香味，也不引起褐变，其产物是极重要的非挥发性香味前体物。Amadori 重排产物与 Heyns 重排产物的降解引发了美拉德反应的高级阶段，进一步形成风味物质。

二、 高级反应阶段——风味物质的形成

从宏观的反应过程来看，糖和氨基酸一般极性都很大，不能直接产生非极性或弱极性的气味化合物，这意味着糖和氨基酸分子中的极性官能团必然在降解过程中丢失，大多数情况下可能与脱水、断裂和脱羧等反应有关。在形成氨基酮糖和氨基醛糖等重要的不挥发性香味前体物之后，美拉德反应变得更为复杂，反应后产生还原酮、糠醛和不饱和羰基化合物等，这些不同的化合物依次反应，开始形成无氮及含氮褐色可溶性化合物。此反应阶段主要包括 5 类反应。

（一）脱氧糖酮脱水形成呋喃型、吡喃型化合物

碳水化合物的脱水反应（Sugar dehydration）是美拉德反应产物中呋喃类和吡喃类化合物形成的主要途径。3-脱氧糖酮发生脱水环化主要形成糠醛（Furfural）和 5-羟甲基糠醛（5-hydroxymethylfurfural，5-HMF），1-脱氧糖酮发生脱水环化主要形成 4-羟基-5-甲基-3(2H)-呋喃酮［4-hydroxy-5-methyl-3(2H)-furanone，HMF，菊苣酮，商品名为 Norfuraneol］、4-羟基-2,5-二甲基-3(2H)-呋喃酮［4-hydroxy-2,5-dimethyl-3(2H)-furanone，HDF］（商品名 Furaneol）以及吡喃型化合物 2,3-二氢-3,5-二羟基-6-甲基-4(H)-吡喃-4-酮［2,3-dihydro-3,5-dihydroxy-6-methyl-4(H)-pyran-4-one，DDMP］（图 6-6）。

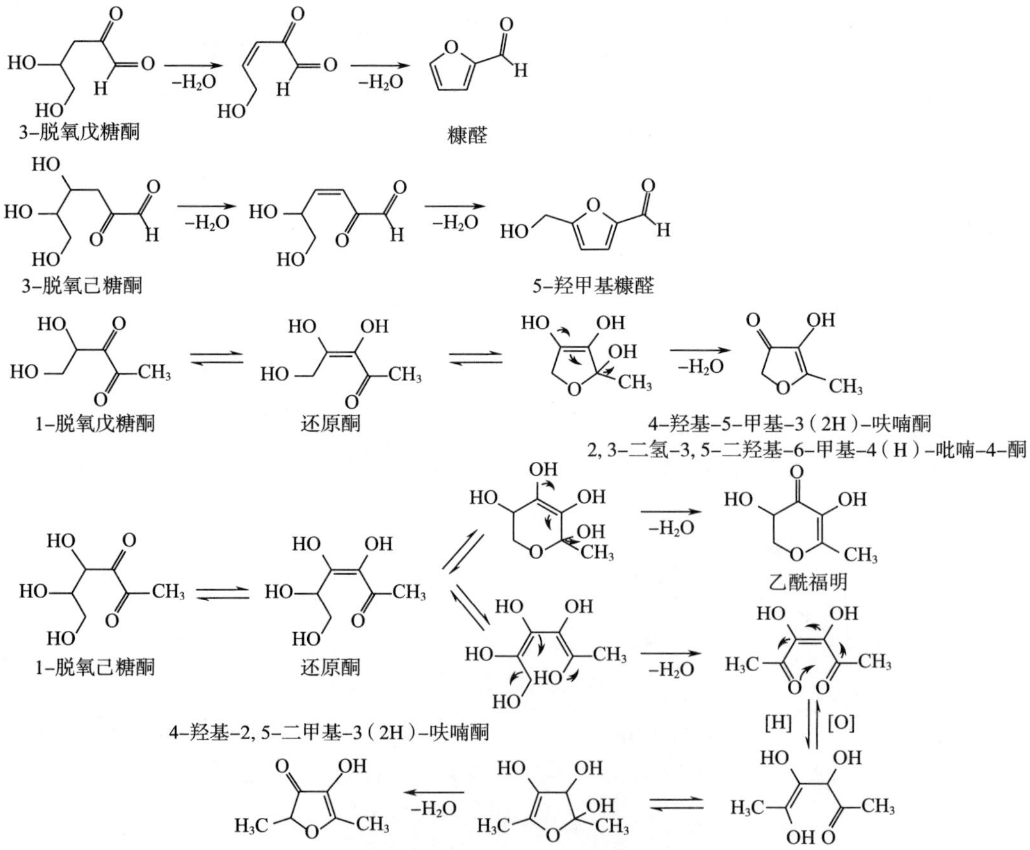

图 6-6 脱氧糖酮的脱水反应

葡萄糖的脱氧糖酮产物1-脱氧己糖酮须经过中间体乙酰福明（Acetylformoin）形成4-羟基-2,5-二甲基-3(2H)-呋喃酮（图6-7），而6-脱氧己糖（鼠李糖）分子由于链段较葡萄糖少1个羟基，其1-脱氧糖酮产物1,6-二脱氧糖酮很容易形成4-羟基-2,5-二甲基-3(2H)-呋喃酮，该过程无乙酰福明中间体形成（图6-8）。

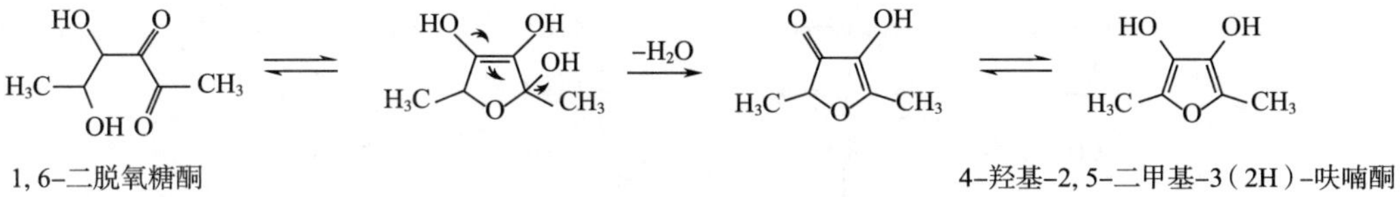

图6-7 1,6-二脱氧糖酮形成4-羟基-2,5-二甲基-3(2H)-呋喃酮的历程

5-羰基葡萄糖酸在极性溶剂中加热也可以形成4-羟基-5-甲基-3(2H)-呋喃酮（图6-8）。

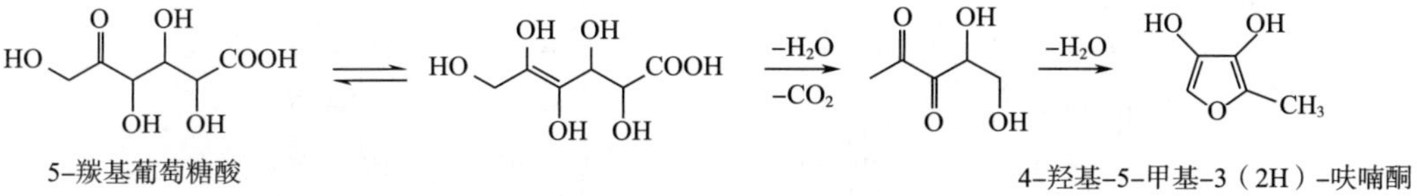

图6-8 5-羰基葡萄糖酸形成4-羟基-5-甲基-3(2H)-呋喃酮的历程

麦芽酚可以由己糖通过脱去3个水分子而生成，但更容易由二糖形成。二糖中4-取代的己糖（麦芽糖或乳糖）可通过其1-脱氧糖酮中间体的脱水、环化形成麦芽酚和异麦芽酚（图6-9）。

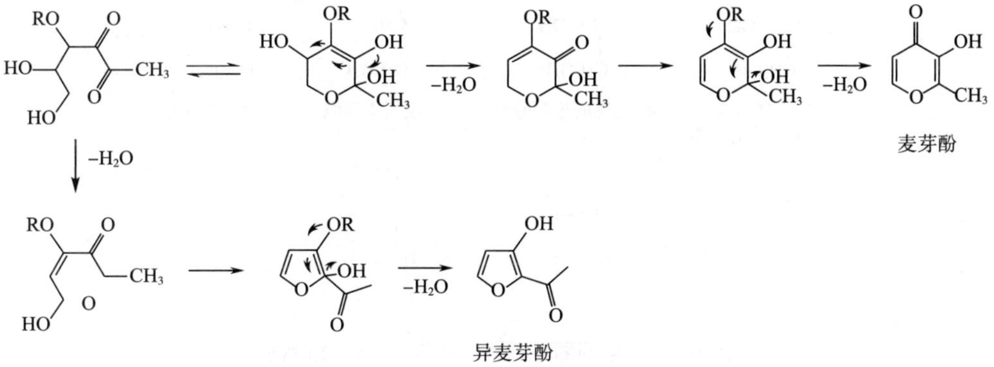

图6-9 麦芽酚与异麦芽酚的形成过程

R为糖苷。

（二）碳水化合物裂解

在美拉德反应过程中，碳水化合物往往会经历氧化、脱水等反应，生成多种二羰基化合物

如糖酮与脱氧糖酮，这些二羰基化合物比反应物还原糖具有更高的反应活性。图6-10所示列举了美拉德反应体系中普遍存在的二羰基化合物，他们是食品风味与色泽形成的关键前体物。二羰基化合物连同反应物糖，以及含有还原糖或者脱氧糖酮片段的Amadori重排产物或Heyns重排产物，都可进一步发生裂解，形成分子质量更小的短碳链二羰基化合物。

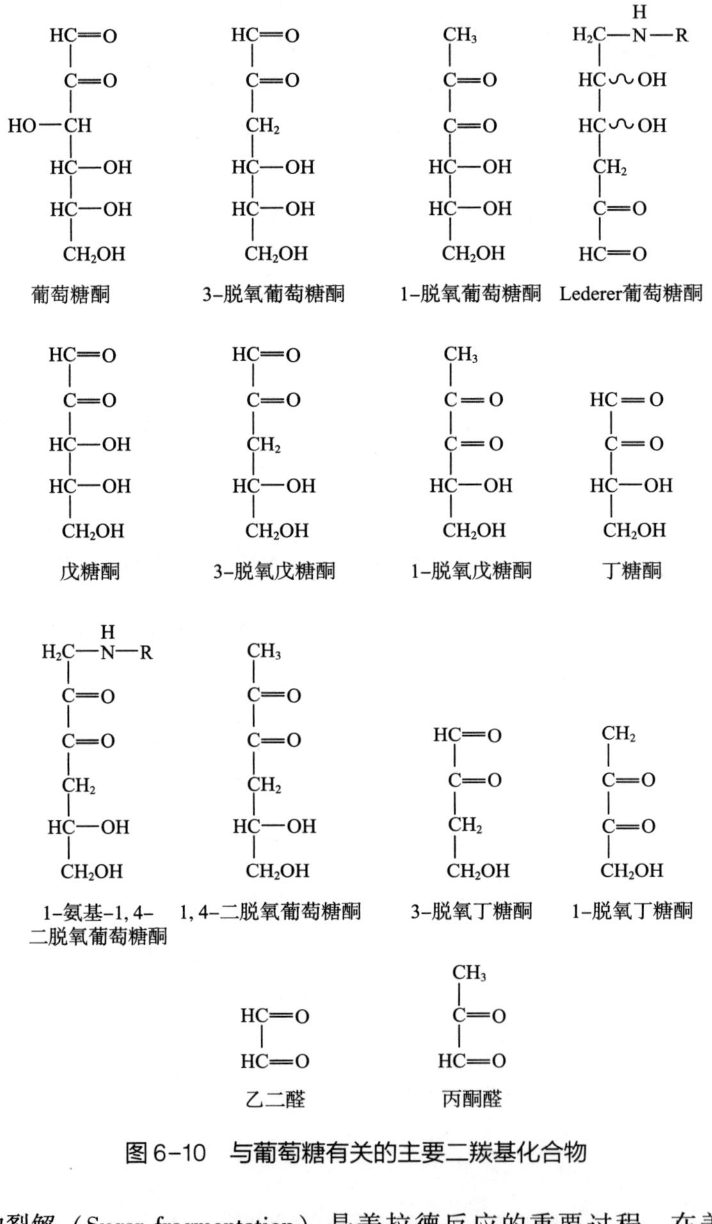

图6-10　与葡萄糖有关的主要二羰基化合物

碳水化合物裂解（Sugar fragmentation）是美拉德反应的重要过程。在美拉德反应体系中，碳水化合物初级裂解产物乙二醛（Glyoxal，Oxalaldehyde）、丙酮醛（Methylglyoxal，Pyruvaldehyde，2-oxopropanal）、丁二酮（Butanedione，Diacetyl）等浓度很低，这是因为它们非常活泼，形成之后很快进一步反应成为更稳定的次级产物。这些化合物本身具有气味活性，或者是参与形成有效气味活性化合物的重要中间体，特别是2,3-丁二酮（双乙酰）、丙酮醛和

1-羟基-2-丙酮（丙酮醇）。碳水化合物初级裂解机制主要有中间体脱氧糖酮的逆醛化裂解（Retro-Aldol Cleavage）、水解 α-二羰基裂解、水解 β-二羰基裂解以及氧化 α-二羰基裂解 4 种方式（图 6-11）。

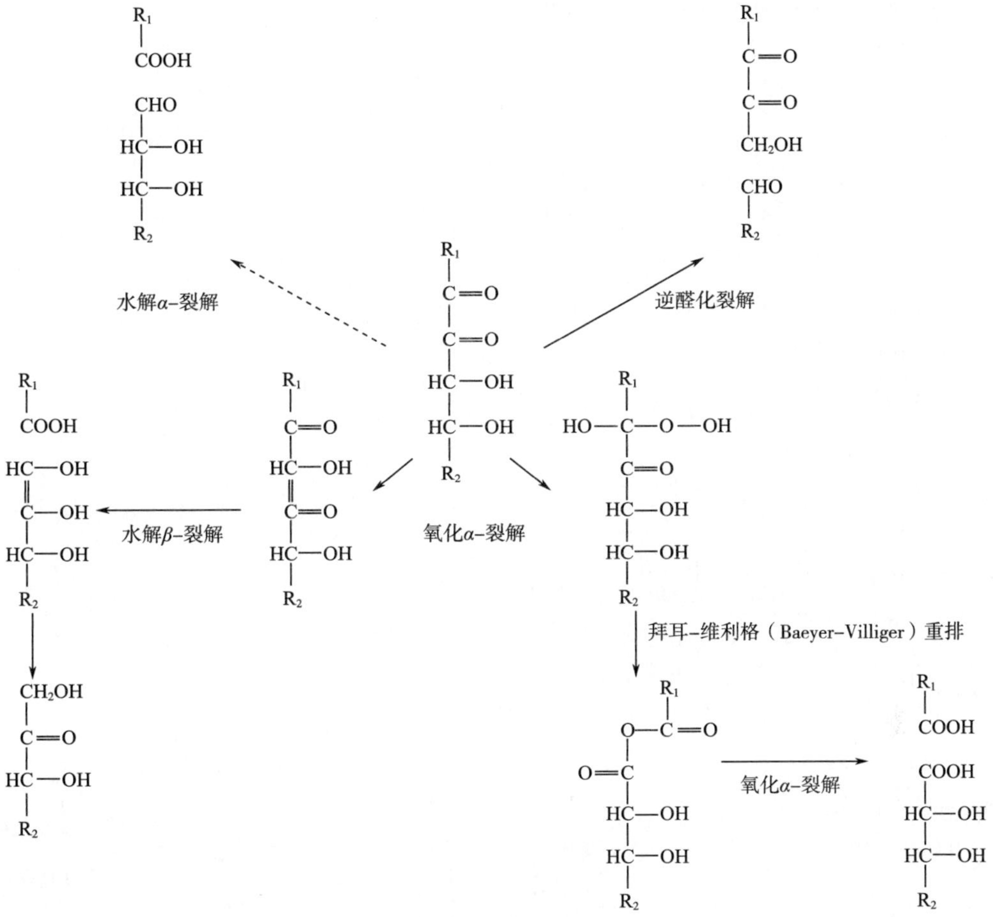

图 6-11 碳水化合物裂解机制

能够发生逆醛化反应（Retroaldolization）的碳水化合物（包括还原糖、脱氧糖酮等）都具有 β-羟基醛（酮）的结构特征，发生逆醛化反应后产生两个羰基碎片。具体来讲，α-二羰基化合物在该机制下会生成 1 个 α-二羰基和 1 个羰基分子。还原糖、糖酮、Amadori 化合物与脱氧糖酮均可以发生逆醛化反应，形成 α-醛基醛（酮）与短链 α-二羰基化合物（图 6-12）。碳水化合物的逆醛化反应是丙酮醛形成的关键途径。

席夫碱的亚胺结构与羰基具有相似的化学性质，因此也可发生与醛酮类物质相似的逆醛化反应。名古屋大学的学者林建树与并木满夫在 1980 年报道了短碳链二羰基化合物在 Amadori 化合物形成之前即可生成并且在反应体系中不断累积的实验结果，提出了糖与氨基酸形成的席夫碱通过逆醛化反应形成单羟基的亚胺醇结构再水解脱胺形成乙醇醛的化学途径（图 6-12），并发现这一途径形成的乙醇醛经过氧化成为乙二醛对类黑素的形成具有重要贡献。

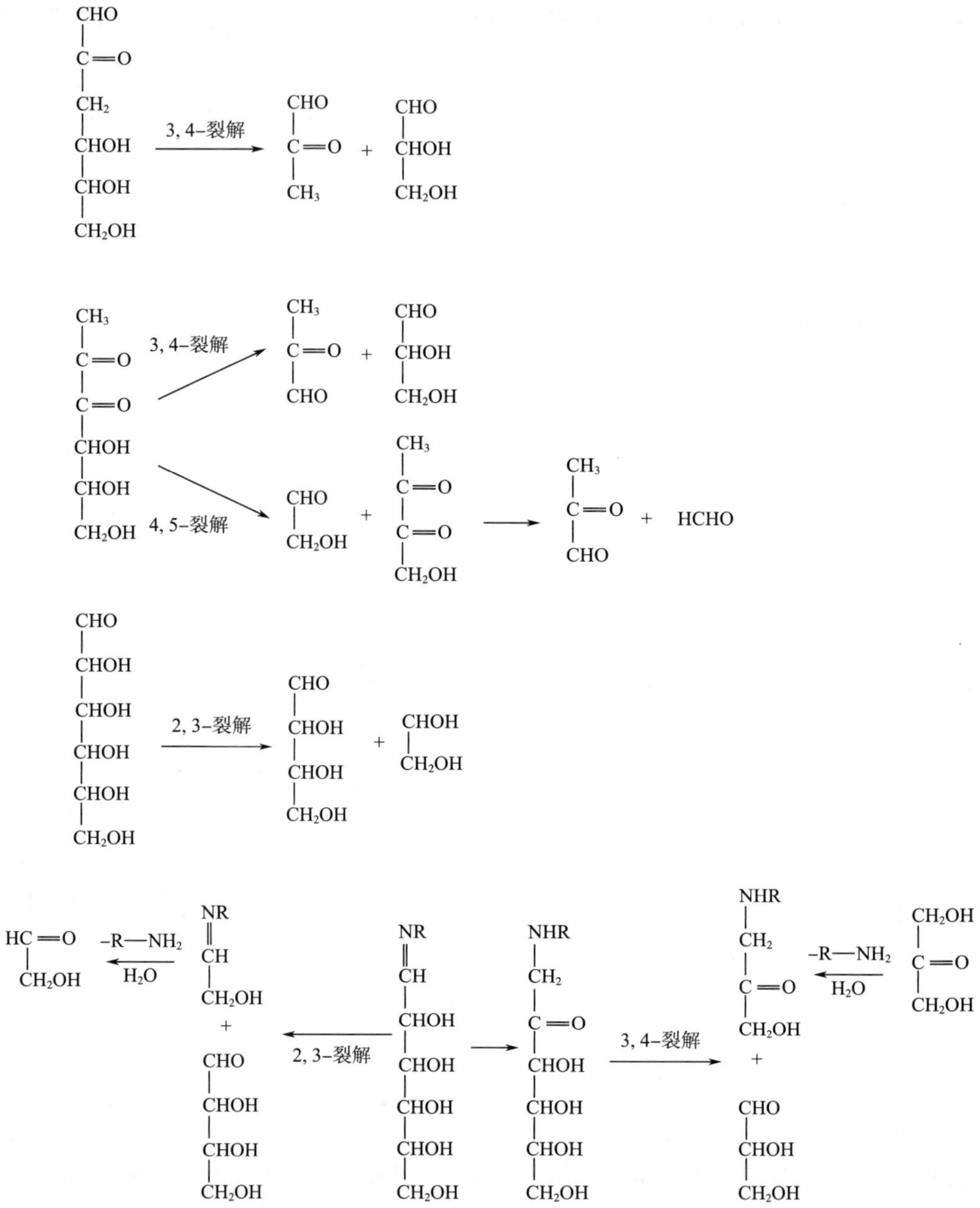

图6-12 脱氧糖酮、还原糖、席夫碱以及 Amadori 重排产物的逆醛化降解

逆醛化反应的过程与羟醛缩合反应（Aldolization）是互逆的，在美拉德反应过程中，羟醛缩合反应也是常见的，它与逆醛化反应同时存在，例如，丁二酮和甲醛在形成之后还可通过羟醛缩合反应生成1,4-二脱氧-2,3-戊二酮糖（1,4-二脱氧戊糖酮）。然而，美拉德反应在50℃的中等温度下进行时，逆醛化裂解几乎不能发生，羟醛缩合反应却很显著，该条件下1,4-二脱氧-2,3-己二糖酮（1,4-二脱氧葡萄糖酮）表现得很稳定，难以裂解生成丁二酮和羟基乙醛，而且1-脱氧葡萄糖酮和3-脱氧葡萄糖酮的降解（<50℃）也只产生少量的丙酮醛。显然，逆醛化反应在低温下不易进行，其发生需要更高的能量，因此蒸煮或烘烤条件有利于逆醛化反应的

进行。

抗坏血酸的内酯键可以被水解成为2-羰基古洛糖酸，2-羰基古洛糖酸可以通过脱羧反应形成戊醛糖，戊醛糖可进一步通过美拉德反应产生脱氧戊酮糖，再发生逆醛化形成短碳链二羰基化合物（图6-13）。抗坏血酸具有较强的美拉德反应活性，对风味物质与色素类物质的形成产生重要作用。

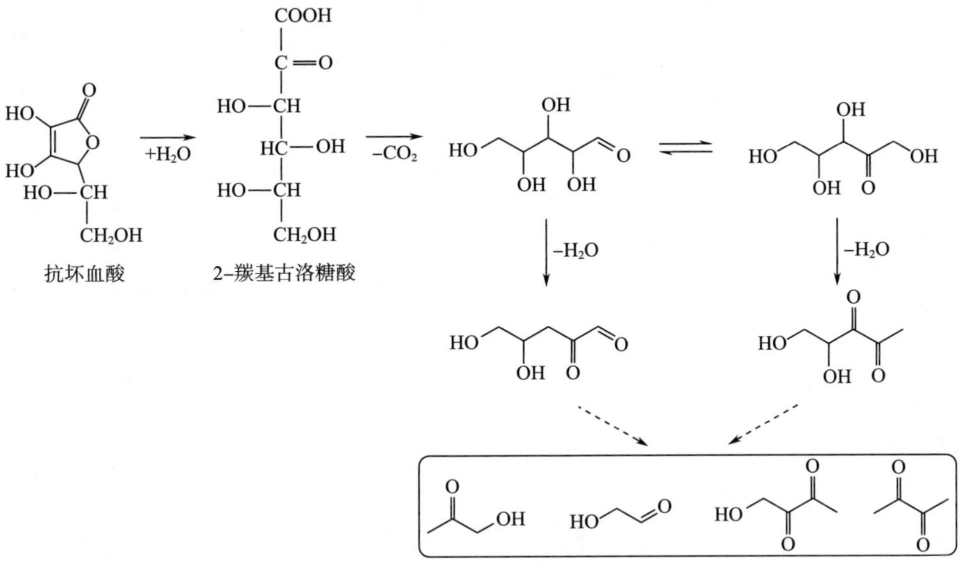

图6-13　抗坏血酸形成二羰基化合物

脱氧糖酮可以发生重排、氧化或者脱水从而使其分子内引入β-羰基（图6-14）。脱氧糖酮在中等温度条件下难以发生逆醛化反应形成短碳链二羰基化合物，此时具有β-羰基结构的物质的β-二羰基裂解反应则成为短碳链二羰基化合物的主要来源之一，β-二羰基裂解成为碳水化合物裂解的优势路径。如图6-14所示，1-脱氧葡萄糖酮是己糖化学中的关键中间体，具有很高的反应活性，37℃条件下半衰期不足30min，大多数重要的下游产物的形成都可以追溯至该物质。1-脱氧己糖酮可发生分子重排，成为1-脱氧-2,4-己二酮糖，C4羰基位点发生水解，生成甘油酸和丙酮醇。1-脱氧葡萄糖酮氧化形成的三羰基化合物在水合之后也可在C3和C4之间发生水解β-裂解，产生乳酸和甘油酸。此外，1-脱氧糖酮进一步脱水形成的二脱氧糖酮也能够发生水解β-裂解，产生α-羟基醛、α-羟基酮、α-二羰基化合物、羧酸、α-羟基酸等。

与水解β-裂解相同，水解α-裂解也是二羰基化合物缩短碳链的重要方式。1-脱氧糖酮重排形成的1-脱氧-2,4-己二酮糖在C2羰基位点发生水解会产生乙酸和少两个碳原子的糖，1-脱氧葡萄糖酮通过该路径形成乙酸的产率在50℃时约为60%，在100℃时高达85%，该过程不受氧气的影响，通常被用于解释大部分乙酸的形成。1-脱氧糖酮通过水解α-裂解形成的短碳链糖产物则会继续与氨基化合物发生羰氨缩合，开启新的美拉德反应历程。3-脱氧糖酮可以通过水解α-裂解产生甲酸和少一个碳原子的2-脱氧醛糖，这些2-脱氧醛糖是形成呋喃类物质的重要前体。2,3-戊二酮可以通过水解α-裂解形成乙酸和丙醛，或者乙醛和丙酸（图6-15）。

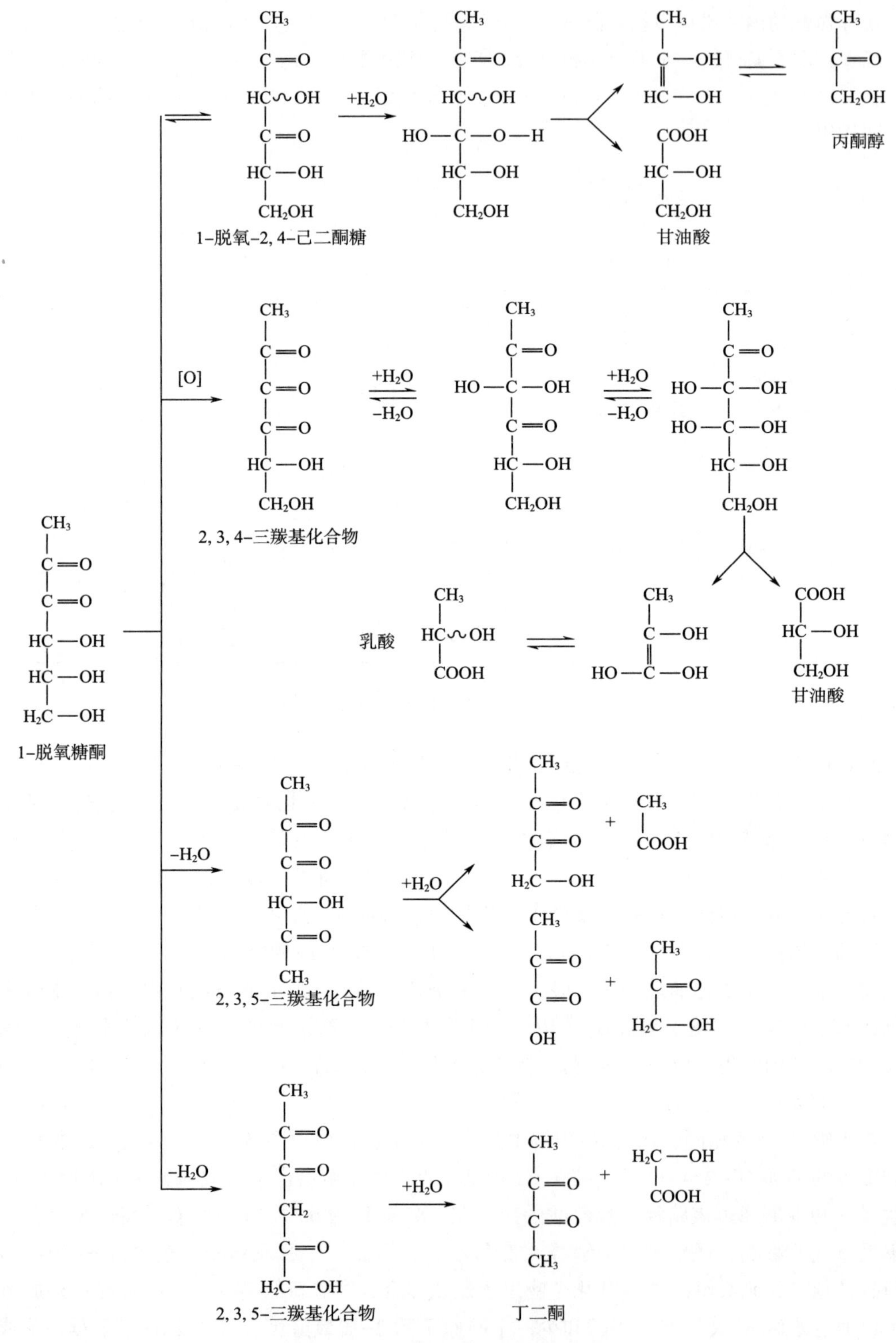

图 6-14　1-脱氧糖酮的水解 β-裂解

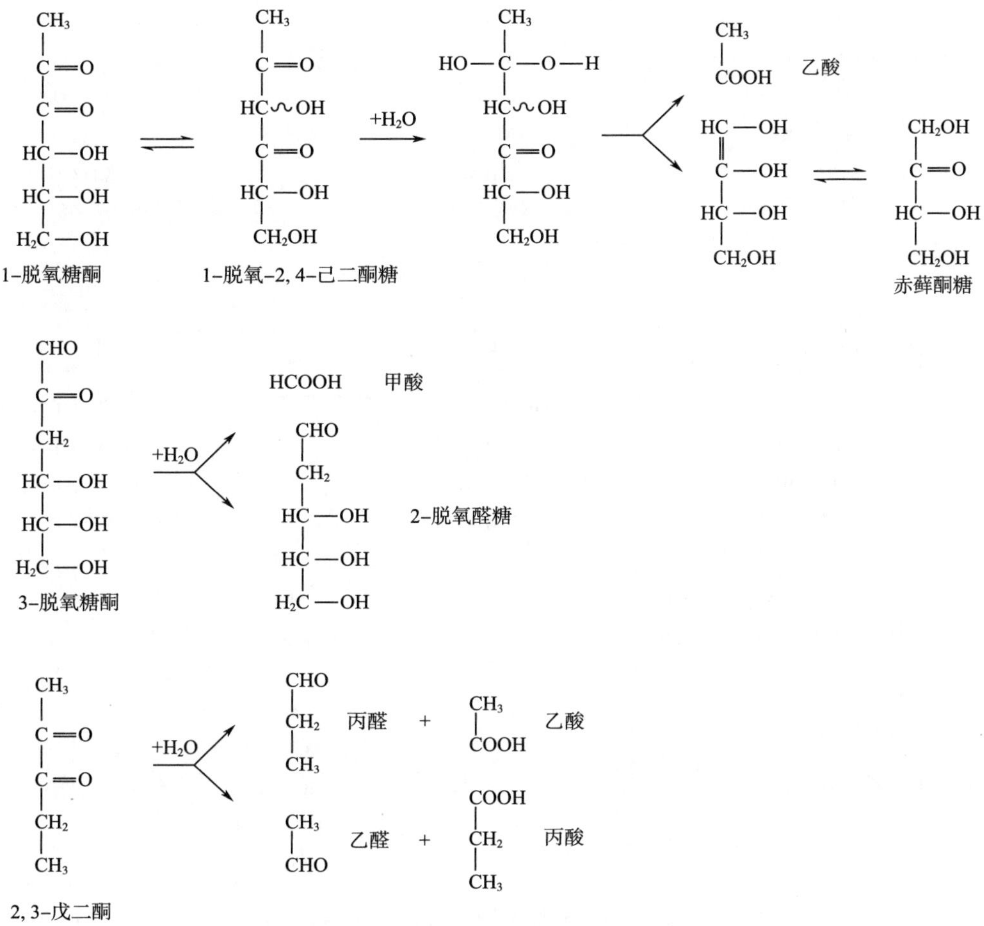

图 6-15 脱氧糖酮与戊二酮的水解 α-裂解

氧化 α-二羰基裂解途径是最后被发现的一种碳水化合物裂解方式，它是在降解 2,3-戊二酮得到等物质的量浓度的乙酸和丙酸这一发现的基础上提出的。该机制需要活性氧源，例如来自紫外线照射或氢过氧化物，因此单线态氧是羰基开始进攻的先决条件。在其中一个羰基处结合生成烷氧自由基，并在孤电子转移反应后生成氢过氧化物。通过 Baeyer-Villiger 重排反应，这些混合的不对称酸酐物质重新排列，很容易水解成两个羧酸（图 6-11）。该反应在温和的条件下即可发生。1-脱氧糖酮的氧化 α-裂解途径如图 6-16 所示，1-脱氧葡萄糖酮可以裂解形成乙酸与赤藓酸。抗坏血酸的氧化 α-裂解也在美拉德反应中具有重要作用，美拉德反应过程中抗坏血酸 31%的降解由氧化 α-二羰基裂解引发（图 6-17）。

碳水化合物降解所产生的短碳链分子在风味物质与色素物质形成过程中表现出较高的反应活性，它们所参与的风味及色素形成的反应，在有胺或者氨存在的条件下更容易发生。这些短碳链分子中，尤以二羰基化合物与羟基醛（酮）表现得活泼（表 6-1），通常的化学分析手段较难将其测定，因此通常需要邻苯二胺将其衍生化成为喹喔啉和肟类物质再进行分析检测。

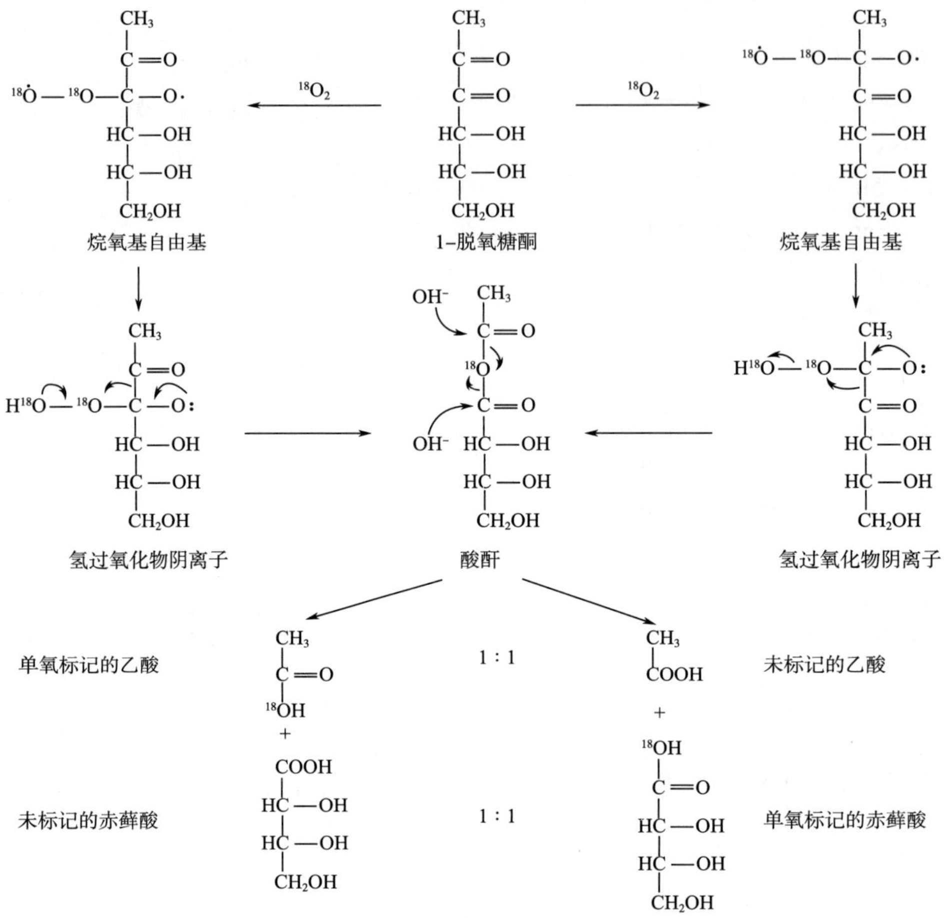

图 6-16　1-脱氧糖酮的氧化 α-裂解

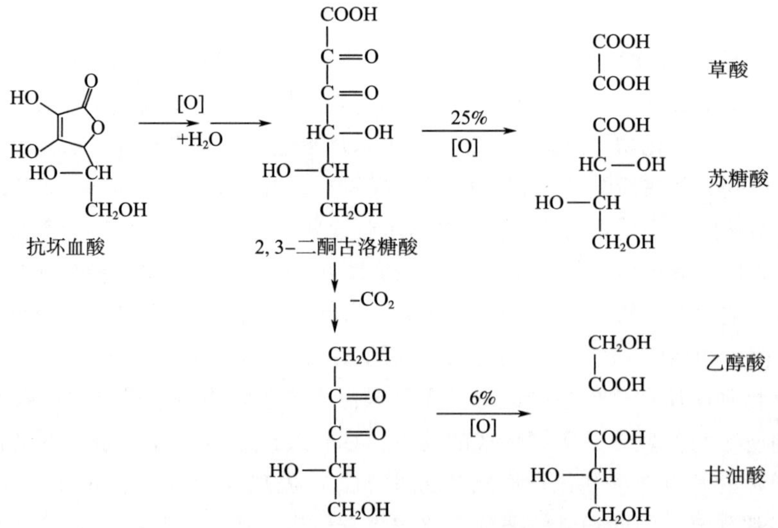

图 6-17　抗坏血酸的氧化 α-二羰基裂解

表 6-1　　按反应活性顺序递减排列的碳水化合物降解产物

反应活性	碳水化合物降解产物	分子式
最高	乙醇醛	CH_2OHCHO
	甘油醛	$CH_2OHCHOHCHO$
	丙酮醛	CH_3COCHO
	丙酮醇	CH_3COCH_2OH
	二羟基丙酮	$CH_2OHCOCH_2OH$
	乙偶姻	$CH_3CHOHCOCH_3$
	丁二酮	$CH_3COCOCH_3$
略低	乙醛	CH_3CHO
较低	丁间醇醛	$CH_3CHOHCH_2CHO$
非常低	丙醛	CH_3CH_2CHO
	丙酮酸	$CH_3COCOOH$
	乙酰丙酸	$CH_3COCH_2CH_2COOH$
极低	糖精酸	$CH_2OH(CHOH)_2CH_2CHOHCOOH$
	乳酸	$CH_3CHOHCOOH$
	乙酸	CH_3COOH
	甲酸	$HCOOH$
抑制	甲醛	$HCHO$

（三）氨基酸的 Strecker 降解

美拉德反应中原料氨基酸的选择是决定反应产物风味属性的主要因素，其最重要的原因即在于氨基酸的 Strecker 降解。在这一过程中，α-二羰基化合物作为配体与氨基酸发生转氨基反应成为 α-氨基酮及其烯醇胺异构体，氨基酸则脱去一分子 CO_2 转变为少一个碳的醛，即 Strecker 醛（图 6-18）。因此，美拉德反应体系中添加 α-二羰基化合物可以加速氨基酸降解速度，包括食品中天然存在的二羰基化合物如抗坏血酸，也包括热反应过程中产生的碳水化合物初级裂解产物如乙二醛、丙酮醛、丁二酮等。

氨基酸 Strecker 降解的产物 α-氨基酮能够进一步反应形成其他风味产物，如羰氨缩合环化形成吡嗪类化合物，以吡嗪（Pyrazine）和烷基吡嗪（Alkylpyrazine）为主（图 6-19）。而多数 Strecker 醛本身就具有较强的香气活性，是引起食品香气多样性的重要因素之一，也是进一步反应的中间体，从 L-甲硫氨酸得到的甲硫基丙醛、从 L-亮氨酸获得的 2-和 3-甲基丁醛以及从 L-苯丙氨酸获得的苯乙醛都是以这种方式获得的重要香气化合物（表 6-2）。Strecker 醛气味阈值较低，3-甲基丁醛和甲硫基丙醛（0.2μg/L）或苯乙醛（4μg/L）等具有显著的气味强度，通

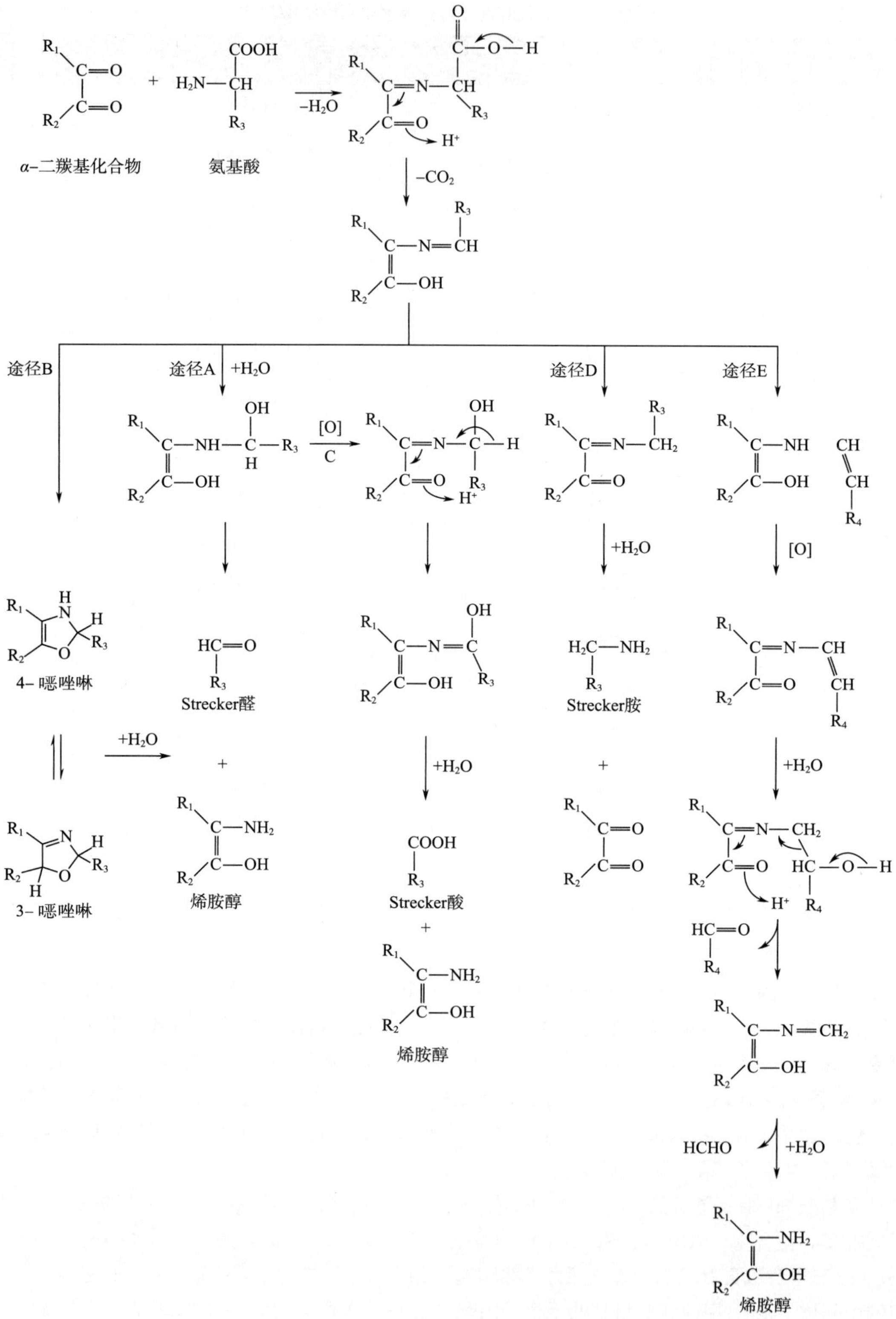

图6-18 氨基酸Strecker降解级联反应

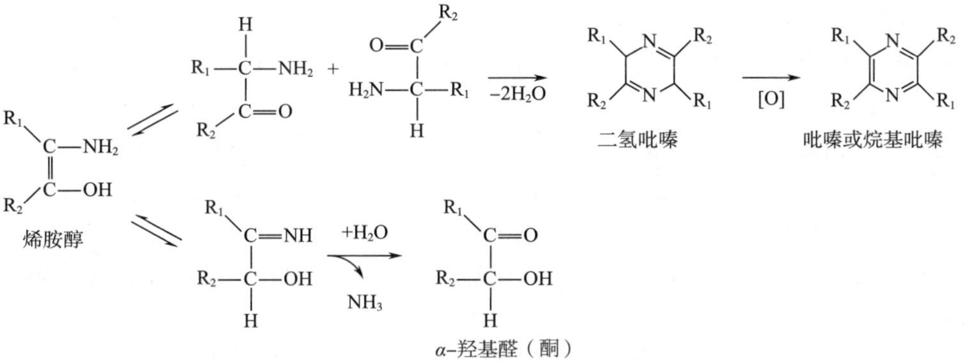

图 6-19　氨基酸 Strecker 降解形成烯胺醇的主要去向

过香气提取物稀释分析（AEDA）的鉴定，它们被认为是许多热加工食品香气的关键贡献者，例如，煮熟牛肉、煮熟鸡肉和酵母抽提物中的 3-甲基丁醛，以及烘焙咖啡中的苯乙醛，这两种化合物在小麦和黑麦面包皮、巧克力和烤芝麻中也都是关键气味物质，甲硫基丙醛也被鉴定为煮土豆、小麦面包皮、烤野生芒果种子或爆米花风味的关键贡献者。

表 6-2　　氨基酸 Strecker 降解形成的醛

氨基酸	Strecker 醛	氨基酸	Strecker 醛
丙氨酸	乙醛	异亮氨酸	甲基丁醛
缬氨酸	异丁醛	苯丙氨酸	苯乙醛
亮氨酸	3-甲基丁醛	甲硫氨酸	甲硫醛

如图 6-18 所示，在氨基酸与 α-二羰基化合物相互作用发生 Strecker 降解的过程中，二羰基化合物分子其中一个羰基被氨基酸的氨基亲核攻击完成取代反应形成亚胺后，其第二个羰基由于强吸电子作用引发脱羧作用，生成 α,β-不饱和亚胺，继而水解生成 Strecker 醛和烯胺醇（途径 A）。这不仅解释了美拉德反应中甲硫醛、2-或 3-甲基丁醛、乙醛、2-甲基丙醛和苯乙醛的形成，还解释了甲硫氨酸、亮氨酸/异亮氨酸、丙氨酸、缬氨酸、苯丙氨酸和甘氨酸等体系中产生的甲醛。这些非极性小分子羰基化合物除了具有低气味阈值的芳香活性外，还具有较高反应活性，能够进行羟醛反应产生更多重要的香气化合物，这是啤酒或葡萄酒中乙醛自发形成 1,2-二乙氧基乙烷的重要原因。从化学反应原理的角度来看，Strecker 反应是一种氧化还原反应。氨基酸在脱羧作用下被氧化，而 α-二羰基化合物被还原。这可以通过反应物 α-二羰基反应物与产物 α-羟基醛（酮）的结构比较看出（图 6-18、图 6-19），后者是烯胺醇在温和条件下异构化所得 α-羟基亚胺水解脱氨后形成的（图 6-19）。如果烯胺醇互变异构形成 α-氨基醛（酮），则缩合生成二氢吡嗪，二氢吡嗪自动氧化生成吡嗪（图 6-19）。这些杂芳香族结构对烘焙和烘烤食品的香气特征贡献显著。既然 Strecker 反应的本质是氨基酸的氧化，那么该反应也可通过自由基途径形成。在这一过程中，氨基酸被双氧水或过氧化的脂类氧化产生二氧化碳、氨和相应的 Strecker 醛。这对生成 Strecker 醛也是一个可行的方法。

氨基酸与 α-二羰基化合物之间的反应实际上非常复杂，并非只有脱羧形成 Strecker 醛和烯胺醇（α-氨基酮同分异构体）一条路径，原因主要是：首先，许多 Strecker 降解的中间体反应活性很强，容易通过旁路反应而消耗；其次，Strecker 降解过程中很多步骤是分子重排反应，这些异构化过程是可逆的。在低水分活度的食品体系中，中间体 α,β-不饱和亚胺难以进行水解释放 Strecker 醛，而是通过环化形成 4-噁唑啉与 3-噁唑啉（途径 B）。这些相互异构化转变的噁唑啉在水分含量提高后则很容易发生水解，释放 Strecker 醛（在 37℃时转化率可达 56%）。除水分含量外，pH 和温度对该过程的反应速率影响也较大。噁唑啉及其衍生物在面包、巧克力等食品中也广泛存在，上述途径 B 可以解释为什么热加工食品在咀嚼过程中会形成大量气味活性物质，显著增加鼻后感知。

与 α,β-不饱和亚胺不同，其通过途径 A 形成的水合物是一种富电子的烯胺醇结构，它可以很容易被氧化成类似于 α-二羰基化合物的 π-π 共轭结构。吸电子的羰基官能团引发分子内氧化还原反应（分子重排），水解后产生 Strecker 酸和烯胺醇（途径 C）。因此，Strecker 醛与 Strecker 酸的形成比例在很大程度上取决于反应条件。在氧气存在的情况下，该比例从真空条件下的约 1∶1 变为通气条件下的 1∶(3~4)，也就是说，Strecker 酸的形成途径更能反映食品加工过程中的 Strecker 降解历程。途径 C 可以解释重要气味物质乙酸、2-或 3-甲基丁酸、2-甲基丙酸、苯乙酸的形成，他们分别来源于丙氨酸、亮氨酸或异亮氨酸、缬氨酸和苯丙氨酸的 Strecker 降解。Strecker 酸（如 3-甲基丁酸和苯乙酸）通常被鉴定为热加工食品如小麦面包皮、煮熟鸡肉、煮熟牛肉或焦糖的关键气味物质，因此它们对风味工业同样非常重要。Strecker 醛和 Strecker 酸的形成比例受反应参数影响，氧气的存在、反应物 α-二羰基化合物的结构和体系 pH 都是重要的因素，其中氧气最为关键。氧气的存在可以显著提高 Strecker 酸的形成，金属离子可以催化氧气的氧化作用，促进 Strecker 酸的生成（图 6-20）。

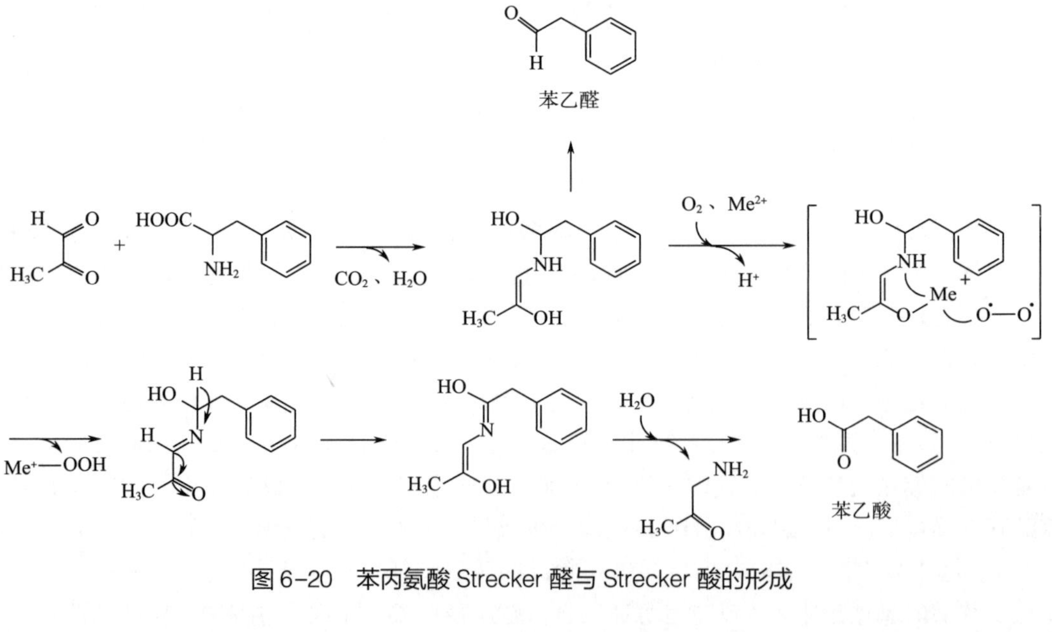

图 6-20 苯丙氨酸 Strecker 醛与 Strecker 酸的形成

α,β-不饱和亚胺的分子重排普遍发生，如图 6-18 中途径 D 所示，α,β-不饱和亚胺的异构化产物发生水解可形成 Strecker 胺。这一路线是磷酸吡哆醛驱动的酶促生成生物胺的补体旁路途径，但是在水相模型反应中却是一条主要的通路，Strecker 醛与 Strecker 胺的比例范围为 1：100（苯丙氨酸）至 1：1000（其他非极性氨基酸）。然而 Strecker 胺相对较高的气味阈值使其经常被风味化学研究者所忽略。Strecker 醛与 Strecker 胺的比例与 α,β-不饱和亚胺分子内部基团的吸电子效应及给电子效应之间的相互竞争有关，也可能与共轭 π 电子轨道的延伸有关。α,β-不饱和亚胺分子所表现出的这种异构化重排是可逆的，因此途径 A 与途径 D 是可以转化的。在丙酮醛存在下，2-苯乙胺的热反应产物中就被检测到有较多苯甲醛（高达 70g/kg）形成。

若 α,β-不饱和亚胺的 R_3 基团中若存在诱导亚胺 π 电子向其迁移的因素，则发生途径 E（图 6-18），如苯丙氨酸的 Strecker 降解，经过氧化和加水后，中间体半缩醛首先通过逆醛化裂解形成苯甲醛，然后再裂解甲醛，产生烯胺醇。其中半缩醛的裂解是由具有吸电子所用的二羰基诱导的。

正如前述，氨基酸的侧链 R 基性质能够决定中间体 α,β-不饱和亚胺的分子重排方向，从而影响了氨基酸 Strecker 降解产物的种类。如丝氨酸或苏氨酸在 Strecker 降解的过程中，由于 R 基上羟基氧的电负性，使得 α,β-不饱和亚胺重排形成酰基氨基酮（羰基氨基酮）（图 6-21），而酰基氨基酮是酰基吡嗪的重要来源。

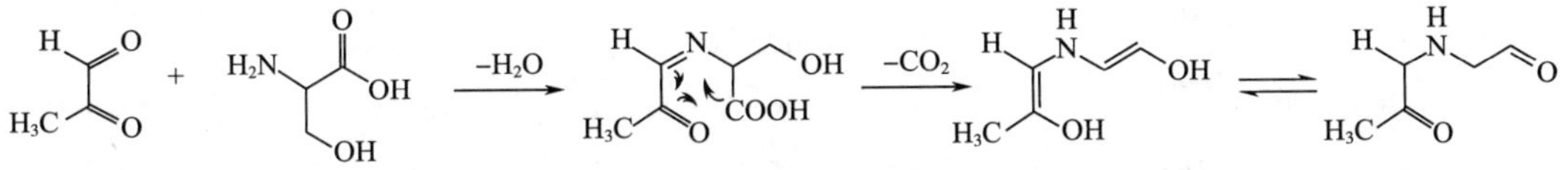

图 6-21 丝氨酸的 Strecker 降解

同样，含硫氨基酸的侧链 R 基中因含有巯基（半胱氨酸）或者甲硫基（甲硫氨酸），其 Strecker 降解中间体 α,β-不饱和亚胺的去向也较为复杂。半胱氨酸除了可以按照途径 A 降解形成 Strecker 醛（巯基乙醛）和烯胺醇外，还可以降解形成分子质量更小的产物。半胱氨酸脱羧形成的 α,β-不饱和亚胺很不稳定，β 位上活泼的巯基使得消去反应很容易发生，脱除硫化氢分子，生成的共轭多不饱和亚胺水解形成乙醛、氨气与反应物二羰基化合物（图 6-22）。此时，二羰基化合物可以视为半胱氨酸水解形成乙醛、氨气、二氧化碳和硫化氢这一反应的催化剂。实际上，在无二羰基化合物存在时，半胱氨酸在高温（通常在 180~200℃）条件下自身亦可发生水解形成乙醛、氨气、二氧化碳和硫化氢（图 6-22），乙醛、氨气和硫化氢都很容易进一步参与美拉德反应，形成多种低阈值活性气味化合物。甲硫氨酸按照途径 A 降解形成的 Strecker 醛甲硫基丙醛不稳定，能够进一步发生消去反应形成甲硫醇与烯丙醛（Acrolein），甲硫醇是风味物质二甲基硫与二甲基三硫化物的重要前体（图 6-23）。

组氨酸的 R 基咪唑环也是一类活泼基团，因此组氨酸的 Strecker 降解也较复杂。由于组氨酸形成的 Strecker 降解中间体 α,β-不饱和亚胺的酮式结构较烯醇式更稳定，组氨酸更容易通过途径 D 形成 Strecker 胺（图 6-24）。与此同时，由于咪唑环 α-C 的亲核性，脱去 CO_2 后更容易发生环化形成 2-乙酰吡哆-［3,4-*d*］-咪唑（2-acetyl-pyrido-［3,4-*d*］-imidazole）（图 6-24）。

由于特殊的吡咯烷环结构，脯氨酸的 Strecker 降解反应较为特殊。在二羰基化合物的作用下，脯氨酸脱去羧基形成 1-吡咯啉。1-吡咯啉有多条反应路线，主要路线为 1-吡咯啉与丙酮醛水合物通过途径 A 的反应（图 6-25）。在吡咯啉环的 C2 对丙酮醛的羰基进行亲核攻击，然后脱水产生 *N*-类还原酮构型，该构型很容易被氧化成 *N* 取代的 1,2,3-三羰基构型。中心羰基

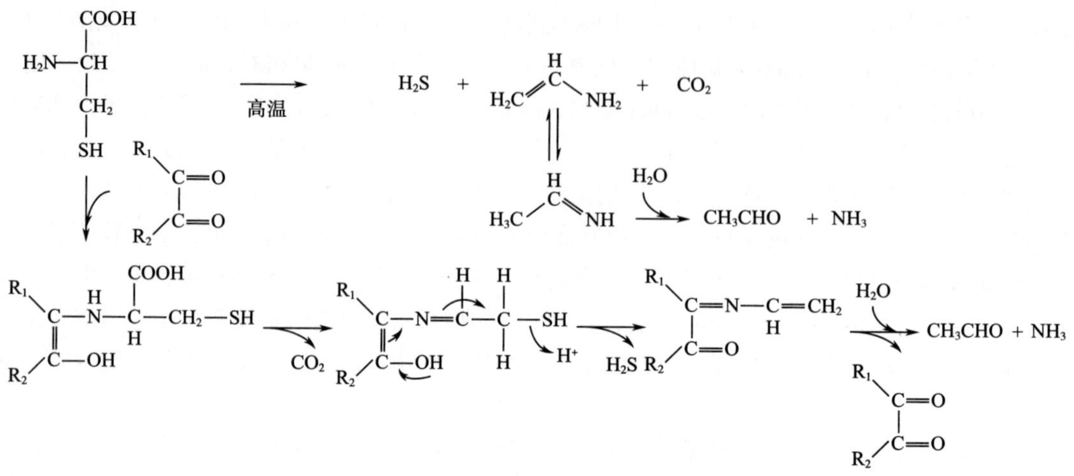

图 6-22　半胱氨酸的 Strecker 降解与高温裂解

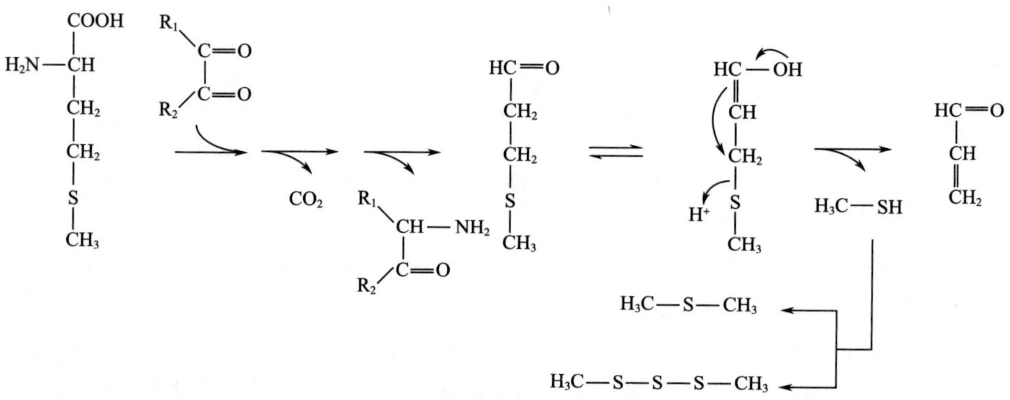

图 6-23　甲硫氨酸的 Strecker 降解

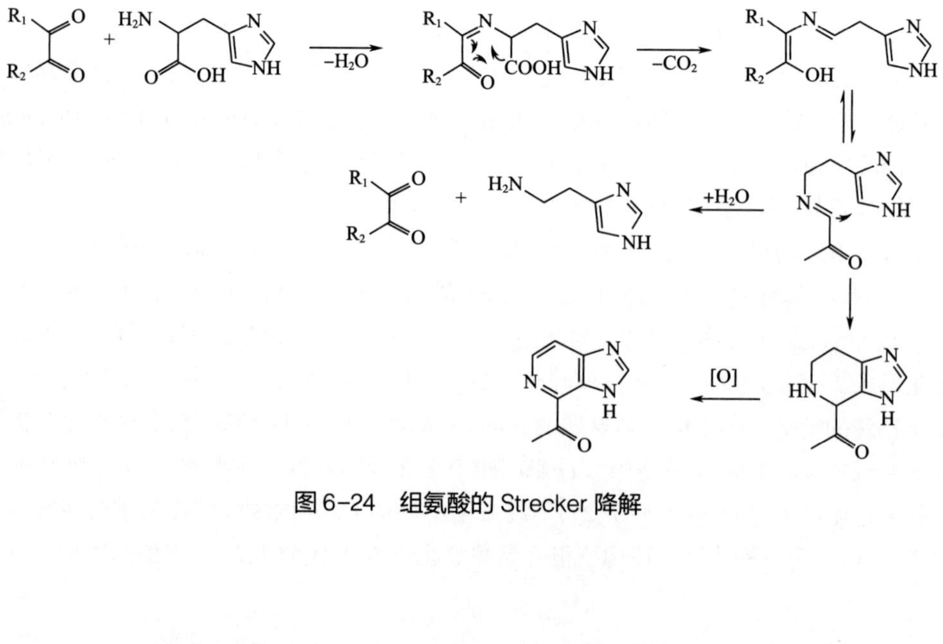

图 6-24　组氨酸的 Strecker 降解

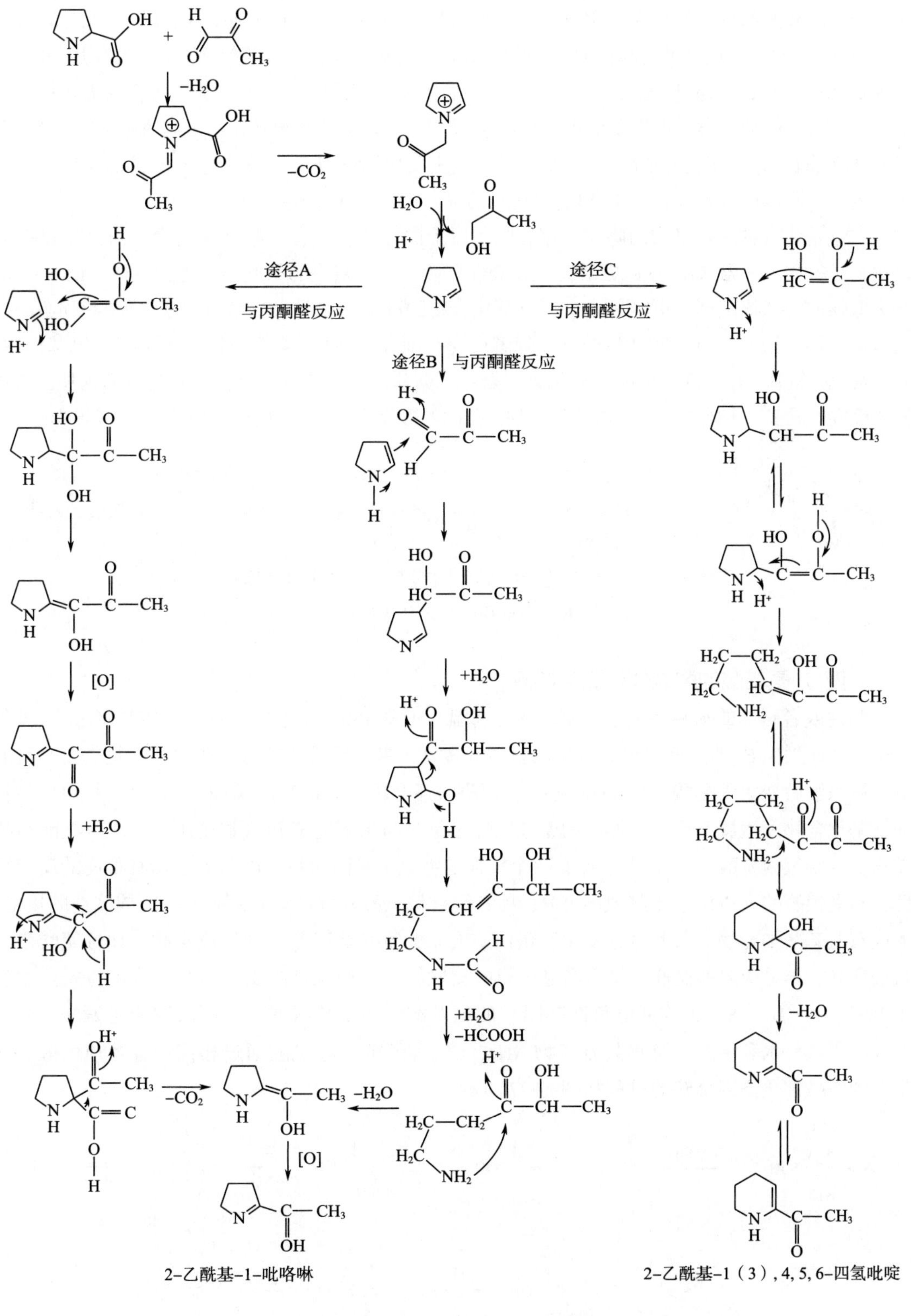

图 6-25　脯氨酸的 Strecker 降解

官能团水合后，碳主链重排，使羧基位于β位，以取代乙酰基的羰基，进一步脱羧反应产生富含电子的烯胺醇部分被氧化为2-乙酰基-1-吡咯啉。另一方面，1-吡咯啉也可与非水合的丙酮醛反应（途径B），吡咯啉的酸性C3位置亲核攻击丙酮醛的羰基，互变异构和水合作用使得β-位的半缩醛变成α-二羰基骨架上的酮羰基，从而实现逆醛化断裂，进一步环化、脱水和氧化得到2-乙酰基-1-吡咯啉。如果反应由丙酮醇引起，则可以实现烯醇基团与吡咯啉环C2位置的直接缩合（途径C），在这种情况下，氨基的β-消去反应引起开环，并使得环扩展成为哌啶衍生物，进一步脱水后得到存在异构化转变的2-乙酰基-1(3),4,5,6-四氢吡啶。

二羰基化合物对氨基酸的降解作用，除了以上的介绍，还有一些特殊途径。与其他氨基酸相比，甘氨酸、丙氨酸的α-C更活泼。在酸性环境下，甘氨酸的氨基亲核能力减弱，而α-C负电场增强成为亲核试剂，更容易攻击二羰基化合物的羰基碳，脱去氨基与羧基，形成新的α-二羰基化合物（图6-26）。氨基酸的这一降解反应与前述Strecker降解不同，未发生转氨基作用，而是发生脱氨基作用，降解生成二氧化碳与氨；二羰基化合物通过这一反应碳链得到延长，与甘氨酸反应形成多一个碳原子的二羰基化合物，与丙氨酸反应形成多两个碳原子的二羰基化合物。

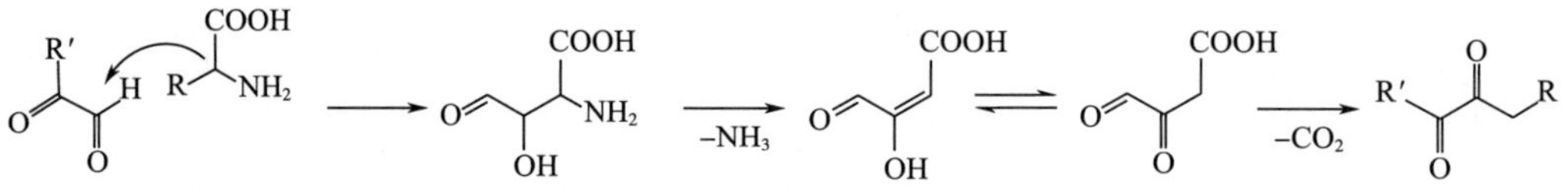

图6-26　二羰基化合物作用下甘氨酸与丙氨酸的脱氨降解

R为H或CH_3；R′为H或烷基。

（四）氨基酸的酸碱催化高温降解

酸性或者碱性的水相环境中的氨基酸在高温（通常180℃以上）条件下很容易形成α-碳负离子，从而发生β-消去反应形成脱氢丙氨酸，多发于蛋白质或肽的氨基酸残基。脱氢丙氨酸的氨基被水解后变为丙酮酸（Pyruvic acid），丙酮酸还会再脱去羧基形成CO_2和乙醛，也可以与各种氨基化合物发生羰氨反应，形成的席夫碱经过重排与水解完成转氨基作用，生成丙氨酸与醛类物质。脱氢丙氨酸的α-C由于连有两个较强的吸电子基团而带正电，β-C具有很高的反应活性，易受赖氨酸ε-NH_2、半胱氨酸-SH、鸟氨酸（精氨酸降解产物）δ-NH_2等亲核试剂的攻击，形成双氨基酸加合物。若此过程发生于蛋白质或肽的氨基酸残基，则形成交联，如赖氨酸基丙氨酸交联、羊毛硫氨酸交联、鸟氨酸基丙氨酸交联等。这种脱氢丙氨酸途径的降解方式可发生于R基为—CH_2—X（X为强电负性基团）的氨基酸，如半胱氨酸、丝氨酸和天冬氨酸，分别形成硫化氢、水和甲酸，及其共有产物NH_3、CO_2和乙醛。苏氨酸通过相同途径形成丙醛。氨基酸的酸碱催化高温降解的过程如图6-27所示。

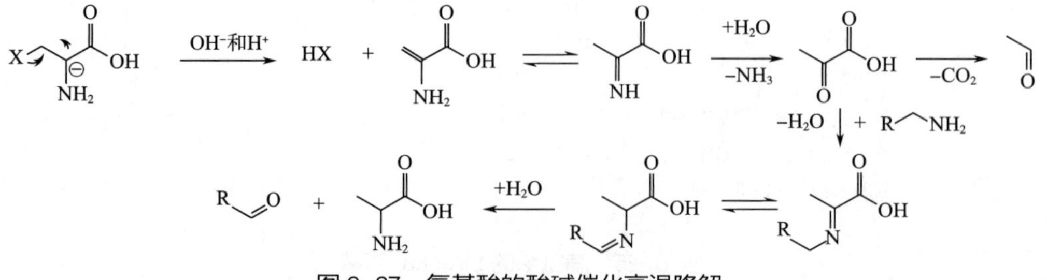

图6-27　氨基酸的酸碱催化高温降解

（五）氨基酸碎片和碳水化合物碎片的缩合反应

由碳水化合物以及氨基酸通过上述各类反应裂解形成的不稳定碎片之间可以相互反应，形成较稳定的风味物质如吡嗪、吡啶、呋喃酮、吡咯、噻吩、噻唑、硫代烷、硫醇烷、噁唑等各类化合物。

这些产物中吡嗪是最主要、最有影响的风味物质，吡嗪中的氮原子可来自 Strecker 降解产物，也可来自半胱氨酸热解产物、氨水等。Strecker 降解过程中形成的 α-氨基酮通过缩合途径生成二氢吡嗪，二氢吡嗪再被氧化成相应的吡嗪，这被认为是吡嗪生成最直接、最重要的途径（图 6-28）。二氢吡嗪在空气中氧化生成吡嗪的过程是自发进行的，然而二氢吡嗪的氧化途径并非这一种，醛类物质也可以充当氧化剂，二氢吡嗪的 α-C 由于较强的负电性容易攻击醛类的羰基发生加成反应，进一步脱水生成吡嗪。α-二羰基化合物可以与氨基酸通过 Strecker 降解反应

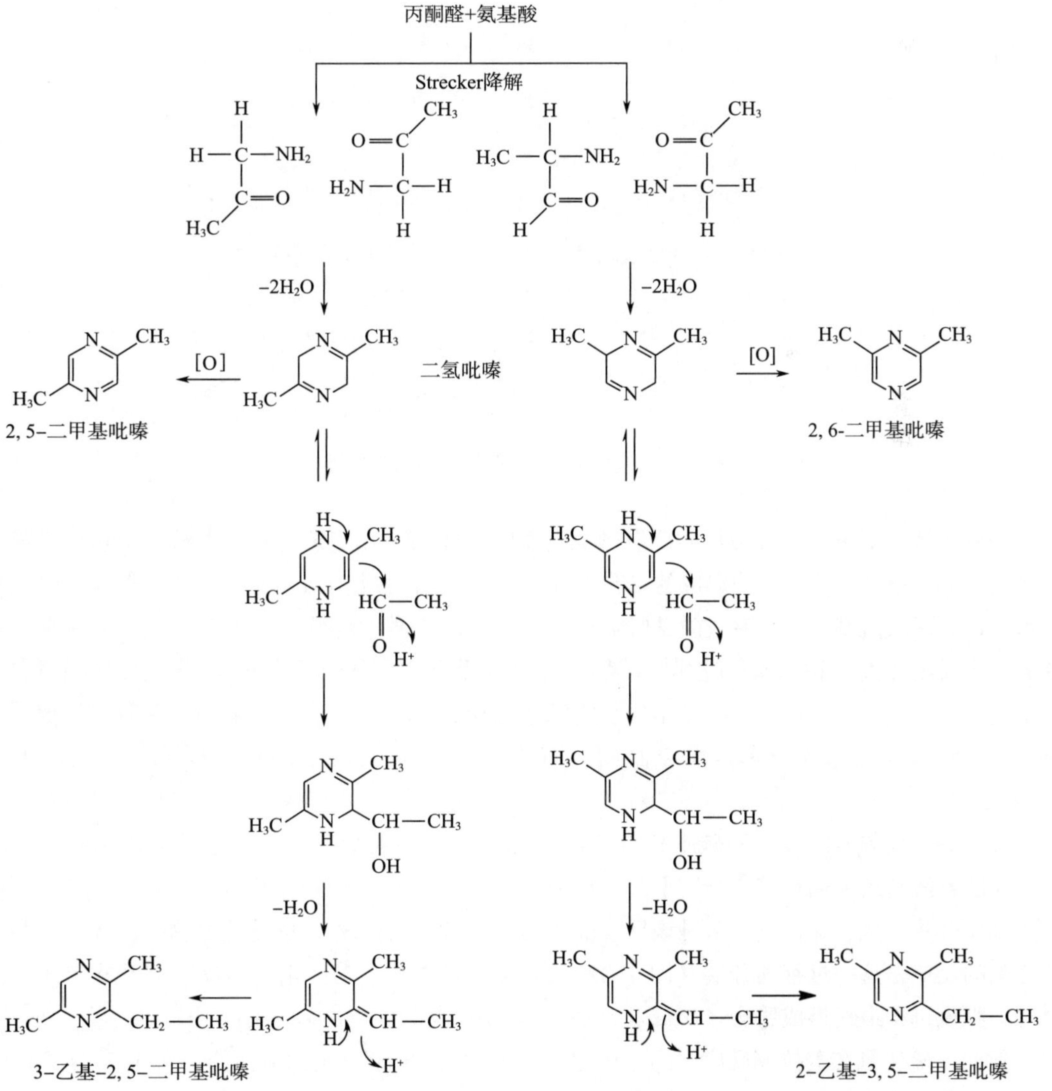

图 6-28　Strecker 降解产物生成吡嗪

生成吡嗪，但是不可以与氨反应形成吡嗪；还原糖或者脱氧糖酮逆醛化反应形成的α-羟基醛以及α,β-二羟基醛可以与氨反应形成吡嗪，但是不可以与氨基化合物反应生成吡嗪（图6-29）。除此之外，氨基酸之间可发生脱水缩合生成二酮哌嗪，二酮哌嗪进一步脱水、还原形成吡嗪（图6-30）。

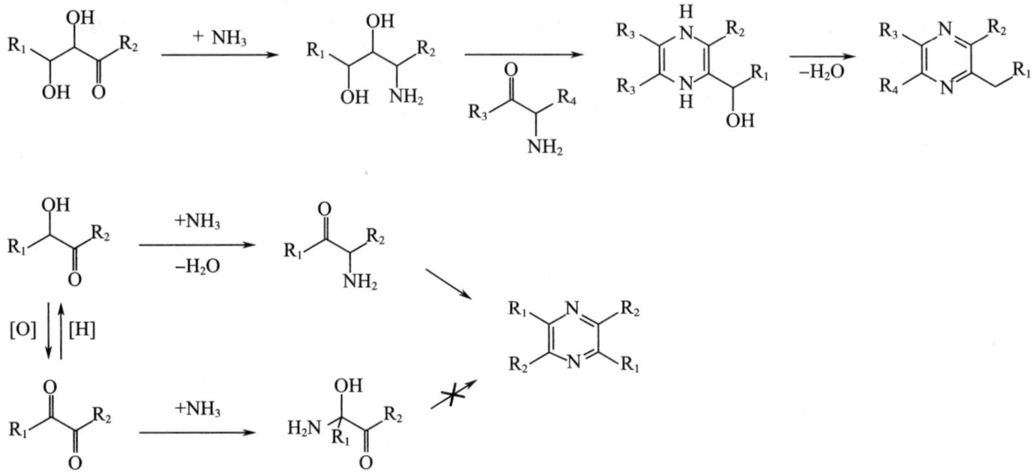

图6-29　α-羟基醛以及α, β-二羟基醛与氨反应生成吡嗪

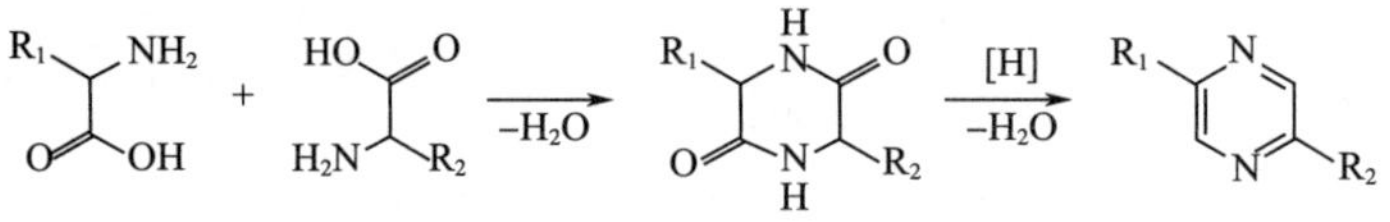

图6-30　α-氨基酸脱水缩合生成吡嗪

按照上述二氢吡嗪与醛类物质反应形成吡嗪的原理，二氢吡嗪与α-羰基醛反应可以生成酰基吡嗪（图6-31）。此外，若形成的吡嗪的α-氨基酮上本身带有α-与β-羟基，则邻二醇结构脱水后也会形成酰基，从而生成酰基吡嗪（图6-31）。这两种途径的本质都是依靠二氢吡嗪环的氧化形成吡嗪大π键，通过吡嗪侧链邻二醇脱水提高整个分子不饱和度，构建乙酰基结构。如果发生二聚成环的单体自带酰基结构，则酰基吡嗪的形成不需上述步骤。如1-脱氧丁糖酮可以与邻二胺发生脱水缩合形成酰基吡嗪，而邻二胺可以由α-二羰基化合物与氨反应形成（图6-31）。

美拉德反应氨基酸碎片和碳水化合物碎片缩合阶段形成的另外一种重要的风味物质是噻唑。半胱氨酸和还原糖在较高温度下反应形成噻唑（Thiazole）或烷基噻唑（Alkylthiazole），α-二羰基化合物、醛、硫化氢、氨是该反应前体物质，硫化氢与α-二羰基化合物的加成产物与亚胺之间的反应是这一过程的开端（图6-32）。若反应物中与二羰基化合物反应的并非硫化氢而是水，则该过程最终形成噁唑（Oxazole）或烷基噁唑（Alkyloxazole）（图6-32）。

然而，硫化氢在美拉德反应中的作用远不止是参与噻唑的形成。硫化氢既可以充当亲电试剂，也可以充当亲核试剂，还可以作为还原剂，因此会引起亲电加成、亲核加成、亲核取代以及氧化还原等各类反应，形成巯基物质和硫醚类物质。硫化氢和醛反应能够形成硫代烷、硫醇

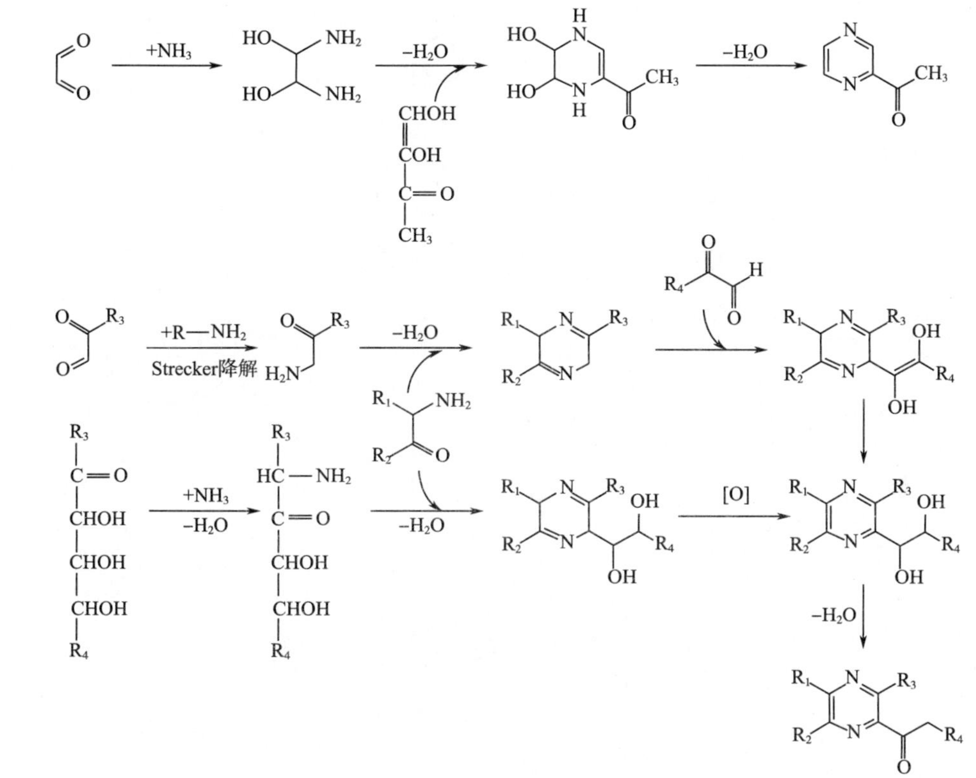

图 6-31 酰基吡嗪的生成

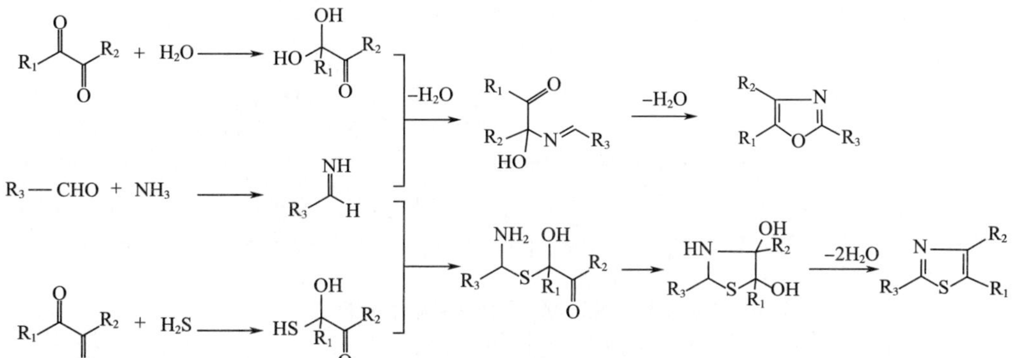

图 6-32 噁唑与噻唑的生成

烷，与呋喃能够反应生成噻吩，与呋喃醛能够生成噻吩醛和巯基呋喃（图 6-33）。

大多数呋喃类产物都是在美拉德反应的中间阶段由脱氧糖酮脱水环化形成，并且不论是否有氨基酸存在都可以形成。然而德国慕尼黑工业大学的化学家托马斯·霍夫曼（Thomas Hofmann）与彼得·斯伯尔（Peter Schieberle）经过对美拉德反应机制的深入研究，发现碳水化合物降解形成的羟基醛（酮）以及 α-二羰基化合物也可以通过羟醛缩合反应形成呋喃酮类物质。4-羟基-2,5-二甲基-3(2H)-呋喃酮和 2-(5)-乙基-4-羟基-5-(2)-甲基-3(2H)-呋喃酮

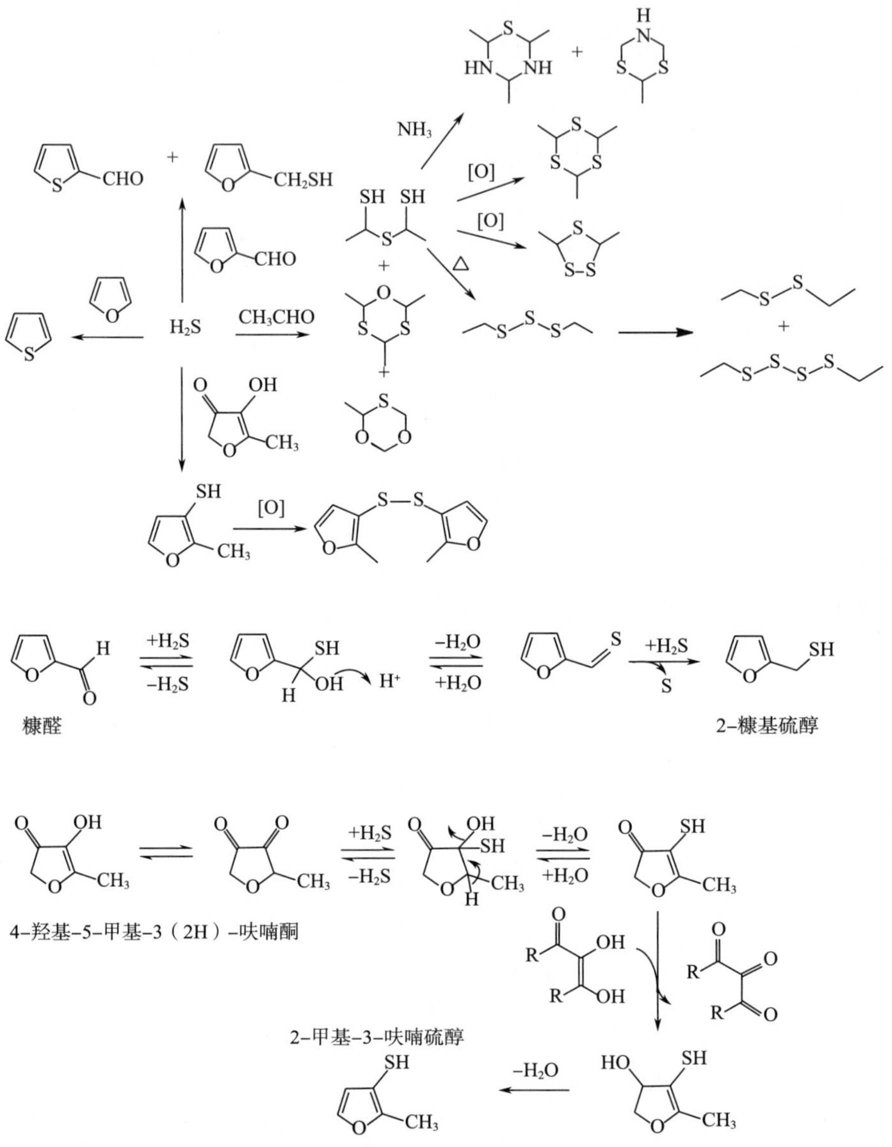

图 6-33　美拉德反应中各种硫化物的生成

可通过 1-脱氧糖酮降解得到的 2-羟基丙醛及短碳链 α-二羰基化合物生成，丙酮醛生成 4-羟基-2,5-二甲基-3(2H)-呋喃酮，丁酮醛生成 2-(5)-乙基-4-羟基-5-(2)-甲基-3(2H)-呋喃酮，该反应过程不经过乙酰福明中间体，这与 1-脱氧己糖酮脱水形成呋喃酮的历程明显不同（图 6-34）。3-羟基-4,5-二甲基-2(5H)-呋喃酮（葫芦巴内酯，Sotolon）可通过同样的途径由 2,3-丁二酮和 α-羟基乙醛形成或者由丙酮醛和 α-羟基丙醛（图 6-35），此外美拉德反应形成的短碳链羟基酸也可通过分子内酯化反应形成 3-羟基-4,5-二甲基-2(5H)-呋喃酮（图 6-36）。研究人员系统地研究了呋喃生成的途径，发现 3-脱氧己糖酮或 3-脱氧戊糖酮通过水解 α-裂解形成的 2-脱氧丁醛糖通过环化和脱水即可形成呋喃，2-脱氧丁醛糖还可由乙醛和乙醇醛通过羟醛缩合反应提供；此外，1-脱氧糖酮和抗坏血酸通过水解、环化、脱水形成 3-呋喃酮，2-脱氧糖酮通过逆醛化和环化生成3-呋喃酮，这些3-呋喃酮则可以经过还原和脱水生成呋喃（图6-37）。

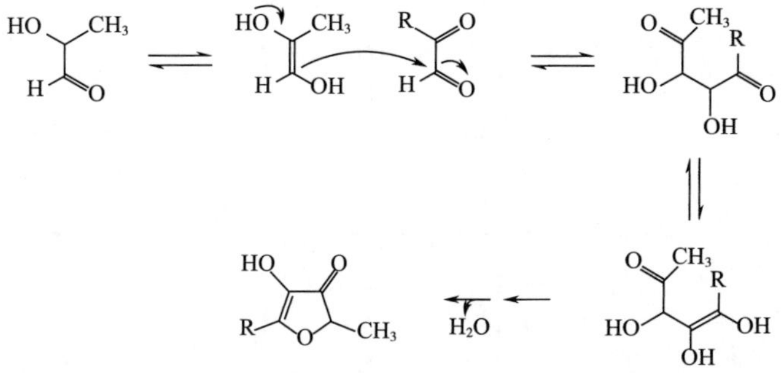

图6-34 短碳链 α-二羰基化合物生成4-羟基-2,5-二甲基-3(2H)-呋喃酮或2-(5)-乙基-4-羟基-5-(2)-甲基-3(2H)-呋喃酮

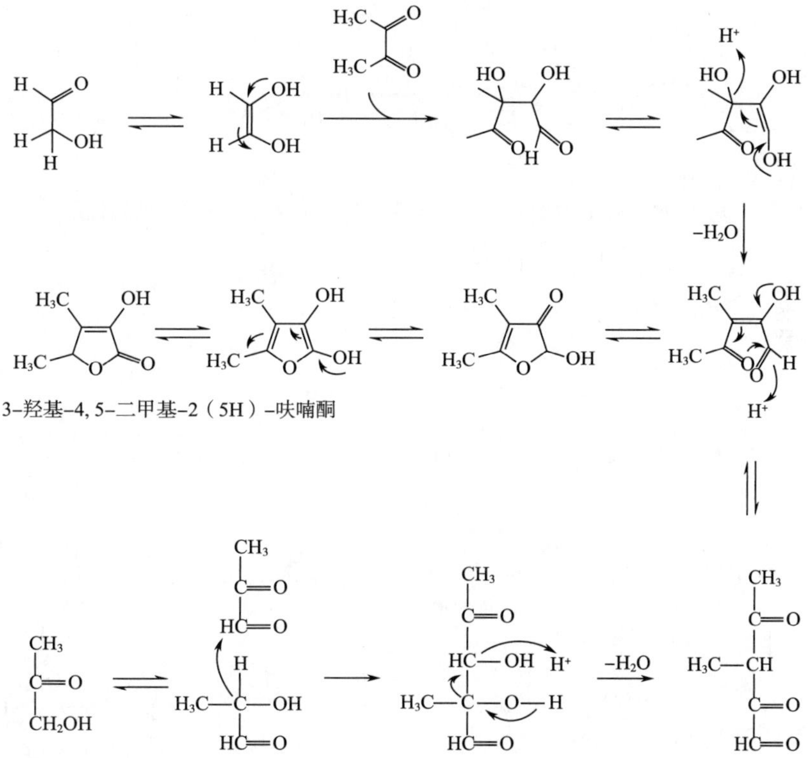

图6-35 短碳链 α-二羰基化合物生成3-羟基-4,5-二甲基-2(5H)-呋喃酮

碳水化合物碎片以及氨基酸碎片中的短碳链醛酮还可以通过羟醛缩合反应延长碳链，丁二酮的形成就可以通过短链羰基结构（即甲醛或乙醛与丙酮醇和羟基乙醛）的缩合来解释，2,3-戊二酮也可由乙醛和丙酮醇的羟醛缩合（图6-38）。丁二酮与2,3-戊二酮本身就是重要的乳香风味物质，同时也是进一步生成其他风味物质的重要前体。

当美拉德反应的氨基反应物并非氨基酸而是存在酰胺键时，风味物质则有更多的生成途

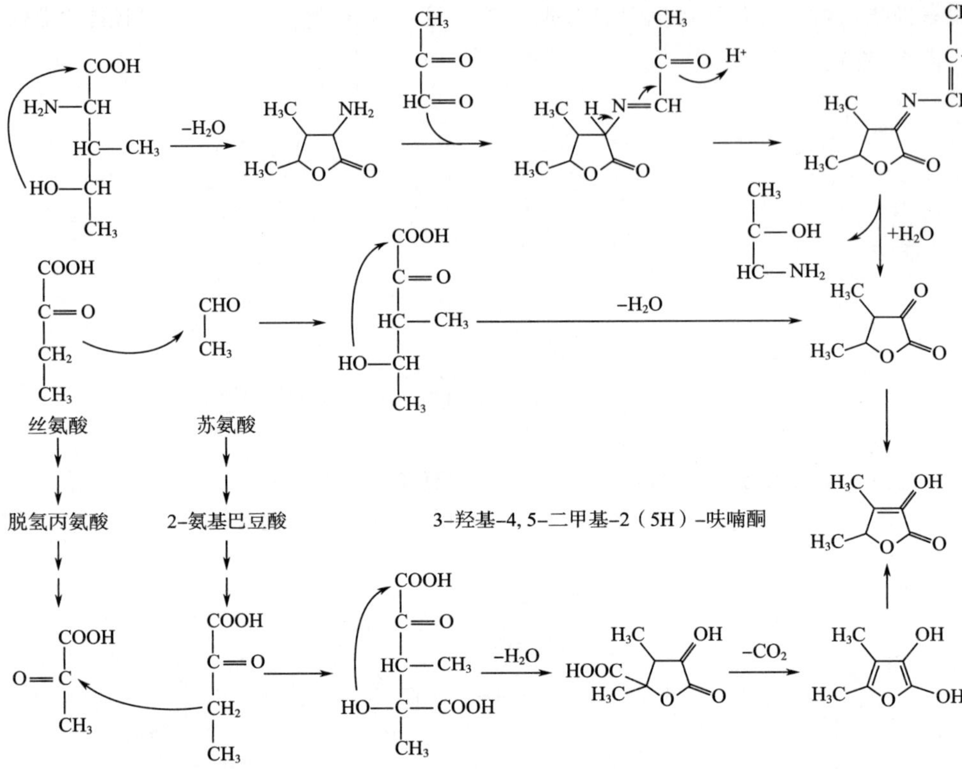

图 6-36　分子内酯化生成 3-羟基-4,5-二甲基-2(5H)-呋喃酮

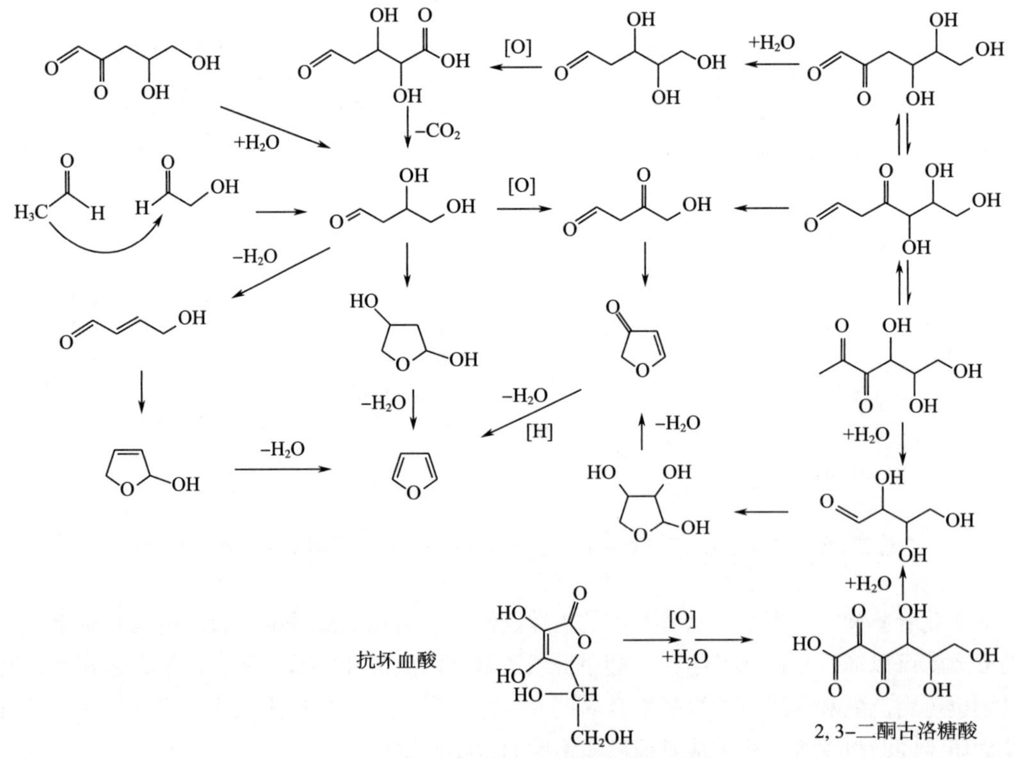

图 6-37　呋喃的生成

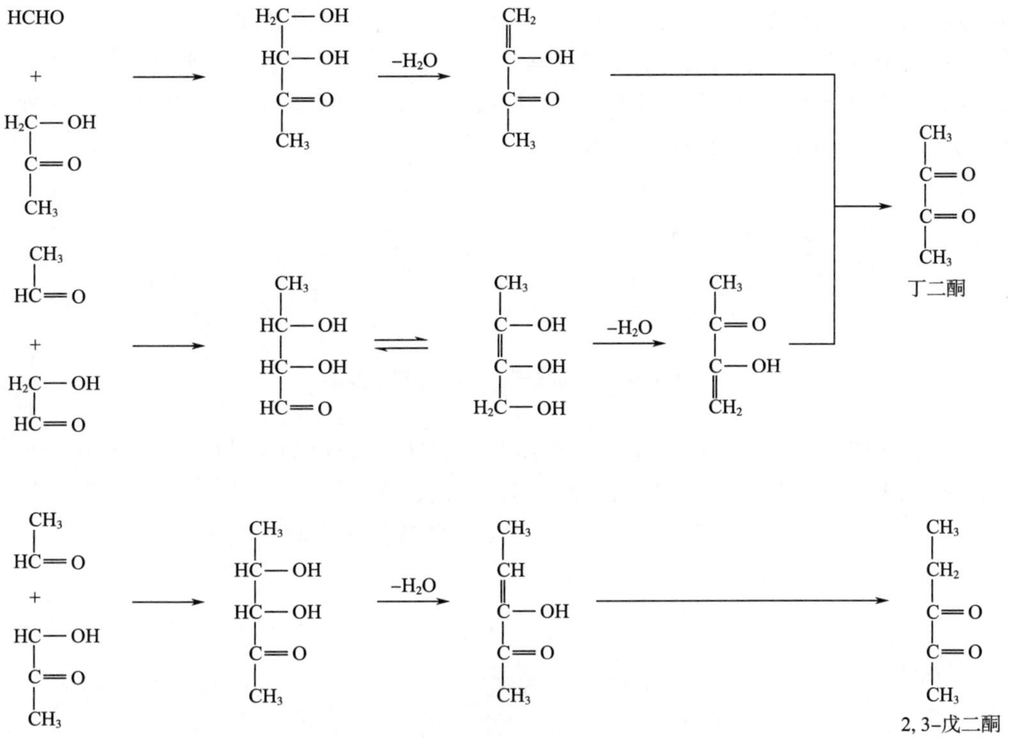

图 6-38 羟醛缩合反应生成丁二酮与 2,3-戊二酮

径。在经过热处理的含水反应体系中，酰胺键的水解是普遍发生的。谷氨酰胺和天冬酰胺分子中的酰胺键在 100℃以下即可发生水解，分别形成谷氨酸和天冬氨酸以及氨（图 6-39）。产物氨和氨基酸可分别进一步参与到美拉德反应中，形成风味物质。

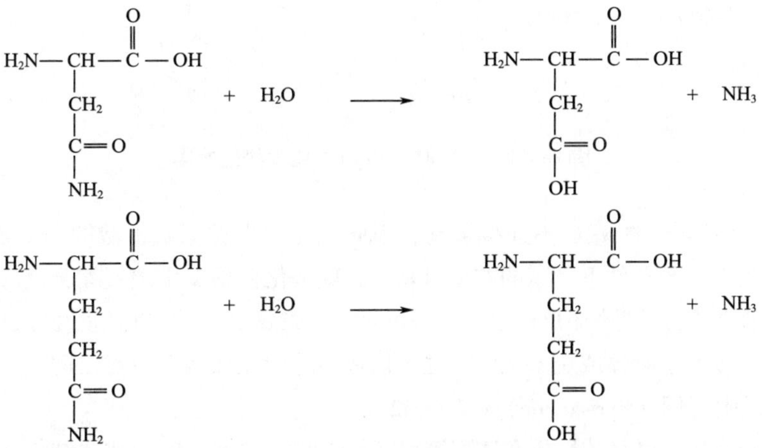

图 6-39 谷氨酰胺与天冬酰胺的水解

大多数食品中肽的含量远高于游离氨基酸，因此肽的美拉德反应更需要被关注。与谷氨酰胺及天冬酰胺相似，肽分子中的酰胺键（肽键）在含水体系中加热会发生水解，或者通过 *N* 端

的环化降解生成二酮哌嗪（Diketopiperazine，DKP）（图 6-40）。因此热反应过程中，大分子的肽将很容易水解成为小分子的肽或者游离氨基酸，所有的肽和游离氨基酸都可以与还原糖发生反应。肽和糖的美拉德反应产物往往表现出以鲜味和醇厚味为特征的强烈的肉味或肉汤味，是加工肉类食品特征风味形成的一个重要途径。

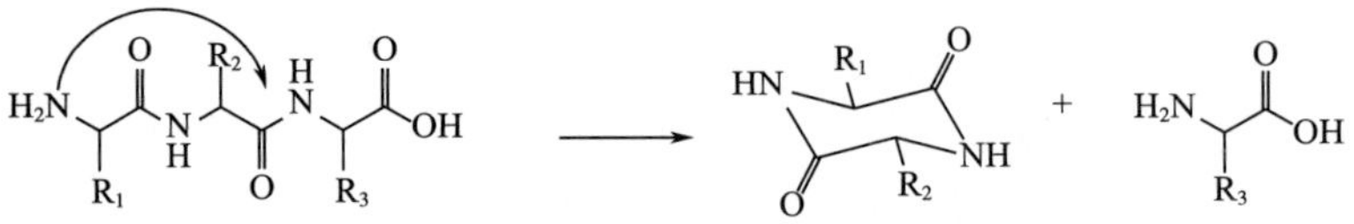

图 6-40　三肽生成二酮哌嗪的反应

小肽与还原糖形成的 Amadori 重排产物在温度较高时往往会如氨基酸 Amadori 化合物那样通过逆 Michael 加成反应生成反应物肽与脱氧糖酮，而在温度较低时则更容易发生肽键的水解，生成氨基酸 Amadori 化合物和比反应物肽少一个氨基酸残基的小肽（图 6-41），该过程甚至在室温下就可以发生。

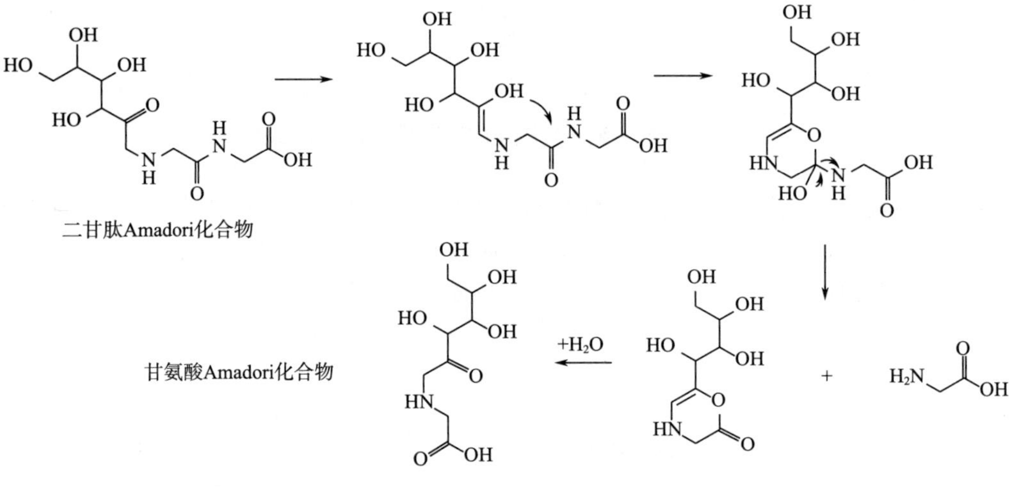

图 6-41　二甘肽 Amadori 化合物的水解

肽分子上游离氨基的 α-C 不连接羧基，因此不能发生类似氨基酸的 Strecker 降解。在有 α-二羰基化合物存在的条件下，肽的游离氨基与二羰基化合物发生羰氨缩合反应形成席夫碱结构，再异构化形成具有烯醇结构的 α,β-不饱和亚胺，该 α,β-不饱和亚胺既可以发生水解生成 α-氨基酮并进一步产生吡嗪或烷基吡嗪，也可以在烯醇和酰胺两个位点之间发生脱水环化，并进一步脱羧生成吡嗪酮（Pyrazinone）（图 6-42）。

多肽的分子质量、氨基酸组成和序列等因素都影响美拉德反应产物的结构、风味轮廓以及风味化合物的生成途径。研究者发现，二甘肽通过美拉德反应生成风味物质的活性比三甘肽和甘氨酸都高。三甘肽-葡萄糖体系反应产生的吡嗪含量比二甘肽-葡萄糖反应体系的少很多。然而，即使二酮哌嗪在二甘肽-葡萄糖体系和三甘肽-葡萄糖体系中都是最主要的产物，却在三甘肽体系中的产率更高。对多肽而言，低分子质量的多肽有助于杂环化合物的形成。在较高温度

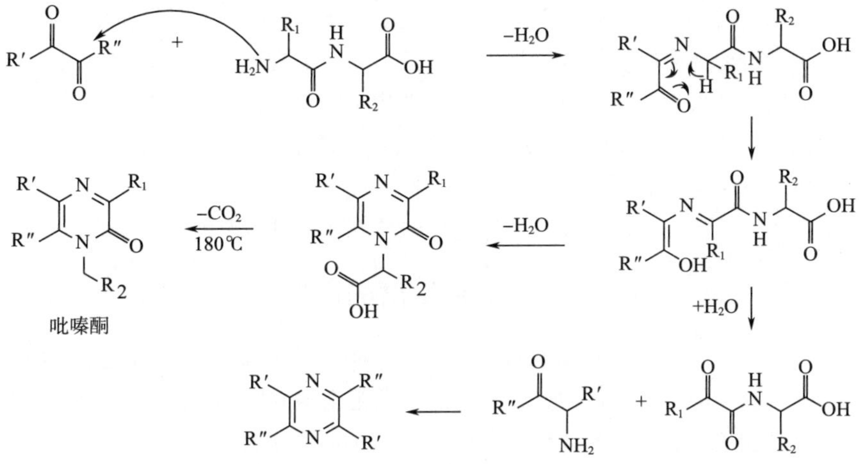

图 6-42 肽与 α-二羰基化合物的反应

(>100℃) 下加热 30min 后，相对分子质量较低（<500）的多肽不断减少，同时含氮杂环化合物（吡嗪类和吡啶类）的生成急剧增加。

三、 反应末期阶段——类黑素的形成

美拉德反应第三阶段形成类黑素（一类大分子化合物）。美拉德反应高级阶段产生的众多活性中间体，如葡萄酮醛、3-脱氧糖酮、3,4-二脱氧糖酮、羟甲基呋喃、还原酮类、不饱和醛亚胺等，又可继续与氨基酸反应，最终都生成类黑素——褐色含氮色素，此过程包括醇醛缩合、醛氨聚合、杂环化反应等。褐变前体物质主要是乙二醛、甘油醛、丙酮醛等二羰基化合物以及呋喃、吡咯等五元杂环类物质，因此，碳水化合物裂解与脱水反应在褐变反应中起主要作用。褐变反应的机制目前还不十分清楚，但能够明确的是，在碱性条件下碳水化合物裂解与褐变显著加强。

第三节 影响美拉德反应的因素

在食品加工过程中，营养物质的损失以及风味、色泽的形成是很平常的，在任何条件下加热食品都会导致这些现象的发生。然而，并不是在任何条件下加热含有风味前体物的食品都会定向形成典型的烤牛肉、巧克力或蜂蜜的风味。所有这些风味特征的美拉德反应产物的形成途径都是特定的，因此为了产生所需的风味，反应物和反应环境都必须进行仔细的设计。美拉德反应产物的风味特性是反应物、反应介质、反应时间、加热温度、体系 pH 等多种因素共同影响下形成的结果。这些因素中若有一个不合适，产生的风味也就不理想。

在许多研究工作中，通常是先改变体系的反应物（糖、氨基酸、多肽、蛋白质、脂类和更为简单的模型体系）、pH、水分活度和热处理过程等，反应产物再通过感官或仪器分析的方法进行评价。人们通过建立简单的模型体系研究某些组分因素、环境或加工变量在美拉德反应中

的作用，但是如果有其他物质加入至体系中，或者环境及加工过程产生微小变化，都可能极大地改变反应速率和方向。所以，利用模型体系的数据反映真实的食品数据实际上是非常困难的。这导致我们关于美拉德反应机制的认识是不全面的，尤其是在复杂的食品体系中。在这样的情况下，研究人员依然从大量的实验研究中发现了影响美拉德反应的关键因素、揭示了其作用于美拉德反应的普遍规律。人们发现，反应物糖和氨基酸类型以及反应 pH 对美拉德反应得到的挥发性风味物质及风味特征的影响最大，然而美拉德反应动力学主要受温度、时间和水分活度的影响，产物中挥发性物质的种类以及产物的风味轮廓特征基本不变。

一、 加热温度的影响

热处理温度在美拉德反应中是影响风味形成的一个重要因素。与普通化学反应类似，美拉德反应速度会随着温度的上升而加快。在一定的时间范围内（如 4h），反应体系温度升高 10℃，美拉德反应速率会加倍。但过高的温度又会使氨基酸和糖类遭到破坏，甚至产生致癌物质。因此通常控制温度在 180℃以下，以 100~150℃为最佳。同时，美拉德反应非常复杂，包括很多反应步骤，是一个反应网络，每步反应对温度的敏感性都不相同，温度的高低会促使反应网络沿着不同的反应支路而生成不同的风味（表 6-3）。因此，反应中可根据不同的风味需要而设定不同的温度。例如，在比较烤肉和炖肉的感官特性时，温度的影响是很明显的。炖肉缺乏烤肉特有的风味，这主要是因为炖肉的水分活度接近 1.0，在处理过程中温度没有超过 100℃。而烤肉表面干燥，水分活度低于 1.0，由于表面是干的，表面温度就有可能超过 100℃。低水分活度和高表面温度有助于烧烤风味化合物的产生，从而赋予烤肉特有的风味。

表 6-3　　各类氨基酸在不同温度下反应产生的风味

氨基酸	100℃	180℃
缬氨酸	黑麦面包	沁鼻巧克力
苏氨酸	巧克力	烧煳味
亮氨酸	果香、甜巧克力	烧煳干酪
天冬氨酸	烤甜香、糖香	烧煳的糖
脯氨酸	爆米花香	烤面包
苯丙氨酸	清香气、类玫瑰花香	类紫丁香
甘氨酸	焦糖味	焦煳的糖
谷氨酸	焦糖、苦杏仁味	烧煳的糖

如果了解风味形成的每个特有途径都具有一定的活化能，就可以更好地理解温度对风味形成的影响。图 6-43 所示说明了这种影响。

如图 6-43 所示，呋喃硫醇具有最高的活化能（活化能等于气体常数 R 除以线的斜率），其次是吡嗪和糠醛。表明在高温下呋喃硫醇具有最高的反应速率（或最高的生成速率），其次是吡嗪和糠醛。当温度降低到典型的贮存温度时，糠醛将有最高的反应速率，而呋喃硫醇的反应速率最低。既然每一类挥发性物质，甚至每一类中的每一个物质都有可能具有它们自己的活化能，所以在图上应该有成百上千条线，由此可以认识到温度对美拉德反应中风味物质的形成有

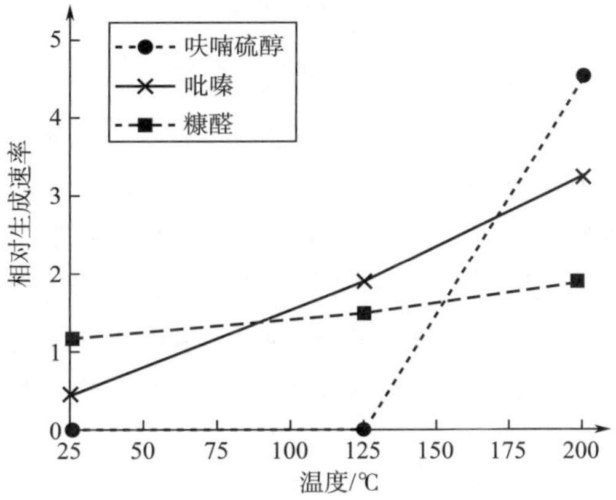

图 6-43 温度对不同芳香物质生成速率的影响

何其重要的影响。

在 160℃条件下加热水/甘油（体积比 75：25）混合溶剂中的半胱氨酸和 2,5-二甲基-4-羟基-2,3-二氢呋喃酮，得到具有烤后肉香味的主要反应产物为三硫醇、噻吩酮和 2,4-己二烯酮。而在 100℃或 200℃下，产生更多的烧焦味和辛辣味。3-羟基-2-丁酮与硫化铵在不同温度下（25℃、50℃、75℃、100℃、125℃和 150℃）反应得到的风味化合物有差异，25℃时检测到 4 种风味化合物 2,4,5-三甲基噁唑、2,4,5-三甲基-3-噁唑啉、2,4,5-三甲基噻唑和 2,4,5-三甲基-3-噻唑啉以及 4 个中间体 2-(1-羟乙基)-2,4,5-三甲基-3-噁唑啉、2-(1-巯基乙基)-2,4,5-三甲基-3-噻唑啉、2-(1-羟乙基)-2,4,5-三甲基-3-噻唑啉和 2-(1-巯基乙基)-2,4,5-三甲基-3-噻唑啉，而当反应温度高于 100℃时，四甲基吡嗪为主要产物（表 6-4）。

表 6-4 不同温度下 3-羟基-2-丁酮/硫化铵模型体系中挥发性化合物的定量分析

挥发性化合物	含量/（mg/g 乙酰胺）					
	25℃	50℃	75℃	100℃	125℃	150℃
2,4,5-三甲基-3-噁唑啉	0.284	0.101	0.175	0.346	0.300	0.019
2,4,5-三甲基噁唑	0.106	0.113	0.111	0.142	0.516	1.846
3-巯基丁烷	0.698	0.327	0.249	0.172	1.002	1.329
4,5-二甲基噻唑	0.000	0.000	0.000	0.000	0.070	0.077
2,4,5-三甲基噻唑	0.093	0.086	0.186	0.596	2.447	3.765
2,4,5-三甲基-3-噻唑啉	0.000	0.018	0.127	0.325	1.503	1.686
四甲基吡嗪	0.000	0.080	1.180	9.776	58.540	85.909
2-(1-羟乙基)-2,4,5-三甲基-3-噁唑啉	22.441	21.394	10.474	3.258	0.264	0.700
2-(1-巯基乙基)-2,4,5-三甲基-3-噁唑啉	0.491	0.710	0.114	0.154	0.034	0.048
2-(1-羟乙基)-2,4,5-三甲基-3-噻唑啉	0.174	1.230	2.356	1.270	1.532	0.769
2-(1-巯基乙基)-2,4,5-三甲基-3-噻唑啉	0.300	1.849	3.302	3.052	2.161	1.809

二、 加热时间的影响

加热时间也是决定风味特性的关键因素。在大多数情况下，延长反应时间可以获得更多的产物。然而增加美拉德反应的时间并不会增加风味的强度而是改变风味化合物的最终平衡，从而改变风味特性。图 6-44 所示的烘烤时间对咖啡豆中香气物质含量的影响研究结果就说明了这个观点。我们可以发现随着焙烤时间的改变，咖啡豆中风味化合物的含量也在改变。因此化合物之间的平衡即感官特性也会随加热时间而发生改变。但也有研究表明，反应时间过长，产物的香气会发生恶化让人难以接受；另外反应时间延长，美拉德反应会向生成聚合物方向进行，褐变加深。因此，一般热反应美拉德香精制备的反应时间都不超过 4h。

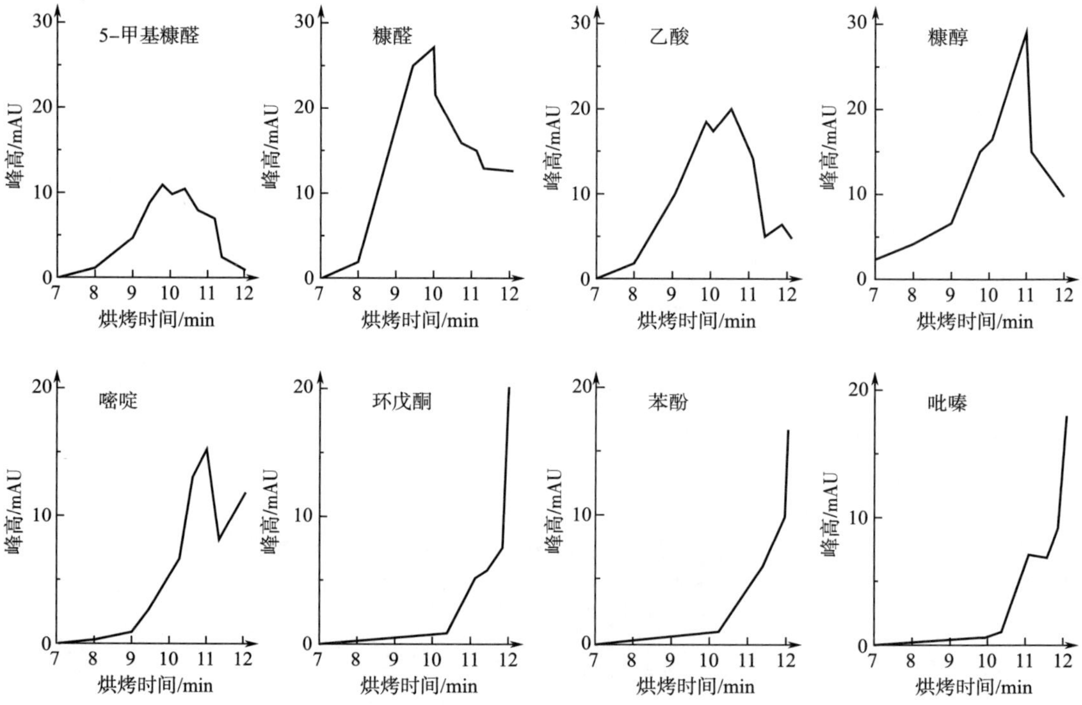

图 6-44 烘烤时间对咖啡豆中香气物质含量的影响

研究发现，反应温度与反应时间经常存在一定的依存性，提高温度可以提高反应速率从而缩短产物量达到最大值的时间。速炸牛肉中 2-乙酰基-2-噻唑啉的含量随加热时间和温度的变化如图 6-45 所示，美拉德反应产物中该关键气味物质的含量在 100℃ 加热 10min 后达到最高，加热时间越长，其含量明显降低。当反应温度较低时，2-乙酰基-2-噻唑啉产率上升的速度也较慢。

有研究报道了美拉德反应时间对 Strecker 醛 3-甲基丁醛的影响，发现在热处理开始的第 15min 到第 20min 内通常会形成中间产物，几乎没有终产物。随着中间产物的积累，终产物生成速率增加，并稳定增长，直至前体物质耗尽，终产物含量达到最大值。之后，3-甲基丁醛的含量开始下降，这表明了 Strecker 醛不是最终产物，可以进一步反应生成其他化合物。

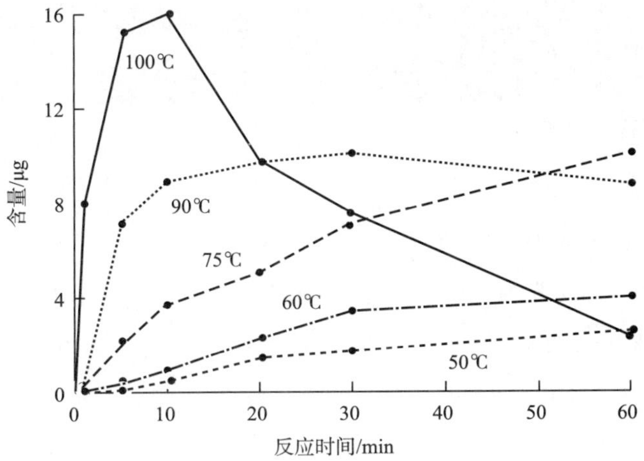

图 6-45　2-(1-羟乙基)-3,5-二氢噻唑生成 2-乙酰-2-噻唑啉的过程对反应时间与温度的依存性

三、 体系组分的影响

人们已经做了大量的研究来评价反应物的选择对美拉德反应速率（反应物的损失和颜色的形成）的影响。通过反应物减少和色泽形成的速率来表示美拉德反应速率，发现氨基酸和糖的类型都影响着反应速率。一般来说，糖对反应速率的影响如下：戊糖（木糖或阿拉伯糖）>己糖（葡萄糖或果糖）>二糖（乳糖或麦芽糖）>三糖>淀粉糖浆干粉>麦芽糊精>淀粉。在许多反应中，反应速率也依赖于氨基酸是否带有氨基乙酸，其反应活性强。

如果考虑反应中风味形成的方面，即使糖的种类对反应速率的影响大于对风味特征的影响，糖的种类对美拉德反应产物风味形成的影响也不容忽视。在一项通过 AEDA（一种感官评价结合分析化学的方法）分析半胱氨酸和不同单糖的混合物模型美拉德反应风味的研究中，发现将半胱氨酸与核糖、葡萄糖或鼠李糖加热产生了多种的气味活性化合物（表 6-5），其中 2-糠基硫醇、5-乙酰基-2,3-二氢-1,4-噻嗪和 2-乙酰基-2-噻唑啉被鉴定为三种碳水化合物（葡萄糖、鼠李糖或核糖）美拉德反应产物的关键气味物质，只有鼠李糖生成了 5-甲基-2-糠基硫醇和 3-羟基-6-甲基-2(2H)-吡喃酮，而 2-(1-巯基乙基)-呋喃则完全由葡萄糖生成。感官评定结果表明，半胱氨酸-核糖混合物的整体香气与烤鸡香气类似，其中硫味、肉味和烘烤味最强烈，半胱氨酸-鼠李糖混合物也具有同样的气味属性，此外还有焦糖味和调味料味，而半胱氨酸-葡萄糖反应产物以辛辣味为主，并伴有肉味特征。

表 6-5　　半胱氨酸与碳水化合物反应生成的关键气味物质比较

气味物质	FD 因子[①]		
	葡萄糖	鼠李糖	核糖
2-呋喃硫醇	1024	512	4096
5-乙酰-2,3-二氢-1,4-噻嗪	1024	512	1024
5-甲基-2-呋喃硫醇	<1	2048	<1

续表

气味物质	FD 因子[1]		
	葡萄糖	鼠李糖	核糖
3-巯基-2-戊酮	512	128	2048
3-巯基-2-丁酮	512	32	512
4-羟基-2,5-二甲基-3(2H)-呋喃酮	512	65536	128
2-(1-巯基乙基）呋喃	256	<1	<1
2-乙酰-2-噻唑啉	128	256	256
3-羟基-6-甲基-2(2H)-吡喃酮	<1	16384	<1
3-羟基-4,5-二甲基-2(5H)-呋喃酮	16	128	64
2-甲基-3-呋喃硫醇	<1	<1	1024
4-羟基-5-甲基-3(2H)-呋喃酮	<1	<1	256
4-羟基-2,5-二甲基-3(2H)-噻吩酮	128	<1	<1

注：①FD 因子是初始萃取物中气味物质的浓度与稀释到气相色谱嗅味计无法再闻到这种气味物质时浓度的比值。

糖的类型对风味特性有一定的影响，但是氨基酸在这方面起的作用更为重要。当制备一种风味时，糖种类的选择对风味特性的产生是次要的，而氨基酸的选择才是非常重要的。含硫氨基酸对肉类和咖啡风味的形成是必需的；缬氨酸、亮氨酸和异亮氨酸对巧克力风味的形成是必需的；甲硫氨酸对土豆风味的形成是必不可少的；脯氨酸、天门冬氨酸、苯丙氨酸等氨基酸具有清香和烤香味，都被证明具有良好的改善和增强食品香气的作用。这些风味的形成都需要特殊氨基酸的存在，反应体系中缺乏这些就不能产生期望的风味。

关于脂肪对美拉德反应的影响在本书第七章进行详细讲解。

四、 水分的影响

水分活度影响大多数美拉德反应途径的速率，因此会影响整个风味形成的速率和可能的风味特性。某些化学反应会生成副产物水（反应途径被水抑制），而其他一些化学反应则会消耗水（反应途径受水促进）。一般认为，在高水分含量的食品中，反应物稀释后分散于高水分含量的介质中，不容易发生美拉德反应；而在低水分含量的食品中，尽管反应物浓度增加，但反应物流动转移受限制。所以美拉德反应在中等程度水分含量的食品中最容易发生，具有实用价值的是在干的和中等水分的食品中。比如烘烤食品时，诱人的褐色及特征风味的产生伴随着烘烤食品表层脱水反应的进行而产生。水分活度 0.3~0.9 时美拉德反应即可进行，水分活度 0.6~0.8，水分含量为 15%~80%时美拉德反应最容易发生。

研究发现水分活度对烷基吡嗪生成速率的影响在模型体系和传统的美拉德反应体系中是一样的。当水分活度为 0.75 时，加热产生的吡嗪最多，大于或小于这个水分活度都将减少。这个现象表明形成吡嗪的反应速率由美拉德反应的起始阶段控制，与某些特殊途径形成吡嗪的影响不同。

在加热半胱氨酸的过程中噻唑不断积累。随着水分含量增加，二甲基羟基呋喃酮（DMHP）含量下降，而噻吩和3,5-二甲基-1,2,4-三硫醇形成的最佳水分含量在80%左右，2,4-己二酮和3-羟基-2-戊酮也随着水分含量的增加而增加。所以，水分含量同时影响美拉德反应的速率以及加热体系的感官属性。

研究者对含水和干燥两种不同的反应水分条件下脯氨酸-葡萄糖体系热处理产物进行研究，通过AEDA分析发现两个反应体系中关键气味物质相同，但它们对整体风味的贡献存在显著差异（表6-6）。2-乙酰基-1-吡咯啉的FD因子由含水条件下的64增加到干燥条件下的16384，成为混合物中最重要的气味物质，其同系物2-丙酰基-1-吡咯啉的气味活性也显著增强；而4种四氢吡啶衍生物（2-乙酰基-3,4,5,6-四氢吡啶、2-乙酰基-1,4,5,6-四氢吡啶、2-丙酰基-3,4,5,6-四氢吡啶和2-丙酰基-1,4,5,6-四氢吡啶）在含水和干燥条件下的气味活性相同。

表6-6 水热和干热处理脯氨酸-葡萄糖反应混合物产生的关键气味物质FD因子

风味物质	FD因子	
	水热	干热
2,3-丁二酮	16	16
2-乙酰基-1-吡啶	64	16384
2-丙酰基-1-吡咯啉	16	512
2-乙酰基-3,4,5,6-四氢吡啶	4096	2048
4-羟基-2,5-二甲基-3(2H)-呋喃酮	<1	8192
2-乙酰基-1,4,5,6-四氢吡啶	4096	2048
2-丙酰基-3,4,5,6-四氢吡啶	128	128
2-丙酰基-1,4,5,6-四氢吡啶	128	128
未知物	<1	16

五、pH的影响

pH也影响美拉德反应中某些途径的反应速率，从而改变挥发性物质形成的平衡。当pH为3~10时，美拉德反应会随着pH的上升呈上升趋势，色泽也会相对加深。在偏酸性环境中，反应速率降低，因为在酸性条件下，*N*-糖基胺容易被水解，而*N*-糖基胺是美拉德特征风味形成的前体物质。在偏碱性的环境中，美拉德中间产物与NH_3快速生成类黑精，体系颜色就会很快变深。pH对吡嗪的生成也有很大影响，pH 9.0的加热体系比在相同条件下pH 5.0的体系产生的吡嗪多了近500倍。表6-7表明了一些挥发性物质或产物的形成都有最佳pH，不断增加pH，产物可能增加或减少。这个情况跟水分的影响相似，一些化学反应途径增强了，另一些减弱了，还有一些不受体系pH的影响。在加热的模型体系中，pH极大地影响着芳香化合物的平衡，因此食品中pH的微小变化就可能明显改变加热后食品的风味特性。

表 6-7　羟甲基糠醛/半胱氨酸热反应模型体系中 pH 对挥发性产物产量的影响

挥发性产物	产量/mg		
	pH 2.4	pH 4.7	pH 7.0
3-羟基-2-戊酮	16.5	27.2	8.2
2,4-己二酮	64.3	31.9	4.3
2-乙酰基噻唑	7.5	14.1	24.7
3,5-二甲基-1,2,4-三硫醇	33.7	50.7	33.9
噻吩酮	101	104	23.7

对于果糖-巯乙胺水相反应模型而言，pH 为 7.0 时，生成量最大的风味化合物是具有爆米花味的 5-乙酰基-3,4-二氢-2H-1,4-噻嗪，而在 pH 为 6.0 或 8.0 时该物质生成明显较少，在 pH<5.0 时完全没有生成。相反，2-乙酰基 2-噻唑啉在 pH>7.0 时优先生成，在 pH<6.0 时受到抑制。对于木糖-维生素 B_1-半胱氨酸反应模型而言，2-巯基-3-戊酮、3-甲基-1,2-二硫代-4-酮、3-乙酰基-1,2-二硫戊烷、4,5-二氢-2-甲基-3(2H)-噻吩等化合物仅在 pH 为 6.0 和 7.0 时才能检测到，较酸性条件下检测不到，较高的 pH 有利于 4,5-二氢-2-甲基-3(2H)-呋喃酮的生成；另外，2-呋喃甲醛、2-糠基硫醇和 2-甲基-3-(甲基硫)-呋喃仅在酸性 pH 下形成，在 pH 7.0 时检测不到。碱性条件可能有助于获得相对较多的硫化氢，从而生成噻吩而不是呋喃，同时硫化氢在较高 pH 下也更能与 5-羟基-3-巯基-2-戊酮（维生素 B_1 降解的关键中间体）发生反应。

六、 缓冲液及盐的影响

缓冲液的种类和浓度也会影响反应速率。不同的缓冲液对美拉德反应的影响有所不同，普遍认为磷酸盐是最好的催化剂，pH 为 5~7 的磷酸盐缓冲液有最好的催化效应，在含有磷酸盐缓冲液的模型反应体系中，美拉德反应的速率为不含磷酸盐反应体系的 10~15 倍。

研究表明，谷物食品添加常量盐（氯化钠）和低量盐后分别进行热处理，然后通过气相色谱分析两种情况下的挥发性物质。结果发现低盐配方产生的挥发性物质少于常盐配方产生的挥发性物质。这表明盐的用量影响着美拉德反应的速率。这个发现对在热加工中生产低盐食品是很重要的，食物脱盐不仅影响风味（咸味）还影响口感。

七、 氧化还原状态的影响

氧化还原反应对美拉德反应也同样有一定的影响。有人研究了金属离子、氧气、抗氧化剂和氢氧化钠在羰氨体系中对吡嗪生成的影响。结果表明氧气不能催化吡嗪的形成。抗氧化剂没食子酸丙酯在 100℃短时间反应 2h 时对吡嗪的形成有显著的抑制作用，但在长时间反应 18h 时抑制作用受到了控制。在长时间反应时抗氧化剂 2,6-二叔丁基对甲酚（BHT）对产物也有微弱的抑制作用。但是，在充满氧的情况下，反应产物含量会微量下降。所以得出结论抗氧化剂减少产量是由于其他原因，而不是因为减少了体系中活性氧的数量。反应体系中加入 $CuCl_2$ 和 $ZnCl_2$ 同样减少了吡嗪的产量，但增加了褐变。

第四节　美拉德反应风味物质形成动力学

有研究表明美拉德反应挥发性产物的形成对原料成分和加工过程的变化非常敏感。我们可以在一个简单的模型体系中获得挥发物形成的动力学数据，发现反应动力学中的主要变化，前提是没有其他前体物质直接影响动力学。这方面的研究主要通过在不同的温度下加热模型体系足够长的时间来获得可靠的动力学数据。茹斯（Jousse）等于 2002 年凝练、提出了用于美拉德反应动力学研究的反应路线（图 6-46），该路线遵循霍奇（Hodge）经典反应机制，但只关注化学性质相关并且形成途径相似的不同类别挥发性化合物，它将挥发性化合物分为 4 类：吡咯类和其他含氮杂环化合物、呋喃类和其他含氧杂环化合物、羰基化合物和吡嗪类化合物，用于建立客观、准确而又简单的美拉德反应动力学模型。基于该模型测得葡萄糖-丙氨酸美拉德反应体系不同反应步骤的速率和能量如表 6-8 所示。

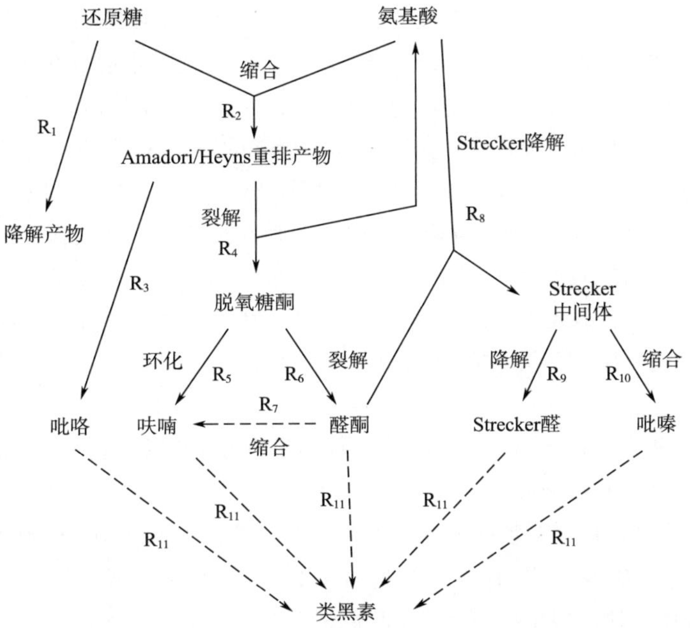

图 6-46　美拉德反应风味形成的简化动力学反应路线

表 6-8　葡萄糖-丙氨酸体系中吡咯、呋喃、Strecker 醛和吡嗪等产物形成的阿伦尼乌斯速率

反应过程	速率	能量/（kJ/mol）
R_1	0	0
R_2	5.0×10^{12} mol/(L·s)	120.5
R_3	$6.0\times10s^{-1}$	35.6

续表

反应过程	速率	能量/（kJ/mol）
R_4	$1.5\times10^5 s^{-1}$	52.9
R_5	$2.0\times10^{11} s^{-1}$	109.3
R_6	$5.0\times10^5 s^{-1}$	66.5
R_8	5.0×10^{11} mol/（L·s）	83.1
R_9	$1.0\times10^{15} s^{-1}$	116.3
R_{10}	很快	—
R_{11}	$1.0\times10^{10} s^{-1}$	99.7

一、吡　　嗪

目前文献中的大多数动力学数据是关于吡嗪的形成。人们对吡嗪有长期的兴趣是因为它对热加工食品风味的影响。就动力学而言，研究发现，在加热模型体系中吡嗪的形成符合零级动力学。对水溶液体系（pH 10，加热温度 120~140℃）以及高压对吡嗪形成（水相和非水相溶剂）的影响所做的两种研究也发现在加热过程中，吡嗪的形成呈线性关系，遵循零级反应规律。最近的动力学研究应用转换分数数据分析技术进一步探讨了这个反应，发现 2,5-二甲基吡嗪和 2-甲基吡嗪的形成在初始阶段是线性的，但是在加热的后期会偏离线性关系，变成平线。因为零级动力学不能解释变平现象，研究者选用一级动力学来解释这些数据，他们发现在吡嗪浓度达到平台之前反应物（葡萄糖和赖氨酸）都已消耗完全，因此提出在吡嗪形成过程有一个中间反应速率限制步骤。模型数据处理得到的可决系数（R^2）超过 0.96，表明其预测效果非常好。

关于吡嗪形成的活化能，文献报道不太一致。因研究所用的氨基酸、pH 范围、溶剂不同而有差异，活化能为 54~188kJ/mol。

水分活度（A_w）和 pH 对吡嗪的形成有很大影响。当 A_w 增加到 0.75 前吡嗪随着 A_w 的升高线性增加；在 A_w 0.75~0.84 范围内，根据吡嗪种类的不同，其含量或下降或不变。A_w 在 0.75 左右达到最大反应速率，这与根据反应物消耗和色素形成测定的美拉德反应速率是一致的。据报道，A_w 每增加 0.1，吡嗪生成速率平均增加 1.37 倍。吡嗪和 2-甲基吡嗪的生成速率和 pH 在 pH 5~9 时同样呈线性关系。

二、含氧杂环化合物

水相模型体系加热（温度为 80~150℃）时含氧杂环化合物形成的动力学的研究表明（表 6-9），挥发性物质形成和加热时间之间呈线性关系，可以用零级动力学来处理数据，而用一级动力学处理数据得到的 R^2 比用零级处理的结果差得多。

表 6-9 模型体系加热时挥发性物质形成的动力学数据

化合物	活化能/（kJ/mol）	化合物	活化能/（kJ/mol）
糠醛	147.3	2-乙酰呋喃	151.6
5-甲基糠醛	154.9	4-羟基-6-甲基-2-吡喃酮	128.5
羟甲基糠醛	117.7	2-乙酰基-1-吡咯啉	58.6
异戊醛	79.6	苯乙醛	92.1

三、含硫化合物

研究复杂的缓冲（0.1mol/L 磷酸盐缓冲液）水相模型体系（葡萄糖和亮氨酸、甲硫氨酸、苯丙氨酸和脯氨酸）加热（75~115℃）时含硫风味化合物形成的动力学发现，含硫风味化合物的量随加热时间或温度的增加而增加。但对于甲硫醛和二甲基二硫化物来说在更长的加热时间和更高的温度时，浓度趋向于一个平衡值。这个平衡值可能是因为反应物的耗尽造成的。然而，同样浓度时在不同 pH 下不一定能达到平衡，说明平衡产物浓度依赖于次级降解反应，即存在 pH 依存性。

测定的含硫化合物的活化能为 63~138kJ/mol。2-乙酰噻吩的活化能最高，为 92~138kJ/mol；甲硫醛和二甲基二硫化物的活化能在 63~113kJ/mol，这和整体美拉德反应的活化能一致。在半胱氨酸和谷胱甘肽的水相模型体系（pH 3，5，7，9）加热（80~110℃）时，两种前体反应时硫化氢的释放都遵循一级反应动力学（R^2 0.955~0.999），且释放的速率随 pH 增加而增加。硫化氢形成的活化能在半胱氨酸体系中为 123~133kJ/mol，在谷胱甘肽体系中为 78.7~166.6kJ/mol。这些数据和以前的文献都表明，硫化氢在谷胱甘肽体系中比在半胱氨酸体系中释放更快。

四、其他化合物

异戊酸、苯乙醛、2-乙酰基-1-吡咯啉、2-乙酰基呋喃和 4-羟基-6-甲基-2-吡喃酮等芳香化合物的动力学研究结果表明，这些挥发性物质在反应开始阶段均符合零级反应动力学。异戊醛、苯乙醛和甲基呋喃酮的浓度在加热后期趋于平衡值，说明更适宜用一级反应动力学来模拟。

2-乙酰基-1-吡咯啉的活化能很低可以解释为什么这个挥发性物质在几乎每个食品研究体系中都能被嗅闻出来。这个化合物很容易形成，即使在温和的加热条件下，加上它的感官阈值非常低，所以使它在食物中很容易察觉出来。Strecker 醛如异戊醛和苯乙醛在加热过程中遵循类似的动力学，这是因为其形成机制是相似的，它们都在反应中被消耗最终形成 5-甲基-2-苯基-2-己烯醛。

现有的研究工作表明，风味的形成是有体系依存性的，对于一些挥发性物质而言，较复杂的模型体系与简单模型体系相比有完全不同的反应动力学，这就提醒我们在根据模型体系的工作预测真实食品体系的风味形成时必须谨慎。其他挥发性气体，如 2-乙酰基-1-吡咯啉，相对不受模型体系复杂性的影响，模型预测可以相当正确。

反应速率一般受模型体系的 pH 和 A_w 的影响。pH 的影响是不一定的，在较高 pH 下有些挥发性物质生成较慢，而其他一些则生成较快。再者，次级反应也可能消耗一些挥发性物质，因此其最终的浓度同样依赖于体系中的次级反应动力学。总而言之，我们必须承认风味的形成（或浓度）是一个动力学变化的过程，风味化合物的生成和进一步反应最终形成一个平衡的混合物，形成我们感知到的特定风味，这个风味平衡对于体系的化学环境和热加工过程是相当敏感的。

第五节　美拉德反应形成的风味物质

美拉德反应可以形成许多风味化合物，包括有醛、酮、二酮以及短碳链脂肪酸、杂环化合物等，其中包含氧、氮、硫或这些原子混合的杂环化合物对于加工食品的风味来说更加重要。

一、羰基化合物

羰基化合物形成的主要途径是 Strecker 降解。这个反应发生在二羰基化合物和游离氨基酸之间。二羰基化合物包括邻位上有羰基（羰基被一个双键隔开）或共轭双键。这些典型的羰基化合物是美拉德反应的中间体，它们也可能是食物中的一种普通成分（如维生素 C），或是酶促褐变的最终产物，或是脂类氧化的产物。

Strecker 降解的终产物是二氧化碳、胺、脱氨基和脱羰基的氨基酸所对应的醛类。曾经人们认为这些醛类对加热食品的风味非常重要，这主要是因为它们是经过美拉德反应形成的最丰富的挥发性物质。而现在，人们已经认识到，杂环挥发性物质更为重要。食品中的 Strecker 醛类常常被研究者监测，因为它们数量多并且可以作为美拉德反应的标志性产物。

美拉德反应过程中醛的形成也许会伴随有副反应。例如，醇醛缩合会生成不饱和的醛二聚体，最终生成高分子质量的聚合物。再如，α-二羰基化合物-氨水-H_2S 体系的美拉德反应产物中有许多噻唑、二硫醇、二氢噻唑和羟基二氢噻唑。此外，Strecker 醛还可最终结合在各种食品组分（如蛋白质）中，这种结合作用很强，成为不可逆结合，从而使醛类没有足够的蒸气压来形成食品的气味。

二、含氮杂环化合物

人们已经在加工食品中检测出 100 多种不同的吡嗪，这些吡嗪的感官特性也是多样性的。烷基吡嗪一般具有烘烤的，类似坚果的风味特性，而甲氧基吡嗪通常具有粗糙的、蔬菜的风味性质。2-异丁基-3-甲氧基吡嗪有一种新鲜的切青椒的风味，在水中的感官阈值仅为 0.002μg/L。乙酰基吡嗪具有典型的爆米花风味，2-丙酮基吡嗪有烘烤味或烧烤味。在食品中还检测出了许多二环吡嗪。这些吡嗪的感官性质为烘烤、烧烤或烤肉味。

吡咯也是含氮的杂环化合物。2-甲酸基吡咯和 2-乙酰基吡咯是食品中两类含量最多的吡咯。2-甲酸基吡咯有甜玉米风味，2-乙酰基吡咯有焦糖的风味，1-丙酮基吡咯有甜面包或蘑菇风味，而吡咯内酯则有辣椒风味。吡咯主要是脯氨酸和羟脯氨酸的 Strecker 降解形成的，此外脱氧糖酮与胺类物质也可通过羰氨缩合及脱水环化形成。

烷酰基吡咯的形成则可能有另一种途径，包含了氨基酸和相应呋喃的反应。氨基酸与呋喃环上的第 5 个碳反应使其开环，环上的氮脱水又使环闭合。氨基酸以及随后形成的重排产物的不同可能会产生许多不同种类的吡咯。

嘧啶化合物在褐变食物中不如吡咯和吡嗪分布广泛，但它们具有很多气味特征，其中清新风味特征最为普遍。正如许多单取代的吡嗪一样，3-甲基嘧啶就具有清新风味。3-甲基-4-乙基嘧啶具有甜味和坚果风味。嘧啶被认为是有刺激性气味的，而2-乙酰基嘧啶则有烟草的风味。嘧啶对褐变风味的作用依赖于单个嘧啶的形成及其在食物中的浓度。低浓度时嘧啶能发出令人愉悦的气味，然而，在高浓度时则会产生刺鼻的气味。

嘧啶形成的机制是很难确定的，可能有3个机制。前两个机制依赖于醇醛缩合生成不饱和醛类，然后与氨或氨基酸反应环化生成含氮的杂环化合物。这个杂环的氧化可以形成嘧啶。第三个机制包括二羰基化合物和氨之间的反应，以及后续脱水反应生成嘧啶。

已经鉴定出的另外59种含氮杂环化合物，与吡咯类似，被认为主要是由脯氨酸与羟脯氨酸Strecker降解形成的。这些化合物分为吡咯啉、吡咯烷、哌啶等，通常具有自然的谷物香味和烘烤风味。例如，2-乙酰基吡咯啉具有爆米花的风味，1-丙酮基吡咯烷有谷物风味，而呋喃取代的吡咯烷则具有芝麻的香味。哌啶（如2-乙酰基哌啶）具有软木风味和苦味。它们很容易转化为相应的四羟基嘧啶，具有面包和饼干的风味。

三、含氧杂环化合物

呋喃酮和吡喃酮都是焦糖化和美拉德反应风味中的含氧杂环化合物。这类化合物通常呈现的风味特征为似焦糖、甜味、水果味、黄油香、坚果味或烧焦味。参与褐变反应的碳水化合物缩合物在构成比例和绝对量上都占主导地位。

焦糖味是与分子中一个平面上相邻的C—烷基化—烯醇—羰基基团［烷基化—C ═C（OH）—C：O］相关联的。麦芽酚是这类物质中第一个在食品中被鉴别出来的。乙基麦芽酚［2-乙基-3-羟基-4(4H)-吡喃酮］也有焦香味，但它在风味上比麦芽酚强4~6倍。4-羟基-2,5-二甲基-3(2H)-呋喃酮（Furaneol）是风味工业中广泛应用的一种化合物，就像麦芽酚和乙基麦芽酚一样是一种甜味增强剂，自身也具有焦香菠萝味，它存在于多种天然和加工食品中，如菠萝、番茄、葡萄，以及烘焙咖啡、烤杏仁和酱油。5-乙基-4-羟基-2(甲基)-3(2H)-呋喃酮（Ethylfuraneol）是大豆的一种关键气味物质，同时也在烘焙咖啡、甜瓜和Emmentaler干酪中被检测出来。3-羟基-4,5-二甲基-2(5H)-呋喃酮（葫芦巴内酯）以及5-乙基-3-羟基-4-甲基-2(5H)-呋喃酮（Abhexon）也是非常重要的呋喃酮类气味物质，具有甘蔗糖、陈年清酒的烧焦甜味，胡芦巴、拉维纪草和调味品的辛辣咖喱味，以及波特酒和雪利酒的典型坚果甜味。

麦芽酚和4-羟基-2,5-二甲基-3(2H)-呋喃酮的五碳类似物拥有与它们相似的气味特征。甲基环戊烯醇酮有典型的枫木香味。一些相近的化合物如3-乙基-2-羟基-2-环戊烯-1-酮也在风味工业中广泛应用，它们有类似的效果（可以作为焦糖、坚果、枫木和奶糖调味料）。

这类化合物中没有达到焦糖结构要求的化合物具有完全不同的感官特性。例如，4-甲氧基-2,5-二甲基-3(2H)-呋喃酮的风味与葡萄酒相似，*N*-丁基醚类呋喃酮则有类似茉莉的香味。

由于这类化合物不含氮原子，因此形成机制通常是不含氮褐变中间体的环化。这些中间体可能是主要褐变途径的产物，如糖脱水或Strecker降解。

四、含硫杂环化合物

通过美拉德反应生成了许多含硫的杂环化合物，包括糠基硫醇、噻吩、二硫醇、二噻烷、三硫醇、三噻烷、四噻烷、噻唑、噻唑啉等。通过美拉德反应产生的主要含硫杂环化合物是噻唑和噻吩。

带有烘烤气味的2-糠基硫醇是烘焙咖啡、白面包皮或爆米花的关键香气成分。2-甲基-3-呋喃硫醇是2-糠基硫醇的一种异构体，却有着不同的气味特征，带有煮熟肉的香气。噻唑和吡嗪有一些相似的感官特性。烷基噻唑具有清新的、坚果风味、烧烤风味、蔬菜味或者肉味。据报道三甲基噻唑具有可可、坚果风味。2-异丁基噻唑是一种最有名的噻唑类化合物，具有一种强烈的、清新的番茄叶子的气味，这种化合物对于番茄风味十分重要。2,4-二甲基-5-乙烯基噻唑有一种类似坚果的气味，2-乙酰基噻唑有一种坚果、谷物味和爆米花的风味。

除酸果蔓的果实之外，仅在烧烤食物中发现噻吩。噻吩有刺鼻的风味，而2,4-二甲基噻吩则对油炸洋葱的风味特别重要。2-乙酰基-3-甲基噻吩在浓度为2.5g/m^3时具有蜂蜜的风味，但浓度为1.1g/m^3时呈现坚果和淀粉风味。5-甲基噻吩-2-羧基醛则有煮咖啡的风味。

像噻唑和噻吩这些化合物，常经过含硫氨基酸和美拉德反应的中间体反应形成。另一机制是先由含硫氨基酸生成H_2S，然后经H_2S和褐变中间体反应生成。

五、含氧多杂原子杂环化合物

噁唑和噁唑啉只会在经过美拉德反应的食物体系中出现。噁唑呈现的是清新、甜味、花香味或类似蔬菜味。例如，4-甲基-5-丙基噁唑拥有绿色蔬菜香味。但是噁唑环上有4或5个碳长的烷基链，并且在C2和C4上没有烷基链的噁唑却具有明显的熏肉脂肪风味（如5-丁基噁唑）。当甲基或乙基基团取代在C2上（如2-乙基-5-丁基噁唑）时，肉类脂肪风味减少了，而甜的花香风味则突出了。当甲基或乙基取代在C4上时，花香风味更加明显。噁唑啉有更广泛的风味特性。2-异丙基-4,5,5-三甲基-3-噁唑啉呈现类似朗姆酒的香味，而2-异丙基-4,5-二乙基-3-噁唑啉呈现典型的可可风味。

第六节　美拉德反应的应用

美拉德反应在我们日常生活中经常存在，通过美拉德反应可以产生许多风味和颜色，其中有些是期望的，有些是不期望的。比如在合成热反应型肉类香精或面包的生产中要充分利用美拉德反应，在焦香糖果的生产中要有程度地控制美拉德反应，而在果蔬饮料生产中则应避免美拉德反应，这样才能得到高品质的食品。本节主要介绍几类美拉德反应在有利于提高食品品质方面的应用。

一、肉类香精

目前利用美拉德反应制备各类风味香精的应用比较广泛，其中以肉类香精为主。肉类香精主要是以糖类和含硫氨基酸如半胱氨酸为基础，通过加热时发生的一系列反应合成。这些反应主要包括脂肪酸的氧化、分解，糖和氨基酸的热降解、羰氨反应以及各种生成物的次级反应等。通过生成的肉味香气成分可调配制成各种不同特征的肉味香料。

在熟肉加工行业，为了获得更好的风味和口感，往往需要添加各种肉类香精，如牛肉香精、猪肉香精、鸡肉香精等。例如，用半胱氨酸盐酸盐和葡萄糖、核糖混合加热，再和大豆蛋白水解物及次黄嘌呤核苷酸混合加热，能产生牛肉香味。肉类风味由很多风味物质提供，如脂类、肽类、氨基酸类、糖类等。在肉制品中，半胱氨酸、甲硫氨酸等含硫氨基酸发挥着重要的作用。国内外研发的肉类香精主要是利用肉类酶解提取物为基料，然后配以氨基酸和糖，加热进行美拉德反应，能得到逼真的各种天然肉类香料，包括蛋黄味、海鲜味等。总之，通过美拉德反应制取各种风味剂，特别是在菜肴香精的研发方面，已成为香精香料行业中新的增长点。

目前肉类香精的生产技术日趋成熟，市场需求也不断增大。我国肉食加工风味独特，对风味料的需求也相当大。仅火腿肠加工就需要配上数十种风味料。目前市场上已有的热反应型香精品种繁多，按风味可分为猪肉香精、鸡肉香精、牛肉香精、羊肉香精、海鲜香精；按香型风格分为炖肉风格香精、烧烤风格香精、肉汤风格香精和纯天然肉香风格香精。另外，近几年各种复合调味料发展迅速，据调味品协会统计，复合调味料包括各种粉状的鸡精、肉精以及各种复合浆状调料。

二、烟用香精

安全烟的生产早已成为卷烟制造商十分关心的问题。其措施之一就是要降低烟气中焦油和烟碱的含量，这往往会导致烟味不足和香味减弱。因此，在降低焦油和烟碱的前提下，如何弥补香味的损失和提高烟气的香味质量，以及关于次级烟叶、膨胀烟丝、烟叶代用品等的加香问题，成为当前烟草工业对烟用香精研究和生产人员提出的迫切要求。

在烟草工业中，用于烟草加香的美拉德反应产物主要有 3 类：①具有相似或接近天然烟香味，且外观色泽较浅，如 2-甲基丁酸、3-甲基丁酸、6-甲基-5-辛烯-2-醇、吡咯烷-2-酮、*N*-(3-甲丁基）吡咯烷、苯乙酸乙酯及众多酰亚胺类均为重要烟香物质；②有多种烟香前驱物的美拉德反应产物，主要为大分子酮类，如紫罗兰酮、4-羟基二氢大马酮、茄尼酮、β-大马酮、香芹酮等；③能对刺激性及烟杂气具有良好的抑制和掩盖作用，并能促进烟叶自身裂解从而增进烟香与吸味的反应产物。

目前，烟草加香技术也取得了丰硕的成果。Phillip Morris 公司用含量为 74%的果糖同天冬酰胺、异戊醛、氢氧化铵一起加热，稀释后用于重组烟丝，烟味足而无粗糙感。另有研究发现，用氢氧化铵处理过的碱性水解蛋白和富含果糖的玉米糖浆一起加热到 100℃历经 2. 5h，经水稀释后用于卷烟，吸味更为平衡而少粗糙感；利用脯氨酸、高级脂肪酸、葡萄糖和蜂蜜等物质的组合发生美拉德反应，产物呈红褐色均匀液体，加入烟丝能使卷烟的烟香味更加透发，杂气和刺激性减轻。将含有一个羟基的氨基酸在 100℃处理时，可得到能改变主流烟气的香味混合物。例如，5. 25g 丝氨酸溶解在 50mL 水中在 200℃处理 1h 可生成吡嗪类风味物质，用以处理过滤嘴可使侧流烟气有愉快的香气。

在烟草加香中，所用的香料并非使用它在常温时具有的香气。事实上，在抽香烟过程中，烟头最高温度可达 700~800℃，在这样的高温下，美拉德反应物将分解，自身香气已不易被闻到。而加香的作用，是使其裂解的产物能起到消除烟杂气，增加香烟吸味，从而达到提高烟叶质量的目的。

三、抗氧化剂

为了防止食品特别是含油食品氧化变质，一般均使用国家批准的抗氧化剂，如丁基羟基茴香醚（BHA）、丁基羟基甲苯（BHT）等。随着经济发展和生活水平的提高，人们对化学合成抗氧剂的疑虑日益增加，所以科技人员一直在研发低毒、无毒的天然抗氧剂，如茶多酚、迷迭香、甘草黄酮、天然维生素 C 等。这些天然提取物虽然安全性好，在抗氧化性能方面能达到食物保鲜的要求，但其生产成本比化学合成的要高，难以在价格上与合成抗氧剂相竞争。因而，研究利用食物原料合成廉价的抗氧化剂，来取代合成抗氧化剂，已成为国内外竞相研发的热点。由于食品级氨基酸和糖类安全可靠，且来源广泛，因而利用氨基酸和糖类获得具有抗氧化作用的美拉德反应产物，引起了国内外科技工作者的浓厚兴趣。

在美拉德反应产物中，类黑精具有螯合金属抗氧化活性。面包和咖啡中具有较多类黑精，很难通过分离纯化对其进行定性。美拉德反应产物是一个复杂体系，其抗氧化作用机制是破坏自由基链和延缓其生成，还原过氧化物和钝化自由基络合重金属。添加美拉德反应产物于高脂食品中的研究结果表明，如以脂类被氧化产生的2,3-辛烷二酮浓度表示，如不添加美拉德反应产物，3d 后辛烷二酮含量达 0.5mg/kg；如加入 1.8mg/kg 的美拉德反应产物，则辛烷二酮浓度为 0.04mg/kg；当添加美拉德反应产物 7.2mg/kg 时，2,3-辛烷二酮产量降至 0.01mg/kg 以下。总之，美拉德反应产物能抑制脂类的氧化，用较高浓度的美拉德反应产物能获得较低浓度的脂类氧化物。

要获得较高抗氧化活性的美拉德反应产物，反应原料中的糖类应以木糖为最优，氨基酸以赖氨酸为最优。在一定范围内，反应时间越长，反应温度越高，反应褐变程度越大，美拉德反应产物的抗氧化能力就越强。

四、焙烤食品

美拉德反应还存在于焙烤食品中。焙烤香气是综合特征类香气。吡嗪类、吡咯类、呋喃类、噻唑类中都发现有多种具有此类香气的物质，而且它们的结构有明显的共同点。这些香气主要是在食品焙烤中产生，他们的前体物质非常广泛，如蛋白质、氨基酸、糖、脂类、绿原酸、阿魏酸、葫芦巴碱、高级醇、木质素等。前人研究这些香气物质产生的途径包括的反应主要有：美拉德反应与 Strecker 降解生成挥发醛，美拉德反应与其中间产物的环化和再脱水；美拉德反应产生吡咯；美拉德反应产生的醛与氨或氨基酸反应产生吡啶；美拉德反应中间产物和含硫氨基酸降解产物之间发生反应生成噻吩；美拉德反应中间产物和含硫氨基酸降解产物之间发生反应形成噻唑；美拉德反应产生的邻二羰基化合物与氨基酸发生 Strecker 降解生成吡嗪。

焙烤可可豆时产生的大部分杂环合物和含硫化合物等，都主要是由可可豆中的氨基酸和糖类物质相互作用及热降解所产生。许多人对焙烤咖啡的嗅感组分进行过研究，发现其中的挥发性成分有 580 种以上，包括有呋喃类、噻吩类、吡嗪类、噻唑类、吡咯类、吡啶类、萜烯类、酚类、酸类及羰化物等。据报道，在咖啡香气中，呋喃类、噻吩类化合物首先起着重要作用，它们形成了咖啡的甜香气味。其次是挥发性成分中的吡嗪类、噻唑类等碱性物质。咖啡豆通常是在 180~260℃下进行烘烤，其特征香气是在加热过程中产生的，在这同时，咖啡中的蛋白质和氨基酸（甲硫氨酸、半胱氨酸、赖氨酸、丝氨酸）、蔗糖（咖啡中的主要糖类）和还原糖、脂肪以及绿原酸、葫芦巴碱等急剧减少。有人曾将含有蔗糖、果糖、葡萄糖、葫芦巴碱和多种氨基酸的水溶性组分混合后加热便产生了类似咖啡的香气，但将这种组分分成糖和氨基酸后，在分别加热时不产生咖啡香气。这说明组成咖啡香气的许多化合物都是在糖和氨基酸的美拉德反应中生成的。

五、 酱香型白酒

酱香型白酒风味物质的产生、风格的形成，也是美拉德反应结果的一个典型。酱香型白酒的高温大曲的制作及酿酒发酵过程，均在微酸或偏酸的条件下进行，因而 Amadori 重排产物主要发生 1,2-烯醇化，而 3,4-烯醇化则较缓慢，即反应产物主要是呋喃类衍生物——糠醛类风味成分，而吡喃酮等特征组分含量则较少。美拉德反应所产生的糠醛类、酮醛类、二羰基化合物、吡喃类及吡嗪类化合物，对酱香酒风格的形成起着决定性作用。

综上所述，美拉德反应是一类比较复杂的化学反应。目前人们已经初步了解美拉德反应的历程，并利用理论分析，合理地利用美拉德反应来提高产品的质量和营养。随着科学技术的进步，美拉德反应已成为形成风味物质的重要组成部分。现在，美拉德反应产物增香调味料的制备与应用是研究的热门课题之一。目前已经利用美拉德反应制备牛肉香精、猪肉香精，甚至生产烟用香精。可见，只要对其有利于食品风味的方面善加利用，必将为提高食品品质做出重要贡献。

参考文献

[1] Berger R G. Flavours and Fragrances: Chemistry, Bioprocessing and Sustainability [M]. Berlin: Springer, 2007.

[2] Erich Ziegler, Herta Ziegler. Flavourings [M]. Weinheim: WILEY-VCH, 1998.

[3] Hodge J E. Dehydrated foods, chemistry of browning reactions in model systems [J]. J Agric Food Chem, 1953, 1 (15): 928-943.

[4] Gary Reineccius. Flavor Chemistry and Technology. 2nd ed. Boca Raton: Taylor & Francis Routledge, 2006.

[5] Sara J Risch, Chi-Tang Ho. Flavor Chemistry. Industrial and Academic Research [M]. Washington DC: American Chemical Society, 2000.

[6] Philip R Ashurst. Food Flavorings [M]. Gaithersburg, Maryland: Aspen publishers INC, 1999.

[7] Sara I F S Martins, Martinus A J S Van Boekel. A kinetic model for the glucose/glycine Maillard reaction pathways [J]. Food Chemistry, 2005, 90: 257-269.

[8] Sara I F S Martins, Wim M F Jongen, Martinus A J S Van Boekel. A review of Maillard reaction in food and implications to kinetic modeling [J]. Trends in Food Science & Technology, 2001, 11 (9-10): 364-373.

[9] Nursten H. The Maillard Reaction Chemistry, Biology and Implications [M]. Cambridge: Royal Society of Chemistry, 2005.

[10] Henryk Jeleń. Food Flavors: Chemical, Sensory and Technological Properties [M]. Boca Raton: CRC Press, 2012.

[11] Andrea Buettner. Springer Handbook of Odor [M]. Gewerbestrasse: Springer, 2017.

[12] Yu A N, Tan Z W, Wang F S. Mechanistic studies on the formation of pyrazines by Maillard reaction between L-ascorbic acid and L-glutamic acid [J]. LWT-Food Science and Technology, 2013, 50: 64-71.

[13] Xi J, Huang T C, Ho C T. Characterization of volatile compounds from the reaction of 3-hydroxy-2-butanone and ammonium sulfide model system [J]. J Agric Food Chem, 1999, 47 (1): 245-248.

[14] Hofmann T, Schieberle P. Evaluation of the key odorants in a thermally treated solution of ribose and cysteine by aroma extract dilution techniques [J]. J Agric Food Chem, 1995, 43 (8): 2187-2194.

[15] Hofmann T, Schieberle P. Identification of potent aroma compounds in thermally treated mixtures of glucose/cysteine and rhamnose/cysteine using aroma extract dilution techniques [J]. J Agric Food Chem, 1997, 45 (3): 898-906.

[16] Hofmann T, Schieberle P. Flavor contribution and formation of the intense roast-smelling odorants 2-propionyl-1-pyrroline and 2-propionyltetrahydropyridine in Maillard-type reactions [J]. J Agric Food Chem, 1998, 46 (7): 2721-2726.

[17] Jousse, F Jongen, T Agterof, et al. Simplified kinetic scheme of flavor formation by the Maillard reaction [J]. J Food Sci, 2002, 67 (7): 2534-2542.

CHAPTER 7

第七章 食品加工中风味的产生与变化

一些食品在加工或制作过程中会产生特有的风味，如泡菜、酸乳、肉、巧克力、咖啡、烘焙以及高脂肪煎炸食品等。这些食品形成风味的主要反应有：非酶褐变、发酵和脂肪的热氧化。当然还有许多次级反应也会显著地影响食品风味，例如，肉中维生素 B_1 的降解等。

加工风味一般分为：①产品的天然原材料中缺乏某种特征风味物质，只有经过精心加工才能达到预期的风味结构（如咖啡）；②由于氨基酸和糖之间发生美拉德反应或其他相关反应而产生的风味物质（如肉类风味）；③糖在高温下发生焦糖化反应形成的焦糖香气的风味物质（如糖浆）；④由可控的酶促反应产生的风味物质（如酶修饰乳制品）；⑤发酵产品（如酒类、醋）；⑥脂类高温反应制品（如油炸风味）。这些风味物质有些是几种加工方法结合而产生的（如咖啡与可可，包括发酵与烘烤；茶叶在烘烤之前发酵或不发酵均可；香草必须经过发酵和食品加工；乳制品需热加工酶催化）。本章就这些加工过程中产生风味的关键步骤和主要风味物质作具体讨论，其中发酵过程形成的风味物质见本书第三章，咖啡、香草和茶叶的风味见本书第五章。

第一节 加工风味受控形成

几十年来，食品工业的发展不断推出方便食品、即食食品以及各种烹饪用半成品，这些丰富的食品产品有助于节省烹饪时间，为消费者带来便利的同时提供美味佳肴。在食品行业及整个社会不断变革的过程中，人们越发重视加工食品以及加工半成品在厨房形成的终端菜品的口味品质。为了弥补食品在工业加工以及厨房烹饪过程中的风味损失，或者激发与食材自身风味相调和的热加工风味，食品工业将风味增强剂作为重要的加工配料，其中热反应香精是根据食材热加工过程中天然形成风味的原理生产的风味料，往往与热处理食品风味搭配更为和谐。热反应香精是模仿、利用烹饪肉类、烘焙面包、烘焙可可或麦芽时发生的化学反应，通过加热食品原料或食品成分来生产的。热反应香精产生香气的基本反应是氨基酸或胺与还原糖之间的美拉德反应。在类肉调味料中，美拉德反应是产生基本肉味的关键，而不同肉类特有的香味是反应体系中脂质降解产生的气味。Strecker 降解、脂质降解、维生素 B_1 降解等多种反应与美拉德反应交互作用，共同形成了热反应香精的风味特征。1960 年联合利华公司的科学家莫顿（Morton）、阿克罗伊德（Ackroyd）和梅（May）利用还原糖和半胱氨酸制备了肉味香精，并在英国申请了第一项关于热反应香精的专利，此后对热反应香精的研究不断被报道，取得了长足的进展。

我国于 20 世纪 80 年代开始研究、生产热反应食用香精，经过几十年的时间，我国热反应香精生产量和消费量已居世界前列。目前常用的热反应香精是完全美拉德反应产物，虽然香气浓郁、风味逼真，但大多挥发性强，特别在烹饪、烘焙等高温加工条件下，难以维持稳定增香效果，香气损失与香味不持久问题突出，品质难以标准化控制，应用受到很大限制。提高热反应香精在食品中的稳定性和可控释放性能是基础研究和应用技术开发的一项重点内容。健康、方便、美味、多样化的食品需求是目前社会的“新常态”。人们不仅重视食品的安全性与功能性，还追求“感官愉悦”到“愉悦感官”的消费体验。食品加工和烹饪中理想新鲜风味的受控形成已经成为风味科学和工业的重要创新方向，该创新理念的提出可以引领和推动风味工业的技术创新和产品创新，可根据加工食品或餐饮需求，由适宜的风味前体预制成尚未形成完整风味的调味半成品，在后续食品加工和烹饪过程中迅速产生新鲜、期望的理想风味。

加工风味受控形成技术所采用的风味前体需在常温常压的贮存或应用条件下保持稳定的状态，为此，人们对理化性质稳定的风味前体的筛选和制备进行了深入研究。研究者们发现 Amadori 化合物、Heyns 化合物等氨基糖类美拉德反应中间体自身不表现出香气，也不引起褐变，与具有风味特征的美拉德反应终产物相比，这类风味前体物具有较稳定的理化性质，却仍然保留较高的反应活性，在后续热反应过程中容易发生重排、脱水、裂解而生成大量风味物质。因此对 Amadori/Heyns 化合物形成机制与制备方法进行研究，建立了同时脱水反应方法实现其绿色水相高效制备，为其在加工风味受控形成的进一步应用奠定基础。此外，研究者提出首先采用外源脂肪酶法将畜禽脂肪进行可控酶解，再利用低温温和加热条件控制其氧化以得到脂肪氧化产物，即脂肪酶解-温和加热氧化制备肉味香精前体物的方法。与目前普遍应用的高温加热氧化方法相比，酶解-温和氧化其氧化条件温和（低于 120℃），具有较高的可控性，氧化产物较高温氧化产物更丰富。通过控制脂肪的氧化水平，对于提升肉类风味产品整体风味品质具有重要的意义。在食材受热前将 Amadori/Heyns 化合物、油脂酶解-温和氧化产物等风味前体加入其中，热加工过程中致香前体物质继续完成系列化学反应产生风味，食品熟化后香气味道更为丰富协调。

对于家庭烹饪，这一过程提高了食材及调味料在加工前后风味的差异，使加工食品获得新鲜的风味特征，让消费者在简单的操作中体验到烹饪的趣味性，为烹饪消费者带来成就感与愉悦感。对于食品工业，这一过程弥补了下游食品热加工引起的风味损失，有效提高食品的风味品质与稳定性，具有显著的技术优势。另外，选用的美拉德反应体系以及油脂种类不同，形成的中间体类风味前体也不同，其在热加工过程中产生的风味特征也有差异，可以针对不同的应用产品选择合适的前体物甚至其组合，对加工风味受控形成的基料产品进行设计。这一技术能够满足多种食品的调味需求，而且是食品加工和贮存的过程中天然形成的产物，符合消费者对食品安全的要求，因此成为实现加工风味受控形成的理想手段。

第二节　加工风味形成的基本理论

一、焦糖化反应

含有游离醛基或酮基的糖称为还原糖。简单单糖和其他低分子质量的碳水化合物也含有可反应的羰基。加热碳水化合物，尤其是蔗糖和还原糖，会发生焦糖化复杂反应，产生带有典型焦糖香气的棕色产物。根据反应参数（温度、催化剂）不同，该过程可直接形成棕色色素（如氨水存在下加热葡萄糖糖浆和硫酸）或者形成香气（如在缓冲溶液中加热蔗糖糖浆）。在加热过程中糖分子由于发生脱水而引入双键或环化。单糖在酸性条件下加热产生大量的呋喃和吡喃，如糠醛、5-羟甲基糠醛、5-甲基糠醛、2-乙酰呋喃、异麦芽糖醇或2-羟基乙酰呋喃等。这些化合物的反应路径可以理解为烯醇化和脱水。烯醇化反应，被称为 Lobry de Bruyn-Alberda van Ekenstein转化，能生成烯二醇（图 7-1）。

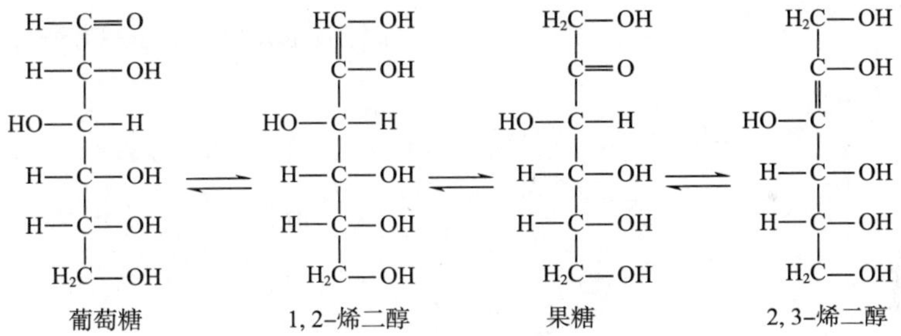

图 7-1　葡萄糖与果糖的烯醇化反应

这些烯二醇是焦糖香气形成的重要中间体，是还原糖形成呋喃类和吡喃类物质的必由之路。当反应物为己糖时比较容易生成1,2-烯二醇，反应物为戊糖时则更易生成2,3-烯二醇。烯二醇可进一步发生消去反应，脱去1分子水形成脱氧糖酮（Deoxyosone，Done），由于含有多个羟基。脱氧糖酮亦可进一步脱水，延伸 π 电子轨道。然而，只要脱氧糖酮分子具有半缩醛反应的结构特征，就会形成半缩醛导致环化，进一步生成结构稳定的呋喃和吡喃。图 7-2 所示为1,2-烯二醇生成5-羟甲基糠醛的反应过程。与葡萄糖相比，加热果糖除了形成主要的1,2-烯二醇外，还可以生成2,3-烯二醇，进一步产生更多的降解产物，如图 7-3 所示。

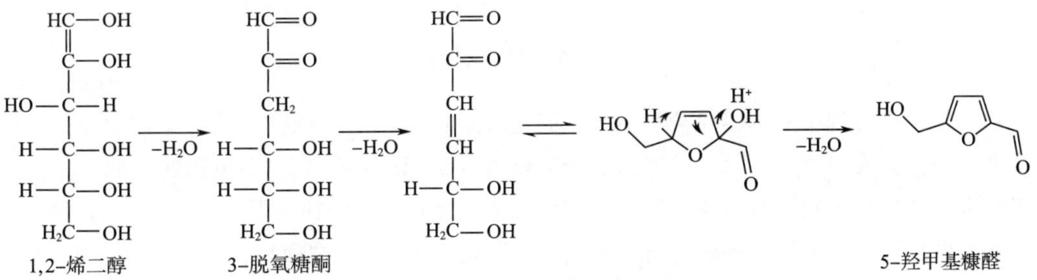

图 7-2　焦糖化反应中 5-羟甲基糠醛的形成

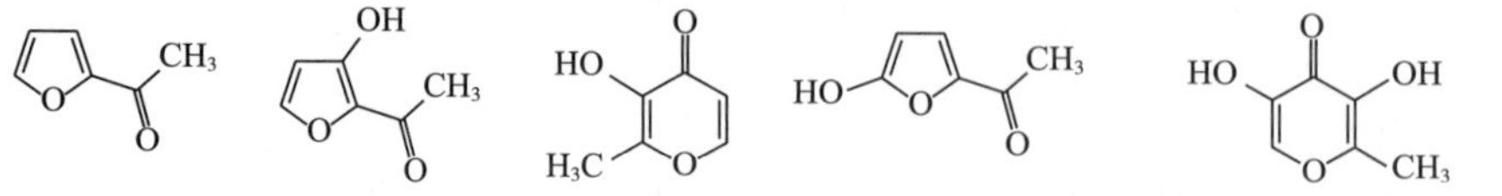

图 7-3　碳水化合物热加工过程中形成的风味物质

当 pH 为 8~10 时，加热葡萄糖可以形成其他香气化合物，如二氢呋喃酮、环戊烯酮、环己烯酮和吡喃酮。其中一些化合物是典型的焦糖类香气物质，如环戊烯酮。它们的形成经历了烯醇化、脱水和羟醛缩合。图 7-4 所示表明了 2-羟基-3-甲基-2-环戊烯酮的形成途径。用 1-羟基-2-丁酮或 3-羟基-2-丁酮替换羟基丙酮分子，则可通过相同途径生成 2-羟基-3-乙基-或 2-羟基-3,4-二甲基-2-环戊烯酮。

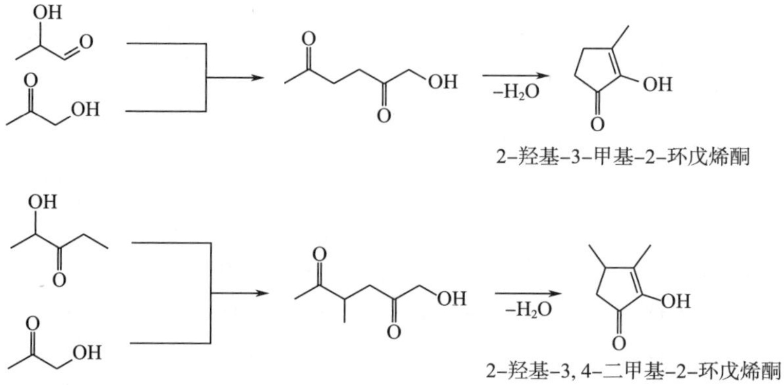

图 7-4　2-羟基-3-甲基-2-环戊烯酮与 2-羟基-3,4-二甲基-2-环戊烯酮的形成

二、美拉德反应

水溶液中的还原糖在 pH 为 5~7 时相对稳定。然而，在胺的存在下，这种情况发生了巨大的变化。氨基化合物将通过酸碱催化和亲核羰基反应降解糖。对于游离氨基酸，伯胺官能团是发生反应的位点，而非 *N* 末端的多肽和蛋白质则主要以赖氨酸和精氨酸侧链为反应位点。食品中氨基化合物（胺、氨基酸、肽和蛋白质）和羰基化合物（还原糖类）发生的这一系列层层叠叠的反应，即美拉德反应，是食品加工和贮存过程中非常重要的风味形成途径。美拉德反应的理论见本书第六章。

三、脂肪氧化降解

在食品加工过程中除了美拉德反应外，脂肪降解也是产生风味物质的一个重要原因。同美拉德反应一样，人们熟悉的通常是油脂由于氧化或分解而产生的一些不良风味，而事实上脂肪的降解也会产生令人愉快的风味物质。油炸食品如炸薯条、油炸饼圈及点心深受消费者的喜爱。虽然油炸食品深受人们喜爱的原因部分可能是脂类赋予食品的物理特性在起作用，如润滑性、饱腹感以及质构等，其特征的油炸风味也是非常独特和理想的。煎炸油只有在使用一段时间后才能产生特定的风味，而新鲜的煎炸油并不能产生令人喜爱的风味，这就是因为煎炸油自身以及与食品的各个组分在充分的热加工过程中发生的化学反应，形成丰富的风味物质。脂质产生特征风味的途径主要包括：氧化降解及降解产物的次级反应。首先，脂质在受热过程中或酶的作用下分解为游离脂肪酸，其中不饱和脂肪酸（油酸、亚油酸、花生四烯酸等）因含有双键易发生氧化作用，生成过氧化物，这些过氧化物进一步分解生成酮、醛、酸等挥发性羰基化合物，产生特有的香气；而含羟基的脂肪酸经脱水环化生成内酯类化合物，这类化合物具有令人愉悦的气味。其次，热降解产物继续与存在于脂间的蛋白质、氨基酸发生非酶褐变反应，反应得到的杂环化合物中也会具有某些特征香气。

（一）脂肪的非酶氧化降解途径

挥发性的脂肪酸二级氧化产物的形成对营养品质、感官品质和保质期有严重影响，不论对消费者还是食品技术人员而言都是一个重要的反应。活性氧（ROS）在食品内部和环境中的含量非常丰富，因此几乎所有的食品都在处于氧化过程中。化学、酶和光化学反应都会形成活性氧，这些活性氧与食物的主要成分蛋白质、糖和脂类反应，产生风味化合物。活性氧包括氧自由基及其非自由基衍生物。氧自由基包括超氧自由基（$\cdot O_2^-$）、羟自由基（$\cdot OH$）、过氧化物（ROO·）、氢过氧化物（HOO·）和烷氧基（RO·），其中羟自由基的活性最强。不同的自由基能量差异很大，例如羟自由基是一种高能自由基，很容易通过获取氢原子氧化不饱和脂肪酸。非自由基中最主要的形式是单线态氧（$^1O_2$），其次也包括过氧化氢（H_2O_2）和臭氧（O_3）。脂肪酸氧化形成风味化合物的过程遵循两种途径：自由基自动氧化和单线态氧氧化。

1. 自由基自动氧化

食品中脂质氧化动力学通常有一个诱导期，然后是指数增长阶段，在指数增长阶段氧化产物快速形成。脂肪的自动氧化作用受脂肪酸组成（不饱和度）、氧浓度、促氧化剂和抗氧化剂、食品与氧的接触面以及贮存条件（水分活度、温度和光照等）的影响。自动氧化的原理是不饱和酰基脂类与空气接触时发生氧化，该过程主要通过自由基反应进行，包括链引发、链传递和链终止 3 个主要阶段（图 7-5）。

链引发：RH+引发剂 ⟶ R·+H·

$ROOH+M^{n+}$ ⟶ RO·$+M^{(n+1)+}+OH^-$

$ROOH+M^{(n+1)+}$ ⟶ ROO·$+M^{n+}+H^+$

2ROOH ⟶ ROO·+RO·$+H_2O$

链传递：R·$+O_2$ ⟶ ROO·（快）

ROO·+RH ⟶ ROOH+R·（慢）

RO·+RH ⟶ ROH+R·

链终止：R·+R· ⟶ 非自由基产物

ROO·+R· ⟶ 非自由基产物

ROO·+ROO· ⟶ 非自由基产物

图 7-5　不饱和脂肪酸的自由基自动氧化反应示意图

RH—脂肪酸或脂；R·—烷基自由基；RO·—烷氧基自由基；

ROO·—过氧化物自由基；ROOH—氢过氧化物；M—过渡金属。

在链引发阶段，食物系统中已形成或已存在的过氧化物自由基（ROO·）、烷氧自由基（RO·）或烷基自由基（R·）引发脂肪酸脱氢生成烷基自由基（R·）。根据反应热力学可知，双分子氧直接攻击脂肪酸分子（$RH + O_2 \rightarrow R\cdot + HOO\cdot$）的反应活化能较高，反应较难进行，因此对自动氧化反应的初始影响很小。自由基是经热、光、金属和活性氧诱导形成。自由基形成的起点为脂肪酸中碳原子在低能量作用下脱去氢原子。从不同脂肪酸官能团中提取氢原子所需的能量存在差异，为272（1,4-戊二烯体系的亚甲基）~423kJ/mol（甲基键）。脂肪酸中碳氢键的强度不同，导致不饱和度不同的脂肪酸的氧化率有所差异。在过氧化反应的基础上，三线态氧（自由基）对油酸、亚油酸和亚麻酸的氧化速率比为1∶12∶25。脂肪酸自由基形成后立即在双键或单键的离域作用下得到稳定，该过程导致多不饱和脂肪酸（PUFAs）中的双键发生移位以及共轭双键的形成。相对于顺式构型，反式构型的脂肪酸自由基稳定性更好，从而占据主导地位。

链传递阶段包括烷基自由基和氧气形成过氧化物自由基（在空气中即可快速反应），以及过氧化物自由基和烷氧自由基与脂肪酸反应分别生成烷基自由基、氢过氧化物和氢氧化物。形成的高能量的过氧化物自由基可以从另一个分子中夺取氢。过氧化物自由基生成氢过氧化物（$ROO\cdot + RH \rightarrow ROOH + R\cdot$）是整个反应的限速步骤。形成的氢过氧化物的位置与烷基自由基的位置相对应。油酸酯在C8和C11位脱氢产生两个烯丙基自由基，在与氧反应时产生8-、9-、10-和11-烯丙基氢过氧化物的混合物。在亚油酸酯自动氧化过程中，戊二烯自由基作为中间体，生成共轭的9-二烯和13-二烯氢过氧化物的混合物。对于由两个1,4-二烯体系组成的亚麻酸酯，脱氢发生在C11位和C14位的亚甲基上，中间体产生的共轭二烯中，氢过氧化物在C9和C13或C12和C16位，第三个双键不受影响。形成的氢过氧化物分解为烷氧基自由基和羟基自由基，这些自由基为油脂氧化初始阶段氢过氧化物数量较低的体系提供了链引发的条件，减弱油脂的旁路反应而提高自由基链式自动催化反应的速率。氢过氧化物被认为是合成风味化合物的起点，其分解受过渡金属和血红素化合物的影响。低价态的过渡金属离子（M^{n+}）与氢过氧化物快速反应，金属的还原态可以被另一种氢过氧化物再生（图7-5）。

链终止步骤通常被描述为一组碰撞反应，其中自由基相互反应形成稳定的、非自由基的最终产物。在空气充足的条件下，所有酰基自由基都转化为过氧化物自由基，然后通过两个过氧化物自由基的碰撞而终止。在可用氧量不足的情况下，可以通过（$R\cdot + R\cdot$）和（$R\cdot + ROO\cdot$）碰撞进行终止。

2. 单线态氧氧化

链引发是自动氧化过程的关键步骤。不饱和脂肪酸与基态（三线态）氧的反应具有很高的活化能（146~272kJ/mol），这是因为底物和产物处于单线态，而氧处于三线态，反应的发生需要先改变总电子自旋状态（146~272kJ/mol）。为了克服自动氧化开始阶段自由基形成的能垒，光氧化（光敏氧化）起着至关重要的作用。在光氧化过程中，单线态氧具有很好的氧化性。因为在脂质氧化的初始阶段，非自由基单线态氧可以直接与脂肪酸的双键反应，且不形成自由基。反应过程中单线态氧的氧化速率远高于三线态氧；相比于三线态氧，单线态氧的氧化反应在很低的温度下即可发生，两者的反应产物也有所区别。光敏氧化为不饱和脂肪酸在有氧和光敏剂存在的情况下暴露于光下形成烯丙基氢过氧化物，该过程与自由基机制中紫外光催化氢过氧化物分解应予以区别。三线态氧和单线态氧的化学性质差异与它们的分子轨道差异有关。O_2的分子轨道为$(\sigma 2s)^2(\sigma*2s)^2(\sigma 2p)^2(\pi 2p)^4(\pi*2p)^2$。三线态氧为基态氧，两个电子单独占

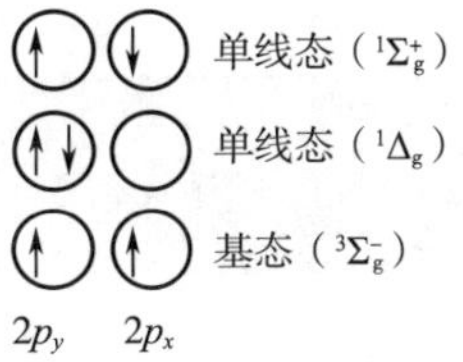

图 7-6 三线态（基态）和单线态氧的氧分子在 $2p_x$ 和 $2p_y$ 轨道上的电子构型比较

据 $\pi*$（$2p_y$ 和 $2p_z$）的两个反键 π 轨道。与三线态氧分子轨道不同，单线态氧分子轨道的 π 反键轨道中的电子是成对的。单线态氧的总自旋量子数 $+1/2-1/2=0$，而三线态氧的总自旋量子数 $1/2+1/2=1$。单线态氧违背了洪特法则（图 7-6），所以它是一种高能分子。单线态氧位于高能激发态时（稳定性很差）Σ_g^+ 能量为 155kJ/mol，而位于低能态时 $^1\Delta g$（食品中的大多数单线态氧的氧化过程）能量比基态高 92kJ/mol。在以非自由基形式与含双键的非自由基化合物反应时它也足够稳定（在 CCl_4 中高达 700μs）。脂肪酸氧化反应的单线态氧（$^1O_2$）通常与 $^1\Delta_g$ 态同义。与三线态氧相反，单线态氧由于活化能低导致温度对其氧化速率的影响很小。

单线态氧可以通过化学反应、酶催化反应或光化学反应形成，其中最重要的途径是光敏反应。亚甲蓝、姜黄素、伊红、叶绿素、维生素 B_2、肌红蛋白和脱镁素等化合物可作为光敏剂。光敏剂分为Ⅰ和Ⅱ两种类型。第一类的机制实际上与自由基自动氧化类似，在光激活底物后进一步进行脱氢反应，产生底物自由基。第二类为Ⅱ型光敏剂将氧的基态激活为单线态（$^1O_2$）：$^3Sens*+{}^3O_2\rightarrow O_2*+{}^1Sens$。产生的单线态氧随后与不饱和脂肪酸直接通过环加成反应形成氢过氧化物（$^1O_2+RH\rightarrow ROOH$）。作用位点在双键的任一碳原子上，从而形成烯丙基氢过氧化物。同时双键移位，生成反式构象的氢过氧化物（图 7-7）。在这个过程中，中间产物没有自由基生成。据报道 $^1O_2$ 与纯亚油酸甲酯的反应速度至少比 $^3O_2$ 快 $10^3\sim10^4$ 倍。单烯、二烯和三烯类脂肪酸与 $^1O_2$ 的相对反应活性与自动氧化没有明显区别。油酸、亚油酸和亚麻酸通过自由基和光氧化途径氧化形成的氢过氧化物如表 7-1 所示。自由基和光氧化的区别在于后者不受具有清除自由基功能的抗氧化剂的抑制。然而，部分化合物如 β-胡萝卜素和 α-生育酚能使单线态氧猝灭到基态，因此对光氧化具有抑制作用。

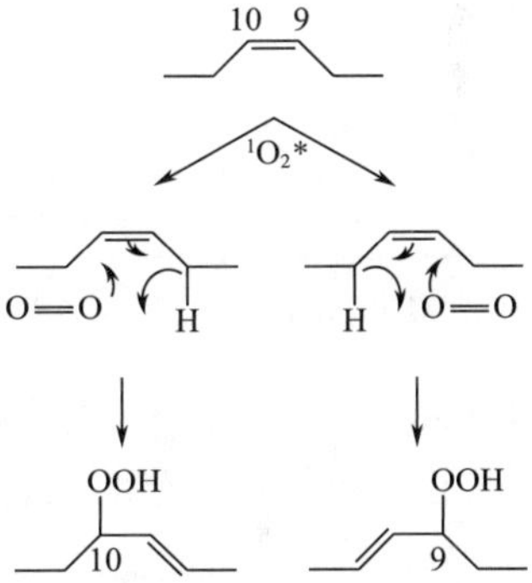

图 7-7 油酸酯与单线态氧（$^1O_2*$）反应生成 9-和 10-氢过氧化物

表 7-1 自由基和光敏氧化机制下脂肪酸酯氧化形成的氢过氧化物

底物	温度/℃	自由基自动氧化		光敏氧化	
		氢过氧化物	比例/%	氢过氧化物	比例/%
油酸甲酯	25~80	8-OOH	26~28	—	—
		9-OOH	22~25	9-OOH	48~51
		10-OOH	22~24	10-OOH	49~52
		11-OOH	26~28	—	—

续表

底物	温度/℃	自由基自动氧化		光敏氧化	
		氢过氧化物	比例/%	氢过氧化物	比例/%
亚油酸甲酯	40~80	9-OOH	48~53	9-OOH	32
				10-OOH	16~17
				12-OOH	17
		13-OOH	48~53	13-OOH	34~35
亚油酸甲酯	25~80	9-OOH	28~35	9-OOH	20~23
				10-OOH	13
		12-OOH	8~13	12-OOH	12~14
		13-OOH	10~13	13-OOH	14~15
				15-OOH	12~13
		16-OOH	41~52	16-OOH	25~26

注：表中所提供的温度为自由基反应温度。光敏氧化温度条件为0℃。

3. 油脂氢过氧化物分解产生挥发性化合物

在自动氧化过程中形成的氢过氧化物本身无味，但它可以进一步分解形成各种各样的挥发性风味物质，从而影响了食品品质，同时也会产生不挥发的产物。

氢过氧化物失去羟基自由基产生的烷氧基进一步裂解，最终产物为醛和一个烷基自由基，这是自动氧化过程中形成气味化合物最重要的反应。由于脂肪酸参与自动氧化过程的复杂性和在含氧碳两侧碳-碳裂解的随机性，反应可以形成不同的醛和自由基。图 7-8 所示的总体反应过程表明了产物的多样性。所形成的挥发性化合物结构取决于键合位点[（A）或（B）]断裂形成的 R′类型以及烷氧基自由基断裂时是否有氧气的参与。对于饱和碳链的断裂，烷基醛和烷基自由基可以生成烷烃，或在氧化后生成烷基醛或醇。当链中存在双键时，（B）断开生成 2-烯醛，而（A）断开后生成炔、烯烃或烷醛。对于二烯体系，反应形成 2,4-二烯醛或 2-烯醛，也有可能形成烷基呋喃和呋喃。研究人员发现，当烯丙基体系进行分解时，3-烯醛形成，且该途径形成了两种重要的感官化合物，即 1-烯-3-酮和 1-烯-3-醇。

在自动氧化过程中形成的脂质氧化产物中，醛类化合物的作用最为突出。例如，菜籽油产品在 60℃加速贮存 12d 的自动氧化率见表 7-2。脂质自动氧化形成醛类，促进了含脂肪食品的氧化酸败，其风味通常被描述为酸败的、绿色的、牛油味、油腻和豆腥味。己醛作为一种特别重要的自动氧化产物，已被许多研究人员用作衡量食物氧化变质的指标。自动氧化形成的酮也是重要的食物气味。除自动氧化外，脂肪酸β-氧化和脱羧过程中也能形成酮。1-辛烯-3-酮可由花生四烯酸酯氧化得到。2-戊基呋喃已在许多脂肪、油脂和含脂食品中被鉴定出来。它是亚油酸自动氧化的产物，是引起大豆油回味的化合物之一。亚油酸的 9-羟基自由基裂解生成的共轭二烯自由基与氧反应生成乙烯基氢过氧化物，乙烯基氢过氧化物与烷氧基自由基进一步环化生成 2-戊基呋喃。

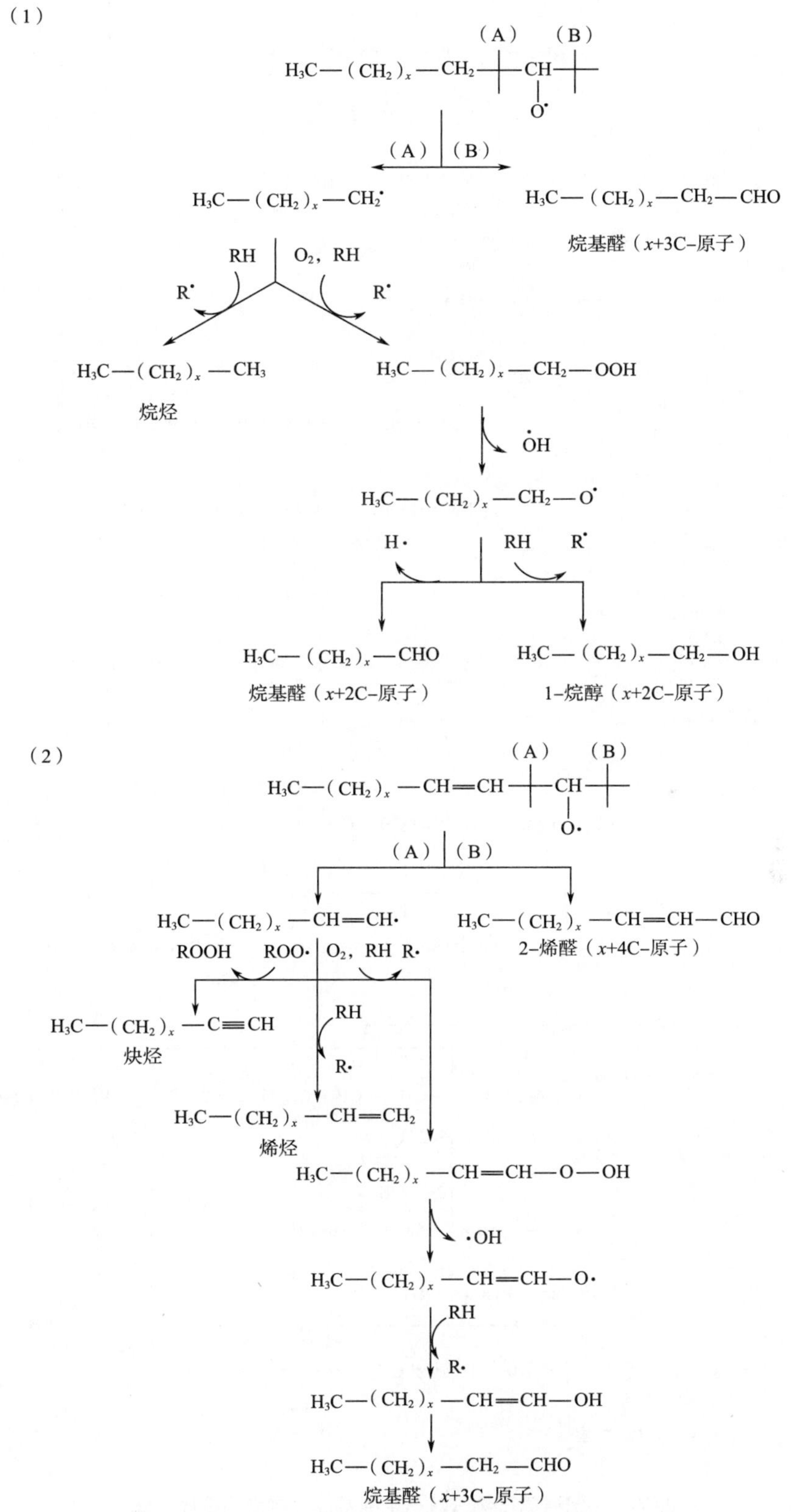

图 7-8　氢过氧化物分解产生挥发性化合物的途径

（3）

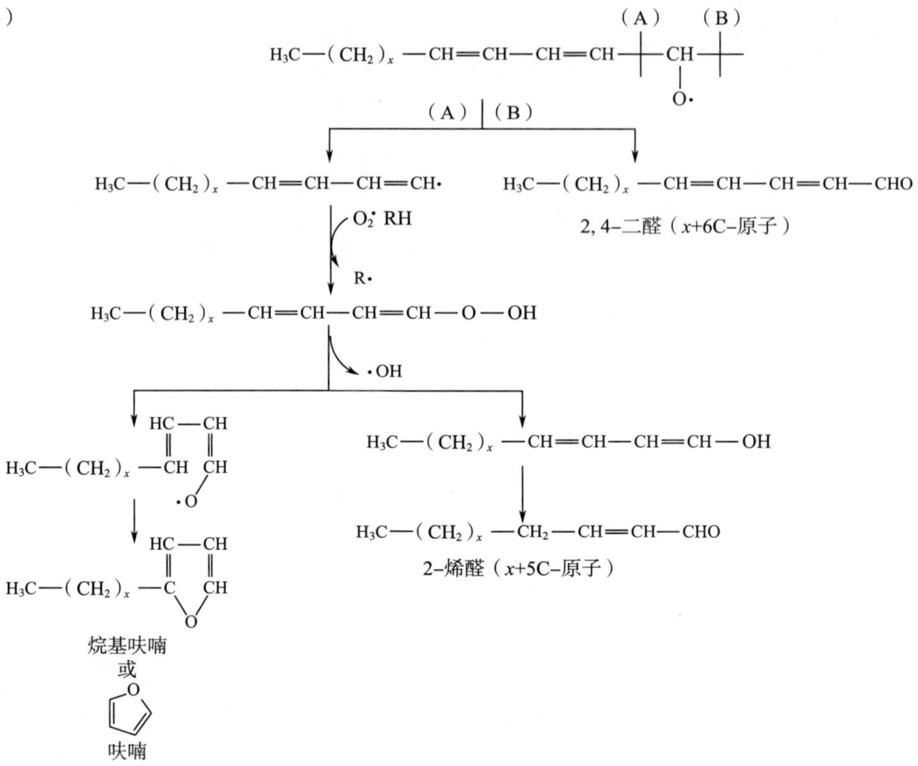

（4）

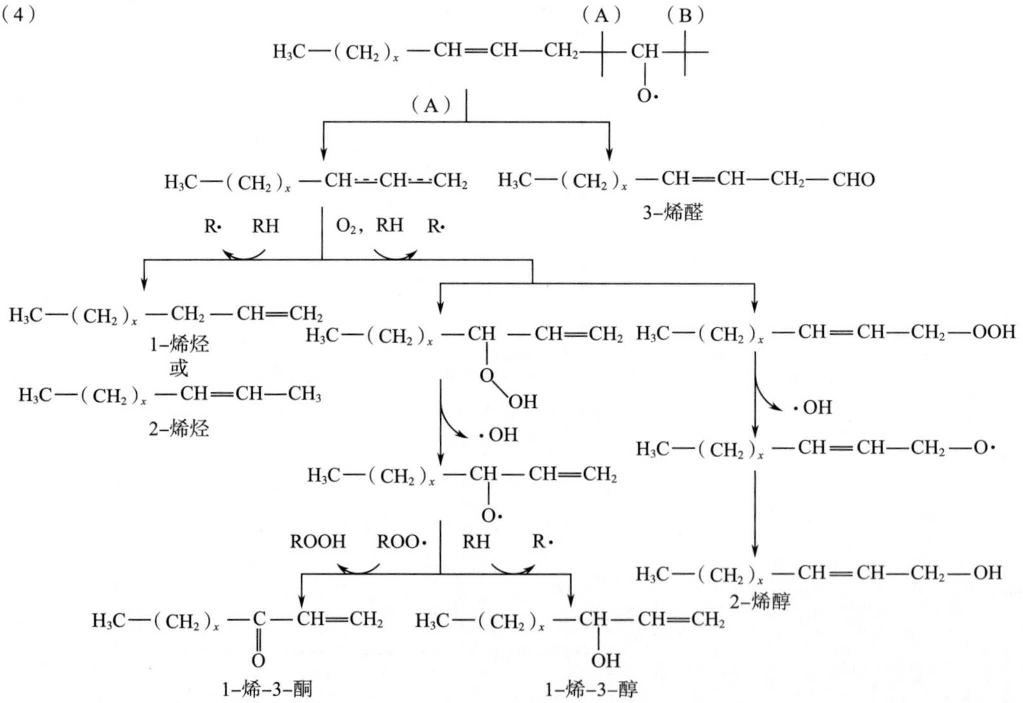

图 7-8 氢过氧化物分解产生挥发性化合物的途径（续）

（1）R 是饱和的 （2）R 含有烯体系 （3）R 含有二烯体系 （4）R 含有烯丙基体系

表 7-2　采用固相微萃取-气相色谱/质谱联用技术鉴定菜籽油在 60℃加速贮存 12d 的主要挥发性成分总离子流色谱峰面积（$\times10^6$）

化合物	保留指数	在 60℃条件下的贮存时间/d						
		0	2	4	6	8	10	12
乙酸①	641	—	—	—	3.30^{a}	8.53^{b}	12.33^{a}	11.74^{b}
2-丁烯醛	665	—	—	1.11^{a}	2.66^{a}	6.29^{b}	7.67^{a}	9.83^{a}
1-戊烯-3-醇	685	—	—	6.09^{b}	13.24^{a}	23.72^{b}	28.54^{b}	30.08^{a}
戊醛②	705	—	0.93^{c}	6.86^{b}	5.52^{b}	10.82^{a}	12.82^{b}	15.34^{b}
丙酸	735	—	—	—	1.39^{b}	4.29^{b}	5.56^{b}	5.34^{a}
(*E*)-2-戊烯醛①	765	—	—	1.79^{b}	5.21^{b}	14.51^{b}	18.93^{b}	23.63^{b}
2-戊烯-1-醇	781	—	—	—	—	1.1^{b}	1.88^{b}	2.42^{b}
未知物	786	—	—	0.24^{d}	0.49^{d}	0.94^{c}	1.51^{c}	3.20^{a}
己醛①	804	0.61^{b}	0.80^{c}	1.66^{c}	4.53^{c}	19.68^{c}	28.06^{c}	45.64^{a}
未知物	836	—	—	—	0.23^{a}	0.98^{a}	1.69^{c}	3.20^{a}
未知物	855	—	—	—	0.23^{b}	0.37^{b}	0.50^{b}	0.62^{a}
(*E*)-2-己烯醛①	861	—	—	—	0.33^{a}	1.07^{d}	1.94^{b}	2.67^{a}
1-己醇①	878	—	—	—	—	0.51^{b}	0.67^{a}	0.89^{a}
未知物	887	—	—	—	—	0.42^{a}	0.57^{a}	0.88^{a}
2-庚酮	897	—	—	—	0.12^{a}	0.37^{a}	0.57^{a}	0.84^{a}
对二甲苯	899	—	—	1.81^{a}	0.65^{b}	1.76^{b}	0.72^{b}	2.35^{b}
庚醛①	902	—	—	0.14^{b}	0.64^{d}	1.43^{b}	2.54^{a}	3.83^{d}
未知物	922	—	—	0.29^{b}	0.69^{b}	1.63^{b}	2.24^{b}	2.88^{a}
未知物	947	—	—	2.94^{b}	9.62^{b}	21.48^{b}	29.08^{b}	35.59^{b}
未知物	949	—	—	1.95^{b}	6.57^{b}	16.66^{b}	23.99^{b}	31.75^{b}
(*E*)-2-庚烯醛①	964	—	0.52^{a}	1.68^{b}	4.84^{b}	12.60^{b}	22.94^{b}	32.61^{b}
未知物	970	—	—	—	—	0.44^{d}	1.04^{b}	1.43^{a}
1-庚醇①	974	—	—	—	—	0.25^{b}	0.58^{a}	0.95^{d}
1-辛烯-3-醇①	983	—	—	—	1.81^{b}	4.93^{b}	9.09^{a}	12.72^{b}
6-甲基-5-庚烯-2-酮	991	0.36^{a}	0.34^{b}	0.43^{b}	0.70^{b}	1.45^{a}	2.87^{a}	5.64^{a}
己酸	1001	—	—	—	—	—	—	1.20^{b}
2-辛酮	1003	—	—	—	—	0.56^{c}	1.19^{a}	1.35^{a}

续表

化合物	保留指数	在60℃条件下的贮存时间/d						
		0	2	4	6	8	10	12
2.4-庚二烯醛	1007	—	—	1.29[b]	4.62[b]	10.59[b]	18.33[b]	25.53[b]
辛醛①	1010	—	—	—	0.16[a]	0.78[c]	1.44[c]	2.08[d]
2.4-庚二烯醛异构体	1023	—	—	0.72[d]	2.86[b]	8.27[b]	16.27[b]	25.31[b]
未知物	1065	—	—	—	—	0.25[b]	0.64[b]	1.02[a]
(*E*)-2-辛烯醛①	1071	—	—	—	0.46[b]	1.61[a]	3.69[a]	7.55[a]
3.5-辛二烯-2-酮	1098	—	—	0.20[e]	0.58[b]	1.12[b]	1.95[b]	2.58[a]
壬醛①	1122	—	—	0.11[a]	0.23[c]	0.90[c]	2.25[d]	3.26[c]
(*E*)-2-壬烯醛①	1174	—	—	—	—	0.19[a]	0.60[d]	0.75[c]
(*E*)-2-癸烯醛①	1279	—	—	—	—	—	—	0.67[c]
(*E*,*E*)-2,4-癸二烯醛①	1315	—	—	—	—	—	0.58[c]	0.83[b]
总挥发物	—	0.97	2.59	29.31	71.68	180.50	265.27	358.20

注：a~e为相对标准偏差（RSD）：a，RSD≤5%；b，5%<RSD≤15%；c，15%<RSD≤25%；d，25%<RSD≤50%；e，RSD>50%。

①基于与标准品比较质谱和保留时间来定性的化合物；其他化合物为基于质谱库搜索进行定性。

②两种方法结合定性的化合物。

就亚麻酸而言，(*E*,*Z*)-2,4-庚二烯醛占主导地位，其次是（*Z*）-3-己烯醛、2,4,7-癸三烯醛和（*E*,*E*)-2,4-庚二烯醛，这些挥发性产物是食品中重要的气味。脂质自动氧化产生的挥发性物质对食品品质的影响与其风味的重要性相关。脂质氧化产物对食品风味的重要性不仅与化合物的浓度有关，而且与特定化合物的气味阈值有关。表7-3所示为脂质自动氧化过程中形成的主要挥发性产物的气味阈值。

表7-3　　　　脂质自动氧化过程中主要挥发性产物的气味阈值

化合物	气味阈值/（mg/kg）	化合物	气味阈值/（mg/kg）
碳氢化合物	90~2150	(反,反)-2,4-二烯醛	0.04~0.3
取代呋喃	2~27	分离单烯醛	0.002~0.3
乙烯醇	0.5~3	分离顺式烯醛	0.0003~0.1
1-烯烃	0.02~9	(反,顺)-2,4-二烯醛	0.002~0.006
2-烯醛	0.04~2.5	乙烯基酮	0.00002~0.007
氢过氧化物	0.04~1.0		

热诱导氧化产物与通常在室温下形成的典型的氧化产物不同，原因是其动力学过程不同以

及在美拉德反应中的参与。在给定的温度下每一个反应都有自己特定的活化能和反应速率，因此煎炸油中发生的化学反应及形成的风味取决于加工过程的温度。热诱导氧化与室温下氧化的第二个明显不同点是热氧化更具有随机性。高温可以增加脂肪酸的氧化位置，这样反应结束时就会产生更多的挥发性风味物质（图7-9）。因此，即使风味形成的化学反应机制相同，热氧化中产生的风味也是独特的。

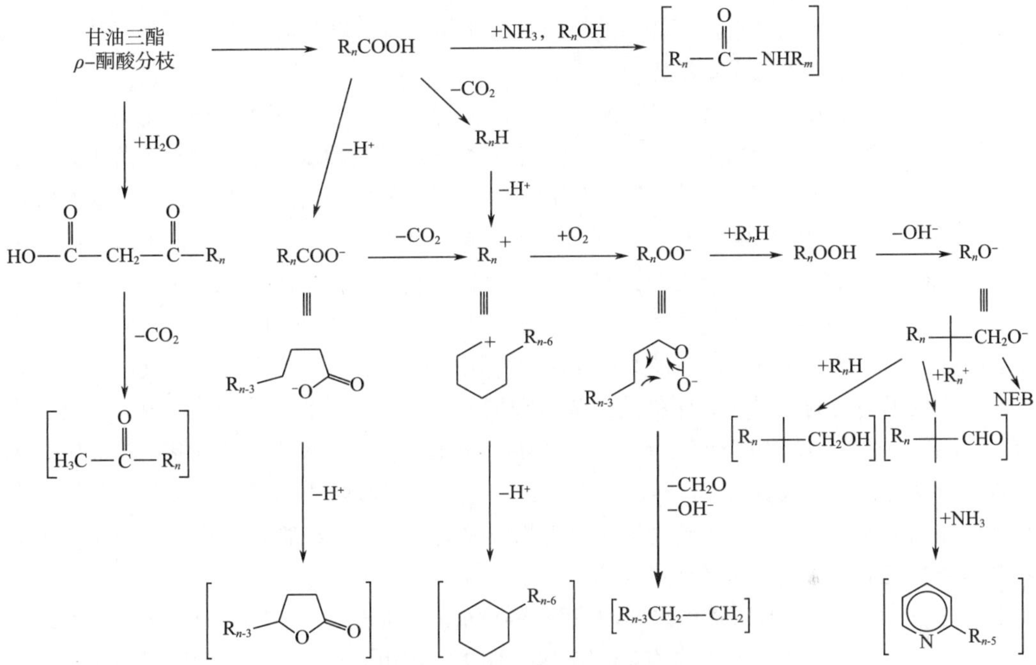

图7-9　加热动物脂肪形成挥发性风味物质的可能机制

人们已经鉴定了深度油炸中形成的多种挥发性物质，发现了很多酸、醇、醛、烃、酮、内酯、酯、芳香化合物及其混杂化合物（如戊基呋喃和1,4-二氧杂环乙烷等）。最近的研究发现，法式油炸食品香气的风味成分主要有：2-乙基-3,5-二甲基吡嗪、3-乙基-2,5-二甲基吡嗪、2,3-二乙基-5-甲基吡嗪、3-异丁基-2-甲氧基吡嗪、(*E*,*Z*)，(*E*,*E*)-2,4-癸二烯醛、反-4,5-环氧基-(*E*)-2-癸烯醛、4-羟基-2,5-二甲基-3(2H)-呋喃酮、甲基丙醛、2-甲基丁醛、3-甲基丁醛以及甲硫醇。很明显，美拉德反应（产生吡嗪、支链醛类、呋喃酮、甲硫醛等）和油脂氧化反应（产生不饱和醛类）是油炸食品特征香气的主要来源。进一步定性和定量研究不同类型煎炸油对油炸食品主要香气物质的影响可以发现：定性试验中加热玉米油与氢化棉籽油产生的挥发性物质明显不同，这是由于不同类型的油脂具有不同的脂肪酸组成；定量试验中玉米油和大豆油在加热过程中会产生类似的挥发性物质，但是与椰子油产生的挥发性物质截然不同，与玉米油和大豆油相比，椰子油产生较少的癸二烯醛和不饱和醛，而产生更多的饱和醛，还有大量的甲基酮和γ-内酯。同时，加热时间和水分在煎炸中也具有一定的作用。大体上，在48h以内，加热过程中随着时间的延长挥发性物质明显增加。而水分的引入会大量减少挥发性物质的产生，这种水分的表观保护效应可能是由于油炸过程中水蒸气的汽提作用、水蒸气对氧气的取代作用或两者兼有。

（二）脂肪的酶促氧化降解途径

在动物组织、真菌和植物中已经发现了能够催化油脂氧化降解的酶，食品加工过程中植物组织会受到细胞壁的伤害、切割和破坏等损伤，导致在完整细胞中原本分隔开的酶和底物混合到一起，从而引发一系列的酶反应以及挥发性化合物的形成。脂肪氧化酶引起了食品科学家的兴趣，因为它们影响了两种重要的食品感官特性：颜色和味道。多酚氧化酶和抗坏血酸氧化酶引起的酶促褐变导致颜色发生变化。脂氧合酶（LOX）可以催化多不饱和脂肪酸的氧化以及类胡萝卜素的共氧化，导致必需营养物质的损失和风味的形成，以及形成自由基并与其他食物成分如蛋白质、维生素和色素发生反应。

LOX 活性与植物中的几个重要途径有关。C_{18}脂肪酸氢过氧化物至少会被 7 个不同的酶家族转化，这些反应都被称为 LOX 途径（图 7-10）。从风味形成的角度考虑，对于果蔬中脂肪衍生的香气化合物的酶法形成，LOX-HPL 途径占据主导地位。然而，由 LOX 催化产生的香气化合物并不是唯一的代谢物。LOX 作用于氧合脂肪酸形成了氧化酯类。氧化酯类也可以在细胞色素 P-450 单氧合酶或环氧合酶介导的反应中形成。这些氧化酯在植物中由亚油酸和亚麻酸形成，参与植物抗病过程；在哺乳动物中由花生四烯酸形成，在对感染、过敏和炎症的应激反应中发挥重要作用。丙二烯氧化物合酶（AOS）通路仅作用于亚油酸和亚麻酸的 13-氢过氧化物异构体，脱水形成不稳定的丙二烯氧化物。在茉莉酸酯的生物合成过程中，由 13-丙二烯氧化物合酶（13-AOS）生成的氧化丙烯随后在酶催化作用下环化形成 12-氧代植二烯酸，进而生成茉莉酸，或者选择性的水解成 α-或 γ-酮醇。该通路在植物信号和防御系统中起着重要作用。在过氧化物酶作用的途径中，氢过氧化物被还原为相应醇类，对提升植物抗性有一定作用，因为角质素和植物抗毒素是在这一途径中形成的。

只有部分 LOX 催化形成的化合物参与风味的形成。据报道，C_6 和 C_9 醛是由亚油酸或亚麻酸的 13-或 9-氢过氧化物在氢过氧化物裂解酶（HPL）作用下形成的，它们除了对风味的形成具有重要作用外，还与病原体感染引起的植物超敏抗性有关，并参与对昆虫的防御反应。

亚油酸脂氧合酶是一种含铁双加氧酶，催化氧化含（顺,顺）-1,4-戊二烯单元的多不饱和脂肪酸生成共轭不饱和脂肪酸氢过氧化物。亚油酸脂氧合酶是一种蛋白质单体，每个分子包含一个非血红素铁原子。分子中的铁对亚油酸脂氧合酶的催化性能至关重要。天然条件下亚油酸脂氧合酶中的铁为亚铁态，只有当酶中的亚铁被氢过氧化物产物氧化成三价铁，亚油酸脂氧合酶才具有催化活性。

在脂类化合物中，不饱和 C_{18}脂肪酸（亚油酸和亚麻酸）的氧化可产生 9-或 13-氢过氧十八碳二（三）烯酸，或两者的混合物，产物组成取决于采用哪种酶源。动物源的花生四烯酸在 LOX 作用下也会发生反应。虽然 LOX 主要与不饱和脂肪酸的氧化有关，但它也能氧化酮脂肪酸、醛，以及酯化形式的脂肪酸如磷脂。LOX 还能催化氢过氧化物分解成环氧-羟基衍生物中的自由基反应，或发挥类似 HPL 的功能。

不同植物的 LOX 因来源不同而具有不同的立体特异性和区域特异性。大豆 LOX-1 仅在 pH >9 时催化亚油酸或亚麻酸形成 13（S）-氢过氧化物，而马铃薯中的 LOX 则生成 9（S）-异构体。部分 LOX 不具有特异性，能够同时催化形成 R 和 S 构型的 9-和 13-衍生物。

由催化作用的终产物可知，氢过氧化物裂解酶（HPL）、丙二烯氧合酶（AOS）和二乙烯基醚合酶是植物 LOX 路径的关键酶。HPL 最早从西瓜幼苗中被分离和鉴定。研究表明 HPL 作用于与氢过氧化物基团及其临近双键相邻的碳-碳键，从而使脂肪酸氢过氧化物裂解，生成醛

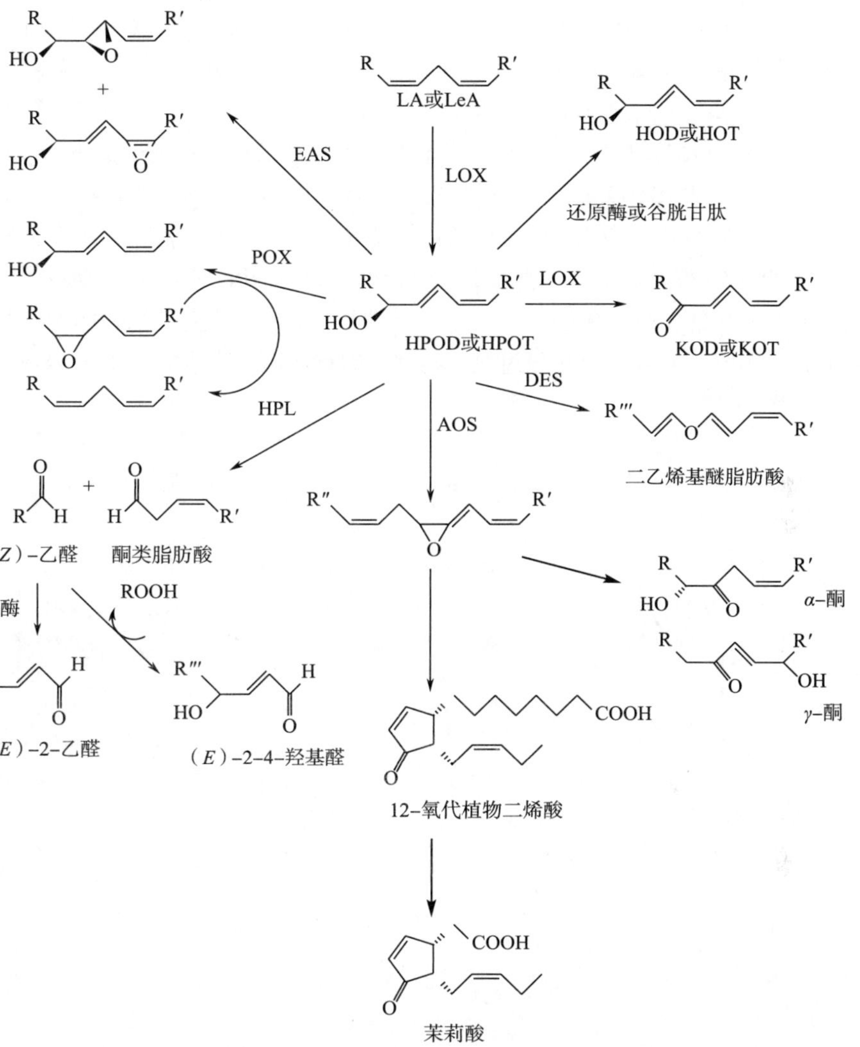

图 7-10 植物 LOX 途径中多不饱和脂肪酸的代谢

LA 或 LeA，亚油酸或亚麻酸；AOS，丙烯氧合酶；DES，二乙烯基醚合成酶；EAS，环氧醇合酶；HPL，氢过氧化物裂解；H(P)O(D/T)，氢(过)二甲苯酚(正)酸；KO (D/T)，酮醇(正)酸；POX，过氧化物酶。

和 ω-氧代酸。HPL 广泛分布于高等植物中，在某些植物中，HPL 活性与叶绿素含量相关，如甜椒的 HPL 活性在未成熟的绿色果实中最高，而在成熟过程中明显下降。甜椒果实中的 HPL 由相对分子质量为 55 的亚基组成。大豆幼苗 HPL 亚基的相对分子质量为 $62×10^3$，表明裂解酶为相对分子质量为 $240×10^3$～$260×10^3$ 的四聚体。从青甜椒（*Capsicum annuum* L.）中分离得到的 HPL 经鉴定为一种以血红素 B（血红素Ⅸ）为辅基的血红素蛋白，它与丙二烯氧化物合酶（CYP74A）的同源性为 40%，因此 HPL 被公认为细胞色素 P-450 亚家族 CYP74B 的一个新成员，专门参与脂质过氧化物的代谢。HPL 不需要大多数细胞色素 P-450 酶通常需要的分子氧或还原当量等辅助因子。有人提出 HPL 与细胞色素 P-450 酶发生反应。首先，氢过氧化物分子中氧-氧键的均裂可能导致烷氧基和高价铁-羟基络合物的形成。然后高价铁-羟基络合物中的羟基获得质子，烷氧基自由基失去电子，形成中间的烯丙基醚阳离子。碳正离子和水的加成生成 C_6 醛和 C_{12}烯醇，通过酮-烯醇互变异构化反应生成 ω-酮酸。根据最近的研究结果，HPL 催化的最终产物是半缩醛，它是一种酶结合的中间体，半缩醛由于高度的化学不稳定性生成了醛。

在高等植物中存在两种 HPL 活性类型，根据底物的不同可对其进行分类。第一种是在梨中发现的具有 9-氢过氧化物特异性（9-HPL）的 HPL。一些植物，特别是在葫芦科植物中，亚油酸或亚麻酸的 9-氢过氧化物在 HPL 作用下产生 C_9 醛，如（*Z*）-3-壬二烯醛或（*Z*,*Z*）-3,6-壬二烯醛。第二种常见的 HPL 具有 13-氢过氧化物特异性（13-HPL），存在于在番茄叶片和甜椒果实中，催化产生 C_6 醛。从茶叶和番茄果实中分离得到的 HPL 对 α-亚麻酸的 13-氢过氧化物也有很高的底物特异性，而对 9-氢过氧化物的活性几乎为零。也有证据表明，在黄瓜果实中发现了非特异性的 HPL，对 9-和 13-氢过氧化物都有裂解作用。蔬菜中 LOX 介导形成 C_6 和 C_9 醛的主要路径见图 7-11。

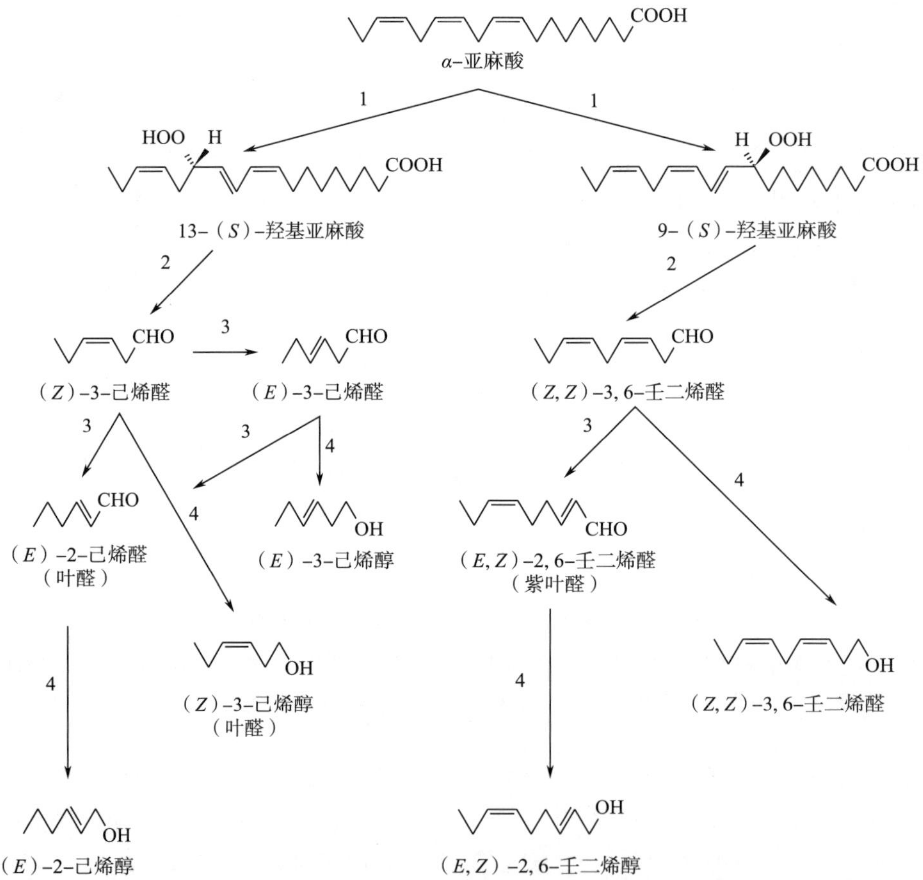

图 7-11　蔬菜中 LOX 介导生成 C_6 和 C_9 化合物的途径

1—13-和 9-LOX；2—HPL；3—异构酶；4—乙醇脱氢酶。

（三）脂肪的酶促水解途径

由脂类形成香气化合物并不仅仅局限于脂肪酸的氧化过程。甘油三酯作为游离脂肪酸的来源，通过脂解过程释放游离脂肪酸，然后进一步转化为甲基酮，羟基脂肪酸转化为内酯。短链脂肪酸有一种独特的气味，丁酸和己酸气味强烈，而癸酸或十二酸（月桂酸）的气味则不那么明显。食品体系中，游离脂肪酸的形成在乳制品脂肪酸的代谢中最为显著。脂肪是形成特色干酪风味所必需的。在乳制品（主要是干酪）中，由于抗氧化剂的存在和氧化还原电位较低，脂质氧化程度较低；然而，甘油三酯经酶解（脂解）依次产生甘油二酰基、甘油单酰基和游离脂肪酸是关键的风味形成途径之一。脂解酶根据不同的特征和特异性可分为酯酶和脂肪酶。酯酶水解 2~8 个碳原子的酯链，而脂肪酶水解超过 10 个碳原子的酰基链。酯酶在水溶液中起作用，而脂肪酶在乳化基质中发挥作用。此外，这些酶的作用方式不同，酯酶表现出经典的米氏（Michaelis–Menten）动力学，而脂肪酶只在疏水/亲水界面存在时被激活。在乳脂中，短链脂肪酸 $C_{4:0}$通常位于 *sn*–3 位，$C_{6:0}$通常位于 *sn*–1 和 *sn*–3 位。脂解酶具有区域特异性，水解三酰基甘油的外酯键（*sn*–1 和 *sn*–3 位）。干酪中的脂肪分解与原有的脂蛋白脂肪酶、一些含有胃前酯酶的凝乳酶糊以及大量来源于微生物的脂肪酶有关。微生物脂肪酶和酯酶是由德氏乳杆菌保加利亚亚种、嗜酸乳杆菌、乳酸乳球菌亚种、乳脂链球菌、植物乳杆菌、嗜热链球菌、亚麻短杆菌释放的。青霉菌菌株对霉菌成熟的干酪具有高脂肪分解活性。娄地青霉和卡地干酪青霉是用于制作这类干酪的主要青霉菌。许多真菌、酵母和细菌中都有表现出脂肪分解活性，并广泛应用于生物技术形成风味调料或具有增强风味的化合物，如酶改性干酪。除了主要发生在干酪中，脂肪分解也会发生在干燥的发酵香肠和火腿中。不仅发酵肉制品生产中使用的发酵剂对肉制品中的脂肪具有分解活性，肌肉和脂肪组织的内源性脂肪酶也具有脂肪分解活性，这解释了火腿内部在微生物很难接触到的情况下仍然会发生脂肪分解。

蓝霉菌干酪中游离脂肪酸的代谢也非常显著，它通过β–氧化和脱羧作用转化为 2–甲基酮。与该过程相关的主要真菌是娄地青霉以及其他几种真菌如卡地干酪青霉。最常见的产生洛克福羊乳干酪和其他蓝纹干酪香味的甲基酮是 2–戊酮、2–庚酮和 2–壬酮。甲基酮随后可被还原为相应的仲醇（图 7–12）。对微生物如娄地青霉而言，甲基酮的产生可能是一种防御机制，在这种机制中，真菌利用更多的脂肪分解过程释放的有毒酸将产生的甲基酮转化为挥发性酮。当娄地青霉生长过程中不补充游离脂肪酸时，其次生代谢发生变化，开始产生倍半萜烃碳水化合物，其中马兜铃烯主要是随后产生娄底青霉菌毒素（PR 毒素）的挥发性中间体。这种毒素为娄地青霉所特有，据称它在干酪制作过程中发生了分解，但也许由于上述提及的原因，这种毒素目前还没有在干酪中有过报道。

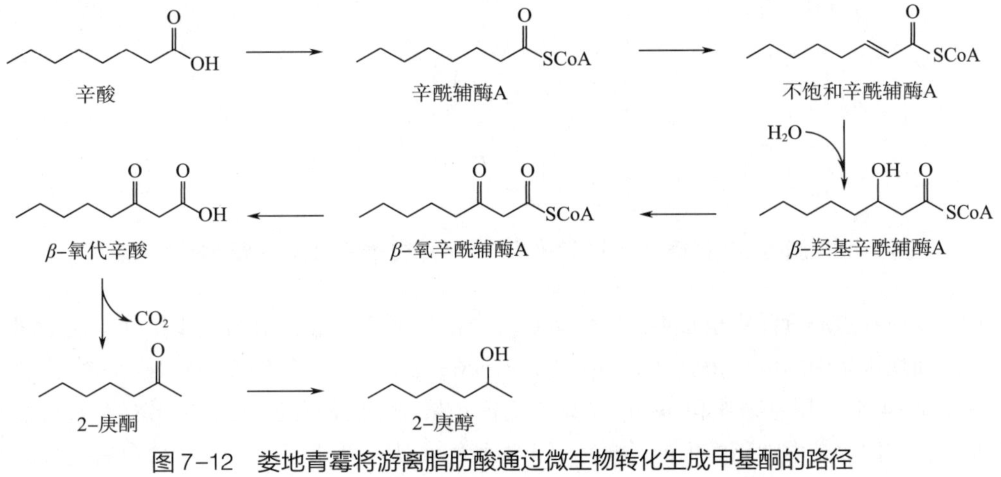

图 7–12　娄地青霉将游离脂肪酸通过微生物转化生成甲基酮的路径

羟基酸可以形成内酯。其关键过程是分子内酯化反应，通常 γ-内酯和 σ-内酯分别由五边形环和六边形环形成。内酯香味一般与桃子、椰子、脂肪和果味有关。黄油（乳脂）加热过程中会产生这些内酯，但在水果和一些发酵产品中也有丰富的内酯。因为它们有助于桃/椰子风味的形成，是一种宝贵的风味材料。内酯是一种被广泛研究的由微生物合成的化合物，一般通过酵母主要是脂溶性耶氏杆菌将羟基脂肪酸生物转化为内酯。生物工艺过程中使用的主要产品是由蓖麻油酸生物转化产生的 γ-癸内酯（桃香味），蓖麻油酸是由蓖麻油经过水解后产生的主要的酸（占全部水解产物的 90%）。

（四）脂肪降解的次级反应

油脂通过参与其他的一些化学反应途径也可以产生风味物质，最为主要的就是美拉德反应。油脂及其降解产物参与美拉德反应的主要作用方式如下。

1. 油脂降解产物与 Strecker 降解产物氨及半胱氨酸氨基的反应

热诱导油脂氧化产生大量的反应性长碳链羰基化合物如醛和酮，这些羰基非常容易与美拉德反应产生的氨或胺反应（图 7-13）。加热食品中发现的杂环芳香化合物含有 4 个或更多碳的侧链 R 基团，这些基团可能就是由油脂产生的。如 2,4-癸二烯醛是一种典型的脂肪降解产物，含有共轭的二烯醛部分，可以和 H_2S 及 NH_3 发生 Michael 加成反应，形成硫醇或胺类中间体，最终形成嘧啶、噻吩以及其他含 S—和 N—的杂环化合物，明显不同于一般的美拉德反应。

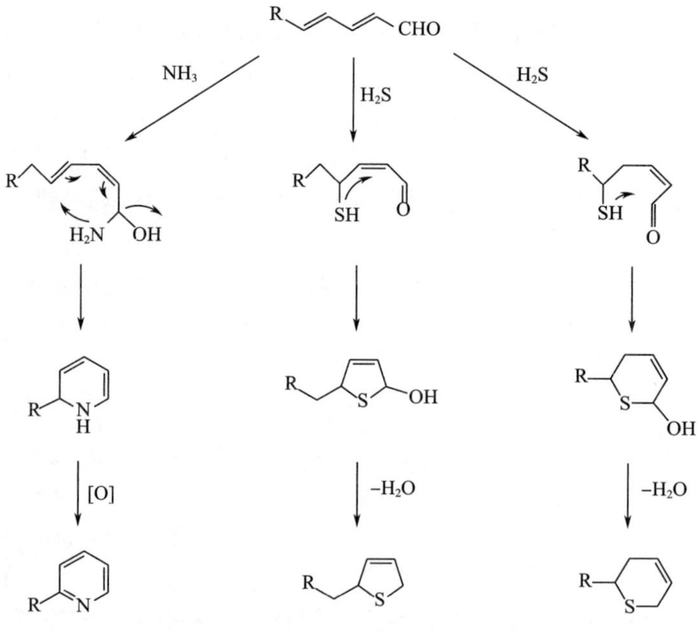

图 7-13　脂类和美拉德反应的相互作用（2,4-癸二烯醛和 H_2S 及 NH_3 的反应）

这种反应在点心食品中也很突出，烘焙点心产生与油炸点心相似的风味特性，这个问题令人困扰。油炸食品中的风味物质（如 2-戊基-3,5,6-三甲基对二氮杂苯、5-庚基-2-乙烷基噻吩、2-辛基-4,5-二甲基噻唑和 4-甲基-2-乙基唑）是环状的带有长链烷基侧链的芳香化合物，也就是说，它们都是由油脂产生的。含有很少油脂的食品（如焙烤点心）中含有这些长链芳香化合物的原因仍有待研究。

2. 磷脂酰乙醇胺的—NH_2与糖发生的羰基反应

脂类也可能贡献参与美拉德反应的氨基（如磷脂酰乙醇胺），这样就会增加反应所需的游离—NH_2数量。磷脂参与美拉德反应还值得一提的是，有充分证据表明磷脂的存在减少了食品（或模型体系）加热时产生的杂环化合物的数量。人们假设磷脂的降解产物可能竞争性结合可利用—NH_2从而减少美拉德反应通常形成的杂环化合物。这样就可能改变加热食品中芳香化合物的组成，相应地也改变香气。

3. 油脂氧化产生的自由基参与美拉德反应

油脂氧化产生的自由基可以诱导脱氧糖酮发生氧化 α-裂解，也可以促进糖基胺席夫碱在金属离子存在的条件下发生氧化，甚至引起脱羧反应发生。此外，美拉德反应所形成的还原酮及类黑素也能够与自由基反应形成稳定的自由基中间体，表现出显著的抗氧化性质。

4. 羟基或羰基脂类降解产物与美拉德反应产生的游离硫化氢反应

这种反应类似于脂类氧化降解产物与美拉德反应产物—NH_2发生的反应。人们发现加热食品中产生的很多含硫杂环化合物一定来自油脂（含长链 R 基）。

在肉类或肉类模型反应体系中大量研究了这种反应相依性，发现肉的肌肉部分会形成肉味或肉汤味的共同风味特征，而脂肪因为脂类/美拉德交互作用形成各种肉的特殊风味。这一理论已长期用于加工食品风味（肉类风味）的制造中。加工肉类风味大体含有相同的由糖和氨基酸形成的基本肉类风味，但含有不同的脂肪以产生独特的猪肉、牛肉和鸡肉风味等。

四、 氨基酸降解

蛋白质分解是众多涉及食品感官特性的化合物的来源。在食品的生物加工过程中，蛋白质分解的第一步由蛋白酶完成。它们产生各种肽，然后由肽酶（氨基肽酶和羧基肽酶）水解成氨基酸（图 7-14）。肽和氨基酸不具有挥发性，因此不能被嗅觉受体感知；然而，它们可以被味觉神经感知，是食品适口性的一个非常重要的因素。肽具有酸、甜、咸、鲜味或苦味等滋味特征。肽的苦味是某些蛋白质水解产物经常出现一个问题。在发酵食品加工过程中，如干酪，可设计多菌种复合发酵的工艺，以平衡某些具有强蛋白水解活性的菌种（如青霉菌）和具有肽酶活性的菌种（如地衣菌）产生风味物质的效果，从而避免产生苦味。

氨基酸的分解是产生大量且多样的挥发性化合物的直接原因。许多植物和微生物能够进行有效的氨基酸分解。因为这些菌种发酵过程易于操作，而且在发酵食品和饮料中很重要，所以对由氨基酸形成风味化合物途径的认识在微生物（细菌和真菌）中往往比在植物中进展得更快。这些认识形成的理论体系又为新假设的提出奠定了良好的基础，有助于人们对植物体内氨基酸降解途径的发现和了解。

氨基酸的分解作用主要会导致支链或苯醛、醇、酸或酯的生成（图 7-14）。它们也可以生成含氮的化合物，如胺、吡嗪和吡啶。含硫氨基酸甲硫氨酸和半胱氨酸是一大类含硫化合物的来源，包括硫醇、多硫化物和硫代乙酰基，但也包括非常多样化的杂环化合物，如噻吩、噻唑或羊毛硫氨酸。在食品热加工过程中，氨基酸及其降解产物会参与至美拉德反应中形成更为丰富的风味物质；在食品发酵过程中，它们也可作为扰乱细胞新陈代谢的代谢物的来源，例如，丙氨酸能够诱导细菌、真菌和叶绿体合成萜类化合物。

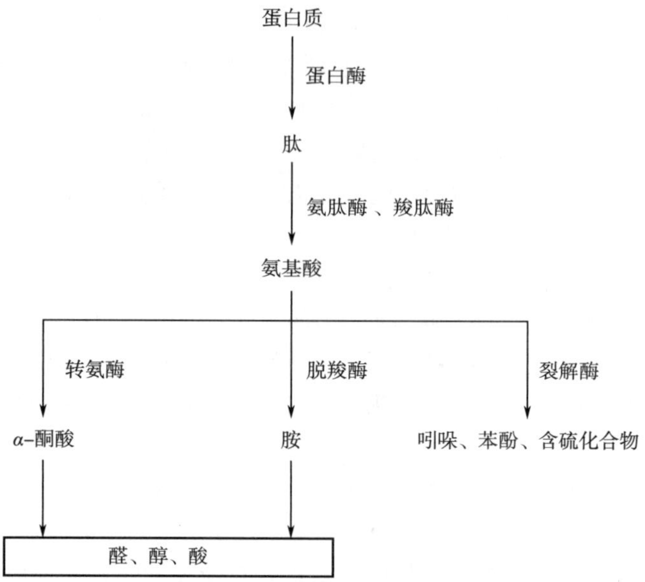

图 7-14　蛋白质分解的一般过程

在某些情况下，氨基酸可以固定挥发性化合物，并成为新的挥发性化合物的来源，如半胱氨酸前体。在这种情况下，它们可以促进挥发性前体的合成，如在百香果、葡萄和葡萄酒中，这一途径非常普遍。

（一）艾氏（Ehrlich-Neubauer）途径

微生物分解氨基酸最普遍的途径是 Ehrlich-Neubauer 途径（图 7-15），在这条路径的系列反应中，氨基酸通过转氨过程产生 α-酮酸，α-酮酸经过脱羧反应产生比原始氨基酸少一个碳的醛、醇和酸（表 7-4）。而 Ehrlich-Neubauer 途径得到的酸又很容易进一步与由同一代谢途径或其他途径产生的醇合成一系列酯类物质。在 Ehrlich-Neubauer 途径中，脱氨/转氨步骤往往是氨基酸分解代谢的限速步骤，尤其是乳制品中的乳酸菌代谢过程。

二价阳离子可以促进 α-酮酸氧化脱羧反应的发生。当具有一定氧化势的金属离子存在时，α-酮酸产生比原始氨基酸少两个碳的醛，丢失的两个碳分别为羧基碳和连有氨基的碳。例如，苯丙氨酸脱氨基形成的苯丙酮酸在 Mn^{2+} 催化作用下分解产生苯甲醛，甲硫氨酸在此过程中形成 2-甲硫基乙醛。

Ehrlich-Neubauer 途径中，醛既可以通过氨基酸转氨基生成的 α-酮酸脱羧得到，也可以通过氨基酸脱羧后再转氨基得到。在氨基酸合成过程中，这些醛也可以通过合成代谢途径产生。醛通常是中间产物，因为在氧化条件下，醛可以被转化为酸，而在还原条件下，它们被还原为具有花香或果香的醇。醛类可以有花香（苯乙醛）、果香或麦芽香（异丁醛、2-甲基丁醛和 3-甲基丁醛）等风味，也可能有蔬菜风味，比如甲硫基丙醛的气味会让人联想到煮熟的土豆。醛类被认为是发酵食品中非常重要的化合物，如在干酪或酒精饮料中。据报道，麦芽培养基中 2-甲基丙醛、2-甲基丁醛和 3-甲基丁醛的检测阈值分别为 0.1，0.13，0.06mg/kg，具有较强的气味活性。甲硫基丙醛在发酵食品中尤为重要。在啤酒中，它是由麦芽烘烤提供的；而在葡萄酒和干酪中，它是由氨基酸分解提供的，其在葡萄酒中可进一步形成二甲基三硫醚（DMTS），

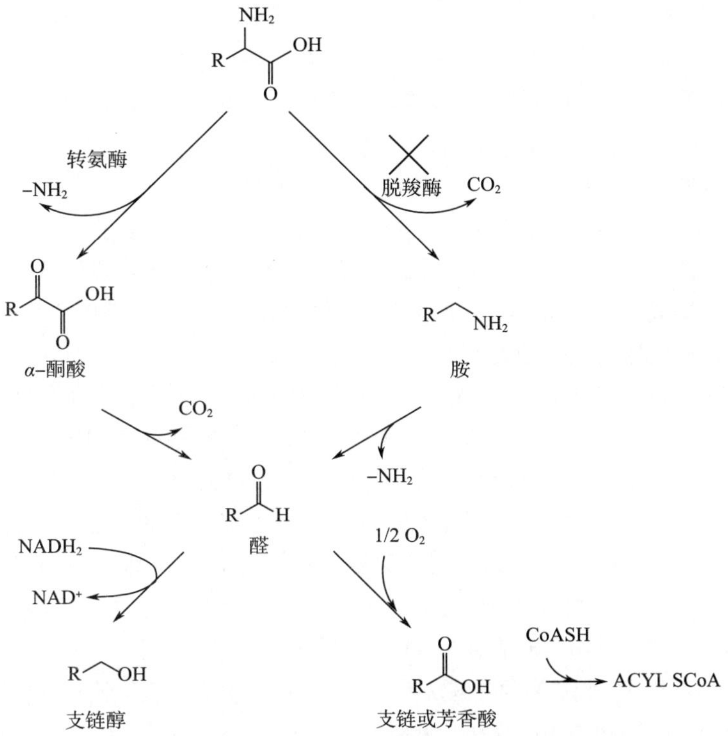

图 7-15 Ehrlich-Neubauer 途径的主要步骤

成为氧化葡萄酒的一大风味特征。

表 7-4 Ehrlich-Neubauer 途径产生的主要醛、醇、酸类风味物质

氨基酸	醛	醇	酸
亮氨酸	3-甲基丁醛	3-甲基丁醇	3-甲基丁酸
异亮氨酸	2-甲基丁醛	2-甲基丁醇	2-甲基丁酸
缬氨酸	异丁醛	异丁醇	异丁酸
丙氨酸	乙醛	乙醇	乙酸
甲硫氨酸	3-甲硫基丙醛	3-甲硫基丙醇	3-甲硫基丙酸
甲硫氨酸	甲硫基乙醛①	甲硫基乙醇①	甲硫基乙酸①
半胱氨酸	巯基乙醛	巯基乙醇	巯基乙酸
苯丙氨酸	苯乙醛	2-苯乙醇	苯乙酸
苯丙氨酸	苯甲醛①	苯甲醇①	苯甲酸①
谷氨酸	4-氧代丁酸	4-羟基丁酸或丁内酯	丁二酸（琥珀酸）
酪氨酸	4-羟苯基乙醛	4-羟苯基乙醇（酪醇）	4-羟苯基乙酸
酪氨酸	吲哚乙醛①	吲哚乙醇①	吲哚乙酸①

注：①Mn^{2+}或 Mg^{2+}作用下的氨基酸代谢产物。

亮氨酸通过 Ehrlich-Neubauer 途径产生的3-甲基丁醇具有酒香和花香的特征。苯丙氨酸通过 Ehrlich-Neubauer 途径产生的2-苯乙醇在许多水果如番茄或猕猴桃中具有显著的风味贡献，它也是 Camembert 干酪成熟 7d 后的主要风味物质之一。在干酪中，2-苯乙醇主要是酵母菌的代谢产物，酵母菌是唯一能在软凝乳 pH（pH=4.6）的条件下生长的微生物，因此2-苯乙醇主要存在于干酪发酵成熟的第一周。

Ehrlich-Neubauer 途径产生的醛还可以被氧化成异丁酸、2-甲基丁酸和异戊酸等羧酸类物质。这些羧酸有轻微的气味，有时表现为令人不快的嗅感，让人联想到汗味，有时也会成为食品优良感官品质的形成产生正面贡献，如3-甲硫基丙酸是巧克力和烘焙食品的一种特征风味，并且能够在红葡萄酒中透发优美的乳酸香气。

在发酵食品中，Ehrlich-Neubauer 途径产生的酸和醇进一步脱水缩合产生的酯类物质品种繁多，一般都具有水果香气特征。在这一过程中，首先羧酸被活化成酰基-*S*-辅酶 A，然后辅酶被短链醇取代形成烷基酯，或被硫醇取代产生硫酯。参与酯化反应的酶种类繁多，包括羧酸酯酶和芳香酯酶。2-甲基丁酸乙酯、异丁酸乙酯、辛酸乙酯、己酸乙酯和乙酸-3-甲基丁酯被鉴定为 Scheurebe 和 Gewürztraminer 葡萄酒的关键特征风味物质，其产率与酵母活性有关。乙酸-2-苯乙酯和丙酸-2-苯乙酯是贡献 Camembert 干酪风味的重要物质。在所有干酪中，酯的产生发生在成熟早期，与酯类物质形成有关的微生物主要是酵母。

对于一些微生物来说，氨基酸的分解从脱羧反应开始，生成二氧化碳和胺类物质（图7-15）。这个反应需要磷酸吡哆醛和辅酶的存在，低氧压条件有利于这一反应的进行。亮氨酸脱羧得到异丁胺，苯丙氨酸脱羧得到苯乙胺，而酪氨酸生成酪胺。食品中存在的挥发性胺类物质如异丙胺、异戊胺、反戊胺、苯乙胺、精胺、亚精胺、腐胺和1,5-戊二胺等都被证实与氨基酸的脱羧反应密切相关。许多挥发性胺类物质被描述为果味、酒精味或类清漆香气，也有一些胺类物质表现出臭味，对食品风味品质产生重要影响。胺不是该反应通路的终产物，而是能够经过氧化脱氨形成醛类物质，并可能进一步形成醇、酸、酯类物质。

（二）氨基酸侧链的分解

酪氨酸-苯酚裂解酶和色氨酸-吲哚裂解酶分别可以降解酪氨酸和色氨酸的侧链基团，形成苯酚和吲哚。所有酵母和细菌在发酵过程中都能积累吲哚，星形假丝酵母（*Candida stellata*）是产生吲哚能力最强的酵母，林德内氏乳杆菌（*Lactobacillus lindneri*）是产生吲哚能力最强的细菌。在亚麻短杆菌对色氨酸的分解代谢模型实验中，培养基中的色氨酸能够被快速分解为邻氨基苯甲酸。林堡软干酪中的亚麻短杆菌（*Brevibacterium linens*）还可对酪氨酸产生降解作用，形成苯酚。

在干酪中，含硫化合物主要来源于甲硫氨酸-γ-去甲硫醇酶裂解碳-硫键引起的甲硫氨酸降解。甲硫氨酸是甲硫醇的前体，而甲硫醇的氧化可以产生二甲基二硫醚和二甲基三硫醚。甲硫氨酸产生不同含硫化合物的途径如图7-16所示。许多微生物能够利用甲硫氨酸产生甲硫醇，特别是棒状杆菌和酵母菌。棒状杆菌，特别是亚麻短杆菌，被认为是在它们生长的干酪中产生含硫化合物的关键因素。在除酵母菌外的其他成熟真菌中，很多也都有降解甲硫氨酸产生甲硫醇的潜力，比如卡门青霉（*Penicillium camemberti*）、白地霉（*G. candidum*）和解脂耶氏酵母（*Yarrowia lipolytica*）。一些白地霉菌株虽然生长于干酪发酵成熟的早期，却能够改变 Camembert 干酪的典型风味。它们在富含甲硫氨酸的凝乳培养基中能够积累硫代乙酸甲酯、硫代丙酸甲酯、硫代丁酸甲酯、硫代异丁酸甲酯、硫代异戊酸甲酯和硫代己酸甲酯等多种硫化物，这些硫酯表现出从干酪味到水果味广泛的风味特征。白地霉的代谢与亚麻短杆菌不同，能够积累 α-酮-4-甲基硫代丁酸作为分解代谢的中间产物。

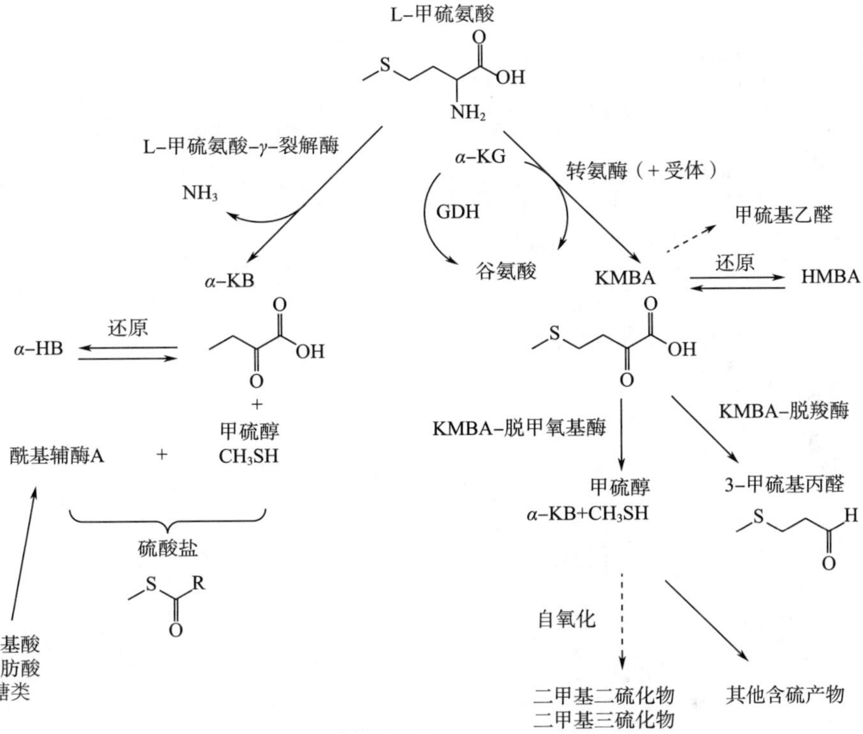

图 7-16　甲硫氨酸产生的主要含硫风味物质

α-KB：α-酮基丁酸；α-HB：α-羟基丁酸；KMBA：2-酮基-4-甲硫基丁酸；HMBA：2-羟基基-4-甲硫基丁酸；α-KB：α-酮戊二酸；GDH：谷氨酸脱氢酶。

苯丙氨酸的侧链被苯丙氨酸氨裂合酶裂解形成肉桂酸，肉桂酸的甲酯化产物肉桂酸甲酯是 Camembert 干酪香气物质的重要组成。卡地干酪青霉能够使肉桂酸脱羧生产苯乙烯，苯乙烯在 Camembert 干酪中含量非常高，并且与 1-辛烯-3-醇产量之间存在相关性。

（三）风味物质的半胱氨酸固定化

半胱氨酸的巯基是反应活性较强的基团，一些醛、酮或不饱和化合物可以与半胱氨酸反应形成被半胱氨酸固定化的硫醇类物质。最早发表的例子之一是将胡薄荷酮转化为对-8-薄荷硫醇。固定挥发性化合物的分子可以是游离的半胱氨酸，也可以是以氨基酸残基形式存在的谷胱甘肽。在葡萄发酵酿酒的过程中，这些被半胱氨酸固定化的风味化合物在酵母中活性裂解酶的作用下被以游离硫醇的形式释放出来，生成的这些硫醇的嗅觉阈值往往很低，对葡萄酒风味品质形成的贡献很大。

（四）氨基酸 Ehrlich-Neubauer 降解产物与糖降解产物的缩合

丙氨酸通过 Ehrlich-Neubauer 途径发生脱氨基能产生丙酮酸，因此会极大地干扰新陈代谢。1997 年，利兹坦塞尔（Lichtenthaler）等发现丙酮酸浓度过高首先导致 1-脱氧-D-木酮糖生成，进而生成甲基-D-赤藓糖醇-4-磷酸，据此提出一条芳樟醇生物合成的新途径，其同位素标记前体形成芳樟醇的反应路线如图 7-17 所示。该途径存在于叶绿体、细菌和真菌中。叶绿体中的单萜烯即是通过这种途径构建的，而倍半萜是在细胞质中合成的，因此该过程需要中间体异戊基烯丙基焦磷酸从质体中流入细胞质。

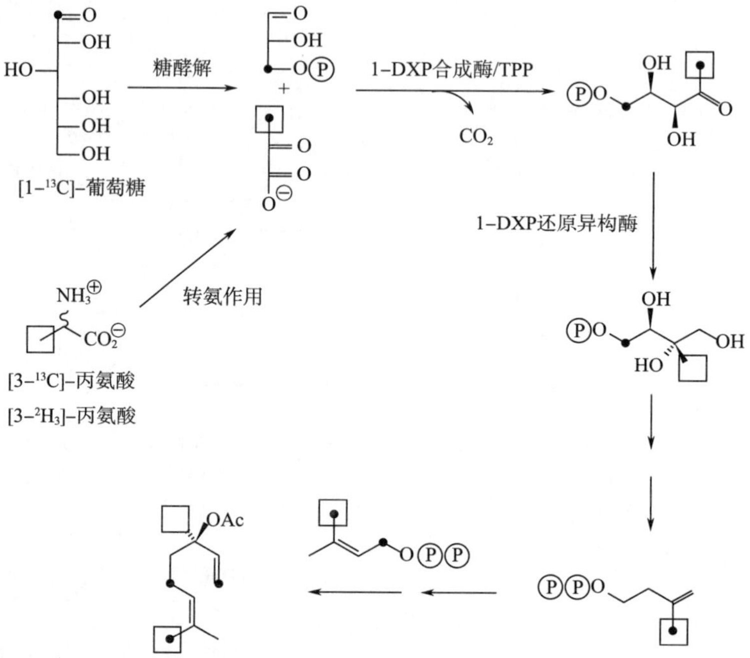

图 7-17　丙氨酸合成萜烯的途径

1-DXP，1-脱氧-D-木酮糖-5-磷酸；TPP，焦磷酸硫胺素。

（五）氨基酸的环化

吡嗪是非常有效的风味化合物，可带来坚果味或蔬菜味。它们可以由美拉德反应产生，也可由微生物产生。纳豆等发酵食品的特征风味就与吡嗪密切相关。生物合成的吡嗪主要有聚烷基吡嗪类和甲氧基吡嗪类，由枯草芽孢杆菌（*Bacillus subtilis*）、假单胞菌（*Pseudomonas* sp.）和谷氨酸棒杆菌（*Corynebacterium glutamicum*）等微生物产生。目前已利用细菌培养实现纯吡嗪的生产并用作天然调味剂，通过枯草芽孢杆菌平均可以生产 4g/L 的四甲基吡嗪。微生物代谢过程中，氨基酸在酶的作用下发生分子间环化形成吡嗪，分子内环化则可形成吡咯类化合物（图 7-18）。

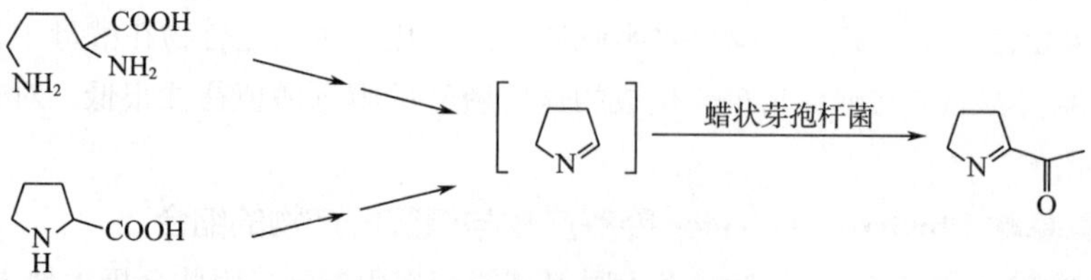

图 7-18　蜡状芽孢杆菌以鸟氨酸和脯氨酸为原料通过吡咯烷中间体合成 2-乙酰基吡咯啉

第三节 肉类风味料

一、 肉类风味料制备原理

热反应风味料更多地涉及食品加工烹饪过程，而不是化学合成。其所发生的反应在化学反应路径上非常复杂，形成了数百种挥发物和非挥发物。最终的热反应风味料是由所有芳香活性挥发物和味觉活性化合物的感官效应的总和来定义的。模型反应试验和现代分析方法（气相色谱/质谱、气相色谱/嗅闻色谱）为明确热反应风味料中风味物质形成关键机制提供可能。采用这些手段，威德（Widder）等发现了一种重要的香气化合物，3-巯基-2-甲基戊烷-1-醇，与洋葱的热加工风味特征有关。促进热反应风味产生的基本反应是美拉德反应、Strecker 降解反应、脂质氧化和维生素 B_1 降解等。由这些不同机制形成的产物的相互作用还会导致进一步的风味成分。热加工肉香风味形成原理包括以下几个方面。

（一）蛋白氮源（氨基酸和肽类）的热降解反应

在热加工过程中，较高的温度会使蛋白质、多肽的水解程度增高，产生更多的游离氨基酸。而在后续热反应过程中，氨基酸又会经历脱氨、脱羧，形成醛、烃、胺等小分子挥发性物质。

（二）碳水化合物的热降解反应

肉类风味料中另一个重要的组分是还原糖。在温度较高且含水量极低或无水条件下，碳水化合物（还原糖）会发生焦糖化反应。其中糠醛、羟甲基糠醛等呋喃型化合物均可通过还原糖的热反应形成，进一步形成具有芳香气味的呋喃类衍生化合物、羰基化合物、醇类、脂肪烃和芳香烃类化合物。5-甲基-4-羟基-呋喃酮也可通过如肌苷单磷酸盐的脱磷酸、脱水反应形成。这些碳水化合物降解形成的呋喃类或呋喃酮类化合物极易与硫化氢反应形成肉香风味化合物。

（三）维生素 B_1（硫胺素）降解

维生素 B_1的降解在热加工肉香风味形成中担任重要角色。维生素 B_1在特定的 pH、时间及温度下单独加热时（在水中）就可以形成多种肉类风味料（图 7-19）。维生素 B_1分子的噻唑部分是非常重要的风味贡献者，它非常容易分解产生挥发性成分，主要是具有浓郁香气的含硫物质。热处理维生素 B_1形成甲基和乙烯基取代的噻唑、呋喃型化合物和噻吩型化合物以及非环化的含硫物质。维生素 B_1的热加工风味在初期像臭鸡蛋味（硫化氢），然后逐渐像鸡肉味，最终类似牛肉味。其中，2-甲基-2,3-二羟基-3(或4)-噻吩硫醇、2-甲基-4,5-二羟基-3(或4)-噻吩硫醇都具有类似煮牛肉或烤牛肉的气味特征。

（四）脂类物质的降解

在加热肉原料的时候，挥发性气味特征的重要来源之一是脂类物质中不饱和酰基链的氧化产物，因此脂肪或其他可以提供脂质的原料通常被应用于热加工风味料的制备中。不饱和脂肪酸，如油酸、亚油酸和花生四烯酸中的双键，在加热过程中发生氧化反应，生成过氧化物，继

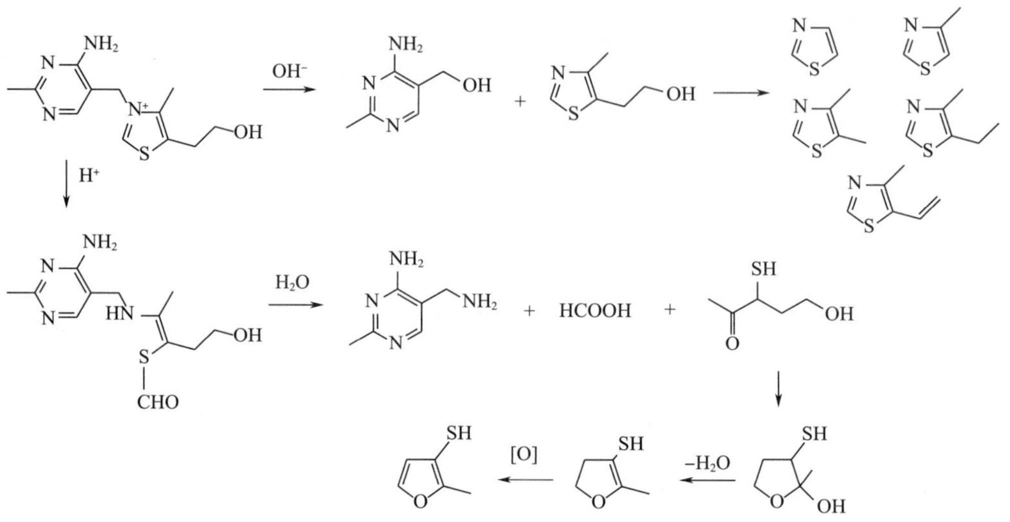

图 7-19　维生素 B_1 形成的风味物质

而进一步分解为识别阈值较低的酮、醛、酸等挥发性羰基化合物。另外，羟基脂肪酸水解生成的羟基酸经过加热脱水、环化生成具有肉香气味特征的内酯化合物。这种非酶脂质自氧化会引起非常复杂的反应产物的形成，这与低温下发生、由脂氧合酶催化的酶促脂质氧化有很大区别。脂质氧化最重要的前体是不饱和脂肪和脂肪酸，如油酸（18∶1）、亚油酸（18∶2）、亚麻酸（18∶3）和花生四烯酸（20∶4）。不饱和度越高越容易氧化。脂质过氧化及其次级反应产生的各种挥发性化合物中许多是有气味的，尤其是醛类，这就是脂质氧化也是产生热加工风味的主要原因，并且在很大程度上有助于优化含脂肪食物的风味。脂质氧化也发生在贮存条件下，过氧化会导致食物的负面香气变化，如酸败、回温味、纸板气味和金属异味。

油酸的自氧化将产生 4 种主要的氢过氧十八碳烯酸 8-HPOE、9-HPOE、10-HPOE 和 11-HPOE（图 7-20），其裂变将产生大量挥发性化合物，如辛醛、壬醛、癸醛、(*E*)-2-癸烯醛和(*E*)-2-十一烯醛，即重要的气味活性物质。亚油酸有两个非共轭双键，因此其形成的氢过氧化物理论产率较高。亚油酸形成的主要氢过氧辛二烯酸是 9-HPOD、10-HPOD、12-HPOD 和 13-HPOD（图 7-21），其进一步反应产生气味活性物质已醛、(*E*)-2-庚醛、(*E*)-2-辛烯醛、(*Z*)-2-辛烯醛、(*E*)-2-壬烯醛、(*Z*)-3-壬烯醛、(*E*,*E*)-2,4-癸二烯醛和 (*E*,*Z*)-2,4-癸二烯醛。强效气味物质 (*E*,*E*)-2,4-癸二烯醛（在水中的气味阈值为 0.2mg/g）具有令人愉悦的油炸香味，是类似肉类（尤其是鸡肉）、烘烤坚果、黄油和加热油的主要特征气味物质。花生四烯酸在肉类和蛋类中含量很低，尤其是在蛋黄中。花生四烯酸的氧化主要产生与亚油酸相同的化合物。此外，形成了具有 10 个以上碳的醛，如 (*E*,*Z*)-2,6-十二碳二烯醛和 (*E*,*Z*,*Z*)-2,4,7-十三碳三烯醛。亚麻酸氧化之后产生的典型的低气味阈值产物是 (*E*)-2-己烯醛、(*E*,*Z*)-2,6-壬二烯醛和 (*Z*,*Z*)-1,5-辛二烯-3-酮。相关研究表明，除脂肪酸组成影响脂质加热过程中形成的羰基化合物的种类和比例，反应介质的结构也会产生重要的影响。反应介质分子自组装结构的类型对反应产率有显著影响。与采用不同纳米结构，即倒六边形结构的磷脂酰乙醇胺相比，与水一起形成层状相的鸡蛋磷脂酰胆碱产生明显更多的 (*E*,*E*)-4-癸二烯醛。

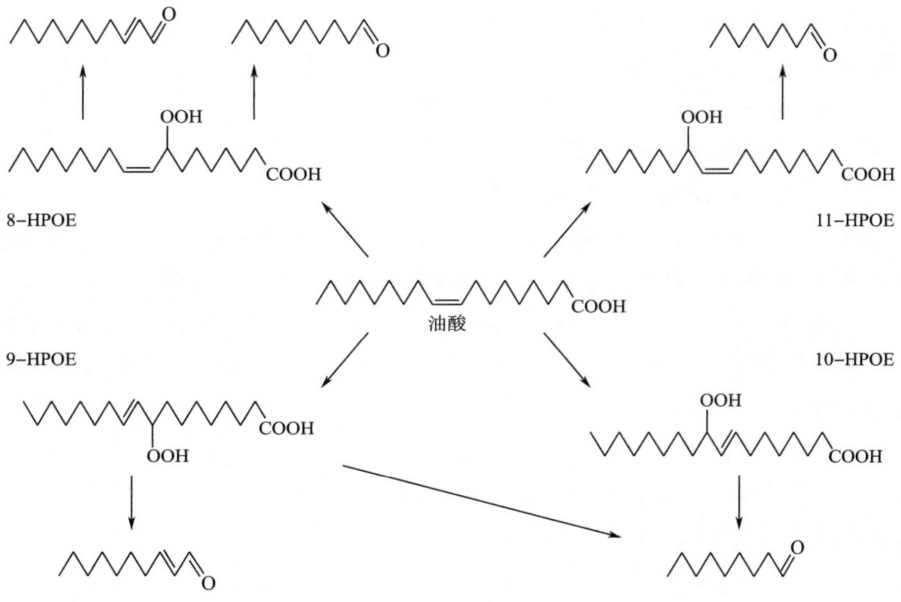

图 7-20　油酸的自氧化

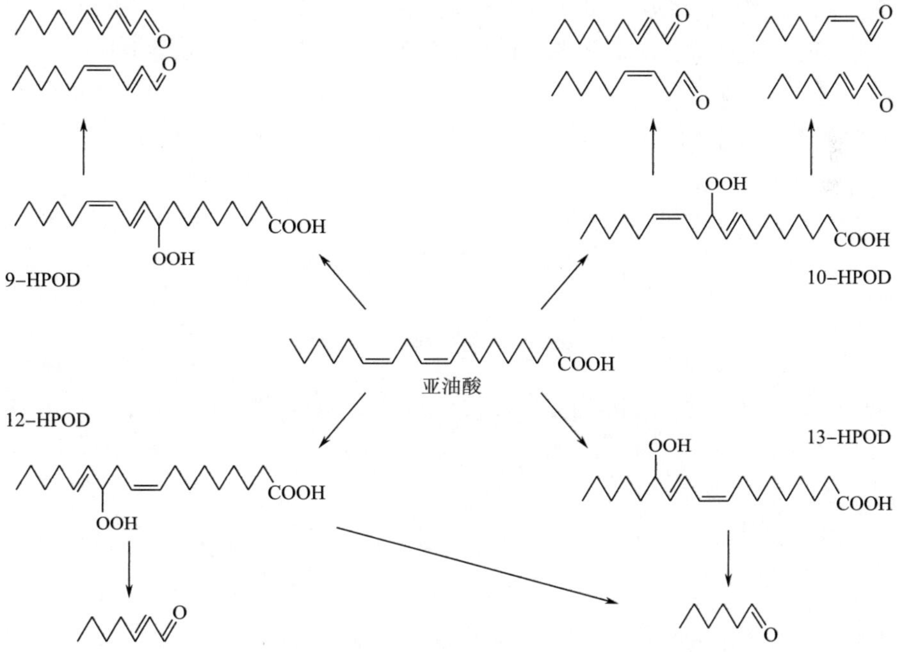

图 7-21　亚油酸的自氧化

（五）美拉德反应与 Strecker 降解反应

羰基（还原糖）与氨基（氨基酸/肽）之间的美拉德反应是生成肉香风味物质的最重要的途径之一，在热反应风味形成过程中起到重要的作用。Strecker 降解反应是与美拉德反应相关的最重要的反应，其包括在二羰基化合物的存在下 α-氨基酸的氧化脱氨和脱羧，该反应将生成比反应物氨基酸少一个碳原子的醛和一个 α-氨基酮。这些氨基酮是生成各种杂环化合物，如吡嗪、噁唑和噻唑的重要中间产物。含硫氨基酸是含硫杂环化合物的重要前体物质，半胱氨酸经 Strecker 降解生成 H_2S、氨、巯基乙醛和 α-氨基酮，这些化合物是产生强烈香气物质的中间物质，在肉香中起重要作用，故半胱氨酸在肉香风味形成中很重要。关于美拉德反应与 Strecker 降解的原理及其对肉香风味形成的贡献性详见本书第六章。

（六）脂质与美拉德反应的相互作用

油脂通过参与其他物质的一些化学反应途径也可以产生风味物质，其中最为主要的就是美拉德反应。热诱导油脂氧化产生大量的反应性长碳链羰基化合物如醛和酮，这些活泼的羰基非常容易与美拉德反应产生的氨或胺反应。加热食品中发现的杂环芳香化合物含有 4 个或更多碳的侧链 R 基团，这些基团可能就是由油脂产生的。如 2,4-癸二烯醛是一种典型的脂肪降解产物，含有共轭的二烯醛部分，可以和 H_2S 及 NH_3 发生 Michael 加成反应，形成中间体，最终形成吡啶、噻吩以及其他含 S 和 N 的杂环化合物，明显不同于一般的美拉德反应。例如，在焙烤芝麻中鉴定出来的具有脂肪气味的呈香化合物 2-戊基吡啶，是由脂肪氧化产物 2,4-癸二烯醛与氨基酸如谷氨酰胺和天冬酰胺降解产生的氨反应形成的（图 7-22）。油脂氧化形成的己醛，可以通过与硫化氢发生加成和取代反应，形成己二硫醇；其他醛类通过相同途径形成的二硫醇与己二硫醇发生取代和氧化反应形成具有多碳侧链的环三硫醚（图 7-23）。此外，油脂氧化产生的 4,5-环氧-2-烯醛可以与氨基酸发生类 Strecker 降解，形成 CO_2、Strecker 醛和吡啶，4,5-环氧-2-烯醛的碳链长度决定了吡啶侧链的长度（图 7-24）。在这一过程中，环氧结构有可能被氨基攻击，进而形成吡咯环，*N*-代吡咯的取代基的种类由氨基酸的 R 基决定。

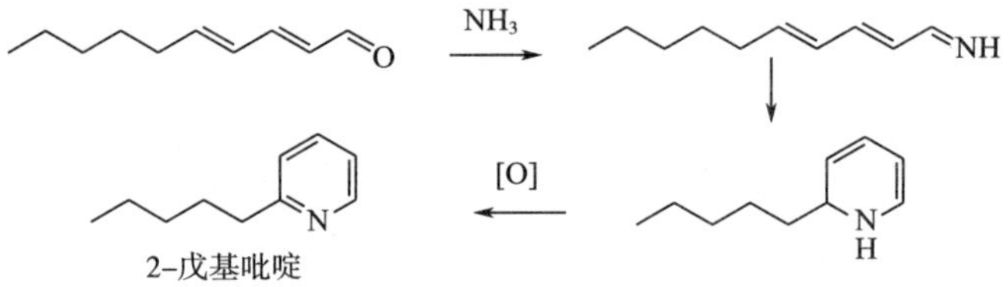

图 7-22　2-戊基吡啶的形成途径

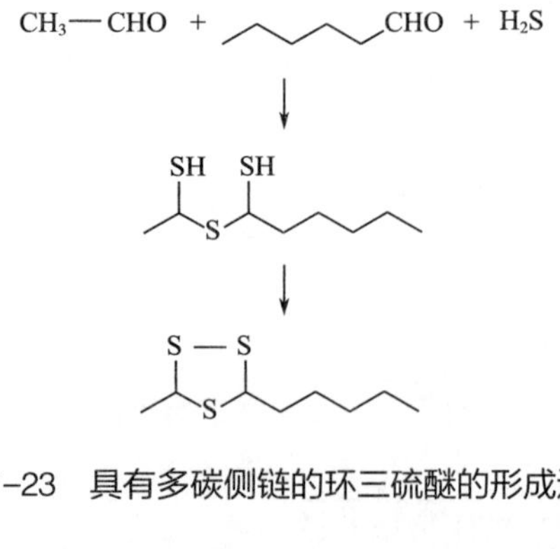

图 7-23　具有多碳侧链的环三硫醚的形成途径

已有大量研究关注肉类或肉类模型反应体系中脂质氧化与美拉德反应的交互作用，结果表明，肉类组织的肌肉部分形成了肉味或肉汤味的共同风味特征，而脂肪因为脂类-美拉德交互作用形成各种肉的特殊风味，这一理论已长期用于加工肉类风味料的生产中。加工肉类风味大

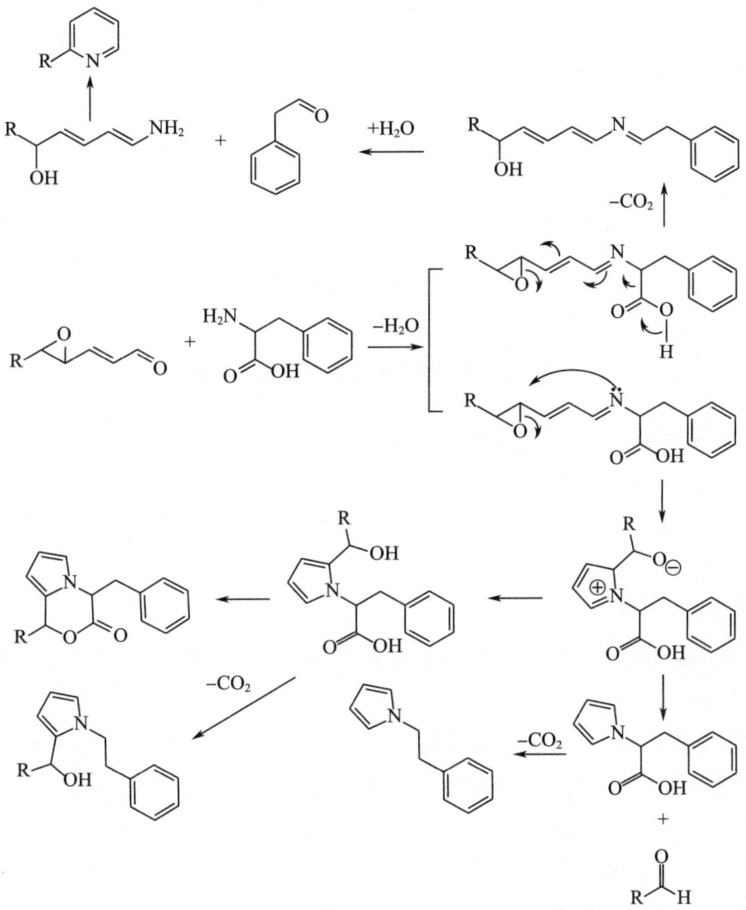

图 7-24 环氧共轭不饱和醛与氨基酸的反应

体含有相同的由糖和氨基酸形成的基本肉类风味，但不同动物脂肪的加入则产生其相应的猪肉、牛肉或鸡肉的特征风味。

（七）其他相关反应

除了美拉德反应、脂肪氧化和维生素 B_1 降解外，加工香料中更多的香气化合物是由这些不同反应的交互作用以及所用原料中存在的其他前体（如酚类化合物、萜烯）反应形成的。例如，一种香气强烈的含硫化合物，3-巯基-2-甲基戊烷-1-醇，气味阈值为 0.15mg/L 水，可以由洋葱中的丙醛通过羟醛缩合、硫化氢加成和酶促还原形成（图 7-25）。酚类芳香化合物可以通过酚酸如阿魏酸的热自由基降解产生，阿魏酸是许多植物原料的成分，如图 7-26 所示为由阿魏酸降解形成乙烯基愈创木酚、香草醛和愈创木酚的重要路径。

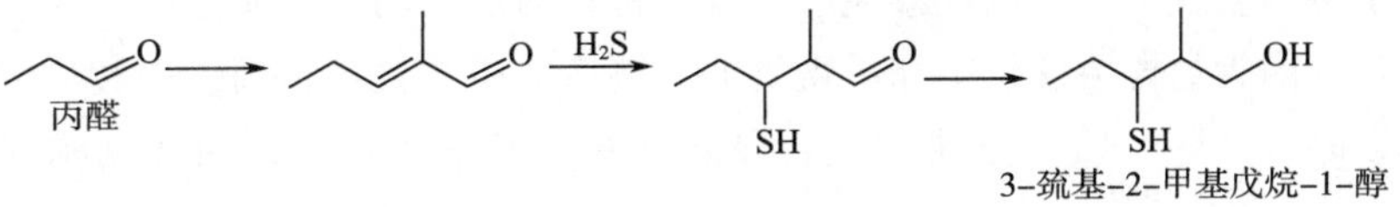

图 7-25 洋葱中丙醛形成 3-巯基-2-甲基戊烷-1-醇的路径

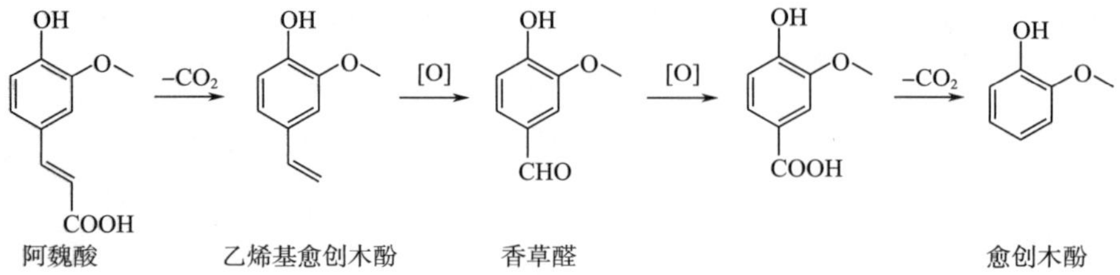

图 7-26 阿魏酸的降解路径

二、肉类风味料制备技术

（一）肉类风味前体物质及风味料组成

用于生产风味料的基本物质组成一般包括蛋白质氮源、碳水化合物、硫源、酸、脂类、多种风味增效剂等。根据应用食品风味需求，可能还需加入多种其他的原料来提供某种感官香韵（如烟熏味、辛香味）。

1. 蛋白质氮源

食品中包含的氨基酸主要以低聚肽和蛋白质形式存在。蛋白质中的氨基大多是以酰胺形式存在，一般不参与美拉德反应。与游离氨基酸相比，蛋白质发生美拉德反应的活性很有限，食品蛋白质和还原糖的相互作用一般不太重要。

但赖氨酸有额外的氨基基团，结合在蛋白质中也有游离的 ε-氨基存在，它能和还原糖发生美拉德反应，但不会发生 Strecker 降解，因为没有游离的 α-羧基将电子提供给氨基。精氨酸和天冬酰胺即使结合在蛋白质中也可以产生氨，因此也可以发生美拉德反应。

二肽和三肽的模型体系研究表明低聚肽的美拉德反应活性明显不同于游离氨基酸，反应速率研究表明二肽比游离氨基酸的反应活性高得多，三肽也是如此，只是程度稍低一些。研究发现甘氨酸的二肽、三肽、四肽和葡萄糖在 180℃ 反应生成吡嗪、*N*-烷基-2(1H)-吡嗪酮、糠醛和 5-(羟基-甲基) 糠醛。*N*-烷基-2(1H)-吡嗪酮是肽美拉德反应的特有产物，各产物的相对产率因起始原料是甘氨酸还是二肽、三肽或四肽而有很大变化。

水解植物蛋白（HVP）是分子质量分布广泛的肽与氨基酸的混合物，通常是由小麦蛋白、玉米蛋白、大豆蛋白等粮食加工副产物经过酸、碱或酶的作用水解得到。HVP 是肉类风味料制备的重要氮源。

工业生产 HVP 的 3 种常用方法是：①酶法水解，水解速度较慢，会导致苦味肽的产生，可能会缺乏想要的芳香口感；②碱法水解，通常会产生不易接受的芳香口感并导致氨基酸不平衡；③酸法水解，是工业生产最常用的方法，成本低廉，并能产生较好的风味。

采用较高的盐酸/蛋白质比例可以保证较为彻底的蛋白质水解，获得更好的风味口感，同时也降低了蛋白质过敏人群的健康风险，是一种较为理想的蛋白质水解方法。但必须防止盐酸严重过量，因为这样会使得中和后得到的最终产品中盐含量过高。中和后的水溶液经活性炭过滤可以除去一些杂质，但同时也会导致某些氨基酸的损失，因此过滤程度应该严格控制。

2. 碳水化合物

肉类风味料中另一个重要的组分是还原糖。尽管选择不同的氨基酸会对最终风味料的感官特性产生重要的影响，而碳水化合物的影响相对较小，但仍会对风味特性会产生微妙的影响。

葡萄糖是最常用的一种还原糖，它的优点是价格低廉，反应活性适当。阿拉伯糖、木糖、果糖、乳糖也常被应用于不同的肉类风味料生产中，其中，木糖的利用近年来有所增加。木糖是一种戊糖，由于它在美拉德反应中表现得更加活泼，因而可能会缩短反应时间。但其价格较贵，这限制了它在风味料加工中的应用。

在国内外的专利文献中还有将核糖、5-磷酸核糖、水解多糖、酵母、酵母自溶物作为碳水化合物来源用于风味料生产。其中，酵母和酵母自溶物均会提供一些游离的糖类。而核糖和5-磷酸核糖目前价格昂贵，因此基本没有应用于工业生产。

与氨基酸相似，碳水化合物也可能被更为纯粹的羰基化合物所取代，比如丙醛、丁二酮。这是因为美拉德反应泛指的是氨基和羰基的反应，而羰基不一定必须是还原糖。

3. 硫源

想要制造出肉类风味，必须在反应混合物中加入硫源。硫源大都为半胱氨酸和胱氨酸（游离氨基酸或盐酸盐的形式），但也有用硫化氢取代的（因为通常认为含硫氨基酸能产生硫化氢）。因为硫化氢对生产设备有腐蚀性，并且表现出一定的毒性，所以生产商更偏好使用含硫氨基酸。在风味工业中，硫化物常用于复合调味品，它本身几乎没有气味，然而，热反应后可以分解产生噻唑及其衍生物，例如，4-甲基噻唑、4,5-二甲基噻唑、4-甲基-5-乙基噻唑和4-甲基-5-乙烯基噻唑，它们具有坚果气味。维生素 B_1 是热不稳定的维生素，它对很多加热食品，特别是肉的风味的形成贡献很大。维生素 B_1 分子内含有一个噻吩基，受热后会产生噻吩及一系列含氮或含硫化合物，其中许多化合物具有肉香的气味特征。维生素 B_1 热降解产物中的许多化合物与美拉德反应形成的化合物相同，如2-甲基-3-呋喃硫醇，其气味阈值是迄今为止已知化合物中最低的，对鸡肉和牛肉的肉香贡献较大。

维生素 B_1 加热的风味开始时像臭鸡蛋味（硫化氢），然后逐渐像鸡肉味，最终类似牛肉味。中性和酸性条件有利于形成2-甲基-3-呋喃硫醇，这是煮肉的关键成分，早些时候已经在一种类似肉类的加工调味品中被发现。也有研究表明5-羟基-3-巯基-2-戊酮为维生素 B_1 水解过程中的关键中间体。另一种假设的中间体3,5-二羟基戊-2-酮在与半胱氨酸或者 H_2S 反应时仅生成痕量的2-甲基-3-呋喃硫醇。在碱性条件下，维生素 B_1 降解为5-(2-羟乙基)-4-甲基噻唑和嘧啶衍生物。尽管维生素 B_1 是制造肉类风味料的优良前体，但其价格、天然情况及维生素活性等均为不利因素。

甲硫氨酸可以产生蔬菜风味（因为甲硫氨酸可以热降解为甲硫醛产生土豆风味）。专利文献中还有许多其他硫源的建议，包括一系列植物提取物（如葱属植物提取物）及纯化学物（如甲硫醇、乙硫醇、二甲基硫化物）。但是，前面提到的氨基酸仍然是这类风味料中的主要硫源。

4. 酸

酸通常用来调节反应体系的pH。肉类风味料一般在pH 5.2左右进行热加工，与肉类本身的pH相似。由于磷酸是美拉德反应的催化剂，因此最常用。当然也可以采用其他的一些无机酸，如盐酸、硫酸等。在专利文献中还使用多种有机酸，这些酸一般都带有自身的风味，因而它们不仅用来调节反应体系的pH，而且还能增添所期望的感官香韵，如柠檬酸、乳酸、乙酸、丙酸、苹果酸、酒石酸等。

5. 脂类

肉中的脂肪主要分为肌内脂肪和肌间脂肪。肌内脂肪主要指总磷脂，富含油酸、花生四烯酸和亚麻油酸等不饱和脂肪酸；肌间脂肪存在于动物的结缔和皮下组织中，主要成分是甘油三酯。有研究表明，与动物脂肪（甘油三酯）相比，磷脂对肉香味的形成贡献更大。但是在实际生产过程中，由于动物脂肪廉价易得，所以人们在制备热反应肉味香精时一般添加的是动物脂肪，而很少使用磷脂。

早期肉类风味研究表明，一般熟肉的特征风味可以通过加热肉中的水溶性组分来复制。但不同品种肉的风味差别是加热肉中的脂类部分时形成的。这就导致了大部分肉类风味料使用相似的基础肉类反应体系，然后通过加入脂类来产生各种肉的独特风味，如羊肉、鱼肉。这些脂类大多来源于相应动物脂肪的边角料。虽然目前工业上已经能够在反应体系中不加入脂类，而通过加入合成的化学物质产生不同品种肉的风味差异，但由于这些物质不是天然的，在产品标签上必须标明是人工合成的，因此使用较少。

6. 酵母自溶提取物（AYE）

酵母自溶提取物是酵母自身消化的产物，可以通过加热活酵母浆液至45℃得到，此时可以有效杀死细胞而不破坏其中的酶。这些酶大都是蛋白酶，可作用于细胞组分，使细胞组分部分溶解，所产生的低分子质量化合物包括肽、氨基酸及核苷。酵母自溶的程度取决于温度、时间及介质的pH。此过程可以通过升高温度使酶失活而终止。蛋白质及碳水化合物的降解程度可以控制，以满足某些特殊风味或加工的需要。最终产品的风味很大程度上取决于酵母的选择性及底物的性质。例如在有氧条件下培养的酿酒酵母比在无氧条件下培养的酿酒酵母具有更强更浓郁的牛肉味。

将酵母用盐酸在100℃水解是比自溶更有效的溶解方法，所采用的条件与生产HVP的条件相似。当水解达到预期的水平后，将反应液中和至pH 5.5，再澄清除去所有的固体物质并部分浓缩。在某些级别的酵母提取物中，细胞壁组织会保留下来，高浓度的甘露聚糖是非常有效的乳化剂和增稠剂。进一步的纯化包括利用吸附或离子交换技术去除不想要的组分，纯化后的液体最终浓缩并进行喷雾干燥。自溶酵母及水解酵母提取物均是非常优质的调味剂，同时也赋予最终产品营养价值，工业上已经开发了一系列此类产品，通过热加工提供基础肉类风味。

7. 溶剂

专利文献中列举了多种用于肉类风味料生产的溶剂，包括水、酒精、丙二醇和甘油等。至今为止，水仍是肉类风味料生产中最常用的溶剂。考虑其他不同溶剂的唯一原因就是改变反应体系中的水分活度。但对于肉类风味料来说，溶剂的改变并不是必需的，因为肉的水分活度很高，反应体系也必须有这样的水分活度。在制造巧克力或咖啡的加工风味时通常采用非水溶剂，因为可可豆烘烤后很干燥，必须采用低水分活度的反应体系来复制这种条件。

8. 其他组分

除了上面讨论的组分以外，反应体系经热处理后还要加入多种微量组分，主要包括以下几种。

（1）食盐　由于使用HVP或经反应混合物的中和过程（反应混合物在热处理后通常要进行中和），有些风味料中已经含有过量的盐分，但在有些应用中仍需另外加盐。

（2）防腐剂、抗氧化剂　加工后要在反应混合物中加入防腐剂、抗氧化剂来抑制脂类的氧化反应。

（3）增稠剂　反应混合物中可能加入增稠剂（如胶、淀粉）以使体系稳定，防止物理分离。反应混合物中除了脂类以外可能还含有多种不溶性组分，在冷却或贮存过程中可能分离，增大黏度有助于使产品的质地更为均一。

（4）表面活性剂　加工后要在反应体系中加入表面活性剂（如卵磷脂、单甘酯）使脂肪乳化，这也保证了风味料产品的均一。

（5）食用香料　加工后也可以加入多种食用香料。这些香料可能是完全调味料，比如烟熏调味料、各种香料或香草精油或油树脂。头香的添加也属于这一类，头香强化处理是指加入一些纯化学物质增强或改善加工风味的特征。头香已经成为非常重要的一个研究领域。

（6）着色剂　在肉类风味料中添加着色剂没有任何原理可循，仅仅是为了使消费者满意。由于添加着色剂是为了让最终的产品着色，因而着色剂的选择和使用标准随消费者和产品而定。

（7）干燥剂　将干燥剂［如低葡萄糖当量（DE）的麦芽糊精］添加到加工过的反应混合物中可有助于终产品的干燥。加工的反应混合物吸湿性非常强，在较高的温度下会变黏，若不加干燥助剂会使干燥过程非常困难。低 DE 的麦芽糊精价格便宜、无味且干燥性好，因而较常使用。板式（或盘式）干燥只要添加很少量干燥剂即可。如果希望得到喷雾干燥的产品，就必须将麦芽糊精与反应混合物固形物量按照约 1∶1 的比例混合，这会导致风味料的明显稀释。干燥的风味料最大的弱点之一就是风味不足，为利于干燥而导致的风味料稀释更加剧了这一缺点。

（8）助流剂　如上所述，反应后产品吸湿性很强。这一性质意味着如果不采取保护措施防止水分吸收，产品就会很容易结块。通过加干燥助剂提高混合物的玻璃化转变温度、用优质的隔水包装材料或加硅酸盐都可以使结块减少到最低程度。添加干燥剂会稀释产品，因而不是理想的选择；采用隔水性能好的包装会增加成本，且包装打开后就毫无意义了。所以使用助流剂是最常用的方法，硅酸盐可以吸收相当多的水分从而省去了昂贵的包装。但必须记住：硅酸盐并不能阻止结块，而只能延迟结块时间。相同水分含量时，无论有没有添加硅酸盐风味料都会结块，但硅酸盐竞争性吸收水分可以很简单地延长达到这一水分含量的时间。

（二）反应条件

反应物混合后在一系列不同条件（包括固形物含量和 pH 等）下加热可以生成多种不同的风味物。国际香料工业组织（IOFI）和风味提取制造商协会（FEMA）已经对这些产品的生产制定了指南，例如，在 180℃的温度下不能超过 15min，而在较低的温度下可以相应地延长加热时间。由于一些食品加工者以天然风味料为幌子把一些水合组分（如蛋白质）添加到肉制品中，因此，现在规定这些风味料必须至少在 100℃处理 15min。

加热的时间和温度对加工风味料的风味特征有着很大的影响。一般认为 100℃会产生煮或焖肉的风味，120℃会产生烤肉风味。如果系统温度不超过沸水温度，可以在敞开的锅中加热并允许挥发性物质挥发，需要的话也可以在密闭容器中以便保留系统中的挥发性物质或采用更高的温度。由于已经形成的挥发性风味物质的逸失会影响产品的风味特征，因此在有些加工中，生产企业会选择部分组分在某一条件下加热，再加入其他组分进一步加热。

IOFI 和 FEMA 的指南规定 pH 应在 3~8，加热时的 pH 一般都选在 5.2 左右，加热后 pH 一般要调至中性。表 7-5 列举了几个肉类风味料的配方与加工条件。

表 7-5　　肉类风味料的配方及加工条件

风味料	配方	加工条件
烤牛肉风味	HVP、谷氨酸钠、苹果酸、L-甲硫氨酸、D-木糖、水	100℃回流 2.5h
鸡肉风味	L-半胱氨酸盐酸盐、甘氨酸盐酸盐、葡萄糖、L-阿拉伯糖、水	90~95℃加热 2h 后用 NaOH 调整 pH 至 6.8
猪肉风味	L-半胱氨酸盐酸盐、小麦面筋水解物、D-木糖	加热至回流温度保持 60min
熏肉风味	L-半胱氨酸盐酸盐、盐酸硫胺素、液态大豆水解产物、D-木糖、烟熏风味、熏肉脂肪	加热至回流温度保持 90min

脂肪在常温下发生氧化会产生哈败味，而在加热状态下氧化则会产生特征风味物质。脂肪在烧烤、煎炸过程中的氧化会产生诱人的特征风味，脂肪调控氧化就是在模拟煎炸过程脂肪氧化的条件下进行的加工技术。脂肪调控氧化的关键是寻找调控氧化的方法，即控制脂肪的氧化程度，可在不产生酸败的情况下使脂肪充分氧化，制备出富含或能够释放出小分子醛、酮等重要肉味香精前体物质的脂肪氧化产物，这是在肉味香精生产过程中添加调控脂肪氧化的主要依据。

目前国外关于脂肪调控氧化制备风味前体并没有形成系统的研究，仅在早期专利中有相关报道。国内的脂肪控制氧化研究主要采用加热法控制氧化或酶法氧化两种，前者是通过控制氧化温度、氧化时间，空气通气量及添加抗氧化剂来控制脂肪的氧化；后者主要是采用脂氧合酶在通气条件下氧化。高温加热氧化和脂氧合酶调控氧化两种方法，尤其高温加热氧化是目前所广泛采用的。然而，由于各种动物源脂肪中的游离脂肪酸含量通常很低，绝大部分脂肪酸都以结合态的形式存在于甘油三酯、磷脂和其他脂质中，因此首先需要完全解离或部分解离，进而才能氧化降解成挥发性风味物质。因此，有学者研究发现采用高温加热氧化手段，尽管可以赋予肉类特征风味，但也存在部分热反应产物油脂味过重，而且高温会引起脂肪氧化位点的随机性增加、氧化副产物较多以及脂肪高温氧化过程中的安全隐患等问题；而采用脂氧合酶，催化脂肪中游离的多元不饱和脂肪酸催化氧化效率较低，不足以提供富含或能够释放重要肉味香精前体物的脂肪氧化产物，同时商品化脂氧合酶价格昂贵等原因也限制了其产业化使用的可行性。根据畜禽脂肪的组成特点，有研究者提出首先采用外源脂肪酶法将畜禽脂肪进行可控酶解，再利用低温温和加热条件控制其氧化以得到脂肪氧化产物，即脂肪酶解-温和加热氧化制备肉味香精前体物的方法。与高温加热氧化相比，酶解-温和加热氧化其氧化条件温和（低于 120℃），具有较高的可控性，氧化产物较高温氧化产物更丰富，体系中除酶解-氧化产物外，还存在脂肪酶解产物和直接氧化产物。

（三）风味料的工业化生产

热加工风味可以设计成只在食物加热过程中产生香味，例如在微波炉加热中。这说明了风味料产品是各种香气前体的混合物，这些前体必须在食品中添加后保持关联，例如通过风味包埋。一个典型的例子是在载体上喷雾干燥半胱氨酸盐酸盐和 4-甲氧基-2,5-二甲基-3(2H)-呋喃酮溶液，风味料将粉末加入肉汁或汉堡肉中，然后微波加热产品可以产生预期风味。

加工后的风味料可能以膏状或粉末状出售。膏状风味料又可分为底层的不溶性固体，中间层溶质/悬浮物及顶层的固体脂肪，这使我们很难获得分布均匀的样品。因此粉末状产品是一种更好的产品形式，它更容易处理及贮存，保质期更长也更便于应用。但是如前所述，这些原料的干燥及防止其在贮存期内结块都是非常困难的。在工业规模上生产工艺调味品的经典方法是在间歇式反应器中进行反应，这与化学工业中使用的反应器非常相似。反应堆的大小从100L以下到几立方米不等。它通常由食品级不锈钢制成，配有蒸汽或油加热的双夹套和搅拌器。反应器可以包括高剪切混合器或胶体磨，以允许在热反应完成之前、期间或之后快速混合、分散和均质。大多数仪器可以在3~10Pa的压力下进行反应，另外还包括真空泵。在大多数情况下，在可选地添加麦芽糊精等载体后，所得到的调味料会被干燥。常见的干燥技术包括喷雾干燥以及真空干燥使用真空烘箱（不连续生产）或真空带式干燥机（连续化生产），然后是磨粉和筛分。

工艺风味的发展从未停止，以下趋势是风味工艺研究和发展所要解决的问题的一个缩影：①模型化美拉德反应，以优化香气化合物的产量，创造更强的风味；②提高食品中工艺香料的稳定性；③在最后的食物准备过程中控制香气的释放；④用素食产品取代加工调味料中的动物产品。

我们可以发现，风味料的整个生产过程非常像一门艺术。由于反应物不断被消耗，再加上决定风味料风味的关键因素如加工过程中的固形物含量、pH、时间及加热温度等信息都无法采集，一般来说，通过检测最终风味料很难确定最初反应体系的组成，因此要精确地复制出一种具有竞争力的风味料是非常困难的。

第四节　烟熏风味料

一、 烟熏风味成分

一般来说，烟雾是空气、二氧化碳、水蒸气、甲烷等气体以直径为0.08~0.15μm的液体和固体成分组成的多分散混合物。烟雾的成分可变，这取决于烟雾产生的程序和温度、木材的来源、种类和成分以及木材中的含水量等条件。目前，已在烟雾样本中鉴定出1100多种不同的化合物，并已广泛发表。熏制处理本身基于如苯酚衍生物、羰基化合物、有机酸及其酯、内酯、吡嗪、吡咯和呋喃衍生物等化合物在食物表面上的连续沉积，并随后迁移到食物中。木材由约50%的纤维素、25%的半纤维素和25%的木质素组成，在氧气含量有限时，受热燃烧过程中会产生烟雾。半纤维素、纤维素和木质素的热燃烧分别在180~300℃，260~350℃和300~500℃下进行。然而，当温度高达900℃时，甚至在有大量氧气的1200℃下，木材成分也会发生分解。在650~700℃产生的烟雾含有最丰富的成分，能够赋予处理过的产品所需的感官特性。可以通过增加木材水分含量来降低产生烟雾的温度。

传统的木烟中已经发现含有超过300种不同的可识别化合物。一般来说，木材烟雾的所有主要化合物，无论是使用传统的还是液体烟雾冷凝物的方法，都可以分为4大类：羧酸化合物、酚类化合物、羰基化合物和多环芳烃。硬木由3种主要材料组成：纤维素、半纤维素和木质素。

纤维素和半纤维素是糖分子的聚集体，当热解时会产生羰基，这是主要颜色成分的原因。木质素是一种复杂排列的互锁酚类分子，它提供了大部分风味成分。正是在不同木材来源（基于树种）中这4种成分组中存在的差异，导致了肉和其他食品在颜色、风味、保鲜、保质期等方面的差异。

（一）羧酸类

木头在没有足够空气下加热至250℃以上时，就会分解为木炭和挥发性组分，冷却时挥发性组分冷凝，此冷凝物的水溶液称为木炭酸。其主要组成是水，含有约100g/L的酸，主要有甲酸、乙酸和丙酸。木烟中存在的主要的羧酸是乙酸。天然烟液冷凝物中的酸是通过电位滴定法测量的。烟液中的酸浓度为0~16%，pH为2.5~7.0。木烟中的酸性化合物对烟熏产品在加工过程中的物理特性（即可剥性和蛋白质凝固）的贡献大于对烟味或颜色的影响。烟中的酸有助于纤维素肠衣中维纳干酪表面的表皮形成，这有助于在食用过程中剥落肠衣和获得所需的咬合感。在羧酸的作用下，烹饪的热加工过程使蛋白质变性或凝固。

（二）酚醛树脂

木烟中的酚类化合物是与熏制肉产品相关的典型“烟”味的主要贡献者。这类成分的风味特征差异很大。这些酚类物质具有强烈、醇厚的风味特征。这些化合物也是抗氧化剂（减缓动物脂肪酸败）和抗菌剂（减缓细菌生长）。

（三）羰基化合物

木烟的羰基化合物有助于在肉制品表面形成熏色。产生典型熏肉颜色的主要反应是烟气中的羰基化合物与肉蛋白质的氨基之间的褐变反应，这些羰基化合物源自纤维素和半纤维素的燃烧。Charsol天然烟熏香精中的羰基化合物是通过改进的Lappin-Clark程序以2,4-二硝基苯基衍生物的比色法测量的，并在产品的成分表上标识为羰基化合物。

（四）芳烃

在天然木材烟雾中发现的第四种成分是多环芳烃（PAH）。一些芳烃类化合物被报道为致癌物，如苯并[a]芘。Charsol天然烟熏香精在制造过程中，从天然烟熏香精中去除了含有多环芳烃的焦油和树脂。这为使用Charsol天然烟熏香精提供了相较传统烟熏工艺的明显优势。

二、 烟熏食品加工风味料的制备方法

（一）食品的烟熏加工

食品烟熏加工方法分为直接烟熏法和间接烟熏法两大类。直接烟熏法主要采用直接热降解木材以产生烟雾的传统技术，根据熏制温度又可以分为传统冷熏法和传统热熏法两种方式。传统冷熏法主要是将木材燃烧并产生烟雾，肉类产品挂在熏烟炉上方的架子上，当燃烧结束时，烟雾会冷却且烟熏室中的冷熏温度应低于30℃。生火腿、意大利腊肠和其他填充肉制品（如香肠）通常是通过冷熏生产的。与冷薰法相反，传统热熏法需要维持130℃的烟雾温度和80℃的肉类温度，肉制品放入熏制室中，肉就会被烧焦的木头的余烬加热和干燥。传统烟熏加工主要是在熏烟炉中进行的，对烟熏过程几乎不加控制，因而适用于可控加工且安全的间接烟熏方法受到了人们的关注。间接烟熏包括许多有助于减少肉制品多环芳烃污染的新方法，主要有摩擦发生器产生的烟雾、液体烟雾、静电烟熏及其他发烟技术等。

（二）烟熏风味配料制备方法

1. 摩擦发生器产生的烟雾

摩擦发生器产生的烟雾的技术最初是由拉斯穆森（Rasmussen）作为现代技术开发的。如今，烟熏腔室的设计主要用于控制所有的加工步骤，包括预热和发红、摩擦产生烟、排烟和干燥等。这些步骤循环重复，其数量和持续时间取决于肉制品的类型。随着摩擦烟雾的产生，操作时间和木材需求减少，生产得到控制和优化。此外，由于PAH产量非常低，提高了肉类产品的安全性，通过防止火灾隐患改善了工人的工作环境，减少了产品质量损失，并且使产品标准化成为可能。

2. 液体烟雾

近年来，被称为“烟液”的水性木烟冷凝物的开发导致许多食品中广泛使用了天然烟熏调味剂。烟熏调味剂的开发旨在取代传统的烟熏过程。如今，液态烟雾是由受控的最小氧气热解形成的木烟冷凝产生的锯末或木屑（通常是山核桃木、枫木、橡木和桤木）。木材被放置在大型蒸馏器中，在其中施加强烈的热量，导致木材焖烧（不燃烧），释放出普通烟雾中的气体。这些气体在冷凝器中迅速冷却，从而液化烟雾，然后液体烟雾被强制通过精炼桶，随后过滤以去除含有PAH的有毒和致癌杂质。最后，将液体陈化至醇厚（图7-27）。最终的天然烟气冷凝物为肉制品提供颜色和风味，而没有与传统烟熏工艺相关的危害。一些研究报道，与传统熏制的肉类食品相比，使用液体烟熏的肉和鱼产品的保质期显著延长。如今，烟熏味可以添加到各种各样的产品中，从所有形式的肉制品到休闲食品、酱汁和使用液态烟气冷凝物的宠物食品。

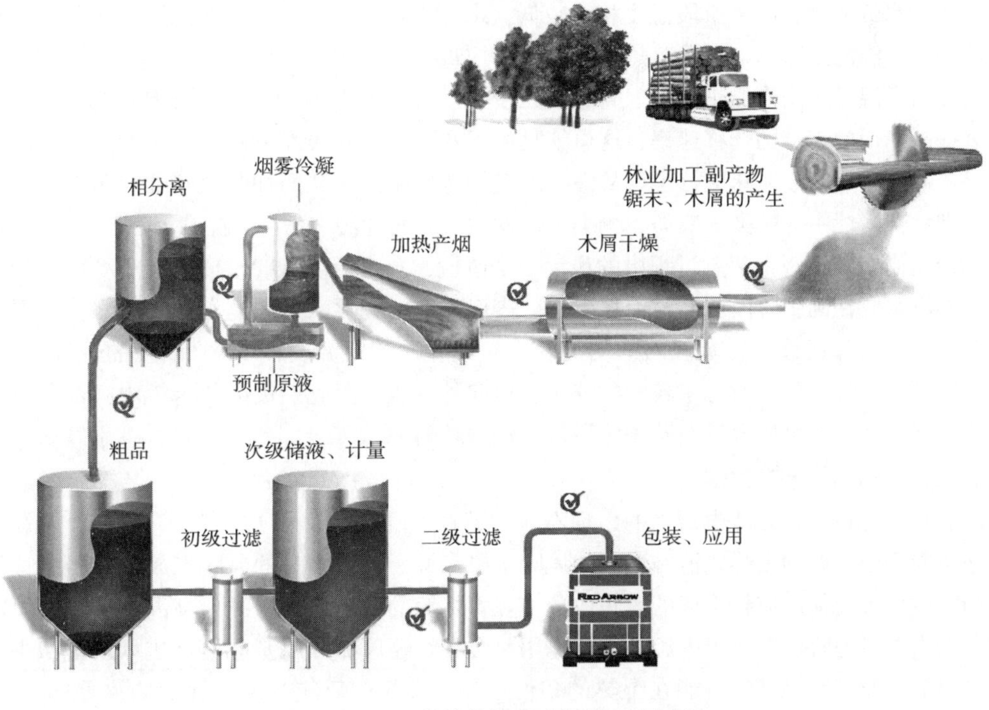

图7-27　天然液体烟雾冷凝物生产过程

3. 静电烟熏及其他烟熏技术

静电烟熏主要将产品放置在20~60kV的带电电线之间的连续隧道中。通过该系统的烟雾根据其相带电（烟雾是两相系统，即颗粒和蒸汽），烟雾成分可以沉淀在带相反电荷的食物表面。尽管静电烟熏被广泛采用，但几乎没有研究过烟熏室中气体和液体的运动。为确保烟雾成分在产品表面的沉淀，熏制后通常进行红外线照射，这有助于避免食品中的PAH污染。

其他常见的烟雾生产技术包括蒸汽、流化、接触和阴燃烟雾发生器。蒸汽烟雾是通过将过热蒸汽通过切碎的木材产生的，从而引起热解。流化烟雾发生器能够热解悬浮在300~400℃空气中的木屑，产生的烟雾通过烟熏室，被冷却到80℃。蒸汽烟气产生温度为450~650℃。

第五节　智能烹饪食品风味的形成与调控

随着现代生活节奏的加快以及消费观念的改变，人们开始追求健康、美味的方便菜肴。当代人在饮食习惯上越来越追求品质和健康，尤其注重食物的营养和风味。近年来，高新技术已逐步渗透到传统食品加工中，用以提升产品的食品品质、提高生产效率，有望成为替代或辅助传统加工的新兴力量。

一、电饭煲烹饪米饭风味的形成与调控

（一）烹饪参数对米饭风味品质的影响

电饭煲烹饪的米粒吸水阶段温度相对较低，米粒内存在的内源酶会加速脂质氧化，形成风味前体物质。浸泡是影响电饭煲蒸煮米饭食味品质最关键的步骤，根据处理方法的不同，浸泡过程被分为常温常压浸泡、热浸泡、高静液压浸泡、真空浸泡等。与常温浸泡相比，热浸泡可以显著提高米饭中水分的迁移速率，这可能是由于水稻内部和表面分布不均匀的大分子结构形成了渗透通道，而米饭风味成分也可从渗透通道中挥发出来，从而加强风味的释放。经过高静液压处理后，米饭中的醇类、醛类、酮类等挥发性成分的含量均增加，提升了熟米饭的香气。

焖饭是米饭经电饭煲蒸煮过程中的最后一个阶段，对米饭风味的形成具有重要的作用。米粒间的游离水分在沸腾阶段已经被消耗殆尽，表面的淀粉糊化水平较高，此时的水分主要由米粒表面向米粒内部迁移，使米饭内部的淀粉继续糊化。焖饭温度在100℃以下的较温和条件，大米中原本的风味物质会通过米粒的裂缝缓慢地向外释放，因此焖饭会使米饭中大部分风味物质逐渐下降，即风味物质含量在沸腾阶段末期达到最高。

（二）米饭风味的类型

随着科技的进步，智能电饭锅的出现不断满足着人们对米饭品质的需求，其中，米饭的风味越来越受到消费者的重视。清香米饭的风味主要来源于大米本身的风味释放以及蒸煮过程中由于脂肪氧化等酶促反应新生成的风味成分，焦香米饭的风味主要来源于高温下美拉德反应的产物。大米在浸泡阶段，由于内源性酶的作用，会导致还原糖和氨基酸溶出进入浸泡液中，这部分游离的还原糖和氨基酸可能在湿热的条件下发生美拉德反应产生米饭的柴火香气。因此，针对浸泡时间和温度条件对还原糖和氨基酸的溶出情况影响，合理调控浸泡参数可以使电饭锅烹饪的柴火香型米饭没有那么浓郁冲鼻的气味，而具有较为清淡温和的柴火香味，且没有难以

咀嚼的锅巴，能在重现柴火风味的基础上满足更多人的口味要求。相较于柴火香型米饭，焦香型米饭则要求米饭中含有更多吡嗪、噻唑、糠醛等具有焦香、烤香、焦糖香气的美拉德反应产物。因此，通过调整电饭煲浸泡阶段与焖饭阶段的温度和时间，进而调控美拉德反应底物及中间产物，可以对最终焦香风味成分进行调控与强化。

（三）电饭煲对米饭风味品质的改良应用

近年来随着生活节奏的加快，消费者将关注度逐渐转移到电饭煲的保温功能上，国内外电饭煲行业致力于开发 24h 保温保鲜新产品。然而，市面上多数电饭煲蒸煮的米饭在保温过程中品质会发生劣变，米饭香气消失、出现异味、颜色变黄、质构的均一性差等品质问题。这是因为随着保温时间的延长，持续加热使米饭中的水分散失或发生了迁移导致米饭上层水分含量变化提高，结构水向自由水转变，水分与基质的结合能力变弱，从而降低了米饭质构的均一性。同时在保温过程中较高的温度和水分含量促进了美拉德反应，使美拉德反应的中间产物 5-羟甲基糠醛在保温后的米饭中随着美拉德反应时间的延长而快速累积，从而导致米饭出现异味和变黄。因此，可以通过调整电饭煲保温的条件，调控保温过程中米饭的温度和水分含量，抑制美拉德反应的持续进行，改善米饭的品质。

稻米在加工时去掉了皮层，失去了稻壳的保护作用，胚乳直接裸露在外，贮存稳定性很低，特别是夏季高温高湿的环境会加速其陈化，导致大米食用品质下降。研究表明，在一般条件下贮存半年至一年或在高温条件下贮存 1~3 个月就会导致大米产生表面变黄，脂肪酸值升高，产生糠酸味等陈化现象。大米在贮存过程中脂质的水解氧化被认为是陈米异味形成的主要原因，通过调节电饭煲烹饪参数，可以抑制脂肪酶的活性，有效减缓游离脂肪酸以及脂质氧化产物的生成和积累，降低己醛和壬醛等不良风味活性成分的含量，改善贮存后大米的风味品质。

二、 微波烹饪肉类食品风味的形成与调控

（一）微波烹饪的原理及特点

由于微波具有加热快、方便清洁、易于操作等优势，微波加热在食品加工中越来越受欢迎。但是微波加热的温度分布不均匀，食物材料的大小和形状等都会影响温度分布。此外，影响微波加热及其热量分布的因素很多，其中最重要的是加热物料的介电特性。食品材料的介电性能主要由其化学成分决定，其次是物理结构。通常，食品材料由有机材料、水和盐的混合物组成。特定频率下的介电损耗随着盐的添加而增加。面包、面粉、水果和蔬菜等食品材料的介电特性主要取决于它们的含水量。虽然脂肪和油的介电常数和介电损耗通常较低，但是介电常数和介电损耗随着脂肪含量的降低而降低，因此，食品材料中的脂肪含量会影响微波加热的加热速率、温度分布的均匀性和脂肪的保留。

（二）微波烹饪对肉类品质的影响

微波烹饪是近年来才被引入肉类行业的一种新型加工方法。这可能与微波加热的机制有关。与传统的加热机制（如对流、传导）不同，微波的波长为 1nm~1mm，可以通过激发特定分子（如离子分子振荡和偶极子分子旋转）来穿透肉制品。这会诱导细胞破裂并释放活性氧，导致肌原纤维结构的降解和破坏。适当的脂质氧化有利于理想风味的形成。多项研究报告称，微波促进肉制品中多不饱和脂肪酸的氧化并产生更多的醛类。例如，与烤、炸和烤等其他烹饪

方法相比，微波极大地影响了马驹肉的脂质氧化过程，由于微波和肉脂肪之间的相互作用，微波处理的马驹肉显示出最高的丙二醛含量，并且可能导致二次氧化产物的积累。同时，从挥发性化合物的分析来看，脂质氧化产生的主要挥发性化合物是 $C_6 \sim C_{10}$ 醛，如戊醛、己醛、2-烯醛、庚醛和苯甲醛。微波处理的肉类通常总醛含量较高，这表明微波处理的脂肪氧化可能比烤和油炸的更严重。更有研究提出，微波是实现快速加热和高度脂肪氧化的有力工具。虽然与传统方法相比，微波烹饪肉类达到终点中心温度所需的时间更短。然而，使用微波烹制的肉不具有与其他烹调方法的典型褐变表面，这是因为微波烹调时间短且内源加热导致表面温度太低而无法进行充分的美拉德反应。

（三）微波烹饪对肉类风味的影响及其调控措施

对于纯肉体系的加工，微波加热相较于传导或者对流加热，能产生更高的氧化程度，但对于稍微复杂的体系却不尽然。这是因为与其他加热方式不同，微波加热与组分的极性相关，不同极性的组分升温效果不同，造成复杂体系加热不均匀，此外，微波加热时间普遍较短，不利于部分原料中风味物质的产生。微波加热加工的食品缺乏特征香气，香气协调性差，比如，在加工传统特色菜肴宫保鸡丁时，与传统加工相比，微波烹调时食物的实际温度较低，脂肪氧化产生的风味物质不足，导致缺乏特有的肉香味。虽然微波烹饪方法产生的挥发性化合物数量较多，但仍缺乏一些通过脂肪酸氧化形成的醛类和酮类等特有风味化合物。另外，在加工混合体系青椒炒肉时也存在相似的现象，虽然微波加热烹饪的猪肉中挥发性风味物质的含量非常高，但其中80%以上的化合物均来源于香辛料，也就是说辅料的气味对整体风味起主要贡献，从而导致微波加热烹饪后复杂体系食品的风味游离、协调性和融合性不佳。

针对微波烹饪肉类出现的与传统加工肉类香气相似度低、特征香气不足的问题，也可以通过添加专用的前体类品质改善核心基料进行强化。例如，在微波加工宫保鸡丁时辅以部分酶解的鸡脂肪，增加己醛、庚醛、(*E*)-2-辛烯醛、(*E*)-2-癸烯醛、(*E*)-2-壬烯醛和2,4-癸烯醛等脂肪氧化产物的生成和积累量，有助于加工后的菜肴产生理想的脂肪和肉香风味。此外，针对微波加工复杂体系是存在的由于加热温度低、微波介电加热特性导致的加热程度低，挥发性风味物质释放不均匀等问题，可对其通过改变微波炉中的传热方式，以微波协同传导等方式进行辅助加热，提高物料的表面和整体加热温度，进而促进脂肪氧化和美拉德反应等热反应的进行，不仅可以在肉的表面形成诱人的色泽，还可以增加微波加热肉制品中特征风味物质的含量以及对整体风味的贡献程度，改善整体的风味轮廓，提高微波加工与传统加工的风味相似性。

三、电炖锅、压力锅等烹饪肉类食品风味的形成与调控

国人注重食补，而汤因其营养丰富、味道鲜美以及食用方便等特点一直备受喜爱。加热可促进蛋白质和糖类的水解，但它们的热水解过程比较缓慢，故汤一般需要经过长时间的加热以形成良好的滋味和香味。商用电炖锅加热肉汤方便清洁，而且为了使食材和调料的味道、营养更好地散发到汤里，产生浓郁的香味，通常采用长时间慢炖的工艺。低强度、长时间烹制相比高强度、短时间烹制得到的鸡汤中粗脂肪、胶原蛋白、总糖、灰分、固形物等营养成分含量更高，汤汁中溶出物的含量也较高，汤汁更鲜美。由于升温速率低且高温蒸煮时间长，导致电炖锅加工后猪骨汤的水分蒸发较多，风味物质有所损失且会产生一些刺激性化合物导致风味品质劣变，且伴随有异味的生成。因此，调控电炖锅的升温速率、缩短加热时间、增设低温加热阶段等手段可以使加工后肉汤中主要挥发性风味物质醛类、酮类等含量增加，异味成分含量降低，

风味得到明显改善。

高压和超高压处理也是新型的食品加工技术。采用高压锅烹饪食物，因其温度高，能大大节约能源和煲汤时间。在高压炖煮时肉汤的感官品质和风味前体以及风味化合物并没有与加工压力和温度呈现出单一的线性关系。在高温和高压的环境下，肌肉组织结构由紧密变得松散，各种滋味成分不断溶出，随着熬煮的进行，肉汤中营养成分和滋味、香气化合物的种类和数量也不断增加。但是过高的压力、温度或者过长的时间熬煮反而导致蛋白质的高级结构破坏较严重，溶解性较差。调控电压力锅的工作压力，尤其是控制炖煮后期的压力，合理设置炖煮的温度和时间，更有利于促进肉汤风味的形成和营养成分的溶解，提升肉汤的食用品质。

第六节　生物加工形成的食品风味

一、酶法修饰风味制品

酶可用于食品及风味工业的多个领域，包括加工辅助处理，如植物细胞结构中香精油的释放，如从葡萄糖苷、半胱氨酸结合物等不挥发性风味前体释放风味化合物等，以及由风味前体转化为理想的风味物质（生物转化）。

（一）酶催化反应的性质

酶是一种复杂的蛋白质，可以在多种生化反应中作为催化剂。它们一般在室温下起作用，活性专一，有最适 pH，在浓度非常低时便很有效。对每一种酶来说，其活性最适温度及最高、最低温度界限是唯一的。有些酶非常耐热，而另外一些酶非常容易热变性。图 7-28 所示的曲线说明了典型的酶活性与温度的关系。开始时，反应速率随温度上升而加快，但达到某一温度后，酶开始变性失活。如果用酶来生产风味料，我们应选择最适的反应温度以缩短处理时间。

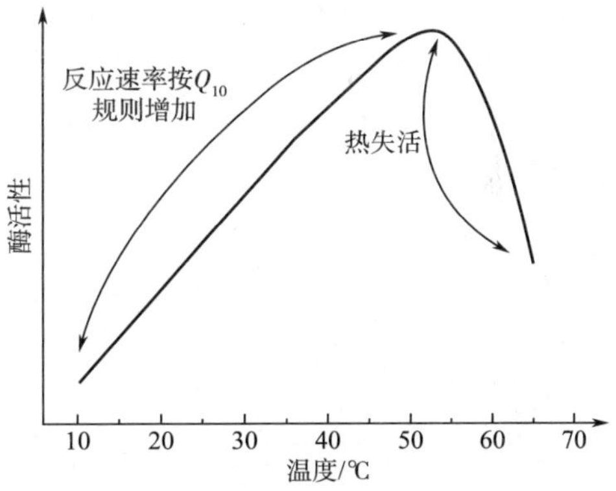

图 7-28　温度对酶活性的影响

Q_{10}：范特霍夫规则。

每一种酶同样具有其各自的最适 pH（图 7-29）。具有最适 pH 是因为酶的结构依赖于 pH，超出了某一 pH 范围，酶开始变性而失去催化活性。人们经常用简单的锁钥匙学说和诱导契合学说解释酶的作用方式。反应底物看作是钥匙，必须以适当的方式适应（定向）酶（锁），否则酶就不能作用于底物。变性可以看作是酶结构的改变导致酶活性丧失。最适 pH 及有效的 pH 范围也与酶结构有关。从酸性环境中得到的酶往往最适 pH 非常低（如从菠萝中得到的菠萝蛋白酶）；而从中性或碱性环境（如小肠、鱼肉）中分离的酶，其最适 pH 往往在碱性范围。

很多因素可以导致变性使酶失活，剪切作用对于酶变性非常有效。图 7-30 所示的曲线说明了酶是怎样由于高速剪切混合而失活的。因此，如果想利用酶来生产酶修饰乳制品，我们应该在加酶前使用高速剪切。剪切的目的可能是使基础乳品溶解或乳化，增大底物的表面积（如乳脂），这样可以提高反应速率，缩短处理时间。

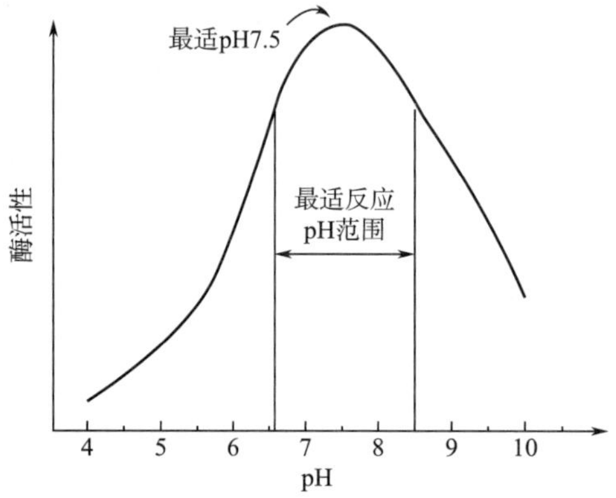

图 7-29　pH 对酶活性的影响

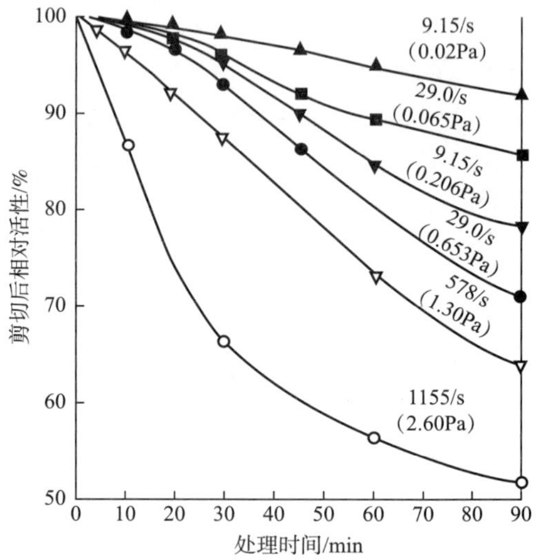

图 7-30　剪切对酶活性的影响

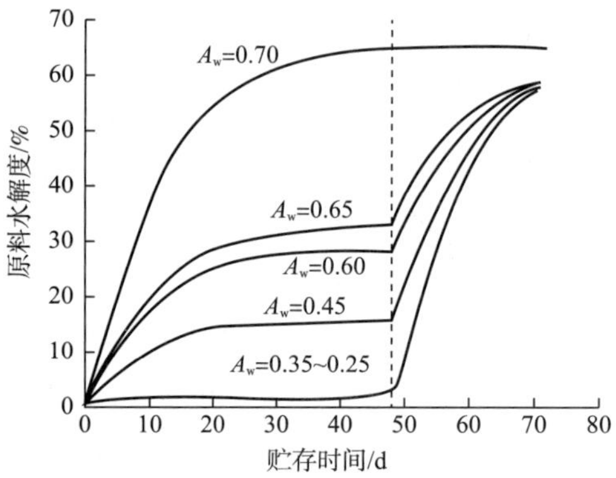

图 7-31　水分活度对酶催化原料水解的影响

水分活度对酶活性的影响见图 7-31。所有酶反应的速率都会随着水分活度的降低而减慢。这可能是由于低水分活度时，酶和底物的流动性降低。如果反应需要水（如水解反应），限制可利用水量会进一步减慢反应速率。从图 7-31 所示的例子中可以看到第 48d 所有样品中都增加了水（将 A_w 增大至 0.75）。所有低水分活度样品的相应酶活性均恢复到了最大活性。水分活度的这种影响和酶修饰产品也存在相关性，干燥的酶修饰产品可能会更稳定，也就是说即使它含有活性酶，随着时间延长品质也几乎不会发生改变。但是，一旦具有活性酶的干燥产品获得水分（例如，将产品加到高水分含量食品中），酶将继续作用于食品原料而导致异味产生。因此，酶修饰产品在应用到终端前必须保证所用酶的完全失活。

酶修饰产品生产用酶最常见的失活方式是加热处理。因此，知道产品所用酶的耐热性非常关键，这样可以采用适当的热处理温度。图 7-32 所示表明由于酶种类不同其活性差别非常大。当然，我们也必须认识到，同一类酶的热稳定性也可能相差很大。例如，某种热处理可以使一种微生物来源的蛋白酶失活，但对另一种蛋白酶没有影响（如菠萝蛋白酶）。我们必须检测酶修饰产品中的残留酶活性以确保其没有残余活性。检测通常是在产品制造后的某个时期（如 72h 后），此时，如果还保留残余酶活性，酶再生应该已经出现。

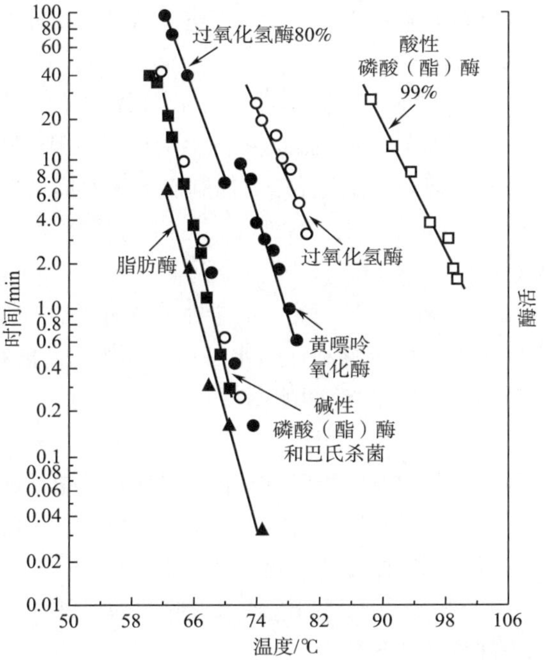

图 7-32　温度/时间对典型酶失活的影响

（二）具有风味修饰作用的酶

自然界中约有 25000 种酶，其中约 400 种已被商业化用于立体选择性有机合成和风味化合物的生物技术生产。食品生物技术中的酶主要包括水解酶、转移酶、氧化还原酶和裂解酶。微生物酶在风味化合物的生产中起着最重要的作用，它们也可以在重组微生物中表达。

1. 水解酶

（1）脂肪酶　脂肪酶是丝氨酸水解酶，催化脂肪水解为脂肪酸和甘油。与酯酶相反，脂肪酶在脂肪-水界面起作用，而在水溶液中活性很低。人脂肪酶和毛霉脂肪酶的 X 射线结构研究表明，这两种酶构象在脂水界面发生了变化，从而导致其活性增加。

人脂肪酶和毛霉脂肪酶都含有 Asp-His-Ser 三联体。除此之外也发现了不同的具有催化作用的三联体，例如，白地霉中为 Glu-His-Ser，柔毛腐质酶中为 Asp-His-Tyr。

脂肪酶在有机合成和风味生物技术中发挥着重要作用。猪胰腺提取液以及许多微生物脂肪酶可用于酯水解、酯化（醇和酸）、酯基转移（酯和醇）、酯交换（酯和酸）以及将酰基从酯转移到其他亲核试剂如胺类或硫醇化合物。

酶的选择性对催化反应非常重要。在很多情况下，酶在水和有机溶剂中的立体选择性是相同的，因此可以产生互补的立体异构体。如果酶优先选择手性酯的 *R* 型对映体而不是 *S* 型，则水解反应后可得到 *R* 醇和 *S* 酯。当酶的立体化学偏好不变，有机溶剂中发生酯基转移反应将生成 *S* 醇和 *R* 酯。理论上，如果酶具有绝对的立体选择性，两种反应都将在达到 50%转化时停止，并会产生 100%的对映体过剩。

（2）糖苷酶　在植物组织中，部分风味化合物结合为非挥发性糖共轭物。这些糖苷大部分是 β-糖苷，但也有其他的糖基，如戊糖、己糖、双糖和三糖，此外也存在酰化糖苷和磷酸酯类糖苷。人们对于糖苷酶的研究主要集中在通过糖苷酶将具有香气活性的配基从结合形式中释放出来，酶处理（同时酶催化萃取）连续工艺的发展促进了从非挥发性结合物提取香气化合物的工业化大规模生产。

在葡萄酒酿酒过程中，葡萄的β-葡萄糖苷酶被迅速灭活，但是酿酒酵母（*Saccharomyces cerevisiae*）和假丝酵母菌（*Candida molischiana*）中的葡萄糖苷酶很活跃。然而，许多真菌糖苷酶受到葡萄糖、果糖、乙醇和葡萄酒较低的 pH 的抑制而无法发挥正常作用。曲霉中的一些糖苷酶（如一些β-葡萄糖苷酶、α-阿拉伯糖苷酶和α-鼠李糖苷酶）没有这些缺点。这些酶在相应的糖苷存在时可被诱导形成。

（3）风味蛋白酶　风味蛋白酶是一种商业化的蛋白水解酶制剂。它可用于脱脂豆粕生产肉味加工调味料。蛋白质在风味蛋白酶酶解和加热水解后存在烘烤、肉香味的关键香气化合物，如麦芽糖醇、呋喃酮、甲硫醇和呋喃硫醇衍生物。

2. 氧化还原酶

许多酶催化的氧化还原过程是通过一步双电子转移或两步单电子转移实现相当于两个电子的转移。双电子转移过程是氢负离子转移或者是失去质子后再进行双电子的转移。单电子转移是一个自由基过程，涉及黄素、醌类辅酶或过渡金属等辅酶因子的参与。

（1）醇脱氢酶（EC 1.1.1.1）　醇脱氢酶能够氧化除甲醇以外的伯醇并消耗大量的醛类物质，在水溶液和有机溶剂中都可以进行。

（2）脂氧合酶　脂氧合酶（LOX）是一种含非血红素铁的双加氧酶，催化含有至少一个(*Z*,*Z*)-1,4-戊二烯酸结构的不饱和脂肪酸发生双加氧反应。例如，大豆中的 LOX 将亚油酸转化为（*S*）-13-氢过氧化物。LOX 在利用植物酶进行天然“绿色香调”香精的大规模生产中具有重要作用，这些天然香气化合物是一组 C_6 醛和醇的同分异构体。

在自然界中，植物组织被破坏后会产生“绿色香调”。细胞壁的破坏导致一系列酶催化反应：具有上述二烯体系的多不饱和脂肪酸通过 LOX 催化转化为氢过氧化物，氢过氧化物进一步被氢过氧化物裂解酶裂解；氧化还原酶也参与这一系列的催化反应。与高等植物 LOX 的区域选择性不同，真菌 LOX 催化亚油酸和亚麻酸双氧化生成 10-氢过氧化物。在受损的真菌细胞中，氢过氧化物裂解酶和其他的酶陆续发挥作用形成典型的蘑菇挥发性香气物质，包括重要化合物(*R*)-1-辛烯-3-醇，可以通过用亚油酸培养菌丝实现其工业化生产。

（3）过氧化物酶　①大豆过氧化物酶：*N*-甲基邻氨基苯甲酸甲酯经酶解发生 *N*-去甲基化可以生产具有水果气味的邻氨基苯甲酸甲酯，该过程采用大豆过氧化物酶（血红素酶）制剂和 H_2O_2。如果所使用的 *N*-甲基邻氨基苯甲酸甲酯是天然来源，例如从柑橘叶中提取的 *N*-甲基邻氨基苯甲酸甲酯，则可将反应产物标签为天然产物。

②辣根过氧化物酶（EC 1.11.1.7）：属于血红素过氧化物酶超家族，能够氧化催化不同结构的底物，反应以氢过氧化物作为氧化剂。例如，氯过氧化物酶催化乙二醇的卤化反应、烯烃环氧化反应以及外消旋芳乙基氢过氧化物对前手性硫醚的磺化氧化反应。后一种反应以具有旋光性的（*R*）-亚砜、（*S*）-氢过氧化物和相应的（*R*）-醇结束反应。利用辣根过氧化物酶催化外消旋次级氢过氧化物可制备出具有光学活性的氢过氧化物，其可作为潜在的立体选择性氧化剂。由于辣根过氧化物酶价格较贵，且热稳定性较差，因此其工业应用受到限制。

③肉色香菇过氧化物酶：肉色香菇是一种有价值的食用菌，其中含有的一种过氧化物酶可以将β,β-胡萝卜素分解成具有气味活性的化合物。肉色香菇的胞外液可将β,β-胡萝卜素降解为

β-环柠檬醛、二氢猕猴桃内酯、2-羟基-2,6,6-三甲基环己酮、β-阿朴-10′-胡萝卜醛和β-紫罗兰酮，后两者是主要的产物。

（4）漆酶（EC1. 10. 3. 2）　大根香叶烯 A 羟化酶　漆酶是一组特异性低的多铜蛋白，能够作用于邻羟基喹啉和对羟基喹啉，通常作用于氨基酚和苯二胺，用于生物技术生产葡萄柚中的重要化合物诺卡酮。(+)-大根香叶烯 A 羟化酶是从菊苣根中分离出来的一种细胞色素 P-450 单加氧酶，用于催化朱栾倍半萜制备诺卡酮。

（5）微生物胺氧化酶　黑曲霉的胺氧化酶和大肠杆菌的单胺氧化酶可用于胺的氧化脱氨，形成相应的醛、过氧化氢和氨。

香兰素胺［(4-羟基-3-甲氧基-苯基）甲胺］在胺氧化酶作用下生成香草醛。胡椒和甜椒中分离的辣椒素｛*N*-[(4-羟基-3-甲氧基-苯基）甲基]-8-甲基-6-壬烯酰胺｝的裂解可产生香兰素胺。因为从香草豆中提取的天然香草醛量少且成本高，因此这种酶催化生产天然香草醛的途径具有很大的潜力。如果用酶催化辣椒素裂解，得到的香草醛可以贴上天然产物的标签。

（6）香草醇氧化酶（EC 1. 1. 3. 38）　香草醇氧化酶（VAO）是一种来自青霉菌的黄素酶，可将 4-羟基苄醇和 4-羟基苄胺转化为相应的醛。由于香草醇氧化酶能够对辣椒素衍生的香兰素胺进行氧化脱氨，因此可以通过前文描述的途径生产香草醛。因为得到的香草醛是天然的，所使用的酶不需要昂贵的辅助因子，而且可以规模化生产，所以这种利用微生物胺氧化酶和香草醇氧化酶的双酶法很有应用前景。

3. 转移酶

环糊精葡聚糖转移酶（EC 2. 4. 1. 19）　浸麻芽孢杆菌中的环糊精葡聚糖转移酶能够催化(-)-薄荷基-α-葡萄糖苷合成（-)-薄荷基-α-麦芽糖苷和α-麦芽寡糖苷。反应可以在含有(-)-薄荷基-α-葡萄糖苷、酶和可溶性淀粉的反应器中进行，产率为 80%左右，其中（-)-薄荷基-α-麦芽糖苷为 15%，（-)-薄荷基-α-麦芽寡糖苷为 65%。α-淀粉酶处理淀粉可提高(-)-薄荷基-α-麦芽糖苷的比例。(-)-薄荷基-α-麦芽糖苷一开始有苦和甜的味道，但几分钟后出现清新的味道。由于其在水中具有较高的溶解度且不易挥发，有望成为食品或香烟中的缓释香气化合物。

4. 裂解酶

（1）D-果糖-1,6-二磷酸醛缩酶（EC 4. 1. 2. 13）　羟醛缩合形成新的碳-碳键是一种非常重要的合成方法。除了化学合成外，醛缩酶也可以用来催化这种反应。该反应是醛与酮供体之间的具有立体选择性的缩合反应。

在自然界中，已发现碳水化合物代谢过程中 4 种互补的醛缩酶，它们表现出不同的立体选择性。在生物技术中，果糖-1,6-二磷酸醛缩酶（兔肌肉醛缩酶）三步酶促催化果糖-1,6-二磷酸可以生产呋喃醇［2,5-二甲基-4-羟基-(2H)-呋喃-3-酮］。第一步是醛缩酶催化二磷酸糖裂解成磷酸二羟基丙酮和磷酸甘油醛。后者经共固定化磷酸丙糖异构酶异构化得到磷酸二羟丙酮，磷酸二羟丙酮是醛缩酶催化羟醛与 D-乳糖醛缩合的底物，缩合产物 6-脱氧果糖磷酸易转化为呋喃醇。

（2）倍半萜烯合成酶（EC 4. 2. 3. 9）　瑞士芬美意公司提出通过倍半萜烯合成酶将法呢基二磷酸酯转化为各种脂肪族和含氧倍半萜。可以从广藿香中克隆倍半萜烯合酶并利用其进行酶催化得到多种倍半萜烯。

二、 发酵风味产品

几千年以来，微生物加工都在人们制作香味浓郁的食品以及饮品的过程中起着决定性的作用，比如说面包、芝士的制作以及啤酒、红酒、酱油的酿造过程。发酵食品非常重要，因为它们能提供并保存大量营养丰富的食品，改善了香气和质地。随着 20 世纪中期的现代分析技术的快速发展，挥发性风味物质的分离、纯化和结构鉴别都逐渐成为常规化技术，这为更系统地阐述微生物风味形成的机制奠定了基础。

（一）面包的加工风味

面团发酵是馒头、面包等一些面制食品生产加工的重要工序，能够产生包括醇类、酯类、烃类、醛类、酸类、酮类、芳香类的多种风味物质，赋予食品独特的醇厚香气特征。谷物在水中的混合物会形成面团，其特征是单独放置一段时间后会具有酸味，这是人类使用发酵食品的第一个例子。酸面团是面粉和水的混合物，由乳酸菌（主要是异型发酵菌株）发酵，在混合物中产生乳酸和乙酸，最终产品的酸味令人愉悦、提升食欲。酸面团工艺被用作发酵的一种形式，是食品烹饪、加工中最古老的生物技术工艺。在传统的馒头或者面包制作工艺中，为了便于连续化生产制作，保留一部分熟酸面团作为后续的种子面团（即老面、面头、酵子），这一工艺一直持续到 19 世纪。大量的传统制品依赖于使用酸面团发酵来获得具有特定质量特性的烘焙食品，包括意大利托尼甜面包、旧金山法式酸面包、苏打饼干、埃及巴拉迪面包、印度馕以及中国馒头。

面粉对于面包独特风味的生成起着重要作用。不同的谷物和豆类面粉，包括全麦、黑麦、玉米、大豆、绿豆、麦芽和其他特色面粉，为各种面包增添了独特的风味。小麦面粉的类型影响小麦酸面团中风味化合物的生成。它对由异型发酵培养物发酵的酸面团中乙酸乙酯和乙醇的生成有显著影响，其中在全麦面粉和低筋面粉制成的酸面团中检测到的含量最高。灰分高的面粉会增加混合发酵中挥发性化合物的含量。

添加其他可选原料有助于提高各种面包的风味，包括乳粉、起酥油、黄油、蛋制品、卵磷脂、芝麻、香菜、纤维、香料、水果和坚果。然而，乳制品是制作面包的传统原料。脱脂牛乳和甜乳清有助于提高面包质量。除了营养方面，在面包配方中使用乳制品原料的主要优点包括更高的吸水性、更好的发酵耐受性和更好的面包屑颗粒，以及面包皮颜色的形成、令人愉悦的面包味道和风味。酸乳可用于面包配方，对面包的风味有积极影响，但会减小面包体积。根据它们的最佳生长温度，两类乳酸菌通常用于制备发酵乳——嗜温菌和嗜热菌。大多数嗜温菌用于干酪生产和一些发酵乳（培养酪乳）的制备。在某些菌种中添加柠檬酸盐会产生二乙酰，这是一种在黄油风味中很重要的气味成分。它们是很好的产香剂，但酸化不强烈。嗜热菌是另一类具有一定潜力的乳酸菌，用于生产酸乳等发酵乳。根据其主要产生乳酸的能力，培养物被认为是同型发酵或异型发酵。它们是良好的产酸剂，可以形成乙醛和二乙酰等风味化合物。在烘焙制品中添加的糖有蔗糖、葡萄糖、乳糖和高果糖玉米糖浆，酶作用于面粉中的淀粉也会产生糖。所使用糖的类型会影响产品的甜味及其参与褐变反应的能力。食盐对面包的理想风味有很大的贡献，如果没有食盐，面包就会有单调而产生令人不悦的味道。此外，产品配方中的盐含量会增强对甜味的感知。

在烘焙制品中，由于酵母和通常与商业酵母、麦芽和面粉结合的细菌的作用，开始发酵。在此过程中，会产生有机酸，从而降低 pH 并增加总可滴定酸度。它还产生醇类、酯类、酮类和醛类，它们构成了新鲜烘焙面包屑轻微刺鼻的味道。更长时间发酵会增加这些风味成分的浓度，使其变得令人反感。降低发酵温度可以延长发酵时间，产生更诱人的风味。在面包成品贮存过程中，一些风味成分的损失速度比其他成分更快。随着时间推移，甜味和咸味逐渐减少，而逐渐强化的酸味开始变得令人不悦，酵母的理想酒精味消失，小麦气味减少，逐渐强化的面团或淀粉味变得令人不悦。

酸面团发酵是提高面包质量和生产不同小麦和黑麦面包的传统工艺。目前，酸面团用于制作面包、蛋糕和饼干。酸面团的典型特征主要归因于其微生物群落，基本上以乳酸菌和酵母为代表。由于微生物群落的存在，这种面团具有代谢活性，可以被重新激活。这些微生物确保在添加面粉和水后产酸和发酵。酸面团的发酵机制很复杂，不同的面粉特性和工艺参数对酸面团微生物群落的代谢活动产生了非常特殊的影响。在发酵过程中，由于微生物和内源酶的作用，面粉中的碳水化合物和蛋白质成分会发生生化变化。此外，发酵温度也影响乳酸菌和酵母的生长和代谢。

（二）酸乳的加工风味

酸乳是以牛羊乳或乳粉为原料，经过巴氏杀菌等处理，再以嗜热链球菌与保加利亚乳杆菌等乳酸菌作为发酵剂接种于乳中，由于乳酸菌降低乳中 pH 使酪蛋白在等电点处形成的凝乳。

1. 酸乳发酵机制

乳酸菌发酵可分为同型乳酸发酵和异型乳酸发酵。前者乳糖只产生乳酸，后者乳糖除产生乳酸外，还生成乙醇、二氧化碳等物质。乳制品发酵产生乳酸，从而降低乳的 pH，使产品具有特定的酸味并且形成凝胶状态。此外，在酸性环境中，腐败微生物的生长可得到有效抑制。乳糖发酵有两种机制，第一种机制为乳糖通过透膜酶的作用进入细胞，并被β-半乳糖苷酶分解为葡萄糖和半乳糖，葡萄糖进入磷酸戊糖酮解酶途径，生成丙酮酸等中间产物以及代谢终产物，如 CO_2、乙酸和乳酸等。半乳糖可以经 Leloir 途径转化为磷酸葡萄糖，并返回磷酸戊糖酮解酶途径。第二种机制主要分布于乳酸乳球菌乳酸亚种（*Lactococcuslactis* subsp. *cremoris*）、干酪乳杆菌干酪亚种（*Lactobacillus casei* subsp. *casei*）等菌中，乳糖通过磷酸转移酶在细胞膜上的作用，磷酸化后进入细胞，随后在酶的作用下将其水解成葡萄糖和 6-磷酸半乳糖。

2. 酸乳发酵风味的形成

酸乳的风味物质是一些羰基化合物和 C_2~C_8 挥发性的脂肪酸，主要有乳酸、乙醛、丁二酮、乙酸等。乳酸、乙酸、丙酸等酸类赋予酸乳爽口的酸味，某些醇类、酯类等物质也相辅相成，共同构成酸乳所特有的风味。酸乳的香气是牛乳中最初存在的挥发物和发酵过程中产生的化合物的叠加，其加工风味是通过一系列生化过程积累所得，主要途径有柠檬酸盐发酵过程、糖酵解过程、脂解和蛋白质水解过程。酸乳的风味物质是由不同微生物在发酵加工的不同阶段产生的。其中，乙醛是构成酸乳特征风味的物质之一。它主要是保加利亚乳杆菌（*L. bulgaricus*）在酸乳生产的前发酵过程中由乳糖产生的。但酸乳生产的另一发酵菌种——嗜热链球菌（*Str. theromophilus*）影响着保加利亚乳杆菌的生长代谢。发酵初期，乳体的 pH 为 6.5~5.5，嗜热链球菌活跃且控制了发酵，杆菌虽然生长代谢很快，但杆菌的发酵产物（肽、氨基酸等）能刺激嗜热链球菌的生长代谢。发酵中期，乳体的 pH 为 5.5~4.2，球菌生长代谢逐渐减慢直至 pH 4.2 时基本停止。但嗜热链球菌产生的甲酸、丙酸等又会促进保加利亚乳杆菌的生长代谢。发酵后期，乳体的 pH $<$ 4.2，主要是保加利亚乳杆菌生长代谢。

酸乳加工过程中，前发酵以产酸为主，同时产生酸乳的特征风味物质之一——乙醛。加工过程中，必须选育活力强、生产稳定、风味好的保加利亚乳杆菌和嗜热链球菌并保持1：1的比例，使它们获得良好的共生关系，才能得到理想的酸乳风味。另外，还需严格控制接种量、发酵条件（发酵温度、发酵时间等）以达到最适酸度。后发酵以香味细菌产香为主。丁二酮是酸乳后发酵过程中某些香味细菌产生的，它使酸乳产生类似坚果仁的风味。常见的产香菌有嗜柠檬酸明串珠菌（*L. citrovorum*）、腐橙链球菌（*S. citrovorus*）、葡聚糖明串珠菌（*L. dextranicum*）等。产香菌的最适发酵温度一般为20~30℃，低于酸乳前发酵温度40~44℃，故前发酵结束后应立即置于低温环境中，让乳酸菌充分进行发酵。丁二酮不稳定，在双乙酰还原酶的催化作用下生成乙偶姻，低温环境兼起钝化双乙酰还原酶活性的作用，避免丁二酮的消耗。此外，丁二酮的形成还受pH、氧气浓度的影响。由于酸乳本身的pH 4.2~4.7，与丁二酮形成的最适pH 4.3~4.8接近，故不需额外调节酸度。但某些酸性发酵乳制品如酸性酪乳、酸奶油还需添加柠檬酸或柠檬酸钠调节pH使产品产生较多的丁二酮。另外，如搅拌、摇动发酵产品、通气等措施可提供较充足的氧气，从而提高丁二酮产量。此外，后发酵过程中还要避免某些具有高双乙酰还原酶活性的嗜冷菌对产品的污染。酸乳中丁二酮含量并非越多越好，丁二酮和乙醛的比例对酸乳的风味影响很大，只有当丁二酮与乙醛含量比例为3.0~4.5时，酸乳才呈现出协调诱人的芳香味。高于或低于此范围都会呈现异味甚至臭味。

同型发酵乳酸菌能转化基质中90%的糖生成乳酸，而异型发酵乳酸菌生成乳酸的含量相对较低。乳酸能降低产品的pH，延长产品的保质期，并赋予发酵乳制品独特的风味。酸乳在发酵过程中有20%~40%的乳糖转化生成乳酸，这些乳酸能降低产品的pH，增加酸乳的口感和风味。然而，过量的乳酸容易导致酸乳的后酸化，后酸化是制约酸乳工业发展的重要问题。

酸乳中重要的醇类化合物是乙醇，乙醇是葡萄糖和氨基酸代谢的最终产物。一般酸乳中乙醇的含量较高，为0.2~9.9mg/kg，而酸羊乳中乙醇的含量普遍低于酸牛乳中乙醇的含量。一些研究人员认为乳酸发酵过程中产生的微量乙醇对酸乳整体风味没有实际影响。此外，在发酵乳中还能检测到一些分子质量较低的醇类化合物，如从嗜热链球菌和保加利亚乳杆菌的单菌株发酵乳中可检测到1-庚醇、1-己醇、1-壬醇、1-戊醇等。

酯类化合物是酸乳中的另一类重要挥发性化合物，主要是通过脂肪酸水解和微生物代谢产生。酸乳中的酯类化合物的风味阈值较低，低浓度的酯类化合物对酸乳风味的贡献较大。一般来说，对酸乳的风味影响较大的酯类化合物主要是一些分子质量较低的酯，如乙酸甲酯、乙酸乙酯等。

（三）酒的加工风味

1. 白酒

大曲是一种对产品风味有重大影响的糖化剂和发酵剂。根据最高孵化温度，大曲可分为高温、中高温、中温和低温型，而中温大曲通常被用于酿造浓香型白酒。大曲通常由小麦、大麦和/或豌豆按一定比例混合制成，经研磨、混合、成型后以固态发酵的方式培育和熟制。大曲原料含有丰富的淀粉及其他营养物质可作为微生物生长基质。

泥池被用作发酵反应器，里面含有一层泥浆。窖池是适合浓香型白酒酿造的固体生物反应器。窖泥中的微生物群落对中国白酒的质量和产量有很大影响。窖泥中的微生物以梭状芽孢杆菌为主。梭状芽孢杆菌可以合成己酸，而己酸是形成浓香型白酒关键风味成分己酸乙酯的前体物质。

陈化的泥窖有利于优质白酒的生产，因而窖泥的维护是非常重要的。然而，窖泥的老化和退化是微生物消耗营养和次生代谢产物积累所导致的自然现象。伴随着菌株的降解，功能微生物的生长受到抑制。以上现象均会导致窖泥的降解，从而降低白酒的质量。研究人员试图培养像梭状芽孢杆菌这样的微生物并将它们添加到窖泥中。结果表明，己酸乙酯的含量增加，白酒的质量得到改善。

2. 黄酒

黄酒中的风味主要是通过酶促生化反应和微生物代谢产生的。酒曲不仅决定了黄酒酿造的主要微生物群及其酶，而且对黄酒的风味配方也有重要贡献。酒曲中的酶可以将原料中的碳水化合物和蛋白质转化为糖、肽、氨基酸，用于细菌、霉菌、酵母和其他微生物的生长和发酵。更重要的是，酒曲中的微生物是黄酒酿造最重要的推动力。酒曲中的微生物在黄酒风味形成中起着关键作用。

红曲中的微生物主要由人参芽孢杆菌（*Bacillus ginsengisoli*）、泛菌属、伊丽莎白菌属、链球菌属、红曲霉、黑曲霉和双孢干酵母组成。白曲的优势菌为乳酸乳球菌、短乳杆菌和戊糖片球菌，而优势真菌为无根根霉、纤维酵母和黑曲霉。

绍兴黄酒是我国最著名的黄酒，也是用糯米酿造的，加入了两种传统的葡萄酒发酵剂小麦曲和酒药。从小麦曲分离的微生物中，酿酒酵母产生的芳香类、醇类、酯类和酸类风味物质最多，而醛和酮主要由霉菌产生。

在武义红曲黄酒发酵过程中，魏氏菌、酵母菌、根霉、曲霉和念珠菌是主要微生物。在发酵过程中鉴定出 79 种挥发性风味物质，主要是酯类、醇类和酸类。酿酒酵母、植物乳杆菌、黑曲霉、脆乳杆菌、酸性乳酸杆菌和消化乳杆菌是最大的风味贡献者，它们与酯、醇和酸的形成密切相关。

3. 啤酒

麦芽所产生的挥发性化合物可分为 4 类，即来自脂肪前体氧化的挥发性化合物、在美拉德反应或褐变反应中形成的挥发性化合物、各种脂肪族硫化物和酚类。在发芽过程中，大麦脂肪被特定的脂氧合酶氧化成中间体氢过氧化物，然后在麦芽烘干到啤酒贮存的后续加工阶段分解为有风味的醛。如果还原酶较为活跃，相应的醇也会产生。醛类是绿麦芽和绿麦芽汁含有青草味的原因，但它们在烘干麦芽中的含量要低得多，因为烘干后一部分脂氧合酶会失活。除了己醛和 2,4–癸二烯醛外，更多颜色的麦芽（如水晶麦芽、焦香麦芽或烤麦芽）几乎没有醛。酵母菌在发酵过程中通过还原作用将醛还原为饱和醇来完全去除这些醛。然而，青草、豌豆般的味道并不会完全消失，并且还会在绿麦芽啤酒的味道中占主导地位，主要原因是其中含有由己醛和 2–己烯醛还原产生的高浓度的 L–己醇。

绿色麦芽汁含有一系列的烯醇，可能是由热降解还原酶的作用形成的，它可以减少烯醇的醛部分，并使双键保持完整。酵母不能进一步减少这些风味活性醇，从而使它们仍然留在成品啤酒中。当葡萄糖或麦芽糖等还原糖与少量氮化合物（胺、氨基酸或简单的铵盐）共热时，通过一系列的重排和脱水反应会产生还原酮和双氢还原酮。这些还原酮随后被聚合成黄色、棕色和黑色的类黑精。当各种食物经过煮、烤或炸时，这些焦糖化应就会发生。而从感官角度来看，美拉德的反应远不止于此。许多挥发性杂环化合物是由还原物的降解形成的，其中包括来自胺或硫化氢的氮或硫。这些都提供了丰富的风味来源，其风味特征取决于起始糖、氮化合物等的种类和浓度，以及加热条件。

一般来说，啤酒酿制过程中需要添加酒花。在啤酒制造的沸腾步骤，将干酒花（啤酒花属的雌花）加入麦芽汁壶中。添加啤酒花可以提高啤酒的质量，并引入特有的苦味，从而获得消费者期望的理想味道。啤酒花含有许多不同种类的有机化合物，主要受关注的是啤酒花酸、啤酒花油和多元酚。这3类化合物是区分酒花品种的重要生化标志物。酒花酸是软树脂馏分的一部分，由相关系列组成——α-酸（葎草酮、类葎草酮和加葎草酮）和β-酸（酒花酮、类酒花酮和加酒花酮）。这些化合物在纯净物状态下以淡黄色固体形式出现。它们是弱酸，在水中的溶解性很差，几乎没有苦味。α-酸是无味的，但在麦芽汁中煮沸后，它们会异构化为具有苦味的异α-酸或异酒花酮（啤酒苦味酸），此类异构化效率约为30%，啤酒酿制加工业的技术发展提高了α-酸定向转化异α-酸的能力。α-酸是啤酒花衍生的化合物，在啤酒中的浓度很低（约100mg/L），是仅次于乙醇和二氧化碳的主要风味成分。异α-酸在水中的苦味阈值为6mg/L，啤酒中异α-酸的浓度为10~100mg/L，异α-酸在啤酒中的溶解度远高于α-酸。除了赋予啤酒苦味外，异α-酸还显示出其他有吸引力的特点：①它们具有张力特性，可以稳定啤酒泡沫；②它们抑制革兰阳性细菌的生长，可以保护啤酒免受这些微生物的影响。异α-酸是啤酒中苦味的主要来源，集中在啤酒泡沫中。众多研究人员发现，与极性较低的异葎草酮和异加葎草酮相比，异葎草酮在啤酒泡沫中的浓度较低。有报道称，啤酒泡沫中的反式异加葎草酮浓度是啤酒液体中的7倍，是啤酒花酸的疏水性影响了它们在啤酒泡沫和啤酒液体中的分配。

4. 葡萄酒

许多香气物质，如单萜或C_{13}去异戊二烯类物质，都以无味的葡萄糖复合物的形式存在于果汁中。在发酵期间和发酵后，由于添加的果胶酶或葡萄本身含有的酶或微生物表达的天然酶的副反应，香气物质通过相当缓慢的酸催化水解和更快的酶水解被释放出来。虽然大多数C_{13}去异戊二烯类物质只与葡萄糖结合，但大多数单萜可以与双糖结合。在β-葡萄糖苷酶释放糖苷配基之前，必须通过特定的β-糖苷酶（阿拉伯糖苷酶、鼠李糖苷酶、木糖糖苷酶或洋芹糖苷酶）去除末端的糖基。发酵释放α-L-鼠李糖基吡喃葡萄糖苷和α-L-阿拉伯糖基吡喃葡萄糖苷聚糖的比例与单独释放β-D-吡喃葡萄糖苷的比例相同，为30%~40%；只有β-D-洋芹糖基吡喃葡萄糖苷的释放保持稳定。

研究人员发现胃-肠细菌黏液真杆菌的胞外酶提取物能够从半胱氨酸-4-巯基-4-甲基-2-戊酮（半胱氨酸-4-MMP）中释放4-巯基-4-甲基-2-戊酮（4-MMP），进而提出了采用微生物从无味半胱氨酸复合物中释放硫醇的作用，并提出酵母碳硫裂解酶的有效作用。然而实验发现，即使选择碳硫裂解酶活性增强的酵母，发酵后葡萄酒中仍有大量未释放的半胱氨酸复合物，具有巨大的利用潜力。与半胱氨酸复合物中硫醇的高度限制释放速率相似，酵母释放葡萄衍生的糖苷前体也受到限制，这可能因为大部分糖都是双糖，仅通过酵母β-葡萄糖苷酶活性不能释放这些糖。与一般酵母菌株相比，巴亚努斯酵母比酿酒酵母释放更多的4-MMP，甚至通过两种菌株杂交获得的杂交菌株也比酿酒酵母释放更多的硫醇。

在发酵中选择合适的温度是葡萄酒酿造的一个主要因素。较高温度（20~28℃）仅有益于发酵初期，发酵过程中会产生大量风味物质，这与活性酵母的生长有关。在后续发酵过程中，较低的温度将有利于限制形成的香气化合物的挥发性。在表皮浸渍工序中，较高的温度增强了半胱氨酸-3-巯基-1-己醇（半胱氨酸-3-MH）被从外果皮中萃取出来的概率。由于半胱氨酸-4-MMP主要存在于葡萄果肉中，表皮浸渍和温度对葡萄酒中的4-MMP含量没有显著影响。

（四）风味料的发酵生产

尽管许多微生物具有全程合成风味物质的巨大潜能，且在微生物培养基或其顶端可以检测到各种各样有价值的产物，但是它们在自然界中的浓度通常很低，从而难以产业化。另外，代谢的多样性往往会导致产物种类繁多且相关性高，但不排除初生代谢产生的风味化合物中存在一些例外，比如非挥发性风味物质谷氨酸和柠檬酸。因此，结构相关的前体物质的生物催化转变通常是一种显著提高目标风味物质含量的优势手段。而使用该手段的前提是目标风味化合物的前体物质必须在自然界中存在，并且存在一种经济可行的便捷方法，可以从天然原料中大量分离出该前体物质。许多与工业相关的微生物风味料生产过程都采用了这种“前体方法”（如由阿魏酸或丁香酚生成的香兰素、由蓖麻油酸生成的4-癸内酯、由L-苯丙氨酸生成的2-苯基乙醇）。

参考文献

[1] Erich Ziegler, Herta Ziegler. Flavourings [M]. Weinheim: WILEY-VCH, 1998.

[2] Gary Reineccius. Flavor Chemistry and Technology [M]. 2nd ed. Boca Raton: Taylor & Francis Routledge, 2006.

[3] Sara J. Risch, Chi-Tang Ho. Flavor Chemistry. Industrial and Academic Research [M]. Washington DC: American Chemical Society, 2000.

[4] Philip R Ashurst. Food Flavorings [M]. Gaithersburg, Maryland: Aspen publishers INC, 1999.

[5] Cui H, Yu J, Xia S, et al. Improved controlled flavor formation during heat-treatment with a stable Maillard reaction intermediate derived from xylose-phenylalanine [J]. Food Chemistry, 2019, 271: 47-53.

[6] Cui H, Yu J, Zhai Y, et al. Formation and fate of Amadori rearrangement products in Maillard reaction [J]. Trends in Food Science & Technology, 2021, 115: 391-408.

[7] Henryk Jeleń. Food Flavors: Chemical, Sensory and Technological Properties [M]. Boca Raton: CRC Press, 2012.

[8] Andrea Buettner. Springer Handbook of Odor [M]. Gewerbestrasse: Springer, 2017.

[9] Dominic W S Wong. Mechanism and Theory in Food Chemistry [M]. 2nd ed. New York: Van Nostrand Reinhold Company, 2018.

[10] David J, Rowe. Chemistry and Technology of Flavors and Fragrances [M]. Oxford: Blackwell Publishing, 2005.

[11] Herta Ziegler. Flavourings: Production, Composition, Applications, Regulations [M]. Weinheim: WILEY-VCH, 2007.

[12] Shi X, Zhang X, Song S, et al. Identification of characteristic flavour precursors from enzymatic hydrolysis-mild thermal oxidation tallow by descriptive sensory analysis and gas chromatography-olfactometry and partial least squares regression [J]. Journal of Chromatography B, 2013, 913-914: 69-76.

[13] Song S, Tang Q, Hayat K, et al. Effect of enzymatic hydrolysis with subsequent mild thermal oxidation of tallow on precursor formation and sensory profiles of beef flavours assessed by

partial least squares regression [J]. Meat Science, 2014, 96: 1191-1200.

[14] Song S, Tang Q, Fan L, et al. Identification of pork flavour precursors from enzyme-treated lard using Maillard model system assessed by GC-MS and partial least squares regression [J]. Meat Science, 2017, 124: 15-24.

[15] Min D B, Smouse T H. Flavor chemistry of fats and oils [M]. Peoria: American Oil Chemists' Society, 1985.

[16] Jeleń H H, Mildner-S S, Jasinska I, et al. A headspace-SPME-MS method for monitoring rapeseed oil autoxidation [J] . J Am Oil Chem Soc, 2007, 84 (6): 509-517.

[17] Damiani P, Gobbetti M, Cossignani L, et al. The sourdough microflora. Characterization of hetero- and homofermentative lactic acid bacteria, yeasts and their interactions on the basis of the volatile compoinds produced [J]. LWT-Food Sci Technol, 1996, 29 (1-2): 63-70.

[18] Pandey A, Sanromán M Á, Du G, et al. Current Developments in Biotechnology and Bioengineering [M]. Amsterdam: Elsevier, 2017.

[19] Jack N L. The Maillard reaction reconsidered: Cooking and eating for health [M]. Boca Raton: CRC Press, 2016.

[20] Šimko P. Processed Meats: Woodhead Publishing Series in Food Science, Technology and Nutrition [M]. Sawston Cambridge: Woodhead Publishing, 2011.

[21] Dominguez R, Gomez M, Fonseca S, et al. Effect of different cooking methods on lipid oxidation and formation of volatile compounds in foal meat [J]. Meat Sci, 2014, 97 (2): 223-230.

[22] Cui H, Liu D, Xia X, et al. Flavor and texture characteristics of microwave-cooked Kung Pao Chicken by different heat conduction effects and further aroma improvement with moderate enzymatic hydrolyzed chicken fat [J]. Food Funct, 2021, 12 (4): 1547-1557.

[23] Wang X, Wang X, Muhoza B, et al. Microwave combined with conduction heating effects on the tenderness, water distribution, and microstructure of pork belly [M]. Innovative Food Science & Emerging Technologies, 2020, 62: 102344.

[24] Zhang M, Karangwa E, Duhoranimana E, et al. Characterization of pork bone soup odor active compounds from traditional clay and commercial electrical stewpots by sensory evaluation, gas chromatography-mass spectrometry/olfactometry and partial least squares regression [J]. Flavour and Fragrance Journal, 2017, 32 (6): 470-483.

[25] 张慢．清炖型肉汤的风味形成机制及电炖锅烹饪程序优化 [D]. 无锡：江南大学, 2019.

[26] 丹彤, 张和平．发酵乳中风味物质的研究进展 [J]. 中国食品学报, 2018, 18 (11): 287-292.

CHAPTER 8

第八章 风味物质的提取与分析

风味是消费者感知的重要质量特征。在消费者的认知中，主要涉及两种成分：气味活性成分和滋味活性成分。对食品或香料风味的感知被认为是化学衍生的现象。气味感觉逐渐被认识到是一种多方面的感觉，它和其他感觉有很大的相关性，如滋味、质构、外观等。因此，香精香料行业人员和研究学者已经开始拓宽对风味的定义，使其包含其他感觉——主要是味觉、其他化学觉、质构及外观。本章的讨论基于气味和滋味两个方面，但侧重于挥发性物质分析方法的介绍。

第一节 风味物质的提取与分离

一、 风味物质的提取与分离原理

确定挥发性风味成分是分析化学家所面临的最艰难的任务之一，特别是在一种食品基质中更是如此。主要的困难是实验室的仪器对很多气味不可能像人类嗅觉系统一样敏感。如果要对那些食品中可能出现并具有感官重要性的低浓度物质进行仪器分析，就需要将其从食品中分离出来，并浓缩到能够进行仪器分析的浓度。

痕量的香味成分分布在整个食品中，这进一步加大了香味物质分离浓缩过程的难度。从包含糖、复杂碳水化合物、脂类、蛋白质和水的食品中分离出超低浓度的风味成分是非常困难的，即使是单一的物质。由于水是食品中主要的挥发性物质，这就使得食品中挥发性香味物质的分离方法变得极其复杂，任何抽真空或引入蒸馏操作的程序都会将水从样品中提取或分离出来。而基于溶解性的分离方法，诸如溶剂萃取（大多数的芳香成分是亲脂性的），不但会提取出芳香成分也会提取出脂类，而芳香成分提取物中的脂类会导致芳香成分不能进行气相色谱分析。同时，蛋白质是一种强乳化剂和泡沫稳定剂，这些特性使得有机溶剂提取简单风味物质的过程变得复杂。碳水化合物通常可以提高产品的黏度、起泡性和乳化性，这样也会使芳香成分分离变得更加复杂。

由于风味物质包含的化学物质种类繁多，风味物质分离、分析变得更加困难。如果它们仅由一种或者几种化合物组成，那么分离方法就可以集中在假定的几类化合物的特性上。实际上，分析化学家必须设法有效地提取和浓缩醇、醛、酸、酮、胺、羰基化合物、杂环族化合物、芳香族化合物、非挥发物质（或几乎不挥发）等多种化合物。食品中风味物质组分的绝对数量进一步加大了风味分析的难度。

最后一个问题是风味研究的仪器分析结果重现性不好。食品产品的检测是一个动态系统，在分析开始前的储存时期，很容易出现风味物质的变化。而且风味物质的分离过程可能还会引起化学反应（如热引起的分解或氧化），这些都将会改变风味组成，从而引入杂质。因此，我们必须非常谨慎地对待在食品中发现的挥发性成分，确认哪个是产品本身所含有的成分。第一步是选择那些具有最典型的风味或异味的食品样品作为研究对象。如果是研究一个异味问题，那就需要选择强度最高但具有其特性的异味样品。考虑到人类嗅觉系统的极度敏感性，为了使相对较不敏感的仪器能够检测到我们感兴趣的挥发性成分，研究者必须选择具有很高风味强度的样品。如果已经解决了样品选择的问题，样品的准备将会成为下一个挑战。我们必须通过某种方式把芳香物质从食品中提取出来并对它进行浓缩。这一般需要对食品进行压碎、均质、混合、气提或采用其他一些方法对其进行提取。大多数新鲜植物和动物组织含有活性酶系，一旦细胞被破坏，它们能快速地改变风味。用于酶失活的常见方法是在甲醇中进行均质处理。但是，这种方法稀释了样品，降低了含水食品浆液的极性并可能影响后面的分离效果。如果产品是一种汁液并可以快速通过一个高温短时间的热交换器，那么也可以采用热处理方法。我们必须要清楚酶失活方法所带来的杂质或干扰。如果样品混有水（或蒸汽），那么对水的定量必须极其严谨。任何以高聚物为基础的材料的容器或管道等都是常见的污染源，消泡剂也可能会被误认为是食品芳香分离物的组分，旋塞阀或真空润滑油脂也是一种污染源。瓶的密封必须用涂膜的特氟纶（聚四氟乙烯）而不是橡胶以防止密封物质吸收一些芳香成分或产生别的影响。长时间的分离步骤还可能产生发酵现象，因此必须采取措施抑制微生物的生长。除了由酶和微生物在分离过程中所引起的风味组成变化，我们还必须了解化学变化的影响。长时间的分离过程可能引起氧化现象的发生。有时必须在 CO_2 或 N_2 中进行提取，有些研究者选择加入一些诸如丁基羟基茴香醚（BHA）、2,6-二叔丁基对甲酚（BHT）或抗坏血酸的抗氧化物质到待分离的样品中。长时间的高温（高于60℃）处理可促进非酶褐变反应。因此，可能的情况下，都应当采用降温的方法来进行（如真空蒸馏）。还要充分考虑在样品制备过程中的人为因素可能导致的错误结果。本章主要介绍在食品风味物质的提取和分离分析中使用的基本方法及相关的基础理论。

在芳香物质分离中所使用的大多数技术除了利用芳香物质的溶解性以外，还可以利用它们的挥发性。芳香物质是因其固有的挥发性而被感知的，因此挥发性作为芳香物质从食品基质中分离的基础是合乎逻辑的。同样，芳香物质在有机溶剂中比在水溶液（如食品基质）中往往具有更好的溶解性，因此，芳香物质可通过溶剂萃取来制备。

（一）溶解

像上面提到的那样，大多数芳香物质是亲油性的。在食品中发现的芳香物质的 $\lg P$ 列于表8-1（这里 $\lg P$ 的定义是指辛醇-水的体系中油水分配系数的对数，所列出的值是根据实验结果的计算值）。

表 8-1　　典型香气化合物的分配系数

化合物	lg*P*	K_{ow}①	化合物	lg*P*	K_{ow}
2,3-丁二酮	-1.34	0.046	1-甲基吡咯	1.43	26.9
乙醇	-0.14	0.72	苯酚	1.51	32.4
糠醇	0.45	2.81	己醛	1.80	63.1
2-乙酰吡啶	0.49	3.09	二甲基三硫	1.87	74.1
丙酸	0.58	3.80	苯并噻唑	2.17	148
2-戊酮	0.75	5.62	1-辛烯-3-酮	2.37	234
2-乙酰呋喃	0.80	6.30	4-乙基愈创木酚	2.38	240
糠醛	0.83	6.76	1-戊硫醇	2.67	468
乙酸乙酯	0.86	7.24	丁香酚	2.73	537
二甲硫	0.92	8.31	2,4-癸二烯醛	3.33	2138
2,6-二甲吡嗪	1.03	10.7	茴香脑	3.39	2455
丁酸	1.07	11.7	癸酸乙酯	4.79	6465
乙硫醇	1.27	18.6	柠檬酸油精	4.83	6761

注：①K_{ow}为油：水分配系数，此处指平衡时辛醇中香味浓度：水中香味浓度。

根据表 8-1 的 lg*P*，可以发现大多数的芳香成分都是属于亲油性的（溶解在萃取体系的有机溶剂中），因此食品的有机溶剂萃取方法应该是一种非常有效的风味成分分离制备方法。这种方法的缺点是不同的芳香物质在不同的溶剂中具有不同的分配系数，因而在提取过程中它们将会有不同的提取率。当然，像丁二酮那样易溶于水的成分其提取率将会非常低，而像丁子香酚那样的化合物会有很好的提取效果。例如，在用 100mL 有机溶剂对含有各种挥发物质的 1L 水溶液提取后，计算保留在水相（没有被提取的）的丁二酮和丁子香酚的质量分数［式（8-1）］，发现 95.5%的丁二酮和 4%的丁子香酚仍然留在水相中（未被提取出来）。因此，有机溶剂萃取法不能很好地表示出这两种挥发物在原始水溶液中的组成。另一个缺点是溶剂萃取法也会把食品的脂类物质提取出来，包括甘油三酯、磷脂、蜡、乳化剂和脂溶性维生素等。这样，含脂食品的萃取结果是得到分散于脂类基质的风味分离物，这些脂使得风味分离物不能有效地浓缩，也影响后面的色谱分析。但是，对于低脂食品（水果、蔬菜、无脂的面包以及大多数的饮料），溶剂萃取是一个非常合适的样品制备方法。溶剂萃取的最简单方法是用分液漏斗进行分批提取，需要用有限的溶剂进行多次提取，而不是用大量的溶剂进行一次提取，这主要考虑到提取溶剂可能引入杂质（用尽可能少的溶剂）以及从式（8-1）可以推算的提取效率。

$$\text{未提取的质量分数} = \left(\frac{V_w}{K_{ow}V_o + V_w}\right)^n \tag{8-1}$$

式中　V_w——水相体积；

V_o——提取溶剂的体积；

K_{ow}——分配系数；

n——提取次数。

$\frac{V_w}{K_{ow}V_o + V_w} < 1$，指数 n 增加，就能够快速降低未提取的质量分数。如果 100mL 溶液（假

设 $K_{ow}=100$）用 20mL 有机溶剂提取 5 次（5×20mL），只有 2.4×10^{-7}（质量分数）未提取成分残留在水溶液中。如果用有机溶剂一次提取，达到同样的效率，则需要 4000L 溶剂。所以少量溶剂的多次提取非常重要。

（二）吸附萃取

吸附萃取（固相微萃取和搅拌棒吸附）是一种平衡方法，它像溶剂萃取方法一样，是由提取相：水的分配系数所决定的。例如，用聚二甲基硅氧烷（Polydiemthylsiloxane，PDMS）纤维从水溶液中固相微萃取提取某种特定的分析物的理论回收率（$m_{提取}/m_{总}$）可以按式（8-2）计算。

$$\frac{m_{PDMS}}{m_0}=\frac{K_{PDMS/w}/\beta}{1+K_{PDMS/w}/\beta} \tag{8-2}$$

式中 m_{PDMS}——提取相（PDMS 纤维）中分析物质的质量；

$K_{PDMS/w}$——分析物在 PDMS 纤维和水之间的分配系数；

m_0——系中分析物的总质量；

β——相比（V_w/V_o）。

用这种方法所得到的特定分析物的提取率可以通过辛醇和水的分配系数来预测（和上面所讨论的溶剂提取一样）。这个公式说明 lg$P$ 和相比 β 共同决定了特定分析物的提取率。分配系数越大或相比 β 越小（提取相体积越大），分析物的提取率越高。对于固相微萃取方法来说，高相比是一个问题。一个典型的固相微萃取纤维（如 100μm 的 PDMS 纤维）仅具有 0.5μL 的相体积。这使得 $K_{ow}<10000$ 的分析物用这种方法得到的回收率非常低。由于固相微萃取纤维、水相、样品管的玻璃壁和用来搅拌的搅拌棒之间的竞争作用，低的相比将给非极性挥发物的提取率带来较大误差。这个难题可以通过提高相比得以解决。搅拌棒提取方法有一层 20～250μm 的涂层相覆盖在一个较大表面区域（如搅拌棒），它能得到比固相微萃取更高的提取率。对于 $K_{ow}>500$ 的分析物质，其理论提取率可达到 100%。表 8-1 中的 K_{ow} 显示很多芳香化合物具有低分配系数（$K_{ow}<500$），不适合用固相微萃取来进行提取，但用搅拌棒提取方法却非常适合（图 8-1）。

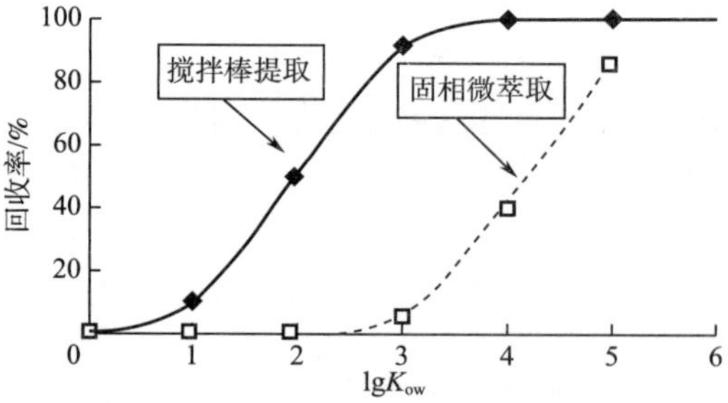

图 8-1 比较 K_{ow} 对固相微萃取和搅拌棒提取两种方法溶质回收率的影响

（三）挥发性

把挥发性作为一种芳香物质分离方法的依据，需要熟悉那些在平衡（静态顶空分离方法）和非平衡（动态顶空分离方法）状态下影响食品顶空中气相芳香物质浓度的因素。在这两种情况下，为了将芳香成分分离出来，我们都需要将待分离成分分配到气相中去。首先讨论平衡条件，我们先将芳香成分在气相中的量定义为气体/食品分配系数 K_{gf}。它可以简单地用式（8-3）表达。

$$K_{gf} = C_g / C_f \tag{8-3}$$

式中　C_g——气相浓度；

C_f——食品相浓度。

如果食品是一种营养饮料（几乎是一种纯水溶液），那么我们可以预测出一种香气化合物的 K_{gf}（以及在分离过程中的回收率）。但食品通常含有各种各样的溶质（单糖、碳水化合物、脂类、蛋白质、水、矿物质等），这就使上述式（8-3）和我们的工作变得非常复杂。对于某些因素，我们还是可以对它们进行预测和理解，如脂类效应。其他因素，如蛋白质的结合作用以及单糖的“盐析作用”，则不可预测，因此这些问题目前还不能通过理论分析来解决。当研究复杂的食品体系有困难时，我们可以在一个简单的处于平衡状态下的水和油的体系中（如食品乳状液），估计出芳香物质在气相中的浓度。在这些食品体系中，芳香物质将会根据其 K_{ow} 分配到油相和水相中去，并根据其在连续相中的最终浓度分配到气相。乳状液上气相浓度 C_g 可用式（8-4）表示。

$$C_g = K_{gc} C_c [(1 - \phi_d) + \phi_d K_{dc}] \tag{8-4}$$

式中　K_{gc}——平衡气相/连续相分配系数；

C_c——芳香物质在连续相中的浓度；

ϕ_d——分散相的体积分数；

K_{dc}——分散相/连续相平衡分配系数。

式（8-4）说明具有低气相分配系数的芳香物质（例如，在连续相中具有高溶解度或非常低的蒸气压的芳香物质）不太适合于使用平衡蒸汽相分离方法。我们也可以看到相体积与芳香物质在分散相中的溶解度的关系。当存在大量分散相时，将芳香物质分配到分散相（反映在 K_{dc}）是非常重要的。这个公式虽然使用方便，但也是相当复杂的，因为 C_g 的大小是由连续相中的气相分配系数和相体积决定的，并根据它们分配到分散相中去。正如前面所提到的，特定的芳香物质和食品成分存在无法计算的作用或结合力，且一般情况下都是如此，这就带来了一个很大的问题，即一般很难估出 C_g 的大小，这意味着每一种香气化合物都有一个不同的 K_{gc} 和 K_{dc}，因而香气化合物在食品及其顶空气相的分布关系是非常复杂的，在任何食品中一般都是不能预测的，即使是最简单的食品体系（水、水/脂体系）也是如此。非平衡分离方法（如动态顶空分离）和上面讨论的平衡方法所依据的因素基本相同。因而，也不能很好地表示食品中芳香物质的组成。针对这种方法的非平衡本质我们还要考虑到其他因素。在非平衡状态下，我们必须考虑到芳香物质从食品中释放到气相的速率。我们可以让气流通过食品上方，气流在非平衡状态下可以将香气化合物带出来，再将香气化合物从气流中分离出来，从而得到芳香分离成分。一般可以假设影响物质迁移到气相的有限因素主要是那些影响迁移气味物质通过气体/食品界面的因素。在上述假设的基础上，式（8-5）可有效反映芳香物质是怎样从食品中转移到气流中。

$$\frac{dm}{dt} = 2\left(\frac{D_e}{\pi t_e}\right)^{1/2} A_{gc}[c_e^i(t) - c_e(t)] = h_D A_{gc}[c_e^i(t) - c_e(t)] \tag{8-5}$$

式中　h_D——总的质量传递系数；

dm/dt——芳香物质向气相转移的速率；

A_{gc}——气体/食品的接触面积；

D_e——乳状液的自由芳香物质分子平均分散系数；

t_e——每个芳香物质表面暴露在接触面的时间；

$c_e^i(t)$——芳香物质在界面中的浓度；

$c_e(t)$——芳香物质在乳状液中的浓度。

由式（8-5）可得式（8-6）。

$$h_D = 2\left(\frac{D_e}{\pi t_e}\right)^{1/2} \tag{8-6}$$

式中 h_D——总的质量传递系数；

t_e——每个芳香物质表面暴露在接触面的时间。

这个方程还可以进一步考虑分配系数、相体积等。正如上面平衡条件一样，人们感兴趣的是如何得到最大的 d_m/d_t，而这个方程给了我们一些方法上的理解。首先，很明显我们需要一个大的 A_{gc}（气体/食品接触面积）。要达到这个目的，最简单的方法是将气体从食品样品中吹过去（如果是颗粒食品，则可将其变成小颗粒），而不是仅将气体从食品表面吹过去。如果将气体吹过食品有起泡性问题，那么我们只能将其从食品表面吹过去，这样香气化合物的提取率将会较低。对食品进行混合将会得到最大的 t_e，因此，混合食品对于提高香气化合物提取率也是非常有必要的。

二、风味物质的提取与分离方法

如前所述，没有一种方法可以完全精确地反映食品中真实的香气化合物质量或比例。因此，当选择一种芳香物质分离方法时，要非常清楚所分离的目标产物。目标产物决定了所选择的方法。芳香物质的提取目前比较常用的方法有顶空吸附（包括动态顶空制样技术 DHS、固相微萃取技术 SPME、吹扫捕集技术 P&T 等）和溶剂萃取（包括同时蒸馏萃取 SDE、溶剂辅助风味蒸发 SAFE、直接溶剂萃取等）两大类。

（一）顶空制样技术

1. 静态顶空法

（1）静态顶空香气提取物稀释分析法（Static headspace） 研究芳香物质的最佳方法应该是直接在食品顶空采集平衡气体。静态顶空分析法非常简单、温和并易实现自动化。用这种方法分析，只需要把食品样品放入一个容器内，用一个隔膜（聚四氟乙烯）将其密封，让其在容器内平衡（30～60min），再从食品上方的空气中抽取几毫升的气体到气密性的注射器内，最后将其直接注射进气相色谱（图 8-2）。

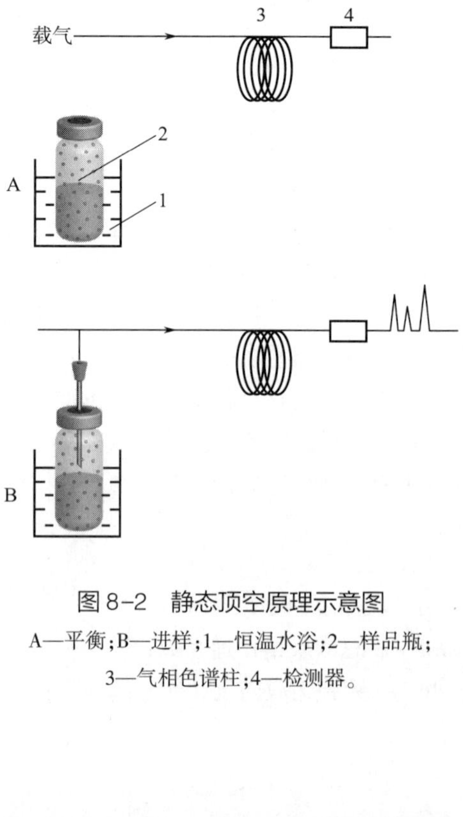

图 8-2 静态顶空原理示意图

A—平衡；B—进样；1—恒温水浴；2—样品瓶；3—气相色谱柱；4—检测器。

这种方法的主要缺点是灵敏度不够高。因为注射到气相色谱的顶空注射量一般限于 10mL 或更少，只有挥发性成分的浓度超过 10^{-7}g/L（顶空）才能被气相色谱检测到，只有那些浓度超过 10^{-5}g/L 的挥发性成分才能够达到质谱的检测浓度。因为食品顶空挥发性成分的浓度一般都在 10^{-10} ~ 10^{-4}g/L 或更少，所以只有少量挥发性较大的成分才能进行直接顶空进样分析。痕量成分分析需要用顶空浓缩方法，即动态顶空分析，这就需要采用大量的顶空体积（100~1000L）以补偿挥发性物质顶空浓度低的缺点。

顶空分析方法的另外一个缺点是很难进行定量分析。得到的分析数据只反映了在顶空中的芳香物质的量。如前面讨论的那样，食品和其顶空浓度之间的关系非常复杂，必须通过实验测定。从某种程度上来说，可以通过顶空富集来提高这种方法的敏感性。这可以通过对食品进行蒸馏，再对蒸馏产物进行分析的方法来实现。顶空富集也可以通过向含水食品中加入可溶性盐来实现。盐往往具有把有机挥发性成分驱赶到气相中的性质。但对所有的挥发性物质来说，其增强效果是不同的。因此，用氯化钠来提高顶空挥发性物质浓度可能将进一步歪曲顶空气体的实际组成。

（2）固相微萃取（Solid-phase microextraction，SPME） SPME 是为进一步完善和发展固相萃取（SPE）技术提出的新型的、环境友好型的样品前处理技术。该技术具有操作简便、无需溶剂、萃取速度快、便于实现自动化以及易于与色谱、电泳等高效分离检测手段联用等突出的优点。与 SPE 法相比，SPME 法具有萃取相用量更少、对待测物的选择性更高、溶质更易洗脱等特点，因此在短短的十多年间，SPME 法无论在理论还是在实践上均获得了较大的发展。这种技术已越来越广泛地应用于食品挥发性成分的研究。

① SPME 基本原理：这种技术中惰性纤维外涂着一层吸附剂（有多种选择）。将这种涂有吸附剂的纤维置于样品顶空，如果是液体，则直接放入其中。然后再对已经饱和的纤维加热使挥发成分解吸到气相色谱流中，最后对这些释放出来的挥发物质进行分析，分析装置见图 8-3。涂膜纤维是一个改进过的注射器，它的针可以收进一个外层护鞘中，这种可以收回的特性使其能免遭物理破坏和污染。SPME 是一种平衡技术，得到的挥发物组成与样品的组成极其相关，因此要仔细地控制取样的参数。

SPME 方法包括吸附和解吸两步。吸附过程中待测物在样品及石英纤维萃取头外涂渍的固定相液膜中平衡分配，遵循相似相溶原理。这一步主要是物理吸附过程，可快速达到平衡。如果使用液态聚合物涂层，当单组分单相体系达到平衡时，涂层上吸附的待测物的量与样品中待测物浓度呈线性相关。解吸过程随 SPME 后续分离手段的不同而不同。对于气相色谱（GC），萃取纤维插入进样口后进行热解吸，而对于液相色谱（LC），则是通过溶剂进行洗脱。

SPME 萃取模式可分为直接固相微萃取（Direct-SPME）和顶空固相微萃取（Headspace-SPME，HS-SPME）两种。Direct-SPME 将涂有高分子固相液膜的石英纤维直接伸入样品基质中进行萃取，经过一定时间达到分配平衡，即可取出进行色谱分析，这种模式适用于气体基质或干净的水基质；而 HS-SPME 则是将石英纤维放在样品溶液上方进行顶空萃取，避免了基质的干扰，因此 HS-SPME 适合于任何基质，尤其是 Direct-SPME 无法处理的污水、油脂、血液、污泥、土壤等样品。SPME 技术目前应用最活跃的领域是环境样品、食品和临床。在天然植物研究方面的应用也有报道。

②SPME 的特点：a. 集采样、萃取、浓缩、进样于一体；b. 简单，操作方便，只需按动手柄；c. 快速，可以节省 70%的样品预处理时间；d. 经济，无需溶剂及注射器，每个萃取头可以

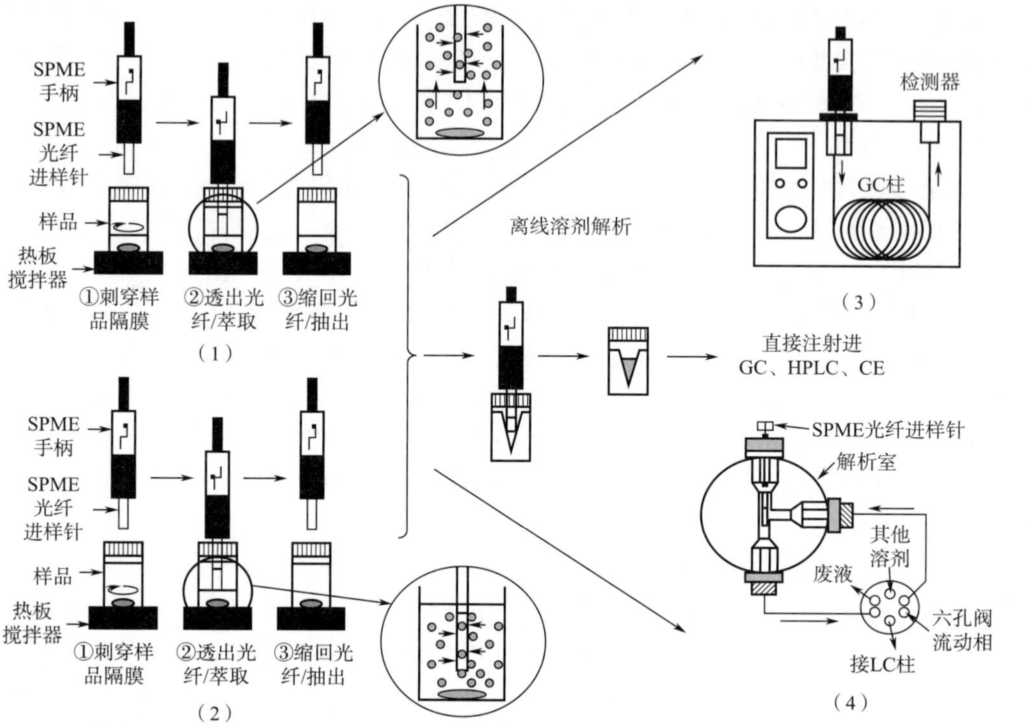

图 8-3　SPME 分析装置示意图

（1）顶空-SPME 的萃取阶段　（2）侵入式-SPME 的萃取阶段　（3）GC 注射口的热解析　（4）利用 SPME 接口溶剂解析

反复使用 50 次以上（最多达 200 次）；e. 无毒害，由于无需溶剂，使操作人员的工作环境得到改善。同时使实验室排出的毒液量降低到最小，为我们生活的环境作出贡献。

SPME 由手柄（Holder）和萃取头（Fiber）两部分构成（图 8-4），似一支色谱注射器，萃取头是一根涂不同色谱固定相或吸附剂的熔融石英纤维，接不锈钢丝，外套细的不锈钢针管（保护石英纤维不被折断及进样），纤维头可在针管内伸缩，手柄用于安装萃取头，可永久使用。

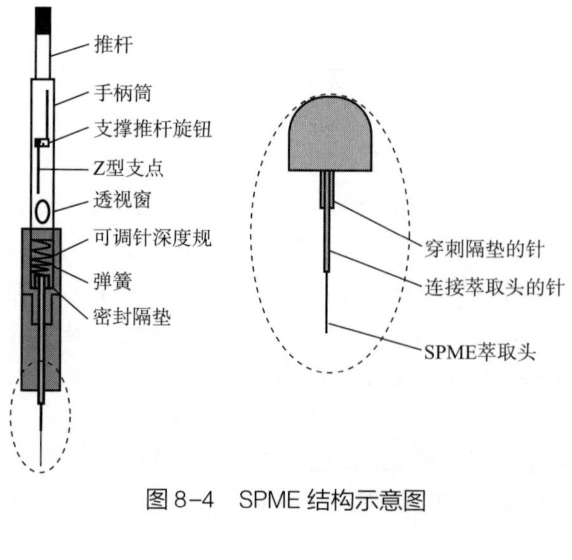

图 8-4　SPME 结构示意图

③SPME 样品萃取及分析：a. 将 SPME 针管穿透样品瓶隔垫，插入瓶中；推手柄杆使纤维头伸出针管，纤维头可以浸入水溶液中（浸入方式）或置于样品上部空间（顶空方式），萃取时间为 2~30min；缩回纤维头，然后将针管退出样品瓶。b. GC 分析，将 SPME 针管插入 GC 仪进样口；推手柄杆，伸出纤维头，热脱附样品进色谱柱，缩回纤维头，移去针管。c. HPLC 分析，将 SPME 针管插入 SPME/HPLC 接口解吸池，进样阀置于“Load”位置；推手柄杆伸出纤维头，关闭阀进样密封夹；将阀进样置于“Inject”位置，流动相通过解吸池洗脱样品进样；进样阀重新置于“Load”位置，缩回纤维头，移走 SPME 针管。

④SPME 纤维头的选择：必须根据所分析物的分子质量和极性。对于小分子质量或低挥发性的化合物通常选用 100μm PDMS 萃取头；对于大分子质量或高挥发性的化合物通常选用 30μm 或 7μm PDMS 萃取头；强极性的化合物通常选用 85μm PA 萃取头；极性挥发性的样品（如乙醇、胺类）选用 65μm PDMS/DVB 萃取头。

⑤SPME 操作控制：SPME 分析结果除与纤维头本身的性质，如极性、膜厚有关外。如果从基本原理考虑，SPME 并不完全萃取（100%萃取）分析物，并且不需达到所谓的真正的热力学平衡，所以严格控制操作条件，如取样时间和温度、萃取头浸入深度、样品瓶或顶空瓶体积保持一致，对于获得重现性分析结果至关重要。

⑥SPME 应用领域：作为表面活性剂应用于其他工业领域，高分子聚合物和固体样品中的微量杂质的顶空分析，水样的环境分析，食品中的香料分析，纵火或爆炸物样品的法医分析，毒物分析（如血、尿、体液中的药物和毒品），气体硫化物及挥发物（VOC）分析。

SPME 可用于环境土壤、水、食品、香精香料及烟草等样品中挥发和半挥发性有机化合物的分析。目前，该技术在国外已广泛应用于烟草制品中植物碱、挥发性香味成分的快速气相色谱分析，就烟草行业而言，有关 SPME 的应用文献正不断增加，有十分诱人的应用前景。美国北卡罗来纳州的 Liggett 集团公司的 Clark 和 Bunch 采用顶空取样，用 SPME 分析了烤烟、白肋烟、马里兰烟的顶空挥发物。国内蔡继宝、刘百战、唐纲岭等人应用 SPME 技术开展烟丝中的香味成分分析研究。林平等采用固相微萃取/气相色谱/质谱（SPME/GC/MS）法定性分析了 LY02 号香精中挥发性和半挥发性成分，探讨了不同纤维头取样、不同温度平衡样品等条件对分析检测结果的影响。

SPME 用于香精香料成分的分析，灵敏度高，定性效果理想。例如，采用 SPME 采集香精或植物精油的顶空香味成分，几分钟便可达到吸附平衡，灵敏度可与溶剂萃取或吹扫捕集方法相媲美。用这种方法可以简单地帮助我们了解香精香料的香味成分，尤其是采用顶空和浸入两种取样方法，还可帮助我们区分哪些是挥发性的头香成分，哪些是不太容易挥发的香味成分。SPME 也可用于香精香料的质量监控，香精致香成分的变化，往往会在溶液组成和顶空挥发物组成方面表现出来，SPME 可以很容易地帮助人们发现这些变化。

⑦新型固相微萃取技术：A. 薄膜固相微萃取。随着样品前处理方法的快速发展，薄膜固相微萃取（Thin film solid phase microextraction，TFME）作为一种组合进样技术和样品制备技术于 2001 年首次投入使用，同时相关的联用方法也受到广泛关注。TFME 技术是一种平衡萃取方法，所用的萃取相体积较小，在最小化基质干扰的同时可以有效地增加净化效果。另外，TFME 技术是一种以敞开体系为萃取相的样品前处理方法，这种体系应用于大体积样品萃取，避免了由于突破体积限制造成的萃取效率降低的问题，同时这种敞开体系下可直接进行样品前处理并且避免了对基体的污染及堵塞。相较于传统样品前处理方法，TFME 技术在样品前处理方面具有

潜在的应用优势。TFME 法在药物、食品、环境分析等领域有广泛的应用。

TFME 技术的基本原理主要是分析物通过界面层从样品基质扩散到萃取相，并达到相平衡过程。对于直接萃取过程，相平衡时的萃取效率可以根据式（8-7）计算得到。

$$n = \frac{K_{es} V_e V_s}{K_{es} V_e + V_s} C_s \tag{8-7}$$

式中 n——平衡相的萃取效率；

K_{es}——分配系数；

V_e——萃取相体积；

V_s——分析物体积；

C_s——分析物在样品基质中的质量浓度。

其中平衡相的萃取效率 n 与分配系数 K_{es}、萃取相体积 V_e、分析物在样品基质中的质量浓度 C_s 以及分析物体积 V_s 成比例关系。因此，在较低样品基质浓度下可以采用提高分析物的分配系数或者增加萃取相体积等增加萃取效率。其中，分配系数是一个热力学参数主要与包覆材料的物理性质有关。因此，增加萃取相体积是提高固相微萃取技术有效萃取效率的重要方法。

包覆材料的固相微萃取装置的萃取相体积主要是由其外部包覆材料的尺寸决定，因此可以增加外部材料的层厚度等增加萃取相体积。然而由萃取动力学理论式（8-8）可知，在增加层厚度时萃取的平衡时间也会相应增加。

$$t_{95\%} = 3 \times \frac{\delta K_{es}(b - a)}{D} \tag{8-8}$$

式中 $t_{95\%}$——平衡时间；

δ——界面层的厚度；

$b-a$——萃取相的层厚度；

K_{es}——萃取相体积；

D——分散系数。

TFME 技术通常将具有较高比表面积的片状薄膜材料平铺在基质材料表面，以提高装置的有效萃取相体积。通过片状薄膜材料的包覆，包覆层的厚度通常会保持恒定不变或者更薄，因此根据式（8-8）萃取平衡时间也会相应地降低。同时，根据分析物的分散系数以及萃取相的表面积 A 与初始萃取率 dn/dt 的比例关系［式（8-9）］，提萃取相的比表面积可以有效地增加萃取效率。

$$dn/dt = \frac{DA}{\delta} C_s \tag{8-9}$$

式中 dn/dt——初始萃取率；

D——分散系数；

C_s——分析物体积；

δ——界面层的厚度。

A——萃取相的表面积。

布雷海姆（Bruheim）等将上述公式应用于 TFME 技术，并通过相应的实验结果等证实，在直接膜萃取过程中，实验结果与公式的理论预测等保持一致。因此相对于 TFME 技术也存在着如下结论，初始萃取效率和膜的表面积呈线性关系，萃取时间增加后膜的萃取效率与膜体积之间成正比。

通过不同的薄膜萃取相的涂覆可以使 TFME 技术应用在多个不同领域，以及包括气相、液相及固相等多种样品基质中。同时 TFME 联用技术在生物、食品、环境、活体以及多种不同领域应用广泛。根据样品的不同基体，以及分析物的性质和检测特性等，选择合适的联用技术及方法。TFME 技术可与气相色谱法、液相色谱法、质谱法及离子淌度色谱法等多种方法结合，并可有效地提高检测灵敏度以及缩短分析时间。不同薄膜固相微萃取装置如图 8-5 所示。

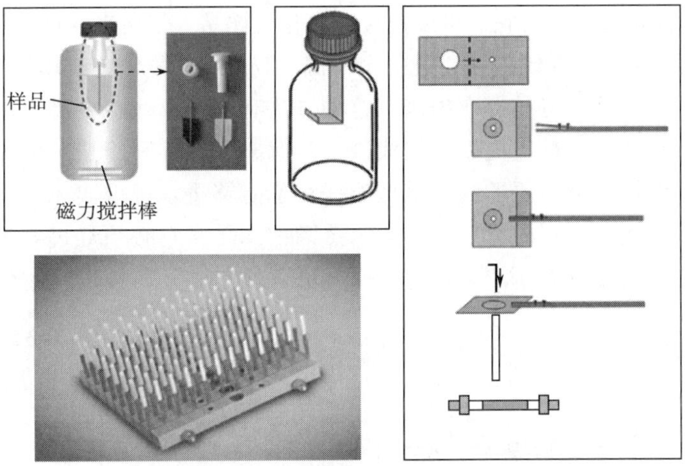

图 8-5　不同薄膜固相微萃取装置

B. 管内固相微萃取。1997 年，艾泽特（Eisert）和波利西恩（Pawliszyn）提出了管内固相微萃取（In-tube SPME）技术。管内固相微萃取技术是以熔融石英毛细管柱作为固定相的载体，在毛细管柱内表面涂上固定相或在管内部填充介质。该技术与传统的固相微萃取相比，克服了萃取头易折断、吸附量低、萃取平衡时间长、固定相涂层易流失等问题。同时，具有毛细管柱方便易得、萃取固定相选择范围多、易与其他分析仪器在线联用等优点，因此受到了广泛的关注。

In-tube SPME 是一种微型化、自动化和溶剂消耗量少的绿色萃取技术，已被广泛地用于环境、生物和食品样品等领域的检测分析。然而，为了充分发挥其效能，仍然需要努力克服低萃取效率、选择性和机械稳定性等限制。为了实现这些目标，管内固相微萃取的研究主要集中在两种情况：a. 管内固相微萃取与新型色谱的联用，如微型化液相色谱等。b. 新型涂料的制备，如分子印迹聚合物（MIP）、纳米材料、免疫亲和吸附剂和离子液体（IL）等。

In-tube SPME 最初用于与液相色谱的联用，由于萃取毛细柱与气相色谱分析毛细柱完全一致，不存在接口障碍，与色谱在线联用有着其天然优势，因此人们也考虑将其用于气相色谱中。2002 年中科院大连物化所发展出一种新式 In-tube SPME 与气相色谱在线联用装置。该装置采用样品加压引入和萃取柱出口负压的方法，加快了样品通过流速，突破了吸附相与水样品之间微米级空气层，极大提高了传质过程。同时，该装置使用微三通和压差进样技术，使热脱附的组分通过微三通直接进入色谱柱内，避免使用高温阀，不但完全避免了吸附残留现象，而且降低了装置成本。

C. 固相动态萃取。固相动态萃取（Solid-Phase Dynamic Extraction，SPDE）技术及相关的工具是由位于德国伊德施泰因的CHROMTECH公司于2000年研发的，它是一种对蒸气与液体制样的内针（Inside-needle）技术，操作简便，有着与静态顶空一样好的重现性，吸附量大且样品量少，比固相微萃取及搅拌棒吸附萃取（SBSE）的效果都要好。该方法萃取可以达到吹扫-捕集（Purge & Trap，P&T）的灵敏度，但是自动化程度更高，气相色谱进样界面更简化，且气相色谱的进样口不被额外的硬件所占据，从而使得液体及顶空进样可以使用同一进样口。

2. 动态顶空法

采用捕集和浓缩的顶空方法通常叫做动态顶空法。在这些方法中，需用一些惰性气体（如氮气或氦气）对样品进行吹扫，它们可以把芳香成分从样品上带出来。挥发性成分必须以某种方式从气流中分离出来。芳香成分可通过一个低温、Tenax吸附剂（或用吸附性多聚物）、活性炭或其他适当的捕获系统将其提取出来。这种方法有利于那些在食品表面具有最高蒸气压的成分的分离。芳香物质经过气提后，组成进一步偏离了其实际组成。低温捕集是选择性最小的气提方法，低温捕集最主要的问题是低温捕集也能够将水提取出来，水是食品中含量最多的挥发性物质。因此，得到的将是一个含水蒸馏物产品，它必须经过某种处理以除去其中的水分（这又给风味特性加入了更多的偏差）。动态顶空法分离挥发性物质的设备如图8-6所示。

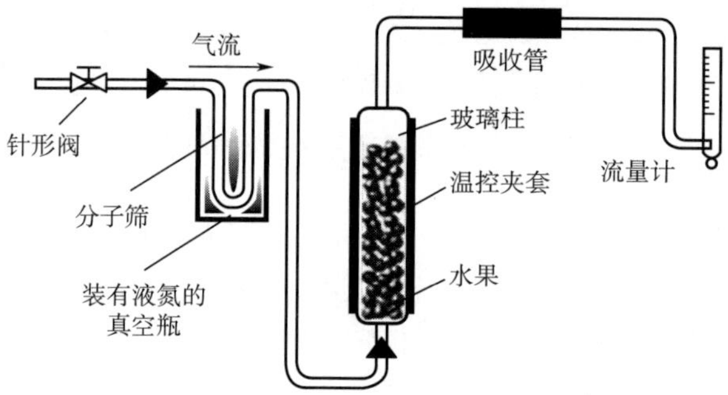

图8-6 动态顶空法分离挥发性物质的设备（常压下动态捕集）

Tenax（乙烯苯类聚合物）吸附剂广泛应用于芳香物质捕集。尽管它用途广泛，但是它的比表面积较小因而吸附容量小。Tenax吸附剂对极性化合物的亲和力小而对非极性化合物的亲和力大（因而它不会保留很多水），如硫化氢一样的气味物质将不会保留在吸附材料上。由于挥发物可能更偏向于进入洗气以及Tenax吸附方法的差异，分离物将会产生很大的差异。

研究还发现Tenax吸附方法（常压）和真空蒸馏（冷凝阱）不一样，它不能产生反映芳香成分真实组成的分离物。实际操作中的这种差异有一部分是因为Tenax系统所使用的操作条件，操作条件对香味分离物的组成有很大的影响。

尽管Tenax是一种常见的吸附材料，但是活性炭对大多数芳香成分具有强的亲和力和高容量，因此也已得到应用。只要1~10mg少量的活性炭就可以捕获10~100L吹气中的挥发性成分。活性炭吸附的主要问题是分离得到的芳香成分不可避免地带有人为产生的杂质，这个问题可以通过使用优质椰子活性炭来降低其影响。

尽管动态顶空法这种分析芳香成分的方法存在一些问题，但是至今它仍被广泛使用。有些厂家可以提供完全自动化的设备，它简化了分离工作并提高了数据的精度。

3. 吹扫捕集法

吹扫捕集法从理论上讲，是动态顶空技术，是用流动气体将样品中的挥发性成分“吹扫”出来，再用一个捕集器将吹扫出来的有机物吸附，随后经热解吸将样品送入气相色谱仪进行分析。通常称动态顶空技术为吹扫捕集进样技术。待吹扫的样品可以是固体也可以是液体。吹扫气多采用高纯氦气。捕集器内装有吸附剂，可根据待分析组分的性质选择合适的吸附剂。

吹扫捕集法适用于从液体或固体样品中萃取沸点低于200℃，溶解度小于2%的挥发性或半挥发性有机物、有机金属化合物。吹扫捕集法对样品的前处理无需使用有机溶剂，对环境不造成二次污染，而且具有取样量少、富集效率高、受基体干扰小及容易实现在线检测等优点。但是吹扫捕集法易形成泡沫，使仪器超载。此外伴随有水蒸气的吹出，不利于下一步的吸附，给非极性气相色谱分离柱的分离带来困难，并且水对火焰类检测器也具有猝灭作用。

吹扫捕集法的原理是：用氮气、氦气或其他惰性气体以一定的流量通过液体或固体进行吹扫，吹出所要分析的痕量挥发性组分后，被冷阱中的吸附剂所吸附，然后加热解吸进入气相色谱系统进行分析。由于气体的吹扫，破坏了密闭容器中气、液两相的平衡，使挥发性组分不断地从液相进入气相而被吹扫出来，也就是说，在液相顶部的任何组分的分压为零，从而使更多的挥发性组分逸出到气相，所以吹扫捕集法比静态顶空法能测量更低的痕量组分。图8-7所示为吹扫捕集气相色谱法的分析流程。简而言之，吹扫捕集法的原理就是：动态顶空萃取-吸附捕集-热解吸-气相色谱分析。

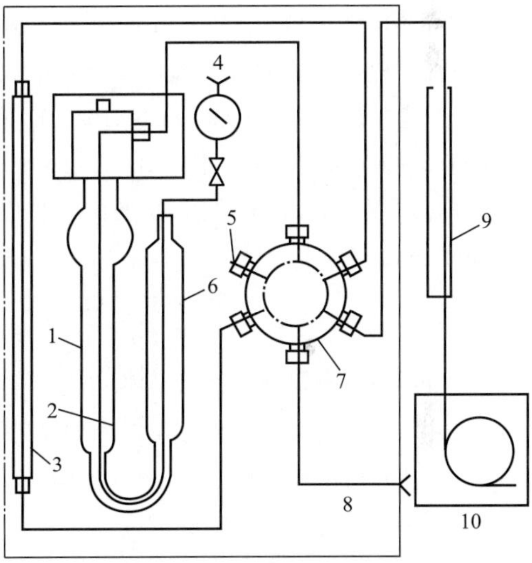

图8-7 吹扫捕集装置气路图

1—样品管；2—玻璃筛板；3—吸附捕集管；4—吹扫气入口；5—放空；6—储液瓶；7—六通阀；8—GC载气；9—可选择的除水装置和/或冷阱；10—GC。

吹扫捕集气相色谱法操作步骤：①取一定量的样品加入吹扫瓶中；②将经过硅胶、分子筛和活性炭干燥净化的吹扫气以一定流量通入吹扫瓶，以吹脱出挥发性组分；③吹脱出的组分被保留在吸附剂或冷阱中；④打开六通阀，把吸附管置于气相色谱的分析流路；⑤加热吸附管进行脱附，挥发性组分被吹出并进入分析柱；⑥进行色谱分析。

吹扫捕集主要有两个条件需要控制。

（1）温度 吹扫捕集法中需要控制3个温度。第一个是样品的吹扫温度。水溶液大多在室温下吹扫，只要吹扫时间足够长，就能满足分析要求。有时为缩短吹扫时间，也可对样品加热，但升高温度的副作用是增加了水的蒸发。对于非水溶液，如某些肉类食品，则采用高一些的吹扫温度。第二个是捕集器温度。这里又有吸附温度和解吸温度之别。吸附温度常为室温，但对不易吸附的气体也可采用低温冷阱捕集技术，即用冷气、液态二氧化碳或液氮控制捕集管的温度。解吸温度是吹扫捕集技术的重要参数，应依据待测组分的性质和吸附的性质来优化确定。

商品化自动吹扫捕集进样器的解吸温度最高可达450℃，但在部分环境分析的标准方法（如美国EPA方法）均采用200℃左右的解吸温度。第三个是连接管路的温度，它应足够高，以防止样品冷凝。环境分析常用的连接管温度为80~150℃。

（2）吹扫气流速与吹扫时间　吹扫气流速取决于样品中待测物的浓度、挥发性、与样品基质的相互作用（如溶解度）以及其在捕集管中的吸附作用大小。用氦气，流速范围20~60mL/min。用氮气时流速可稍高一些，但需要注意的是，吹扫流速太大时会影响样品的捕集，造成样品组分的损失。

解吸时的载气流速主要取决于所用色谱柱。用填充柱时为30~40mL/min，用大口径柱时为5~10mL/min；用常规毛细管柱时则要按分流或不分流模式来设置载气流速。

吹扫时间是吹扫捕集技术的重要参数之一，须根据具体样品来优化确定。原则上，吹扫时间越长，分析重现性和灵敏度越高。但考虑到分析时间和工作效率，应在满足分析要求前提下，选择尽可能短的吹扫时间。实际工作中可通过测定标准样品的回收率来确定吹扫时间。

4. 搅拌棒吸附萃取（Stir bar sorptive extraction，SBSE）

（1）搅拌棒吸附萃取原理　搅拌棒吸附萃取是一种新型固相微萃取样品前处理技术，是将聚二甲基硅氧烷（Polydimethylsiloxane，PDMS）套在内封磁芯的玻璃管上作为萃取涂层，由巴勒图森（Baltussen）等于1999年提出，Gerste GmbH公司于2000年将其商品化。其萃取原理与SPME的萃取原理一致。当达到萃取平衡时分析物在PDMS和水相中的分配系数$K_{PDMS/w}$如式（8-10）所示，近似等于分析物在正辛醇和水相中的分配系数K_{ow}。

$$K_{ow} \approx K_{PDMS/w} = \frac{C_{SBSE}}{C_w} = \frac{m_{SBSE}}{m_w} \times \frac{V_w}{V_{SBSE}} = \frac{m_{SBSE}}{m_w} \times \beta \tag{8-10}$$

式中　C_{SBSE}——分析物在搅拌棒涂层中的浓度；

m_{SBSE}——分析物在搅拌棒涂层中的质量；

V_{SBSE}——分析物在搅拌棒涂层中的体积；

C_w——分析物在水相中的浓度；

m_w——分析物在水相中的质量；

V_w——分析物在水相中的体积；

β——水相与涂层固定相的体积比。

涂层的萃取回收率如式（8-11）所示。

$$m_{SBSE} = m_0 = \frac{m_{SBSE}}{m_{SBSE} + m_w} = \frac{m_{SBSE}/m_w}{m_{SBSE}/m_w + 1} = \frac{K_{ow}/\beta}{K_{ow}/\beta + 1} \tag{8-11}$$

式中　m_{SBSE}——分析物在搅拌棒涂层中的质量；

m_0——分析物的总质量；

m_w——分析物在水相中的质量；

K_{ow}——分析物在正辛醇和水相中的分配系数；

β——水相与涂层固定相的体积比。

从式（8-11）可以看出K_{ow}/β的值决定回收率的高低。相比于SPME，SBSE具有更大的固定相体积，相同条件具有更高的回收率。在实际应用中由于传质速度慢，达到萃取平衡通常需要较长的时间。艾（Ai）等提出了非平衡理论不要求分析物建立分配平衡严格控制萃取条件下的响应值与浓度之间仍具有稳定的线性关系。这种非平衡理论同样适用于涂层较厚的SBSE。

SBSE 分为顶空吸附、浸入式吸附、浸入顶空混合吸附。如果萃取时搅拌棒是浸入样品中的，需要先用蒸馏水冲洗，干燥后解吸，解吸的方法分为溶剂洗脱解吸和热脱附解吸，热解吸通常是一个缓慢的过程，在热解吸时可使用热脱附系统（Thermal Desorpion System，TDS），也可使用程序升温气化（PTV）进样器。PTV 进样器是先用液氮或干冰将热解析的样品流冷冻聚焦，然后再快速加热，使样品流以“窄带”形式进入色谱系统，保证有效地分离。图 8-8 所示为 SBSE 和 SPMF 两种不同萃取方法的萃取理论回收率的比较。

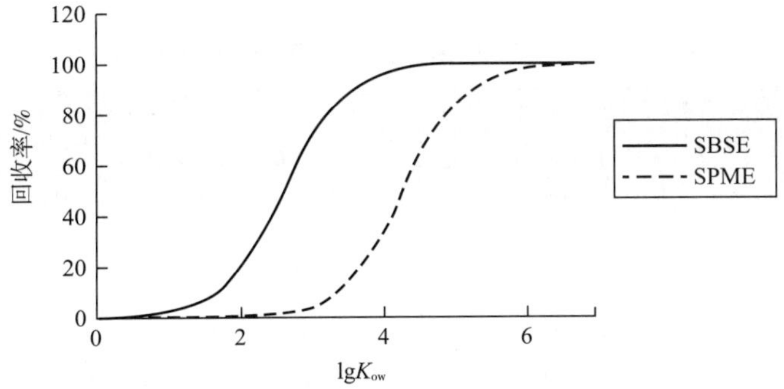

图 8-8 SPME 和 SBSE 的理论回收率比较

（2）搅拌棒吸附萃取的特点 相比固相微萃取，搅拌棒吸附萃取有较多的活性涂层（100pL PDMS），因此具有比 SPME 更高的吸附能力，可以通过顶空吸附或液体浸渍的方式吸附挥发性物质，并采用热脱附的方式（300℃加热解吸）传输至气相色谱进行分离分析。SBSE 具有固定相体积大、萃取容量高、无需外加搅拌子、可避免竞争性吸附及能在自身搅拌的同时实现萃取富集等优点，在样品前处理中具有广阔的应用前景。研究发现，用这种方法可以对那些脂肪含量低于 30g/kg 或酒精含量低于 10%（体积分数）的食品样品进行有效的提取。更高的萃取相体积可以得到更好的定量数据以及更高的灵敏度。这种方法的速度和简便程度以及精确程度都要好于 SPME，因而更具有吸引力。

（二）溶剂提取技术

1. 直接萃取法或液-液萃取法

分离芳香物质的一个最简单有效的方法是直接采用溶剂萃取。这种方法最主要的局限性在于它只对不含脂类的物质非常有效，如果食品中含有脂类，脂类将会随芳香类组分一起萃取出来，因而脂类必须在做进一步分析前先分离掉。将芳香成分从含脂的溶剂萃取物中分离的方法有分子蒸馏、蒸汽蒸馏和动态顶空法。

溶剂萃取还要考虑的因素是溶剂的纯度。溶剂必须具有高纯度，因而在使用前必须先对其进行必要的二次蒸馏。还必须注意所购买溶剂的不同质量，最好使用 GC 级色谱纯的溶剂（而不是高效液相色谱纯或其他级别）。此外，不管溶剂质量如何，都需要做一个溶剂空白试验以检测是否有溶剂杂质引入。

溶剂萃取法通常非常简单，只要将食品样品放入分液漏斗（如苹果汁），再加入溶剂（如二氯甲烷），然后振荡。将从分液漏斗中收集到的二氯甲烷用无水盐脱水干燥，浓缩后用于 GC 分析。但有时这个过程也可能非常昂贵和复杂，例如需要用压力或超临界 CO_2 萃取。超临界 CO_2 萃取具有极低沸点的优点（容易与被分离挥发成分分开），没有残留，故不会影响随后的感官分析，可以穿透食品基质，而且可以通过改变温度、压力或化学夹带剂（如甲烷）来调节溶剂特性。这种溶剂萃取法的缺点是由于高压的原因使得其费用非常高、样品量小（大多数商用萃取装置）及其非极性性质（没有夹带剂作用时）。

溶剂萃取带来的偏差与各种芳香成分在有机相/水相的相对溶解度相关，前面在风味分离原理部分已经进行了讨论。表 8-2 所示为溶剂对 12%（体积分数）乙醇水溶液体系中模型芳香化合物回收率的影响。芳香成分的回收率低且不恒定，与选用的溶剂及要分离的芳香成分都有关。

表 8-2　　乙醇-水体系（12%体积分数）中模型化合物的回收率

溶剂	不同溶剂中的回收率/%①			
	氟利昂Ⅱ	二氯甲烷	乙醚	异戊烷
丁酸乙酯	66	43	—	16
2-甲基-1-丙醇	34	55	22	32
3-甲基-1-丁醇	63	66	50	48
1-己醇	85	67	23	38
苯甲醛	83	54	18	20
乙酰苯	53	41	34	20
甲基苯甲酸	75	56	21	25
丁酸苯乙酯	46	48	25	17
邻-氨基苯甲酸甲酯	62	59	57	27

注：①间歇分液漏斗萃取，757mL 模型体系用 6×50mL 溶剂萃取。

很明显即使用一种简单的溶剂萃取都将对芳香物质的组成轮廓产生影响，和其他分离技术相结合的溶剂萃取将产生更大的偏差，例如，用蒸馏技术来提取含脂的溶剂萃取液中的最易挥发成分（从油相中）。尽管存在一些问题，这种组合方法（萃取后再蒸馏）还是得到了广泛的应用，这主要是因为它在分离宽范围的挥发物质时效率较高。最原始的蒸馏采用简单的高真空系统（图 8-9），由于需要将溶剂缓慢地加入高真空瓶，这种方法非常繁琐费事。

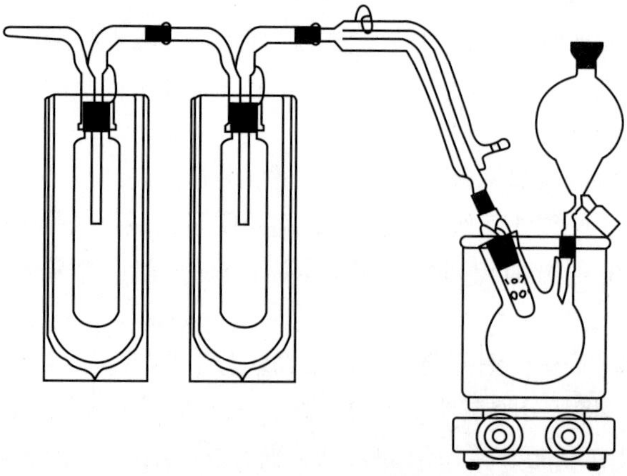

图 8-9　溶剂萃取物挥发性成分分离的高真空蒸馏装置

2. 同时蒸馏萃取（Simultaneous Distillation and Extraction，SDE）技术

同时蒸馏萃取技术是在1964年由莱肯斯（Likens）和尼克森（Nickerson）发明，最初他们用此装置研究啤酒花精油、马铃薯片及蔬菜、禽肉产品的挥发性成分。萃取过程中常用的溶剂为二氯甲烷、乙醚、正戊烷等。连好装置后，两个瓶子同时加热，样品端一般使用二甲硅油油浴，控制油温140~160℃，使样品能够稳定沸腾，溶剂端水浴40~55℃。SDE技术是香精香料实验室中最流行的分离技术，可将挥发性和萃取性结合在一个步骤中。在SDE技术中，最终产品是溶剂提取物，其设备的各个部分，如二氧化碳（CO_2）-丙酮冷凝器、出水口、绝缘层、搅拌器、水溶液和水起泡器，如图8-10所示。

SDE技术的原理就是样品瓶与溶剂瓶同时沸腾，挥发性成分在水蒸气的带动下与溶剂蒸气在装置的中部相遇，根据相似相溶原理，挥发性成分溶到有机相，同时冷凝回流，水相流回样品瓶，有机相流回溶剂瓶，如此循环往复，实现对样品中挥发性成分的充分萃取。萃取完毕后，取下溶剂瓶即得到萃取液，用无水硫酸钠除水干燥，再经浓缩，即可进行GC-MS分析。SDE技术是将水蒸气蒸馏与溶剂萃取合二为一，直接得到有机溶剂的萃取液，萃取液浓缩后即可得到挥发性成分的混合物。

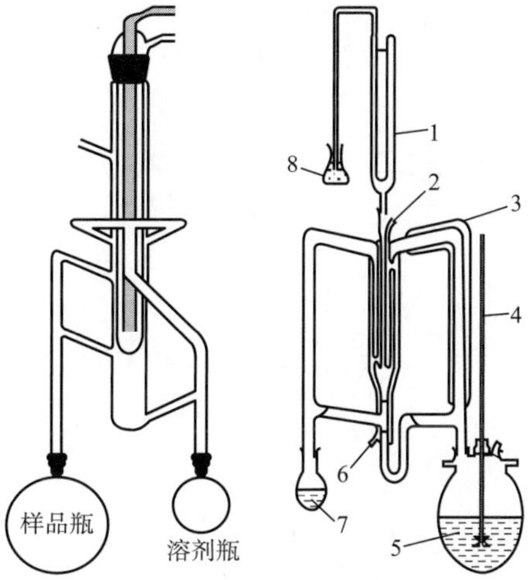

图8-10　同时蒸馏萃取装置

1—二氧化碳（CO_2）-丙酮冷凝器；2—出水；3—绝缘；4—搅拌器；5—水溶液；6—进水口；7—溶剂；8—水起泡器。

SDE技术的优点：①提取操作中设备非常简单，方便处理一系列样品以提取挥发性化合物并浓缩化合物；②通过蒸馏过程中挥发性物质与非挥发性物质的有效分离，可以用于不含非挥发性化合物的痕量成分的检测；③萃取过程中不使用非挥发性或高沸点材料，且是在实验室中于室温（25℃）减压下进行的，SDE技术符合实验安全性；④可以用少量溶剂（由于连续循环）在短时间内提取香气化合物，在不进一步浓缩溶剂的情况下进行挥发性化合物的萃取，实现更高浓度的香气化合物回收率，同时减少提取过程中分解产物的生成；⑤具有高重现性相关度和高提取效率，可用于量化各种香气化合物。

SDE技术的缺点：①萃取时间一般为3~4h，时间太短会使萃取不充分，萃取效果变差；②时间过长又会导致热敏性成分发生很大变化，使香味成分失真；③由于样品用量大，故用SDE技术得到的萃取液风味物质浓度高；④由于高温萃取，故对中等至高沸点的挥发性成分萃取回收率较高，同时加热过程中可能会发生氧化、水解等反应，不能真实反映样品的组分；⑤新鲜植物性材料和未经热加工的原材料不适宜用SDE技术进行萃取分离。

水溶液或浆液样品经过蒸汽蒸馏。通过溶剂回流从蒸汽冷凝物中连续提取挥发物。从理论上讲，该设备应该允许定量回收，因为它基于“双闭环”（水和溶剂连续循环），可以运行数小时。而在实际萃取过程中，挥发性极低的成分（如呋喃醇）需要无限长的萃取时间。例如由于大米样品的热降解，酸和醇的提取效果非常差，因为它们的亲水性/极性性质不会出现在最终

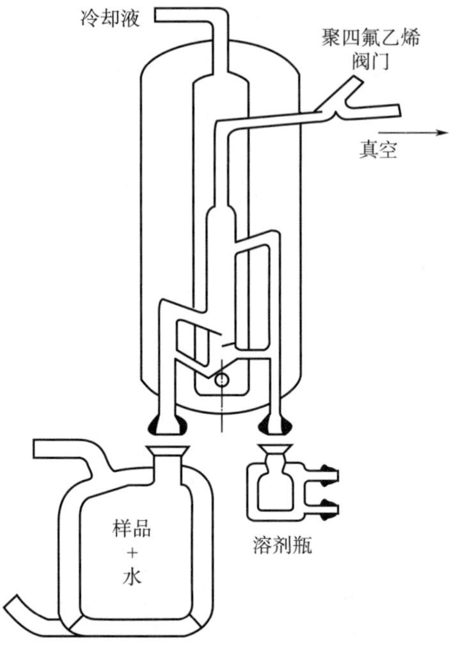

图 8-11 真空-SDE 萃取装置

提取物中。由于使用消泡剂避免起泡，该技术可能会引入有机硅污染物。所以 SDE 技术不适用于新鲜大米样品，因为香气化合物的提取更类似于煮熟的大米（之前经过热处理）。主要困难是平衡两个沸腾瓶、恒压和尽量减少沸腾溶剂的蒸发。利用 SDE 技术在 101kPa 下进行蒸汽蒸馏会产生热伪影，因此提取物的成分接近于精油，但大气压-SDE 蒸汽蒸馏不适用于热敏产品，为了避免香精香料的热改性，一般在一定真空条件下进行操作，其装置如图 8-11 所示，可以在没有热伪影的情况下获得高回收率，并且允许大规模操作。

3. 溶剂辅助风味蒸发（Solvent-Assisted Flavor Evaporation，SAFE）

溶剂辅助风味蒸发技术作为一种针对温和提取不稳定的气味活性化合物的方法，在食品和风味工业中被广泛使用。SAFE 装置的主要作用是除去溶剂萃取所得萃取物中的高沸点、难挥发性成分，便于气相色谱检测。因为整个过程是在低温、高真空下进行，馏出液也是通过液氮冷冻收集所以最终得到的萃取液，既能避免 SDE 过程中产生氧化、水解产物，也能避免色素、脂类等成分进入到馏出液收集瓶中。

在典型的 SAFE 程序中，制备待分析食品样品的溶剂提取物，通常是在室温下用 2~3 倍体积的溶剂与食品混合萃取。萃取后，将溶剂从样品中倒出并过滤。目前最常用的萃取剂是乙醚和二氯甲烷，其中二氯甲烷在使用前不需要蒸馏，并且能更有效地溶解更多极性材料。如果在提取过程中使用了大量溶剂，则可能需要在执行 SAFE 之前通过分馏浓缩提取物。

溶剂萃取物通过滴液漏斗进入 SAFE 的蒸馏室（图 8-12），将蒸馏室调整为高真空（10^{-2}~10^{-3}Pa）并升温至 20~30℃，提取物中的挥发性物质立即蒸发并冷凝在收集容器的壁上，浸入液氮中。非挥发性物质留在蒸馏室中。整个提取过程大约需要 45min。萃取后，将冷凝液从收集容器中取出并使用 Claisen-Vigreux 柱或类似物进行浓缩分析，最终体积约为 1mL。可以通过氮吹的形式进一步进行浓缩。

SAFE 被广泛认为是可以提供最能代表其食物来源的香气提取物的技术。已经发表了许多论文，其中使用 SAFE 提供香气提取物，然后通过 GC-O 和 AEDA 分析，以找到提取物中的关键香气化合物。最近的一篇论文使用 SAFE 和乙醚来重现小麦啤酒的香气。首先，用 1L 乙醚萃取 250mL 啤酒，然后对提取物进行色谱-质谱联用（GC-MS）分析以确定其香气成分。然后，对提取物进行 AEDA 以确定对整体啤酒香气很重要的化合物。然后进行稳定同位素稀释测定，通过在进行第二次 SAFE 提取之前将已知量的同位素标记化合物添加到同一啤酒样品中来量化气味活性化合物。在酸化的 4%（体积分数）乙醇中制备含有 27 种重要气味的重组物，并与啤酒本身进行比较。该论文作者表明，他们可以使用这个完整的程序重现啤酒的香气，他们将其命名为“感官学”。

SAFE 提取物的分馏可以提供有关关键化合物的更多信息。向 SAFE 提取物中添加 0.5mol/L 碳酸氢钠溶液会将提取物中的酸性化合物转移到水相中。通过用无水硫酸钠干燥乙醚得到中性/碱性部分。酸性部分可以通过用 HCl 调节水相的 pH，然后用乙醚萃取酸性化合物，随后干燥和浓缩该萃取物来获得。使用这种技术处理未加工的美国乡村火腿，得到含有所有有机酸和呋喃醇的酸性部分，而在上述小麦啤酒样品中，酸性部分还含有葫芦巴内酯和香草醛。尽管似乎没有任何论文表面上使用 SAFE 来定量呋喃醇，但据报道它存在于大量 SAFE 提取物中。当使用二氯甲烷作为萃取溶剂进行 SAFE 时，它是酱油香气的主要贡献者。它还被证明是产生香气的重要贡献者，例如，切达干酪、花生、安第斯浆果、榛子和粉红番石榴。

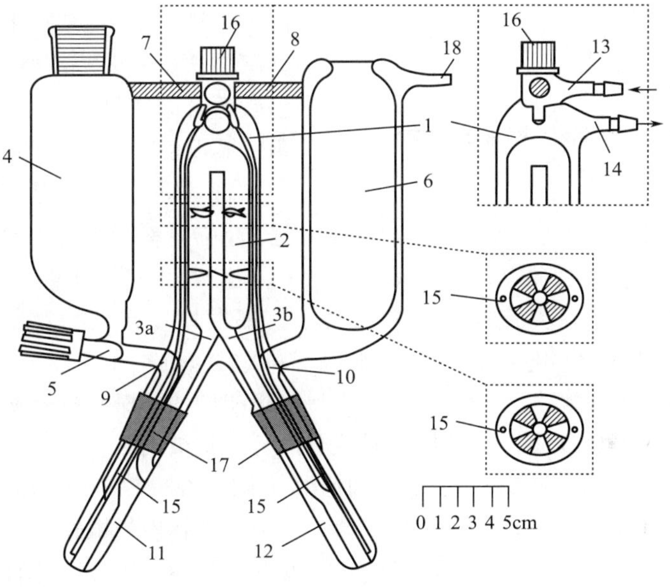

图 8-12　溶剂萃取物中香气化合物分离的溶剂辅助风味物质蒸发系统

1—恒温水浴腔；2—中心蒸汽室；3a—蒸汽入口；3b—蒸汽出口；4—物料瓶；5—旋塞；6—冷阱；7—左支架；8—右支架；9—物料通道；10—冷凝管；11—腔体左分支（连接物料瓶）；12—腔体右分支（连接蒸馏液收集瓶）；13—恒温水入口；14—恒温水出口；15—聚乙烯管；16—旋盖；17—磨砂接口；18—真空泵接口。

4. 超临界流体萃取法（Supercritical fluid extraction，SCFE）

超临界流体（Supercritical Fluid，SF）是指某种气体（液体）或气体（液体）混合物在操作压力和温度均高于临界点时，使其密度接近液体，而其扩散系数和黏度均接近气体，其性质介于气体和液体之间的流体。超临界流体萃取法是利用超临界流体为溶剂，从固体或液体中萃取出某些有效组分，并进行分离的一种方法（图 8-13）。超临界流体萃取法的特点在于充分利用超临界流体兼有气、液两重性的特点，在临界点附近，超临界流体对组分的溶解能力随体系的压力和温度发生连续变化，从而可方便的调节组分的溶解度和溶剂的选择性。超临界流体萃取法的物料无相变过程因而节能明显，工艺流程简单，萃取效率高，无有机溶剂残留，产品质量好和无环境污染。

可作超临界流体的气体很多，如二氧化碳、乙烯、氨、氧化亚氮、二氯二氟甲烷等，通常

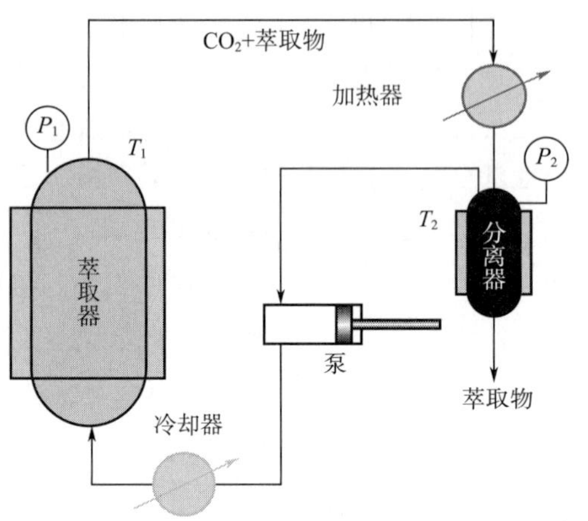

图 8-13 超临界 CO_2 萃取设备基本组成示意图

使用二氧化碳作为超临界萃取剂。应用二氧化碳-超临界流体作溶剂，具有临界温度与临界压力低、化学惰性等特点，适合于提取分离挥发性物质及含热敏性组分的物质。因此，可认为超临界 CO_2 萃取特别适合于对生物、食品、化妆品和药物等的提取和纯化。在食品工业中，超临界流体法可应用于植物油的提取、咖啡豆和茶叶中咖啡碱的提取、食品原料粗脂肪的去除、烟草中尼古丁的去除和香料的提取等应用中。但是，超临界流体萃取法也有其局限性，超临界 CO_2 萃取法较适合亲脂性、分子质量较小的物质萃取，其设备属于高压设备、投资较大。

现有研究者利用超临界 CO_2 萃取技术选择性萃取芬兰野生鸡油菌中的挥发性风味物质，研究了超临界萃取参数（包括压强、温度及超临界流体体积）对挥发性物质萃取率及萃取物中 C_8 化合物含量的影响。实验结果表明，在 8.5MPa，40℃及 50mL 超临界流体的萃取条件下，挥发性风味化合物具有较高的萃取率（0.54%），同时萃取物中 C_8 化合物的含量也较高（142.7g/kg）。

也有研究者采用超临界 CO_2 流体萃取法提取海南黑胡椒油并对其成分进行了鉴定。发现超临界 CO_2 流体共萃取出 32 种成分，其中 24 种成分的分子式被确定。其中含量较高的有胡椒碱（394.7g/kg）、柳叶藻内酰胺 B（62.5g/kg）和油酸（54.9g/kg）。对比传统蒸汽蒸馏法和固相微萃取法对海南黑胡椒有效成分的提取效果，发现主要活性物质胡椒碱只在超临界萃取后的产物中可以检测到，并且具有逼真的天然芳香感和明显的辛辣感，更加符合消费者对黑胡椒类产品的需求。

另有研究采用超临界 CO_2 从啤酒花中萃取主要风味物质多酚，认为该方法具有流程简单、操作简便、产品质量好等优点，能显著提高啤酒花的综合利用价值。在 40℃，25MPa 条件下萃取效果较好，能保留较多的低分子质量多酚，赋予啤酒醇厚性，增强其苦味，使啤酒的口感新鲜。

（三）分析物的浓缩

上面所讨论的这些芳香物质分离方法所得到是芳香物质的有机稀溶液（如蒸馏和溶剂萃取）。为了用于色谱分析，需要将溶剂蒸发掉一部分。蒸发是利用风味物质和溶剂具有不同的沸点而实现分离的。因此，为了便于浓缩，在分离过程中通常选用低沸点的溶剂（如戊烷、二氯甲烷、二乙醚和异戊烷）。

蒸发操作的缺点是所需要的目标挥发性物质可能会在共蒸馏中损失，而且不同成分的损失不同并且不可预测。因此，即使采用多种内标，定量结果也可能是不正确的。因为芳香分离物一般都含有少量的水（来自食品本身或蒸馏过程），所以在浓缩前要小心地去除水分。一般来讲，可以通过加入干燥剂（如无水硫酸镁或硫酸钠）来除去水分，也可以通过冷冻结晶的方法来去除水分。如果没有去除水分就将挥发性物质进行共沸蒸馏，那么挥发性成分在浓缩阶段将会有大量的损失。

还要注意挥发性成分的氧化问题，在蒸发过程中使用的温度和时间足以使易氧化的成分氧化，而在真空或惰性环境下蒸发可以尽可能地解决这个问题。

用于蒸发浓缩的设备可能非常简单也可能十分复杂。最简单的方法是在氮气流下，通过温和的加热将溶剂从锥形烧瓶中蒸发出来。如果采用一种低沸点溶剂且对最易挥发的成分互溶性不好，那么这将会是一种非常合适的浓缩方法。但是，如果提取的是低沸点挥发物，就需采用逆流系统。一种高效的逆流装置是 Kderna-Danish。高逆流比可以有效地去除溶剂，减少易挥发芳香成分的损失。一个更有效的系统是使用纺纱带分馏柱，适当地控制操作条件，甚至可以使那些与溶剂的沸点仅相差 1℃的挥发性物质达到 100%的回收率。

有时也用真空系统来进行浓缩，尽管真空系统是一种常规方法，但对含有相当高沸点和热敏性成分的芳香分离物的浓缩特别适用。最近，高体积 GC 进样系统的发展已最大程度地降低了对样品浓缩的依赖性。

因为每一种方法优先提取那满足某些物理化学性质（如溶解度或挥发性）的芳香物质，所以我们必须对这些有相当大偏差的食品芳香成分分析结果进行解释和弥补。我们需要对各种方法进行选择，测定我们需要检测的芳香成分，最终解决问题，也就是说，芳香成分的信息包含在我们所选方法的分析结果中。此外，还应当知道文献中最常见的方法对于某个特定的分析任务来说可能不是最好的方法甚至是不适合的，特殊的任务需要特殊的方法，每一个芳香成分的分离工作都是独一无二的。

第二节　挥发性风味成分分析方法

香气分离物的分析方法依分析任务而定。如果要确定香气化合物的量，那么采用气相色谱（GC）即可。如果要找出食品中一种特征呈味化合物（令人愉快的或令人不舒服的），就需要用气相色谱-嗅觉测定法（GC-O）。如果要确定食品的香气化合物成分，就要进行气相色谱和质谱分析（GC-O/MS）。尽管其他仪器分析方法也有应用（如红外或核磁），但是大多数的芳香物质研究是由这 3 种方法完成的。

一、初步分馏

尽管现代毛细管色谱有非常好的分辨力，但是在某些情况下，我们仍选用初步分馏来处理芳香分离物。在 GC 分析前用来初步分馏芳香分离物的较常见方法包括酸碱分离、HPLC、硅胶柱色谱和制备型 GC。

利用酸碱性分离芳香分离物的有机溶液或水溶液比较简单，通过 pH 对离子化合物的溶解度的影响进行分离。改变 pH，可以把芳香分离物选择性地分成酸性、碱性和中性 3 个部分。

相对于 GC 而言，HPLC 更多是利用物理性质来分离，所以利用 HPLC 分馏风味物质较受青睐。风味分离物可通过吸附或正/反相色谱来分离。因为吸附色谱的处理量最大且可处理的化合物种类最多，所以它非常适合于进行初步处理。亲和吸附的成分可以进一步通过正相或反相色谱分离。

采用硅胶柱分离是一种简单便宜的风味分离方法，风味浓缩物通过硅胶柱后再用溶剂进行梯度洗脱，利用化合物的极性对其进行有效的分离。这种方法的主要问题是可能带入人为杂质。但如果小心地控制硅胶的活性并限制接触时间，就可以尽可能地减少人为杂质的生成。

制备型 GC 是分离方法中分辨率最高的方法。传统方法都是将风味浓缩物放入直径为 38.1mm 或 76.2mm 的填充柱，用冷却收集器收集流出的众多成分。无溶剂的馏分可用于感官评价，对具体感观特性进行评价（如异味感或令人愉快的感觉），或者对其作进一步的色谱分离。目前，人们更趋于使用大孔厚膜毛细管柱，并且具有自动中心馏分切割和重复色谱或部分收集的色谱法分析。选择适当的色谱馏分切割收集可以将微量组分从主要组分中分离出来。制备型 GC 的主要问题是高温可能导致化学变化，有些化合物可能不可逆地结合到 GC 柱上。

二、检测技术

（一）气相色谱（GC）

风味物质研究的发展极大程度上得益于 GC 的发展。气相色谱具有很高的分辨率和灵敏度（μg/kg 级），故气相色谱非常适合风味研究。分辨率和灵敏度对于风味研究中经常遇到的复杂风味分离物的分析是非常重要的。毛细管柱的主要缺点是它的样品处理量小。如果想收集某个成分作进一步分析（如核磁或红外），就需要较高的柱容量。

当气相色谱的分辨率不能满足分析需求时，通过使用冷阱富集法或者多维气相色谱法可以提高气相色谱的分辨率。冷阱富集法使用一个分离物收集器对 GC 流出物进行中心切割，然后自动将中心切割的分离物再次进行 GC 分离。多维气相色谱法通过使用几种不同的气相色谱柱固定相来提高气相色谱的分辨率，中心切割和再进样的操作均是自动进行。这两种方法可以收集 GC 流出物的特定部分，从而提高它的灵敏度。

（二）气相色谱-质谱（GC-MS）联用

气相色谱（GC）与质谱（MS）的耦合是为了结合两种分析工具的互补特性：气相色谱仪提供一种将混合物组分依次洗脱成单个纯化合物的方法，质谱仪提供一种强有力的方法来鉴别纯未知物。通过分析工具共享的兼容特性进一步促进了气相色谱-质谱联用分析技术的成功应用。气相色谱仪出口为常压（1×10^5Pa），质谱入口为≤1Pa。气相色谱峰从柱上洗脱时的峰宽是秒量级，而扫描质谱需要 1min 左右。

质谱的高灵敏度（10~100pg）及其与气相色谱的良好兼容性使得气质联用仪非常有价值。质谱检测仪分为低分辨率（LR）和高分辨率（HR）两种。低分辨率质谱仪测量整个分子单位的质量。由于多个原子可组成分子质量相同的不同物质，所以低分辨率质谱仪只可能提供化合物的分子质量而不能提供化合物的基本组成。高分辨率的质谱仪能精确测定质量，而且可以充分判定化合物的基本组成。

风味研究领域经常用到质谱仪，用以测定未知物，或作为气相色谱的质量选择性检测器。综合性的质谱数据库和高效的搜索算法使得化合物的识别变得非常简单，但是也存在着风险。一张质谱图给出的待识别物质的最佳匹配只是建议性的结果，如果直接采纳这种测定结果可能会导致错误的判断，所有质谱鉴定都需要有其他数据的支持，比如气相色谱的保留值、红外图谱或核磁共振图谱。

用质谱仪作为气相色谱的检测器有利于一些定量问题或者其他技术难以解决的色谱分辨率问题。在这种应用中，质谱仪可使用选择离子检测模式（SIM），也可用多离子检测模式（MIM）或者在灵敏度和扫描速率足够的情况下使用全扫描模式。在 SIM 或 MIM 模式中，质谱仪在整个气相色谱分离过程中都以很短的间隔时间检测那些选择离子。由于 SIM 只检测几种离子，使得它相比全扫描模式具有更高的灵敏度和更多的扫描次数，有选择地检测碎片离子使得它能对气相色谱中洗脱组分分别定量，质谱仪一般都只检测每种要定量化合物所特有的两种或三种离子。检测 2~3 种离子可以减小单个离子是由另一种化合物产生的可能性，然后用电脑软件对每种定量物质的质谱图进行重组（图 8-14），综合各自的质谱图可以得到那些重叠峰的质量数据。

使用磁或四极杆质谱仪来扫描一个典型的质量范围需要相当长的时间，所以想要通过它们来得到一个全质谱图是比较困难的。因为该时间相当地长（磁质谱仪需要长达 1s），所以质谱仪只能对特定的气相色谱峰进行有限的扫描。在该扫描阶段，如果色谱峰非常尖锐（图谱呈歪斜状），则质谱仪内的浓度可能发生非常大的变化。离子阱和飞行时间质谱仪能够快速地收集光谱（离子阱为 10~15 光谱/s，飞行时间质谱仪可高达 500 光谱/s），因而更适合于毛细管色谱以及最新的快速色谱仪。飞行时间质谱仪可从每个气相色谱峰收集大量的光谱，然后对光谱组进行综合，从而减少了噪声，改善了灵敏度和检测限。单位时间获取大量光谱的能力有利于对混合光谱的解卷积运算，如从洗脱混合物中运算出单一化合物的质谱图数据。传统的质谱鉴定一般都要求分析者将一种化合物与其他化合物分辨开，但在使用带有适当分析软件的飞行时间质谱仪进行定性和定量分析时对峰的分辨率就没有要求。

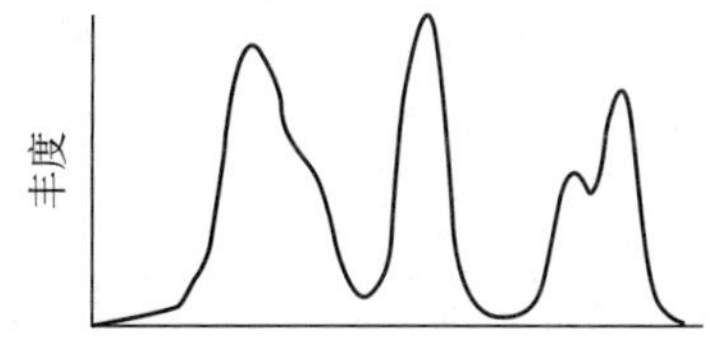

(1)

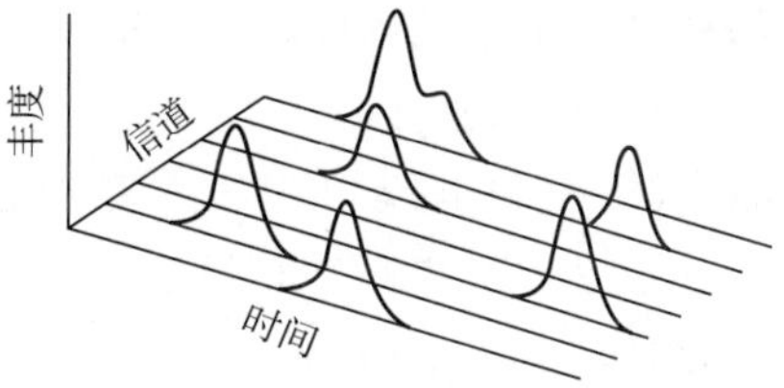

(2)

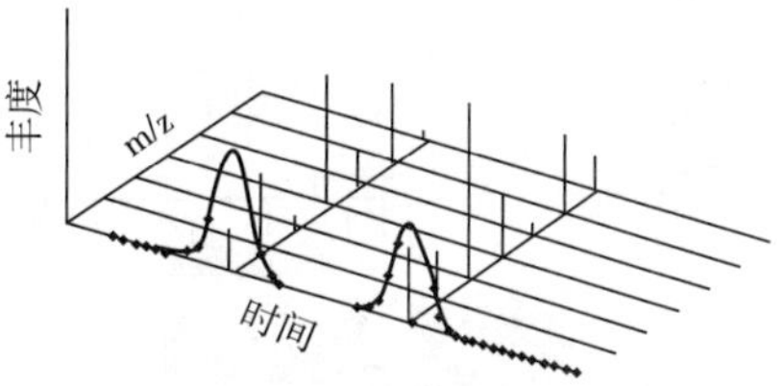

(3)

图 8-14　重组质谱

(1) 总离子流图　(2) SIM 图　(3) 全质谱总离子流图

（三）气相色谱-离子迁移谱（GC-IMS）

离子迁移谱技术最早在 1970 年以等离子体色谱（Plasma chromatography）的形式出现，也被称为气体电泳。IMS 在弱电场下电离样品分子，根据离子迁移率的差异进行分离检测。由于具有分析时间快、灵敏度高、能耗低并且工作在大气压下、结构简单易于小型化的特点，被广泛用于对毒品和化学战剂等有毒有害气体的检测和鉴定。但对于分子结构比较相近的物质，仪器的分离度较差，这一特点限制了离子迁移谱的应用。气相色谱与离子迁移谱的联用（GC-IMS）利用色谱突出的分离特点，对混合物进行预先分离，使混合物成为单一组分后再进入 IMS 检测器进行检测，这种联用技术能够大大提高混合物检测准确度。并且快速气相色谱的分离时间相比于常规色谱大大缩小，可以满足现场快速分析的需要。气相色谱-离子迁移谱（GC-IMS），将气相色谱的高效分离与离子迁移谱的痕量快速分析优势相结合，经过二次分离后得到保留时间、漂移时间和信号强度的三维谱图。GC-IMS 目前已被我国学者用于绿茶、松茸的风味分析中。

与 GC-MS 相比，GC-IMS 的优势有：①检测限低，在痕量组分分析上有独特优势；②无需真空系统，在大气压和常温条件下工作；③样品无需浓缩富集，有利于风味物质的保持；④分析时间短，与气相色谱技术相比，IMS 技术的分析时间快许多倍。

离子迁移谱技术和已经发展成熟的飞行时间质谱分析技术有些类似。它是基于不同气相离子在电场中迁移速度的差异来对化学离子物质进行表征的一项分析技术。离子迁移色谱仪在大气压和室温条件下工作，检测限为纳克（ng）至皮克（pg）级，对痕量组分检测极具优势。此外还具有分析时间快、灵敏度高、体积小、质量轻、功耗低等优点，可用于现场快速检测。

1. 离子迁移谱原理

样品在载气气流的带动下，进入离子迁移谱的电离区，氚源放射的β射线，激发载气 N_2带上正电荷，经过一系列电荷转移反应，载气中痕量的 H_2O 分子上带上质子，形成水合质子峰 $(H_3O^+)_n$（即反应离子峰 RIP），此时样品中挥发性有机物质子亲和力大于水的物质（如 A）抢夺 RIP 峰上的质子，形成 AH^+（图 8-15）。

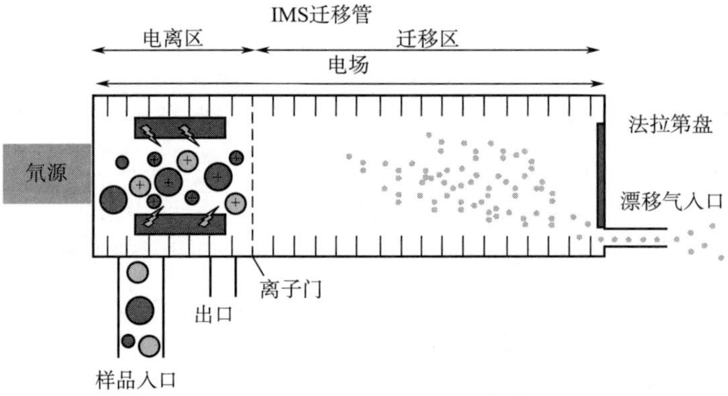

图 8-15　离子迁移谱原理图 1

仪器中离子门 30ms 开启一次，带电物质 AH^+等在载气的作用下进入迁移区，在载气、电场和逆向大流量漂移气的作用下，带电物质在迁移管中进行漂移，由于带电物质的分子质量、空间结构不同，在迁移管中的迁移率不同，到达法拉第盘的时间也就不同（图 8-16）。

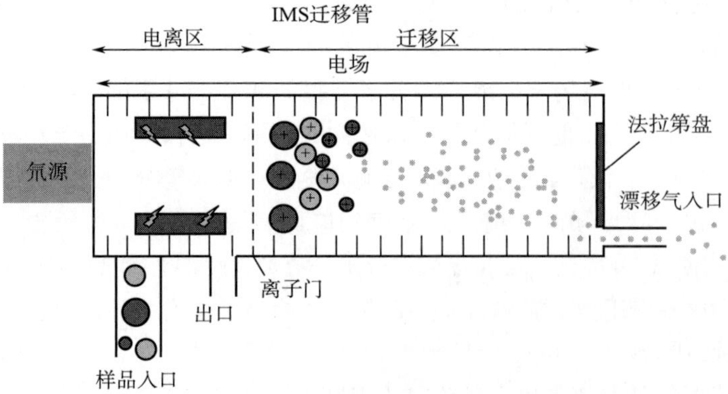

图 8-16　离子迁移谱原理图 2

分子质量小、空间结构小的物质先到达法拉第盘，分子质量大、空间结构大的物质后到达法拉第盘，在检测器上出现信号峰的时间不同，即迁移时间不同，根据离子所用的漂移时间可以计算出离子的迁移率（迁移率是指在单位电场强度作用下离子的漂移速度），进而根据迁移率的不同实现对物质的分离检测（图 8-17）。

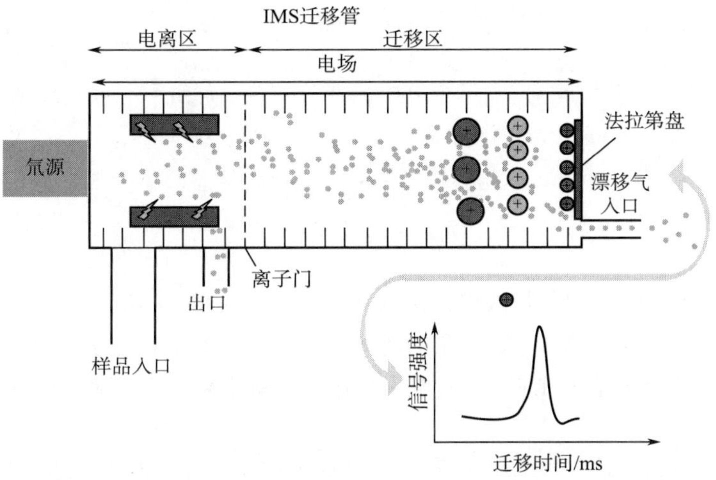

图 8-17 离子迁移谱原理图 3

样品中未被电离的物质和杂质在逆向大流量的漂移气作用下，由出口排出系统（图 8-18）。

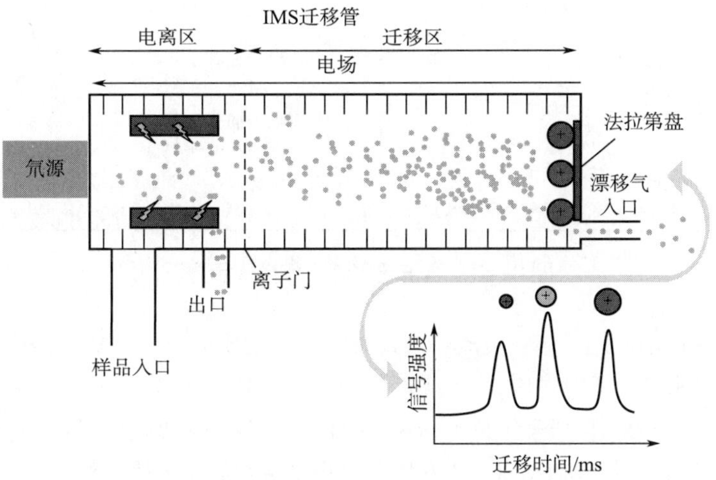

图 8-18 离子迁移谱原理图 4

物质在电离区离子化的过程如图 8-19 所示。

离子迁移谱工作时分正、负两种模式进行工作，正离子模式时工作原理为质子转移反应，即质子亲核力大于水的物质均可抢夺 RIP 峰上的质子，食品风味中大部分醛、酮、酸、酯类物质检测时使用正离子模式；负离子模式时为电子捕获反应，电负性强的物质如含卤化合物、含

通过β射线对漂移气体中的氮元素进行电离：

$$N_2 + \beta \rightarrow N_2^+ + \beta' + e^-$$

氮气中反应离子的生成：

$$N_2^+ + 2N_2 \rightarrow N_4^+ + N_2$$

$$N_4^+ + H_2O \rightarrow 2N_2 + H_2O^+$$

$$H_2O^+ + H_2O \rightarrow H_3O^+ + OH$$

$$H_3O^+ + H_2O + N_2 \rightarrow (H_2O)_2H^+ + N_2$$

$$(H_2O)_2H^+ + H_2O + N_2 \rightarrow (H_2O)_3H^{+①} + N_2$$

图 8-19　电离区离子化的过程

①：水分子数量不一。

硫、含氮化合物等物质需负离子模式进行检测（图 8-20）。通常称能给样品较大能量的离子化方法为硬离子化方法，给样品较小的能量的离子化方法为软离子化方法，而离子迁移谱工作时采用的是软离子化方法，基于气相离子在弱电场中的迁移率来检测识别不同种类物质。

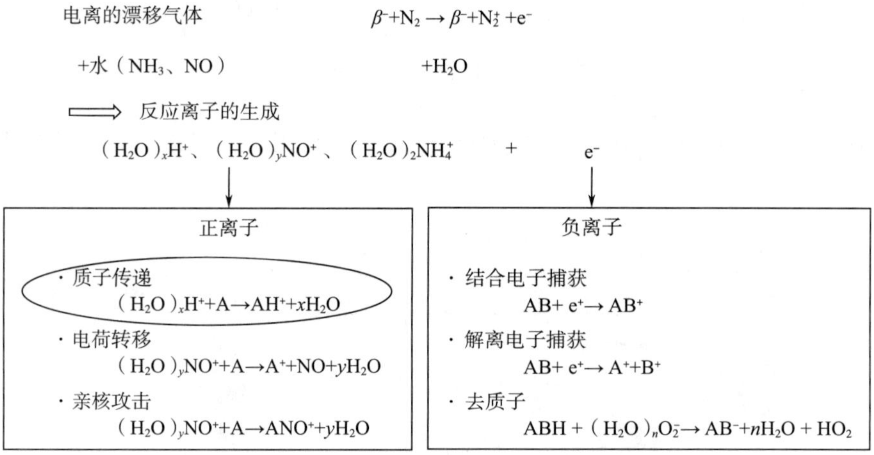

图 8-20　离子迁移谱工作模式示意图

基于离子迁移谱的原理，正、负离子模式时待反应物质的质子亲核力需大于水，故仪器只对质子亲核力大于水的物质有响应。

挥发性有机物（VOCs）质子亲核力（图 8-21）可以在 NIST 化学网站上查到。

水的质子亲核力为 691.0kJ/mol，挥发性有机物中芳香族化合物、醇、醛、烯、酯、酮、含硫、含磷化合物、有机胺类物质的质子亲核力均大于水，此类物质是食品、饮料中常见到的风味成分；而烷烃类物质因质子亲核力小于水，在仪器中无响应。

2. 离子迁移谱示意图

当仪器中无分析物时，谱图中仅有 RIP 峰存在，有分析物时，RIP 峰高度下降，谱图中出现分析物 AH^+ 的信号峰。分析物的浓度较高时，RIP 高度继续下降，谱图中出现分析物的单体 AH^+ 和二聚体 A_2H^+ 信号峰。离子迁移谱示意图如图 8-22 所示。

质子亲核力

芳香胺类	930.0kJ/mol	吡啶
有机胺类	899.0kJ/mol	甲胺
含磷化合物	890.6kJ/mol	三甲基磷酸酯
含硫化合物	884.4kJ/mol	二甲亚砜
	853.6kJ/mol	氨
酮类	832.7kJ/mol	2-戊酮
酯类	821.6kJ/mol	乙酸乙酯
烯烃	805.2kJ/mol	1-己烯
醛类	792.7kJ/mol	丁醛
醇类	789.2kJ/mol	丁醇
芳香族化合物	750.4kJ/mol	苯
	691.0kJ/mol	水
烷烃类	543.5kJ/mol	甲烷

图 8-21 挥发性有机物的质子亲核力

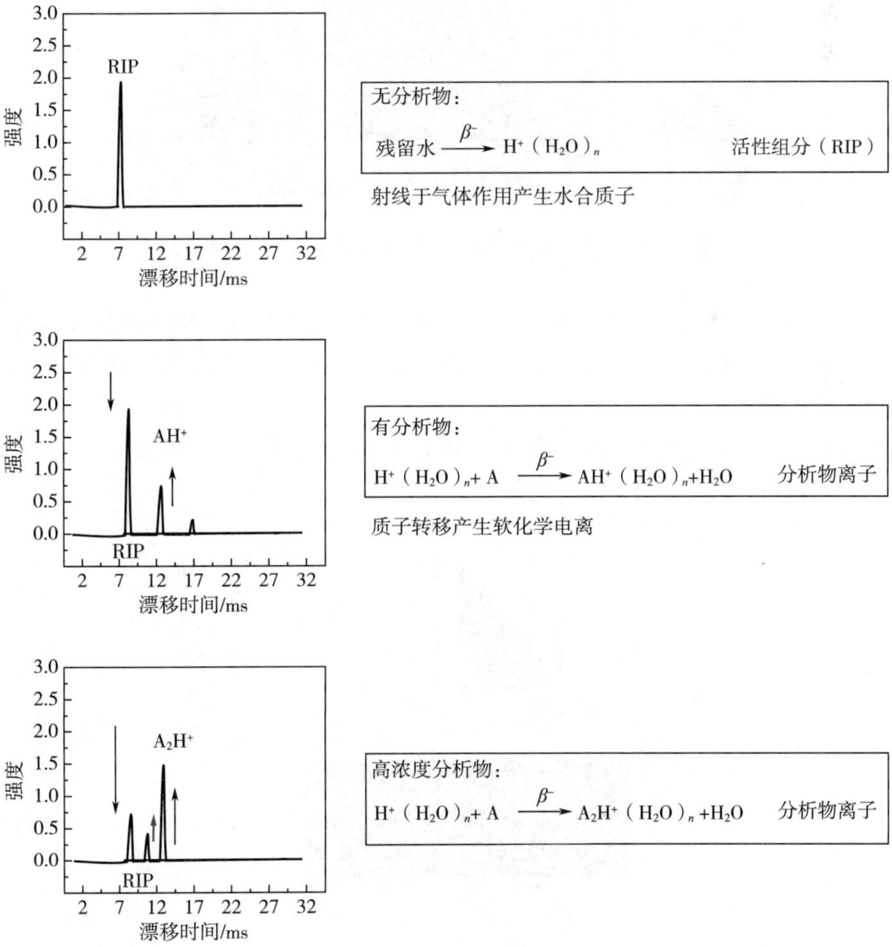

图 8-22 离子迁移谱示意图

3. 离子迁移谱的定性定量分析

根据离子迁移谱的原理可知，每种物质在特定的迁移管中迁移率是不一样的，即在相同电场强度下，每种物质的迁移时间不同，与气相色谱类似，根据迁移时间进行定性，根据峰高/峰面积/峰体积进行定量分析。

4. 气相色谱-离子迁移谱联用

由于离子迁移谱的检测速度非常快（ms 级），在分析检测时存在假阳性样品出现（安检时常出现），仪器前端串联上分离技术气相色谱（图 8-23）后，可用于检测基质较为复杂的样品，如食品、饮料、农产品等。

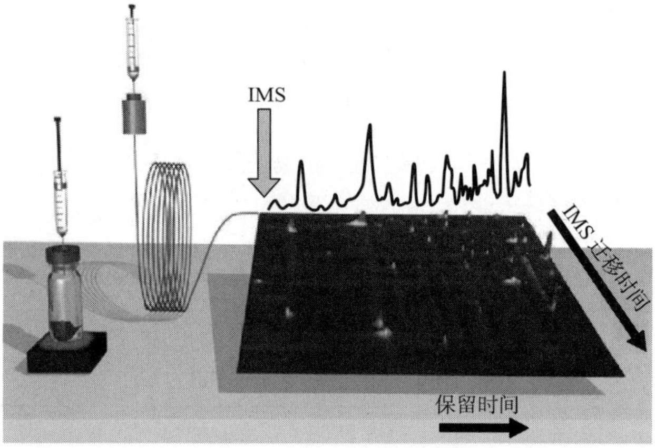

图 8-23　气相色谱-离子迁移谱联用技术示意图 1

气相色谱与离子迁移谱（IMS）联用后，复杂基质的样品经过气相色谱预分离后进入离子迁移管进行二次分离，既保证了气相色谱的高分离度，又保证了离子迁移谱的高灵敏度，得到的谱图实际上为三维图谱。

如图 8-24 所示，样品经过二次分离后，在气相色谱上分不开的物质，经过离子迁移谱二次分离后，便可进行区分。

（1）

（2）

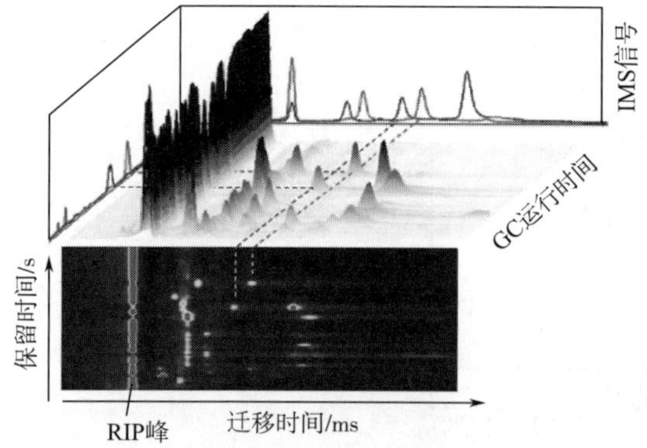

图 8-24　气相色谱-离子迁移谱联用技术示意图 2

（1）IMS 图谱三维图　（2）IMS 图谱伪色图

伪色图中横坐标为迁移时间（单位 ms），纵坐标为保留时间（单位 s），图中竖线为 RIP 峰，RIP 峰两侧的每一点代表一种挥发性有机物，点大小和颜色深浅表示物质含量的多少。三维图和伪色图的对应关系：可以想象站在三维图的上方，俯视后即得到伪色图。

气相色谱-离子迁移谱联用最大的优势在于可以快速捕捉样品中挥发性有机物信息，经过软件处理后得到样品的指纹谱图，谱图直观可视，一眼便可看出样品之间挥发性有机物的差异：

①原始谱图（利用 Reporter 插件）在得到数据后可快速查看样品风味物质的差异；

②GalleryPlot 插件可得到样品/原材料指纹图谱，数据直观可视化，一眼便可看出样品间风味的差异，用于加工工艺的优化或选择；

③一键点击 PCA 插件，用于样品聚类分析，帮助产品的品控或分级，建立分类模型后可用于地理标志性产品的保护（如五常大米产地识别）；

④软件内置 NIST 气相保留指数（RI）数据库和 GAS 迁移时间（Dt）数据库，二维定性，数据更精准，且两个数据库均可扩展，用户可建立自己行业专有数据库。

（四）全二维气相色谱（GC-GC）

由于色谱峰间距的随机性，常规一维色谱方法远远达不到所需的分辨能力。对于简单的混合物，例如一系列同源的正构烷烃，可以预期均匀分布的峰，但如果样品由化学多样性更大的化合物组成，则可能会出现随机分布的峰。因此，含有数百或数千种化合物的样品无法使用单一色谱柱进行分离。当样品中存在多个维度时，色谱峰随机分布在色谱图中。当分离尺寸与样品尺寸匹配时（前提是每个尺寸都有足够的分辨能力），就可以实现完全的组分分离，并且得到的色谱图是有序的。

为了说明将分离尺寸与样本尺寸相匹配的概念，考虑具有各种尺寸、形状和颜色（灰度）的对象的混合，如图 8-25（1）所示。当对象仅按大小分开时，如图 8-25（2）所示，不同形状和颜色（灰度）的对象之间会发生共流出。当对象被 3 个样品尺寸中的两个分开时，如 8-25（3）所示，结果是色谱图更有序，共流出更少。当分离维度为大小和颜色（灰度）时，色谱图表现出不同形状物体的共流出。当分离维度是大小和形状时，色谱图显示不同颜色（灰度）物体的共流出。当对象被与样品相同的三个维度分开时，完整的分离结果和色谱图是有序的。有序色谱图是匹配样品和分离维度的结果，代表了峰容量的有效利用。

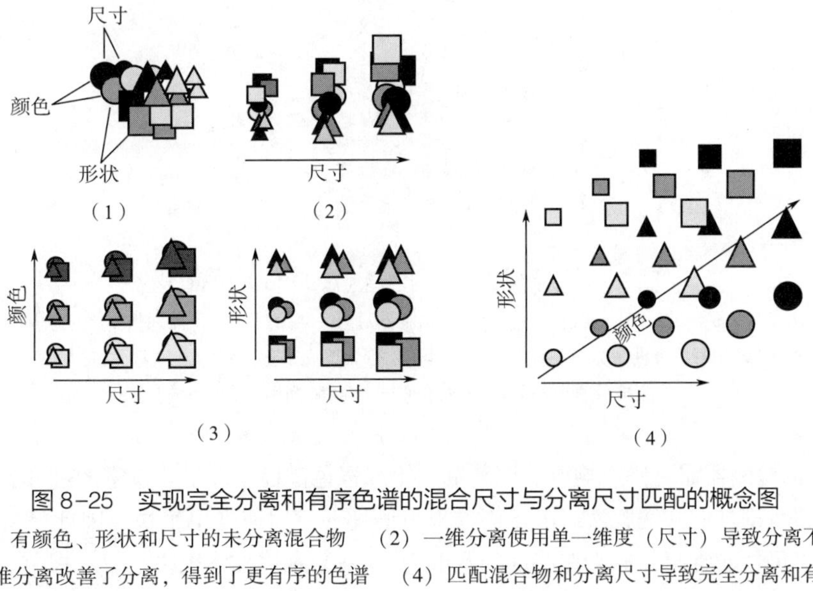

图 8-25　实现完全分离和有序色谱的混合尺寸与分离尺寸匹配的概念图

（1）有颜色、形状和尺寸的未分离混合物　（2）一维分离使用单一维度（尺寸）导致分离不良

（3）二维分离改善了分离，得到了更有序的色谱　（4）匹配混合物和分离尺寸导致完全分离和有序色谱

多维分离的另一种方法是综合二维气相色谱（GC×GC），它能够从复杂混合物中分离出比传统气相色谱多一个数量级的化合物。GC×GC 已经从样品中生成了具有数千个分离峰的色谱图，而传统的单柱色谱分离不到 100 个峰。将两个具有不同选择性的色谱柱通过调制器耦合在一起，可以提高色谱分离度。调制器收集第一根色谱柱的洗脱液并定期将其注入第二根色谱柱。综合二维气相色谱的概念如图 8-26 所示。图 8-26（1）中的峰代表典型的一维色谱峰，宽度约为 25s。在图 8-26（2）中，调制器定期收集第一维峰的分析物质量，对其进行空间压缩，并将其作为窄峰注入第二个色谱柱。图中的垂直虚线表示每个调制周期的开始。图 8-26（3）显示了快速的第二根色谱柱分离如何解决第一维峰中存在的共洗脱液。请注意，第二维分离在下一次调制器注入之前完成。在图 8-26（4）中，检测器数据流被分割成段并打包成二维阵列山图。图 8-26（5）显示了从二维数组创建的等高线图。根据沿每个单独保留时间轴的保留时间，峰位于二维保留时间平面上。理论上，GC×GC 可以产生高达每根色谱柱峰容量倍数的峰容量。GC×GC 被认为是全面的，因为来自第一根色谱柱的所有分析物质量都转移到了第二根色谱柱。因此，所有化合物都经过两种不同的分离机制。GC×GC 不同于二维“中心切割”气相色谱法，其中从第一根色谱柱洗脱的一个分析物区域被分离，随后由不同的色谱柱分离。

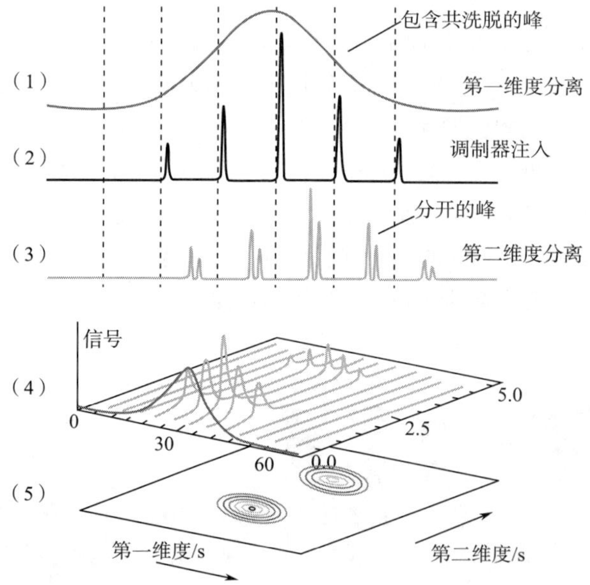

图 8-26　综合二维气相色谱（GC×GC）的概念

（1）含有共洗脱液的第一维度色谱峰　（2）调制器对第一维度峰进行采样并将窄峰注入第二维度
（3）在第二维度中分离共洗脱液　（4）串行火焰离子化检测器或总离子 MS 数据
流被分割成段并堆叠成阵列　（5）阵列用轮廓可视化

GC×GC 的检测器需要快速响应。调节剂在第二根色谱柱中产生非常窄的进样，快速气相色谱分离第一根色谱柱的共洗脱液。由于第二根色谱柱的色谱速度也很快，因此呈现给检测器的所得化合物峰仍然非常窄，通常在底部的宽度为 80~400ms，具体取决于第二根色谱柱的保留时间。要正确采样最窄的峰，需要至少 100Hz 的数据速率。对于较宽的峰值，可以使用约 50Hz 的较慢数据速率。GC×GC 与质谱仪耦合时，可获得有关样品的额外信息维度，并可用于识别从复杂混合物中分离的组分。质谱仪也可以用作额外的分离机制，导致三维分离。以 100～200Hz 的光谱采集速率运行的飞行时间质谱仪（TOF-MS）非常适合 GC×GC，并且已广泛适用于此目的。

（五）气相色谱-嗅觉测定仪（GC-O）或气质联用色谱-嗅觉测定仪（GC-MS/O）

GC-O 和 GC-MS/O 专门用于风味分析。在嗅觉测定技术中，GC 的检测器为鼻子。GC 系统将其柱流出物分为两部分，一部分流向嗅闻口，剩下的流向 GC 检测器（FID 或 MS），或者先让所有的流出物流过鼻子再连接到检测器上再次进行色谱分析。后面这种方法给鼻子和 FID 或 MS 提供了尽可能多的样品量，提高了各个检测器的性能。两次分开 GC 的主要缺点是分析时间长，难于确定峰与气味物质之间的对应关系。在密集的色谱图中，在某个特定气味物质的保留时间附近可能存在几个峰，从而使我们很难将气味物质与 GC 或 MS 峰对应起来。

气相色谱-嗅觉测定仪（Gas Chromatography Olfactometry，GC-O）是将嗅觉和仪器检测结合起来的分析技术，其分析的基本原理是将经过前处理的样品注入连有气味检测仪的色谱柱中，通过 FID 或 MS 检测器检测样品的化学组成，而嗅辨员则坐在气味仪的出口处，记录在气体流出物中所闻到的香气，定性地描述香气信息以及香气的强度，同时获得样品的化学组成和气味特征信息（图 8-27）。由于人鼻通常比任何物理检测器更为敏感，GC-O 在气味分析方面具有强大的检测能力，使它在食品工业、化妆品行业、烟草行业、包装行业、环境分析行业、化学工业及刑侦检测等行业都有广泛的应用。

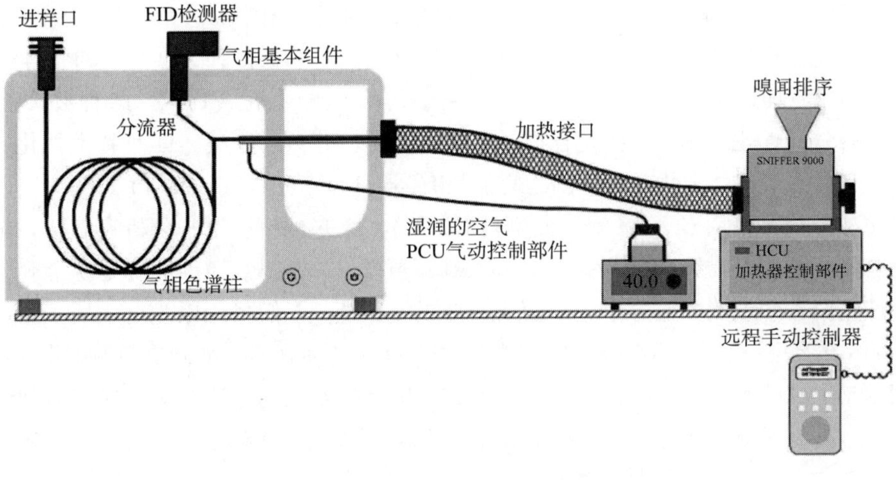

图 8-27　气相色谱-嗅觉测定仪示意图

GC-O 于 20 世纪 60 年代首次研制成功，一个 GC-O 系统由气相色谱和嗅觉检测器组成，在气相色谱柱末端安装分流口，分流口由惰性材料组成且对风味化合物无吸附作用，密封性要好，分流口将 GC 毛细管柱分离后得到的流出组分按一定的分流比分流到 GC 检测器（如 FID 或 MS）和嗅觉检测器，气相色谱部分包括采样、提取、分离和挥发性物质的仪器检测，嗅觉检测器（即嗅探口）通常呈圆锥形，由玻璃或者聚四氟乙烯制成，主要用于挥发性物质的主观检测、质量、强度和挥发性物质随时间的变化情况。在分析过程中通过加热传输线防止被分析物在毛细管壁上凝结；将湿润的空气加入流出组分中，以防止评估人员的鼻黏膜脱水。需要注意的是，在用 GC-O 进行研究之前需要对多名嗅辨员（Sniffer）进行训练以消除个体阈值差异和最大程度地降低因为个别嗅觉缺失而造成的问题。GC-O 技术将人的感官优势与气相色谱的高效分离特性相结合，在提高检测灵敏度的同时，快速发现香气构成，提高结果准确性。

GC-O 检测技术通常被分为香气强度法、检测频率法和阈值稀释法。其中，香气强度法操作简单，因而应用最为广泛，这种分析方法是依据嗅闻到的香气强度来评价香气成分对香气贡献大小的，强度越大的芳香物质对整体香气的贡献就越大，这种方法可以有效应用于关键香气成分的筛选。大多数情况下，更令人感兴趣的是鉴定那些具有特征香气的化合物组成（令人愉悦的气味或异味）。GC-O 具有独特的灵敏度，对于某些气味阈值极低的气味活性化合物，其灵敏度远优于任何电子检测器。市售的嗅探端口通常使用潮湿空气组成，以避免鼻子干燥并促进气味识别（干燥空气中的气味被感知的准确度不同）。

食品中有些风味物质含量很低，任何检测器很难检测到；食品中还有些组分在气相检测中组分很高，但无风味贡献。GC-O 可以方便地检测到这些微量物质和对风味影响显著的物质，为调香师提供有价值的参考数据。例如，GC-O 的应用可以显著提高食品“风味模拟”的逼真度。天然香料的提取物经传统化学检测器分析总是保留有未检测到的微量关键组分，这就造成化学人工合成的香料与天然香料之间存在明显差别。通过 GC-O 对天然香料的微量成分进行分析和记录，可以更真实地人工还原天然香料的自然香味，从而使高质量人工合成香料成为可能。通过 GC-MS 分析，烟草的有效成分鉴别已达到 700~800 种，但在烟草口味及香型的苛刻需求面前，仍显不足。辅以 GC-O 分析，可以对烟草中气味物质进行更细致的分析和组合，进一步提高烟草产品的口味质量。陆（Lu）等采用气相色谱-质谱（GC-MS）和气相色谱-嗅觉测定仪（GC-O）研究了大红天（DP）、经皮天（JP）、鹿鱼丹（LP）和天红丹（TP）4 个品种石榴汁的香气特征。GC-MS 共鉴定出 43 种挥发性化合物，在这些化合物中，16 种被认为是GC-O 检测的潜在香气活性化合物。这些化合物属于萜品烯类、醇类和醛类。11 种挥发性化合物被定义为石榴汁整体香气的主要贡献者，因为它们具有高气味活度值（OAV≥1）。

更理想的方法是使用 GC-MS/O（而不是 GC-O）。大多数情况下，分析家们感兴趣的是鉴定那些具有气味的化合物组成（令人愉悦的气味或异味）。如用 GC-O 能确定哪个峰是由特定气味物质产生的，却不能决定每个质谱图所对应的 GC 峰。人们可能以为这个任务很简单，但是，由于 MS 在真空下工作，这将改变 GC 的洗脱时间，即使在 GC 和 MS 中使用同一根 GC 柱。另一个问题是 FID 检测器对不同化合物的响应跟 MS 检测器不同，这意味着保留时间将会出现偏移，在 GC 和 GC-MS 下将会产生不同的分析图谱（峰高）。如果能一次性得到气味图谱和 MS 图谱，那气味物质的鉴定将会大大简化。

除了能确定哪个 GC 峰有气味物质，GC-O 还可用来帮助确定化合物。当它通过 GC 柱时，一个有经验的化学家可以通过嗅闻提供那种化合物的大量信息。化学家一般能估计出分子质量、官能团或可能的化合物种类。化学家也可以根据它的气味和 GC 保留值来确定其化学物质。例如，通过气味来区分烷基吡嗪和甲氧基吡嗪是相对容易的。GC-O 可以给出被称为气味图谱的图，即在 GC 中每个峰的气味特性列表。由于在这种分析中通常都会用多个嗅辨员（尽可能减少由于任何可能的嗅觉缺失造成的误差），得到的数据通常都是以表格的形式给出的（表 8-3）。这些数据非常有用，因为它们可以显示出哪些 GC 峰含有气味物质。例如，如果研究一种特殊的异味，一旦异味物质出现在气味图谱中，只要把所有精力都放在鉴定这种感兴趣的化合物上，即鉴定特定的峰就可以，而不必去鉴定所有的 GC 峰。气味图谱最重要的信息也可能出现在没有 GC 峰的地方，这就提示我们有必要回到起点，在物质分离方面做一些改进。

表 8-3 3 个不同嗅辨员得到的 GC 峰的感官描述（化合物鉴定）动态顶空分析得到的帕玛森干酪芳香分离物

GC 峰序号	化合物	男性	女性 1	女性 2
1	乙醛	强烈刺激性	强烈刺激性	强烈刺激性
2	丙醛	刺激性	无检测	无检测
3	2-甲基丙醛	强烈刺激性	走味的面包外壳	强烈刺激性
4	正丁醛	轻微刺激性	酒味、果味	轻微的干酪味
5	3-甲基丁醛	强烈的麦芽味	强烈走味	类似干酪味
6	2-甲基丁醛	强烈的可可味	无检测	无检测
7	丁二酮	强烈黄油味	强烈的黄油味	联乙醯
8	2-丁烯醛	轻微的麦芽味	无检测	无检测
9	2,3-戊二酮	轻微的黄油味	中等黄油味	无检测
10	二甲基二硫醚	腐烂味、卷心菜	轻微的黄油味	轻微的硫味
11	丁酸乙酯	强烈的果味	香甜、果味	强烈的酯味
12	正己醛	清新的、草味	轻微的清新味	橡胶味
13	异戊醇	果味、酒味	无检测	无检测
14	戊酸乙酯	轻微的果味	无检测	无检测
15	2-庚酮	强烈的果味	无检测	轻微的水果味
16	庚醛	清新的	无检测	无检测
17	正己酸乙酯	强烈的果味	甜的蜜饯味	成熟的香蕉味
18	2,6-二甲基吡嗪	焙烤、煎炸马铃薯	无检测	无检测
19	二甲基三硫	强烈的卷心菜味	强烈的腐烂味	重气味
20	甲硫代丙醛	强烈的焙烤味	烹调卷心菜味	燃烧味
21	丁酸	干酪味	干酪味	脏袜子味
22	苯乙醛	强烈的花味	无检测	无检测

在评定中也经常存在不一致的情况。即使使用训练有素的评定者，这些不一致也是非常常见的。应该通过限制一个评定者嗅闻的时间（可以限为 20min）来尽可能地减小嗅觉疲劳，并且选择那些有经验的评定者。麦克丹尼尔（McDaniel）提出通过移动光标作为感知气味强度的函数来记录信号，这需要在 GC-O 运行之前通过培训对小组成员进行“校准”。稀释方法由于

重复性不足和“一致反应的差距”而具有一定局限性。因此，两组同时引入了一种新的数据处理程序。代替 1 或 2 名小组成员，像其他方法一样，GC-O 在相同浓度下由不同小组成员重复 6~10 次。然后通过面板的检测频率（NIF）表征气味剂。也可以使用峰面积（SNIF）。使用这样的概念，香气图似乎可以在同一个面板上重复，并且可以通过 2 个不同的面板在没有训练的情况下重现。

有些情况下，由于浓度效应 GC-O 数据可能被误解。某些风味化合物的气味特性可能随浓度的不同而不同。例如，粪臭素（3-甲基吲哚）在高浓度时具有排泄物的气味，但在低浓度时却变成了愉悦、香甜和暖和的感觉。具有这样的浓度相关性的气味物质并不多见。其他混合物的屏蔽效应也会给 GC 峰的感知强度带来额外的误差（如化合物在 GC 柱中没有被分开的情况）。此外，一些化合物的柱内浓缩也可能产生稳定的背景气味。因此，应尽可能地优化 GC 柱分流及传送到嗅闻者的管路条件，并对它们充分加热以释放气味物质。尽管 GC-O 还存在这样一些缺陷，但它对于风味化学家来说仍是无价之宝，并在这个领域得到了广泛的应用。

（六）气相色谱-嗅闻-质谱（GC-O-MS）

GC-MS 是鉴定香气物质的一种有效手段，但不能衡量各成分的气味强度及对整体香气的贡献度，而 GC-O 是将人类灵敏的嗅觉能力与仪器结合，可以从气味复杂的挥发性混合物中鉴别出香气物质，解决 MS 在风味研究中的难题。GC-MS/O 检测技术凭借 GC-O 和 GC-MS 的强大分析能力成为研究食品香气的有力工具，但仍需要 2 次进样才能对香味活性物质定性定量。为了实现食品中香味活性物质更方便、更快速的分析，又出现了一种集合 GC-O 和 GC-MS 两种设备特性的新仪器气相色谱-嗅闻-质谱（Gaschromatography-Olfactometry-Mass Spectrometry，GC-O-MS），该技术正是结合了人的感官评价与 MS 的定性技术，可对各香气物质进行良好的定性与定量，已成为食品香气研究的热点领域。在使用 GC-O-MS 分析时，一次进样便可同时达到嗅闻与 MS 分析的目的，实现香气物质的快速检测。目前 GC-O-MS 也逐渐投入食品香气研究，如豆乳、西番莲果汁、金华火腿、牛肉香精的特征香气鉴定、黑大蒜的关键香气物质的表征、脐橙果酒和脐橙蒸馏白酒的香气物质的比较等。

GC-O-MS 技术是一种把仪器分析和感官分析结合在一起研究食品香气的新型研究方法。该技术只需一次进样，使关键气味物质的分析更加快捷、准确，解决了 GC-O 与 GC-MS 的分析结果匹配不良而导致的气味活性化合物误判现象发生（图 8-28）。因此，GC-O-MS 技术在各类食品及香精（尤其是咸味香精）分析方面的应用具有显著的优势。涉及的仪器主要有两部分：气质联用仪和嗅觉探测器。在闻香技术中，人的鼻子就相当于一个气相色谱的检测器。样品在进入气相后，经过色谱柱分离，分成两部分流出，一部分到 MS 检测器，另一部分到嗅探器，嗅探器配有加湿系统以增加气体湿度。经嗅闻口检测到的化合物，用一系列正构烷烃将其保留时间换算成 RI 值，并和相关参考文献进行比较，从而判断各个气味活性化合物。如果质谱结果和嗅闻结果相吻合，那么再利用标准品进行验证，如果保留时间一致就可以确定该物质。当香气谱图与 MS 谱图是相匹配时，就有可能鉴定出人们感兴趣的香气化合物。该种方法能鉴定出既有风味特性又有结构特性的化合物，极大提高了鉴定结果的准确性。GC-O-MS 技术在很大程度上保证了实验的准确性，保证了食用香精（尤其是咸味香精）研发的精准性，为食品风味化学的发展起到了一定推动作用。

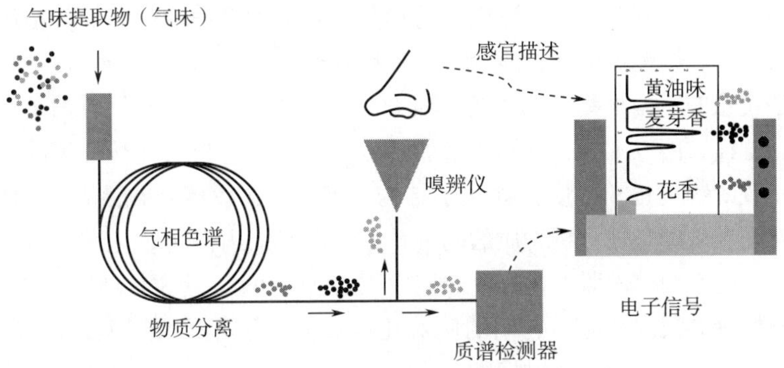

图 8-28　GC- O-MS 原理图

三、定量技术

一旦建立了色谱和质谱程序，分析人员必须决定定量方法并准备分析标准。在所有情况下，应以与样品和标准相同的方式制备和处理空白。空白应在系列分析开始时和最高浓度校准标准后进行分析，以验证系统没有污染并且没有分析物残留。

制备标准溶液的步骤：①使用分析天平准确称量 10~20mg 标准品；②将此量定量转移到干净干燥的 100mL 容量瓶中。用溶剂在标记下方约 5cm 处填充烧瓶；③用力摇动容量瓶，使材料溶解并确保均匀；④小心地将烧瓶填充到标记处（使用移液器逐滴进行最后添加）并将带塞的烧瓶倒置 10~20 次以确保溶液均匀；⑤立即将容量瓶的内容物转移到干净干燥的储存瓶中，并在其上标上化合物名称、浓度、溶剂和日期。

所得溶液的准确浓度接近 100ppm = 100μg/mL = 100ng/μL。使用根据实际质量确定的浓度标记储存瓶，如果化合物对光敏感，则用铝箔覆盖，并储存在冰箱中。这被称为“库存解决方案”。分析人员应在几周内通过分析确定储备溶液可以使用多长时间。

稀释至较低浓度并制备一系列不同浓度的标准品，让装有原液的储存瓶达到室温；从储存瓶中倒入少量溶液（切勿将移液器放入储存瓶中）；并使用微量移液器将适量的标准品转移到含有溶剂的容量瓶中以进一步稀释，或转移到含有样品空白基质的容量瓶中。

要将含有挥发性分析物的储备溶液稀释到水基质中，请勿使用容量瓶。很大一部分分析物将在容量瓶的顶部空间中丢失。要制备水中挥发物的标准品，请使用带有毛玻璃塞的锥形瓶。通过称量烧瓶空和完全装满水来确定烧瓶中的总体积。然后将已校准的烧瓶中几乎加满水，用微量移液器加入挥发性分析物（通常在甲醇溶液中），加水至毛玻璃塞将进入烧瓶的位置。用 Parafilm®密封烧瓶，摇匀，然后存放在冰箱中。这些稀释的标准品应快速转移到小瓶中，用于顶空、吹扫和捕集或 SPME 分析，并且只能使用 1 次。

关于挥发性风味成分的定量，目前最常用的主要包括以下 3 种方法。

（一）内部标准半定量法

内部标准半定量法是色谱分析中一种比较准确的定量方法，尤其在没有标准物对照时，此方法更显优越性。内标法是将一定重量的纯物质作为内标物加到一定量的被分析样品混合物中，然后对含有内标物的样品进行色谱分析，分别测定内标物和待测组分的峰面积（或峰高）及相对校正因子。该方法需要将已知量的称为内标的化合物添加到准确测量的待分析样品等分试样中。需要注意的是：当配制校正因子测定用的对照溶液和含有内标物质的待测组分溶液使用同一份内标物质溶液时，则配制内标物质溶液不必精密称（量）取。

采用内标法定量时，内标物的选择是一项十分重要的工作。内标物应当是一个能得到纯样的已知化合物，这样它能以准确、已知的量加到样品中去，它应当和被分析的样品组分有基本相同或尽可能一致的物理化学性质（如化学结构、极性、挥发度及在溶剂中的溶解度等）、色谱行为和响应特征，最好是被分析物质的同一系物。最好的内标物是化学性质上与待测化合物相似但在色谱图中的空白处洗脱的内标物。使用质谱法，可以使用同位素标记的分析物类似物，这些类似物与分析物共流出，通过它们的质荷比（m/z）不同而相互区分。通过精密称（量）取对照品和内标物来制备一系列校准标准，通常校准曲线将由大约5个或6个浓度水平（每个水平重复）组成，并且标准将与未知物位于相同的矩阵中。内标物的最终浓度应大约在被测化合物预期浓度的中间范围内。将内标物添加到校准标准和未知样品中并彻底混合后，如有必要，可以浓缩溶液。GC-MS分析应从空白开始，然后是校准样品，然后是另一个空白。对于每个校准水平的每个单独标准，计算相对响应因子 RRF（通常由数据系统计算），如式（8-12）所示。

$$RRF = \frac{A_{\mathrm{std}} \times C_{\mathrm{is}}}{C_{\mathrm{std}} \times A_{\mathrm{is}}} \tag{8-12}$$

式中 A_{std}——校准标准的峰面积；

A_{is}——校准标准中内标物的峰面积；

C_{std}——校准标准的浓度；

C_{is}——校准标准中内标物的浓度。

与外标法一样，校准曲线和线性回归数据由数据系统计算，并计算所有校准标准的平均 RRF 即 RRF_{mean}。RRF_{mean} 用于计算分析物的浓度，如式（8-13）所示。

$$C_{\mathrm{x}} = \frac{A_{\mathrm{x}} \times C_{\mathrm{is(smp)}}}{RRF_{\mathrm{mean}} \times A_{\mathrm{is(smp)}}} \tag{8-13}$$

式中 C_{x}——未知样品中分析物的浓度；

A_{x}——未知样品中分析物的峰面积；

$C_{\mathrm{is(smp)}}$——未知样品中内标物的浓度；

RRF_{mean}——相对响应因子平均值；

$A_{\mathrm{is(smp)}}$——未知样品中内标物的峰面积。

（二）外部标准定量法

通过使用外标法，将样品中分析物的峰面积与标准溶液中相同分析物的峰面积进行比较。外部校准分析如下。

（1）准备一系列校准标准品，其中包含要分析的未知样品的预期范围内浓度的目标化合物。通常，校准曲线将包含大约5个或6个浓度水平（每个水平重复），并且标准将与未知物位于相同的矩阵中。

（2）分析包括上述空白的标准。

（3）将分析物标准的峰面积浓度的比定义为每种分析物的响应因子 RF，如式（8-14）所示。

$$RF = \frac{A_{\mathrm{std}}}{C_{\mathrm{std}}} \tag{8-14}$$

式中 A_{std}——分析物标准的峰面积；

C_{std}——分析物标准浓度。

（4）计算 RF 的平均值并使用平均 RF 计算样品中每种分析物的浓度，如式（8-15）所示。

$$C_x = \frac{A_x}{RF_{mean}} \tag{8-15}$$

式中 C_x——样品中分析物的浓度；

A_x——分析物的峰面积；

RF_{mean}——平均响应因子。

使用大多数现代软件，用户应该能够指定外部标准计算，数据系统将提示输入与每个校准标准浓度相对应的值。分析后，数据系统应绘制每种分析物浓度与峰面积的校准曲线，并进行线性回归分析，将相关系数显示为一条直线。数据系统还应计算 RF 的标准偏差，并使用平均 RF 计算样品中每种分析物的浓度。

外标法取决于以下两个标准来给出良好的定量结果：

（1）每次分析的进样量必须相同，因此，强烈建议自动进样。

（2）不得有复杂的样品制备程序。如果样品制备过程涉及溶剂萃取、衍生化以及溶剂的蒸发和重构等步骤，则外标不会给出可靠的结果，应使用内标校准。

（三）稳定同位素稀释分析（Stable Isotope Dilution Analysis，SIDA）

稳定同位素稀释法也是一种内标定量法，但是比普通内标法精确度更高，对实验人员的操作和分析能力的要求也更高，该方法以目标物质的稳定同位素标记的标准物质作为内标物，因为同位素标记标准物质与目标物只是极性大小上略有差别，因此只是出峰时间不同，其他所有性质完全一致，因此可以避免加入普通内标物在分离、纯化、浓缩等香气提取过程中造成的误差，可避免内标物对食品基质中风味成分带来的干扰和影响，可实现精确定量，在可获得标记目标物的情况下，稳定同位素稀释分析是消除定量分析过程中基质效应影响最有效的方法。同位素稀释-色谱-质谱法采用具有相同分子结构的稳定同位素（^{13}C、^{2}H 等）标记化合物为内标物，这种内标物对相应目标物在复杂基质中的分离和鉴定可以起到标记作用，并且其物理和化学性质与被分析的目标物最为接近，可以消除样品在前处理步骤中所引起的回收率差异，这些特性与色谱-质谱的高灵敏度和分析复杂样品的能力结合起来，使同位素稀释-色谱质谱法被公认是一种测量复杂基质中化学成分的基准方法。

同位素稀释法最早的应用是在核物理和地质上，20 世纪 70 年代被用于有机化合物的测定此后其在食品香味分析、医学、环境等领域的应用日益受到重视。彼得·斯伯尔（Peter Schieberle）等采用稳定同位素稀释技术结合质谱分析技术对不同类型食品中的香味成分进行定性定量分析：面包中 4 种吡嗪类化合物，草莓汁中 7 种酮类、4 种脂肪酸、3 种酯类，冷藏橙汁中 26 种关键香味化合物，酱油中 4 种醛、3 种酮、1 种吡咯、1 种醇、1 种酸，生甘草中 43 种香味化合物，生油菜籽中 27 种香味化合物，烘烤过的油菜籽中 43 种香味化合物，朗姆酒中 40 种香味化合物。普瓦松（Poisson）等在一种波旁威士忌中发现的 45 种香味活性化合物中，有 31 种是通过稳定的同位素稀释来定量。玻利内尔（Pollner）等通过应用香味稀释分析对未剥去籽粒的商业冷榨菜籽油中分离出的挥发性成分进行分析，通过稳定同位素稀释法对 16 种主要气味进行定量分析。

稳定同位素稀释分析精确定量的原理是，稳定同位素标记化合物与未用同位素标记的同一化合物相比，由于质量的差异会导致二者在毛细管色谱柱上的部分分离。当加入已知量的同位素标记化合物时，在相同的 GC-MS 条件下，通过对被分析物的 SIM 模式的分析，便可对其进行精确定量。同位素稀释分析包括合成拟定量的并用稳定同位素标记的风味化合物，添加到拟分析的样品中，然后进行香气提取分离，再用 GC-MS 对其进行定量。需要注意的是，羰基 α 位的质子在定量时可被烯醇化而导致样品质子的交换，而产生误差。因此有必要用标准化合物来检查标记物中 D/H 的交换，来确保定量的准确性。

由质量守恒定律，计算测得的同位素比值（参比同位素/富集同位素）R，如式（8-16）所示。由式（8-16）可得式（8-17）。

$$R = (N_x \cdot A + N_y A_s)/(N_x \cdot B + N_y B_s) \tag{8-16}$$

$$N_x = N_y \cdot (N_s - B_s \cdot R)/(B \cdot R - A) \tag{8-17}$$

式中 N_x——待测样品中含有的待测元素原子总数；

N_y——所加入的同位素稀释剂含有的待测元素原子总数；

A——待测元素参比同位素的天然丰度；

B——待测元素富集同位素的天然丰度；

A_s——待测元素参比同位素在同位素稀释剂中的丰度；

B_s——待测元素富集同位素在同位素稀释剂中的丰度。

由于待测样品中待测元素的相对原子质量 M、同位素稀释剂中待测元素的相对原子质量 M_s 已知，样品的质量 m 和加入的同位素稀释剂的掺入元素质量 m_s 可以通过称量获得。若样品中待测元素的含量为 C，则可将 N_x =（$C \cdot m$）/M 和 $N_y = m_s/M_s$ 代入式（8-17）式可得同位素稀释法的待测元素含量 C 计算，如式（8-18）所示。

$$C = (M/M_s) \cdot (m_s/m) - (A_s - B_s \cdot R)/(B \cdot R - A) \tag{8-18}$$

式中 M——待测样品中待测元素的相对原子质量；

M_s——同位素稀释剂中待测元素的相对原子质量；

m——样品的质量；

m_s——加入的同位素稀释剂的掺入元素质量。

稳定同位素稀释分析的优点：测定前的样品损失、不定量分离不会影响分析的结果。由于基体效应、信号波动、仪器的不稳定对一个元素的同位素引起的信号漂移是一致的，因此，这些因素不会影响到分析的准确度，所以该法是一种准确度和精度高的方法。

第三节　特征气味成分的鉴定及分析方法

现代风味研究是从食物中芳香物质的分离和鉴定开始的。如果我们能够识别食物中所有的风味物质，我们就能够根据分析数据配成一种风味来再现那种食品的香气，但实际情况并非如此。研究者发现存在于食品中的风味物质数量非常之多，但并非所有成分都对食品的风味产生影响。这样研究者就开始研究试图确定到底是哪些芳香物质构成了食品的风味。一般假定 20~30 种化合物足以重组食品风味，问题在于哪种化合物是需要的呢？为了解决这个问题，人们发明了多种方法。

巴顿（Patton）和约瑟夫逊（Josephson）提出用计算香气化合物在食物中的浓度与其感觉阈值的比来评估某种香味物质在食物感官特征中的重要性。该比值被称为气味活度值（Odor Activity Value，OAV）（也称作气味值、气味单位、风味单位或香气值）。

香气值=香味物质的浓度/感觉阈值

香气值是指在同空白试验作比较时，能用嗅觉辨别出该种物质存在的最低浓度。香气值<1，说明该组分对样品的香气不起直接作用。香气值越大，说明它是该体系的特征嗅感化合物。存在于食品中的浓度高于感觉阈值的化合物可能就是香味的有效成分，而低于感觉阈值的就不是。这一方法可作为指导，在某些时候也可能不成立。

香气活力值可以用于验证 GC-O 得到的结果，还可以根据天然风味物中风味成分的比例，调配风味物质。

一、分子感官科学

近年来德国慕尼黑理工大学的风味化学家彼得·斯伯尔（Peter Schieberle）教授近年来提出的分子感官科学的概念，其基于食物中各香气物质的实际浓度进行香气重组研究，可用于评估由多种香气成分混合形成的已确定成分的重组物能否模拟出气味接收器反应。分子感官科学是一种依托于感官评价、检测分析等技术的多学科交叉学科，包括分析化学、感官鉴评科学等，其核心内容是在分子水平上进行定性、定量分析，并精确构建食品的风味重组物的综合方法。分子感官科学因能定性定量分析出食品中的香气成分，准确判断食品的风味及其变化，受到研究人员的高度重视。分子感官科学的概念提出时间较晚，但研究人员早已开展了针对该领域的研究，经过数十年的发展，分子感官科学已成为食品风味分析中顶级的系统应用技术，如今广泛应用于水产品及其制品、调味品、酒类等食品的香气活性成分的研究。其产生的背景是 GC-MS 技术诞生以来，各种食品中的挥发物被鉴定出来的已有 8000 余种，而 GC-O、香气提取物稀释分析（Aroma Extract Dilution Analysis，AEDA）、GC-MS、稳定同位素稀释分析（Stable Isotope Dilution Analysis，SI-DA）等技术的结合，又进一步对食品中关键气味活性化合物进行了准确地定性定量及重要性排序；随后的香气模型（Aroma model）及缺失试验（Omission test）的实施，筛选出了与食品香气轮廓非常相似的香气重组物（Aroma recombination），从分子层面揭示了食品特征气味的化学本质。

（一）稀释分析法

在 20 世纪 60 年代，研究学者将气相色谱与感官分析技术相结合，通过嗅闻结合保留指数从众多挥发物中把有香气活性的挥发物区别出来，但其不足之处在于不能确定化合物对整体香气是否有贡献。为了确定在嗅闻中挥发性化合物的香气活力（Odor Activity），即在整体香气中的贡献，安科瑞（Acreel）和格罗斯（Grosch）进一步发展了 GC-O 技术，采用稀释的方法测定了每个成分的相对气味活度。Grosch 将该方法称为香气提取物稀释分析（Aroma Extract Dilution Analysis，AEDA）。它已被应用于评价许多食品的香气特征，如橄榄油、黄油、瑞士干酪、加热牛肉、面包、啤酒、绿茶等。AEDA 是通过计算每种香气化合物的香气稀释因子（Flavor Dilution factor，FD 因子），初始样品中香气化合物的浓度与最大稀释后的样品中该化合物的浓度比值来判断各化合物的香气贡献大小，其分析结果可以用 FD 因子为纵坐标，保留指数（RI）为横坐标作图表示，称为 FD 色谱图。具体步骤为：使用溶剂将挥发物梯度稀释，并通过 GC-O 来评定，一直稀释到在气相色谱流出物中闻不到气味。在 AEDA 法中稀释到风味物质刚好被检测出来的最大稀释倍数作为它的 FD 因子。一般来说，FD 因子越高，说明其浓度较大或者其香味强度较大，对整体风味的贡献越大，可以判定为特征风味物质。最近发展起来的新型稀释分析方法，是通过逐渐减少顶空体积和改变气相的分流比来达到稀释分析的目的。AEDA 是目前食品领域应用最为广泛的分析特征风味物质的有效方法。

国外学者采用分子感官科学对日本龟甲万酱油中的关键性香气成分进行鉴定应用 AEDA 技术，从日本龟甲万酱油中分析鉴定了 30 个气味活性化合物，它们的 FD 因子是 8~4096。贾潇等采用 SAFE 和 HS-SPME 提取 3 种坚果油（花生油、核桃油、巴旦木油）挥发性风味成分，并通过 AEDA 确定关键风味成分，发现花生油的关键风味成分为 2-甲基吡嗪、2-苯乙醛、2,5-二甲基吡嗪、苯甲醛、2-乙基-5-甲基吡嗪、2-戊基呋喃、2-乙基吡嗪和 3-乙基-2,5-二甲基吡嗪；核桃油的关键风味成分为（反,反）-2,4-庚二烯醛、苯甲醛、癸酸、辛酸、壬酸、2-乙基-5-甲基吡嗪和 2-戊基呋喃；巴旦木油的关键风味成分以壬醛、己酸、辛酸和 4-烯丙基苯甲醚为主。王姝苇等采用 AEDA 结合 GC-O-MS 分析生韭菜与炒韭菜挥发性风味物质，鉴定出生韭菜和炒韭菜中关键性香气化合物分别为 17 种和 10 种（FD 因子≥27），其中共有的关键性香气成分为甲基烯丙基二硫醚，具有辛辣、蒜香气味。赵健等采用 AEDA 结合 GC-O-MS 鉴定黑猪肉中 26 种香气活性化合物，其中关键香气化合物（$\log_2^{FD} \geqslant 5$）为 2-甲基-3-呋喃硫醇、3-甲硫基丙醛等。肖作兵等根据香气成分的 OAV 和 AEDA 筛选工夫红茶的关键香气成分，确定对工夫红茶香气起重要作用的 22 种关键香气物质。

（二）香气重组与缺失试验

目前，关键香气物质是通过 GC-MS 或 GC-O 技术进行分离鉴定，脱离原来的真实体系，忽略了真实体系中香气物质之间以及非挥发物质和香气物质之间的相互作用，可能会造成其定性和定量结果的误差。因此，需要通过验证手段对关键香气物质鉴定的结果进行核实验证。目前，香气重组和缺失试验是一种国际通用的验证关键性香气成分的方法；重组试验以准确定量的香气成分和 OAV 计算结果为基础，将香气物质添加至特定模拟体系（如与真实体系相同的糖、酸含量）中，形成香气重组模拟体系，再利用人类灵敏的嗅觉有效判断重组体系结果与真实体系是否相似。相似度越大，说明对样品中香气物质的定性、定量结果越准确。在一个典型的 AEDA 鉴定气味活性化合物步骤后，需要对最重要的气味（如 FD 因子>16 的气味）进行定量分析，并对 OAV 进行计算并进行关键香气化合物对整体香气的贡献度评价。然后，利用样品中测定的浓度中的所有香气化合物（OAV>1）制备香气模型。最后根据 OAV 从高到低逐一缺失气味物，制备一系列不完全香气模型，并对完整模型的两个样本进行评价。缺失试验可用于评估单个气味对整体香气的贡献，这种方法被称为分子感官科学，是彼得·斯伯尔（Peter Shieberle）首次提出并成为流行的方法应用于食品关键香气化合物的鉴定/表征。缺失实验是在模拟体系成功的基础上进一步确定前期鉴定结果中某一种或某一类香气物质在样品中的香气贡献大小，验证该香气物质是否真正在样品的香气特征中呈现重要贡献的方法。香气重组及缺失试验的实施，筛选出了与食品香气轮廓非常相似的香气重组物，从分子层面揭示了食品特征气味的化学本质，对食品风味分子本质的精确探究、食品感官特性与风味化合物映射关系的建立具有重大的意义。

研究者将 GC-O 和 OAV 筛选出的 27 种重要香气物质进行香气重组试验后，成功地模拟出清香型白酒，并且缺失试验进一步证实了 β-大马士酮和乙酸乙酯是关键的香气物质。珀尔曼

(Poehlmann) 等结合 OAV 和香气重组试验对施蒂里亚南瓜籽精油中关键香气成分进行了表征，确定了 26 种香气活性化合物，其中 2,3-二乙基-5-甲基吡嗪、甲硫醇、3-甲基丁醛和 2-甲基丁醛对整体香气的贡献最大，香气重组模型与施蒂里亚南瓜籽油香气非常相似。刘皓月等比较了 3 种萃取方法炸蒜油特征风味，SAFE 分析的结果通过稀释嗅闻得到香气稀释因子不小于 9 的风味化合物共 29 种，对其中关键的 14 种风味化合物用标准品通过外标法进行准确定量后进行重组试验，确定了生蒜香气、咸香、油炸香、焦煳香、清香、辛辣气这 6 种香气为炸蒜油的特征香气，重组样品在清香和辣味上仿真度较高。肖作兵等采用 GC-MS 和 GC-O/AEDA 结合香气重组实验鉴定玫瑰精油样品中特征香气化合物，结果显示玫瑰精油的特征香气化合物主要为萜烯类、醛类、醇类、酮类、酚类、酯类、酸类以及少量的醚类化合物，通过香气重组试验以及感官分析结果得出影响玫瑰精油香气的主要感官属性为清香、木香、脂香、甜香、辛香、花香、果香。

（三）感觉阈值

阈值通常被认为是定义感觉系统灵敏度下限的刺激强度。假设低于该水平的刺激强度对感觉系统没有足够的影响（检测或差异），则无法感知。感觉阈值（Sensory threshold）通常可以定义为在一半的试验中产生反应的刺激强度。感觉阈值是衡量人类对给定刺激的敏感性的指标。感觉阈值的确定是感官分析中的一个基本要素。

一般存在两种类型的敏感性测试——直接和间接。在直接敏感性测试中，假设可以直接测量敏感性。在间接敏感性测试中，测试在几个选定的刺激水平上重复进行，然后根据在不同水平上获得的反应，通过合适的统计方法估计敏感性。

在每个敏感性测试中，必须考虑两个组成部分：刺激和对象。以规定的强度向受试者施加刺激。结果，对象表现出响应。如果响应是量子的，则确定作为刺激强度函数的响应百分比。对于每个刺激值，计算正确响应的比例。然后将称为心理测量函数或剂量反应曲线的累积(Ogive) 曲线拟合到这些点。曲线上的一个特定点是对应于 50%响应率的点。拟合曲线、估计阈值（与 50%响应率相关的刺激强度）并确定其置信区间是分析数据的主要目标。

（四）气味活度值

人们把开始闻到香气时香料物质的最小浓度作为表示香气强度的量，叫做阈值。从阈值的定义可以看出，阈值越小的香料香气越强，反之，阈值越大的香料香气越弱。但是阈值并不具有普遍性，而是根据稀释溶剂发生微妙的变化，且单体香料的阈值会因为加入某些其他单体香料而发生变化。阈值也称槛限值或最小可嗅值，是对香气强度的定量表示。气味活度值（Odor Activity Value，OAV）是指香味组分中的某一组分相对浓度与其在某种特定介质中的阈值的比值，该比值大小反映的是该组分对某种香味的贡献度大小。OAV 可以反映各香味物质的呈香能力，OAV 大则表明该物质对呈香贡献较大，反之则说明该物质对呈香贡献相对较小。可以用于评估各风味化合物对风味形成的贡献程度。

一般 OAV 的确定方法主要包括定性筛选、精确定量、OAV 的计算和关键香气成分的确定和筛选。香气物质的定性筛选主要基于气相色谱-质谱/嗅觉测量（Gas Chromatography-Mass Spectrometry/Olfaction，GC-MS/O）技术，该技术是借助气相色谱的高分离特性和质谱的分析检测特性再结合人的嗅觉能力对香气物质进行检测的方法，通过对分离后的每种单一组分的香味表现进行评价，为之后判断其是否为关键香气组分提供依据。GC-MS/O 的常用方法有香气提取物稀释分析（Aroma Extract Dilution Analysis，AEDA）和香气强度分析。

目前，OAV 在香气学领域已显现出了广阔的应用潜力。近年来，刘登勇等提出了相对香气活力值（Relative Odor Activity Value，ROAV）的新概念，用于量化评价不同挥发性物质对总体风味的贡献程度。ROAV 是在 OAV 基础上进一步量化评价香气成分对香气体系的相对贡献度，同时也是有效表征香气体系中主要香气成分的重要手段，在香气风味特征相关研究中发挥重要作用。随着香味学的发展，通过现代分析技术、卷烟加工技术和感官分析技术紧密结合，OAV 相关技术也逐渐在卷烟关键香气成分表征和调香中得到广泛应用。例如，陈（Chen）等利用分子感官科学对江浙地区的古越龙山黄酒特征香气进行了解析，随后利用 AEDA 和 OAV 比较了传统型和现代型黄酒的风味差异，且对新酿和陈酿古越龙山黄酒的香气成分进行比较，研究表明葫芦巴内酯、香兰素、3-甲基丁醛和苯甲醛对陈年黄酒的整体香气起关键作用。

（五）时间-强度法

时间-强度法（OSME）是当色谱峰开始流出时，立即记录感觉强度的估计值。经过培训的评价者记录在嗅闻处检测到的每个香气活性化合物的强度和持续时间，并且描述感觉到的气味。

OSME 已用于酒类、蚌类以及橙汁中的香气活性化合物研究。在该方法中，评估者评估从色谱柱上洗脱下来的香味物质并对香味强度变化做出反应。从而得到每个色谱峰的强度和持续时间。由于这种方法不需要将样品制成稀溶液，因而可以使用更多的评定者而不是限于两三个评定者，而在稀释方法中，却限于两三个评定者，这样就可以提高这种方法的有效性。一种香味物质对于整体香气的重要程度是根据其嗅闻时的相对感觉强度来判断，这是 OSME 和稀释方法（AEDA、OAV 等）的根本不同点。稀释方法的基本原理是风味物质以其阈值的最大倍数存在时对整体风味最重要，它违反了感官科学的一个基本原则，因为浓度和感觉强度之间是一个幂函数的关系，而且这种函数关系因具体香味物质而异。因此，就不能够基于 OAV 或 AEDA 的值来对化合物的重要性进行分级。认识到这个缺点，人们开始将其作为筛选指标，而不是硬指标，对那些具有最大值的化合物进行进一步研究以决定其在食物中真实的贡献。

鲜橙汁 SPME 萃取物的 GC-O 时间-强度法分析如图 8-29 和表 8-4 所示，丁酸乙酯（2）、柠檬烯（5）、芳樟醇（16）以及未被 GC-MS 检测的化合物（29）香气强度较大，可以判断这四种化合物对鲜橙汁的风味贡献较大；3-己烯醛（3）、辛醛（8）、癸醛（15）、（*Z*）-柠檬醛（20）以及柠檬醛（23）香气强度也较大。

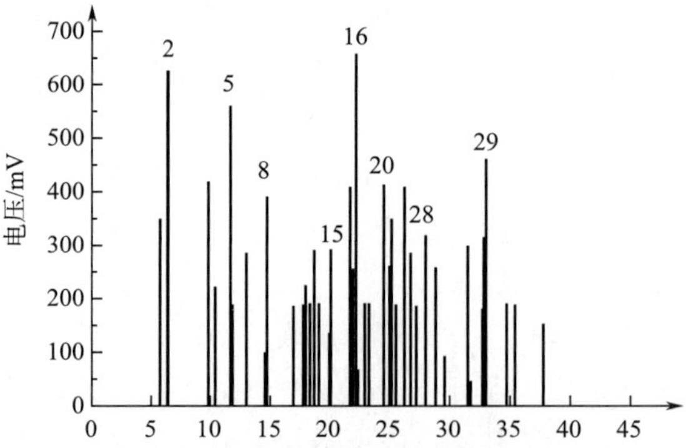

图 8-29 鲜橙汁 SPME 萃取物的 GC-O 时间-强度法分析图谱

其中纵坐标的信号强度表示该化合物的香气强度，图中数字对应表 8-4 中化合物的序号。

表 8-4 鲜橙汁 SPME 萃取物的 GC-O-MS 分析结果

序号	保留时间/min	化合物	香气强度	风味特征
1	5.66	α-蒎烯	* *	水果味，木头味
2	6.29	丁酸乙酯	* * *	甜的水果味
3	9.81	3-己烯醛	* *	苹果味
4	10.31	月桂烯	*	青草味，有点刺激
5	11.53	柠檬烯	* * *	柠檬味，有点青草味
6	11.7	水芹烯	*	薄荷味
7	11.83	2-己烯醛	* *	水果味
8	14.63	辛醛	* *	橘子味
9	16.85	己醇	*	水果味
10	17.72	壬醛	*	甜的芒果味
11	18.29	反-2-己烯-1-醇	*	水果味
12	18.56	2-辛烯醛	*	青草味
13	18.92	辛酸乙酯	*	水果味
14	20.01	香茅	*	柠檬味
15	20.55	癸醛	* *	柠檬味，脂味
16	21.93	芳樟醇	* * *	甜的玫瑰味
17	22.23	辛醇	*	草香，带点脂味
18	22.75	β-榄香烯	*	青草味
19	23.19	萜品-4-醇	*	淡淡的百合花味
20	24.96	(Z)-柠檬醛	* *	柠檬味，有点酸
21	25.04	3-羟基己酸乙酯	* *	甜的玫瑰味
22	25.45	萜品-8-醇	*	香菜味
23	26.12	(E)-柠檬醛	* *	柠檬味，有点酸
24	26.66	杜松烯	*	腐烂味
25	27.05	香茅醇	*	甜的玫瑰味
26	27.77	橙花醇	*	甜的玫瑰味
27	28.79	香叶醇	*	甜香
28	29.13	香芹醇	*	青草味
29	32.89	未知物	* *	酒香味，呈甜味
30	34.64	大茴香醛	*	甜香，有点刺激

注：化合物的香气强度根据芳香图谱中信号强度得到，>500mV 用 * * * 表示；<300mV 用 * 表示；介于 300~500mV 用 * * 表示。

（六）检测频率法

检测频率法（Detection frequency method）需将同一个不经稀释的样品不断重复分析多次，统计每种气味成分出现的频率，保留指数为横坐标，检测频率为纵坐标绘制的检测频率-气味谱图，检测频率数越大的化合物，对气味的贡献也就越大。该方法具有快速、对嗅辨员要求低等特点。但它不能反映出精确强度，同样也不能测出挥发物的阈值浓度。另一方法是基于受试者识别能力的响应间隔法，不记录正确识别的频数，而是记录挥发物被检出的持续时间。当挥发物的出峰值不对称或者比较扁平时，这种方法将受到影响，此法依靠色谱条件而不是挥发物真正的物理学性质。GC-O 的分析结果与分析物的分离方法以及定量方法、检测方法有关。具体的检测方法可以根据实验目的、嗅辨员的经验水平及分析计划所需要的时间等因素来选择。

检测频率法记录一组评测员的检测结果，克服了少数几个评测员的局限性，这个方法用同时嗅闻出气味活性物质的评价者数目（检测频率）来评价气味强度。一般使用一组评测员（6~12 个）对样品进行分析。一般的流出物分成三份，两份用于嗅闻，一份用于 FID 检测，因此两个评测员可同时分析。这个方法已经被用来分析蚌类以及红酒醋中的香气活性化合物。

8 个评测员组成的感官评定小组用检测频率法分析一个由 8 个物质组成的混合物（图 8-30），在这个混合物中，丁酸乙酯（5）可以被 7 个评测员感觉到，说明其对混合物的风味贡献最大。乙酸乙酯（3）和 2-庚酮（7）仅被 2 个评测员感觉到，说明其对此混合物的风味贡献不大。

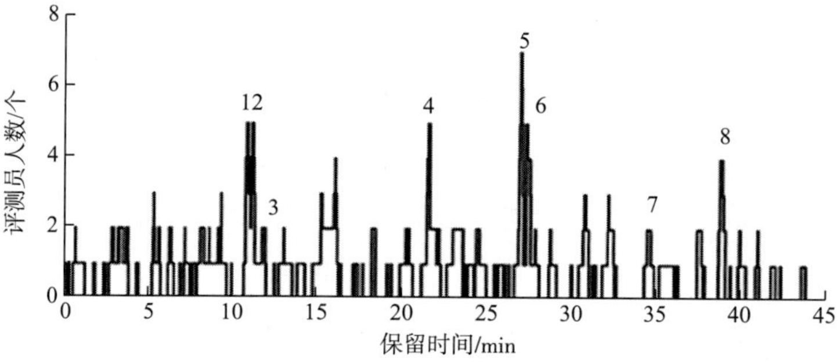

图 8-30　8 个物质组成的混合物的检测频率法嗅闻图谱

1—100ng 2-丁酮；2—20ng 双乙酰；3—500ng 乙酸乙酯；4—100ng 3-甲基-1-丁醇；5—20ng 丁酸乙酯；6—100ng 己醛；7—100ng 2-庚酮；8—500ng α-蒎烯。

（七）后强度法

后强度法就是从柱中流出一个峰后在一定范围内记录气味强度。这种方法文献报道较少。研究发现后强度法与检测频率法具有很好的相关性（$R=0.822$），后强度法与稀释分析法具有较低的相关性（$R=0.667$）。

二、香味研究中的化学计量法

食品中挥发性成分复杂，在香气分析过程中会产生大量的多指标结果，处理香气物质结构和活性的关系变得非常重要。多变量分析技术可以降低数据处理的复杂程度，帮助我们提取可靠有效的数据信息。最常使用的多变量分析技术是主成分分析（Principal Component Analysis,

PCA）、偏最小二乘回归（Patial Least Squares Regression，PLSR）和聚类分析（Cluster Analysis，CA）。

（一）主成分分析

主成分分析（Principal Component Analysis，PCA）是一种多变量技术，用于描述多个响应变量之间的关系并解释数据的总变化。PCA 使用一些由原始变量构成的方程，这些方程称为分量。当研究中的变量高度相关（正或负）或自变量数量很大时，PCA 的使用价值非常大。

在描述如何计算主成分之前提供 PCA 的数据排列是一种很好的做法。考虑对 n 个样本从每个样本测量的 k 个随机变量 Y。PCA 不需要多变量假设；因此，无需检验正态假设。该过程是找到一些描述数据中大部分变化的成分，即使用 k 个随机变量 Y_1，Y_2，$\cdots Y_k$，生产组件 Z_1，Z_2，$\cdots Z_k$不相关。k 个分量可以排序，使得第一个主分量 Z_1代表方差最大的线性组合，第二个主分量 Z_2代表第二大的变异量，小于 Z_1解释的量，以此类推组件。

主成分可以根据每个成分解释的方差量 $var(Z_1) \geqslant var(Z_2) \geqslant \cdots \geqslant var(Z_k)$ 按顺序排列。研究人员应该用前几个成分来描述数据的变化，而忽略其他成分，因为它们解释了最少量的变化。主成分由所有变量的线性组合表示，其中 Y_1，Y_2，$\cdots Y_k$如式（8-19）所示。

$$
\begin{aligned}
Z_1 &= a_{11} Y_1 + a_{12} Y_2 + a_{13} Y_3 + \cdots + a_{1k} Y_k \\
Z_2 &= a_{21} Y_1 + a_{22} Y_2 + a_{23} Y_3 + \cdots + a_{2k} Y_k \\
&\vdots \\
Z_i &= a_{i1} Y_1 + a_{i2} Y_2 + a_{i3} Y_3 + \cdots + a_{ik} Y_k
\end{aligned} \tag{8-19}
$$

式中　a_{ik}——第 i 个线性组合的第 k 个系数。

第一个主成分由使 $var(Z_1)$ 最大化的第一个线性组合 Z_1表示［$var(Z_1)$ 尽可能大］，服从式（8-20）。

$$a_{11}^2 + a_{12}^2 + \cdots + a_{1k}^2 = 1 \tag{8-20}$$

式（8-20）所示这个条件是至关重要的，因为 Z_1的方差可以通过增加线性组合中任意 a_{1k}的值（例如，乘以一个常数）来提高。第二个主成分由第二个线性组合 Z_2表示，它使 $var(Z_2)$［$var(Z_2)$ 尽可能大］服从式（8-21）。

$$a_{21}^2 + a_{22}^2 + \cdots + a_{2k}^2 = 1 \tag{8-21}$$

Z_1与 Z_2不相关，即 Z_1与 Z_2的协方差 $cov(Z_1, Z_2) = 0$。

其他主分量以类似的方式定义，直到得到 k 个不相关的分量。

（1）计算主成分　最好对计算主成分的过程有一个大致的了解，而不是讨论如何推导主成分方程，因为找到主成分的计算是使用统计程序进行的。下面给出了从协方差矩阵计算主成分的步骤。

①计算主成分的第一步是计算不同变量之间的协方差矩阵。分配在矩阵对角线上的值表示方差，而非对角线的值表示变量的协方差。

②第二步，计算协方差矩阵的特征值 λ_i；特征值的个数等于变量的个数，可以按顺序排列：$\lambda_1 \geqslant \lambda_2 \geqslant \cdots \geqslant \lambda_k \geqslant 0$。特征值表示主成分 Z_i的方差。λ_1表示第一主成分 Z_1的方差，λ_2表示第二主成分 Z_2的方差，以此类推。

③计算完特征值后，计算每个特征值关联的特征向量，表示主成分的系数 a_1，a_2，a_3，$\cdots a_k$。每个特征向量的元素称为载荷。如果特征值不同，则 k 个特征向量是正交的。

④最后，选择占数据变化最多的前几个组件来表示数据。

注意，所有特征值之和等于协方差矩阵的对角元素之和，也就是原始变量的方差之和，如式（8-22）所示。

$$\sum_{i=1}^{k} S_{ii} = \lambda_1 + \lambda_2 + \cdots + \lambda_k \tag{8-22}$$

式中 S_{ii}——变量的方差，呈现在协方差矩阵的对角线上。

⑤载荷 a_i 衡量变量对主成分的重要性，而不考虑其他变量。

⑥每个组件测量数据集中的不同维度。

（2）相关矩阵的主成分 在某些情况下，使用相关矩阵而不是使用协方差矩阵来提取分量，例如，不等方差或测量单位不同（不相称）时。在这种情况下，方差大的变量对分量的贡献要大于方差小的变量。使用相关矩阵而不是协方差矩阵的另一个原因是相关矩阵是一个不变的尺度，这意味着改变变量的尺度不会影响分量。此外，使用相关矩阵将使组件更具可解释性。从相关矩阵计算主成分的步骤与协方差矩阵相同。

（3）标准化主要组件 一些研究由于其性质而在不同尺度上测量变量。为了避免变量不等方差的影响，最好对变量进行标准化，并用不变的尺度来呈现它们。标准化可以通过式（8-23）完成。新矩阵（标准化值）类似于相关矩阵。

$$Z = \frac{y_i - \bar{y}}{S_i} \tag{8-23}$$

式中 $\bar{y}$——y_i 的算数平均数；

S_i——y_i 的标准差。

（4）选择主要部件的数量 仔细选择应保留在分析中的组件数量非常重要。使用主成分的目的是总结数据并降低其维度，适当的选择将反映这些目标。以下是有关如何选择最重要组件的一些提示。

①使用相关矩阵提取分量时，保留特征值大于 1 的分量。对于协方差矩阵，保留特征值大于平均值的分量。

②使用 λ_i 与 i 的图（称为 Scree 图）并找出大特征值和小特征值之间的断点。

（二）偏最小二乘回归分析

感官评价是最能直接体现质地品质的方法，往往通过描述词及强度标度实现样品间差异的比较。由于感官评定存在主观性强，耗时耗力等缺点，难以快速有效地对食味品质进行鉴定。因此，近年来较多研究利用食味指标和仪器测定来代替人体感官评价。偏最小二乘回归来源于瑞典统计学家赫尔曼·沃尔德（Herman Wold），然后由他的儿子 Svante Wold 发展。被广泛用于化学计量学和相关领域。偏最小二乘回归（Partial Least Squares Regression，PLSR）是一种新型多元统计分析方法，主要应用于建立多因变量间的统计关系。它集多元线性回归分析、典型相关分析和主成分分析的基本功能于一体，可以较好地解决普通多元线性回归面临的诸多问题，如自变量之间的多重相关性等，利用 PLSR 模型可将多个与食味品质相关的理化指标量化为食品的品质综合指标。偏最小二乘法的一般多元底层模型如式（8-24）、式（8-25）所示。对 X 和 Y 分解来最大化 T 和 U 之间的协方差。

$$X = TP^T + E \tag{8-24}$$

$$Y = UQ^T + F \tag{8-25}$$

式中 X——一个 $n \times m$ 的预测矩阵；

Y——一个 $n \times p$ 的响应矩阵；

T——一个 $n\times1$ 的响应矩阵，X 的投影（"X 分数"）；

U——一个 $n\times1$ 的响应矩阵，Y 的投影（"Y 分数"）；

P——$m\times1$ 的正交载荷矩阵；

Q——$p\times1$ 的正交载荷矩阵；

E，F——误差项矩阵，服从独立同分布的正态分布随机变量。

偏最小二乘回归（PLSR）能充分解决样本个数较少等问题，可以避免数据非正态分布、因子结构不确定性和模型不能识别等潜在问题。近年来 PLSR 已广泛用于生物工程、食品科学等领域并取得了较好效果。宋诗清等采用 PLSR 对牛脂肪氧化，电子鼻检测及感官属性进行了分析，结果表明，利用 PLSR 建立了基于电子鼻的牛脂肪氧化特征参数的预测模型，及氧化牛脂对其感官香气的贡献。牛云蔚等利用 PLSR 对草莓酒香气活性物质与感官属性的关系进行了研究，其结果也表明，PLSR 可以很好地预测感官属性的变化。此外，陈义等也采用了 PLSR 对信阳毛尖中的香气成分与其感官关系进行了研究，其结果避免了感官评价的主观性和不可重复性，有效地指导了信阳毛尖香气的等级划分。马雪平采用 GC-MS、算法分析（DSA）结合 PLSR 进一步明确酶解-低温氧化羊脂制备的羊肉风味基料 MRP4 表现出明显的肉香味、羊肉味和脂香，同时也产生种类较多的羊肉特征香气组分，如壬醛、苯甲醛、硫代乙酸乙酯、邻苯二甲酸二丁酯、2-己基噻吩、2-庚基噻吩、2-乙酰基呋喃、2-正戊基呋喃、2,6-二叔丁基-4-甲基苯酚等。

（三）聚类分析

通过将特性比较相近的变量或者观察单位，按物以类聚的原则进行归类的方法称为聚类分析（Cluster Analysis，CA），如系统聚类方法、模糊 K-均值聚类方法、K_F 均值聚类法及自组织（Kohonen）神经网络等方法都属于聚类分析。聚类分析可以根据样本相似度（一般会使用距离长短或相似函数来衡量这些数据的相似情况）将数据区分为几个群集（Cluster），使得同一个群集内的数据点非常相似，但不同集群的数据点会存在差异。因此，该分析方法可以使我们迅速了解数据集合的关系结构。常见的聚类方法主要为层次聚类分析（Hierarchical Cluster Analysis，HCA）、分割聚类分析（Patitioning Clustering，PC）和合成聚类（Agglomerative Hierarchical Cluster，AHC）。

该法在食品感官与品质分析许多领域中有所应用，其中包括物种分类、风味物质研究等。作为统计学的一个分支，聚类分析已有多年的研究历史，这些研究主要集中在基于距离的聚类分析方面。许多统计软件，如 SAS、SPSS 和 S-PLUS 等都包含许多聚类分析工具。

其中，变量测量的尺度包括以下几种类型。

（1）间隔尺度　指标度量时用数量来表示，其数值由测量或计数统计得到，如长度、质量、浓度、含量等。一般来说，计数得到的数量是离散数量，测量得到的数量是连续数量。在间隔尺度中如果存在绝对零点，又称比例尺度。

（2）顺序尺度　指标度量时没有明确的数量表示，只有次序关系，或虽用数量表示，但相邻两数值之间的差距并不相等，它只表示一个有序状态序列。如评价酒的味道，分成好、中、次三等，三等有次序关系，但没有数量表示。

（3）名义尺度　指标度量时既没有数量表示也没有次序关系，只有一些特性状态，如食物的颜色、化学中催化剂的种类等。

聚类分析过程包括以下几种类型。

（1）系统聚类法　先将 n 个元素看成 n 类，然后将性质最接近（或相似程度最大）的两类合并为一个新类，得到 $n-1$ 类。再从中找出最接近的两类加以合并，变成 $n-2$ 类。以此类推，最后所有的元素全聚在一类之中。

（2）调优法　先将样品做一个初始的分类，然后按照某种最优的原则逐步调整，一直调整到分类比较合理为止。

（3）图论法　从几何观点来考虑。将 n 个样品看成 m 维空间的 n 个点，点与点间用直线连接，从而构成 m 维空间的点的连接图，再应用图论的观点将样本点在 m 维空间作最小支撑数，最终达到分类目的。

相关学者采用 HS-SPME-GC-MS/O 对鹰嘴豆、扁豆和黄豌豆粉在发芽 6d 时间内挥发性成分的变化进行研究，共鉴定出 124 种挥发性成分，其中包括 19 种被单独记录的气味活性成分。主成分分析（PCA）和层次聚类分析（HCA）表明，扁豆和黄豌豆粉具有相似的芳香特性，而鹰嘴豆面粉发芽时风味化合物的减少和不良风味的发生。也有研究采用 GC-MS 直接样品注射法对几种不同风味类型白酒的风味成分进行了分析，共鉴定出 134 种微量成分，然后采用聚类分析和主成分分析的方法对其主要风味成分进行了研究。结果表明，聚类分析可以很好地对不同风味类型的白酒进行分类；而主成分分析可以有效地反映风味类型与风味成分之间的相关性，但其分类效果不如聚类分析好。

第四节　非挥发性风味物质的鉴定及分析方法

在食品风味中，一些非挥发性成分（有味或无味）比那些易挥发的呈味成分起到了更重要的作用。食品中的非挥发性物质能与一些芳香物质作用，影响食品风味。如咖啡里的蛋白黑素可以降低咖啡中烤香-硫风味的强度，蛋白黑素可促进 2-硫代糠酯、3-甲基-2-丁烯-1-硫醇、3-巯基-3-甲基甲酸异丁酯、2-甲基-3-巯基呋喃、甲硫醇（咖啡的关键气味物质）的分解。同样，酒中的多酚都可以与芳香化合物发生作用。所以食品中的一些非挥发性物质虽然没有味道，但仍可对食品风味产生影响（我们也许可以假设非挥发性物质和整体风味感觉之间存在一些我们还没有认识到的关系）。所以，除了分析那些影响味觉的物质外，我们也对食品中非挥发性的组分的分析产生了兴趣。

非挥发性物质可能包括那些呈味物质或间接影响味觉或风味的物质。正如前面所提到的，一种情况是，我们倾向于分析那些影响甜味、酸味、苦味、咸味、鲜味的物质。这些物质已经得到了很好的界定。另一种情况是，所分析的物质还没有得到很好的界定，属于那种我们想去研究的特殊化合物。例如，我们想测定那些影响硫味（在咖啡中）的物质（如蛋白黑素）。在食品中目前没有标准的研究蛋白黑素的方法，还有待进一步开发。

间接影响风味感觉的非挥发性成分的提取及分离和分析方法可以参考相关文献。

一、非挥发性风味物质的提取及分离

（一）超滤技术

研究表明，食品中的滋味化合物相对分子质量基本都小于 5000，且分布范围较广。因此，

为了对特定滋味化合物进行分析，可以采用超滤手段对所提取食品样品中的化合物进行分级分离。

膜分离技术在20世纪初出现，包括超滤、纳滤、微滤、反渗透、电渗析等，是利用选择透过性薄膜，通过外力的推动，将混合物进行分离、提纯、浓缩的一种分离方法。根据膜的物理和化学性质的不同，膜所能分离的物质也不同，如超滤用于截留生物大分子蛋白质，反渗透多用于截留无机盐类，微滤用于除菌等。与传统技术如蒸馏、吸附、吸收、萃取等相比，膜分离技术具有能耗较低、分离效率高、无变相等优点，因此目前被广泛应用于高附加值活性物质的回收利用中，也可广泛用于多肽等食品中滋味分子的粗分离。超滤是一种以压力差为推动力的液化膜分离技术，按照不同截留分子质量大小，可分离相对分子质量1000~500000的生物分子物质。在分离过程中，分子质量小于孔径的样品分子或溶剂透过超滤膜，而分子质量大于膜孔径的样品被截留，从而达到分级分离的目的。由于超滤是在温和条件下进行操作的，因此对被处理样品的理化性质几乎无影响，对含有热不稳定物质和易挥发风味成分的样品具有较好的分离效果。超滤技术可用于分离截留脂肪、蛋白质、淀粉、核酸、多糖、肽等大分子有机物，以及细菌、病毒等微生物。

埃尔南德斯·莱德斯马（Hernandez Ledesma）等采用截留相对分子质量为3000的超滤膜对乳蛋白酶解液进行分级研究分离出具有强抗氧化活性的肽，而维列（Vilela）等采用膜超滤装置制备相对分子质量小于1000的短肽，研究静压对分离蛋白酶解产物特性的影响。哈尼法（Haniifan）等利用超滤膜分离纯化酱油中的短肽，证实相对分子质量小于500的短肽具有较高强度的鲜味。当如武等通过超滤工艺对马氏珍珠贝肉蛋白酶解产物进行处理，可高效分离富集目标呈味肽。也有学者研究在研究牛骨髓中的鲜味和浓厚味物质时，利用超滤技术对水溶性提取物进行分离，得到了4类具有不同滋味特性的馏分。实验室超滤系统如图8-31所示。

图8-31 实验室超滤系统

（二）凝胶色谱分离技术

凝胶色谱分离技术是基于分子大小的差异实现分离的一种液相色谱技术，已用于高产率分离蛋白质和各种其他生物分子。凝胶过滤或尺寸排阻色谱技术主要用于分析测定和半制备纯化。

基本原理是根据分析物的分子大小或流体动力学体积分离各种混合物。当溶质通过由各种尺寸的孔和交联的聚合物凝胶或珠子组成的固定相时，通过溶质的差异排除或包含来实现分离。如图 8-32 所示，整个分离过程是基于每个溶质分子进入凝胶颗粒内部的不同渗透率，较小尺寸的颗粒通过孔并通过较长的路径最后被洗脱，而较大尺寸的颗粒仅通过很少的孔移动，因此通过较短的路径并首先被洗脱。分离过程仅取决于分子大小，因此命名为尺寸排阻色谱。当用于分离水系统中的生物分子时，它也被称为凝胶过滤色谱（GFC），当用于分离非水系统中的有机聚合物时，则称为凝胶渗透色谱（GPC）。凝胶色谱分离技术可以确定各种聚合物的分子质量分布，并用于样品的纯化和多肽、聚苯乙烯等有机化合物的分离。

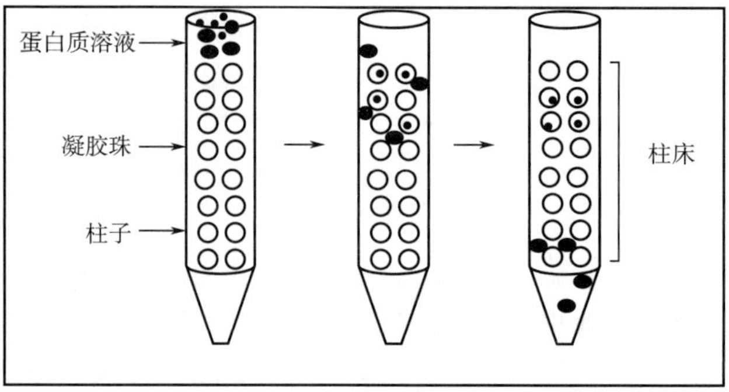

图 8-32　凝胶色谱分离原理图

（三）高效液相色谱分离技术

高效液相色谱（High Performance Liquid Chromatography，HPLC）又称“高压液相色谱”“高速液相色谱”“高分离度液相色谱”等。高效液相色谱分离法是色谱法的一个重要分支，以液体为流动相，采用高压输液系统，将具有不同极性的单一溶剂或不同比例的混合溶剂、缓冲液等流动相泵入装有固定相的色谱柱，在柱内实现各组分的分离，然后进入检测器进行检测，从而实现对试样的分析。该方法已成为化学、医学、工业、农学、商检和法检等领域中重要的分离分析技术应用。

高效液相色谱法有“四高一广”的特点。

（1）高压　流动相为液体，流经色谱柱时，受到的阻力较大，为了能迅速通过色谱柱，必须对载液加高压。

（2）高速　分析速度快，载液流速快，较经典液体色谱法速度快得多，通常分析一个样品时间为 15~30min，有些样品甚至在 5min 内即可完成，一般小于 1h。

（3）高效　分离效能高，可选择固定相和流动相以达到最佳分离效果，比工业精馏塔和气相色谱的分离效能高出许多倍。

（4）高灵敏度　紫外检测器可达 0.01ng，进样量在微升（μL）数量级。

（5）应用范围广　70%以上的有机化合物可用高效液相色谱分析，特别是在高沸点、大分子、强极性、热稳定性差化合物的分离分析方面显示出优势。

此外，高效液相色谱还有色谱柱可反复使用、样品不被破坏、易回收等优点，但与气相色谱相比，高效液相色谱的缺点是有“柱外效应”。在从进样到检测器之间，除了柱子以外的任何死空间（进样器、柱接头、连接管和检测池等）中，如果流动相的流型有变化，被分离物质的任何扩散和滞留都会显著地导致色谱峰的加宽，柱效降低。而高效液相色谱检测器的灵敏度也不如气相色谱高。高效液相色谱仪如图 8-33 所示。

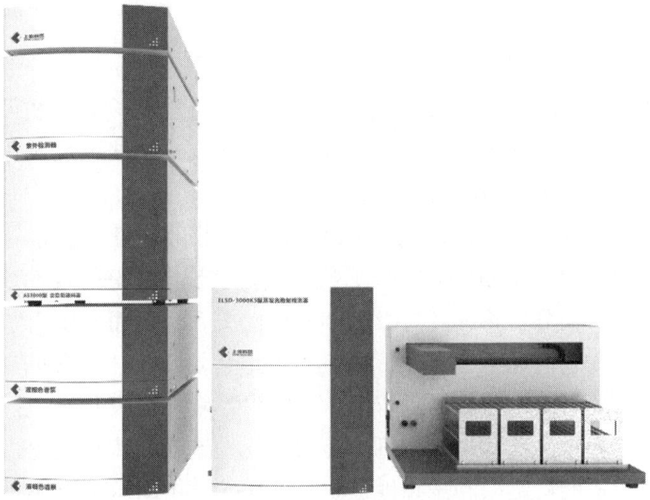

图 8-33 高效液相色谱仪

制备型 HPLC 是在分析型 HPLC 的基础上发展起来的一种高效分离纯化技术，与分析型液相色谱仪一样，制备型液相色谱仪一般也由进样系统、高压输液泵、制备色谱柱、在线检测器等部件构成，但一般要求使用直径更大的色谱柱、更高的流速和更大的进样量，如分析型色谱仪的进样量一般为 0.5mg，而制备型色谱仪进样量一般为 0.1~100.0g。按照制备规模分可以分为 3 种类型：①半制备级制备色谱，其柱内径为 5~20mm，长度为 15~50mm，一般用 10μm 或 20~30μm 粒度的填料，通常在不超载的条件下操作，可以说是一种放大的分析分离；②克级制备色谱，当分离的样品量较大时，使用 50mm 左右内径、20~70cm 长度的色谱柱，填料粒度 40~60μm，可装 200~500g 固定相，在超载条件下操作；③工业级制备色谱，色谱柱尺寸及填料粒径更大。表 8-5 列出了制备性高效液相色谱柱的级别和处理量。

表 8-5 制备性高效液相色谱柱的级别和处理量

级别	柱内径/cm	柱长/cm	填料粒度/μm	处理量/g	应用范围
半制备级	1~2	15~50	10~30	0.01~0.05	实验室
克级	55	20~70	40~60	0.1~1.0	实验室、企业
工业级	10~50	50~100	40~60	20	企业

依托制备型液相色谱，以 C_{18} 柱为固定相，乙腈-水为流动相，进行梯度洗脱，从朝鲜淫羊藿粗提液中成功分离出山柰酚-3,7-di-*O*-α-1-鼠李糖苷、二叶淫羊藿苷 A 和二叶淫羊藿苷等 18 种高纯度黄酮类化合物，该系统整个分离时间仅为 20h，周期较短，为从其他天然产物中分离复杂组分提供了有效借鉴。制备型高效液相色谱以目标产物的纯度、产量、生产周期和运行成本等为主要考虑因素，近年来，制备型高效液相色谱已成为当代高效分离纯化的研究前沿。

二、 非挥发性风味物质分析定性方法

食品中常用的非挥发性风味物质检测技术包括液相色谱-质谱联用技术、核磁共振波谱技术。

（一）液相色谱-质谱联用技术

液相色谱（LC）是一种常见且成熟的分离技术，常用于解决多种分析问题，因为它能够分离相当复杂的混合物、低分子质量和高分子质量以及不同极性和酸碱性质化合物，在各种食品基质中以 mg/kg 甚至 ng/kg 为单位进行测定。

HPLC 应用中最常见的检测器是基于紫外和可见光吸收的光度计。紫外可见检测器可以检测在 190~600nm 波长范围内存在光吸收的化合物。它们表现出良好的线性度和宽动态范围。如比尔定律所述，流通池中的分析物浓度与吸光度呈线性关系。然而，使用紫外检测器检测碳水化合物可能很困难，因为它们通常在 200nm 附近表现出紫外吸收，与常见流动相溶剂和改性剂的吸光度重叠。通常需要对碳水化合物进行衍生化以附着紫外线吸收发色团，也可以为碳水化合物分析物制备荧光衍生物。这些衍生物可以针对非荧光流动相背景变化进行选择性检测。荧光检测方法通常提供改进的检测限和选择性。质谱（MS）的使用可用于碳水化合物的检测和结构测定。尽管复杂且昂贵，但随着新技术的发展，MS 检测器在碳水化合物的常规定量分析中变得更容易使用。

1. 蒸发光散射检测器

蒸发光散射检测器（ELSD）检测 HPLC 洗脱液快速蒸发后形成的分析物液滴或颗粒的光散射强度。如果分析物的挥发性低于流动相，ELSD 可以用作通用质量检测器。ELSD 与 HPLC 联用已广泛适用于非紫外敏感分析物的分析。

蒸发光散射检测过程包括：将色谱柱流出物雾化形成气溶胶，在加热的漂移管内蒸发溶剂，以及检测光散射池中的非挥发性溶质颗粒（图 8-34）。在雾化中，色谱的洗脱液被辅助气体（通常是氮气）转化为细小的气溶胶。气溶胶由均匀分布的液滴组成，其大小取决于辅助气体的流速。气体流速越低，产生的液滴越大。由于光散射强度与干燥颗粒的数量和大小有关，因此液滴大小的均匀分布可以提高检测的重现性。适当的流动相流速需要与气体流速相匹配。对于典型的色谱分析，ELSD 设计用于 0.1~5.0mL/min 的流动相流速。对于高流动相流速，可使用分流器将 ELSD 入口流速降低到所需范围。

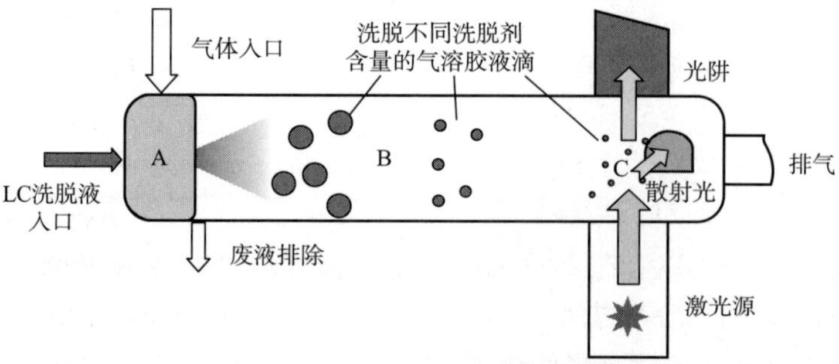

图 8-34 蒸发光散射检测器示意图

雾化后，洗脱液雾进入加热的蒸发器或漂移管进行干燥。最佳漂移管温度取决于流动相组成、流速和分析物挥发性。与低挥发性（通常是高水性）洗脱液相比，高挥发性洗脱液需要更低的漂移管温度。与较高流速相比，较低的流动相流速需要较低的漂移管温度。当需要分析半挥发性化合物时，需要低漂移管温度以获得良好的灵敏度。

用于反相（RP）分离的典型 HPLC 流动相溶剂（如甲醇、乙醇、乙腈、水）和用于正相分离的那些（如己烷、氯仿、醚、甲醇）与 ELSD 应用兼容。如果使用酸、碱和盐来修饰流动相，它们需要在蒸发管中容易蒸发、升华或分解成气体。ELSD 中常用的流动相改性剂包括氢氧化铵、三乙胺、乙酸铵或甲酸铵、甲酸、乙酸和三氟乙酸（TFA）。

在漂移管中，洗脱液液滴蒸发，分析物形成颗粒。蒸汽和辅助气体中夹带的分析物颗粒和洗脱液蒸汽进入光散射池，在此通过光散射检测颗粒。额外的气体入口可用于在进入光学室之前聚焦气溶胶流并帮助去除污染。在光学池中，样品颗粒散射从激光光源发出的光，散射光由光电二极管传感器检测，产生与分析物质量成比例的信号。光电探测器以固定角度安装，与入射光束成 90°~120°。

散射光的强度是散射粒子质量的函数，一般呈指数关系，如式（8-26）所示。

$$I = km^b \tag{8-26}$$

式中 I——散射光的强度；

m——分析物颗粒的质量；

k 和 b——常数，取决于仪器参数、温度以及流动相和分析物的性质。

为方便起见，$\lg I$ 与 $\lg m$ 的关系图提供了线性响应。通常，至少需要两个数据点来建立仪器校准。对于大多数应用，b 可被视为仪器常数，可一次性确定并用于其他常见的实验室常规分析。

蒸发光散射检测消除了与其他常见 HPLC 检测器相关的问题。与 RI 检测相比，ELSD 具有基线稳定性好、与梯度洗脱兼容的优势。它对流动相温度或流速波动也不敏感。ELSD 检测可以实现 1~100ng 的柱上分析物检测限，比 RI 检测低 10~100 倍。ELSD 可以通过陡峭的多溶剂梯度获得稳定的基线，而 UV-vis 检测器在低波长下会遭受严重的基线漂移。此外，由于 ELSD 响应不依赖于样品的光学特性，因此分析物不需要检测生色团或荧光团。由于缺乏可用的紫外发色团和碳水化合物的低挥发性，以及由于 ELSD 与梯度洗脱的兼容性，ELSD 检测已被证明可用于碳水化合物测定，而梯度洗脱通常用于分离复杂的碳水化合物混合物。

2. 质谱检测器

液相色谱-质谱（LC-MS）结合使用是分析食品滋味成分的有效技术。大多数天然存在的有机化合物和食品添加剂是热不稳定和极性的，因此不能通过气相色谱-质谱（GC-MS）等技术进行测量。此外，许多种类的痕量有机化合物通常必须同时测定。液相质谱法可以有效分离食品基质中的化合物，它与不同的质量分析仪和操作模式的组合提高了该方法的选择性和灵敏度，用于量化已知材料、识别样品中的未知化合物以及阐明不同分子的结构和化学性质。

质谱仪从正在研究的样品中产生多个离子，根据它们的特定质荷比（m/z）将它们分开，然后记录每种离子类型的相对丰度。质谱仪由 3 个主要部分组成：从研究物质中产生气态离子的离子源、根据离子的 m/z 比将离子分解为其特征质量分量的质量分析仪以及用于检测离子的检测器系统（带有二次电子倍增器的转换打拿极、多通道板）。记录每个解析的离子物质的相对丰度。质谱仪的构成如图 8-35 所示。样品引入系统是必要的，以允许样品进入离子源。同时保持技术的真空要求。

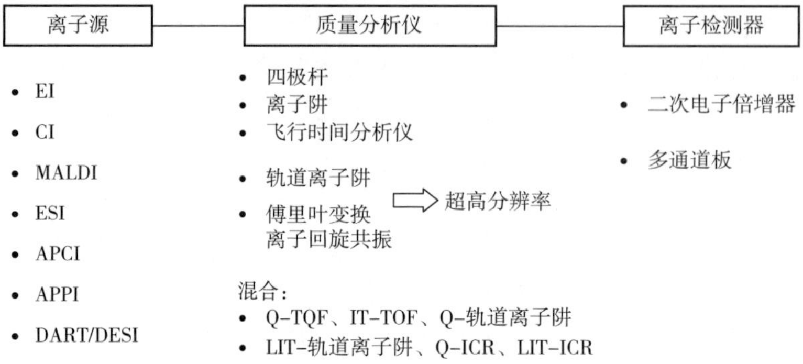

图 8-35　质谱仪的构成

（1）电离方法　有许多电离方法可用，每种方法都有其自身的优点或局限性。要使用的电离方法取决于所研究样品的类型和可用的质谱仪。最常见的电离模式是电子轰击（Electron Impact，EI）、化学电离（Chemical Ionization，CI）、快速原子轰击（Fast Atom Bombardment，FAB）、基质辅助激光解吸电离（Matrix-Assisted Laser Desorption Ionization，MALDI）、电喷雾电离（Electrospray Ionization，ESI）、大气压化学电离（Atmospheric Pressure Chemical Ionization，APCI）和大气压光电离（Atmospheric Pressure Photo Ionization，APPI）。与液相色谱-质谱（LC-MS）结合使用的最常见电离方法包括 ESI、APCI 和 APPI。在 ESI 中，溶液在大气压下雾化，暴露在高电场（3~5kV）下，在样品液滴表面产生电荷。液滴通过溶剂蒸发迅速变小并产生分子离子。ESI 对于精确的质量测量非常有用，它通过产生多个带电离子到高分子质量物质（即蛋白质、核苷酸、聚合物等）。在 APCI 中，电晕放电电极用于在大气压区域电离分析物。APCI 中的气相电离在分析极性较小的物质方面比 ESI 更有效。ESI 和 APCI 可以被认为是互补的方法。APPI 中的电离过程由放电灯（通常是氪）发射的光子引发（1.6×10^{-18}J），它使非极性分析物分子电离。使用组合 ESI-APCI 或 ESI-APPI 离子源有助于同时检测极性和非极性分析物，这是一种增加分析覆盖率的方法；因此，它可能对高通量生物筛选有用。

（2）质量分析仪　质量分析仪的主要功能是根据质荷比（m/z）分离或解析电离源中形成的离子。目前有多种质量分析仪，使用最广泛的包括四极杆（Quadrupole，Q）、飞行时间（Time-of-Flight，TOF）分析仪、离子阱（Ion Trap，IT）和轨道离子阱（Orbitrap）配置。傅里叶变换离子回旋共振（Fourier Transform-Ion Cyclotron Resonance，FT-ICR）提供了最高的性能，但成本非常高，因此并不常见。质量分析仪可以通过不同的特性来表征，包括可以覆盖的 m/z 范围、质量精度和可实现的质量分辨率。不同分析仪与不同电离方法的兼容性各不相同。表 8-6 概述了常见质量分析仪的一些最基本的特性。

表 8-6　常见的质量分析仪的特性

特性	四极杆	离子阱	飞行时间	轨道离子阱	傅里叶变换离子回旋共振
m/z 范围	高达 3000	高达 20000	最多 20000	高达 6000	高达 30000
质量精度/(mg/kg)	>100	<30	4~100	<1	< 0.6

续表

特性	四极杆	离子阱	飞行时间	轨道离子阱	傅里叶变换离子回旋共振
质量分辨率（半峰全宽）	< 3000	< 5000	5000~40000	高达 1.4×10^5	2.5×10^6
扫描率/Hz	0.5~4.0	1~10	高达 2000	高达 12	1
定量	好，很好	较差	中等~好	中等	中等
处理难易度	简单	简单	简单~中等	中等	苛刻

（二）核磁共振波谱技术

核磁共振（Nuclear Magnetic Resonance，NMR）技术是基于原子核磁特性的一种波谱技术，也是用于解释小分子和大分子结构的著名分析技术。具有化学位移和耦合常数的^{1}H NMR 谱图可以给出分子内和分子间共振的定量关系信息，因此 NMR 技术被广泛应用于有机化合物结构鉴定和化学动力学研究领域。与 HPLC-MS 和毛细管电泳质谱相比，NMR 技术能够更快速地对目标物进行检测，尤其是对于结构复杂的滋味分子或者互为同分异构体但滋味特性相差较大的分子。因此，该项技术被认为是一种先进的高通量代谢组学分析方法。

1. 核磁共振的原理

原子核是带正电荷的自旋粒子，表现出磁偶极矩。在外部磁场的作用下，具有磁性的原子核存在不同能级，当用特定频率的电磁波照射样品，且当外加射频场的频率与原子核自旋进动的频率相同［拉莫尔（Larmor）频率］时，射频场的能量才能被原子核有效地吸收。因此，对于给定的原子核，在给定的外加磁场中，只能吸收特定频率射频场提供的能量。原子核吸收电磁能发生跃迁，产生共振吸收信号，所得到的吸收图谱为核磁共振谱。NMR 现象来源于原子核的自旋角动量在外加磁场作用下的进动，而自旋角动量的具体数值是由原子核的自旋量子数决定的。目前，只有自旋量子数等于 1/2 的原子核才能够产生共振信号，可以产生信号的原子核有^{1}H、^{11}B、^{13}C、^{17}O、^{19}F、^{31}P 和^{23}Na 等。随着技术的发展，二维核磁谱图（^{1}H-^{1}H COSY NMR、^{1}H-^{1}H TOCSY NMR、^{1}H-^{13}C HMQC NMR、^{1}H-^{13}C HMBC NMR）也被广泛地应用于食品组分的定量检测与分析当中，而且二维谱图比一维谱图有着更高的检测限和精密度，可以用于食品中滋味物质的定量检测。

2. 核磁共振仪的组成

图 8-36 所示是核磁共振仪的组成及原理图。它主要由 5 个部分组成。①磁铁：它的作用是提供一个稳定的高强度磁场，即 H_0。②扫描发生器：在一对磁极上绕制的一组磁场扫描线圈，用以产生一个附加的可变磁场，叠加在固定磁场上，使有效磁场强度可变，以实现磁场强度扫描。③射频振荡器：它提供一束固定频率的电磁辐射，用于照射样品。④吸收信号检测器和记录仪：检测器的接收线圈绕在试样管周围，当某种核的进动频率与射频频率匹配而吸收射频能量产生核磁共振时，便会产生一个信号，记录仪自动描记图谱，即核磁共振波谱。⑤试样管：直径为数毫米的玻璃管，样品装在其中，固定在磁场中的某一确定位置，整个试样探头是迅速旋转的，以减少磁场不均匀的影响。

由于质子^{1}H 的高丰度、高磁性，因此核磁共振氢谱灵敏度是所有磁性核中最大的，且其也是化合物组成中最常见的原子核，用途最广。目前，解析^{1}H 谱是化合物结构解析中最常用的分

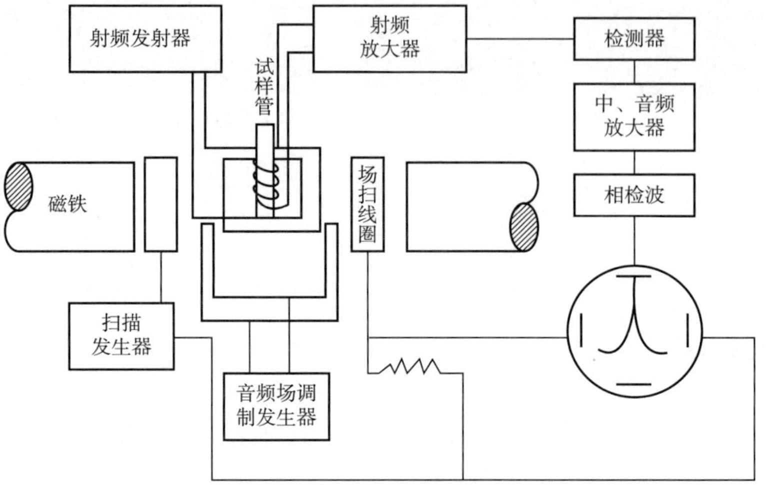

图 8-36　核磁共振仪的组成及原理图

析法之一。与[1]H 的图谱相比，[13]C 的化学位移值可超过 200，而[1]H 的化学位移值很小，一般在 10 以内，因此对于相对复杂的化合物，^{13}C NMR 谱图可以观察到分子结构的精细变化。若同时测定了核磁共振[1]H 谱和[13]C 谱，则可以准确推定化合物的结构。根据出峰的位置、峰强和耦合常数进行解析，从而可以得到完整分子结构。核磁共振是目前结构解析中最权威的工具，在风味化合物研究中也早已普遍使用。

刘（Liu）等采用 NMR 技术快速测定鸭肉中的代谢物，包括氨基酸、羧酸、糖类、核苷酸。陈（Chen）等基于 NMR 技术系统阐明糟带鱼中的小分子营养化合物，主要为有机酸、氨基酸、醇类、糖类。这些被 NMR 技术鉴定出的小分子化合物不仅是产品加工和贮存过程中代谢物，也是肉制品中重要的滋味物质。袁（Yuan）等评估了不同的干燥老化方式对牛腰肉质量属性和代谢物谱的影响，经感官评价发现，干燥陈年的腰部牛肉具有更好的风味并整体更受欢迎（$P<0.05$），但在嫩度和多汁性方面没有差异，滴漏/蒸煮损失和颜色也没有差异。代谢物分析表明，干燥陈年牛肉中 7 种代谢物比湿陈年牛肉更丰富，有助于增强干燥陈年牛肉的风味。周楠楠等在鸭肉原料、糟鸭产品和糟制剂的代谢物中共测出 34 种物质，包括氨基酸、糖类、有机酸、碱类、醇类、核苷酸及其衍生物，上述化合物是糟鸭中主要的小分子风味成分，研究表明 ^{1}H-NMR 能较好地用于糟鸭中非挥发性小分子组分分析，湿糟比干糟过程对滋味化合物含量的影响更显著。

三、 不同特征滋味活性化合物分析

（一）甜味

甜味是食用富含糖的食物时感受到的基本味道之一，多数时候被认为是一种愉快的体验，主要通过糖和一些蛋白质的存在来传递。甜味通常与由羰基组成的酮和醛有关。甜味通过与位于味蕾上的 G 蛋白味蛋白（Gustducin）偶联的多种 G 蛋白受体来识别。为了让大脑记录甜味，必须激活不少于两个独特的“甜味感受器”变体。生物体需要糖有两个主要原因。首先是用于储存化学能。细胞活动的生化能量来自三磷酸腺苷（ATP），它是通过糖的水解产生的。当我们的甜味感受器发现糖分时，大脑会愉快地做出反应。感觉到甜味表明食物将有助于满足我们对能量的需求。糖的第二个功能是为身体提供结构构件，这对植物来说尤其重要。纤维素、半纤维素和果胶是为细胞壁结构提供物理强度的长链糖。动物通过代谢糖以获取 ATP 并将聚合糖用于其细胞结构，糖与悬垂在细胞膜上的其他化学物质结合以保护细胞。人体由 55%~64%的水、不到 1%的碳水化合物、14%~18%的蛋白质和至少 2%的脂肪组成（但实际含量为 15%~30%）。碳水化合物需要成为体内最丰富的日常能量来源。因此，甜味对于任何试图获得能量的人来说都是一种愉悦的感觉。对甜味的研究比任何其他味觉都多，因为在食品工业中，市场对甜味剂的需求很大。甜味的感知原理详见本书第二章，可以用甜味物质的 AH/B/X 结构模型来描述。然而，由于（HA）-和 B-亚基结合的三维几何要求，一些常见甜味剂的镜像异构体不适合味觉感受器，因此不具备甜味。

事实上，关于甜味剂的使用仍存在争议。蔗糖在中世纪被称赞为一种药物，然而如今，蔗糖被指为诱发肥胖和其他疾病的主要原因。即使是作为天然糖而受到喜爱的果糖，现在也比蔗糖具有更多的争议。为了满足消费者对甜味的偏好，在不影响对甜味的依赖和糖的高热量的情况下，已经开发出各种人造甜味剂并将其推向市场。尽管热量低且经科学证明安全，但人造甜味剂一直被视为可疑、不健康的人造化学品。目前检测甜味剂的方法主要包括气相色谱法、液相色谱法、离子色谱法、紫外分光光度法、薄层色谱法、液相色谱-质谱联用法。其中，高效液相色谱法不仅可以分析大多数甜味剂，而且可以将多种甜味剂同时分离，有利于检测工作的进行。

（二）酸味

酸味是由酸产生的味道，在低浓度时，如水果（柠檬、葡萄、橘子、罗望子，有时还有甜瓜）和糖果（大多数含有柠檬酸）中，对人类和动物都具有吸引力。食物中的小分子有机酸和其他香气分子一起赋予食品特有的滋味。一种物质的酸度，是根据稀盐酸（HCl）来评估的，它的酸味指数为 1。酒石酸的酸味指数为 0.7，柠檬酸的酸味指数为 0.46，碳酸的酸味指数为 0.06。酸味是由柠檬酸或盐酸等酸刺激而产生。H^+是必要的刺激，羧酸在恒定的 pH 比有机酸表现出更显著的酸味，这表明阴离子对酸味呈现有一定作用。具有高 pH（碱基）的化合物会引起被描述为刺激或涩味的感觉，这可能部分是由于非味觉（体感）因素。现有研究表明，低分子质量的有机羧酸是食品酸味主要来源。

食品中的有机酸的种类、含量和组成对食品的食用品质具有很大的影响。食品中的酸味剂包括有机酸和无机酸，在食品中应用广泛。有机酸包括柠檬酸、苹果酸、酒石酸和乳酸，而盐酸和磷酸是最常用的无机酸。常用的有机酸分析方法包括化学滴定法、比色法、分光光度法、毛细管电泳法和酶法，但这些方法具有分离步骤复杂、分离效果不佳、使用研究较少等缺陷。随着现代技术发展，色谱法已成为有机酸分析的最常见方法，包括高效液相色谱法、气相色谱法等。

（三）苦味物质

苦味物质所包括的化学结构的范围非常广，因而很难通过测定化学结构进行分析。每种苦味成分都需要设计专门的方法来进行分析。在文献中提到了很多的方法，但因为苦味物质是典型的非挥发性物质，所以 HPLC 最常用。

苦味通常被认为是食物的不良属性。据报道，不同来源的蛋白质水解物/肽表现出臭名昭著的苦味，这阻碍了它们在食品工业中的进一步应用。有充分证据表明，多种具有 Leu、Ile、

Val、Phe、Tyr 和 Trp 等疏水氨基酸的肽会引起苦味。除了肽的疏水性，肽长度、氨基酸序列和空间结构也会影响苦味的感知。使用 LC-MS 可以有效测定苦味肽的序列。于海燕等人使用 UPLC-Q-TOF-MS 结合味觉定向策略成功分离鉴定了绍兴黄酒中苦味肽，将超滤和凝胶过滤色谱分离的组分，根据味道稀释分析的评价结果，分离出味道功效最高的苦味肽，并通过高效液相色谱（HPLC）验证其纯度，再通过 UPLC-Q-TOF-MS 分析苦味肽组分的氨基酸序列为 Leu-Pro-Thr-Leu（LPTL）。阿伊古丽·阿利姆（Aygul Alim）等从含有水解（牛）乳蛋白的婴儿配方乳粉中分离并鉴定出关键的苦味活性部分，应用系统和感官引导（Systematic and sensory guided）的方法来分离和鉴定具有味觉活性的苦肽，其中通过 UP-HPLC/Q-TOF-MS/MS 首次报道并鉴定的 3 种苦味肽的氨基酸序列为 Ser-Leu-Ala、Leu-Leu-Pro 和 Try-Try-Gln。

（四）咸味

盐是人类饮食的重要组成部分，可以改善食物的味道。咸味主要是由钠离子的存在产生的。在人类的生活习惯中存在的各种盐，对这种咸味感觉最有效的刺激是氯化钠，可以刺激人体感受盐的滋味。盐类的咸味品质受到阴阳离子的影响，咸味物质的相对咸度跟离子半径有关，半径较小呈咸味，半径大则呈苦味，介于中间的则表现为咸苦。食品中无机离子的浓度对食品的滋味及感官具有重要影响。能引起咸味的天然物质包括钠盐、钾盐、铵盐、氯化物、磷酸盐。作为现如今的研究热点，咸味肽的开发与应用对于健康低钠功能性食品的开发具有重要意义。目前的咸味肽有 Orn-Tao·HCl、Lys-Tau·HCl、Orn-Gly·HCl 等二肽，咸味肽主要是由其阳离子易与细胞膜上的味觉受体磷酸基发生吸附而呈现咸味。阳离子在被电离后通过细胞膜钠离子通道进入味觉细胞去极化。当足够多的阳离子导致其带正电时会形成释放传导介质的电流，使得神经元给大脑传输“咸味”信号。

针对这些咸味物质种类，各种分离技术如高效液相色谱、高效毛细血管电泳（HPCE）、离子色谱（IC）等分离技术已成功应用于上述无机离子和低分子质量有机阴离子。对于盐类组分来讲，人们主要根据产品的要求检测产品所含的食用盐（NaCl）及它的替代物（NH_4Cl 或 KCl）。目前有很多方法可以测定食品中的盐，但最简单的分析方法是用选择性离子电极对其进行分析。这种简便、灵敏的方法检测限低于 0.1mg/kg 而且响应时间少于 30s，因而深受欢迎。如果想测定其他盐类，一般选用离子色谱、原子色谱或原子吸收/发射光谱。色谱法则采用离子交换柱和传导检测器相结合的方法。原子吸收光谱法，常用于无机离子的检测方法，而等离子发射光谱法、分光光度法、原子荧光光谱法、等离子体质谱法等其他方法也可用于测定食品中的特定元素。

（五）鲜味

鲜味化合物有 L-谷氨酸、L-天冬氨酸、L-谷氨酸钠（MSG）、琥珀酸、乳酸、酒石酸和呈味核苷酸［5′-鸟苷酸二钠（5′-GMP）和 5′-肌苷酸二钠（5′-IMP）］，除此之外还存在许多结构多样的鲜味促味剂和味觉调节剂。MSG 通常用离子色谱或反相高效液相色谱来测定，呈味核苷酸也常用 HPLC 测定。

味道稀释分析法（Taste Dilution Analysis，TDA）的发展代表了味道科学的一个里程碑，它能够对味道活性分子进行简单的筛选和排序。为了进行味道稀释分析，从食品或反应混合物中获得的提取物，通过色谱方法（如超滤、尺寸排阻或高效液相色谱）进行分离分成不同的亚组分。然后将它们与溶剂和挥发性缓冲盐分离并冻干，然后重新溶解在确定体积的适当感官基质（如水）中。之后，准备一系列稀释液，并在感官上与未加标的感官基质进行比较。味道稀释

(Taste Dilution, TD) 因子代表最高稀释度，显示出与空白相比可感知的口腔感觉差异。由于所有馏分都以相同的方式处理并以其自然浓度存在，因此通过比较获得的不同 TD 因子，我们可以得出单个馏分对食品提取物整体味道的重要性的结论。

图 8-37 所示为液相色谱法分离后酵母提取物的味道稀释分析（TDA）示例，馏分 2 是最重要的鲜味活性馏分，其 TD 因子为 256，其次是馏分 1，其 TD 因子为 32。

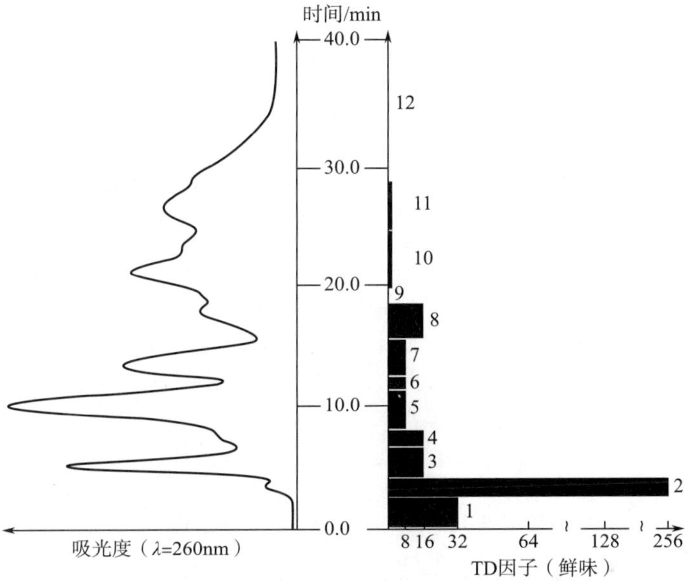

图 8-37　分离后酵母提取物的味道稀释分析（TDA）示例

上述方法与光谱技术、感官分析和定量分析实验相结合，能够从食品相关模型系统获得的提取物中鉴定出各种结构多样、新颖的味道活性和味道调节化合物。这种方法在过去几年中也成功应用于筛选新的天然鲜味品尝和鲜味增强分子。糖苷（*S*）-苹果酸-1-*O*-*β*-D-吡喃葡萄糖苷［Glycoside（*S*）-malic acid-1-*O*-*β*-D-glucopyranoside］，即（*S*）-morelid［图 8-38（1）］，被确定为干羊肚菌中的关键鲜味活性成分。对日本抹茶中的鲜味活性成分的系统研究，将 TDA 与比较感官分析实验相结合应用于 L-谷氨酸基质，揭示除了文献已知的味觉活性分子 L-谷氨酸和琥珀酸，苯甲酸衍生物没食子酸［图 8-38（2）］、茶没食子苷［图 8-38（3）］以及乙氨基-L-茶氨酸［图 8-38（4）］都有助于绿茶的鲜味。

虽然使用 TDA 的大多数研究都集中在识别内在的味觉活性分子，但一种称为比较味稀释分析（comparative Taste Dilution Analysis，cTDA）的改进方法已成功应用于味觉调节分子的识别。对于 cTDA，食物部分溶解在含有碱性味觉刺激物（如蔗糖、氯化钠等）的溶液中，然后用水逐步稀释。之后，将混合物与未加标的参考进行比较，并将显示味道差异的最高稀释因子确定为 TD 因子。该方法成功将 *N*-(1-羧甲基)-6-羟甲基吡啶鎓-3-醇的内盐鉴定作为牛肉汤的增味成分。随后的感官研究表明，(+)-(*S*)-阿拉吡啶［图 8-38（5）］作为一种通用的味觉调节剂，也会影响对鲜味和盐刺激的感知。相反，其（-）-(*R*)-异构体是无活性的。使用 L-谷氨酸单钠基质的改良味道稀释分析的应用能够鉴定 N^2-1-羧乙基鸟苷-5′-单磷酸盐［图 8-38（6）］作为酵母提取物中的新型鲜味增强剂。

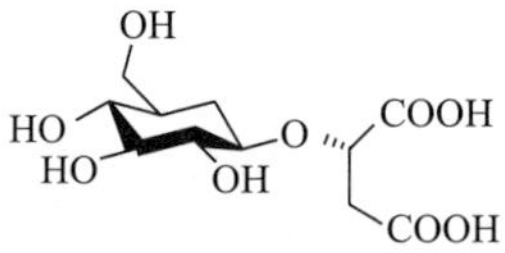

（1）

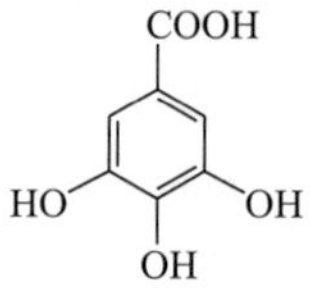

（2）

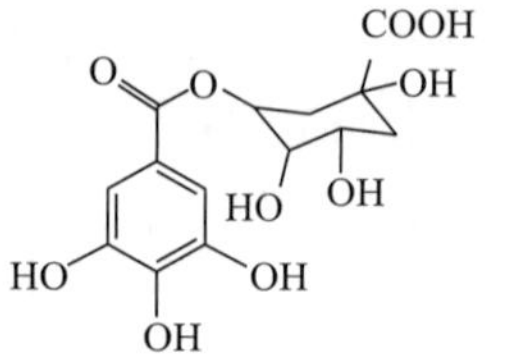

（3）

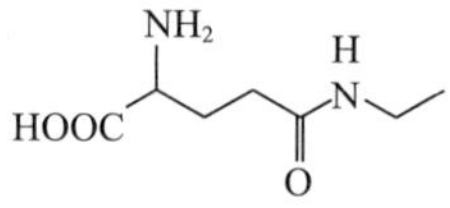

（4）

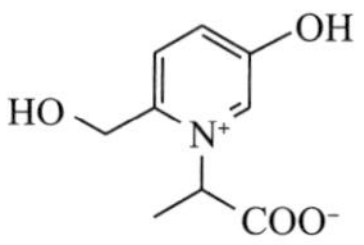

（5）

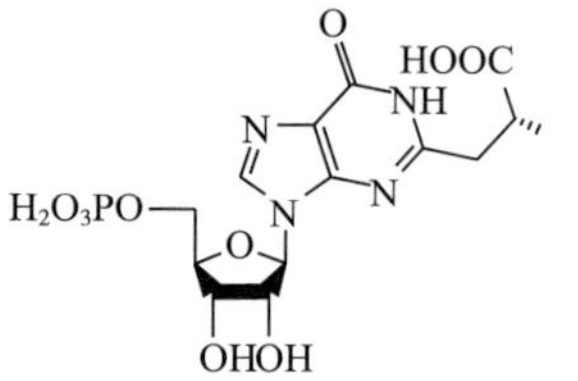

（6）

图 8-38　茶中的鲜味活性成分

（1）（*S*）-morelid　（2）没食子酸　（3）茶没食子苷　（4）乙氨基-L-茶氨酸
（5）（+）-（*S*）-阿拉吡啶　（6）N^2-1-羧乙基鸟苷-5′-单磷酸盐

第五节　智能感官检测技术

一、电　子　鼻

加德纳（J. W. Gardner）给电子鼻下的定义：电子鼻是由一种有选择性的电化学传感器阵列和适当的识别装置组成的仪器，能识别简单和复杂的气味。电子鼻是模拟生物鼻的工作原理进行工作的，它的工作过程可简单地归纳为传感器阵列→预处理电路→神经网络和各种算法→计算机识别。电子鼻一般由气敏传感器阵列、信号预处理单元和模式识别单元三大部分组成。

传感器是这个体系中的关键因素。现在有很多种类型的传感器，包括半导体气体传感器（金属氧化物）、表面声波传感器、生物传感器、传导多聚物和质谱传感器。在分析过程中，经常需要联合多种传感器来使反应有更宽广的范围，正确地选择传感器的种类和材料对整个电子鼻系统的性能具有重大影响。

电子鼻是一种较好的风味物质分析方法，因为它不需要对挥发物进行分离便可以进行快速分析。同时，它的处理过程类似于人类的嗅觉系统，电子鼻和人类嗅觉系统都是由许多的感受器（传感器）组成并对任一特定风味物质产生一种反应模式。大脑（就人而言）和电脑（就电子鼻而言）都是基于模式识别处理来判断气味物质及其质量。因此，其分析速率是有吸引力的，而且理论基础似乎也是合理的。

随着具有不同特异性的不同传感器技术的发展，电子鼻逐渐应用于多个领域，尤其是气味物质的分析。电子鼻在食品分析中的应用已被广泛研究，目前已经应用于检验食品的质量和新鲜度、监控制造和烹饪过程、保质期检测及评估包装污染物等。尽管这项技术在气味分析方面取得了成功，但当今人工系统的性能与生物嗅觉系统的性能相差甚远。后者更好的表现是由于大量的受体神经元和嗅觉通路的独特结构，其中3个主要元素“嗅觉上皮、嗅球和嗅觉皮层”完全整合在一起。而人工嗅觉设备中是采用数学工具处理来自传感器的信号并对气味进行分类。迄今为止，已开发的电子鼻尚不能模拟生物嗅觉系统中的两个重要特征：冗余和协同行为。例如，焙炒咖啡和生咖啡在老化过程中都释放CO_2。在做存储研究时，需要确定咖啡的感官质量（如氧化风味）并得到它与电子鼻的相互关系。而仪器却有可能随CO_2的浓度变化作出反应，而不是氧化风味。只要释放出的CO_2量与脂肪氧化相关了，那么这种关系就是好的。如果这种关系并不是在所有情况下都成立，那么其在其他系统或研究中就很有可能无效。目前绝大部分关于电子鼻技术的研究及测试，均是在实验室条件下完成，工业化或商业化的应用却鲜有报道。究其原因，当前还存在诸多问题影响着电子鼻技术的实用化、便携化和智能化的进程，包括如下原因：①由于气敏传感器的广谱性，传感器阵列中的传感器数量较少，导致传感器阵列所形成的指纹图谱对目标物质的表述精确性不足；②传感器的阵列优化目前只是在应用层面整体性能的优化，无法分析单个传感器的独特性能；③传感器的响应信号极易受环境因素如温湿度、传感器自身漂移等影响，导致特征选择与特征提取过程难以获得通用环境下的鲁棒性特征，传感器漂移问题是电子鼻实用化进程中的一个技术瓶颈；④目标气体浓度较低时，传感器对背景干扰较为敏感，而气体识别和浓度相关性较强，先识别气体类别后估计浓度这种串行方法既不利于识别，也容易因识别错误导致浓度估计的误差积累和扩大，使得浓度估计的精度显著降低。特别地，对于应用广泛的金属氧化物型传感器（MOS）型电子鼻，MOS需加热至工作温度（通常为几百摄氏度），因此其功耗较大、传感器漂移现象严重、对乙醇和硫化物挥发成分易出现中毒现象；同时，器件材料自身的不稳定、气敏膜的退化等也影响MOS的稳定性。传感器的制备、响应信号的分析、信号特征的提取等对传感器感知的准确性都至关重要。

尽管电子鼻存在一定的局限性，但随着目前技术的发展及改良，电子鼻在风味领域仍然具有相当重要的应用潜力。在食品工业中，酒类产品的品质一直以来都是依靠专家的主观评定，主观评定方法存在很多弊端，因此人们期待一种更加准确、客观、快速的评价方法。黄骏雄和蒋弘江等于2000年采用英国Aroma Scan公司生产的电子鼻仪器对几种国产香烟的质量鉴别进行了初步的研究，研究发现，电子鼻不仅可以区分不同的烟草，还能区别不同等级的香烟及判别真伪。秦树基和黄林于2000年开发了一个能识别酒类的电子嗅觉系统，该系统能成功地识别酒精、烈性酒、葡萄酒和啤酒，其识别率可达95%。邹小波和赵杰文于2002年研制了一套能够实时、准确检测饮料散发气味的电子鼻系统，并应用该系统对可乐、橙汁、雪碧等几种常见的饮料进行了快速、实时的区分，结果表明，其识别率高达95.12%。目前国外在该领域已成功开发出了用于咖啡检测的Aroma Scan（32CP）、Fox 4000（18MOS）等电子鼻系统，还开发出了用于检测鱼肉鲜度的NST3210（4MOS）电子鼻系统。Fox 4000是一种由18 MOS组成的商业鼻子，由法国Alpha MOS生产，已被证明能够检测牛乳中的细菌生长和保质期。戈麦斯（Gomez）等使用了一种MOS传感器设备——PEN2，可用于检测未成熟、半熟和全熟番茄释放的挥发性化合物。该设备能够区分样本的成熟度差异，并达到100%正确分类。此外，电子鼻在医学、环境和其他领域的许多应用已被报道。该技术简单快速，可成功应用于工作场所、汽车和住宅建筑的室内测量，室外环境控制以评估污染水平以及在源头处测量废气流和评价水污染等。

二、电子舌

（一）电味觉机制

除了享受食物之外，味觉比其他所有感官都有优势。因为两者都位于大脑的边缘系统，它们可直接与我们的情绪和记忆之间的神经相互作用。当我们品尝食物时，由于受体蛋白引发的兴奋，我们的大脑会对基于化学的味道在细胞膜中做出反应，并通过在与兴奋剂形成复合物时改变其构象。目前已有数学模型提出了味觉感受器的化学刺激，但还没有针对电味觉提出这样的分析模型。有两个关于电味觉机制的假设。

（1）电解质化学假设　阳极通过电解产生酸溶液，然后过量的正氢离子刺激对酸味敏感的细胞。有证据表明，氢离子是由食物酸的解离产生的，进入酸味细胞，这些细胞会告知大脑存在令人反感的物质，然后大脑可以决定做什么。

（2）直接效应假设　该假设声称电味觉是电流作用于味觉受体细胞的任一神经纤维的结果。只有对酸味敏感的味觉受体细胞被认为具有较低的顶端电阻，从而允许电流进入细胞。由于以前的科学研究无法准确确定电刺激引发了哪些味觉品质，因此存在相互矛盾的研究结果。电刺激味觉的流行理论是传递到舌头表面的微弱电流会引起酸味体验。然而，最近的结果表明，电味觉与所有 5 种味道（酸、甜、盐、苦和鲜味）的能力有关。有研究表明，胃电测量法与所有 5 种味道品质均相关，所有的味道都可以通过电刺激来感知。以前的研究结果已经显示出电刺激和化学刺激引起的味觉品质的对应关系，冯・贝凯希（Von Békésy）对单个乳突使用电刺激和化学刺激发现，使用电刺激可以刺激对应于一种且仅一种主要味觉的感觉。初步实验表明，施加的电流量与产生的味觉之间存在相关。此外，其他实验表明，可以使用电流人为地对人类舌头的刺激从而产生某些味觉。目前，我们可以使用我们的数字味觉接口设备来产生一些基本的味觉。我们使用电信号与电极的组合在舌尖产生味觉。图 8-39 所示为开发这种电味觉设备的原理，对该参数的各种试验会产生不同的味觉，初步试验结果表明酸咸味是可以唤起的主要味觉。

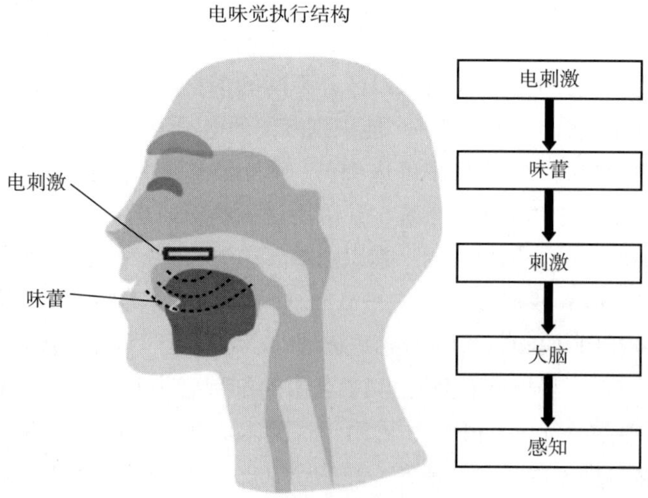

图 8-39　电味觉设备开发原理

（二）电子舌

食品和制药行业中评估物品味道的主要方法是感官测试，其中经验丰富的评估人员（称为感官小组成员）实际品尝样品评估它们；但这种方法存在客观性和可重复性不高、给评委工作压力大等问题。人类的味觉感受器不一定能识别单个化学物质，5 种基本味道的受体中的每一个同时接收多种化学物质，会表现出半选择性。因此，在液相和气相色谱等化学分析方法中，几乎不可能测量含有数百种味觉物质的食物的味道。需要注意的是，不同口味之间也会存在相互作用。例如，通过添加糖来抑制咖啡的苦味，通过混合两种鲜味氨基酸可以获得对鲜味的协同增强效果等。味觉传感器的第一个概念出现在 1989 年，味觉传感器专利申请于 1990 年，“电子舌”一词出现于 1995 年。东光课题组开发的味觉传感器可以认为是一种具有全局选择性的，可以将化学物质的特性分解为味道品质并量化，而不是对单个化学物质的区分，通过模仿人类的舌头，通过每个味觉感受器将食物分解成单独的味道。相比之下，离子传感器或酶传感器旨在检测对每种化学物质具有高选择性，即与特定化学物质一一对应。味觉传感器的开发是为了区分和识别食物或饮料，此外，使用味觉的尺度来量化味道。基于这一理念，味觉传感器已商业化为味觉传感系统 SA402B 和 TS-5000Z，它们是世界上第一个商业化的电子舌系统。

电子舌被定义为使用多种非特异性和低选择性传感器测量液体的电子设备，因此多变量分析，如主成分分析（PCA）和偏最小二乘法（PLS）常用在传感器阵列中。基于传感器阵列测量液体的电子舌的特点是低选择性和高交叉选择性而不是高选择性，以及统计分析来自多个传感器的输出的能力，即低选择性、高交叉选择性和统计分析。表 8-7 所示为不同研究中电子舌的应用，显示了电子语言和味觉研究的总结。圣彼得堡-罗马合作小组在 1997 年报道了带有离子选择电极（ISE）阵列的电子舌和水污染分析。卟啉和相关的大环化合物被称为离子敏感电极中的离子载体，达米科（D'Amico）和迪纳塔莱（Dinatale）报道了基于卟啉的电子舌用于液体分析化学应用并报道了一个在葡萄酒质量管理中的应用。温奎斯特（Winquist）和朗德斯托姆（Lundström）在 1997 年报道了一种伏安法电子舌，然后通过结合电位法、伏安法和电导率测量技术开发了一种混合电子舌。在伏安测量中使用 6 种不同类型的金属电极作为工作电极以获得不同的电位响应，并使用 PCA 获得数据并区分食物。使用包括 3 个酶生物传感器的循环伏安电子舌成功地区分了老化过程中的啤酒类别，并且还使用遗传算法（GA）结合 PLS 对葡萄酒表征进行了电化学信号变量的减少。圣彼得堡的弗拉索夫（Vlasov）和莱金（Legin）小组报告了一种基于硫属化物玻璃的具有固态结晶 ISE 的电子舌，并通过 PCA 和分析使用神经网络技术区分和分析了意大利葡萄酒等食品、饮料和矿泉水。

表 8-7 不同研究中电子舌的应用

研究类型	感应原理类型	数据处理
环境应用（污水）	离子选择电极（离子载体）的传感器阵列 电位传感器	多元线性回归（MLR） PLS 非线性回归（NLLS） 反向传播神经网络（BPNN） PCA

续表

研究类型	感应原理类型	数据处理
微型电位传感器阵列	伏安传感器（一些金属电极） 离子选择性电极（离子载体） 传感器阵列，电位传感器	PCA PLS
葡萄酒质量检测	电位传感器，离子选择性电极（离子载体）	PCA、PLS
监测老化的啤酒和葡萄酒	酶生物传感器、循环伏安法	PCA、神经网络
各种水果饮料和牛乳的分类	伏安传感器	PCA
混合电子舌	电位法、伏安法和 电导率测量	PCA、人工神经网络
药品苦味评价	电位传感器阵列 （27个交叉敏感传感器）	PLS
基于水平表面声波（SH-SAW）的电子舌（区分不同口味的液体）	SH-SAW	PCA
生物组织，如味觉细胞和受体	细胞外电位的生物传感器记录	—
比色交叉敏感传感器阵列		PCA、层次聚类分析

加德纳（Gardner）的小组不仅报告了电子鼻，还报告了基于双剪切水平表面声波（SH-SAW）的电子舌，它成功地区分了不同基本味道的液体。虽然传感器类别不属于在电子舌中铃木（Suzuki）团队构建了一种微流体装置，用于现场测定鱼的新鲜度，使用ATP浓度作为新鲜度指标，将这种设备与电子舌的结合将大大有助于食品质量监测。

研究人员一直在尝试通过应用基因工程技术，利用味觉细胞和受体等生物组织开发生物传感器。生物传感器的可重复性和稳定性将大大提高，作为新型的电子舌传感设备具有很好的发展前景。世界上有两种商业化的电子舌，一种是味觉传感系统SA402B和TS-5000Z（Intelligent Sensor Technology Inc.，Japan），通常称为味觉传感器；另一种是Astree Ⅱ电子舌（法国Alpha MOS）。

参考文献

[1] Deepak Kumar Verma, Prem Prakash Srivastav. Science and Technology of Aroma, Flavor, and Fragrance in Rice [M]. Oakville: Apple Academic Press Inc, 2019.

［2］ Nak-Eon Choi, Jung H Han. How Flavor Works: The Science of Taste and Aroma ［M］. West Sussex: John Wiley & Sons Ltd, 2015.

［3］ Takamichi Nakamoto. Essentials of Machine Olfaction and Taste ［M］. Fusionopolis: John Wiley & Sons Singapore Pte Ltd, 2016.

［4］ Chen Shuang, Xu Yan, Qian Michael C. Chromatography - olfactometry, chemical quantitative analysis, and aroma reconstitution ［J］. Journal of Agricultural and Food Chemistry, 2013, 61 (47): 11295-11302.

［5］ Song Shiqing, Tang Qi, Hayat K, et al. Effect of enzymatic hydrolysis with subsequent mild thermal oxidation of tallow on precursor formation and sensory profiles of beef flavours assessed by partial least squares regression ［J］. Meat Science, 2014, 96 (3): 1191-1200.

［6］ Niu Yunwei, Zhang Xiaoming, Xiao Zuobing, et al. Characterization of odor-active compounds of various cherry wines by gas chromatography-mass spectrometry, gas chromatography-olfactometry and their correlation with sensory attributes ［J］. Journal of Chromatography A, 2011, 879 (23): 2287-2293.

［7］ 陈义，郭桂义，房志杰. 基于主成分分析法的信阳毛尖香气质量评价模型构建 ［J］. 河南农业科学，2014，43 (8): 142-145.

［8］ 仁醒龙，罗婷，白娟，等. 基于 PLSR 分析云烟浸膏挥发性成分对卷烟感官品质的影响 ［J］. 香料香精化妆品，2022 (1): 7-14.

［9］ 岳翠男，秦丹丹，蔡海兰，等. QDA 和 GC-MS 结合 PLSR 分析宁红茶中的风味物质 ［J］. 食品与发酵工业，2021，47 (7): 225-231.

［10］ 马雪平，詹萍，田洪磊，等. 基于 GC-MS、DSA 结合 PLSR 研究羊脂处理方式对热反应体系风味形成的影响 ［J］. 食品科学，2020，41 (8): 194-201.

［11］ 刘辉翔. MOS 型电子鼻关键问题研究及其应用 ［D］. 北京: 北京科技大学，2020.

［12］ Yolanda Pico. Chemical Analysis of Food ［M］. Oxford: Academic Press, 2020.

［13］ Piet de Coning, John Swinley. A Practical Guide to Gas Analysis by Gas Chromatography ［M］. Amsterdam: Elsevier Inc, 2019.

［14］ Fidel Toldrá, Jianping Wu. Biologically Active Peptides ［M］. Oxford: Academic Press, 2021.

［15］ Yolanda Pico. Chemical Analysis of Food ［M］. Oxford: Academic Press, 2020.

［16］ Ashok Pandey, Maria Ángeles Sanromán, Guocheng Du, et al. Current Developments in Biotechnology and Bioengineering ［M］. Amsterdam: Elsevier Inc, 2017.

［17］ Chiara Emilia, Irma Cordero. Comprehensive Analytical Chemistry ［M］. Amsterdam: Elsevier Inc, 2022.

［18］ Ziad El Rassi. Carbohydrate Analysis by Modern Liquid Phase Separation Techniques ［M］. Amsterdam: Elsevier Inc, 2021.

［19］ Yu Haiyan, Wang Xiaoyu, Xie Jingru, et al. Isolation and identification of bitter-tasting peptides in Shaoxing rice wine using ultra-performance liquid chromatography quadrupole time-of-flight mass spectrometry combined with taste orientation strategy ［J］. Journal of Chromatography A, 2022, 1676: 463193-463193.

[20] Lu Cong, Zhang Yuyu, Zhan Ping, et al. Characterization of the key aroma compounds in four varieties of pomegranate juice by gas chromatography-mass spectrometry (GC-MS), gas chromatography-olfactometry (GC-O), odor activity value (OAV), aroma recombination, and omission tests [J]. Food Science and Human Wellness, 2022, 12 (1): 151-160.

[21] Wang Yuanhui, Zhao Jingwen, Xu Fei, et al. GC-MS, GC-O and OAV analyses of key aroma compounds in Jiaozi Steamed Bread [J]. Grain & Oil Science and Technology, 2020, 3 (1): 9-17.

[22] Liu Jie, Wan Peng, Xie Caifeng, et al. Key aroma-active compounds in brown sugar and their influence on sweetness [J]. Food Chemistry, 2020, 345 (9): 128826.

[23] 柴瑞雪，安朝严，刘涛，等. 基于 SAFE-GC-O-MS 的“双红”干红葡萄酒关键香气物质分析 [J]. 食品科学，2022，43 (4)：175-182.

[24] Toth S, Mussinan C. Recent Advances in the Analysis of Food and Flavors [M]. Washington DC: American Chemical Society, 2012.

[25] Shichida Yoshinori. Evolution and Senses Opsins, Bitter Taste, and Olfaction [M]. London: Springer Nature Switzerland AG, 2013.

[26] Frauendorfer F, Schieberle P. Key aroma compounds in fermented Forastero cocoa beans and changes induced by roasting [J]. European Food Research and Technology, 2019, 245 (9): 1-9.

[27] Fritsch H T, Schieberle P. Identification based on quantitative measurements and aroma recombination of the character impact odorants in a Bavarian Pilsner-type beer [J]. Journal of Agricultural & Food Chemistry, 2005, 53 (19): 7544-7551.

[28] Kirchhoff E, Schieberle P. Determination of Key Aroma Compounds in the Crumb of a Three-Stage Sourdough Rye Bread by Stable Isotope DilutionAssays and Sensory Studies [J]. Journal of Agricultural & Food Chemistry, 2001, 49 (9): 4304-4311.

[29] Schuh C, Schieberle P. Characterization of the Key Aroma Compounds in the Beverage Prepared from Darjeeling Black Tea: Quantitative Differences between Tea Leaves and Infusion [J]. Journal of Agricultural and Food Chemistry, 2006, 54 (3): 916-924.

[30] Steinhaus P, Schieberle P. Characterization of the Key Aroma Compounds in Soy Sauce Using Approaches of Molecular Sensory Science [J]. Journal of Agricultural and Food Chemistry, 2007, 55 (15): 6262-6269.

[31] Greger V, Schieberle P. Characterization of the Key Aroma Compounds in Apricots (Prunus armeniaca) by Application of the Molecular Sensory Science Concept [J]. Journal of Agricultural and Food Chemistry, 2007, 55 (13): 5221-5228.

[32] Poisson L, Schieberle P. Characterization of the Key Aroma Compounds in an American Bourbon Whisky by Quantitative Measurements, Aroma Recombination, and Omission Studies [J]. Journal of Agricultural and Food Chemistry, 2008, 56 (14): 5820-5826.

[33] Gary Elceman, Zeev Karpas. Ion Mobility spectrometry [M]. Boca Raton: CRC Press, 2005.

第九章

CHAPTER 9

食品中风味的释放和稳定化

第一节　风味的释放和稳定化概述

“风味的释放”一词从广义上包含了风味化合物在生产、贮存、准备和食用过程中从食品中或者食品成分中的释放，从狭义上主要指食品在食用过程中风味化合物的释放。滋味物质溶解在唾液中才能被感知，气味物质则需以气相到达口腔和咽腔才能在嗅上皮内经鼻后被闻到。风味的释放受很多因素的影响，包括食品和风味化合物间的化学作用、物理效应（释放的物理屏障）以及人的因素，如牙齿数、咀嚼效率、咀嚼时间、呼吸过程等。如果一种成分对风味的释放具有负面影响，它就具有风味结合能力。风味结合可定义为某种食品配料强化持香（味）的能力。风味化合物的结合与释放是影响食品品质的重要指标，通常期望风味化合物在食品加工、贮存过程中保持稳定，在食用时能充分释放或缓慢释放。而风味化合物大多是易挥发成分，在贮存和加工过程中极易损失，需要稳定化处理，食用时通过咀嚼等才能释放。能否实现风味化合物的理想释放取决于多种因素，主要涉及其与食品主要成分之间的相互作用。为了实现风味稳定化和控制释放的目的，有必要了解风味化合物和食品组分之间的相互作用特性。因此本章首先介绍风味化合物与食品中主要成分（如脂肪、糖类、蛋白质）的作用以及风味化合物与一些微量成分（如蛋白黑素、多酚和高效甜味剂）的作用。

许多风味化合物成分不稳定且易挥发，并且会因为热、氧、化学相互作用或挥发等因素而改变其感官特性。另外，食品体系比较复杂，风味化合物稳定性和溶解度有限，其在产品中的应用会受到限制。因此，通常需要利用合适的方法对风味化合物进行包埋，以达到保护、传递及缓释的效果。制造商生产的风味物质有液体（包括乳状液）和糊状物以及各种干制品。液体风味物质最容易生产但是也存在着许多问题，例如，合适的配方以及终产物的物理化学稳定性等。由于风味化合物分散在不同相中，使用比较麻烦。在贮存过程中，风味物质之间以及风味物质与溶剂或氧（空气）会发生化学反应，因此，这些风味物质不稳定，保质期很短。风味乳状液的运输也是个问题，乳状液不稳定，尽管加入了增稠剂并经过比较有效的均质，不同的相还是会发生分离。生产风味干制品的方法很多，每一个方法都有各自的优缺点，最终的选择取决于成本以及实际需要。

香精香料作为食品添加剂中的重要一员，一直承担着为食品锦上添花的职责。由于香精香料的组成异常复杂，大部分组分的挥发性极高且差异悬殊，因此对其进行稳态化处理尤显重要。此外，在食品加工及贮存的过程中，通常会经过高温、高湿等加工工序，例如，高温肉制品、焙烤食品、微波食品、油炸食品等。这些极端条件的处理，易使香精香料丧失其中的挥发性组分，从而造成某些风味的缺失，导致香韵失真。为此，需要通过微胶囊技术对香精进行保护。目前食品工业常用的喷雾干燥微胶囊已无法满足食品加工的要求，况且在高温或高湿的环境下，玻璃化的壁材极易溶胀破裂，释放内部芯材，因此亟待研制开发能适应不同食品加工要求、具有特殊释放性能的微胶囊化香精。

第二节　风味化合物结合与释放的热力学及动力学特性

一、控制香气释放的关键因素

控制产品香气释放速率的主要因素有两个，即产品中风味化合物的挥发性（热力学因素）和从基质到顶空的传质阻力（动力学因素）。表 9-1 给出了风味化合物的示例及其主要物理化学参数（疏水性、水溶性、饱和蒸气压等）。

表 9-1　　风味化合物的主要物理化学参数

参数	二乙酰	乙酸乙酯	丁酸乙酯	己酸乙酯	2-壬酮
相对分子质量	86	88	116	144	142
$\lg P$①	-1.34	0.73	1.9	2.83	3.14
水中溶解度②	1000	29.93	2.7	0.31	0.17
饱和蒸气压 P_i^s 25℃/kPa	7.6②	13.5③	2.1③	0.2②	0.1②
T_{eb}/K④	361	350	394	440	468
$\Delta H_{vap}{}^0$/(kJ/mol)④	38.7	35.0	42	52.0	56.4

注：①疏水性（$\lg P$）用雷克尔（Rekker）（1977）描述的方法计算。
②估计程序 EPI 套件™。
③用安托万方程（Antoine's equation）的参数计算。
④从美国技术与标准研究所（NIST）化学网络图书中获取数据。

风味化合物的挥发性可用平衡条件下其在顶空和基质相中的浓度比例来表示，如式（9-1）所示。

$$K = \frac{C_g}{C_m} \tag{9-1}$$

式中　K——挥发性化合物的分配系数；
C_g——顶空中挥发性化合物的浓度；

C_m——基质中挥发性化合物的浓度。

分配系数 K 可用活度系数 γ_t、质量分数 k_m、摩尔分数 K_i 或物质的量浓度 k_i 表示。

因此，为了比较以不同单位表示的值，需要使用气体常数 R、温度 T、压强 P、空气的摩尔质量 M_a、液体的摩尔质量 M_{liq} 和液体密度 d_{liq} 或相应温度下纯化合物的饱和蒸气压 P_i^s 进行一些转换。

分配系数 k_i（以物质的量浓度表示）与分配系数 K_i（以摩尔分数表示）的转换，如式（9-2）所示。

$$K_i = k_i \times \frac{RTd_{liq}}{PM_{liq}} \times 10^6 \tag{9-2}$$

式中　R——气体常数（$8.314 J \cdot mol^{-1} \cdot K^{-1}$）；

P——压强，Pa；

T——温度，K；

d_{liq}——液体密度，kg/L；

M_{liq}——液体的摩尔质量，g/mol。

分配系数 k_m（以质量分数表示）与分配系数 K_i（以摩尔分数表示）的转换如式（9-3）所示。

$$K_i = k_m \times \frac{M_a}{M_{liq}} \tag{9-3}$$

式中　M_a——空气的摩尔质量（28.8g/mol）；

M_{liq}——液体的摩尔质量，g/mol。

活度系数 γ_i 与分配系数 K_i（以摩尔分数表示）的转换如式（9-4）所示。

$$\gamma_i = K_i \times \frac{P}{P_i^s} \tag{9-4}$$

式中　P——压强，Pa；

P_i^s——纯化合物 i 的饱和蒸气压，Pa。

分配系数 k_i（以物质的量浓度表示）与活度系数 γ_i 的转换如式（9-5）所示。

$$\gamma_i = k_i \times \frac{RTd_{liq}}{P_i^s M_{liq}} \times 10^6 \tag{9-5}$$

式中　R——气体常数（$8.314 J \cdot mol^{-1} \cdot K^{-1}$）；

T——温度，K；

d_{liq}——液体密度，kg/L；

P_i^s——纯化合物 i 的饱和蒸气压，Pa；

M_{liq}——为液体摩尔质量，g/mol。

在热力学平衡状态下，顶空和食品基质之间的分配系数提供了食物基质保留风味化合物的定量信息。它们是产品成分和温度的函数，但不受产品质构的影响，结晶情况除外。文献中的数据通过不同的方法在不同的条件下获得，并以不同的单位表示，最终必须将它们转换为相同的单位，以便进行比较，以 25℃时己酸乙酯空气/水活度系数及分配系数的转化为例，如表 9-2 所示。

表 9-2　　25℃时己酸乙酯空气/水活度系数及分配系数的转化

活度系数 γ_i	k_m（以质量分数表示）	K_i（以摩尔分数表示）	k_i（以物质的量浓度表示）
1.62×10^4	2.11×10^1	3.85×10^1	2.83×10^{-2}
1.26×10^4	1.80×10^1	2.88×10^1	2.12×10^{-3}
1.54×10^4	2.23×10^1	3.58×10^1	2.63×10^{-2}
1.94×10^4	2.87×10^1	4.6×10^1	3.40×10^{-2}

在不同温度下获得的相同香气化合物的气/水分配系数可用于计算标准热力学平衡值。因此，通过对风味化合物进行结构-性质关系研究，可以更好地了解其蒸发行为。除了极性对化合物在水溶液中的气液平衡有影响外，结构-性质研究表明，链长和分支结构也存在作用。将这一方法应用于表观热力学气液平衡研究有助于提高我们对风味化合物在水介质中行为的理解。事实上，这些平衡对香气化合物的感知至关重要，因为风味化合物在从食品基质到嗅觉受体的递送过程中，通过口中的唾液和嗅觉上皮中的黏液等中间介质发生连续的气液变化。然而，香气释放和感知与时间密切相关，动力学参数提供了补充信息，从而帮助我们更好地了解食品基质中挥发性风味化合物的特性。

扩散是由促使完全混合的随机分子运动引起的。这是一个自发的过程，物质通过随机分子运动从系统的一部分转移到另一部分。这些分子在溶液中作旋转和平移运动。影响扩散过程主要因素可能有以下两点：①由于大分子性质和结构组织而产生的阻碍或截留效应；②小溶质（包括水分子和离子）之间特定相互作用（化学或非化学，如氢键）的强度和性质，以及其与大分子的相互作用。扩散系数可通过相应方法予以确定，其大小取决于测量的扩散系数类型（根据浓度梯度或自扩散进行扩散）、使用的方法、测量扩散的尺度（宏观或微观）以及待检测的扩散分子。每种方法都有其适合的体系和应用领域。浓度分布法是使固体或半固体产品的两个圆柱体接触，其中均含有研究对象的不同初始浓度，可用于估算直接接触情况下的表观扩散率。旋转扩散池法采用流体动力学设计，以便在油层两侧形成已知增稠剂的固定扩散层。它可以计算不同液相中的扩散系数和溶质的传质系数。

基于脉冲梯度（PFG）自旋回波法的核磁共振（NMR）光谱技术，通过检测小分子质子的迁移率可测量小分子的自扩散系数。因此，该方法完全适用于高含水量介质，如凝胶中的水或香气化合物。同样，PFG-DOSY 技术（用于扩散有序光谱法）也通过识别指定分子的质子来给出自扩散系数，如卡拉胶基质中的香气化合物或蔗糖基溶液。在 D_2O 中获得的己酸乙酯自扩散系数与在水中通过浓度曲线法获得的结果具有可比性（表 9-3）。通过增加香气化合物的大小（从乙酸乙酯到己酸乙酯），可以观察到扩散系数的降低。此外，小分子的转移可以发生在产品的两个非均相之间。传质系数对应于食品基质与顶空之间的转移阻力。传质系数 h_D 的计算需要确定扩散系数 D，h_D 是 D 的函数。根据实验条件，传质系数在 $10^{-9}\sim10^{-4}$m/s 之间变化。

测定相关热力学和动力学参数，如顶空/食品基质分配系数和扩散或传质系数，是表征产品组成和结构对食品基质中风味流动性和气相释放影响的一种方法。表 9-3 列举了部分风味化合物在不同食品基质中的扩散系数。

表 9-3 25℃下风味化合物在不同食品基质中的扩散系数 单位：m^2/s

食品基质	乙酸乙酯	丁酸乙酯	己酸乙酯
D_2O	10.5×10^{-10}	8.7×10^{-10}	8.5×10^{-10}
D_2O+蔗糖（350g/L）	3.5×10^{-10}	2.9×10^{-10}	2×10^{-10}
水	—	—	7.9×10^{-10}
水+蔗糖（600g/L）	—	—	1.2×10^{-10}
水+蔗糖（600g/L）+果胶（1g/L）	—	—	0.47×10^{-10}

二、风味化合物递送的热力学特性

风味化合物和食品主要成分之间的相互作用有两种类型——吸引和排斥相互作用。彼此之间的吸引作用决定了风味化合物在食品成分上的结合，而排斥作用则影响风味化合物的释放。这些相互作用的性质取决于风味化合物和食品基质的物理化学性质。

当考虑风味释放的热力学特性（如相分配）时，需要定义气相/食品相分配系数和活度系数。只有在气相/食品相平衡被破坏时，风味才会释放。换句话说，非平衡是传质的驱动力。只有当气相/食品相界面没有有效的转移时，气相和食品相之间才存在平衡。平衡分配系数 K_i 可以用式（9-6）表示。

$$K_i = \frac{C_g^i}{C_p^i} \tag{9-6}$$

式中 C_p^i——风味化合物的食品相浓度（物质的量浓度）；

C_g^i——风味化合物的气相浓度（物质的量浓度）。

亨利定律常数 H_i 可以用式（9-7）表示。

$$H_i = \frac{P_i}{C_g^i} \tag{9-7}$$

式中 P_i——风味化合物 i 的气相分压；

C_g^i——风味化合物的气相浓度（物质的量浓度）。

式（9-6）和式（9-7）中，C_p^i、C_g^i、P_i均处于平衡状态。气相/食品相的分配系数与温度有关，即经对数变换后的气相/食品相分配系数与温度线性相关。

亨利定律解释了风味化合物的行为，并适用于有限范围的条件。风味化合物的浓度应该是可以无限稀释的且风味化合物分子必须保持单分子状态，游离的化合物（如有机酸）或结合的化合物（如形成胶束的化合物）均不能表现出理想的行为。

另一个重要的性质是挥发性成分相对于水的相对挥发性，因为它决定了风味化合物和水在平衡蒸发过程中的相对比例。该风味化合物相对挥发度 α_{iw} 是由风味化合物分配系数 K_i与水分配系数 K_w的比值来定义的。K_w定义为 C_g^w / C_p^w，结合式（9-6），得到相对挥发度 α_{iw} 如式（9-8）所示。

$$\alpha_{iw} = \frac{K_i}{K_w} = \frac{C_g^i}{C_p^i}\frac{C_p^w}{C_g^w} \tag{9-8}$$

式中 K_i——风味化合物分配系数；

K_w——水分配系数；

C_g^i——风味化合物的气相浓度（物质的量浓度）；

C_p^i——风味化合物的食品相浓度（物质的量浓度）；

C_p^w——水的食品相浓度（物质的量浓度）；

C_g^w——水的气相浓度（物质的量浓度）。

液相中的活度系数 γ_i，是根据理想溶液的概念来定义的，如式（9-9）所示。

$$P_i = \gamma_i C_p^i P_{i0} \tag{9-9}$$

式中 P_i——风味化合物 i 的气相分压，Pa；

γ_i——活度系数；

C_p^i——风味化合物的食品相浓度（物质的量浓度）；

P_{i0}——该温度下纯组分 i 的饱和蒸气压，Pa。

液相中的活度系数 γ_i 用于衡量纯组分 i 与液相的相溶性程度。

气相中的活度系数 γ_i 也可以被定义，如式（9-10）所示。

$$\gamma_i = \frac{P_i}{P} \tag{9-10}$$

式中 P_i——风味化合物 i 的气相分压；

P——总压强。

只有在压强高于食品通常遇到的压强时，气相中的活度系数才显得重要，结合风味化合物分配系数 K_i［式（9-11）］及风味化合物相对挥发度 α_{iw}［式（9-12）］，通过道尔顿定律可以解释这一点。

$$K_i = \frac{\gamma_i P_{i0}}{P} \tag{9-11}$$

式中 γ_i——风味化合物 i 的活度系数；

P_{i0}——该温度下纯组分 i 的饱和蒸气压；

P——总压强。

$$\alpha_{iw} = \frac{\gamma_i P_{i0}}{\gamma_w P_{w0}} \tag{9-12}$$

式中 γ_i——风味化合物 i 的活度系数；

P_{i0}——该温度下纯组分 i 的饱和蒸气压；

γ_w——水的活度系数；

P_{w0}——该温度下纯水的饱和蒸气压。

对许多重要的风味化合物来说，纯物质的饱和蒸气压与水的饱和蒸气压相差不大。然而，γ_i 往往非常大，这是由于常见的挥发性风味化合物往往是非极性的，因此就分子间作用力而言，它们与极性较高的水溶液不相溶。相反，由于水是许多食品的主要成分，因此 γ_w 趋于 1 左右。

三、风味化合物递送的动力学特性

风味释放由热力学和动力学因素决定，这可以从图 9-1 所示的平衡和动态条件下风味化合物释放的差异中体现。影响平衡浓度的因素已在本章第一节讨论过，动力学因素决定达到平衡的速率。

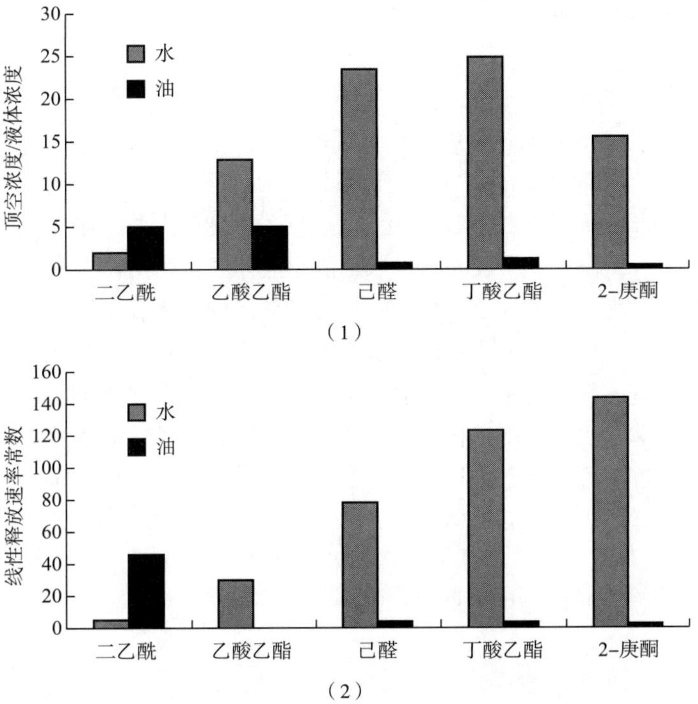

图 9-1　平衡和动态条件下水和油中的风味化合物释放

（1）平衡　（2）动态

当食物进入口腔时，就会迅速被一层唾液所覆盖。因此可以假设，从固体食品中释放出来的风味化合物必须首先通过唾液相，然后再分配到口腔顶部空间。在液体和半固态食品中，风味化合物已经处于液相，可以直接释放到顶空。因此，风味化合物从食品到顶部空间的传递是一个涉及食品、唾液和气相的三相体系。食品或唾液中风味分子的简单扩散不太可能决定在口腔中的释放速率，因为咀嚼会干扰扩散梯度并产生新的界面。

（一）界面传质的原理

在进食过程中存在的不平衡状态下，风味化合物跨界面转移的驱动力是产品和气相之间的风味浓度差异。从食品相到气相的单向扩散速率取决于各相中风味化合物的浓度梯度和传质系数（菲克定律）。风味化合物从食品相到气相的传质速率如式（9-13）所示。

$$\frac{dM_p}{dt} = k_p(C_p^{int} - C_p) \tag{9-13}$$

式中　M_p——风味化合物食品相的扩散总质量；

t——扩散时间；

k_p——食品相的传质系数；

C_p^{int}——风味化合物的界面处浓度（在食品相侧）；

C_p——风味化合物的食品相浓度（物质的量浓度）。

风味化合物从气相到食品相的传质速率如式（9-14）所示。

$$\frac{dM_g}{dt} = k_g(C_g^{int} - C_g) \tag{9-14}$$

式中 M_g——风味化合物气相的扩散总质量；

t——扩散时间；

k_g——气相的传质系数；

C_g^{int}——风味化合物的界面处浓度（在气相侧）；

C_g——风味化合物的气相浓度（物质的量浓度）。

图 9-2 所示说明了界面及气相和食品相中的浓度。风味化合物扩散机制主要有分子扩散和涡流扩散两种。第一种机制，分子或静态扩散是静止流体中分子的随机运动。气相和液相中典型的分子扩散系数分别为 $10^{-5}m^2/s$ 和 $10^{-9}m^2/s$。分子扩散的速率在不同风味化合物之间只有细微的差别。第二种机制，涡流扩散是将携带着溶解的风味化合物的流体从一个位置输送到另一个位置，涡流扩散速率通常远高于分子扩散速率，且与风味化合物类型无关。一般假设风味化合物在气相中的扩散非常快，忽略气相中的浓度梯度。因此，风味化合物在食品界面一侧的浓度决定了气相中的浓度，可以将之前的式（9-13）重新表述为式（9-15）。

$$\frac{dM_p}{dt} = k_p\left(\frac{C_g}{K_i} - C_p\right) \tag{9-15}$$

式中 M_p——风味化合物食品相的扩散总质量；

t——扩散时间；

k_p——食品相的传质系数；

C_g——风味化合物的气相浓度（物质的量浓度）；

C_p——风味化合物的食品相浓度（物质的量浓度）；

K_i——风味化合物分配系数。

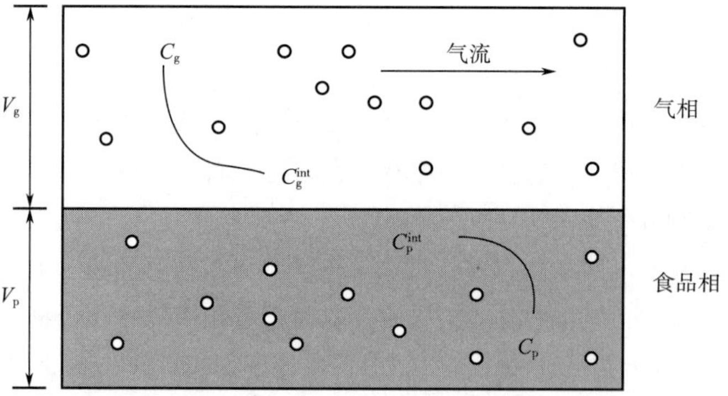

图 9-2 非平衡条件下气相和食品相的风味浓度

C_g—风味化合物在气相的浓度；C_p—风味化合物在食品相的浓度；

C_p^{int}、C_g^{int}—风味化合物在界面处的浓度；V_g—气相体积；V_p—食品相体积。

浓度梯度取决于界面上风味化合物的消耗。在食品相，高的气体压力和低的风味化合物传质系数有利于消耗。如果化合物在界面处完全耗尽（$C^{int}=0$），那么这些动力学控制的条件对所有风味化合物的释放是相似的，因为 k_p 变化很小（分子扩散）或根本不随风味化合物类型变化（涡流扩散）。

为了预测动态条件下的风味化合物释放，我们推导出了3种不同的物质递送机制的数学模型。

(1) 停滞膜理论　该模型假设界面处的边界层是停滞的，物质通过这些边界层的传质方式为分子扩散。传质系数 k 随扩散系数 D 的一次方和滞流层有效厚度的倒数而变化。

(2) 渗透理论　该理论考虑到边界层往往不是完全停滞的，也有涡流扩散传质。假设来自体相的液体体积元与界面层接触，并在一定的间隔内暴露于第二相。在此期间，在体积元与体相液体重新混合之前，平衡是通过表层来实现的，这是一种非稳态的分子向气相扩散的过程。在渗透模型中，k 随扩散系数的平方根而变化。

(3) 非平衡分配模型　该模型假设传质只通过涡动扩散发生。假设风味化合物是从食品中以无穷小的气体体积提取出来的，在连续提取过程中，只有在食品和气相体积无穷小的气-食品界面处才能达到完全平衡。每次提取后，食品表面的初始风味浓度通过扩散和湍流恢复，然后再进行下一次提取。

(二) 液态食品

液态食品中风味化合物的释放速率，无论是在食用后还是在吞咽后，都取决于风味化合物在稀释过程中如何与食品中的其他成分相互作用。

首先，游离风味化合物的浓度受热力学相互作用的影响。大多数风味化合物是疏水的，因此优先分配到油相而不是水相或气相。因此，用唾液稀释含有油脂的液态食品会改变风味分配和释放动力学。在液态食品中，风味化合物在脂质和水相之间的扩散非常迅速。传质系数受各相黏度的影响，因此也受脂质分数和液滴大小的影响。含脂质液态食品（如乳剂）的风味释放可以用渗透理论来描述。

此外，大分子如蛋白质和多糖与风味化合物之间存在可逆或不可逆的结合作用，从而减少可供释放的游离风味化合物。用唾液稀释大分子降低其浓度也会改变结合平衡，从而影响风味释放动力学。这些食品组分的存在也会影响唾液的整体黏度，进而改变唾液中风味化合物的释放速率。风味-高分子复合物的结合态和非结合态之间的解离非常快，因此不会影响风味释放的速率。风味化合物与大分子的可逆结合可以用一级动力学来描述。渗透理论可以模拟含有大分子的溶液在气液界面上的风味化合物释放。甲基酮与β-乳球蛋白以及风味化合物与明胶的相互作用对风味释放的影响符合渗透理论。唾液黏度除了对风味释放动力学有直接影响外，还会影响大部分食物被吞咽后在口腔内残留的涂层厚度，从而对回味带来潜在影响。连续的呼吸质谱分析表明，在吞下食物很长一段时间后，一些风味化合物还会留在鼻腔里。黏度是液态食品体系中风味化合物释放的一个重要参数。它决定了扩散系数，也决定了传质系数。例如，在高蔗糖浓度的液体中，其风味释放表现出渗透模型行为。

(三) 半固态食品

对于凝胶等半固态食品，其熔点低于口腔温度，其中风味化合物释放的驱动力是热量扩散到凝胶基质并引发熔化的速率。对于熔点高于口腔温度的较硬凝胶，蔗糖从凝胶表面扩散到邻近的唾液相是风味释放的限速步骤，因为它降低了表面的熔化温度。含蔗糖的明胶的体外释放与停滞层模型吻合度较好。当风味化合物释放伴随熔融转变时，该模型也可适用于这些食品。冰淇淋和巧克力类似于低蔗糖浓度的软凝胶，其限速步骤是热扩散。

(四) 固体食品

对于简单的固体食品而言，糖基质的溶解决定了风味的释放，如硬糖中风味化合物通过界面释放的驱动力是食品和唾液之间的蔗糖梯度。该基质中风味释放表现出停滞层行为。当基质溶解时，所有的风味同时释放到周围的唾液中，从那里进入到口腔的顶部空间。这类食物的传质系数是由口腔加工决定的。较快的咀嚼速率将减少停滞层的厚度，增加传质速率，因此，有助于风味化合物的释放。

非崩解性固体食品的风味释放和传递更为复杂。对于这类食品来说，以唾液为中间介质，将风味化合物转移到气相是一个三相问题。原则上，从唾液到气相的传质关系类似于液态食品。固体食品释放的限速步骤是风味化合物通过食品-唾液界面的递送。粒子和周围的流体都影响化合物的迁移。风味化合物以不同的速率从食品中转移到唾液中，这是由食品-唾液的分配系数决定的。这种转移可以用滞流层理论来描述。在进食过程中发生的物理过程，如唾液流动、咀嚼和吞咽，是决定颗粒大小分布从而决定食品界面的重要因素。固体食品的初始风味化合物释放速率对咀嚼频率和唾液流速不太敏感，但极大地依赖于食品的断裂力学和传质系数。这意味着食品的结构和组成决定了风味化合物释放的初始速率。随着进食时间的延长，进食行为开始对食品的味道释放速率起作用。提高咀嚼频率以及颗粒选择效率会提高新表面产生的速率，从而提高了风味化合物释放到唾液相的速率。一旦食物被吞下，富含风味化合物的唾液将继续向口腔中释放风味化合物。硬糖的基本特性使其可以作为食品体系的模型来研究风味释放理论。风味化合物从硬糖到唾液的释放/感知是产品溶解的效果。因此，非挥发性化合物与挥发性化合物的比率在整个消费期间保持不变。通过直接测定硬糖溶解过程中的染料含量发现，双层停滞膜理论最能体现硬糖风味释放的机制。

本节中，我们从理论的角度描述了液态食品、半固态食品、非常简单的固体食品和非崩解性的固体食品中的风味递送。然而，对于许多其他食品而言，溶解、熔化和水合作用等机制起着作用。食品结构的破坏可能会增加黏度。此外，释放出的风味化合物可能与大分子结合并分配到脂质中，从而减少唾液中游离的风味化合物。在某些食品中，微环境可能决定味道的释放和递送，而不是食品的总体组成。这些因素使复杂固体食物的风味物质递送过程更加复杂，是未来模型开发研究的一个挑战。

第三节　风味化合物与食品中主要成分的相互作用

大多数食品是复杂的混合物。风味化合物和食品成分的相互作用包括化学作用、物理效应，这会限制风味化合物对感官的刺激，从而影响感觉。化学作用涉及氢键、疏水键、离子键、共价键，这些作用力的存在可能降低风味化合物的蒸气压，从而减小其在口腔中蒸发的动力并阻碍向嗅觉器官的运动。物理因素主要指食品基质特性会影响风味化合物传递到感觉器官。就半固体或液态食品而言，具有一定黏度的食品成分可通过减小食品的表面积或其在口腔中的混合能力，从而降低风味化合物在口腔中蒸发或与感觉器官接触的可能性。对于固体食品，由于其很难在口腔中迅速地溶解，而风味物质直到食品基质溶解才能释放，因此基质的阻碍效应更为明显。

某些作用使风味化合物更容易释放出来，最明显的就是风味化合物从溶液中的“盐析”现象。风味化合物是从食品基质中排挤出来再进入口腔中，加强了风味的感觉。此外，CO_2或者乙醇的蒸发可以携带风味化合物从而加强风味释放。

促使以及阻碍风味化合物释放的因素对于每种风味成分的作用是各不相同的——有些风味化合物从溶液中被驱赶出来，而其他的被紧紧地束缚在食品中，这取决于每个食品组分与每个风味分子的相互作用的净平衡。总而言之，风味化合物传递到人感觉器官的平衡主要受到食品体系的组成和物理状态的影响。

一、脂肪和风味化合物的相互作用

脂类广泛存在于各类食品基质中，是脂肪和类脂的总称，由于头部和尾部存在极性差异，不同脂类分子对水的亲和能力、在水中的溶解性表现出明显的差异。脂类还影响着风味化合物的释放，由于风味化合物在油相与水相之间的分布差异，食品中脂质的种类与含量不同，势必会影响其风味的保留与释放，并且脂质分子容易形成多种形态的聚合体，可为风味化合物包埋提供稳定储存和可控释放的条件，在风味化合物储存和释放过程中发挥重要作用。

脂肪影响食品质量属性的各个方面，包括外观、质地、口感和味道。在风味领域，脂肪影响食品的香气、风味特性、风味掩盖、风味释放、风味形成以及风味的储存稳定性等，在食品的风味感知中起着重要的作用。其中脂质呈现出的“脂肪味”感官属性，归功于不同种类的风味化合物，如脂肪酸、酯、内酯、羰基化合物等的共同作用，这些风味化合物呈现甜香、黄油香、奶油香、肉香等香气特征。

在脂肪和风味化合物的相互作用中，最主要的作用是其作为风味化合物的溶剂。不像糖类化合物和蛋白质有大量的不确定的化学相互作用，脂肪没有不确定的化学相互作用，脂肪对风味释放的作用基本上是可以量化的。

芳香成分在液体食品顶空的量以及品尝过程中的释放，其主要的决定性因素：①特定风味化合物在食品连续相中的量；②风味物质在食品和空气中的分配系数。连续相和空气相之间的分配关系很大程度上确定了挥发释放的驱动力。如果连续相是水相，脂肪作为第二相存在，它将显著地影响挥发性成分在水相中的量和释放的量。如果脂肪是连续相，挥发性成分在脂肪中的浓度是主要的决定性因素。就味道而言，水相中（唾液与食品中水的结合）的风味成分的量较为关键，因为风味成分必须在水相中才能被品尝出。

（一）脂肪和芳香物质的相互作用对香气的影响

1. 平衡条件

在平衡状态下，芳香成分在食品上方空气中的含量取决于平衡时空气相与连续相中的分配系数。如式（9-16）。

$$K_{\frac{g}{p}} = \frac{\text{空气相中的浓度}}{\text{连续相中的浓度}} \tag{9-16}$$

一般的连续相是水相，所以这将变成一种芳香成分在空气和水中的分配系数。如果我们想增加体系中的油脂，则需要考虑风味化合物在空气、水和油脂中的分配。关于食品体系中的油脂含量如何影响体系上空风味化合物的量，图 9-3 所示给出了很好的解释。

图 9-3（1）所示为两种芳香成分在水相和空气相中的分配情况。亲脂性成分在水相中没有溶解度，因此它有被驱赶进空气相的趋势，从而增加了其在空气相中的浓度。而亲水成分溶解在连续相中，通常在两相中的分配符合拉乌尔定律（理想状态下）。当油脂被加入食品体系形成乳状液［图 9-3（2）］，亲脂性风味化合物更倾向存在于微粒的油相中，而它在连续相中的

浓度大幅下降，因而降低了它在空气相中的浓度。对于亲水性风味化合物［图 9-3（2）］，这类物质在油脂中没有溶解度，因而其在水相中的浓度会上升（因为被油取代体系中水分更少），但这种作用很小，空气相中的浓度基本上不变。因为大多数芳香物质是脂溶性的，所以油脂在食品体系中的存在有重要意义，但是香味的释放和感觉取决于不同成分的性质。

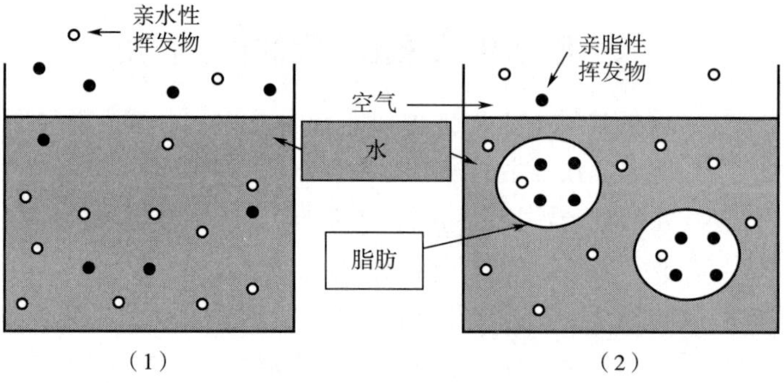

图 9-3　脂肪对水溶液体系平衡时顶空中亲水和亲脂性芳香物质浓度的影响
（1）亲水性挥发物　（2）亲脂性挥发物

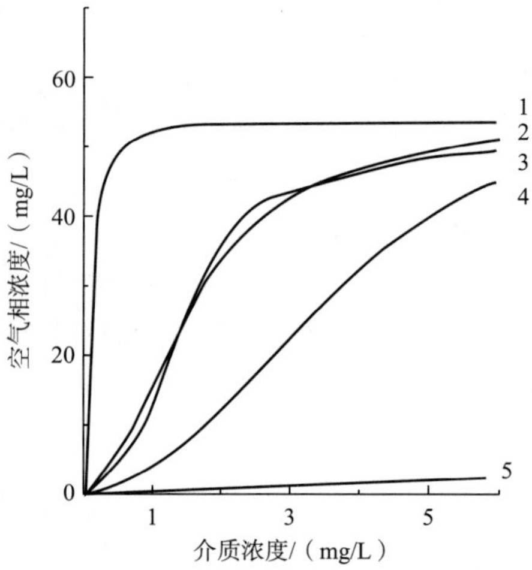

图 9-4　不同介质上方空气相中 2-庚酮的浓度
1—无介质；2—水；3—脱脂乳；4—全脂乳；5—食用油。

在脂水混合物、水包油型乳液以及油包水型乳液中，风味化合物在脂质和水相之间的分配取决于风味化合物的结构（亲脂性或亲水性更强）、脂质类型和温度等因素。图 9-4 所示为 2-庚酮在全脂牛乳、脱脂牛乳、水以及食用油等介质上方空气相的浓度。2-庚酮作为一种脂溶性的风味化合物，在食用油中有较好的溶解度，因而在空气相中的浓度最低。全脂牛乳是一种水包油型乳液，2-庚酮更倾向存在于微粒的油相中，从而降低了它在空气相中的浓度。脱脂牛乳和水几乎一样，2-庚酮在其中的溶解度很低，从而增加了它在空气相中的浓度。因此，2-庚酮在脱脂牛乳和水介质上方空气相的浓度最高。

如果使用上述两个简单的风味体系，并把它扩大到包含更多风味化合物的情况，就得到如图 9-5 所示的情况，其中，14 种风味化合物加入含有 0%，1%，20%油脂的体系中，平衡后，3 个体系顶空中风味化合物的浓度存在很大差异。就实际风味体系而言，一种简单的自然风味可能含有 200 种风味化合物，所以空气中风味剖面会更加复杂。这是由于每一种风味化合物有不同的油水分配系数，并且含油体系对空气与体系中风味化合物的分配有不同的影响。因此，可以通过调整油脂的含量来改变食品的风味特征。

在某些时候，油相的引入不会显著改变感觉到的风味的种类，而仅改变风味强度。当带有风味特征的香气物质有相似的油水分配系数时，就会发生这种情况。香草风味就属于这类，因为香草风味主要由香草醛和乙基香草醛（人造香草风味）带来，这两种物质有相似的结构和相似的分配。例如，如果改变冰淇淋中的脂肪含量，香草风味变化很小，那么在增加脂肪含量时，只要简单地增加风味化合物的用量即可。

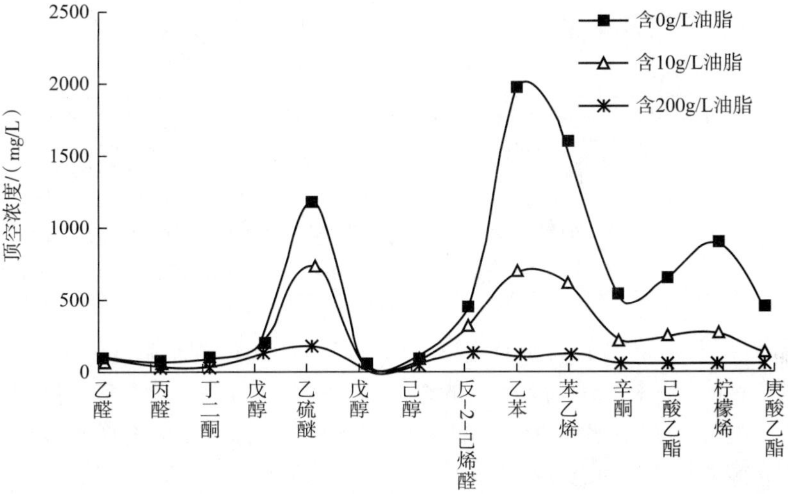

图 9-5 模型体系中油脂含量对体系平衡时顶空中不同挥发性物质浓度的影响

许多挥发性风味化合物在油相中的蒸气压较低，因此其气味阈值比在水相中的要高（表 9-4）。这意味着即使添加少量的油相，也能显著降低空气相中风味化合物的浓度。例如，在水体系中加入 1%的油相，空气相中的辛醛和庚醛浓度就会大大降低。然而，对于己醛和戊醛这两种风味化合物，必须添加 10%的油相才能达到相同的效果。

表 9-4 食用油和水中部分醛类物质的气味阈值

醛类物质	气味阈值/（μg/L）	
	食用油	水
己醛	120	4.5
庚醛	250	3.0
辛醛	430	0.7
壬醛	1000	1.0

油脂在水相中的物理分布状态会影响空气相中风味化合物的浓度。与非乳化体系相比，水包油型乳液体系空气相中风味化合物二甲基硫化物的浓度更低［图 9-6（1）］，这表明在界面上有二甲基硫化物的吸附或有其他类型的相互作用。而当风味化合物为烯丙基芥子油时，乳液空气相中风味化合物的浓度比非乳液的浓度高［图 9-6（2）］，这是由于芥子油与界面的亲和力很小或者不存在亲和力。

油脂对香气物质的结合能力取决于甘油三酯中脂肪酸的链长以及不饱和程度。长链脂肪酸

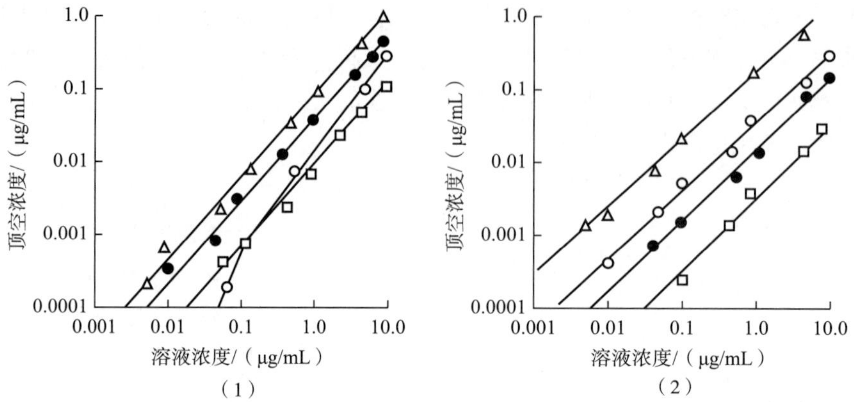

图 9-6　油相对二甲基硫化物（1）和烯丙基芥子油（2）顶空浓度的影响

△—水；□—油；○—乳液；●—水和油不乳化。

结合乙醇和乙酸己酯的能力比短链脂肪酸弱。因为甘油三油酸酯仅含不饱和油酸，所以它比甘油三棕榈酸酯和甘油三月桂酸酯具有更强的香气结合能力。油脂结合香气的能力还取决于同系物中香气物质的链长。在油/水（O/W）体系中醇类的分配系数随着醇链长增加而增大，气相中的浓度则随着醇链长的增加而减小。

2. 动态条件

以上讨论集中在平衡状态（静态），相对于动态的环境，例如，吃食物时，在口腔中不会达到平衡状态，所以应该考虑怎样的静态和动态条件影响风味的释放是最希望得到的。在静态时，通常仅需考虑分配现象，而在动态时，则需要考虑分配和传质两种现象。传质受到很多因素的影响，例如，质构（如黏度、凝胶强度、脆度）、脂肪熔点、表面恢复速度（混合、固体破碎、固体的水合或不溶）和表面积，其中没有一个对香气物质的平衡释放有显著影响。但是，这些因素是动态风味释放的关键。

图 9-7 说明了动态和静态释放存在的一些不同。图 9-7（1）（水和羧甲基纤维素体系）所示说明引入羧甲基纤维素（CMC）后，风味化合物与 CMC 的任何相互作用都不会降低模型芳香体系的平衡释放。图 9-7（2）显示了在动态环境下挥发物从水中释放和从含 10g/L CMC 的水中释放速率的差异。值得注意的是，相对释放轮廓在动态释放和平衡释放时是相似的［图 9-7（1）和（2）］，这证明蒸气压是控制释放的主要因素。然而，在动态条件下，CMC 以及脂肪的存在均会影响挥发物的释放量。CMC 通过增加体系的黏度，降低混合和扩散系数，减少释放的表面积，从而导致挥发物释放量的降低。图 9-7（3）证实了油脂在动态释放中的作用，可以看到，模型体系中含有油脂可减少大部分挥发物的释放量，该趋势对于大多数亲脂性的物质尤为显著，这与平衡释放的作用相似。

很多动态风味释放的文献数据来自人造“口腔”的使用。人造口腔是一个机械装置，用来重现口腔中液体和气体流动的动态过程。人造“口腔”控制在 37℃恒温，再模拟咀嚼和舌头运动，用气流模拟呼吸，用稀释液模拟唾液流动。过去十年来，从人吃东西时的实时呼吸分析得到了大量数据，这些数据更准确地反映了真实的吃的过程，但是，由于人们的习惯和不同的生理，数据变化很大。实时呼吸分析中这种天生的可变性经常掩饰了在更易于控制的人造口腔中能够发现的细微的作用。

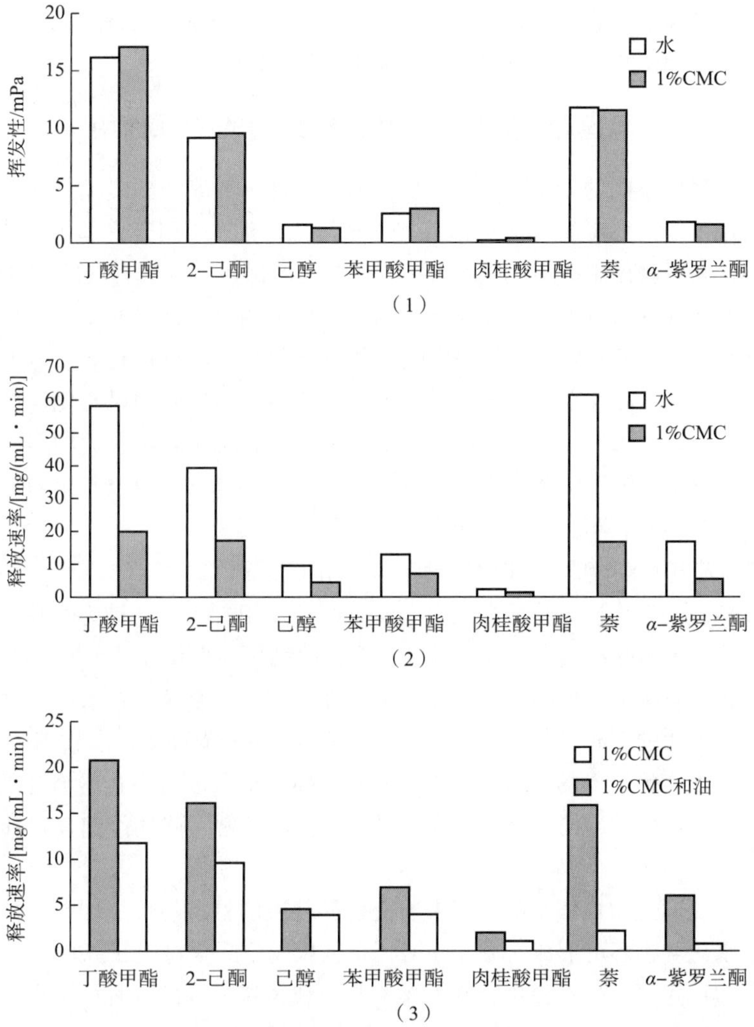

图9-7　水溶液体系添加羧甲基纤维素后对香气挥发性、动态释放及CMC-水体系添加油后对香气动态释放的影响

（1）水溶液体系添加CMC后对香气挥发性的影响　（2）水溶液体系添加CMC后对香气动态释放的影响

（3）水-CMC体系添加油后对香气动态释放的影响

挥发性以水或水和羧甲基纤维素体系的表观蒸气压表示。

（二）脂肪与风味化合物相互作用对味觉的影响

风味化合物会不同程度地溶于油相，但只有分配于水相（唾液）的才能够被味觉器官感觉到。由于绝大多数刺激味觉的物质是水溶性的，它们不会显著地分配于油相中（一些苦味物质例外），因此，一般认为脂肪的存在与否对味觉的作用很有限。但如果食品中脂肪的比例增加造成其他成分如水的比例降低，那么将有效增加风味刺激物质在水相中的浓度，从而提高其味觉感知强度。此外，脂肪铺盖在味觉器官上，也会阻碍刺激物向味蕾的运动。

对于咸味而言，脂肪酸的结构差异也会对咸味的响应产生影响。基于大鼠味蕾细胞研究发现多不饱和脂肪酸（亚油酸、亚麻酸和花生四烯酸）会增强味觉受体细胞对咸味的响应，这主要是由于其阻断了延迟整流钾通道，导致味觉感受细胞阈值降低。此外，多不饱和脂肪酸使细胞内 Ca^{2+}浓度快速增加，激活了瞬时受体电位离子通道（TRPM5），也有利于 Na^{+}内流。而相比之下，甘油三酯、饱和脂肪酸和单不饱和脂肪酸却没有这种作用。

二、 碳水化合物与风味化合物的相互作用

食品中包含一系列不同的碳水化合物，从单糖、二糖、低聚糖到多糖。除了具有营养特性外，碳水化合物还可作为甜味剂、凝胶剂、增稠剂、稳定剂等应用于食品中，其聚合度、溶解性、黏度、成膜性和凝胶作用等理化性质对风味化合物的保留和释放有着极大的影响。

碳水化合物与风味化合物的相互作用因其结构、种类的差异而具有不同的作用机制。水溶液中单糖和双糖与水分子相互作用，从而影响一些风味化合物的分散行为。多糖因其具有形成凝胶、增加黏度、促进食品体系乳状液的形成等特性从而影响口腔中风味化合物的传质（动态释放）。多糖因能呈现提供疏水结合部位的构象形式（如与淀粉老化有关的螺旋结构、结合疏水风味分子的蔗糖束、环糊精的疏水中心）也能与小分子的风味化合物形成包合物。在低水分含量时，一些多糖能形成玻璃态，从而保留风味化合物。

（一）作用方式及影响风味化合物释放与保留的因素

碳水化合物基质与挥发性风味成分之间主要有两种作用方式，一种为在基质表面或内部的直接扩散，在该状态下风味扩散只取决于风味化合物的结构和理化性质；另一种则为通过氢键、范德瓦耳斯力（范德华力）、疏水相互作用等分子间相互作用形成的碳水化合物和风味成分结合效应，根据结合方法的不同可分为 3 类——吸附效应、基质截留效应、包埋效应。

对于吸附作用而言，干燥的碳水化合物表面的各种细小通道与小孔均会对风味化合物产生一定的吸附能力。根据性质不同，可将吸附作用分为物理吸附（非共价键合）和化学吸附（共价键合）。

碳水化合物可以通过增加体系的黏度来改变食品基质的物理性质，因此常被用作增稠剂添加于食品中。碳水化合物还可形成大分子网络，对风味成分产生物理截留效应。

风味成分的包埋主要发生在使用脱水干燥工艺包载风味成分的过程中，水分子与碳水化合物（作为包埋壁材）之间的氢键逐渐被碳水化合物之间的氢键所取代，最终导致大分子链聚集、缠结，形成可以俘获挥发性风味成分的微型区域，起到抑制其释放的效果。良好的包埋壁材可以保护风味化合物不受氧化和热降解的影响，使得食品的后续加工处理更加高效。

风味化合物的释放与保留主要与碳水化合物和风味化合物的结构有关。

1. 碳水化合物

（1）碳水化合物的盐析效应　碳水化合物可以通过“盐析效应”来影响挥发性风味化合物的释放与保留。具体来说，碳水化合物中富含的羟基易与食品中的水分子结合，导致基质的水分活度降低，从而降低风味化合物在水中的溶解度，增加其在气相中的浓度（促进风味成分的释放）。但盐析效应并非适用于所有的风味化合物，需要综合考虑风味化合物的分子质量、挥发性、极性和碳水化合物的浓度等因素。一些研究发现，在单糖、双糖存在的条件下，一些挥发性物质的释放会降低，例如一定浓度范围内，蔗糖由于可以使溶液疏水性增强，从而增加疏水性风味化合物的溶解，减少其释放。

（2）碳水化合物基质的黏度　目前关于低聚糖/多糖与风味化合物释放与保留关系的研究更为广泛。很多研究都将多糖对风味成分的保留归因于其黏度特性，高黏度的食品基质不利于

风味化合物的扩散，但有利于风味化合物的保留。

(3) 碳水化合物的特殊空间结构 部分多糖与低聚糖可利用其特殊结构通过“微区包埋效应”对风味化合物的释放与保留产生影响。

2. 风味化合物

(1) 官能团 醇类物质易通过氢键与碳水化合物发生相互作用，因此被认为是最容易被碳水化合物保留的风味成分。

(2) 分子质量 研究表明，挥发性风味化合物的分子质量越大，风味化合物在食品基质中的扩散速率越低，越容易被碳水化合物基质保留，而低分子质量的风味化合物尺寸较小，更容易扩散与释放。

(3) 极性和疏水性 风味化合物的极性是影响其保留和释放的另一个因素，通常挥发性风味成分的极性越强，在水中溶解度越好，越容易被食品基质保留；极性越弱，对气相的偏向性越高，越易挥发。极性也与疏水性相关联，疏水性强的风味成分更容易从食品基质中释放出来，疏水性弱的风味成分更容易保留在食品基质中。

(4) 相对挥发性 风味化合物的挥发性反映了化合物转换为气态的能力，可通过测量纯化合物的蒸气压来评价，一般挥发性风味成分的饱和蒸气压越大，越容易挥发。

(5) 空间位阻 同分异构体虽然相对分子质量相同，但取代基的位置与数量的不同均会对该分子的空间位阻产生影响，进而影响与配体的反应或结合。

（二）简单糖类与芳香物质相互作用

在食品工业中一般把单糖和低聚糖定义为简单糖类，一般包括葡萄糖、果糖、蔗糖、乳糖、山梨醇和麦芽糖。简单糖类在一些应用中作疏松物质，一般用来增加甜味。它们没有影响风味化合物释放的化学结构，即没有与风味化合物相互作用的重要的功能基团。

水溶液体系中单糖、二糖的存在对芳香物质（如丁二酮、庚醛、庚酮、辛醇、薄荷酮、乙酸异戊酯、甲基酮等）的挥发性的作用效果没有明显的规律。例如，一定浓度的蔗糖在溶液中有减小疏水芳香物质蒸气压的趋势，这可能是由于蔗糖使水溶液疏水性更强，从而增加了亲脂性风味化合物的溶解性。但如果溶液中有足够的蔗糖（>40%），则会使得亲脂性香气化合物出现盐析效应。

小分子糖可以作为风味化合物的载体。结晶态糖（葡萄糖、蔗糖、乳糖）对风味化合物（乙酸乙酯、丁胺）的结合能力很弱。这种结合主要依靠结晶态糖的表面吸附，是一种完全可逆的作用。而无定形态糖由于具有较大的表面积，对风味化合物（乙酸异丙酯、乙酸苯酯、二乙基酮）的吸附作用很强。

食品体系（甜食）中添加甜味剂有助于增强风味的感知，在薄荷口香糖风味研究中发现了这种效应（图 9-8）。通过测定不同咀嚼时间点相应的薄荷口香糖的风味强度、传递给嗅觉器官的香味（鼻间分析）及唾液中的蔗糖浓度，可以发现薄荷风味随着口腔中蔗糖浓度的减少而减弱，而与口中散发出来的薄荷酮浓度无关。

（三）高效甜味剂与芳香物质相互作用

高效甜味剂虽然不属于碳水化合物，但其可用于代替传统甜味剂，因此对芳香物质的结合与释放也存在作用。目前市场上存在多种高效甜味剂，包括阿斯巴甜、糖精、糖精钠等。对食品体系尤其是对饮料而言，高效甜味剂的风味作用与传统甜味剂相比是完全不同的。风味的差异是由于甜味剂和香气化合物之间的相互作用（释放）而引起的。通过人造“口腔”测定饮料

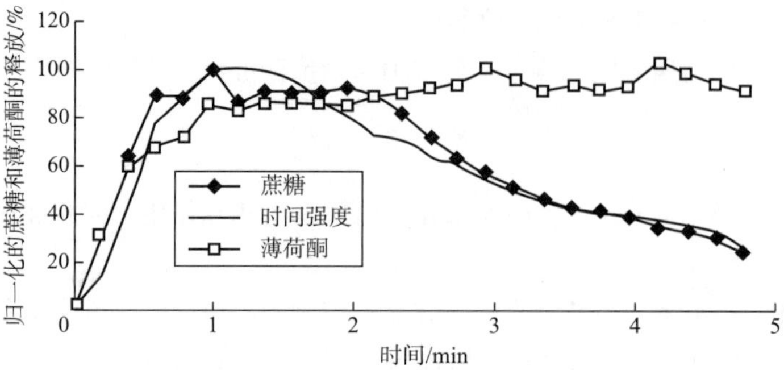

图 9-8　薄荷口香糖中蔗糖和薄荷酮的释放及其和感官风味强度的比较

体系（含甜味剂）中气味物质的挥发发现，气味物质的释放轮廓与高效甜味剂有关（表 9-5）。

表 9-5　　模型饮料体系中高效甜味剂对挥发性气味物质释放的影响

气味物质	阿斯巴甜	三氯蔗糖	安赛蜜（AK 糖）
乙酸异戊酯	/	+	/
乙酸香茅酯	/	-	/
乙酸肉桂酯	+	+	-
戊酸乙酯	/	+	/
癸酸乙酯	/	-	/
紫苏醛	+	+	/
辛醇	+	+	/
萜烯	+	/	-
壬醛	-	+	/
小茴香醇	+	+	+
樟脑	/	+	/

注：+表示气味物质的气相浓度随高效甜味剂的增加而显著增加（$P<0.05$）；
-表示气味物质的气相浓度随高效甜味剂的增加而显著减少（$P<0.05$）；
/表示无数据。

人们曾利用感官评定和相关仪器研究了甜味剂种类对风味释放的影响。研究显示饮料中甜味剂种类影响仪器分析和感官评定的风味轮廓。但仪器分析数据并没有得到感官评定数据的支持。仪器测得的风味化合物的数据没有很显著的差异，而在感官属性上却产生明显变化（橘子风味）。因此，饮料风味差异很可能是由于甜味剂风味不同而不是由于甜味剂对芳香物质释放的作用。大脑会很好地记录含阿斯巴甜的饮料，其黏度、甜度或其他未知因素和含蔗糖的饮料是不同的。可能是大脑简单地认为接受到的高效甜味剂饮料的风味刺激模式是错误的（应该与传统含蔗糖饮料一样），接受的感官性质差异与风味化合物和甜味剂的相互作用无关。

除前面讨论的轻微化学或物理作用外，阿斯巴甜（APM）参与化学反应会导致其自身和相关反应物的损失。APM 是一种高效甜味剂，含有游离氨基，能与含羰基的食品成分反应，于是其应用范围（或保质期）受到限制。例如，在碳酸饮料中 APM 易分解（pH 控制），与食品中风味化合物相互作用（比如樱桃醛或柠檬醛），在热处理食品中具有反应活性（热催化反应）。因此，APM 不仅能发生上述所说的相互作用，还参与化学反应，破坏它自身及参与反应的其他物质（如香气成分）。

（四）复杂碳水化合物（多糖）与芳香物质相互作用

复杂碳水化合物是一种化学结构多样化的食品成分。在食品体系中具有多种功能，通常通过乳化、增稠或形成凝胶起物理稳定作用。碳水化合物通过降低蒸气压（某些化学键）或影响传质速率（阻碍质量传递）进而调控风味化合物的释放。图 9-9 所示为碳水化合物的各种结构，碳水化合物中存在离子键、疏水键、共价键、范德瓦耳斯力和氢键。此外，这些成分能增稠或形成凝胶结构，因此在传质过程中起阻碍作用。黏性溶液减小了表面积和内部混合速率，于是减慢了从食品到口腔的传质过程。凝胶结构也起相同的阻碍作用，而且这种作用更为显著，因为只有当凝胶被破坏时，风味化合物才能从口腔中释放。

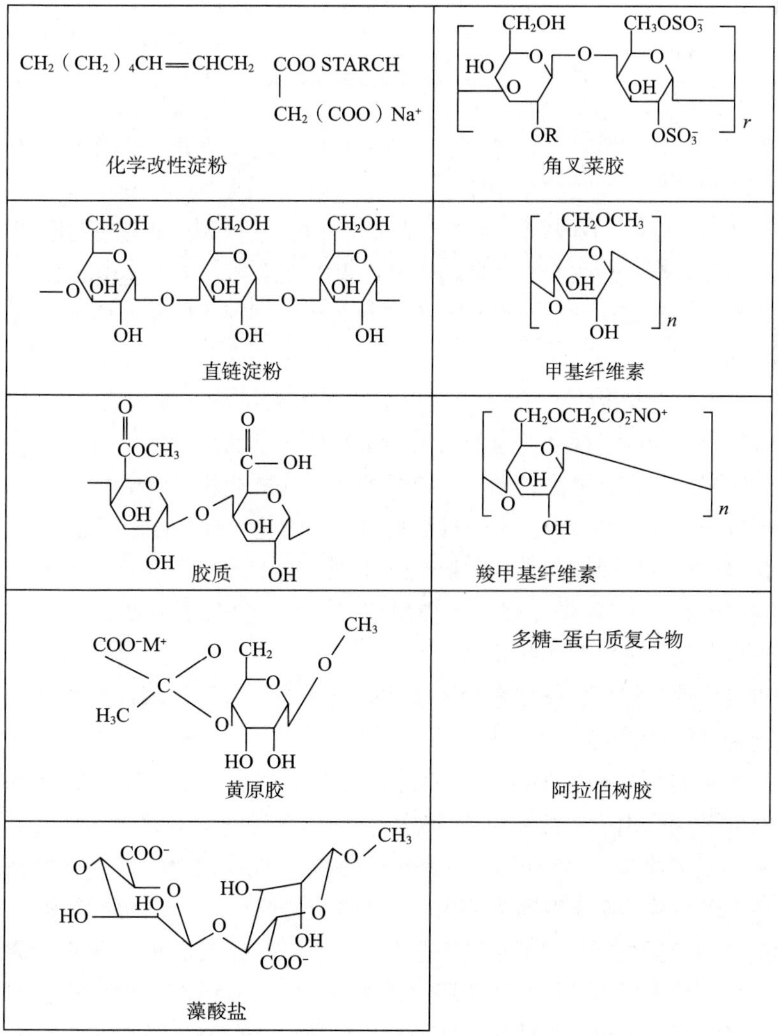

图 9-9　一些多糖的结构

1. 化学作用

挥发性风味化合物（乙醛、丁二酮、乙酸乙酯、2-己酮、丁胺）与多糖（果胶、瓜尔胶、藻酸盐、琼脂、纤维素等）可以不同强度地结合。如丁胺以盐的形式存在时，会和果胶、藻酸盐的羧基产生静电相互作用（图 9-10），而丁胺的氨基和多糖的羧基发生化学反应可以成胺，此时风味就会完全失去。

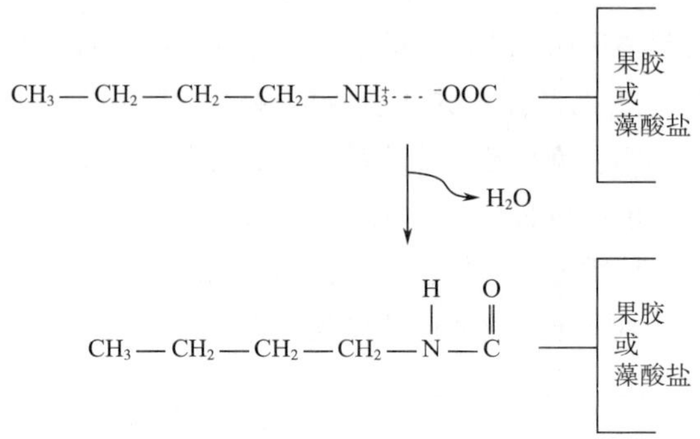

图 9-10 丁胺和果胶或藻酸盐的作用

风味化合物与半乳甘露聚糖（瓜尔豆胶和刺槐豆胶）之间存在许多作用。在 10g/L 的半乳甘露聚糖溶液中柠檬烯的释放量减少 70%，己酸乙酯的释放量减少 25%~40%。在水中添加葡聚糖（相对分子质量 60000~200000）则加速风味化合物（柠檬烯和己酸乙酯）的释放，该现象与盐析作用有关，并且在低浓度的葡聚糖体系中也能观察到（最低至 10g/L）。

当风味化合物和纤维素作用时，纤维素分子间的氢键打开，风味物质如丁胺和纤维素之间形成氢键（图 9-11）。

淀粉能够包合风味化合物，包合量的多少取决于淀粉结构（支链淀粉与直链淀粉比例）、加工特性以及香气化合物的结构。淀粉的天然结构在热水中加热时发生变化，淀粉糊化过程氢键削弱，淀粉粒溶胀，部分直链淀粉和支链淀粉溶解。支链淀粉结合大量水分，直链淀粉在吸水过程中形成螺旋结构（图 9-12），这两种淀粉对芳香物质均有结合作用。

直链淀粉螺旋结构外腔呈亲水性，内腔呈疏水性。在形成包合物时，风味化合物的非极性（疏水）部分起决定性作用，小分子风味化合物（如己醇）包合在 6-折叠螺旋（一个螺旋周期由 6 个葡萄糖组成）内，大分子风味化合物（如 β-松萜）包合在 7-折叠螺旋（一个螺旋周期由 7 个葡萄糖组成）内。如果风味化合物浓度较高，支链淀粉的外部直链片段也可以形成螺旋结构，和直链淀粉一样捕获风味化合物。

不同淀粉具有不同的风味结合能力。一般而言，直链淀粉含量比较低的淀粉（如木薯粉直链淀粉含量 17%）和完全由支链淀粉组成的糯质淀粉结合风味能力较差。高直链淀粉含量的淀粉（马铃薯淀粉、玉米淀粉）结合风味能力较强。例如，糯质淀粉和普通淀粉在对风味释放的影响方面存在一定差异性。对于普通淀粉而言（25%直链淀粉和 75%支链淀粉），当淀粉含量小于 5%时，风味释放量是不变的，当淀粉含量达到 20%时，释放量快速降低，继续增加淀粉的含量，释放量减少，趋于平缓。最初风味释放速率快是由于直链淀粉形成包合络合物，当这些化学键达到饱和时，释放速率变得缓慢。然而对于糯质淀粉而言，添加淀粉后风味减少非常缓慢，基本稳定不变，不存在快速下降再缓慢降低的过程。

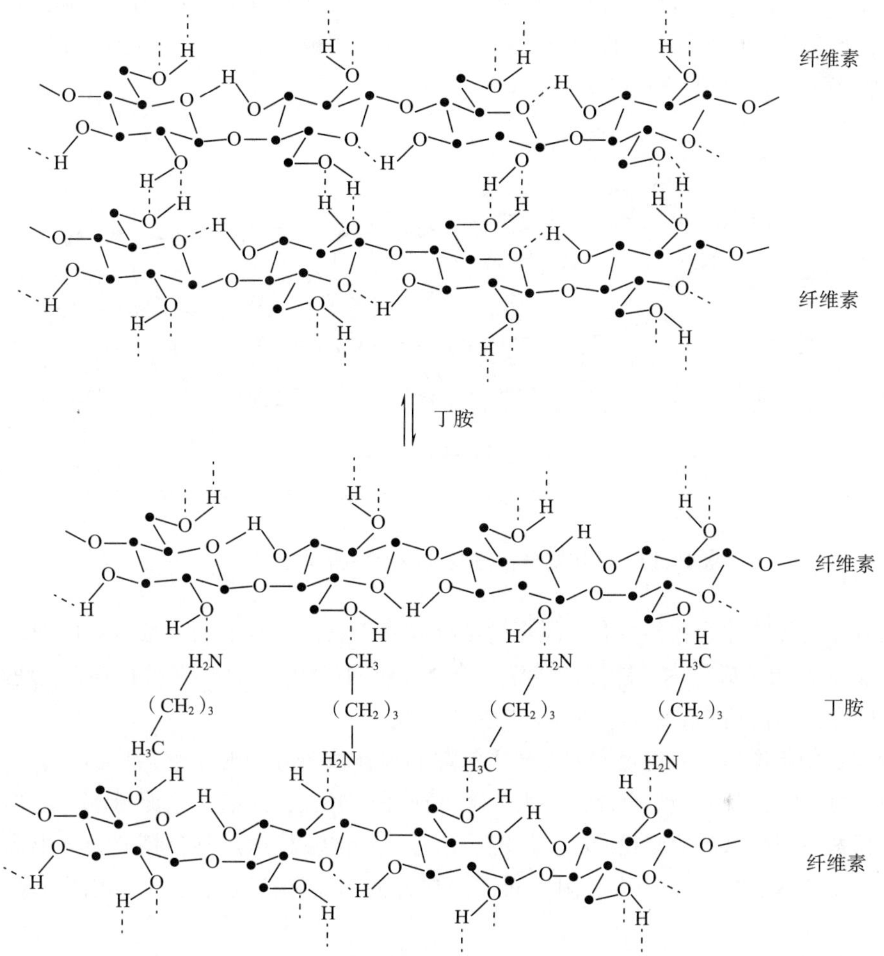

图 9-11　丁胺和纤维素之间氢键的形成

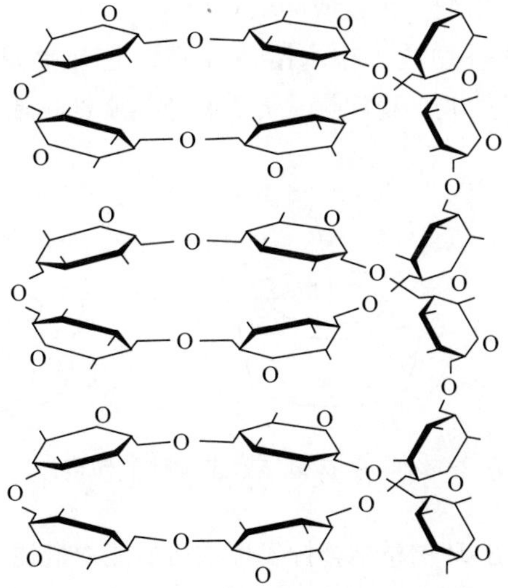

图 9-12　直链淀粉的螺旋结构

图 9-13 所示显示了通过静态方法研究的一些风味化合物和淀粉之间的作用程度。对某些化合物而言这种相互作用是非常明显的，如约 80%的己醇被结合，且其稳定性与时间有关（大部分化合物经 1h 后键合就比较稳定）。

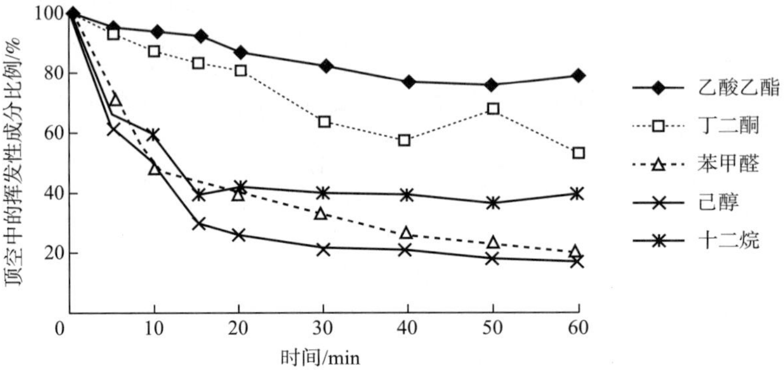

图 9-13　淀粉对一些挥发性成分平衡顶空浓度的影响

有两种以上风味化合物共存时，风味的结合取决于它们各自的初始浓度。例如，高浓度的薄荷酮包埋在 7-折叠螺旋内，能促进癸醛的结合（协同作用）；而高浓度的癸醛包埋在 6-折叠螺旋内，则会抑制薄荷酮的结合（对抗作用）。

淀粉包合物干燥后非常稳定，淀粉基质包埋的风味成分在口腔咀嚼后一般需要 20s 才能释放。淀粉一旦水解，其风味结合能力将大大降低或完全失去，这取决于淀粉水解的程度。糊精和麦芽糊精都是部分水解的淀粉产品，乙醛、乙醇、癸醛及柠檬烯与糊精的结合很弱，主要通过吸附作用，乙酸乙酯则不产生吸附，同样，常见的醇类和薄荷醇也只是很弱地被麦芽糊精吸附。

环糊精是一类特殊的淀粉衍生物，是所有碳水化合物中与香气化合物作用最强的一类物质，这种作用对改善食品感官品质、降低食品风味强度、改变风味特征有重要影响。很多国家允许在食品中使用环糊精包埋香料、色素或屏蔽异味。

β-环糊精最适于包埋芳香物质，在水溶液体系，它与挥发性风味化合物形成包合物（图 9-14），从而改善风味化合物的稳定性。芳香物质亲脂性越强，包埋越容易。

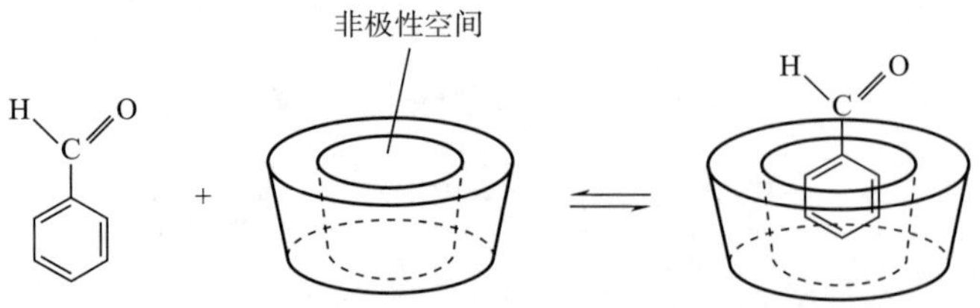

图 9-14　β-环糊精对苯甲醛的包合作用

图 9-15 所示可以看出，β-环糊精结合挥发性物质的能力最强，3 种环糊精与所研究的挥发性物质都有明显作用。这种相互作用与香气化合物、环糊精、香气化合物和环糊精的浓度及温度有关。

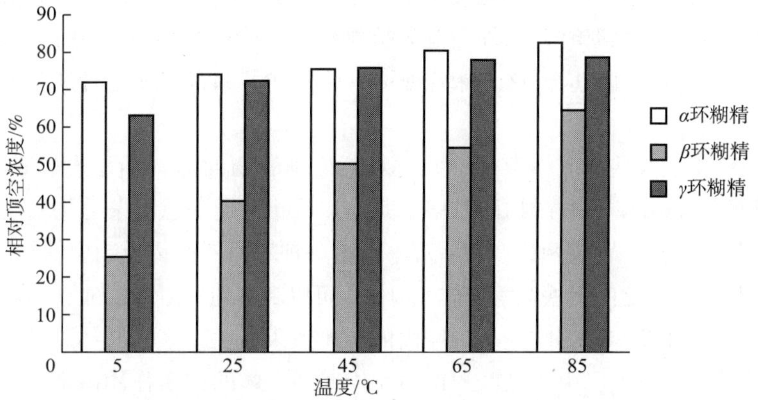

图 9-15　温度和环糊精类型（10g/L 环糊精）对乙醇-水体系［3.6%（体积分数）乙醇］顶空挥发性成分浓度的影响

2. 传质阻力

任何能增加黏度或降低表面积的食品成分都会减弱食用时风味化合物的释放。我们可以想象，黏度的增加将会阻碍食品组分的混合从而降低挥发性风味化合物挥发到口腔的表面浓度。此外，增加黏度也阻碍了风味化合物在口腔中的流动，从而限制了挥发表面积。

如果是固体食品，咀嚼过程中食物的破碎速率也会影响风味化合物的释放。其破碎速率与咀嚼过程和食物的物理性质有关。风味化合物的释放与溶解速率（如糖果），水合速率（如烘焙食品），凝胶强度（如凝胶糖果）或脆度（咀嚼中易碎食品）有关。

明胶、淀粉或角叉菜胶制成的凝胶的强度对其中结合的模型香气化合物感官强度的影响如图 9-16 所示，可以看出，凝胶强度增加，香气强度降低。而在同一凝胶强度下，由于淀粉、角叉菜胶和明胶对风味化合物具有不同的键合能力，淀粉最大程度地限制了风味化合物的释放，其次是角叉菜胶和明胶。因此，凝胶基质中风味化合物释放量的差异可能是由于化学键合和传质影响的复合作用。

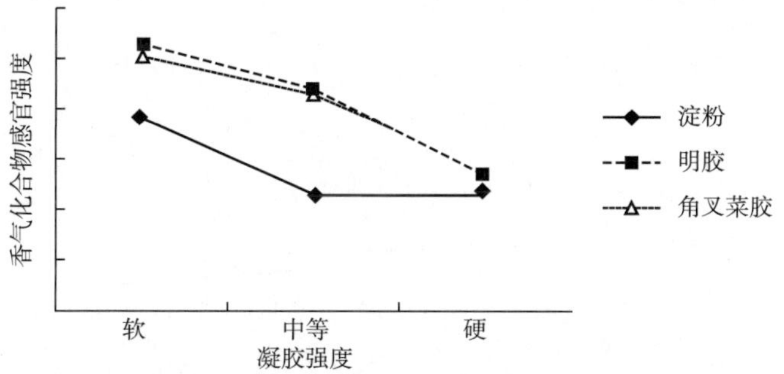

图 9-16　凝胶强度（淀粉、明胶或角叉菜胶）对模型香气化合物感官强度的影响

（五）碳水化合物对滋味的影响

碳水化合物具有甜味，添加到食品中也会影响其他滋味。这是由于味觉受体、感知抑制效应及传质影响的竞争性作用结果。

味觉受体对多类刺激物敏感，因此彼此之间存在一定的竞争性。由于苦味受体对甜味也有响应，因此，当样品是一种糖时，这种糖首先接触到苦味受体（或者经过），然后吸附在受体上使得其对苦味刺激物没有响应。这意味着糖可以掩盖样品的苦味。这种风味刺激物之间的相互作用非常普遍。

感知抑制效应也在某些情况下存在。此时对某种刺激物的抑制不是通过受体的竞争反应，而是可能是大脑忙于认知一种刺激物而忽略了其他。舌头两边的感觉渠道是相互独立的，因此，可以将两种刺激物分别放在舌头两边，然后观察其中一种对另一种物质响应的抑制作用。在这种情况下，两种不同刺激物之间无法竞争受体，但是仍可以观察到一种信号对另一信号的抑制作用。

碳水化合物对滋味感知的影响还与口腔内的传质效果有关。亲水胶体一般是无味的，在食品中的作用主要是提供黏度，由于黏度的作用使传递到受体的传质作用减弱，从而导致甜度下降。此外，剪切变稀的亲水胶体溶液使甜度下降的程度相比非剪切变稀的亲水胶体要小。

对于咸味而言，亲水胶体的带电性会影响钠离子与其结合能力，由于钠离子与带负电荷基团的相互作用，其在离子胶体体系中更难移动，从而使传递至味觉受体细胞的钠离子数量减少，因此，离子型胶体表现出抑制咸味感知的行为。有研究分别在离子型胶体（如黄原胶和卡拉胶）和非离子型胶体（如刺槐豆胶和瓜尔豆胶）中添加不同浓度的 NaCl，并用^{23}Na NMR 来检测钠离子的移动性，最终发现离子型胶体中钠离子的移动性更低，且表现出较低的咸味强度。亲水胶体的黏度也会对咸味产生影响，高黏度的亲水胶体会抑制咸味感知。研究指出，当亲水胶体的浓度（c）低于临界交叠浓度（c^*）时，味觉感知不受浓度的影响，而当浓度高于 c^* 时，黏度的增加易导致混合不良，从而降低了滋味物质向味觉受体的转移速率，因此味道强度急剧下降。除此之外，还有一类多糖（如阿拉伯胶），它们被称为黏膜穿透性多糖，其不仅黏度低，还能降低舌头上黏液层的阻碍作用，从而促使钠离子更易穿透黏液层到达味觉感受器。

三、 蛋白质与风味化合物的相互作用

与碳水化合物类似，蛋白质与风味化合物之间也存在化学相互作用和传质效应。但是，这种效应对蛋白质而言更加变化多端。因为蛋白质的化学结构（如氨基酸侧链、蛋白质末端基团以及疏水区域，图 9-17）更复杂，而且传质过程又与黏度和蛋白质的凝胶结构有关。

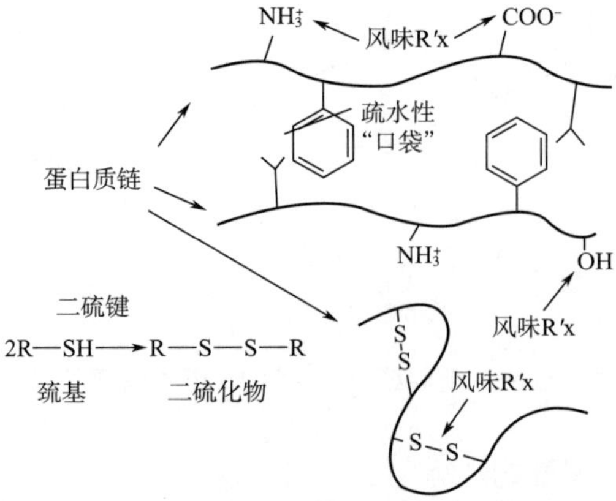

图 9-17　蛋白质分子能够结合风味化合物的部位

（一）蛋白质与风味化合物之间的作用方式

1. 化学作用

化学作用包括可逆的弱疏水作用、强烈的离子效应以及不可逆的共价键作用（如乙醛与蛋白质中—NH_2、—SH 之间的反应）。这种作用与蛋白质类型和氨基酸组成、风味成分的类型、其他食品成分的共存、加工过程（蛋白质三级结构受热处理影响）、离子强度（盐）、pH（电离状态和构象）、温度和时间有关。

风味化合物通过共价键与蛋白质结合的过程是不可逆的，例如，甲醛和蛋白质之间的结合。甲醛不仅与蛋白质中的伯氨基反应，而且与巯基反应。风味化合物会与存在结合位点的蛋白质结合，也就是说，如果蛋白质上的这些位点不参与蛋白质或其他组分的结合，那么蛋白质中这些位点的存在将有利于与风味化合物结合。表 9-6 总结了各种挥发性风味化合物与蛋白质之间相互作用的类型。

表 9-6 挥发性风味化合物与蛋白质之间的相互作用类型

物质类型	相互作用类型
碳氢化合物	疏水作用
醇类	疏水作用 氢键
醛类	疏水作用 化学反应
酮类	疏水作用 氢键
酯类	不明

风味化合物的非共价结合（均处于平衡状态）遵循斯卡查德方程，如式（9-17）所示。

$$\frac{V_{\text{bound}}}{V} = K(n - V_{\text{bound}}) \tag{9-17}$$

式中 V_{bound}——每摩尔蛋白质中风味化合物结合的物质的量；

V——挥发性化合物的物质的量浓度；

K——结合常数；

n——每摩尔蛋白质的结合位点总数。

随着结合反应的进行，蛋白质的构象逐渐发生改变，出现更多的结合位点。非极性的风味化合物能扩散到蛋白质的疏水核心，取代分子内或分子间蛋白质之间的疏水相互作用，导致蛋白质的溶解度发生改变。吸附在蛋白质上风味化合物的量随蛋白质疏水性的增加而增加。然而，不可逆结合的丙酮和乙醇的数量随着蛋白质极性的增加而增加。

天然蛋白质和变性蛋白质都能够结合芳香物质。结合芳香物质时，蛋白质分子的构象发生变化。天然蛋白质主要通过疏水作用结合醛和酮类芳香物质（图 9-18），而醇类（如丁醇和己醇）通过疏水作用与氢键和蛋白质结合（图 9-19）。

考虑气味物质类型的影响，一般的观察结果显示，只存在疏水相互作用的气味物质的结合随着碳链的增加而增强，这可能是由于作用的模式造成的。有些气味物质则会和蛋白质功能基团（如—OH、—NH_2或—SH）反应，而且这种反应是广泛存在的。例如，将二硫化物加入蛋白质的水溶液后，硫化物的回收率只有原来加入的 1%。这种损失归结为二硫化物（香气化合物）和蛋白质中的二硫化物及硫基之间发生了相互交换的氧化还原反应。

风味化合物结合的程度与蛋白质的类型有关，通常按如下顺序排列：大豆蛋白>明胶>卵清蛋白>酪蛋白>玉米蛋白。pH 可能会以不同的方式改变风味化合物与蛋白质之间的反应。pH 会

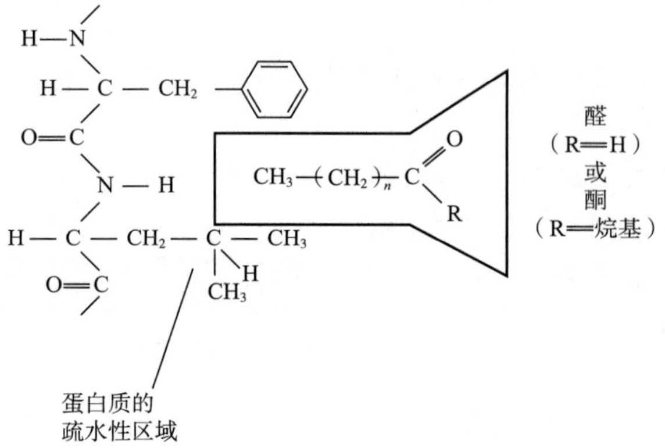

图 9-18　羰基化合物（醛和酮）和蛋白质之间的疏水相互作用

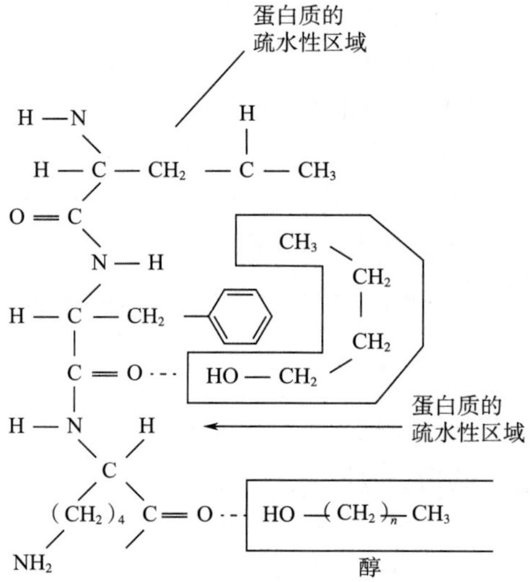

图 9-19　醇和蛋白质之间的疏水相互作用与氢键

改变蛋白质的三级结构、电离状态及其基本反应活性（如席夫碱的形成）。这些变化中的任何一个变化都可能影响蛋白质与给定风味化合物的作用方式。例如，正丁醛、己醛和丁二酮的结合随着 pH 的增加而增加，而 pH 对 2-庚酮的结合作用没有影响。

化学作用或热处理引起的蛋白质变性会使蛋白质结构展开，风味化合物更易与蛋白质的疏水口袋接近。因此，变性蛋白比天然蛋白能结合更多的风味化合物。例如，热处理后的大豆蛋白在水溶液中结合醛、酮、醇的能力加强。热变性蛋白质结合芳香物质的能力取决于温度和 pH 两个因素。温度从 25℃ 升高到 50℃ 时，蛋白质结合庚醛的能力增强。pH 从 6.9 降到 4.7 时则削弱了对庚醛的结合能力，但可以加强对 2-壬酮的结合。

无水蛋白质也可以结合芳香物质。但对于芳香物质的结合而言，不同蛋白质结合丙醇的水平一般有一个最适水分含量（图 9-20）。

实际应用中蛋白质和芳香物质的结合是否可逆是非常重要的。一般烃类、醇类和酮类芳香物质与蛋白质是可逆结合的（通过疏水作用、氢键作用），部分醛类也是可逆结合，但大多数

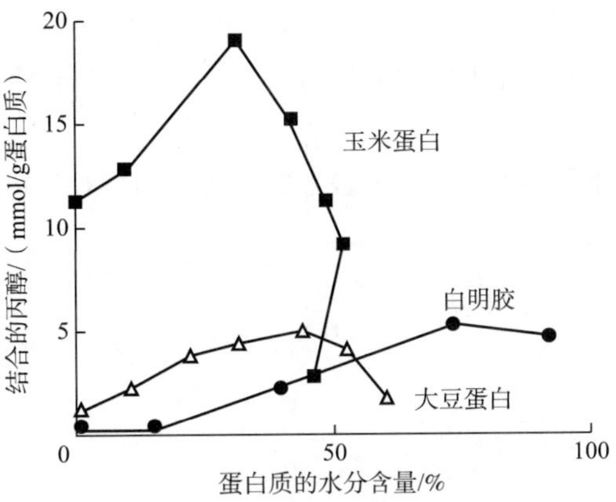

图 9-20　水分含量对不同蛋白质结合丙醇能力的影响

醛和蛋白质的氨基发生化学反应，是一种不可逆结合（图 9-21）。这种不可逆结合导致芳香物质的损失。例如，己醛非常容易和大豆蛋白或酪蛋白中的精氨酸反应从而结合到蛋白质中。

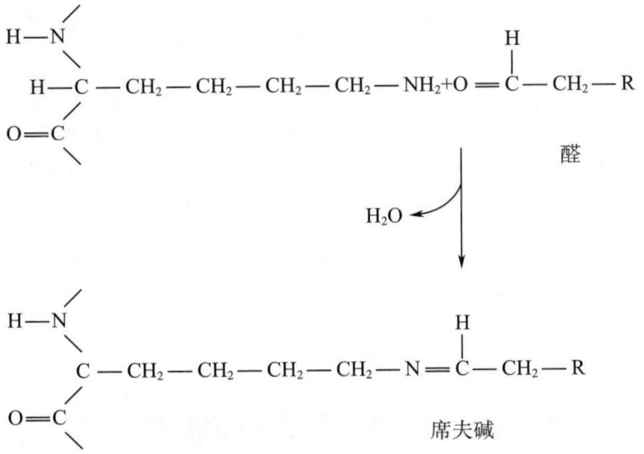

图 9-21　醛和蛋白质的氨基反应形成席夫碱

蛋白质和芳香物质的结合比碳水化合物复杂，蛋白质的空隙也可以形成包合物，亲油性芳香物质可以进入蛋白质的“疏水口袋”。

2. 传质阻力

蛋白质在食品中有很多用处，它们经常用于提供黏性或发生凝胶化。如在前面碳水化合物中所述，同样的原因会影响风味化合物从食品中的释放，增加黏度或凝胶化会减少风味化合物的释放。因为每种蛋白质（或亲水胶体）都有独特的流变性质，一种蛋白质被另一种替代后，黏性或凝胶性质的改变会影响风味化合物的释放，从而使感官特性也发生明显的变化。

（二）蛋白质水解物与芳香物质的相互作用

蛋白质的水解会大量消除与风味组分发生疏水结合的机会，但是不会降低蛋白质固有的化学活性。疏水结合机会的消除可能会导致风味化合物与蛋白质水解物的结合比完整蛋白质的结合更少。需注意的是蛋白质水解物不会形成黏性体系或凝胶，因此消除了所有传质阻力因素。

然而，蛋白质水解物由于具有大量的末端氨基基团和侧链基团（完整蛋白质结构可能致使一些基团不可接近），因而具有很强的反应活性。因此，我们可以想象到蛋白质水解物与风味化合物的羰基可以反应，在食品中添加蛋白质水解物，可能会对风味化合物从食品中释放产生一定的影响。

游离氨基酸在水溶性介质中可以结合很多芳香物质。如酮和醇可以和氨基酸的氨基或羧基通过氢键可逆结合（图 9-22）。

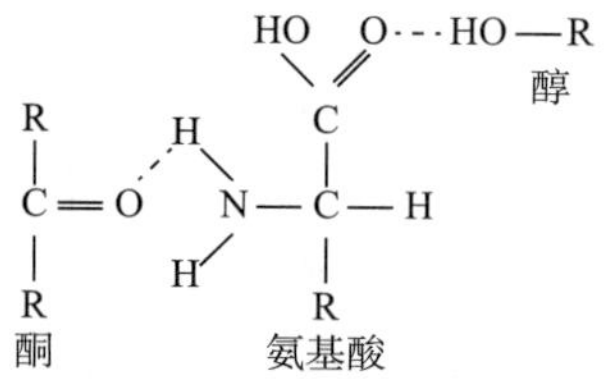

图 9-22　氨基酸和酮或醇形成氢键

一些醛和氨基酸的氨基反应形成席夫碱（图 9-23）。

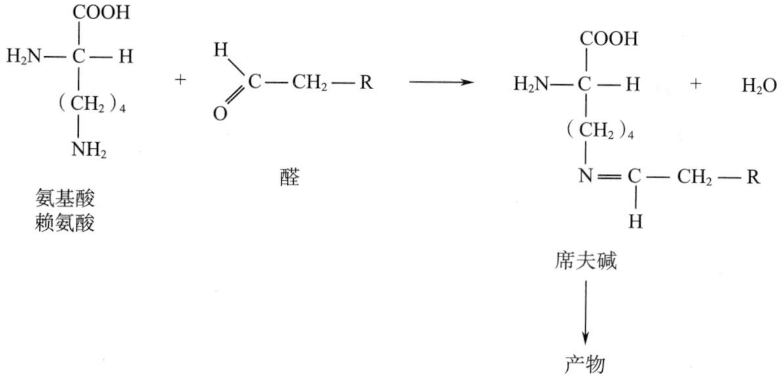

图 9-23　醛和氨基酸的氨基反应形成席夫碱

（三）蛋白质对滋味的影响

添加蛋白质或改变食品中蛋白质的类型会影响食品的味道。与亲水胶体类似，蛋白质的带电性质会影响其与钠离子的结合能力，最终影响咸味感知。例如，与乳蛋白和大豆蛋白相比，明胶中带负电荷的基团较少意味着与钠离子发生静电相互作用的位点较少，则钠离子的移动性更强，其咸味强度可能更强。当蛋白质形成聚集体，则容易产生曲折效应（图 9-24），即因蛋白质聚集体的阻挡，钠离子以额外的长度曲折移动，从而降低了钠离子的移动性；若蛋白质发生聚集形成了凝胶网络结构，则网络结构中形成的孔隙会对钠离子起到筛分作用（图 9-24），即离子在通过与其孔径相当的最小孔径时所产生的摩擦。蛋白质由于具有亲水性，其既能通过增加摩擦力间接导致筛分作用，又能通过结合水分子间接地占据蛋白质网络结构的孔隙，从而导致钠离子移动的曲折效应。无论钠离子产生了曲折效应还是筛分效应，均对会降低钠离子的移动性，对咸味感知产生负面作用。

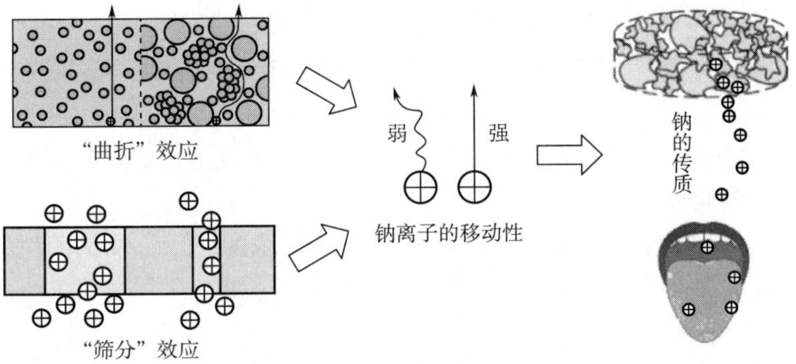

图 9-24 蛋白质聚集和网络结构引起的“曲折”与“筛分”效应

四、 微量食品成分与风味化合物的相互作用

食品中还含有高效甜味剂、类黑精素、离子等微量成分，但目前就味觉或香气组分与微量食品成分之间的作用报道较少。

（一）蛋白黑素与风味的相互作用

该领域的研究主要集中在风味化合物和咖啡中的蛋白黑素的相互作用。蛋白黑素是在美拉德反应中形成的一种化学结构还不清楚的高分子化合物，如在咖啡烘烤中产生。当把一种已知的具有咖啡香气的挥发性物质混合物分别加入纯水以及含有咖啡蛋白黑素的水溶液中时，发现模型混合物在两个体系中的香气最初是相似的，但是含蛋白黑素的溶液其香气在贮存过程中（40℃，30min），混合物会丧失它特有的烘烤硫香味。分析表明约 50%的糠基硫醇在贮存 20min 后会损失，在贮存 30min 后就基本不存在了。3-甲基-3-丁烯-1-硫醇和 3-巯基-3-甲基丁基甲酸盐也有类似的损失现象。而这三种含硫挥发性化合物能使咖啡产生烘烤硫香味。

通过凝胶过滤色谱将蛋白黑素进行分离，以确定蛋白黑素中导致这种香气损失的分子质量级分。发现所有的分子质量级分都会和含硫挥发物反应。人们曾试图通过加入其他游离硫醇来释放蛋白黑素结合的挥发物，但没有成功，这说明含硫化合物不是简单地与蛋白质结合发生二硫化物的交换反应。更深入的研究清楚地证明了这样的假设：硫醇与吡嗪离子之间会发生共价结合，而吡嗪离子是 1,4-二-(5-氨基-5-羧基-1-戊烷）吡嗪自由基离子的氧化产物。

通过化学反应导致的香气化合物的损失正逐渐引起人们的兴趣，这首先是因为其可在一定程度上阐明鲜煮咖啡、陈化煮咖啡和速溶咖啡香气不同的原因。其次，是因为它说明食品中的微量成分（煮咖啡中的蛋白黑素仅占 1.25%）可能对于食品中的香气存在影响。

（二）氢离子效应（pH 效应）

pH 会同时影响食品的味道和香气。在味道方面，氢离子浓度与食品的酸味有关。pH 越低，食品尝起来越酸。在 pH 影响味觉的同时，pH 也会影响一些酸性或碱性香气化合物的释放。例如，在较低的 pH 条件下，挥发性酸对水溶液的香气贡献增加。因为在低 pH 的条件下，酸会质子化（不是离子化），因此在水相中的溶解度降低，这会驱使挥发性酸更多进入样品的顶空，增加它对香气的贡献。对碱性芳香物质（如胺或吡嗪）的作用方式则相反，在其离子分配系数之下的 pH 条件时，这些物质在水相中的溶解度会增加，因为它们会被离子化，因而更易溶解，这使得在低 pH 下，它们对香气的贡献降低。

（三）无机盐、果酸、生物碱、酚类与风味化合物的相互作用

无机盐对风味化合物常具有盐析效应。水溶液中加入部分硫酸钠、硫酸铵或氯化钠就可以把挥发性香气物质驱赶到气相或与水不混溶的溶剂中。水溶液中加 50~150g/L 的盐就可以把顶空相乙酸乙酯、乙酸异戊酯的浓度提高到 25%。这样的盐浓度远远超过一般食品允许的范围，但在芳香物质分析中非常有用。

水溶液体系中加入柠檬酸可以明显降低顶空相的丙酮浓度，但在水溶液体系中加入苹果酸对丁二酮的蒸气压影响很小。当体系中同时含有两种果酸（如 7g/L 柠檬酸和 1g/L 苹果酸）时柠檬烯的香气阈值将提高一倍。

含有嘌呤生物碱（如咖啡因或可可碱）或酚类化合物（如绿原酸或柚皮苷）的水体系会降低某些挥发性风味化合物（如苯甲醛、乙酸苄酯、苯甲酸乙酯、糠醛、各种吡嗪和萜类）的顶空浓度。同时，挥发性风味化合物在水中的溶解度增加。这可能是由于生物碱与其他物质 1∶1 形成的配合物增加了风味化合物的溶解度，而在酚类化合物中，绿原酸和柚皮苷可能参与氢键的生成。

五、 风味化合物与食品组分之间相互作用的研究方法

由于真正的食品体系是复杂的，风味化合物可以同时与各种食品基质成分相互作用。因此，在研究风味化合物与食品基质的相互作用时，通常都是选择某些关键的食品基质成分和不同的风味化合物进行研究。风味化合物与食品组分之间的相互作用力包括不可逆的共价键以及可逆的物理化学键，例如范德瓦耳斯力、氢键、疏水相互作用和离子键（静电作用）等。在实际研究中为了解风味化合物与某种食品组分究竟是何种相互作用，常用的方法是通过光谱学（荧光光谱、圆二色谱等）来评价。光谱法在一些方面具有突出的优势，包括高灵敏度、易于操作等。随着计算机技术的发展，研究者们开始通过计算机辅助建模（同源建模、分子对接等）手段来得到有关风味化合物与蛋白质的结合位点和相互作用机制的信息。

（一）荧光光谱法

目前，荧光光谱法是研究生物大分子与小分子、离子相互作用最常用的方法之一，具有简单、快速、高灵敏度、强选择性、无需溶剂等优点。其基本机制：荧光来源于生色团在不同电子能级之间的跃迁，荧光频率取决于能级之间的能量差，生色团与周围基团的相互作用可能会改变其处于激发态时所具有的能量，从而改变其发射荧光的频率与强度。在研究风味化合物与蛋白质分子相互作用时，可能会导致蛋白质分子所处的极性环境发生变化，而极性环境会影响生色团的基态和激发态能级，从而引起荧光发射峰 λ_{max} 的移动。我们可以通过蛋白质荧光发射峰 λ_{max} 移动情况来了解蛋白质分子多肽链空间结构以及微环境变化程度。蛋白质荧光发射峰的波长逐渐减小，称为 λ_{max} 的蓝移；蛋白质荧光发射峰波长的逐渐增大，称为 λ_{max} 的红移。通过测定 λ_{max} 红移和蓝移的程度可以反映蛋白质构象变化的程度，红移程度越大则表明蛋白质在变性过程中构象变化的程度越大。

通过荧光光谱可分析蛋白质与风味化合物结合后体系的猝灭机制。猝灭机制主要分为动态猝灭和静态猝灭。动态猝灭是指溶液中蛋白质与猝灭剂分子发生碰撞，前者损失能量而导致荧光强度的降低，可通过温度对比实验进行验证，温度越高，碰撞剧烈，荧光强度显著降低，碰撞猝灭常数（可通过 Stern-Volmer 方程计算得到）通常随温度升高而增大。静态猝灭是指蛋白

质与猝灭剂可形成非荧光的配合物，导致其紫外吸收峰位发生移动，或者出现新的吸收峰；通常温度升高，对静态猝灭机制而言，其猝灭常数降低。应用荧光光谱技术分析蛋白质与风味化合物结合后的荧光猝灭机制，可进一步反映蛋白质与风味化合物复合体的结合作用。

风味化合物的结构和浓度影响其与蛋白质的相互作用程度。低浓度和高浓度风味化合物与大豆分离蛋白（SPI）结合时的荧光强度的不同。当风味化合物与 SPI 的物质的量的比较低时，蛋白质的内源荧光几乎不发生猝灭，这表明低浓度香料与 SPI 的结合程度比较低，几乎没有引起 SPI 的构象变化。而当风味化合物与 SPI 的物质的量的比较高时，松油烯和 α-蒎烯对蛋白质内源荧光无猝灭现象；而高浓度的香茅醛、乙酸香茅酯、丙酸香草酯、香茅醇与 SPI 的结合后均诱导了 SPI 构象变化，从而显著降低了蛋白质的内源荧光强度。

（二）圆二色谱（CD）

圆二色谱是一种用于分析蛋白质二级结构变化的常用方法，可用于分析风味化合物与蛋白质作用前后 α-螺旋、β-折叠、β-转角和无规则卷曲的相对含量变化，以此来判断风味化合物所引起的蛋白质构象变化。

蛋白质与酮类风味化合物的相互作用会改变蛋白质的二级结构。在三种酮类化合物（2-戊酮、2-己酮和 2-庚酮）作用下，随着风味化合物浓度的提高，猪肌原纤维蛋白 α-螺旋结构的比例降低，而 β-折叠、β-转角和无规卷曲的比例所有增加。这表明，蛋白质结构由有序状态转变为无序状态，同时 α-螺旋比例的减少意味着酮类化合物攻击肌原纤维蛋白中多肽链的氨基酸残基，破坏其氢键网络，扰乱分子内氢键，从而改变蛋白质二级结构，也导致疏水基团的暴露。

豌豆蛋白与不同浓度风味化合物结合后二级构象的变化如图 9-25 所示。豌豆蛋白分别在 208nm 和 222nm 处出现了两个负峰，这两个负峰都与 α-螺旋结构肽键的 n-π^* 转移有关。添加 (Z)-2-戊烯-1-醇、己醛和（E)-2-辛烯醛（1mmol/L）后，豌豆蛋白 α-螺旋结构的比例分别为 15.9%，15.4%和 14.4%，β-折叠和无规卷曲结构的比例增加。在与风味化合物作用后豌豆蛋白 α-螺旋结构比例下降可能是由于小分子配体影响了豌豆蛋白主肽链上的氨基酸残基，破坏了原有的氢键网络。结合作用可能导致豌豆蛋白原有的结构部分展开，使得先前埋藏的非极性基团暴露出来。一般来说，大量风味化合物的加入改变了蛋白质氨基酸残基的微环境，这可能是因为蛋白质倾向于以消耗最低能量的方式过渡到稳定状态。

（三）X 射线衍射（XRD）

XRD 技术常用来检测碳水化合物与风味分子复合物的结晶结构，复合物的衍射峰会因风味分子不同而发生变化。风味分子与淀粉复合后，可呈现 V_{6I}-型（如癸酸、丙二醇），V_{6II}-型（如己酸乙酯、顺-3-己烯-1-醇），V_{6III}-型（如 γ-癸内酯、δ-癸内酯），B-型（如乙酸乙酯、苯甲醛）等结晶结构。此外，某些风味分子如愈创木酚、茴香酮等，与淀粉复合后呈现 V_7-型结晶结构。

直链淀粉样品的主要衍射峰为 2θ=5.5°，14.9°，17.1°和 22.4°，属典型的 B-型结晶结构。直链淀粉-2,3-丁二酮分子复合物（HEX）的衍射图谱呈现 B-型结晶结构，主要衍射峰为 2θ=5.3°，14.7°和 17.4°。直链淀粉-己醛复合物（OCT）的 XRD 图谱显示为 V_{6II}-型，衍射峰分别为 2θ=7.5°，12.9°和 19.8°，说明己醛分子可存在于直链淀粉单螺旋空腔，部分穿插于链间。直链淀粉-1-辛烯-3-醇复合物（DEC）呈现相同的 V_{6II}-型结晶结构，衍射峰分别为 2θ=5.5°，7.5°，12.3°，17.1°和 22.2°，直链淀粉-γ-癸内酯复合物（BUT）的衍射峰为 2θ=7.2°，12.5°

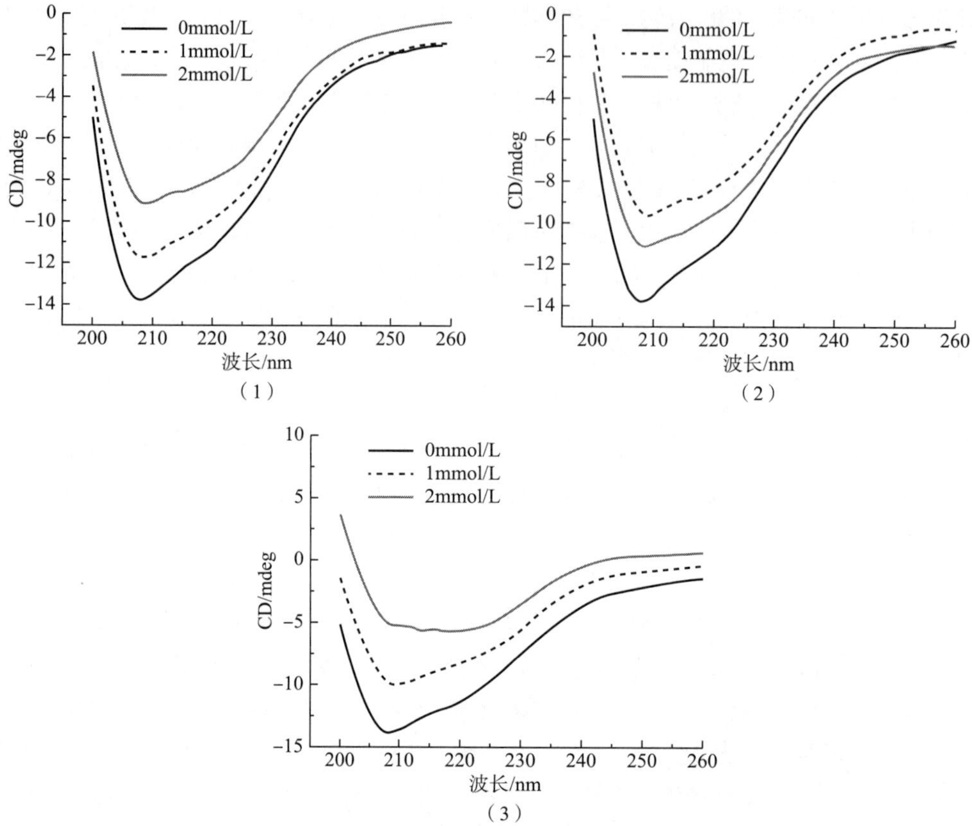

图 9-25　不同浓度风味化合物对豌豆蛋白圆二色谱的影响

（1）(*Z*)-2-戊烯-1-醇　（2）己醛　（3）(*E*)-2-辛烯醛

和 19. 8°，为 V_{6III}-型结晶结构，γ-癸内酯分子在复合物中的位置仍为单螺旋链间，但因 γ-癸内酯分子体积更大，结晶结构不同于前面两者，直链淀粉-2-乙酰基-1-吡咯啉复合物（2-AP）的衍射峰主要在 2θ=5. 6°，7. 6°，12. 5°，17. 1°，19. 8°和 22. 3°（V_{6I}-型）（图 9-26）。此结果表明 2-乙酰基-1-吡咯啉可被完全包埋于直链淀粉形成的单螺旋空腔中，这与其几乎不溶于水（其溶解度约为 4. 103g/L），并且具有较大的疏水性有关，适合存在于单螺旋疏水性空腔中。

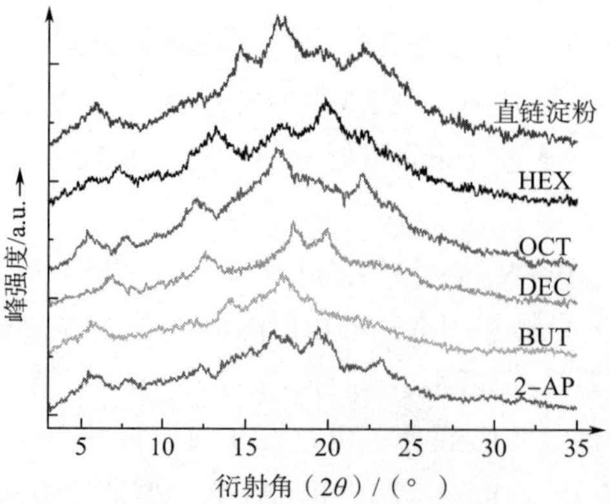

图 9-26　直链淀粉及其与各风味分子复合物的 XRD 图谱

（四）差示扫描量热分析（DSC）

DSC 是常用的热特性测试方法之一，可测量样品由于物理或化学性质的变化而发生的焓变与温度的关系。当蛋白质与小分子风味化合物发生共价结合时，蛋白的高级结构受到一定程度的修饰，其热力学特性发生改变。在盐溶豌豆蛋白中添加醛类物质（己醛、庚醛、辛醛）前后，蛋白质变性温度有显著差异，添加醛类物质后焓变显著降低，表明添加醛类物质会导致蛋白质解折叠，相应的变性温度也发生改变（表 9-7）。

表 9-7 风味化合物结合对盐溶豌豆蛋白热特性的影响

风味化合物类型	变性温度（T_d）/℃	变性焓（ΔH）/（J/mol）
对照（蛋白质）	89.98±2.18	14.53±0.14
己醛	88.56±0.10	11.27±0.08
庚醛	91.12±4.23	10.28±0.40
辛醛	86.59±0.02	8.87±0.16

注：变性焓（ΔH）表示使蛋白质分子去折叠所需的能量。

通过 DSC 技术分析木薯淀粉与伯醇、仲醇和酮类化合物的复合作用可以发现，链长越长，复合物的热稳定性越高，且醇类风味化合物与淀粉的复合能力高于酮类风味化合物。

（五）等温滴定量热法（ITC）

等温滴定量热法是一种研究生物热力学与生物动力学的重要方法，它通过微量量热仪连续、准确地监测和记录一个变化过程的量热曲线，原位、在线和无损伤地同时提供热力学和动力学信息。等温滴定量热法对被研究体系的溶剂性质、光谱性质和电学性质等没有任何限制条件，即具有非特异性的独特优势，样品用量小，方法灵敏度和精确度高，操作简单。通过这种方法我们可以获得风味化合物和生物大分子之间相互作用的完整热力学参数，包括结合常数、结合位点数、自由能、结合焓、结合熵、摩尔定压热容和动力学参数。

利用等温滴定量热仪可揭示芒果汁中的活性香气化合物（β-月桂烯）与不同糖（葡萄糖、果糖、蔗糖）之间的相互作用力，结果如表 9-8 所示。研究显示，$\Delta G<0$，表明这些反应是自发的；$\Delta S>0$，$\Delta H<0$，表明糖与活性香气化合物之间的分子间相互作用主要是疏水相互作用和氢键。D-果糖与β-月桂烯（1.34）和丁酸乙酯（1.17）的结合位点数量高于蔗糖和葡萄糖，而葡萄糖与β-月桂烯只有 0.81 个结合位点，与丁酸乙酯只有 0.55 个结合位点。这可能是因为 D-果糖的疏水性要高于蔗糖和葡萄糖，因此在由疏水效应驱动的相互作用中 D-果糖对活性香气化合物的亲和力更高。由于β-月桂烯双键产生了疏水环境，因此β-月桂烯比丁酸乙酯的亲和力更好，从而在与糖相互作用时提供更多的结合位点。

表 9-8 25℃下芒果活性香气化合物（100mmol/L）和糖（10mmol/L）相互作用的热力学参数

样品	n	K/（L/mol）	ΔH/（kJ/mol）	ΔG/（J/mol）	$T\Delta S$/（kJ/mol）	ΔS/（J/mol·K）
β-月桂烯-葡萄糖	0.81	7.99×10^3	−1.08	−93.26	92.17	73.85

续表

样品	n	K/(L/mol)	ΔH/(kJ/mol)	ΔG/(J/mol)	TΔS/(kJ/mol)	ΔS/(J/mol·K)
β-月桂烯-果糖	1.34	1.50×10^3	-1.72	-75.89	74.13	59.42
β-月桂烯-蔗糖	1.27	9.82×10^3	-0.73	-95.27	94.64	75.85
丁酸乙酯-葡萄糖	0.55	1.14×10^3	-0.15	-73.04	73.21	58.66
丁酸乙酯-果糖	1.17	1.00×10^3	-1.13	-71.66	70.53	56.52
丁酸乙酯-蔗糖	1.10	4.51×10^3	-1.67	-87.32	86.06	68.62

注：n，结合位点；K，结合常数；ΔH，焓变；ΔG，吉布斯自由能变化；ΔS，熵变。

（六）分子对接

分子对接是一种基于生物信息学的理论模拟方法，通过计算机软件（AutoDock、AutoDock Vina、LeDock、rDock 等）研究分子（如配体和受体）之间的相互作用，预测它们的结合方式和亲和力。近年来，风味化合物与食品基质中生物分子相互作用的基础研究逐渐兴起，尤其是风味化合物和蛋白质的相互作用。受体-配体的分子对接以几何互补、能量相互匹配原则为理论支撑来判断受体-配体之间的相互作用。与仪器研究方法不同，分子对接可从分子水平上对大分子和小分子的相互作用进行研究，通过计算模拟得到相互作用的可视化的三维分子对接结构图，清晰准确地观察到相互作用的位置和作用力类型、分子周围残基，并计算结合位点与结合位置。分子对接与光谱法等仪器分析传统手段相结合，能够更进一步探究两者的作用机制。

分子对接的基本目的是将配体与受体的活性位点结合。当配体与特定受体结合时，彼此存在的作用力包括静电相互作用、氢键相互作用、范德瓦耳斯力相互作用和疏水作用力。根据几何互补和能量互补原理，通过实时评价配体与受体之间相互作用的适宜性来确定两个分子之间的最佳结合模式。配体与受体结合必须满足互相匹配的原则，即受体几何形状的互补匹配、静电相互作用的互补匹配、氢键相互作用的互相匹配、疏水相互作用的互补匹配。

分子对接法是基于菲舍尔（Fisher）提出的“锁钥模型”理论，锁与钥匙相互识别的第一个条件是空间形状上的匹配。然而，配体和受体之间的识别要比锁匙模型复杂得多。首先，配体和受体的构象是不同的且不一定是刚性的。配体和受体在识别过程中相互适应彼此的结构以达到完美匹配，这就是诱导匹配理论。第二，分子对接不仅需要空间形状匹配，还需要能量匹配。配体与受体的结合强度和相容性最终取决于配合物形成过程中结合自由能的变化。

分子对接方法根据不同的简化程度分为 3 类，即刚性对接、半柔性对接和柔性对接。刚性对接指在对接过程中，受体和配体的构象不发生变化，适合研究比较大的体系如蛋白质-蛋白质之间以及蛋白质-核酸之间，计算简单，主要考虑对象之间的契合程度。半柔性对接常用于小分子和大分子的对接，在对接过程中，小分子的构象可以在一定范围内变化，但大分子是刚性的。这样既可以在一定程度上考察柔性的影响，又能保持较高的计算效率。风味化合物和食品基质成分的分子对接一般采用半柔性的分子对接方法。柔性对接方法一般用于精确研究分子之间的识别情况，由于允许对接体系的构象变化，可以提高对接准确性但耗时较长。

分子对接能够将风味化合物与蛋白质的相互作用可视化，这种技术基于计算机技术来模拟出大分子受体（蛋白质）和风味化合物之间的复合反应，通过不断优化风味小分子配体位置、氨基酸侧链、成键的键角等空间骨架以达到蛋白质与小分子精确空间匹配，最后以最低结合能结合时构象的最佳位置即为配体–受体的最佳结合模式，根据结合能的大小来区分不同受体–配体之间结合的紧密程度。当结合能越低，配体–受体结合所需要的能量也越低，配体和受体越容易进行结合，生成稳定的结构。

采用荧光猝灭和等温滴定量热法可获得香兰素与牛血清白蛋白的结合动力学。二者之间的结合位点的数量为1，伴随着色氨酸残基附近微小的微环境变化。根据分子对接的结果（图9–27），香兰素可以通过氢键与Tyr149、Arg256和His241的残基相互作用，并被牛血清白蛋白疏水腔中带负电荷的Arg198、Leu237、Leu218、Lys221、Ala290和Ser286等疏水残基包围。根据焓（$\Delta H<0$）和熵（$\Delta S<0$）的值，范德瓦耳斯力和氢键是稳定配合物的主要原因。

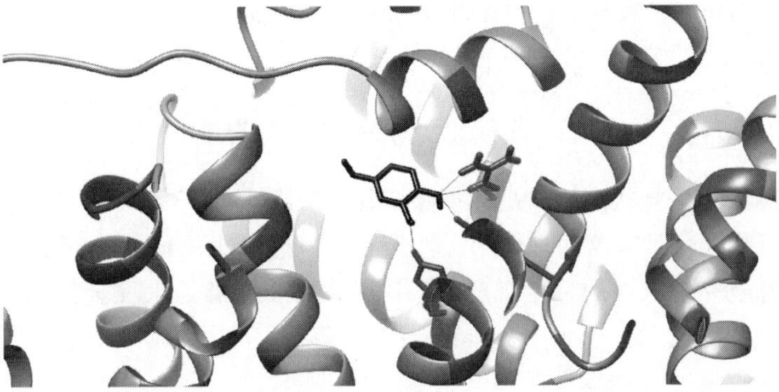

图9–27 香兰素与牛血清白蛋白的分子对接

第四节 液态和乳状液态风味物质的加工

通常根据风味物质产品的物理状态将其分为不同的种类，如液态、乳状液、糊状物或固体，液态和乳状液类型的风味物质用于液体食品。这些食品可以是水溶性或油溶性体系，风味物质相应地溶解在水溶液（乙醇或丙二醇）或油溶性溶剂（苯甲醇、乙酸甘油酯、柠檬酸三乙酯或植物油）中。糊状风味物质是一种含有较高天然成分（如植物提取物）或具有不同溶解度组分的混合物质，如切达干酪风味。切达干酪的头香部分由小分子羰基化合物和脂肪酸组成，基础呈味成分由盐类和氨基酸组成。因为这些组分不互溶，只有加工成糊状物才能获得完整的切达干酪风味。固态风味物质是含有较多的天然风味物质或化学风味物质、分散在固体脂肪或干的胶质或淀粉基质中的产品。本节主要讨论液态风味物质和乳状液。

食品或饮料的整体风味取决于各种挥发性和不挥发性成分的混合，由于风味物质的水油分配系数、溶解度、挥发性和风味强度等有所不同，一个合适的风味物质传送系统必须能够有效地包埋风味成分，并控制其最初所处的位置，减少其在贮存和运输中的损失，并控制它们释放的位置与时间。如果芳香物质中既有极性成分又有非极性成分，那么需要设计一个同时含有水相和油相的传送系统。此外，还需要充分考虑产品保质期以及环境因素对产品品质的影响。应用于风味物质包埋与运载的传送系统主要包括基于乳液体系的常规乳状液、纳米乳液、多层乳液、多重乳液、脂质体等。

一、液态风味物质的加工

液态风味物质的生产从本质上而言是一种化学混合操作。生产车间主要进行原料贮存、称重、混合和包装等工序。不稳定的化学物质贮存在冰箱或冻藏室里，刺激性味道比较强的物质（如芥子油）存放在通风较好的房间里，而大部分化学物质贮存在室温下。风味物质生产区域也包括各种混合罐，以空气为动力进行搅拌可尽量降低火灾或爆炸的危险性。

近年来计算机控制配方的革新使这一加工过程变得非常简单。新的体系可能完全实现自动化，可以扫描每个配料的条形码，用计算机称重和核对配方。配料混合顺序也非常重要，因为溶解性和反应活性取决于特殊化学物质的类型和浓度。因此，一般先称取溶剂以避免这些问题的产生。

二、乳状液态风味物质的加工

风味工业产品经常呈乳状液形式是为了保持食品体系或赋予体系一定的浊度。在部分饮料生产中，乳状液可能同时具有这两种作用。乳状液也可能是干燥风味物产品生产过程的一个加工单元（如果风味物是油溶性的），风味工业用的乳状液通常是水（连续相）包油（风味物，分散相）型。乳状液提供了一个非常简单的方法，可以将不溶性风味物结合到水溶性食品体系或微胶囊的壁材基质中。

（一）传统包埋风味的乳状液

饮料用混浊乳状液至少是由一种油（调味用的油溶性风味物以及提供浊度的中性萜烯或植物油）、水、乳化剂阿拉伯胶或者化学改性淀粉组成的。典型的配方一般会加入增稠剂以及防腐剂（如苯甲酸钠加上柠檬酸或者丙二醇）。在饮料生产中，饮料厂商通常会使用饮料乳状液来赋予产品风味和部分浊度，另外再加一些混浊型乳状液达到所需要的浊度。表 9-9 列举了风味工业生产的乳状液典型配方。

表 9-9 风味工业生产的乳状液的典型配方 单位：g/kg

原料	饮料型	混浊型	焙烤型
黄原胶	—	—	7
阿拉伯胶	94.5	250	20
柑橘精油	40	100	108
苯甲酸钠	—	—	2
柠檬酸	—	—	3.9
溴化植物油	5	4.5	—
松香酸甘油酯	33	50	—
丙二醇	94.5	—	—
水	733	595.5	859.1

饮料型和混浊型乳状液中会不同程度地发生上浮、聚结、絮凝以及奥氏熟化等现象。工业生产中瓶装软饮料最常见的上浮现象是出现油圈，这是因为风味乳状液从苏打水中分离出来，然后浮到液体表面，呈白色乳脂状或在瓶颈处出现油圈。聚结作用是指分散的小液滴在聚集过程中与邻近液滴的壁膜破裂合并成大液滴，这会减少液滴的数量，上浮加剧，导致乳状液破坏。絮凝是在分散相的油滴聚集成簇但没有合并的情况下发生。这些聚集物的行为就如同一个大的液滴，导致上浮加速。在乳状液浓缩物中，当有絮凝现象出现时，可以观察到黏度增加。在软饮料体系中，小液滴浓度非常低，絮凝作用一般是可逆的。奥氏熟化可定义为可溶性分散相通过分散介质大量迁移，由小液滴不断聚集成大液滴的过程。只有当分散相很少量溶解在连续相中时奥氏熟化才可以忽略。因为香精油总有部分是溶解于水的，因此饮料乳状液易于发生奥氏熟化。

在确定稳定乳状液的措施时，首先考虑上浮的问题。决定上浮的因素可以根据斯托克斯（Stokes）定律［式（9-18）］。

$$v = \frac{(\rho_2 - \rho_1) \cdot 2gr^2}{9\eta} \tag{9-18}$$

式中　v——分离速度；

$\rho_2-\rho_1$——粒子与分散介质的密度差；

g——重力加速度；

r——分散相的半径；

η——连续相的黏度。

Stokes 定律表明黏度是影响乳化稳定性的一个重要参数。黏度对于浓缩的混浊型或饮料型乳状液以及焙烤型乳状液都是很重要的，因为这些产品黏度都很大。然而，对于饮料来说，最终饮料成品黏度不大，影响稳定性的参数就只有分散相的半径以及密度差。分散相的半径应尽可能接近 1μm，这种颗粒大小可以形成亮白色的稳定乳状液（如果配方以及处理过程合适的话）。仅用阿拉伯胶或改性淀粉作为乳化剂制成小而均匀的颗粒是比较困难的。常规的方法是通过均质操作，这不仅可以使颗粒变小，而且可以增加表面积和均匀程度（减少奥氏熟化）。均质效果好可以显著增加乳状液的稳定性［即斯托克斯（Stokes）方程中的 r^2 项］，但重复均质可能会导致乳状液失稳。

均质有 4 种类型，分别为压力阀均质、旋转胶体磨、超声波振动器和微流体。

（1）压力阀均质　未经加工的乳状液在高压作用下通过弹性载荷阀，形成的高压喷射使流体按一定的角度撞击环平面，撞击产生的剪切作用使颗粒变小（图 9-28）。

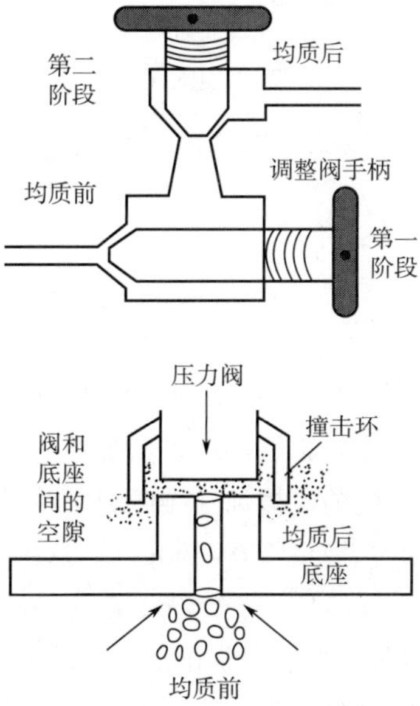

图 9-28　压力阀均质机示意图

（2）旋转胶体磨　将未经加工的乳状液加入高速旋转的转子中央，甩向定子壁时必须通过 50μm 的空隙。空隙越小，球形颗粒越小，机器的生产能力越小，产生的热量越多。这是风味乳状液生产中的一个重要影响因素。

（3）超声波振动器　用泵将乳状液输入管道，该管道中横向排列的桨叶以 30kHz 的频率振动，产生的气穴现象能有效地使分散相中的颗粒变小。这种机器可用于连续在线乳化作用。

（4）高压微射流（MF）仪　在柱塞泵的作用下增压液体材料（超过 172.4MPa）并将其分成两股，在压力作用下分别流入两个微通道（微米范围内）并产生高速微射流，高速微射流物料在特定几何通道下产生剪切、对撞、空穴效应等物理作用力，从而达到将粒径有效减小到纳米级并分布均匀的效果（图 9-29）。

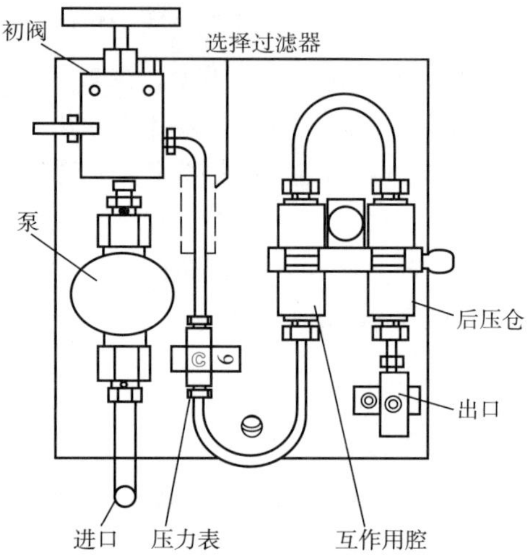

图 9-29　高压微射流仪示意图

图 9-30 反映了不同均质类型对乳状液稳定性的影响。乳状液品质用浊度表示，样品经离心后加速失稳。这表明均质效果（粒径大小）影响乳状液稳定性，此外，该乳状液体系中如果不使用增稠剂，即使粒径再小也会失稳。

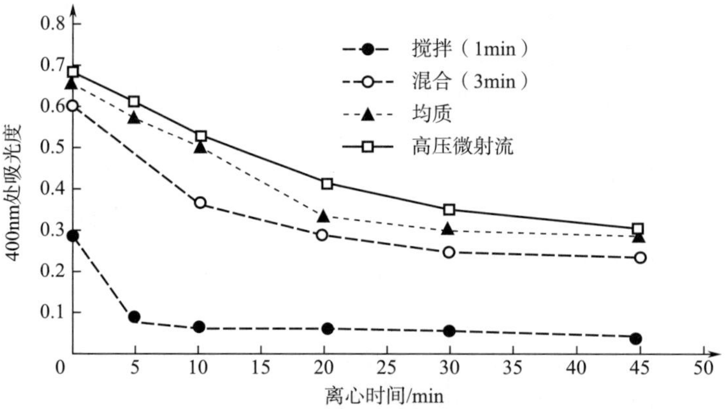

图 9-30　离心过程中均质类型对乳状液稳定性的影响

因此，仅减小颗粒大小难以获得稳定的乳状液，还必须缩小颗粒分散相相对于连续相的密度差。使用增稠剂可以增加粒子与分散介质的密度差。表 9-10 列举了各种增稠剂以及合法用量。橘油或橘烯一类的风味物质相对密度为 0.84，而植物油的相对密度大约为 0.94。碳酸饮料的含糖量为 0~130g/L，这主要取决于饮料的种类和是否人工增甜。成品饮料的相对密度为 1.00~1.06。传统上溴化植物油（BVO）常被用来增加油相浓度。但在 1970 年以后，BVO 在成品饮料中的用量被控制在 15mg/kg 以内。由于 BVO 相对密度大，在有机相中的溶解度高，使之成为提高油相密度的最有效方式。然而，BVO 用量的限定使生产商不得不寻找适合的替代品。

表 9-10　　乳状液所使用的风味油增稠剂

成分	相对密度	合法用量[①]
溴化植物油（BVO）	1.33	15mg/kg
松香酸甘油酯（酯胶）	1.10	100mg/kg
蔗糖乙酸异丁酯（SABI）	1.15	300mg/kg
三苯甲酸甘油酯	1.14~1.20	GMP[②]

注：①终产物中的含量。
②GMP，增稠剂不能超过 0.5%。

松香酸甘油酯（酯胶）、蔗糖乙酸异丁酯（SAIB）和苯甲酯用来替代 BVO。如表 9-10 所示，没有一个替代品的相对密度比 BVO 的高，因此，这些增稠剂的用量就会更高。实际上，由于溶解度和法规的限制，增稠剂的用量不足以使溶液密度达到典型加糖饮料的密度。生产商通常加足量的增稠剂使油相对密度达到 1.02，虽然这对于维持人工甜味剂饮料的稳定性是可行的，但这样的密度对于维持天然甜味饮料的稳定性还远远不够，这也是为什么工业生产乳状液仍然是个问题。

图 9-31 所示为增稠剂在稳定乳状液中所起的作用。分别制备含有增稠剂和不含有增稠剂的乳状液，并经过混合和微流化处理，乳状液稀释到饮料的浓度并离心，观察浑浊情况。可以明显地看出，用酯胶的乳状液不但增加了初始浊度（部分是因为油相增加），而且在离心过程中更稳定。

乳状液能否避免聚结和絮凝的产生很大程度上取决于所用的乳化剂，提供电荷的乳化剂通过静电排斥效应降低聚结现象的产生。阿拉伯胶的蛋白质片段所带的电荷是该乳化剂起作用的部分原因。此外，它在水和油界面聚集，并在油的周围形成了薄膜，从而防止聚结和絮凝。

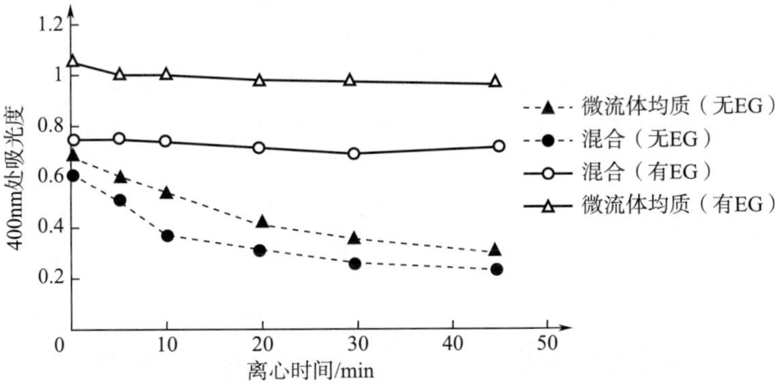

图 9-31　使用酯胶（EG）稳定饮料乳状液的效果

焙烤型乳状液黏性非常大，主要由风味物质、阿拉伯胶、黄蓍胶（考虑到成本，一般使用黄原胶）、丙二醇和水组成。胶的数量和比例根据稳定乳状液所需的黏度而定。黏性有利于风味物与面团和饼馅的结合。丙二醇作为微生物防腐剂添加。表 9-9 列举了焙烤型乳状液的典型配方。由于是在最后阶段使用，因此乳状液的稳定性并非关键问题。

（二）新型风味包埋乳状液

1. 纳米乳

与常规乳液相比，纳米乳液具有更小的粒径，其粒径一般为 30~200nm。由于纳米乳液粒径相对较小，粒径分布较为集中，因此对于乳析、沉降、絮凝、聚结和奥氏熟化等具有较高的稳定性。纳米乳液为热力学不稳定体系，但是其为动力学稳定体系。另外，纳米乳液一般呈透明状或者微浑浊状。利用纳米乳液作为包埋风味物质的载体，适用于透明的饮料或食品体系。近年来，纳米乳液被广泛用于柠檬油、橙油、茉莉精油、柠檬烯等风味物质的包埋。

改性淀粉和皂树皂苷可用于有效稳定橙油纳米乳液。由于小分子乳化剂皂树皂苷相比于大分子聚合物改性淀粉在稳定橙油纳米乳液方面更具优势，因此形成的乳液更稳定，乳液液滴粒径更小，体系更透明。另外，也可以选择合适的乳化剂和稳定剂制备纳米乳液，用于掩蔽不良气味。利用皂树皂苷作为乳化剂，制备藻油纳米乳液，藻油纳米乳液中不饱和脂肪酸的稳定性增强，且藻油的腥味被很好地掩蔽。

2. 多层乳液

近年来，为了得到稳定的具有更强的抵抗外界环境压力的乳液体系，研究人员设计了具有多层界面结构的乳液体系。多层乳液一般利用多种带有相反电荷乳化剂或生物聚合物通过层层静电自组装技术形成多个界面层。多层乳液的液滴具有复杂的相界面，界面上的多层界面膜是由液滴所带电荷以及乳化条件所决定。多层乳液中应用较多的为双层乳液。双层乳液在相界面具有两层由乳化剂或生物聚合物构成的界面膜，与单层乳液相比，双层乳液对冻融循环、离子强度、pH 以及温度的改变等有更好的稳定性。另外，相比于常规乳液，多层乳液具有更厚的界面层，能有效地抑制其运载成分的化学降解或损失。

利用β-乳球蛋白和果胶制备包埋挥发性风味成分（1-丁醇、2-丁酮、2-辛酮、己酸乙酯、丁酸乙酯、反-4-庚烯醛和苯甲醛）的双层乳液，模拟口腔环境中单层乳液和双层乳液的稳定性和释放特性表明，在人造唾液环境中，双层乳液在稳定性方面更具备优势。单层乳液由于液滴絮凝，油相分布改变，其挥发性成分迅速释放；而双层乳液在口腔环境中能保持稳定，延缓挥发性成分的释放。另外，以双层乳液为基础，制备微胶囊也是保护风味物质并控制其释放的有效途径。利用大豆分离蛋白、改性淀粉、壳聚糖制备香兰素双层乳液及多层乳液，并通过喷雾干燥制备微胶囊以保护香兰素，并控制其释放。

3. 复乳

复乳包括水包油包水（W/O/W）与油包水包油（O/W/O）这两种类型。针对食品风味物质，复乳的应用主要是基于以下方面：①保护不稳定的风味物质，对其进行传递，减少其损失，使其有效发挥作用并实现控释；②实现脂溶性（非极性）和水溶性（极性）风味物质的共存，从而丰富产品风味；③掩蔽不良气味，掩盖食品必要成分的不良气味，提高产品的可接受度。

作为风味物质递送体系，W/O/W 型复乳与常规乳液相比，更适合水溶性风味物质的包埋与递送。例如，水溶性风味物质被包裹于内部水滴，可以控制其对外界环境的变化刺激做出响应，进行风味物质的释放，同时也可以控制其释放速率。食盐（NaCl）提供了五味之首的咸味，基于传统乳化剂形成的复乳作为食盐递送载体有利于增强咸度感知。就 $W_1/O/W_2$ 型复乳而言，NaCl 则可以同时定位到内、外水相中，该体系既具有减小水相占比提高盐浓度的能力，又有口腔“失稳”的潜力，且其外水相还与舌面直接接触（图 9-32）。因此，$W_1/O/W_2$型复乳在递送食盐并增强咸度感知方面更具应用潜力。以豌豆蛋白为乳化剂对相同含盐量（63g/kg）的简单 O/W 型乳液与复乳进行感官成对比较，发现后者通过提高外水相盐浓度能更有效地提升咸度感知。基于辛烯基琥珀酸酯化淀粉和预糊化蜡质大米淀粉调整了$W_1/O/W_2$型复乳的配方，通过口腔加工过程中唾液淀粉酶的作用诱导乳液失稳，从而快速释放高浓度的 NaCl，相较于以豌豆蛋白为乳化剂的复乳，其减盐可达 23.7%~25%。

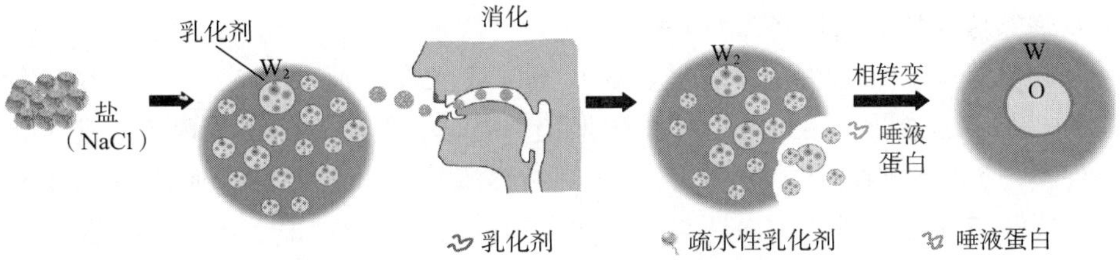

图 9-32　$W_1/O/W_2$ 型复乳在口腔中失稳释放钠离子增强咸度感知的过程

藏红花醛有藏红花所特有的香气，利用 W/O/W 型复乳可有效包埋风味物质藏红花醛（Saffranal）并通过喷雾干燥制备粉末。研究发现，使用乳清浓缩蛋白和果胶复合物制备的 W/O/W 型复乳经喷雾干燥包埋率较高，表面残留风味物质较少，最终得到的喷雾干燥粉末经扫描电子显微镜观察表面光滑，没有孔洞与缝隙。

（三）脂质体包埋

1. 脂质体的结构与特性

脂质体是由脂质分子在水溶液中形成的具有双分子层结构的囊泡，最早是英国学者班厄姆（Bangham）和斯坦迪什（Standish）将磷脂分散在水中并进行电镜观察时发现的。磷脂分散在水中，磷脂分子的亲水头部和疏水尾部构成磷脂的双分子层结构，双分子层中间为油相，能够包埋油溶性物质；双分子层之间和核心区域为水相，能够包埋水溶性物质，因此能够自然形成多层闭合的囊泡，结构如图 9-33 所示。

由于脂质体独特的分子结构和理化性质，其基本特性主要表现在：①亲水性和疏水性物质的双包埋，水分散性好；②生物相容性好，无毒性；③芯材扩散速率低，具有缓释性和长效性。在脂质体制备过程中，可以改变粒径大小、表面电荷等性质来提高脂质体产品的普适性。

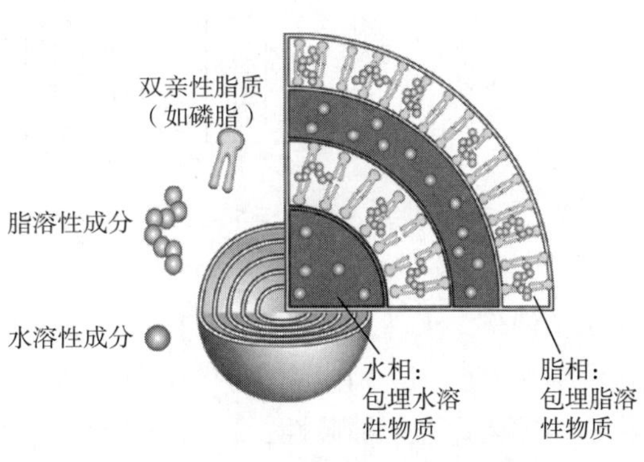

图 9-33　脂质体结构示意图

2. 脂质体在风味成分包埋方面的应用

20 世纪 70 年代以来，脂质体最先是被用作药物载体，在医药行业得到广泛的应用。采用脂质体技术，多种活性成分成功被包埋并得到广泛应用，除此之外，众多研究人员开始挖掘脂质体在风味活性成分方面包埋的潜力，已采用多种方法成功制备多种精油及活性成分脂质体。采用冻融法制备赤桉精油，包封率达 95%；与薄膜法相比，超临界方法制备的玫瑰精油脂质体的包封率更高，颗粒平均粒径更小；乙醇注入法制备的丁香精油脂质体可以有效地保护丁香酚，并实现了大规模制备；薄膜-超声法制备的茶树精油脂质体颗粒平均粒径为 75nm，包封率为 96%。所以，脂质体包埋植物精油活性成分具有巨大的潜力，所获得的颗粒平均粒径低于 100nm，且包封率较高，包埋效果较好。此外，由于芯材的分子结构、油水分配系数及与双分子层膜结构的匹配程度不同，脂质体作为包埋体系对疏水性芯材表现出较强的选择性，包封率为 4%~98%。

芯材在脂质体中的稳定性与其载量、粒径有一定关联。脂质体是一种热力学不稳定体系，在制备、贮存运输及应用过程中易发生聚集、融合、絮凝、沉淀等现象，进而导致芯材的泄漏。保留率能反映脂质体在贮存期间芯材的渗漏情况，是评价脂质体稳定性的重要指标。保留率直接反映了脂质体中肉桂醛含量随贮存时间的变化情况。将肉桂醛脂质体于 37℃下放置不同天数，测定脂质体中肉桂醛的保留率，并与未进行包埋的肉桂醛进行对比，结果如图 9-34 所示。随着贮存天数的增加，各体系中肉桂醛含量均有不同程度的降低，其中没有脂质体保护的纯肉桂醛 5d 时保留率已下降至 49%左右，而肉桂醛脂质体均维持在 70%左右，表明脂质体对肉桂醛起到一定的保护作用，延缓了肉桂醛的损失；30d 后，芯壁比为 3∶10的肉桂醛脂质体保留率最高，这说明芯壁比越高，脂质体对肉桂醛的保留能力越强。这是由于芯壁比的提高有助于磷脂分子的烃链致密结合排列，降低膜的流动性从而对芯材起到保护作用。

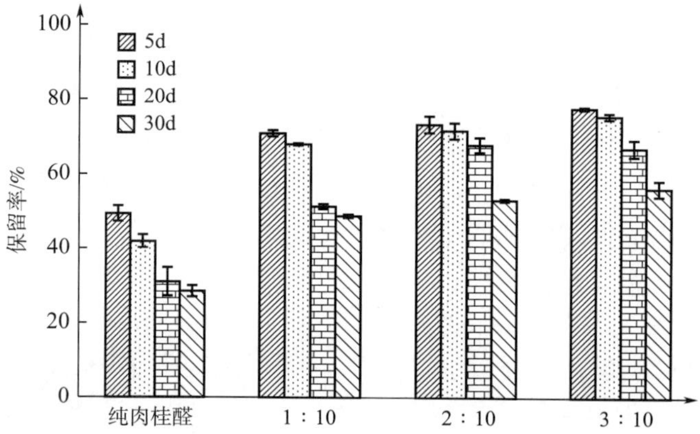

图 9-34　芯壁比对肉桂醛脂质体贮存期间保留率的影响

植物精油作为天然的食品添加剂，有良好的抑菌效果。目前有众多学者研究了植物精油脂质体的抑菌性能：采用薄膜法制备丁香油脂质体并将其应用于豆制品中，脂质体表现出对金黄色葡萄球菌优异的抑菌性；将肉桂精油及主要活性成分肉桂醛进行包埋并添加于可食用膜中，有效延缓了精油的释放率并提高了抑菌持久力。部分精油经过包埋后对细胞的靶向性增强，抗菌活性得到提高。因此利用脂质体包埋植物精油有望最大限度保留其功能活性、提高其稳定性及靶向性，从而延长食品的保质期。

近年来，研究发现，金黄色葡萄球菌和单核细胞增生李斯特菌等细菌可产生成孔毒素，并在脂质体的双层中形成大孔，从而触发内部精油的释放，这不仅提高了脂质体的抑菌效率，而且实现了精油的靶向和控制释放。然而，尽管这一发现提高了脂质体的快速抑菌性能，但不难看出其应用范围受到菌株的限制。

天然生物大分子壳聚糖包覆脂质体所形成的载体作为新兴的功能性精油主要成分输送载体。利用层层自组装技术将壳聚糖包覆于艾叶精油、蓝桉树精油和茶树精油脂质体表面，虽然抑菌活性没有提高，但延缓了精油的释放速率，产品保质期增加。基于壳聚糖包覆肉桂醛脂质体可赋予体系对大肠杆菌及金黄色葡萄球菌的快速及长效抑菌性。

第五节　风味物质的干燥加工与稳定化

一、风味物质的干燥加工与稳定化概述

在食品工业中需要的干燥形式的风味物质，这种风味物质一般通过涂层或干燥加工方式生产。涂层是把调味物质喷涂到可食用食品配料上，如糖、盐、乳清。通过干燥可以生产风味物质均匀分布在载体基质中的粉末微粒。这些加工过程都是为了使液态的风味物质转化成便于处理的固体形式。尤其对于使用之前需要长期贮存的风味物质而言，采用微胶囊化包埋能起到更好的保护作用。

将风味物质进行微胶囊化包埋具有以下作用。

（1）抑制风味的挥发损失　风味物质的组成成分有几十种，甚至上百种，许多组分挥发性极高，并且各种组分的挥发性差异较大。组分的挥发不仅会造成风味的挥发损失，某些组分的挥发还会改变风味的组成，从而使风味香韵失真。通过微胶囊化，风味物质由于囊壁的保护作用，挥发损失受到抑制，香气保留完整，从而提高了风味贮存和使用的稳定性。

（2）保护敏感成分　微胶囊化可使风味物质免受外界不良因素，如光、氧气、温度、湿度、pH 的影响，大大提高了耐氧、耐光、耐热的能力，增强其稳定性。如微胶囊化可避免橘油中的萜烯氧化导致的风味变质。微胶囊化提高了风味的耐热性，从而增加其在糖果、焙烤食品、膨化食品等体系中的稳定性。

（3）控制释放作用　微胶囊化可使风味达到控制释放效果，使风味物质在加工的适当环节释放（如制作曲奇时的热释放）或者是在消费过程中释放出来（如在口腔里通过物理破碎或湿润后释放）；在酸性或碱性条件下释放、高温释放以及缓慢释放等。典型的例子就是口香糖中使用微胶囊化香精，使产品香气更加持久。

（4）避免风味成分与其他食品成分反应　微胶囊化可将风味物中的某些活性成分保护起来，从而避免与其他食品成分反应。如避免香精中一些不饱和的醛类成分和食品中的蛋白质反应，防止影响食品的风味和口感。

（5）改变风味常温物理形态　微胶囊化能将常温为液体或半固体的香精香料转变为自由流动的粉末，使其易于与其他配料混合，也有利于提高水不溶性香精在液体食品中的分散稳定性。

焙烤食品加工过程中如果直接使用粉末香精或精油、油树脂，那么水分的蒸发会带走部

分香料，同时香料在高温下会过度逸散或发生变化，从而使焙烤食品在保质期内风味或口感不足。当在焙烤食品中添加微胶囊化的风味料后，可以减少加工过程中的风味损失，使其在保质期内具有浓郁的风味，食品入口后，在唾液作用下微胶囊中的调味成分溶出，保证产品良好的口感。目前在葱香饼干、茶风味饼干等不同风味的饼干加工中，很多都是采用微胶囊化调味香料。如肉桂醛可以赋予面包良好的风味，但是它能抑制酵母菌的生长，如果在面团中直接加入肉桂精油或肉桂醛香精，就会影响面包前期的醒发，若采用微胶囊化的精油或香精，可以避免面包制作前期肉桂醛与酵母菌接触，在焙烤过程中，高温使肉桂醛从微胶囊中逸出，赋予食品良好的风味。

食品原料在挤压机内经高温高压处理时，食品水分迅速蒸发，调味香料的挥发性成分也会随之损失，当在膨化食品中加入微胶囊化风味料，则会获得满意的效果，并能在较长贮存期内，保持食品浓郁的风味。汤粉食品中的风味物多用香辛料，如葱、姜、大蒜、肉桂、茴香等，在生产中采用微胶囊化香料，可避免风味物质在贮存过程中的损失，又可使其在溶于水时，风味物质迅速释放出来。

目前商业化应用的微胶囊化方法包括：喷雾干燥、喷雾冷却、冷冻干燥、液化床涂层、挤压、凝聚、重结晶和分子包合。通常经过加工的微胶囊粒径为3~800μm，芯材与壁材呈现核壳型或基质型分布。分子包合则发生在分子水平上，单个风味分子被包埋在空穴中（最常见的是环糊精）。

二、 填充或涂层风味物质

最简单的生产干燥风味物质的方法是将液体风味物质填充或涂到可食用基料上。根据最终的用途，这种可食用基料可以是盐、糖、硅酸盐、干乳清、多孔淀粉等。例如，经常会看到香肠生产者在盐上喷涂精油和油树脂，便于生产时将其添加到香肠中，而面包师则会选择在糖粉上涂香兰素。

这种生产干燥风味物方法的主要优势是成本低。基本目的是确保不溶性风味物质能均匀地分散在食品中，并且由于有风味油已经被载体稀释，因此方便称重。最大的缺点是风味物质较少或没有载体的保护。如果储存时间过长，风味物质会从产品或包装中蒸发或与空气接触发生氧化。填充或涂层风味物质的载量一般为2%~7%（质量分数），若载量过高则可能导致黏度变大并且流动性降低。

上述缺陷对于应用硅酸盐时是个例外。硅酸盐能够吸收几乎等质量的风味物质并保持粉末的自由流动。而且一旦风味物质被硅酸盐吸附就能保持相当的稳定性，避免蒸发失重和被氧化。不同的二氧化硅在防止蒸发和氧化方面存在很大差异。其中，二氧化硅 Syloid 74、Syloid 244 和 Sylox 15 的风味存留和风味稳定（抗氧化）效果较好；而二氧化硅 Sylox 2 和 Syloid 63 的效果较差，前者应用过程中风味保留能力差，后者用于柠檬烯的吸附时氧化非常快。二氧化硅的防氧化能力取决于其类型。二氧化硅的物理和化学性质的差异对防氧化作用有重要的影响。与传统的风味载体相比，无定形二氧化硅（Syloid 74、Syloid 244 和 Sylox 15）在涂层加工过程中是更有效的风味载体（图 9-35）。

传统载体（盐、糖、碳水化合物）中风味物质的损失主要由于简单蒸发作用，而无定形二氧化硅对风味化合物的吸附和保留却复杂得多。总体上来说，低分子质量的风味化合物更容易挥发。极性风味化合物和具有未成对电子的化合物与二氧化硅表面作用力强，因此保留

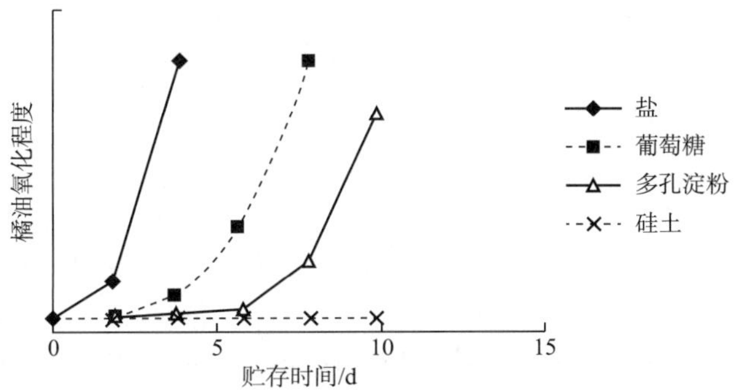

图 9-35　涂抹在不同基料上的橘油的氧化情况

效果比非极性化合物好。风味物质的保留还取决于二氧化硅的风味载量，因此存在一个理想风味保留的最适载量。

三、包合物（环糊精）

环糊精是一系列的环状低聚糖，是转糖苷酶作用于淀粉所形成的。α-、β-和 γ-环糊精分别由 6，7 和 8 个 D-葡萄糖单元通过 α-1,4 键相连。环糊精形状像圆桶，拥有疏水的内穴和亲水的外表。这种特殊的构造使环糊精可以通过范德瓦耳斯力、偶极-偶极作用和氢键将全部或部分的客体分子包裹在自己的内穴中形成包合物。α-、β-和 γ-环糊精的内穴尺寸分别是 0.57，0.78 和 0.95nm，因此能够适于容纳一系列不同大小的客体分子。

对于环糊精包合的物质，游离态和络合态之间存在一个平衡。平衡常数取决于环糊精和客体分子的性质，以及温度、湿度和其他食品组分等因素。一般来说，一旦包合后必须在有较高水分或高温的条件下客体分子才能释放。因此，据报道环糊精包合物在室温下可稳定长达 10 年。而一旦溶入水中，包合物的一部分将解离，解离的程度取决于客体分子本身。环糊精包合的主要作用是能够实现风味的修饰（如屏蔽异味）、风味的稳定化和增溶。

制备风味/环糊精包合物的方法主要包括：①搅拌和振荡环糊精与客体分子的混合物溶液，然后过滤出沉淀的包合物；②将固体环糊精与客体分子在混合机中混合并干燥；③使客体分子气体通过环糊精溶液后吸附。大批量的生产采用糊浆法，可以降低在随后的干燥过程中的脱水量。

具体来说，包合方法一般有两种：①饱和水溶液法：先将环糊精用水加温制成饱和溶液，然后加入芯材。芯材若是水溶性的就直接加入，混合几小时形成复合物，直至作用完全；疏水性芯材先需将其溶入少量有机溶剂再加入，充分搅拌至完全形成复合物，通过降低温度使复合物沉淀并与水分离，接着用适当溶剂洗去未被包合物质后，进行真空干燥；②固体混合法（研磨法）：首先在 β-环糊精中加入 2~5 倍的溶剂，然后加入芯材，在研磨机中充分搅拌混合 2~5h，至成糊状，干燥后用有机溶剂洗净即可。

环糊精包合法的优点：①在干燥状态下产品非常稳定，达 200℃ 时微胶囊分解；②产品具有良好的流动性；③良好的结晶性与不吸湿性；④可节省包装和贮存费用；⑤无需特殊的设备，成本低。其不足之处在于：①载量低，一般为 9%~14%；②要求芯材分子大小一定，以适应疏水性中心的空间位置，而且必须是非极性分子，这就大大限制了该法的应用；③对于水溶性香精的包埋效果较差。其工艺流程见图 9-36。

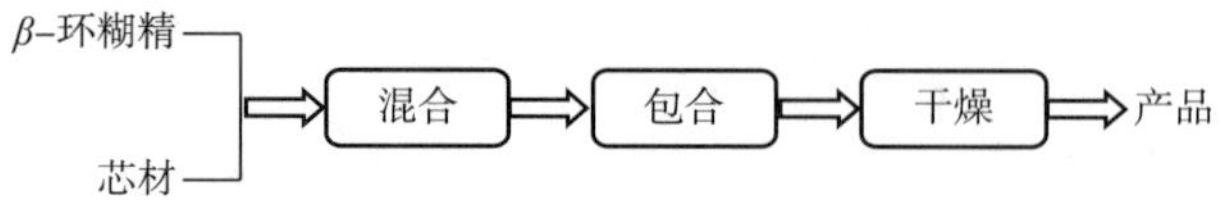

图 9-36　分子包合法制备香精微胶囊的工艺流程

环糊精的价格是阻碍它工业应用的主要原因。环糊精的成本比其他胶囊化技术产品相对更高。价格因素决定环糊精只能小范围地用于某些产品。例如，作为一种保护敏感风味物质的方法，将不稳定的风味组分包合于环糊精后，再将其与其他微胶囊风味物干混。环糊精包合法是唯一能把一种组分与其他组分有效分离开来的加工过程。因此，虽然费用很高，但这种加工方式赋予风味物质稳定化的效果是其他方法难以实现的。

关于环糊精用作风味物质胶囊化的研究很多。如 β-环糊精用于人工合成风味物的包合，发现小分子物质的保留量很少，失去了小分子挥发性风味物质特有的新鲜、飘逸的香韵将打破风味的平衡。在双螺旋挤压加工中添加环糊精包合型风味物质，可提高风味物质的保留量。环糊精存在时，水溶液中烯丙基异硫氰酸酯的分解受到抑制，且 α-环糊精比 β-环糊精更有效。

【实例】

将一定量的 β-环糊精配成饱和水溶液，再加入一定量的芯材（柠檬醛或紫罗兰酮），室温下磁力搅拌 4h，静置过滤，用温水、丙酮各洗涤沉淀 2 次，以分别除去残留的壁材和芯材，干燥后制得白色的微胶囊粉末。

也可以预先将一定量的芯材溶解在尽可能少的丙酮中，再将 β-环糊精饱和水溶液缓慢加入上述溶液中，室温下磁力搅拌 4h，静置过滤，用温水、丙酮各洗 2 次后干燥制备香精微胶囊。

四、　复合凝聚法微胶囊化风味物质

复合凝聚法是采用两种或多种带有相反电荷的高分子电解质在一定的条件下相互作用，形成具有特殊性质的复合凝聚物，这种复合凝聚物沉积在乳状液滴的表面，再经固化后形成胶囊。此种微胶囊的囊壁具有刚性的交联网状结构，在高温、高湿的环境中，微胶囊的结构保持完整，能够较好地保护内部芯材。特殊的囊壁结构也使其具有较好的机械强度，能够耐受加工过程中的机械作用。这种方法生产出的微胶囊具有较高的产率，其粒径、载量和固化程度都可根据实际需要进行调整，能够控制内部芯材的释放。此外这种微胶囊在水溶液中具有良好的分散性。复合凝聚的生产过程是在较低的温度下进行，尤其适合于包埋一些热敏性、易氧化、易挥发的物质。复合凝聚法近几年发展较快，成为食品和风味工业中最常使用的新型微胶囊技术之一。

（一）复合凝聚法微胶囊的制备过程

复合凝聚法是指由两种或多种带有相反电荷的高分子材料作壁材，将芯材分散在壁材的溶液中，在适当条件下（如改变 pH），使得相反电荷的聚合物间发生静电作用。相反电荷的高分子材料互相吸引后，溶解度降低并产生了新的复合凝聚相，复合凝聚相形成时，它和上清液中的稀释液达到平衡，在这个两相体系中，稀释液是连续相，复合凝聚相是分散相。当水不溶的芯材分散到这个体系中，复合凝聚相湿润芯材，分散的芯材液滴或微粒自然而然地被凝聚相包覆，这种液体膜固化后就形成微胶囊。复合凝聚技术能够允许微胶囊大小和载量有较大变化，具有高的包埋产率，能够生产出小粒径的微胶囊。

以经典的明胶、阿拉伯胶体系为例，复合凝聚法的常用步骤如下。首先，两种带有相反电荷的亲水胶体（明胶和阿拉伯胶）分别溶解在温水（40~50℃）中。将风味物质加入一种亲水胶体中并搅拌分散形成乳化液。搅拌的强度决定油滴的大小和相应的胶囊大小，因为胶囊壁形成于乳化液滴的周围（大液滴形成大胶囊，小液滴形成小胶囊）。亲水胶体在油-水界面聚集，在油滴周围形成弱的壁结构。此时，第二种亲水胶体加入体系中，并且调节 pH 到 4 左右，这使得亲水胶体带相反电荷并且被相互吸引到油滴的表面（明胶带净正电荷，阿拉伯胶带净负电荷）。这就进一步增加了颗粒的壳厚，强化了结构。将体系经冷却硬化，然后升高 pH，加入固化剂进一步交联硬化凝胶。胶囊壁必须有足够的硬度，经干燥形成自由流动的粉末。最后，胶囊通过离心（过筛）和干燥回收。干燥过程也是需要注意的问题，因为颗粒通常发黏，在通常干燥温度下粘连成团。整个加工过程如图 9-37 所示。

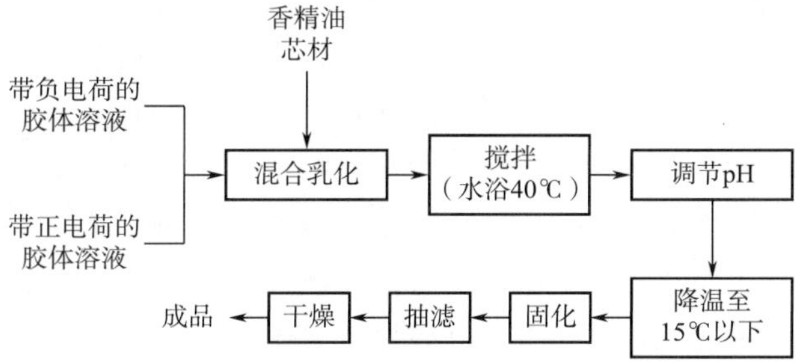

图 9-37 复合凝聚法的加工工序

（二）复合凝聚微胶囊的结构

复合凝聚微胶囊按结构可以分为单核微胶囊和多核微胶囊。早期研究主要集中在单核微胶囊的制备，因为单核微胶囊的粒径较小，均一性较好，当用于无碳复写纸时可以避免纸张的浆化和图像的模糊。制备过程通常是加入抗结剂或是改变硬化处理方式，阻止硬化过程中由于明胶和醛之间的反应所导致的黏度升高，也有通过改变复合凝聚的条件，降低复合凝聚物的生成量，达到制备单核微胶囊的目的。近年来食品领域多关注多核微胶囊尤其是球状多核微胶囊的研究。生产多核微胶囊不但可以减少加工程序，降低生产成本，而且这种微胶囊具有更好的缓释性能。单核微胶囊是单一的乳状液滴外面包裹着囊壁，局部的囊壁破损就会造成芯材的大量释放，而且通常单核微胶囊的囊壁在芯材表面的分布是很不均一的，两端较厚，中间较薄，易于破裂，造成芯材损失；多核微胶囊具有基质型的结构（图 9-38），即使表面完全破坏，芯材依然会缓慢释放。此外，大粒径的球状多核微

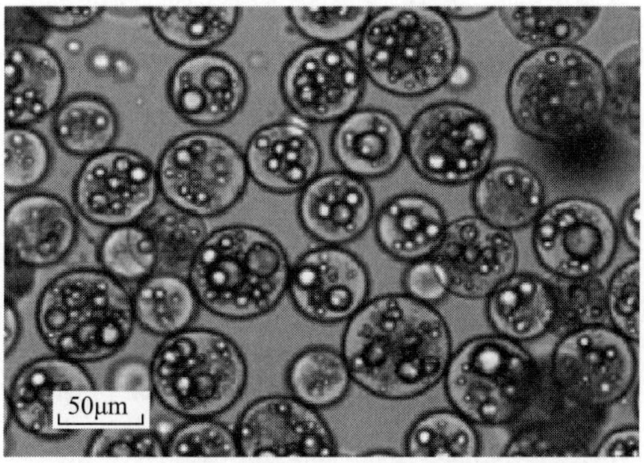

图 9-38 球形多核复合凝聚微胶囊的结构

胶囊具有更好的流动性，咀嚼时更容易释放内部芯材。

（三）复合凝聚微胶囊的常用壁材

目前复合凝聚法的最经典且应用最广泛的壁材组合是明胶-阿拉伯胶，它已被成功用于包埋薄荷油、肉桂醛、大马酮、茉莉精油、橘油、生姜精油等。市售的阿拉伯胶由于产地气候变化或商业流通困难等原因，往往供应不足，导致价格较高。另外，市售的阿拉伯胶质量不太稳定，这对微胶囊的生产条件影响也很大。使用其他价格较低的多糖如羧甲基纤维素钠、果胶、海藻酸钠等取代阿拉伯胶制备微胶囊时，它们与明胶的比例远低于阿拉伯胶，一般为明胶的1/20~1/5，可显著降低壁材成本。而且形成的微胶囊壁材中明胶含量较高，比用明胶和阿拉伯胶制备的微胶囊更易于凝胶化和硬化。

羧甲基纤维素钠（CMC）的基本组成单元为D-吡喃葡萄糖，碳链上的2，3，6位羟基上的氢被羧甲基取代而有不同的取代度（DS）。CMC的取代度通常为0.4~1.5，取代度越高，碳链负电越多，其与带正电分子之间的静电相互作用越强。当取代度低于0.4时，CMC溶解度低；取代度高于1.5时，CMC与蛋白质很难形成复聚物及微胶囊。取代度为0.7~1.2的CMC通常具有良好的溶解性、透明度，这对其在食品中的应用至关重要。由于在广泛的pH条件下的带负电特性，CMC也被用于复合凝聚技术中。然而，CMC性质参数繁多（黏度、分子质量、取代度），但就黏度而言可分为FLX、FMX、FHX、FVHX（X代表取代度）四大类。大分子结构往往会对蛋白质、多糖之间的复合凝聚产生影响。黏度是CMC的结构特性的宏观表现。用低黏度CMC-明胶复合凝聚微胶囊包埋肉桂醛具有更高的产率及效率，高产率意味着该体系能提供更多的疏水部位与油滴结合。超高黏度CMC-明胶复合凝聚微胶囊化肉桂醛的产率及效率较低，这是由于高黏度的CMC的长链分子结构相对于低黏度CMC的短链结构具有更强的空间位阻效应，使得与明胶疏水部位结合的油滴变少，造成微胶囊产率的下降。

经CMC-明胶复合凝聚微胶囊化后的风味物质热稳定性得到了提高。图9-39为CMC-明胶复聚物、肉桂醛及不同芯壁比下制备的微胶囊的热失重曲线。当温度小于100℃时，肉桂醛的热失重不超过5%，而当温度升至200℃时损失了约90%的肉桂醛。复聚物热失重最为平稳，当温度为400℃时还有40%的质量保留，反映了其较高的耐热性，兼具良好的缓释性能。芯材浓度分别为1.0%，2.0%（对应芯壁比为1∶1，1∶2）的微胶囊热失重曲线明显较单独的肉桂醛平稳，同时，曲线与复聚物热失重曲线具有相似规律。

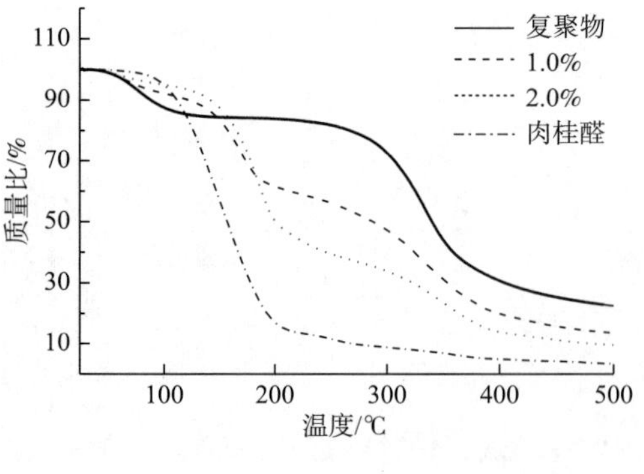

图9-39 肉桂醛微胶囊的热失重曲线

果胶的类型影响复合凝聚物的性能及其对风味物质的包埋效果。采用复合凝聚法分别制备明胶（G）和高甲基果胶（HMP）、低甲基果胶（LMP）多核微胶囊以包埋肉桂醛，通过动态光散射和显微表征研究影响微胶囊形成的相关参数。利用荧光分析和傅里叶变换红外光谱（FTIR）分析明胶和果胶复合凝聚过程中蛋白质构象的变化，结果表明当G∶HMP质量比为3∶1，G∶LMP质量比为6∶1，pH分别为4.23和4.37时，复聚物的产率较高，且粒径和形貌均较适宜。荧光光谱和 FTIR 分析进一步证实了复合凝聚过程中，明胶和果胶发生了静电相互作用，且明胶分子发生了构象变化。热重分析发现通过明胶与果胶复合凝聚制得的微胶囊，能将肉桂醛的降解温度从 180~220℃提高至 350~400℃。此外，高甲基果胶制备的微胶囊具有更高的包封率（89.2%）和控释能力（80℃热水中 120min 释放率为 33%）。

蛋白质是通过肽键连接多种氨基酸聚合而成的生物可溶性大分子。由于含有一定量的疏水氨基酸，蛋白质具有较好的乳化性。目前乳清蛋白、大豆分离蛋白以及玉米醇溶蛋白等也用于与多糖进行组合制备复合凝聚微胶囊。以乳清蛋白与阿拉伯胶为壁材，对橙油及柠檬油进行了微胶囊包埋，包埋产率均超过了 80%。当把风味微胶囊加入豪达干酪后，感官评定也显示出微胶囊对风味的保护及缓释效果。

（四）复合凝聚微胶囊的交联剂

经初步聚合过程所形成的微胶囊间的结合力主要为静电相互作用，同时一些次级键如氢键、疏水相互作用等也对结构稳定起辅助作用。虽然此时的微胶囊外观已具有规整的形态，但其稳定性十分有限，无法耐受机械压力或高温作用，因此需要进一步固化过程对其进行加强。固化过程一般利用交联剂对蛋白质分子间进行共价连接。最常用的固化剂为醛类交联剂，如甲醛、戊二醛等。尽管它们可以在小剂量、短时间内达到很好的固化效果，但是由于本身含有的毒性制约了其在食品等领域的使用。

相对普遍使用的商品化无毒固化剂为谷氨酰胺转氨酶（TG）。它能催化酰基转移反应，从而在蛋白质之间引入共价键，其中最常发生反应的是赖氨酸的 ε-氨基与谷氨酰胺的 γ-酰胺基。以 TG 为固化剂，明胶-阿拉伯胶为壁材，包埋薄荷油微胶囊，优化得到的最佳条件为固化剂添加量 15U/g 明胶，pH 6.0 下 15℃反应 6h。

植物多酚也具有交联蛋白的效果，这是由于多酚在酶、高价态金属离子或碱性溶液中，多酚易被氧化，形成非常活泼的邻醌或正碳离子，作为高亲电中心，很容易与蛋白质分子中的亲核基团（$—NH_2$、—SH）形成共价键结合。在以茶多酚为交联剂的固化过程中，反应 pH、反应时间、茶多酚添加量都对固化效果有着显著的影响，在 pH 10.0，反应时间 12h，茶多酚添加量 0.1g/g 明胶的条件下，微胶囊化肉桂醛的固化效果较好。80℃热水中的稳定性实验与热重分析释放结果显示茶多酚与甲醛和 TG 固化效果相近（图 9-40），能够很好地替代它们作为复合凝聚微胶囊的固化剂。

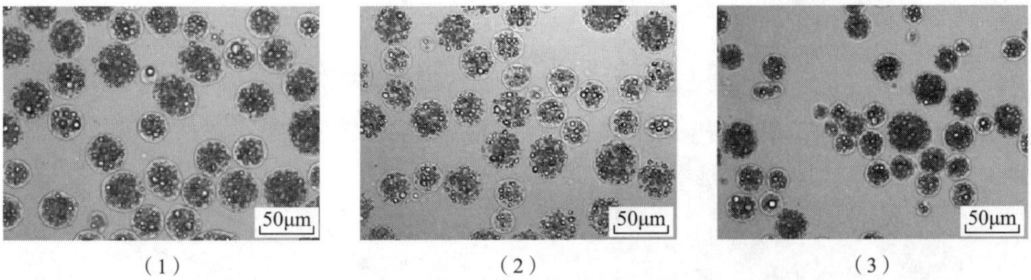

图 9-40　不同固化剂固化的微胶囊在 80℃热水中的形态

（1）甲醛　（2）茶多酚　（3）TG

（五）复合凝聚微胶囊的应用

复合凝聚微胶囊具有可耐高温、高湿，以及可控制释放等诸多优点，在食品领域具有极大发展空间。复合凝聚微胶囊可用于香精香料的粉末化，微胶囊化后的香精和风味剂可用于焙烤食品、膨化食品、汤粉食品和口香糖中，可以起到减少加工过程中的损失和延长释放时间等作用。由于复合凝聚微胶囊的固化程度可以调节，它可以起到控释作用，包埋甜、酸味剂。

复合凝聚微胶囊所能包埋的芯材种类只能是疏水性物质，因此对于芯材的扩展性选择大多集中于单纯的具体物质。通过复合凝聚法分别对罗勒烯、大蒜精油、生姜精油等不同的风味成分进行微胶囊包埋，获得具流动性的风味微胶囊粉末。在精油的保留率方面，生姜精油最佳，大蒜精油次之，罗勒烯最差。

采用复合凝聚法可生产耐高温葱油微胶囊，当用于微波、烘焙、干燥、其他烹煮或热处理时，可以在60~232℃内保持完整，并且不释放香气，而当咀嚼时葱油微胶囊能够均匀缓慢地释放风味油。以乳清分离蛋白和阿拉伯胶为壁材，用复合凝聚法包埋柠檬油、橘油，并且应用于干酪中。以蛋白质（明胶、乳球蛋白、大豆蛋白）、阿拉伯胶、淀粉为壁材，通过复合凝聚法将风味油等微胶囊化，能够阻止其被空气氧化。其他的风味精油、香料油树脂等也都可以用复合凝聚法进行包埋。其中，风味精油有酸橙油、茴芹油、香菜油、肉桂油、胡椒油、丁香油、茴香油、姜油、薄荷油、迷迭香油；香料油树脂来源于多香果、罗勒、辣椒、肉桂、丁香、孜然芹、牛至、肉豆蔻、红辣椒、黑辣椒、迷迭香等。

【实例】

以明胶、阿拉伯胶、羧甲基纤维素、果胶等为壁材，用复合凝聚法将肉桂油、薄荷油、柠檬油、橘油等微胶囊化，复合凝聚的pH为3.0~4.5，以谷氨酰胺转氨酶为固化剂进行固化。用喷雾干燥法对微胶囊溶液进行干燥，得到的风味微胶囊产品具有如下优点：①在高温下结构稳定，对风味物质具有很好的保护作用；②在机械力作用如咀嚼时破碎并缓慢释放风味物质。微胶囊中含有70%~95%（质量分数）的风味油，芯壁比为（5~10）：1。这种风味油微胶囊可应用于焙烤食品、油炸食品和微波食品中。

喷雾干燥后微胶囊颗粒表面有凹陷，但并没有裂缝或空洞整个表面是连续的，壁材结构具有较好的完整性和致密性（图9-41）。包埋后肉桂醛的释放率显著降低，在高温下具有很好的稳定性。芯壁比对微胶囊稳定性影响很大，芯壁比越大，微胶囊越不稳定（图9-42）。

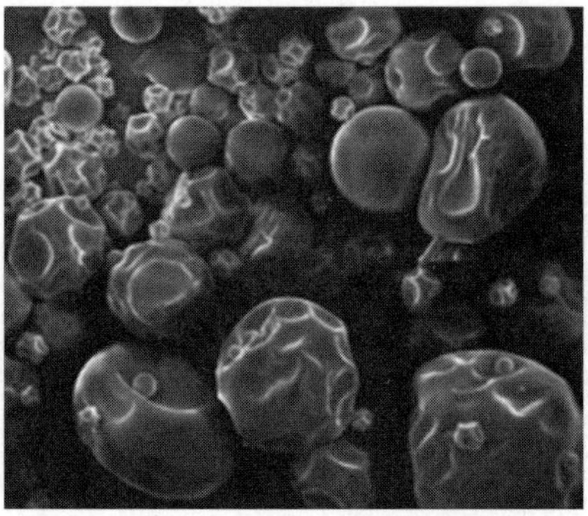

图9-41　复合凝聚微胶囊经喷雾干燥后的表面超微结构

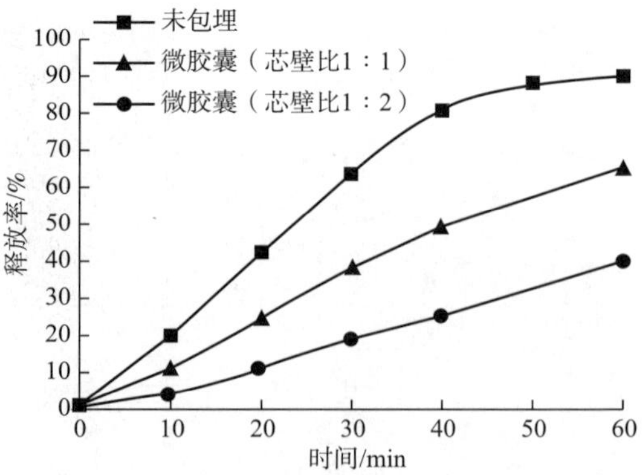

图9-42　肉桂醛和肉桂醛微胶囊150℃的释放曲线

五、喷雾干燥

喷雾干燥是将液体风味剂加工成粉末最有效的方法。通过喷雾干燥可以得到具有可控物理特性的粉末，如流动性、残余水分含量及密度。同时，也可以控制有效风味成分的性质，如释放性质、感官性质等。

（一）喷雾干燥的载体

喷雾干燥的风味料一般不是纯物质，而是与载体物质均匀混合。载体材料具有双重作用：使喷雾干燥更加容易；通过微胶囊化保护活性成分。风味料喷雾干燥的第一步是选择一个合适的载体（壁材）。

喷雾干燥的一般过程都是将有效风味成分与乳化剂一起分散到载体溶液中再进行均质处理，形成一种悬浮液或者水包油型乳状液，风味成分以大量的微粒或载体水溶液包围的脂肪球形式存在，然后把这些溶液泵入喷雾器内。当由喷雾器产生的特细脂肪球在干燥室内与热空气接触时，水分被蒸发掉，而载体材料则发生固化，从而形成干壳将风味物质包埋在内部。微粒表面先失水干燥，从而在表面形成一个抗扩散界面层。小的水分子扩散快，能快速通过障碍层，而风味分子被保留在微粒内部。这种选择性穿透使水分快速蒸发而风味成分的损失最小。同时，水分蒸发还可使颗粒表面冷却，从而保护热敏风味物质免于过分受热而降解。

喷雾干燥得到的微胶囊可以保护风味料中的有效成分，并使其控制释放。各种各样的风味料以喷雾干燥的方式制成微胶囊，如香料、辛香料和香精油。将人造甜味剂阿斯巴甜制成微胶囊可以防止其在烘烤时热分解。

载体材料也可以保护有效风味成分免受外部环境的影响。易于氧化的风味成分（如柠檬油）需要微胶囊化以防止其与大气中的氧气接触。此外，易吸水的产品也需要制成微胶囊以避免其吸收大气中的水分，从而提高贮存稳定性及延长保质期。

理想的载体必须具有以下特点：良好的乳化特性、优越的成膜特性、固形物含量较高时保持较低的黏度（固形物含量>35%时黏度<0.3Pa·s）、湿度低、重组到食品中后能释放风味、成本低、没有味道、来源稳定以及能很好地保护风味物质。载体材料的选择依具体应用而定。适合于喷雾干燥的载体多为天然聚合物或人工合成聚合物，如植物胶（如阿伯树胶）、淀粉和变性淀粉、糊精、蜡、糖、蛋白质（如明胶和大豆蛋白）、纤维素酯和聚合物（如聚乙烯吡咯烷酮）。现在广泛使用的 3 种典型载体是水解淀粉、改性淀粉和阿拉伯胶。

阿拉伯胶是喷雾干燥的传统载体，它是一种非常好的天然乳化剂，作为风味载体的其他评价指标也很理想。因为饮料方面的应用在干制风味物质的应用市场占了很大的比例，在选择载体时，最终产品中乳状液稳定性是最重要的评定标准之一。但由于产地不同，收集胶的方法又比较原始，阿拉伯胶的来源和质量都是不稳定的。胶易被杂质污染，细菌含量也较高。因此，制造商需将胶重新水化、过滤除杂、灭菌。

阿拉伯胶的成本以及供应限制导致喷雾干燥的替代载体迅速发展起来。化学改性淀粉和阿拉伯胶的功能性质相近。而天然淀粉没有乳化特性，存在两个严重的问题：①风味保留性差，干燥时，进料乳状液性能的好坏对于风味保留有很重要的影响；②重组到终产品中后风味乳状液的稳定性（如饮料）差。如果载体对于风味物质没有乳化性，那么风味物很容易从产品中分离出来，在容器顶部形成油圈（上浮现象）。

FDA 批准的赋予淀粉乳化性质的最有效方法是用环二羧酸酐酯化部分水解的淀粉。FDA 已经批准最多可用30g/L辛烯琥珀酸酐处理淀粉，相当于取代度0.02。据报道，经此处理的改性淀粉比阿拉伯胶的乳化性能要好，在喷雾干燥过程中，风味保留能力更强。然而，改性淀粉也存在欠缺：①不是纯天然的；②它们对于风味物质氧化的防止效果还不理想（尽管新一代的产品在这些方面已经有了很大改进）。

（二）喷雾干燥过程的风味保留

当用喷雾干燥包埋风味物时，必须考虑产品的性能需求，包括颗粒大小、形状、密度、流动性、分散度、水分含量、外观、载量、结块稳定性、结构强度、释放特性、乳状液初始稳定性及重组产品稳定性。如果忽视其中任何一个性能指标，风味产品的质量就会下降。本章主要从风味保留度和产品稳定性考虑。

优化风味物质喷雾干燥过程时，首先要考虑的是干燥及贮存过程中的风味保留度，生产以及应用过程中的乳状液稳定度，以及防止产品变质（如氧化作用）的预防措施。每个指标的相对重要性取决于所干燥的风味物质以及最终的应用，例如，对于方便涂抹糖粉的干燥，不需要担心乳状液的长期贮存稳定性问题，但干制饮料风味物质就不同了。但不管最终用于哪方面，干燥过程中的乳状液稳定性都是非常重要的。制备过程（如干燥）中乳状液一旦被破坏，破乳乳状液在喷雾干燥塔中后期油相干燥时，就有爆炸的潜在危险，因为这时水溶性部分已被干燥，进料的100%是有机物质。如果风味物质中不含易氧化的组分，那么防止氧化的措施就没有必要，但对于含橘油的风味物质来说是非常重要的。因此，优化过程必须结合产品性质及其应用来考虑。

喷雾干燥过程中风味物质载体的选择会影响挥发性成分的保留度。这种影响可能是间接的，有些载体固形物含量很低时黏度就很高，例如，大豆浓缩蛋白的固形物含量上限为15%，它的高黏度会影响雾化效率。但固形物含量低就意味着风味保留度很低，大豆浓缩液进行喷雾干燥时挥发性成分的平均保留度仅有13.1%，而用乳清蛋白作载体时为24.7%（进料固形物含量为30%）。两种蛋白质风味保留的作用机制相同，喷雾干燥过程中风味保留效果的差异是因为大豆蛋白能达到的固形物含量低。

1. 进料固形物浓度

载体种类往往直接影响风味的保留作用，具有良好的乳化性能或成膜性的载体其风味保留效果要明显优于没有这些特性的载体。乳化能力对于亲油性挥发风味物质的保留非常重要，但对于亲水性风味物质的影响相对较小。

一旦选定了某种载体（或载体的混合物），选择合适的进料固形物含量是非常重要的。研究表明，在喷雾干燥中，进料固形物含量是风味保留最重要的决定因素（图9-43）。尽管许多研究表明进料固形物含量越高越好，但也有研究认为对于每一种载体体系都有最适的进料固形物含量。这是因为当加入的固形物含量超过其溶解度时不再对风味保留有积极的影响，或者因为固形物含量过高产生黏度问题导致喷雾干燥雾化效果下降，从而造成更多风味损失。

提高进料固形物含量能改善风味保留度，其原因可能是高固形物含量减少了液滴周围形成高固形物膜所需的干燥时间，当液滴表面水分含量达到10%，风味分子不能透过表面膜扩散，而相对较小的水分子可以继续透过表面膜扩散进入干燥空气中以被除去。

2. 风味物质的浓度

载体溶解后通常立即加入风味物质。在喷雾干燥过程中，风味物质的载量一般为20%，风味物质载量过高会导致其在干燥中有过多的损失。例如，与10%的风味物质载量相比，25%载

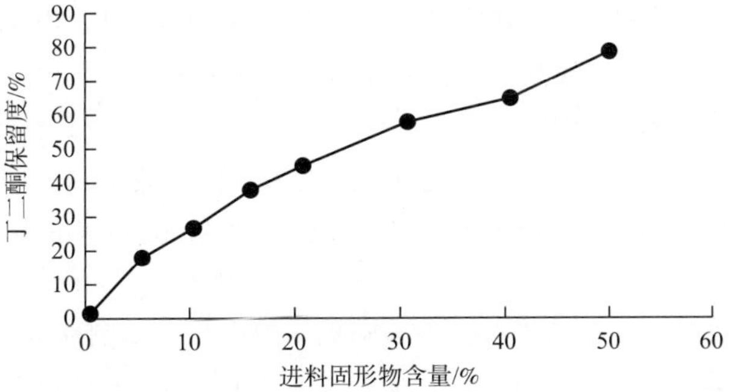

图 9-43　进料固形物含量对喷雾干燥过程中丁二酮保留度的影响

量时风味物质的保留量只有 1/3~1/2。进行干燥时高表面油和低风味物质保留的原因主要是干燥过程中颗粒的收缩和破裂。在喷雾干燥中使用多糖（如阿拉伯胶、淀粉衍生物、糊化水解淀粉）和多羟基物质（如糖醇、内酯、单醚和丁二酮）的组合来制成塑性载体，可以干燥含 75%（以干基计）风味物质的进料，油可以回收 80%（以干粉计）。

3. 进料乳状液质量

在喷雾干燥过程中，乳状液粒径大小对于风味物质保留度有显著的影响（图 9-44）。一般油溶性挥发性成分保留度程度随着乳状液粒径的减小而增加。乳状液粒径大小（0.5~2μm）对于亲油性的柠檬烯的风味保留度有显著的影响，但对于水溶性挥发物（丁酸乙酯和丙酸乙酯）保留度的影响则不同。对于水溶性挥发物的保留度而言，有一个最适的乳状液粒径大小。乳状液粒径小时，酯损失增加是因为乳状液比表面积很大，比表面积增加使得风味物质扩散进入基质并在干燥时从表面损失的机会增大。

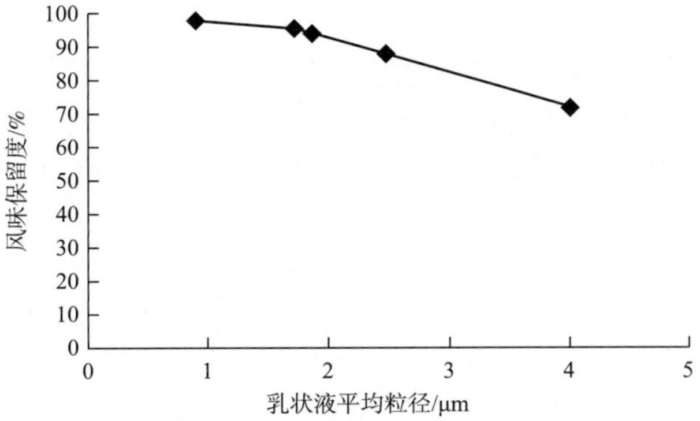

图 9-44　干燥中乳状液粒径大小对风味保留度的影响

因此，亲油性风味物质的损失可以通过选用合适的载体促使形成粒径小、稳定性高的乳状液以及合适的均质操作降低到最低程度。而那些亲水性风味物质（水果风味）的损失与乳化载体的使用以及均质没有必然的联系。

4. 进料温度

进料温度可以保持在室温，或者高温（>68℃）以抑制微生物生长。进料温度对于风味保留度的影响可以分为两种不同的方式。研究发现降低进料温度可以提高风味保留度，主要是因为降低进料温度可以提高物料黏度，进而减少干燥液滴的循环流动。但也有相反观点，认为采用高进料温度可以增加进料固形物含量，提高风味保留度和干燥产量。

（三）喷雾干燥风味稳定性

微胶囊化风味物质的保质期内氧化稳定性是需要考察的重要指标。许多风味物质（尤其是橘油）易于氧化，在贮存过程中易产生异味，氧化稳定性的决定因素是载体的选择。

1. 载体影响

不同载体对于微胶囊化橘皮油可以提供不同程度的保护。如图 9-45 所示，阿拉伯胶包埋橘皮油时，在 37℃（未添加抗氧化剂）的保质期为 40d（保质期是指每克柠檬烯中有 2mg 柠檬烯氧化物时的贮存时间）。在同样的条件下，改性淀粉产品的保质期只有 20d。而采用葡萄糖当量（DE 值）为 25 的玉米糖浆固体包埋橘皮油时，保质期长达 160d，比阿拉伯胶或乳化改性淀粉更长。

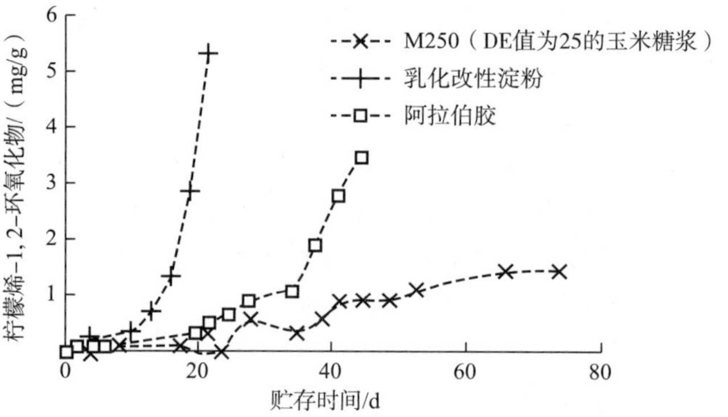

图 9-45 壁材类型对包埋橘皮油保质期的影响

研究发现简单水解淀粉可以很好地保护喷雾干燥的橘皮油，保护程度直接与水解淀粉的 DE 值相关（图 9-46）。然而，在使用简单的水解淀粉作为风味载体时出现了一些问题，像上面所提到的，这些产品缺乏乳化特性，不能很好地保留挥发性风味物质，干燥质量差，甚至在贮存过程中明显结块。

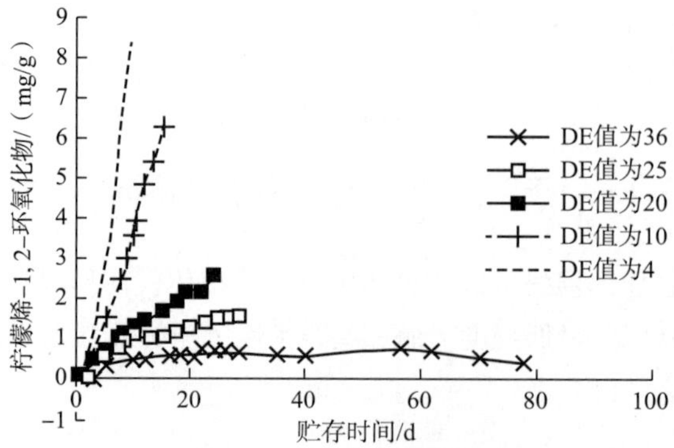

图 9-46 淀粉 DE 值对喷雾干燥橘皮油保质期的影响

2. 水分活度

水分活度对喷雾干燥粉末保质期的稳定性具有重要影响。在单分子层（水分活度约 0.2）时油脂氧化速率最慢，在单分子层的两边速率都会加快。研究发现在一定的水分活度范围内（0~0.536），阿拉伯胶作为载体的微胶囊化橘皮油的保质期随着水分活度的增加而延长，但水分活度达到 0.75 时，保质期会缩短，因此对于阿拉伯胶包埋芯材的稳定性来说有一个最适的水分活度（约 0.55）。包埋壁材的类型决定水分活度对保质期的影响状况，水分活度对改性淀粉（CAPSUL）和麦芽糊精（M100）喷雾干燥包埋橘油保质期的影响不同。水分活度在 0.75（上限）以下麦芽糊精作壁材时保质期随水分活度增加而延长，而改性淀粉作壁材时，两者的关系恰巧相反。因此在确定最佳保质期的合适水分活度时必须考虑载体壁材的类型。然而，在传统的 2%~5%含水量内，喷雾干燥粉末的保质期没有理论可循。选择合适的包埋壁材，在不加抗氧化剂的情况下，喷雾干燥微胶囊化产品的保质期可以超过一年。

现在工业上大量使用乳化剂载体（阿拉伯胶或改性淀粉）和水解淀粉（DE 值为 10~25）的混合物作为载体，可以降低成本、赋予乳化特性、延长保质期。

（四）喷雾干燥法微胶囊化实例

喷雾干燥法制备风味物质微胶囊是将芯材首先分散在壁材溶液中进行乳化，然后在热气流中雾化，使水等溶剂迅速蒸发除去，壁材固化包埋芯材，形成包含有芯材的固体粉末。其工艺流程如图 9-47 所示。

图 9-47 喷雾干燥法制备香精油微胶囊的工艺流程

【实例 1】以阿拉伯胶和麦芽糊精为壁材制备微胶囊化橘油

阿拉伯胶具有乳化能力，可用于微胶囊化橘油的壁材，而麦芽糊精本身不具备乳化作用，可作为填充物与阿拉伯胶复合。

以阿拉伯胶和麦芽糊精为壁材制备橘油载量为 20%的微胶囊化样品（图 9-48）：制备橘油-壁材乳状液，乳状液中壁材由阿拉伯胶：麦芽糊精=2：3（质量比）组成，橘油占总固形物含量的 20%，乳状液的固形物含量为 40%。在磁力搅拌器上将去离子水加热到 82℃，边搅拌边加入阿拉伯胶和麦芽糊精至完全溶解，待壁材溶液冷却至室温后，边搅拌边加入冷榨橘油。将制得的橘油-壁材乳状液以高速分散机进行高速分散，再以一级均质压力 30MPa，二级均质压力 5MPa 进行高压均质，在进风温度 195℃，出风温度 95℃的条件下喷雾干燥，得到橘油载量为 20%，微胶囊化的效率为 85.9%。

如图 9-48 所示，以阿拉伯胶为壁材制备的橘油载量为 20%的微胶囊化橘油，所得的喷雾干燥产品颗粒表面并无裂缝和孔隙，整个表面是连续的，说明橘油已被壁材全部包埋，但是除个别颗粒呈现规则的球形外，其余大部分颗粒表面的凹陷十分严重，说明颗粒在干燥和冷却过程中会产生严重的皱缩。

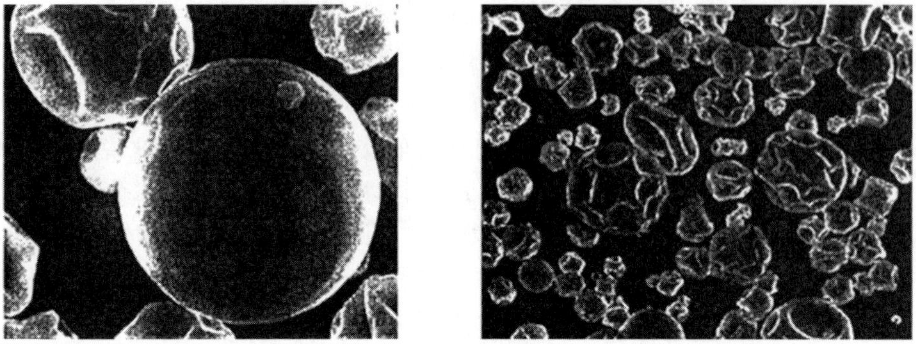

图 9-48 微胶囊化橘油（载量 20%）的扫描电镜照片

【实例 2】以辛烯基琥珀酸酯改性淀粉作为壁材制备微胶囊化橘油

以三种辛烯基琥珀酸酯改性淀粉 HI-CAPl00、CAPSUL 和 N-LOK 分别作为壁材制备微胶囊化橘油。结果发现改性淀粉 HI-CAPl00、CAPSUL 和 N-LOK 包埋橘油载量为 20%的微胶囊化橘油的效率分别达到 95.8%，93.2%，91.4%，橘油载量为 40%的微胶囊化橘油效率分别为 90.4%，89.0%，70.3%。如图 9-49 所示，以 HI-CAPl00 为壁材制备的载量 40%的微胶囊化橘油颗粒比图 9-49 所示的橘油颗粒规则得多，仅有部分颗粒有轻微的凹陷。

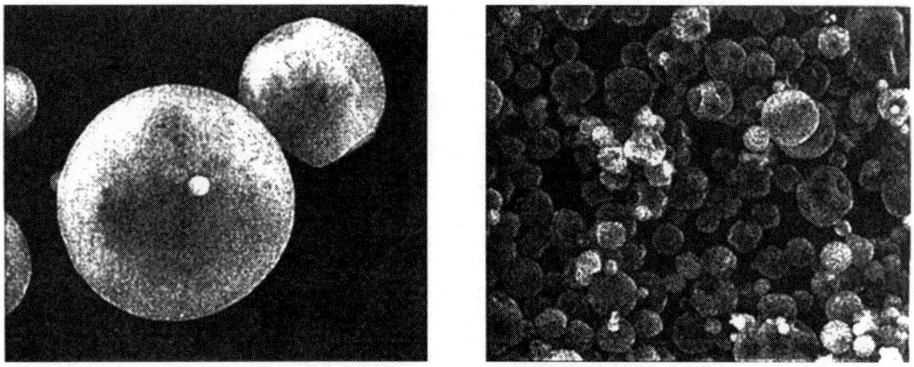

图 9-49 以 HI-CAPl00 为壁材制备的微胶囊化橘油（载量 40%）的扫描电镜照片

六、 糖玻璃化技术和风味物质的挤压加工

（一）糖玻璃化技术

糖玻璃化技术是将香精在惰性气体保护下分散于熔化的糖类物质中，然后通过一定压力将其挤入冷却介质中迅速脱水、降温，得到包含有香精的玻璃态细颗粒产品。糖玻璃化技术是一种低温微胶囊化技术，特别适合于热敏性香精的包埋。目前国外约有 100 种风味剂是通过这种方法包埋的，产品稳定性好，风味滞留期可达 2~3 年。

大多数糖分子具有较高的玻璃化转变温度（T_g），均可在适宜条件下冷却后变为玻璃状。糖玻璃的制造方法是将结晶糖加热熔融后经快速冷却，使其转化为透明的非晶体无定形、亚稳态的玻璃样固体，即为糖玻璃。以蔗糖为例，当晶体受热时，原来的规则结构被破坏而转化为熔融状态，经快速冷却后，融化物会转化为一种清澈透明、无定形、亚稳态的玻璃状物，从而使蔗糖分子被固定在这种无定形的非结晶结构中。在快速冷却下，熔融物的黏度增加，进一步将蔗糖分子固定在该无定形结构中。熔融或分解结晶糖所需的温度取决于糖的分子结构及水分的含量。水一方面作为溶剂，促进结晶糖的熔融或降解，加快液态糖的形成；另一方面作为增塑剂，在一定程度上会提高糖分子的活性和自由度，使之进一步重组而恢复晶体形状。水分含量会使体系的玻璃化转变温度降低，从而使下一步玻璃态形成所需冷却条件提高，玻璃化香精产品的稳定性下降。因此玻璃化香精生产中水分的控制就显得十分重要。

以蔗糖和葡萄糖浆混合制成的糖玻璃，其稳定性要比单独用葡萄糖制成的高得多。原因可能是不同种糖类分子的相互影响使糖类不易恢复原来的结晶排列结构，从而提高了所形成的糖玻璃的稳定性。

现在，糖玻璃化香精正在越来越广泛地应用于各种食品生产中，特别是在袋泡茶、保健食品、口香糖、调味品以及固体饮料中，香气可以在糖玻璃化产品中保存数年也不会淡化与散失。这种香精不需要使用抗氧化剂来稳定，可以提供天然、健康、新鲜的产品。

（二）挤压加工风味物质

当提及挤压时，一般会想到用于谷物类产品加工或组织化的高温、高压双螺丝挤压机。用于包埋风味物质的挤压是一个更广义的概念，是指熔化了的风味乳状液在压力作用下挤出模孔。但与谷物加工的高温高压不同，一般压力小于 689.47kPa，温度很少超过 120℃。

1. 传统的加工过程及配方

风味挤压是由舒尔策（Schultz）等首先想到的，他将橘油加到熔化的糖中搅拌制成粗乳状液，冷却凝固，固体粉碎到一定细度后作为胶囊化风味物质出售。

图 9-50 所示是用 DE 值为 42 的玉米糖浆作为胶囊基质挤压包埋橘油的示意图。在橘油中加入抗氧化剂如丁基羟基茴香醚（BHA）以及 4-羟甲基-2,6 二叔丁基酚，其用量为风味油的 0.05%，可以保持其稳定性。乳化剂的加入利于形成乳状液，提高稳定性，可以用合成的或天然乳化剂，如甘油单酯和磺基乙酸甘油单酯钠盐，用量为乳状液总体积的 1%。玉米糖浆-抗氧化剂-乳化剂混合物含 3%~8.5%的水分，温度为 120℃左右，在这样的条件下，溶液黏度很低。风味油的含量在 10%左右，在充氮气的同时，混合物剧烈搅动，形成一个无氧乳状液，乳状液挤压通过模孔加入一个不混溶的液体中（矿物油或植物油），将它快速冷却或压制成小球，固化后粉碎到所需的颗粒大小。粉碎物用溶剂（如异丙醇）洗涤可以除去表面油，然后在真空条件下干燥。终产物为含 80~100g/kg 风味物质的自由流动颗粒状物料。

在最初的玉米糖浆固体中加入 40~90g/kg 的甘油，可以使玉米糖浆固体在较低的水分含量下就能够溶解，并且在终产物中起增塑剂的作用。塑性作用可以尽量避免产物破裂，否则氧与风味物质接触导致保质期缩短。该技术的一个创新是将热的风味物质-碳水化合物熔融体通过模孔挤压到冷的溶剂浴中。有多种溶剂（如煤油、石油醚、甲醇、丙酮、甲基亚乙基酮、苯及甲苯）可以利用，但异丙醇是工业上最常用的。挤出到冷溶剂浴中是一项关键技术，因为溶剂能使碳水化合物基质迅速固化成一种不渗透的无定型结构，同时洗去产品残留的表面油，避免油氧化产生异味的问题，还可以起到吸取终产品中水分的作用。研究发现产品在溶剂浴中浸泡 36~144h 可使水分含量减少到 0.5%~2%。如果充分搅动这一溶剂浴，还可以使颗粒变小。因此，不再需要将固化风味物质粉碎和洗涤，因为这两步操作已经在固化阶段完成了。

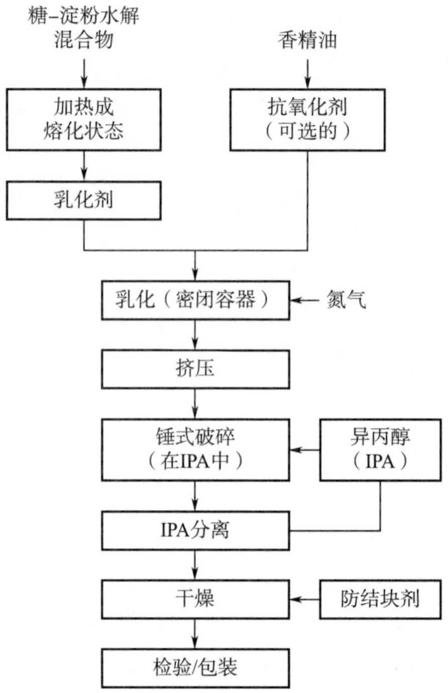

图 9-50 早期间歇式风味料挤压过程

产品中残留的溶剂可以通过空气干燥除去，多余的水分也被同时除去，然后加入各种各样的抗结剂。高 DE 值玉米糖浆及乙二醇结合在一起，具有很强的吸湿性，因此，可以加入如磷酸三钙之类的防结块剂，使产品保持自由流动的颗粒状态。

挤压胶囊化包埋技术的配方也在不断地发展。采用蔗糖和麦芽糊精的组合可代替高 DE 值玉米糖浆，如含有 550g/kg 蔗糖和 410g/kg 糊精（DE 值为 10～13）的碳水化合物混合物，其他剩余的成分是水分和添加剂。这种低 DE 麦芽糊精-蔗糖基质比高 DE 值玉米糖浆基质吸湿性低，但仍需使用抗结剂，可用热解二氧化硅代替磷酸三钙，最终产品风味物质含量是 80～100g/kg，最多可达 120g/kg。也可用改性的食品淀粉来代替蔗糖，如 Capsul（一种国民淀粉）或 Amiogum®（一种美国玉米淀粉），这两种淀粉都经过化学改性，具有乳化性质。具有亲油特性的乳化淀粉可以把风味油吸附到基质中去。麦芽糊精则主要起充填作用并控制黏度。在包埋基质中使用乳化淀粉可以增加风味物质的载量至 40%（但商业生产中还没有见到这么高的载量）。

2. 现代挤压技术

与连续操作相比，间歇生产的成本要高得多，而且操作过程的控制非常有限，风味工业已经发展到用连续挤压系统来生产风味胶囊。除了改善过程控制、降低生产成本，连续挤压机可以处理低湿物料（高黏度）。现代双螺旋挤压机可以处理高黏度体系，而且混合乳化效果与生产这类风味干制品的传统挤压系统相当。这种技术在工业上生产干制品时是非常适用的，配方中水分越少，第二步干燥的时间就越短。

图 9-51 所示是生产风味胶囊的一种典型的挤压系统，在谷物挤压加工过程中熟化是一个非常重要的功能，而生产风味胶囊中挤压机的主要功能就是熔化、乳化和成型。如图 9-51 所示，胶囊基质在投料机中干混，然后水和混合好的基质分别计量加入挤压机中，加热挤压机筒体使基质熔化。风味物质尽可能晚些注入挤压机，目的是尽可能减少风味物质的受热时间，但是必须有充足的时间进行乳化。有一些加工有排风步骤，排风的作用是排除配方中加入的水，这样就不需要或很少需要最后的干燥了。一项专利报道的实例：6% 的 Amerfond（一种多米诺糖，有 95% 蔗糖、5% 转化糖），42% 的 Lodex10 麦芽糊精（美国玉米公司生产，DE 值为 10），2% 蒸馏甘油单酯组成的混合物以约 114g/min 的速率加入连续挤压机中，并以 2g/min 的速率加水。混合物在挤压机中熔化，保持 121℃，挤压机的螺旋转速为 120r/min。熔融混合物直接排入熔融泵中，在熔融泵的卸料侧用活塞计量泵把乙醛注入熔融基质中，用固定搅拌器将基质与风味物质搅匀。在加入风味物质之前熔化的基质温度约为 138℃，基质和乙醛混合物在一定的

压力下输送到排料口以成型和后续的收集。流动体系设计成能够在常压或一定压力下成型和固化。

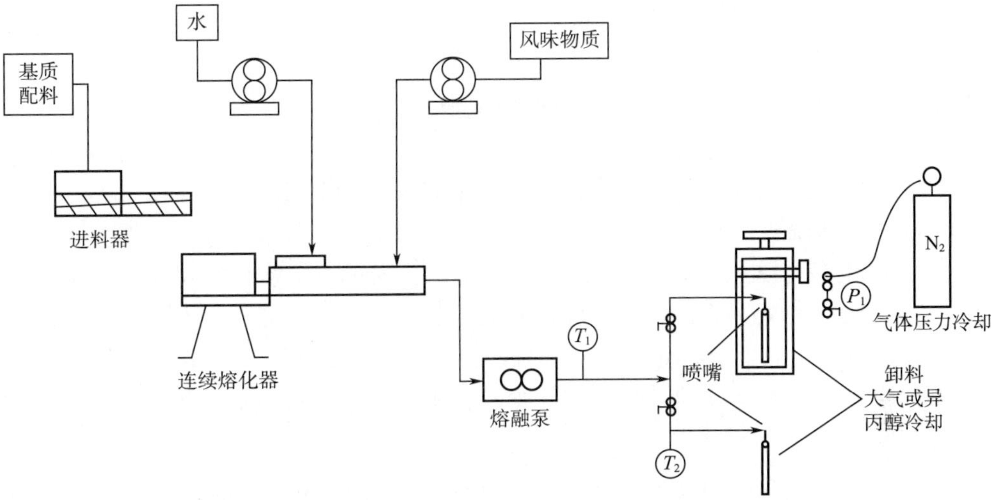

图 9-51 生产风味物质的挤压系统

在上述例子中，设计者将体系设置在一定压力下挤压（低温），使高挥发性物质（如乙醛）不易挥发损失，从而生产出多孔胶囊。另一种方法也可以将挤出产品用空气冷却或者注入冷的（T_2）异丙醇浴中。这种方法需要在最后阶段将颗粒变小，通过粉碎将颗粒变小可能会破坏分子结构，减少风味保留度及缩短保质期。

【实例】

利用表 9-11 所示专利实例的配方及加工条件可以从挤压机直接生产出大小非常均匀的颗粒。

表 9-11 挤压法生产风味物质的专利实例

成分	质量分数/%	成分	质量分数/%
橘子香精	10	水	7
磷脂	1	麦芽糊精（DE 值为 19）	82

该实例中，配置 1mm 模孔的 Clextral BC 45 双螺旋挤压机生产能力为 50kg/h，模孔出料口装有绞刀以切割塑性熔化物。在保证产品组成恒定、玻璃化转变温度高于 40℃ 的低水分含量时，前段的熔化物温度为 105℃，挤压机的静压力保持在（1~20）×10^5Pa。

连续挤压技术的出现使得基质材料多种多样。过去黏度是一个限制因素，使用了双螺旋挤压机以后，条件不再那么苛刻。基质材料的多种选择为控制释放提供了可能，可以使用蛋白质或溶解性差的碳水化合物，使这种胶囊化技术拥有了更多的优点。然而，困扰产品的主要缺点是终产物的乳化稳定性很差。包埋材料没有内在的乳化特性（改性淀粉或阿拉伯胶用作壁材时例外）以及必须在特别黏稠的基质中形成乳状液。这两个因素都导致不能形成颗粒足够小的乳状液，终产物中也不能形成稳定的乳状液。尽管如此，这种方法也已经取得了很大进展从而降低了成本，提高了质量。因此，未来这种风味产品的市场份额有望不断增加。

参考文献

[1] Gary Reineccius. Flavor Chemistry and Technology [M]. 2nd ed. Boca Raton: Taylor & Francis Routledge, 2006.

[2] Erich Ziegler, Herta Ziegler. Flavourings [M]. Weinheim: WILEY-VCH, 1998.

[3] Sara J Risch, Chi-Tang Ho. Flavor Chemistry. Industrial and Academic Research [M]. Washington DC: American Chemical Society, 2000.

[4] 许时婴，张晓鸣，夏书芹，等. 微胶囊技术——原理与应用. 北京：化学工业出版社，2006.

[5] Dong Z J, Jia C S, Hayat K, et al. Optimization of cross-linking parameters during production of transglutaminase-hardened spherical multinuclear microcapsules by complex coacervation [J]. Colloids and Surfaces B: Biointerfaces, 2008, 63: 41-47.

[6] Dong Z J, Touré A, Jia C S, et al. Effect of processing parameters on the formation of spherical multinuclear microcapsules encapsulating peppermint oil by coacervation [J]. Journal of Microencapsulation, 2007, 24 (7): 634-646.

[7] Henryk Jelen. Food Flavors Chemical, Sensory and Technological Properties [M]. Boca Raton: CRC Press, 2012.

[8] Andrea Buettner. Springer Handbook of Odor [M]. Berlin: Springer International Publishing, 2017.

[9] CT Ho, C Mussinan, F Shahidi, et al. Recent Advances in Food and Flavor Chemistry [M]. Cambridge: RSC Publishing, 2010.

[10] Zhou F B, Zhao M M, Su G W, et al. Binding of aroma compounds with myofibrillar proteins modified by a hydroxyl-radical-induced oxidative system [J]. Journal of Agricultural and Food Chemistry, 2014, 62 (39): 9544-9552.

[11] Wang J, Zhao M M, Qiu C Y, et al. Effect of malondialdehyde modification on the binding of aroma compounds to soy protein isolates [J]. Food Research International, 2018, 105: 150-158.

[12] Guo J, He Z, Wu S, et al. Effects of concentration of flavor compounds on interaction between soy protein isolate and flavor compounds [J]. Food Hydrocolloids, 2020, 100 (12): 105388.

[13] Wang K, Arntfield SD. Binding of selected volatile flavour mixture to salt-extracted canola and pea proteins and effect of heat treatment on flavour binding [J]. Food Hydrocolloids, 2015, 43: 410-417.

[14] Anne T, Elisabeth G. Interaction between flavour compounds and beta-lactoglobulin: approach by NMR and 2D/3D-QSAR studies of ligands [J]. Flavour and Fragrance Journal, 2006, 21 (1): 13-24.

[15] Markus L, Elisabeth G, Anne Tromelin, et al. Nuclear magnetic resonance spectroscopic study of β-lactoglobulin interactions with two flavor compounds, γ-decalactone and β-ionone [J]. Journal of Agricultural and Food Chemistry, 2002, 50 (24): 7094-7099.

[16] Guo J, He Z, Wu S, Zeng M, et al. Effects of concentration of flavor compounds on interaction between soy protein isolate and flavor compounds [J]. Food Hydrocolloid, 2020, 100 (12): 105388.

[17] Sahar A M, Rohollah S, Afshin F E, et al. Nanodelivery systems for d-limonene; techniques and applications [J]. Food Chemistry, 2022, 384: 132479.

[18] Rao J, Mcclements D J. Formation of flavor oil microemulsions, nanoemulsions and emulsions: Influence of composition and preparation method [J]. Journal of Agricultural and Food Chemistry, 2011, 59 (9): 5026-5035.

[19] Li P H, Lu W C. Effects of storage conditions on the physical stability of d-limonene nanoemulsion [J]. Food Hydrocolloids, 2016, 53: 218-224.

[20] Zhang J, Bing L, Reineccius G A. Comparison of modified starch and quillaja saponins in the formation and stabilization of flavor nanoemulsions [J]. Food Chemistry, 2016, 192: 53-59.

[21] Chen X W, Chen Y J, Wang J M, et al. Phytosterol structured algae oil nanoemulsions and powders: improving antioxidant and flavor properties [J]. Food & Function, 2016, 7 (9): 3694-3702.

[22] Zhao J, Wei T, Wei Z, et al. Influence of soybean soluble polysaccharides and beet pectin on the physicochemical properties of lactoferrin-coated orange oil emulsion [J]. Food Hydrocolloids, 2015, 43: 443-452.

[23] Benjamin O, Silcock P, Beauchamp J, et al. Volatile release and structural stability of beta-lactoglobulin primary and multilayer emulsions under simulated oral conditions [J]. Food Chemistry, 2013, 140 (1/2): 124-134.

[24] Noshad M, Mohebbi M, Shahidi F, et al. Effect of layer-by-layer polyelectrolyte method on encapsulation of vanillin [J]. International Journal of Biological Macromolecules, 2015, 81: 803-808.

[25] Chiu N, Tarrega A, Parmenter C, et al. Optimisation of octinyl succinic anhydride starch stabilized $W_1/O/W_2$ emulsions for oral destabilization of encapsulated salt and enhanced saltiness [J]. Food Hydrocolloids, 2017, 69: 450-458.

[26] Kasprzak M, Wilde P, Hill S E, et al. Non-chemically modified waxy rice starch stabilised wow emulsions for salt reduction [J]. Food & Function, 2019, 10 (7): 4242-4255.

[27] Wang X J, Ullah N, Shen Y, et al. Emulsion delivery of sodium chloride: A promising approach for modulating saltiness perception and sodium reduction [J]. Trends in Food Science & Technology, 2021, 110: 525-538.

[28] Esfanjani A F, Jafari S M, Assadpoor E, et al. Nano-encapsulation of saffron extract through double-layered multiple emulsions of pectin and whey protein concentrate [J]. Journal of Food Engineering, 2015, 165: 149-155.

[29] 吕沛峰, 王迪, 高彦祥, 等. 风味物质传递系统研究进展 [J]. 中国食品学报, 2019,

19 (12): 284-292.

[30] Lv Y, Zhang X M, Abbas S, et al. Simplified optimization for microcapsule preparation by complex coacervation based on the correlation between coacervates and the corresponding microcapsule [J]. Journal of Food Engineering, 2012, 111: 225-233.

[31] Lv Y, Zhang X M, Zhang H Y, et al. The study of pH-dependent complexation between gelatin and gum arabic by morphology evolution and conformational transition [J]. Food Hydrocolloids, 2013, 30: 323-332.

[32] Duhoranimana E, Karangwa E, Lai L F, et al. Effect of sodium carboxymethyl cellulose on complex coacervates formation with gelatin: Coacervates characterization, stabilization and formation mechanism [J]. Food Hydrocolloids, 2017, 69: 111-120.

[33] Dong Z J, Ma Y, Hayat K, et al. Morphology and release profile of microcapsules encapsulating peppermint oil by complex coacervation [J]. Journal of Food Engineering, 2011, 104: 455-460.

[34] Dong Z J, Xia S Q, Hua S, et al. Optimization of cross-linking parameters during production of transglutaminase-hardened spherical multinuclear microcapsules by complex coacervation [J]. Colloids and Surfaces B: Biointerfaces, 2008, 63 (1): 41-47.

[35] Dong Z J, Touré A, Jia C S, et al. Effect of processing parameters on the formation of sphercial multinuclear microcapsules encapsulating peppermint oil by coacervation [J]. Journal of Microencapsulation, 2007, 24 (7): 634-646.

[36] Muhoza B, Xia S Q, Wang X J, et al. Microencapsulation of essential oils by complex coacervation method: Preparation, thermal stability, release properties and applications [J]. Critical Reviews in Food Science and Nutrition, 2022, 62 (5): 1363-1382.

[37] Muhoza B, Xia S Q, Zhang X M. Gelatin and high methyl pectin coacervates crosslinked with tannic acid: the characterization, rheological properties, and application for peppermint oil microencapsulation [J]. Food Hydrocolloids, 2019, 97: 105174.

[38] Muhoza B, Xia S Q, Cai J B, et al. Gelatin and pectin complex coacervates as carriers for cinnamaldehyde: Effect of pectin esterification degree on coacervate formation, and enhanced thermal stability [J]. Food Hydrocolloids, 2019, 87: 712-722.

[39] Khorasani S, Danaei M, Mozafari M R. Nanoliposome technology for the food and nutraceutical industries [J]. Trends in Food Science & Technology, 2018, 79: 106-115.

[40] Islam Shishir M R, Karim N, Gowd V, et al. Liposomal delivery of natural product: A promising approach in health research [J]. Trends in Food Science & Technology, 2019, 85: 177-200.

[41] Moghimipour E, Aghel N, Zarei Mahmoudabadi A, et al. Preparation and characterization of liposomes containing essential oil of eucalyptus camaldulensis leaf [J]. Jundishapur Journal of Natural Pharmaceutical Products, 2012, 7 (3): 117-122.

[42] Wen Z, You X K, Jiang L Z, et al. Liposomal incorporation of rose essential oil by a supercritical process [J]. Flavour and Fragrance Journal, 2011, 26 (1): 27-33.

[43] Sebaaly C, Greige H, Agusti G, et al. Large-scale preparation of clove essential oil and eugenol-loaded liposomes using a membrane contactor and a pilot plant [J]. Journal of Liposome Re-

search, 2016, 26 (2): 126-138.

[44] Ge Y, Ge M. Distribution of melaleuca alternifolia essential oil in liposomes with Tween-80 addition and enhancement of in vitro antimicrobial effect [J]. Journal of Experimental Nanoscience, 2016, 6 (5): 345-358.

[45] Liolios C, Gortzi O, Lalas S, et al. Liposomal incorporation of carvacrol and thymol isolated from the essential oil of *Origanum dictamnus* L. and in vitro antimicrobial activity [J]. Food Chemistry, 2009, 112 (1): 77-83.

[46] Ortan A, Campeanu G, Dinu-Pirvu C, et al. Studies concerning the entrapment of *Anethum graveolens* essential oil in liposomes [J]. Romanian Biotechnological Letters, 2009, 14 (3): 4413-4419.

[47] Cui H, Zhao C, Lin L. The specific antibacterial activity of liposome-encapsulated clove oil and its application in tofu [J]. Food Control, 2015, 56: 128-134.

[48] Vuuren S F V, Toit L C D, Parry A, et al. Encapsulation of essential oils within a polymeric liposomal formulation for enhancement of antimicrobial efficacy [J]. Natural Product Communications, 2010, 5 (9): 1401-1408.

[49] Feyzioglu G C, Tornuk F. Development of chitosan nanoparticles loaded with summer savory (*Satureja hortensis* L.) essential oil for antimicrobial and antioxidant delivery applications [J]. LWT-Food Science and Technology, 2016, 70: 104-110.

[50] Wang X W, Cheng F Y, Wang X J, et al. Chitosan decoration improves the rapid and long-term antibacterial activities of cinnamaldehyde-loaded liposomes [J]. International Journal of Biological Macromolecules, 2021, 168: 59-66.

[51] Chen W Y, Cheng F Y, Swing C J, et al. Modulation effect of core-wall ratio on the stability and antibacterial activity of cinnamaldehyde liposomes [J]. Chemistry and Physics of Lipids, 2019, 223: 104790.

[52] Wang X J, Liu L, Xia S Q, et al. Sodium carboxymethyl cellulose modulates the stability of cinnamaldehyde loaded liposomes at high ionic strength [J]. Food Hydrocolloid, 2019, 93: 10-18.

[53] Sherry M, Charcosset C, Fessi H, et al. Essential oils encapsulated in liposomes: A review [J]. Journal of Liposome Research, 2013, 23 (4): 268-275.

[54] Hammoud Z, Gharib R, Fourmentin S, et al. New findings on the incorporation of essential oil components into liposomes composed of lipoid S100 and cholesterol [J]. International Journal of Pharmaceutics, 2019, 561: 161-170.

[55] Khatibi, S A, Misaghi A, Moosavy M H, et al. Effect of nanoliposomes containing Zataria multiflora Boiss. essential oil on gene expression of Shiga toxin 2 in *Escherichia coli* O157: H7 [J]. Journal of Applied Microbiology, 2018, 124 (2): 389-397.

[56] Engel J B, Heckler C, Tondo E C, et al. Antimicrobial activity of free and liposome-encapsulated thymol and carvacrol against *Salmonella* and *Staphylococcus aureus* adhered to stainless steel [J]. International Journal of Food Microbiology, 2017, 252 (3): 18-23.

[57] Cui H, Zhou H, Lin L. The specific antibacterial effect of the *Salvia* oil nanoliposomes against *Staphylococcus aureus* biofilms on milk container [J]. Food Control, 2016, 61: 92-98.

[58] Lin L, Zhang X J, Cui H Y. Liposome containing nutmeg oil as the targeted preservative against *Listeria monocytogenes* in dumplings [J]. RSC Advances, 2016, 6 (2): 978-986.

[59] Cui H Y, Wu J, Lin L. Inhibitory effect of liposome-entrapped lemongrass oil on the growth of *Listeria monocytogenes* in cheese [J]. Journal of Dairy Science, 2016, 99 (8): 6097-6104.

[60] Lin L, Gu Y, Sun Y, et al. Characterization of chrysanthemum essential oil triple-layer liposomes and its application against *Campylobacter jejuni* on chicken [J]. LWT-Food Science and Technology, 2019, 107: 16-24.

[61] Bi S, Pan X, Zhang W T, et al. Non-covalent interactions of selected flavors with pea protein: Role of molecular structure of flavor compounds [J]. Food Chemistry, 2022, 389: 133044.

[62] Ma R R, Tian Y Q, Zhang H H, et al. Interactions between rice amylose and aroma compounds and their effect on rice fragrance release [J]. Food Chemistry, 2019, 289: 603-608.

[63] Pan X, Wu J H, Zhang W T, et al. Effects of sugar matrices on the release of key aroma compounds in fresh and high hydrostatic pressure processed Tainong mango juices [J]. Food Chemistry, 2021, 338: 128117.

第十章

CHAPTER 10

风味料在食品加工中的应用

风味是食品的灵魂，不同的食品在风味特征上存在差异。食品风味的多样性满足了消费者特定的需求，同时消费者对食品风味品质的追求也促进了食品风味的研究与发展。食品中添加的风味料包括香精、香料以及调味剂等。

食用香精即食品用香精，是参照天然食品的香味，采用天然和天然等同香料、合成香料精心调配而成、具有天然风味的香精。常见的香精包括水果类水质和油质、乳类、家禽类、肉类、蔬菜类、坚果类、蜜饯类、乳化类以及酒类等各种香精，适用于饮料、饼干、糕点、冷冻食品、糖果、调味料、乳制品、罐头、酒等食品的加工。食用香精的剂型有液体、粉末、微胶囊、浆状等。

食用香味料简称食用香料，常用于食品风味轮廓的修饰强化。食用香料分为允许使用和暂时允许使用两类，根据来源不同可分为天然和人造香料。目前我国允许使用的食用香料有1908种，包括天然香料403种，人工合成香料1505种。

食用香料和食用香精都属于食品添加剂，二者有所区别同时又密切相关。食用香料是调配香精的原料，可以是单一物质，也可以是单一来源的多种物质；而食用香精是以食用香料为原料经特殊调制而成。随着食品变得越来越丰富，人们对口味与口感的追求也越来越高，食用香精对现代食品工业发展和食品风味提升具有重要意义。

食用香料一般配制成食用香精后用于食品加香，部分食用香料也可直接用于食品加香。在食品中使用食用香料、香精的作用主要体现在两个方面：一是为食品提供香味，如软饮料、冰淇淋、果冻、口香糖、糖果等；二是补充和改善食品的香味。一些加工食品如罐头、香肠、面包、速冻食品等，由于受加工工艺、加工设备、加工时间等的限制，香味往往不足或香味不纯正，加入适量的食用香精能够修饰和强化其香味。

调味剂是指可以改善食品感官性质、提升食品可口性并能促进消化液分泌和增进食欲的食品添加剂。调味剂的种类很多，主要包括咸味剂（主要是食盐）、甜味剂（主要是糖、糖精等）、鲜味剂、酸味剂及辛香剂等。

开发备受顾客青睐的产品是食品制造商的使命。对于食品制造商而言，只有不断地改进和完善食品的风味，满足消费者的要求，才能提高市场占有率，从而获取更多的利润。然而，食品的风味的改善并非一个简单的物理添加过程，它必须充分考虑风味物质在食品加工、贮存、运输过程中的各种变化，提升其稳定性。这涉及风味料在食品中的应用技术。目前，风味料的应用研究得到了快速的发展，本章就这方面的内容作一些介绍，主要涉及风味料在乳制品、软饮料、糖果、焙烤食品、调味品、肉制品和烟草中的应用。

第一节　风味料在乳制品中的应用

乳制品如鲜乳、酸乳、冰淇淋、干酪等已成为现代人生活的必需品。随着乳制品行业的快速发展，风味料在乳制品中的应用也达到了前所未有的程度。在牛乳、酸乳、风味牛乳甜点中加入果味香精及巧克力风味粉，在乳粉中添加香草香精等，已成为一种时尚，并在市场上取得了巨大的成功。

一、　乳中风味化合物的来源

乳制品的基础原料是哺乳动物的鲜乳，主要来自乳牛。鲜乳的主要风味成分包括：游离脂肪酸、甲基酮（2-己酮、2-戊酮）、δ-内酯和二甲基二硫化物（阈值低，鲜乳风味的主体）。鲜乳的风味平衡很容易受到光、热、氧气、酶水解或微生物的作用及饲料成分的影响。基于鲜乳的这种敏感性，人们研发了一系列乳制品：包括简单分离的奶油、酸乳和益生菌饮品等发酵产品、数百种基于细菌或霉菌发酵的不同干酪以及现代工业乳制品，如超高温灭菌的牛乳和炼乳。引起风味变化的基本途径包括加热作用、酶促作用、微生物发酵作用。

（一）加热作用

引起乳制品风味变化的加热作用具体包括：

(1) 酮酸转化为甲基酮，如2-庚酮、2-壬酮，形成干酪味。

(2) 羟基酸受热后易发生分子内脱水成环，生成相应的内酯，如δ-十二内酯、γ-十二内酯。δ-十二内酯使奶油和黄油具有甜润的奶油味。

(3) 乳糖经焦糖化反应生成甘甜的焦糖麦芽糖醇和4-羟基-2,5-二甲基-3(2H) 呋喃酮。

(4) 乳糖和牛乳蛋白加热时会发生美拉德反应，生成2,5-二甲基吡嗪，产生烤味、坚果味、焦味。

（二）酶促作用

乳脂在脂肪酶的作用下发生水解释放游离脂肪酸，产生腐臭、干酪、脂肪和肥皂味。其中，最重要的是偶数编号的烷基链长度为 $C_4 \sim C_{20}$ 的酸，如4-甲基辛酸赋予干酪独特的风味。

蛋白质在蛋白酶作用下降解为游离氨基酸和寡肽，使产品具有酸味、甜味、苦味。进一步的反应产生相应的醛类物质，如2-甲基丁醛和3-甲基丁醛，具有辛辣味、麦芽味和可可味。

甲硫氨酸和维生素 B_1 等在硫化酶作用下产生游离的含硫化合物，如硫化氢、甲基硫醇、硫代乙酸甲酯、硫代丁酸甲酯。

（三）微生物发酵作用

乳酸菌发酵使酸乳具有爽口的乳酸酸味。酸乳发酵产生的气味物质有乙醛、丁二酮、3-羟基丁酮和挥发性酸等。

二、风味牛乳

为了向消费者提供除鲜牛乳、超高温灭菌牛乳、酸乳、奶油、黄油或干酪以外的更多种类的乳制品，各种口味的乳制品也被不断地开发出来。20 世纪 60 年代后期，含有风味添加剂的乳制品应运而生。风味乳多通过添加水果香精、奶油香精、玉米香精和香兰素等调制而成，可有效掩盖牛乳的不良风味，提高消费者嗜好度。此外，也有乳制品添加少量花生乳、核桃乳、维生素 A、维生素 D 及豆乳等制成调配乳。风味牛乳多为保质期较短的产品。

该类产品市场的拓展取决于其中添加风味物质的独特性以及能否给消费者带来愉悦的感受。风味牛乳中脂肪含量大多较低，为了延长产品保质期，通常需在较高温度下对其进行热处理。牛乳加工过程中一般采用的热处理条件为 80℃，20s，如果设备允许可在更高温度下缩短时间。采用注汽系统处理牛乳是一种常用的灭菌方式。在注汽系统中，向牛乳中注入蒸汽，保持适当的时间，蒸汽释放出热量将产品快速加热至灭菌温度，然后经蒸发冷却器进行冷却（在真空室中迅速蒸发以去除多余的水分并使产品冷却）。然而灭菌阶段将牛乳直接与蒸汽在一定的压力下混合，这容易对牛乳的风味造成负面影响。同时冷却环节也会导致牛乳中添加的风味成分损失。因此，若以这种处理方式对牛乳进行杀菌，那么其中添加的任何一种风味成分都必须足量。

从技术上讲，适合乳制品风味料应是水溶性的，如柑橘香料。这些风味料不包含萜烯，萜烯是一种干扰聚合物基包装材料的成分。如果添加的风味料是作为预混料与产品稳定性或颜色相关，则使用粉末风味料。除香草外，大多数粉末风味料都是用麦芽糊精和/或阿拉伯胶作为载体，通过喷雾干燥制成微胶囊化风味料。中性乳制品中最广泛使用的风味料是香草和巧克力味风味料。在 pH 较低的乳制品中，草莓口味最常用。其他口味还包括覆盆子、蓝莓、桃子、西番莲、樱桃、柑橘、香蕉、猕猴桃等。

风味牛乳中同样需要额外添加食用胶、白砂糖和维生素。食用胶不仅赋予牛乳体系较好的黏度和稳定性，而且能够与风味成分相互作用影响产品风味。维生素可根据其降解程度适量添加。淀粉或改性淀粉等水胶体也是配方的重要组成部分。为了使最终产品具有吸引人的外观，可以添加一定量的食用色素，如甜菜根浓缩汁、红色和黄色浓缩汁或合成色素。在甜味剂方面，蔗糖、异葡萄糖、果糖、葡萄糖等决定了风味牛乳的固形物含量和甜度。

乳制品中使用的风味物质必须能经受热处理，并且可与添加的维生素、胶体相互兼容。产品在贮存过程中存在的主要问题是风味品质的劣变，这是化学反应引起的期望风味损失以及牛乳酸败导致的不良风味成分生成而共同造成的。

三、风味酸乳

风味酸乳是以新鲜牛乳为原料、经过杀菌后添加发酵剂发酵制成的一种牛乳制品。目前市场上的风味酸乳以凝固型、搅拌型和添加各种果汁果酱等辅料的果味型居多。酸乳不但保留了牛乳的优点，而且某些性质经加工过程后还扬长避短，成为更加适合于人类的营养保健品。酸乳具有酸甜适口、营养丰富的特点，且能缓解乳糖不耐症，酸乳中的活性乳酸菌也可有效地抑制肠道中有害微生物的繁殖。

全脂乳、部分脱脂乳、脱脂乳或奶油均可作为酸乳的一种基本成分。除乳基质外，其他配料也可用于酸乳，包括：乳制品（浓缩脱脂乳、脱脂乳粉、乳清或乳糖），甜味料（葡萄糖、蔗糖、高甜度甜味剂如阿斯巴甜），稳定剂（明胶、羧甲基纤维素、刺槐豆胶、瓜尔豆胶、海藻酸盐、角叉菜胶、乳清浓缩蛋白），风味物质和水果制品。制备酸乳时，首先将牛乳和其他配料混合，经均质、杀菌处理后冷却，当到达适宜的发酵温度时，加入发酵剂（保加利亚乳杆菌和嗜热乳链球菌）进行发酵，然后添加期望的风味成分（包括果料），混匀、包装，这样制得的是搅拌型酸乳。近年来，含有各种果料的搅拌型酸乳也很受欢迎。也可直接在装有果料的硬质包装容器中添加已接种的牛乳，使其发酵达到所期望的酸度，如此操作制得的是凝固型酸乳。

酸乳中风味料的添加可选择性众多。果味酸乳如草莓酸乳，可以选择草莓香精或草莓汁作为风味料。有文献报道，草莓汁添加量为70g/kg时产品的质量最好。茶味酸乳如新型普洱茶风味酸乳，以普洱茶浓缩茶汤及脱脂乳粉为主要原料，当茶多酚添加量为350μL/L时，发酵酸乳得到最佳口感。坚果味酸乳如核桃酸乳，以鲜乳和脱脂核桃粉为原料生产风味型酸乳，将脱脂核桃乳与鲜乳以体积比1∶4的比例混合发酵，可制得优质核桃风味酸乳。养生酸乳如虫草枸杞酸乳，以虫草、枸杞、全脂乳粉为原料，虫草汁添加量175g/kg，枸杞汁添加量80g/kg，在此条件下发酵制成的虫草枸杞风味酸乳细腻均匀、酸甜可口，具有独特的虫草香。

随着人们健康意识的增强，越来越多人关注营养健康，低糖低脂的新型风味酸乳成为市场的新宠。生产商尝试用赤藓糖醇、麦芽糖醇、木糖醇、甜菊糖苷等替代蔗糖，创新新鲜水果、玫瑰、抹茶、坚果风味，添加膳食纤维、γ-氨基丁酸等功能性辅料。以赤藓糖醇玫瑰花风味酸乳为例，以鲜牛乳为主要原料，以玫瑰花浸提液为辅料，采用赤藓糖醇代替白砂糖，制作出低热量更健康的风味酸乳，其中玫瑰花浸提液添加量100g/kg，赤藓糖醇添加量210g/kg，发酵剂添加量1%（体积分数），得到的赤藓糖醇玫瑰花风味酸乳质地细腻、酸甜可口、组织状态均匀，具有玫瑰花的清香，理化指标与微生物指标均符合国家标准要求。

这类产品的主要风味问题是如何获得期望的初始风味轮廓（酸度/甜味/风味）并维持稳定。因为随着贮存时间的延长，产品的甜度和酸度会发生改变，从而破坏风味的和谐。此外，风味成分可被酸乳中存活的微生物代谢或被酶转化成其他不期望的成分，这改变了风味体系的挥发性组分。

四、 风味牛乳甜点

风味牛乳甜点越来越成为备受关注的乳制品食用形式，其中添加的风味料可以是液体或粉末形式。一种添加方法是将风味物质，如淀粉、水胶体和色素（单独或作为预混料）在生产过程中一起加入牛乳或水中。另外一种添加方法是在无菌灌装前注入经超高温瞬时杀菌（UHT）处理后的色调味料。这种方法的优点是颜色和味道都很新鲜。常见的风味牛乳甜点包括冰淇淋、干酪制品、布丁、蛋奶冻等。

（一）冰淇淋

制作冰淇淋的原料包括乳脂肪（通常以奶油的形式）、乳固形物（浓缩脱脂乳、牛乳、浓缩乳清、酪乳或脱脂乳粉）、甜味剂（通常是蔗糖、玉米糖浆干粉或高果糖玉米糖浆）、2～5g/kg的稳定剂以及风味成分。将这些配料按比例混合，以满足产品标准的要求。所需要的配料经混合、杀菌、均质、冷却、老化等一系列操作步骤处理后，凝冻至一定的膨胀度。

冰淇淋质量的优劣，首先在于风味，然后是色泽、形态、质构、抗融性等物理特性和感官特性。生产风味绝佳且受到消费者青睐的冰淇淋是冷饮企业的首要追求。这不仅要求生产者对原料精心挑选，对配方巧妙设计，还需要先进的生产设备和成功的营销策略，但最终能否吸引消费者的关键还是产品的风味。

在选择风味物质及其使用量时，需要遵循几个原则。第一，由于冰淇淋在冷冻状态时食用，因此，风味物质的添加量相对要高些。第二，风味物质的使用量应随膨胀度的提高而增加。第三，提高冰淇淋中脂肪含量应增加风味物质的用量（所需的风味物质的量与产品的脂肪含量之间几乎呈线性关系）。第四，稳定剂也增加了所需的风味物质用量。例如，采用羧甲基纤维素使得人们可以品尝到更冷的冰淇淋，但这意味着需要更多的风味物质。瓜尔豆胶能够改善耐嚼性，而这也对风味物质提出了更高的需求。乳化剂可增加可塑性、起泡性或苦味。增加乳固形物（蛋白质）也会提高对风味物质的需求。

值得注意的是，冰淇淋的风味会随着时间的延长而劣变，它们有一定的保质期。光照或长时间的贮存都会使得其发生氧化。与此同时，风味物质，尤其是香草醛，也会随着时间的延长与蛋白质结合。

在制作冰淇淋过程中在哪一环节以何种方式添加风味料取决于使用的风味料类型。能经受生产加工条件（杀菌、均质和凝冻）考验的风味料可加入混合罐，如液体风味剂、糖浆、果酱。着色过程通常是在凝冻后采用专门的着色泵来完成。然而，由于颗粒状配料（坚果、糕饼粉、糖果块、水果等）在凝冻操作时的搅动作用下会被破坏，因此通常在凝冻后采用水果进料器添加这些配料。

冰淇淋的风味类型有以下 3 种：①天然香料；②人造香料与天然香料香精混合使用；③人造香料。上述 3 种类型的香型，无论哪一种都应在冰淇淋包装上标明，这是冰淇淋生产厂家的义务。

市场上销售的冰淇淋一般可分为 4 种，如表 10-1 所示。经济型和大众型的冰淇淋使用人造香料与天然香料的复合物或只使用人造香料。从目前情况分析，这类产品在风味上未能达到令人满意的结果，有 65%以上的产品风味不够理想，这些产品绝大部分使用人造香料。高级型和豪华型冰淇淋只使用天然香料。

表 10-1　冰淇淋类型与风味标准

市场上的冰淇淋分类	冰淇淋使用的风味料
经济型（低档型）	使用低档人造香料、人造香精与天然香料的混合物
大众型（中档型）	使用低档的天然香料和人造香料
高级型（高档型）	使用中档的天然香料浓缩物
豪华型（超高档型）	使用高档的天然香料浓缩物

在配方设计中，从众多香精、香料中挑选合适的风味尤为重要。主要要考虑其类型、强度、浓度和使用率。一般而言，怡人的乳香风味易于与其他风味搭配协调，使用量高也不会令人生厌，而那些单调的、刺激的、枯燥的风味剂，很低的使用量就让人难以接受。

目前在市场上较流行的冰淇淋风味的香型，主要为水果风味、巧克力风味、坚果仁风味和香草风味 4 大类。

1. 水果风味

水果口味冰淇淋通常被认为是既有利于健康又令人愉悦的。水果风味香料分为天然水果香料、天然等同水果香料和人造水果香料3种，一般以天然水果香料最佳。

水果风味香料的类型有以下几种。

（1）完全不使用人造香料而使用水果浓缩汁或天然水果风味提取浓缩物，根据水果种类和性质的不同，用量范围为60~250g/kg。

（2）与水果果肉、天然果汁和人造香料混合使用。对于柑橘和柠檬风味的冰淇淋，水果果肉可添加20g/kg；对于莓类或樱桃类风味的冰淇淋，水果果肉可添加60g/kg；对于其他风味的冰淇淋，水果果肉用量则可达100g/kg。

（3）只使用人造香料，或配合使用少量水果果肉或天然果汁。

现在的水果风味冰淇淋大多以使用人造水果香料为主，稍加一些水果果肉或天然果汁，但尚未真正改善和提高产品风味。

水果风味冰淇淋常用的水果精油种类、提取方法、主要成分和参考用量，见表10-2。

表10-2　柑橘类水果精油的主要风味成分

种类	提取方法	主要成分（风味主体）	参考用量/（mg/kg）
柚子油	压榨或冷磨、离心	萜二烯、辛醛、癸醛、辛醛、癸醛	最大用量280（含萜），25（除萜）
柠檬油	冷磨、离心	萜二烯、柠檬醛、辛醛、沉香醛、癸醛	280（含萜），25（除萜）
白柠檬油	蒸馏	萜烯类、蒎烯辛醛、萜二烯、柠檬醛	160
橘油	冷榨	柠檬烯、松油烯、癸醛、辛醛、芳樟醛、柠檬醛	160
甜橙油	冷磨压榨、水蒸气蒸馏	柠檬烯、松油烯、癸醛、辛醛、芳樟醛、柠檬醛	330

2. 巧克力风味

巧克力风味是受大多数消费者喜爱的风味，对巧克力风味香料的风味强弱和色泽，因地区各异而爱好有别。生产高级型、豪华型巧克力冰淇淋，一般需要注意：①风味不可过强或过弱（过浓或过淡）；②要使用高质量巧克力；③产品不要过甜或过淡。

巧克力冰淇淋混合料可以添加可可或巧克力利口酒，其中可可的添加量为250~300g/kg。巧克力风味冰淇淋理想的搭配辅料是坚果仁或碎坚果仁。

3. 坚果仁风味

坚果仁是冰淇淋的常用辅料，须注意选用颗粒成熟饱满、体形完整、新鲜、具有固有的天然风味的果仁。坚果仁的种类繁多，其中以大粒榛仁为首选，其香味优美、质地坚硬而脆，不易软化，口感佳，是巧克力风味冰淇淋的必备辅料。其次为巴旦杏仁或甜杏仁，也是巧克力风味冰淇淋的理想搭配辅料。还可使用阿月浑子（开心果，Pistachio）果仁、腰果仁、松子仁、核桃仁等。坚果仁或碎果仁的使用量一般为20~80g/kg，如与人造香料混合使用，则使用量为

20g/kg，在高级型或豪华型冰淇淋中的使用量为 80g/kg。

4. 香草风味

香草风味冰淇淋是较为流行的一种产品，香草类型可影响冰淇淋的优劣，在香草加工过程中使用的溶剂对冰淇淋的产品也品质有较大影响。香草类型可分为以下几种：①纯粹的香子兰浸液，每升至少用 100g 香兰豆浸出；②混合型香料，每升加入 7.48g 香兰素；③人造香草香精，全部使用人造香基，如乙基香兰素、乙基麦芽酚等。从成本上分析，①型的成本是②型的 2 倍，②型的成本是③型的 4 倍，故目前很少使用纯粹的香子兰浸泡液，大多数使用人造香料香精。

在目前的市场中，冰淇淋的风味香型仍以水果风味、巧克力风味、坚果仁风味及香草风味为主。但“顶级化”风味悄然兴起，所谓顶级化是指将各种风味做特殊组合以产生新的味觉特征，如将榛子-香草-巧克力片-肉桂风味进行组合。这是有实力的制造商针对小厂主要生产单一风味的传统冰淇淋采取的竞争应对措施。

（二）干酪制品

市面上有各式各样的干酪制品，一方面可以将从供应商处购买的菌株混合物直接添加到牛乳中；另一方面在较小规模的手工操作中，发酵剂培养物也可以从前一天生产收集到的乳清内部发酵得到，但这种发酵不受控制，随着时间的推移，可能发生菌株的变化。嗜中温乳球菌是许多干酪的主要产酸发酵剂，对于加工温度较高的干酪，可以使用乳酸杆菌和嗜热链球杆菌组成的嗜热发酵剂培养基。其中风味制剂的添加也包罗万象，如果味制剂、调味品、香料、药草等。

第二节　风味料在软饮料中的应用

软饮料又称清凉饮料、无醇饮料，指经包装的乙醇含量小于 5g/L 的饮料制品。饮料制品所含酒精限指溶解香精、香料、色素等用的乙醇溶剂或乳酸饮料生产过程的副产物。软饮料的主要原料是饮用水或矿泉水、果汁、蔬菜汁或植物的根、茎、叶、花和果实的抽提液，有的含甜味剂、酸味剂、香精、香料、食用色素、乳化剂、起泡剂、稳定剂和防腐剂等食品添加剂。软饮料的基本化学成分是水、碳水化合物和风味物质，有些软饮料还含维生素和矿物质。软饮料的品种很多：按原料和加工工艺分为果汁及其饮料、蔬菜汁及其饮料、植物蛋白质饮料、植物抽提液饮料、乳酸饮料、矿泉水和固体饮料 7 类；按性质和饮用对象分为特种用途饮料、保健饮料、餐桌饮料和大众饮料 4 类。世界各国通常采用第一种分类方法，但在美国、英国等国家，软饮料不包括果汁和蔬菜汁。

影响软饮料风味的因素很多，如水质、原辅料种类、固形物含量、糖酸等呈味物质的含量、产品黏度、气味物质含量、含气量、加工工艺和工艺参数的选择与控制等。如恰当的糖酸含量，可赋予产品酸甜可口的属性；而含有香气成分或添加香精香料，可带来令人愉悦的气味或矫正饮料的不良气味；碳酸气除能提高呈味物质的呈味效果，饮用时还能给人以清爽、刺激的口感。

一、 碳酸饮料的风味特点

（一）传统碳酸饮料的风味特点

我国碳酸饮料主要有果味型汽水和可乐型饮料两大类。饮料所用饮用水基本上是软化水，而橘子及柠檬香精的呈味效果较好，所以这两种香精被广泛用作呈味剂。可乐型饮料的风味以可口可乐公司的主剂在国内进行稀释配制为主，产品由合资工厂生产。

随着人们对食品天然化、营养化的需求日益增强，含果汁的碳酸饮料（含原果汁<50g/kg或50~300g/kg）也逐步占据了一定的市场。柠檬汁、葡萄汁、苹果汁及其混合果汁可以很好地与CO_2配合。柠檬含气饮料有特定的酸味和后味，但风味稍淡，可与柑橘或麝香草并用，从而达到风味浓郁的效果。总之，加入果汁可有效地突出饮料的果香味和碳酸的凉爽感，所以产品很受欢迎。

日本曾推出一种弱碳酸或微碳酸饮料，它是以可乐、苏打水和一种加入生姜的啤酒味饮料为主体混合而成的柑橘风味饮料，由于高含气量会影响饮料的整体风味，所以含气量低的饮料也很受欢迎。

在碳酸饮料的保质期内，饮料中可能发生了大量的化学变化。例如，萜烯和醛可能发生氧化；此外，还会发生内酯聚合、酯水解和各种各样的风味物-溶剂反应（如乙缩醛的形成）。这些反应导致了期望风味物质的损失或不良风味的形成，引发了风味的劣变。在这些变化中，酸催化的反应（甜味剂或萜的降解）是最常见的。就酸催化的甜味剂变化而言，蔗糖在饮料低pH条件下较易被水解。在pH 4~5的条件下，常用的高甜度甜味剂阿斯巴甜最稳定，但进一步降低pH也会使其发生降解。阿斯巴甜的降解不仅会造成甜度降低，更严重的是会导致不良风味的产生。此外，运输或流通期间环境温度的波动易使阿斯巴甜的降解加剧。因此，近来安赛蜜和三氯蔗糖在逐渐替代阿斯巴甜被用于碳酸饮料。

柑橘风味饮料中的不良风味通常是由于酸催化的萜烯的降解。柠檬风味的饮料中，通常柠檬醛在罐装数小时后就几乎完全降解，使得柠檬的特征风味消失。同时，α-松萜、β-松萜、月桂烯以及α-萜烯的降解导致对-异丙基苯、α-松油醇、葑基醇、甲基乙酰苯、对-甲酚和1-萜烯-4-松油醇的产生，进而造成异味的形成。

（二）新式气泡水的风味特点

近些年来，随着人们对热量的日趋关注，在保留碳酸饮料清爽口感的同时能够满足人们健康饮食需求的低糖甚至无糖的含气饮料开始越来越多地出现在市场中。无糖类气泡饮料的问世除了贴合消费升级的趋势之外，也离不开甜味剂的更新迭代。从20世纪80年代人们就已经开始尝试使用人造甜味剂减少热量，代糖、多元醇和人工甜味剂都曾被尝试用作软饮料的甜味剂。

代糖具有与蔗糖相似的甜度和工艺特性，但具有不同的生理作用。饮料中最常用的代糖是果糖（也称为水果糖）。果糖的吸收相对较慢，只会略微提高血糖水平。出于这个原因，它经常与人造甜味剂结合用于辅助减肥的软饮料。果糖也适用于运动饮料中，以满足长期运动所需的持续碳水化合物供应。海藻糖是一种相对较新的代糖，与果糖一样，它在机体中的代谢非常缓慢，因此非常适合用于糖尿病产品和运动饮料，并且它的甜度只有蔗糖的一半。异麦芽酮糖也是一种类似的产品，于2005年被批准为一种新型食品成分，它可以提供长时间的能量释放（适用于低血糖人群），热量与蔗糖相同，但甜度仅为40%，适合用于运动饮料中。

多元醇包括木糖醇、甘露糖醇、山梨糖醇、麦芽糖醇、赤藓糖醇、乳糖醇和异麦芽糖醇。

虽然这些产品的甜度通常低于蔗糖，但它们的热量也更低。赤藓糖醇的甜度是蔗糖的 60%～80%，其热量为 3.5kJ/g，是所有多元醇甜味剂中热量最低的一种。

人工甜味剂是比蔗糖甜很多倍的物质。因此可以使用较少的量来获得相同水平的甜度。通过将不同的甜味剂混合，可以使其风味曲线变得更接近于糖。甜味剂的相互配合使用可以取长补短、改进口味，并且相互起到协同效应，提高食品甜度。

二、 果蔬汁饮料

（一）果蔬汁饮料的分类

1. 基于高果蔬汁含量的软饮料

高果蔬汁含量是指在最终饮料中果蔬汁含量超过 20%（质量分数）。在这一类饮料中，浑浊度来源于水果（蔬菜）细胞胶体的稳定分散。最终饮料的稳定性和质量主要取决于产品中浓缩果蔬汁的质量。在这类饮料中可能会添加其他稳定剂，主要是亲水胶体。

在这一类别中，橙汁是最常见的原料。橙汁是一种由悬浮水果颗粒和乳化精油组成的多分散系统，通常作为此类饮料的主体。在生产中还会通过使用柠檬汁来增加饮料的酸度；通过添加各种果汁来提供额外的味道，如百香果、菠萝、芒果、桃子和杏子；或通过添加其他果汁来提供颜色和风味，如胡萝卜、野樱莓和黑醋栗。

2. 基于低果蔬汁含量的软饮料

低果蔬汁含量定义为最终饮料中果蔬汁占 1%～20%（质量分数）。这些产品主要以柑橘汁为原料。即使果汁含量较低，柑橘汁也能提供良好的浊度和稳定性。浑浊度来自水果（蔬菜）细胞和水包油乳液的复杂混合物，饮料体系的稳定性由果肉（蔬菜）颗粒和亲水胶体稳定剂（如刺槐豆胶）提供。这些饮料以无气或碳酸饮料的形式销售。与含果蔬汁量较高的同类产品一样，常使用人工甜味剂代替糖或添加健康的功能性成分。

3. 以澄清果蔬汁为基础的软饮料

这是一个对原材料质量要求很高的饮料类别。由于果蔬汁的成分复杂，很难获得一种从浓缩液重新配制到最终饮料后仍保持清澈的透明果蔬汁。德国的“苹果喷雾”是一个较为成功的例子。这款起泡饮料的果汁含量约为 50%（质量分数），没有添加糖或其他甜味剂，是一种非常清爽、低热量、低甜度的饮料。如果仅使用不含防腐剂的“超清”浓缩苹果汁生产该产品，需要严格控制工厂的微生物和由特定供应商提供原材料，以保证在装瓶数月后产品也几乎没有浑浊。

（二）果蔬汁饮料的风味发展方向及改善风味的措施

近年来，我国的果蔬汁饮料发展迅速，特别是含原果蔬汁 10%～30%（质量分数）的利乐包砖型饮料，售价不高，在超市里很受人们的喜爱。含果肉（蔬菜）产品，如粒粒橙、芒果汁饮料、杏仁露、新橙汁饮料、莲藕汁、菠萝爽、芦荟汁等也有较好的市场。

果蔬原汁多以天然风味为主，作为绿色食品不能加入人工合成香精。但 100%的柑橘汁口感欠佳，且柑橘汁还易产生加热臭，为此控制果汁的糖酸含量及其中的癸醛、芳樟醇等的含量和配比是再现原果蔬汁香味及避免加热臭的要点。葡萄果汁用氨茴酸乙酯等为主成分进行调和，可得到很好的风味。当然最好是添加回收的天然果蔬汁挥发性气味物质，以提高其风味品质。

复合型果蔬汁通常具有营养丰富、风味互补的特点。如黄瓜和芹菜复合，菠菜、芹菜和莴

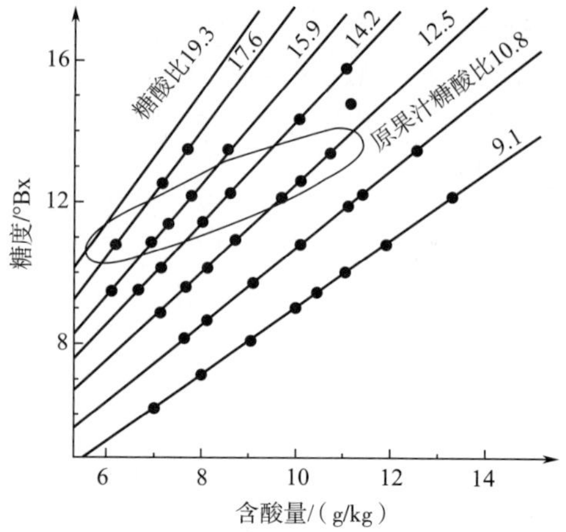

图 10-1　温州蜜橘果汁的糖酸比和适宜的嗜好范围（椭圆区域）

苣复合，苹果、柑橘和柠檬复合，胡萝卜汁、香菜、菠菜、水芹、柿子椒、莴苣、大头菜、甜菜复合并加香料，或 50%的果汁与 50%的蔬菜汁复合。还有如番茄复合饮料，可用浓缩番茄汁［70%（质量分数）］加入浓缩苹果汁及葡萄汁或柠檬汁，再加入苹果果肉、蜂蜜、香料调配成风味良好的复合型饮料。

果蔬汁的良好风味是建立在适宜的糖酸比基础上的，所以果蔬汁含糖量、含酸量及其比例在调配时应注意控制。仍以柑橘汁为例，温州蜜橘原果汁中所含的糖主要有果糖、葡萄糖和蔗糖，可用糖度计测定，而所含的酸则主要以柠檬酸为主。结果表明，温州蜜橘汁嗜好的糖酸比如图 10-1 所示的椭圆区域。

三、　茶饮料的风味调配

茶饮料作为一种天然、健康饮品，具有独特的风味，已成为国际上发展速度最快的天然饮料品种。从茶饮料市场的发展趋势来看，茶饮料口味的多元化和产品定位的进一步细化是必然趋势，企业追求的是自身产品的稳定性及其与其他企业产品的差异性，这些都离不开良好的茶饮料调配技术。

茶饮料的风味调配是茶饮料成品加工的关键工序，是化学成分及感官品质的关键控制点。一般是根据既定的设计参数要求和实际的化学成分及感官品质情况，通过添加纯净水、甜味剂、酸味剂、香料、果汁和抗氧化剂等各类辅助原料，达到茶饮料产品标准的各项品质指标。

（一）茶饮料风味调配的原理

1. 茶饮料的风味化学原理

评价茶饮料质量的好坏，主要看以下 3 个指标。①茶饮料香气：主要由各类香气化合物决定，氨基酸及其与糖类形成的糖胺化合物所具有的焦糖香、甜香等可形成特色香气；②茶饮料滋味：主要包括鲜爽味、苦涩味、收敛味、甜味和厚味等，多酚类和咖啡碱的苦涩味与氨基酸的鲜味所形成的特殊鲜爽味是茶饮料滋味的主基调，可溶性糖类可增加醇厚感，香气化合物、维生素等起滋味修饰作用；③茶汤色泽：主要由多酚类及其氧化产物、花青素和花黄素及少量水溶性叶绿素等决定。而纯茶饮料追求原汁原味，对原料和工艺技术的要求更高。因此，纯茶饮料的设计还要考虑以下几个方面：①真实体现该类茶的风味特点；②注意口感滋味中的鲜味、苦味和甜味等滋味的平衡；③主要化学成分的浓度应达到标准要求。

熟悉和了解茶饮料风味品质的主要呈味物质及其形成原理，对调制口感上佳的茶饮料产品非常重要。影响纯茶饮料风味的化学成分主要包括多酚类、氨基酸、咖啡碱、碳水化合物、香气化合物等。不同化学物质对茶饮料感官风味品质的作用见表 10-3。

表 10-3 茶饮料主要呈味物质与感官风味品质的关系

成分	外观	香气	滋味
多酚类	是茶汤的主要呈色物质，如黄酮类呈黄色或黄绿色；茶黄素呈黄色；茶红素呈红色；茶褐素呈褐色	茶黄素具有一定的香气	简单儿茶素滋味醇和，爽口；酯型儿茶素具有较强的苦涩味和收敛性；儿茶素氧化物影响茶汤浓度、鲜爽度等
氨基酸	是形成茶汤沉淀的组分之一，可与茶多酚、咖啡碱、茶黄素和茶红素等形成沉淀	茶氨酸有焦糖香味	茶氨酸等有明显的鲜爽味，可缓解茶的苦涩味道
咖啡碱	是形成茶汤沉淀的主要组分之一，能与茶多酚及其氧化物、蛋白质、氨基酸等形成沉淀	—	是茶汤苦味的主要来源
糖类（果胶、淀粉）	影响茶汤的澄清和形成沉淀	参与形成茶的焦糖香、甜香和板栗香味	增加茶汤的甜味和厚度
香气化合物	—	茶香味的主导因素	有增加茶味的效果

2. 调味茶设计的基本原理

目前调味茶在茶饮料产品中占据了主导地位。调味茶不仅应围绕自身的风味特点进行总体设计，如绿茶应设计成清雅型的，红茶可设计成浓郁型的，而且应涉及各种甜味剂、酸味剂、香料、果汁及乳等辅助原料，这些成分与人体感官存在多种多样的相互作用。因此，掌握这些规律对科学地设计和调制不同风味的茶饮料具有极大的帮助。

人的感官判断主要包括味觉、嗅觉、视觉和触觉等。研究呈味物质与感官之间的关系一般采用阈值、判别阈、等价浓度等概念来表示。一般将人体对能感觉某一物质的最低浓度定为该物质的阈值；把能够判别刺激物强度的最小差别称为判别阈；将具有相似味感的不同类呈味物质之间的替代浓度称为等价浓度。在酸甜度方面，常将柠檬酸的酸度定为100，而蔗糖的甜度为1。

调味茶饮料的配方中一般含有甜味剂、酸味剂、香料、果汁或乳等原料。常用的酸味剂有柠檬酸、酒石酸、富马酸、乳酸和苹果酸等；冰茶常用的甜味剂及其等价浓度见表10-4；常用的咸味剂是食盐。这些物质组成及其含量的不同搭配可形成丰富多彩的口感滋味，为获得较为均衡和舒适的口感，在调味茶的调制过程中应特别注意温度、浓度和酸碱度等各种因素对呈味特性的影响。

表 10-4 冰茶常用甜味剂及其等价浓度

糖类名称	等价浓度	糖醇类名称	等价浓度
蔗糖	1.00	甘露醇	1.43
乳糖	2.50	半乳糖醇	2.50
麦芽糖	2.00	麦芽糖醇	1.43

续表

糖类名称	等价浓度	糖醇类名称	等价浓度
半乳糖	1.78	木糖醇	1.00
葡萄糖	1.43	甘草甜素	0.02
果糖	0.67	甜菊糖	0.0033
木糖	1.43		

温度的变化一方面引起了不同呈味物质的溶解度、解离度和构型等特性及其相互作用的变化；另一方面造成了味觉器官灵敏度的不同，从而导致不同温度下味觉的差异。因此调味茶的配方设计过程中应考虑产品的习惯饮用温度。通常，热饮的调味茶习惯饮用温度为67~73℃，冷饮的调味茶饮料习惯饮用温度为6~10℃。

调味茶的固形物含量要恰当，在1%~1.5%的浓度下各种呈味物质易协调。同时各种添加的呈味物质组分绝对浓度也有一定的适宜范围，如调味茶饮料中添加的蔗糖浓度通常为50~100g/L，柠檬酸为1~3g/L。另外在设计调味茶配方时还应考虑不同呈味物质在不同浓度下呈味特性的差异性。

茶汤酸度对甜味、咸味和苦味等呈味特性有明显的影响。如当柠檬酸浓度为0.4~0.5g/L时可增加蔗糖的甜度，0.1~1.0g/L时可以增加咸味，1~3g/L时却可以起缓和甜味和苦味的作用。同时，茶汤pH对色泽也有较大的影响，如红茶茶汤在pH为5左右时汤色红艳明亮，而当pH<3.5时茶汤就变为黄色或橙黄色，pH>8时茶汤很快变深、变暗。此外，不同的酸也有不同的调味作用，如苹果酸略有苦味，酒石酸、富马酸和乳酸有涩味，柠檬酸和抗坏血酸的酸味柔和。

呈味物质间的相互作用首先体现在多种甜味剂间或酸味剂间具有一定的协调和增效作用。如蔗糖和糖精钠结合具有增甜作用；柠檬酸和苹果酸搭配使用，既可保持柠檬酸酸味迅速的特点，又能体现苹果酸酸味持续时间较长且酸度稳定的优势。同时，甜味剂、酸味剂、咸味剂、苦味剂之间又具有相互抑制的作用，如糖能明显减轻糖精钠的后苦味；鲜橙汁中加柠檬酸会降低甜味，而加糖又可以使酸味变得柔和；添加1.0~5.5g/L的微量食盐可使蔗糖甜度提高；200g/L的蔗糖溶液中加入0.3g/L的咖啡碱可降低甜度。

（二）茶饮料风味调配的方法

茶饮料风味的调配，通常首先由设计人员根据市场调研结果和企业自身状况及其发展，确定产品的市场定位，然后根据上述纯茶或调味茶饮料的设计原理对产品进行系统设计，最后由操作人员根据调配程序进行调配。

调配是根据企业最终产品的指标要求，对茶汁的理化指标和品质进行调整的工序，是茶饮料加工中的关键环节之一。根据GB/T 21733—2008《茶饮料》标准要求，茶汁的调配通常以茶多酚、咖啡因、果汁、蛋白质、二氧化碳气体含量以及感官品质等作为指标。

首先根据产品标准限定的控制指标要求及其澄清茶汁的实际含量，确定水的添加量。通过详细计算，加入定量纯净水对澄清茶汁进行稀释，使实际的茶多酚、咖啡因等成分含量不低于标准限定值。

根据茶汁量添加一定比例的各类添加剂。对无糖纯茶饮料而言，风味品质基本是由茶叶原料品质和提取及澄清过滤工艺技术决定的，为了防止茶饮料色泽加深或产生褐变，调配过程中一般都需要添加抗氧化剂和其他保护剂；对调味茶而言，还应根据配方设计添加不同比例的甜味剂、酸味剂、香料、果汁及乳汁等各类辅料。由于不同添加剂之间存在相互影响，有的还会产生化学反应，因此应特别注意各类辅料的添加方式和顺序，如防腐剂宜在酸味剂之前加入，除香精外的酸味剂一般应在最后加入等。

第三节　风味料在糖果中的应用

与其他加工食品相比，糖果种类会随着组成和加工工艺的不同而各异。除了巧克力产品，几乎所有糖果的主要成分基本相同，但是由于这些主要成分制得的糖果是没有特征风味的，所以，为了获得所期望的风味，还需要添加一些辅助的风味料或者是含有特征风味（口味）的物质。对于大多数糖果来说，风味决定了产品质量的好坏，而难点就在于选择合适的风味料和添加剂量。当选择风味料和剂量的时候，必须考虑以下几方面因素。

（1）产品的性质　加入的风味料不能改变产品的性质。例如，粉状风味料应加入粉状产品中；油基而非水溶性风味料不应当添加到透明的胶状物中，否则产品将变得浑浊。

（2）产品的保质期　虽然一些产品中不添加任何防腐剂或是抗氧化剂，但其保质期仍较长(4~24个月)。因而包装应当考虑密封，这样可以避免风味散失。

（3）组分的物理化学性质　在某些情况下，风味料和某些组分之间会发生化学反应。吸附风味料的速度以及亲水/亲油物质的比例在一定程度上会影响食品的“口感”。

（4）加工条件　由于在高温下风味料中的香气物质会蒸发，所以通常应当避免在很高的温度下添加。此外，一些化学反应的速率也与温度密切相关，加工条件导致产品起泡会增加氧化的可能性。

依据加工特征、原材料的特性以及相似性可对糖果的主要种类进行划分。主要有以下几种：硬糖、软糖、凝胶糖果、焦糖、太妃糖、口香糖、压片糖、包衣型糖果（外层包有糖衣或巧克力)、巧克力和可可产品。

一、硬　　糖

硬糖是经高温熬煮而成的糖果。糖体坚硬而脆，故称为硬糖，属于无定形非晶体结构。它的基本组分是蔗糖和玉米糖浆，终水分含量为1%~3%。根据所期望的风味，我们可以加入柠檬酸、酒石酸，以及浓缩水果汁、植物提取物、蜂蜜、麦精、乳成分等风味物质和着色剂。硬糖的主要组成见表10-5。

表10-5　硬糖的主要组成

成分	含量/(g/kg)	成分	含量/(g/kg)
糖	500~700	风味物质	1
玉米糖浆（DE值为42）	300~500	着色剂	0.1
柠檬酸	1		

制作硬糖时，一般是先向糖中加入一定量的水，加热溶解除掉水分，最后得到透明、无定形的糖体。可通过在常压或真空下以高压蒸汽或在薄膜蒸发器中煮沸的方式去除水分。糖膏在110~130℃的温度下熬煮后进行冷却，糖的温度会降到100~110℃，当温度降至这个范围的时候，便可加入风味物质、有机酸和着色剂并混合均匀。

冷却过程中搅拌能使风味物质和着色剂分布均匀，如在温度降到70~80℃时搅拌5~10min，这样生产的糖果水分含量为1%~4%。为减少高温下风味物质的损失，最好在加工过程的后期且在尽可能低的温度下添加风味物质。

图10-2所示为添加风味物质的温度对其保留率的影响。正如预计的一样，温度越低，风味物质的保留率越高。但风味物质的添加温度存在最低限，这是由于温度的降低导致熔融糖膏的黏度增大，相应地造成风味物质的添加过程复杂化。相比于其他风味物质，柠檬烯的风味损失率达到95%左右，表明其对温度尤为敏感。

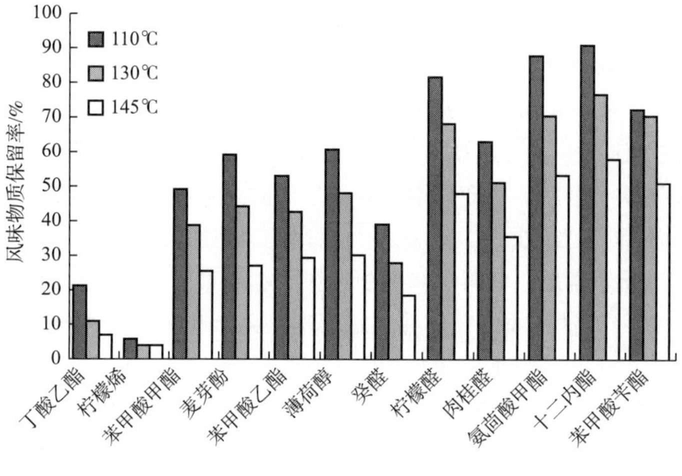

图10-2 硬糖制作过程中添加风味物质的温度对其保留率的影响

风味物质的损失也受其溶剂的影响。易挥发的溶剂如酒精，会携带着风味物质从热的糖膏中迅速挥发，因此，较难挥发的溶剂，例如丙二醇，是比较好的风味物质溶剂。

通常也是在加工后期添加风味料中的酸性成分，主要是由于酸易促进蔗糖的水解。酸味剂的含量一般为5~25g/kg，常用的有柠檬酸、苹果酸和酒石酸等有机酸。酸的选择影响着产品的风味特性：苹果酸增强了樱桃味，酒石酸增强了葡萄味，柠檬酸增强了柑橘味。其中酒石酸成本较高从而限制了它的广泛应用。

就硬糖而言，主要存在的风味问题是风味物质的损失，这与风味物质的配方、选择的溶剂、产品组成以及温度有关。例如，邻氨基苯甲酸甲酯（葡萄中的风味物质）在生产过程中会发生褐变，可能导致产品变浑浊（不合适的溶剂或过量的溶剂），或是发生氧化反应（柑橘口味的糖果尤其棘手）造成产品受环境影响而变质。

二、软　　糖

软糖基料属于一种塑性悬浮液，即在饱和蔗糖、玉米糖浆或蔗糖-转化糖溶液中含有非常小（粒径约0.01mm）的蔗糖晶体。终产品是将软糖坯直接通过浇模或挤压方式制成的。软糖通常作为其他类型糖果的半成品（如软质夹心巧克力条、巧克力脆皮产品等）。软糖的典型配方为：糖 600~800g/kg、玉米糖浆（DE 值为 42）200~400g/kg。

软糖制作工艺流程如图 10-3 所示。

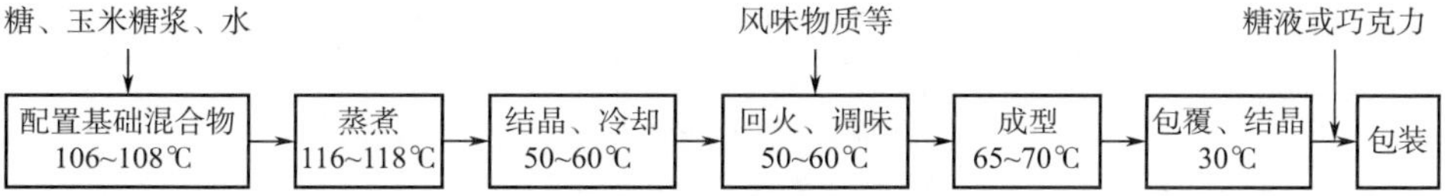

图 10-3 软糖制作工艺流程

首先是配置基础溶液。将砂糖溶于水，加入玉米糖浆，加热至 106~108℃，然后用泵将预蒸煮的基本溶液输送到连续型软糖熬煮机中。当水剧烈蒸发时，蒸煮温度为 116~118℃，浓缩液中的固形物含量为 86%~90%。

冷却和剧烈的搅拌可以得到软糖的晶体。在该操作过程中，软糖固相形成，水分含量进一步减少，同时吸附少量的空气。软糖卸离结晶冷却机的温度为 50~60℃。

如果实际应用需要添加着色剂和风味料，那么可以在结晶冷却的最后阶段加入。一般来说，这些成分的加入是在带有搅拌器和冷却夹套的盘中完成的。风味物质、柠檬酸和增稠剂以软糖温度为 50~60℃时添加较为适宜。

软糖通常需浇模成型。先用淀粉制成模型，当软糖物料预热到 65~70℃时，将其倒入模具中。一般说来，终产品在冷却 8h 后进行脱模操作。为了避免过度干燥，软糖由一层很薄的蔗糖晶体或者巧克力层包覆。前者是通过包覆溶液在软糖表面的结晶和干燥形成的，后者则是采用巧克力涂层包裹。

软糖的风味选择空间很大。由于软糖产品的制作过程不涉及高温，因此可以选择丙二醇和酒精作为水溶性风味物质的载体。此外，杏仁、香草和花香风味也可用于风味软糖。

三、 焦糖和太妃糖

焦糖和太妃糖的基本成分相同，含蔗糖、玉米糖浆和脂肪。其他成分包括牛乳（通常是炼乳）、胶质、软糖膏、乳化剂、山梨糖醇、风味物质、果酱、可可粉、咖啡等。与硬糖相比，焦糖的水分含量更高（4%~8%）。

如果组成成分的类型和比例不同，那么焦糖也会相应地呈现无定形或晶体结构。焦糖的主要组成见表 10-6。

表 10-6 焦糖的主要组成

成分	含量/(g/kg)	成分	含量/(g/kg)
糖	400~700	盐	5
甜炼乳	50~300	卵磷脂	3
玉米糖浆	200~300	风味料	2
植物油和/或黄油	50~150		

焦糖制作流程如图 10-4 所示。

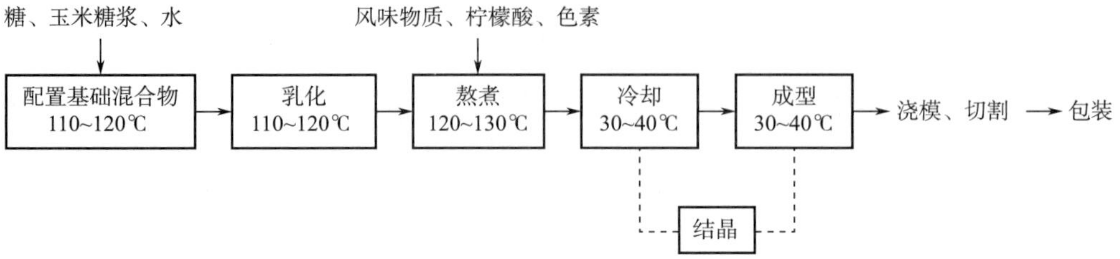

图 10-4　焦糖制作工艺流程

在这一实例中，基础溶液是由添加玉米糖浆的过饱和糖溶液煮沸熬制的，其沸点为 120℃。将预热炼乳、脂肪和乳化剂（卵磷脂）加入热的糖液以制备乳状液。经过剧烈的搅拌后，能形成相对稳定的乳状液。在 120~130℃熬煮时，含有牛乳的混合物会发生焦糖化以及美拉德反应，熬煮的同时需进行剧烈搅拌。当制作水果或柠檬酸风味的太妃糖时，焦糖化是人们所不期望发生的。因此这种太妃糖通常不含乳，产品特征性的黏稠度源于植物油。高温熬煮后随即将物料冷却，当混合物的温度降至 90~100℃时，向其中添加风味物质、柠檬酸和色素。

在传统加工工艺中，冷却工艺段是在所谓的“冷台”上进行的，现代工厂都配有连续制冷机。在某些特定的情况下，当混合物温度尚且较高时就添加风味料，这往往导致相当一部分香气物质损失。当糖膏冷却到 31~35℃时，使之通过辊轴成型机得到最终产品。

焦糖晶体结构中含水量相对高些（6%~10%），而还原糖的含量较低，为 100~120g/kg。在这种情况下，保存数天后，原先具有无定形结构的焦糖中的蔗糖将会发生结晶。在冷却过程中加入蔗糖颗粒（100~150g/kg），可加快结晶速度。

在太妃糖和焦糖中，由于基料中含有大量的脂肪，所以必须使用油性风味物质，保证糖果内在风味的协调性。同时，由于焦糖拉伸过程中糖果膏中包入空气易发生氧化反应，所以加工中需要选择具有抗氧化作用的风味物质。

四、凝胶糖果

凝胶糖果是以砂糖、淀粉糖浆为主要原料，以琼脂、变性淀粉、明胶、果胶作为凝固剂，经熬制、成型等工艺制成，水分含量较高、质地柔软的糖果。凝胶糖果的主要特征为外观透明、光润，口感一般柔软黏糯、富有弹性，属于相对稳定的胶体分散体系。凝胶糖果代表品种有变性淀粉软糖、明胶软糖、卡拉胶软糖、琼脂软糖、果胶软糖、树胶软糖等。

糖与玉米糖浆的比例、其他添加剂（如胶凝剂、稠度稳定剂、酸味剂和缓冲剂）的用量以及成品的含水量都对凝胶糖果的品质有着重要的影响。根据凝胶糖果的含水量可以将凝胶糖果分为两类：含水量为 20%~24%的果胶凝胶和含水量为 12%~20%的树胶凝胶。大多数情况下，果胶或琼脂被用作凝胶软糖的成胶成分，而明胶、变性淀粉则被添加到树胶中复配使用。凝胶糖果的主要组成如表 10-7 所示。

表 10-7 凝胶糖果的主要组成

成分	含量/(g/kg)	成分	含量/(g/kg)
糖	400~600	琼脂①	12~15
玉米糖浆（42DE）	400~600	明胶（200BLOOM）①	80~120
柠檬酸	0~15	改性淀粉①	50~100
果胶（150US SAG）①	13~20	香精	1.5~2.0

注：①为胶凝剂（选择一种或多种）。

凝胶糖果制造过程与软糖加工非常相似，不同之处在于未进行结晶冷却。果胶凝胶的胶凝效果取决于pH，通过添加缓冲成分（即柠檬酸钠）可达到相应效果，这种凝胶的典型pH为3.3~3.5。最终的沸点取决于成品中所需的含水量。固形物含量为76%~78%的体系的沸点是106~110℃，当加热到120~130℃时，形成溶胶。当将体系冷却到100℃以下时，加入预先在60~65℃溶解的明胶。

已经含有胶凝剂的溶液在调味之前要进一步冷却。对于果胶凝胶和树胶凝胶，90℃是调味的合适温度；而对于琼脂凝胶，60℃最佳。根据传统的制造方法，在搅拌盘中加入香精。当使用现代化的连续设备时，在成型之前的最后阶段加入酸味剂和香精。

成型方法与软糖制作相似，即将混合物沉积到淀粉模子中。沉积下来的凝胶在4~24h内达到其最终的稠度和含水量。用变性淀粉作胶凝剂时，在30~50℃的干燥室中放置24~48h后脱模。脱模后的产品需要有保护层，保护层可以是糖、油或蜡，也可以是巧克力。

大多数凝胶糖果产品是用水果香料和柠檬酸混合制成的，因此最合适的香料是水溶性的。由于生产过程中的温度较低，香料的用量也较低（为硬糖中用量的50%）。

五、压片糖果

压片糖果是由多种成分在特定加工条件下制成的。选择的成分和加工条件决定着溶解速率，从而决定了风味释放的速率。相比于溶解较慢的压片糖果，溶解较快的产品需要较少的风味物质。并且尺寸小（表面积小）的产品比尺寸大的需要更高的风味物质使用量，这是因为尺寸小的产品只有少量的成分能溶解。

虽然这种产品的加工过程几乎不涉及热处理，但依然存在风味物质损失。向干混器中添加液体风味物质可能导致风味损失率达一半，而通过缩短混合时间、采用密闭的容器和使用微胶囊化的风味物质可减少这种损失。风味物质在贮存过程中的氧化可能也是影响产品品质的关键问题，这与使用的风味物质类型以及所期望的保质期有关。

压片糖果的主要成分是砂糖、葡萄糖或山梨糖醇。通常在这种类型的产品中，黏结力是由高压缩产生的，它使颗粒保持在一起。加入明胶、变性淀粉、阿拉伯胶等黏结剂可提高黏结力。硬脂酸镁通常用来起塑形作用。压片糖果的主要组成如表10-8所示。

表 10-8 压片糖果的主要组成

成分	含量/(g/kg)	成分	含量/(g/kg)
砂糖	950~980	硬脂酸镁	4~5
黏结剂（如明胶）	7~8	柠檬酸	0~10
水	40~50	香精、粉剂	2~4

以砂糖为主要原料，所有其他原料必须先颗粒化。以葡萄糖和山梨糖醇为主要原料则不需要颗粒化。

颗粒化操作过程：首先将粉状成分（如柠檬酸、色素、果粉）与砂糖混合；然后用10%~20%的黏结剂水溶液（明胶、阿拉伯胶等）使得表面润湿，此时还会加入液体香精；接着将颗粒状物料的混合物干燥6~8h；最后将干燥的混合物被磨成2~3mm的标准颗粒大小。此后，再将颗粒送入粉末混合机，并加入分散剂和香精，采用平板成型。

泡腾片是压片糖中特殊的一类。除了在制粒过程中加入碳酸钠和制粒后加入柠檬酸外，其加工过程与压片糖相同。

用于压片糖的香精主要是经包埋得到的粉末香精，包括薄荷和柑橘风味。因此，通常要求香精本身具有一定稳定性和抗氧化能力，可以是合成的、不含易于氧化的组分或是已去除易氧化成分（如萜烯）。

六、口 香 糖

非水溶性的天然胶和（或）合成热塑成分（胶基）赋以口香糖产品塑性稠度（柔和咀嚼感）。其他组成成分如糖、玉米糖浆、酸、风味物等是通过糅合到胶质大分子结构中而分散均匀的。这类糖的两种基本类型是口香糖和泡泡糖，二者的区别在于口香糖质地柔韧，而泡泡糖不仅质地较软且能成泡。口香糖的主要组成见表10-9。

表10-9 口香糖的主要组成

成分	含量/（g/kg）	成分	含量/（g/kg）
糖粉	500~600	甘油	5
玉米糖浆（固形物含量为85%）	200~300	风味物质	5~10
胶基	150~250		

在无糖口香糖中，采用山梨糖醇和木糖醇代替糖粉，山梨糖醇糖浆代替玉米糖浆。

口香糖的生产工艺流程如图10-5所示。

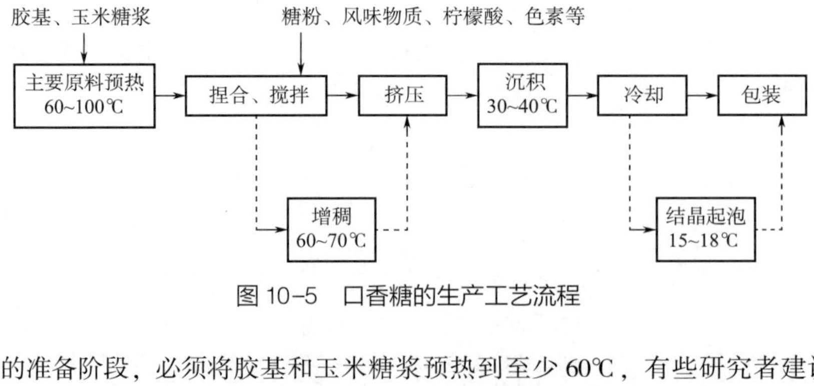

图10-5 口香糖的生产工艺流程

在加工的准备阶段，必须将胶基和玉米糖浆预热到至少60℃，有些研究者建议90~100℃为最佳温度。

在60~100℃下，将复配胶和玉米糖浆以Z型加入夹套式捏合机中，混合5~10min，然后将500g/kg的糖添加到混合物中，继续搅拌10min，再加入剩余的糖粉。风味物质在60~70℃下加入，其中部分风味物质吸附在糖粉表面，其余的则结合到胶基中，这就是口香糖中风味物质的使用量比其他糖果多的原因。此外，由于结合到胶基中的风味物质会改变胶基的结构，造成成品变硬或变软，因此必须通过放大试验确定风味物质的组成以及合适的使用量。为了延长其呈味时间，常用喷雾干燥得到的粉末微胶囊风味剂来代替部分液体风味剂。

捏和完全后，在60℃下采用挤压机压缩胶基，使得剩余的气泡从中排出。在调控温度下，将口香糖制成条状或带状。终产品的最后形状（球状、片状、水果状）是在空气冷却带上形成的。成型的口香糖在输送带上用冷空气冷却至15~18℃。表面不挂糖衣的口香糖在冷却之后立即包装。大部分口香糖是在其表面挂糖衣的，目的是防止干裂。这也为进一步添加风味料提供了可能，并且有助于改善产品的外观。

最适用于口香糖的风味物质是油溶性的或者以油为基质，这是由于风味物质可溶解在疏水性的胶基中，且有助于维持风味的持久性，而乙醇和丙二醇此类水溶性载体则会影响胶基的结构。

尽管在较为合适的温度下加入风味物质已经减少了风味损失，但由于入口后风味物质从胶基中释放缓慢，所以对使用量的要求仍然很高。为延长口香糖中风味释放的时间，已开发了新型的适用于口腔咀嚼的微胶囊化风味物质，或者将粉剂与液体风味料或专门的溶剂体系复配使用。

由于口香糖中风味物质的使用量大而且天然风味物质价格昂贵，所以用于该产品中的大多数风味物质（除了薄荷）都是人工合成的。如今，通过生物技术手段，可以生产出具有浓郁风味的天然风味物质，以满足口香糖中风味的需求。

口香糖产品存在的主要风味问题是在口中停留时间长并且胶基中的风味物质难以释放。胶基具有疏水性，因此能捕获大部分风味成分，而且只有在咀嚼时才将其缓慢释放。

其次，风味问题还源于某些风味物质与阿斯巴甜（APM）发生了相互作用。由于口香糖的保质期较长，而且底物在其内部具有良好的流动性，因此为这些反应的进行提供了很好的机会。醛类风味物质的基质中（如肉桂醛、安息香醛或柠檬醛）阿斯巴甜的添加无法增强其甜度，因为阿斯巴甜与这些醛类物质发生反应从而导致风味成分和阿斯巴甜甜度的损失。图10-6所示为风味物质和甜度的损失情况。不存在阿斯巴甜时，风味物质会发生降解，而当存在阿斯巴甜时，风味物质的降解更加迅速，与此同时，阿斯巴甜的损失也十分明显。因此，当使用基于醛类风味物质时，口香糖中应添加其他高倍甜味剂，如安赛蜜或三氯蔗糖。

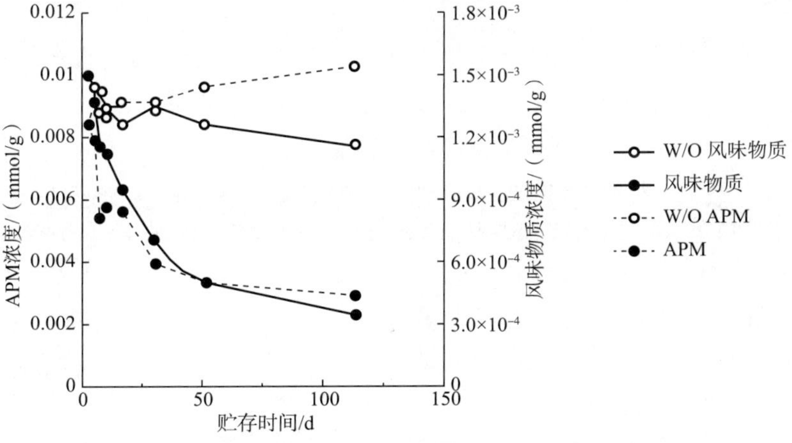

图10-6　口香糖贮存期间风味物质（醛）及阿斯巴甜的损失

虚线—醛浓度；实线—APM浓度。

七、巧克力制品和代可可脂巧克力制品

巧克力和可可制品的主要原料都是来自可可豆的可可液块和可可脂。可可豆的加工以及巧克力和可可制品的生产工艺如图 10-7 所示。

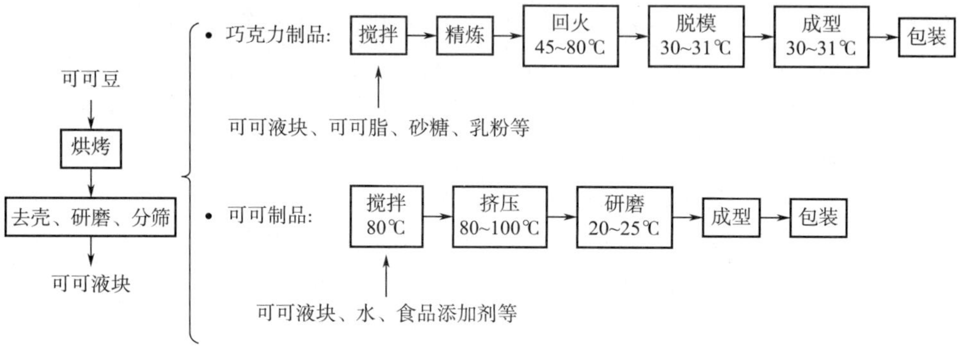

图 10-7 巧克力和可可制品生产流程图

首先对含水量为 6%~8%的发酵可可豆进行清洗挑拣，除去杂质和碎豆，再用专门的设备对全部可可豆进行选择筛分。豆子大小会影响之后烘烤的均匀性。

可可豆用蒸汽或燃气加热的烤箱在 140~180℃烘烤。可可豆内部温度不能高于 130℃，烘焙时间为 30~50min。烘烤过程中，可可豆的水分含量降低到 1.5%~2.5%，其色泽和风味发生变化，pH 降低，果皮松脱。

去壳可以提高成品品质。为了便于分离豆壳，可将烤好的可可豆磨成 3~5mm 的颗粒，然后通过筛分和使用气流的方法分离除去外壳。经过去壳筛分的颗粒继续磨成直径低于 20μm 的大小，然后加热，可促使液体可可脂从粉碎细胞中分离出来，使可可粒变成可可液块。这种可可液块是半成品，可用于巧克力产品和可可产品。

可可液块的质量由可可豆的品质、烘焙条件和研磨率决定。至少要混合 3 种可可豆才能获得优质可可粉。其中“香料豆”对其品质的提高效果较为显著。

（一）巧克力

多数巧克力的主要原料是可可液块、可可脂、砂糖和乳粉。巧克力主要组成如表 10-10 所示。

表 10-10 巧克力的主要组成

配料	黑巧克力的组成/（g/kg）	牛乳巧克力的组成/（g/kg）
可可液块	350~500	100~400
砂糖	320~480	200~400
可可脂	50~150	50~200
盐	2~5	2~5
香精（香兰素或乙基香兰素）	0.1~0.2	0.1~0.2

续表

配料	黑巧克力的组成/（g/kg）	牛乳巧克力的组成/（g/kg）
卵磷脂	3~6	3~6
乳粉	—	100~250

可可脂可以部分或全部由其他脂肪代替。如果产品中超过20%的可可脂被另一种脂肪取代，则被称为代可可脂巧克力。除了添加香草醛或乙基香草醛等风味剂，还可将代可可脂巧克力与其他食品（如巧克力、咖啡、榛子、橘子等）按一定比例搭配，再经特定工艺加工，得到代可可脂巧克力制品。

巧克力加工首先是将可可液块、砂糖、乳粉和部分可可脂在搅拌机中混合成均匀的巧克力酱，搅拌机可以是带Z型搅拌臂的捏和机，也可以是连续螺旋搅拌机。巧克力酱的脂肪含量为280g/kg，通过五辊精磨机或其他不同原理的机器进一步加工。该操作的目的是将大部分固体颗粒的直径减小到20μm以下。研磨好的巧克力粉或糊状物被输送到精炼设备中，并添加剩下的可可脂、乳化剂（卵磷脂）和风味剂。

加热液化的巧克力酱需要经过24~48h不断搅拌的精炼。在精炼过程中，黑巧克力的温度保持在60~80℃，而牛乳巧克力的温度为45~50℃。香精（香草醛、乙基香草醛）通常是在这一步操作过程中添加。精炼使巧克力酱的物理和化学性质发生了重要的变化（如水和挥发酸的蒸发、复杂化学物质的形成等）。正是这些变化促进了巧克力的最终特征香气的形成。代可可脂巧克力的搅拌时间不超过6h。精炼结束后将巧克力酱导入保温贮存槽中，温度保持在45~50℃。

（二）填充型巧克力

填充型巧克力的一个特性是其具有不同成分和稠度的馅料。其基本加工工艺为：①将金属或塑料材质的模具预热，然后把巧克力酱倒入模具并通过振动使其均匀分布，其中制作巧克力外壳需将模具加热到180℃；②在冷却隧道中冷却凝固巧克力外壳，之后在32~35℃对填充液块进行回火和填充；③冷却基料巧克力；④冷却定型，脱模，得到成品。

赋予成品特色风味的典型馅料有液态利口酒馅料、果冻馅料、软糖馅料和奶油馅料。其中利口酒馅料是含有2%~30%（体积分数）酒精的转化糖溶液，可在糖溶液中加入天然的风味料作为利口酒风味的补充。

果冻馅料可以用具有特殊性质的果胶制作。以软糖为核心的奶油馅料，除了基本的软糖配方外，还含有糖溶液、其他浓缩物质，如咖啡、乳粉、果酱以及防腐剂（山梨酸钾）等。水果味是最常见的口味，该风味需在馅料中加入5~6g/kg的柠檬酸。在灌装过程的任何阶段，软糖奶油馅料的温度都不应超过60℃。

以脂肪为基础的奶油馅料，除了糖，还含有250~350g/kg的奶油。奶油的熔点一般为30~32℃，在20~25℃的温度下具有可塑性和奶油般的稠度。通常采用咖啡、可可粉、乳粉、椰丝等天然浓缩剂香精调味。加工奶油馅料不需要搅拌，其他工艺与加工巧克力酱类似。

第四节　风味料在焙烤食品中的应用

焙烤食品是以小麦等谷物粉料为基本原料，通过发面、高温烘焙过程而熟化的一大类食品。一般将焙烤食品分为两种类型：一类是普通焙烤食品，如面包；另一类是精细焙烤食品，如蛋糕、饼干等。普通焙烤食品一般不经调味处理，面包在经过复杂的微生物和化学作用后形成其特征风味。精细焙烤食品由经过烘烤、烘干、热挤压或其他方式加工过的特定原材料制作而成，其中允许添加风味物质。

风味物质主要以调香、调味的方式应用于焙烤食品中。烘焙食品中的加香，对整个烘焙食品有着举足轻重的作用，它可赋予烘焙食品诱人的香气，例如，夹心面包中使用的果香型香精可以赋予面包新鲜的水果风味；可矫正和补充焙烤食品不良的气味或香气不足，例如，蛋糕中使用蛋糕香精（大多数蛋糕香精含有乳脂香型原料）可以掩盖蛋腥味；可稳定和辅助焙烤食品固有的香气，例如，巧克力饼干中加入巧克力香精可以使巧克力饼干香气更加饱满。同时，在焙烤食品中，食用香精经常被用来创造新口味的产品，做到口味多样化。

一、焙烤食品加工中影响风味的因素

（一）基本原料

焙烤食品一般由面粉、糖、油脂、蛋等原料构成，其中面粉是最主要的成分。尽管面粉是焙烤食品的主要组成部分，但其对最终产品的风味贡献较少。不同类型小麦粉中淀粉的破损率不同，致使美拉德反应的程度不同，从而造成产品风味的差异。面粉中的类胡萝卜素除导致面粉颜色发黄外，对其风味也具有影响，类胡萝卜素作为脂肪氧合酶的抑制剂能够抑制脂肪氧化，导致己醛等挥发性风味物质释放量减少。

在焙烤食品中，除了面粉和盐外，糖类是使用最多的一种原料，其对产品风味有着较大影响。糖类物质在焙烤过程中能够发生焦糖化反应和美拉德反应，产生令人愉悦的香气化合物。例如在面包的生产过程中添加的糖含量远超酵母发酵所需，这些过量的糖可用于产生理想的风味。

油脂能够给食品带来特有的风味。在焙烤食品中添加油脂一方面有助于焙烤过程中大量产生羰基化合物，另一方面油脂能够氧化产生2-壬烯醛等香气化合物，从而提高产品的风味。然而过多的油脂会与糖类生成令人不悦的5-羟甲基糠醛。

蛋类也是焙烤食品中不可或缺的原料，其为面团提供了脯氨酸、精氨酸等氨基酸和蛋白质。这些氨基酸与果糖等糖类物质共同作用，促进了某些具有甜味的吡喃酮的形成。

乳制品常被添加于高级面包、饼干的制作中。乳制品中丰富的乳糖和蛋白质在焙烤过程中发生焦糖化反应、美拉德反应，有利于风味物质的形成，并且乳制品本身具有的特殊香味，也提高了焙烤食品的风味。

在诸多焙烤食品的加工中，还常通过添加一些酶来改善产品品质。淀粉酶的添加能够提高美拉德反应过程中糖的可用性，蛋白酶的添加能够增加面团中氨基酸和多肽的含量，这两种酶均增加了美拉德反应的前体，从而影响了香气化合物的形成。在一些焙烤食品中还会添加脂肪

氧合酶以改善面团色泽和体积，这种酶会导致自由基的形成，产生不稳定的氢过氧化物，并在焙烤过程中转变为不同的羰基化合物从而影响产品风味。

（二）焙烤食品的加工工艺

面团的揉捏是焙烤食品加工的重要步骤之一，对香气前体的产生具有较大影响。揉捏强度的不同导致焙烤食品中醛类物质的含量不同，从而造成风味的差异。并且揉捏的程度也影响着发酵面团中酵母的代谢状态，影响醛类的生成。

发酵焙烤食品的发酵条件影响着面团中风味物质的形成。通过延长酵母发酵时间，更多的蛋白质能够水解成游离氨基酸，这些氨基酸作为 Strecker 醛的前体物质提供了麦芽风味。除发酵时间外，发酵温度对风味也具有影响，通过降低发酵温度可减少发酵产生的挥发性化合物，而增加美拉德反应产生的化合物。同时，发酵温度的降低还延缓了油脂氧化从而减少了不良风味的形成。

此外，在焙烤产品中，对风味产生重要影响的化合物是通过热反应产生的，因此焙烤的时间和温度对它们的形成有显著的影响。一般而言，焙烤食品的焙烤时间和温度需要根据产品性质决定，并且温度和时间两者是互相影响和制约的。提高焙烤温度或延长焙烤时间均能加剧焦糖化反应、美拉德反应等，从而形成更加丰富的风味。但焙烤时间或温度的过度提高易使产品形成不良的焦煳味，并且增加丙烯酰胺等不良物质的形成。因此在保证产品质量的前提下，一般应在尽可能高的温度和尽可能短的时间内完成焙烤。

（三）焙烤食品中添加的风味剂

在焙烤食品中往往会添加一些天然或人造香料以赋予产品特殊风味。传统食品中常使用葱、茴香、花椒等提升产品的风味，而食品工业中则常用合成香料提供乳脂香、果香、花草香等风味。在饼干、蛋糕等精细焙烤食品中，香料的添加一方面赋予了产品独特香味，另一方面也能够掩盖蛋腥味等原有的异味。

表 10-11 列举了一些典型的精细焙烤制品及其各自使用的风味剂（物质）类型。

表 10-11　　精细焙烤制品及其风味剂（物质）

精细焙烤制品类型	风味剂（物质）
一般的酵母焙烤制品	香草黄油、柠檬、香草及这些风味的组合
麻花状长面包	黄油、香草黄油
葡萄干焙烤食品	朗姆酒、柠檬
意大利圣诞面包	黄油、香草、柠檬、柑橘的组合
小点心、一般的海绵蛋糕预混合粉	香草、柠檬
饼干	水果风味物质（主要是柑橘类）
馅料预混合粉	
坚果预混合粉	果仁、柠檬、朗姆酒
碎杏仁饼预混合粉	柠檬、杏仁
一般的预混合粉	柠檬、杏仁、香草
作为增强剂	果仁、巧克力
萨克大蛋糕预混合粉	小豆蔻、香草、肉桂

二、 焙烤食品中风味料的分类及特征

焙烤食品中的风味料主要包括天然香料和合成香料两类。

（一）天然香料

大多数的天然香料来源于自然界的动植物，根据不同的性质又可分为粉末型、精油型等。例如在家庭或小规模制作中，常直接添加茴香、葱、肉桂、香草、丁香、洋葱作为风味剂；一些常被添加至焙烤食品中的浓缩果汁、果泥、蜂蜜等除作为辅料外也可作为天然的风味剂。为了方便工业化生产，通过萃取、浓缩、蒸馏等方式提取天然物质中香气物质，从而制得各种风味的天然香精。焙烤食品中常用的香料主要分为乳脂香型、果香型、草香型等。

（二）合成香料

在食品工业中，天然香料往往存在批次不稳定、味道强度低、成本高等缺点，因此常采用合成香料来替代天然香料。其中在焙烤食品中广泛应用的合成香料之一为香兰素，俗称香草粉，其能够提供香草味。目前还发现了一种乙基香兰素，其耐热性更好，并且风味强度是香兰素的3倍。

除这些提供天然植物风味的合成香料外，焙烤食品中也常添加一些热反应合成香料，其能够提供焙烤产生的烘烤香、焦糖香等。烘烤焦香风味通常与吡嗪相关，吡嗪类化合物在烘烤类食品中是主要的风味物质。吡嗪环上的氢原子可以被烷基、酰基或烷氧基所取代，被取代后的分子能导致各种食品风味：焦香味、烘烤味、清香味、土腥味和霉味等。在这一大类中，最重要的化合物是烷基和乙酰基取代的吡嗪。坚果焦糖风味是大多数含糖食品经热处理后的风味，它是由轻微的苦味和焦香味共同组成。其代表性风味物质有3-甲基-2羟基-2-环戊烯-1-酮（环戊烯酮）、麦芽酚、糠醇等化合物，这类化合物可应用于各种焦糖风味食品和焙烤食品中。

三、 风味料在焙烤食品中的作用

焙烤食品中所使用的风味料通常是由多种香精按照合适的配比调制出来的，经过调制的食用香精能够赋予焙烤食品不同的风味。焙烤食品中的加香，对整个焙烤食品有着举足轻重的作用。

（一）赋予焙烤食品各种诱人的香气

很多焙烤食品的基料本身并不具备香味，在合理加入食用香精后，可以得到预想中的香味，例如夹心面包中使用的果香型香精可以赋予面包新鲜的水果风味，这样便能为焙烤食品提供更为丰富的风味类型，使消费者在食用过程中得到满足。此外，在焙烤食品中，食用香精也常被用来创新产品风味。

（二）矫正和补充焙烤食品不良的气味或不足的香气

焙烤食品在制作期间由于受到加工工艺或焙烤时间的限制，会出现焙烤食品香味不足的问题。为保证产品整体质量，通常可利用合理添加食用香精的方式来改善其香气结构，一方面可以提高人们所希望的香气含量；另一方面也可掩盖原料本身的某些不良风味，例如，蛋糕中使用蛋糕香精（大多数蛋糕香精含有乳脂香型原料）可以掩盖蛋腥味。由此，可以实现对焙烤食品香气的优化并在一定程度上提高其风味接受度。

（三）稳定和辅助焙烤食品固有的香气

由于食用香精在生产过程中通常是按照既定配方调制而成的，所以能够使每种产品的香气保持在一个较为稳定的状态，将其应用于焙烤食品中时往往能使香气相对相似和稳定，有助于产品的可持续化生产。此外，食用香精的添加还能辅助焙烤食品固有的香气，例如巧克力饼干中加入巧克力香精可以使香气更加饱满。

（四）增进食欲

在焙烤食品中使用食用香精，其香气不仅能够满足人们对于美食的需求，还能够促使人们分泌唾液，发挥出增进食欲的作用，且部分食用香精还能够起到促进消化和新陈代谢的作用。

四、 风味料在焙烤食品中的应用方式

风味料在焙烤食品中主要用于调香、调味，其添加要讲究方法、技巧及加入时间，一般有多种方式：①混入生面团或在焙烤之前喷洒于成形饼坯表面；②在烘焙出炉后喷在产品的表面；③在加热和涂油之后洒在产品的表面；④对于需要夹馅或涂层的产品，将风味料加入馅料或涂层浆料中。

一般而言，需要根据产品加工工艺的特点选择相应的调味方式。例如，在焙烤之前加入的风味料一般是磨碎的或完好的香料、精油、干酪，或者是一种可控释放的微胶囊形式，但需要注意的是添加的这些风味料不能对酵母的生长产生抑制作用。因为很多调味剂是良好的抑菌剂，加入后会影响面包的发酵体积。采用凝聚型风味剂（如大蒜油）可以减少或消除可能产生的问题，因为这类风味物质直到焙烤时才会释放出来。

在饼干出炉后，需要在其表面喷洒溶有香精的食用油或撒上固体粉末香精及香料。一般的饼干出炉后都要经过喷油工序，所以可利用喷用油为载体，将香精溶于其中再喷洒于饼干的表面。如果对饼干上下表面喷油，效果更好。这种可以避免高温烘烤的喷油方式，方便了生产厂家。但是这种加香方式也无法完全避免风味的热损失。刚出炉的饼干表面温度可达 180℃，中心温度约 110℃，所以应先将香料与喷用油充分混匀，使油温保持在 80~90℃。粉末香精可借鉴于膨化食品的加香方式，将粉末香精均匀地撒在饼干表面，将出炉的饼干放入滚筒内，使香精在饼干表面得到均匀分布。

将风味料以馅料形式填充的方法也十分普遍。最常见的风味焙烤食品馅料见表 10-12。在夹心工艺段加香适用于如威化饼干及夹心饼干等需要在饼干单片之间夹入馅料的饼干产品。在饼干夹心层，均匀地混入香精香料，从而使饼干加香。一般饼干的夹心馅料多为糖、油脂、乳制品、果酱等，可以将香精香料和这些馅料一起混合，然后经夹心机或手工加工，将夹心馅料固定在饼干单元之间。这种加香工艺比较简单，对香精的要求不是很高，一般水油两用性香精就可以达到要求。此外，还有将风味物质和其他配料混匀后涂于表面的加香方法，如派类食品，就是在饼干等焙烤食品表面涂上巧克力酱料。生产时可以利用其工艺特点，将诸如巧克力香精、奶油香精或其他口味的香精加在中，一并涂于饼干表面，从而达到加香的目的。

表 10-12　常见的风味焙烤食品馅料

馅料	成分
乳制品和人造搅打稀奶油	400g/kg 奶油或 180~200g/kg 奶油（两种情况各半）

续表

馅料	成分
加糖奶油浆	黄油与糖的混合物 明胶（药属葵）与糖混合 软糖、脱脂乳粉、黄油
软糖	干软糖基质、水和玉米糖浆
奶油蛋羹	将传统的淀粉基质奶油蛋羹混合物煮沸、冷却至60~70℃，然后添加风味物质

五、 焙烤食品中使用风味料的注意事项

对焙烤食品进行调味时，必须考虑风味料成分之间的交互作用以及它们对焙烤过程所产生的影响。蛋白质和淀粉在焙烤过程中及在随后的贮存过程中都能结合风味料。在焙烤中的损失可以通过实验测定，然后额外添加风味剂，或者调整本身的风味配方，使产品的风味达到平衡和目标要求。添加的风味料的量必须仔细考虑，因为加入过量风味料的产品比起没有调味的产品更加没有吸引力。可以使用一种溶于脂类物质的调味品来减少焙烤损失。化学发酵产品有更高的pH（对比酵母发酵产品），这对一些风味物质是不利的，例如肉桂和香草。

一般焙烤温度为200~250℃，焙烤时间15~20min。对于这种用时长，温度高的生产工艺，一般的水质、油质香精都不适合使用。为了适应这些生产工艺的要求，必须采用耐高温的风味料，其目的是将易挥发的风味物质用不同的原料、工艺手法进行包埋，使风味料外部形成一个保护层，延缓风味物质的挥发速度，减少风味物质在高温下因发生化学变化而造成的不良气味产生，使食品加香后经高温烘焙仍和原配方的口味一致。香气纯正、浓郁。耐高温的风味物质一般选用沸点高的丙二醇、色拉油或粉末作为载体；对于一些高附加值的烘焙产品，可以添加采用微胶囊技术包埋的粉末风味料。目前在市场上能购买到采用多次包埋技术（通常以脂质为壁材包埋水溶性风味剂）制备的耐高温风味料，这种微胶囊产品具有超强的稳定性，可以满足产品加工的特殊要求，因此风靡风味行业。微胶囊外层水不溶性的壁材能够防止调制面团工艺段风味剂发生溶解，但在焙烤循环工艺段的后期，外层壁材受热熔化，使得内部初级胶囊暴露。然而，由于这一工艺段产品中的水分含量非常低以至于风味料无法完全释放，因此焙烤过程中风味料的释放非常缓慢。

焙烤饼干中使用可控释放风味料的试验已有相关报道。研究者将一系列的酯类物质（模拟风味物质）以各种形式（溶于乙醇，以阿拉伯胶或化学改性淀粉为基质进行喷雾干燥，并用脂肪分别对微胶囊干粉进行二次包埋）添加到撒糖屑曲奇饼干面团中，然后在传统的烤炉中进行烘焙。产品出炉后，分析饼干中残余酯类物质的含量（图10-8）。正如所预料的，溶解在乙醇中的酯（模拟典型的水溶性风味物质）保留率最低。与改性淀粉相比，以阿拉伯胶为基质喷雾干燥得到的酯类经烘焙处理后具有更高的保留率。一旦喷雾干燥的干粉被脂肪进一步包埋（图10-8中标记为“CR”的样品），酯类的保留率就有了更为显著的提高。脂肪膜有助于阻止风味物质干粉的分解，这一保护作用可延续至焙烤工艺的后期，从而防止风味物质的挥发。

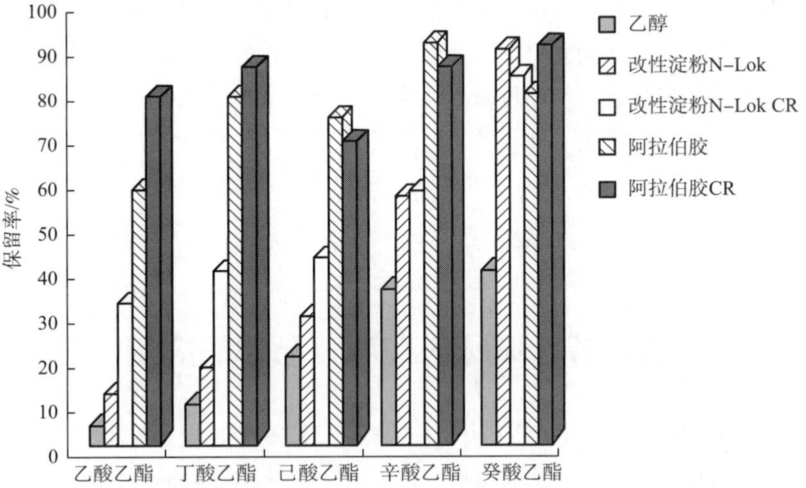

图 10-8 风味物质输送体系对饼干面团中添加的酯类物质焙烤后保留率的影响

实际生产中是否使用可控释放微胶囊风味物质主要取决于成本。如果增加液体风味料（或者简单的微胶囊风味料）的用量比使用复杂的可控释放微胶囊风味料更加经济，那么一般选用较为低廉的风味料。如果某种较昂贵的风味料能赋予产品独特的性质并且能够体现其价值，那么不妨一试。

六、 焙烤食品减盐减糖减脂对其风味的影响

食盐作为焙烤食品中的基本配料之一，虽然用量较少，但对产品品质有着明显的调节作用。盐的添加一方面能够通过提高甘氨酸、丙氨酸、丝氨酸的甜度，增强产品的甜味，另一方面钠离子也能够降低人们对苦味的感知从而减少产品的苦味。这些增味效果与盐对水分活度的影响有着一定的关联。在面包等需要经酵母菌发酵的食品中，钠盐的减少使得酵母菌代谢更加活跃，其可以消耗更多原本用于美拉德反应的游离糖，从而导致最终产品呈现出较为平淡的风味。在无盐的情况下，面包往往会呈现出令人不悦的酸味、酵母味。

焙烤食品中的糖赋予了产品独特的质地，并影响着其滋味和风味。糖类在食品中提供着令人愉悦的甜味，并且能够参与美拉德反应以及焦糖化反应。因此在焙烤食品中降低糖的含量易使产品甜度降低、苦味增加，并且产品的整体风味减少。大多数代糖并不能发生焦糖化或美拉德反应，因此其产品风味的丰富度会有所降低，且一些代糖还可能带来额外的苦味、回味等，最终对产品风味产生负面影响。基于此，有一些报道使用代糖部分替代通常使用的糖，这样既能保持较良好的风味又能提高其健康价值。

脂肪的减少通常对产品的质地和外观有较大影响，对其风味也有一定程度的影响。减少部分脂肪对焙烤食品的整体影响较小，在蛋糕等水分含量较高的焙烤食品中即使减少 50%的脂肪也不会对产品质量造成较大影响。但由于脂肪具有特殊的香气，因此其含量的降低容易导致产品风味更加平淡，尤其是焙烤食品中常用的黄油，其贡献的特殊乳脂风味很难被其他物质所替代。当然在另一方面，脂肪含量的降低也能带来一定的积极作用，如能够使产品不易因脂肪酸败而产生一些令人不悦的异味。

总之，在给焙烤食品加香时，要根据消费者的年龄层次和口味嗜好等特点，对不同口味的

产品进行针对性的加香；选择和应用食用香精时，要掌握它们自身的物理和化学性质，在口感上要注意香精香料与整个产品配方口味的一致性；在香精香料的用量上要严格控制，用量少会使香味不突出，用量太多又会给产品带来不良异味，用量适中才能使产品香气四溢，令人回味无穷；同时在“健康中国 2030”的背景下，在考虑焙烤食品风味的同时也需要关注其健康价值。

第五节　风味料在调味品中的应用

我国具有悠久的调味品生产和应用历史，调味品能够改变、增加和调节食品的滋味，并且能够赋予食品良好的色、香、味，从而增加人们的食欲。其增强食品风味的能力离不开风味料在调味品中的作用。风味料在调味品中的应用已十分广泛，无论是家庭调味品还是工业食品用调味品，都大量地使用到风味料，从而使食品变得更加美味可口。家庭调味品如鸡精、鸡粉、各式调味酱、腌菜等，还包括一些新开发的传统风味汤料。工业食品调味品则包括许多如方便面中的粉包、酱包；膨化食品及薯片表面的调味粉；夹心面包中的调味酱等。风味料对不同类型的调味品均有一定的风味改善，根据调味品的商品性质和经营习惯的不同，我们可以将目前中国消费者所常接触和使用的调味品分为 5 类，本节主要介绍风味料在酿造类、水产类以及复合调味品中的应用。

一、　酿造类调味品加工中影响风味的因素

酿造类调味品以含有较丰富的蛋白质和淀粉等成分的粮食为主要原料，经过处理后进一步发酵得到。该过程借助有关微生物酶的作用产生一系列生物化学变化，将其转变为各种复杂的有机物。酿造类调味品主要包括酱油、食醋、酱、豆腐乳等。

酱油是一种传统的发酵调味品，主要以大豆、豆粕等植物蛋白为原料，辅以面粉或小麦粉等淀粉质原料，在一定盐浓度条件下，利用微生物（如霉菌、酵母菌、乳酸菌等）的发酵作用，将原料水解成多种氨基酸、肽、有机酸、糖醇和糖类物质，在此基础上，经过复杂的生物化学变化，形成具有特殊色泽、香气、滋味和特定状态的调味液。酱油的风味复杂而平衡，其中挥发性成分和非挥发性成分是构成酱油独特风味的物质基础。迄今为止，研究者们采用 GC-MS/O 技术共在酱油中鉴定出两百多种香气活性物质，按气味类型可分为酸香、醇香、麦芽香、花香和果香、焦糖香、烟熏香、蔬菜香等，不同香气的化合物以一定比例组合形成了酱油浓郁的酱香；在酱油中共检测出两百多种非挥发性物质，带给酱油酸味、甜味、苦味、咸味、鲜味和浓厚味的综合味感，其中咸味、鲜味较为突出。

不同的品牌酱油有不同的风味，而地域间的饮食差异也使人们对酱油风味有不同的追求，人们在烹饪时往往根据自己的饮食习惯购买喜欢的酱油品牌。从酱油制造过程看，影响酱油风味的因素很多，在酿造酱油的过程中可通过一些措施来达到改善酱油风味的目的，主要有以下 3 个途径。

（1）适量添加微生物　酱油酿造从天然发酵到菌种发酵，克服了酱油酿造过程发酵周期长的短板问题，大幅提升了酱油品质。蛋白质分解产物能提高酱油的鲜味；酱油淀粉质分解会形

成葡萄糖、麦芽糖，能提高酱油的甜度，而产生的酒精使得酱油极富香气，因此可充分利用淀粉质达到酱油风味改善的目的。发酵后期也可加入一定量的耐盐乳酸菌，利用微生物发酵产生新的风味物质也能有效地改善酱油风味。

(2) 延长酱油发酵时间 在酱油风味口感提升中，可通过延长酱油的发酵时间使酱油更为醇香。同时在发酵期间控制好温度，使蛋白酶具备有效发挥的适宜条件，充分发挥其作用，以实现酱油风味的改善。例如，固态低盐发酵工艺中应将发酵周期提升到一个月以上，酱油能实现色、香、味等各方面的效果提升。

(3) 利用调配改善风味 改善酱油风味可在酱油调制的过程中基于产品质量标准将发酵产生的原油进行配兑处理，配兑可针对消费者的口味偏好进行差异化的酱油调配，如在原来酱油的基础上调配甜味剂、增鲜剂和其他香辛料等，以此达到改善酱油风味的目的。调配甜味剂、增鲜剂和其他香辛料的过程中这些外加的风味物质对酱油整体风味轮廓都有着一定的修饰和改善效果。另外，还可以通过添加酱香型酵母抽提物弥补减盐酱油中因原油用量减少而造成的呈味呈香物质的稀释，通过风味补充协助实现酱油的减盐不减味。

二、 水产类调味品加工中影响风味的因素

利用水产制备调味料在我国历史悠久，南北朝时期的《齐民要术》一书中就已详细记载了使用鱼类制作“豉汁”这一海鲜调味料的方法。水产类调味品是天然调味品的一种，是以天然水产品为制作底物，通过抽提、发酵、酶解等制作工艺制造的调味品。其中含有独特风味的肌苷酸钠、鸟苷酸钠、谷氨酸钠、琥珀酸钠等呈鲜物质，同时富含多种对人体有益的活性物质，例如小分子肽、维生素及矿物质等。目前，国内的水产调味品种类很多，根据加工方法和风味差异主要分为抽提型、分解型和反应型这3类。

（一）抽提型水产调味品

抽提法是传统的水产调味品制造方法，用于生产天然调味料。水产品经过煮汁、分离、混合、浓缩等工序制成鲜味丰富且风味独特的天然调味品。最常用的方法是物理抽提法，主要是利用风味溶剂提取原料的呈味物质。基本工艺流程如下。

原料→前处理→抽提→精制（离心、过滤）→浓缩→喷雾干燥→粉状产品

以蚝干为原料，经煮汁、澄清、过滤、浓缩、精制可以制成半成品原汁蚝油，再经辅料调配可以制成成品蚝油。

抽提方法有以水为介质的低温抽出法，温度为50~90℃，此温度下抽出物能保持原料风味。热水抽出法，温度为90~100℃，此温度下能抽出主要成分和保持原有风味。还有溶剂抽出法，溶剂一般用1%~6%（体积分数）乙醇。如虾头中含有脂溶性色素，用乙醇作溶剂，不仅可以抽出其风味，而且还保留了虾的色泽。对于贝类，其呈味物质大部分是水溶性的，用水作溶剂是非常经济的。

（二）分解型水产调味品

分解型水产调味品包括发酵型和酶法水解型水产调味品。

1. 发酵型水产调味品

传统自然发酵法和现代速酿技术是两种典型的发酵型水产调味品的制作手段。现代速酿技术包含了自然发酵、加曲发酵法等。

传统自然发酵法是在一定的温度下将新鲜的水产品材料浸泡于适宜浓度的盐水一段时间，通过材料中原有的酶以及所处环境内乳酸菌、耐酸性酵母等微生物进行反应和发酵而制得最终调味品。最典型的产品就是鱼露，传统鱼露的生产以绞碎的新鲜小杂鱼为原料，置于发酵池中加入食盐（30%~40%鱼体重）拌匀，用盐封恒温（35~45℃）处理6~12个月，再经过滤、除杂、灭菌等制得成品，成品风味主要来源于水产品原材料原有的酶以及所处环境内微生物进行反应和发酵生成的风味物质。但传统鱼露的加工存在发酵周期长、成本高、产量低等弊端。因此，快速酿造方法的发展和探索成为重点研究方向。

自然发酵法采用加盐发酵的方式，在太阳下曝晒10~18个月。为了加快发酵的进程，主要是通过改变盐浓度和温度来减少发酵所需的时间。其中适当的盐浓度和温度是提高反应和发酵速率的关键，因为过高的盐浓度和过高或低的温度会抑制自身酶的活性，导致酶解反应的进程受抑制，从而延长反应和发酵的时间。

加曲发酵法是参考传统酱油酿造的方法，通过添加米曲霉进行发酵酿造，在发酵过程中米曲霉会形成蛋白酶、脂肪酶及淀粉酶等活性酶来分解原料中的蛋白质、碳水化合物及脂肪等物质，进而形成具有较高营养价值和较好风味的调味品。

2. 酶法水解型水产调味品

酶法水解型水产调味品是指利用外源蛋白酶水解原料蛋白制备酶解液，再经过调配等加工工艺制得的产品。该方法可改进水抽出工艺，同时增加蛋白质利用率，并使煮汁中可溶性氨基酸增加。目前，采用双酶法比单酶法制备天然调味料得到较好效果。如采用中性蛋白酶和木瓜蛋白酶混合加入的方法对牡蛎肉进行水解，比传统单一酶解的水解率增加了8%。水解液经浓缩、配制，可制作出色、香、味俱佳的海鲜调味汁，产品的主要质量指标如粗蛋白、氨基酸态氮、氨基酸态氮与总氮之比均较高。

酶法水解型水产调味料的特点具有反应条件温和、水解效率较高等优点。虽然这种工艺加工出的调味料，可能失去原料的原有风味，但其鲜味极大增强，易被消费者接受，同时成本较低，而且根据不同的原料控制水解条件，可得到不同产品的风味、得率等。现在已成熟的产品有虾脑酱、贻贝汁、鱼汁等。

（三）反应型水产调味品

反应型水产调味品主要是将水产品基料利用美拉德反应制成天然香料，然后经后续调配加工而成。目前在水产原料中添加糖类物质，使糖与氨基酸发生美拉德反应从而制备具有特殊香气调味品的方法已被广泛应用。利用美拉德反应制备风味优良的具有浓郁鲜香味的热反应香精，这一过程生成大量的挥发性风味化合物，能大大丰富水产调味品的风味。通过将酶法与美拉德反应相结合可更有效地改善调味品的风味。

三、风味料在复合调味品中的应用

复合调味品主要是指将各种基础调味品按照一定比例调制而成的能够满足不同调味需要的调味品。其使用的原料种类很多，常用的原料主要有咸味剂、鲜味剂、增鲜剂、甜味剂、酵母精、水解动植物蛋白、香精与香辛料、着色剂、辅助剂等。复合调味品中的呈味成分多、口感复杂，各种呈味成分的性能特点及其之间的配合比例，决定了复合调味品的调味效果。在我国，最典型的复合调味品包括鸡精、火锅调料（底料和蘸料）以及其他中式复合调味品、西式复合调味品等。

（一）原辅料对鸡精风味的影响

鸡精作为复合调味品的最大品类，以其诱人的香气和特有风味被广大消费者所青睐。鸡精是以谷氨酸钠、食用盐、鸡肉/鸡骨的粉末或其浓缩抽提物、呈味核苷酸二钠（I+G）及其他辅料为原料，添加或不添加香辛料和/或食用香料等增香剂经混合、干燥加工而成。鸡精中的风味主要体现在“鸡肉”风味和“鲜味”，是一种具有复合风味（鲜味、肉味、香辛料味）的复合调味料。

鸡精独特的香气是多种呈味物质同时作用的结果。用在鸡精生产中的原辅料主要包括鸡肉粉、肉粉香精、肉膏香精和粉状香精。鸡肉粉是由天然鸡肉产品经过预处理、酶解、喷雾干燥等工序加工而成，具有风味自然、肉感浓厚、纯正、流动性好和使用方便等特点，它可使鸡精的鸡肉香味丰满、逼真持久。鸡肉膏香精是以氨基酸、糖类和鸡肉抽提物等经美拉德反应而成，具有香气浓郁、口味纯正、肉感逼真、质地细腻、稳定性好、使用方便、经济等特点，因而成为当今鸡精厂的首选原料。在鸡精中加入鸡肉膏香精可使鸡精香味饱满、浓厚、逼真、持久、更具鸡汤的香气。鸡肉粉香精是将调配鸡肉味液体香基与粉末载体等填充料吸附拌和而成，具有香气浓郁、使用方便、经济等特点。在鸡精生产中加入鸡肉粉香精（多是包装前加入），可使鸡精香气浓郁、扑鼻、逼真。呈味肽、氨基酸和核苷酸等呈味物质是酵母抽提物的主要成分，鸡精中添加酵母抽提物不但可以增加肉的鲜味，让鸡肉香味更加浓郁，还可以掩盖肉的腥味，避免油腻，提高口感。其中的呈味肽对鸡精的浓厚味、满口感和汤汁感有增强作用。

从产品外观来看，鸡精主要有颗粒鸡精，其次是粉状鸡精（简称鸡粉），当然还有很少部分为块状鸡精；从风味来看，鸡精主要有清炖型鸡精和红烧浓香型鸡精。

颗粒鸡精的生产工艺流程：

原料粉碎→配料→搅拌→造粒→烘干→加香→包装→成品

先将盐、糖、味精、香辛料等粉碎成60目左右的粉末，再与蛋黄粉、肉粉、淀粉、I+G、水解植物蛋白（HVP）粉等配料一起加入混合机中，边搅拌边加入鸡油、鸡肉精膏和水的混合物拌均匀，由造粒机造粒，再送烘干机中70℃左右，烘烤3~4h，达所需水分为止，随后拌上粉末香精，最后包装检验合格即为成品。

粉状鸡精的生产工艺流程：

原料粉碎→配料→搅拌→烘干灭菌→包装→成品

先将糖、盐、味精、香辛料等粉碎成60目左右的粉末，同时将蛋黄粉、纯肉粉、粉体香精拌匀，加入鸡油、淀粉等添加剂一起混匀，然后干燥灭菌，包装即成。

鸡精生产技术中的关键问题有以下几点。

（1）盐、糖的配比　比例太大或大小都不能达到增鲜减咸的作用，而且还对鸡精的风味、口感都有很大影响。一般取（2~3）：1为宜。

（2）味精与I+G的比例　二者的比例在20：1既能增鲜，又经济合理。

（3）香辛料的比例　香辛料的加量过大就会使其香辛料气味突出，掩盖了主体的肉香味；反之过小，又不能提供有益的增香协同作用。若香辛料的比例在0.5%~0.8%，既能提供香气，又能掩盖鸡精中的不良风味。

（4）褐变问题　由于鸡精中有糖、氨基酸和水，在一定条件下可发生美拉德反应，使鸡精色泽变深变暗，同时会使其香气、口感发生变化，从而影响产品质量，因此应引起高度重视。防止褐变的措施：①包装材料透气率低，封口严实；②尽量降低糖分含量；③尽量降低水分含量；④加入防褐变的添加剂。

（二）肉味香精在方便面调味料包中的应用

目前，用于食品调味最广泛的要数肉味香精。肉味香精不仅能赋予整个调味料以肉香的主体特征香气，而且起到增加食品香味和掩盖和矫正不良气味的作用，因此随着面制品行业的成长和新技术的日臻完善，肉味香精应用不断得到创新和发展。

方便面的调味调香就是将各种呈味料香味料在一定条件下进行组合，产生新味，并以一定的形式使调料与面条充分融合，使其具有独特的风味。其最高境界就是使各种香型口味综合再现实际烹调的香气口感，使全部香气和味感综合为一，产生逼真的效果。

鸡肉风味剂是以水解蛋白为基料，添加鲜鸡肉及氨基酸、还原糖，经美拉德反应和喷雾干燥技术制成的粉末制品，属热反应肉味香精系列产品。该产品具有体香丰厚、回味感好的特点，在方便面汤料中应用，会产生烹调需要的实际鸡肉香气和口感。为满足客户及消费需求，研发人员应用鸡肉风味剂和其他香精香料，已开发出了多种鸡肉风味方便面汤料，香精香料在其中合理搭配，巧妙配比，取得了独特的调味增香效果，以下列举咖喱鸡肉汤料（表 10-13）、香菇炖鸡汤料（表 10-14）。

表 10-13　　咖喱鸡肉汤料

原料	配比（质量分数）/%	原料	配比（质量分数）/%
食盐	65	香葱	1.5
砂糖	5	八角	0.5
味精	10	肉桂粉	1
咖喱粉	1.5	鸡肉风味剂	4
胡椒粉	1.5	香精 1	2
香菇	3	香精 2	2
姜粉	1		

表 10-14　　香菇炖鸡汤料

原料	配比（质量分数）/%	原料	配比（质量分数）/%
食盐	65	洋葱粉	3
砂糖	6	葱	1
味精	14	鸡肉风味剂	5
I+G	0.5	香精 1	3
胡椒	0.5	香精 2	2
姜粉	1		

与市场上出售的调味酱不同，方便面中的酱包须要与粉包综合考虑其调味功能，合理调配

盐、糖、味精等的适口浓度。一般方便面中的搭配为：“酱包+粉包”或“酱包+粉包+菜包”。其中粉包是基础调味，菜包起到点缀作用，而酱包则能提升口味，变单一味为复合味，变寡淡为醇厚。因此说方便面档次的高低，酱包是关键的决定因素之一。因为好的酱包复水后，其中的油脂使方便面汤料圆润饱满，香气四溢，汤的表面浮起诱人的油花，使消费者食欲大增。

第六节　风味料在肉制品中的应用

一、　肉制品加工中影响风味的因素

肉制品是指用畜禽肉为主要原料，经调味制作的熟肉成品或半成品。对于肉制品而言，其典型风味的形成至关重要。肉味是滋味和气味的结合，此外，肉的口感和多汁性也会影响整体的风味感知。生肉在熟制加工前呈现出一种血腥味，不受人们欢迎。肉类只有在加热煮熟或烤熟后，通过脂质氧化、美拉德反应、脂质氧化产物与美拉德反应产物的相互作用以及维生素 B_1 降解等热诱导反应，产生挥发性风味成分，才能形成特征的熟肉香气。

影响熟肉基本滋味属性（酸、甜、苦、咸、鲜）的因素主要涉及肉的非挥发性成分（糖、肽、氨基酸、无机盐和有机酸等）风味前体和肌苷 5′-单磷酸、鸟苷 5′-单磷酸和谷氨酸等增味剂。影响肉制品风味的因素很多，其中牲畜（禽）的类型、品种、饲养条件以及肉的加工方式和加工条件等都与其有很大关系。

（一）原料肉

牲畜（禽）的类型、品种、性别、年龄、饲养条件等对肉类风味的影响十分明显。如熟牛肉有诱人的肉香，而熟羊肉往往有一种汗酸和腥膻气味。不同动物品种肉的总脂肪、肌内脂肪和脂肪酸组成存在差异，因此其对肉的理化质量、感官特性和挥发性风味化合物的含量有很大影响。此外，煮熟后，公牛肉中具有较高的 2-丙酮含量和更强的类似肝脏的气味和血腥味，而母牛肉具有更强的特征肉香风味。与雄性羔羊相比，雌性羔羊的胴体显示出更厚的皮下脂肪和更多的肌肉间脂肪，因此雄性羔羊具有更好的风味。另外不同年龄的畜禽，由于成熟度和体内代谢情况不同，其肉类的风味也不一样：一般过小的畜禽动物，如 11 个月以内的崽牛，其熟肉都缺少典型的肉香。改变动物饮食中的脂质成分会改变其肉类的脂质成分，这可能会影响其风味。n-3 脂肪酸含量高的脂质在加热时很容易分解，生成的化合物比由等效 n-6 脂肪酸分解形成的化合物的不饱和度更高，因此反应性更强。这些化合物可以通过与美拉德前体和中间体反应来影响风味，并且本身也是有助于风味的前体物质。

（二）加工条件

肉类的加工对于获得可口和安全的肉制品至关重要。加工方法和加工条件会改变肉的化学成分，进而改变肉的营养价值和肉制品的最终风味。热加工是影响肉制品脂质氧化的重要因素，如高温烘烤、油炸等长时间高温处理会改变肉制品的脂肪酸组成、增加脂质氧化程度。肉类热加工时的温度、时间通过影响肉中风味前体物质的生成、降解以及美拉德反应和脂质氧化等热反应的进程，从而影响肉制品中风味化合物的种类和含量。如 100℃下炖肉产生的香气与 165℃下烤肉的香气就有很大的差别，前者为肉的清香，后者为浓烈的烤香。低温三明治火腿肠和高温火腿肠的香气也有不同。一般来说，当加热时间较短、温度较低时，生成的挥发性风味物质种类较少；当加热温度较高、时间较长时，生成的挥发性风味物质种类有所增加。随着对高品质食品要求的不断提高，超声波、脉冲电场、微波和高压加工等一系列创新技术已应用于食品行业，以加快生产速度、延长保质期、改善感官质量以及减少对环境的影响。在干腌火腿体系中，600MPa 高压加工能在不增加氯化钠含量的基础上，使肉的咸度提高，这是由于高压处理使钠离子和蛋白质之间的相互作用发生改变，导致火腿在口腔咀嚼过程中向舌头上的味觉感受器释放更多的钠离子。在牛肉干加工中，发现脉冲电场处理可在维持咸度相近的基础上将氯化钠用量从 20g/kg 降低到 12g/kg，这与该处理方式诱导电穿孔增加膜和细胞的渗透性从而影响钠在肉基质中的分布及其从基质中扩散和释放的能力有关。

二、 肉制品中风味料的分类及特征

风味对肉类食用质量的贡献非常重要，肉类或任何其他食物的风味是其滋味和香气的结合，并且还会受到口感和多汁性等因素的影响。虽然肉制品在加工过程中会产生特征风味，但风味料常被添加到肉制品中赋予其丰富或者额外的风味。

（一）肉制品中功能性风味料的成分及特征

1. 盐

盐（氯化钠）是肉制品生产中最常用的功能性风味料成分。它主要用于调味，其次还具有抑制微生物、延长保质期和增加蛋白质水合作用的辅助功能。在产品中配制的盐量选择通常基于消费者的口味偏好。加工后的即食肉类产品的盐含量通常为 15~25g/kg。盐的添加可以降低水分活度和在某些情况下增加产品中的氯离子含量，从而实现抑制微生物生长和延长保质期的作用。当盐含量非常高（60g/kg 或更高）时，由于水分活度降低，产品可能会延长保质期，这样的产品通常具有强烈的咸味。盐通过增加肉制品中的离子强度来增加蛋白质的水合作用。蛋白质水合作用的增加导致完整肌肉块中的水结合增加和碎肉制品中的可溶性蛋白质增加。加入盐后溶出的大部分蛋白质是肌球蛋白，而可溶性肌球蛋白具有优异的乳化和胶凝性能。因此，添加盐对于肉糜类制品中形成稳定的乳液结构至关重要。

2. 甜味剂

蔗糖、右旋糖和玉米糖浆产品等通常用作肉制品和人造肉制品中的甜味剂。选择合适甜味剂时，肉的表面褐变、水结合、口感或光滑度以及被微生物发酵的能力等特性是需要考虑的重要因素。

烹调过程中肉制品的表面色泽涉及产品中的糖。蛋白质和还原糖之间的美拉德反应在肉制品中也十分常见。葡萄糖、葡萄糖-玉米糖浆甜味剂都参与美拉德反应。然而，蔗糖在美拉德反应中的作用不大，因此单独使用蔗糖可能会导致肉制品在烹饪和熏制过程中表面颜色不足。此外，如果烹饪达到非常高的温度，糖的焦糖化可能会导致表面焦黑。

（二）肉制品中调味性风味料的成分及特征

调味料是主要用于赋予或改变食品风味的成分的总称。肉制品的常用调味料包括天然香料及其提取物以及加工香精等。

1. 天然香辛料及其提取物

在加工过程中添加香辛料是赋予肉制品美好风味、颜色和改善质地的常用方法。自从阿拉伯商人将黑胡椒、白胡椒、肉桂和丁香等香料引入孕育古希腊文明的地中海东部地区以来，人们发现这些植物可以改善食物的口感和风味，延长食物的保质期。使用方便的天然香辛料在肉制品加工中最受欢迎，为创造美味食物和多样化膳食提供了可能性。其中一些可以提供基本的味觉感受——甜味（茴芹、茴香、多香果）、酸味（漆树、刺山柑）、苦味（胡芦巴、丁香、百里香、牛至、月桂）。给食物带来辛辣味的最重要的香料是胡椒、辣椒和姜。尤其是在中国，用香辛料烹饪有着悠久的历史。由于香辛料在新鲜或干燥状态下都具有强烈和独特的风味，它们常被用来掩盖或减少如传统烹饪中的鸡肉、牛肉或其他肉类中的血腥或生味等不良的味道。

由于天然香料的风味强度随季节、地理位置和文化条件而变化，因此，将其用于肉制品加工形成的风味可能有所差异。为了提高产品的一致性，许多加工商选择使用具有标准化风味和香气强度的精油或香料油树脂。从香料或草本植物中提取的精油，仅包括从天然香料中提取的挥发性香气成分，它通常是浅色的液体，其风味强度比原始材料高得多。油树脂是通过溶剂萃取从天然香料中提取的，包括香料的挥发性和非挥发性成分。因此，它们的风味可能与天然香料非常接近。

2. 鲜味增强剂

具有鲜味刺激的谷氨酸和天冬氨酸是代表性鲜味氨基酸，它们是各种生物体新陈代谢的重要组成部分。水解植物蛋白（HVP）是一种加工调味剂，多年来一直用于为食品赋予肉类风味。酵母提取物也被广泛用作天然风味增强剂，提取物是通过酵母菌在繁殖后通过酵母酶或其他额外的酶（如蛋白酶、肽酶、磷酸二酯酶和脱氨酶）自溶形成的。酵母菌的高初始蛋白质含量会导致高水平的氨基酸，同样，高水平的 RNA 会导致 5′-核糖核苷酸水平的增加。除游离氨基酸外，通过蛋白质降解获得的几种肽被鉴定为天然鲜味促味剂。在这类化合物中，主要是二肽和三肽被描述为鲜味肽，例如，鲜味化合物焦谷氨酰肽（pGlu-Pro-Ser、pGlu-Pro、pGlu-Pro-Glu）或含有酸性氨基酸残基的肽（Asp-Glu-Ser、Glu-Asp-Glu、Thr-Glu）。这些酸性肽会产生微弱的鲜味，且能够增强对 5′-IMP 的反应。除此之外，美拉德反应形成的一些 Amadori 化合物也被发现可以作为鲜味调节剂。

3. 加工型调味香精

热反应肉味香精是一种新型的食用香精，主要通过美拉德反应形成风味，包含氨基酸与还原糖的反应、油脂降解反应以及糖的脱水反应，这些反应产物及其二次反应产物对加工风味的形成起着重要的作用。热反应肉味香精属于天然调味料类，其肉香味浓郁、柔和。商品化的热反应肉味香精是在美拉德反应的基础上再经适当调配混合而成的复合物，主要由两部分组成：基本美拉德反应产物和挥发性香气物质。基本美拉德反应产物是热加工肉味香精中最关键、最重要的部分，然后再根据产品的不同用途和市场需求，在反应前或反应后加入其他挥发性风味料或配料，以增强基础风味或带来某种感官上的细微差别。热反应肉味香精生产技术已经突破了传统香精生产的概念，由完全依赖调香技术，发展为多种技术（生物技术、脂肪氧化技术、烹饪技术、热反应技术和调香技术）于一体的复合技术。所用反应前体物也由单一香料扩展到动植物蛋白酶解物、动植物提取物、脂肪、酵母、蔬菜、还原糖、氨基酸、辛香料及其他食品原料。

三、 风味料在肉制品中的作用

多种风味料都可以用于肉制品的加工。尽管风味料的来源和类型不同，它们添加到肉制品中都可以实现增加香味、增强香味、修饰香味、掩蔽不良气味、补充香味、增强口感等作用。

（一）增加香味

在肉制品加工中，有时所用的原料没有明显的香气，在加工过程中也不产生明显的香味，只有依靠肉类香精来增加食品的香味。如在人造肉制品中，使人造肉呈现牛肉香、猪肉香等风味，均需添加肉类香精。

（二）增强香味

在肉制品加工中，所用的原料经热加工，会产生一定程度的香味，但由于现在原料肉大都来自集约化畜牧业催肥养殖所产的肉或因为产品中原料肉含量少，产品产生的香味较弱，需要再加入肉类香精来增强香味。

（三）修饰香味

在肉制品加工中，所用原料肉经加热后已具有其本身特有的香味，但为使产品香味更加新颖和具有创新性，需要加入不同香气类型的香精或香料来修饰，如猪肉火腿要做成红烧肉味的则要加入红烧肉香精来修饰。

（四）掩蔽不良气味

有些原料带有使人不愉快的气味在加工中又难以彻底除去，或在加工过程中产生使人不愉快的气味，如大豆的腥味、牛肉的膻味等，添加香精或香料既掩蔽了不愉快气味，又增加了产品香味。

（五）补充香味

在肉制品加工中，会产生一定的香气，如烟熏香肠中使用木材烟熏产生的熏烟，但在加工中香气也有一定损失，最终食品的香味不够浓，需要加入与原料香气类型相同的香精或香料，予以补充。如添加烟熏剂，以补充烟熏香肠的熏香味。

（六）增强口感

在肉类香精中，反应（即美拉德反应）调理香精是利用蛋白质原料（肉类、酵母蛋白、肽类和酸类、水解蛋白质）、各种糖类原料、脂肪原料等很多有机原料，在加热的过程中发生美拉德反应而获得。它的反应物配比和原料肉中的很多呈味前体物质相同，所以就可生成如生肉在加热过程中产生的风味物质，增强肉制品的口感。

四、 肉制品中使用香精的注意事项

目前，肉类香精有多种类型，从形态上分有液体（又分为水质和油质两类）、膏体和粉体。从风味品种上分有猪、牛、鸡、海鲜等，而且各风味品种的肉类香精又有很多香型。

（一）不同的肉制品加工工艺选用不同类型的香精

高、低温肉制品生产工艺存在差别，因此对香精具有不同的影响，而且不同档次的肉制品对香精的要求也有差别。高温火腿肠热杀菌温度为121℃，在此条件下，有些香精的成分会发生分解或发生变化，使其失去原有的香味，甚至产生令人不愉快的杂味，而达不到预期加香的目的，这就是香精的耐温性问题；并且经高温高压灭菌后，火腿肠本身的组织结构相对于低温肉制品来讲，在肉感、弹性和口味方面也受到了影响，口感比低温肉制品差，肉感不强，有蒸煮味。根据以上两点情况可知，在选择香精时，最好选用耐高温的，能改善口感的香精，这方面使用反应型香精为好，反应型香精在高温条件下还可以继续美拉德反应，生成更多的呈味物质，改善高温肉制品的口感和香气。相对来讲，低温肉制品加热温度低，其产品具有口感细嫩、肉感强、弹性好的优点，并且低温肉制品在流通过程中一般都采取冷藏的方式，在食用时，大多都不加热，直接切片食用。在这种情况下，香精的挥发性又有很大的作用，即在相对较低的温度下，食用时香气物质的挥发能起到诱人的效果，故选择香精时，则应注意于香精的香气要浓、低温挥发性强。

（二）根据产品的不同风味选择合适的香精

如生产烤牛肉风味的肉制品，则要选择烤肉风味的香精；生产风味较浓香的猪肉产品，可选择反应香较浓的红烧肉类香精，以便符合产品的特征香气，达到和谐统一。

（三）考虑添加香精的方便性

肉制品生产中各类产品的生产工艺不同，因此需要考虑到香精使用的方便性，在采取斩拌工艺的产品中，水溶性香精和油溶性香精都可以方便地使用，而在采用注射工艺的产品中，则需要选择水溶性香精或水油两溶性香精，以便于香精能均匀地分散在盐水中，保证产品质量。在搅拌工艺中，选择粉体香精和液体香精则较容易添加，并分散均匀，而膏体香精相对而言就难以分散。所以膏体香精在添加前须用 5 倍左右的水先使其溶解后再添加。

（四）选择合适的添加工序

1. 高温火腿肠

高温火腿肠一般有 3 种生产工艺。

原料肉→分割→绞碎→配料→ ① 一次搅拌 / ② 二次搅拌 / ③ 斩拌 →乳化→灌制→灭菌→冷却→成品

采取第①②种工艺生产的肉制品，在搅拌工序时香精和香辛料一起加入搅拌锅中；采用第③种工艺生产的火腿肠，在斩拌工序中香精和香辛料一同加入，在此过程中必须特别注意的一点是避免香精和磷酸盐直接接触、堆积在一起或同时加入。原因是磷酸盐主要是作为缓冲剂，其 pH 偏碱性（约 9.0）以提高肉制品的 pH，从而改善其保水性和嫩度。而香精的 pH 则偏酸性（为 5.0~6.0，甚至更低），如果这两种物质直接接触或堆在一起，在有水分的情况下则会发生中和反应，两者的作用则会削弱。另外不管采用哪种生产工艺，都要保证香精加入后能分散均匀，以保证起到应有的效果。

2. 低温肉制品

低温肉制品中采取注射滚揉工艺的西式火腿工艺如下。

原料肉→分割→盐水注射→嫩化→真空滚揉→灌制→装模→蒸煮→冷却→成品

香精在此工艺中，最好在配制盐水的最后阶段加入，以减少香气损失，并搅拌均匀以后再注射。低温肉制品采取搅拌或斩拌工艺生产的灌肠类产品其加香精的工序和高温火腿肠工序相同。

3. 速冻调理食品——肉丸

近年来，速冻食品因具有方便、卫生、快捷等特点而迅速发展起来，市场竞争更趋激烈，而产品质量中风味的优劣是影响企业竞争能力的关键。在肉丸和水饺的生产中，调味是主要的一环，在调味过程中，同样的原料，要有新的突破和调出独特的风味，香精的作用非常重要。

生产中应选择香气不易损失的香精，因为肉丸和水饺不像火腿肠产品，可以先密封包装再进行热加工，特别是肉丸产品，其在成型和烫煮过程中，都是直接与水接触，如果采用水溶性香精，则其香气的损失就会很大。并且，肉丸和水饺在顾客食用前还要进行水煮，这一热加工过程也没有密封包装，所以，在选择香精时就要注意，最好使用油质香精和包埋好的微胶囊化香精，这样可以减少香精的加工损失，使产品达到应有的加香效果。

（五）香精的用量要适当

因同一香型的香精由不同厂家生产，香气强弱也不相同。通常在确定配方时先进行小样试验以确定某型号香精的用量比例。用量太少，食品香味淡，起不到应有的效果；用量过多，食品的香味太浓，也会使人吃起来感到不愉快，其至产生反感。

（六）不同香精搭配使用

在食品生产中，切忌香味单调，一般都搭配使用香精。在肉制品生产中，调配香精具有香气突出的特性，但其口感方面则较弱，而反应调理香精则有口感好、风味好的特点，但香气方面稍弱，所以为了使肉制品具有香味浓郁、口感丰富的特点，往往在生产中搭配使用，以形成全方位的立体口感。另外，不同风味品种香精也可以搭配使用，如猪肉香精和牛肉香精、猪肉香精和鸡肉香精等的搭配使用，这样，可以集两者的优点，创造出一种全新的口味，但在搭配使用中的配比是否恰当是调味的关键。

（七）香精和香辛料巧妙搭配

在肉制品中，香辛料作为主要的调味配料，有至关重要的作用。它能抑制肉类特有的不良气味，且有矫臭、矫味、赋香等作用，而香精的主要作用在于给肉制品增加肉香和风味。肉类香精中的某些成分就是香辛料的提取物及精油。在肉制品生产中，不同风味的肉制品，应用不同的香辛料来调配和不同的香精来修饰，如两者搭配合理，就会起到相辅相成的作用，使产品的风味丰满，香气柔和丰富。如果搭配不当，其中某种风味料加量太多，则会喧宾夺主，使产品的主体香气不突出，掩盖了香气，闻到尝到的只是香辛料的味道，使产品加香起不到应有的效果。

（八）创新使用甜味香精

甜味香精一般指水果类、蔬菜类香精。在当今各种肉类食品日益丰富的情况下，新奇、特色的产品越来越多。目前，国外已有蔬菜类肉食品的生产，而国内一些厂家已着手研制此类产品。对肉制品而言，要做成水果味或蔬菜味则有很大的难度。其中要注意：①pH，在肉品加工中添加磷酸盐，目的是尽可能提高肉馅的 pH 偏离肉的等电点，以提高肉制品的保水性，增加嫩度和提高出品率，而水果和蔬菜的 pH 大都偏酸性，水果香精也大都如此，所以在添加水果蔬菜类原料或香精时，要注意其 pH 的影响，以免造成肉制品品质下降，使其结构和弹性劣化；②注意香气的搭配协调，主香和辅香是否恰当，不同的水果味是否能和肉味协调统一，突出肉味还是水果或蔬菜味，这中间有很巧妙的关系；③除了香气的协调外，口感和风味也要有和谐统一的效果，其中盐、糖、味精、香辛料等的配比也要做相应的调整，总之，需要大量的试验，谨慎的选择才能开发出优质的此类产品。

第七节 风味料在烟草加工中的应用

卷烟的香气和吃味主要源于烟草加工和燃烧裂解释放的风味化合物，但烟草作为农作物，原料质量会产生波动，为满足烟草产品加工质量的要求，以及协调烟草本身的杂气，需要通过添加香精香料来协调和改善烟草的香气和吃味。另外，自从吸烟与健康的矛盾被提出，国际上的烟草工业都竭力设法降低烟气中的焦油含量，大量低焦油卷烟相继出现，致使卷烟香味严重不足，迫切需要用风味料来加以弥补。

一、 烟用香精的种类

烟用香精是由两种以上的香料按一定比例配制并加入适用的辅料和溶剂制成，专供烟草制品使用，能给烟香烟气带来不同效果的添加剂。所以烟用香精与其他香精既有共性，又有其专业的特殊性。烟用香精对卷烟的作用主要是增加和矫正香味，即抽吸的风味，抵消令人厌恶的、辛辣的不愉快气味。

烟用香精的调香首先要熟悉各种烟草的香气特征，掌握烟丝的制作及处理方法，同时要掌握烟用香精在各类烟草中的适用性，熟悉香气、香味、性能，熟练掌握香精使用的强度，要明确品牌的针对性，加料香香精还是表香香精，是增补香气还是矫正味道，都有不同的要求。烟用香精品种非常多，用于不同时段的生产加香，主要分为料香香精、表香香精，混合烟还要添加晒料香精。

（一）按制品类型分类

烟用香精按卷烟类型可分为以下 5 种，是针对不同类型卷烟的加香要求调配成的。

1. 烤烟型烟用香精

烤烟型烟用香精要求突出芬芳馥郁、清甜柔和的烤烟自然香味特征，并能抑制或掩盖其辛辣刺激和令人不愉快的气味。我国烤烟型烟用香精可分为甲级烤烟型烟用香精、乙级烤烟型烟用香精和通用烤烟型烟用香精。此外，还有各种各样品牌卷烟的专用香精。低档卷烟一般是使用通用香精加香。有些厂家往往将几种不同牌号的香精以适当的比例混合使用，或再加几种单体香料，配出具有自己风格的香精使用。

2. 混合型烟用香精

混合型卷烟与烤烟型卷烟在配方上的区别在于使用烟叶种类不同。混合型是纵向利用烟株上的烟叶，烤烟型是横向选用烟叶。由于各国具体情况的差异，混合型卷烟形成 3 大类型——美式混合型、西欧式混合型（包括中国式混合型）以及特色混合型。因此，混合型烟用香精分为以下 3 种。

（1）美式混合型烟用香精　适合于接近这一传统配方的混合型卷烟制品，以突出其特征香味，要有烤烟和晾晒烟结合的烟香风味。

（2）西欧式混合型烟用香精　是具有香味浓郁、风格多样、有一定典型性的添加剂香气。我国所产的混合型卷烟用香精，可归入此类。

（3）特色混合型烟用香精　主要是模仿国际上流行的混合型名牌烟香风格的香精和独创的

香型。

3. 外香型烟用香精

外香型烟用香精具有非烟草原有香味或与烟草香味无关的突出气息，但又要与烟香协调，不能掩盖烟香，包括风行一时的“可可奶油”香型（凤凰烟型）、薄荷型、疗效烟的药草香型等。

4. 雪茄型烟用香精

这种香精突出雪茄烟类似檀木香的优美香气，清凉、浓郁、飘逸。雪茄型烟用香精多采用天然精油、单体化合物以及自行提取的香料。

5. 香料型烟用香精

纯粹用香料烟烟叶调制的东方型卷烟是利用烟草本身具有的自然烟香，一般不添加香料或很少加香修饰。香料型烟用香精指的是仿制各种名优香料烟特征香味的烟用香精，如土耳其型、埃及型、拉塔基亚型、伊兹密尔型、巴斯马型等烟用香精。

（二）按使用功效分类

1. 烟草特征烟用香精

烟草特征烟用香精包括具有白肋烟、香料烟、优质弗吉尼亚烟特征香味的烟用香精。

2. 代用品烟用香精

代用品烟用香精包括配制的枫槭香精、甘草香精和秘鲁香膏、吐鲁香膏、香豆素代用品等。

3. 香味型烟用香精

香味型烟用香精包括巧克力香香精、乳香香精、果香香精、坚果香香精、木香香精、花香香精、辛香香精、蜜香香精、膏香香精、豆香香精、面包香香精、焦糖香香精、酚香香精、烟熏香香精、酒香香精等。这种香精的特点是突出某一种香韵，根据自己的配方风格要求决定选用。

4. 烟用增效香精

烟用增效香精可以加强各种低次烟叶的香味浓度和增进香精的烟香吸味，或能强化烟草中某种香味特征。

5. 烟草矫味剂

烟草矫味剂能增添甜味、抑制辛、辣、苦味和令人厌恶的杂味等。

上述几种香精可视作香基，作为调制各种烟用香精的配料，也可供卷烟厂根据调节烟香味的需要选择使用，或者与选定的烟用香精配合，按自己的设想，添加其中某些品种，制成自己特色的烟香风味，后两种香精香气很淡弱甚至是无香的常作为加料香精。

此外，按加香方式不同又可分为加料香精（将香精和料液混合在一起加入烟草中或料液中配有多种香料）、表香香精、滤嘴用香精等。

二、烟草加料

烟草加料的作用主要是减轻刺激性，使烟气柔和细腻，改善余味，同时可改进烟草的物理性能，如保润性、柔韧性、燃烧性和防霉。烟草加料根据所起效果分为调味剂、增香剂、保润剂、防霉剂和助燃剂。

（一）调味剂（甜味剂、酸味剂）

调味剂主要起调和烟气的吃味强度、减轻辛辣刺激性和改善余味的作用。常用的调味剂主要是甜味剂（糖类）与酸味剂（酸类）。

甜味剂主要是糖类物质，如白糖、红糖、蜂蜜、麦芽糖、葡萄糖、果糖、甜菊糖等。烟草加糖有4个方面的效果：①糖燃烧后产生的酸性烟雾能中和烟草含氮物燃烧后产生的碱性物质，从而减轻刺激性和改善余味；②糖在烟草加工过程中和烟草燃烧时参与美拉德反应产生香味；③糖在烟草燃烧时本身会焦化，产生优美舒适的焦甜香；④赋予烟气以甜味。

酸味剂主要是有机酸类物质，如柠檬酸、酒石酸、苹果酸、乳酸等。酸味剂用于烟草加料有3方面的作用：①作为糖类转化剂；②中和烟气所含的碱性物质，从而减轻刺激性和改善余味；③赋予烟气酸味。

（二）增香剂

增香剂的作用是增进和协调产品的香味，掩盖杂气，同时兼有改进吃味的效用。其中，料用增香剂必须是水溶性的，且香味稳定，沸点较高，不易挥发丧失。可用作增香剂的材料很多，根据来源分为天然香料、合成香料和美拉德反应产物。常用天然香料有可可粉（町）、甘草浸膏（町）、菊苣浸膏、茅香浸膏、灵香浸膏、葫芦巴町等；常用合成香料有异戊酸、香兰素或乙基香兰素、麦芽酚或乙基麦芽酚等。

增香剂加料一般直接添加到烟草、滤嘴或卷烟的卷纸中。为了改善增香剂的稳定性并达到控制释放的效果，也有将香精香料以微胶囊（如爆珠）的形式嵌入卷烟的滤嘴中，使用时按捏致其破裂，使内置的液态香精香料释放挥发，使香烟的口感更丰富、更香润。国内市场准产在销的爆珠香型除了国际上普遍的薄荷香、水果香外，还有野山参、茅台酒、龙涎香、石斛、陈皮、红景天、蜂王浆等。

（三）保润剂

保润剂主要用于改善叶片或烟丝的物理性能，增加韧性、水分保持能力和对香精的吸附能力。保润剂根据添加物的化学种类可以分为多元醇类、糖类及其衍生物、有机盐类及脂肪烃类。多元醇类的使用相对普遍，主要包括丙二醇、甘油和山梨糖醇等小分子多元醇类化合物，其中丙二醇和甘油是电子烟液体中最常用的保润剂。另外，糖类物质也有一定的保润作用，与蔗糖酯复配可发挥双向保润的效应。

（四）助燃剂

助燃剂主要用于增强烟草的燃烧性。燃烧性是烟草制品的重要指标之一。影响烟草制品燃烧性的因素很多，如烟叶的含氯量、盘纸的透气度、卷制时烟丝的水分和松紧度及纯净度等。常用的助燃剂有酒石酸钾钠和柠檬酸钾等，可以减少卷烟主流烟气中一氧化碳和焦油的水平。

三、常用烟用香料

烟草香料按来源主要包括来自烟草本身的烟草类天然香料、非烟草天然香料，以及一部分合成香料及反应型香料。烟草类天然香料是指直接从烟草中提取所得的香料；非烟草天然香料是指从除烟草以外的各种动植物的某些生理器官（如香腺、香囊、花、叶、枝、干、茎、根、皮、果、籽等）的提取物和分泌物（如树脂、香膏等）。合成香料是利用人工合成的香料，如苯乙醇、对氨基苯甲酸甲酯、柠檬醛、紫罗兰酮、2-乙酰基吡嗪等。

（一）天然香料

烟草类天然香料为植物类天然香料中特殊的一种，是由烟草的花、叶、茎、根和果实中提取的易挥发芳香组分组成的混合物。根据制取的方法不同，可以得到精油、浸膏、净油、酊剂等不同产品。由于其来源于烟草，可直接用于卷烟和烟草薄片加香，香气逼真、自然，可以增强烟香，减除杂气，提高卷烟质量，不仅能增补各类烟草的特征香气，而且具有透发烟草本香的功效，其作用远超过以往调香使用的各种烟用香料。因此近年来受到更多的关注。最常用的商品化品种有烟草浸膏、烟草花浸膏、烟草净油等 3 种。

（1）烟草浸膏　用任何类型的烟草制取，烟草质量等级高者香气也优。烟草浸膏的主要类型有 6 种，即：烤烟清香型、浓香型和中间香型，晒烟型、白肋烟型和香料烟型。香气逼真、自然、香强度高，可用于烟草中作天然香料使用。将它添加于烟草中，可以增强烟香和协调烟香，柔和、细腻烟气，掩盖木质气和减少杂气，改善烟草的吸味，使余味舒适，提高卷烟的内在质量。

（2）烟草花浸膏　用普通烟草花为原料，经提取、浓缩制得浸膏。产品有柔和的烟草花清甜香，带些脂蜡和木质韵，以及开始似甜乳，又爽口的微苦后味。产品可用于烤烟清香型中，对提高烟香、改进品质，矫正吸味效果明显。考虑到烟草表面类脂物质能促进芳香烃的形成，故在使用前用选择性溶剂分离出去类脂物较好。

（3）烟草净油　是一种与天然原材料相近的高品质烟用香料，烟草净油是从烟草类植物（烤烟、白肋烟、香料烟）中提取的具有烟草特征香气的一类致香化合物，它能增进烟草的特征香气，使烟气饱满和改善烟香透发性，并能减少刺激，去除杂气，提高卷烟的档次。具有纯正的香料烟草特征香气，被认为是烟草制品的最理想的添加剂。烟草净油能明显提高卷烟的抽吸品质，增加烟香，协调烟气，使烟气细腻柔和，增加甜润感，减小刺激，掩盖杂气，是一种高品质理想的烟用香料。

（二）合成香料

烟用合成香料按照化学结构可以分为醇类香料、醚类香料、醛类香料、酮类香料、羧酸类香料、酯类香料、杂环类香料等。

醇类对烟制品的香气具有特定影响，适量醇类香料可以除去辛辣杂味。烟草中常用的醇类香料有异戊醇、叶醇、苯甲醇、肉桂醇、玫瑰醇等。薄荷醇具有清凉的、愉快的薄荷香味。苯乙醇具有清甜玫瑰气息，柔和但不持久，可改善烟草吃味。

羰基类香料包括醛类和酮类等化合物。常用的有异丁醛、异戊醛、苯甲醛、苯乙醛、丙酮、茄酮、茄尼酮、法尼酮等。醛类香料一般具有青草味，可以改善卷烟的口腔舒适度，赋予卷烟清新、明润的感官品质，主要用来调配一些果香和花香香精，而后以加香的形式应用于卷烟制品中改善卷烟的余味。香草醛即香兰素，具有甜青带粉气的豆香，有香荚兰豆香气，微辛，香气浓郁而持久，协调烟香，常作定香剂在烟草制品中应用。大茴香醛具有茴香香气，似山楂花香，还有药草辛香甜味，与烟香能较好协调，使烟味增浓，吃味改善。酮类中的丁二酮具有非常强烈的奶油香气，稀释后有黄油风味，浓时具有氯醌样的气味，在卷烟加香时应用，可以加强焦香、鲜果香、坚果香等风味，使烟的吸味醇和。

酯类香料化合物对卷烟香味都有非常好的作用。烟草中常用的酯类和内酯类香料有甲酸乙酯、甲酸戊酯、乙酸丁酯、乙酸柏木酯、丙酸苯乙酯等。研究表明，乳酸薄荷酯具有浓郁的甜香和清凉香气，可使香烟加香，产品增添清甜特色，并延长保质期。

杂环类香料由于环上氮、氧和硫等原子的存在，而且有很强的气味和较低的阈值，使它们可以给予人们嗅觉器官刺激，产生不同的香味逐渐受到人们的重视，其对烟草的香味也起到了重要作用。杂环类主要包括呋喃、噻吩、吡咯、噻唑、吡啶、吡嗪等。研究表明，呋喃类香料对烤烟和混合型卷烟均有增香、除杂及增加烟味浓度的作用，能显著增加烤烟浓香，使吃味和顺，对混合型卷烟起着协调香味、改善吃味、掩盖杂气的作用。吡嗪类香料（2,5-二甲基-3-烯丙基吡嗪）对卷烟具有明显的降低刺激、改善烟气品质的功效。香气中2,5-二甲基-3-烯丙基吡嗪透发，留香时间较长，赋予卷烟果香的特征更加明显，同时可以达到延长卷烟保质期的效果。

（三）反应型香料

现代科学技术的发展促进了反应型香料（如美拉德反应的各种产物）在烟草香精中的应用。反应型香料是利用氨基化合物和还原糖或其他羰基化合物在加热条件下所发生的羰氨反应，通过调整底物类型、加工条件而产生不同香料物质。反应型香料可以显著增强和协调烟香，掩盖木质气，改善口感和烟草的颜色，从而提高卷烟的质量，同时它还能使卷烟形成独特的吸食风格。目前在国际上，反应型香料认为是天然香料物质，是安全香料。

然而，美拉德反应十分复杂，产物繁多，反应过程不好控制，很多香味物质也易挥发，容易造成部分产品加香效果不理想，特别是在烟草热加工工序中甚至燃吸过程中香气逐渐减弱，大大降低了卷烟产品品质。Heyns 重排产物是美拉德反应过程中非常重要的致香前体，在通常状态下化学性质较稳定，没有气味；但通过加热，很容易裂解产生具有令人愉悦的芳香化合物，如吡嗪类、呋喃类以及吡喃类化合物等。通过卷烟感官评吸筛选发现，果糖和苯丙氨酸反应得到的中间体2-脱氧-2-L-苯丙氨酸-D-葡萄糖具有较高的香气质和香气量，杂气较低，口感细腻柔和，刺激性小，残留小，对卷烟产品内在质量具有提升作用。

参考文献

[1] Erich Ziegler, Herta Ziegler. Flavourings [M]. Weinheim: WILEY-VCH, 1998.

[2] Gary Reineccius. Flavor Chemistry and Technology [M]. 2nd ed. Boca Raton: Taylor & Francis Routledge, 2006.

[3] Philip R. Ashurst. Food Flavorings [M]. Gaithersburg, Maryland: Aspen publishers INC, 1999.

[4] Herta Ziegler. Flavourings: Production, Composition, Applications, Regulations [M]. 2nd ed. Weinheim: Wiley-VCH Verlag GmbH & Co KGaA, 2007.

[5] Baines D, Seal R. Natural Food Additives, Ingredients and Flavourings [M]. Duxford: Woodhead Publishing, 2012.

[6] James S J. Encyclopedia of Meat Sciences [M]. New York: Elsevier Science, 2014.

[7] Rodríguez-Sanchez S, Ramos IM, Sesena S, et al. Potential of *Lactobacillus* strains for health-promotion and flavouring of fermented dairy foods [J]. LWT, 2021, 143: 111102.

[8] 杨怡馨，孙泽傲，胡惠钰. 新型普洱茶风味酸奶生产工艺的研究 [J]. 饮料业，2021，24 (3): 29-33.

[9] 陈娟，何维彬，吕常旭，等. 赤藓糖醇玫瑰花风味酸奶的研制 [J]. 食品安全质量检测

学报，2022，13（6）：1959-1965.

[10] Oberg T S, McMahon D J, Culumber M D, et al. Review of taxonomic changes in dairy-related *Lactobacilli* [J]. Journal of dairy science, 2022, 105 (4): 2750-2770.

[11] Rosa M C, Carmo M R S, Balthazar C F, et al. Dairy products with prebiotics: An overview of the health benefits, technological and sensory properties [J]. International Dairy Journal, 2021, 117: 105009.

[12] Kawano R, Okamura T, Hashimot Y, et al. Erythritol ameliorates small intestinal inflammation induced by high-fat diets and improves glucose tolerance [J]. International Journal of Molecular Sciences, 2021, 22 (11): 5558.

[13] Diez-Simon C, Eichelsheim C, Mumm R, et al. Chemical and sensory characteristics of soy sauce: A review [J]. Journal of Agricultural and Food Chemistry, 2020, 68: 11612-11630.

[14] Zhao Y Q, Zhao X, Sun-Waterhouse D, et al. Two-stage selective enzymatic hydrolysis generates protein hydrolysates rich in Asn-Pro and Ala-His for enhancing taste attributes of soy sauce [J]. Food Chemistry, 2021, 345 (30): 128803.

[15] 冯云子，周婷，吴伟宇，等．酱油风味与功能性成分研究进展［J］．食品科学技术学报，2021，39（4）：14-28.

[16] 张灵芬．酱油发酵工艺及改善酱油风味的方法探讨［J］．食品安全导刊，2021（22）：137，139.

[17] 李沛，李库，任达洪，等．酵母抽提物协助酱油减盐后对其风味物质的影响研究［J］．中国酿造，2019，38（12）：92-99.

[18] 陈晓婷，吴靖娜，苏永昌，等．海鲜调味品的种类及研究进展［J］．渔业研究，2018，40（2）：163-168.

[19] 吴瑀婕，卢方云，黄瑾，等．美拉德反应制备动物源副产物调味品的研究进展［J］．肉类研究，2021，35（11）：50-56.

[20] 孙合群，彭颖，颜东方，等．浓厚型酵母抽提物对5款鸡精调味料呈味肽影响研究［J］．中国调味品，2021，46（5）：89-92.

[21] Clariana M, Guerrero L, Sárraga C, et al. Influence of high pressure application on the nutritional, sensory and microbiological characteristics of sliced skin vacuum packed dry-cured ham. Effects along the storage period [J]. Innovative Food Science & Emerging Technologies, 2011, 12 (4): 456-465.

[22] Bhat Z F, Morton J D, Mason S L, et al. The application of pulsed electric field as a sodium reducing strategy for meat products [J]. Food Chemistry, 2020, 306: 125622.

[23] Olatunde A, Mohammed A, Ibrahim M A, et al. Vanillin: A food additive with multiple biological activities [J]. European Journal of Medicinal Chemistry Reports, 2022, 5: 100055.

[24] 甘学文，王光耀，邓仕彬，等．美拉德反应中间体对卷烟评吸品质的影响及其风味受控形成研究［J］．食品与机械，2017，33（6）：46-52.

[25] 雷声，崔和平，杨乾栩，等．植物蛋白肽美拉德反应中间体与加香卷烟燃吸品质香气风格的相关性［J］．食品与机械，2021，37（7）：33-50.

CHAPTER 11

第十一章 食品的异味

第一节 食品异味概述

异味（Off flavor）又称为杂味（Taint）或怪味（Off note）。杂味可理解为食品带有不愉快的气味或味道，一般来自食品外部，例如，由于包装材料造成的气味污染。而怪味则归咎于食品本身所引起的，例如在食品贮存过程中的氧化分解。在某些场合这种区别可能有所体现，但是在文献中和语言上难以严格地区分。因此杂味和怪味通常被理解为各种不正常气味的统称。

异味的定义很简单：产品在正常情况下不应具备的任何气味、味道或者三叉神经的感觉。但是有一点必须注意，对于某一种食品来说是属于异味的成分，如来自椰子油制品中的甲基酮类的腐败气，对于别的食品（如青纹干酪）很可能正是所希望的重要香气成分。

食品产生异味的原因多种多样，主要原因有 3 种：①环境因素偶然造成的污染，如空气、水、包装材料等；②食品自身部分成分的反应，如脂肪氧化、非酶褐变、酶的作用；③特征风味物的缺失导致风味令人不满，如蒸发、特征风味成分与食品自身的反应。

异味往往是导致消费者抱怨食品工业的原因。因此搞清它形成的原因并加以预防是极其重要的。本章介绍食品异味的确定方法及其产生的来源。

第二节 异味的检测与评定

一、采　　样

采集具有代表性的样品对于任何分析程序都十分重要，尤其对于异味分析，因为导致异味的化合物可能不会均匀地分布在食品或产品体系中，例如，由于溶剂或从包装材料中迁移的化合物导致的异味。由于大多数食品基质的复杂性，可接受的样品通常被用作对照组，以便于鉴别待测样品与具有可接受滋味/风味特征的样品之间的感官和色谱特征差异。

二、感官检验

在处理异味时，更令人感觉棘手的问题是难以确定食品中是否真的存在一种不易觉察的怪味，如何去描述它，以及如何判断它对产品品质的影响。通常，消费者或食品质检员对食品风味的负面反馈，会引发企业或其生产部门对食品异味的关注。然而，由于消费者普遍缺少精确描述异味的经验，常常不能准确地描述出食品中的怪味，只是知道产品的风味无法令其满意。而且，消费者的描述往往来自自身的体会，个体之间存在很大差异。因此，很难确定该食品的异味是否由同一原因引起。研究报道，为明确上述观点，有研究选择了 32 名未受训练的个体来描述掺有野猪肉的猪肉特征风味。结果发现，32 名受试者用 22 个不同的词来描述这种尿骚味、汗味和动物味。由此可见，我们从消费者的反馈中所能获得的主要信息是食品中存在风味问题，并且有些风味是部分消费者所不能接受的。

但消费者对于风味的描述通常很难一致，甚至训练有素的个体也不例外，因为即使众人对某种存在的怪味比较熟悉，但就怪味的描述方式以及强度大小的评价方面仍很难取得一致，这与品评人员的经验、描述感官刺激的能力以及对刺激的敏感程度密切相关。

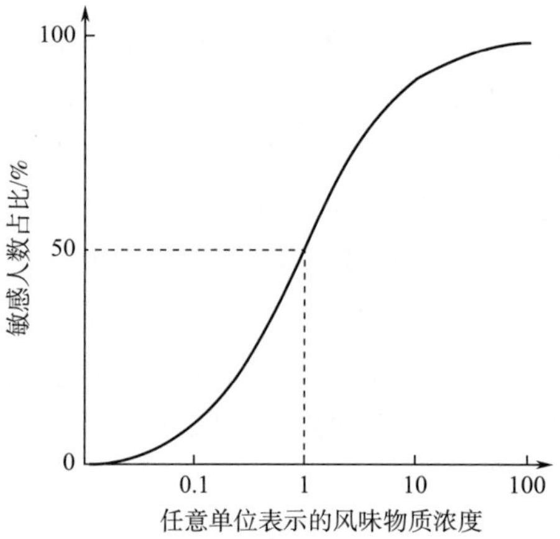

图 11-1 风味物质浓度与敏感人数占比之间的关系

正是由于对刺激的敏感程度不同，因此有些个体可能对某种怪味感觉难以接受，而另外的个体对此却毫无觉察。图 11-1 用风味物质浓度-敏感人数分布图来说明这种情况。50%的测试个体能够觉察到这种风味化学品的浓度称为该化学品的感官阈值，这是检测阈值的标准定义。对应于检测阈值 1/10 的浓度下，依然有 5%的个体预计能觉察到这种风味物质；而 95%的人对此没有感觉。因此，小部分消费者可能对于某种异味敏感，并且产生抱怨，而大部分消费者（甚至专业的品评员）却觉察不到该问题。

感官评定的目的是获得异味的感官特征，这对确定问题产生的根源以及最终的解决措施十分重要。感官评定用于异味检测的主要方法如下。

（1）当已知引起杂味或不良风味的原因时，选择对目标化合物敏感的品评人员进行测试。对每种潜在的不良风味选择一个感官评定标准比较困难，因此选择的品评小组成员必须具有高度敏感性，并且值得信赖。这与传统的感官评定方法一致。

（2）如果难以选择到对不良风味敏感的品评人员，可以通过增加评定员人数，以提高对某种风味敏感的个体在小组中出现的概率。至少选择 15 人（最好是 30 人）进行三角测试。在这类测试中重复是无效的，因为如果某个人对某种不良风味缺乏敏感性，那么即使一味重复测试也无济于事。

（3）采用高度敏感性的感官评定方法。如用差异检验，这种方法耗时较短而且培训简单。

（4）将感官评定所得到的信息最大化。传统的感官评定方法对给定测试中所得到的有限的信息有严格的规定。然而，差异检验之后可以询问品评人员的偏好性（品评人员喜欢给定的样品吗？他或她是否喜欢那种有令人厌恶风味的样品？）以及对其选择的把握程度。

（5）选用恰当的统计方法对异味进行评定。若要确认某种异味，则需要将显著性水平放宽到 20%，而不是传统的 1%或 5%。

（6）不仅要考虑测试的结果，而且要密切关注少数人的看法，尤其是那些可信赖的品评人员。

三、 化学分析

如前所述，因为缺乏对所涉及化学物质的了解，消费者对异味的描述通常是不可靠的，即使获得了准确的描述，可能仍有许多化合物导致异味，因此需要进行化学分析以鉴别化合物的组成和含量。如图 11-2 所示，与已知化学污染物的测定相比，食品中异味的确定通常需要更多的研究方法。因为有些定性方法可能无法达到某些痕量和超痕量浓度化合物（μg/kg 以下或

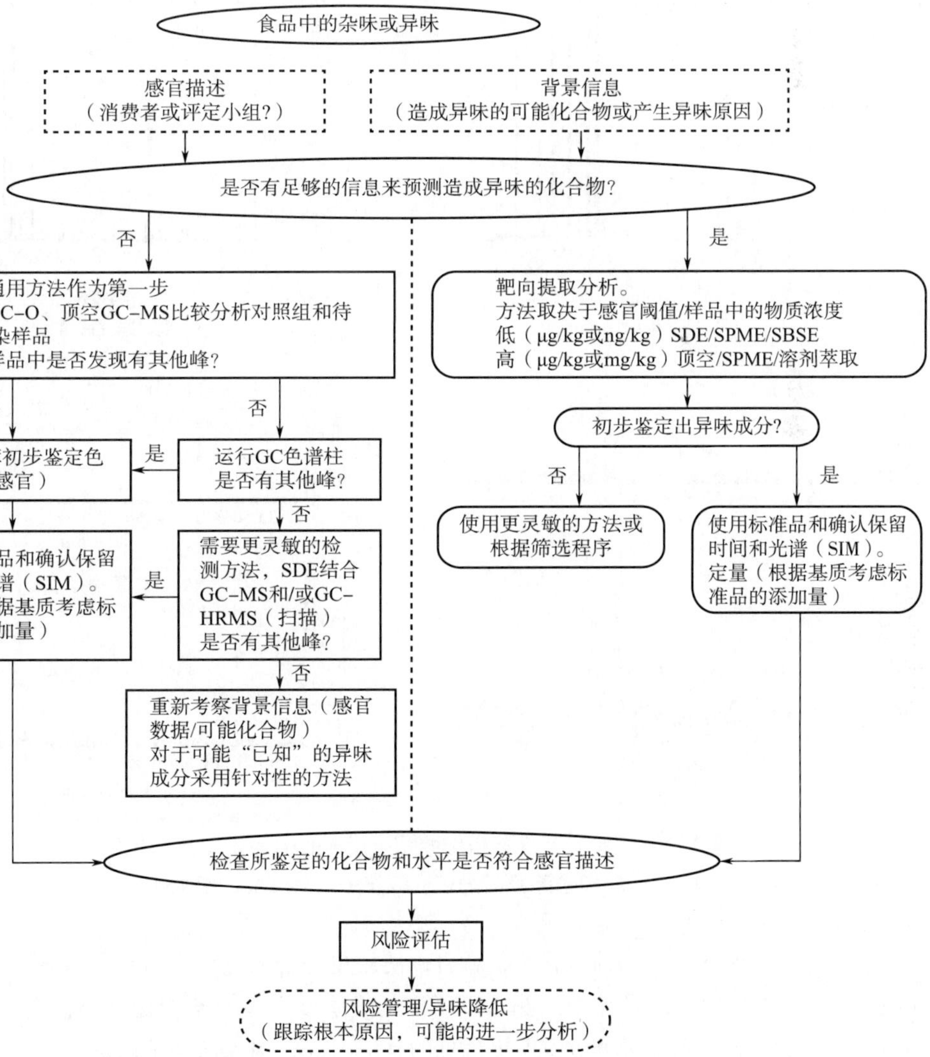

图 11-2　食品异味的样品分析方法

SDE—同时蒸馏萃取；SPME—固相微萃取；SBSE—搅拌棒吸附萃取。

μg/kg）所需的灵敏度，因此通常需要对异味物质进行预测，以便更有针对性地进行分析。由于大多数异味是通过气味检测到的，即导致食物异味的化合物大多具有挥发性，因此可以使用气相色谱法进行异味分析。异味成分研究的第一步是对照样品和待测样品之间挥发性风味化合物（气相色谱-质谱，GC-MS）的比较分析。图 11-3 所示为对照和待测样品的比较分析结果，可见使用总离子色谱（TIC）观察额外色谱峰存在一定难度。提取的离子（m/z）表示 2,6-二氯苯酚相对应的色谱峰（约 0.1μg/kg）出现在待测样品中，但不在对照样品中。在此示例中，根据提供的信息可以预测可能导致异味的化合物，并检查相应的色谱图。异味成分的初步鉴定应始终与感官分析或任何有关异味来源的其他可用信息进行比较，以确保得出准确的结论。

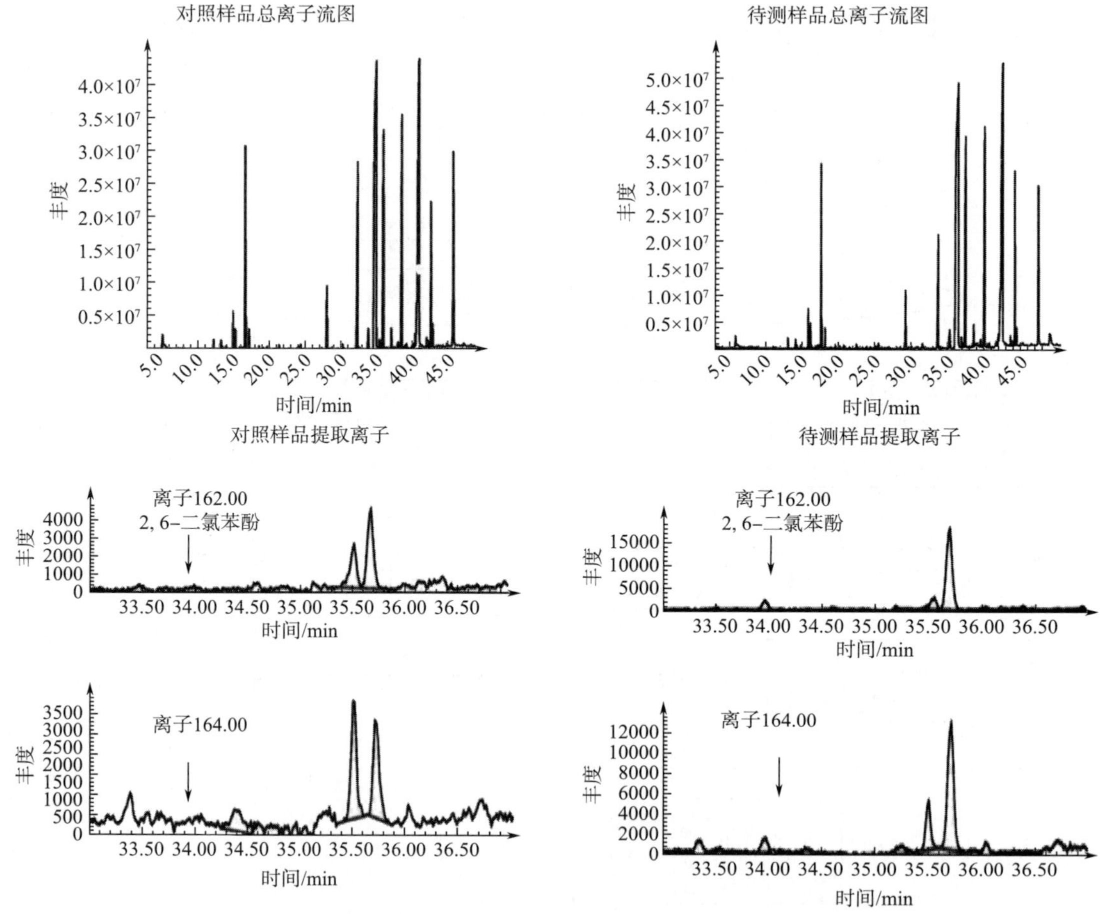

图 11-3　SBSE 方法分析对照和可疑样品中 2,6-二氯苯酚的总离子流色谱图和提取离子（m/z 162 和 164）

一旦确定了可能导致异味的化合物，就可以使用更适合的方法进行定量分析。方法的选择将取决于化合物的阈值，即样品中预测水平所需的灵敏度。对于某些化合物，直接顶空-气质联用方法足以进行定性和定量分析，但更常见的是使用富集/浓缩步骤的方法。

（一）直接顶空进样

一旦确定了异味化合物，直接顶空-气质联用方法可用于初始筛选（色谱图比较）和有针对性的定量分析。为了准确定量，推荐使用添加标准品或内标的方法。由于该方法仅分析样品上方的空气，因此它可用于大多数的基质模型，包括包装材料的直接分析。然而，直接顶空-气质联用方法可能达不到分析某些异味化合物所需的灵敏度，因此可以采用动态吹扫捕集系统辅助浓缩提取物。但由于此法没有进一步的选择性，通常不利于灵敏度的提高，并且可能会出现残留问题。

（二）溶剂萃取

直接溶剂萃取有时用于食品异味分析，例如检测公猪肉中的吲哚和粪臭素。超临界流体萃取技术也可用于异味分析。索氏提取法、加压溶剂提取法和微波提取法已用于测定软木塞中的三氯茴香醚。然而，从基质组分中分离异味成分具有一定的困难，通常需要进一步的净化和富集处理［如固相萃取（Solid Phase Extraction，SPE）］。目前，同时蒸馏萃取（SDE）也已经广泛用于食品工业中异味的提取。

（三）微萃取技术

微萃取技术包括固相微萃取和液相微萃取，由于所需溶剂极少，而且可以实现高浓度/微量成分的富集，目前已被应用于异味分析。

与直接顶空进样相比，固相微萃取（Solid-phase microextraction，SPME）可以提高灵敏度，顶空-固相微萃取技术正越来越多地用于食品中异味的鉴定。由于固相微萃取是一种平衡技术，实验条件需要控制，实验结果可能取决于基质。为了准确定量，经常需要使用内标或标准品添加的方法。萃取纤维和萃取条件（如温度）需根据目标化合物做出合适的选择，以获得最佳灵敏度。例如，易挥发的化合物使用直接顶空进样通常会有很好的响应，然而因为样品和纤维之间以及纤维和顶空之间都存在间隔，温度的升高并不一定会导致顶空-固相微萃取（HS-SPME）响应值增加。该技术可以实现较低的检测限，并已用于一系列异味成分的靶向分析，但采用该方法时需要针对不同基质/分析物组合进行优化研究。

搅拌棒吸附萃取（Stir bar sorptive extraction，SBSE）也已用于异味成分的测定，特别是检测软木塞中的氯酚和氯苯甲醚。与静态顶空萃取或 SDE 相比，SBSE 测定食品异味成分具有多种优势。与 SPME 相比，SBSE 提供更大的涂层量（萃取相），因此可以实现化合物的更多富集，使许多化合物的检测限降低。与 SDE 相比，SBSE 减少了有机溶剂的使用，并且不需要专用玻璃器皿（如 Likens-Nickerson 设备等），还可以实现大量样品的同时萃取。SBSE 用于食品中异味检测的另一个优点是，受外部污染的可能性要小很多。SBSE 的不足是目前只有一种商业化的涂层（PDMS），但可以通过对样品进行改良来提高萃取率，如通过调节 pH 使非极性 PDMS 相能够吸附酚类物质。氯酚的衍生化也经常用于改善色谱性能和减少峰的拖尾。

以上介绍了食品中异味物质的提取方法，每种方法的优点和缺点总结见表 11-1。

表 11-1　异味物质提取方法的特点总结

方法	优点	缺点
顶空萃取方法		
直接静态顶空	溶剂少 适用于任何基质	灵敏度有限 准确定量需添加内标或标准品

续表

方法	优点	缺点
动态/吹扫捕集顶空	富集性好 吸附相有一定的选择性	灵敏度有限 可能存在基质干扰
吸附萃取法		
HS-SPME	溶剂少 适用于任何基质 样本量小 萃取纤维有一定的选择性 富集性好/灵敏度高	有一定基质干扰 准确定量需要添加内标或标准品 易挥发的化合物有很好的响应值
SBSE	溶剂少/无溶剂 适用于液体样品/提取物的直接浸入取样 比 SPME 富集性好	固体样品需要经过初步萃取/悬浮 准确定量需要添加内标或标准品 萃取相有一定的选择性（PDMS）
溶剂萃取法		
直接液-液萃取	实现彻底的萃取 通过溶剂选取具有一定的萃取选择性	需要重复提取 溶剂使用量大 需要进一步浓缩
SDE［溶剂辅助蒸馏（SAFE）］	适用于任何基质 样本量大 只提取挥发性组分（只有少量基质干扰） 高浓缩因子 灵敏度更高	耗时 需要专用的玻璃器皿 同时提取的物质数量有限 可能存在人造组分（SDE） 需要进一步浓缩

第三节　食品异味的来源

讨论风味污染的根源可以使读者对食品是如何受到的污染有更深刻的认识，这也更有益于控制食品的污染。

一、通过空气传播的污染源

空气污染容易导致食品异味。空气污染物在食品生产、制备、贮存和分发过程中均有可能侵入食品，例如，牲畜棚的味道进入牛乳或鸡蛋/鸡肉中。

杂味很容易通过肺进入动物体内，从而使蛋、乳和肉类产品染上异味。乳制品工业早就意识到牛乳很容易经这种方式染上杂味。如果某种牛乳的杂味表述为“畜棚味”或“牛身上的味道”，那么一般认为这种牛乳来源于通风效果不好的牛棚。随着乳牛生存环境的不断改善，这种杂味已很少出现了。与环境有关的牛乳的第二种杂味是“饲料味”，如果乳牛在挤奶前4~5h采食了含气味的饲料（如干草、青草或氧化的饲料），那么这种饲料的气味会转移到牛乳中。

再如，家禽类产品是如何通过空气污染物而被污染的，在鸡蛋和肉鸡中发现的2,3,4,6-四氯苯甲醚可以对此进行解释。建筑鸡舍用的碎木屑常含有苯酚类物质，鸡笼里的微生物能够将这些酚类物质转化为氯代茴香醚，由于呼吸了鸡舍里被氯代茴香醚污染的空气而使肉鸡和鸡蛋都染上了霉味。

表11-2列举了部分文献报道的通过空气传播方式造成的食品杂味，从中可以发现，通过空气传播方式污染产品的污染源多种多样。

表11-2　　食品的空气污染物举例

食品	化合物或感官特征	侵入的方式
饼干	除草剂（氯酚）	风从除草剂工厂里带出（8km）
饼干、巧克力	焦油味	焦油从熬煮锅的缝隙里散发出味道；临近工厂的地方有茴芹籽的气味
蛋糕	猫尿味	酮与食品中的硫化物反应
包装的焙烤食品	柴油烟味	仓库、码头、库房等，烟穿透包装污染产品
蛋糕、饼干、肉馅饼、巧克力等	油漆味	刷油漆的地板、墙等
饼干	氧化油味	用于喷涂饼干的油被氧化，污染了产品或其他产品
可可块	氯酚-发霉味	已污染的装船集装箱

氯代茴香醚和氯酚是导致食品形成霉味和药味的主要原因。关于氯代茴香醚和氯酚造成食品污染的一个实例是干果中的发霉味道。盛装这些食品的纤维板硬纸盒的外层是用可循环利用的废纸做成的，在这些废纸中含有很高浓度的氯酚，而氯酚在运输过程中可以转变（经过微生物的作用）成氯代茴香醚。这些氯代茴香醚穿透纸板箱，就污染了干果。值得一提的是，当工业上改用未经污染的纤维板箱子时，此类问题虽减少了，但并没有消失。研究发现当箱子放在经高含量氯消毒剂清洗过的地方后，氯与纤维板中降解的木质素反应也可生成氯代茴香醚。

在某些食品中发现有猫尿味物质产生，是食品行业最具有挑战性的风味污染问题。一种不饱和酮——异亚丙基丙酮的氧化物能够与食品中的硫类化合物反应，特别是硫化氢，生成一种带有猫尿味的化合物，该物质被鉴定是4-巯基-甲基戊烯-2-酮。在工业上，这种反应已经造成多起风味污染事件。一般情况下，存放肉的冷库常用到聚亚安酯油漆，其溶剂的主要成分为二甲苯和五过硫酸氢钾制剂，同时含有痕量的异亚丙基丙酮氧化物。异亚丙基丙酮氧化物和肉中含硫氨基酸降解产物发生反应，形成了猫尿味。

一般地，空气污染很难确认为食品异味的污染源。部分原因是在对其进行研究时，这种杂味无法任意地重复。空气传播的杂味可能是随机的，与不良风味物在食品生产过程中出现的时间、周围环境的风向和速度、生产设备等相关。这些不良风味的化学物一般都有很低的感官阈值，因此，很难建立分析技术对他们进行分离和鉴定。

二、 通过水传播的污染源

大部分食品加工过程要消耗大量的水，其中有些是作为食品组成部分（如果汁的再加工），有些是用于清洗。如果水中含有相当量的风味污染物，那么在加工过程中，这些污染物就可能转移到被加工的食品中。含有苯酚的水（如来自土壤）可以被氯化产生氯酚，类似地，溴的存在会导致溴苯酚的产生。然而，除非水是食品的一个重要组成成分或其污染非常严重，否则此类污染一般不成问题。如果食品原料在加工前在水中进行复原或稀释（如干酪的喷雾干燥或用于零售的浓缩果汁的复原）或用蒸汽注射直接加热产品，那么水就成为食品的一个重要部分。

杂味也可能以间接的方式通过水进入食品。诸多研究发现鱼类和贝类很容易从栖息地的水中吸收导致异味的污染物，这些异味可能源于水污染（化学的）或水中微生物的活动。

鱼（尤其是淡水鱼）较易吸收某种化学物质是水产业面临的一个主要问题。尽管水污染并非一个典型问题，但是池塘中细菌和藻类的生长也使这类问题确实有所表现。研究发现，当饲养在含有导致异味的藻类的容器中时，鲇鱼在 2d 内就染上了令人厌恶的土霉味。这种杂味与项圈藻、角藻以及可食用藻的存在有关。对有泥土味的鱼肉进行分析鉴定发现，污染物很可能是土味素（Geosmin）[图 11-4（1），反-1,10-二甲基-反-9-萘烷醇］和 2-甲基异冰片［图 11-4（2）］。土味素和 2-甲基异冰片有很低的阈值，在水中分别为 0.05ng/mL（在鱼肉中为6ng/g）和 0.029ng/mL。在浓度为 15μg/mL 的 2-戊酮或二甲基硫化物中暴露 10min 就会导致鱼肉产生相当严重的杂味。将鱼放进土味素浓度为 5ng/L 的水中，不到 2h 就染上了泥土味。而受污染的鱼必须放在净水中至少 16d 才能消除这种杂味。因为鱼会非常迅速地吸收杂味物质，所以极易受到它们所处环境的污染。

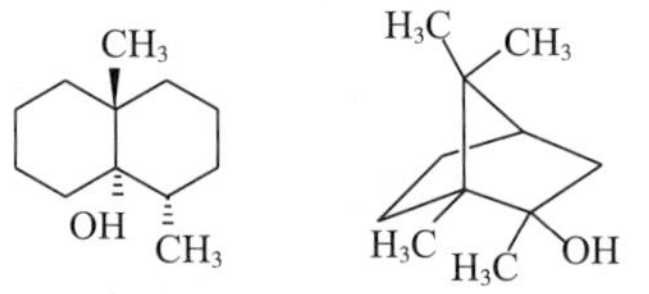

（1）土味素　（2）2-甲基异冰片

图 11-4 导致水中土霉味的土味素（1）及 2-甲基异冰片（2）

表 11-3 中列出了文献报道的水源造成的杂味问题。这些杂味产生的原因多种多样。

表 11-3 水源中污染物造成的杂味

食品	污染物	传播方式
水果罐头和蔬菜罐头	氯酚	用氯化的水冷却印染的罐头，随后用作蒸煮水；氯与以苯酚为基质的平板印迹发生反应；氯苯酚从用于直接注射加热盐水和糖浆的蒸汽中挥发 大豆用敞口铁槽运输到罐头厂，在刚涂了柏油的路上，大豆被柏油污染；大豆热烫时被氯水和氯苯酚污染

续表

食品	污染物	传播方式
罐头产品	蒸煮锅处理化合物	如果将流通蒸汽直接注入加热，水可能导致异味
喷雾干燥干酪	消毒剂	水的异味来源于消毒粉，可以通过活性炭滤水器解决问题
啤酒	碘化三卤代甲烷	城市里水库的水位低，导致了有机物的腐败；水中氯化物、有机物和地质中丰富的碘、溴共同作用的结果

三、消毒剂、杀虫剂和清洁剂

消毒剂、杀虫剂和清洁剂中都含有一系列可能导致食品杂味的化学物质，这可能是由于终端用户对它们的应用没有足够重视或部分制造商疏忽所致。表11-4中就由消毒剂、杀虫剂和清洁剂引起的食品杂味进行了总结，并就这些化学物质如何进入食品进而导致杂味的形成做了很好的说明。

表11-4 由消毒剂、杀虫剂和清洁剂引起的杂味

食品	污染物	传递方式
蛋糕	氯苯酚	葡萄在船舶上被氯苯酚污染。船舱曾装载有0.5%（体积分数）氯苯酚的除草剂。即使船舱进行了洗涤，但木材中残留的依然无法洗涤干净
喷雾干燥乳粉	氯苯酚	被氯苯酚清洁剂污染的水
罐装产品	杀虫剂	溶剂中异亚丙基丙酮氧化物导致的猫尿味
猪肉	消毒剂	为防止猪瘟疾病发生，屠宰房里曾喷洒消毒剂
番茄	杀虫剂	表现为氯苯酚类污染物
熏肉	消毒剂	次氯酸盐作为消毒剂，过量地使用和清洗不够彻底。在熏肉中的酚类化合物与氯结合生成氯苯酚。这种熏肉是不能食用的。含氯消毒剂不应当用于熏肉和熏鱼，除非采取了特定的预防措施
啤酒	氯菊酯（杀虫剂）	麦芽中高浓度杀虫剂将杂味带入啤酒中

造成这类异味的化合物通常是苯酚或氯苯酚类。如前所述，苯酚可对食品造成风味污染，但是由于它们有相当高的感官阈值，从而使其与相应的氯代物相比对食品的风味影响较小。氯苯酚具有肥皂味、药味和消毒剂味，并且感官阈值非常低（<1ng/mL）。尽管氯苯酚可能是消毒剂或清洗剂残留的污染物，但其也可以通过游离苯酚的氯化形成。已经证实氯甲酚与次氯酸盐反应生成6-氯-*O*-甲酚（在饼干中的阈值为0.05ng/g），同时混合的苯酚经氯化能够产生相当量的2-氯酚（在牛乳中的阈值约为2ng/mL）。

第四节 基因和饲料引起的异味

基因和饲料对植物和动物产品的风味都有很明显的影响。人们喜欢不同食品如苹果、葡萄、橘子等带来的风味差异，然而，却无法接受基因或饲料造成的各种畜禽肉之间不同的风味。我们期望所有肉（同一物种的）的味道基本是一致的。例如，如果某种牛排品尝起来与其他牛排不同，那么我们可能会认为它具有异味。

一、基因引起的异味

食品中有的异味是由基因引起的。猪产品（猪肉）有时含有一种异味。早在 1936 年，莱尔歇（Lerche）就指出猪肉有类汗味和类洋葱味的特征。最近更多的感官研究发现这种异味在不同的动物之间差别很大。描述这种异味的术语包括尿骚味、汗味、化学味、腐臭味、松节油味、内脏味、小猪或动物味、肥料味和卫生球味。这种异味主要产生于性成熟但未阉割的雄性猪（公猪）。它是由 5-α-雄烷-16-烯-2-酮、3-羟基-5-α-雄烷-16-烯、吲哚、粪臭素和潜在的 4-苯基-3-丁烯-2-酮所致，这些化学物质在 μg/mL 级就能引起异味。尽管对这一感官缺陷进行了大量的研究，但是这个问题依然困扰着整个工业。

成熟的绵羊也被认为有一种异味，称之为羊肉味，实际上，对其最普通的描述是汗酸味。这是由于羊肉中存在 4-甲基辛酸和 4-甲基壬酸的脂肪酸所导致。

二、饲料引起的异味

动物的饮食对肉的风味质量存在显著的影响，特别是非反刍类物种。本章前面提到，禽畜吸入了氯代茴香醚，会使肉鸡受到发霉气味的污染。尽管鸡舍木屑是肉鸡中氯代茴香醚的主要来源，但在家禽饲料里也发现了氯代茴香醚。因此，污染的饲料可能会造成家禽肉受到发霉气味的污染。饲喂含高浓度不饱和脂肪酸的配料也可能造成家禽肉风味污染。例如，喂养含 20g/kg 金枪鱼鱼油的饲料的火鸡在烹调时有鱼腥味，其原因是家禽很容易将摄入的脂肪堆积起来，在烹调火鸡时高浓度不饱和脂肪酸发生氧化。以鱼油喂养的公猪存在相似的风味污染问题。因此，鱼油推荐用量应不超过动物饲料的 1%。

养殖造成鱼的风味污染在本章已经进行了部分讨论。前文提到，由于鱼吃了某些藻类（项圈藻、角藻和脚藻）而使其染上土霉味。除了将藻类作为饲料的鱼有不良的风味外，以火鸡肝脏和谷物为饲料的鱼也会产生不良风味。例如，水塘养殖的鲇鱼喂养火鸡肝脏 19d 后有肝脏气味，而喂养谷物 33d 后有谷物气味。因此，减少养殖渔业中风味污染十分具有挑战性。

溴苯酚类物质对海产品风味的作用以及风味污染已经很明确。溴苯酚类物质是海底藻类和其他海生生物（如蠕虫）的天然成分。当溴苯酚类物质在低浓度时，有助于形成海产品期望的特征风味；而在高浓度时会导致食品的风味污染。

关于饲料怎样对羔羊产生风味污染的研究颇多。例如，用油菜喂养的小羊有一种令人作呕的味道，这可能是由于油菜中含有的硫代葡糖苷经代谢生成脂肪硫化物、二硫化物和硫醇，从而导致羔羊风味污染。然而，用野豌豆饲养的小羊有一种更甜并且更强的肉香风味。

研究者已经就牧草导致的乳的风味污染作了总结。陆生水芹（风味污染化合物为苯甲基硫醇）、菥蓂（也称法国草或臭味草，风味污染化合物为烯丙基异氰酸盐）、薄荷类（风味污染化合物为胡薄荷酮）、胡椒草（风味污染化合物为吲哚）和洋葱/大蒜（风味污染化合物为二-*n*-丙基硫化物、异丙基硫醇和丙酸丁二酸左菌素酯）均会对牛乳产生风味污染。

第五节　加工贮存过程中化学反应、微生物引起的异味

一、化学反应引起的异味

食品中含有一系列组分，它们或许与其他组分反应，或者降解成具有异味的组分。导致异味的主要反应包括脂肪氧化、非酶褐变、酶促变化和光催化反应。本节内容主要列举这些反应引起食品异味的实例。

（一）脂肪氧化

食品在贮存过程中出现异味，最常见的原因是非酶催化的脂肪氧化（自动氧化）。自动氧化发生时，空气中的氧与不饱和脂肪酸反应，产生一些微量的挥发性物质，其中有些具有期望气味，而另一些则具有不期望的气味。消费者反感的气味是腐败味、鱼腥味、金属味以及难以言表的陈腐气味。脂肪氧化的最终产物一般是醛、酮、酸、醇、烃、内酯或酯（表 11-5）。不饱和醛和酮的感官阈值最低，因此，通常是它们造成了氧化风味。例如，氧化黄油中的金属味是 1-辛烯-3-酮类化合物所致。

表 11-5　通过脂肪氧化产生具有异味的挥发性化合物

风味	化合物
纸板厚油味	辛醛、烷醛（$C_9 \sim C_{11}$）、2-烯醛（$C_8 \sim C_9$）、2,4-二烯醛（$C_7 \sim C_{10}$）、2,6-辛二烯醛
多油的/油腻味	烷醛（$C_5 \sim C_7$）、2-己烯醛、2,4-二烯醛类（$C_5 \sim C_{10}$）、反-2-戊烯基呋喃
涂料味/颜料味	烷醛（$C_5 \sim C_{10}$）、二烯醛（$C_5 \sim C_{10}$）、(反,反)-2,4-辛二烯醛、2-庚酮、反-2-戊烯醛、反-2-丁烯醛
氧化味	1-辛烯-3-酮、辛醛、2-庚烯醛、2,4-庚二烯醛、烷醛（$C_2 \sim C_9$）
鱼腥味	烷醛（$C_5 \sim C_{10}$）、二烯醛（$C_5 \sim C_{10}$）、(反,反)-2,4-庚二烯醛、2-烷酮类（$C_3 \sim C_{11}$）、1-辛烯-3-酮、(顺,顺,反)-2,4,7-癸三烯醛、1-戊烯-3-酮
草味	反-2-己烯醛、2,6-辛二烯醛、顺-2-戊烯基呋喃、环己醛、庚醛
轻微松树味	反-3-己烯醛

续表

风味	化合物
腐败的苹果味	(反,顺)-2,4-庚二烯醛
酸臭味（榛实）	(反,反)-2,4-庚二烯醛
青豆味	顺-3-己烯醛
豆味	烷醛类、2-壬烯醛
油炸味	(反,反)-2,4-癸二烯醛
甜醛味	(反,顺)-2,4-癸二烯醛
发霉蘑菇味	1-辛烯-3-酮、1-辛烯-3-醇
蘑菇味	(反,顺)-2,6-辛二烯醛、反-2-壬烯醛
黄瓜味	(顺,顺)-3,4-辛二烯醛；顺-6-壬烯醛
马铃薯味	2,4-戊二烯醛
柠檬味	壬醛
强刺激味	辛醛、戊醛
褐豆味	2-辛烯醛
金属味	1-戊烯-3-酮、戊基乙烯酮、反-2-戊烯基呋喃、顺-1,5-辛二烯-3-酮
腐臭味	反-2-壬烯醛、挥发性脂肪酸（C_4~C_{10}）
坚果味	(反,反)-2,4-辛二烯醛、(反,顺)-2,2-辛烯醛
奶油味	顺-3-庚烯醛
黄油味	顺-2-戊烯基呋喃、丁二酮、2,3-戊二酮
水果味	烷醛（C_5、C_6、C_8、C_{10}）；脂族酯；异丁酸
油灰味	反-3-己烯醛、顺-4-庚烯醛
加氢硬化味	反-6-壬烯醛
甘草味	反-2,1-戊烯基呋喃、顺-2,1-戊烯基呋喃、5-戊烯基-2-糠醛
滑腻/果味	烷醛（C_7~C_9）
苦味	戊醛、己醛类、反-2-庚烯醛

深入洞察促进脂肪氧化的因素有助于理解为何某些食品会很快染上氧化的异味。脂肪酸中双键的数量和类型是首先要考虑的。有 3 个以上双键的脂肪酸，如亚麻酸、花生四烯酸以及二十碳五烯酸（图 11–5）特别容易自动氧化，花生四烯酸、亚麻酸、亚油酸和油酸相对应的氧化速率是 40：20：10：1。在某些食品应用中，为了达到理想的保质期，必须将高度不饱和脂肪酸（如亚麻酸）进行选择性氢化。例如，咖啡伴侣中只要含有亚麻酸就会使产品的保质期不超过 3 个月。

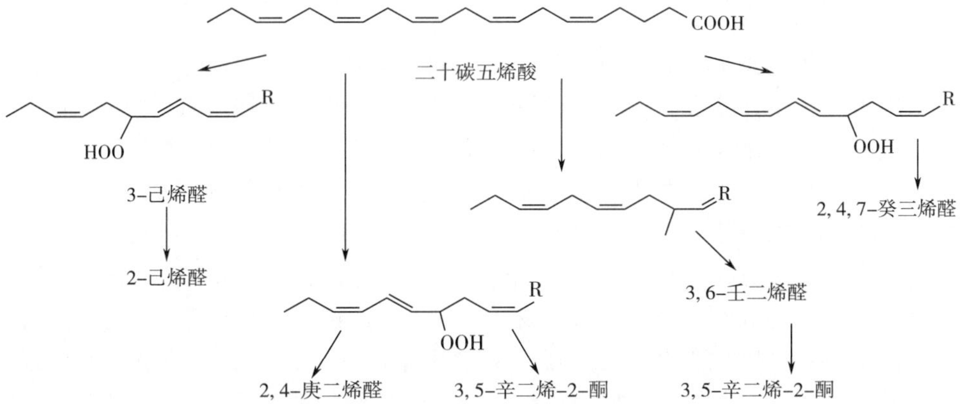

图 11–5　二十碳五烯酸自动氧化

痕量金属（特别是铜、钴、铁）能够大大加快脂肪氧化速率并影响过氧化物分解的趋势。通过分解氢过氧化物，这些金属能够缩短诱导期并提高反应速率。痕量浓度的这类催化剂就可达到氧化强化剂的作用效果，如铁的浓度可低至 0.3μg/mL，铜低至 0.01μg/mL。

水分活度对食品中脂肪氧化反应的影响与其他化学反应有明显不同（脂肪氧化速率与水分活度的关系见图 11–6）。脂肪氧化速率在单分子层水时最低。剥夺食品的单分子层水，脂肪氧化速率明显提高，一般认为在此水分活度范围（0~0.2 或 0~0.3），加入的水不仅可以和加速脂肪氧化的金属催化剂结合，还可以和脂肪氧化产生的氢过氧化物结合，从而干扰了脂肪的分解。当食品的含水量超过单分子层水时，脂肪氧化速率迅速增大，这是因为水使大分子溶胀，暴露出更多的催化部位，并增加了氧的溶解度。当含脂肪食品水分活度大于 0.8 时，食品中存在大量的体相水，这时油脂氧化速率减慢，这是大量水的稀释效应造成的。因此，为了防止氧化，维持适当的水分活度是极其重要的。

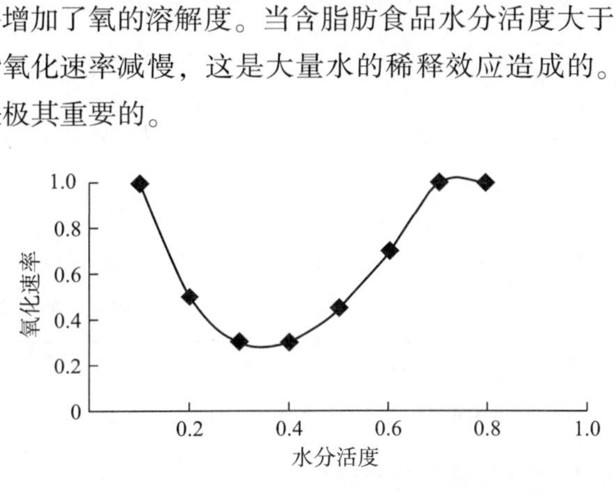

图 11–6　脂肪氧化速率与水分活度的关系

脂肪氧化速率也与温度有关。尽管脂肪氧化可能由酶引发（如脂肪氧合酶），但通常它是一个对应于反应温度的单纯的化学反应。温度越高，脂肪氧化进行得越快。当脂肪氧化是酶催化作用时，一般在30~45℃反应速率最快，随着酶的变性，反应速率相应有所降低。酶催化反应速率也与pH以及脂肪酸的特点（即亚甲基断裂、顺反、双键）有关。

光是脂肪氧化有效的引发剂。波长越短，能量越高，对加快脂肪氧化速率越有效。抗氧化剂是脂肪氧化速率的决定性因素。绝大部分植物油含有一些维生素E和类黄酮，它们是非常有效的抗氧化剂。天然抗氧化剂（或添加的抗氧化剂）的量对脂肪氧化的速率有非常显著的影响。

如果我们考虑影响脂肪氧化速率的因素，那么可以看到含多不饱和脂肪酸的低水分产品很可能因脂肪氧化产生不良风味。一般认为低脂（或无脂）食品发生脂肪氧化的可能性更少。然而，实际上，这些食品比全脂食品更容易因脂肪氧化而产生不良风味，主要是因为脂肪倾向于掩盖不良风味。减少脂肪含量的同时也就降低了掩盖能力，使得异味更易被消费者察觉。乳制品特别容易受到脂质来源异味的影响，例如UHT牛乳中烷酮的产生（如2-庚酮）。鱼和肉有时也是通过氧化染上异味的。由于其中不饱和脂肪酸含量非常高，因此鱼很容易染上异味。

表11-6所示为食品经自动氧化产生异味的实例。过热味（WOF）是一种与预煮肉有关的不良风味。这种不良风味一般被认为是由肌肉的磷脂脂肪酸氧化所致。随着肉的热处理，氧化以非常快的速率进行，因为含亚铁血红素蛋白变性和细胞结构破坏导致了细胞成分间的均匀混合。尽管这个反应可能是由亚铁血红素和非亚铁血红素中的铁的共同催化，但一般认为非亚铁血红素的铁更为重要。抑制脂肪氧化的方法同样可以抑制“过热味”，包括使用金属螯合剂、主抗氧化剂和辅助抗氧化剂（包括天然香料浸出物）、亚硝酸盐、美拉德反应产物、真空包装等。特征性感官风味的缺失归因于期望的芳香成分（如两种呋喃）的损失和氧化产物的生成（主要是n-己醛和反-4,5-环氧-反-2-癸烯醛）。

表11-6 食品经自动氧化产生异味的实例

异味	食品	原因
哈喇味	酸败的大豆和亚麻籽油	反-6-壬烯醛
青豆类气味[①]	豆油	呋喃衍生物
金属味	奶油（黄油）	1-辛烯-3-酮[②]
金属味	黄油牛乳	反-2-顺-6-壬二烯醇
金属味	牛乳脂肪	辛-1-顺-5-二烯-3-酮
过热味（WOF）	煮过的牛肉、猪肉、鸡肉	主要是己醛和反-4,5-环氧基-反-癸烯醛以及1-辛烯-3-酮和某些醛类

注：①这种异味经转制可除去，但如贮存不当还会发生。
②黄油脂肪的香气阈值为1ng/mL，脱脂乳的香气阈值为10ng/mL。

除了脂肪酸的自动氧化之外，其他化合物的氧化也能导致异味。例如，橙汁由于金属离子的催化使巴伦西亚橘烯氧化成圆柚酮，从而使橙汁带上柚子风味。同样橙汁也可能带上萜烯的气味，这是由于柠檬烯氧化成香芹酮的缘故（图 11-7）。

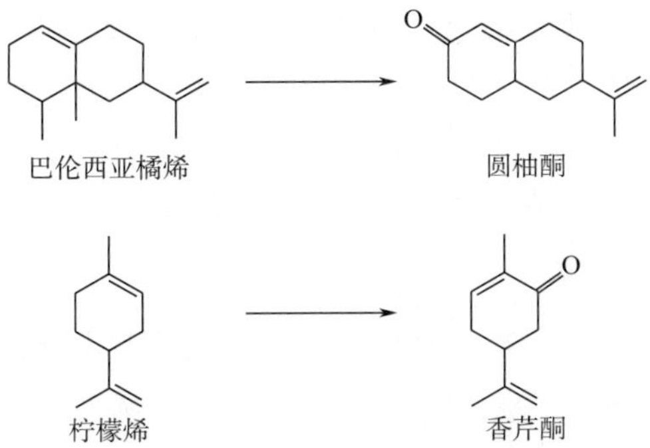

图 11-7 巴伦西亚橘烯和柠檬烯分别氧化成圆柚酮和香芹酮

值得注意的是，含有类胡萝卜素的食品也易发生氧化变质。类胡萝卜素中含有由一系列共轭反式双键连接的两个端基。类胡萝卜素通过氧化生成了高不饱和化合物以及类胡萝卜素的环状衍生物。α-紫罗酮、β-紫罗酮和β-紫罗酮-5,6-环氧化物是脱水胡萝卜不良风味的组分。这些紫罗酮具有花香特征，经常被用于覆盆子风味的配方中。如果将黄色或红色脱水蔬菜（含有类胡萝卜素）应用于食品中，那么必须添加抗氧化剂以期获得足够的保质期。像脱水胡萝卜预混料和含有脱水番茄的产品一般易发生类胡萝卜素氧化。冷冻番茄产品如比萨饼在一般的销售和贮存中也会发生很严重的类胡萝卜素氧化降解，从而限制了冷冻比萨饼的保质期。

（二）非酶褐变

非酶褐变（抗坏血酸褐变和美拉德反应）是食品中不良风味产生的常见原因之一。尽管美拉德反应对期望风味的形成非常重要，但它也能引起食品异味。因为抗坏血酸褐变无益，只有负面影响，此处不再赘述。不受欢迎的风味可能是加工或随后的贮存过程中发生不期望的美拉德反应的结果。罐头食品的香气和味道与新鲜食品不同，其主要原因就是非酶褐变反应。

贮存期间产生的美拉德反应是不受欢迎的，而加热（如谷物的烘烤）过程中却期望产生美拉德反应。为什么面包在贮存时没有形成更好的风味？原因要归结于反应动力学。美拉德反应非常复杂，并有诸多可能的途径。特定的反应途径与很多因素有关，包括水分活度、反应底物、温度和 pH。通过美拉德反应产生期望风味和贮存中染上的不良风味之间的主要不同在于温度。产生有坚果、肉类特征风味化合物的反应在烘烤、烧烤、加热处理中十分容易进行，而在贮存温度下很难发生，所以，贮存过程中不会产生这些物质。美拉德反应导致的陈腐味、酸味、青味和硫味却在一般的贮存温度下进一步恶化。像脂肪氧化一样，几乎所有的食品都有足够的美拉德反应所需的前驱物质，因此，它最终会导致不良风味，除非有一些其他的方法可以将产品的不良风味减弱或消除。

“陈腐味”是美拉德反应产生异味最典型的描述。人们对由于美拉德反应形成的异味成分知之甚少。就乳粉而言，可能是由氨基酸中的色氨酸形成的氨基苯乙酮。苯并噻唑和某些呋喃也与产生异味有关。果汁在贮存期间会发生不期望的色泽改变并形成陈腐风味。

（三）光引发的异味

光催化反应能造成食品产生一些相当独特的异味。啤酒中的臭味和乳制品中的焦煳味就是这两种食品暴露于光下从而产生异味的特例。

光诱导的乳制品异味可以分为完全不同的两种。一种是由于脂肪氧化造成的；另一种是由于蛋白质（氨基酸）降解产生的。氨基酸降解形成的是光活性的异味，而脂肪氧化产生了相当典型的氧化风味。焦煳味特征或光活性风味最初是占主导地位的（仅 2h 光照），但若经过长期的光照存放后牛乳将会有一种典型的氧化风味。

由光和维生素 B_2 催化的氨基酸降解：

$$\text{氨基酸} \xrightarrow[\text{维生素 } B_2]{\text{光照}} \text{挥发性化合物} + NH_3 + CO_2$$

尽管所有的氨基酸都会发生降解，但含硫氨基酸（特别是甲硫氨酸）产生的化合物有非常低的感官阈值，因此认为对风味的破坏影响最大。二甲基二硫的形成是主要的原因，其他含硫化合物（巯基甲烷和二甲基硫）也是潜在的影响因素。

香槟酒和啤酒中由光照引起的异味也有相关报道。与乳制品相似，香槟酒的光诱导变化中涉及了由维生素 B_2 催化的甲硫氨酸降解。啤酒风味中的光诱导反应更加复杂，包括脂肪酸光氧化（后期的不良风味）、光催化脱羧基和氨基酸脱氨基、啤酒花酮水解等。啤酒中最初的异味有臭味或类韭菜味的特征。这一异味来源于啤酒花酮的光催化降解。图 11-8 所示提出了一条啤酒花酮光降解的可能途径。其中啤酒花酮的 4-甲基-3-戊烯基侧链断裂生成了 2,7-二甲基-2,6-辛二烯和 4-甲基-2-戊烯两种主要产物。当半胱氨酸存在时，3-甲基-2-丁烯-1-硫醇（异戊二烯基硫醇）也可通过自由基机制反应生成。异戊二烯基硫醇在啤酒中的感官阈值是 7ng/L。控制这种不良风味的方法一般是用不透光的瓶子和罐子来盛放啤酒。也可以选择使用蛇麻草，蛇麻草中的异-α-酸（啤酒花酮）已经被还原成相应的饱和化合物。饱和 α-酸将不能形成令人厌恶的硫醇。尽管如此，它们仍会经光催化裂解成青味，并形成不太令人厌恶的异味。

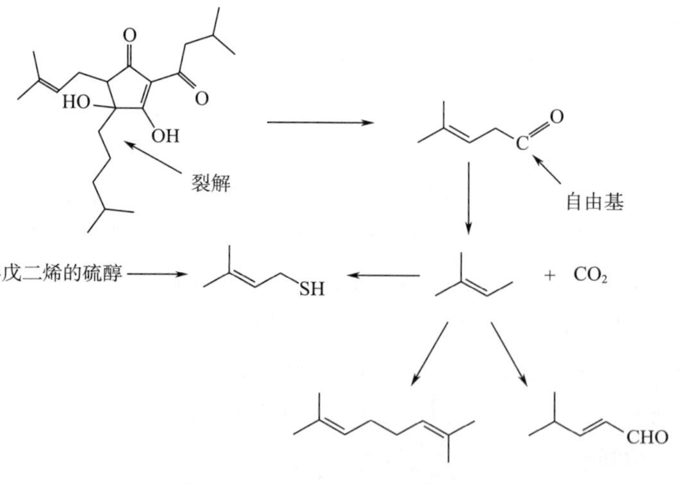

图 11-8 半胱氨酸模型中异-α-酸（啤酒花酮）的光降解

光诱导反应引起的独特不良风味的另一个例子是棉籽油。薯片用棉籽油炸后，经光照后会形成一种独特的不良风味，也称为“光腥味”。这一缺陷与 1-癸炔的形成有关，而这种癸炔是由棉籽油中常见的苹婆酸的光氧化生成的，而叶绿素是该反应的光敏剂。

光也被认为是其他一些化学反应的催化剂，最重要的是脂质氧化。文献中关于光诱导脂质氧化引起食品中不良风味的实例很多。这种不良风味的感官特征随食品的不同呈现出很大差异。

植物油，特别是豆油，也会由于日晒而引起异味。这种类似豆子和稻草的气味是由于3-甲基-2,4-壬二酮所致。后者很可能是由存在于豆油中痕量的类似呋喃脂肪酸经光氧化而形成的（图11-9）。

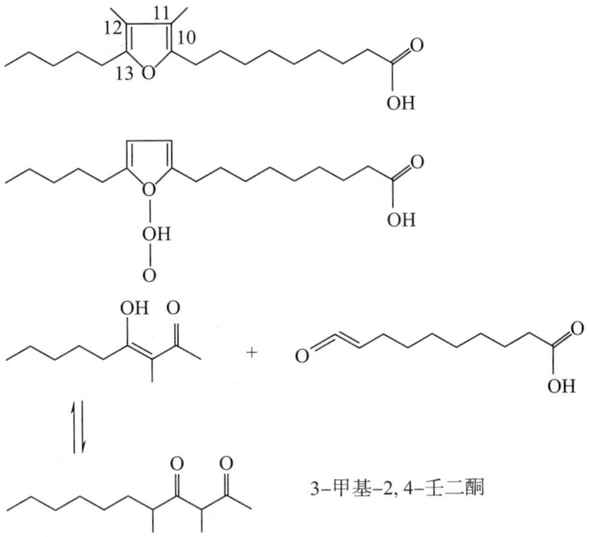

图11-9 在豆油中生成3-甲基-2,4-壬二酮的过程

（四）酶催化反应引起的风味改变

几乎所有食品原先都是活着的有机体。它们的代谢是由各种酶控制的。虽然其中很多在加工过程中被钝化，或者因为条件不合适而没有显现活性（如低水分活度、温度和pH），但是食品中有些含有活性的酶，可能就会导致异味。最常见的3类与异味产生有关的酶是：脂肪氧合酶、脂肪酶和蛋白酶。

1. 脂氧合酶

脂氧合酶在植物组织中是很常见的。豆类（尤其是大豆）中含有大量的脂氧合酶。一旦大豆组织破碎，脂氧合酶表现出活性，就会引起大豆的豆腥味。大豆油“返腥”也与脂氧合酶在油中的活性有关。2-戊基呋喃是造成这种异味的主要氧化产物。

脂氧合酶仅使具有（顺,顺）-1,4-戊二烯体系的脂肪酸过氧化（图11-10）。对植物来源的酶来说，最好的基质是亚油酸和亚麻酸，而对动物来源的酶来说是花生四烯酸（图11-10）。这种酶通过从脂肪酸中夺取氢自由基引发脂质氧化。一旦这种酶引发脂质氧化，氧化过程将像典型的自动氧化过程一样导致异味。有关催化假说（图11-11）：从脂肪酸（基质）的1,4-戊二烯系统中的亚甲基提取而来的氢原子并经氧化成质子。戊二烯游离基与酶结合，就此添加一个共轭二烯体系并捕获氧。形成的过氧化基被酶所还原，然后再经质子加成反应，最后放出氢过氧化物。

氢过氧化物进一步反应，生成挥发性的醛类和醇类。生成的醛类在醇脱氢酶和异构酶参与下再进一步反应（图11-12和图11-13）。大豆的豆腥味可能是醛类和醇类造成的。

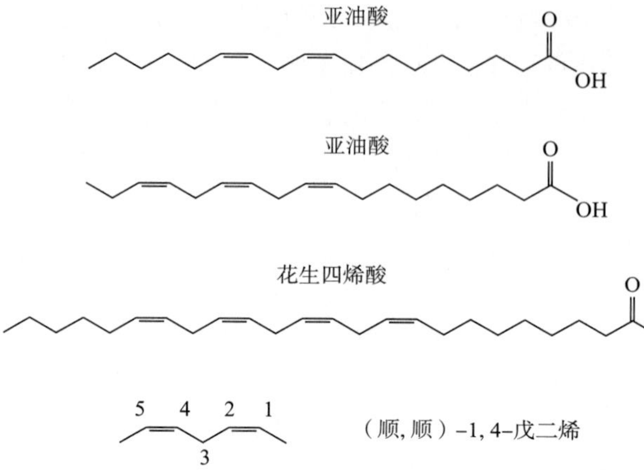

图 11-10 （顺，顺）-1，4-戊二烯体系、亚油酸、亚麻酸以及花生四烯酸

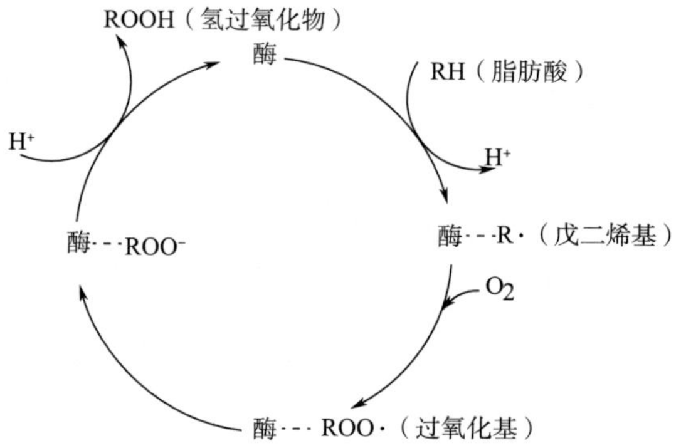

图 11-11 脂氧合酶的催化假说

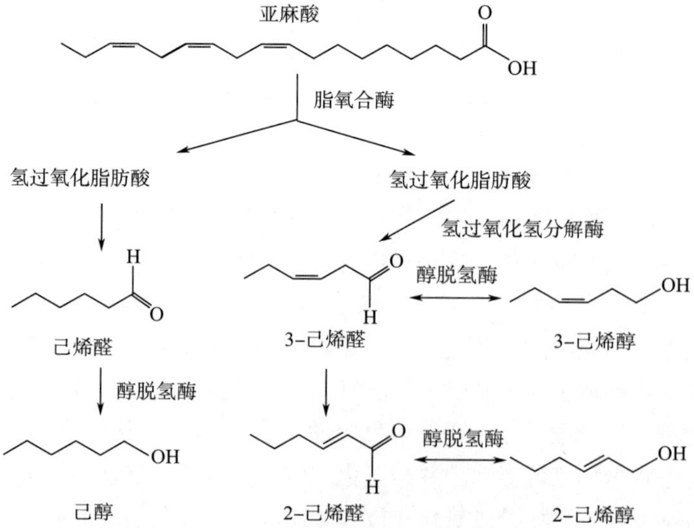

图 11-12 亚麻酸在脂氧合酶、氢过氧化氢分解酶、醇脱氢酶以及异构酶的参与下酶促降解生成挥发性化合物 1

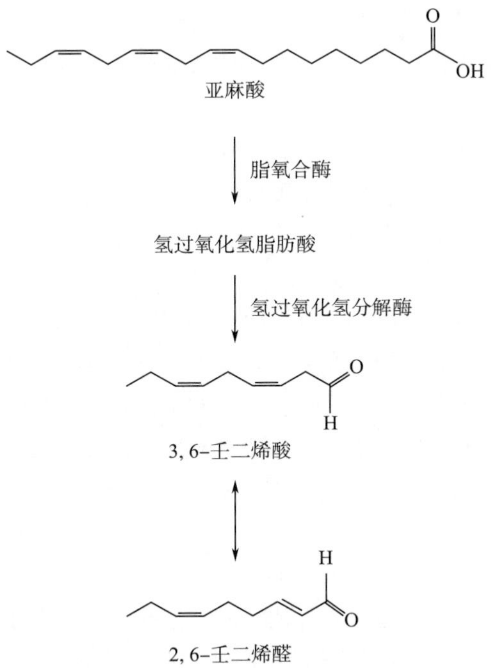

图 11-13　亚麻酸在脂氧合酶、氢过氧化氢分解酶、醇脱氢酶以及异构酶的参与下酶促降解生成挥发性化合物 2

冷冻蔬菜的劣变也与脂氧合酶有关。为了钝化脂氧合酶，多种蔬菜在冷冻贮存之前必须进行热烫处理，否则，在贮存期间将会产生氧化异味。

2. 脂肪酶

食品中脂肪酶的活性也可能导致不良风味的产生。脂解风味要归结于甘油三酯中脂肪酸的水解。因为脂肪酶在食品中分布很广泛，那么脂解异味应该更常见。但事实并非如此，主要原因是食品中绝大部分脂质只含有中长链脂肪酸。这些脂肪酸（>12 碳）太大以至于无论是对气味还是对滋味都贡献不大。所以，因脂解产生的异味仅限于那些含有短链脂肪酸的食品（如干酪和椰子油产品，表 11-7）。

表 11-7　　不同介质中游离脂肪酸的风味特征和阈值

脂肪酸	风味特征	阈值/（μg/mL）	
		乳	油
丁酸	坏奶油味	25	0. 6
己酸	牛膻味（羊骚味）	14	2. 5
辛酸	牛膻味（羊骚味）	—	350
辛酸	腐败的苦肥皂味	7	200
月桂酸	腐败的苦肥皂味	8	700

乳制品中由脂肪酶活性造成的异味的特征通常以“坏奶油”“羊膻味”“苦味”来描述。

乳制品中有两种脂肪酶，一种与脂肪球膜有关，而另一种与蛋白质有关。尽管这一观点是有争议的，但是除了位于牛乳中的部位不同，这两种脂肪酶是完全相同的。乳脂酶作用于甘油三酯的主要位置具有非常强的特异性。

牛乳中的脂肪酶是相当独特的，因为它们是没有活性的，直到被某些处理激活（乳牛产酸臭的乳是很少见的）。脂肪酶系统的激活可能有几种不同的途径。有时，冷冻、加热后再冷冻处理中的温度波动，会使脂肪酶具有活性。机械搅动和起泡也能激活脂肪酶系统。

尽管内源酶会导致乳制品发生脂解，但是脂肪酶也可能是外源的。细菌、香料和一些水果含有脂肪酶，而这些酶可能攻击牛乳的甘油三酯。不同的脂肪酶对脂肪酸的脂解特异性有所差别。牛乳脂肪酶及其他反刍动物脂肪酶倾向优先作用于甘油三酯的丁酸。荧光假单细胞菌的脂肪酶和猪脂肪酶对短链脂肪酸几乎没有作用。霉菌和细菌的脂肪酶产生更少的丁酸，但生成更多的蜡酸。优先水解短链脂肪酸的脂肪酶比那些水解长链脂肪的脂肪酶对产品的异味影响更大。这意味着测定总游离脂肪酸的分析方法（如酸度）对评估这些脂肪酸造成异味的潜在可能性是无能为力的。

来源于热带的油也常遭受脂解异味的影响，特别是椰子油。椰子油中月桂酸（C_{12}）是主要的脂肪酸。当甘油三酯水解时，尝起来有月桂酸的肥皂味。尽管椰子本身仅含有为数不多的脂肪酶，但椰子或椰子油常常在含有脂肪酶的食品中应用。应指出的是，脂肪酶对热相当稳定。它们通常在人们认为足以使脂肪酶变性的加热处理中仍有活性。例如，冰镇果汁朗姆酒很可能被不良的类似肥皂异味影响，这是一种主要由椰子汁和菠萝汁组成的含醇饮料，且菠萝汁中含有相当耐热的脂肪酶。如果我们遇到了食品中有肥皂味，首先需要考虑椰子油的成分，然后考虑酶源。

脂肪酶不仅存在于植物和动物来源的起始原料中，还能通过微生物接触食品。脂肪酶要求基质具有特异性，使得人们难以预测含有乳脂或椰子脂食品的保质期的长短。

3. 蛋白酶

食品中的苦味是另一种不良风味，它与酶的活性有关。通常情况下，我们认为苦味源于食品中蛋白质的水解，主要由短肽造成。热处理一般会钝化与苦味形成有关的酶，但也有部分蛋白水解酶经历相当严格的热处理后仍具有活性，从而导致异味。

目前已经发现苦味肽易造成豆制品、玉米蛋白、酪蛋白和切达干酪的异味。这些肽大部分*C*末端有亮氨酸，而肽结构之间几乎没有其他相似性（表11-8）。

表11-8　　蛋白质水解产物和干酪产品中的苦味肽

蛋白质及水解酶	苦味肽
大豆球蛋白经胃蛋白酶水解	Arg-Leu、Gly-Leu、Leu-Lys、Phe-Leu、Gln-Tyr-Phe-Leu、Ser-Lys-Gly-Leu
玉米蛋白经胃蛋白酶水解	Ala-Ile-Ala、Gly-Ala-Leu、Leu-Val-Leu、Leu-Pro-Phe-Ser-Gln-Leu
酪蛋白经胰蛋白酶水解	Gly-Pro-Phe-Pro-Ile-Ile-Val、Phe-Ala-Leu-Pro-Gln-Tyr-Leu-Lys
切达干酪	Pro-Phe-Pro-Gly-Ile-Pro、Pro-Phe-Pro-Gly-Pro-Ile-Pro-Asn-Ser、Leu-Val-Tyr-Pro-Phe-Pro-Gly-Pro-Ile-Pro

关于肽引起苦味的大量研究集中在陈化干酪。在这些干酪中蛋白质水解来源于凝乳酶、发酵剂和微生物污染。凝乳酶最初将蛋白质水解成大肽。这些肽进一步降解成更小的肽，而生成的肽有可能导致苦味，除非他们被发酵剂微生物进一步代谢。因此，发酵剂不佳、化学药物或微生物污染延迟发酵都可能导致干酪中产生苦味。合适的发酵微生物和它们的生长对干酪老化过程产生最少的苦味至关重要。

4. 其他酶

除了脂氧合酶、脂肪酶以及蛋白酶之外，其他的酶类也会参与异味的形成。柠檬苦素 D 环内酯酶就是一个例子。柠檬苦素的苦味是柑橘工业中的普遍问题。在生产柠檬果汁时，不苦的前体物质受柠檬苦素 D 环内酯酶的作用转化成柠檬苦素。

（五）其他非酶催化反应

橙汁散发一种类似萜类的不新鲜和腐败的异味的原因是酸催化芳樟醇引起重排生成 α-松油醇（图 11-14）和其他产物。

图 11-14　芳樟醇酸催化重排生成 α-松油醇

啤酒中经常存在的异味是一种收敛性的、不新鲜的气味，产生的原因是在贮存过程中由乙酸糠酯和乙醇生成了 2-糠基乙基醚（图 11-15）。

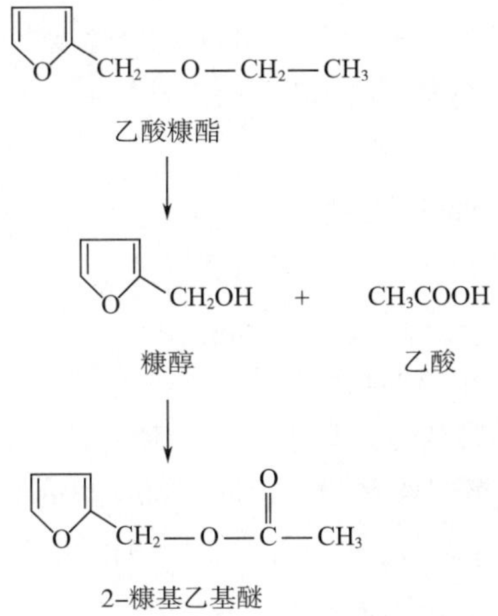

图 11-15　啤酒中生成 2-糠基乙基醚

有些国家允许在酒中添加山梨酸作为防腐剂。这类酒有时会产生类似香叶的异味。它是由己-2,4-二烯-1-醇生成的 2-乙氧基-己-3,5-二烯所造成的。

二、微生物引起的异味

微生物是食品中异味产生的常见原因，如细菌、酵母菌和真菌。食品中微生物的生长取决于食品的环境和化学成分，关键影响参数包括水分活度（A_w）、pH、温度和贮存条件。

由微生物引起的异味主要分为 3 类：①发酵不良；②来自微生物的酶接触到食品基质；③微生物在食品表面和食品内部生长以及微生物代谢产物污染食品。

（一）发酵不良

通过发酵生产的所有食品实际上都存在发酵不良的可能。腊肠的不良发酵能导致酸性异味，它是乳酸菌选择性生长所致。啤酒中的酚类异味是羟基桂酸脱羧作用所致。酒由于发酵不良导致的各种异味汇总于表 11-9 中。

表 11-9 酒由于不良发酵产生的异味

异味	原因
硫醇味	酵母还原亚硫酸盐（由于硫化）成为硫化氢，然后再与乙醇反应生成乙基硫醇
醋酸风味	乙酸菌
乳酸风味	乳酸菌

（二）来自微生物的酶接触到食品基质

在这种情况下，微生物的作用多少是间接的。来自微生物的酶常常是比较耐热的，经巴氏杀菌和消毒处理后仍能保持活性。因此，即使食品的热处理能杀死微生物，但来自微生物的酶仍然有活性（如脂肪酶和蛋白酶），它们在贮存期间能引起不良风味。

由草莓假单胞菌（*Pseudomonas fragi*）造成的牛乳中的果香异味就是一个例子。草莓假单胞菌产生 1 种脂肪酶，而这种酶最初水解乳脂肪中的短链脂肪酸，随后将这些脂肪酸逐步酯化成相应的乙酯（如丁酸乙酯和己酸乙酯），造成了这种不良风味。

牛乳中偶尔会出现麦芽异味，这是因为牛乳在一定程度上受温度影响（贮存于 10℃或以上）。麦芽异味是由乳链球菌麦芽糖因子或乳酸菌麦芽糖酶造成的。麦芽味自身主要源于亮氨酸的产物 3-甲基正丁醛。

（三）食品表面和食品内部的微生物

微生物是最常见的导致食品异味的原因，与食品中微生物的生长以及代谢产物的产生有关。鱼、牛乳以及乳制品特别容易受到侵害。

鱼类中细菌产生的异味取决于鱼的物种和来源——温带气候海鱼腐败的特点是氨腐味和硫味，而热带气候海鱼和淡水鱼腐败的特点是水果味和巯基味。氧化三甲胺（TMAO）对鱼腥味起重要作用。TMAO 是海鱼代谢的最终产物，含量为 40~120μg/g。相反，淡水鱼中只检测到痕量 TMAO，仅有 5μg/g。对于冰冻海鱼，TMAO 被鱼本身的酶还原为二甲基胺和甲醛，而新鲜海鱼和保存在冰中的海鱼却被微生物还原为三甲基胺（图 11-16）。对很多类型的鱼来说，三甲基胺含量是鱼新鲜度的评价标准。

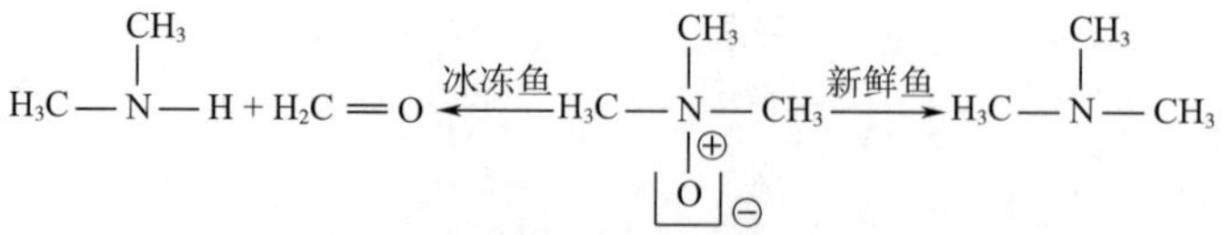

图 11-16 海鱼中氧化三甲基胺的还原

微生物使鱼产生异味的能力各有千秋。产生不良风味的能力与代谢产物有关，它们由微生物产生并分泌到食品中。研究表明，革兰阴性的假单胞菌属、无色菌属以及弧菌属常是造成新鲜鱼肉中不良风味的主要原因。在这些属中，只有小部分能导致腐败。也有研究表明通常只有不到10%的鱼身上的微生物会引起异味。因此，平板计数高并不一定意味着不良风味源于微生物，而特定的微生物和种群才是异味产生的重要因素。

发生在乳脂和椰子油以及棕榈油中的短链和中长链脂肪酸在某些微生物（如青霉菌、曲霉菌以及某些子囊菌、藻菌和真菌）的作用下降解为甲基酮。在这一过程中，微生物最先水解三甘油酯，然后经β-氧化途径，把脂肪酸降解为甲基酮（图11-17）。以兰干酪为例，甲基酮是这种产品所希望具备的香气，而对于其他食品来说则是异味，把它视为类似日化香料的腐臭。

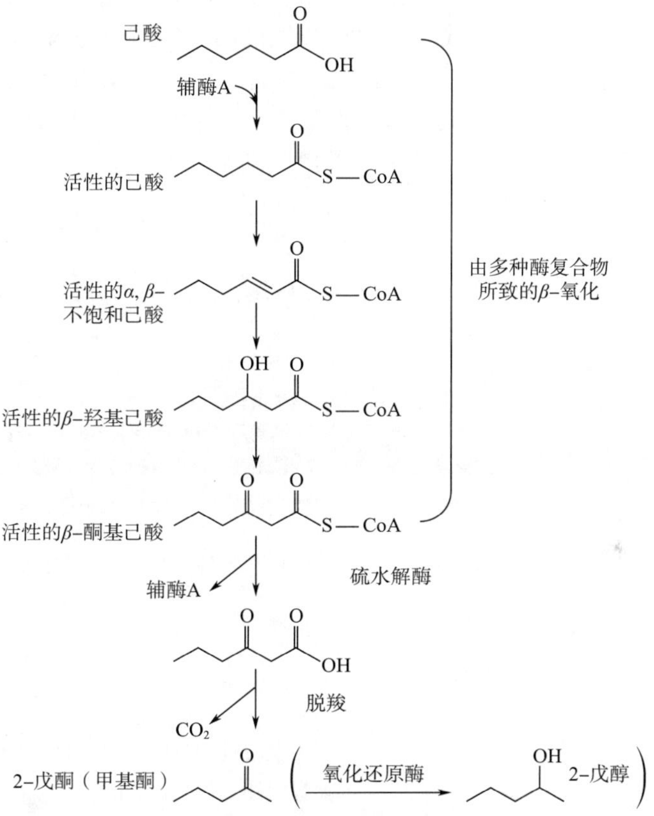

图11-17　在微生物酶的作用下形成甲基酮（2-戊酮）

鱼肉中产生泥土味的土味素在前面已经提及，它与面包、面粉、豆类和蛤类中的杂味也有关。在这些产品中生长的霉菌和放线菌能够产生这一杂味。它们与土壤中产生土味的微生物相似，污染的土壤会使农作物的块根染上土味，如甜菜（蔗糖就是由甜菜的根产出的）。

在山梨酸处理过的食品中霉菌也能够生长，霉菌降解山梨酸生成1,3-戊二烯，它有汽油类的味道。尽管山梨酸在抑制霉菌方面是有效的，但如果山梨酸浓度太低，那么霉菌将产生这种风味污染物（图11-18）。这种风味污染物在干酪中发现较多（羊干酪：1种塑料味的、油漆味的和煤油味的不良风味；涂抹干酪：煤油味的不良风味），但经过山梨酸处理的和高水分的一些食品中也发现这种化合物的存在，导致了其汽油味的异味。

$$CH_3CH{=}CHCH{=}CHCOOH \longrightarrow CH_3CH{=}CHCH{=}CH_2$$

图11-18　山梨酸降解为1,3-戊二烯

山梨酸也能造成葡萄酒的“天竺葵”异味。在制酒过程中山梨酸是作为后发酵酵母的抑制剂，目的是为减少二氧化硫的使用量。尽管山梨酸是一种很好的酵母抑制剂，但是它无法抑制细菌的生长。已经发现葡萄酒中某些特定的细菌能够将山梨酸转化成 2-乙氧基-3,5-二烯，而该化合物有天竺葵的特征味道。

从香兰素和乙基香兰素中产生的愈创木酚会导致酸乳和冰淇淋中产生烟熏/苯酚异味，虽然尚未确定相关的微生物，但产生途径涉及香草酸氧化和脱羧反应。水果和蔬菜比高蛋白动物制品具有更高的微生物抗性，因此不易因微生物污染而产生异味。但也有报道发现橙汁中的异味是由二乙酰和乙偶姻产生，含有青霉菌属的水果因土味素产生泥土气味。

我们必须认识到微生物能够完成一系列化合物的转变，因此具有产生多种异味的潜在可能。除前面描述的几种不良风味外，其他一些食品异味也与微生物有关，例如：臭味（腐烂马铃薯中的吲哚和粪臭素）、马铃薯的发霉味（2-甲氧基-3-异丙基对二氮杂苯）、鼠臭（葡萄酒，2-乙酰基-1,4,5,6-四氢嘧啶），霉味和“脏抹布味”（机油，2,6-二甲基-3-甲氧基对二氮杂苯）。

表 11-10 列举了一些微生物引起异味的实例。显然，由微生物引起的不良风味在很多食品中存在。

表 11-10　　由微生物引起异味的实例

异味	食品	原因
干酪味	奶油	微生物水解乳脂形成短链脂肪酸
苦味	奶油	蜡样芽孢杆菌
干酪味	火腿罐头	链球菌
硫样气味	火腿	被带有微生物的盐水所污染
霉味	鸡	用氯酚处理过的木碎片铺鸡棚养鸡，微生物将氯酚代谢成氯代茴香醚
洋葱味	啤酒	微生物将半胱氨酸代谢成二甲基硫和其他硫代物
陈腐的霉气味、土壤味、马铃薯样气味	鸡蛋、牛乳制品、鱼	微生物产生 2-异丙基-3-甲氧基吡嗪
老鼠类气味	酒和其他酒精饮料	酒香酵母属（*Brettanomyees*）形成 2-乙酰基四氢吡啶①
猪样气味	油煎土豆片和土豆薄片	梭菌生成粪臭素②、吲哚和对甲苯酚

注：①水中的气味阈值为 0.002ng/mL。
②水中的气味阈值为 10ng/mL。

第六节　食品包装材料引起的异味

来源于包装的污染可能是由两种机制产生的，即挥发性成分的转移或直接接触导致的迁移，后者在含脂肪或具有大的表面积的食品中更为普遍。除了玻璃外，几乎所有的包装材料都可能成为导致异味的原因（图 11-19）。包装材料的主体成分很少会造成异味。但是，即便是极微量的残留溶剂、单体聚合物以及一些包装成分降解也会造成这类问题。若干实例如表 11-11 所示，包括包装材料（如苯乙烯单体）、包装材料的微量污染物（如塑料中的乙基苯或再生纸中残余的油墨）、用于油墨的溶剂和黏合剂中的溶剂。

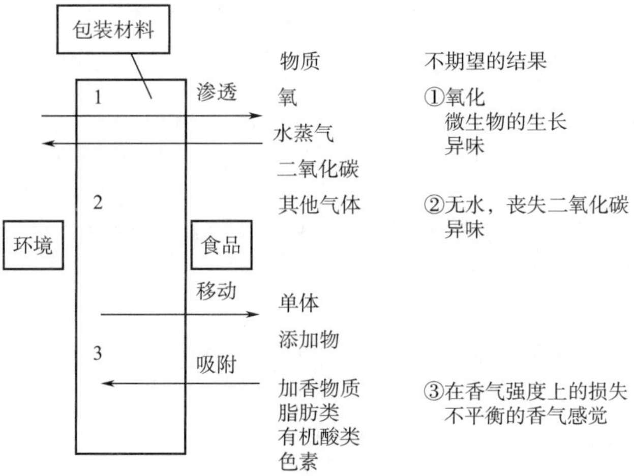

图 11-19　食品与其包装和环境之间可能发生的相互作用过程示意图

表 11-11　包装材料导致异味的实例

食品	包装材料	来源和传播方法
	印刷系统	
覆印刷膜的食品	印刷的包装膜	印刷膜中的霉味，发现有 4,4,6-三甲基-1,3-二氧杂环乙烷，这是由印刷材料的反应生成的
酸乳瓶和糖果盒	单面印刷的包装纸	印刷所用墨水的加工方法不适当
巧克力蛋糕	单面印刷的包装纸	印刷所用墨水的加工方法不适当
袋装火腿烹调	塑料包装	红色墨水中的一种成分（双丙酮醇脱氢形成的异亚丙基丙酮氧化物）被包装袋中的离子交换聚合物层催化

续表

食品	包装材料	来源和传播方法
	纸	
蛋糕、饼干、巧克力	硬纸板	回收废纸中的防腐剂或印刷废纸中的化合物产生异味
油炸圈饼	铜版纸加上玻璃纸	未充分除去用于溶解包装材料的烃类溶剂
牛乳麦片	半玻璃衬纸	残留溶剂
	塑料	
橘子和柠檬饮料	聚氯乙烯瓶	在饮料生产过程中用于裂开聚氯乙烯的硫醇盐稳定剂
巧克力和柠檬饼干	由印刷玻璃纸包裹的聚苯乙烯盘	残留的苯乙烯单体
冷冻快餐	聚苯乙烯盘	残留的苯乙烯单体
	层合板	
水果软饮料	聚酯/铝箔/聚乙烯层	黏合的层压板干燥过程中残留的甲苯
	金属纸	
冷冻的生面团	有金属壳的纸管	为利于包装操作用于润滑金属而在甘油三酯残留的碳氢溶剂
	金属	
罐装猪肉产品	喷涂漆层的金属罐	为了防止变黑使用涂漆覆盖边缝而产生猫尿味，使用的溶剂中含有与食品中硫化物反应产生杂味的异亚丙基丙酮氧化物
冷冻乳饮料	喷涂漆层的金属罐	喷漆中使用的溶剂中含有不易消失的痕量污染物（异佛乐酮）
啤酒	罐	罐生产中使用的滑润剂

食品包装有多种多样的印刷工艺和材料。其中，石板印刷系统用石油溶剂携带墨水（树脂）。尽管石油溶剂气味较淡，但溶剂清除不彻底还是会产生污染。树脂本身也会造成风味的污染。这些树脂是醇酸树脂，因此，在干燥过程中会氧化生成令人不愉快的醛和酮类。

另一种可供选择的印刷技术是柔性版印刷术，该技术不采用烃类有机溶剂，而是以醇（乙醇、异丙醇和丙醇）或酯（乙酸乙酯、乙酸异丙酯和乙酸丙酯）作为溶剂。乙酸乙酯和乙醇是最常用的。潜在的风味污染主要来源于残留的溶剂（乙酸乙酯）。

溶剂更少的紫外印刷系统使用的是丙烯酸酯单体以及光引发剂，如苯甲酮。丙烯酸酯单体在紫外光下聚合，形成又硬又干的印迹。这种印刷系统残留的气味很可能与未聚合的丙烯酸酯、反应的副产品以及残留的苯甲酮有关。其中，苯甲酮有一种天竺葵的气味，而可能引起食品风味污染的副产物包括苯甲醛和烷基苯甲酸盐。

近年来，兴起了一场消除食品生产操作中有机溶剂的运动。各种包装材料成分通过水性体系或者使用更少溶剂的体系来输送，后者是以紫外线照射处理使树脂组分聚合（光引发剂与树脂结合在一起）。因为新型水性包装材料（如包裹料、墨水、覆盖料和黏合剂）并非溶于有机溶剂，而是分散在水相中，这就需要引入新的化合物以使这些包装成分保持分散状态。少溶剂紫外印刷系统造成污染的可能性较小，但是由于其中也使用了新型材料（单体和光敏剂），因此增加了风味污染的可能性。

表 11-11 列出了纸质包装材料引起食品风味污染的 3 个实例，即纸或纸质产品直接与食品接触或者作为其外包装使用。例如，液体乳制品（塑复合板）、早餐谷类品（内包装和外包装板）、面粉（牛皮纸袋）、黄油和相关产品（防油纸）、巧克力（薄玻璃纸）、饼干（牛皮纸包装）、干混料（内包装和外包装板）和冷冻食品（外包装盒）。用污染了的纸产品作为二次或外部包装时，也可能造成食品风味的污染，因为与食品接触的内包装不能对有机挥发物构成有效的屏障。

纸包装可能以几种方式造成食品风味污染。纸中一般含有多种胶黏剂、填充剂、去泡剂和杀菌剂。纸包装的气味可能是细菌和霉菌、残留树脂的氧化或加工化学物质的降解造成的。

塑料在食品包装中的应用非常普遍。在很多食品包装中，塑料已经代替了纸、玻璃和金属。塑料是由单体材料聚合而成。一般而言，聚合物中这类单体材料的残留量非常少，几乎不会使食品染上异味，除非单体的感官阈值非常低，如苯乙烯。除了作为基质的聚合物之外，像抗氧化剂、稳定剂、润滑剂、抗电剂和着色剂等添加剂也可能出现在最终的聚合物里。这些成分的每一种都可能造成食品风味的污染。食品包装中使用的一些聚合物有：聚氯乙烯（PVC）、聚对苯二酸乙烯（PET）、聚碳酸酯（PC）、聚苯乙烯和聚乙烯（PE）。在这些聚合物中，PVC 在一项矿泉水的研究中导致的怪味最轻微。除了发现一种 PVC 稳定剂在饮料中能产生杂味（表 11-11），没有文献报道这类材料能造成风味污染。PET 被广泛地用于包装液体（矿泉水、碳酸类饮料、苹果酒和啤酒）和耐热食品盘。包装材料中最易引起食品风味污染的是聚苯乙烯。苯乙烯可能由于聚合不完全或热降解存在于聚合物中，苯乙烯单体进入食品后，产生了很容易识别的塑料异味。

表 11-11 列出了其他几种与包装相关的风味污染情况。这些异味通常与复合包装层、夹层的金属纸和金属罐有关。复合包装层需要使用黏合剂将多层粘连在一起，而残留的溶剂会污染黏合剂。溶剂有可能会在使用甘油三酯滑润剂前从金属罐中挥发出来，而挥发的溶剂与产品会被密封在包装里，造成了风味污染。表 11-11 中的最后一个例子是金属罐造成的风味污染。在所有实例中，污染源都是罐内面的油漆层。因此，必须将食品与罐内面隔开，这就有必要在罐的内层使用一层聚合物膜。在油漆中任何残留溶剂或痕量污染物都会是罐中潜在的风味污染物。如化合物 4-巯基-4-甲基-2-戊酮，具有臭味，它是由硫化氢（天然存在于食物中）与异亚丙基丙酮（作为溶剂杂质存在于油漆或罐头涂料中）反应产生的。因此在油漆配方中减少含有异亚丙基丙酮的溶剂，会大大减少由于这种反应产生异味的问题。

近年来，人们对食品包装材料吸收食品成分的现象给予了更多的关注，尤其是它们吸收风味物质的问题。这种被称为风味剥落（Flavor scalping）的风味物质吸附现象也会引起异味，其原因可归结为香料中重要成分的损失或造成配方中各种风味物质之间浓度关系发生变化。除此之外，香气强度遭到损失也是原因之一。食品风味缺失的程度，与风味化合物的性质（极性和分子大小）和包装用聚合物的化学组成有关。与包装材料聚合物有相似极性的小分子芳香化合物更容易通过聚合物包装扩散。化合物的溶解性和分子尺度决定着风味化合物分子扩散和透过包装的情况。

第七节 小 结

本章简要讨论了一些常出现在食品中的不良风味。遗憾的是，不良风味的产生十分常见，原因也多种多样，对文献中报道的所有不良风味进行详细描述是不可能的。本章提供了一些评价方法，用于衡量食品中异味的差异和它们产生的根源。表 11-12 列举了一些与原材料、微生物、加工、包装和贮存相关的常见异味及其可能来源。

表 11-12 异味及其可能来源

风味描述	化合物	可能来源
辛辣味	丙烯醛	酒厂麦芽中的微生物产生
辛辣味/塑料味	丙烯酸乙酯和丙烯酸甲酯	化工原料
	甲基丙烯酸甲酯	化工原料
杏仁味	2-庚酮	油脂氧化（腐烂的椰子），光诱导的脂肪氧化
苹果味	1,4-二氯苯	下水道清洁剂和防蛀剂
	苯甲醛	包装材料（反应副产品）
	大马酮	微生物（放线菌产生）
	1-辛烯-3-酮	脂肪自动氧化，有时在含有邻苯二甲酸二异辛酯的塑料中发现
	乙醛	牛乳或干酪过度生产（青草味），或可能是 PET 包装材料的降解产物
盐水/海水味	溴甲酚（2-溴-4-甲基苯酚）	与相应的溴苯酚/苯甲醚有关
	二溴甲酚（2,6-二溴-4-甲基苯酚）	与相应的溴苯酚/苯甲醚有关
卷心菜味	二甲硫醚	与甲硫氨酸反应有关，也是啤酒异味的原因
	二苯硫醚	阳离子油墨光引发剂
纸板味	2,4-壬二烯醛	油脂的自动氧化
	1-辛烯-3-酮	脂肪自动氧化，有时在含有邻苯二甲酸二异辛酯的塑料中发现
	己醛	与纸有关的脂质降解（木质素的脱羧和氧化）

续表

风味描述	化合物	可能来源
猫尿味	4-甲基-4-巯基-2-戊酮	硫化氢（食品中）与异亚丙基丙酮（某些油漆或清漆中的溶剂杂质）反应
化学味	氯苯	某些胶水中用作抗真菌剂
	2,4-二氯苯酚	杀菌剂和除草剂的中间体
	2,6-二氯苯酚	在包装材料中发现处理过的木浆和纸板
黄瓜味	反-2-顺-6-壬二烯醛	水中的藻类
消毒液味	2-甲基-6-氯酚	消毒剂和排水清洁剂或一些除草剂中的杂质
	邻氯苯酚	苯酚的氯化反应（与2-甲基-6-氯酚），如含氯化苯酚的水中（如来自泥沼土）
	2,3-二氯苯酚	杀菌剂和除草剂的中间体或含氯化苯酚的水中（如来自泥沼土）
	2,4,6-三氯苯酚	包装材料中漂白的木浆、纸板和聚醋酸乙烯胶
	2-溴苯酚	存在于藻类中（虾的主要食物部分），也可以由反应形成，如用双氧水漂白和用含有微量苯酚（用橡木贮存）的盐水处理（含溴化物杂质）的鱼中异味
污水味	2,6-二甲基-3-甲氧基吡嗪	由某些细菌产生
土霉味	土味素（反-1,10-二甲基-反-9-萘烷醇）	由微生物，特别是细菌产生，也由放线菌、蓝绿藻和蓝藻产生（会污染水源或土壤）
	五氯苯甲醚	相应的氯苯酚经微生物甲基化，尤其是用氯酚防腐剂处理的木材/托盘中
	2,3,4,6-四氯苯甲醚	相应氯苯酚的微生物甲基化，尤其是用氯酚防腐剂处理的木材/托盘，或用氯酚处理过的软木塞。可用五氯甲醚降解形成
	2,3,6-和2,4,6-三氯苯甲醚	相应氯苯酚的微生物甲基化，尤其是用氯酚防腐剂处理的木材/托盘中，或用氯酚处理过的软木塞
	2-甲基异冰片	放线菌或蓝藻污染的水
粪便味	吲哚（2,3-苯并吡咯）	腐烂的土豆，也与公猪的臭味有关
	粪臭素（3-甲基吲哚）	氨基酸的细菌代谢物，发现于哺乳动物粪便，也与公猪的臭味有关
果香味	乙醛	牛乳或干酪过度加工，也可能是PET包装材料的降解产物
	2,4-二氯苯甲醚	2,4-二氯苯酚的微生物甲基化
	丁酸乙酯、己酸乙酯、辛酸乙酯	乳制品、鱼类和肉类食品中的微生物

续表

风味描述	化合物	可能来源
天竺葵味	顺-1,5-辛二烯-3-酮	乳脂的自动氧化作用
	苯甲酮	包装材料——UV 油墨和清漆中的光引发剂
青草味	癸醛	脂肪的自动氧化
碘酒味	2-溴苯酚	存在于藻类中（虾的主要食物部分），也可以由反应形成，如在用双氧水漂白、含有微量苯酚（用橡木贮存）的盐水处理（含溴化物杂质）的鱼中形成
碘仿味	2,6-二溴苯酚	水生环境（海鲜），也可能存在于某些杀菌剂和除草剂的中间体（木材处理）
	2,4,6-三溴苯酚	海鲜，或杀菌剂/溴化苯酚的反应
煤油味	1,3-戊二烯	青霉菌对山梨酸酯的降解（用山梨酸作阻膜剂处理的产品）
药味	邻氯苯酚	苯酚的氯化反应（与2-甲基-6-氯酚反应），如在含氯化苯酚的水中（来自泥沼土）形成
	2-氯-6-甲酚	消毒剂和污水清洁剂或一些除草剂杂质
	2,6-二氯苯甲醚	相应氯酚的微生物甲基化
	愈创木酚	香草醛的微生物降解/木质素降解产物
	2-碘-4-甲酚	碘盐与甲酚反应（用于某些香味料中）
	二氯苯	消毒剂、污水清洁剂、熏蒸剂
金属味	1-辛烯-3-醇	真菌生长，脂肪自动氧化，三叶草和新鲜蘑菇的成分
	1-辛烯-3-酮	脂肪的自动氧化，在含有邻苯二甲酸二异辛酯的塑料中发现
	顺-1,5-辛二烯-3-酮	乳脂的自动氧化
霉味	1-辛烯-3-醇	真菌生长，脂肪自动氧化，三叶草和新鲜蘑菇的成分
	土味素（反-1,10-二甲基-反-9-萘烷醇）	放线菌、蓝绿藻和蓝藻产生（会污染水源或土壤）
陈腐味	五氯苯酚	木材处理和胶黏剂中的杀菌剂
	五氯苯甲醚	相应氯酚的微生物甲基化，尤其是用氯酚防腐剂处理的木材/托盘中
	2,3,4,6-四氯苯甲醚	相应氯酚的微生物甲基化，尤其是用氯酚防腐剂处理的木材/托盘中，或在用氯酚处理过的软木塞，也可以通过五氯苯甲醚的降解形成

续表

风味描述	化合物	可能来源
	2,3,6-和2,4,6-三氯苯甲醚	相应氯酚的微生物甲基化，尤其是用氯酚防腐剂处理的木材/托盘中或在用氯酚处理过的软木塞
	2,4-和2,6-二氯苯甲醚	相应氯酚的微生物甲基化
	土味素	放线菌和蓝绿藻产生（会污染水源或土壤）
	2-甲基异冰片	被放线菌或蓝藻污染的水
	2,4,6-三溴苯甲醚	一些杀菌剂与苯酚反应，然后通过微生物甲基化形成苯甲醚
	1-辛烯-3-醇	真菌生长，脂肪自动氧化，三叶草和新鲜蘑菇的成分
	1,3-辛二烯	鱼腥藻的代谢产物，脂肪的自动氧化作用
	α-松油醇	消毒剂
	4,4,6-三甲基-1,3-二恶烷	储存期间包装材料的2-甲基-2,4-戊二醇与甲醛反应
	三甲基苯甲醚	橡胶密封件中的污染物
油漆味	2-庚酮	油脂和脂肪的氧化作用
	(反,反)-2,4-庚二烯醛	脂肪的自动氧化
	反-1,3-戊二烯	青霉菌对山梨酸酯的降解（用山梨酸作阻膜剂处理的产品）
石蜡味	反-1,3-戊二烯	青霉菌对山梨酸酯的降解（用山梨酸作阻膜剂处理的产品）
梨味	乙醛	PET包装在加工过程中的降解产物
	醋酸丁酯	印刷油墨
石油味	二甲硫醚	水生环境中由含硫前体物形成，如浮游生物
	二甲苯	清漆/油漆中的残留溶剂——可以通过包装材料迁移
苯酚味	2-溴苯酚	存在于藻类中（虾的主要食物部分），也可以由反应形成，如在用双氧水漂白、含有微量苯酚（用橡木贮存）的盐水处理（含溴化物杂质）的鱼中形成
	对甲酚（4-甲基苯酚）	微生物的降解
	2,4-二氯苯酚/2,6-二氯苯酚	除草剂和木浆漂白包装材料中的杂质，或含有氯化苯酚的水中（如泥沼土）
	2,6-二氯苯甲醚	相应氯酚的微生物甲基化
	愈创木酚	香草醛的微生物降解/木质素降解产物
松树味	α-松油醇	消毒剂

续表

风味描述	化合物	可能来源
塑料味	苯乙烯 苯并噻唑 反-1,3-戊二烯	聚苯乙烯容器中迁移或肉桂醛（肉桂）的形成 丁基橡胶 青霉菌对山梨酸酯的降解（用山梨酸作阻膜剂处理的产品）
酸败味	顺-2-辛烯醛	鱼腥藻的代谢产物，脂肪的自动氧化
烟熏味	愈创木酚 乙烯基愈创木酚	香草醛的微生物降解/木质素降解产物 橘汁的降解产物
肥皂味	癸酸 月桂酸（十二烷酸）	脂质降解（棕榈仁油、椰子油） 月桂基甘油酯的降解（棕榈仁油、椰子油、黄油）
硫味	甲硫醇	含硫蛋白质的降解
甜味	2,4-二氯苯甲醚 环己烷	相应氯酚的微生物甲基化 印刷溶剂
松脂香味	4-异丙基甲苯（4-异丙基甲苯对伞花烃） 2-壬酮	软饮料中柠檬油和柠檬烯和γ-萜品烯的降解产物 腐败的椰子
尿骚味	雄烯酮	未阉割公猪的肉
木质味	1,4-二氯苯	污水清洁剂、防蛀剂

参考文献

[1] Henryk Jeleń. Food Flavors-Chemical, Sensory and Technological Properties [M]. Boca Raton: CRC Press, Taylor & Francis Group, 2012.

[2] Ridgway K, Lalljie S P D, Smith R M. An alternative method for analysis of food taints using stir bar sorptive extraction [M]. Analytical Chimica Acta, 2010, 677 (1): 29-36.

[3] Parker J K, Elmore J S, Methven L. Flavor Development, Analysis and Perception in Food and Beverages [M]. Kidlington: Woodhead Publishing, 2015.

[4] Gary Reineccius. Flavor Chemistry and Technology [M]. 2nd ed. Boca Raton: Taylor & Francis Routledge, 2006.

[5] Günter Matheis. 食品的异味（上）[J]. 香料香精化妆品，2001，5：28-33.

[6] Günter Matheis. 食品的异味（下）[J]. 香料香精化妆品，2001，6：25-30.

[7] 胡彩虹，李小红. 引起公猪肉异味物质的研究进展［J］. 中国畜牧杂志，2000，36（3）：54-56.

[8] 张瑛莉. 葡萄酒中硫化氢的形成与预防［J］. 中外葡萄与葡萄酒，2008，1：32-34.

[9] 马燕芬，卢德勋，王丽芳. 奶牛饲料对牛乳风味的影响及其预防措施［J］. 中国奶牛，2007，7：20-23.

CHAPTER 12

第十二章 食品风味质量评价与安全控制

食品风味的质量控制是食品生产过程中不可或缺的关键环节，食品企业不仅需要向消费者提供质量稳定的产品，同时也必须确保产品能够达到法律对其配料及质量的要求。质量控制（QA）部门正是通过对购入原料及成品进行分析检测及感官评定来满足这些要求。本章详细介绍质量控制的各个方面，包括风味质量的评估监测、食品风味制品相关法规、食品风味形成过程的安全性调控。

第一节 风味质量的评估监测

一、感官评定

感官评定是检验食品及其原料可接受性的重要指标，所有成品在最终面向消费者前都要进行感官评定，同时生产成品所用的原料在公司内部的流通过程中也离不开周期性的感官分析。总的说来，在工业中感官评定是质量控制部门检验食品及其原料的典型方法之一。各公司之间的操作可能会存在一定的差别，但其基本方式却相似。

质量控制实验室通过将分析及感官评定相结合，最终决定购入原料及产出风味料的可接受性。无论是仪器分析还是感官评定，任何有疑问的数据点都必须认真检查。质量控制实验室必须保证用于生产的原料为优质原料，且所生产的风味料达到相关法规规范。鉴于一个典型的风味厂家通常都保留有2000~4000种原材料及相当数量的成品香精的详细目录，因而质量控制实验室至关重要，而保证每一种原料均为合格的，每一种风味料都能正规生产的任务也是非常艰巨的。

（一）原料

将按一定采样方法收集的样品（要求样品能准确反映原料）置于质量评定室，多数样品需要准确并适当地注入检测系统用来分析测试，留一个样品进行感官评定。通常由富有经验的人对新样品的外观、味道和风味进行评价。在评定过程中，如果评定者认为新样品与保存样品存在差别，则会要求第三人来评定这两个样品。如果两人都认为样品在某些方面存在差别，则会采用另一个样品再次评定，另一个样品必须能代表大多数新样品。同时另一个保存样品也可能会被用来比较，由此可看出保存样品的品质特性非常关键。

保存样品必须放置于拿取方便并能长期保存的地方，通常保存 3~4 个最新品质合格的样品。样品可能要放置很长一段时间，如果保存不当，样品将会劣变，不能代表新鲜样品的特征。通常将其装于有色瓶中，并置于适宜温度的阴暗处，但若使用很低的温度进行保存，如冷冻或冷藏，有些样品特性可能会受低温影响，因此贮存温度通常为 20~25℃，此温度能延缓化学反应，从而避免对质量产生不良影响。

另外，新样品进入质量评定实验室后需要进行分类，但若有大量样品存在则难以进行操作。一般情况下，在大处理量的风味实验室，一天处理 50 个样品很正常。

（二）成品风味料

1. 感官评定

成品风味料的感官评定与原料的感官评定方法类似。质量评定实验室的样品直接来源于生产线的混合器内。感官评定员可通过条形码或二维码进行检索，很容易在中心数据库中查阅到风味料样品的名称、编号、生产量、生产日期、混合器名称和型号等。

与原料类似，成品风味料的标准品应为最新、最为消费者所接受的风味料。新样品和保存样品将进行平行的比较，主要评定其外观和风味。通常公司会评定某种能从根本上增强所需风味的物质，但有些公司也会选择评定样品水溶液中所有的风味物质，这就意味着风味料厂家在评定过程中要使用到水、糖水及加糖加酸的溶液。水可以用于品尝以下风味物质：肉类、洋葱、大蒜、黄油、咖啡及大部分香味化合物。糖水溶液可以用来品尝以下风味物质：薄荷、荷兰薄荷、胡椒薄荷、鹿蹄草、香兰素及香蕉风味化合物。加糖加酸的溶液可用来评定水果风味。用来评估的风味水平取决于给定风味料的强度，这将会在检测协议中指明，通常为 0.1%~1.0%。

2. 成品风味料随时间的变化

成品风味料可能会发生与其原材料相同的反应，也可能会与原材料中未发现的其他物质发生反应或与溶剂发生反应。图 12-1 和图 12-2 所示为风味料与两种常见的风味料溶剂（乙醇及丙二醇）间的反应。图 12-1 所示说明了乙醛与酒精溶剂（乙醇及丙二醇）反应形成相应的乙缩醛。乙缩醛非常刺鼻，在风味料中极少用到。该反应发生得也相当迅速。图 12-2 所示的此类反应会生成酯类，可见风味料是会随时间而发生改变的，甚至新生产的风味料放置 1d 后即会随时间发生变化。因此有些人会选择在产品放置一定时间后再进行风味评定。同样，贮存已久的样品可能已经发生了一些化学反应而带有乙缩醛气味，或者由于形成酯类而使水果味增加。无论哪种情况，我们都不应该因为新产品具有弱于保存样品的乙缩醛气味或水果味而否定新产品。这一见解是由风味评定的经验得来的。

因此，如果保存样品放置的时间足够长，任何一个反应或几个反应结合均可能已经发生。那么保存样品与新产品的差异并不一定是否定新产品的原因。当然，如果新产品表现出某些颜色或风味改变的征兆，应引起注意。

（三）颜色

有些物质作为风味料还可以在食品中起到提供颜色的作用，比如焦糖色素和葡萄提取物，对这方面的质量控制需通过感官及仪器进行色泽检验。感官评定样品置于一个 50mL 的巢状管中，管中加入 50mL 水及 0.1mL 的焦糖色素，然后比较此样品与保存样品颜色、亮度

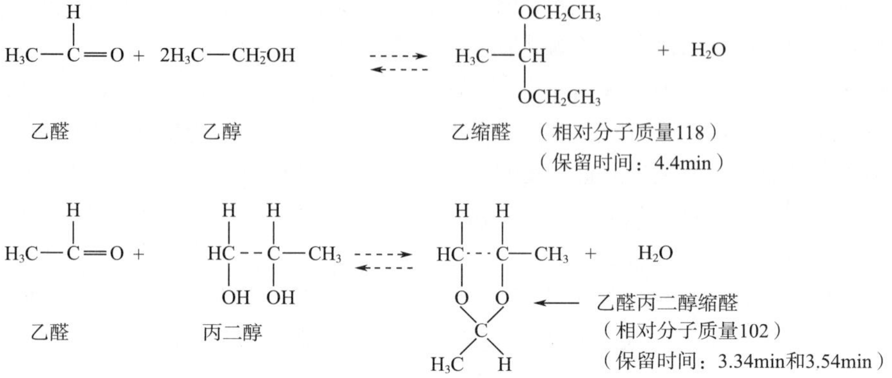

图 12-1 风味料中由乙醛形成乙缩醛的反应

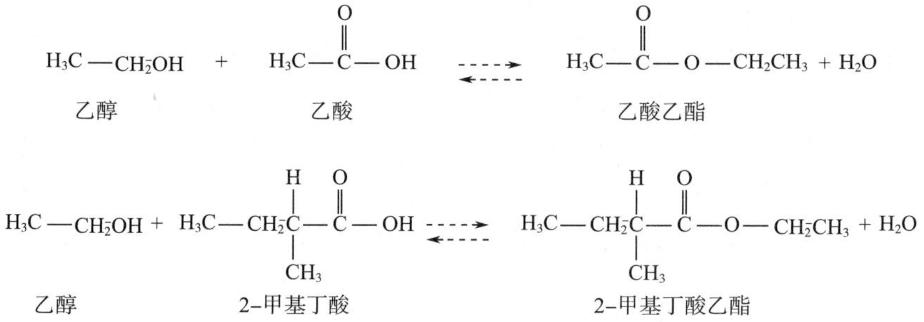

图 12-2 风味料中由醇形成酯的反应

及透明度等。对葡萄提取物的检测需要加 3 滴 500g/L 的柠檬酸，其余检验方法与焦糖色素相同。花青素的颜色与 pH 有关，因此必须加入少量的柠檬酸来获得花青素的特征红色素及紫色素。在基本溶液中，葡萄提取物呈蓝色。仪器分析主要是利用紫外可见扫描或亨特反射系数测定仪。同样，将仪器分析数据与保存样品进行比较来决定新产品是被接受还是被否定。

二、 微生物检验

微生物会引起食品变质，导致风味物质的变化进而引起风味改变，尤其是在湿润的环境下更利于微生物的生长。因此，控制微生物的生长可以避免产品出现质量问题，其中真菌及细菌对食品来说意义最为重大。

（一）微生物检验的必要性

微生物是一类不能被人类肉眼观察到的生物，只有当它们在显微镜下被放大或者在某种特殊的营养介质里被培养到一定种群规模时，才会达到肉眼可见的程度。微生物对食品可能存在正面和反面的作用。食品的生产和保存有时离不开微生物，但它们的存在也可能会引起食品变质，比如一些引起食品败坏的典型细菌（如沙门氏菌、葡萄球菌）会使食品变质，霉菌可能会形成某些有毒物质。

食品中微生物生长的影响因素有内在和外在两个方面。内在因素是由食品本身的性质所决定的，包括水分活度（与空气中的相对湿度和渗透压有关）、pH、食品的营养成分及抑制因子(食品中的一些抗菌组分或保护微生物的成分)。外在因素主要是指环境对食品的影响，比如温度、湿度及周围大气的组成。根据食品加工和生产方法的不同，内在和外在因素也会不断地改变，使得微生物继续生长或停止生长。因此，食品的加工方法也被认为是影响微生物生长的第三大因素。

通常严格来说，提取的风味料、天然和类天然风味料不易引起微生物活动。它们常常由酒精和有较高含量的油类组成，或者是由抗菌化学物质合成。在这些风味料中，外在因素可以阻止微生物的生长。值得一提的是，由芽孢形成的细菌休眠体在酒精中也可能存活，当风味料在最终产品中使用量非常小时，酒精含量可能降低到很低水平，使得微生物生长繁殖条件被满足，这时芽孢就能进行出芽生殖。另外，包含天然组分的更复杂的风味料体系也有可能导致微生物问题。

水果浓缩汁或软饮料工业的基料主要含有的是天然成分。由于它们的组成及更多内在因素的存在，腐败微生物受到了极大的限制。在这类产品中仅有霉菌、酵母、乳酸菌和醋酸菌可能生长。如果保存饮料基料，微生物的生长会大大减缓甚至全部死亡。然而饮料生产的过程会伴随原料的稀释，在这一过程中，饮料浓度降低至一定水平时就会达到微生物生长的临界浓度。

粉状风味料一般不易受微生物影响，这是因为它们的水分含量相对较低。但使用的原料，也是很可能被微生物污染的。喷雾干燥或一些相似的干燥方法并不能杀死所有的微生物。粉状风味料的一个重要特点就是再水化以后微生物可能会重新生长。具有较高微生物含量的发酵悬浮液经冷冻干燥后，菌种依然能够存活，也正因为此，冷冻干燥在食品工业中会被用于发酵剂培养基产品的生产。

根据生产过程（如发酵）的不同，香料也可能受到微生物不同程度的污染。污染程度取决于它们的保存方法，而保存方法又因不同国家的法规而有所不同。在某些国家，香料可能只允许用环氧乙烷灭菌，而在另一些国家，电离辐射灭菌也是被允许的。同时，选用的原料不同也可能使香料含有不同量的微生物。低水分含量的原料通常不易受微生物污染，只有当它们在食品中能提供给微生物有利的生长环境时才会引起产品变质，比如腌渍或烧烤的肠类就是这类典型食品。腌渍或热烫这类方法只能减少微生物的部分含量，在终产品中微生物依旧可能存活和生长，甚至导致更严重的质量问题。尤其对香料而言，它们的来源和卫生条件不同，因此原料及香料产品的微生物实验显得尤为重要。

（二）微生物检验项目的选择

表 12-1 所示为风味料和某些终产品的微生物检验给出了一个大概的指导。微生物检验涉及的范围非常广，它依赖于产品的组成、生产过程、使用产品的习惯等，在不同国家和地区还与当地法规有关。

对于菌落总数和大肠菌群等的测定方法在此就不一一详述。总之，微生物是食品检验的重要指标之一，食品风味的变化也与微生物有着至关重要的联系，所以食品风味的质量控制离不开微生物检验。

表 12-1 风味料和终产品中检测的微生物种类

风味料	微生物							注释
	菌落总数	大肠杆菌	酵母/霉菌	乳酸菌/醋酸菌	沙门氏菌	金黄色葡萄球菌	肠球菌	
饮料基料和浓缩物	(+)	-	+	+	-	-	-	对 pH>4 的产品，菌落总数作为首要指标
基于天然产品的风味料	+	(+)	+	+	(+)	(+)	(+)	pH≥5 时需测大肠杆菌，在中性体系和基于动物原料的产品（蛋、乳制品）中需测沙门氏菌、金黄色葡萄球菌和肠球菌
含少量或不含酒精（≤50g/kg）的天然风味料（焙烤所用风味料）	+	+	+	+	-	-	-	—
植物粉末风味料	+	+	(+)	(+)	-	-	-	若含水果成分只需测酵母、霉菌、乳酸菌和醋酸菌
含动物原料的粉末风味料	+	+	(+)	(+)	+	(+)	(+)	若含水果成分需加测酵母、霉菌、乳酸菌和醋酸菌
香料	+	+	+	-	+	-	-	—
通过生物技术生产的风味料	+	+	(+)	(+)	(+)	(+)	(+)	依赖于产品的生产和使用过程

注：+，需要检测；(+)，参见注释，有时需要检测；-，不需要检测。

第二节 食品风味制品相关法规

法规在很多方面影响着风味工业。法规对风味工业的影响主要集中在两个领域：风味化合物的限制使用及其使用的标注形式和要求。

一、限制风味化合物使用的法规

自从法规引入到风味化合物的使用管理后，不同风味化合物在不同国家或地区的使用范围可能是完全不同的，在某一个国家或地区合法的某种风味化合物在另一个国家或地区很可能是不合法的。很多组织都建立起了自己的标准化食品法规，如欧盟（EU）、北美自由贸易协议组织（NAFTA）（墨西哥、美国和加拿大）和阿拉伯标准计量组织（ASMO）等。但亚洲、中南美洲和非洲还没有达成此类协议，仍然要参考个别国家或地区的法规。本节以中国为例，具体介绍中国用于管理风味化合物的法规。

2014 年，我国发布了 GB 2760—2014《食品安全国家标准　食品添加剂使用标准》，该标准规定了食品添加剂的使用原则、允许使用的种类、使用范围及最大使用量或允许残留量，并对食品用香料、香精的使用原则进行了规定，其中允许使用的食品用天然香料有 393 种，允许使用的食品用合成香料有 1477 种。

2018 年，我国发布了 GB/T 21171—2018《香料香精术语》，该标准界定了天然原料、香料、香精和调香的术语，用于规范香料香精行业用语。

2020 年，我国发布了 GB 30616—2020《食品安全国家标准　食品用香精》，该标准定义了如下术语：食品用香精、食品用香料、食品用热加工香味料、食品用香精辅料、液体香精、乳化香精、浆膏状香精、搅拌型固体（粉末）香精、胶囊型固体（粉末）香精。该标准还规定了食品用热加工香味料的原料和工艺要求，食品用香精中允许使用的辅料，以及香精的色状、香味、粒度、原料稳定性、皂化值、乙酸异丁酸蔗糖值含量的评定方法。

二、　食品风味的标注形式及要求

食品的标注可以用于表示食品的信息和安全性。就食品信息而言，如果某种食品包含了特定的成分（如 MSG 或是其他人造的风味），并且这些重要的成分正是相当一部分人想要知道的，那么就有必要要求将这些组分写在产品的标签上。就安全性而言，消费主要关注的问题是过敏性问题，清晰地为消费者列出有潜在过敏性的食品是很关键的。

我国关于食品添加剂产品标注形式及要求说明如下。

（一）名称

（1）应在食品添加剂标签的醒目位置，清晰地标示“食品添加剂”字样。

（2）单一品种食品添加剂应按 GB 2760—2014《食品安全国家标准　食品添加剂使用标准》、食品添加剂的产品质量规格标准和国家主管部门批准使用的食品添加剂中规定的名称标示食品添加剂的中文名称。若 GB 2760—2014《食品安全国家标准　食品添加剂使用标准》、食品添加剂的产品质量规格标准和国家主管部门批准使用的食品添加剂中已规定了某食品添加剂的一个或几个名称时，应选用其中的一个。

（3）复配食品添加剂的名称应符合 GB 26687—2011《食品安全国家标准　复配食品添加剂通则》中第 3 章命名原则的规定。

（4）食品用香料需列出 GB 2760—2014《食品安全国家标准　食品添加剂使用标准》和国家主管部门批准使用的食品添加剂中规定的中文名称，可以使用“天然”或“合成”定性说明。

（5）食品用香精应使用与所标示产品的香气、香味、生产工艺等相适应的名称和型号，且不应造成误解或混淆，应明确标示“食品用香精”字样。

（6）除了标示上述名称外，可以选择标示“中文名称对应的英文名称或英文缩写”“音译名称”“商标名称”“INS 号”“CNS 号”GB 2760—2014《食品安全国家标准　食品添加剂使用标准》中的香料“编码”“FEMA 编号”等。

食品用香精还可在食品用香精名称前或名称后附加相应的词或短语，如水溶性香精、油溶性香精、拌和型粉末香精、微胶囊粉末香精、乳化香精、浆（膏）状香精和咸味香精等。

（二）成分或配料表

（1）食品用香精中的食品用香料应以“食品用香料”字样标示，不必标示具体名称。

（2）在食品用香精制造或加工过程中加入的食品用香精辅料用“食品用香精辅料”字样标示。

（3）在食品用香精中加入的甜味剂、着色剂、咖啡因等食品添加剂应按 GB 2760—2014《食品安全国家标准　食品添加剂使用标准》、食品添加剂的产品质量规格标准和国家主管部门批准使用的食品添加剂中的规定标示具体名称。

第三节　食品风味形成过程的安全性调控

非酶糖基化反应最早是由食品化学家美拉德（Maillard）于 1912 年首次提出，故又称美拉德反应，是一种常见于食品加工过程的非酶褐变反应。几乎所有的食品均含有羰基（来源于糖或油脂氧化酸败产生的醛和酮）和氨基（来源于蛋白质），因此，美拉德反应可能发生在任何食品加工过程，并赋予食品良好色泽和风味。该反应广泛应用于食品烘焙、咖啡加工、肉类加工、香精生产、制酒酿造等领域，会导致营养成分的损失，同时还可能会导致有毒物质（如晚期糖基化终末产物、丙烯酰胺等）的产生。

一、晚期糖基化终末产物

晚期糖基化终末产物（Advanced Glycation End - products，AGEs）最早是由布朗利（Browlee）等在 1984 年提出，是指在非酶促条件下，蛋白质、氨基酸、脂类或核酸等物质的游离氨基与还原糖（葡萄糖、果糖、戊糖等）的醛基经过缩合、重排、裂解、氧化修饰后产生的一组稳定的终末产物，是一类通过美拉德反应形成的内源性的化学危害物。

AGEs 具有高度异质性，在食品以及生物体内以多种不同的形式存在。目前已发现的 AGEs 化合物有 20 多种，结构已确认的有 *N*-*ε*-羧甲基赖氨酸（CML）、*N*-*ε*-羧乙基赖氨酸（CEL）、戊糖苷素、吡咯素和交联素等。部分 AGEs 具有特有的荧光，由于结构式不同，其特征光谱也不同，如戊糖苷素的特征性荧光光谱为发射波长（A_{em}）/激发波长（A_{ex}）= 335nm/385nm，糖基化胶原特征性荧光光谱为 A_{ex}/A_{em} = 370nm/440nm。虽然 AGEs 化合物的结构不同，但它们均可与蛋白质等大分子物质发生稳定及长时间的结合，形成分子质量极大的交联结构，且对酶稳定、不易被降解、具有不可逆性以及对人体健康有影响。AGEs 的摄入主要跟不良饮食密切相关，高脂高蛋白质食物及烘烤或者油炸肉制品中 AGEs 含量较高，人体食用含有大量 AGEs 的食物会导致血液和尿液中的 AGEs 含量升高，降低机体免疫系统的防御功能，并增加罹患慢性疾病（如糖尿病、动脉粥样硬化、肾病、心血管疾病、视网膜病变等）的风险。

（一）晚期糖基化终末产物的形成机制

AGEs 种类多样，形成机制也各不相同，按照反应底物大致可将生成途径归纳为两类，如

图 12-3 所示。

1. 美拉德反应途径

美拉德反应的第一步（初期糖基化），通过羰基（醛糖和酮糖）与氨基的缩合生成不稳定的席夫碱，席夫碱发生 Amadori 和 Heyns 重排，产生 1-氨基脱氧酮糖和 2-氨基脱氧醛糖，随着美拉德反应的进行，早期糖化产物参与进一步的复杂反应，如重排、脱水和缩合，形成 AGEs。

2. 氨基和高活性二羰基化合物相互作用

通过氨基与高活性的二羰基化合物的相互作用形成，其活性羰基化合物主要包括乙二醛、丙酮醛和 3-脱氧糖酮，是美拉德反应（席夫碱和 Amadori 氧化）和其他生化反应的中间产物，如单糖自氧化、多元醇途径和脂质过氧化。

例如，CML 的形成包括两种途径（图 12-3），即①美拉德反应途径，首先是葡萄糖与赖氨酸的 ε-氨基缩合，产生不稳定的中间产物果糖赖氨酸（Amadori 重排产物），随后经过氧化形成 CML；②活性羰基化合物乙二醛直接与赖氨酸中的 ε-氨基反应。类似地，赖氨酸的 ε-氨基与丙酮醛、3-脱氧糖酮反应分别形成 CEL 和吡咯素。

产生的 AGEs 类型取决于参与糖基化的氨基酸，它可以影响残基本身，也可以导致与另一个氨基酸交联，赖氨酸和精氨酸衍生物是目前研究最多的 AGEs，它们在食品中的浓度较高。这主要跟赖氨酸的 ε-氨基和精氨酸的 *N* 端胍基具有更高的反应性有关。食品基质中最常见的 AGEs 的化学结构如图 12-3 所示，赖氨酸衍生的 AGEs 主要包括 CML、CEL、吡咯素、丙酮醛-赖氨酸二聚体（MOLD）、乙二醛-赖氨酸二聚体（GOLD）和 3-脱氧糖酸-赖氨酸二聚体（DOLD）。精氨酸衍生的 AGEs 主要包括精氨酸嘧啶（由丙酮醛在精氨酸残基上修饰的产物）和由乙二醛和丙酮醛衍生的咪唑啉酮（G-H 和 MG-H）。此外，戊糖素是由精氨酸-赖氨酸衍生的 AGEs，包含一个精氨酸和一个赖氨酸。半胱氨酸巯基糖基化产生羧甲基半胱氨酸（CMC）。

（二）晚期糖基化终末产物的检测方法

由于 AGEs 种类繁多，化学结构复杂，难以将其中物质进行完全分离，目前尚无统一的检测标准。针对食品来源的 AGEs，目前常用的检测方法主要包括：荧光光谱法、气相色谱-质谱法和液相色谱及液质联用法等。

1. 荧光光谱法

由于某些 AGEs 具有荧光特性，因而可以通过测定其荧光值来反映 AGEs 的含量水平。用于测定 AGEs 的激发波长为 300~420nm，发射波长为 350~600nm，不同文献报道不一，但目前普遍采用激发波长 370nm，发射波长 440nm。

荧光光谱法操作相对简单、成本低、灵敏度高，检测结果比 ELISA 法更为精确和合理，是目前检测 AGEs 比较经典的方法。但该法仅适用于对少数具有自发荧光特性的 AGEs（如戊糖苷素、交联素）含量进行检测，且缺乏特异性，只能检测一种类型的 AGEs 而不能检测特定的某种 AGE。另外，对于大多数不具备自发荧光特性的 AGEs（如 CML、CEL、吡咯素、3-DG-咪唑啉酮和 MGO-咪唑啉酮等），荧光光谱法不能实现定量分析，故其应用受到一定的限制。

2. 气相色谱-质谱法

气相色谱-质谱法（Gas chromatography-mass spectrometry，GC-MS）是将气相色谱仪（GC）与质谱仪（MS）通过适当接口相结合，借助计算机技术进行联用分析的技术。气相色谱仪的色谱柱具有高效的分离能力，把待测物质按保留时间大小进行分离，然后通过与标样保留时间进

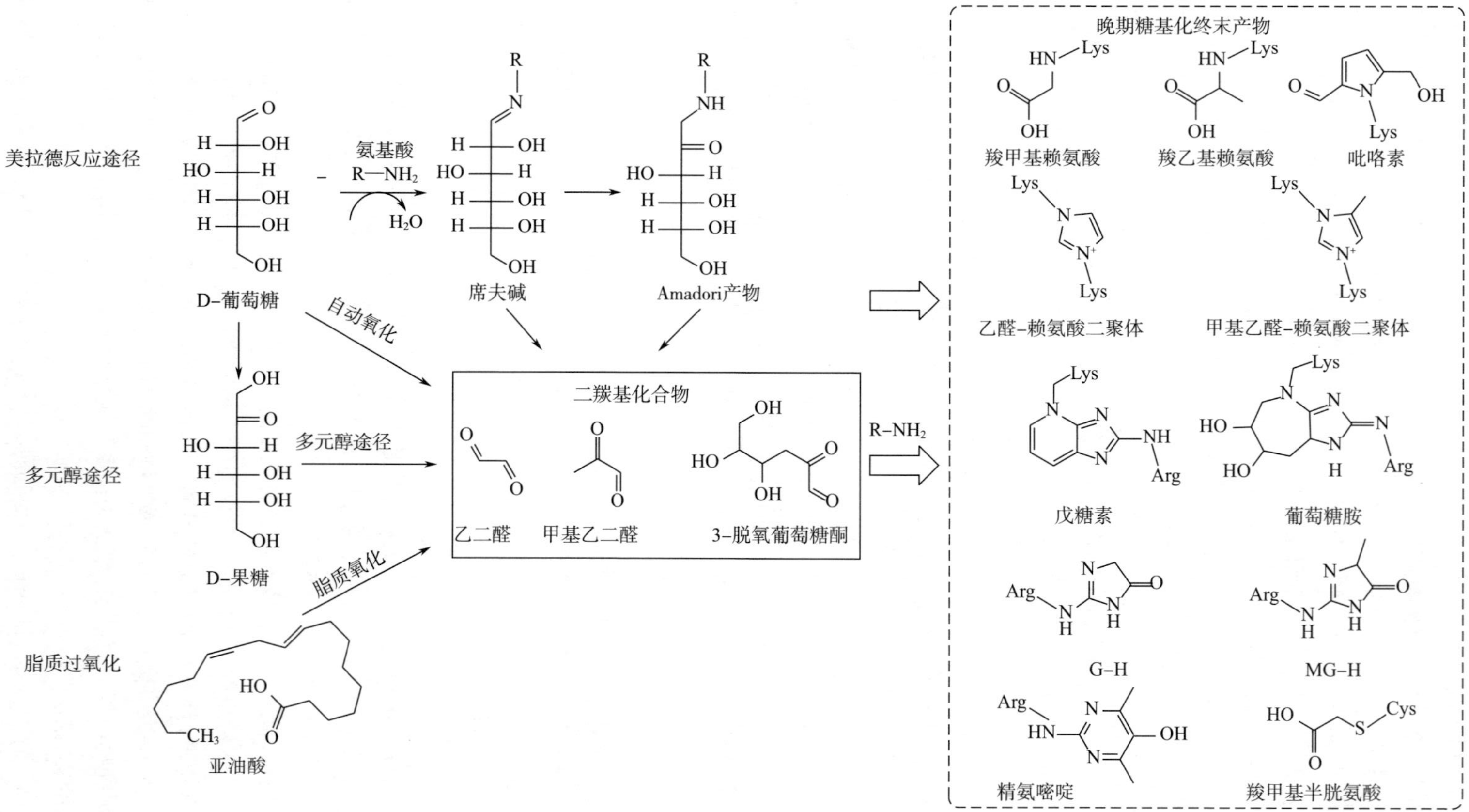

图12-3　AGEs形成的主要途径及食物中最常见的AGEs的分子结构

行对比的方法进行定性分析，而质谱仪是通过测定物质的 *m/z* 对物质进行定性。GC-MS 具有 GC 的高分辨率和 MS 的高灵敏度，可以实现样品分离、检测连续化操作。采用 GC-MS 测定 AGEs 含量时，首先利用三氟乙酸酐或三氟甲基酯等衍生剂对 AGEs 进行衍生化处理，以增加其挥发性，然后以 *N*-甲基鸟氨酸作为内标，采用 GC-MS 进行定量分析。

GC-MS 的选择性和准确度均较高，但 GC-MS 的使用需要衍生化，这是分析前的必要步骤，衍生步骤繁琐，大大延长了检测时间，同时该方法重现性不理想，不适用于大批量样品分析检测，所以目前较少使用 GC-MS 对食品中 AGEs 进行定量分析。

3. 液相色谱及液质联用法

液相色谱法是指混合物中的多种成分通过色谱液体流动相和固定相，利用其保留系数的差异把混合物质分离成单一成分再进行检测分析的技术。由于 AGEs 具有特殊的结构，可以通过色谱分析法将戊糖苷素、精氨嘧啶、羟甲基糠醛和羧甲基赖氨酸等 AGEs 与其他物质分离，再进行定性、定量分析。目前常用于检测 AGEs 的色谱方法是高效液相色谱法，如高效液相色谱-荧光检测法（High performance liquid chromatography-fluorescence detection HPLC-FLD），首先采用 6-氨基喹啉基-*N*-羟基琥珀酰亚胺氨基甲酸酯或邻苯二甲醛等对 AGEs 进行衍生化处理，赋予原本没有荧光特性的 CML、CEL 等 AGEs 以荧光特性，然后通过反相柱分离后，使用荧光检测器进行定量分析。该法具有较好的重现性，但衍生耗时长且其产物稳定性差、基质效应较大、准确度不高、其检测限也相对比较高，不适用于食品中 AGEs 的痕量分析。此外，也可以采用高效液相色谱-紫外检测法（High performance liquid chromatography-UV detection，HPLC-UV）和高效液相色谱二极管阵列检测法（High performance liquid chromatography-diode array detection，HPLC-DAD）对食品中具有紫外吸收特性的 AGEs（如吡咯素）进行定量分析。高效液相色谱法具有分离效能好、灵敏度高、分析速度快等优点，在分析 AGEs 的结构方面有其独到之处，但其标准物比较难以获得，价格相对昂贵，以至于使用范围有一定的局限性。

近年来，随着质谱分析技术快速发展，高效液相色谱串联质谱法（High performance liquid chromatography mass spectrometry，HPLC-MS）越来越多地被应用于食品中 AGEs 的检测。该技术比 UV 或荧光具有更高的灵敏度，并且不需要柱前衍生化，采用多重反应监测（Multiple reaction monitoring，MRM）模式来对食品离子化后的母离子和子离子进行同步监测，杂质干扰大大降低，选择性、灵敏度和准确度大幅提升，同时具备液相色谱（高分离能力）和质谱（高选择性、高灵敏度及能提供相对分子质量和分子结构信息）的优点，尤其是超高效液相色谱-串联质谱法（Ultra performance liquid chromatography-tandem mass spectrometry，UPLC-MS/MS）的应用，进一步提高了其分离速度、分辨率及其检测灵敏度，同时前处理结合固相萃取柱，可以实现食品中 CML 和 CEL 同时快速检测，极大缩短检测周期，提高检测效率，被认为是目前最为理想的 AGEs 检测方法，广泛应用于乳制品、坚果、饮料、调味品、肉制品、植物油等多种食品中 AGEs 分析，也有望成为 CML 和其他 AGEs 的通用检测方法。

（三）食品中晚期糖基化终末产物的暴露水平及其安全控制

1. 食品中晚期糖基化终末产物的暴露水平

几乎所有食品均含有羰基和氨基，所以食品加工过程中均可通过美拉德反应产生 AGEs，如肉类、饼干、牛乳等日常食品中均含有一定量的 AGEs。表 12-2 总结了一些食品中 AGEs 的含量。

表 12-2　　一些食品中 AGEs 的含量

食品种类	AGEs 含量	检测指标	检测方法
乳制品			
生牛乳	9.3mg/kg 蛋白质	CML	UPLC-MS/MS
巴氏杀菌乳	10.4mg/kg 蛋白质	CML	UPLC-MS/MS
肉制品			
炙烤牛肉（232℃）	21.8μg/g	CML	HPLC-FLD
炙烤三文鱼（232℃）	12.23μg/g	CML	HPLC-FLD
油炸猪肉（204℃）	17.53μg/g	CML	HPLC-FLD
油炸罗非鱼（204℃）	12.53μg/g	CML	HPLC-FLD
烘烤三文鱼（177℃）	8.59μg/g	CML	HPLC-FLD
生牛肉	3.9mg/kg 蛋白质	CML	UPLC-MS/MS
煮牛肉	27.3mg/kg 蛋白质	CML	UPLC-MS/MS
炸鸡胸肉	23.5mg/kg 蛋白质	CML	UPLC-MS/MS
烤鸡腿	23.6mg/kg 蛋白质	CML	UPLC-MS/MS
红烧鸡腿	92.0mg/kg 蛋白质	CML	UPLC-MS/MS
红烧鸡胸肉	90.5mg/kg 蛋白质	CML	UPLC-MS/MS
谷物类制品			
白面包皮	382mg/kg 蛋白质	CML	UPLC-MS/MS
全麦面包皮	329mg/kg 蛋白质	CML	UPLC-MS/MS
面包和饼干	178mg/kg 蛋白质	CML	UPLC-MS/MS
谷物	281mg/kg 蛋白质	CML	UPLC-MS/MS
蔬菜和水果	26.6mg/kg 蛋白质	CML	UPLC-MS/MS
咖啡	84.1mg/kg 蛋白质	CML	UPLC-MS/MS

2. 食品中晚期糖基化终末产物的控制

（1）控制食品加工单元操作　从表 12-2 可以看出，食品中的 AGEs 无处不在，而其含量与原料和加工方法密切相关。AGEs 在食品中的含量高低与食品原料本身营养成分（如蛋白质、脂肪、碳水化合物、矿物质和水分含量）组成有一定的联系，蛋白质和脂肪含量与食品中 AGEs 的含量呈正相关。如水分含量高的食品如苹果、香蕉等 AGEs 含量相对较低，而蛋白质含量高的食品如牛乳和红烧鸡肉、炸鸡等肉制品中 AGEs 含量相对较高。另外，脂质过氧化可以产生二羰基化合物，从而引起美拉德反应，然后形成 AGEs。脂质过氧化经常出现在高脂肪的食物中（如肉类），因此高含量脂肪可以促进食品中 AGEs 的形成。

除此之外，不同的加工方式和加工条件对 AGEs 的生成也有很大影响。高温、低水分的加工方式（如油炸、焙烤、烧烤和烘烤）比低温、高水分加工方式（如煮制）更能促进 AGEs 的形成。如申（Chen）和史密斯（Smith）测定了 3 种常见烹饪方法（204℃油炸、177℃烘烤、232℃炙烤）制备的猪肉、鸡肉、牛肉和鱼（三文鱼和罗非鱼）中的 AGEs 含量，结果表明在相同的烹饪时间内，不同的烹饪温度或方法导致了不同的结果，具有较高烹饪温度的炙烤和油炸产生了较高的 AGEs 水平，炙烤的牛肉 AGEs 含量最高。

因此，可以通过控制热加工过程中的温度和水分等因素，采用低温、高水分的加工方式有效地控制 AGEs 的生成，如低温煮、蒸等加工方式替代油炸、烘烤等加工方式；热加工过程中的水分活度<0.5 或>0.8 均会降低美拉德反应速率，减少热加工过程中 AGEs 的生成量。此外，减少不必要的氧气供应以及减少某些促进美拉德反应的金属离子的添加也可以在一定程度上减少 AGEs 的生成量。

（2）添加天然产物抑制剂　由于天然化合物的结构和功能不同，它们抑制 AGEs 形成的作用机制也是不同的。目前的研究表明，天然产物抑制剂主要通过以下几种途径抑制 AGEs 的生成。

①掩蔽蛋白质的糖基化位点：非酶促糖基化可以显著改变蛋白质的结构，并改变蛋白质的功能。例如，通过改变亲水性以及 α-螺旋和 β-折叠的比例，导致蛋白质三级结构的损失，这些将会引起蛋白质的酶活性或配体结合亲和力的改变。一些天然化合物通过氢键或范德瓦耳斯力与蛋白质竞争性结合，有效保护蛋白质的结构完整性并抑制非酶促糖化。这些天然化合物分为两类。A. 阿魏酸、异阿魏酸、绿原酸、肉桂酸和其他化合物可以抑制蛋白质的糖基化。例如，绿原酸通过氢键与牛血清白蛋白的 Arg185 和 Tyr137 结合，对稳定蛋白质结构和防止其糖基化起到保护作用。B. 一些天然化合物，如花青素-3-葡萄糖苷，通过氢键和范德瓦耳斯力与蛋白质结合稳定蛋白质的 α-螺旋结构以抑制非酶糖基化。而分子大小也是影响其覆盖蛋白质中糖化位点作用的一个重要因素，如丁香酸和绿原酸具有类似的作用，但丁香酸分子较小，其活性比绿原酸更高。

②清除氧化自由基：氧化在非酶糖基化中起重要作用，还原糖、蛋白质、脂肪等分子的氧化是加速 AGEs 形成的最重要途径。抑制 NADPH 氧化酶、清除氧化性自由基、减少氧化应激和减少活性氧（Reactive oxygen species，ROS）的产生是另一种抑制 AGEs 生成的有效方法。大多数自由基清除物质可以防止蛋白质糖化和交联，进一步抑制 AGEs 的形成。天然产物如维生素 C 和维生素 E（两种最常见的抗氧化剂）是常用的自由基清除剂，维生素 C 还通过清除氧化自由基来减少蛋白质的氧化。虾青素可以清除活性氧并抑制氧化应激，抑制非酶性蛋白质糖基化。绿原酸可以调控编码抗氧化酶基因的表达，减少 ROS 的产生，并干扰 AGEs 的形成，此外，磷酸化的苦瓜多糖对 ·OH、O^{2-} 和其他自由基具有很好的清除能力。

③捕获活性二羰基化合物：活性二羰基化合物和 α-二羰基化合物是 AGEs 的关键前体。许多天然化合物能显著捕获 α-二羰基化合物，并以剂量依赖的方式抑制 AGEs 的形成。多酚是捕获活性二羰基化合物的典型物质，它们的酚羟基和苯环通过电子共轭形成苯氧基阴离子，可以与亲电 α-二羰基化合物结合形成加成产物，在清除 α-二羰基化合物中发挥重要作用。在根皮素（一种糖苷）中，其 A 环中的 3-羟基和 5-羟基是捕获活性二羰基化合物的主要活性中心，根皮素与二羰基化合物 GO 和 MGO 可以形成特定的加合物，在正常代谢条件下其清除率分别为

68%和80%。从何首乌中提取的2,3,5,4′-四羟基二苯乙烯-2-*O*-*β*-D-葡萄糖苷可以抑制MGO生成，其MGO捕获率远高于白藜芦醇。HPLC-MS和核磁共振（NMR）分析数据显示，其A环中的4和6位碳是捕获MGO的主要活性中心。此外，肌肽也可以通过捕获羰基化合物来抑制AGEs的形成。

④螯合金属离子：一些具有氧化催化能力的金属离子（如Fe^{2+}、Fe^{3+}、Cu^{+}和Cu^{2+}），在非酶糖化过程中发挥着重要作用。在有氧条件下，这些金属离子可以催化糖类、蛋白质、核酸和其他参与AGEs形成的物质的氧化，促进自由基和羰基化合物的产生，进而加速AGEs的形成。例如，在金属离子的催化下，葡萄糖等还原性糖类可以产生烯醇自由基；脂质在金属离子的存在下很容易形成过氧化自由基，而氧气的存在可以促进脂质的进一步氧化；蛋白质多肽链中的氨基酸残基很容易与还原性金属离子形成络合物，并在过氧化氢的存在下转变为羰基化合物，从而加速了蛋白质的氧化。还原糖和脂类可以通过芬顿（Fenton）反应和哈伯-韦斯（Haber-Weiss）反应被氧化产生过氧化物，导致羟基自由基的生成量增加，进一步促进AGEs的形成。因此，可以通过螯合金属离子的方法来抑制AGEs的生成。

总体来说，对于AGEs的安全性控制仍是一个难题，由于AGEs在体内的稳定性很高，很难找到有效的药物在体内分解破坏它们，因此对于食品加工过程条件的控制和无毒害抑制剂的添加应是控制其危害性的有效方法。寻找具有AGEs良好抑制活性和安全性的天然化合物是重要的研究方向。根据其结构特性，可以将具有AGEs抑制潜力的天然化合物分为以下6类：多酚类、多糖类、萜类、维生素类、生物碱类和肽类（表12-3）。

表12-3　抑制AGEs形成的天然化合物及其作用机制

化合物种类	作用机制
多酚类	
异阿魏酸	清除自由基，螯合金属离子
咖啡酸	保护蛋白质结构
绿原酸	清除自由基，捕获活性羰基物质
丁香酸	保护蛋白质结构和赖氨酸结合位点
单宁	螯合金属离子，捕获二羰基化合物，保护蛋白质结构
白藜芦醇	清除活性氧和二羰基化合物，保护蛋白质结构
儿茶素	清除DPPH自由基，捕获甲基乙二醛，保护蛋白质结构
芦丁	清除自由基，螯合金属离子
多糖	
南瓜多糖	减少二羰基化合物
黄芪多糖	清除超氧阴离子，抗氧化
葫芦多糖	减少二羰基化合物
黄连多糖	抗氧化剂

续表

化合物种类	作用机制
萜类	
齐墩果酸	抗氧化剂，捕集 MGO，保护蛋白质结构
熊果酸	抑制醛糖还原酶，螯合作用，抗氧化
白桦脂酸	抗氧化剂
维生素	
维生素 A	抗氧化剂，清除自由基
维生素 C	抗氧化剂
维生素 E	降低脂质过氧化产物的水平，抑制丙二醛的形成
吡哆胺	捕获活性二羰基化合物，螯合金属离子，清除活性氧
生物碱	
黄连素	减少醛糖还原酶
肽类	
肌肽	捕获羰基，与早期糖化产物反应，保护糖化的蛋白质

二、丙烯酰胺

丙烯酰胺（Acrylamide，AA）是一种有机小分子，呈无臭透明片状晶体，可溶于水、醇、丙酮、醚和三氯甲烷，微溶于甲苯，不溶于苯和庚烷。它是一种具有神经毒性、生殖毒性、免疫毒性和致癌性的有害物质，1994 年，国际癌症研究所将其评定为 2A 类致癌物，即“人类可能致癌物”。

（一）AA 的形成机制

食品中 AA 的形成是一个复杂的多阶段反应过程，目前，公认的理论是食品热处理过程中 AA 的形成与美拉德反应有关，其前体物质主要是还原糖与天冬酰胺。此外，高油脂食物热加工过程中也可通过丙烯醛途径产生少量 AA。美拉德反应期间 AA 的形成也支持这一理论。

1. 还原糖与天冬酰胺通过美拉德反应形成 AA 途径

前期的研究发现将还原糖和天冬酰胺以相同比例混合，并在高于 100℃ 条件下加热一段时间，反应体系中能检测到大量 AA 产生，而季扎克（Zyzak）等的同位素（^{13}C 和 ^{15}N）示踪研究结果也证明 AA 分子中的碳原子和氮原子均来源于天冬酰胺。在美拉德反应初期，还原糖与天冬酰胺首先高温下脱水缩合生成具有高反应活性的席夫碱，并且可以通过以下两种方式生成 AA（图 12-4）。途径一：经过 Amadori 分子重排生成 Amadori 产物，然后进一步发生脱水脱氨反应生成二羰基化合物，天冬酰胺和羰基化合物通过 Strecker 降解机制脱羧并脱氨，进而生成 AA。途径二：席夫碱首先经过分子内环化反应生成噁唑烷酮，然后脱羧形成脱羧 Amadori 产物，而在高温作用下该产物的 C—N 键断裂，生成 AA。

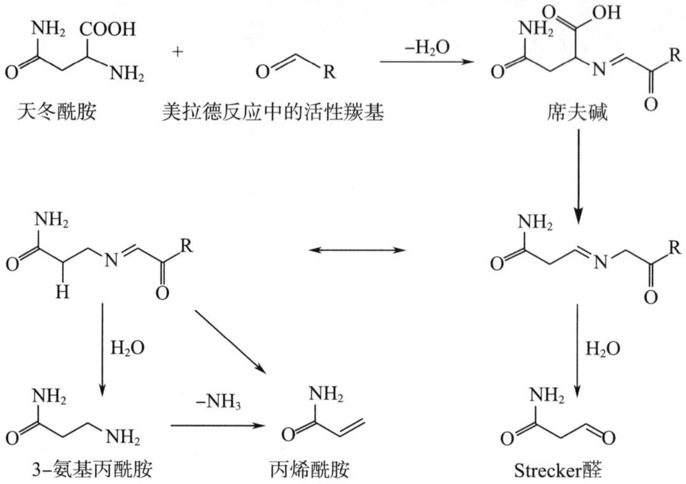

图 12-4　还原糖与天冬酰胺通过美拉德反应形成丙烯酰胺途径

对于含有大量天冬酰胺的高碳水化合物食品，尤其是马铃薯块茎中的天冬酰胺，甚至可以占到游离氨基酸含量的50%以上，因此高温加工的马铃薯产品中 AA 含量相对较高。可以通过降低食品原料中其前体物质（还原糖和天冬酰胺）的含量有效控制 AA 的形成。

2. 丙烯醛或丙烯酸途径

先前的研究发现，在高脂肪食品的热处理过程中，丙烯醛也会产生 AA。食品中的甘油三油酸酯在高温下热解生成丙烯醛，丙烯醛及其氧化产物丙烯酸均可与氨反应生成AA，因此可通过选择不同种类的油脂来控制 AA 的形成。研究还发现，AA 也可在室温下通过丙烯醛途径形成，故一些低温加工的食品同样存在 AA 的污染问题。

（二）AA 的检测方法

由于食品体系的复杂性和食品中形成 AA 的低含量，色谱和质谱联用技术被广泛使用并成为检测 AA 的成熟方法。但随着分析技术的发展和应用，其检测方法也向多元化方向发展，如光谱法、酶联免疫法、生物传感器法等。

1. 液相色谱及其联用技术

使用 HPLC 定量分析食品中的 AA，需要进行纯化处理以排除食品中脂肪和蛋白质的干扰。紫外光谱（UV）和质谱（MS）是液相色谱中常用的两种检测器。但 AA 是一种不含强生色团的强极性分子，在传统反相吸附剂中保留值低，与其他共萃取成分的分离效果差，且 LC-UV 检测的灵敏度和选择性均不高，所以 LC-UV 通常仅被用于确定食品中是否含有高含量的 AA，而对于低含量 AA 的测定灵敏度不高。而质谱检测器具有灵敏度高和选择性强的优点，因此，LC-MS 通常被用于食品体系中低含量 AA 的检测。

我国现行标准是采用液相色谱-质谱/质谱（LC-MS/MS）法测定食品中 AA 含量，以 $^{13}C_3$ 标记的 AA 为内标溶液，经水溶剂提取净化处理后进行测定。通常首先将样品在水中匀浆，加入 $^{13}C_3$-AA 或 D_3-AA 等内标物以提高样品的准确度和精密度，利用己烷和环己烷及其他溶剂提取/去除样品中的脂肪和微量蛋白质，然后利用乙酸乙酯液-液提取获得制剂，并通过蒸发和固相萃取（SPE）柱进行纯化后，收集到的 AA 用于 LC-MS/MS 的检测。HPLC-MS/MS 是一种通用、灵敏、选择性好、高效的 AA 检测方法，但该法分析成本相对较高，样品预处理比较耗时，检测设备也相对昂贵。

托尔戈耶斯（Tolgyesi）等建立的亲水作用色谱法-串联质谱（HILIC-MS/MS）法以乙腈-水-甲酸（69∶30∶1，体积比）为萃取剂提取样品中的 AA，离心后取上清液进行稀释过滤即可进行定量检测（咖啡样品除外），该法利用高度有机的洗脱液增加 AA 在液相中保留的同时可以排除杂质成分的干扰，极大增强了其检测灵敏度，而 D_3-AA 内标物的添加可以消除基质效应的影响，结果显示 AA 的回收率为 101%～105%，相对标准偏差（RSD）（$n=6$）小于 7.6%，检测限（LOD）和定量限（LOQ）分别为 8μg/kg 和 20μg/kg。与上述其他方法不同，该方法中的提取液无需复杂的纯化处理过程，操作简单，能满足食品中 AA 的快速、高效检测的需求。

2. 气相色谱及其联用技术

与液相色谱不同，气相色谱法需要对样品进行衍生化处理以增强 AA 的稳定性和挥发性，提高检测灵敏度。GB/T 5009.204—2014《食品安全国家标准　食品中丙烯酰胺的测定》采用稳定性同位素稀释技术检测食品中 AA 含量，在样品中加入 $^{13}C_3$ 标记的 AA 内标液，其水提取液利用基质固相分散萃取净化、溴试剂衍生，然后用 GC-MS/MS 的多反应离子监测（MRM）或 GC-MS 的选择离子监测（SIM）模式进行检测，该方法的 LOQ 为 10μg/kg。

3. 酶联免疫法

酶联免疫法是利用抗原和抗体之间的高度特异性结合，通过检测酶催化底物产生的显色反应来检测分析物的方法。它具有特异性高、操作简单、效率高等优点，已被广泛应用于食品检测领域。作为小分子，AA 本身没有抗原决定簇和免疫原性，它不能与相应的单克隆抗体结合，因此 AA 经常与具有免疫反应的载体蛋白连接形成偶联，制备成完整的抗原，然后通过免疫反应刺激抗原产生抗体。普雷斯顿（Preston）等分别利用 AA 的 3-巯基苯甲酸（3-MBA）和 4-巯基苯乙酸（4-MPA）衍生物制备多克隆抗体，建立了通过检测 AA 的 3-MBA 或 4-MPA 衍生物实现对样品中 AA 进行定量的免疫分析法。通过对该方法和 HPLC-MS/MS 检测 AA 回收率结果进行比较，表明该方法具有良好的准确性和可靠性，适用于食品中 AA 的低成本、快速筛查。

4. 电化学生物传感器法

电化学生物传感法是一种常见的用来定量分析食品中 AA 的新型生物分析技术。该方法主要是通过使用高选择性的生物受体来实现被分析物的定量检测。这种传感器的生物受体可以是酶、酶蛋白、抗体、天然受体、整个微生物、组织片段、单细胞、DNA 和 RNA。分子识别元件与待测物体特异性结合并发生生化反应，产生的生物信息通过信号转换器转换成定量处理的光、电等信号，并由仪器放大输出，从而达到分析检测的目的。目前通常利用血红蛋白（Hemoglobin，Hb）和 DNA 将电化学分析与生物传感器相结合，因其具有操作简单、选择性强、灵敏度高、响应迅速、重现性好和基本不受食品体系中其他成分干扰等优点，常用于测定复杂食品体系中的 AA 含量。

Hb 可以作为 AA 的受体，是因为 Hb 的多肽链 N 末端的缬氨酸 α-NH_2 基团之间发生 Michael 加成反应形成 Hb-AA 复合物，具有较高的亲合力。将 Hb 和表面活性剂（DDAB）结合形成脂质体 DDAB-Hb 混合物，并将其结合到生物传感器表面。血红素作为 Hb 的辅基，AA 与 Hb 反应产生的 Hb-AA 会促进电极表面的电子转移，改变 Hb 的血红素 Fe^{3+} 氧化还原性质，随着 AA 增加，Hb-Fe^{3+}/Hb-Fe^{2+} 氧化还原的电流峰值会随着 AA 浓度的增加而降低，可以作为分析信号用于薯片等食品中的 AA 定量分析，该方法样品制备简单，且不受基质的影响。确保固定在信号处理器表面上生物材料的稳定性是构建生物传感器的关键，而纳米材料的应用不仅可增加 Hb 在电极上的固定量，保持 Hb 的生物活性，还可通过增加电子转移速率来提高传感器的灵敏度，如多壁碳纳米管或金纳米颗粒-铟锡氧化物等纳米材料修饰电极-Hb 生物检测器的构建，可以实现 AA 的高灵敏检测，并提高其检测的稳定性。此外，离子液体也在 AA 的测定中发挥了重要作用，如李（Li）等构建的一种修饰 Hb 离子液体碳糊电极（Hb/CILPE）电化学生物传感器，检测食品中 AA 含量，其检测限可低至 5.0×10^{-12}mol/L［信噪比（Signal-to-noise ratio，S/N）=3］。

紫外可见光谱已证实了 AA 与 DNA 能相互作用。根据这种相互作用，将 DNA 吸附固定在氧化石墨烯修饰的玻碳电极（Graphene oxide/Glassy carbon electrode，GO/GCE）表面，形成 DNA/GO/GCE 传感器。由于 GO 表面积较大，DNA 能有效地固定在电极表面上，而 GO 独特的纳米结构和优异的电子传递能力可以显著促进 DNA 电子的直接转移。在 GO/GCE 上 DNA 显示了两个可用作响应 AA 电化学信号的强氧化峰，该传感器有良好的再现性和高稳定性。

电化学生物传感技术具有选择性强、灵敏度高、重现性好、基本不受食品体系中其他成分的干扰等特点，并且不需要复杂的样品前处理，很适合食品中 AA 含量的测定，有望替代传统的液相色谱、气相色谱法。

（三）食品中 AA 的暴露水平及其安全控制

1. 食品中 AA 的暴露水平

研究报道发现，碳水化合物是几种热加工食品中 AA 的丰富来源。三种最常见的食物，如油炸土豆、烘焙食品、咖啡及其替代品中的 AA 浓度分别为 272～570μg/kg，75～1044μg/kg 和 229～890μg/kg。有研究报道，在高温下烹饪的食品中，特别是富含碳水化合物的食品中，出现了相对较高浓度的 AA，其含量为 15～3700μg/kg，其中最高的是薯条和炸土豆片（170～3700μg/kg）、饼干、薄脆饼干（30～3200μg/kg）、爆米花（1635～1900μg/kg）、谷类早餐（30～1346μg/kg）和烤面包（800～1200μg/kg），最低的是巧克力粉（15～90μg/kg）、鱼制品（30～39μg/kg）、煮土豆（48μg/kg）和肉类及家禽制品（30～64μg/kg）。此外，105 份中国市售富含碳水化合物（大米、马铃薯、玉米、小麦以及干果片和方便食品）的热加工食品的调查结果也显示，AA 的检出率为 94.3%，其含量为 10～3649μg/kg，平均值为 231μg/kg，其中含量最高的是马铃薯制品［（564±285）μg/kg］，其次是玉米制品［（524±187）μg/kg］、方便食品［（180±35）μg/kg］、小麦制品［（96±29）μg/kg］、水果干片［（83±13）μg/kg］和米制品［（82±17）μg/kg］。

2. 食品中 AA 的控制

控制食品加工过程中 AA 的形成，消除其食用安全隐患，具有十分重要的现实意义。目前关于控制食品中 AA 产生的措施主要从以下 3 个方面着手。

（1）控制原料中 AA 前体物质含量　天冬酰胺和还原糖是形成 AA 的重要前体物质。有研究报道薯条中 AA 的生成量与还原糖的浓度呈显著正相关（相关系数为 0.652，$P\leqslant0.01$），与天冬酰胺浓度呈正相关（相关系数为 0.432，$P\leqslant0.05$），因此控制原料中天冬酰胺和还原糖含量，可以有效抑制 AA 的形成。

选择天冬酰胺和还原糖含量低的食品原料是抑制 AA 生成的最佳方法。不同食品原料中的天冬酰胺和还原糖含量存在一定差异，其含量与原料品种、生长季节、种植条件、采收后贮存条件及后期加工方式等因素密切相关。已有研究证实，收获后的马铃薯在低温条件（4～8℃）下贮存，其还原糖的含量将会增加，从而导致马铃薯制品中 AA 的产生量增加，因此收获后的马铃薯在加工前应避免低温贮存。此外，不同品种马铃薯的最佳贮存期存在差异，因此必须谨慎控制马铃薯的贮存条件。同时超过最佳贮存期的马铃薯不要应用于油炸、烘焙或烘烤制品的生产，以避免在烹饪和加工过程中增加 AA 形成的风险。

（2）控制食品加工工艺

①原料进行预处理：A. 浸泡或漂烫，对原料进行浸泡处理，可以有效降低原料表面和内部的还原糖及天冬酰胺含量。天冬酰胺和还原糖是 AA 形成的重要前体物质，因此还原糖和天冬酰胺含量的降低可以减少 AA 的生成量。此外，柠檬酸、NaCl 和 $CaCl_2$ 溶液浸泡处理也能减少 AA 的形成，其中柠檬酸的抑制效果最佳，可见，降低 pH 也是减少 AA 形成的有效途径。B. 添加天冬酰胺酶：天冬酰胺天然存在于淀粉类食物中，并且是已知导致 AA 形成的美拉德褐变反应的关键前体物质。天冬酰胺酶可以将天冬酰胺分解为天冬氨酸和铵离子，而天冬氨酸在美拉德反应中仅能生成微量 AA，因此，可以采用添加天冬酰胺酶的方法对样品进行前处理，能非常有效地控制 AA 的生成。油炸面团糕点模型的研究结果显示，天冬酰胺酶几乎可以将所有的天冬酰胺转化为天冬氨酸，AA 含量减少了 90%。

托朗（Torang）等用蒸馏水清洗去除土豆切片表面淀粉后，通过热水热烫、天冬酰胺酶（市售天冬酰胺酶和/或产朊假丝酵母天冬酰胺酶）溶液浸泡、热烫-天冬酰胺酶溶液浸泡、氯化钠和氯化钙溶液浸泡、柠檬酸溶液浸泡等方式对薯片进行处理，然后采用相同的条件进行油炸，分析不同前处理方式对炸薯片中 AA 生成量的影响，结果表明天冬酰胺酶浸泡和热烫处理均能有效降低 AA 的生成量，且两种酶复合使用或热烫-天冬酰胺酶浸泡复合处理对 AA 形成的抑制效果最显著，其中热烫-市售天冬酰胺酶复合处理可以将 AA 的生成量降低 95%。

此外，与传统热烫处理相比，脉冲电场或微波处理能更有效地抑制 AA 的形成。

②控制温度和时间：温度是影响美拉德反应的关键因素，也是影响 AA 形成的重要因素。马丁内斯（Martinez）等采用化学计量学方法对薯片的加工工艺参数进行评价，结果表明温度和油炸时间对 AA 含量的贡献较大。托朗（Torang）等研究了不同油炸条件对土豆片中 AA 形成的影响，结果显示在 150℃，165℃和 180℃条件下，AA 的生成量均因油炸时间的延长而急剧增加，且其形成速率在 $t=1$min 时达到最大。而且随着油炸温度的升高，AA 的生成速率也明显加快。贝尔图齐（Bertuzzi）等的研究发现在咖啡焙烤过程中焙烤温度随时间（0～20min 之间）的延长而升高，而其中 AA 的浓度呈先升高后降低的趋势，并在 10min（温度 175℃左右）达到最高，进一步说明了在咖啡焙烤过程中存在 AA 的形成和部分降解，同时也为通过控制加热时间和温度来降低食品中 AA 的含量提供了理论依据。

③控制水分含量：在美拉德反应过程中，水分可能既是 AA 生成的促进因素，也可能是抑制因素。在整个美拉德反应的过程中，水既是反应物，又是反应物的溶剂及其迁移的载体。研究表明，最适宜美拉德反应的水分含量为 12%～18%。水分含量过低的干燥条件和水分含量过高的湿润条件，都会阻碍反应的进行。在马铃薯模型中高水分条件下，褐变程度和 AA 的含量都会降低；当马铃薯中的水分含量较低（<10%）时，AA 的生成速率加快，但其降解速率也随之加快，样品体系中 AA 的含量保持相对恒定。水分含量的高低对美拉德反应中生成 AA 和发生褐变反应的活化能产生较大影响，当水分含量较低时，形成 AA 的活化能远大于发生褐变反应的活化能。因此，控制水分含量，尤其在油炸加工后期是非常关键的。

④选择合适煎炸用油：目前普遍认为富含淀粉的食物中主要通过天冬酰胺和还原糖发生美拉德反应形成 AA，但油炸加工过程中也可以通过丙烯醛或丙烯酸途径生成少量 AA。油脂种类对 AA 的形成有一定影响。利姆（Lim）等研究发现采用不饱和程度较低的油油炸得到的甜薯薯片中含有较低浓度的 AA（1443μg/kg），而采用不饱和度较高的油油炸得到的甜薯薯片 AA 浓度较高（2019μg/kg）。而张（Zhang）等的研究结果发现不饱和脂肪酸含量高的煎炸油不会引起 AA 生成量的增加，AA 的形成与煎炸油的传热系数有关，传热系数高的煎炸油会导致 AA 的形成量增加。因此，选择合适的煎炸用油也是控制 AA 形成的有效途径。

（3）添加外源抑制剂

①添加阳离子：哥克曼（Gökmen）等在果糖-天冬酰胺模型体系中，研究了 150℃和 180℃条件下，阳离子对 AA 形成的影响，结果表明，二价阳离子几乎可完全阻止 AA 的形成，而一价阳离子仅可减少 50% AA 生成量。这可能与阳离子能阻止 AA 形成中间产物席夫碱有关。

②添加抗氧化剂：康斯坦丁努（Constantinou）等考察了天冬酰胺-糯玉米淀粉美拉德反应模型体系中抗氧化剂（10 种酚类物质）对 AA 生成的影响，结果显示有 9 种对 AA 的形成有抑制作用，且酚类物质的结构和浓度会影响其对 AA 形成的抑制效果。其作用机制可能是抗氧化剂可以抑制油脂氧化，减少羧基化合物的形成，从而抑制 AA 的形成。阿魏酸和维生素、花青素等天然抗氧化剂具有类似的抑制 AA 形成的作用。除此之外，在食品加工过程中通过在油中添加一些天然香料和草药（潜在的自由基清除剂，如肉桂、百里香、野生牛至和绿茶等），可以降低食物中形成的 AA 的浓度。

③添加氨基酸或蛋白质：在淀粉模型中添加甘氨酸或谷氨酰胺后，与未添加氨基酸的样品相比，马铃薯产品中的 AA 浓度降低了 30%。已有研究证明，游离氨基酸可以有效降低薯片中 AA 含量，其中以赖氨酸、甘氨酸和半胱氨酸的降低效果最显著，如添加 5g/kg 的甘氨酸可使 AA 的含量减少 70%以上。另外，在配方中加入 20g/kg 鹰嘴豆蛋白也会减少油炸薯片中 AA 的含量。原因可能是游离氨基酸与天冬酰胺竞争抑制了 AA 的形成，而蛋白质可以与 AA 共价结合从而降低其含量。

食用油脂是非常重要的风味前体物质，不仅为食品提供特殊的风味，而且是食品中香气成分的载体，并影响香气的释放。另外，食用油脂在食品中表现出独特的物理和化学性质，其组成、熔融和固化特性，以及与水和其他非脂类成分的相互作用，决定了食品的软硬度、滑润感和咀嚼感等各种不同的质构，这些因素对食品风味的影响是非常重要的，是食品加工、制造的关键技术之一。食用油脂及高油脂食品在加工过程中也会产生有害物质，在此主要对其中的反式脂肪酸、氯丙醇酯和丙烯醛进行介绍。

三、反式脂肪酸

植物油和脂肪呈液体或半固体，其主要成分是由脂肪酸和丙三醇构成的三酰基甘油酯。脂肪酸是由一条烃链和末端羧基组成的脂肪族羧酸，根据烃链的饱和程度的不同，分为饱和脂肪酸（没有双键）、单不饱和脂肪酸（单双键）和多不饱和脂肪（多个双键）。每个双键有两种势能构型（图 12-5）——顺式和反式，前者中的氢原子位于碳链的同一侧，后者中的氢原子位于碳链的两侧。

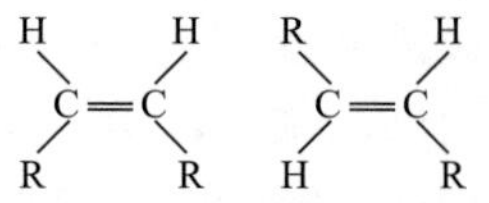

图 12-5 顺式和反式异构体的化学构型

反式脂肪酸（Trans fatty acids，TFA）是含有一

个或多个独立、非共轭双键并且具有反式构型的不饱和脂肪酸的统称。

天然油脂中的不饱和脂肪酸大多呈顺式结构，而在某些条件下（如部分氢化），脂肪酸中的一个双键可以从顺式构型变为反式构型，如油酸是许多来源中天然存在的脂肪酸，而反油酸是在油的部分氢化过程中出现的油酸的反式结构，其化学结构如图 12-6 所示。

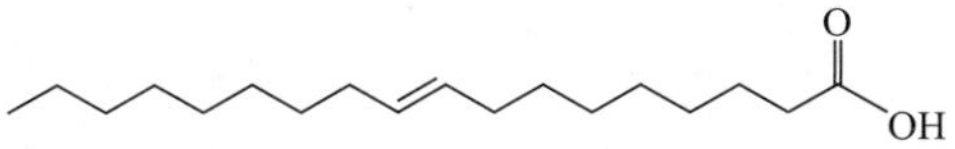

反油酸（反式-$C_{18:1}$）

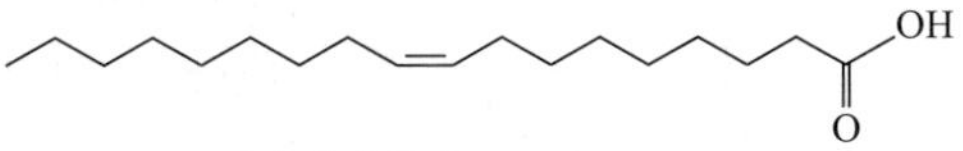

油酸（顺式-$C_{18:1}$）

图 12-6　油酸和反油酸化学结构

（一）反式脂肪酸的来源或形成途径

1. 天然反式脂肪酸

天然反式脂肪酸主要存在于反刍动物（如牛、羊）的肉和乳中，主要是在反刍动物瘤胃细菌酶的生物氢化过程中形成的。生物氢化作用是在瘤胃中共生的多种瘤胃细菌共同参与下，将不饱和脂肪酸转变为饱和度较高的终产物的过程，是反刍动物瘤胃内优势菌群的一个独特的生化反应过程。一般来说，脂肪酸的生物氢化速率随着不饱和度的增加而增加，亚油酸（$C_{18:2}$）和亚麻酸（$C_{18:3}$）作为主要底物，其生物氢化程度分别为 70%~95% 和 85%~100%。基于生物氢化的反应和产物的不同，瘤胃细菌被分为两组：A 组为丁酸弧菌、微球菌、瘤胃球菌和乳杆菌等，可以氢化亚油酸、α-亚麻酸生成反式抗坏血酸（反-11-$C_{18:1}$）；B 组为梭孢菌属和革兰阴性杆菌，可以氢化 $C_{18:1}$ 生成硬脂酸。

亚油酸的同分异构体——共轭亚油酸，具有位置和几何（反式或顺式）构型的共轭双键。在乳制品和肉制品中的共轭亚油酸含量普遍较低，且以（顺,反）-9,11-$C_{18:2}$ 为主，占总同分异构体的 80% 以上。随季节、地区、饲料组成、动物品种、加工条件等的变化，乳制品中共轭亚油酸含量和组成也会产生较大差异，如羊乳中的共轭亚油酸含量低于牛乳。这类来源的共轭亚油酸在技术上被认为是反式脂肪酸，因为它在反式构型中包含至少一个双键。

2. 工业生产产生反式脂肪酸

工业生产的反式脂肪酸一般是通过植物油的部分加氢和热处理（如精炼油脂的脱臭步骤和油炸过程）两种途径形成的。

（1）油脂部分加氢　油脂氢化，是一种对脂肪和油进行改性处理的过程，即在催化剂的作用下，油脂的不饱和双键与氢发生加成反应，可以将液态的不饱和油脂变成固态或者半固态的油脂，从而改善油脂的稳定性、熔点、塑性，抗氧化能力等功能特性。经过这样处理而获得的油脂与原来的性质不同，也被称为植物奶油或人造奶油。

在油脂氢化的过程中，氢要被加成到几个不同脂肪酸双键的端点上，因而氢化工艺过程也就变得较为复杂。在反应过程中，一部分双键被加成，另一部分双键发生位置异构或转变为反式构型（即为反式脂肪酸）。反式脂肪酸的含量主要与原料中不饱和脂肪酸含量和氢化条件（如氢化温度、氢化压力、搅拌强度、反应时间、催化剂类型和浓度）有关。例如，目前食品工业应用的典型加氢温度为 140~200℃，在相同的压力和搅拌条件下，随着温度的升高和时间的延长，反式脂肪酸的含量会增加。低压混合条件可能导致氢气通过油向催化剂缓慢运输，进而增加反式脂肪酸的生成量；使用不同的催化剂可以改变反式脂肪酸的形成率，且使用催化剂浓度的提高会促进反式脂肪酸的形成。

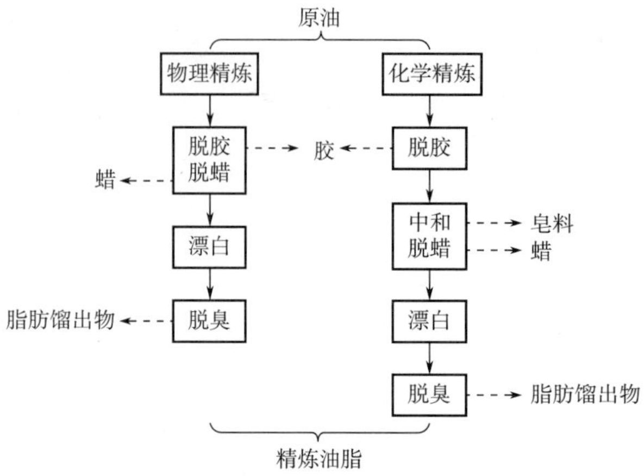

图 12-7　油脂物理和化学精炼过程

（2）热处理　原油（植物油和脂肪）中都含有不同含量的次要成分，如色素、农药残留、重金属及具有臭味的游离脂肪酸、醛、酮等成分。原油必须经过精炼过程，以去除油中不需要的成分，同时尽量减少对甘油三酯的负面影响，并尽量减少所需成分的损失。目前油脂精炼的方法主要包括化学精炼和物理精炼两种。化学精炼工艺主要包括脱胶、中和、漂白、脱臭 4 个步骤。而物理精炼和化学精炼的区别是物理精炼不包括中和步骤，由脱胶、漂白和脱臭 3 个步骤组成。其过程如图 12-7 所示。

反式脂肪酸的形成主要是在最后的高温（180~270℃）脱臭阶段，表 12-4 所示为植物油精炼过程中反式脂肪酸异构体的含量变化情况。

表 12-4　植物油精炼过程中反式脂肪酸异构体的含量变化情况（占总脂肪酸含量的比）　单位：%

油脂种类	反式异构体	油脂精炼过程				
		原油	脱胶	中和	漂白	脱臭
玉米油	Σ①$C_{18:2}$反式异构体	0.1	—	0.1	0.1	1.2
	$\Sigma C_{18:3}$反式异构体	<0.1	—	<0.1	<0.1	0.2
	Σ反式异构体	0.1	—	0.2	0.1	1.5
大豆油	$\Sigma C_{18:1}$反式异构体	<0.1	<0.1	<0.1	0.1	0.1
	$\Sigma C_{18:2}$反式异构体	0.1	0.1	0.1	0.6	2.0
	$\Sigma C_{18:3}$反式异构体	<0.1	<0.1	<0.1	0.1	2.7
	Σ反式异构体	0.1	0.2	0.2	0.7	4.6
菜籽油	$\Sigma C_{18:1}$反式异构体	0.1	0.1	0.1	0.1	0.1
	$\Sigma C_{18:2}$反式异构体	<0.1	<0.1	<0.1	<0.1	0.4
	$\Sigma C_{18:3}$反式异构体	<0.1	0.1	<0.1	0.2	2.0
	Σ反式异构体	0.1	0.2	0.2	0.3	2.4

续表

油脂种类	反式异构体	油脂精炼过程				
		原油	脱胶	中和	漂白	脱臭
高油酸葵花油	$\Sigma C_{18:1}$反式异构体	<0.1	<0.1	—	<0.1	<0.1
	$\Sigma C_{18:2}$反式异构体	<0.1	<0.1	—	<0.1	<0.1
	$\Sigma C_{18:3}$反式异构体	<0.1	0.1	—	0.1	0.32
	Σ反式异构体	<0.1	0.1	—	0.1	0.34

注：①Σ表示该反式异构体的总量。

由上表可知，$C_{18:1}$、$C_{18:2}$和$C_{18:3}$的反式脂肪酸的含量取决于植物油的整体脂肪酸组成。玉米、大豆和菜籽油中$C_{18:2}$和$C_{18:3}$含量较高，而$C_{18:2}$和$C_{18:3}$的反式脂肪酸主要在脱臭阶段中形成，而在含有大量油酸的高油酸葵花油中，$C_{18:3}$的反式异构体含量高于$C_{18:1}$和$C_{18:2}$的反式异构体含量。

对于油脂精炼过程，反式脂肪酸主要是在脱臭阶段形成，温度对反式脂肪酸的形成起到了关键的作用。研究表明，脱臭温度从160℃升至240℃时，9-顺式、12-顺式、15-反式异构体的生成速率由0.0031mg/(g油·h)提高到2.4mg/(g油·h)。油脂种类是影响反式脂肪酸形成的另一重要因素，在热敏性$C_{18:3}$含量较高的菜籽油精炼过程中，其中的$C_{18:1}$可在270℃的高温脱臭条件下保持相对稳定，而$C_{18:2}$反式异构体含量迅速增加。$C_{18:3}$的加热稳定性比$C_{18:2}$差得多，即使在低脱臭温度下也会引起其反式异构化的发生。此外，油脂精炼类型也会影响反式脂肪酸的形成。与化学精炼油脂相比，采用物理方法处理的精炼油脂中反式脂肪酸含量更高，如塔桑（Tasan）和德米尔（Demirc）发现蒸汽蒸馏葵花籽油中总反式脂肪酸含量（2.56%）要远高于化学精炼油脂（0.76%），其中含量较高的反式-$C_{18:2}$（2.31%）远高于化学精炼油脂中的含量（0.69%）。

油炸是另一个影响反式脂肪酸形成的食品加工过程。在这个过程中，反式脂肪酸的形成与所用食用油类型、油炸过程和温度等因素密切相关。深度油炸也被认为是形成反式脂肪酸的重要因素。在油炸过程中，油被连续或反复地置于高温（160~190℃）下，多不饱和脂肪酸受到高温、氧气、水分、反复煎炸等的影响发生氧化、劣败，产生脂质氢过氧化物、醛类等氧化产物，并由于异构化反应的发生导致反式脂肪酸的形成。

（二）反式脂肪酸的分析检测方法

由于反式脂肪酸存在多种双键位置和空间构型不同的异构体，对其定量和定性分析比较困难。目前，测定食品中反式脂肪酸的方法主要包括：气相色谱（GC）法及其质谱联用（GC-MS）法、红外光谱（IR）法和银离子（Ag^+）-色谱法。

1. 气相色谱法及其质谱联用法

气相色谱法是目前脂肪酸检测普遍采用的方法，其中毛细管气相色谱法在检测反式脂肪酸中应用较多，该法分析反式脂肪酸的关键限制是顺/反式烯酸不能完全分离。分析复杂的脂肪酸时，根据各组分碳链长度、不饱和程度、空间构型和不饱和双键位置的不同，采用较长的高极性毛细管柱能够大大提高分离度。GC不仅能有效分离反式脂肪酸，还有较低的检测下限，可利用出峰时间和峰面积采用内标或外标法准确判断反式脂肪酸组成和测定各组分含量，因此GC是美国食品与药品管理局（FDA）推荐使用的方法，也是目前在脂肪酸分析中应用最广的方法。

美国油脂化学家学会（AOCS）推荐采用的标准方法：选用100m的毛细管色谱柱（填充物为SP-2560、CP-Sil 88或BPX-70），以花生酸（$C_{20:0}$）为内标物，对油脂样品进行甲酯化处理，采用火焰离子化检测器（FID）进行检测，根据出峰时间和峰面积来确定脂肪酸的种类及其含量，该方法可以直接分析出总脂肪酸、单不饱和脂肪酸、多不饱和脂肪酸、反式脂肪酸的含量。

在进行气相色谱分析前通常需要进行衍生化预处理，目的是将高沸点、不易挥发的甘油三酯或脂肪酸转化为低沸点、易挥发的适于气相色谱分离的脂肪酸衍生物，从而降低各种油脂的汽化温度，提高色谱分离效果。常见的衍生反应有甲酯化、异丙酯化和丁酯化，其中脂肪酸甲酯因其反应简单，且该衍生物挥发性好，是目前最常用的脂肪酸衍生化物。

目前国内的科研机构和企业普遍使用美国油脂化学学会（AOCS）所推荐采用的标准条件，采用外标法对反式脂肪酸进行检测分析，如GB 5009.257—2016《食品安全国家标准　食品中反式脂肪酸的测定》中，将动植物油脂试样或经酸水解法提取的食品试样中的脂肪，在碱性条件下与甲醇进行酯交换反应生成脂肪酸甲酯，并在强极性固定相毛细管色谱柱上分离，用配有氢火焰离子化检测器的气相色谱仪进行测定，用面积归一化法定量；又如GB 5413.36—2010《食品安全国家标准　婴幼儿食品和乳品中反式脂肪酸的测定》中，将试样中的脂肪用溶剂提取，提取物在碱性条件下与甲醇反应生成脂肪酸甲酯（FAMEs），用配有氢火焰离子化检测器的气相色谱仪分离顺式脂肪酸甲酯和反式脂肪酸甲酯，用外标法定量。

由于脂肪酸组成复杂及脂肪酸标准品种类有限，使得传统的氢火焰离子化检测器很难对一些未知色谱峰进行定性，而MS检测器可对气相色谱柱上不能完全分离的部分组分进行定量，故GC-MS的使用在一定程度上可弥补GC的不足，具有重现性好、回收率高、准确可靠、节省时间等特点，近年来在脂肪酸测定中逐渐得到广泛应用。

2. 红外光谱法

红外吸收光谱法是AOAC和AOCS推荐使用的反式脂肪酸检测的标准方法，其原理是根据反式脂肪酸中特有的反式双键中C—H在平面外的振动，使得反式脂肪酸在966cm^{-1}处有较强吸收峰，而不饱和脂肪酸中顺式双键和饱和脂肪酸在该处没有吸收，因此可以根据该吸收峰的强度进行反式脂肪酸的定量测定，同时又可以根据吸收峰的位移定性检测。与气相色谱法比较，红外光谱法最大的优点是不破坏样品，无需衍生化处理，快速方便，但检测限较高，最低检测质量分数为5%，不适用于微量检测，且不能同时获得异构体组成的信息。

傅里叶变换红外光谱仪（FTIR）可快速分类定量饱和脂肪酸、顺式/反式单不饱和脂肪酸和所有的n-6和n-3多不饱和脂肪酸。但该法灵敏度较低，基线会发生漂移，误差较大，反式脂肪酸含量过低［<1%（质量分数）］或过高［>30%（质量分数）］均会影响其准确性，过低时定量困难，过高时准确性低，需要对油样进行甲酯化处理消除体系中游离羧基和甘油羟基（O—H的平面外振动在935cm^{-1}处有最大吸收）的影响，提高检测准确性。

随着检测技术的不断发展，衰减全反射（ATR）傅里叶变换近红外光谱（FT-NIR）法采用零反式脂肪酸油脂作为对照，不用甲酯可以直接测定，分析时间短，样品用量少，避免有毒溶剂Cs_2的使用，从而消除了基线的漂移，所得反式脂肪酸谱图在966cm^{-1}处呈现对称峰形，提高了红外光谱法测定值的精度，扩大了其在反式脂肪酸测定时的应用。

3. 银离子（Ag^+）-色谱法

Ag^+与顺式双键会发生相互作用，与顺式脂肪酸结合，且结合强度随双键数的增加而增强，随链长的增加而减弱，但与反式双键不发生作用，从而实现对顺式和反式脂肪酸的分离，可以用来分析脂肪酸的顺反异构体。与Ag^+相关的方法有很多，如银离子薄层层析色谱（Ag^+-TLC）法、银离子固相萃取（Ag^+-SPE）法及银离子高效液相色谱（Ag^+-HPLC）法等，其原理基本相同。

银离子薄层层析色谱（Ag^+-TLC）法操作简单、经济、快速，但反式脂肪酸谱带容易重叠，定量较困难，但Ag^+-TLC法样品容量小，且在薄板浸渍过程中银离子易氧化而导致吸力不均匀，反式脂肪酸谱带容易重叠，分离后的斑点较分散，定量困难且操作要求较高，仅可用作反式脂肪酸的粗略分析。为了克服该方法的缺点，Ag^+-HPLC法逐渐被应用，该方法是利用Ag^+浸渍色谱柱，根据Ag^+能与反式脂肪酸结合的特性，对脂肪酸顺、反式异构体进行分离，但该方法使用单根色谱柱的分离效果不佳，需要串联多根色谱柱以提高其分离效果，色谱柱需要每天清洗，维护繁琐，且液相色谱使用价格相对较高。

银离子固相萃取（Ag^+-SPE）法是通过Ag^+与固相载体结合，通过不同溶剂进行洗脱，实现对样品中顺、反异构体的分离，再结合GC对其进行定量分析。

（三）食品中反式脂肪酸的暴露水平及其安全控制

1. 食品中反式脂肪酸的暴露水平

不同食物中反式脂肪酸的含量不同（表12-5），其中人造黄油和起酥油是具有不同异构体的反式脂肪酸的主要来源，人造黄油中的反式脂肪酸主要是反式-$C_{18:1}$，占总反式脂肪酸的90%以上。除此之外，饼干、蛋糕、油炸食品和其他由部分氢化植物油制成的零食中也含有大量的反式脂肪酸。

表12-5　不同食品中反式脂肪酸含量（占总脂肪酸含量的百分比）　单位：%

食品种类	产地	反式脂肪酸种类			
		反式-$C_{18:1}$	反式-$C_{18:2}$	反式-$C_{18:3}$	总反式脂肪酸
人造黄油	斯洛文尼亚	0.31①（0~5.52）	0.24（0.1~0.85）	—	0.55（0.11~6.37）
起酥油	斯洛文尼亚	1.48（0~10.52）	0.20（0.01~0.48）	0.24（0.00~0.30）	1.72（0.05~11.16）
涂抹脂肪	葡萄牙	2.0（0.1~8.2）	0.5（0.1~2.2）	0.1（0.0~0.3）	2.5（0.2~8.9）
人造黄油	德国	1.17（0.05~4.35）	0.17（0~0.43）	—	1.48（0.15~4.88）
人造黄油	巴基斯坦	2.45~19.10	ND~2.00	—	2.45~21.10
人造黄油	新西兰	4.9（1.6~6.9）	0.1（ND②~0.5）	0.2（ND~0.9）	5.3（2.7~6.9）
起酥油	土耳其	2.4~21.3	0.2~2.9	ND~0.1	2.7~23.9
人造黄油/起酥油	瑞士	3.34（0.07~27.7）	0.33（0.08~1.35）	0.18（0.00~0.50）	3.86（0.15~29.3）
植物油	瑞士	0.49（0.02~9.05）	0.30（0.02~1.31）	0.24（0.00~1.59）	1.04（0.03~10.5）
人造黄油	沙特阿拉伯	ND~6.9	0.1~0.9	ND~0.5	0.2~8.3

续表

食品种类	产地	反式脂肪酸种类			
		反式-$C_{18:1}$	反式-$C_{18:2}$	反式-$C_{18:3}$	总反式脂肪酸
起酥油	沙特阿拉伯	0.5~15.7	0.4~4.8	ND~0.2	0.9~20.6
饼干	土耳其	0.7~29.1	0.3~3.1	ND~0.3	1.0~30.5
饼干和糕点	新西兰	0.9（ND~3.0）	ND（ND~0.2）	—	1.1（ND~3）
巧克力	新西兰	1.1（ND~3.1）	ND（ND~0.1）	—	1.3（ND~3.4）
零食	新西兰	0.4（ND~0.8）	ND（ND~0.4）	—	0.5（ND~0.8）
派和糕点	新西兰	3.7（1.7~6.5）	ND（ND~0.9）	—	4.3（2.1~7.1）
半熟薯片/薯条	新西兰	2.5（ND~4.5）	ND（ND~0.7）	—	2.9（ND~5.2）
方便食品	奥地利	0.11~13.57	0.06~0.31	—	0.21~13.80
快餐	奥地利	0.37~3.08	0.07~0.67	—	0.65~4.20

注：①食品中反式脂肪酸含量的平均值，括号内的数值是最低和最高水平。

②ND，未检测到（检测限为1g/kg脂肪酸）。

2. 食品中反式脂肪酸的控制

（1）油脂精炼和食品热加工过程中的控制

①优化与控制加工工艺：食品加工过程中，热加工条件如加热时间、加热温度等都会影响反式脂肪酸形成，其含量随着加热温度的升高和加热时间的延长而增加，因此选择合适的加热温度、避免长时间加热，可以有效地抑制反式脂肪酸的形成。油脂精炼过程中反式脂肪酸的形成主要是在高温脱臭阶段，降低脱臭温度和缩短脱臭时间可以有效控制反式脂肪酸的形成，同时，反复煎炸也会增加反式脂肪酸的生成量，故在实际应用中，应注意尽可能在保持食品原有风味和感官特性的前提下优化热加工参数，并减少反复煎炸的次数。

②选择合适的油脂：反式脂肪酸的形成与油脂中不饱和脂肪酸的含量有关，相同加工条件下，油脂中的不饱和脂肪酸含量越高，反式脂肪酸越易生成；食用油中某种顺式脂肪酸含量高，其生成的相应反式脂肪酸含量也高。因此，选择合适的油脂种类也是降低反式脂肪酸含量的有效途径。此外，也可以通过基因改造技术改造油料作物的基因，提高某种不易异构脂肪酸（如油酸）的比例，从而减少反式脂肪酸的生成量。

（2）油脂氢化过程中的控制　传统氢化，尤其是部分氢化，会产生一定量反式脂肪酸。可以通过降低氢化反应温度、提高反应压力、增加反应系统搅拌速率、减少催化剂用量等方式改进氢化工艺，控制反式脂肪酸的形成，但是单纯仅靠改变氢化反应条件对产品反式脂肪酸的控制非常有限，为了控制氢化过程中反式脂肪酸的产生，可以采用超临界流体催化氢化、电化学催化氢化、超声波催化氢化、贵金属催化氢化等新型氢化方法，具有一定效果，但价格较高。

（3）氢化油的替代　氢化油熔点高、塑性好，并且具有很好的抗氧化能力和持味性，因此，根据氢化油的这些应用及性能，可以通过酯交换、分馏、油凝胶等油脂加工技术，制备氢化油替代品，并应用于食品加工。

①酯交换：酯交换技术是通过改变甘油三酯中脂肪酸分布而改变油脂的物理和化学性质，

获得具有特定熔点的饱和及不饱和脂肪酸的混合油脂，提高油脂稳定性，该技术在20世纪50年代和60年代已在欧洲得到应用。在这个过程中，通过第一步水解甘油三酯和随后的分子间的重新组合，发生了脂肪酸的化学或酶促重排。与氢化不同，酯化不会影响饱和度或导致脂肪酸双键的异构化。同氢化油相比，酯交换改性油具有风味好、异构体少、原料脂肪酸尤其是人体必需脂肪酸组成不变和不产生反式脂肪酸等优点。

目前酯交换反应可以分为化学法和酶法两大类。化学酯交换采用金属醇化物为催化剂，在甘油三酯分子内部或分子间的脂肪酸进行相互移动，对产品风味有一定影响，所用催化剂也具有一定危险性并且环保性能不佳。与化学工艺相比，酶法酯化是以固定化的脂肪酶作催化剂，从分子水平上改性油脂，使油脂中的脂肪酸位置根据酶的特性重排，其催化具有特异性，且反应过程容易控制，没有副产物产生，是目前获得氢化油替代品的一种有效方法。酶法酯交换获得的油脂产品可以替代氢化油用于人造奶油、起酥油、代可可脂等的制备，并且反应过程不涉及双键的构象转化，可以从根本上解决反式脂肪酸问题。

②分提：分提是另一种用于脂肪改性的方法。这种技术依赖于脂肪的物理特性。将热熔化的脂肪进行缓慢冷却、受控结晶，通过过滤甘油三酯的晶体来分离固体-结晶-液体相。这种方法被广泛用于改性棕榈油，对棕榈油进行分提，得到具有特定熔点和塑性的、可以替代氢化油用于“零反式脂肪酸”人造奶油和起酥油的制备，且产品性能良好。棕榈油分提物目前已经大量应用于实际生产。

③油凝胶：在液态油脂中，加入甘一酯、蜡酯、脂肪醇、植物甾醇、卵磷脂、乙基纤维素等凝胶剂，采用剪切、均质、乳化等技术，使液态油通过凝胶粒子之间的超分子网络，交联成半固态塑性油脂。在某些食品加工中，油凝胶可以替代氢化油使用，其塑性和硬度也可通过凝胶剂和制备工艺进行调节，并且在制备过程中不会产生反式脂肪酸，目前已经引起人们的广泛关注。油凝胶可用于提高诸如早餐酱、肉制品和烘焙产品等食品的质量，以替代反式脂肪和/或饱和脂肪，同时保留质地特性并具有生物活性成分的载体或稳定乳剂等功能特性。

四、氯丙醇酯

氯丙醇酯是氯丙醇与高级脂肪酸结合的一类新型食品污染物。氯丙醇类化合物是丙三醇的羟基被一个或两个氯取代形成的化合物总称，因取代数和位置的不同，可分成单氯丙二醇（MCPD）和双氯丙醇（DCP）两大类。食品加工过程中，MCPD的生成是DCP的100~10000倍，而MCPD中3-MCPD通常又是2-MCPD的几倍至十倍。捷克科学家什韦科夫斯卡（Svejkovska）等提出在食品中3-氯-1,2-丙二醇（3-MCPD）不仅以游离形式而且以与脂肪酸结合的形式存在，同时后者的含量远远高于游离态氯丙醇，因此以3-氯-1,2-丙二醇脂肪酸酯（3-MCPD酯）作为主要评价指标，可反映食品加工中氯丙醇酯类物质的生成状况。

3-MCPD酯是甘油骨架的*sn*-3位的羟基被氯取代，而*sn*-1和*sn*-2位的羟基被脂肪酸部分或全部酯化形成的产物，根据发生酯化反应的羟基数目和位置的不同分为3-MCPD单酯（3-MCPD-1-单酯、3-MCPD-2-单酯）和3-MCPD二酯（1-MCPD-1,2-二酯），其结构式如图12-8所示。

尽管目前关于3-MCPD酯本身的人体毒理学评估数据较少，但已知3-MCPD酯可以在动物肠脂肪酶的作用下水解释放出游离态的3-MCPD，且德国联邦风险评估机构（BfR）和欧盟食品安全局（EFSA）认为可以根据已有的3-MCPD毒理学数据对3-MCPD酯进行毒性评价。作

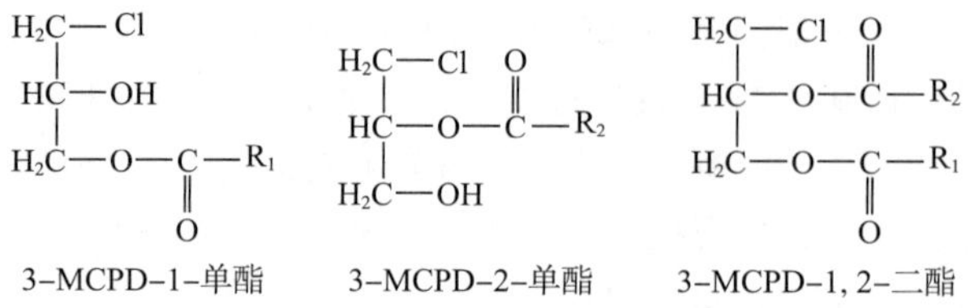

图 12-8　3-MCPD 酯结构式

为公认的食品污染物，3-MCPD 具有生殖毒性、免疫毒性、神经毒性及潜在的致癌性，且在 2011 年被国际癌症研究机构归为 2B 类致癌物，即“可能的人类致癌物”。食品添加剂联合专家委员会（JECFA）依据靶器官肾脏的毒性提出 3-MCPD 的每日最大耐受摄入量（PMTDI）为 2μg/kg 体重。

（一）3-MCPD 酯的形成机制

迄今为止，关于 3-MCPD 酯形成的机制尚不明确，仍处于假说阶段，目前关于 3-MCPD 酯形成机制的假说主要有 3 种：氯离子直接亲核取代假说、环酰氧鎓离子中间体假说和缩水甘油酯中间体假说。

1. 氯离子直接亲核取代假说

科利尔（Collier）等根据甘油-盐酸反应系统中产生的 3-MCPD 和 2-MCPD 比例接近 3：1，提出氯离子直接亲核取代假说，即在盐酸催化酸解条件下，酰基甘油骨架上的酰基或羟基直接被氯离子取代，生成 3-MCPD 二酯或单酯，反应途径见图 12-9。

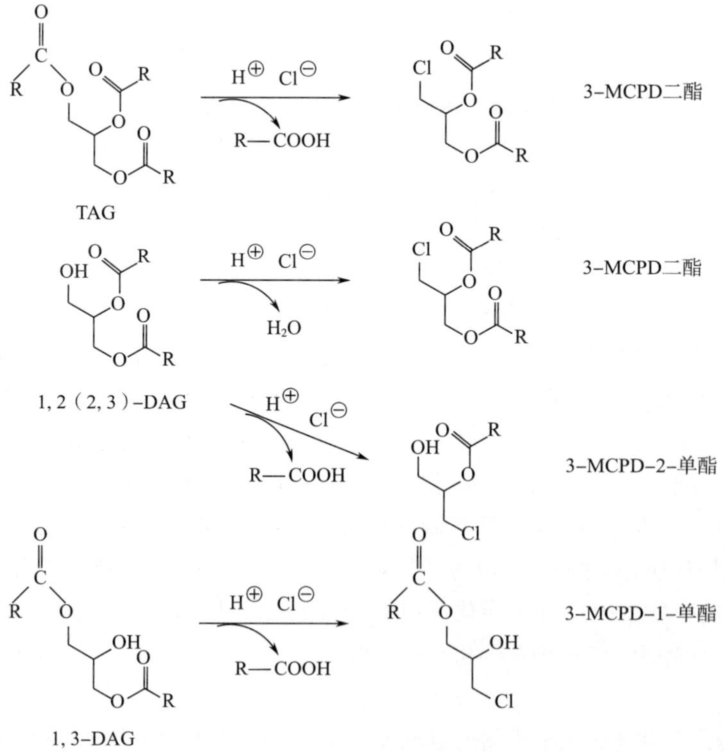

图 12-9　甘油三酯（TAG）、甘油二酯（DAG）被氯离子直接亲核取代生成 3-MCPD 酯

R 为酰基。

2. 环酰氧镓离子中间体假说

科利尔（Collier）等根据在甘油-盐酸体系加入乙酸后产生3-MCPD/2-MCPD的比例的变化而提出环酰氧镓离子中间体假说。甘油酯通过环酰氧镓离子中间体形成3-MCPD酯的主要途径如图12-10所示。

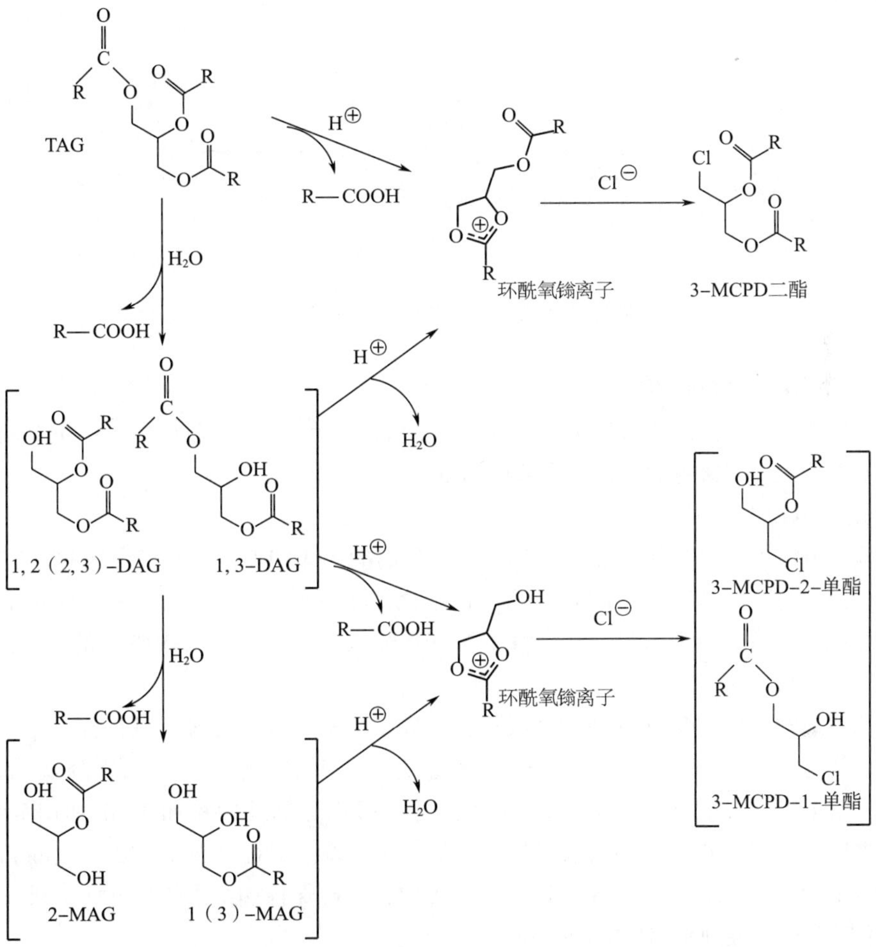

图12-10　甘油酯通过环酰氧镓离子形成3-MCPD酯主要途径

MAG—甘油一酯。

此假说认为甘油酯首先发生内部亲核反应并脱去甘油骨架上的一个基团，形成中间体环酰氧镓离子，随后氯离子直接攻击中间体的环状结构，将环状结构打开的同时发生氯取代，从而形成3-MCPD酯。拉恩（Rahn）等利用同位素^{13}C标记羰基证明加热（温度高于60℃）三棕榈酸甘油酯和$ZnCl_2$会产生环酰氧镓离子特征吸收峰（约在1651cm^{-1}处）。张（Zhang）等通过在120℃条件下加热硬脂酰甘油酯，观察傅里叶变换红外光谱和电位的变化，进一步佐证中间体环酰氧镓离子的形成。

3. 缩水甘油酯中间体假说

甘油酯在高温条件下可以形成缩水甘油酯，索纳尔（Sonne）证明溴离子可以与缩水甘油酯反应生成3-溴甘油酯，且也已有研究证明缩水甘油和氯离子可以生成3-MCPD，故推测缩水甘油酯也可与氯离子反应生成3-MCPD酯。而增川（Masukawa）等研究发现缩水甘油酯的形成主要与甘油二酯有关，故而推测甘油二酯通过缩水甘油酯中间体形成3-MCPD酯的过程如图12-11所示。首先甘油二酯在酸性条件下脱去一个酰基，形成具有亲电子环氧结构的缩水甘油酯，随后亲核试剂氯离子直接与其发生烷基化反应生成3-MCPD酯。目前此假说还未有相关的实验数据证实。

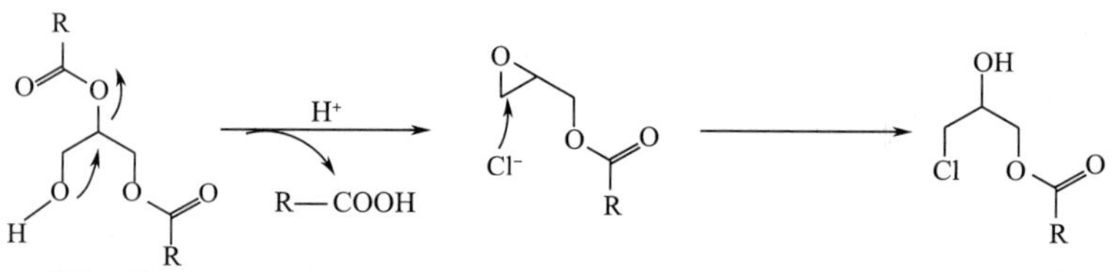

图12-11 甘油二酯通过缩水甘油酯生成3-MCPD酯的过程

（二）3-MCPD酯的检测方法

3-MCPD酯的检测方法的研究是当今食品安全检测热点之一。目前关于3-MCPD酯的检测方法大致可以分为：间接检测方法和直接检测方法。

1. 间接检测方法

间接检测方法的原理是将3-MCPD酯水解为游离的3-MCPD，并选择合适的衍生剂如苯硼酸（PBA）或七氟丁酰基咪唑（HFBI）将其衍生化，然后利用GC-MS法进行定量分析，进而计算出食品中3-MCPD酯的含量。其中将3-MCPD酯水解为游离的3-MCPD的方式主要包括：碱法水解、酸法水解和酶法水解。

碱法水解通常利用甲醇钠/甲醇溶液进行3-MCPD酯的水解处理，其优点是反应时间短，一般仅需几分钟。但3-MCPD在碱性条件下不稳定，会降解产生缩水甘油，降低3-MCPD含量，使测定结果偏低。赫恩克里克（Hrncirik）等在精炼棕榈油中添加3-MCPD棕榈酸二酯，发现碱性条件下3-MCPD回收率随水解时间变化存在显著差异性，在1，10和30min时检测到的3-MCPD回收率分别为95%，41.4%和0%。因此，为确保检测结果的准确性，利用碱法水解3-MCPD酯时要严格控制水解反应的时间。

酸法水解通常采用硫酸/甲醇溶液在40℃条件下对3-MCPD酯进行水解，作用条件比较温和，但反应时间比较长，一般在16h左右。此外，在酸性条件下，若样品中含有氯离子，氯离子可以与样品中的前体物质如缩水甘油酯等形成3-MCPD，从而导致检测的结果偏高。埃尔马科拉（Ermacora）等发现可以通过在水解前加入去离子水去除氯离子或加入亲核试剂攻击缩水甘油酯的环氧环使其形成非氯丙醇酯物质的方法，来排除氯离子对测定结果的干扰。

除了碱和酸外，脂肪酶也被用于3-MCPD酯的水解。如哈姆雷特（Hamlet）等在脂肪抽提物中加入脂肪酶于23℃下反应24h，利用GC-MS法测定谷物中3-MCPD酯的含量；钟（Chung）等通过水洗排除提取液中杂质的干扰，利用南极假丝酵母（*Candida antarctica*）脂肪酶在40℃反应16h，利用衍生剂PBA将产生的游离3-MCPD衍生化后采用GC-MS法测定食用油中3-MCPD酯含量。酶法水解所用时间长，而且在脂肪酶作用下短链甘油三酯可以与氯离子反应生成少量3-MCPD，从而影响结果准确性，故酶法水解在3-MCPD酯检测中应用的比较少。

2. 直接检测方法

直接检测方法是对样品进行简单的净化处理后，利用液相色谱-质谱联用（LC-MS）法直接进行3-MCPD酯检测的方法，目前常用的LC-MS仪器主要有高效液相色谱-飞行时间质谱仪（LC-TOF/MS）、液相色谱-串联质谱仪（LC-MS/MS）和超高效液相色谱串联质谱仪（UPLC-MS/MS）。

海恩斯（Haines）等利用含有内标物的试剂溶解油样，然后直接利用LC-TOF/MS检测植物油中的3-MCPD酯的含量，通过向流动相中添加乙酸钠溶液来提高待测分析物的电离效率，该方法中3-MCPD单酯和3-MCPD二酯的检测限分别为0.16~1.69mg/kg和0.1~1.4mg/kg。直接稀释进样检测的方法比较简单，但与待测物一起洗脱下来的基质组分会影响其检测的准确度和灵敏度。山崎（Yamazaki）和麦克马洪（MacMahon）等利用LC-MS/MS直接测定食用油中3-MCPD酯的含量，该方法是利用甲基叔丁基醚-乙酸乙酯（4∶1，体积比）溶解油脂样品，利用C_{18}和硅胶SPE柱，经过两步固相萃取预处理后直接检测。该方法的流动相中添加的是乙酸铵，避免了添加钠盐对质谱系统的污染问题。针对热反应肉味香精的特点，柴晴晴等建立了UPLC-TQ-MS直接检测热反应牛肉香精样品中3-MCPD酯含量的方法，该方法利用氨基固相萃取（SPE）柱并以二氯甲烷-异丙醇（1∶1，体积比，8mL）为洗脱溶剂对样品进行净化预处理，对建立的分析检测方法进行验证，结果显示，9种标准品的线性回归方程的相关系数平方（R^2）均大于0.99，加标回收率为80.5%~113.7%，日内精密度和日间精密度分别为0.4%~9.9%和2.4%~13.8%，3-MCPD单酯和二酯的检测限分别为1.0~5.0μg/kg和0.04~1.0μg/kg，定量限分别为4~16μg/kg和0.1~4.0μg/kg。

将3-MCPD酯的间接检测法和直接检测法进行对比分析，可以发现间接检测方法具有灵敏度高、可操作性强（检测仪器GC-MS易得、使用的标准品种类少）的优点。但在GC-MS检测前需要一系列复杂的前处理过程，过程中可能生成或损失部分3-MCPD，进而影响对3-MCPD酯含量评估的准确性。此外，间接检测法测定的是3-MCPD酯水解后游离3-MCPD的总含量，并不能确定3-MCPD酯的形式存在（单酯或二酯），给食品的安全性评估带来困难。而直接检测方法不会破坏3-MCPD酯结构的完整性，检测结果可信度比较高，而且可以提供食品中3-MCPD单酯及二酯分布情况的完整信息。但由于3-MCPD酯结构的多样性，在直接检测方法中需要的3-MCPD酯的标准品种类比较多，而目前商品化的标准品比较有限。

（三）食品中3-MCPD酯的暴露水平及其安全控制

1. 食品中3-MCPD酯的暴露水平

（1）食用油脂　目前大量研究表明食用油脂尤其是精炼油脂是3-MCPD酯的主要来源之一。如卢跃鹏等对10个植物油品种的491批次食用植物油样品进行检测分析，结果显示3-MCPD酯的检出率为83.3%，其检出的含量为104~8580μg/kg（以3-MCPD计）；而且在不同品种的植物油中3-MCPD酯含量有显著差异性，其在橄榄油和大豆油中含量较低，而在棕榈油和油茶籽油中含量较高。麦克马洪（MacMahon）等分析116个美国市售油样发现在94个精炼食用油中均可检测到3-MCPD酯，其含量为5~7200μg/kg，而22个未精炼油中3-MCPD酯含量为ND~90μg/kg。伯克斯基（Becalski）等报道了100多种加拿大零售食用油脂及含油食品中3-MCPD酯含量，发现精炼油中的棕榈油、葡萄籽油、核桃油及米糠油中的3-MCPD酯含量比较高，最高可达17100μg/kg（以3-MCPD计）；而未精炼的植物油仅在棕榈油中检测到100~550μg/kg的3-MCPD酯，而其余未精炼油脂中未检测到3-MCPD酯。

（2）其他热加工食品　除精炼油脂外，其他含油食品如婴幼儿配方乳粉、炸薯条、饼干等食品中也可检测到一定含量的3-MCPD酯。伊尔科（Ilko）等研究发现土豆制品中3-MCPD酯含量分别为2μg/kg（生土豆）、18μg/kg（土豆片）、10~13μg/kg（土豆饺子）、38μg/kg（土豆泥）、100~258μg/kg（炸薯条）和98~2201μg/kg（油炸土豆片）。泽琳科娃（Zelinková）等对3个不同厂家的14个婴幼儿配方乳粉进行检测分析，结果显示3-MCPD酯的含量为62~588μg/kg，对巴西（40个样品）和美国（98个样品）市面销售的婴幼儿配方乳粉中3-MCPD酯含量进行测定，结果显示其含量分别为ND~600μg/kg、72~160μg/kg。钟（Chung）等对香港市售的14类290个样品进行检测分析，结果发现在15个坚果和瓜子样品中没有检测到3-MCPD酯，而3-MCPD酯平均含量比较高的主要包括饼干、中式糕点和点心，分别为440，270和270μg/kg。

（3）热反应风味料　热反应肉味风味料也是3-MCPD酯的重要来源之一。其生产过程中会添加高含量预先处理过的动物脂肪（如酶解动物脂肪，添加量一般>100g/kg）以增强热反应产物的特征肉类风味，为3-MCPD酯的形成提供丰富的前体物质——甘油酯（TAG、DAG和MAG）。除此之外，由于调味和调控反应温度的需要，通常会在美拉德反应体系中添加100g/kg左右的氯化钠；与氯化钠在油基质的溶解度很低不同，在生产热反应肉味香精的油水乳液体系中，氯化钠的溶解度几乎不受限制，而酵母抽提物、HVP及香辛料等热反应配料中也含有一定量的氯离子，导致热反应体系中氯离子的含量非常高。热反应肉味香精的制备体系中丰富的前体物质（甘油酯和氯离子）和制备工艺（100~120℃，1~2h）为3-MCPD酯的形成提供了非常有利的条件。柴晴晴的研究也已经证明热反应牛肉香精制备过程会导致3-MCPD酯的形成，并对18种市售牛肉香精样品检测发现，均可检测到一定含量的3-MCPD酯，其含量为414.81~965.39μg/kg，且不同样品间存在显著性差异，这种差异性可能与热反应肉味香精制备工艺的不同有关。

2. 食用油脂中3-MCPD酯的安全控制

（1）油脂精炼过程中的控制

①去除3-MCPD酯前体物质：3-MCPD酯是油脂或含油食品热加工过程中产生的有害物质，其前体物质包括甘油酯（TAG、DAG和MAG）和氯源（有机氯或无机氯），故可以通过降低油脂中3-MCPD酯前体物质含量以控制3-MCPD酯的形成。如利用水洗方式可以有效去除油中氯离子或在脱臭之前加入一定量的乙醇或乙醇水溶液脱除部分甘油二酯和甘油一酯，均可有效降低精炼油脂中3-MCPD酯的生成量。

②改善油脂脱臭工艺：脱臭步骤是精炼油中形成3-MCPD酯的最关键步骤。特别是，脱臭过程中超过200℃的高温被认为是导致精炼油脂中高含量3-MCPD酯的主要原因。可以调整脱臭条件以最大限度减少植物油中3-MCPD酯含量。如采用两步脱臭法降低脱臭温度。其脱臭程序是：首先进行高温短时脱臭（250~270℃），然后在相对低温（200℃）条件下保持相对较长时间，或者两步颠倒顺序。与传统的一步脱臭法相比，高温短时和低温长时间脱臭的组合，可以有效降低3-MCPD酯的形成，如“200℃/120min+250℃/5min”的组合，3-MCPD酯的含量可以降低2/3；先在270℃进行第一步脱臭，然后在较低的温度下进行更长时间的脱臭，可使3-MCPD酯含量降低80%。

（2）油脂精炼后处理　油脂精炼后加入活性炭、活性漂白土（ABE）、沸石或硅酸镁等吸附材料，在低于100℃下加热数分钟可脱除油脂中的缩水甘油酯，该法可以减少油脂用于热加工食品中由缩水甘油酯生成 3-MCPD 酯。

酶法去除已生成的 3-MCPD 酯是降低其在食品中含量的另一种有效途径。如 3-MCPD 酯首先在双相体系中被白念珠菌脂肪酶 A 转化为游离的 3-MCPD，游离的 3-MCPD 在关节杆菌 AD2 的卤素脱卤酶和放射性农杆菌 AD1 的环氧化物水解酶的作用下转化为无害的产品甘油。该方法目前还处于实验阶段，用于实际生产还需进一步完善。

3. 热反应风味料中 3-MCPD 酯的安全控制

由热反应肉味香精制备过程中 3-MCPD 酯变化规律可知，氯化钠添加模式、脂肪添加量和添加脂肪的预处理过程、热反应体系 pH 是肉味香精制备过程中控制 3-MCPD 酯形成最为关键的调控点。通过选择合适的脂肪酶解工艺，在保证风味前提下尽可能降低脂肪添加量，热反应之前不添加氯化钠，在中性 pH 条件下进行美拉德反应结束后，低温添加氯化钠的方式减少 3-MCPD 酯形成，可有效降低热反应牛肉香精中 3-MCPD 酯含量，从 825.73μg/kg 降至 22.47μg/kg，从而提高肉味香精食用安全性。

五、丙　烯　醛

丙烯醛（Acrolein，ACR）是一种亲电性的不饱和醛，结构式为 CH_2═CHCHO，可溶于水，易溶于乙醇、丙酮等有机溶剂，是一种强制激性挥发气体，人体可通过消化道、呼吸道、皮肤黏膜等多种方式接触。2017 年 10 月 27 日，世界卫生组织国际癌症研究机构（IARC）将 ACR 评定为 3 类致癌物。

（一）食品加工过程中丙烯醛的形成途径

食品中的 ACR 是一种由食品中的碳水化合物、脂类和某些氨基酸在高温加工过程中产生的内源污染物；除此之外，微生物代谢过程中的甘油脱水也可以生成少量 ACR，其形成途径如图 12-12 所示。

1. 碳水化合物热解

对含有碳水化合物的食品进行加热或烘烤，会导致反应性碳水化合物中间产物生成，这些中间产物可以进行碳-碳裂解、脱水和逆醛化（Retro-aldolization）裂解形成 ACR 的前体羟基丙酮。例如，葡萄糖的加热可能导致第 4 位的羟基脱水，形成脱氧葡萄糖酮，然后通过逆醛化裂解反应形成 ACR 前体物质羟基丙酮，并经过烯醇化反应和进一步热诱导脱水形成 ACR。反应过程即为：葡萄糖→脱氧葡萄糖酮→羟基丙酮→ 2-羟基丙醛→ ACR。而脂质过氧化可以促进脱氧葡萄糖酸的形成，并通过上述机制分解为 ACR，如梅迪纳·纳瓦罗（Medina-Navarro）设计的体外模型（葡萄糖浓度为 0~15mmol/L）中，亚油酸和花生四烯酸形成的共轭二烯（氢过氧化物）的增加，会导致 ACR 的形成增加。

2. 氨基酸降解

在食品热处理过程中，α-氨基酸如甲硫氨酸和苏氨酸，可以通过 Strecker 降解生成大量 ACR。莫特拉姆（Mottram）等提出首先是甲硫氨酸与 2,3-丁二酮（活性二羰基化合物）通过缩合反应形成席夫碱，然后通过 Strecker 降解产生甲硫代丙醛，并进一步通过迈克尔（Michael）裂解形成甲硫醇和 ACR 或甲硫代丙醛被氧化生成甲氧基亚砜，从而被分解为 ACR 和甲亚磺酸。石冢（Ishizuka）也报道了在氧气的存在下，甲硫氨酸和脱氢抗坏血酸（二羰基化合物）或抗坏血酸在水溶液中加热可以形成 ACR。

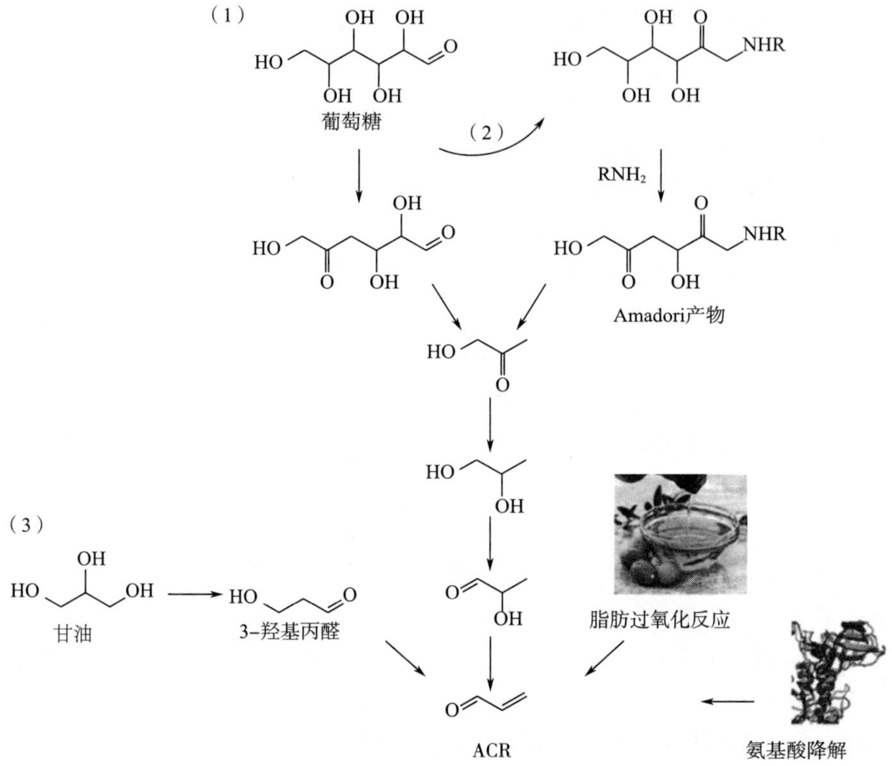

图 12-12　食品中 ACR 的形成途径

（1）碳水化合物氧化降解途径　（2）美拉德反应途径　（3）甘油脱水途径

3. 美拉德反应

富含碳水化合物的食品经过高温处理后会引起碳-碳双键断裂，或糖类与蛋白质中的氨基酸结合。葡萄糖经过脱水和醇醛裂解生成 ACR 的前体物质羟基丙酮，羟基丙酮再脱水形成 ACR。此外，在研究丙烯酰胺时发现，甲硫氨酸和苏氨酸也可以生成 ACR。甲硫氨酸和丁二酮结合生成席夫碱，席夫碱通过 Strecker 降解生成甲硫基丙醛，通过 Michael 加成生成丙烯醛。

富含碳水化合物的食品经过高温处理产生的反应性碳水化合物热解的中间产物可以与蛋白质中的氨基酸残基发生反应，亚拉亚（Yaylayan）通过研究单个^{13}C同位素标记的葡萄糖与丙氨酸之间的反应发现，可以得到含有葡萄糖 4，5 和 6 号碳原子的羟基丙酮，即证明可能是葡萄糖与丙氨酸反应后的 Amadori 重排产物，脱水生成 1-脱氧葡糖酮后，进一步通过逆醛化裂解和烯醇化反应形成 ACR。

4. 脂质过氧化

伊斯特鲍尔（Esterbauer）提出 ACR（含有一个醛和烯烃分子）不可能从脂肪酸的烷基末端（没有多不饱和脂肪酸含有烯烃末端）或羧基末端（R—COOH 基团不会在含氧条件下还原为 R—CHO）形成；而是来源于脂肪链的中心片段，即多不饱和脂肪酸氧化生成的烷氧自由基中间体，通过β-裂解或 Hock 裂解形成 ACR。马野（Umano）和芝本（Shibamoto）发现 ACR 的形成随着时间和温度的增加而增加，且与脂肪酸分子不饱和程度之间存在负相关关系，而温度是主要影响因素。此外，他们还发现，与氮气相比，在空气环境中加热油脂时，ACR 的生成量大大增加。如120g玉米油在氮气和空气环境中加热处理（300℃，2h），产生的ACR含量分别为54mg和81mg。

希尔兹（Shields）等观察到烹调时释放的ACR量与油的种类有关，未精炼的中国菜籽油最高，花生油最低，且较低的温度可以减少ACR的释放；而添加抗氧化剂（如维生素E和丁基羟基苯甲醚）的烹调油释放的ACR含量较低，进一步说明了脂质的过氧化过程参与了ACR的形成。

5. 微生物代谢

在酒的酿造过程中，甘油是酵母菌进行酒精发酵产生的最重要副产品之一，部分厌氧微生物，如芽孢杆菌、克雷伯氏菌、枸橼酸杆菌、肠杆菌、梭菌和乳酸杆菌属，可以通过代谢将甘油转化为ACR的前体物质3-羟基丙醛（3-HPA）。3-HPA大多作为细胞内的中间物被还原，并不累积，迄今为止，乳杆菌属是唯一能在细胞外介质中积累3-HPA分离物的乳酸菌（LAB）。形成的3-HPA在后期蒸馏过程中通过分子内脱水形成ACR。

（二）ACR的分析检测方法

1. 液相色谱法

ACR属于小分子极性化合物，具有较强挥发性。亲水性强使其在反相色谱中保留能力差；同时具有吸光度有限、缺少显色基团、无可离子化的官能团、反应活性高等特性，从而难以直接采用色谱法进行分析，因此通常需要先进行衍生化，生成稳定的衍生化产物，从而提高可检测性，增加检测灵敏度。

目前，ACR最常用到的测定方法是2,4-二硝基苯肼（DNPH）衍生测定法，该法常用于测定大气颗粒（PM10）样品中的羰基化合物（包括ACR）。基于DNPH衍生，再结合超快速液相色谱仪进行分析，可精确快捷地检测出大气颗粒中游离及结合态羰基化合物。苏（Suh）等将鱼油样品用DNPH衍生，经C_{18}固相萃取后，并通过LC-MS联用法进行分析，检测鱼油贮存过程中的羰基化合物含量变化。一种特制的采样器（内含DNPH的玻璃纤维过滤器及DNPH柱）可用于收集气体样品，再通过后续处理于HPLC上进行检测，可检测低于1mg/L级别气体样品（如厨房油烟）中的醛类。4-己基间苯二酚在一定条件可与ACR发生特定缩合反应，可用于检测水、空气中的微量ACR。

2. 气相色谱法

气相色谱法测定也常用于ACR等活性羰基化合物检测，在进行分析前一般需要进行衍生化处理，常用的衍生化试剂有邻五氟苄基羟胺（Hydroxylamine，PFBHA）和五氟苯基肼（2,3,4,5,6-pentafluorophenyl hydrazine，PFPH）、2,2,2-三氟乙基肼（2,2,2-trifluoroethyl hydrazine，TFEH）等。如拉戈（Lago）等以TFEH为衍生化试剂，利用HS-SPME与GC×GC/TOFMS联用，测得市售葡萄酒中ACR含量为8.4~410μg/L。赛松（Saison）等采用PFBHA衍生化，运用SPME-GC-MS联用技术对啤酒中ACR等多种活性羰基化合物进行检测。朱梦旭以PFBHA为衍生化试剂，运用HS-SPME-GC-MS技术测定我国成品白酒ACR的平均浓度为72.3μg/L，主要在蒸馏和贮存过程中产生。

（三）食品中ACR的暴露水平及其安全控制

1. 食品中ACR的暴露水平

根据美国环境保护局，人类接触ACR的主要来源是大气。除此之外，日常生活中，烹调油烟、炙烤和油炸食品等也是ACR的主要来源。有关数据表明食品中ACR含量为10~600ng/kg，其中烤肉和烤鱼中丙烯醛含量为0.01~0.59mg/kg，而有些食品如面包、干酪、酒精饮料等ACR含量相对较高。

2. 食品中ACR的安全控制

（1）减少或消除ACR的前体物质　在食品加工过程中，ACR的形成主要通过碳水化合物和脂肪酸热降解、美拉德反应、脂质的氧化等途径，而富含脂肪、蛋白质、碳水化合物的食品原料，经过高温裂解反应后会产生大量的ACR。因此控制原料中糖、脂肪、蛋白质、氨基酸（特别是甲硫氨酸和苏氨酸）的含量是控制ACR形成的有效途径。

（2）改变加工条件和加工方式　加热温度是影响ACR形成的最重要因素，食用油在180℃条件下烹调会产生大量的ACR（5~250mg/kg油），并被释放到大气中。ACR的生成量与加热时间和温度呈正相关，而与食用油碘价呈负相关，故在食品生产和加工过程中，可以通过选用高碘价食用油、降低油炸温度和时间来减少ACR的生成。香港商业厨房的ACR总排放量估计为每年7.7t，远超过该市车辆的ACR年排放量（1.8t/年），故炒菜时排放的ACR可能与中国妇女的肺癌高发病率有关。因此，在日常烹饪中，尽量采用煮、蒸等烹调方式，降低烹饪温度和改善烹饪区的通风来缓解ACR引起的健康问题。

（3）油种类的选择　希尔兹（Shields）等分析花生油、玉米油、猪油、橄榄油、菜籽油、葵花籽油、芝麻油等食用油，检测发现未经精制的中国菜籽油ACR生成量最高，花生油最低。富兰（Fullanl）的研究表明在180℃加热下，每升特级精炼橄榄油中只测得9mg ACR；但马野（Umano）认为橄榄油是产生ACR最多的食用油。

（4）减少或消除已产生的ACR　采用活性清除剂直接去除已形成ACR，常见的ACR有以下几种。

①硫醇类化合物：ACR不饱和羰基会导致硫醇化合物的巯基对其发动亲核攻击，通过Michael加成反应形成稳定的共价加合物，从而达到去除ACR的目的，目前常见的硫醇类ACR清除剂主要包括：谷胱甘肽、*N*-乙酰半胱氨酸、半胱氨酸和2-巯基乙磺酸钠等。

②抗氧化剂：抗氧化剂（如维生素E、抗坏血酸和丁基羟基苯甲醚等）添加到烹调食用油中可以减少ACR的生成；除此之外，抗坏血酸与ACR可以通过Michael加成形成环状加合物，是一种有效的ACR清除剂。类似的作用机制，多酚化合物中A环的C3或C5与ACR发生Michael加成，然后C2或C4附近的羟基会对末端醛进行亲核攻击，从而形成稳定的环状半缩醛结构，因此，类似间苯三酚环的黄酮有望成为新型ACR清除剂。

③含氮化合物：含氮化合物中的氨基通常是α,β-不饱和醛的亲核靶点，亲核攻击可以形成席夫碱产物或Michael加成产物。如肼类化合物、肌肽及其类似物、氨基胍和吡哆胺等能有效降低ACR引起的蛋白质羰基化水平，并抑制其诱导的蛋白聚集，从而保护细胞免受ACR介导的毒性引起的死亡。此外，肼类化合物对ACR的清除活性与其环氮原子数呈正相关，卡明斯卡斯（Kaminskas）等发现在无细胞系统中，加入0.05mmol/L肼苯哒嗪处理30min可以消减92%的ACR，而双肼酞嗪能够将ACR含量减少至1%。

参考文献

[1] Erich Ziegler, Herta Ziegler. Flavourings [M]. Weinheim: WILEY-VCH, 1998.

[2] Gary Reineccius. Flavor Chemistry and Technology [M]. 2nd ed. Boca Raton: Taylor & Francis Routledge, 2006.

[3] Philip R Ashurst. Food Flavorings [M]. Gaithersburg, Maryland: Aspen publishers INC, 1999.

[4] Lucas Prestes Fallavena, Naira Poerner Rodrigues, Ligia Damasceno Ferreira Marczak, et al. Formation of advanced glycation end products by novel food processing technologies: A review [J]. Food Chemistry, 2022, 393: 133338.

[5] Qinghe Song, Junjun Liu, Liyuan Dong, et al. Novel advances in inhibiting advanced glycation end product formation using natural compounds [J]. Biomedicine & Pharmacotherapy, 2021, 140: 111750.

[6] Qingyi Wei, Ting Liu, Da-Wen Sun. Advanced glycation end-products (AGEs) in foods and their detecting techniques and methods: A review [J]. Trends in Food Science & Technology, 2018, 82: 32-45.

[7] Assar, S H, Moloney C, Lima M, et al. Determination of N^{ε}- (carboxymethyl) lysine in food systems by ultra-performance liquid chromatographymass spectrometry [J]. Amino Acids, 2009, 36 (2): 317-326.

[8] Gengjun Chen, J Scott Smith. Determination of advanced glycation end products in cooked meat products [J]. Food Chemistry, 2015, 168: 190-195.

[9] Thomas Henle. AGEs in foods: Do they play a role in uremia? [J]. Kidney International Supplement, 2003, 63 (84): S145-S147.

[10] Hulla G L J, Woodside J V, Ames J M, et al. Cuskelly. N^{ε}- (carboxymethyl) lysine content of foods commonly consumed in a western style diet [J]. Food Chemistry, 2012, 131 (1): 170-174.

[11] Mingyu Li, Mingyue Shen, Jingnan Lu, et al. Maillard reaction harmful products in dairy products: Formation, occurrence, analysis, and mitigation strategies [J]. Food Research International, 2022, 151: 110839.

[12] Nivine Bachir, Amira Haddarah, Franscesc Sepulcre, et al. Formation, Mitigation, and Detection of Acrylamide in Foods [J]. Food Analytical Methods, 2022, 162: 111936.

[13] Chandra S Pundira, Neelam Yadav, Anil Kumar Chhillar. Occurrence, synthesis, toxicity and detection methods for acrylamide determination in processed foods with special reference to biosensors: A review [J]. Trends in Food Science & Technology, 2019, 85: 211-225.

[14] Nira Muttucumaru, Stephen J Powers, J Stephen Elmore, et al. Acrylamide-forming potential of potatoes grown at different locations, and the ratio of free asparagine to reducing sugars at

which free asparagine becomes a limiting factor for acrylamide formation [J]. Food Chemistry, 2017, 220: 76-86.

[15] Atta-ur-Rahman. Studies in Natural Products Chemistry [M]. Amsterdam: Elsevier, 2021.

[16] 柴晴晴. 牛肉香精中危害因子3-氯-1,2-丙二醇酯的检测方法和控制策略研究 [D]. 无锡: 江南大学, 2017.

[17] Jan F Stevens, Claudia S Maier. Acrolein: Sources, metabolism, and biomolecular interactions relevant to human health and disease [J]. Molecular Nutrition and Food Research, 2008, 52 (1): 7-25.

[18] Rolene Bauer, Donald A Cowan, Andrew Crouch. Acrolein in Wine: Importance of 3-Hydroxypropionaldehyde and Derivatives in Production and Detection [J]. Journal of Agricultural and Food Chemistry, 2010, 8 (6): 3243-3250.

[19] Saša Drakula, Dubravka Novotni, Nikolina Čukelj Mustač, et al. A Simple HS-SPME/GC-MS Method for Determination of Acrolein from Sourdough to Bread [J]. Food Analytical Methods, 2019, 9: 2582-2590.